Michael Kofler

Swift 5

Das umfassende Handbuch

Rheinwerk
Computing

Liebe Leserin, lieber Leser,

als Apple 2014 Swift vorstellte, waren viele Entwickler sofort von den Möglichkeiten der Objective-C-Alternative begeistert. Auch für unseren Autor Michael Kofler war von Anfang an klar, dass Apple eine moderne, leistungsfähige Programmiersprache geschaffen hatte, die schon in naher Zukunft eine bedeutende Rolle in der App-Entwicklung spielen würde. Mittlerweile liegt die Sprache bereits in der Version 5 vor, auf der auch dieses Buch beruht. Apple hat die anfänglichen »Kinderkrankheiten« endgültig beseitigt und die Sprache in jeder Version mit neuen Features weiter verbessert.

Michael Kofler zeigt Ihnen in diesem Buch, wie Sie effizient mit Swift arbeiten und alle Funktionen nutzen. Er begleitet Sie von Anfang an bei der Arbeit mit Swift. So lernen Sie im ersten Teil Swift und Xcode im Detail kennen. Im zweiten Teil erhalten Sie eine Einführung in die Entwicklung von Apps für iOS, macOS und tvOS. Wichtige Programmiertechniken in Bausteinform finden Sie im dritten Teil. Nachdem Sie Ihre App mit diversen Features ausgestattet haben, erfahren Sie dort auch, wie Sie sie im App Store veröffentlichen. Im letzten Teil zeigen Ihnen konkrete Beispielprojekte die Umsetzung der gezeigten Techniken. Unter anderem programmieren Sie einen Kompass, eine Schatzsuche, einen Lotto-Simulator, einen Währungsumrechner und den Spieleklassiker Pac-Man.

Abschließend ein Hinweis in eigener Sache: Dieses Buch wurde mit großer Sorgfalt geschrieben, lektoriert und produziert. Sollte dennoch einmal etwas nicht so funktionieren, wie Sie es erwarten, freue ich mich, wenn Sie sich direkt mit mir in Verbindung setzen. Ihre Anregungen und Fragen sind jederzeit herzlich willkommen!

Ihr Christoph Meister
Lektorat Rheinwerk Computing

christoph.meister@rheinwerk-verlag.de
www.rheinwerk-verlag.de
Rheinwerk Verlag • Rheinwerkallee 4 • 53227 Bonn

Auf einen Blick

Wir hoffen, dass Sie Freude an diesem Buch haben und sich Ihre Erwartungen erfüllen. Ihre Anregungen und Kommentare sind uns jederzeit willkommen. Bitte bewerten Sie doch das Buch auf unserer Website unter **www.rheinwerk-verlag.de/feedback**.

An diesem Buch haben viele mitgewirkt, insbesondere:

Lektorat Christoph Meister, Anne Scheibe
Korrektorat Petra Biedermann, Reken
Herstellung Norbert Englert
Typografie und Layout Vera Brauner
Einbandgestaltung Eva Schmücker
Satz Michael Kofler
Druck und Bindung Beltz Grafische Betriebe, Bad Langensalza

Dieses Buch wurde gesetzt aus der TheAntiquaB (9,35 pt/13,7 pt) in LaTeX.
Gedruckt wurde es auf chlorfrei gebleichtem Offsetpapier (80 g/m²).
Hergestellt in Deutschland.

Bibliografische Information der Deutschen Nationalbibliothek:
Die Deutsche Nationalbibliothek verzeichnet diese Publikation in der Deutschen Nationalbibliografie; detaillierte bibliografische Daten sind im Internet über *http://dnb.d-nb.de* abrufbar.

ISBN 978-3-8362-6638-3

4., aktualisierte und erweiterte Auflage 2019

Informationen zu unserem Verlag und Kontaktmöglichkeiten finden Sie auf unserer Verlagswebsite **www.rheinwerk-verlag.de**. Dort können Sie sich auch umfassend über unser aktuelles Programm informieren und unsere Bücher und E-Books bestellen.

Inhalt

TEIL IV Beispielprojekte

Vorwort

Als Apple 2014 die neue Programmiersprache Swift vorstellte, fragten sich viele Entwickler: Brauchen wir wirklich eine neue Programmiersprache? Mittlerweile erübrigt sich die Frage. Swift ist der De-facto-Standard für neue Projekte im Apple-Universum. Objective-C ist damit nicht obsolet (vermutlich gibt es Milliarden Zeilen Code, der weiter gewartet werden muss), aber wer es sich aussuchen darf, wird neue Apps mit Swift entwickeln.

Warum Swift?

Swift ist für Apple ein Befreiungsschlag: Objective-C ist zwar noch immer das Fundament von macOS, iOS etc. – aber das ändert nichts daran, dass diese Sprache in den 1980er-Jahren entworfen wurde und in keinerlei Hinsicht mit modernen Programmiersprachen mithalten kann.

Swift ist dagegen ein sauberer Neuanfang. Bei der Vorstellung wurde Swift auch *Objective-C without the C* genannt. Natürlich ist Swift von Objective-C beeinflusst – schließlich muss Swift kompatibel mit den unzähligen Apple-Bibliotheken sein. Swift realisiert viele neue Ideen, greift aber auch Konzepte von C#, Haskell, Java, Python und anderen Programmiersprachen auf. Daraus ergeben sich mehrere Vorteile:

- Swift zählt zu den modernsten Programmiersprachen, die es momentan gibt.
- Code lässt sich in Swift syntaktisch eleganter formulieren als in Objective-C.
- Der resultierende Code ist besser lesbar und wartbar.
- Swift ist für Programmierer, die schon Erfahrung mit anderen modernen Sprachen gesammelt haben, wesentlich leichter zu erlernen als Objective-C. Vorhandenes Know-how lässt sich einfacher auf Swift als auf Objective-C übertragen.
- Swift ist ein Open-Source-Produkt und steht auch für Linux zur Verfügung. Der Entwicklungsprozess erfolgt offen und transparent.

Neu in Swift 5

Swift 5 wurde von Apple als die Version postuliert, mit der Swift gleichsam »erwachsen« wird. Apple garantiert mit Swift 5 die ABI-Stabilität. Das *Application Binary Interface* (ABI) beschreibt die Schnittstelle zwischen Programmen bzw. Bibliotheken auf binärer Ebene, also zur Laufzeit. Im Unterschied dazu betrifft das *Application Programming Interface* (API) »nur« den Quellcode.

Das Erreichen der ABI-Stabilität bedeutet, dass sich ein mit Swift kompiliertes Programm darauf verlassen kann, dass das Zusammenspiel mit einer zu einem anderen Zeitpunkt und von einem anderen Entwickler kompilierten Bibliothek funktioniert — auch dann, wenn die App mit Swift 5.0 kompiliert ist, die (z. B. unter iOS vorinstallierte) Bibliothek aber bereits mit Swift 5.1.

Das Erreichen der ABI-Stabilität hat insofern große praktische Auswirkungen, als Swift-Bibliotheken nun direkt als Teil von iOS, macOS usw. ausgeliefert werden. In Swift entwickelte Apps können sich ab jetzt darauf verlassen, dass die Standardbibliotheken auf der Zielplattform zur Verfügung stehen. Es ist nicht mehr nötig, mit jeder App diverse Bibliotheken mitzuliefern. Das macht Kompilate kleiner – und natürlich auch die daraus resultierenden Apps.

Davon losgelöst bietet Swift 5 natürlich eine Menge Neuerungen im Vergleich zu Swift 4. (Die folgende Aufzählung berücksichtigt auch Features, die bereits in Swift 4.1 oder 4.2 eingeführt wurden.)

- **Zeichenketten:** Swift unterstützt jetzt *Raw*-Zeichenketten, also Zeichenketten, die Sonderzeichen wie \ enthalten.
- **Umgang mit Fehlern:** Die Swift-Standardbibliothek enthält den neuen Datentyp `Result`, der dabei hilft, Ergebnisse einer Funktion oder Methode und eventuell aufgetretene Fehler gemeinsam zurückzugeben. Das ermöglicht einen einfacheren Umgang mit Fehlern, insbesondere in asynchronem Code.

  Eine praktische Verbesserung ist das *Optional Flattening* des Schlüsselworts `try?`: Es verhindert eine Verschachtelung von Optionals.
- **Aufzählungen:** Die Swift-Standardbibliothek wurde um diverse Methode ergänzt, die die Verarbeitung von Arrays, Dictionaries und anderen Aufzählungen vereinfacht. Dazu zählen `allSatisfy`, `compactMap`, `compactMapValues`, `count(where:)` und `removeAll`.
- **Zufallszahlen:** Swift 5 stellt endlich konsistente Methoden zum Erzeugen von Zufallszahlen zur Verfügung. `Int.random(in: 1...10)` liefert beispielsweise zufällige ganze Zahlen zwischen 1 und 10.

  Auch praktisch: `randomElement` liefert ein zufälliges Element eines Sets, eines Arrays bzw. ein zufälliges Zeichen aus einer Zeichenkette.
- **Equatable und Hashable:** Selbst definierte Strukturen und Enumerationen erfüllen jetzt in den meisten Fällen automatisch die Protokolle `Equatable` und `Hashable`. Selbst wenn dieser Automatismus nicht greift (z. B. bei eigenen Klassen), ist die Implementierung der `hash`-Methode aufgrund der neuen Methode `Hasher.combine` einfacher denn je.
- **Dynamische Eigenschaften:** Das neue Attribut `@dynamicMemberLookup` gibt Ihnen die Möglichkeit, Typen zu definieren, auf deren Daten Sie in der Form `obj.name [= ...]` zugreifen können, obwohl die Eigenschaft `name` gar nicht statisch definiert ist.

Was bietet dieses Buch?

Dieses Buch vermittelt einen kompakten Einstieg in die Programmiersprache Swift in der Version 5 (Xcode 10.2). Das Buch ist in vier Teile gegliedert:

- **Teil I** führt in die Grundlagen von Swift ein. Hier lernen Sie alle wichtigen Sprachdetails kennen. Die Themenpalette reicht vom Umgang mit Variablen und elementaren Datentypen bis hin zur Syntax der objekt- und protokollorientierten Programmierung.
- **Teil II** ist eine Einführung in die Entwicklung von Apps für iOS, macOS und tvOS. Hier erkläre ich Ihnen beispielsweise, wie der Storyboard-Editor funktioniert, wie Sie Ihre Oberfläche mit eigenem Swift-Code verbinden, eigene `ViewController`-Klassen entwickeln, Apps mit mehreren Dialogen/Views organisieren etc.
- **Teil III** fasst wichtige Programmiertechniken in Bausteinform zusammen. In Kurzanleitungen zeige ich Ihnen unter anderem, wie Sie auf Dateien zugreifen, XML-Dokumente auswerten, Webseiten anzeigen, Steuerelemente mit eigener Grafik gestalten, Listen und Tabellen in Apps darstellen, geografische Daten auswerten und Spiele mit SpriteKit programmieren. Sie lernen, wie Sie Ihre App, sobald sie zufriedenstellend funktioniert, tauglich für den App Store machen und dort einreichen.
- **Teil IV** zeigt anhand konkreter Beispielprojekte die Praxis der App-Programmierung. Die Apps decken eine ganze Palette von Themen ab: vom praktischen Währungsumrechner über den Icon-Resizer bis hin zu mehreren Spielen.

Neu in dieser Auflage sind nicht nur Swift-5-Features, sondern auch neue Beispiel-Apps sowie ein neues Kapitel zu Core Data und SQLite.

Materialien zum Buch

Selbstverständlich können Sie alle Beispieldateien und -projekte dieses Buchs herunterladen. Einen Download-Link finden Sie hier:

www.rheinwerk-verlag.de/4749

Um von diesem Buch maximal zu profitieren, benötigen Sie weder Vorkenntnisse in Xcode noch in der App-Entwicklung. Ich setze aber voraus, dass Sie bereits Erfahrungen mit einer beliebigen Programmiersprache gesammelt haben. Ich erkläre Ihnen in diesem Buch also, wie Sie in Swift mit Variablen umgehen, Schleifen programmieren und Klassen entwickeln, aber nicht, was Variablen sind, wozu Schleifen dienen und warum Klassen das Fundament der objektorientierten Programmierung sind. So kann ich Swift kompakt und ohne viel Overhead beschreiben und den Schwerpunkt auf die konkrete Anwendung legen.

Leseanleitung

1.300 Seiten – das kann schon abschrecken! Dazu besteht aber kein Grund. Ich habe mich beim Schreiben dieses Buchs bemüht, den Inhalt auf möglichst eigenständige Kapitel zu verteilen, aus denen Sie sich wie aus einem Baukasten bedienen können.

Wenn Swift für Sie vollständig neu ist, dann ist die Lektüre der ersten Kapitel aus Teil I natürlich unumgänglich. Besonders wichtig ist, dass Sie die Swift-spezifischen Eigenheiten beim Umgang mit elementaren Datentypen und Aufzählungen (Arrays, Dictionaries etc.) kennenlernen und das Konzept von Optionals verstehen. Interessanterweise hat sich herausgestellt, dass Sie für die Entwicklung erster Apps nicht unbedingt alle Feinheiten im Zusammenhang mit Vererbung, Protokollen etc. beherrschen müssen. Die Basics reichen zumeist.

Teil II richtet sich speziell an Programmierer, die erstmalig Apps für iOS, macOS oder tvOS entwickeln. Wenn Sie bisher Objective-C zur App-Programmierung verwendet haben, werden Sie in Teil II auf viel bekanntes Wissen stoßen.

Bei Teil III habe ich versucht, oft benötigte Programmiertechniken möglichst losgelöst von der Zielplattform zu beschreiben. Beispielsweise erfolgt der Umgang mit Dateien unter iOS ganz ähnlich wie unter macOS. Aus den Kapiteln in Teil III können Sie sich also bedienen, wie Sie es gerade brauchen.

Viele Detailprobleme treten erst dann auf, wenn man den Schritt von kleinen Beispielen hin zu »richtigen« Apps macht. Deswegen stellt Teil IV eine Reihe vollständiger Projekte vor. Auch wenn es unwahrscheinlich ist, dass Sie genau so eine App programmieren möchten wie eines der Beispiele aus Teil IV, so werden Sie in diesen Kapiteln vermutlich doch inhaltlich verwandte Anleitungen und Arbeitstechniken mit einem hohen Praxisbezug finden. Probieren Sie die Apps einfach einmal aus, und blättern Sie dann durch die entsprechenden Kapitel – Sie werden sicher über Details stolpern, die sich später als hilfreich herausstellen werden.

Viel Spaß bei der App-Entwicklung!

Eine neue Programmiersprache zu erlernen ist immer eine Herausforderung. Noch schwieriger ist es, einen Überblick über die schier unüberschaubare Fülle von Bibliotheken zu gewinnen, die Sie zur App-Entwicklung brauchen. Dieses Buch soll Ihnen bei beiden Aspekten helfen und Ihnen ein solides Fundament vermitteln.

Wenn Sie in die App-Entwicklung mit Swift einsteigen, haben Sie das Privileg, mit einer der modernsten aktuell verfügbaren Programmiersprachen zu arbeiten. Sobald Sie die ersten Schritte einmal erfolgreich absolviert haben, wird die Faszination für diese Sprache auch Sie erfassen. Bei Ihrer Reise durch die neue Welt von Swift wünsche ich Ihnen viel Spaß und Erfolg!

Michael Kofler (*https://kofler.info*)

TEIL I

Swift

Kapitel 1
Hello World!

Traditionell beginnt jedes Buch zu einer Programmiersprache mit dem Programm »Hello World!« – und auch dieser Titel ist keine Ausnahme. »Hello World« gibt eine Zeichenkette auf dem Bildschirm aus. Die eigentliche Aufgabe des Miniprogramms besteht natürlich nicht darin, Text auf dem Bildschirm anzuzeigen; vielmehr sollen Sie mit der Entwicklungsumgebung Xcode und der Syntax von Swift vertraut werden.

In diesem Kapitel zeige ich Ihnen gleich zwei Hello-World-Varianten, die im Playground bzw. als Terminal-App ausgeführt werden:

- **Playground:** Der *Playground* ist eine Testumgebung zum Ausprobieren von Swift. In den ersten Kapiteln dieses Buchs, in denen es um die Syntax von Swift geht, ist der Playground ein unverzichtbares Hilfsmittel, um mit Swift vertraut zu werden.
- **Terminal-Anwendung:** Längerfristig besteht Ihr Ziel sicherlich darin, Apps für iOS, macOS oder eine andere Apple-Plattform zu entwickeln. Leider sind selbst einfache Apps mit viel Overhead verbunden: Sie müssen sich mit den vielen Komponenten von Xcode anfreunden, sich mit der Logik eines Model-View-Controllers auseinandersetzen und diverse APIs erlernen. Für erste Experimente bietet es sich deswegen an, Programme zu entwickeln, die keine Benutzeroberfläche aufweisen, sondern in einem Terminal-Fenster unter macOS ausgeführt werden können.

Hello World für iOS und Co.

»Und wo sind die Hello-World-Versionen für iOS, macOS oder tvOS?«, werden Sie nun vielleicht fragen. Keine Sorge, auch die gibt es – aber erst in den Kapiteln des zweiten Teils des Buchs, wo es um die Grundlagen der App-Programmierung geht.

1.1 »Hello World« im Playground

Damit Sie Programme in Swift schreiben können, benötigen Sie drei Dinge:

- einen Apple-Computer, z. B. ein MacBook oder einen iMac
- eine aktuelle Version von macOS
- eine aktuelle Version von Xcode (für dieses Buch zumindest Xcode 10.2)

Genau genommen stimmen die obigen Voraussetzungen nicht mehr ganz: Apple hat Swift Ende 2015 als Open-Source-Code freigegeben. Seitdem gibt es auch eine Linux-Version von Swift. Auf diese Variante von Swift gehe ich in Kapitel 34, »Server-side Swift«, ein.

Xcode ist *die* grafische Entwicklungsumgebung (*Integrated Development Environment* = IDE) der Apple-Welt. Sie können Xcode kostenlos im App Store herunterladen und installieren. Der Platzbedarf für Xcode auf Ihrem Mac beträgt rund 7 GByte.

Apple Developer Program

Wollen Sie Ihre Apps später über Apples App Store weitergeben, ist eine Mitgliedschaft im *Apple Developer Program* erforderlich. Diese Mitgliedschaft kostet ca. 100 EUR pro Jahr und gilt für alle Plattformen gemeinsam.

Warten Sie mit der Mitgliedschaft beim Developer Program ab, bis Sie sie wirklich benötigen! Im Gegensatz zu früher ist das Developer Program keine zwingende Voraussetzung mehr, um selbst entwickelte Apps auf Ihrem eigenen iPhone oder iPad ausprobieren zu können. Die Mitgliedschaft wird erst notwendig, wenn Sie Ihre Apps im App Store weitergeben oder für macOS signieren möchten bzw. wenn Sie Spezialfunktionen wie iCloud oder In-App-Käufe ausprobieren möchten.

Den Playground starten

Der *Playground* ist ein eigener Dokumenttyp von Xcode. Im Playground können Sie Swift-Anweisungen ausführen, ohne sie in ein richtiges Programm zu verpacken. Der Playground stellt darüber hinaus weitreichende Hilfsmittel zur Codeeingabe, zur Fehlersuche sowie zur grafischen Darstellung Ihrer Daten zur Verfügung. Der Playground ist ein fantastisches Werkzeug, um Swift kennenzulernen!

Um zum Swift-Spielplatz zu gelangen, starten Sie Xcode und klicken im Startdialog auf GET STARTED WITH A PLAYGROUND. Sie müssen nun die gewünschte Plattform auswählen (iOS, macOS oder tvOS) und zwischen einem der Templates wählen (siehe Abbildung 1.1). In den folgenden Dialogen geben Sie dem Playground einen Namen und wählen das Verzeichnis, in dem die Datei gespeichert werden soll.

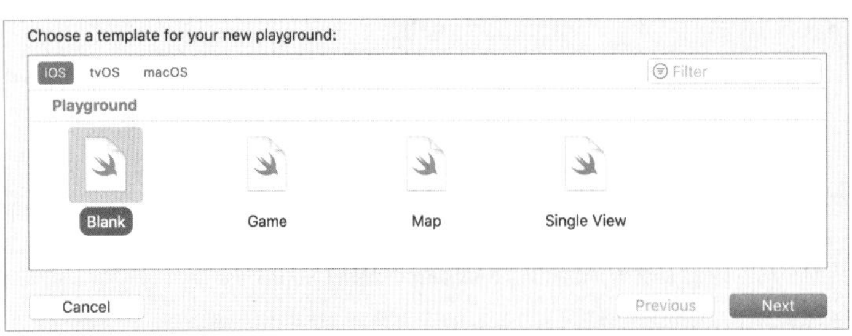

Abbildung 1.1 Einen neuen Playground einrichten

- **Plattform:** Die Plattform entscheidet, welche Bibliotheken Ihnen innerhalb des Playgrounds zur Verfügung stehen. Solange Sie nur Swift an sich ausprobieren möchten, spielt die Plattform keine Rolle.

  Die Plattformauswahl ist dann relevant, wenn Sie im Playground Steuerelemente, Bitmaps oder andere plattformspezifische Objekte erzeugen möchten. Bei einem der folgenden Beispiele ist dies der Fall – es zeigt eine Bitmap in einem macOS-spezifischen Image-View-Steuerelement an. Wenn Sie das Beispiel nachvollziehen möchten, müssen Sie sich also für einen macOS-Playground entscheiden.

- **Template:** Je nachdem, für welches Template (Muster) Sie sich entscheiden, enthält der Playground bereits Mustercode für einige Anwendungstypen. Mit gewissen Einschränkungen können Sie damit im Playground relativ fortgeschrittene Programmiertechniken ausprobieren, z. B. die Spieleprogrammierung mit der SpriteKit-Bibliothek.

  Ich bin aufgrund von Stabilitätsproblemen kein großer Fan dieser Funktion. Der Playground funktioniert fantastisch, um die Syntax von Swift zu erlernen – und dazu reicht das Template BLANK. Sobald Sie aber grafische Benutzeroberflächen, Spiele etc. gestalten möchten, sollten Sie sich vom Playground lösen und mit der Programmierung »echter« Apps beginnen.

Standardmäßig besteht das Playground-Fenster aus drei Bereichen: Im linken Bereich geben Sie den Code ein. Im grau hinterlegten rechten Bereich werden Ausgaben, Zuweisungen, die Anzahl von Schleifendurchläufen und andere Informationen angezeigt. `print`-Ausgaben erfolgen im Debug-Bereich unterhalb; dieser Bereich ist aber oft ausgeblendet.

Bemerkenswert am Playground ist, dass Sie Ihren Code nicht explizit ausführen müssen. Die Codeausführung beginnt sofort, sobald Ihre Eingaben frei von Fehlern sind. Auch nachträgliche Änderungen in weiter oben befindlichen Codezeilen werden berücksichtigt; alle Ausgaben werden sofort entsprechend aktualisiert.

Nach dem Start eines macOS-Playgrounds enthält der Codebereich bereits einen Kommentar, die Anweisung `import Cocoa` sowie die Zuweisung `var str = "Hello, playground"`. Die `import`-Anweisung ermöglicht es, Klassen der Cocoa-Bibliothek zu nutzen. Diese Bibliothek dient zur Programmierung grafischer Benutzeroberflächen. Haben Sie hingegen den Playground für iOS betreten, dann wird statt Cocoa die iOS-spezifische UIKit-Bibliothek importiert.

Hello World!

Sie können nun im Playground eigene Swift-Anweisungen eingeben. Für das klassische Hello-World-Programm ist nur eine einzige Zeile erforderlich:

```
print("Hello World!")
```

Das bedeutet, dass die Zeichenkette "Hello World!" auf dem Bildschirm ausgegeben werden soll. Tatsächlich erscheint die Ausgabe im grau hinterlegten Bereich des Playgrounds (siehe Abbildung 1.2).

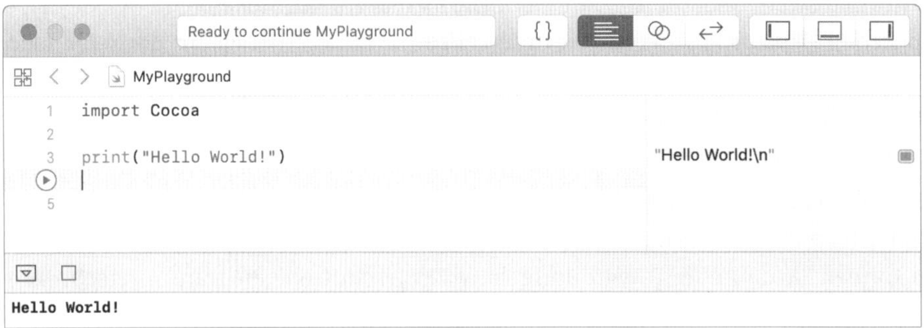

Abbildung 1.2 »Hello World!« im Playground

Im unteren Fensterbereich werden schließlich alle print-Ausgaben in der Reihenfolge angezeigt, in der sie durchgeführt werden. Diesen Ausgabebereich, der offiziell DEBUG AREA heißt, können Sie durch das Verschieben des grauen Trennbalkens größer oder kleiner machen oder ganz ausblenden (siehe Abbildung 1.3).

Die erste Schleife

Um sowohl Swift als auch den Playground besser kennenzulernen, geben Sie als Nächstes eine einfache Schleife ein:

```
for i in 1...10 {
  print(i)
}
```

In dieser Schleife nimmt die Variable i der Reihe nach die Werte 1, 2, 3 bis 10 an. print soll jeden dieser Werte ausgeben. Tatsächlich sind diese Ausgaben aber nur im Ausgabebereich zu sehen, während im grau hinterlegten Bereich des Playgrounds lediglich die Ausgabe 10 TIMES zu sehen ist. Das bedeutet, dass der Inhalt der Schleife zehnmal durchlaufen wurde.

In Schleifen verzichtet Xcode darauf, alle Ausgaben direkt anzuzeigen. Wenn Sie aber den Mauszeiger über die Ausgabe 10 TIMES bewegen, erscheinen zwei kleine Icons:

- Mit dem augenförmigen Icon QUICK LOOK können Sie Objekte näher ansehen, ohne dafür ein eigenes Fenster zu öffnen.
- Das rechte, runde Icon SHOW RESULT fügt hingegen unterhalb des betreffenden Codes eine Box mit den Programmausgaben ein. Anfänglich wird darin nur die letzte Ausgabe angezeigt, also der Wert 10; erst wenn Sie innerhalb der Ausgabebox den Kontextmenüeintrag VALUE HISTORY anklicken, zeigt Xcode alle Ausgaben in einer Box mit Scroll-Möglichkeit (siehe Abbildung 1.3).

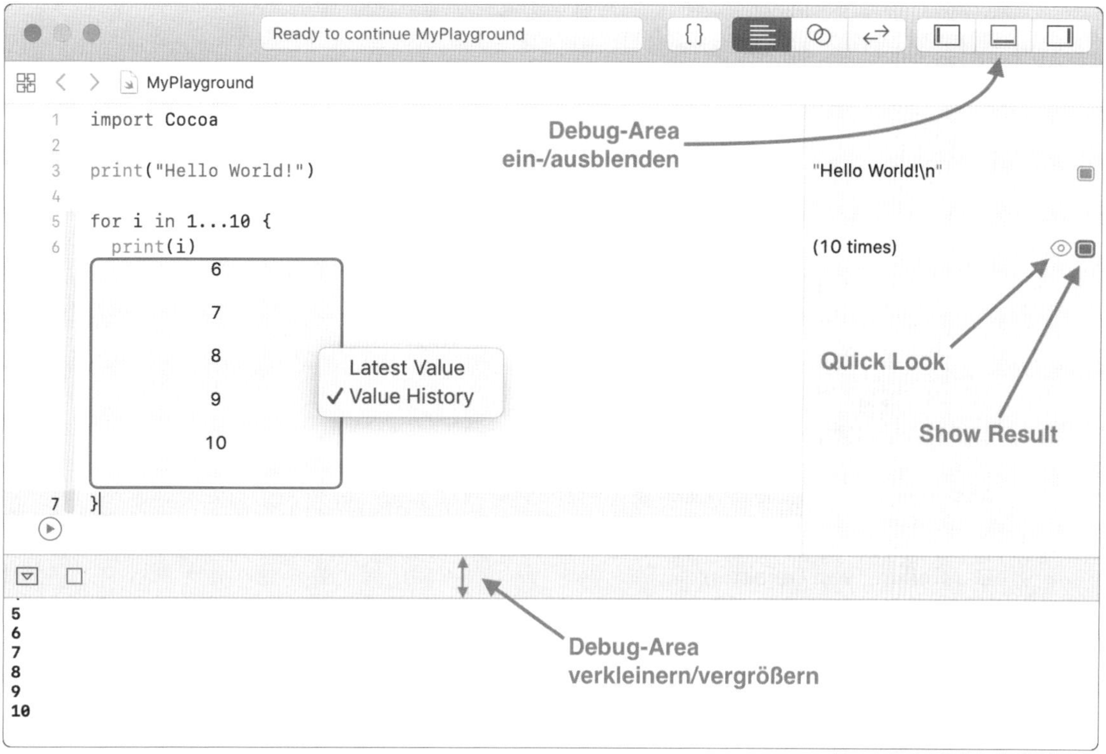

Abbildung 1.3 Playground-Darstellungsoptionen

Grafische Darstellung von Daten

Noch deutlich beeindruckender fällt die grafische Darstellung von größeren Datenmengen aus. Um das auszuprobieren, geben Sie die folgende Schleife ein:

```
for x in 1...100 {
  let y = sin(Double(x)/10)
  print("x=\(x), y=\(y)")
}
```

Hier durchläuft die Variable x die Zahlen 1, 2, 3 bis 100. In der Schleife wird y gemäß der mathematischen Formel *sin(x/10)* berechnet. Damit das funktioniert, muss die ganze Zahl x mit `Double` explizit in eine Fließkommazahl umgewandelt werden. Anschließend werden beide Werte ausgegeben. Das Miniprogramm nutzt die in Zeichenketten zulässige Syntax `\(ausdruck)`, um den in den Klammern befindlichen Ausdruck in die Zeichenkette einzubauen.

Klicken Sie nun bei der Ausgabe 100 TIMES neben der Zuweisung `y = ...` auf SHOW RESULT, dann werden alle Werte, die y im Verlauf der Schleife angenommen hat, in einer Grafik dargestellt (siehe Abbildung 1.4). Die Sinusfunktion ist darin gut wiederzuerkennen.

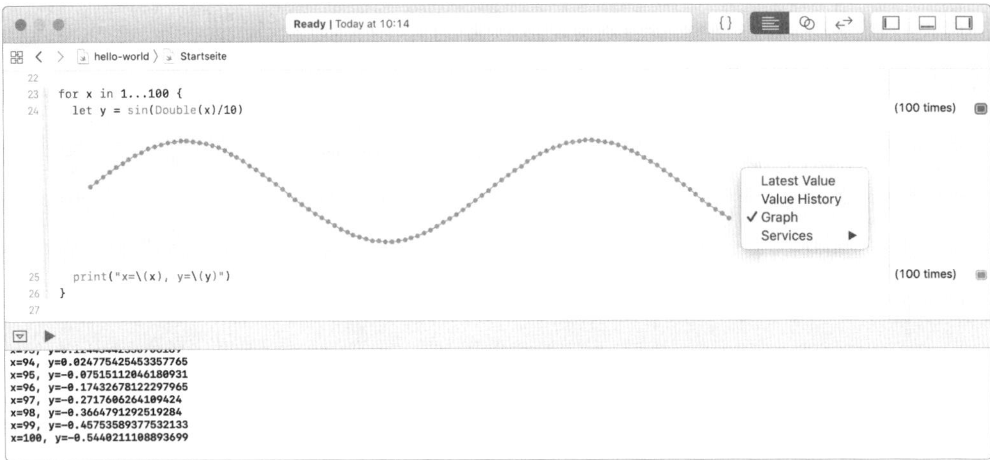

Abbildung 1.4 Grafische Darstellung von Daten

Darstellung von Objekten

Das folgende Beispiel zeigt, dass Sie im Playground auch Steuerelemente und andere grafische Objekte darstellen können.

macOS-Playground

Dieses Beispiel setzt voraus, dass Sie in einem Playground für macOS arbeiten! Es verwendet Klassen aus der Cocoa-Bibliothek, die in einem iOS- oder tvOS-Playground nicht zur Verfügung stehen. Es reicht auch nicht aus, die `import`-Zeile zu ändern. Sie müssen den Playground als macOS-Playground einrichten (File • New • Playground • macOS/Blank).

```
let rect = NSRect(x: 0, y: 0, width: 600, height: 400)
let v    = NSImageView(frame: rect)
let url  = URL(string: "https://kofler.info/uploads/foto.jpg")
let pic  = NSImage(contentsOf: url!)
v.image  = pic
```

Der obige Code ist schon ein wenig komplexer:

- Die Variable `rect` wird verwendet, um eine `NSRect`-Struktur zu speichern. Sie repräsentiert ein Rechteck in der Größe von 600 × 400 Pixel.
- In der nächsten Zeile wird ein `NSImageView`-Steuerelement in der Größe des `NSRect`-Objekts erzeugt. `NSImageView` ist eine Klasse der Cocoa-Bibliothek, die in macOS-Apps zur Darstellung von Bildern dient.
- Die Variable `url` verweist auf ein `URL`-Objekt mit der Adresse einer Bitmap-Datei im Web.

- In der vierten Anweisung wird diese Bilddatei aus dem Internet heruntergeladen und in einem `NSImage`-Objekt gespeichert. Das Ausrufezeichen nach dem Variablennamen `url` ist erforderlich, weil die Variable `url` ein sogenanntes *Optional* ist – also eine Variable, die auch den Zustand `nil` im Sinne von »leer«, »nicht definiert« enthalten kann. Das Ausrufezeichen bewirkt eine zwingende Umwandlung in ein `URL`-Objekt. (Sollte `url` tatsächlich `nil` aufweisen, was in diesem Beispiel nicht zu erwarten ist, tritt an dieser Stelle ein Fehler auf.)
- Im letzten Schritt wird dieses `NSImage`-Objekt schließlich als Inhalt des `NSImageView`-Steuerelements verwendet. Das ist die einfachste Möglichkeit, eine Bitmap in einem macOS-Programm darzustellen.

Wenn Sie nun im Playground neben der Ausgabe der letzten Anweisung das Icon SHOW RESULT anklicken, dann zeigt Xcode das `NSImageView`-Steuerelement samt der aus dem Internet geladenen Bitmap an (siehe Abbildung 1.5).

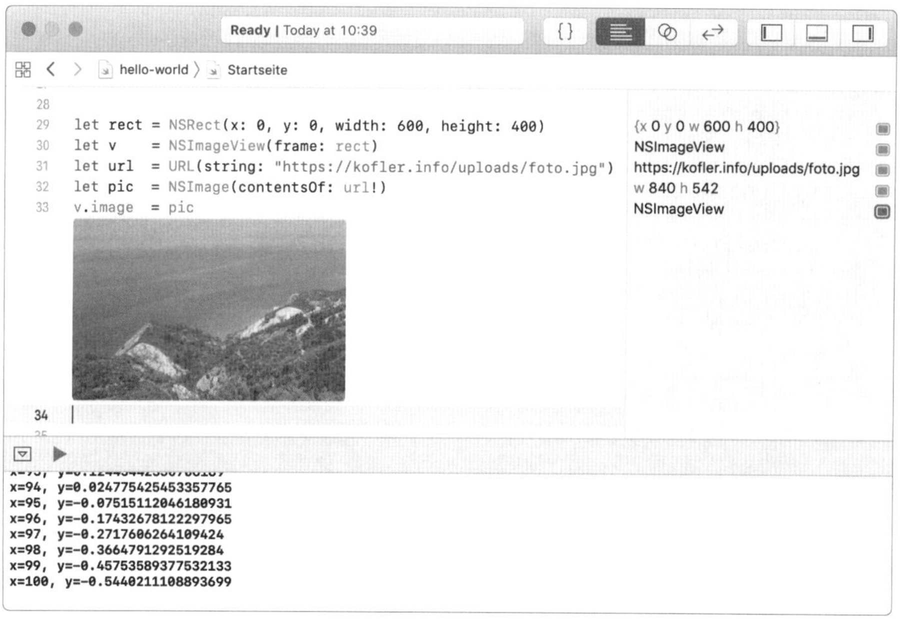

Abbildung 1.5 Darstellung von Steuerelementen im Playground

Was bedeutet NSxxx?

Das Kürzel NS steht für *NextStep*. NextStep war das Betriebssystem des Unternehmens NeXT, das 1996 von Apple gekauft wurde. macOS basiert auf NextStep und verwendet bis heute viele Klassenbibliotheken, die ursprünglich für NextStep entwickelt wurden. Deswegen beginnen die entsprechenden Klassennamen mit `NS`. Analog beginnen Klassennamen des UIKits, also des wichtigsten iOS-Frameworks, mit `UI`. Weitere Abkürzungen, die in diesem Buch häufig vorkommen, fasst Tabelle 1.1 zusammen.

Abkürzung	Bedeutung
CA	Core Animation
CG	Core Graphics
CK	CloudKit
CL	Core Location
GK	GameKit
IB	Interface Builder
IDE	Integrated Development Environment
MK	MapKit
MVC	Model-View-Controller
NIB	NeXT Interface Builder
NS	NextStep
OOP	objektorientierte Programmierung
REPL	Read Eval Print Loop
SF	Safari
SK	SpriteKit
UI	User Interface (UIKit-Framework)
WK	WebKit
XIB	XML Interface Builder

Tabelle 1.1 Abkürzungsverzeichnis

Kommentare

In Swift leiten Sie einzeilige Kommentare mit // ein, mehrzeilige Kommentare beginnen mit /* und enden mit */. Innerhalb des Playgrounds haben Sie darüber hinaus die Möglichkeit, Kommentare mit //: bzw. /*: einzuleiten. Damit wird nachfolgender Text gemäß der Markdown-ähnlichen *reStructuredText*-Syntax formatiert. (*Markdown* ist eine Syntax zur einfachen Auszeichnung formatierten Texts.)

```
*kursiv*, **fett**, `Listing-Schrift`

# Überschrift in Ebene 1
## Überschrift in Ebene 2
```

```
### Überschrift in Ebene 3

* Aufzählung Punkt 1
* Punkt 2
```

Das gibt Ihnen die Möglichkeit, formatierte Kommentare zu verfassen und auf diese Weise besonders gut lesbare Playground-Dokumente zu erstellen. Ob die Kommentare als Quelltext oder in formatierter Schrift angezeigt werden, stellen Sie mit EDITOR • SHOW RENDERED MARKUP bzw. SHOW RAW MARKUP ein (siehe Abbildung 1.6).

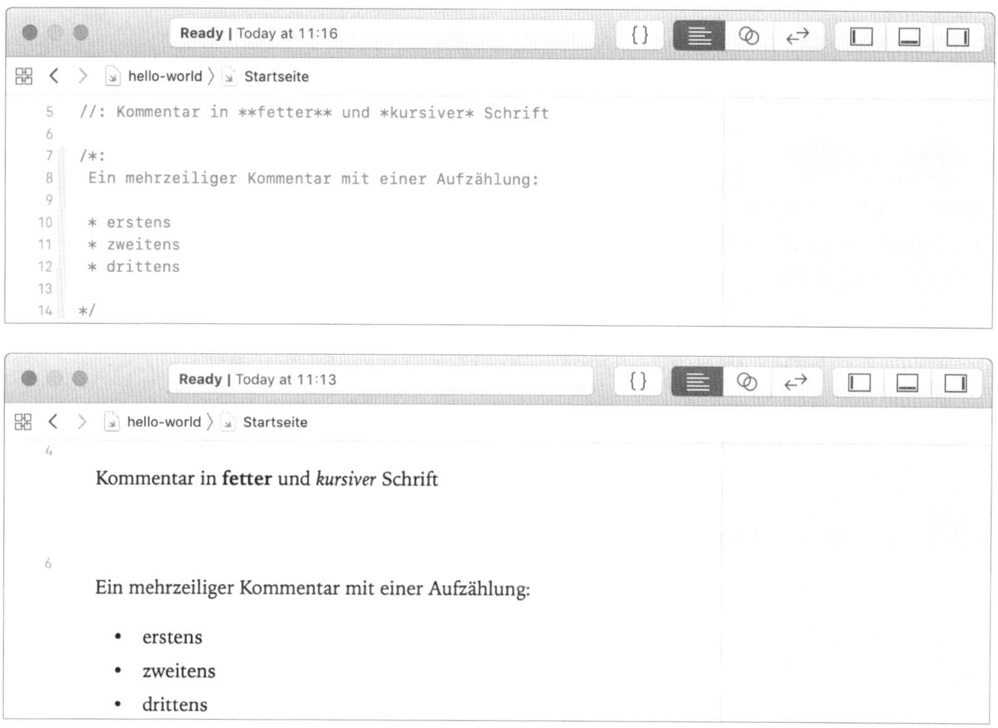

Abbildung 1.6 Oben die Quelltextansicht eines Kommentars, unten die formatierte Ansicht

Noch mehr Gestaltungsmöglichkeiten

Innerhalb von regulären Xcode-Projekten haben Sie in Kommentaren noch mehr Gestaltungsmöglichkeiten, die ich Ihnen in Kapitel 2, »Swift-Crashkurs«, präsentieren werde.

Playgrounds mit mehreren Dateien

Playgrounds können aus mehreren Dateien bzw. »Seiten« bestehen. Zur Verwaltung der Dateien öffnen Sie mit [⌘]+[1] den Navigator (siehe Abbildung 1.7) und fügen mit FILE • NEW • PLAYGROUND PAGE weitere Dateien hinzu.

Die schon vorhandene erste Seite des Playgrounds erhält dann im Navigator den Namen `Untitled Page`, die zweite Seite wird `Untitled Page 2` genannt. Natürlich können Sie diese Namen ändern. [⌘]+[0] blendet den Navigator wieder aus.

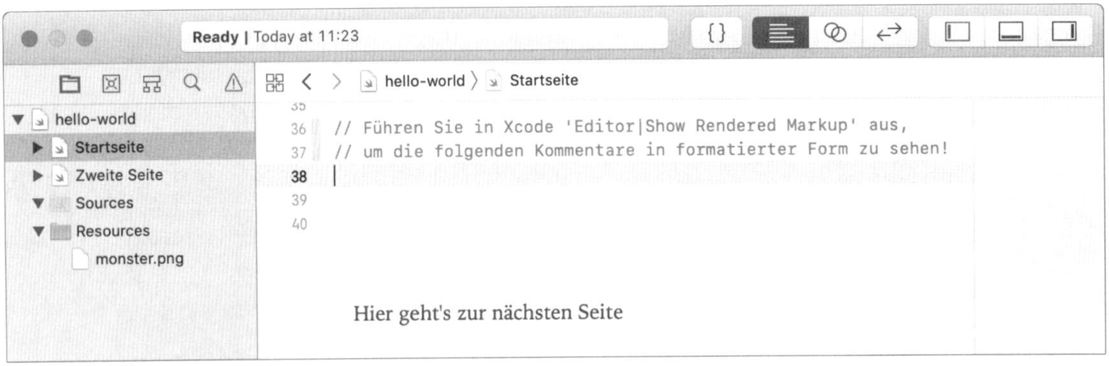

Abbildung 1.7 Mehrseitiger Playground, dessen aktuelle Seite eine Bitmap aus dem Verzeichnis »Resources« anzeigt

In einem weiteren Schritt können Sie die Seiten durch Querverweise verbinden. Die Links definieren Sie als Markdown-Kommentare gemäß der folgenden Syntax:

```
//: [Hier geht's zur nächsten Seite](@next)

//: [Zurück zur vorigen Seite](@previous)
```

Außerdem können Sie nun per Drag & Drop Bitmaps zum Playground hinzufügen und auch auf diese Bitmaps durch Markdown-Kommentare verweisen:

```
//: ![Bildbeschreibung](monster.png)
```

Diese Gestaltungsmöglichkeiten sind vor allem dann interessant, wenn Sie Playgrounds im Unterricht verwenden möchten.

Swift Playgrounds auf dem iPad

Apple bietet im App Store die kostenlose App *Swift Playgrounds* für iPads an. Die App soll vor allem Jugendlichen dabei helfen, die Grundkonzepte von Swift spielerisch zu erlernen. Die Animationen sprechen vermutlich eher acht- bis zehnjährige Kinder an, aber lassen Sie sich davon nicht abhalten: Die App hat wesentlich mehr Substanz, als die grafische Gestaltung vermuten lässt, und ist durchaus auch für erwachsene Einsteiger in die Swift-Programmierung interessant. In zahlreichen, allmählich anspruchsvolleren Übungen lernen Sie durchaus systematisch Methoden, Schleifen, `if`-Abfragen etc. kennen.

1.2 »Hello World« als Terminal-App

Längerfristig wollen Sie natürlich »richtige« Apps programmieren, also Programme mit grafischer Benutzeroberfläche, die unter iOS oder macOS laufen. Leider ist der Overhead recht hoch, auch wenn Sie nur eine minimale Benutzeroberfläche zusammenstellen wollen: Sie müssen sich nicht nur mit diversen Bibliotheken, Klassen und Programmiertechniken auseinandersetzen, sondern sich auch an die komplexe Xcode-Oberfläche gewöhnen.

In den folgenden Kapiteln geht es mir vorerst nur darum, Ihnen die Sprache Swift näherzubringen. Zum Ausprobieren vieler Sprachelemente ist der Playground vollkommen ausreichend. Wo dies nicht der Fall ist, bietet sich die Realisierung des betreffenden Codes als *Command Line Tool* bzw. *Terminal-App* an. Dabei handelt es sich um minimalistische Programme ohne grafische Benutzeroberfläche, die direkt in Xcode oder in einem Terminal-Fenster ausgeführt werden. Soweit diese Programme Eingaben verarbeiten oder Ausgaben durchführen, erfolgen diese im Textmodus.

Xcode kennenlernen

Auch wenn die Programmierung einer Terminal-App vergleichsweise einfach ist, müssen Sie hierfür erstmalig ein eigenständiges Xcode-Projekt erstellen. Dazu wählen Sie im Xcode-Startdialog den Eintrag CREATE A NEW XCODE PROJECT. Sollte Xcode schon laufen, starten Sie ein neues Projekt mit FILE • NEW • PROJECT.

Damit gelangen Sie nun in einen Dialog mit Vorlagen für neue Projekte (siehe Abbildung 1.8). Dort wählen Sie aus der Gruppe MACOS • APPLICATION den Eintrag COMMAND LINE TOOL aus.

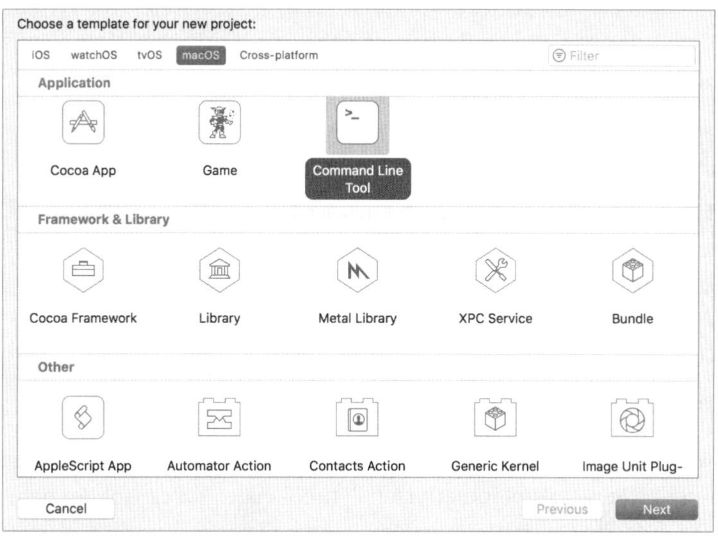

Abbildung 1.8 Dialog zum Start eines neuen Projekts

Im nächsten Schritt müssen Sie Ihrem Projekt einen Namen geben und als Programmiersprache SWIFT auswählen (siehe Abbildung 1.9). PRODUCT NAME ist dabei der Programmname. Als ORGANIZATION IDENTIFIER geben Sie üblicherweise den Domainnamen Ihrer Website in umgekehrter Reihenfolge an – also `info.kofler` für *https://kofler.info*. Wenn Sie über keine eigene Domain verfügen, verwenden Sie vorerst Ihren Nachnamen oder einfach `test`. Spätestens bei der Entwicklung von Apps, die Sie später in den App Store hochladen möchten, müssen Sie hier aber echte Daten angeben.

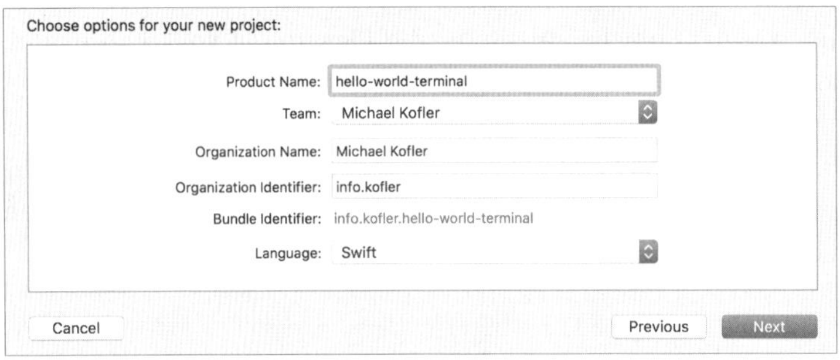

Abbildung 1.9 Eigenschaften des neuen Projekts

Im nächsten Schritt müssen Sie angeben, wo Xcode die Dateien des Projekts speichern soll. Xcode erstellt generell für jedes Projekt ein eigenes Verzeichnis, dessen Name mit dem Produktnamen übereinstimmt. Im Verzeichnisauswahldialog geht es darum, das Basisverzeichnis für die Projektverzeichnisse festzulegen. Wenn es sich bei »Hello World« um Ihr erstes Xcode-Projekt handelt, empfiehlt es sich, jetzt ein Verzeichnis für alle Ihre Xcode-Projekte anzulegen. Später können Sie in diesem Verzeichnis dann beliebig viele weitere Projekte einrichten. Bei manchen IDEs würde man dieses Basisverzeichnis als Workspace-Verzeichnis bezeichnen. Xcode verwendet diesen Begriff aber in einem anderen Zusammenhang.

Versionskontrolle mit Git

Der Verzeichnisauswahldialog enthält unten die Option CREATE A GIT REPOSITORY. Damit können Sie Ihren Code unter eine Revisionskontrolle stellen. Das gibt Ihnen die Möglichkeit, später Änderungen am Code nachzuvollziehen und bei Bedarf wieder rückgängig zu machen. Besonders attraktiv ist Git für Projekte, an denen mehrere Personen arbeiten. Für »Hello World« ist Git aber definitiv überflüssig. Eine Kurzeinführung zu den Git-Funktionen in Xcode finden Sie in Abschnitt 33.3, »Versionsverwaltung mit Git«.

Nach der Verzeichnisauswahl erscheint die eigentliche Xcode-Benutzeroberfläche (siehe Abbildung 1.10). Außer der in den Fenstertitel integrierten Symbolleiste gibt es vier Bereiche, die ich Ihnen in Abschnitt 2.6, »Xcode-Crashkurs«, im Detail vorstelle.

So viel vorweg: In der linken Spalte wählen Sie im PROJECT NAVIGATOR die Datei Ihres Projekts aus, die Sie nun bearbeiten wollen. Dort finden Sie die Datei `main.swift` mit dem Code des Hello-World-Projekts. Klicken Sie diesen Eintrag an!

Abbildung 1.10 Der Hello-World-Code in Xcode

Die mittlere Spalte zeigt den Code bzw. den Inhalt der jeweils ausgewählten Datei an. Unterhalb des Codes kann optional der Debugging-Bereich mit den Konsolenausgaben eingeblendet werden.

Die rechte Spalte ist in mehrere Bereiche aufgeteilt, die für das Hello-World-Projekt aber allesamt nicht relevant sind. Sie können diese Spalte durch den entsprechenden Button WERKZEUGLEISTE AUSBLENDEN in der Symbolleiste vorerst ausblenden.

Was die Codeeingabe betrifft, stellt das Hello-World-Programm eine Enttäuschung dar: Die einzig erforderliche Zeile lautet `print("Hello World!")`, und diese Zeile ist standardmäßig bereits vorhanden. Also können Sie das Miniprogramm sofort mit dem RUN-Button bzw. mit [⌘]+[R] ausführen. Das sollte auf Anhieb gelingen, allerdings kann es sein, dass Sie in Xcode die Ausgabe nicht sehen: Xcode blendet zwar den Debug-Bereich bei der Ausführung der ersten `print`-Funktion ein, dieser Bereich besteht aber wieder aus zwei Teilen. Oft ist nur der linke Teil, VARIABLES VIEW, sichtbar; dann müssen Sie mit dem Icon CONSOLE rechts unten im Debugging-Bereich auch den rechten Ausgabebereich einblenden.

Die Foundation

Xcode fügt in den Code neuer Terminal-Apps automatisch `import Foundation` ein. Damit können Sie in Ihrem Programm auf eine Sammlung elementarer Basisklassen zurückgreifen. Viele Klassennamen beginnen mit `NS`, weil auch die Foundation ein Erbe aus der NextStep-Vergangenheit Apples ist. Foundation-Klassen mit dem klassischen `NS`-Präfix sind unter anderem `NSArray`, `NSError` und `NSString`.

Bei vielen anderen Foundation-Klassen wurde das NS-Präfix allerdings eliminiert, z. B. bei `Date`, `Locale` und `URL` (ehemals `NSDate`, `NSLocale` und `NSURL`). Das sieht auf den ersten Blick inkonsequent aus. Warum wurde `NS` nicht gleich für alle Foundation-Klassen eliminiert?

Ein Grund besteht darin, dass man bei einigen Klassen ganz bewusst zwischen der Swift-eigenen Implementierung und der Foundation-Implementierung unterscheiden wollte, z. B. bei `String` und `NSString`. Darüber hinaus haben sich die Swift-Entwickler eine Menge Gedanken darüber gemacht, bei welchen Klassen der ursprüngliche Name erhalten bleiben sollte und bei welchen nicht. Wenn es Sie interessiert, können Sie die Logik hier nachlesen:

https://github.com/apple/swift-evolution/blob/master/proposals/0086-drop-foundation-ns.md

Bei macOS- und iOS-Programmen beginnen Codedateien mit `import Cocoa` bzw. `import UIKit`. Damit stehen im Code spezifische Klassen zur Programmierung von macOS- bzw. iOS-Oberflächen zur Verfügung. Das Foundation-Framework wird in diesen Fällen als Abhängigkeit gleich mitimportiert, d. h., Cocoa bzw. UIKit bauen auf der Foundation-Bibliothek auf.

Wo ist die App?

In der Überschrift zu Abschnitt 1.2 war ja von einer »Terminal-App« die Rede. Wo ist also diese App? Xcode speichert das neue Programm beim Kompilieren in einem Unterverzeichnis innerhalb von `/Users/ihr-login/Library/Developer/Xcode`. Am schnellsten gelangen Sie in dieses Verzeichnis, wenn Sie in Xcode im Projekt-Navigator PRODUCTS aufklappen und dann für den Eintrag HELLO-WORLD-TERMINAL das Kontextmenükommando SHOW IN FINDER ausführen.

Sie können das Programm übrigens wirklich im Terminal ausführen. Dazu öffnen Sie ein Terminal-Fenster und wechseln in das von Xcode erzeugte Debug-Verzeichnis. Am schnellsten gelingt das, wenn Sie im Terminal nur `cd` eingeben und dann das Verzeichnis per Drag & Drop vom Finder in das Terminal verschieben. Anschließend führen Sie das Programm aus, indem Sie dem Programmnamen `./` voranstellen (siehe Abbildung 1.11). Das ist notwendig, weil bei der Programmausführung im Terminal aus Sicherheitsgründen nur Programme aus bestimmten Verzeichnissen berücksichtigt werden. Deswegen müssen Sie das aktuelle Verzeichnis explizit angeben:

```
$ cd /Users/kofler/Library/Developer/Xcode/DerivedData/ \
  hello-world-terminal-dbencghqrkwmcqcslkfgwjlqllbd/Build/Products/
    Debug
$ ./hello-world-terminal
Hello, World!
```

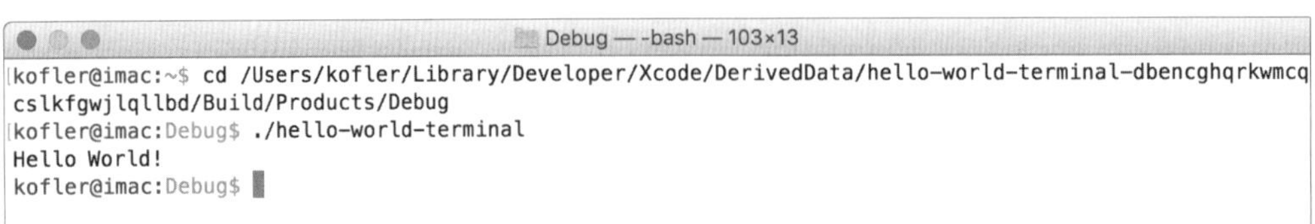

Abbildung 1.11 Programmausführung im Terminal

Momentan geht es nur darum, das Programm für Testzwecke auszuführen. Wollen Sie dagegen eine Terminal-App dauerhaft auf Ihrem Rechner installieren oder auf andere Rechner verteilen, müssen Sie ein Release-Kompilat erstellen. Die entsprechenden Kommandos und Einstellungen finden Sie im PRODUCT-Menü. Sie werden in Abschnitt 10.7, »Lottosimulator«, näher erläutert.

Mehr als nur »Hello World!«

Sollten Sie bisher mit anderen Programmiersprachen gearbeitet haben, dann wird es Sie vielleicht irritieren, dass der Programmcode in `main.swift` so minimalistisch ausfällt:

- Wo ist die `main`-Funktion oder -Methode?
- Wie können Sie auf Parameter zugreifen, die beim Aufruf an das Programm übergeben wurden?

Die erste Frage erübrigt sich: In Swift ist es nicht erforderlich, den Startcode der Terminal-App explizit in eine `main`-Funktion zu verpacken. Hinter den Kulissen kümmert sich der Compiler darum. Sie können innerhalb von `main.swift` aber natürlich andere Funktionen definieren, wie das folgende Beispiel beweist:

```
import Foundation
func sayHello(name: String)  {
    print("Hello, \(name)!")
}

// den Namen des aktiven Nutzers ermitteln
var username = NSFullUserName()

// Funktion sayHello aufrufen
sayHello(name: username)
```

Zur Beantwortung der zweiten Frage werten Sie `CommandLine.arguments` aus. Das erste Element dieses Arrays enthält immer den Programmnamen inklusive des gesamten Pfads. Wenn Parameter übergeben wurden, dann können sie aus den weiteren Array-Elementen gelesen werden. Die Anzahl der Parameter ermitteln Sie mit `args.count - 1`.

`for i in 1..<n` ist der einfachste Weg, in Swift eine Schleife zu formulieren. Dabei nimmt die Variable `i` der Reihe nach die Werte 1, 2, 3 bis zum Wert `n - 1` an. In unserem Fall soll die Schleife bis `args.count - 1` gehen.

Vielleicht wundern Sie sich, warum die Schleife nicht mit 0 beginnt. Das liegt daran, dass `args[0]` eine besondere Bedeutung hat: Das erste Element der `CommandLine.arguments` enthält immer den Programmnamen. Daran sind wir nicht interessiert; wir wollen nur die Parameter, die übergeben wurden.

```
// Zugriff auf Parameter, die an das Programm übergeben wurden
let args = CommandLine.arguments

print("Es wurden \(args.count-1) Parameter übergeben.")

for i in 1..<args.count  {
  print("Parameter \(i): \(args[i])")
}
```

Bleibt noch die Frage zu klären, wie Sie überhaupt Parameter an ein Programm übergeben. Am einfachsten gelingt das, wenn Sie Ihr Programm in einem Terminal ausführen. Alle Daten, die Sie nach dem eigentlichen Programmnamen angeben, werden als Parameter übergeben (wobei Jokerzeichen etc. vorher von der im Terminal laufenden Shell durch Dateinamen oder andere Zeichenketten ersetzt werden):

```
$ cd /Users/kofler/Library/Developer/Xcode/DerivedData/ \
  hello-world-terminal-dbencghqrkwmcqcslkfgwjlqllbd/Build/Products/
    Debug

$ ./hello-world-terminal a b c
  Hello, World!
  Hello, Michael Kofler!
  Es wurden 3 Parameter übergeben.
  Parameter 1: a
  Parameter 2: b
  Parameter 3: c
```

Für die Programmausführung innerhalb von Xcode geben Sie die gewünschten Parameter mit Product • Scheme • Edit Scheme im Dialogblatt Arguments an.

Build- und Run-Schemata

Xcode verwendet Schemata, um alle Einstellungen für das Kompilieren und Ausliefern von Programmen in verschiedenen Stadien der Programmentwicklung zu verwalten. Es gibt vier vordefinierte Schemata, unter anderem für das Debugging, also für gewöhnliche Testläufe zur Fehlersuche, und für das Profiling zur Performance-Analyse. Bei Bedarf können Sie im Menü Product • Scheme eigene Schemata definieren.

Wenn Sie den Run-Button in der Symbolleiste von Xcode etwas länger anklicken, öffnet sich an dessen Stelle ein Menü zur Auswahl eines Schemas. Ab sofort gilt dieses Schema als Defaultschema für den Button – so lange, bis es wieder geändert wird.

Mehr Details zum Umgang mit Schemata folgen in Abschnitt 32.4, »Mehrsprachige Apps«. Dort zeige ich Ihnen, wie Sie mehrere Schemata erstellen, um eine iOS-App in unterschiedlichen Spracheinstellungen zu testen.

Den Swift-Interpreter und -Compiler direkt aufrufen

In diesem Buch steht die Entwicklung von Programmen innerhalb von Xcode im Vordergrund. Es schadet aber nicht zu wissen, dass Sie Swift auch außerhalb von Xcode auf unterschiedliche Weisen einsetzen können.

Zwar ist Swift kein Interpreter, es gibt aber einen kaum bekannten REPL-Modus (*Read Eval Print Loop*): In diesem Modus werden eingegebene Anweisungen sofort kompiliert und dann ausgeführt. Swift verhält sich also ähnlich wie ein Interpreter.

Nach dem Start von `swift` liefert `:help` einen mehrseitigen Hilfetext. Andere Eingaben, die sich auch über mehrere Zeilen erstrecken dürfen, werden sofort ausgeführt. [ctrl]+[D] beendet den Interpreter.

```
$ swift
Welcome to Apple Swift version 5.0 (swiftlang-1001.0.60.3 clang
    -1001.0.37.8).
Type :help for assistance.

  1> :help
The REPL (Read-Eval-Print-Loop) acts like an interpreter.
Valid statements, expressions, and declarations are immediately
compiled and executed ...

  1> 2+3
$R0: Int = 5

  2> print("Hello World!")
Hello World!

  3> for i in 1...3 { print(i) }
1
2
3
  4> for i in 1...3 {
  5.     print(i)
  6. }
1
2
3
<ctrl>+<D>
```

Wenn Swift also in der Lage ist, Kommandos ad hoc zu kompilieren und auszuführen, dann muss auch die Möglichkeit bestehen, ein Swift-Script ähnlich wie ein bash- oder Python-Script zu schreiben. Dazu schreiben Sie den gewünschten Code einfach in eine Textdatei, wobei die erste Zeile exakt wie folgt aussehen muss:

```
#!/usr/bin/env xcrun swift
```

Ein vollständiges Script könnte so aussehen:

```
#!/usr/bin/env xcrun swift
import Foundation
var username = NSFullUserName()
print("Hello \(username)!")
```

Bevor Sie die Datei zum ersten Mal ausführen können, müssen Sie im Terminal das Execute-Bit setzen:

```
$ chmod a+x mein-script.swift
$ ./mein-script.swift
Hello Michael Kofler!
```

Swift als bash- oder Python-Alternative?

Natürlich ist es faszinierend, dass Sie Swift-Programme ähnlich wie Shell-Scripts verfassen können, der praktische Nutzen ist aber gering: Einerseits laufen derartige Scripts nur, wenn auf dem Rechner Xcode installiert ist; diese Voraussetzung ist nur auf Entwicklerrechnern gegeben. Andererseits ist der Overhead für das Kompilieren sehr hoch und lohnt sich nur bei relativ komplexen Aufgaben. Einfache Scripts werden von bash oder Python *viel* schneller ausgeführt!

Im Terminal ist nicht nur der Swift-Interpreter zugänglich, Sie können dort auch Swift-Programme kompilieren. Dazu ermitteln Sie zuerst den Speicherort des *Software Development Kits* (SDK) für macOS. Das Kompilat erhält den gleichen Namen wie die Codedatei, aber ohne die Endung `.swift`. Es kann unmittelbar ausgeführt werden.

```
$ platf=$(xcrun --sdk macosx --show-sdk-path)
$ swiftc -sdk $platf mein-code.swift
$ ./mein-code
```

Kapitel 2
Swift-Crashkurs

Um ein ordentliches Fundament für die weiteren Kapitel zu legen, in denen es bezüglich Swift-Syntax richtig zur Sache geht, präsentiert dieses Kapitel einen Swift-Crashkurs. Er stellt ausgewählte Sprachelemente von Swift anhand von Beispielen kurz vor.

Die folgenden Absätze fassen ganz knapp die wichtigsten Syntaxregeln und Eigenheiten der Sprache Swift zusammen. Sollten Sie etwas nicht auf Anhieb verstehen: Keine Angst, alle Begriffe werden in den weiteren Kapiteln im Detail erläutert!

Wozu ein Crashkurs?

Das Ziel dieses Crashkurses ist es, Ihnen einen ersten Überblick über Swift zu verschaffen. In den weiteren Kapiteln werde ich Ihnen systematisch verschiedene Aspekte von Swift näherbringen. Dabei habe ich es aber mit einem Henne-Ei-Problem zu tun: Ganz egal, wo ich beginne, es lässt sich nie vermeiden, dass ich auf andere Kapitel verweise. Deswegen ist es gut, wenn Sie schon vor der detaillierten Beschreibung der Sprachdetails von Swift ein ungefähres Gesamtbild vor Ihrem inneren Auge sehen.

Damit Sie sich bei Ihren ersten Programmierversuchen nicht in der komplexen Entwicklungsumgebung Xcode verlieren, rundet eine Xcode-Einführung das Kapitel ab.

2.1 Elementare Syntaxregeln und Kommentare

Normalerweise werden Anweisungen zeilenweise formuliert. Anders als bei Objective-C ist es nicht erforderlich, Anweisungen mit einem Strichpunkt abzuschließen. Ein Strichpunkt am Ende einer Anweisung ist aber syntaktisch erlaubt und stellt keinen Fehler dar.

Soweit es für den Compiler klar erkennbar ist, dürfen Anweisungen auch über mehrere Zeilen reichen. Das gilt z. B. bei offenen Klammern oder beim Einsatz von Operatoren:

```
print("abc" +
  "efg")
let a = 3
  + 5
```

Mit """ leiten Sie mehrzeilige Zeichenketten ein. Die folgende Zeichenkette enthält vier Zeilenumbrüche:

```
let s = """
          Das
          ist
          eine
          mehrzeilige
          Zeichenkette!
          """

// gleichwertig
let s2 = "Das\nist\neine\nmehrzeilige\nZeichenkette!"
```

Wenn lange Zeilen bei einem Punkt getrennt werden, also beim Aufruf von Methoden oder beim Zugriff auf Eigenschaften, dann muss der Punkt in der zweiten Zeile angegeben werden:

```
// OK
let temp = NSString(string: NSTemporaryDirectory())
  .stringByAppendingPathComponent("mein-temp-verzeichnis")

// Fehler 'expecting member name following .'
let temp = NSString(string: NSTemporaryDirectory()).
  stringByAppendingPathComponent("mein-temp-verzeichnis")
```

Mehrere Anweisungen in einer Zeile sind erlaubt, sofern sie durch Strichpunkte getrennt sind:

```
var x1 = 3; let x2 = 5; let x3 = x1 + x2
```

Codeblöcke, also zusammengehörende Anweisungen in Schleifen, Verzweigungen oder Funktionen, werden mit geschwungenen Klammern gebildet. Codeeinrückungen sind optional und spielen anders als z. B. in Python für den Compiler keine Rolle.

```
if x==3 {
  ... mach etwas
}
```

Je nach Kontext kann ein Codeblock in geschwungenen Klammern aber auch eine *Closure* sein, also eine anonyme Funktion. Im folgenden Beispiel wird die Funktion `$0+3` mit `map` auf alle Elemente eines Arrays angewendet. `$0` ist dabei der Parameter der anonymen Funktion. Das Ergebnis ist ein neues Array.

```
let data = [1, 2, 3, 4]  // Array
let newdata = data.map() { $0+3 }
print(newdata)           // neues Array: [4, 5, 6, 7]
```

Kommentare

Es gibt zwei Möglichkeiten, Kommentare in den Quellcode zu integrieren: Einzeilige Kommentare werden mit // eingeleitet und reichen bis zum Ende der Zeile. Mehrzeilige Kommentare beginnen mit /* und enden mit */. Sie dürfen in mehreren Ebenen verschachtelt werden.

```
// einzeiliger Kommentar
/* mehrzeiliger
   /* verschachtelter */
   Kommentar */
```

Markdown-Kommentare

Markdown ist eine sehr populäre Auszeichnungssprache für formatierten Text. Eine gute Einführung in die Markdown-Syntax gibt die Wikipedia:

https://de.wikipedia.org/wiki/Markdown

In Swift können Sie Markdown auch in Kommentaren verwenden, sofern Sie den Kommentar mit /// (einzeilig) bzw. mit /** (mehrzeilig) einleiten:

```
// in Codedateien eines Xcode-Projekts gilt:
/// einzeiliger Markdown-Kommentar
/** mehrzeiliger
    Markdown-Kommentar */

// davon abweichend gilt für Playground-Code:
//: einzeiliger Markdown-Kommentar
/*: mehrzeiliger
    Markdown-Kommentar */
```

//: versus ///

Markdown-Kommentare in gewöhnlichen Codedateien werden mit /// bzw. mit /** eingeleitet. In Playground-Dateien müssen Sie hingegen //: bzw. /*: verwenden. Ich habe keine Begründung für dieses vollkommen inkonsequente Verhalten gefunden.

Innerhalb von Markdown-Kommentaren können die wichtigsten Formatierungsmöglichkeiten der Markdown-Variante *reStructuredText* verwendet werden:

- **Textauszeichnung:** `*kursiver Text*`, `**fetter Text**`, `` `Listingschrift` ``
- **Zitierter Text (Block Quote):**

  ```
  > Text. Noch
  > mehr Text.
  ```

- **Codeblock:** Die Codezeilen müssen jeweils um vier Zeichen eingerückt werden.

- **Links:** `[Link](http://site.com/bla/bla)`
- **Bilder:** `![alternativer Text](http://site.com/image.png "<Titel>")`
- **Aufzählungen ohne Nummerierung:**

```
* erstens
* zweitens
* drittens
```

- **Aufzählungen mit Nummerierung:**

```
1. rot
2. grün
3. blau
```

- **Überschriften:**

```
# Überschrift 1. Ebene
## Überschrift 2. Ebene
### Überschrift 3. Ebene
```

- **Schlüsselwörter:** Innerhalb des Markdown-Codes können Sie mit speziellen Schlüsselwörtern, denen ein Doppelpunkt folgen muss, Hinweise und Kontextinformationen angeben.

Schlüsselwort	Bedeutung
`author:`	gibt den Namen des Autors an
`authors:`	analog für mehrere Autoren
`bug:`	beschreibt einen bekannten Fehler
`copyright:`	gibt die Urheberrechte an
`important:`	weist auf ein wichtiges Detail hin
`parameter name:`	dokumentiert den Parameter `name`
`returns:`	erläutert den Rückgabewert einer Funktion/Methode
`throws:`	gibt an, welche Fehler ausgelöst werden können
`version:`	gibt die Versionsnummer an

Tabelle 2.1 Swift-spezifische Markdown-Schlüsselwörter

Markdown-Kommentare zu Typen, Eigenschaften und Methoden werden automatisch bei der Anzeige von kontextspezifischen Hilfetexten berücksichtigt (siehe Abbildung 2.1).

Weitere Markdown-Syntaxdetails sind auf dieser Seite dokumentiert:

https://developer.apple.com/library/ios/documentation/Xcode/Reference/xcode_markup_formatting_ref

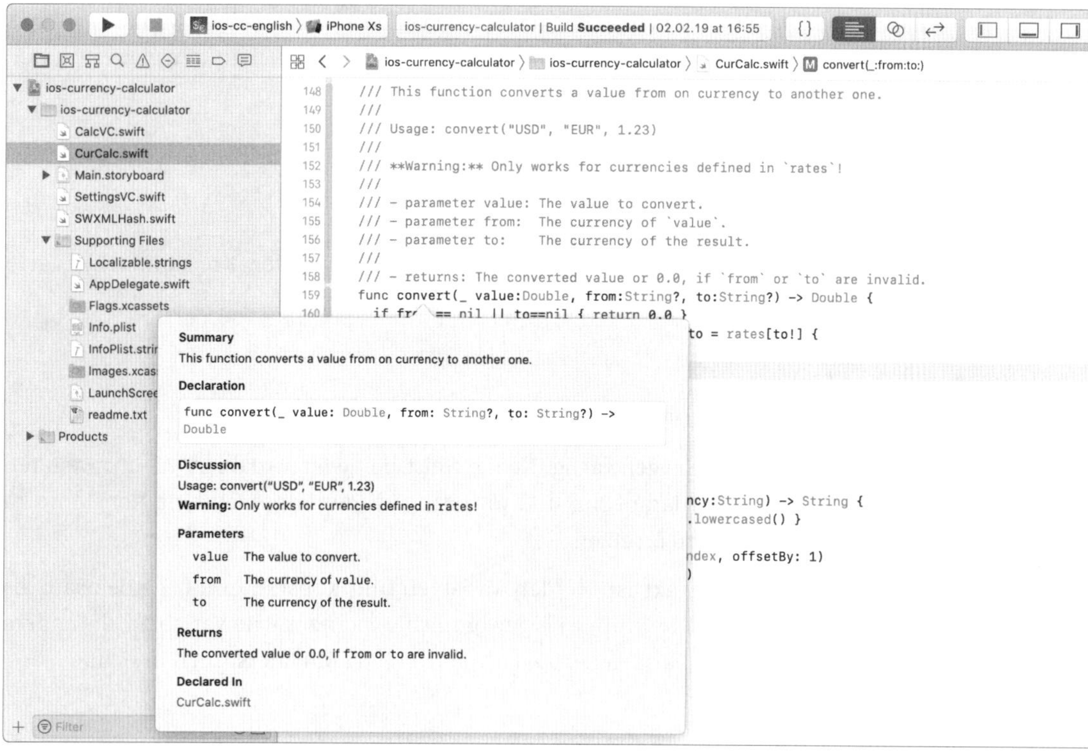

Abbildung 2.1 Formatierter Kommentar

> **Dokumentationsschablone automatisch erstellen**
>
> Wenn Sie eine Funktion oder Methode per Markdown kommentieren möchten, müssen Sie die vorhin erläuterten Schlüsselwörter nicht alle auswendig wissen. Stattdessen lassen Sie sich von Xcode helfen. Dazu bewegen Sie den Cursor in die Funktion oder Methode und führen EDITOR • STRUCTURE • ADD DOCUMENTATION aus.

MARK-Kommentar

Eine Spielart der Markdown-Kommentare ist:

```
// MARK: beschreibung
```

Dieser Kommentar gruppiert Klassen mit vielen Eigenschaften und Methoden in mehrere Abschnitte, die in der ausklappbaren Funktionsliste von Xcode mit der jeweiligen Beschreibung dargestellt werden. `// MARK:` hilft also dabei, lange Methodenlisten übersichtlicher zu gestalten. Einen entsprechenden Screenshot finden Sie in Abschnitt 26.4, »Drag & Drop (macOS)« (siehe Abbildung 26.8).

Befremdlich an // MARK: ist der Umstand, dass es sich dabei *nicht* um einen Markdown-Kommentar handelt, sondern dass der Kommentar mit nur zwei /-Zeichen eingeleitet werden muss.

2.2 Variablen, Konstanten und Datentypen

Variablen müssen bei der ersten Zuweisung mit var deklariert werden, Konstanten mit let:

```
var x=3      // Variable
x=5
let max=5    // Konstante
max=7        // Fehler, max kann nicht mehr verändert werden
```

Konstanten sind in Swift allgegenwärtig. Xcode weist bei jeder Variablen, die im weiteren Code nicht verändert wird, darauf hin und rät dazu, aus der Variablen eine Konstante zu machen, also var durch let zu ersetzen.

Auch wenn es nicht ganz exakt ist, werden Variablen und Konstanten oft gemeinsam als Variablen bezeichnet – die eine Gruppe als gewöhnliche, veränderliche Variablen, die andere Gruppe als unveränderliche Variablen (zugegebenermaßen ein Widerspruch in sich).

Zahlen und Zeichenketten

Swift wählt bei der Initialisierung automatisch einen geeigneten Datentyp für Variablen. Der Datentyp darf sich später nicht mehr ändern:

```
var x=3
x=2.5      // Fehler, x ist eine Integer-Variable!
```

Umgekehrt akzeptiert Swift aber durchaus var y=2.5; y=3. In diesem Fall ist y von Anfang an eine Double-Variable.

Generell vermeidet Swift automatische Typumwandlungen. So liefert sqrt im folgenden Beispiel einen Fehler, weil die sqrt-Funktion nur für Fließkommazahlen definiert ist. Abhilfe schafft eine explizite Typumwandlung durch Double(i):

```
let i=2                   // Integer-Variable
let sq=sqrt(i)            // Fehler, sqrt erwartet eine Double-Zahl
let sq=sqrt(Double(i))    // OK
```

Der folgende Code scheitert, weil x1 eine Integer-, x2 aber eine Fließkommavariable ist:

```
let x1 = 3                // Int
let x2 = 0.2              // Double
let x3 = x1 + x2          // Fehler, + kann Int und Double nicht
                          // addieren
let x3 = Double(x1) + x2  // OK
```

Dagegen wird die folgende Anweisung anstandslos ausgeführt, offensichtlich, weil hier der Compiler selbst 3,0 + 0,2 ausrechnet und die Anweisung im Sinne von `x4 = 3.2` interpretiert:

```
let x4 = 3 + 0.2  // funktioniert, weil der Compiler vorweg addiert
```

Zeichenketten werden mit doppelten Apostrophen gebildet, also `"bla"`. Sie dürfen nicht über mehrere Zeilen reichen. Sie können aber mehrere Zeichenketten mit + verbinden und den Code so über mehrere Zeilen verteilen:

```
var s1 = "abc"
```

String-Interpolation

Innerhalb von Zeichenketten können Sie mit `\(ausdruck)` beliebige Ausdrücke einbauen. Swift wertet den Ausdruck aus und baut das Ergebnis in die Zeichenkette ein. Dieser Mechanismus heißt *String-Interpolation*.

```
var result=3*7
print("Resultat=\(result)")        // Ausgabe: Resultat=21
print("Die Wurzel von zwei ist \(sqrt(2))")
```

Die Schreibweise `\(ausdruck)` ist auch in mehrzeiligen Zeichenketten erlaubt. Solche Zeichenketten müssen mit drei "-Zeichen eingeleitet und ebenso beendet werden. Die zweite `"""`-Gruppe gibt die Einrücktiefe an. Leer- bzw. Tabulatorzeichen bis zu dieser Stelle werden nicht in die Zeichenkette eingebaut.

```
let s2 = """
   <p>Die Wurzel von zwei ist \(sqrt(2))
   <ul><li>Punkt 1</li>
       <li>Punkt 2</li>
   </ul>
   """
print(s2)
// Ausgabe:  <p>Die Wurzel von zwei ist 1.4142135623731
//           <ul><li>Punkt 1</li>
//               <li>Punkt 2</li>
//           </ul>
```

Datentypen und Optionals

Die bisherigen Beispiele haben gezeigt, dass Swift den richtigen Datentyp in der Regel selbst erkennt. Einmal festgelegt, kann der Datentyp einer Variablen nicht mehr geändert werden. Swift ist also typsicher. Bei Bedarf können Sie den gewünschten Datentyp von Variablen aber auch explizit festlegen:

```
var d: Double = 3          // d ist eine Double-Variable
```

Eine Besonderheit von Swift sind *Optionals*: Das sind Variablen, die einen Wert oder den Zustand nil im Sinne von *nicht vorhanden* speichern können. Dem Datentyp folgt in diesem Fall ein Frage- oder Ausrufezeichen. Fragezeichen kennzeichnen »gewöhnliche« Optionals, Ausrufezeichen »Implicitly Unwrapped Optionals«. Die Unterschiede zwischen diesen beiden Optional-Typen erläutere ich in Abschnitt 4.2, »Optionals«. Die folgenden Beispiele verwenden durchwegs gewöhnliche Optionals:

```
var opt: Int? = 3
opt = nil
```

Ein Beispiel für die Anwendung von Optionals ist die Init-Funktion Int. Sie versucht, eine Zeichenkette in eine ganze Zahl umzuwandeln. Gelingt dies, liefert die Methode eine Integer-Zahl, andernfalls nil. Der Datentyp ist in jedem Fall Int?:

```
var nmb = Int("123")      // 123
nmb = Int("abc")          // nil
if nmb != nil {
  print(nmb!)             // nmb! macht aus Int? --> Int
}
```

Bei der print-Ausgabe im Playground werden Optional-Ausgaben in der Form Optional(xxx) dargestellt. Diese Schreibweise ist ein Hinweis darauf, dass nmb im obigen Beispiel eben nicht eine Int-Variable ist, sondern eine Variable mit dem Datentyp Int?. Das hat zur Folge, dass Sie nmb nicht ohne Weiteres in einer Berechnung oder Zuweisung verwenden können – unabhängig davon, ob nmb nun gerade eine Zahl oder nil enthält.

```
print(nmb + 3)            // nicht möglich
var i: Int = nmb          // nicht möglich
```

Die beiden obigen Anweisungen scheitern daran, dass eine Addition zwischen einem Int?-Wert und einem Int-Wert nicht definiert ist und dass auch eine Zuweisung eines Int?-Ausdrucks an eine Int-Variable nicht erlaubt ist; es kann ja sein, dass nmb keine Zahl, sondern nil enthält. Dieses Problem umgehen Sie, wenn Sie nmb explizit »auspacken« – und zwar mit dem nachgestellten Unwrapping-Operator !:

```
if nmb != nil {
  print(nmb! + 3)         // ok
  let i: Int = nmb!       // ok
  print(i)
}
```

Noch eleganter lassen sich Zuweisungen von Optionals mit if let durchführen. Der if-Block wird nur ausgeführt, wenn der optionale Ausdruck nicht nil war.

```
if let j = nmb {          // j hat den Datentyp Int
  print(j + 4)            // ok
}
```

Tupel, Arrays und Dictionaries

Tupel sind geordnete Aufzählungen von Daten, wobei die Elementanzahl unveränderlich ist. Ihr Einsatz bietet sich z. B. an, wenn eine Funktion *mehrere* Werte als Ergebnis zurückgeben soll. Die Tupel-Elemente werden einfach in runde Klammern gestellt, wobei die Elemente unterschiedliche Datentypen aufweisen können:

```
let tupel = (1, 2, 3, "abc", true)
```

Es ist nicht möglich, Schleifen über Tupel zu bilden. Dafür können die Elemente eines Tupels unkompliziert mehreren Variablen zugewiesen werden:

```
let (x, y, z) = (3.3, 2.4, 0.7)
```

Alternativ können Sie die Elemente eines Tupels auch in der Form `.n` ansprechen, also `tupel.0` für das erste Element, `tupel.1` für das zweite etc.:

```
print(coord3D.2)     // Ausgabe 0.7
```

Arrays helfen wie in vielen anderen Programmiersprachen dabei, geordnete Datenmengen zu verwalten:

```
let daten = [7, 12, 9]
print(daten[1])         // 12, also das zweite Element
let cnt = daten.count   // 3

for i in daten {
  print(i)
}
```

Sofern Sie Arrays in Variablen speichern (`var`, nicht `let`!), zeigt Swift große Flexibilität bei der nachträglichen Veränderung der Array-Größe:

```
var data = [2.4, 3.5]
data.append(3.4)
data+=[2.7, 3.9]
data.remove(at: 2)
print(data)  // Ausgabe: [2.4, 3.5, 2.7, 3.9]
```

Überraschend umständlich ist aber die Erzeugung eines 8 × 8-Integer-Arrays:

```
// zweidimensionales Integer-Array erzeugen und mit 0 initialisieren
var chessboard =
    Array(repeating:
      Array(repeating: 0, count:8), count:8)
```

Wenn Sie nicht einen numerischen Index für den Zugriff auf die Elemente Ihrer Aufzählung verwenden möchten, bieten sich Dictionaries an. Deren Elemente sind Schlüssel-Wert-Paare:

```
var colorcodes = ["red":   0xff0000,
                  "green": 0x00ff00,
                  "blue":  0x0000ff]
colorcodes["white"] = 0xffffff        // Element hinzufügen

for (cname, cval) in colorcodes {     // Schleife über alle Elemente
    var hex = NSString(format:"%06X", cval)
    print("Farbcode \(hex) = Farbe \(cname)")
}
// Ausgabe:  Farbcode 00FF00 = Farbe green
//           Farbcode FF0000 = Farbe red
//           Farbcode 0000FF = Farbe blue
//           Farbcode FFFFFF = Farbe white
```

let versus var

`let` kennzeichnet in Swift Konstanten, `var` Variablen. Das gilt auch für Arrays, Dictionaries, Sets etc.: Ein mit `let` deklariertes Array kann später nicht mehr verändert werden.

2.3 Strukturierung des Codes

Alle Programmiersprachen stellen Konstrukte zur Verfügung, um die Codeausführung zu steuern und den Code in übersichtliche Teile zu strukturieren. Dieser Abschnitt zeigt, wie Sie Schleifen, Verzweigungen und Funktionen in Swift bilden.

Schleifen

Das folgende Listing zeigt drei Varianten für eine Schleife, die jeweils die Werte 1 bis 3 durchläuft. Die geschwungenen Klammern sind zwingend erforderlich, auch dann, wenn der Schleifenkörper nur aus einer Anweisung besteht. Der Range-Operator `n1...n2` drückt einen Zahlenbereich aus, jeweils inklusive des Start- und Endwerts. Alternativ können Sie auch `n1..<n2` verwenden: Dieser Zahlenbereich reicht von `n1` bis `n2-1`, der Endwert ist also exklusiv.

```
// for-in-Schleife (for-each)
for  i in 1...3 {
  print(i)
}
// while-Schleife
var cnt=1
while cnt<4 {
  print(cnt)
  cnt += 1
}
```

```
// repeat-while-Schleife
cnt=1
repeat {
  print(cnt)
  cnt += 1
} while cnt<4
```

Keine klassische for-Schleife

In Swift gibt es keine Schleifen in der Form `for(init; bedingung; iterator)`. Die Swift-Entwickler finden, dass derartige `for`-Schleifen unschönen, schwer lesbaren, *un-swifty* Code liefern würden. Persönlich kann ich diese Argumentation nicht ganz nachvollziehen, aber das hilft natürlich auch nichts.

Wie auch immer: Es gibt diverse Wege, jede erdenkliche Aufgabenstellung für eine Schleife in Swift zu realisieren. Diverse Lösungsvorschläge finden Sie in Kapitel 5, »Verzweigungen und Schleifen«.

Verzweigungen

Verzweigungen werden mit `if` oder `switch` gebildet. Die Syntax hat große Ähnlichkeiten mit C und Java.

```
let x = Int.random(in: -10...10)
if x<0 {
    print("x ist negativ")
} else if x==0 {
    print("x ist 0")
} else {
    print("x ist positiv")
}
```

Eine oft genutzte Eigenheit von Swift besteht darin, Optional-Zuweisungen mit Abfragen zu verbinden. Im folgenden Beispiel enthält `eingabe` eine Zeichenkette. `Int` versucht, die Zeichenkette in eine ganze Zahl umzuwandeln. Der Code nach `if let` wird nur ausgeführt, wenn das gelingt, `Int(eingabe)` also nicht `nil` ergibt. In diesem Fall enthält `n` mit dem Datentyp `Int` die Zahl.

```
let eingabe = "123"
if let n = Int(eingabe) {
  print("Zweimal n = \(2*n)")
}
```

Bei der `switch`-Konstruktion ist ein `default`-Block zwingend erforderlich und muss nach allen anderen `case`-Blöcken formuliert werden. Die einzige Ausnahme ist eine `switch`-Auswertung von Enumerationen, bei denen der Compiler erkennen kann, dass alle möglichen Werte berücksichtigt wurden.

```
switch x {
case 1:
    print("x ist 1")
case 2, 3:
    print("x ist 2 oder 3")
default:
    print("x ist kleiner 1 oder größer 3")
}
```

Funktionen

Mit `func` definieren Sie Funktionen. Dabei müssen Sie für alle Parameter deren Datentypen angeben. Sofern die Funktion ein Ergebnis zurückgibt, müssen Sie auch dessen Typ in der Form `-> typ` spezifizieren.

```
// Durchschnittswert eines Arrays für Fließkommazahlen ermitteln
func avg(data: [Double]) -> Double {
    var sum = 0.0
    for itm in data {
        sum += itm
    }
    return sum / Double(data.count)
}
let x = [7.3, 2.5, 0.0]
print("Durchschnittswert: \(avg(data: x))")
```

In Playgrounds bzw. in Terminal-Apps müssen Funktionen *vor* ihrer Verwendung definiert werden, können also nicht am Ende des Codes formuliert werden. Bei Methoden, die innerhalb einer Klasse formuliert sind, spielt die Anordnung im Code hingegen keine Rolle.

Beim Aufruf müssen dem Funktionsnamen immer runde Klammern folgen, auch wenn es gar keine Parameter gibt. Ob Parameter wie im obigen Beispiel angegeben werden müssen oder ob sie weggelassen werden können, hängt von der Definition der Funktion ab. Namenlose Parameter müssen mit einem vorangestellten `_`-Zeichen gekennzeichnet werden:

```
func sum(_ a: Int, _ b: Int) -> Int {
  return a + b
}
print(sum(7, 12))
```

Beim Aufruf von Funktionen bzw. Methoden aus Standardbibliotheken ist oft schwer zu erraten, welche Parameter benannt werden müssen und welche nicht. Häufig ist der erste Parameter namenlos, während die weiteren Parameter benannt werden – aber zu dieser Regel gibt es zahlreiche Ausnahmen. Glücklicherweise unterstützt Xcode Sie bei der Eingabe der

Parameter: Sobald Xcode die Funktion oder Methode erkannt hat, können Sie mit ⇥ von einem Parameter zum nächsten springen.

Funktionen können als Ergebnis selbst Funktionen zurückgeben oder – wie in der folgenden Funktion `applyFuncAndPrint` – als Parameter Funktionen verarbeiten:

```
func applyFuncAndPrint(data: [String], fn: (String) -> String) {
  for s in data {
    print(fn(s))
  }
}
// liefert lauter Großbuchstaben
func upper(s: String) -> String {
  return s.uppercased()
}
let ar = ["Swift", "ist", "cool"]
applyFuncAndPrint(data: ar, fn: upper)
// Ausgabe: SWIFT IST COOL
```

Closures

Funktionen können in Form von *Closures* (Funktionsabschlüssen) ad hoc definiert und angewendet werden. Objective-C bietet mit *Blocks* ein ähnliches Sprachmerkmal; in Java und C# spricht man von Lambda-Ausdrücken.

In Swift sieht die Syntax für Closures so aus:

```
{ (Parameterliste) -> Rückgabedatentyp  in  Code}
```

Im folgenden Beispiel wird noch zweimal `applyFuncAndPrint` aufgerufen. Die erste Closure wandelt den zu verarbeitenden `String`-Parameter in Kleinbuchstaben um. Die zweite Closure ermittelt den ersten Buchstaben der Zeichenkette. Das Ausrufezeichen nach `first` ist erforderlich, damit der Ausdruck Zeichenketten zurückgibt und nicht Optionals, wie dies die `first`-Methode vorsieht.

```
applyFuncAndPrint(data: ar,
                  fn: { (s: String) -> String in
                         return s.lowercased() } )
// Ausgabe: swift ist cool

applyFuncAndPrint(data: ar,
                    fn: { (s: String) -> String in
                          return String(s.first!) } )
// Ausgabe: S i c
```

Sofern für den Compiler die Datentypen der Parameter und der Rückgabe klar sind, können Closures in einer wesentlich kompakteren Syntax formuliert werden. Die anonyme

Funktionsdeklaration entfällt dann ebenso wie die Schlüsselwörter in return. Die Parameter werden nun in der Form $0, $1 etc. angesprochen. Der Code für die beiden obigen Beispiele sieht dann so aus:

```
// Closure-Kurzschreibweise
applyFuncAndPrint(data: ar, fn: { $0.lowercased() } )
applyFuncAndPrint(data: ar, fn: { String($0.first!) } )
```

Wenn die Closure im letzten Parameter einer Funktion oder Methode zu übergeben ist, wie dies in der Praxis häufig auftritt, gibt es noch eine Syntaxvariante: Sie verzichten in diesem Fall auf die Nennung dieses Parameters und formulieren die Closure *nach* der abschließenden Klammer der Funktion. Das sieht anfangs gewöhnungsbedürftig aus, reduziert aber die Anzahl der offenen Klammerebenen.

```
// Closure hintanstellen
applyFuncAndPrint(data: ar) { $0.lowercased() }
applyFuncAndPrint(data: ar) { String($0.first!) }
```

Eigene Operatoren

In Swift können Sie vollkommen unkompliziert eigene Operatoren definieren. Für Swift sind Operatoren ein Sonderfall einer globalen Funktion, also einer Funktion, die nicht innerhalb eines Typs definiert wurde. Im folgenden Beispiel wird das Zeichen * als Operator für eine String-Multiplikation definiert. "abc" * 3 ergibt somit "abcabcabc". Der Code innerhalb von func * greift dabei auf die in der Swift-Standardbibliothek schon vorhandene Init-Funktion mit dem Parameter repeating zurück.

```
// Operator für eine String-Multiplikation
func * (left: String, right: Int) -> String {
  if right <= 0 {
    return ""
  } else {
    return String(repeating: left, count: right)
  }
}
let abc3 = "abc" * 3
print(abc3)  // Ausgabe "abcabcabc"
```

2.4 Klassen und Datenstrukturen

Swift sieht mit class, struct und enum drei Konstrukte vor, die Code und Daten kapseln. Auf Enumerationen gehe ich hier nicht ein. Der wichtigste Unterschied zwischen class und struct besteht darin, dass von class abgeleitete Instanzen immer als Referenzen adressiert werden, während structs wie elementare Datenwerte kopiert werden (*Reference Types* versus *Value Types*).

In diesem Einführungsbeispiel definiert class zuerst die Klasse Rectangle zur Verwaltung von Rechtecken. Der weitere Code erzeugt einige Objekte (Instanzen) dieser Klasse und speichert sie in einem Array. Innerhalb der Klasse wird der Konstruktor mit init gebildet. self ermöglicht den Zugriff auf Klassenvariablen, wenn es gleichnamige lokale Variablen oder Parameter gibt.

```
// Definition der Klasse
class Rectangle {
    var width:  Double
    var height: Double

    init(width: Double, height: Double) {
        self.width  = width
        self.height = height
    }
    func area() -> Double {
        return width * height
    }
    func showData() {
        print("Width  = \(width)")
        print("Height = \(height)")
        print("Area   = \(area())")
    }
}

// Anwendung der Klasse
var rects = [Rectangle]() // Rectangle-Array
rects += [Rectangle(width: 10,  height: 12)]
rects += [Rectangle(width: 7.3, height: 2.4)]
rects += [Rectangle(width: 2.9, height: 0.7)]

for rect in rects {
    rect.showData()
}
```

Protokolle

Ein Protokoll definiert eine bestimmte Funktionalität, die eine Klasse, eine Struktur oder eine Enumeration erfüllen kann. Protokolle in Swift entsprechen »Schnittstellen« bzw. »Interfaces« in anderen Programmiersprachen.

Protokolle spielen in Swift und bei der App-Entwicklung eine große Rolle. Viele Mechanismen zum Datenaustausch zwischen Klassen oder anderen Typen sind durch Protokolle definiert

(Delegation). Um diesen Mechanismus zu nutzen, müssen Sie in Ihrer Klasse das betreffende Protokoll implementieren, also gewissermaßen die Spielregeln des Protokolls einhalten.

Das folgende Beispiel greift nochmals die Rectangle-Klasse auf, die jetzt das in der Swift-Standardbibliothek vorgegebene Protokoll CustomStringConvertible einhält. Dieses Protokoll schreibt vor, dass der Typ die Eigenschaft description implementiert. description muss eine Zeichenkette zurückgeben, die die Daten beschreibt. description wird immer dann ausgewertet, wenn das Objekt als Zeichenkette dargestellt werden soll – z. B. beim Aufruf von print.

```
// Rectangle ist konform zum CustomStringConvertible-Protokoll
class Rectangle : CustomStringConvertible {
  var width:  Double
  var height: Double

  init(width: Double, height: Double) {
    self.width  = width
    self.height = height
  }

  // die Implementierung dieser Eigenschaft ist durch das
  // CustomStringConvertible-Protokoll vorgeschrieben
  var description: String {
    return "w=\(width) h=\(height)"
  }
}

let r = Rectangle(width: 10, height: 5)
print(r)  // Ausgabe "w=10.0 h=5.0"
```

2.5 Fehlerabsicherung

Mit try-catch können Sie den Aufruf von Funktionen bzw. Methoden gegen eventuell auftretende Fehler absichern. try eignet sich allerdings nur für Methoden, die explizit mit throws definiert sind und somit Fehler auslösen können. Dank einer speziellen Anpassung für Swift trifft dies auch für alle API-Methoden zu, bei denen in Objective-C die Fehlerverarbeitung über ein NSError-Objekt erfolgt.

Im folgenden Beispiel soll der Inhalt der Zeichenkette s in einer Datei gespeichert werden. Tritt dabei ein Fehler auf, kann darauf im catch-Teil des Codes reagiert werden. Wie für alle Themen in diesem Crashkurs gilt auch hier: Viele weitere Details und Varianten folgen in den weiteren Kapiteln!

```
let s = "Ein Text"
// Zeichenkette s in eine Textdatei schreiben
do {
  try s.write(toFile: "test.txt",
              atomically: true,
              encoding: .utf8)
} catch {
  // hier steht automatisch die Konstante 'error' zur Verfügung
  print("Fehler: \(error)")
}
```

Im Playground führt der obige Code übrigens tatsächlich zu einem Fehler, weil aus Sicherheitsgründen das Verändern von Dateien nicht erlaubt ist. In einer Terminal-App funktioniert derselbe Code anstandslos, und die Datei `test.txt` wird im aktuellen Verzeichnis erzeugt bzw. überschrieben.

Der Swift-Compiler schreibt die Fehlerabsicherung durch `try` zwingend für den Aufruf aller Funktionen und Methoden vor, die mit `throws` deklariert sind, bei denen also klar ist, dass ein Fehler auftreten kann.

Keine Absicherung gegen Programmierfehler

Im Gegensatz zu einigen anderen Programmiersprachen gilt `do-try-catch` ausschließlich für Funktionen und Methoden, die explizit mit `throws` gekennzeichnet sind. Es ist in Swift unmöglich, sonstige Fehler abzufangen! Wenn Sie also z. B. auf ein Array-Element zugreifen, das es nicht gibt, tritt der Fehler *Index out of range* immer auf – auch innerhalb von `do-try-catch`. Wenn das in einer App passiert, wird diese unmittelbar beendet. Gegen solche Fehler hilft nur sorgfältiges Entwickeln.

try? und try!

Oft können Sie sich `do-try-catch`-Konstruktionen ersparen, indem Sie die kritische Funktion oder Methode mit `try?` ausführen:

```
let result = try? meineFunktion()
```

Wenn `meineFunktion` fehlerfrei ausgeführt wird, enthält `result` das Ergebnis als Optional. Tritt dagegen ein Fehler auf, dann hat `result` den Wert `nil`.

Zu `try?` gibt es die Variante `try!`, die die Fehlerabsicherung umgeht. Tritt kein Fehler auf, ist alles in Ordnung. Tritt dagegen ein Fehler auf, wird das Programm sofort beendet. `try!` ist nur in Testprogrammen empfehlenswert – oder wenn Sie wirklich absolut sicher sind, dass kein Fehler auftreten wird.

2.6 Xcode-Crashkurs

Obwohl in diesem Buch Swift im Vordergrund steht, geht an der Entwicklungsumgebung Xcode kein Weg vorbei. Xcode ist durchaus ein tolles Programm mit vielen nützlichen Features, aber wenn Sie gerade dabei sind, sich mit den Eigenheiten von Swift vertraut zu machen, dann stört die zusätzliche Komplexität von Xcode natürlich.

Dieser Crashkurs soll Ihnen die allerwichtigsten Funktionen von Xcode näherbringen. Xcode wird aber weiter ein Thema in diesem Buch bleiben, vor allem in Teil II und Teil III, wo es mehrfach um die Gestaltung von App-Oberflächen (Storyboard-Editor) sowie um die Einreichung von Apps im App Store geht (Projekteinstellungen und -Schemas, Archivfunktion). Besonders hinweisen möchte ich auf Kapitel 33, »Xcode-Arbeitstechniken«, in dem ich Ihnen einige Spezialfunktionen wie die Versionsverwaltung mit Git kurz vorstelle.

Wenn Sie auf der Suche nach einem Xcode-Handbuch sind, lege ich Ihnen darüber hinaus die folgende Seite von Apple ans Herz:

http://help.apple.com/xcode/mac

Xcode-Oberfläche

Beim Start von Xcode können Sie einen neuen Playground öffnen, ein neues Projekt starten oder ein vorhandenes Projekt bzw. einen Playground öffnen. Je nachdem, ob Sie sich in einem Playground befinden oder ein Projekt bearbeiten, sieht Xcode ganz unterschiedlich aus. In diesem Abschnitt geht es ausschließlich um die Verwendung von Xcode zur Entwicklung von Swift-Programmen, also nicht um den Playground-Modus.

Im Projektmodus setzt sich das Xcode-Fenster aus der Symbolleiste sowie aus bis zu vier Bereichen zusammen (siehe Abbildung 2.2):

- dem Navigator (links)
- dem Editor (Mitte)
- der Werkzeugleiste (rechts)
- dem Debugging-Bereich (unten)

Mit den Buttons am rechten Rand der Symbolleiste können Sie alle Bereiche mit Ausnahme des Editors ein- und ausblenden.

Nichts als Fenster

Normalerweise zeigt Xcode pro Projekt ein Fenster. Sie können mehrere Projekte zugleich öffnen – das ergibt dann entsprechend viele Xcode-Fenster. Zwischen diesen Fenstern können Sie, abweichend von den üblichen macOS-Regeln, mit [⇧]+[⌘]+[<] wechseln.

Xcode gibt Ihnen aber auch die Möglichkeit, *ein* Projekt in mehreren Fenstern zu bearbeiten: Einerseits können Sie im Projektnavigator Dateien per Doppelklick öffnen. Damit können Sie die Dateien in eigenen Fenstern bearbeiten, die vom Xcode-Hauptfenster losgelöst sind. Das ist vor allem für Codedateien praktisch.

Andererseits können Sie mit FILE • NEW • WINDOW das aktuelle Xcode-Fenster duplizieren. Damit erhalten Sie zwei unabhängige Ansichten des gleichen Projekts und können diese verwenden, um unterschiedliche Aspekte Ihres Programms parallel zu bearbeiten.

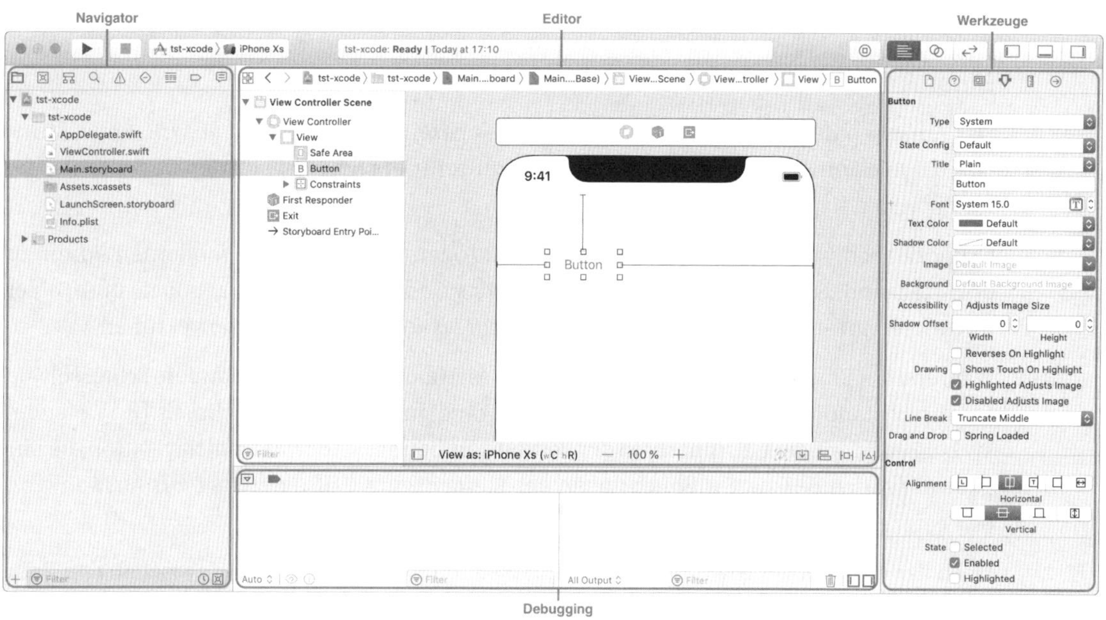

Abbildung 2.2 Der Aufbau von Xcode im Projektmodus

Navigator

Der Navigatorbereich gibt Ihnen in mehreren Dialogblättern die Möglichkeit, auf unterschiedliche Weise Komponenten Ihres Projekts auszuwählen:

- Anfänglich ist der **Projektnavigator** mit einer hierarchischen Ansicht aller Projektdateien aktiv. Ein einfacher Klick öffnet die Datei zur Bearbeitung im Editor, ein Klick mit `alt` öffnet die Datei im Assistenzeditor, und ein Doppelklick öffnet die Datei in einem selbstständigen Fenster.
- Im **Symbolnavigator** können Sie Klassen, Methoden und andere Komponenten auswählen und rasch zum entsprechenden Code springen.

- Der **Find Navigator** hilft Ihnen, alle Dateien Ihres Projekts zu durchsuchen bzw. darin enthaltene Texte zu ersetzen. Die Bedienung der Suchfunktion ist allerdings gewöhnungsbedürftig: Anders als bei der Suchfunktion ⌘+F, die unmittelbar ausgeführt wird, beginnt die Suche im Find Navigator erst, wenn Sie die Eingabe des Suchtexts mit ↵ abschließen!
- Der **Issue Navigator** enthält eine Liste aller Fehler, die Xcode in Ihrem Projekt festgestellt hat.
- Die weiteren Navigator-Dialogblätter listen Tests, Debugging-Sessions, Haltepunkte und Build-Reports auf.

Editor

Das Aussehen des Editors hängt vom Typ des angezeigten Dokuments ab (z. B. Code, Storyboard, Projekteinstellungen). An dieser Stelle konzentriere ich mich auf den Code-Editor, der für die ersten Kapitel dieses Buchs ausreicht.

Grundsätzlich bietet der Code-Editor alle Funktionen, die von einem modernen Editor zu erwarten sind: So werden verschiedene Teile des Codes farbig hervorgehoben und Fehler direkt gekennzeichnet. Oft bietet der Editor sogar *Fix-it*-Vorschläge zur Korrektur an.

Während der Eingabe kann Xcode Klassen- und Methodennamen sowie andere Schlüsselwörter vervollständigen. esc blendet die Vervollständigungsliste aus, nochmals esc blendet sie bei Bedarf wieder ein. Innerhalb der Vervollständigungsliste reicht zur Navigation die Eingabe der Anfangs- bzw. Großbuchstaben des Elements aus – also etwa `agr` zur Auswahl von `addGestureRecognizer`.

Nach der Auswahl der gewünschten Methode aus einer Liste springt ⇥ zwischen den Parametern und ermöglicht so eine bequeme Eingabe.

Um eine neue Methode einzufügen, die die Methode einer Klasse überschreibt oder die Methode eines Protokolls implementiert, reicht die Eingabe der Anfangsbuchstaben des Methoden- oder eines Parameternamens. Die Angabe von Parameternamen ist vor allem bei Delegation-Methoden praktisch, weil deren Deklarationen sich oft erst durch den Namen des zweiten Parameters voneinander unterscheiden.

Bei der Navigation im Code, aber auch beim Wechsel zwischen den verschiedenen Codedateien des Projekts hilft die Titelzeile des Codebereichs. Sie gibt an, welche Datei, welche Klasse und welche Methode Sie gerade bearbeiten. Ein Mausklick auf den Datei- oder Objektnamen führt in ein Dropdown-Menü, das die gerade aktive Datei ändert bzw. den Cursor zur Definition einer anderen Klasse oder Methode setzt (siehe Abbildung 2.3).

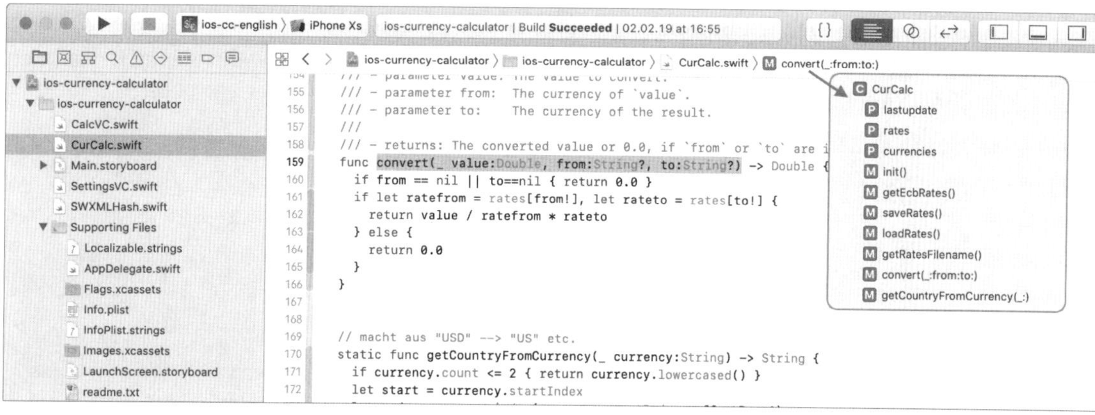

Abbildung 2.3 Codenavigation über die Titelleiste des Editors

Stabilitätsprobleme

Viele Funktionen des Editors setzen eine gute Zusammenarbeit mit dem Compiler voraus. Der Editor kann z. B. nur dann den Namen einer Methode vervollständigen, wenn der Compiler erkennt, auf welches Objekt bzw. auf welche Klasse sich die Methode bezieht.

Diese kontextabhängigen Hilfsfunktionen haben sich bei meinen Tests leider immer wieder als unzuverlässig erwiesen. Sie funktionieren am besten, wenn der Code frei von Syntaxfehlern ist – eine Voraussetzung, die während der Codeeingabe naturgemäß nicht immer gegeben ist.

Oft werden bereits behobene Fehler weiter angezeigt. Abhilfe schafft dann ein manuelles Neukompilieren mit [⌘]+[B] (*build*).

Mitunter hilft freilich weder das Beheben offensichtlicher Fehler noch [⌘]+[B] – dann müssen Sie auf die IT-Weisheit Numero eins zurückgreifen, also auf einen Neustart. (Sie müssen natürlich nicht Ihren Rechner neu hochfahren, es reicht aus, Xcode zu beenden und neuerlich zu starten.)

Assistenzeditor

Normalerweise wird im Codebereich immer nur *eine* Datei angezeigt. Es gibt mehrere Möglichkeiten, diese Einschränkung zu umgehen:

- Ein Doppelklick im Navigator öffnet die Datei in einem eigenen Fenster.
- Mit [⌘]+[T] können Sie innerhalb von Xcode ein Dialogblatt (*Tab*) öffnen.
- Mit dem Button »Eheringe« in der Symbolleiste (offizielle Beschriftung: SHOW THE ASSISTANT EDITOR, siehe Abbildung 2.4) teilen Sie den Editorbereich in zwei nebeneinanderliegende Bereiche.

- Mit dem Doppelpfeil-Button können Sie zwei verschiedene Versionen derselben Codedatei vergleichen. Diese Funktion steht allerdings nur zur Auswahl, wenn Sie die Revisionen Ihres Projekts mit Git verwalten.

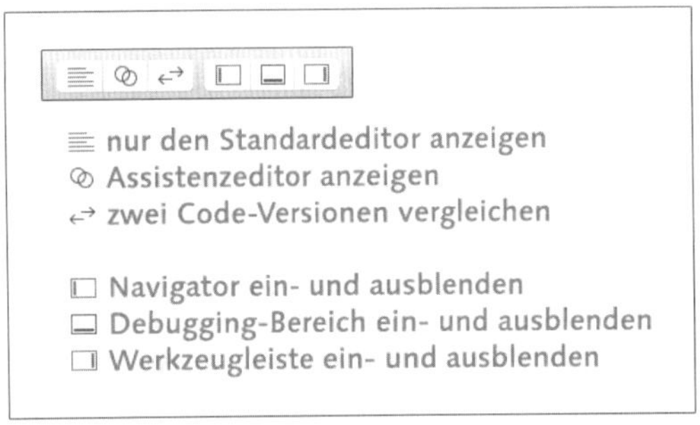

Abbildung 2.4 Buttons in der Symbolleiste

Die interessanteste und in der Praxis auch wichtigste Funktion ist der Assistenzeditor. Seine zwei häufigsten Anwendungsfälle sehen so aus:

- **Code/Code:** Links wird der gerade bearbeitete Code angezeigt, rechts eine zweite Codedatei mit dazu passenden Informationen – z. B. mit der Definition der Klasse oder Methode, die Sie links erzeugen bzw. aufrufen.
- **GUI/Code:** Links wird ein Objekt einer grafischen Benutzeroberfläche angezeigt, z. B. eine Ansicht einer iOS-App im Storyboard-Editor, rechts die zugeordnete Klassendatei.

Im Modus Automatic versucht Xcode selbstständig, eine geeignete Zuordnung zwischen dem Haupt- und dem Assistenzeditor herzustellen. Das gelingt nicht immer zufriedenstellend. Sie können auf diese »Intelligenz« über das Counterpart-Menü im Titelbereich des Assistenzeditors Einfluss nehmen. Zur Auswahl stehen unter anderem Superclasses und Subclasses für Klassen oder Callers und Callees für Methoden. Alternativ können Sie die Assistenzdatei auch manuell festlegen.

Maus- bzw. Trackpad-Kürzel

Innerhalb des Codes können Sie zwei praktische Maus- bzw. Trackpad-Kürzel nutzen:

- Mit `alt` plus Klick zeigt Xcode eine kurze Beschreibung der betreffenden Klasse, Methode, Eigenschaft etc. an (siehe Abbildung 2.5). Von der Infobox führen Links direkt zur betreffenden Dokumentation.
- `⌘` plus Klick führt in ein winziges Kontextmenü. Von diesem können Sie mit Jump to Definition zur Definition des Schlüsselworts springen. Bei selbst definierten Klassen oder Methoden gelangen Sie so rasch in die betreffende Datei. Bei Swift-spezifischen Funktionen bzw. bei Klassen oder Methoden aus externen Bibliotheken (Foundation, UIKit etc.) zeigt Xcode hingegen die Definition dieses Schlüsselworts als Swift-Quelltext an. Sobald

Sie etwas Erfahrung mit der Swift-Syntax gewonnen haben, hilft der Quelltext dabei, Zusammenhänge und Datentypen besser zu verstehen. [ctrl]+[⌘]+[◄] bzw. der ZURÜCK-Button im Code-Editor führt zurück in die ursprüngliche Datei.

Je nachdem, worauf Sie mit [⌘] klicken, helfen die weiteren Kontextmenüeinträge beim Umbenennen des Schlüsselworts, bei der Suche nach Onlinehilfe etc.

Abbildung 2.5 »alt«-Klick zeigt Kontextinformationen zu Methoden oder Klassen.

Tastenkürzel und Editoreinstellungen

Grundeinstellungen des Editors, wie Schriftgröße, -farbe und -art, finden Sie im Einstellungsdialog. Dort können Sie auch festlegen, ob Xcode Zeilennummern anzeigen soll oder nicht. Im Dialogblatt TEXT EDITING • INDENTATION können Sie einstellen, ob Xcode Ihren Code mit Tabulatoren oder Leerzeichen einrückt, um wie viele Zeichen der Code pro Ebene eingerückt werden soll etc.

Viele Xcode-Funktionen lassen sich per Tastatur steuern. Eine Referenz aller Tastenkürzel finden Sie im Dialogblatt KEY BINDINGS der Programmeinstellungen. An dieser Stelle können Sie die Tastenkürzel auch verändern (siehe Abbildung 2.6).

Schnellnavigation im Code

Ein unverzichtbares Tastenkürzel zur Navigation in großen Projekten ist [⇧]+[⌘]+[O] (»Oh«, nicht Null): Xcode blendet dann ein Suchfeld ein, in das Sie den Namen einer Projektdatei, Klasse, Methode, Eigenschaft, Funktion etc. eingeben. Mit den Cursortasten wählen Sie das gewünschte Schlüsselwort aus einer Liste aus und springen mit [↵] blitzschnell dorthin.

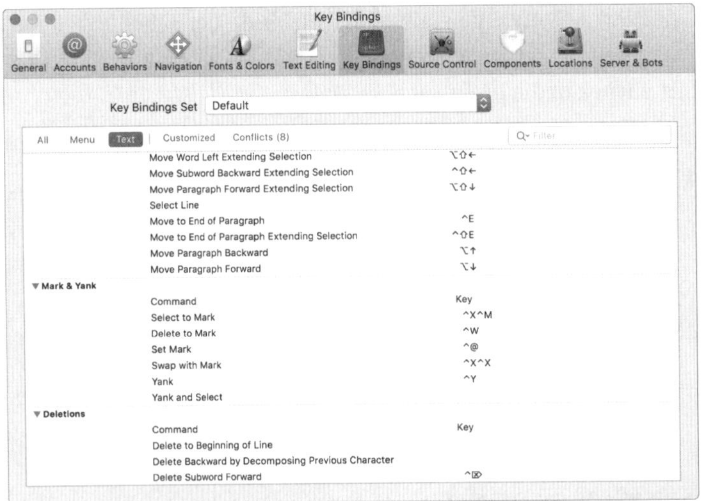

Abbildung 2.6 Referenz der Tastenkürzel in den Xcode-Einstellungen

Code zusammen- und wieder auseinanderklappen

Im Code-Editor können Sie Klassen, Methoden und andere Codestrukturen zusammen und wieder auseinanderklappen. In langen Codedateien hilft das dabei, nur die gerade relevanten Code-ausschnitte darzustellen.

Werkzeugleiste (Inspector Pane)

Die Werkzeugleiste (*Inspector Pane*) zeigt Informationen und Einstellungen zum gerade ausgewählten Objekt im Editor (siehe Abbildung 2.7). Bei vielen Objekten und insbesondere bei Steuerelementen können Sie dort diverse Merkmale und Eigenschaften verändern.

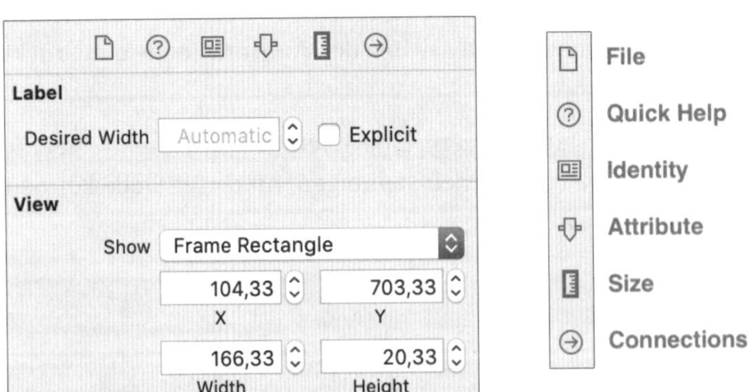

Abbildung 2.7 Die Werkzeugleiste

Die Liste der Tabs innerhalb der Inspector Pane hängt davon ab, welches Objekt im Editor gerade ausgewählt ist. Die in Abbildung 2.7 dargestellten Icons sind sichtbar, wenn Sie gerade ein Steuerelement in einem Storyboard bearbeiten (wenn Sie also die Benutzeroberfläche einer App gestalten).

Bibliothek

Wenn Sie gerade eine Benutzeroberfläche bearbeiten, enthält die Symbolleiste von Xcode einen Library-Button. Ein Klick auf diesen Button führt normalerweise in eine Bibliothek aller Steuerelemente, die Sie in Ihre App einfügen können (siehe Abbildung 2.8). Diese Objektbibliothek können Sie auch mit ⇧+⌘+L öffnen. Die lange Liste der Steuerelemente können Sie durch die Eingabe eines Suchbegriffs (z. B. »label« oder »button«) filtern.

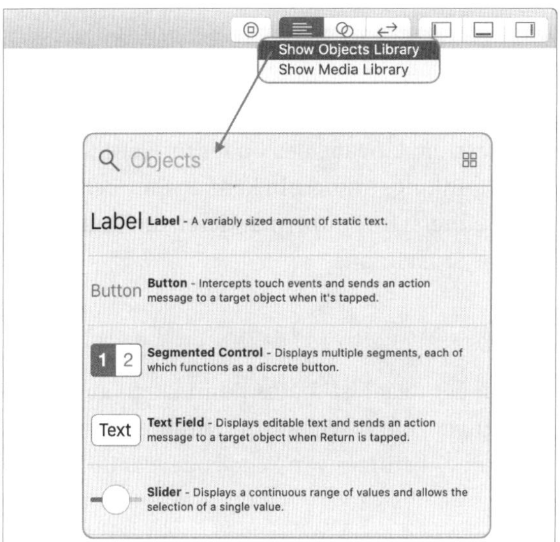

Abbildung 2.8 Die Werkzeugleiste

Wenn Sie den Button länger anklicken, erscheint ein Menü, aus dem heraus Sie alternativ die Media Library anzeigen können (Tastenkürzel ⇧+⌘+M). Aus dieser Bibliothek können Sie zuvor in das Projekt eingefügte Bitmaps oder andere Medien in die Benutzeroberfläche Ihrer neuen App verschieben.

Code-Snippets

Sobald in Xcode ein Codefenster aktiv wird, verwandelt sich der Library-Button in den Code-Snippet-Button. Er führt nun in eine Sammlung von winzigen Codeschnipseln in allen erdenklichen Sprachen. Damit Sie nur die für Swift relevanten Codemuster sehen, geben Sie den Filterbegriff »swift« ein (siehe Abbildung 2.9). Anschließend können Sie das gewünschte Snippet per Doppelklick oder mit Drag & Drop in den Code einfügen.

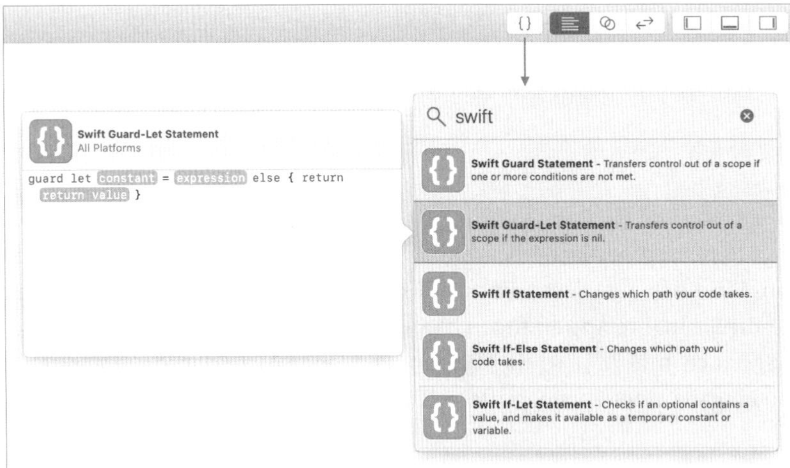

Abbildung 2.9 Der Nutzen von Code-Snippets ist bescheiden.

Die vordefinierten Snippets sind derart kurz, dass die Eingabe des Codes im Regelfall deutlich schneller ist als die Suche in der Snippet-Sammlung. Immerhin können Sie auch eigene Snippets definieren. Dazu verfassen Sie den Code zuerst im Editor, markieren ihn und führen dann das Kontextmenükommando CREATE CODE SNIPPET aus.

Speichern

FILE • SAVE bzw. ⌘+S speichert Ihr Projekt. In der Regel ist dieses Kommando aber überflüssig – Xcode speichert unablässig alle Änderungen, die Sie gerade durchführen. Deswegen besteht keine große Gefahr, dass Sie aufgrund eines Absturzes von Xcode oder gar Ihres Rechners Daten verlieren.

Das ständige Speichern führt allerdings dazu, dass Änderungen, die Sie nur probeweise durchgeführt haben, dauerhaft gespeichert werden. Deswegen ist es zweckmäßig, vor größeren Änderungen oder Umbauarbeiten das Projekt in Xcode zu schließen und dann im Finder eine Sicherheitskopie des gesamten Projektverzeichnisses zu erstellen.

Noch viel mehr Flexibilität haben Sie, wenn Sie Ihren Code unter die Kontrolle des Versionsverwaltungssystems Git stellen. Damit können Sie Änderungen jeder beliebigen Datei nachvollziehen bzw. rückgängig machen. Eine kurze Einführung finden Sie in Abschnitt 33.3, »Versionsverwaltung mit Git«.

Xcode-Projekte von Swift 4 auf Swift 5 umstellen

Jede neue Swift-Version bringt Verbesserungen mit sich, aber leider auch kleinere Inkompatibilitäten. Wenn Sie ein mit Swift 4 entwickeltes Projekt erstmals in einer aktuellen Xcode-Version öffnen, zeigt Xcode im ISSUE NAVIGATOR zwei Warnungen an.

- Die erste Warnung lautet UPDATE TO RECOMMENDED SETTINGS und lässt sich leicht durch zwei Klicks beheben. Damit werden einige Projekteinstellungen entsprechend den gerade aktuellen Empfehlungen geändert.
- Die zweite Warnung besagt: CONVERSION TO SWIFT 5 IS AVAILABLE. Ein Klick auf die Warnung startet den Code-Konverter, den Sie auch mit dem Menükommando EDIT • CONVERT • TO CURRENT SWIFT SYNTAX ausführen können.

Im Konverter können Sie auswählen, welche Targets Sie bearbeiten möchten. Das ermöglicht bei großen Projekten ein schrittweises Vorgehen. Der Konverter analysiert nun alle Codedateien, zeigt einen Überblick über die geplanten Änderungen an (siehe Abbildung 2.10) und führt diese schließlich durch.

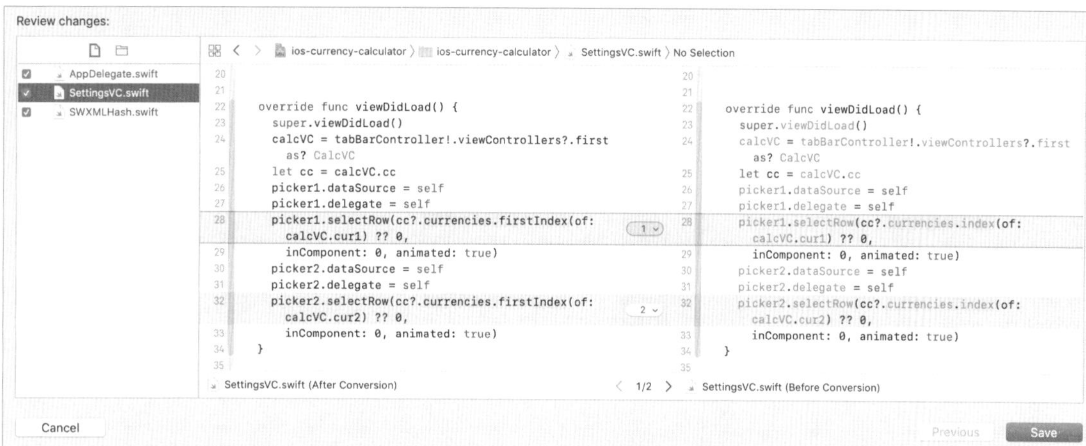

Abbildung 2.10 Das »Convert«-Kommando passt vorhandenen Swift-Code an die aktuelle Swift-Version an und visualisiert vorher alle notwendigen Änderungen. Der neue Code befindet sich links, der alte Code rechts.

Der Umbau der Beispielprogramme dieses Buchs von Swift 4 auf Swift 5 hat sich als erstaunlich unkompliziert erwiesen: Viele Änderungen in Swift 5 sind Zusatz-Features und bedürfen gar keiner Anpassung am Code. Die wenigen doch erforderlichen Modifikationen erkannte der Konverter sehr zuverlässig.

Richtig Arbeit machen dagegen Änderungen in den iOS- oder macOS-Bibliotheken: Beispielsweise kann es vorkommen, dass Sie in Ihrem bisherigen Code Klassen oder Methoden verwenden, die in der aktuellen macOS-, iOS- oder tvOS-Version als *deprecated* gelten: Dann müssen Sie sich auf die Suche nach neuen Verfahren machen. Unerfreulich ist auch, wenn eine App plötzlich nicht mehr funktioniert oder gar abstürzt. Genau das ist mir z. B. bei einem macOS-Programm mit Drag & Drop passiert: Es hat sich herausgestellt, dass eine bisher nicht erforderliche Eigenschaft initialisiert werden muss, damit Drag & Drop weiterhin funktioniert.

All diese Probleme sind ärgerlich, aber sie haben nichts mit Swift zu tun! So wie Sie Apps immer wieder erweitern müssen, damit sie neue Features von iOS, macOS oder tvOS nutzen, müssen Sie eben auch Umbauten durchführen, wenn Apple die APIs verändert. Derartige Änderungen liegen naturgemäß außerhalb der Reichweite des Swift-Konverters.

Kapitel 3
Operatoren

Im Ausdruck `a = b + c` gelten die Zeichen `=` und `+` als Operatoren. Dieses Kapitel stellt Ihnen alle Swift-Operatoren vor – von den simplen Operatoren für die Grundrechenarten bis hin zu Swift-Spezialitäten wie dem Range-Operator `n1...n2`.

Leerzeichen vor oder nach Operatoren

Normalerweise ist es nicht notwendig, vor oder nach einem Operator ein Leerzeichen zu schreiben. `x=x+7` funktioniert genauso gut wie `x = x + 7`. Aber wie so oft bestätigen Ausnahmen die Regel: Swift kennt bereits standardmäßig ungewöhnlich viele Operatoren, und wenige Zeilen Code reichen aus, um weitere zu definieren.

Das führt mitunter dazu, dass der Compiler nicht eindeutig erkennen kann, wo der eine Operator endet und wo der nächste beginnt. Spätestens dann *müssen* Sie ein Leerzeichen setzen – und dann sollten Sie es vor *und* nach dem Operator setzen! Andernfalls glaubt der Compiler nämlich, Sie wollten ihn explizit darauf hinweisen, dass es sich um einen Präfix- oder Postfix-Operator handelt. Im Detail sind diese Feinheiten in »The Swift Programming Language« beim Punkt »Operators« dokumentiert:

https://docs.swift.org/swift-book/ReferenceManual/LexicalStructure.html

Wie rasch Probleme auftreten können, zeigt der Vergleich eines Optionals mit `nil`: Der Compiler betrachtet `if opt!=nil` als Syntaxfehler, weil er die Anweisung im Sinne von `if opt! = nil` interpretiert, also als Kombination zweier Operatoren. Korrekt müssen Sie den Vergleich in der Form `if opt != nil` formulieren.

3.1 Zuweisungs- und Rechenoperatoren

Dieser Abschnitt erläutert die zahlreichen Rechen- und Zuweisungsoperatoren. Swift kennt dabei auch Mischformen. Beispielsweise entspricht `x+=3` der Anweisung `x=x+3`.

Einfache Zuweisung

Der Zuweisungsoperator `=` speichert in einer Variablen oder Konstanten das Ergebnis des Ausdrucks:

```
variable = ausdruck
```

Vor der ersten Zuweisung an eine Variable bzw. Konstante muss diese mit `var` bzw. `let` als solche deklariert werden:

```
var i = 17
i = i * 2
let pi = 3.1415927
```

Nicht zulässig sind Mehrfachzuweisungen in der Art `a=b=3`. Dafür können mehrere Variablen als Tupel geschrieben und gleichzeitig verändert werden:

```
let (a, b, c) = (1, 7, 12)
```

Das funktioniert auch bei komplexeren Ausdrücken:

```
let (_, a, (b, c)) = (1, 2, ("x", "y"))
// entspricht var a=2; var b="x"; var c="y"
```

Der Unterstrich _ ist hier ein *Wildcard Pattern*. Es trifft auf jeden Ausdruck zu und verhindert im obigen Beispiel dessen weitere Verarbeitung.

Wert- versus Referenztypen

Swift unterscheidet bei Zuweisungen zwischen zwei grundlegenden Datentypen:

- **Werttypen (Value Types):** Dazu zählen Zahlen, Zeichenketten, Tupel, Arrays, Dictionaries sowie `struct`- und `enum`-Daten. Bei einer Zuweisung werden die Daten kopiert. Die ursprünglichen Daten und die Kopie sind vollkommen unabhängig voneinander.
- **Referenztypen:** Objekte, also Instanzen von Klassen, sind Referenztypen. Bei einer Zuweisung wird eine weitere Referenz auf die bereits vorhandenen Daten erstellt. Es zeigen nun zwei (oder mehr) Variablen auf dieselben Daten.

Die folgenden beiden Beispiele verdeutlichen den Unterschied. Im ersten Beispiel werden in `x` und `y` ganze Zahlen gespeichert, also Werttypen:

```
var x = 3
var y = x
x=4
print(y)  // y ist unverändert 3
```

Für das zweite Beispiel definieren wir zuerst die Miniklasse `SimpleClass`. In `a` wird eine Instanz dieser Klasse gespeichert. Bei der Zuweisung `b = a` wird die Instanz *nicht kopiert*, stattdessen verweist nun `b` auf dasselbe Objekt wie `a`. (In C würde man sagen, `a` und `b` sind Zeiger.) Jede Veränderung des Objekts betrifft deswegen `a` gleichermaßen wie `b`:

```
class SimpleClass {
  var data=0
}
```

```
var a = SimpleClass()
var b = a           // a und b zeigen auf die gleichen Daten
a.data = 17
print(b.data)       // deswegen ist auch b.data 17
```


Arrays, Dictionaries und Zeichenketten sind Werttypen!

Die Unterscheidung zwischen Wert- und Referenztypen gibt es bei den meisten Programmiersprachen. Beachten Sie aber, dass Arrays und Zeichenketten in Swift Werttypen sind und nicht, wie in vielen anderen Sprachen, Referenztypen!

Elementare Rechenoperatoren

Die meisten Rechenoperatoren sind aus dem täglichen Leben bekannt (siehe Tabelle 3.1).

Operator	Bedeutung
+	Addition
-	Subtraktion
*	Multiplikation
/	Division
%	Restwert einer ganzzahligen Division
&+	Integer-Addition ohne Überlaufkontrolle
&-	Integer-Subtraktion ohne Überlaufkontrolle
&*	Integer-Multiplikation ohne Überlaufkontrolle

Tabelle 3.1 Rechenoperatoren

Der Operator `%` liefert den Rest einer ganzzahligen Division: `13 % 5` ergibt also `3`, da `2 * 5 + 3 = 13`. Bei Fließkommazahlen wird der Rest zum ganzzahligen Ergebnis ermittelt. `1.0 % 0.4` ergibt `0.2`, da `2 * 0.4 + 0.2 = 1.0` ist.

Um zu testen, ob eine ganze Zahl ohne Rest teilbar ist, können Sie anstelle der in allen Programmiersprachen üblichen `zahl % n == 0` seit Swift 5 auch `zahl.isMultiple(of: n)` verwenden:

```
let x = 15
print(x.isMultiple(of: 3))     // true
print(x.isMultiple(of: 4))     // false
```

Alle Operatoren setzen voraus, dass links und rechts von ihnen jeweils gleichartige Datentypen verwendet werden! Im Gegensatz zu anderen Programmiersprachen erfolgen Typumwandlungen nicht automatisch.

```
var a = 3         // a ist eine Integer-Variable
var b = 1.7       // b ist eine Fließkommavariable
var c = a + b     // Fehler, Int-Wert + Double-Wert nicht zulässig
```

Wenn Sie die Summe von a plus b ausrechnen möchten, müssen Sie explizit den Datentyp einer der beiden Operatoren anpassen. Int rundet dabei immer ab, d. h., aus 1.7 wird 1.

```
var c1 = a + Int(b)       // c1 = 4
var c2 = Double(a) + b    // c2 = 4.7
```

Division durch null

Bei einer Fließkommadivision durch 0,0 lautet das Ergebnis einfach Double.infinity bzw. -Double.infinity. Wenn Sie hingegen mit Integer-Zahlen arbeiten, löst eine Division durch 0 einen Fehler aus.

Eine Besonderheit von Swift sind die Operatoren &+, &- und &*: Sie führen die Grundrechenarten für Integer-Zahlen ohne Überlaufkontrolle durch. Das ermöglicht die Programmierung besonders effizienter Algorithmen. Sollte allerdings doch ein Überlauf eintreten, dann ist das Ergebnis falsch!

```
var i = 10000000           // Integer
var result = i &* i &* i   // falsches Ergebnis
                           // 3.875.820.019.684.212.736
```

Swift kennt keinen Operator zum Potenzieren. a^b müssen Sie unter Zuhilfenahme der Funktion pow berechnen. Diese Funktion ist in der Foundation-Bibliothek definiert. Sie steht nur zur Verfügung, wenn Ihr Code import Foundation enthält oder eine andere Bibliothek importiert, die auf die Foundation zurückgreift. Das trifft unter anderem für Cocoa und UIKit zu.

```
var e = 7.0
var f = pow(e, 3.0)  // 7 * 7 * 7 = 343.0
```

Zeichenketten aneinanderfügen

Der Operator + addiert nicht nur zwei Zahlen, sondern fügt auch Zeichenketten aneinander:

```
var s1 = "Hello"
var s2 = "World!"
var hw = s1 + " " + s2  // "Hello World!"
```

Inkrement und Dekrement

Wie viele andere Programmiersprachen kannte Swift bis zur Version 2 die Inkrement- und Dekrement-Operatoren ++ und --. Später wurden diese Operatoren allerdings eliminiert, mit der Begründung, dass die Unterscheidung zwischen der Postfix- und der Präfix-Notation, also zwischen i++ und ++i, zu viel Verwirrung und oft fehlerhafte Algorithmen verursacht.

Wenn Sie in Swift eine Variable um eins vergrößern oder verkleinern möchten, müssen Sie dies in der Form `i=i+1` oder in der Kurzschreibweise `i+=1` machen.

```
var i=3
i++      // Fehler, steht in Swift nicht zur Verfügung
i+=1     // OK
```

> **Inkrement- und Dekrement-Operatoren selbst gemacht**
>
> Wenn Sie auf die Inkrement- und Dekrement-Operatoren nicht verzichten möchten, können Sie diese Operatoren unkompliziert selbst definieren:
>
> *https://gist.github.com/erica/6b4be87de789f32b8926388c6c6e75e9*

Rechnen mit Bits

Die bitweisen Operatoren &, |, ^ und ~ (AND, OR, XOR und NOT) verarbeiten ganze Zahlen bitweise. Das folgende Beispiel verwendet die Schreibweise `0b` zur Kennzeichnung binärer Zahlen. `String` mit dem zusätzlichen Parameter `radix:2` wandelt ganze Zahlen in eine Zeichenkette in binärer Darstellung um.

```
let a = 0b11100                    // Wert 28
let b = 0b01111                    // Wert 15
let result = a & b                 // Wert 12
print(String(result, radix:2))     // Ausgabe 1100
```

>> verschiebt die Bits einer Zahl um *n* Bits nach rechts (entspricht einer Division durch 2^n), << verschiebt entsprechend nach links (entspricht einer Multiplikation mit 2^n). >>> funktioniert wie >>, betrachtet die Zahl aber so, als wäre sie vorzeichenlos.

```
let e = 16
let f = e << 2  // entspricht f=e*4, Ergebnis 64
let g = e >> 1  // entspricht g=e/2, Ergebnis 8
```

Wenn Sie Daten bitweise verarbeiten, ist es oft zweckmäßig, anstelle gewöhnlicher Integer-Zahlen explizit Datentypen ohne Vorzeichen zu verwenden, z. B. `UInt32` oder `UInt16`. Das folgende Beispiel verwendet `0x` zur Kennzeichnung hexadezimaler Zahlen:

```
let rgb: UInt32 = 0x336688
let red: UInt8  = UInt8( (rgb & 0xff0000) >> 16 )
```

Kombinierte Rechen- und Zuweisungsoperationen

Alle bereits erwähnten Rechenoperatoren sowie die logischen Operatoren && und || können mit einer Zuweisung kombiniert werden. Dazu muss dem Operator das Zeichen = folgen. Details zu den logischen Operatoren folgen im nächsten Abschnitt.

```
x += y      // entspricht x = x + y
x -= y      // entspricht x = x - y
x *= y      // entspricht x = x * y
x /= y      // entspricht x = x / y
x %= y      // entspricht x = x % y
x <<= y     // entspricht x = x << y
x >>= y     // entspricht x = x >> y
x &= y      // entspricht x = x & y
x &&= y     // entspricht x = x && y
x |= y      // entspricht x = x | y
x ||= y     // entspricht x = x || y
x ^= y      // entspricht x = x ^ y
```

3.2 Vergleichsoperatoren und logische Operatoren

Um Bedingungen für Schleifen oder Verzweigungen zu formulieren, müssen Sie Variablen vergleichen und oft mehrere Vergleiche miteinander kombinieren. Dieser Abschnitt stellt Ihnen die dazu erforderlichen Operatoren vor.

Vergleichsoperatoren

Die Vergleichsoperatoren ==, != (ungleich), <, <= sowie > und >= können gleichermaßen für Zahlen und für Zeichenketten eingesetzt werden. Wie bei anderen Operatoren ist es wichtig, dass auf beiden Seiten des Operators der gleiche Datentyp verwendet wird; Sie können also nicht eine ganze Zahl mit einer Fließkommazahl vergleichen!

```
1 == 2            // false
1 < 2             // true

"abc" == "abc"    // true
"abc" == "Abc"    // false
```

Zeichenketten gelten dann als gleich, wenn auch die Groß- und Kleinschreibung übereinstimmt. Etwas schwieriger ist die Interpretation von *größer* und *kleiner*. Grundsätzlich gelten Großbuchstaben als *kleiner* als Kleinbuchstaben, d. h., sie werden beim Sortieren vorne eingereiht. Internationale Zeichen werden auf der Basis der *Unicode-Normalform D* verglichen. Die deutschen Buchstaben ä, ö oder ü werden dabei wie eine Kombination aus zwei Zeichen betrachtet, beispielsweise ä = a". Somit gilt:

```
"A" < "a"        // true
"a" < "ä"        // true
"ä" < "b"        // true
```

Mehr Details zur Sortierordnung von Zeichenketten und zu Ihren Möglichkeiten, diese zu beeinflussen, folgen in Kapitel 8, »Zeichenketten«.

== versus ===

Zum Vergleich von Objekten kennt Swift neben `==` und `!=` auch die Varianten `===` und `!==`. Dabei testet `a===b`, ob die beiden Variablen `a` und `b` auf dieselbe Instanz einer Klasse zeigen. Hingegen überprüft `a==b`, ob `a` und `b` zwei Objekte mit übereinstimmenden Daten sind. Das ist nicht das Gleiche! Es ist ja durchaus möglich, dass zwei unterschiedliche Objekte dieselben Daten enthalten.

Einschränkungen

Die Operatoren `===` und `!==` können nur auf Referenztypen angewendet werden, nicht auf Werttypen (wie Zahlen, Zeichenketten, Arrays, Dictionaries sowie sonstige Strukturen).

Umgekehrt können die Operatoren `==` und `!=` bei selbst definierten Klassen nur verwendet werden, wenn Sie für diese Klassen den Operator `==` selbst implementieren (Protokoll `Equatable`, siehe Abschnitt 12.4, »Standardprotokolle«).

Die folgenden Zeilen definieren zuerst die Klasse `Pt` zur Speicherung eines Koordinatenpunkts und dann den Operator `==` zum Vergleich zweier `Pt`-Objekte. Damit ist das Beispiel gleich auch ein Vorgriff auf die Definition eigener Operatoren.

```
class Pt {
    var x: Double, y: Double
    // Init-Funktion
    init(x: Double, y: Double){
        self.x=x
        self.y=y
    }
}
// Operator zum Vergleich von zwei Pt-Objekten
func ==(left: Pt, right: Pt) -> Bool {
    return left.x == right.x && left.y == right.y
}

// == versus ===
var p1 = Pt(x: 1.0, y: 2.0)
var p2 = Pt(x: 1.0, y: 2.0)
p1 == p2    // true, weil die Objekte dieselben Daten enthalten
p1 === p2   // false, weil es unterschiedliche Objekte sind
```

Vergleiche mit ~=

Swift kennt mit `~=` einen weiteren Vergleichsoperator mit recht wenigen Funktionen:

- Zwei Ausdrücke des gleichen Typs werden wie mit `==` verglichen.
- Außerdem kann getestet werden, ob eine ganze Zahl in einem durch den Range-Operator formulierten Zahlenbereich enthalten ist.

  ```
  -2...2 ~= 1    // true
  -2...2 ~= -2   // true
  -2...2 ~= 2    // true
  -2...2 ~= 4    // false
  ```

  Achten Sie darauf, dass Sie zuerst den Bereich und dann den Vergleichswert angeben müssen. Wenn Sie die Reihenfolge vertauschen, funktioniert der Operator nicht. Details zu Range-Operatoren folgen gleich in Abschnitt 3.3.

Analog kann auch in `switch`-Ausdrücken mit `case` überprüft werden, ob sich ein ganzzahliger Ausdruck in einem vorgegebenen Bereich befindet:

```
let n = 12
switch n {
case (1...10):
  print("Zahl zwischen 1 und 10")

case(11...20):
  print("Zahl zwischen 11 und 20")

default:
  print("Andere Zahl")
}
```

Datentyp-Vergleich (»is«)

Mit dem Operator `is` testen Sie, ob eine Variable einem bestimmten Typ entspricht:

```
func f(obj: Any) {
  if obj is UInt32 {
    print("Datentyp UInt32")
    ...
  }
}
```

Casting-Operator (»as«)

Mit dem Operator `as` wandeln Sie, sofern möglich, einen Datentyp in einen anderen um. Der Operator hat in Swift drei Erscheinungsformen:

- as: In dieser Form eignet sich as nur, wenn der Compiler erkennen kann, dass die Umwandlung gefahrlos möglich ist. Das trifft auf alle Upcasts zu, also auf Umwandlungen in Instanzen einer übergeordneten Klasse (siehe Abschnitt 12.1, »Vererbung«), außerdem bei manchen Literalen (z. B. 12 as Float).
- as?: Der Downcast-Operator as? typ stellt vor der Typkonvertierung sicher, dass diese überhaupt möglich ist. Wenn das nicht der Fall ist, lautet das Ergebnis nil. Es tritt kein Fehler auf.

  Mit if let varname = ausdruck as? typ können Sie den Typtest mit einer Zuweisung kombinieren. Das funktioniert gleichermaßen für Konstanten (let wie im folgenden Beispiel) wie auch für Variablen (var):

```
func f(obj: Any) {
  if let myint = obj as? UInt32 {
    // myint hat den Datentyp UInt32
    ...
  } else {
    print("falscher Datentyp")
  }
}
```

- as!: Mit einem nachgestellten Ausrufezeichen wird die Konvertierung auf jeden Fall versucht. Dabei kann es zu einem Fehler kommen, wenn der Datentyp nicht passt. Insofern ist diese Variante zumeist nur zweckmäßig, wenn die Typüberprüfung im Voraus erfolgt.

```
let obj: Any = 123
if obj is UInt32 {
  // wird nicht ausgeführt, weil obj eine Int-Instanz enthält
  var myint = obj as! UInt32
}
```

Upcasts und Downcasts

Ein Grundprinzip der objektorientierten Programmierung ist die Vererbung. Damit können Klassen die Merkmale einer Basisklasse übernehmen und diese erweitern oder verändern. Ein Objekt einer abgeleiteten Klasse (im Klassendiagramm unten dargestellt) kann immer wie ein Objekt der Basisklasse verwendet werden (im Klassendiagramm oben). Das nennt man einen (impliziten) Upcast, also eine Umwandlung in der Klassenhierarchie nach oben.

Eine Konvertierung in die umgekehrte Richtung ist ein Downcast. Dieser funktioniert nur, wenn eine Variable vom Typ der Basisklasse tatsächlich ein Objekt der erforderlichen abgeleiteten Klasse enthält. Mehr Details zu diesem Thema finden Sie in Abschnitt 12.1, »Vererbung«.

Logische Operatoren

Logische Operatoren kombinieren Wahrheitswerte. *Wahr UND Wahr* liefert wieder *Wahr*; *Wahr UND Falsch* ergibt hingegen *Falsch*. In Swift gibt es wie in den meisten anderen Programmiersprachen die drei logischen Operatoren ! (Nicht), && (Und) sowie || (Oder):

```
let a=3, b=5
a>0 && b<=10                  // true
a>b || b>a                    // true
let ok = (a>b)                // false
if !ok {                      // wenn ok nicht true ist, dann ...
  print("Fehler")             // ... eine Fehlermeldung ausgeben
}
```

&& und || führen eine sogenannte *Short-Circuit Evaluation* aus: Steht nach der Auswertung des ersten Operanden das Endergebnis bereits fest, wird auf die Auswertung des zweiten Ausdrucks verzichtet. Wenn im folgenden Beispiel `a>b` das Ergebnis `false` liefert, dann ruft Swift die Funktion `calculate` gar nicht auf; der logische Ausdruck ist in jedem Fall `false`, ganz egal, welches Ergebnis `calculate` liefern würde.

```
if a>b && calculate(a, b)==14 { ... }
```

3.3 Range-Operatoren

In Swift gibt es fünf Operatoren, die Zahlenbereiche ausdrücken (siehe Tabelle 3.2). Bei den ersten beiden Varianten muss `n1` kleiner als `n2` sein, sonst ist der Ausdruck ungültig.

Operator	Interne Darstellung	Bedeutung
`n1...n2`	`CountableRange`	`n1` bis inklusive `n2` (`1...3` entspricht 1, 2, 3)
`n1..<n2`	`CountableClosedRange`	`n1` bis exklusive `n2` (`1..<3` entspricht 1, 2)
`...n2`	`PartialRangeThrough`	vom Anfang bis inklusive `n2`
`..<n2`	`PartialRangeUpTo`	vom Anfang bis exklusive `n2`
`n1...`	`CountablePartialRangeFrom`	von `n1` bis zum Ende

Tabelle 3.2 Range-Operatoren

Bei einseitigen Bereichen hängt der Anfang oder das Ende davon ab, worauf die Operatoren angewendet werden. Wenn der Bereich auf die Elemente eines Arrays angewendet wird, dann beginnt `...n2` bzw. `..<n2` mit dem ersten Array-Element (Index 0). `n1...` endet mit dem letzten Array-Element. Analog funktioniert dies bei Zeichenketten, wobei hier anstelle der Zahlen `n1` bzw. `n2` Elemente der Struktur `String.Index` verwendet werden müssen.

Normalerweise werden diese Range-Operatoren für ganze Zahlen bzw. String-Positionen verwendet. Es gibt aber auch Anwendungsfälle für Fließkommazahlen und Zeichenketten.

Intern sind die Range-Operatoren Kurzschreibweisen zur Erzeugung diverser `XxxxRange`-Strukturen:

```
1..<10            // entspricht CountableRange<Int>(1..<10)
1...10            // entspricht CountableClosedRange<Int>(1...10)
```

Bei beidseitig geschlossenen Bereichen lauten die wichtigsten Eigenschaften `startIndex` und `endIndex`. Sie geben den Start- und Endwert des Bereichs an. `contains` überprüft, ob eine bestimmte Zahl im Zahlenbereich enthalten ist:

```
var r1 = 1..<10  // entspricht r = CountableRange<Int>(1..<10)
r1.startIndex    // 1
r1.endIndex      // 10
r1.contains(7)   // true
r1.contains(11)  // false
```

Bei einseitigen Bereichen geben `lowerBound` und `upperBound` die obere bzw. untere Grenze an:

```
let r2 = 17...     // entspricht CountablePartialRangeFrom<Int>(17)
r2.lowerBound      // 17
r2.contains(23)    // true
```

Darüber hinaus gibt es unzählige Methoden, die den Zahlenbereich verändern (`dropFirst`, `dropLast`, `reversed`) oder seine Elemente verarbeiten (`filter`, `forEach`, `map`):

```
(1...5).map { print($0 * 2) }  // Ausgabe 2, 4, 6, 8, 10
```

Range-Operatoren in Schleifen

Mit den Range-Operatoren definierte Bereiche können in Schleifen verarbeitet werden:

```
for i in 1...10 {
    print(i)  // Ausgabe 1, 2, ..., 10
}
```

Nach oben offene Bereiche sind ebenfalls als Basis für eine Schleife erlaubt – aber Vorsicht: Ohne `break` ergibt sich eine Endlosschleife!

```
for i in 10... {
  if i>20 {break}
  print(i)  // Ausgabe 10, 11, ..., 20
}
```

Nach unten offene Bereiche sind in Schleifen nicht erlaubt.

Range-Operatoren und Arrays

In der folgenden Schreibweise können Sie Zahlenbereiche zur Initialisierung eines Integer-Arrays verwenden:

```
var ar = [Int](1...10)  // entspricht var ar = [1, 2, ..., 10]
```

Anstelle des üblichen Zugriffs auf *ein* Array-Element mit `array[n]` können Sie auch einen Bereich für den Zugriff auf mehrere Elemente angeben. Die folgenden Beispiele zeigen die Anwendung aller fünf Range-Operatoren. Beachten Sie, dass das Ergebnis kein neues Array ist, sondern eine `ArraySlice`-Struktur. Beachten Sie auch, dass Array-Indizes immer mit 0 beginnen. `array[0]` ist also das erste Element, `array[...2]` meint daher alle Elemente bis zum dritten. Mehr Informationen zum Umgang mit Arrays folgen in Kapitel 10, »Arrays, Dictionaries, Sets und Tupel«.

```
let data = ["a", "b", "c", "d", "e"]  // Datentyp Array<String>
data[2...4]     // ["c", "d", "e"], Datentyp ArraySlice<String>
data[2..<4]     // ["c", "d"]
data[3...]      // ["d", "e"]
data[...2]      // ["a", "b", "c"]
data[..<2]      // ["a", "b"]
```

Range-Operatoren in switch-Konstrukten

Mit dem vorhin schon vorgestellten Operator `~=` können Sie testen, ob sich ein Wert innerhalb eines Bereiches befindet:

```
1...10 ~= 8         // true
...7 ~= 12          // false
7... ~= 12          // true
...7 ~= 7           // true
..<7 ~= 7           // false
7... ~= 8           // true
```

Analog gilt diese Schreibweise auch in `switch`-Konstruktionen (siehe Abschnitt 5.3, »Verzweigungen mit switch«):

```
let n = 21
switch n {
case ..<10:
  print("kleiner als 10")
case 10...20:
  print("zwischen 10 und 20")
case 21...:
  print("größer als 20")
default:
  print("wird nie eintreten, aber syntaktisch erforderlich")
}
```

Range-Operatoren für Fließkommazahlen

Als Vergleichsbasis für `switch` bzw. für den Operator `~=` dürfen auch Fließkommabereiche gebildet werden:

```
1.7..<2.9 ~= 2.3    // true
```

Allerdings gelten für Bereiche, deren Grunddatentyp nicht aufzählbar ist, viele Einschränkungen. Beispielsweise ist es unmöglich, Schleifen über sie zu bilden:

Schleifen über einen Fließkommazahlenbereich

Um analog zu `for i in 1...3` eine Schleife für eine `double`-Variable zu formulieren, können Sie auf `stride` zurückgreifen. Diese Funktion stelle ich Ihnen in Kapitel 5, »Verzweigungen und Schleifen«, vor.

Range-Operatoren für Zeichenketten

Für Vergleiche mit einzelnen Zeichen bzw. in `switch`-Konstruktionen können Sie auch Zeichenbereiche verwenden. Wie bei Fließkommazahlen ist aber eine Anwendung in Schleifen nicht zulässig.

```
"a"..."z" ~= "f"    // true
"0"..."9" ~= "x"    // false
```

Als Start- und Endpunkt der Range-Operatoren sind auch `String.Index`-Elemente erlaubt. `s[startindex...endindex]` liefert allerdings keine neue Zeichenkette, sondern einen `SubString`:

```
let s = "Hello World!"
if let startindex = s.firstIndex(of: " ") {
  let part1 = s[..<startindex]  // Datentyp String.SubSequence, das ist
  let part2 = s[startindex...]  // ein typealias für Substring

  print(part1)    // "Hello"
  print(part2)    // " World!"
}
```

Beachten Sie, dass die Start- und Endpunkte des Bereichs unbedingt als `String.Index`-Elemente formuliert werden müssen. Der in nahezu allen anderen Programmiersprachen übliche Zugriff über ganze Zahlen ist in Swift nicht erlaubt (sieht auch Kapitel 8, »Zeichenketten«).

3.4 Operatoren für Fortgeschrittene

Die wichtigsten Operatoren kennen Sie nun. Dieser Abschnitt ergänzt Ihr Wissen um Spezial- und Hintergrundinformationen. Am interessantesten ist dabei sicherlich die Möglichkeit, selbst eigene Operatoren zu definieren bzw. vorhandene Operatoren zu überschreiben (*Operator Overloading*).

Ternärer Operator

Swift kennt drei Typen von Operatoren:

- **Unäre Operatoren** (Unary Operators) verarbeiten nur einen Operanden. In Swift zählen dazu das positive und negative Vorzeichen, das logische NICHT (also `!bool`) und die Unwrapping-Operatoren ! und ? zur Auswertung von Optionals (also `opt!` oder `opt?`).
- **Binäre Operatoren** verarbeiten zwei Operanden, also etwa das `a * b`. Die Mehrheit der Swift-Operatoren fällt in diese Gruppe.
- **Ternäre Operatoren** verarbeiten drei Operanden. In Swift gibt es nur einen derartigen Vertreter, der daher einfach als *der* ternäre Operator bezeichnet wird – so, als wären andere ternäre Operatoren undenkbar.

Die Syntax des ternären Operators sieht so aus:

```
a ? b : c
```

Wenn der boolesche Ausdruck `a` wahr ist, dann liefert der Ausdruck `b`, sonst `c`. Der ternäre Operator eignet sich dazu, einfache `if`-Verzweigungen zu verkürzen:

```
// if-Schreibweise
let result:String
let x = 3
if x<10 {
    result = "x kleiner 10"
} else {
    result = "x größer-gleich 10"
}

// verkürzte Schreibweise mit dem ternären Operator
let x = 3
let result = x<10 ? "x kleiner 10" : "x größer gleich 10"
```

Unwrapping- und Nil-Coalescing-Operator

Anders als in den meisten anderen Programmiersprachen können mit einem Typ deklarierte Swift-Variablen nie den Zustand `null` im Sinne von »nicht initialisiert« annehmen. Swift bietet dafür die Möglichkeit, eine Variable explizit als *Optional* zu deklarieren (siehe

Abschnitt 4.2, »Optionals«). Dazu geben Sie explizit den gewünschten Datentyp an, dem wiederum ein Fragezeichen oder ein Ausrufezeichen folgt:

```
var x: Int? = 3    // x enthält eine ganze Zahl oder nil
var y: Int! = 4    // y enthält eine ganze Zahl oder nil
var z: Int  = 5    // z enthält immer eine ganze Zahl

x = nil            // ok
y = nil            // ok
z = nil            // nicht erlaubt
```

Der Unterschied zwischen x und y besteht darin, dass das Auspacken (*Unwrapping*) des eigentlichen Werts bei y automatisch erfolgt, während es bei x durch ein nachgestelltes Ausrufezeichen – den Unwrapping-Operator – erzwungen werden muss. Beachten Sie, dass die folgenden Zeilen beide einen Fehler verursachen, wenn x bzw. y den Zustand nil aufweist!

```
var i: Int = x!     // explizites Unwrapping durch x!
var j: Int = y      // automatisches Unwrapping
```

Die Variablen x und y können also nil enthalten. nil hat eine ähnliche Bedeutung wie bei anderen Sprachen null. Optionals sind aber gleichermaßen für Wert- und für Referenztypen vorgesehen, was in manchen anderen Programmiersprachen nicht oder nur auf Umwegen möglich ist. Allerdings können nur solche Klassen für Optionals verwendet werden, die das Protokoll ExpressibleByNilLiteral einhalten.

Mit diesem Vorwissen kommen wir nun zum Nil-Coalescing-Operator a ?? b, der sich ebenso schwer aussprechen wie übersetzen lässt. Bei ihm handelt es sich um eine Kurzschreibweise des folgenden Ausdrucks:

```
a != nil ? a! : b
```

Wenn a initialisiert ist, also nicht nil ist, dann liefert a ?? b den Wert von a zurück, andernfalls den Wert von b. Damit eignet sich b zur Angabe eines Defaultwerts. In a! bewirkt das Ausrufezeichen das Auspacken (*Unwrapping*) des Optionals. Aus dem Optional Typ? wird also der reguläre Datentyp Typ.

```
// k den Wert von x oder den Defaultwert -1 zuweisen
var k = x ?? -1       // der Datentyp von k ist Int
```

Optional Chaining

Ebenfalls mit Optionals hat die Operatorkombination ?. zu tun. Sie testet, ob ein Ausdruck nil ergibt. Ist dies der Fall, lautet das Endergebnis nil. Andernfalls wird das Ergebnis ausgepackt und der nächste Ausdruck angewendet. Wenn dieser ebenfalls ein Optional liefert, kann auch diesem Ausdruck ein Fragezeichen hintangestellt werden. Swift führt einen weiteren nil-Test durch. Diese Verkettung von nil-Tests samt Auswertung, wenn der Ausdruck nicht nil ist, heißt in Swift »Optional Chaining«:

```
let a = optional?.method()?.property
let b = optional?.method1()?.method2()?.method3()
```

Operator-Präferenz

Beim Ausdruck a + b * c rechnet Swift zuerst b*c aus, bevor es summiert – so wie Sie es in der Schule gelernt haben. Generell gilt in Swift eine klare Hierarchie der Operatoren (siehe Tabelle 3.3). Um die Verarbeitungsreihenfolge zu verändern, können Sie natürlich jederzeit Klammern setzen – also beispielsweise (a+b)*c.

Priorität	Operatoren
BitwiseShiftPrecedence	<< >>
MultiplicationPrecedence ←	* / % &*
AdditionPrecedence ←	+ - &+ &- | ^
RangeFormationPrecedence	... ..<
CastingPrecedence	is as
NilCoalescingPrecedence	??
ComparisonPrecedence	< <= > >= == != === !== ~=
LogicalConjunctionPrecedence ←	&&
LogicalDisjunctionPrecedence ←	||
DefaultPrecedence	(keine zugeordneten Operatoren)
TernaryPrecedence →	?:
AssignmentPrecedence →	= *= /= %= += -= <<= >>= &= ^= |= &&= ||=
FunctionArrowPrecedence →	->

Tabelle 3.3 Hierarchie der binären Operatoren

In Swift gibt es vordefinierte Prioritätsgruppen (Precedence Groups). Die erste Spalte der Operatorentabelle gibt neben dem Namen der Gruppe auch die Assoziativität an (soweit definiert). Diese bestimmt, ob gleichwertige Operatoren von links nach rechts oder von rechts nach links verarbeitet werden sollen. Beispielsweise ist - (Minus) ein linksassoziativer Operator. Die Auswertung erfolgt von links nach rechts. 17 - 5 - 3 wird also in der Form (17 - 5)- 3 verarbeitet und ergibt 9. Falsch wäre 17 - (5 - 3) = 15!

Detailinformationen zu den Prioritätsgruppen sowie weitere Operator-Interna können Sie auf der folgenden Seite nachlesen:

https://github.com/apple/swift-evolution/blob/master/proposals/0077-operator-precedence.md

3.5 Eigene Operatoren

Swift bietet Ihnen die Möglichkeit, vorhandenen Operatoren für bestimmte Datentypen neue Funktionen zuzuweisen (Operator Overloading). Außerdem können Sie vollkommen neue Operatoren definieren.

Operatoren sind aus der Sicht von Swift ein Sonderfall globaler Funktionen, wobei der Funktionsname aus Operatorzeichen besteht. Insofern greift dieser Abschnitt Kapitel 6, »Funktionen und Closures«, vor. Binäre Operatoren erwarten zwei, unäre Operatoren einen Parameter.

Reservierte Operatoren

Die folgenden Zeichen, Zeichenkombinationen bzw. Operatoren sind reserviert und können nicht verändert werden:

`=  .  >  !  ?  ->  //  /*  */`

Operator Overloading für komplexe Zahlen

Das folgende Beispiel zeigt, wie einfach Operator Overloading ist. Im Beispiel wird zuerst die Datenstruktur `Complex` zur Speicherung komplexer Zahlen mit Real- und Imaginärteil definiert. Die weiteren Zeilen zeigen die Implementierung der Operatoren + und * zur Verarbeitung solcher Zahlen.

```
// Beispieldatei operator-overloading.playground
// Datenstruktur zur Speicherung komplexer Zahlen
struct Complex {
  var re: Double
  var im: Double

  // Init-Funktion, um eine neue komplexe Zahl zu erzeugen
  init(re: Double, im: Double) {
    self.re = re
    self.im = im
  }
}
```

```
// Addition komplexer Zahlen
func + (left: Complex, right: Complex) -> Complex {
  return Complex(re: left.re + right.re, im: left.im + right.im)
}
// Multiplikation komplexer Zahlen
func * (left: Complex, right: Complex) -> Complex {
  return Complex(re: left.re * right.re - left.im * right.im,
                 im: left.re * right.im + left.im * right.re)
}
// Vergleich komplexer Zahlen
func == (left: Complex, right: Complex) -> Bool {
  return left.re == right.re   &&   left.im == right.im
}
func != (left: Complex, right: Complex) -> Bool {
  return !(left==right)
}
// Operatoren anwenden
var a = Complex(re: 2, im: 1)  //  2 +  i
var b = Complex(re: 1, im: 3)  //  1 + 3i
var c = a + b                  //  3 + 4i
var d = a * b                  // -1 + 7i
```

Bei der Definition unärer Operatoren muss mit dem Schlüsselwort `prefix` bzw. `postfix` angegeben werden, ob der Operator vor oder nach dem Operanden angegeben wird. Die Definition des Operators für negative Vorzeichen bei komplexen Zahlen sieht so aus:

```
// negatives Vorzeichen für komplexe Zahlen
prefix func - (op: Complex) -> Complex {
  return Complex(re: -op.re, im: -op.im)
}
// Anwendung
var e = -d                     //  1 - 7i
```

Neuer Vergleichsoperator für Zeichenketten

Für aktuell nicht genutzte Zeichenkombinationen können Sie selbst neue Operatoren definieren. Dazu müssen Sie den Operator mit `infix|prefix|postfix operator` zuerst definieren und einer Prioritätsgruppe zuordnen (siehe Tabelle 3.3). Wenn Sie darauf verzichten, zählt Ihr Operator automatisch zur Gruppe `DefaultPrecedence`.

Das folgende Beispiel definiert einen Vergleichsoperator für Zeichenketten, der nicht zwischen Groß- und Kleinschreibung unterscheidet. `infix` bezeichnet dabei einen Operator für zwei Operanden. Der Operator `=~=` erhält dieselbe Priorität wie die anderen Vergleichsoperatoren.

```
// Datei comparision-operator.swift
// neuen Vergleichsoperator definieren, ...
infix operator =~= : ComparisonPrecedence
```

Die Implementierung greift auf die compare-Methode zurück. Besser lesbar, aber weniger effizient wäre return left.uppercased()== right.uppercased().

```
// ... implementieren,
func =~= (left: String, right: String) -> Bool {
  return left.compare(right, options: .caseInsensitive) == .orderedSame
}
// ... und ausprobieren
"abc" =~= "Abc"    // true
"äöü" =~= "ÄöÜ"    // true
```

Neuer Exponential-Operator in einer eigenen Prioritätsgruppe

Sie sind bei der Definition eigener Operatoren nicht auf die vorgegebenen Prioritätsgruppen beschränkt. Das folgende Beispiel greift eine Idee aus dem schon erwähnten Proposal 0077 auf und definiert den Exponential-Operator ** für Double-Zahlen. Der Operator wird der ebenso neuen Gruppe ExponentiationPrecedence zugeordnet. Diese Gruppe hat eine höhere Priorität als MultiplicationPrecedence; mehrere aufeinanderfolgende Exponential-Operatoren werden von links nach rechts verarbeitet.

```
// Datei comparison-operator.swift

// neue Prioritätsgruppe für Exponential-Operatoren
precedencegroup ExponentiationPrecedence {
  associativity: left
  higherThan: MultiplicationPrecedence
}
// neuer Exponential-Operator
infix operator ** : ExponentiationPrecedence
// Implementierung
func ** (base: Double, exponent: Double) -> Double {
  return pow(base, exponent)
}
let result = 1 + 2 ** 3  // 1 plus (2 hoch 3), Ergebnis 9
```

Neuer Unwrap-or-die-Operator

Erica Sadun hat in der Swift-Evolution-Mailing-Liste vorgeschlagen, die Sprache Swift um den Operator !! zu erweitern, der das Auspacken eines Optionals erzwingt. Gelingt dies nicht, wird ein Fehler ausgelöst. Die Anwendung dieses Operators sieht so aus:

```
let result = [1, 2, 3]
let firstresult = result.first !! "Fehlermeldung"
print(firstresult)
```

Es gibt also einen optionalen Ausdruck (hier `first`, liefert `nil`, wenn das Array leer ist), und Ihr Code verlässt sich darauf, dass der Ausdruck ein Ergebnis liefert. Sie könnten nun einfach durch `first!` das Auspacken erzwingen; sollte aber doch ein Fehler auftreten, dann haben Sie keine Fehlermeldung. Mit der Konstruktion `!! "Fehlermeldung"` können Sie hingegen auf die Ursache des Problems hinweisen. (Der Operator `!!` ist Ausdrucks des Frusts, den viele Swift-Entwickler im Umgang mit Optionals und der erforderlichen Absicherung durch `guard`, `if let` etc. empfinden. Mehr Informationen zu diesem Thema folgen in Abschnitt 4.2, »Optionals«, sowie in Kapitel 13, »Fehlerabsicherung«.)

Die Swift-Entwicklergemeinde hat sich nicht dazu durchringen können, den Operator zum Swift-Sprachumfang hinzuzufügen. Aber das können Sie mit wenigen Zeilen selbst erledigen:

```
// Projekt unwrap-or-die-operator, Datei main.swift
infix operator !!: NilCoalescingPrecedence
extension Optional {
  // Idee: Erica Sadun 2017
  public static func !!(optional: Optional,
                        errorMessage: @autoclosure () -> String)
    -> Wrapped
  {
    if let value = optional { return value }
    fatalError(errorMessage())
  }
}
```

Weitere Beispiele für eigene Operatoren

In diesem Buch zeige ich Ihnen in mehreren Abschnitten, wie Sie eigene Operatoren gewinnbringend zur Formulierung klareren Codes definieren können:

- In Abschnitt 7.3, »CGFloat, CGPoint, CGSize und Co.«, zeige ich Ihnen, wie Sie Operatoren definieren, um bequem Berechnungen mit Koordinatenpunkten, Vektoren etc. durchzuführen.
- In Abschnitt 8.5, »Zeichenketten und Zahlen umwandeln«, stelle ich Ihnen einen Dreizeiler vor, der den aus Python bekannten Operator `%` zur Formatierung von Zeichenketten definiert.
- In Abschnitt 11.5, »Methoden«, habe ich in einem Beispiel, das den Unterschied zwischen verschiedenen Methodentypen zeigt, auch die Operatoren `<` und `>` definiert. Sie ermitteln, welcher von zwei 3D-Vektoren kürzer ist.

4

Kapitel 4
Variablen und Optionals

Dieses Kapitel führt in die Konzepte der Variablenverwaltung in Swift ein. Es erläutert den Unterschied zwischen Variablen und Konstanten sowie zwischen Wert- und Referenztypen. Außerdem geht es ausführlich auf Optionals ein, also auf Variablen, die zusätzlich den Wert bzw. Zustand `nil` enthalten können.

Dieses Kapitel ist aber nur der Einstieg ins Thema »Variablen«. Viele weitere Aspekte folgen im Verlauf des Buchs:

- elementare Datentypen:
  - Kapitel 7, »Zahlen und geometrische Strukturen«
  - Kapitel 8, »Zeichenketten«
  - Kapitel 9, »Datum und Uhrzeit«
- Arrays, Sets etc. (Kapitel 10, »Arrays, Dictionaries, Sets und Tupel«)
- Gültigkeitsebenen (Abschnitt 11.1, »Klassen und Strukturen«)
- Eigenschaften, also Variablen auf Klassenebene (Abschnitt 11.3, »Eigenschaften«)
- Lebensdauer von Objekten (Abschnitt 11.8, »Speicherverwaltung«)
- Reflection und Metatypen (im gleichnamigen Abschnitt 12.7)

4.1 Variablen und Konstanten

In den meisten Programmiersprachen sind Variablen die Regel und Konstanten die Ausnahme. Für die Programmierung in Swift wird hingegen empfohlen, möglichst oft mit Konstanten zu arbeiten (Schlüsselwort `let`) und Variablen nur einzusetzen, wenn dies tatsächlich notwendig ist (Schlüsselwort `var`).

Deklaration von Variablen

Variablen müssen bei oder vor der ersten Zuweisung mit `var` deklariert werden. Swift entscheidet sich selbst für einen geeigneten Datentyp. Dieser Typ kann sich später nicht mehr ändern.

```
var x = 3              // implizite Integer-Variable
x = 5                  // OK
x = 1.4                // Fehler, x ist eine Fließkommazahl
```

Optional können Sie den Datentyp explizit festlegen – entweder durch eine Typangabe (*Type Annotation*) in der Form `varname:typ` oder durch ein Literal, das den Datentyp eindeutig macht (`var y=3.0`).

```
var y: Double = 3   // explizite Double-Variable
y = 1.7             // OK
```

Sie können in einer durch Kommata getrennten Aufzählung mehrere Variablen auf einmal deklarieren – mit oder ohne Zuweisung. Sie *müssen* aber jeder Variablen zuerst einen Wert zuweisen, bevor Sie die Variable auslesen bzw. in einem Ausdruck verwenden können. Eine Ausnahme von dieser Regel sind Optionals (siehe Abschnitt 4.2), die automatisch mit dem Zustand `nil` initialisiert werden.

```
var a = 3, b = 8.4, c = false
var d, e, f: Double, g: Bool
print(d)          // Fehler, d ist nicht initialisiert
```

Regeln für Variablennamen

Variablennamen können aus nahezu allen Unicode-Zeichen zusammengesetzt werden. Auch Ziffern sind erlaubt, allerdings nicht als erstes Zeichen. Nicht zulässig sind Leer- und Tabulatorzeichen, Satzzeichen sowie mathematische Symbole. Es ist sogar zulässig, Schlüsselwörter als Variablennamen zu verwenden, wenn Sie sie in rechtsgerichtete Apostrophe setzen; empfohlen ist dies aber nicht.

```
var äöü = 3      // OK
var _xyz = 4     // OK
var _123 = 5     // OK
var `for` = 6    // OK
var a b = 3      // Fehler, keine Leerzeichen
var `a b` = 3    // Fehler, keine Leerzeichen
var 1abc = 3     // Fehler, Name darf nicht mit Ziffer beginnen
var $abc = 3     // Fehler, $ ist nicht erlaubt
var ef.gh = 3    // Fehler, . ist nicht erlaubt
```

Es ist üblich, Variablennamen mit einem Kleinbuchstaben beginnen zu lassen. Für zusammengesetzte Namen wird die CamelCase-Notation empfohlen, also `meineVariable` und nicht `meine_variable`.

Konstanten

Konstanten werden mit `let` deklariert. Eine spätere Änderung des anfänglichen Werts ist nicht erlaubt.

```
let max = 5  // Konstante
max = 7      // Fehler, max kann nicht mehr verändert werden
```

Wenn der Swift-Compiler erkennen kann, dass von verschiedenen Codezweigen immer genau einer ausgeführt werden kann, dann sind unterschiedliche Zuweisungen erlaubt:

```
let c: String  // in c soll der Name einer Farbe gespeichert werden
if Bool.random() {  // zufällig zwischen Rot/Grün wählen
  c = "Red"
} else {
  c = "Green"
}
```

Beachten Sie, dass Swift bei Konstanten zwar die Zuweisung eines neuen Werts bzw. Objekts verhindert, dass die Daten bzw. der Inhalt eines Objekts aber sehr wohl auch bei Konstanten verändert werden können!

```
// eine ganz einfache Klasse
class MyClass {
  var data: Double
  init(data: Double) {
    self.data = data
  }
}

let obj = MyClass(data: 2)  // obj.data enthält 2.0
obj = MyClass(data: 7)      // Fehler, obj ist eine Konstante
obj.data = 5                // OK, obj.data ist jetzt 5.0
```

`let` kann zur Auswertung von Optionals mit `if`- oder `while`-Bedingungen kombiniert werden. Dabei wird getestet, ob der Ausdruck ungleich `nil` ist. Wenn das der Fall ist, gilt die Bedingung als erfüllt, und der Ausdruck wird der Konstanten zugewiesen. Die folgende Zeile zeigt nur die Syntax, weitere Beispiele folgen in Abschnitt 4.2 und in Kapitel 5, »Verzweigungen und Schleifen«.

```
var s: String = numberInput() // Zeichenkette
if let x = Int(s) {           // x hat den Datentyp Int
  print(x)
}
```

Konstanten statt Variablen

Die offizielle Swift-Dokumentation empfiehlt, nach Möglichkeit `let` den Vorzug gegenüber `var` zu geben. Xcode weist zudem in Warnungen auf Variablen hin, die nie verändert werden und daher mit `let` deklariert werden könnten. Machen Sie also nur das variabel, was wirklich variabel sein muss. Gewöhnen Sie sich an, zuerst einmal `let` zu verwenden, und ändern Sie `let` erst bei Bedarf in `var`.

Keine Großbuchstaben

Es ist in Swift unüblich, Konstanten mit lauter Großbuchstaben zu benennen, also `let MAX=3`. Im offiziellen Swift-E-Book von Apple (»The Swift Programming Language«) werden Konstanten wie Variablen benannt, also `let pi=3.1415` oder `let itemMax=10`.

Eigenschaften

Innerhalb einer Klasse definierte Variablen heißen in Swift *Eigenschaften* (Properties) und werden in Abschnitt 11.3, »Eigenschaften«, näher behandelt. An dieser Stelle möchte ich aber schon jetzt auf einen Spezialfall hinweisen, der durchaus auch außerhalb einer Klasse verwendet werden kann: *Computed Properties*, wörtlich übersetzt also *errechnete Eigenschaften*, sehen nur in der ersten Zeile wie Variablen aus:

```
// Syntax für Computed Properties
var name: datentyp {
  get {
    ...
    return result
  }
  set {
    ... newValue verarbeiten
  }
}
```

Computed Properties sind intern also Funktionen bzw. Methoden. Anders als echte Variablen bieten sie aber keine Möglichkeit, Daten zu speichern! Jedes Mal, wenn `name` ausgelesen wird, führt Swift den `get`-Code aus und liefert das dynamisch errechnete `return`-Ergebnis zurück. Umgekehrt läuft bei jeder Zuweisung der `set`-Code. An diesen wird der Parameter `newValue` übergeben. In anderen Programmiersprachen werden vergleichbare Funktionen oft durch sogenannte Getter- und Setter-Methoden realisiert, auch wenn die Syntax stark variiert.

Im folgenden Minibeispiel, das auch ohne die Definition eigener Klassen funktioniert, sollen die Variable `s` vom Typ `String` und die Eigenschaft `x` immer synchron sein. Der `get`-Code von `x` versucht daher, die Zeichenkette bei jedem Lesezugriff in eine ganze Zahl umzuwandeln. Gelingt dies nicht, liefert `x` den Wert 0. Umgekehrt wird bei jeder Veränderung von `x` auch `s` entsprechend geändert:

```
var s: String = "123"  // normale Variable, Datenspeicher
var x: Int {           // Computed Property
  get {
    // liefert den Wert von s oder 0, wenn s keine Zahl enthält
    return Int(s) ?? 0
  }
```

```
  set {
    s = "\(newValue)"
  }
}

print(x)     // 123
x = 35       // s wird damit "35" zugewiesen
print(s)     // "35"
s = "abc"
print(x)     // 0, weil "abc" keine Zahl ist
```

Weitere Beispiele folgen in Abschnitt 11.3, »Eigenschaften«. Werfen Sie auch einen Blick in das Stichwortverzeichnis und dort auf den Eintrag »Computed Properties«!

Enumerationen (Enums)

Mehrere Konstanten, die eine zusammengehörende logische Gruppe bilden, werden zweckmäßigerweise als Enumeration formuliert. Die Syntax hierfür ist simpel:

```
enum Color {
  case white
  case black
  case red, green, blue
}
```

Die zu definierenden Konstanten werden also einfach mit `case` aufgezählt, wobei Sie wahlweise immer nur eine oder aber mehrere durch Kommata getrennte Konstanten auf einmal nennen können. Swift weist den Konstanten selbst eindeutige Werte zu. Ab Swift 3 ist es üblich, die Namen von Enumerationselementen mit Kleinbuchstaben beginnen zu lassen.

Die Verwendung der Konstanten ist dann ebenso unkompliziert:

```
var c = Color.white
if c == Color.red {
  print("c enthält die Farbe 'Rot'.")
}
```

Wenn aus dem Kontext ohnehin klar ist, dass es sich um Elemente einer bestimmten Enumeration handelt, ist die folgende Kurzschreibweise zulässig:

```
var c = Color.white
c = .green       // c ist eine Variable vom Typ 'Color'
if c == .green {
  print("Grün")
}
```

Der Swift-Compiler betrachtet die Zuweisung `c=.green` bzw. den Vergleich `c==.green` als Fehler. Sie müssen Leerzeichen vor und nach `=` bzw. `==` angeben, damit der Compiler die Anweisungen richtig interpretiert.

Die Kurzschreibweise `.enumerationswert` funktioniert auch in `switch`-Ausdrücken (siehe Abschnitt 5.3, »Verzweigungen mit switch«). Auf den `default`-Block dürfen Sie verzichten, wenn in der `switch`-Konstruktion *alle* Elemente der Enumeration vorkommen.

```
switch c {
case .green:
  print("Grün")
case .white, .black:
  print("Schwarz oder Weiß")
default:
  print("andere Farbe")
}
```

Enumerationen definieren neue Datentypen

Enumerationen eignen sich nicht nur dazu, eine Gruppe von Konstanten zu bilden, sie definieren auch eigene Datentypen. Daraus ergeben sich weitere syntaktische Feinheiten, die in Abschnitt 11.2, »Enumerationen«, im Kapitel »Objektorientierte Programmierung I« zusammengefasst sind.

rawValues

Normalerweise weist Swift den Enumerationselementen eindeutige Werte zu. Sie können in diesen Prozess aber eingreifen und den Konstanten selbst Werte in einem Datentyp zuordnen, den Sie bei der Deklaration angeben. Swift achtet darauf, dass jedes Enumerationselement einen eindeutigen Wert erhält. Mit `.rawValue` können Sie den Wert auslesen.

```
enum Color1: String {
  case red  = "ff0000"
  case blue = "0000ff"
}
var c = Color1.red
c.rawValue          // "ff0000"
```

Wenn Sie `Int` als Datentyp verwenden, nummeriert Swift die Elemente automatisch durch, entweder beginnend mit 0 oder ausgehend vom letzten explizit angegebenen Wert:

```
enum Color: Int {
  case red = 4, blue, green, black = 10, white
}
Color.green.rawValue  // 6
Color.white.rawValue  // 11
```

Verwenden Sie dagegen String als Datentyp, nutzt Swift automatisch die Namen der Konstanten als Enumerationswerte:

```
enum Color : String {
  case white
  case black
  case red, green, blue
}
Color.green.rawValue   // "Green"
```

Beachten Sie, dass rawValue nur für solche Enumerationen zur Verfügung steht, bei denen bei der Definition explizit ein Datentyp angegeben ist – in den vorigen Beispielen also String bzw. Int. Fehlt der Datentyp, kommt es zu einem Fehler:

```
enum Color {
  case red
  case blue
}
var c = Color.red
c.rawValue             // Fehler
Color.blue.rawValue    // Fehler
```

4.2 Optionals

In den meisten Programmiersprachen können Objektvariablen den Zustand null im Sinne von »nicht initialisiert, nicht belegt« aufweisen. In Swift ist dies bei Variablen, die nicht als Optionals deklariert sind, unmöglich. Gewöhnlichen (also: nicht optionalen) Variablen muss vor dem ersten Auslesen ein konkreter Wert zugewiesen werden.

Allerdings kennt Swift neben gewöhnlichen Variablen bzw. Konstanten auch sogenannte *Optionals*. Das sind Variablen bzw. Konstanten, die den Zustand »noch nicht belegt/unbekannt/ungültig« aufweisen können. Dieser Zustand wird allerdings nicht durch das Schlüsselwort null, sondern durch das sinngemäß gleichwertige nil ausgedrückt. Im Unterschied zu manchen anderen Programmiersprachen gibt es Optionals in Swift nicht nur für Referenztypen, sondern auch für elementare Wertdatentypen wie Int oder String.

Optionals – Fluch oder Segen?

Wie Sie gleich sehen werden, gelten für den Umgang mit Optionals eine Menge spezieller Regeln. Die relativ sperrige Syntax wird damit begründet, dass man mit ihrer Hilfe einen ungewollten Zugriff auf eine nicht initialisierte Variable vermeidet, der in anderen Programmiersprachen ein häufiges Problem ist.

An sich ist die Idee gut – wenn Optionals die Ausnahme und nicht optionale Variablen die Regel wären. In der Praxis ist es aber leider gerade umgekehrt: Bei der Entwicklung von Apps hat man manchmal das Gefühl, als würde nahezu jede Eigenschaft oder Methode Optionals liefern. Die ständig erforderlichen nil-Absicherungen bzw. unzählige if-let-Zuweisungen machen den Code langatmig und schwer lesbar.

Optionals deklarieren

Optionals deklarieren Sie, indem Sie nach dem Variablennamen den Datentyp sowie ein Ausrufe- oder Fragezeichen angeben. Optionals können für *alle* Datentypen deklariert werden, also nicht nur für Objektvariablen, sondern auch für Variablen, die elementare Datentypen, wie Int, Double oder String, aufnehmen (Werttypen bzw. Strukturen). Bei der Ausgabe mit print müssen Sie seit Swift 3.1 das Casting as Any durchführen, andernfalls kommt es zur Warnung (*implicitly coerced to Any*).

```
var op1: Int?       // Optional für Int (gewöhnliches Optional)
var op2: Double!    // Optional für Double (Implicitly Unwrapped
                    //                      Optional)
print(op1 as Any)   // Ausgabe "nil"
print(op2 as Any)   // Fehler 'unexpectedly found nil
                    // while unwrapping an Optional value'
if op2 == nil {     // so ist es okay
  print("op2 ist nil")
}

op1 = 3             // Erst jetzt haben die Optionals einen
op2 = 1.4           // richtigen Wert.
```

Optionals kommen auch ohne explizite Deklaration zustande, wenn Sie Funktionen oder Methoden aufrufen, die Optionals als Rückgabewert liefern. Im folgenden Beispiel liefert Int(s) das Ergebnis im Datentyp Int? zurück. Das liegt daran, dass Int nicht von vornherein weiß, ob sich die Zeichenkette wirklich in eine Zahl umwandeln lässt. Bei Int("123") klappt das, aber bei Int("bla") nicht. Im zweiten Fall tritt kein Fehler auf, aber das Ergebnis lautet nil.

```
let s = "123"
var i = Int(s)      // i hat den Datentyp 'Int?'
print(i)            // Ausgabe "Optional(123)"
```

Optionals auslesen

Die Beispiele des vorigen Abschnitts haben gezeigt, dass es *zwei* Arten gibt, um Optionals zu deklarieren: entweder mit einem Ausrufezeichen oder mit einem Fragezeichen. Der Unterschied besteht darin, wie sich die Variable beim Zugriff auf die Daten verhält.

- **Optionals mit Fragezeichen (gewöhnliche Optionals):** Gewöhnliche Optionals müssen beim Auslesen jedes Mal explizit durch ein nachgestelltes Ausrufezeichen in den zugrunde liegenden Datentyp umgewandelt werden:

  ```
  var op1: Int? = 1
  print(op1 + 3)      // Fehler, 'Int' + 'Int?' ist nicht zulässig
  let i: Int = op1    // Fehler, 'Int' = 'Int?' ist nicht möglich
  print(op1! + 3)     // ok
  let i: Int = op1!   // ok
  ```

  Sollte sich beim Auslesen mit `op!` herausstellen, dass die Variable `nil` enthält, tritt ein Fehler auf! Dieser Fall muss vorweg durch einen Test, durch `if let` oder durch den Einsatz des Nil-Coalescing-Operators ausgeschlossen werden (siehe den nächsten Abschnitt).

  Generell gilt: Unwrapping ist nur beim Auslesen, aber nie beim Zuweisen erforderlich – also z. B. auf der rechten Seite von Zuweisungen (`let x = op!`). Merkwürdigerweise ist der Unwrapping-Operator aber auch auf der linken Seite erlaubt, wenn Sie ein Optional verändern. Der Compiler akzeptiert `op1! = 2` als korrekte Anweisung. `op1 = 2` wäre natürlich auch korrekt.

- **Optionals mit Ausrufezeichen (Implicitly Unwrapped Optionals):** Werden Optionals hingegen in der Form `Datentyp!` deklariert, dann erfolgt die Umwandlung in den zugrunde liegenden Datentyp, also das sogenannte »Unwrapping«, automatisch. Aber natürlich kommt es auch hierbei zu einem Fehler, sollte die Variable oder Konstante `nil` enthalten.

  ```
  var op2: Double! = 1.4
  print(op2 + 1.7)       // ok
  let x: Double = op2    // ok
  ```

  Implicitly Unwrapped Optionals sind übrigens auch dann als Datentyp erlaubt, wenn eine Funktion oder Methode ein gewöhnliches Optional zurückgibt:

  ```
  let n: Int! = Int("abc")   // n enthält nun nil
  ```

Implicitly Unwrapped oder nicht?

Jetzt stellt sich natürlich die Frage: Welche der beiden Varianten sollen Sie vorziehen? Auf der sicheren Seite sind Sie mit gewöhnlichen Optionals. Hier zwingt die Swift-Syntax Sie zum Einsatz des Unwrapping-Operators. Weder Sie noch irgendjemand sonst, der Ihren Code liest, kann übersehen, dass hier Optionals im Spiel sind.

Für die Variante mit automatischem Unwrapping spricht der Umstand, dass der Code ein wenig kompakter und leichter lesbar wird. In Apps sind Variablen mit automatischem Unwrapping allgegenwärtig. Xcode verwendet Implicitly Unwrapped Optionals für alle Verbindungen zu Steuerelementen, also für die sogenannten »Outlets«.

nil-Test und if let

Optionals setzen Sie immer dann ein, wenn Sie nicht von vornherein wissen, ob bzw. wann eine Variable gültige Daten enthält. Daraus folgt aber, dass Sie vor dem Auslesen von Optionals immer überprüfen müssen, ob Sie (schon) valide Daten haben oder nicht. Am einfachsten gelingt dieser Test mit `var == nil` bzw. `var != nil`, wobei bei Letzterem ein Leerzeichen zwischen dem Variablennamen und dem Operator notwendig ist – andernfalls interpretiert der Compiler den Test falsch im Sinne von `var! = nil`.

```
let inputString = "7"
let n = Int(inputString)    // n hat den Datentyp Int?
if n == nil {
  print("Fehler, die Eingabe kann nicht in " +
        "eine Zahl umgewandelt werden.")
} ...

  ... else {
  for i in 5...n! {
    print(i)  // Ausgabe: 5, 6, 7
  }
}
```

Mit `if let` können Sie den `nil`-Test mit einer Zuweisung kombinieren. Wenn der Ausdruck auf der rechten Seite der Zuweisung ungleich `nil` ist, dann wird der Wert des Optionals in der Variablen auf der linken Seite gespeichert. In `n` wird also das ausgepackte Optional gespeichert, und der Datentyp ist `Int`:

```
if let n = Int(inputString)  {  // n hat den Datentyp Int
  for  i in 5...n {
    print(i)
  }
}
```

if-let-Varianten

Mit `if let` können Sie mehrere Optionals auf einmal auswerten und den gesamten Ausdruck gleichzeitig mit Bedingungen verknüpfen. Viele weitere `if-let`-Varianten stelle ich Ihnen in Abschnitt 5.1, »Verzweigungen mit if«, vor.

Optional Chaining

Mitunter entstehen ganze Ketten von Optionals: Wenn ein Optional ungleich `nil` ist, dann soll darauf eine Methode angewendet werden. Das Ergebnis ist aber selbst ein Optional – und wenn es ebenfalls ungleich `nil` ist, dann soll eine seiner Eigenschaften ausgelesen werden. Mit der vorhin erwähnten `if-let`-Kombination ergeben sich daraus solche Konstruktionen:

```
if let a = optional,
   let b = a.method(),
   let c = b.property
{
   // c verarbeiten
}
```


Swift sieht für solche Fälle die Operatorkombination `?.` vor: Wenn der vorherige Ausdruck `nil` ist, dann lautet das Endergebnis `nil`, andernfalls wird die nachfolgende Methode oder Eigenschaft ausgewertet – und so weiter. »The Swift Programming Language« nennt diesen mehrfach verknüpften `nil`-Test *Optional Chaining*. Die Kurzschreibweise für den obigen Code lautet damit so:

```
if let c = optional?.method()?.property {
  // c verarbeiten
}
```

Optional Chaining ist in zwei Varianten besonders beliebt:

- `optional?.method()` bewirkt, dass die Methode nur dann aufgerufen wird, wenn der vorangestellte optionale Ausdruck nicht `nil` ist. Andernfalls wird die Anweisung ignoriert, und es tritt kein Fehler auf. Sie ersparen sich also umständlichen Code der Art `if optional != nil { optional!.method()}`.
- `optional?.property = xxx` bewirkt analog, dass die Eigenschaft nur dann verändert wird, wenn der vorangestellte optionale Ausdruck ungleich `nil` ist. Auch hier ersparen Sie sich den Test `optional != nil`.

Nil Coalescing

Speziell für die Variablenzuweisung ist der Nil-Coalescing-Operator hilfreich. Anstelle von

```
var i: Int
let inputString = "123"
let defaultvalue = 0
let n = Int(inputString)

// Variante 1: herkömmlicher Code
if n == nil {
  i = defaultvalue
} else {
  i = n!
}
```

oder der kürzeren Fassung mit dem ternären Operator

```
// Variante 2 mit dem ternären Operator
i = (n == nil) ? defaultvalue : n!
```

können Sie Optionals noch knapper so einer Variablen zuweisen:

```
// Variante 3 mit Nil-Coalescing-Operator
i = n ?? defaultvalue
```

Die zwei Fragezeichen repräsentieren also den Nil-Coalescing-Operator. `a ?? b` liefert den Inhalt von `a` zurück, wenn dieser nicht `nil` ist, oder andernfalls den Defaultwert aus `b`.

Syntaktischer Zucker

Hinter den Kulissen sind Optionals als Enumerationen mit einem generischen Datentyp realisiert. `typ?` entspricht `Optional<typ>`, und `typ!` ist eine Kurzschreibweise für `ImplicitlyUnwrappedOptional<typ>`. Dass der Swift-Compiler die Kurzschreibweisen `typ?` bzw. `typ!` akzeptiert, nennt man »syntaktischen Zucker« – also eine Bequemlichkeit für Programmierer.

```
var o1: Double?   // o1 und o2 haben den gleichen Datentyp
var o2: Optional<Double>
var o3: Double!   // o3 und o4 haben den gleichen Datentyp
var o4: ImplicitlyUnwrappedOptional<Double>
```

Noch mehr Optionals

Das Thema »Optionals« wird im gesamten weiteren Buch ständig präsent bleiben. Besonders hinweisen möchte ich auf die folgenden Aspekte:

- Abschnitt 5.1, »Verzweigungen mit if«: `if-let`-Konstruktionen zur Verarbeitung von Optionals
- Abschnitt 6.1, »Funktionen definieren und ausführen«: Optionals als Rückgabewerte von Funktionen bzw. Methoden
- Abschnitt 11.4, »Init- und Deinit-Funktion«: Init-Funktion als Optional (Failable Init Functions)
- Kapitel 13, »Fehlerabsicherung«: Optionals bei der Fehlerabsicherung (`try?`)

4.3 Wert- versus Referenztypen

Bei Zuweisungen sowie bei der Übergabe von Parametern an Methoden und Funktionen unterscheidet Swift zwischen Wert- und Referenztypen.

Werttypen

Bei Werttypen werden die Daten kopiert, während bei Referenztypen eine Art Zeiger auf die Daten kopiert wird. Zuerst ein Beispiel für Werttypen, zu denen in Swift auch Arrays zählen:

```
var x = [1, 2, 3]
var y = x          // y ist eine Kopie von x
```

```
y.removeLast()      // letztes Element entfernen
x                   // enthält immer noch [1, 2, 3]
y                   // enthält [1, 2]
```

Bei Werttypen wird der Inhalt der Variablen bei einer Zuweisung oder bei der Übergabe der Daten an eine Funktion oder Methode *kopiert*. Die Kopie ist losgelöst von den ursprünglichen Daten. Veränderungen in der Kopie haben keinen Einfluss auf das Original. Bemerkenswert ist, dass Veränderungen an einer Kopie auch dann möglich sind, wenn die ursprünglichen Daten unveränderlich waren:


```
let x = [1, 2, 3]   // x ist ein unveränderliches Array
var y = x           // y ist ein veränderliches Array
y.removeLast()      // letztes Element entfernen
x                   // enthält immer noch [1, 2, 3]
y                   // enthält [1, 2]
```

Geschwindigkeitsoptimierung

Erfahrenen Programmierern sträuben sich vermutlich die Haare bei dem Gedanken, dass Arrays bei jeder Zuweisung sowie bei jeder Übergabe an eine Funktion oder Methode kopiert werden: Das muss ja entsetzlich ineffizient sein! Tatsächlich geht Swift viel intelligenter vor: Kopiert werden aufwendige Werttypen wie Arrays erst, wenn dies bei einer Änderung der Daten tatsächlich erforderlich ist.

Referenztypen

Ganz anders verhält sich Swift beim Umgang mit Referenztypen. Als Beispiel für einen Referenztyp gilt hier die selbst definierte Klasse `MyClass`:

```
class MyClass {
  var data = 10
}
var a = MyClass()   // a verweist auf ein Objekt
var b = a           // b verweist auf dasselbe Objekt
b.data = 3          // b wird verändert
a.data              // die Änderung gilt auch für a
```

Wert- von Referenztypen unterscheiden

Die entscheidende Frage ist nun aber: Woher wissen Sie, ob Sie es mit Wert- oder mit Referenztypen zu tun haben? Die Antwort ist an sich einfach: Alle Datentypen, die intern ein `struct` oder ein `enum` sind, werden in Swift als Werttypen behandelt. Klassen bilden hingegen Referenztypen. Wie Datentypen intern deklariert sind, erkennen Sie am Symbol in der Vervollständigungsliste (C = `class`, S = `struct`) oder wenn Sie das betreffende Schlüsselwort im Code mit gedrückter [alt]-Taste anklicken (siehe Abbildung 4.1).

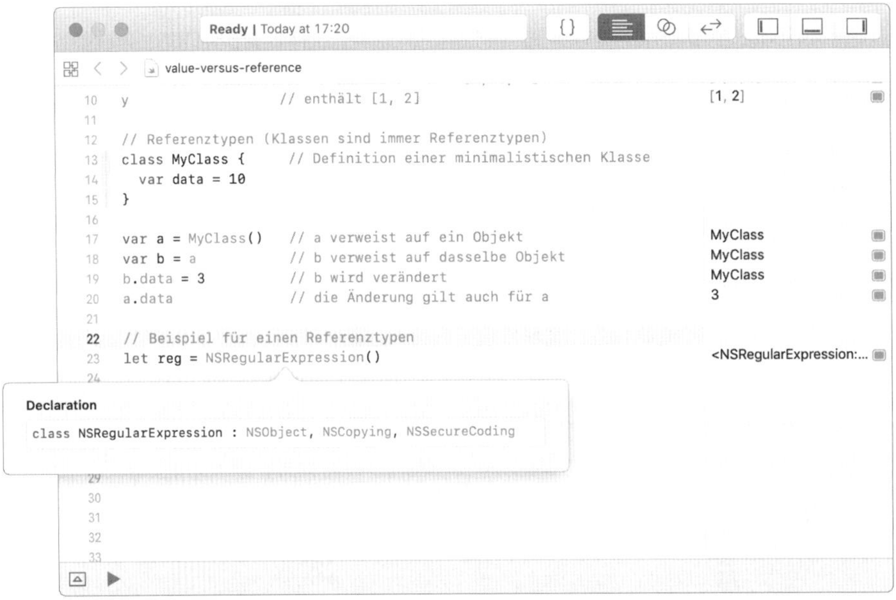

Abbildung 4.1 »alt«-Klick zeigt die Deklaration des Datentyps.

Als Faustregel gilt: Die Datentypen der Sprache Swift sind fast ausnahmslos Werttypen, während Bibliotheken wie Foundation, Cocoa oder UIKit überwiegend aus Klassen zusammengesetzt sind (siehe Tabelle 4.1), ergänzt durch Enumerationen und vergleichsweise wenige Strukturen. Dort gibt es dafür *Immutables*, also spezielle Klassen für unveränderliche Daten.

Werttypen	Referenztypen
alle Strukturen (`struct`)	alle Klassen (`class`)
alle Enumerationen (`enum`)	Funktionen und Closures
`Int`, `Double`, `Bool`	`NSNumber`
`UInt8`, `Int16`, `UInt32` etc.	`UIView`, `UIButton`, `UILabel` etc.
`String` und `Character`	`NSViewController`, `NSWindow` etc.
`Array`, `Dictionary` und `Set`	`NSArray`, `NSDictionary`, `NSSet`

Tabelle 4.1 Beispiele für Wert- und Referenztypen

Generell findet mit Swift ein Paradigmenwechsel hin zu Werttypen statt. Diese haben insbesondere den Vorteil, dass sie in nebenläufigen Algorithmen weniger Probleme verursachen.

Kapitel 5
Verzweigungen und Schleifen

Verzweigungen mit `if` und Schleifen mit `for` sind in den vergangenen Kapiteln ja schon mehrfach vorgekommen. Dieses Kapitel geht der Steuerung des Programmflusses genauer nach. Sie lernen hier auch die `if`-Alternativen `guard` und `switch` sowie `while`-Schleifen kennen und erfahren, wie Sie Schleifen vorzeitig mit `break` verlassen oder teilweise mit `continue` überspringen können.

5.1 Verzweigungen mit if

Verzweigungen sind Codeabschnitte, in denen bei der Ausführung des Programms in Abhängigkeit von einer Bedingung unterschiedliche Codepfade ausgeführt werden. In Swift werden Verzweigungen am häufigsten mit `if` gebildet. `if` funktioniert in Swift wie in den meisten anderen Programmiersprachen. Es gibt aber zwei syntaktische Feinheiten: Zum einen ist es nicht notwendig, die Bedingung in runde Klammern zu stellen, zum anderen *müssen* die resultierenden `if`- und `else`-Blöcke in geschwungene Klammern gesetzt werden – selbst dann, wenn sie nur aus einer einzigen Anweisung bestehen. Es sind beliebig viele `else-if`-Teile erlaubt. Der `else`-Block ist optional.

```
let n = Int.random(in: 1...100)  // Zahl zwischen 1 und 100
if n<10 {
  print("n ist kleiner 10")
} else if n<=50 {
  print("n liegt zwischen 10 und 50")
} else if n<75 && n%2==0 {
  print("n ist eine gerade Zahl zwischen 52 und 74")
} else {
  print("n ist eine andere Zahl: \(n)")
}
```

Ternärer Operator und Nil-Coalescing-Operator

In besonders einfachen Fällen kann anstelle von `if` der ternäre Operator oder der Nil-Coalescing-Operator eingesetzt werden. Diese Operatoren habe ich in Kapitel 3 näher vorgestellt.

```
// das Ergebnis ist a, wenn die Bedingung erfüllt ist, sonst b
let ergebnis1 = bed ? a : b

// das Ergebnis lautet a, wenn das Optional a einen Wert
// enthält,  sonst b
let ergebnis2 = a ?? b
```

if-let-Kombination für Optionals

Zur Verarbeitung von Optionals kennt Swift eine spezielle Kombination einer Zuweisung mit `let` oder `var` und einer Abfrage durch `if`:

```
if let x = optional {
  // dieser Code wird nur ausgeführt, wenn das
  // Optional nicht nil ist; x ist eine Konstante
}
if var y = optional {
  // dieser Code wird nur ausgeführt, wenn das
  // Optional nicht nil ist; y ist eine Variable
}
```

Wenn das Optional ungleich `nil` ist, dann speichert Swift den ausgepackten Inhalt des Optionals in `x` und führt den Code in den geschwungenen Klammern aus. `x`, `y` (oberes Beispiel) sowie `n` (folgendes Beispiel) sind jeweils nur bis zum Ende des `if`-Blocks gültig.

```
let someStringData = "10"
// Int("data") liefert den Datentyp 'Int?'
if let n = Int(someStringData)  {
  // Int war erfolgreich, n ist eine Int-Zahl
  for i in n...12 {
    print(i)
  }
}  // hier endet der Geltungsbereich von n
```

Von den beiden Varianten ist `if let` bei Weitem populärer. Zumeist handelt es sich nur um wenige Zeilen Code, in denen Sie zuerst sicherstellen, dass ein Optional nicht `nil` enthält, und die Daten dann auf irgendeine Weise weiterverwenden. `if var` benötigen Sie dagegen nur, wenn Sie die aus dem Optional extrahierten Daten außerdem ändern wollen. In diesem Buch gibt es weit über 150 Beispiele für `if let`, aber nur zwei oder drei für `if var`.

Code aus der Praxis

Im folgenden Beispiel liefert die Methode `urls` des File-Managers ein Array von URLs (siehe auch Abschnitt 21.4, »Standardverzeichnisse«). `first` versucht, das erste Element des Arrays zu lesen. `first` liefert allerdings ein Optional: Sollte das Array leer sein, liefert `first` den Zustand `nil` zurück. Erst im Codeabschnitt nach `if let` ist klar, dass die Variable `url` ein gültiges URL-Objekt enthält. Dort können Sie nun etwas mit dem Objekt machen, z. B. im betreffenden Verzeichnis eine neue Datei einrichten.

```
let fm = FileManager.default
// urls ist ein Array von URLs
let urls = fm.urls(for: .documentDirectory,
                   in: .userDomainMask)
// urls.first liefert den Datentyp 'URL?'
if let url = urls.first {
  // url hat den Datentyp 'URL'
  print(url.path)
}
```

if-let-Kaskaden

Sie können in einer `if-let`-Konstruktion mehrere Optionals zuweisen. Die einzelnen Ausdrücke werden durch Kommas voneinander getrennt. Die Ausdrücke dürfen auf die vorherigen Zwischenergebnisse zurückgreifen. Die Auswertung wird abgebrochen, sobald das erste Optional `nil` enthält.

```
if let var1 = opt1,
   let var2 = opt2,
   let var3 = opt3
{
  // hier stehen var1, var2 und var3 zur Verfügung
}
```

`if let` eignet sich auch für Zuweisungen mit dem Casting-Operator `as?`: Er testet, ob der gewünschte Datentyp vorliegt, und führt die Zuweisung nur dann aus. In der Praxis sieht das beispielsweise so aus:

```
if let nodeNow = ggraph.node(atGridPosition: [Int32(x), Int32(y)]),
   let target  = ggraph.node(atGridPosition: [playerx, playery]),
   let path    = ggraph.findPath(from: nodeNow, to: target)
                   as? [GKGridGraphNode]
{
  // jetzt kann path verarbeitet werden
}
```

In diesem Beispiel aus dem Code des Pac-Man-Spiels (siehe Abschnitt 43.9, »Steuerung der Monster«) soll ein Pfad von einem Startpunkt mit den Koordinaten `x` und `y` zur aktuellen Position einer Spielfigur (`playerx`, `playery`) ermittelt werden. Die `node`-Methoden liefern Optionals. `findPath` liefert per Definition das Ergebnis als Array von `GKGraphNode`-Elementen. Im Beispielprogramm liegt aber ein Sonderfall vor, die möglichen Wege befinden sich in einem rechteckigen Raster. Wenn also nichts schiefgegangen ist, kann das Ergebnis in ein

Array von `GKGridGraphNode`-Elementen umgewandelt werden. Dazu wird der Operator `as?` eingesetzt, der wiederum zur dritten Stufe der `if-let`-Kaskade führt.

> **»if let« ist nur mit »as?« zulässig**
>
> Wenn Sie in einer `if-let`-Kombination ein Casting durchführen, müssen Sie dazu `as?` verwenden. `as!` ist nicht erlaubt!

if let mit Bedingungen kombinieren

`if-let`-Konstruktionen dienen zwar primär zur Verarbeitung von Optionals, es dürfen aber auch herkömmliche Bedingungen integriert werden.

Abermals werden die Ausdrücke durch Kommas getrennt. Die Auswertung endet, wenn die erste `let`-Zuweisung `nil` ergeben würde oder wenn die erste Bedingung nicht erfüllt ist. Das folgende Konstrukt verdeutlicht die Syntax:

```
var opt1: Int? = 4   // lauter Optionals mit
var opt2: Int? = 2   // dem Datentyp 'Int?'
var opt3: Int? = 3
if let a = opt1,
   a == 4,
   let b = opt2,
   let c = opt3,
   a == b*b && c > 2
{
  print("bingo")
}
```

5.2 Inverse Logik mit guard

`if-let`-Konstruktionen bergen eine Tendenz zu unübersichtlichem Code in sich: Es passiert recht oft, dass zuerst umfangreicher Code für den positiven Fall formuliert wird; zum Ende der Funktion folgen dann kurze Einzeiler, die ausgeführt werden, wenn `if let` nicht erfolgreich war. Das führt zu unnötig verschachteltem Code.

Das Schlüsselwort `guard` ermöglicht es, die Logik auf den Kopf zu stellen: Nur wenn alle mit `guard` erfüllten Bedingungen erfüllt sind sowie alle Optional-Zuweisungen durchgeführt werden können, wird der Code fortgesetzt. Sind die Bedingungen hingegen nicht erfüllt, wird der `else`-Code-Abschnitt ausgeführt. Sehr häufig enthält `else` einfach die Anweisung `return`, um die aktuelle Funktion oder Methode zu beenden.

Wie bei `if let` können Sie in `guard`-Konstruktionen auch mehrere Zuweisungen durchführen, Variablen anstelle von Konstanten verwenden (`guard var = ...`), weitere Bedingungen formulieren etc.:

```
// perhapsANumber hat den Rückgabetyp 'Int?'
guard let a = perhapsANumber(),
      var b = perhapsANumber(),
      a+b > 10
else {
  return
}
// a und b sind hier zugänglich, und es ist sichergestellt, dass sie
// nicht nil enthalten. Nun folgt Code, um a und b zu verarbeiten.
```

Beispielcode ohne guard

Im folgenden Beispiel ruft `f` zweimal die Funktion `perhapsANumber` auf und verarbeitet die Ergebnisse. Das folgende Listing zeigt die Implementierung von `f` ohne `guard`:

```
// Datei if-switch-guard.playground
func perhapsANumber() -> Int? {
  let n = Int.random(in: 1...100)  // Zufallszahl zwischen 1 und 100
  if n <= 50 {
    return n
  } else {
    return nil
  }
}

// ohne guard
func f() {
  if let a = perhapsANumber() {
    let n = 2 * a
    if let b = perhapsANumber() {
      print(n + b)
      // noch mehr Code, Teil 1
    } else {
      // zweite Bedingung nicht erfüllt, Abbruch
      return
    }
  } else {
    // erste Bedingung nicht erfüllt, Abbruch
    return
  }
  // noch mehr Code, Teil 2
}
```

Verbesserte Variante mit guard

guard stellt die Funktion von if let gewissermaßen auf den Kopf: Ist die Bedingung erfüllt, wird der Code *nach* dem else-Block ausgeführt, wobei alle mit let definierten Variablen weiterhin gültig sind. Ist die Bedingung hingegen nicht erfüllt, wird der else-Block ausgeführt. Mit guard lässt sich die gleiche Aufgabe wie in f() wesentlich eleganter erledigen:

```
// funktionell gleichwertiger Code mit guard
func g() {
  guard let a = perhapsANumber() else { return }
  let n = 2 * a
  guard let b = perhapsANumber() else { return }
  print(n + b)
  // noch mehr Code, Teil 1
  // noch mehr Code, Teil 2
}
```

5.3 Verzweigungen mit switch

switch bietet sich vor allem dann als Alternative zu if an, wenn bei der Auswertung eines Ausdrucks viele unterschiedliche, klar definierte Fälle möglich sind. switch-Konstruktionen sind in solchen Fällen oft besser lesbar. Nachdem der erste zutreffende case-Block durchlaufen wurde, wird die gesamte Konstruktion verlassen. Sollten also mehrere Bedingungen zutreffen, wird nur der erste passende case-Block berücksichtigt.

Im folgenden Beispiel ermittelt eine switch-Konstruktion die Anzahl der Tage eines Monats:

```
let monat = "Oktober", jahr = 2016
var tage: Int?
switch monat {
case "Januar", "März", "Mai", "Juli", "August", "Oktober", "Dezember":
  tage = 31
case "April", "Juni", "September", "November":
  tage = 30
case "Februar":
  if jahr % 4 == 0 && (jahr % 100 != 0 || jahr % 400 == 0)
  {
    tage = 29
  } else {
    tage = 28
  }
default:
  print("Ungültiger Monatsname!")
}
```

```
if tage != nil {
  print("\(tage!) Tage")
}
```

Im Vergleich zu anderen Programmiersprachen gibt es in Swift mehrere Besonderheiten:

- Nach der Ausführung des ersten zutreffenden `case`-Blocks wird die `switch`-Konstruktion verlassen. Es ist also nicht wie in Java oder C ein `break` am Ende jedes `case`-Blocks erforderlich. `break` ist aber durchaus ein zulässiges Schlüsselwort innerhalb eines `case`-Blocks. Mit `break` kann ein `case`-Block vorzeitig verlassen werden.

  Wenn Sie möchten, dass sich `switch` in Swift so wie in C oder Java verhält, formulieren Sie am Ende jedes `case`-Blocks die Anweisung `fallthrough`. Damit wird auch der nächste `case`-Block durchlaufen, und zwar ohne die dort formulierte Bedingung zu überprüfen.

- Jede `switch`-Konstruktion muss einen `default`-Block aufweisen. Die einzige Ausnahme ist die Auswertung einer Enumeration. Wenn der Compiler erkennt, dass alle möglichen Enumerationswerte abgefragt wurden, darf `default` entfallen.

  Sie müssen `default` also auch dann vorsehen, wenn Ihr Code gar keinen Bedarf dafür hat. Welche Anweisung führen Sie dann aber im `default`-Block aus? Für solche Fälle bietet sich wiederum `break` an. Die Zeile `default: break` bewirkt also, dass Swift ganz einfach nichts tut, wenn keine der Fallunterscheidungen zutrifft.

- Zahlen- und Zeichenbereiche in `case`-Ausdrücken dürfen in der `Range`-Syntax `n1...n2` oder `n1..<n2` formuliert werden. Dabei dürfen der Start- und der Endwert auch Fließkommazahlen oder einzelne Zeichen sein (`"a"..."z"`).

  ```
  // Intervall-Tests in switch
  let d = 1.5
  switch d {
  case 0.0...1.0:
    print("0 <= d <= 1")
  case 1.0...2.0:
    print("1 < d <= 2")
  default:
    print("anderer Wert")
  }
  ```

switch für Tupel

`switch` kann auch mehrere Ausdrücke gleichzeitig auswerten, die als Tupel übergeben werden. (Ein Tupel ist in Swift eine in Klammern gestellte Gruppe von Ausdrücken – siehe auch Abschnitt 10.6, »Tupel«.) Daraus ergeben sich interessante Spielarten:

```
// Tupel-Auswertung in switch
let pt = (0.0, 0.0)
```

```
switch pt {
case (0, 0):
  print("Koordinatenursprung")
case (_, 0):
  print("Auf der X-Achse")
case (0, _):
  print("Auf der Y-Achse")
default:
  print("Sonstwo")
}
```

case-let-Kombination mit where

Die Tupel-Auswertung lässt sich noch weiter perfektionieren. Ähnlich wie bei `if` können Sie den `switch`-Ausdruck in einem `case`-Block durch `var` oder `let` einer neuen Variablen oder Konstanten zuweisen und diese Zuweisung außerdem an eine mit `where` formulierte Bedingung knüpfen:

```
// Tupel-Auswertung in switch
var pt = (0.0, 0.0)
switch pt {
case let (x, y) where x>0 && y>0:
  print("Im ersten Quadranten")
...
}
```

Mit `where` verknüpfte Zuweisungen sind auch für gewöhnliche `switch`-Ausdrücke zulässig:

```
let s = "bild.jpg"
switch s {
case let jpg  where jpg.hasSuffix(".jpg"):
  print("JPEG-Datei")

case let gif  where gif.hasSuffix(".gif"):
  print("GIF-Datei")

default:
  print("eine andere Datei")
}
```

Die folgende Variante kommt sogar mit Dateinamen zurecht, die die Kennung `.jpg` in Großbuchstaben enthalten:

```
case let jpg  where jpg.lowercased().hasSuffix(".jpg"):
  print("JPEG-Datei")
```

»switch« für Enumerationen

Elementen von Swift-Enumerationen können Werte zugeordnet werden. Mit `case let ...` können Sie diese Werte in `switch`-Konstruktionen auslesen. Ein entsprechendes Beispiel finden Sie in Abschnitt 11.2.

5.4 Versions- oder plattformabhängiger Code

Bei der Entwicklung von Apps, die unter mehreren Versionen von iOS, tvOS oder macOS laufen sollen, stehen Sie vor einem Dilemma: Nutzen Sie die neuesten Features, dann läuft Ihre App nur auf Geräten, auf denen ebenfalls eine ganz aktuelle Version des Betriebssystems installiert ist. Orientieren Sie sich aber an einer älteren Version, dann müssen Sie und Ihre Kunden auf neue und oft nützliche Funktionen verzichten. Ähnliche Probleme haben Sie, wenn Sie Ihren Code für eine bestimmte Plattform, Architektur oder Swift-Version optimieren möchten.

Versionstests mit #available

In manchen Fällen bietet das Schlüsselwort `#available` einen Ausweg: Damit können Sie Codeteile markieren, die nur dann ausgeführt werden, wenn bestimmte Voraussetzungen erfüllt sind. Die Syntax ist einfach:

```
if #available(iOS 9.2, macOS 10.11, *) {
  // ausführen, wenn zumindest iOS 9.2 oder macOS 10.11
  // zur Verfügung steht
  print("iOS>=9.2 oder macOS >= 10.11")
} else {
  // bei älteren Versionen ausführen
  print("zu alt")
}
```

An `#available` übergeben Sie eine Aufzählung von Betriebssystemnamen und Versionsnummern. Der letzte Parameter `*` ist syntaktisch erforderlich und bedeutet, dass bei allen nicht explizit genannten Betriebssystemen (z. B. watchOS oder tvOS) beliebige Versionsnummern akzeptiert werden.

Natürlich können Sie `#available` auch mit `guard` kombinieren:

```
func m() {
  // bei älteren Versionen als iOS 9.1 return ausführen
  guard #available(iOS 9.1, *) else { return }
  // wenn zumindest iOS 9.1 zur Verfügung steht,
  // den weiteren Code ausführen
}
```

`#available` klingt in der Theorie toll. In der Praxis scheitert der Einsatz des Schlüsselworts aber oft daran, dass sich damit nur einzelne Anweisungen versionsabhängig implementieren lassen, nicht aber ganze Methoden, Funktionen oder Erweiterungen.

Plattformtests mit #if

Mit `#if` / `#elseif` / `#else` / `#endif` können Sie Code formulieren, der nur unter bestimmten Bedingungen kompiliert wird. Bedingungen können Sie wie folgt angeben:

- `os(name)` ist erfüllt, wenn der Code für das betreffende Betriebssystem kompiliert wird. Zulässige Namen sind momentan `iOS`, `macOS`, `tvOS`, `watchOS`, bemerkenswerterweise aber auch `Linux`, `Windows`, `Android` und `FreeBSD`.
- `arch(name)` ist erfüllt, wenn der Code für die angegebene Architektur kompiliert wird. Zur Auswahl stehen `i386`, `x86_64`, `arm` und `arm64`.
- `swift(>=n)` ist erfüllt, wenn die Swift-Version größer oder gleich der angegebenen Versionsnummer ist.

Die folgenden Beispiele verdeutlichen die Syntax:

```
#if os(tvOS)
  print("läuft unter tvOS")
#else
  print("läuft unter einem anderen Betriebssystem")
#endif

#if swift(>=3.0)
  print("Die Swift-Version ist 3.0 oder größer.")
#endif
```

5.5 Schleifen

Dieser Abschnitt stellt Ihnen im Schnelldurchgang drei Schleifenformen vor:

- die `for-in`-Schleife
- die `while`-Schleife
- die `repeat-while`-Schleife (ehemals `do-while`)

Bis Swift 2.n gab es eine vierte Schleifenform, die klassische `for`-Schleife, die es in nahezu allen gängigen Programmiersprachen gibt. Diese Schleife wurde eliminiert – in der Hoffnung, Swift so zu vereinfachen. Persönlich finde ich diese Entscheidung nicht so glücklich. Wie dem auch sei, ich werde Ihnen in Abschnitt 5.6, »Nicht triviale Schleifen«, zeigen, welche Möglichkeiten Swift bietet, Schleifen zu formulieren, die Ihren Anforderungen entsprechen. Einfacher als bei einer traditionellen `for`-Schleife wird der Code dabei selten, effizienter auch nicht ...

for-in

Mit `for-in` können Sie unkompliziert alle Elemente eines Bereichs, eines Arrays, eines Dictionarys oder eines beliebigen Objekts durchlaufen, dessen Typ das `Sequence`-Protokoll erfüllt.

```
for i in 1...3 {              // i: Int
  print(i)
}
// Ausgabe: 1, 2, 3

for i in [1, 4, 7] {          // i: Int
  print(i)
}
// Ausgabe 1, 4, 7

let s = "abc"
for c in s {                  // c: Character
  print(c)
}
// Ausgabe: "a", "b", "c"

let dict = ["one": "eins", "two": "zwei"]
for (engl, germ) in dict {    // engl:String, germ:String
  print("\(engl) -- \(germ)")
}
// Ausgabe: one -- eins
//          two -- zwei
```

Die Schleifenvariable einer `for-in`-Schleife erhält automatisch den passenden Datentyp. `for-in`-Schleifen sind sehr bequem in der Handhabung, eignen sich aber in der Regel nur zum Auslesen, nicht zum Verändern der Elemente einer Aufzählung.

Wenn Sie eine Schleife n-mal ausführen möchten, aber an der Schleifenvariablen gar nicht interessiert sind, können Sie an deren Stelle das Pattern-Zeichen _ angeben:

```
// 10 Zufallszahlen zwischen 0 und 99 ausgeben
for _ in 1...10 {
  print(arc4random_uniform(100))
}
```

`for varname in a...b` funktioniert nur für ganze Zahlen und nur für Bereiche, in denen `a` kleiner als `b` ist. `for i in 3...1` ist zwar syntaktisch erlaubt, führt aber bei der Ausführung zu einem Fehler. Um einen Bereich in umgekehrter Reihenfolge zu durchlaufen, können Sie ihn mit `reversed` umkehren. Das kostet glücklicherweise kaum Speicherplatz, macht die Schleife aber etwas langsamer (siehe auch das Projekt `loop-benchmarks` in den Beispieldateien).

```
// Vorwärtsschleife
var sum = 0
for i in 1...1_000_000_000 {
  sum += i
}
// Rückwärtsschleife, ca. um 30% langsamer
for i in (1...1_000_000_000).reversed() {
  sum += i
}
```

Wenn Sie in einer Schleife über Array-Elemente sowohl den Index als auch den Wert des gerade aktuellen Elements wissen möchten, ist es am besten, auf die `enumerated`-Methode von Arrays zurückzugreifen:

```
let ar = [1, 4, 7, 12]
for (idx, itm) in ar.enumerated() {
  print("ar[\(idx)]=\(itm)")
}
// Ausgabe: ar[0]=1, ar[1]=4, ar[2]=7, ar[3]=12
```

while

`while`-Schleifen werden so lange ausgeführt, wie die Bedingung erfüllt ist. Die folgende Schleife wird somit zehnmal durchlaufen:

```
var n=1
while n<=10 {
  print(n)
  n += 1
}
// Ausgabe: 1, 2, ..., 10
```

while-let-Kombination

Auch `while` kann ähnlich wie `if` und `switch-case` mit einer Zuweisung verbunden werden. Die Zuweisung kann wahlweise mit `let` oder mit `var` durchgeführt werden, häufiger ist aber `let`. Die `while`-Bedingung gilt als erfüllt, wenn der Ausdruck ungleich `nil` ist. Diese Art der `while-let`-Kombination bietet sich besonders dann an, wenn eine Schleife so lange ausgeführt werden soll, bis eine Sequenz, Datei etc. abgearbeitet ist und die Lesemethode oder -funktion dementsprechend `nil` liefert.

Das folgende Beispiel bildet mit `generate` einen Generator aus einem Array. Die Methode `next` liefert das jeweils nächste Element – so lange, bis alle Elemente abgearbeitet sind. Die gleiche Art von Schleife bildet übrigens auch der Swift-Compiler, wenn Sie `for i in ar` schreiben!

```
var ar = [28, 34, 12]
var gen = ar.makeIterator()     // Generator für das Array
while let i = gen.next() {      // i hat den Datentyp Int
  print(i)
}
```


repeat-while

repeat-while-Schleifen sehen auf den ersten Blick ganz ähnlich wie while-Schleifen aus. Der entscheidende Unterschied besteht darin, dass die Bedingung am Ende der Schleife angegeben ist. Deshalb wird der Ausdruck garantiert mindestens einmal durchlaufen. Bei allen anderen Schleifen kann es hingegen passieren, dass die Bedingung von Anfang an nicht erfüllt ist bzw. die Aufzählung keine Elemente aufweist und die Schleife daher sofort übersprungen wird.

```
var n=1
repeat {
  print(n)
  n += 1
} while n<=10
// Ausgabe: 1, 2, ..., 10
```

break

break verlässt eine Schleife vorzeitig, bricht also ihre Ausführung ab. Die folgende Schleife endet daher nach der Ausgabe des Werts 5:

```
for i in 1...10 {
  print(i)
  if i == 5 { break }
}
// Ausgabe: 1, 2, ..., 5
```

break kann gleichermaßen bei allen Schleifentypen verwendet werden. In switch-Konstruktionen bewirkt break ein vorzeitiges Verlassen des case-Blocks. Um mit break mehrere, ineinander verschachtelte Schleifen zu verlassen, müssen Sie vor der betreffenden Schleife ein sogenanntes Label platzieren. break label gilt dann für die so bezeichnete Schleife.

```
iloop:                // Label für die nachfolgende Schleife
for i in 1...10 {
  for j in 1...10 {
    print("i=\(i), j=\(j)")
    if i+j > 15 {
      break iloop   // die i-Schleife verlassen
    }
  }
}
```

```
// Ausgabe:
// i=1, j=1
// i=1, j=2
// ...
// i=6, j=10
```

continue

Mit `continue` überspringen Sie den restlichen Schleifenkörper, setzen die Schleife dann aber fort, und zwar:

- bei `for-in` mit der Verarbeitung des nächsten Elements
- bei `while` bzw. `repeat-while` mit der Auswertung der Bedingung

`continue` bezieht sich normalerweise auf die innerste Schleife. Wie bei `break` können Sie aber mit einem Label die gewünschte Schleife auswählen.

```
for i in 1...20 {
  if i % 2 == 0 { continue }
  print(i)
  if i > 8 { break }
}
// Ausgabe: 1, 3, 5, 7, 9
```

Implizite Schleifen

Wenn Ihre Daten als Sequenz vorliegen, also z. B. in einem Array oder in einem Dictionary, ist es oft gar nicht notwendig, eine explizite Schleife zu formulieren. Stattdessen können Sie Methoden wie `map`, `reduce` oder `forEach` verwenden, um alle Elemente der Sequenz zu verarbeiten. Im Detail gehe ich auf diese Methoden in Abschnitt 10.2, »Arrays und Aufzählungen verarbeiten«, ein. Empfehlenswert ist diese Vorgehensweise vor allem dann, wenn nicht von vornherein sicher ist, ob Sie überhaupt alle Elemente verarbeiten müssen.

```
let data = [4, 74, 345, 13]
var sum = 0
// forEach bildet die Summe
data.forEach() {sum += $0}
print(sum)      // Ausgabe 436

// map erzeugt ein neues Array
let newData = data.map() { $0 + 7 }
print(newData)  // Ausgabe [11, 81, 352, 20]
```

5.6 Nicht triviale Schleifen

Dieser Abschnitt gibt einige Beispiele für Schleifen, die sich nicht ad hoc mit `for in` bilden lassen. Der Abschnitt soll gleichzeitig eine Hilfestellung für alle sein, denen der Abschied von der klassischen `for`-Schleife schwerfällt.

while statt for

Eines gleich vorweg: Sie können jede herkömmliche `for`-Schleife ganz unkompliziert in eine `while`-Schleife umwandeln. Dazu machen Sie aus

```
// for-Schleife in C, Java usw.
for(initialisierung; bedingung; fortsetzung) {
  schleifenkörper
}
```

ganz einfach:

```
// äquivalente while-Schleife in Swift
initialisierung
while(bedingung) {
  schleifenkörper
  fortsetzung
}
```

Der einzige Unterschied im Vergleich zur herkömmlichen `for`-Schleife besteht darin, dass die Schleifenvariablen nun auch nach dem Ende der Schleife zur Verfügung stehen.

Ein konkretes Beispiel: Die folgende Schleife durchlief bis zur Swift-Version 2 die ungeraden Zahlen von 99 bis 1:

```
// Swift-2-Code
for i = 99; i > 0; i -= 2 {
  print(i)
}
```

Hier ist die äquivalente `while`-Implementierung für alle Swift-Versionen ab 3:

```
// Swift-Code ab Version 3
var i = 99
while(i>0) {
  print(i)
  i -= 2
}
```

for-in statt for

Die populärste Form der klassischen `for`-Schleife, bei der eine Integer-Variable von einem Start- zu einem Endwert hochgezählt wird, kann auch mit `for-in` unkompliziert ausgedrückt werden. Die korrekte Umwandlung solcher Schleifen gelingt dem Swift-Code-Konverter automatisch:

```
// Swift-2-Code
for i = start; i < end; i++ { ... }

// Code ab Swift 3
for i in start..<end { ... }
```

Array rückwärts durchlaufen

Den einfachsten Weg, ein Array rückwärts zu durchlaufen, bietet die `reversed`-Methode. Solange das Array nicht verändert wird, kopiert die `reversed`-Methode das Array nicht, sondern bietet einfach einen anderen Zugangsweg. Wenn Sie in der Schleife beispielsweise nur eine Summe ausrechnen möchten, dann ist Swift-3-Code nicht nur übersichtlicher, sondern im Vergleich zu einer `while`-Schleife sogar um 10 Prozent schneller.

```
// Swift-2-Code
let data = [1, 2, 3, 4]
var sum = 0
for i = data.count-1; i>=0; i-- {
  sum += data[i]
}

// Code ab Swift 3
for item in data.reversed() {
  sum += item
}
```

Beispieldateien

Die simplen Benchmarktests finden Sie im Projekt `loop-benchmarks` bei den Beispieldateien zu diesem Kapitel. Beachten Sie, dass ich bei dieser Datei die Schema-Einstellungen verändert habe: Beim Ausführen wird ein Release-Kompilat erstellt. Das ermöglicht aussagekräftige Benchmarktests, macht aber das Debugging unmöglich.

Anders sieht die Situation aus, wenn Sie den Inhalt der Array-Elemente verändern möchten. Der folgende Code funktioniert nicht!

```
// Vorsicht: In der Schleife wird die item-Variable zwar jedes Mal
// auf 0 gesetzt, das Array selbst bleibt aber unverändert!
for item in data.reversed() {
  item = 0
}
```

Eine mögliche Lösung bietet wie immer `while`:

```
// korrekt
var i = data.count-1
while(i>=0) {
  data[i] = 0
  i -= 1
}
```

Eine weitere Lösung führt wiederum über `reversed`, wobei diese Methode diesmal aber nicht auf das Array, sondern auf dessen Indizes angewendet wird. Erstaunlicherweise wird der folgende Code etwa doppelt so schnell ausgeführt wie die `while`-Schleife:

```
// korrekt, doppelt so schnell wie while
for i in data.indices.reversed() {
  data[i] = 0
}
```

Eine dritte Variante besteht darin, dass Sie die Schleifenvariable von 0 bis `count` minus 1 laufen lassen, beim Zugriff auf die Array-Elemente den Index aber so umrechnen, dass für `i=0` das letzte Element verändert wird, für `i=1` das vorletzte etc. Bei meinen Tests hat sich diese Lösung aber als genau so langsam wie die `while`-Variante erwiesen.

```
// auch korrekt, so langsam wie while, aber
// umständlicher, fehleranfälliger Code
let maxidx = data.count - 1
for i in 0...maxidx {
  data[maxidx - i] = 0
}
```

Schleifen mit Double-Variablen

Ein Kapitel für sich sind Schleifen für Fließkommazahlen. Ganz egal, ob mit klassischem `for`, mit `while` oder auf eine andere Art – Sie müssen immer darauf achten, dass Sie nicht aufgrund von Rundungsfehlern den Zielwert verpassen.

Das Ziel der folgenden Schleifenvarianten ist es in allen Fällen, eine Schleife von `xstart` bis `xend` in `steps` Schritten durchzuführen, wobei `xstart` und `xend` Fließkommazahlen sind. Der Einfachheit halber meint `steps=10`, dass nach dem Startwert 10 weitere Werte durchlaufen bzw. ausgegeben werden sollen, sodass zum Schluss elf Werte auf dem Bildschirm stehen.

Aus diesen drei Parametern kann berechnet werden, wie stark sich die Schleifenvariable jeweils ändert – das ist der Sinn der Variablen `delta`. Damit kann nun in jeder beliebigen Programmiersprache eine `for`- und in Swift eine entsprechende `while`-Schleife gebildet werden.

```
let xstart = 1.0, xend=2.0, steps=10
let delta = (xend - xstart) / Double(steps)
```

Vorweg der klassische `for`-Code (Swift 2) und der entsprechende `while`-Code:

```
// Swift 2
for x = xstart; x <= xend; x+= delta {
  print(x)
}

// Swift ab Version 3 (Vorsicht, führt nicht zum gewünschten Ergebnis)
var x = xstart
var delta = (xend - xstart) / Double(steps)
while(x <= xend) {
  print(x)
  x += delta
}
```

Alles sieht gut aus, bis Sie einen Blick auf die Ausgabe werfen:

```
1.0
1.1
1.2000000000000002
...
1.8000000000000007
1.9000000000000008
```

Swift macht also minimale Rechenfehler. Das wäre an sich nicht so schlimm, wenn die Schleife als letztes Ergebnis 1,9999999999 anstelle von 2,0 liefern würde. Aber dass der zu erwartende letzte Wert ganz unter den Tisch fällt, ist natürlich ein großes Problem!

Nicht Swift rechnet falsch, sondern die CPU

Bevor Sie nun glauben, Swift sei eine schlechte Programmiersprache: Diese Fehler macht die CPU, unabhängig von der Programmiersprache. Derartige Rundungsfehler sind wegen der binären Darstellung von Fließkommazahlen (IEEE-Standard) unvermeidlich:

https://en.wikipedia.org/wiki/Round-off_error

Allerdings haben Sie manchmal Glück, z. B. wenn Sie die Schleife von 10,0 bis 11,0 laufen lassen. Dann wird der Endwert 10,99999999999996 im Rahmen eines winzigen Rundungsfehlers korrekt erreicht.

Es gibt verschiedene Wege, das Problem zu umgehen. Ich formuliere Schleifen nach Möglichkeit mit Integer-Variablen und berechne den Double-Wert in jedem Durchgang selbst:

```
// Schleife mit Integer-Variable, x wird in der Schleife
// berechnet (korrekte Lösung, Präferenz des Autors)
for i in 0...steps {
  let x = xstart + delta * Double(i)
  print( String(format: "%.15f", x) )
}
```

Alternativ können Sie auch bei while bleiben, wenn Sie die Bedingung etwas vorsichtiger formulieren. Anstatt x einfach mit xend zu vergleichen, fügen Sie zu xend einen kleinen Wert hinzu, z. B. ein Tausendstel von delta:

```
// while-Schleife mit Double-Variable,
// korrekte Schleifenbedingung mit epsilon
let epsilon = delta / 1000.0
x = xstart
while(x <= xend + epsilon) {
  print( String(format: "%.15f", x) )
  x += delta
}
```

stride-Funktion

Swift unterstützt Sie bei der Programmierung von Double-Schleifen mit der globalen Funktion stride. An diese Funktion übergeben Sie den Start- und Endwert und die Schrittweite. Damit gibt es eine weitere Möglichkeit, die Schleife von xstart bis xend zu programmieren:

```
// Schleife mit stride (Vorsicht, führt wieder nicht
// zum gewünschten Ergebnis)
let xstart = 1.0, xend=2.0, steps=10
let delta = (xend - xstart) / Double(steps)
for x in stride(from: xstart, to: xend, by: delta) {
  print(x)
}
// Ausgabe: 1.0, 1.1, ..., 1.9 (aber nicht 2.0!)
```

Wirklich glücklich macht diese Schleife niemanden. Die Verfechter der klassischen for-Schleife werden argumentieren, dass die Schleife in dieser Form definitiv nicht besser lesbar ist. Dem füge ich noch hinzu, dass die Schleife in dieser Form das gleiche Problem wie die erste while-Variante hat: Es ist nicht sicher, dass sie den Endwert erreicht. Im obigen Beispiel lautet die letzte Ausgabe wieder 1,9 und nicht wie erwartet 2,0.

Auch bei stride müssen Sie also den Endwert um ein kleines Epsilon vergrößern:

```
// korrekte Lösung mit stride
let epsilon = delta / 1000.0
for x in stride(from: xstart, to: xend + epsilon, by: delta) {
  print(x)
}
// Ausgabe: 1.0, 1.1, ..., 2.0
```

stride funktioniert auch, wenn der Endwert kleiner ist als der Startwert. Die Schrittweite muss dann negativ sein, und natürlich müssen Sie den Epsilon-Wert auch diesmal berücksichtigen:

```
// stride für negative Schleifen
for x in stride(from: xend, to: xstart - epsilon, by: -delta) {
  print(x)
}
// Ausgabe: 2.0, 1.9, ..., 1.0
```

Kapitel 6
Funktionen und Closures

Funktionen sind ein zentrales Element, um eigenen Code in überschaubare Einheiten zu gliedern. In Swift haben Funktionen vier Erscheinungsformen:

- **Globale Funktionen** werden auf Modulebene deklariert und können dann überall im Programm genutzt werden. In Swift gibt es einige vordefinierte globale Funktionen, die oft auch *Standardfunktionen* genannt werden. Darüber hinaus können Sie Ihre eigenen Funktionen definieren.
- **Closures** sind anonyme Funktionen, die ad hoc definiert und sofort an eine andere Funktion oder Methode zum Aufruf übergeben werden. In anderen Sprachen werden Closures *Lambda-Ausdrücke* genannt, weil die theoretischen Grundlagen von Closures im sogenannten *Lambda-Kalkül* formuliert sind.
- **Methoden** und **Computed Properties** sind Funktionen auf Klassenebene, auch wenn dies bei Computed Properties nicht so offensichtlich ist.

In diesem Kapitel stehen die ersten zwei Varianten im Vordergrund. Auf die spezifischen Besonderheiten von Methoden gehe ich erst in Kapitel 11, »Objektorientierte Programmierung I«, näher ein. Dort werde ich dann auch generische Funktionen bzw. Methoden erläutern. Derartige Funktionen werden für einen allgemeinen, erst beim Aufruf festzulegenden Datentyp definiert.

6.1 Funktionen definieren und ausführen

Die prinzipielle Syntax zur Definition einer Funktion sieht so aus:

```
// Funktion ohne Rückgabe
func fnname1(pname1: typ1, pname2: typ2) {
  code
}
// Funktion mit Ergebnis
func fnname2(pname1: typ1, pname2: typ2) -> ergebnistyp {
  code
  return ergebnis
}
```

Falls die Funktion ein Ergebnis liefert, muss dieses innerhalb der Funktion mit `return` zurückgegeben werden. Dabei ist es wichtig, dass `return` in jedem Fall ausgeführt wird – also z. B. auch dann, wenn ungültige Daten an die Funktion übergeben wurden.

Das folgende Beispiel zeigt die Funktion `strRepeat`, die eine Zeichenkette `n`-mal vervielfältigt – d. h., `strRepeat(s: "*", n: 4)` liefert `"****"`. Der Code sollte ohne weitere Erläuterungen verständlich sein. Beim Aufruf werden der Funktion die gewünschten Parameter in runden Klammern übergeben. Die runden Klammern müssen auch dann angegeben werden, wenn eine Funktion gar keine Parameter erwartet. Standardmäßig müssen allen Parametern außer dem ersten ihr Name und ein Doppelpunkt vorangestellt werden – beim zweiten Parameter also `n:`.

```
func strRepeat(s: String, n: Int) -> String {
  if n <= 0 {
    // leere Zeichenkette zurückgeben
    return ""
  } else {
    // Ergebnis zurückgeben
    return String(repeating: s, count: n)
  }
}
strRepeat(s: "abc", n: 3)  // "abcabcabc"
```

Reihenfolge von Definition und Aufruf

In Playgrounds oder in Terminal-Apps müssen Funktionen definiert werden, bevor sie ausgeführt werden können. Diese Regel gilt allerdings nicht für Methoden, also für Funktionen, die innerhalb einer Klasse, einer Struktur oder einer Enumeration definiert sind. Bei Methoden spielt die Reihenfolge keine Rolle. Sie können bereits am Beginn der Klasse eine Methode nutzen, die erst viel weiter unten im Code definiert wird.

Benannte Parameter

Für große Verwirrung, gerade bei Swift-Einsteigern, sorgen *benannte Parameter*. Beim Aufruf mancher Funktionen oder Methoden *müssen* Sie Parameternamen angeben:

```
// ein Locale-Objekt und ein Rechteck erzeugen
let locDe = Locale(identifier: "de_DE")
let rect = CGRect(x: 1, y: 1, width: 2, height: 2)

// Fehler: Hier müssen Parameternamen verwendet werden.
// let locFr = Locale("fr_FR")
```

Bei anderen ist die Nennung von Parameternamen dagegen nicht vorgesehen:

```
print("abc")
let i = Int("123")
let minimum = min(1, 2, 3)
```

Bei manchen Methoden (wie compare) hat der erste Parameter keinen Namen, die weiteren aber schon:

```
let s = "abc"
if s.compare("Abc",
             options: .caseInsensitive,
             range: nil,
             locale: nil) == .orderedSame
{
  print("gleichwertig")
}
```

Warum das so ist und wie Sie dieses Verhalten bei eigenen Funktionen steuern können, beschreibe ich in Abschnitt 6.2, »Parameter«, ausführlich. Kurz gesagt hängt es davon ab, wie die Funktion oder Methode deklariert ist. Glücklicherweise hilft Xcode Ihnen! Sobald Sie die ersten Buchstaben einer Funktion, einer Methode oder auch nur eines benannten Parameters einer Methode eingetippt haben, erscheint eine Auswahlliste passender Funktionen. Nach der Auswahl des gewünschten Eintrags baut Xcode Platzhalter für alle Parameter ein, die Sie dann mit [⇥] auswählen können.

Rückgabewerte

Funktionen können, müssen aber kein Ergebnis zurückgeben. Bei einer Funktion ohne Ergebnis entfällt -> ergebnistyp. Die Definition sieht also so aus:

```
func fnname(pname1: typ1, pname2: typ2) {
  code
}
```

Wenn es ein Ergebnis gibt, dann muss sein Typ bei der Definition exakt angegeben werden. Als Ergebnistyp kommen nicht nur Zahlen oder Zeichenketten infrage, sondern jeder in Swift verarbeitbare Typ. Dazu zählen unter anderem Arrays, Dictionaries, jede Art von Klasse oder struct, Optionals, Tupel sowie sogar Funktionen. Innerhalb des Codes der Methode muss sichergestellt sein, dass jeder Ausführungszweig mit einer return-Anweisung endet, die Ergebnisdaten im vereinbarten Typ zurückgibt!

```
func f() -> String {          // String als Ergebnis
  return ""
}
```

```
func g() -> [Int] {          // Int-Array als Ergebnis
  return [1, 2, 3]
}

func h(n: Int) -> [Int]? {  // Int-Array oder nil
  if n<=0 {
    return nil
  } else {
    return [Int]()
  }
}
```

Tupel als Rückgabewerte

Tupel sind in Klammern gestellte und durch Kommas getrennte Wertfolgen, z. B. (1, 2, "abc"). Im Detail stelle ich Ihnen Tupel in Abschnitt 10.6, »Tupel«, vor.

In Swift dürfen Funktionen nicht nur Einzelwerte, sondern auch Tupel zurückgeben. Das ist vor allem für mehrteilige Ergebnisse ausgesprochen praktisch. In einigen anderen Programmiersprachen müssten Sie dazu erst eine neue Struktur oder gar eine Klasse definieren. In Swift geben Sie hingegen einfach ein Tupel zurück:

```
func sincos(_ x: Double) -> (Double, Double) {
  return (sin(x), cos(x))
}

let (s, c) = sincos(1.23)
print(s)    // 0.942488801931697
print(c)    // 0.334237727124503
```

Bei der Funktion sincos ist der Parameter x durch das vorangestellte Zeichen _ als unbenannter Parameter gekennzeichnet. Deswegen erfolgt der Aufruf in der Form sincos(1.23) und nicht mit sincos(x: 1.23).

Optionals als Rückgabewerte

Auch die Verwendung von Optionals ist im Kontext von Funktionen sehr nützlich. Sobald Sie den Rückgabewert mit einem zusätzlichen Fragezeichen oder Ausrufezeichen als Optional deklarieren, haben Sie die Möglichkeit, bei fehlerhaften Eingabeparametern nil als Ergebnis zurückzugeben.

Das folgende Beispiel implementiert die aus manchen Programmiersprachen sowie aus SQL bekannte Zeichenkettenfunktion left, die die ersten n Zeichen einer Zeichenkette zurückgibt. Die Verwendung eines Implicitly Unwrapped Optionals (String!) hat hier den Vorteil, dass bei korrekter Verwendung der Funktion das Ergebnis unmittelbar als String zur Verfügung steht.

Würde der Rückgabewert `String?` lauten, dann müsste das Ergebnis mit `if let` ausgewertet oder mit ! explizit zu einen `String` ausgepackt werden.

```
// gibt die ersten n Zeichen von s zurück
func left(_ s: String, n: Int) -> String! {
  if n <= 0 {
    return nil  // unsinnig, nil zurückgeben
  } else if n >= s.count {
    return s    // alles zurückgeben
  } else {
    // die ersten n Zeichen zurückgeben
    let start = s.startIndex
    let end   = s.index(start, offsetBy: n)
    return String(s[start..<end])
  }
}

left("Hello World!", n: 5)      // "Hello"
left("Hello World!", n: 100)    // "Hello World!"
left("Hello World!", n: -1)     // nil
```

Rückgabewert ignorieren

Wenn eine Funktion oder Methode einen Rückgabewert liefert, dann erwartet der Swift-Compiler von Ihnen, dass Sie diesen Wert speichern oder auf andere Weise weiterverarbeiten (z. B. an `print` übergeben). Tun Sie das nicht, zeigt Xcode die Warnung *Result of call f() is unused* an. Diese Warnung können Sie vermeiden, indem Sie eine Zuweisung in der Form `_ = f()` durchführen, das Ergebnis also dem Pattern-Zeichen `_` zuweisen. Damit machen Sie dem Compiler klar, dass Sie das Ergebnis ganz bewusst ignorieren möchten.

```
// Projekt discardable-test, Datei main.swift
func f() -> Int {
  return 42
}

f()       // Warnung: Result of call f() is unused
_ = f()   // OK
```

Die andere Möglichkeit besteht darin, der Definition der Funktion oder Methode das Attribut `@discardableResult` voranzustellen. Damit bringen Sie zum Ausdruck, dass der Rückgabewert in vielen Fällen nicht wichtig ist und deswegen ignoriert werden darf.

```
@discardableResult func g() -> Int {
  return 43
}
g()       // OK wegen @discardableResult
```

> **Sonderfall Playgrounds**
>
> Im Playground gelten andere Regeln. Dort reicht das simple Ausführen einer Funktion schon aus, damit das Ergebnis in der rechten Spalte angezeigt wird. Deswegen wird im Playground nie die Warnung *Result of call is unused* angezeigt. Die Option `@discardableResult` ist dort also überflüssig.

Aufräumarbeiten automatisch ausführen (defer)

Viele Funktionen haben einen ähnlichen Aufbau wie der folgende Pseudocode:

```
func processFile(infile: String, outfile: String) {
  if let in = open(infile) {
    if let out = open(outfile) {
      while data = read_from(in) {
        let result = process(data)
        if !result { return }  // in und out bleiben offen
        let ok = write_to(out, result)
        if !ok { return }      // in und out bleiben offen
      }
      out.close()
    }
    in.close()
  } // äußeres if-Ende
}   // func-Ende
```

Es soll also eine Datei gelesen und verarbeitet werden, wobei die Ergebnisse in eine zweite Datei geschrieben werden. Wenn dabei irgendetwas schiefgeht, wird die Funktion verlassen. Das Problem am obigen Code besteht darin, dass die In- und Out-Dateien nicht ordnungsgemäß geschlossen werden, wenn in der `while`-Schleife ein Fehler auftritt.

Nun könnten die Dateien natürlich an jeder Stelle geschlossen werden, an der `return` aufgerufen wird; aber je umfangreicher und verschachtelter der Code in `processFile` wird, desto unübersichtlicher wird die Berücksichtigung aller Sonderfälle, und desto größer wird das Risiko, dass `close` in einer Verästelung des Codes vergessen wird.

In Swift lösen Sie dieses Problem ganz elegant mit `defer`. Mit diesem Schlüsselwort geben Sie Aufräumarbeiten an, um die sich Swift beim Abschluss des Blocks kümmern soll – ganz egal, an welcher Stelle die Funktion verlassen wird und ob dies durch `return` oder `throw` erfolgt (siehe Abschnitt 13.1, »Fehlerabsicherung mit try und catch«). Die `defer`-Aktionen werden in umgekehrter Reihenfolge ausgeführt. Im folgenden Beispiel wird daher zuerst `out` und dann `in` geschlossen:

```
func processFile(infile:String, outfile:String) {
  if let in = open(infile) {
    // in beim Verlassen von processFile schließen
    defer { in.close() }

    if let out = open(outfile) {
      // out beim Verlassen von processFile schließen
      defer { out.close() }

      while data = read_from(in) {
        let result = process(data)
        if !result { return }
        let ok = write_to(out, result)
        if !ok { return }
      }
    } // inneres if-Ende
  }   // äußeres if-Ende
}     // func-Ende
```


defer-Blöcke können natürlich selbst komplexen Code mit Verzweigungen etc. enthalten. Es gibt aber zwei Einschränkungen: In defer-Blöcken darf die Funktion nicht mit return verlassen werden, außerdem darf mit throw kein Fehler ausgelöst werden.

Um defer auszuprobieren, erstellen Sie am einfachsten ein kleines Projekt des Typs COMMAND LINE TOOL und fügen den folgenden Code ein. Anschließend führen Sie das Programm mehrere Male aus. Ganz egal, welchen Verlauf der Code nimmt – in jedem Fall enthält die Ausgabe zu jeder open-Zeile eine dazu passende close-Zeile.

```
// Projekt defer-test, Datei main.swift
func test() {
  print("open f1")
  defer { print("close f1") }
  if Int.random(in: 1...100) > 50 { return }

  print("open f2")
  defer { print("close f2") }

  print("read from f1")
  if Int.random(in: 1...100) > 50 { return }
  print("write to f2")
}

test()
```

Die Ausgaben des Programms variieren je nachdem, welche Zufallszahlen arc4random_uniform liefert. Eine mögliche Ausgabe kann z. B. so aussehen:

```
open f1
open f2
read from f1
close f2
close f1
```

Funktionsnamen und Overloading

Grundsätzlich gelten für Funktionsnamen dieselben Regeln wie bei Konstanten und Variablen. Der Name muss mit einem Buchstaben oder mit _ beginnen, bei den weiteren Zeichen sind auch Ziffern erlaubt. Es ist üblich, dass Funktionsnamen mit Kleinbuchstaben beginnen.

Es ist zulässig, dass mehrere Funktionen denselben Namen haben (Overloading). Die Funktionen müssen dann aber anhand der Parametertypen, anhand der Namen der Parameter oder anhand des Rückgabedatentyps unterscheidbar sein. Der Compiler muss beim Aufruf der Funktion erkennen können, welche Variante der Funktion gemeint ist.

```
func f() -> Int          { return 1 }
func f(i: Int)           { print("f(i: Int)") }
func f(x: Double)        { print("f(x: Double)") }
func f(a: Int, b: Int)   { print("f(a: Int, b: Int)") }
func f(a: Int, c: Int)   { print("f(a: Int, c: Int)") }
```

Wenn Sie Funktionen global oder als Methoden von Klassen definieren, dann sind auch die beiden folgenden Definitionen erlaubt:

```
func f() -> String { return "Hello!" }
func f(i: Int32)   { print("f(i: Int32)") }
```

Wenn Sie die gleichen Definitionen allerdings auf einer lokalen Ebene durchführen (innerhalb einer Funktion oder innerhalb `if true { ... }`), dann kommt es zur Fehlermeldung *Definition conflicts with previous value*. Deswegen finden Sie die Overloading-Beispiele in der eigenen Datei `overloading.playground`.

Durch die obigen Definitionen gibt es nun Doppeldeutigkeiten. Beispielsweise gibt es zwei gleichnamige Funktionen `f()` ohne Parameter, von denen die eine eine Zahl und die andere eine Zeichenkette zurückgibt. Sie müssen dem Compiler klarmachen, welche Sie meinen – andernfalls meldet er den Fehler *ambiguous use of function*.

```
print( f() )    // Fehler
```

Der folgende Code funktioniert dagegen, weil aufgrund der Deklaration der Variablen `s` klar ist, dass hier eine Zeichenkette gespeichert werden soll.

```
let s: String = f()
print(s)
```

Gültigkeitsebenen von Variablen

Die Funktion strRepeat vom Beginn des Kapitels ist eine »globale« Funktion, d. h., sie ist nicht in einer Klasse definiert (dann wäre sie eine Methode) und kann deswegen überall in Ihrem Programm verwendet werden. Ein Detail müssen Sie aber beachten: Die Definition der Funktion muss *vor* ihrer Anwendung erfolgen.

Funktionen können auf Variablen und Konstanten zugreifen, die außerhalb der Funktion definiert sind, und sie können Variablen sogar verändern:

```
var x = 2                  // globale Variable

func f(_ n: Int) -> Int {
  x = x + 1                // jeder Aufruf von f()
  return 2*n               // verändert x!
}

let ergebnis1 = f(7)        // 14
let ergebnis2 = f(9)        // 18
print(x)                    // x ist jetzt 4
```

Umgekehrt gilt dies aber nicht! Wenn Sie in einer Funktion eine Konstante oder Variable definieren, dann gilt diese »lokal«. Sie ist nur innerhalb der Funktion gültig und kann von außen nicht gelesen oder verändert werden.

Genau genommen beschränkt sich die Gültigkeit der Variablen auf die Zeit, in der die Funktion ausgeführt wird. Bei mehrfachen Funktionsaufrufen, wie sie unter anderem in rekursiven Algorithmen vorkommen, gelten für jeden Funktionsaufruf seine eigenen, lokalen Variablen. Es besteht keine Gefahr einer gegenseitigen Beeinflussung. Lokale Variablen dürfen den gleichen Namen wie globale Variablen haben. In diesem Fall ist die globale Variable, die außerhalb definiert wurde, in der Funktion nicht sichtbar.

```
func f(_ n: Int) -> Int {
  let result = n*2         // lokale Variable, gilt nur in f()
  return result
}

let ergebnis1 = f(4)
print(result)              // Fehler: 'result' ist nicht definiert
```

Verschachtelte Funktionen

Swift erlaubt es, innerhalb einer Funktion weitere Funktionen zu deklarieren. Solche verschachtelten Funktionen (*Nested Functions*) können von außen nicht aufgerufen werden. Sie können stattdessen zwei andere Aufgaben erfüllen:

- **Bessere Codestrukturierung:** Wenn Ihre Funktion eine sehr komplexe Aufgabe erfüllen soll, können Sie Teilaufgaben in eigene Funktionen verpacken und auf diese Weise den Code übersichtlicher gestalten. Die verschachtelten Funktionen können allerdings nur innerhalb der Hauptfunktion aufgerufen werden.
- **Funktionen als Rückgabeergebnis:** Funktionen können selbst Funktionen als Ergebnis zurückgeben – unter anderem solche Funktionen, die als verschachtelte Funktionen innerhalb der Hauptfunktion definiert sind. Auf diesen Aspekt gehe ich in Abschnitt 6.4 näher ein.

Die folgenden Zeilen demonstrieren die Syntax verschachtelter Funktionen. Wie auf globaler Ebene gilt: Zuerst müssen die Funktionen definiert werden, erst dann können sie genutzt werden.

```
// globale Funktion f(x, y)
func f(x: Double, y: Double) -> Double {

  // Hilfsfunktion f1()
  func helpfunc1(a: Double, b: Double) -> Double {
    return sqrt(a * a + b * b)
  }

  // Hilfsfunktion f2()
  func helpfunc2(e: Double, f: Double) -> Double {
    return e * f
  }

  // Verwendung der Hilfsfunktionen
  return helpfunc1(a: x, b: y) + helpfunc2(e: x, f: y)
}

f(x: 3.0, y: 4.0)  // 17.0
```

Rekursion

Funktionen dürfen sich auch selbst aufrufen – dann spricht man von *Rekursion*. Das folgende Listing zeigt das »klassische« Rekursionsbeispiel aus jedem Lehrbuch – die Berechnung der Fakultät. Beachten Sie, dass bereits `f(13)` bzw. `f(21)` den Zahlenbereich für `Int`-Zahlen sprengt, je nachdem, ob Ihr Programm auf einem 32- oder einem 64-Bit-System läuft.

```
// rekursive Implementierung der Fakultätsfunktion
func f(_ n: Int) -> Int {
  if n<=0 {
    return 0
  } else if n<=2 {
    return n
```

```
    } else {
        // rekursiver Aufruf von n
        return n * f(n-1)
    }
}

f(6)    // 720
f(13)   // 6.227.020.800
```


Parameter und lokale Variablen werden beim Aufruf von Funktionen auf dem Stack zwischengespeichert und nach dem Ende der Funktion wiederhergestellt. Das gilt für jeden Funktions- und Methodenaufruf, ist aber bei rekursiven Algorithmen von besonderer Bedeutung: Die Größe des Stack-Speichers limitiert nämlich die Rekursionstiefe.

Ich habe in der Dokumentation keine Angaben gefunden, wie viel Stack-Speicher Swift-Programme für sich reservieren. Einfache Tests haben ergeben, dass sich eine Funktion mit einem `Int`-Parameter und ohne lokale Variablen ca. 130.000-mal selbst aufrufen kann, bevor es zu einem Fehler kommt. Je mehr Parameter und lokale Variablen auf dem Stack zwischengespeichert werden müssen, desto geringer wird die maximale Rekursionstiefe. In der Praxis werden sich daraus also kaum Einschränkungen ergeben; wenn sich eine Funktion mehr als 1.000-mal selbst aufruft, ist dies in aller Regel ein Indiz für einen Programmierfehler.

Verzeichnisse rekursiv durchlaufen

Eine weitere Anwendung für Rekursion ist das Durchlaufen eines Verzeichnisbaums. Ein Beispiel finden Sie in Abschnitt 21.5, »Dateioperationen«.

Fehlerbehandlung

Funktionen, in denen Sie mit `throw` Fehler auslösen, müssen Sie mit `throws` deklarieren:

```
func f1(_ n: Int) throws -> Int { ... }
```

Auf diesen und andere Aspekte der Absicherung von Funktionen gehe ich ausführlich in Kapitel 13, »Fehlerabsicherung«, ein. Dort lernen Sie auch das Schlüsselwort `rethrows` kennen. Es ist dann wichtig, wenn Sie mit `throws` deklarierte Funktionen als Parameter in einer eigenen Funktion verwenden möchten.

Funktionen ohne Rückkehr (Never-Funktionen)

Normalerweise wird der Code nach der Abarbeitung einer Funktion fortgesetzt. In ganz seltenen Fällen ist dies aber nicht möglich – z. B. wenn Sie eine Funktion programmieren, die Ihr Programm beendet. Bei derartigen Funktionen wird in Swift als Rückgabedatentyp `Never` angegeben. (Bis zu Swift 2 wurden solche Funktionen stattdessen mit dem Attribut `@noreturn` gekennzeichnet.)

Bei der Implementierung der Funktion müssen Sie sicherstellen, dass die Funktion auf jeden Fall mit dem Aufruf einer anderen Never-Funktion endet. Eine derartige Funktion ist fatalError:

```
func f() -> Never {
  // Aufräumarbeiten durchführen und die App dann beenden
  fatalError("sorry, hier geht es nicht mehr weiter")
}
```

6.2 Parameter

Bei der Gestaltung der Parameterliste einer Funktion bestehen viele syntaktische Möglichkeiten, die dieser Abschnitt zusammenfasst. Vorweg die Kurzfassung in Listingform:

```
func f() { ... }                      // kein Parameter

func f(para: Int) { ... }             // gewöhnlicher Parameter
func f(_ para: Int) { ... }           // unbenannter Parameter
func f(ext para: Int) { ... }         // zweinamiger Parameter

func f(para: inout Int)  { ... }      // veränderlicher Parameter
func f(_ para: inout Int)  { ... }    // unbenannter veränderl. Parameter
func f(ext para: inout Int) { ... }   // zweinamiger veränderl. Parameter

func f(para: Int = 0) { ... }         // optionaler Parameter
func f(_ para: Int = 0) { ... }       // unbenannter optionaler Parameter
func f(ext para: Int = 0) { ... }     // zweinamiger optionaler Parameter

func f(para: Int ...) { ... }         // variadischer Parameter
func f(_ para: Int ...) { ... }       // unbenannter variad. Parameter
func f(ext para: Int ...) { ... }     // zweinamiger variad. Parameter
```

Grundsätzlich gilt, dass Funktionen natürlich mehrere Parameter mit einer beliebigen Kombination der oben skizzierten Formen haben können. Allerdings müssen optionale Parameter sowie der variadische Parameter am Ende der Parameterliste formuliert werden.

Gewöhnliche Parameter

Gewöhnliche Funktionsparameter formulieren Sie in der Parameterliste in der Form name: typ. Beim Aufruf der Funktion müssen Sie Daten in einem geeigneten Datentyp übergeben. Innerhalb der Funktion sind diese Daten über den Parameter zugänglich. Dieser verhält sich innerhalb der Funktion wie eine lokale Konstante und überdeckt eventuell gleichnamige globale Variablen oder Konstanten außerhalb. Dem Parameter kann innerhalb der Funktion kein neuer Wert zugewiesen werden:

```
func f(n: Int) {
  n = 3   // Fehler, n ist nicht veränderlich!
}
```

Wenn an eine Funktion ein `struct` oder ein Objekt übergeben wird, können in der Funktion dessen Methoden aufgerufen und Eigenschaften verändert werden. Die entscheidende Frage ist nun, ob die Änderungen nur innerhalb der Methode gelten oder ob ein an die Funktion übergebenes Objekt dauerhaft verändert wird. Das hängt davon ab, ob es sich um einen Wert- oder einen Referenztyp handelt (siehe Abschnitt 4.3):

- Bei **Werttypen** wird eine *Kopie* der Daten an die Funktion übergeben. Die Funktion kann nur die Kopie verändern. Die Daten, auf die die Variable ursprünglich verwiesen hat, bleiben unverändert. Dieses Verhalten gilt für alle Datentypen auf der Basis von `struct`. Dazu zählen neben `Int` oder `Double` auch nahezu alle Swift-Datenstrukturen, z. B. `String`, `Array` und `Dictionary`.
- Bei **Referenztypen** wird hingegen eine Referenz auf die Daten übergeben. Eine Veränderung der Daten in der Funktion wirkt sich damit auch außerhalb aus. Zu den Referenztypen zählen alle Typen auf der Basis von `class`. Neben selbst definierten Klassen zählen dazu auch viele häufig benötigte Typen aus den Bibliotheken Cocoa, UIKit etc. (`UIButton`, `NSView` etc.).

Das folgende Beispiel zeigt die dauerhafte Veränderung eines Elements eines Objekts, das in einem gewöhnlichen Parameter an eine Funktion übergeben wird:

```
// eine ganz simple Klasse
class MyClass {
  var a = 1, b = 2
}

// Funktion zur Verarbeitung von MyClass-Objekten
func f(para: MyClass) {
  para.a = 4
}

// Test
var mc = MyClass()  // mc.a ist 1
f(para: mc)         // MyClass ist ein Referenztyp
print(mc.a)         // mc.a ist jetzt 4
```

Unbenannte Parameter (namenlose Parameter)

Bei gewöhnlichen Parametern müssen Sie den Parameternamen beim Aufruf angeben. Die Beispielfunktion `f(para: MyClass)` muss also in der Form `f(para: obj)` aufgerufen werden. Die aus anderen Programmiersprachen vertraute Kurzschreibweise `f(obj)` ist nicht zulässig.

Es ist allerdings auch in Swift möglich, Parameter explizit als unbenannt (namenlos) zu kennzeichnen, und zwar indem Sie dem Namen bei der Definition das Pattern-Zeichen _ und ein Leerzeichen voranstellen:

```
func sum(_ a: Int, _ b: Int, _ c: Int, _ d: Int) -> Int {
  return a + b + c + d
}
let result = sum(1, 7, 12, -2)    // Ergebnis: 18
```

Zweinamige Parameter

Sie können Parametern bei der Definition der Funktion *zwei* Namen geben:

```
func f(externalName internalName:type) { ... }
```

In diesem Fall muss beim Aufruf der Funktion der externe Parametername vorangestellt werden. Innerhalb der Funktion wird der Parameter wie bisher über den lokalen/internen Namen angesprochen.

Im folgenden Beispiel erzeugt `f()` ein `Double`-Array aus `count` Elementen. Das erste Element erhält den Wert `start`, das letzte Element den Wert `end`. Die dazwischen liegenden Elemente erhalten entsprechend Werte zwischen `start` und `end`. Beachten Sie, dass die Parameternamen nun beim Aufruf angegeben werden müssen! Das hat den Vorteil, dass beim späteren Lesen des Codes sofort klar ist, welcher Parameter welchen Zweck hat. Trotzdem müssen Sie sich beim Aufruf an die Reihenfolge halten, die in der Definition der Funktion vorgegeben ist.

```
// liefert ein Double-Array mit count Elementen zwischen start und end
func f(start x1: Double, end x2: Double, count n: Int) -> [Double]? {
  if n <= 1 { return nil }  // unsinnig, Fehler
  var result = [Double]()
  result.reserveCapacity(n)
  let delta = (x2 - x1) / Double(n - 1)
  for i in 0..<n {
    result += [ x1 + delta * Double(i) ]
  }
  return result
}

let ar = f(start: 100.0, end: 200.0, count: 5)!
print(ar)             // [100.0, 125.0, 150.0, 175.0, 200.0]
f(100.0, 200.0, 5)  // Fehler, Parameternamen fehlen
```

API-Design-Richtlinien

Jetzt stellt sich natürlich die Frage: Welche Parameter soll ich wie benennen? Wenn Sie eigene Funktionen definieren, haben Sie also die Wahl: Sie können beim Standardverhalten bleiben, alle Parameter benennen, keinen Parameter benennen, zweinamige Parameter verwenden oder eine Mischform wählen. Welche Variante ist aber die beste?

Apple gibt auf diese Fragen in den API-Design-Richtlinien eine Menge guter Ratschläge, von denen ich die wichtigsten hier zusammenfasse:

- Solange keine guten Gründe dagegensprechen, sollten Sie das Standardverhalten beibehalten. Der Name des Parameters soll den Inhalt (nicht den Typ!) der zu übergebenden Daten verdeutlichen. Das macht den Funktionsaufruf für jemanden, der die Deklaration der Funktion nicht kennt, besser verständlich.
- Umgekehrt führt der Verzicht auf Parameternamen zu kompakterem Code – und auch das ist ein Vorteil. In der Praxis kommt es zudem immer wieder vor, dass an Funktionen Variablen übergeben werden, die die gleichen Namen haben wie die Parameter, also z. B. `let pt = MyPoint(x: x, y: y)`. Die resultierende Verdoppelung sieht irritierend aus. `let pt = MyPoint(x, y)` ist perfekt lesbarer Code. Nur wissen Sie im Vorhinein natürlich nicht, wie Ihre Funktionen später verwendet werden. `let pt = MyPoint(3, 7)` ist schon weniger klar, wobei in diesem Fall die Bedeutung der beiden Parameter immer noch plausibel ist.
- Die API-Design-Richtlinien empfehlen unbenannte Parameter, wenn diese beim Aufruf ohnedies nicht sinnvollerweise unterschieden werden können, also z. B. bei `min(number1, number2)` oder bei `swap(&var1, &var2)`.
- Ebenso sind unbenannte Parameter wünschenswert, wenn die zu übergebenden Daten bereits aus dem Funktions- oder Methodennamen klar werden, z. B. bei `addSubview(sv)`.
- Zweinamige Parameter werden in den Standardbibliotheken oft verwendet, um Funktionen bzw. Methoden nicht nur inhaltlich klar, sondern auch sprachlich elegant zu gestalten:

```
func move(from start: Point, to end: Point)  // Definition
move(from: startpt, to: target)              // Aufruf
```

Die API-Design-Richtlinien berücksichtigen noch viel mehr Sonderfälle und geben auch Tipps zum Umgang mit Defaultparametern, Closures, Tupeln etc. Das Dokument ist absolut lesenswert!

https://swift.org/documentation/api-design-guidelines

Losgelöst von der Frage zum optimalen Umgang mit benannten und unbenannten Parametern kann man geteilter Meinung darüber sein, wie lang Klassen-, Funktions- und Parameternamen sein sollen. Apple schießt hier regelmäßig über das Ziel hinaus, woraus sich dann z. B. der folgende Methodenaufruf ergibt:

```
func documentBrowser(
        _ controller: UIDocumentBrowserViewController,
        didRequestDocumentCreationWithHandler importHandler:
          @escaping (URL?, UIDocumentBrowserViewController.ImportMode)
    -> Void)
{
  // hier befindet sich Ihr Code
}
```

Diese Methode eines `DocumentBrowserViewController` wird aufgerufen, wenn in einer dokumentenbasierten iOS-App ein neues Dokument erzeugt werden soll. Aus meiner Sicht sind derartige Deklarationen irrwitzig. Wenn der Kopf einer Methode über fünf Zeilen verteilt werden muss, ist die ganze sonstige Eleganz von Swift-Code vergebens: Der Code ist unleserlich.

Veränderlicher Parameter (inout)

Das vorangegangene Beispiel hat gezeigt, dass Sie in einer Funktion ein als Referenz übergebenes Objekt verändern können. Diese Veränderbarkeit hat aber Grenzen:

- Sie können dem Parameter in der Funktion kein neues Objekt zuweisen.
- Nur Referenztypen sind veränderlich, nicht aber elementare Datentypen oder -strukturen (also Werttypen).

Diese Grenzen können Sie überwinden, wenn Sie den Parameter mit dem Schlüsselwort `inout` als veränderlich markieren. In der Funktion durchgeführte Veränderungen wirken sich nun auf die zugrunde liegenden Daten aus, selbst bei Werttypen.

Allerdings muss beim Aufruf der Funktion nun eine Variable mit vorangestelltem &-Zeichen übergeben werden. Dieses Zeichen soll auch beim Aufruf verdeutlichen, dass die übergebenen Variablen verändert werden können. Der Aufruf der Funktion mit einem konstanten Wert oder einem errechneten Ausdruck ist anders als bei gewöhnlichen Funktionen nicht möglich, wie dies auch aus dem folgenden Listing hervorgeht:

```
// Funktion, die den Parameter n verändert
func f(n: inout Int) {
  n+=1
}

var x=3
f(n: &x)     // übergibt die Variable x (nicht deren Wert) an f()
print(x)     // 4
f(n: x)      // Fehler, & fehlt
f(n: 3)      // Fehler, es muss eine Variable übergeben werden
```

Im zweiten Beispiel soll in einer Funktion jedes Element eines Integer-Arrays um eins vergrößert werden. Der richtige Code sieht so aus:

```
// Elemente des Arrays verändern
func f(data: inout [Int]) {
  for i in data.indices {
    data[i] += 1
  }
}

var x = [1, 2, 7, 8]
f(data: &x)
print(x)
// Ausgabe [2, 3, 8, 9]
```

Der Parameter ist also wieder mit inout gekennzeichnet, und bei der Übergabe der Daten wird & verwendet. Beachten Sie, dass der folgende Versuch, f zu implementieren, falsch ist:

```
// funktioniert nicht, weil 'item' eine Kopie des
// jeweiligen Array-Elements enthält
func f(data: inout [Int]) {
  for item in data {
    item += 1
  }
}
```

Natürlich können veränderliche Parameter auch in Kombination mit unbenannten Parametern bzw. zweinamigen Parametern verwendet werden, also:

```
func f(_ data: inout [Int]) { ...}          // Definition
f(&x)                                       // Aufruf

func f(modify data: inout [Int]) { ... }    // Definition
f(modify: &x)                               // Aufruf
```

Keine parallelen Schreibzugriffe auf Variablen

Wenn Ihr Code von mehreren Threads parallel ausgeführt wird (siehe auch Kapitel 31, »Asynchrone Programmierung«), besteht bei veränderlichen Parametern eine erhöhte Gefahr, dass zwei parallel ausgeführte Codesegmente dieselbe Variable verändern. Der Swift-Compiler erkennt solche Fälle zumeist und kennzeichnet Ihren Code dann als fehlerhaft.

Hintergründe zu dieser Problematik können Sie hier nachlesen:

https://swift.org/blog/swift-5-exclusivity
https://github.com/apple/swift-evolution/blob/master/proposals/0176-enforce-exclusive-access-to-memory.md

Optionale Parameter und Defaultwerte

Mit der Syntax `name: typ = defaultwert` machen Sie Parameter optional. Wenn der Parameter beim Funktionsaufruf nicht angegeben wird, dann gilt für ihn der Defaultwert. Optionale Parameter müssen sich am Ende der Parameterliste befinden.

Die folgenden Zeilen zeigen nochmals eine Funktion zum Erzeugen eines `Double`-Arrays. Der dritte Parameter ist optional und hat den Defaultwert 10.

```
func f(start: Double, end:Double, n: Int = 10) -> [Double]? {
  if n<=1 { return nil }  // unsinnig, Fehler
  var result = [Double]()
  result.reserveCapacity(n)
  let delta = (end - start) / Double(n - 1)
  for i in 0..<n {
    result += [ start + delta * Double(i) ]
  }
  return result
}
```

Beim Aufruf können Sie den optionalen Parameter weglassen:

```
let ar1 = f(start: 0.0, end: 4.0)         // 10 Elemente
let ar2 = f(start: 0.0, end: 4.0, n: 5)  //  5 Elemente
let ar3 = f(start: 0.0, end: 4.0, 7)      // Fehler, Parametername fehlt
```

Auch optionale Parameter können je nach Definition unbenannt oder zweinamig sein:

```
// unbenannter optionaler Parameter
func f(start: Double, end:Double, _ n: Int = 10) -> [Double]? {
  ...
}

// zweinamiger optionaler Parameter
func f(start: Double, end:Double, count n: Int = 10) -> [Double]? {
  ...
}
```

Variable Parameteranzahl (Variadics)

Wenn Sie nicht im Vorhinein wissen, wie viele Parameter an eine Funktion übergeben werden, können Sie den letzten Parameter der Parameterliste in der Form `name: typ ...` als sogenannten *variadischen Parameter* definieren. Die drei dem Typ folgenden Punkte gelten dabei als Kennzeichnung für den variadischen Parameter.

Beim Aufruf können Sie anstelle dieses Parameters beliebig viele Daten im vorgesehenen Typ übergeben (auch gar keine). Innerhalb der Funktion sprechen Sie den Parameter einfach als Array an.

Die folgende Funktion ermittelt die kleinste der übergebenen Fließkommazahlen. Die Funktion gibt `nil` zurück, wenn die Parameterliste leer ist.

```
// ermittelt die kleinste der übergebenen Double-Zahlen
func min(_ data: Double...) -> Double? {
  if data.count == 0 { return nil }
  var result = data[0]
  for d in data {
    if d < result { result = d }
  }
  return result
}

min()                       // nil
min(4.0, 1.0, 2.0, 3.0)    // 1.0 als Optional
```

Bei einem variadischen Parameter bietet es sich oft an, ihn wie im obigen Beispiel unbenannt zu formulieren. Es sind aber auch benannte oder zweinamige variadische Parameter möglich. Die folgenden Zeilen zeigen die Definition und den Aufruf. Beachten Sie, dass der Name bei der Übergabe der Parameter nur beim ersten Argument genannt werden muss.

```
func min(data: Double ...) -> Double? { ... }     // Definition
min()                                             // Aufruf
min(data: 4.0, 1.0, 2.0, 3.0)                     // Aufruf


func min(of data: Double ...) -> Double? { ... }  // Definition
min()                                             // Aufruf
min(of: 4.0, 1.0, 2.0, 3.0)                       // Aufruf
```

6.3 Standardfunktionen

In Swift stehen rund 30 sogenannte Standardfunktionen zur Verfügung. Mit einer davon haben Sie sicherlich schon häufig gearbeitet: `print` führt Ausgaben im Debug-Fenster durch. In diesem Abschnitt stelle ich Ihnen zwei wenig bekannte optionale Parameter von `print` vor, mit denen Sie diese Ausgabe exakter steuern können.

`print` und alle anderen Standardfunktionen sind ein integrierter Bestandteil von Swift und können selbst dann genutzt werden, wenn Sie keine einzige externe Bibliothek mit `import` in Ihr Projekt einbeziehen. Auf den folgenden Seiten präsentiere ich Ihnen die wichtigsten Standardfunktionen (siehe Tabelle 6.1) anhand von Beispielen. Diese Funktionen kennenzulernen lohnt sich: Sie sind in der alltäglichen Swift-Programmierpraxis nahezu unverzichtbar.

Die Standardfunktionen werden vielfach auch als *globale Funktionen* bezeichnet, weil sie global in jedem Swift-Code zur Verfügung stehen. Das gilt aber natürlich auch für alle selbst definierten Funktionen.

Referenz aller Standardfunktionen

Die folgende Website präsentiert eine übersichtliche Auflistung aller Standardfunktionen:

https://swiftdoc.org

Dort scrollen Sie zum Ende der Startseite bis zur Überschrift GLOBALS/FUNCTIONS.

Dieser Abschnitt konzentriert sich auf die wichtigsten Standardfunktionen (siehe Tabelle 6.1), soweit sie nicht in anderen, passenderen Kapiteln beschrieben wurden oder werden. Beispielsweise habe ich Ihnen `stride` bereits in Abschnitt 5.6, »Nicht triviale Schleifen«, vorgestellt.

Funktion	Bedeutung
`abs(x)`	Liefert den Absolutbetrag.
`max(a, b, c, ...)`	Liefert das größte Element.
`min(a, b, c, ...)`	Liefert das kleinste Element.
`print(s)`	Gibt s und einen Zeilenumbruch aus.
`readLine()`	Liest eine Zeichenkette von der Standardeingabe.
`sizeof(type)`	Ermittelt den Speicherbedarf eines Datentyps.
`swap(&var1, &var2)`	Vertauscht die Inhalte von `var1` und `var2`.
`stride(...)`	Generiert eine Zahlenfolge für Schleifen.
`zip(seq1, seq2)`	Bildet Tupel-Paare.

Tabelle 6.1 Die wichtigsten Standardfunktionen von Swift

Schlüsselwort »Swift«

Mitunter kommt es vor, dass Sie globale Funktionen innerhalb einer Klasse verwenden möchten, in der es bereits gleichnamige Methoden gibt. Dann verwendet der Compiler automatisch die Methode der betreffenden Klasse. Die gewünschte globale Funktion ist dann durch das vorangestellte Schlüsselwort `Swift` zugänglich, also z. B. `Swift.print("bla")`.

min und max

min und max ermitteln den kleinsten bzw. größten Wert aus allen übergebenen Einzeldaten. Alle übergebenen Parameter müssen denselben Datentyp aufweisen.

```
min(1, 2, 3)  // 1
max(1, 2, 3)  // 3
```

min und max akzeptieren keine Arrays als Parameter. Um die Extremwerte in einem Array oder einer anderen Sequenz zu ermitteln, wenden Sie die gleichnamigen Methoden min und max auf das Array an:

```
Array(1...10).min()     // 1
"Hello World".max()     // "r"
```

print und readLine

Die vertraute Funktion print gibt den als Parameter übergebenen Ausdruck als Zeichenkette aus. Bei Programmen, die innerhalb von Xcode ausgeführt werden, erfolgt die Ausgabe im Debug-Fenster. Projekte vom Typ COMMAND LINE TOOL schreiben in die Standardausgabe. Das führt dazu, dass der ausgegebene Text in dem Terminal angezeigt wird, in dem das Programm gestartet wurde.

```
print(1, 2, 3)
// Ausgabe: 1 2 3

print("Hello", "World!")
// Ausgabe: Hello World!
```

Standardmäßig stellt print zwischen die Parameter ein Leerzeichen und beendet die Ausgabe mit einem Zeilenumbruch. Alternativ können Sie mit den optionalen Parametern separator und terminator andere Trenn- bzw. Abschlusszeichenketten einstellen:

```
print(1, 2, 3, separator:"")    // Ausgabe: 123
print("Hello ", terminator:"") // Hier kein Zeilenumbruch!
print("World!")                 // Ausgabe: Hello World!
```

readLine liest eine Zeile Text von der Standardeingabe. Damit eignet sich die Funktion zur Verarbeitung von Texteingaben in Terminal-Programmen. readLine ist insofern die Umkehrfunktion zur print-Funktion, die an die Standardausgabe schreibt.

swap

swap vertauscht den Inhalt von zwei Variablen. Beachten Sie, dass Sie den Variablen das Zeichen & voranstellen müssen! Es ist ein Indikator für inout-Parameter.

Ergänzend zu swap gibt es beginnend mit Swift 4 die Methode swapAt, die zwei Elemente einer MutableCollection vertauscht. Dazu gehören auch Arrays. An die Methode werden die Indizes der Elemente übergeben:

```
var ar = [1, 2, 3, 4]
ar.swapAt(2, 3)
print(ar)  // Ausgabe  [1, 2, 4, 3]
```

ar.swapAt(n1, n2) hat im Vergleich zu swap(&ar[n1], &ar[n2]) den Vorteil, dass es vermeidet, zwei Referenzen auf eine Datenstruktur zu übergeben – hier also auf das Array. Der Swift-Compiler erkennt darin seit Version 4 die Gefahr, dass es dabei zu einer parallelen Veränderung des Objekts durch zwei Codezweige kommen könnte. Ein weiterer Vorteil von swapAt besteht darin, dass die Methode auch mit dem Sonderfall zurechtkommt, dass n1 und n2 gleich sind. swapAt tut dann einfach nichts, während swap einen Fehler auslöst.

zip

zip verknüpft die Elemente aus zwei Sequenzen paarweise zu Tupeln. Das Ergebnis ist eine Datenstruktur vom Typ Zip2Sequence. Wenn die beiden Sequenzen unterschiedlich viele Elemente aufweisen, dann bestimmt die kürzere Sequenz die Anzahl der Ergebnis-Tupel.

```
// Messzeiten und Messwerte in zwei Arrays
let time = ["12:15", "12:30", "12:45", "13:00"]
let temp = [20.9,     20.8,    20.7,    20.9]
let combined = zip(time, temp)
```

Die resultierende Struktur können Sie unkompliziert in einer Schleife durchlaufen, wobei Sie die beiden Elemente in Form eines Tupels ansprechen:

```
for (tm, tmp) in combined {
  print("Zeit \(tm)  -- Temperatur  \(tmp)")
}
```

Mathematische Funktionen und Konstanten

Mit Ausnahme von abs fehlen in den Standardfunktionen mathematische Grundfunktionen, wie sqrt, sin oder cos. Dennoch können Sie auch diese Funktionen in jedem Programm verwenden. Woher kommen also diese Funktionen?

Die mathematischen Grundfunktionen sind in der Bibliothek libSystem definiert, die wiederum von den Bibliotheken Foundation, Cocoa und UIKit importiert wird. Beachten Sie, dass Sie an die meisten Funktionen Fließkommazahlen übergeben müssen. sqrt(2) funktioniert nicht, es muss sqrt(2.0) heißen. In der Darwin-Bibliothek sind auch einige Konstanten definiert, darunter die eulersche Zahl M_E.

```
sqrt(2.0)            // 1,4142135623731
cos(0.0)             // 1,0
pow(10.0, 3.0)       // 1000
M_E                  // 2.71828182845905
```

Die Kreisteilungszahl ist in den statischen Eigenschaften `Double.pi` bzw. `Float.pi` definiert. Zusammen mit weiteren `Double`- oder `Float`-Ausdrücken können Sie die Kreisteilungszahl in der Kurzform `.pi` verwenden. Der Compiler erkennt den Datentyp von `pi` dann aus dem Kontext:

```
let radius = 2.8  // radius hat den Datentyp Double
let area = radius * radius * .pi
```


6.4 Funktionale Programmierung

Swift wird mitunter als funktionale Programmiersprache bezeichnet. Ob das auch zutrifft, darüber lässt sich trefflich streiten. Richtig ist, dass Swift Funktionen als Variablenwerte, Parameter und Rückgabewerte akzeptiert. Zusammen mit den sehr universell einsetzbaren Aufzählungstypen (Arrays, Dictionaries), die Methoden wie `map`, `reduce` und `forEach` unterstützen, können viele Algorithmen im Sinne der funktionalen Programmierung realisiert werden (siehe auch Kapitel 10, »Arrays, Dictionaries, Sets und Tupel«).

Andererseits stellt Apple im E-Book »The Swift Programming Language« die prozeduralen, objekt- und protokollorientierten Sprachmerkmale von Swift eindeutig in den Vordergrund. Das trifft auch für die überwiegende Mehrheit aller Beispielprogramme zu, die im Internet zu finden sind, ganz egal, ob Sie die »offiziellen« Seiten von Apple oder andere Wissensportale konsultieren. In diesem Buch bevorzuge ich ebenfalls einen eher »traditionellen« Programmierstil.

An dieser Stelle mag ich gar nicht weiter darüber diskutieren, welche Merkmale einer funktionalen Programmiersprache Swift nun erfüllt und welche nicht. Vielmehr konzentriere ich mich in diesem Abschnitt auf zwei Features, die den funktionalen Anspruch von Swift untermauern und eine große Palette von Anwendungsmöglichkeiten bieten:

- **Funktionstypen:** Funktionen zählen zu den grundlegenden Datentypen von Swift. So wie Sie mit `var i: Int` eine Integer-Variable deklarieren können, deklariert `var f: (Double) -> String` eine Variable, die später eine Funktion aufnehmen kann, die wiederum eine `Double`-Zahl als Parameter erwartet und eine Zeichenkette als Ergebnis liefert.

  Funktionen und Closures sind Referenztypen, nicht Werttypen!

- **Funktionen als Parameter bzw. Funktionsergebnisse:** Eine logische Konsequenz aus dem ersten Punkt besteht darin, dass Methoden und Funktionen selbst Funktionen als Parameter verarbeiten und zurückgeben können.

Noch vielseitiger werden Swifts Möglichkeiten zur funktionalen Programmierung dadurch, dass Sie mit Closures Funktionen unkompliziert ad hoc erzeugen und sofort anwenden können (siehe Abschnitt 6.5).

Funktionen als eigener Datentyp

Funktionstypen werden in Swift durch den Operator `->` gebildet: Somit bezeichnet `(datentyp1) -> datentyp2` eine Funktion, die Parameter gemäß `datentyp1` erwartet und Ergebnisse als `datentyp2` liefert. Anstelle von `datentyp1` kann eine ganze Liste von Parametern angegeben werden, wobei es großen syntaktischen Spielraum gibt (siehe Abschnitt 6.2, »Parameter«). Das Ergebnis einer Funktion darf auch ein Tupel sein.

Die folgenden Zeilen zeigen, wie Sie eine allgemeine Variable `x` so definieren, dass sie nur Funktionen mit einer bestimmten Signatur aufnehmen kann. Ebenso wäre es möglich, gleich `x = func f(...) -> ... {...}` zu schreiben.

```
// die Variable x kann Funktionen aufnehmen,
// die der folgenden Signatur entsprechen
var x: (Double, Double) -> (Int, Double)

// f ist eine mögliche Implementierung einer solchen Funktion
func f(a: Double, b: Double) -> (Int, Double) {
  if a > b { return (1, a * b) }
  else     { return (2, a + b) }
}

// nun kann x wie f verwendet werden
x = f
x(2.0, 3.0)
// Ergebnis (2, 5.0)
```

Sind `f` und `x` nun also gleichwertig? Nicht ganz! Zum einen müssen beim Aufruf von `f` beide Parameter benannt werden. Bei `x` ist dies nicht notwendig.

```
f(a: 2.0, b: 3.0)
// Ergebnis (2, 5.0)
```

Zum anderen kann `f` nicht mehr verändert werden. `x` können Sie hingegen jederzeit eine andere Funktion zuweisen, die der ursprünglichen Signatur entspricht. Die folgenden Zeilen verwenden dazu die Closure-Schreibweise, die in Abschnitt 6.5, »Closures«, näher erläutert wird:

```
// x wird eine andere Funktion zugewiesen
x = { (7, $0 / $1) }
x(2.0, 3.0)
// Ergebnis (7, 0.666667)
```

Funktionen als Parameter und Rückgabeergebnisse

Die im vorigen Abschnitt skizzierten syntaktischen Möglichkeiten können dazu verwendet werden, Funktionen als Parameter an andere Funktionen zu übergeben. Die im Folgenden abgedruckte Funktion buildArray erzeugt ein Array aus n Elementen. buildArray durchläuft dazu die Variable x in n Schritten von start bis ende und übergibt x dann an die Funktion fn. Diese Funktion, die einen Double-Parameter verarbeitet und ein Double-Ergebnis liefert, muss als vierter Parameter an buildArray übergeben werden. Die Funktionsergebnisse fn(x) ergeben die Array-Elemente.

```
// Datei func-programming.playground
// erzeugt ein Double-Array mit Funktionsergebnissen
// Parameter: n: gewünschte Anzahl der Array-Elemente
//        start: Startwert
//          end: Endwert
//           fn: Funktion, deren Resultate gespeichert werden
func buildArray(n: Int,
                start: Double,
                end: Double,
                fn: (Double) -> Double)
     -> [Double]
{
  var result = [Double]()
  let delta = (end-start) / Double(n-1)
  for i in 0..<n {
    let x = start + delta * Double(i)
    result += [fn(x)]
  }
  return result
}
```

Um buildArray auszuprobieren, definieren wir zuerst die Funktion f, die als vierter Parameter beim ersten Aufruf von buildArray übergeben wird. Beim zweiten Aufruf übergeben wir einfach die ohnedies schon vordefinierte Sinusfunktion, die ebenfalls dem Muster (Double)-> Double entspricht. Zur Visualisierung werden die beiden Arrays in for-in-Schleifen durchlaufen. Ein Klick auf das Ergebnis-Icon im Playground zeigt dann die entsprechenden Kurvenverläufe (siehe Abbildung 6.1).

```
// einfache Funktion, berechnet 1 / (1+x)
func f(x: Double) -> Double {
  return 1.0 / (1.0 + x)
}

// zwei Testaufrufe von buildArray
let data1 = buildArray(n: 20, start: 0, end: 5, fn: f)
// Ergebnis: [1.0, 0.79, ...]
```

```
let data2 = buildArray(n: 10, start: 0, end: 3.14, fn: sin)
// Ergebnis: [0.0, 0.34, ...]

// zur Visualisierung im Playground
for d in data1 { d }
for d in data2 { d }
```

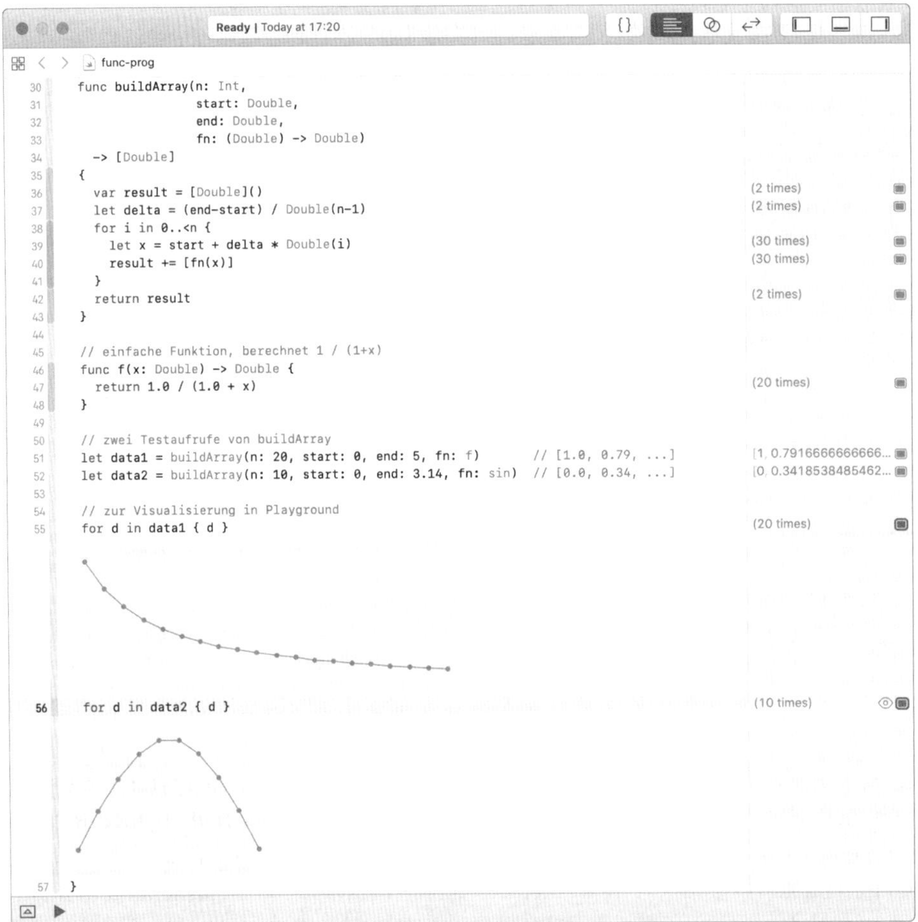

Abbildung 6.1 Visualisierung der Arrays »data1« und »data2« im Playground

Funktionen können auch selbst Funktionen zurückgeben. Im folgenden Beispiel ist `fbuilder` eine Funktion, die aus den drei Parametern `a`, `b` und `c` eine neue Funktion bildet, die einen Double-Wert verarbeitet und einen Double-Wert als Ergebnis zurückgibt. Die resultierende Funktion entspricht dem mathematischen Ausdruck $a + b\,x + c\,x^2$.

Zum Test von `fbuilder` werden damit die zwei Funktionen `f1` und `f2` erzeugt. In einer Schleife durchläuft `x` in 121 Schritten Werte von –3 bis 3. Die Visualisierung der Funktionen erledigt der Playground (siehe Abbildung 6.2).

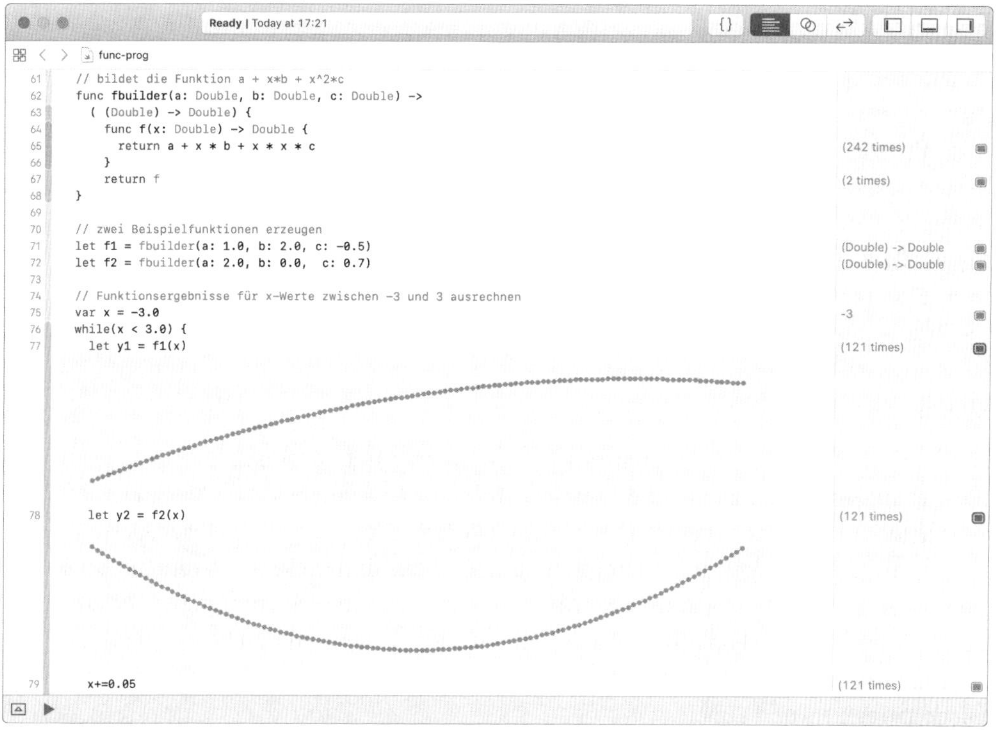

Abbildung 6.2 Zwei Funktions-Plots im Playground

```
// Datei func-programming.playground
// bildet die Funktion a + x*b + x^2*c
func fbuilder(a:Double, b:Double, c:Double) -> ( (Double) -> Double ) {
  func f(x:Double) -> Double {
    return a + x*b + x*x*c
  }
  return f
}

// zwei Beispielfunktionen erzeugen
let f1 = fbuilder(a: 1.0, b: 2.0, c: -0.5)
let f2 = fbuilder(a: 2.0, b: 0.0,  c: 0.7)

// Funktionsergebnisse für x-Werte zwischen -3 und 3 ausrechnen
var x = -3.0
while(x < 3.0) {
  var y1 = f1(x)
  var y2 = f2(x)
  x += 0.05
}
```

6.5 Closures

Funktionen spielen in Swift eine große Rolle. Es ist häufig notwendig, eine Funktion als Parameter an eine andere Funktion oder Methode zu übergeben. Dazu können Sie natürlich jedes Mal mit `func` eine Funktion definieren und diese dann übergeben. Je häufiger Sie das tun, desto lästiger wird dieser Prozess. Eine Funktion zu definieren, die danach an Dutzenden Stellen im Code benötigt wird, macht ja Sinn. Aber für eine Funktion, die nur einmal benötigt wird, muss es einen besseren Weg geben. Diesen Weg bieten anonyme Funktionen, die in Swift *Closures* genannt werden. In Java oder C# ist hingegen meist von *Lambda-Ausdrücken* die Rede – gemeint ist dasselbe.

Syntax

Nehmen wir an, in Ihrem Programm gibt es ein Array mit ganzen Zahlen. Mit `map` wollen Sie nun auf jede dieser Zahlen die Funktion `sin(x/10)` anwenden, sodass Sie ein neues Array mit Fließkommazahlen erhalten. Der traditionelle Weg, diese Aufgabe zu lösen, besteht darin, zuerst mit `func` eine geeignete Funktion zu definieren und diese als Parameter an `map` zu übergeben. (Die Methode `map` steht für Arrays und einige weitere Aufzählungstypen zur Verfügung. Sie wendet eine Funktion auf alle Elemente der Sequenz an und liefert wiederum eine Sequenz bzw. im folgenden Beispiel ein Array. `map` stelle ich im Detail in Kapitel 10, »Arrays, Dictionaries, Sets und Tupel«, vor.)

```
let data = Array(1...20)          // Datentyp [Int]
func calc(n: Int) -> Double {
  return sin(Double(n) / 10.0)
}
var result = data.map(calc)       // Datentyp [Double]
result                            // [0,0998, 0,1987 ...]
```

Anstatt die Funktion vorweg zu definieren, können Sie die Funktion auch als Closure direkt übergeben. *Closure* ist ein Begriff aus den Computerwissenschaften. Im Deutschen ist häufig von einem *Funktionsabschluss* die Rede. Closures zeichnen sich durch zwei Eigenschaften aus:

- Closures haben keinen Namen. Daher spricht man oft auch von *anonymen Funktionen*.
- Closures haben Zugriff auf die Daten, die im Programm an der Stelle ihrer Definition zugänglich sind, also im *Erstellungskontext*.

In Swift sieht die vollständige Syntax einer Closure wie folgt aus:

```
{ (Parameterliste) -> Datentyp in Code }
```

Mit anderen Worten: Die Closure wird in geschwungenen Klammern formuliert. Sie beginnt mit einer Parameterliste, für die weitgehend dieselben Regeln wie für die Parameterliste einer Funktion gelten. Es sind auch Closures ohne Rückgabedatentyp möglich – dann reduziert sich die Parameterliste auf ein rundes Klammernpaar. Dann folgen der Operator -> und der Rückgabedatentyp der Funktion. Bei Closures ohne Parameter entfällt `-> Datentyp`. Vor dem eigentlichen Code der Funktion wird das Schlüsselwort `in` angegeben.

Um das obige Beispiel also mit einer Closure zu lösen, würde der Code so aussehen:

```
// Funktion als Closure übergeben
result = data.map( { (n:Int) -> Double in return sin(Double(n)/10) } )
```

Kurz und kürzer

Um die Anwendung von Closures angenehmer zu machen, erlaubt die Swift-Syntax eine Menge Abkürzungen: So kann auf `return` verzichtet werden, wenn die Closure nur aus einem Ausdruck besteht und nicht aus mehreren Anweisungen:

```
// kompaktere Syntax
result = data.map({ (n: Int) -> Double in sin(Double(n)/10) })
```

Sofern der Swift-Compiler aus dem Kontext den Datentyp der Parameter erkennen kann, brauchen Sie den Datentyp in der Parameterliste nicht anzugeben:

```
// noch kompaktere Syntax
result = data.map({ (n) -> Double in sin(Double(n)/10) })
```

Trifft dies auch auf den Rückgabedatentyp zu, dann können Sie auf die Parameterliste samt Ergebnistypdefinition ganz verzichten. Auch das Schlüsselwort `in` entfällt dann. Allerdings haben die Funktionsparameter jetzt keine Namen mehr. Deswegen müssen Sie die Parameter in der Form `$0` für den ersten Parameter, `$1` für den zweiten Parameter etc. angeben. Es ist diese Form, die in der Praxis – vor allem bei einfachen Funktionen – bevorzugt wird. Trotz der kompakten Schreibweise bleibt der Code verständlich.

```
// auf das Minimum reduzierte Syntax
result = data.map({ sin(Double($0)/10) })
```

Die meisten Funktionen oder Methoden erwarten Closures im letzten Parameter. In diesem Fall können Sie die Closure aus der Funktion gewissermaßen herausziehen, also hinter der Funktion angeben (*Trailing Closure*). Damit sieht der Aufruf so aus:

```
// alternative Syntaxvariante, gleichwertig
result = data.map() { sin(Double($0)/10) }
```

Das vermindert den Code zwar nicht mehr, reduziert aber die Anzahl der ineinander verschachtelten Klammerebenen. Das ist vor allem dann von Vorteil, wenn sich der Code der Closure über mehrere Zeilen erstreckt. Ansonsten ist es eher eine Geschmacksfrage, ob Sie nun die vorletzte oder die letzte Variante vorziehen. Auf den ersten Blick kann man bei der letzten Variante auch den irreführenden Eindruck gewinnen, es handele sich um eine Definition der Funktion `map`.

Trailing Closures funktionieren auch bei benannten Parametern. In diesem Fall entfällt der Name des letzten Parameters ersatzlos.

Noch mehr Syntaxbeispiele

Für das obige Beispiel mit `sin(x/10)` ist jetzt die kürzestmögliche Syntax erreicht. Manchmal geht es aber noch kürzer: Wenn es eine vor- oder selbst definierte Funktion gibt, deren Signatur der Aufgabenstellung entspricht, reicht es aus, nur den Funktionsnamen zu übergeben. In diesem Fall entfällt also auch die Nennung der anonymen Parameter `$0`, `$1` etc.!

```
// Funktion als Closure
let data2 = [1.2, 4.5, 2.4]
data2.map(sin)              // [0.93, -0.97, 0.68]
```

Diese Syntax ist sogar für Operatoren erlaubt! Für Swift ist ein Operator nichts anderes als ein Funktionsname. Im folgenden Beispiel wird der Operator - im Sinne des negativen Vorzeichens interpretiert. Für Swift ist aus dem Kontext klar, dass hier nicht der Minus-Operator gemeint sein kann – denn das ist eine Funktion mit *zwei* Parametern. `map` erwartet aber eine Funktion, die mit einem Parameter zurechtkommt.

```
// Operator 'negatives Vorzeichen' als Closure
data2.map(-)                // [-1.2, -4.5, -2.4]
```

Besonders beliebt ist diese Kurzschreibweise bei den Methoden `sort` und `sorted`. Beide Methoden erwarten als Parameter eine Vergleichsfunktion, also eine Funktion, die zwei Objekte des gleichen Typs miteinander vergleicht und `true` oder `false` zurückgibt, je nachdem, ob ein Objekt größer oder kleiner als das andere ist. Genau diese Aufgabe übernimmt der Operator `<`:

```
// Vergleichsoperator als Closure
data2.sorted(<)             // [1.2, 2.4, 4.5]
```

sort versus sorted

Die Methode `sorted` liefert als Ergebnis ein neues sortiertes Array, rührt das ursprüngliche Array aber nicht an. `sort` verändert das Array. Das setzt natürlich voraus, dass das Array mit `var` deklariert wurde, nicht mit `let`.

Closures können auch aus mehreren Anweisungen bestehen. In diesem Fall dürfen Sie `return` nicht vergessen, damit das Ergebnis zurückgegeben wird. In den beiden folgenden Beispielen ist die Closure einmal direkt als Parameter übergeben, einmal nachgestellt. Beide Varianten sind in ihrer Funktion gleichwertig, die Trailing Closure ist aber übersichtlicher (weil es bei ihr weniger offene Klammern gibt).

```
let data = Array(1...20)        // Datentyp [Int]
let result1 = data.map(         // Closure als Parameter
  { (n) -> Double in
    let x = Double(n) / 10.0
    return sin(x)
  }
)

let result2 = data.map() {      // Trailing Closure
  (n) -> Double in
  let x = Double(n) / 10.0
  return sin(x)
}
```


Mitunter kommt es vor, dass Sie eine Funktion mit einem oder mehreren Parametern als Closure implementieren müssen, eine Auswertung der Parameter aber nicht notwendig ist. Aus syntaktischen Gründen können Sie die Parameter nicht weglassen, Sie können sie aber durch das Pattern-Zeichen _ ersetzen:

```
// liefert [12, 12, 12 ...]
let result3 = data.map({ (_) in 12 } )
```

»self« zum Zugriff auf Eigenschaften oder Methoden

Wenn Sie in Closures auf Eigenschaften oder Methoden des Typs zugreifen möchten, in dem Ihre Closure formuliert ist, dann müssen Sie `self` voranstellen, also z. B. `self.methode()`. Dieses Schlüsselwort stelle ich Ihnen in Abschnitt 11.1, »Klassen und Strukturen«, näher vor.

Auto-Closures

Wenn Sie den Parameter einer Funktion oder Methode mit dem Attribut `@autoclosure` kennzeichnen, dann betrachtet der Swift-Compiler an diese Funktion übergebene Argumente automatisch als Closure. Nähere Details dazu, was Attribute sind, folgen in Abschnitt 14.2.

Am einfachsten ist das Konzept von Auto-Closures anhand eines Beispiels zu verstehen. Die Funktion `f` erwartet eine boolesche Funktion als Parameter und wertet diese dann aus. Dieser Parameter ist vorerst noch ohne `@autoclosure` definiert.

```
func f(condition: () -> Bool) {
  if condition() {
    print("True!")
  }
}
f(condition: {7 % 2 == 1} )  // Ausgabe "True!"
```

An f muss wirklich eine Funktion übergeben werden. Im obigen Beispiel wird daher das Funktionsargument in geschwungenen Klammern angegeben. `f(condition: 7 % 2 == 1)` wäre ebenso wie `f(condition: true)` ein Syntaxfehler, weil beide Parameter boolesche Ausdrücke, aber keine Funktionen sind.

In der folgenden Funktion g ist der Parameter hingegen als `@autoclosure` deklariert. Damit wird nun der übergebene Parameter automatisch als Closure betrachtet, und Sie dürfen, ja, Sie müssen sogar auf die geschwungenen Klammern verzichten:

```
func g(condition: @autoclosure () -> Bool) {
  if condition() {
    print("True!")
  }
}
g(condition: 7 % 2 == 1)  // Ausgabe "True!"
```

`@autoclosure` wird Swift-intern von `assert` sowie von einigen booleschen Operatoren verwendet.

RPN-Rechner

Der Ausgangspunkt für das folgende Beispiel ist die Funktion `calculate`: Sie liest die letzten zwei Einträge eines Arrays und verknüpft diese mit einer Funktion. Das Ergebnis wird wieder im Array gespeichert. Die Funktion könnte z. B. Teil eines Taschenrechners sein, der auf Basis der *Reverse Polish Notation* (RPN) arbeitet. Bei der RPN werden zuerst die zu verarbeitenden Zahlen eingegeben und gespeichert, bevor die Operatoren auf sie angewendet werden. Ein derartiger Taschenrechner ist zwar umständlicher zu bedienen als ein gewöhnlicher Taschenrechner, dafür aber einfacher zu programmieren.

```
// Datei rpn.playground
// Ziel: 17,3 / (12,5 - 7,6 * 2,1) ausrechnen (ergibt -5,0)
var stack = [17.3, 12.5, 7.6, 2.1]

// zwei Werte vom Stack entfernen,
// durch die Funktion fn verknüpfen
// Ergebnis wieder auf dem Stack speichern

func calculate(_ fn:(Double, Double) -> Double) {
  if stack.count >= 2 {
    let op1 = stack.removeLast()
    let op2 = stack.removeLast()
    let result = fn(op2, op1)
    print(result)
    stack.append(result)
  }
}
```

```
calculate( * )      // Ausgabe 15,96
calculate( - )      // Ausgabe -3,46
calculate( / )      // Ausgabe -5,00
stack               // stack enthält nur noch [-5,00]
```

Die Übergabe der Funktion `fn` in Form eines Operators ist hier natürlich besonders elegant. Wenn Sie den Taschenrechner um mathematische Funktionen wie `sin` oder `sqrt` erweitern möchten, fügen Sie einfach eine zweite `calculate`-Funktion hinzu, die als Parameter eine Funktion erwartet, die nur einen Parameter verarbeitet:


```
// einen Wert vom Stack entfernen, darauf die Funktion fn
// anwenden, Ergebnis wieder auf dem Stack speichern
func calculate(_ fn: (Double) -> Double) {
  if stack.count >= 1 {
    stack.append( fn(stack.removeLast()) )
  }
}

stack = [4.0]
calculate( sqrt )
stack                   // Stack enthält jetzt [2,0]
calculate( sin )
stack                   // [0,91]
calculate( - )          // Fehler
calculate( {-$0} )
stack                   // [-0,91]
```

Swift kann zumeist anhand der Parameter unterscheiden, welche der beiden `calculate`-Funktionen die richtige ist. Ein Sonderfall ist aber der Operator `-`, bei dem es sich sowohl um ein negatives Vorzeichen als auch um den Minus-Operator handeln kann. Anstelle von `-` müssen Sie nun explizit angeben, ob Sie das negative Vorzeichen meinen (also `{-$0}`) oder ob Sie zwei Stack-Werte voneinander abziehen wollen (also `{$0-$1}`).

RPN-Rechner als Klasse

In der Beispieldatei `rpn.playground` ist zusätzlich zum oben abgedruckten Code die Implementierung des RPN-Rechners als Klasse enthalten – gewissermaßen als Vorgriff auf Kapitel 11, »Objektorientierte Programmierung I«.

Capturing Values

Closures oder verschachtelte Funktionen können auf alle Variablen und Konstanten zugreifen, die in ihrem Kontext erreichbar sind – also an der Stelle im Code, wo die Closure bzw. die verschachtelte Funktion definiert ist. Wenn Closures dies tun (sie müssen ja nicht), dann »fangen« sie diese Variablen gleichsam ein. Bei einer späteren Verwendung der Funktion können die Konstanten weiterhin gelesen und Variablen sogar verändert werden. Das bedeutet, dass Swift bei Werttypen eine closure-interne Kopie bzw. bei Referenztypen eine zusätzliche Referenz auf das Objekt einrichten muss.

In der Praxis ist dieses »Variablen-Fangen« vor allem in objektorientiertem Code relevant. Das folgende Beispiel, das ich ein wenig modifiziert aus »The Swift Programming Language« übernommen habe, funktioniert aber selbst in einer winzigen Playground-Demo. Werfen Sie nun einen scharfen Blick auf das Listing – die Erklärung für den zugegebenermaßen nicht ganz trivialen Code folgt gleich:

```
// Beispieldatei closures.playground
// Funktion, um einen Inkrementor mit beliebiger Schrittweite
// zu erzeugen
func createIncrementor(_ incrAmount: Int = 1) -> () -> Int {
  var total = 0
  return {
    total += incrAmount
    return total
  }
}

let fn1 = createIncrementor()
let fn2 = createIncrementor(2)
let fn3 = createIncrementor(10)

for i in 1...10 {
  print("\(fn1()) \(fn2()) \(fn3()) ")
}

// Ausgabe:
// 1 2 10
// 2 4 20
// 3 6 30
// ...
// 10 20 100
```

Was passiert hier? Beginnen wir mit `createIncrementor`: Diese Funktion besitzt einen Parameter mit dem Defaultwert 1. Die Aufgabe dieser Funktion ist es, selbst eine Funktion zu liefern. Daher ist `-> () -> Int` kein Fehler. Vielmehr beginnt mit dem ersten Operator `->` der Rückgabedatentyp. Da es sich dabei selbst um eine Funktion handelt, die als Ergebnis eine `Int`-Zahl zurückgibt, ist auch der zweite Operator `->` erforderlich.

Innerhalb von `createIncrementor` ist die lokale Variable `total` definiert. Danach folgt sofort das `return`-Statement. Zurückgegeben wird eine Funktion, und diese Funktion ist als Closure formuliert – daher die geschwungenen Klammern.

Die Closure besteht aus zwei Anweisungen: Zuerst wird `total` um `incrAmount` vergrößert, also um den an `createIncrementor` übergebenen Parameter bzw. um den Defaultwert 1. Dieses Ergebnis wird dann zurückgegeben.

Die weiteren Zeilen zeigen die Anwendung dieses Funktionsgenerators. Zuerst werden drei derartige Inkrementor-Funktionen erzeugt: `fn1` mit der Schrittweite 1, `fn2` mit der Schrittweite 2 und `fn3` mit der Schrittweite 10.

Alle drei Funktionen werden nun zehnmal aufgerufen. Dabei ist zu sehen, dass jede der Funktionen wie vorgesehen arbeitet. `fn1` liefert also bei den ersten drei Aufrufen die Werte 1, 2 und 3, `fn2` liefert 2, 4 und 6, und `fn3` liefert 10, 20 und 30.

Warum ist das bemerkenswert? Weil das Beispiel beweist, dass sich `fn1` bis `fn3` jeweils den ihnen zugewiesenen `incrAmount`-Wert gemerkt haben und dass jede dieser drei Funktionen über einen eigenen `total`-Zähler verfügt – und das zu einem Zeitpunkt, zu dem es diesen Parameter bzw. diese Variable schon längst nicht mehr geben dürfte!

Eigentlich endet die Gültigkeit von Parametern und lokalen Variablen mit dem Aufruf der Funktion – und der dreimalige Aufruf von `createIncrementor` ist längst vorbei. Aber die Closure hat den Parameter und die lokale Variable eben »eingefangen« und so ihre Lebensdauer so lange ausgedehnt, wie `fn1` bis `fn3` in Verwendung sind.

Gefahr von Memory Leaks (Capture Lists)

Capturing Values ist anfänglich eine faszinierende Eigenschaft von Closures. Diese Fähigkeit kann aber dazu führen, dass eine Closure die Freigabe eines ansonsten nicht mehr benötigten Objekts aus dem Speicher verhindert. Dazu kommt es, wenn durch eine Closure eine Eigenschaft eines Objekts oder das Objekt selbst verändert wird. Die Eigenschaft des Objekts verweist dann auf die Closure, und diese zeigt zurück auf das Objekt.

Dieser geschlossene Kreislauf von Referenzen lässt sich verhindern, indem Sie für alle betroffenen Eigenschaften bzw. für `self` eine sogenannte *Capture List* definieren: Das ist eine der Closure vorangestellte Liste in eckigen Klammern, die Eigenschaften bzw. `self` explizit als `weak` (für Optionals) oder als `unowned` kennzeichnet. Die Syntax der gesamten Closure sieht dann so aus:

```
{ [unowned a, weak b] (Closure-Parameter ...) in
  Closure-Code ...
}
```

Innerhalb der eckigen Klammern können Sie auch Zuweisungen durchführen:

```
{ [unowned self, weak b = ...] (Parameter ...) in Code ... }
```

Weitere Details können Sie auf den folgenden Seiten nachlesen:

https://docs.swift.org/swift-book/LanguageGuide/AutomaticReferenceCounting.html
https://stackoverflow.com/questions/24320347
https://sketchytech.blogspot.com/2014/09/swift-rules-of-weak-and-unowned.html

Closures speichern und weitergeben (@escaping)

Standardmäßig gelten Closures als *non-escaping*. Das bedeutet, dass die Closure weder in einer Variablen gespeichert noch an eine andere Methode weitergegeben werden kann. Dieses Verhalten stellt sicher, dass die Closure nicht länger gespeichert wird, als die betreffende Methode läuft.

Normalerweise werden Sie wegen des Non-escaping-Verhaltens kaum auf Einschränkungen stoßen. Wenn Sie aber doch eine Closure speichern oder an eine andere Methode weitergeben möchten, dann müssen Sie den betreffenden Parameter mit dem Attribut `@escaping` kennzeichnen.

```
// Beispieldatei escaping.playground
// ruft die übergebene Funktion zweimal auf
func callTwice(_ fn: () -> ()) {
  fn()
  fn()
}
// ruft die übergebene Funktion dreimal auf, wobei die Funktion aber in
// einer lokalen Variablen zwischengespeichert und an eine fremde
// Funktion übergeben wird
func callTrice(_ fn:  @escaping () -> ()) {
  // nur mit @escaping erlaubt:
  let f = fn
  callTwice(f)
  f()
}
// callTrice ausprobieren
class MyClass {
  var somedata = 17
  func m() {
    // übergibt an callTrice() eine Closure,
    // die dreimal ausgeführt wird
    callTrice() {
      print(self.somedata)
    }
  }
}
let tst = MyClass()
tst.m()
// Ausgabe: dreimal 17
```

Das Beispielprogramm auf der vorigen Seite verdeutlicht dies. Die globale Funktion `callTwice` erwartet eine Funktion ohne Parameter und ohne Rückgabewert. Diese Funktion wird zweimal aufgerufen – alles gemäß dem Swift-Standardverhalten, also *non-escaping*.

Die Funktion `callTrice` geht aber weiter. Anstatt einfach selbst dreimal die als Closure übergebene Funktion auszuführen, wird die Funktion zuerst in einer lokalen Variablen gespeichert und dann an `callTwice` übergeben. Beide Aktionen sind normalerweise nicht erlaubt. Deswegen habe ich den Parameter mit dem Attribut `@escaping` markiert.

Auf noch ein Detail möchte ich hier hinweisen: Wenn Sie an eine Closure Eigenschaften einer Klasse übergeben, müssen Sie der Eigenschaft `self` voranstellen. Normalerweise ist das nicht notwendig, bei Closures verlangt der Compiler `self` aber.

Kapitel 7
Zahlen und geometrische Strukturen

Vordergründig geht es in diesem Kapitel um ein ganz simples Thema – um den Umgang mit Zahlen. Die zwei wichtigsten grundlegenden Datentypen, die Swift dazu anbietet, heißen `Int` und `Double` und sind aus anderen Programmiersprachen wohlvertraut.

Wie so oft sind es unzählige Varianten und Sonderfälle, die dieses Kapitel interessant, den Umgang mit Zahlen aber mitunter auch mühsam machen. So können Sie zur Speicherung ganzer Zahlen auch Typen wie `UInt32` oder `Int8` verwenden. Bei Fließkommazahlen stehen neben `Double` auch `Float` und `CGFloat` zur Auswahl. Letzterer Typ kommt besonders häufig vor, wenn geometrische Daten ausgedrückt werden sollen – z. B. in den Strukturen `CGPoint`, `CGRect` oder `CGVector`.

Quasi als universalen Übertyp, der gleichermaßen zur Speicherung von ganzen Zahlen und von Fließkommazahlen geeignet ist, gibt es `NSNumber`. Mit Daten dieses Typs arbeiten Sie in Swift eher selten. Mitunter müssen Sie aber darauf zurückgreifen, weil diverse Methoden aus den Standardbibliotheken partout darauf bestehen, dass Sie Ihre Zahlen als `NSNumber`-Typen übergeben.

Dieses Kapitel gibt Ihnen einen Überblick über die in der Praxis am häufigsten erforderlichen Datentypen, Strukturen und Methoden. Weitere Themen sind mathematische Funktionen und Konstanten sowie das Erzeugen von Zufallszahlen.

Gewissermaßen als Sahnehäubchen zeigt das Kapitel, wie Sie mit eigenen Operatoren und Methoden vorhandene Datenstrukturen erweitern können. Damit greife ich zwar inhaltlich auf Kapitel 12, »Objektorientierte Programmierung II«, vor, aber Sie werden sehen, dass der resultierende Code leicht zu verstehen und ungemein praktisch anzuwenden ist. Sie können damit z. B. zwei `CGPoint`-Strukturen mit dem Operator + addieren oder den Abstand zwischen zwei Punkten mühelos ermitteln.

7.1 Zahlen und boolesche Werte

Dieser Abschnitt fasst zusammen, was Sie für den Umgang mit Zahlen und booleschen Werten wissen müssen: die zugrunde liegenden Datentypen, die richtige Darstellung von Zahlen im Code (*Literale*), Umwandlungsfunktionen etc.

Ganze Zahlen

Swift verwendet standardmäßig den Datentyp `Int` zur Speicherung ganzer Zahlen. Hinter den Kulissen handelt es sich dabei auf den im Aussterben begriffenen 32-Bit-Plattformen um einen 32-Bit-Integer mit Vorzeichen, bei 64-Bit-Plattformen dagegen um einen 64-Bit-Integer mit Vorzeichen. Apple empfiehlt, diesen Datentyp nach Möglichkeit zur Speicherung ganzer Zahlen zu verwenden.

Wenn Sie explizit einen anderen Integer-Zahlentyp wünschen, haben Sie die Wahl zwischen `Int8`, `-16`, `-32` und `-64` sowie den vorzeichenlosen Varianten `UInt8`, `-16`, `-32` und `-64`. Den zulässigen Zahlenbereich können Sie bei Bedarf mit den Eigenschaften `min` und `max` ermitteln.

```
let imin = Int.min            // -9.223.372.036.854.775.808 (64 Bit)
let imax = Int.max            //  9.223.372.036.854.775.807 (64 Bit)
let i32min = Int32.min        //              -2.147.483.648
let ui16max = UInt16.max      //                      65.535
```

Im Code werden ganze Zahlen normalerweise dezimal geschrieben. Alternativ können Sie `0b`, `0o` oder `0x` voranstellen, um Zahlen in binärer, oktaler oder hexadezimaler Schreibweise zu formulieren:

```
let x = 0b110011              // 51
let y = 0o772                 // 506
let z = 0x12                  // 18
```

Wenn Sie Zahlen binär, oktal oder hexadezimal ausgeben möchten, verwenden Sie am besten den `String`-Konstruktor mit dem `radix`-Parameter:

```
let bin = String(127, radix: 2)    // "1111111"
let oct = String(127, radix: 8)    // "177"
let hex = String(127, radix: 16)   // "7f"
```

Bei vielstelligen Zahlen können Sie mit _ Zifferngruppen bilden:

```
let population = 7_287_726_818
let id = 0x23a4_d350_5499_aaef
```

Fließkommazahlen

Sobald in einer Zahl ein Dezimalpunkt vorkommt, betrachtet Swift die Zahl als Fließkommazahl mit dem Datentyp `Double`. Fließkommazahlen beanspruchen intern 8 Byte Speicherplatz und weisen eine Genauigkeit von ca. 16 Stellen auf. Die größtmögliche positive Zahl beträgt ca. 2×10^{308}. Wenn Sie Fließkommazahlen in einer reduzierten Genauigkeit von rund 8 Stellen speichern möchten, verwenden Sie den Typ `Float`.

```
let x = 1.4            // normale Double-Zahl
let y: Float = 1.3     // Float-Zahl mit reduzierter Genauigkeit
```

Fließkommaliterale müssen einen Dezimalpunkt oder den Buchstaben e bzw. E für die Exponentialschreibweise enthalten:

```
let d1 = 1000.0      // 1000.0
let d2 = 1e3         // 1000.0
let d3 = 1.23e-2     // 1.23 * 10^-2 = 0.0123
let d4 = 1.23E-2     // gleichwertig, 0.0123
```

Interessanterweise kennt Swift auch eine Exponentialschreibweise für hexadezimale Zahlen. Der Exponent folgt dem Buchstaben p oder P und bezieht sich auf die Basis 2:


```
let d5 = 0x100p3     // 256 * 2^3 = 2048.0
let d6 = 0xfp-2      // 15 * 2^-2 = 3,75
```

Swift enthält mit Ausnahme von `abs` keine mathematischen Funktionen. Diese befinden sich vielmehr in der Bibliothek `libSystem`, die wiederum von den Bibliotheken Foundation, Cocoa und UIKit automatisch importiert wird. Damit stehen in jedem Swift-Projekt die üblichen mathematischen Funktionen wie `sin`, `cos`, `tan`, `pow` und `sqrt` zur Verfügung. Beachten Sie, dass auch diese Funktionen ausschließlich für `Double`- und `Float`-Parameter definiert sind!

FloatingPoint-Protokoll

Die Datentypen `Double`, `Float`, `CGFloat` und `Float80` implementieren das gemeinsame Protokoll `BinaryFloatingPoint` und seine Basis `FloatingPoint`. Die beiden Protokolle stellen eine Menge Init-Funktionen, Methoden und Operatoren zur Verfügung, von denen ich hier nur ganz wenige präsentiere:

```
var x = 1.23
x.isFinite         // true, x ist eine endliche Zahl
x.isInfinite       // false, x ist nicht unendlich
x.squareRoot()     // berechnet die Wurzel, ändert x nicht
```

Die Protokolle `FloatingPoint` bzw. `BinaryFloatingPoint` geben Ihnen die Möglichkeit, generische Funktionen zu programmieren, die gleichermaßen für `Double`-, `Float`- und `CGFloat`-Parameter funktionieren. (Was generische Funktionen sind, erfahren Sie in Abschnitt 12.2, »Generics«.)

```
func sum<T: FloatingPoint>(_ a: T, _ b: T) -> T {
  return a + b
}
let a=2.0, b=3.0
let c: Float = 2.0, d: Float = 3.0
sum(a, b)
sum(c, d)
```

Typumwandlungen

Swift ist sehr restriktiv, was Typumwandlungen angeht. Beispielsweise kann ein Int-Wert nicht mit einem Double-Wert multipliziert werden, weil der Operator * nur für Zahlen desselben Typs definiert ist. Sie müssen also explizit einen der beiden Operanden in den Datentyp des anderen Operanden umwandeln oder zu diesem Zweck einen geeigneten Operator definieren.

Zur Umwandlung verwenden Sie den Konstruktor des Datentyps, also z. B. Double, Int, Float, Int64 oder UInt32. Beachten Sie, dass die Int-Konstruktoren nicht runden, sondern den Nachkommaanteil abschneiden. Wenn Sie mathematisch runden möchten, müssen Sie zuerst round ausführen.

```
let x = 3
let y = 2.2
let z1 = x * y              // Fehler, nicht erlaubt
let z2 = x * Int(y)         // 6
let z3 = Double(x) * y      // 6.6
let z4 = Int(2.9)           // 2
let z5 = Int(-2.9)          // -2
let z6 = Int(round(-2.9))   // -3
```

Failable Init-Funktion

Die Init-Funktion init?(exactly:) liefert die gewünschte Zahl, wenn eine Konversion möglich ist, andernfalls nil. Die folgenden Zeilen zeigen die Anwendung dieser Init-Funktion. Im ersten Fall kann nur dann mit ui weitergearbeitet werden, wenn die zugrunde liegende Zahl n kleiner als 256 war. Im zweiten Fall wird f immer nil enthalten. Eine Umwandlung von double in float führt zu einem Genauigkeitsverlust und wird deswegen nie durchgeführt.

```
let n = arc4random_uniform(1000)
if let ui = UInt8(exactly: n) {
  print(ui)
} else {
  print("n ist zu groß und kann nicht in UInt8 umgewandelt werden.")
}

let d = 1.23
if let f = Float(exactly: d) {
  print(f)
} else {
  print("d kann nicht in eine Float-Zahl umgewandelt werden.")
}
```

Zufallszahlen

Zum Erzeugen von Zufallszahlen wurden die elementaren Datentypen in Swift 4.1 um die random-Methode erweitert. Wie das folgende Listing zeigt, ist die Anwendung dieser Methode denkbar einfach:

```
// zufällige ganze Zahl zwischen 1 und 100 (inklusive)
let intRandom = Int.random(in: 1...100)

// zufällige Fließkommazahl zwischen 0 und 1
let doubleRandom = Double.random(in: 0...1)

// zufällige CGFloat-Zahl zwischen 0 und 4
let cgRandom = CGFloat.random(in: 0...4)
```


Der zulässige Zahlenbereich kann auch mit ..< angegeben werden. Im folgenden Beispiel ist die obere Grenze 18 exklusive, die Zufallszahlen liegen daher zwischen 12 und 17:

```
let n = Int.random(in: 12..<18)
```

Geschwindigkeit versus Eleganz

Die random-Methode ist komfortabel anzuwenden, in Benchmarktests aber ca. um den Faktor 8 langsamer als die Low-Level-Funktion arc4random_uniform(n), die ganze Zufallszahlen zwischen 0 und n-1 liefert. Wenn Sie wirklich viele Zufallszahlen benötigen, sollten Sie also arc4random_uniform einsetzen. Ein Beispiel finden Sie in Abschnitt 10.7, »Lottosimulator«.

Boolesche Werte

Zur Speicherung boolescher Werte sieht Swift den Datentyp Bool vor. Boolesche Variablen können nur die Zustände false und true annehmen. toggle invertiert den aktuellen Wert. Auch die vorhin erwähnte random-Methode steht für boolesche Zahlen zur Verfügung:

```
var result: Bool
result = true
result = !result               // result ist jetzt false
result.toggle()                // result ist wieder true
let boolRandom = Bool.random() // zufällig true/false
```

Codable-Unterstützung

Alle elementaren Zahlentypen unterstützen das Protokoll Codable. Damit können Zahlen ohne eigenen Zusatzcode serialisiert bzw. aus entsprechenden binären Dateien wieder eingelesen werden sowie in das JSON-Format umgewandelt werden. Beispiele zum Umgang mit Codable finden Sie in Abschnitt 22.3, »JSON-Encoder und -Decoder«.

7.2 NSNumber

`NSNumber` ist eine in der Foundation-Bibliothek definierte universelle Klasse zur Darstellung von Zahlen. Beim Erzeugen eines `NSNumber`-Objekts übergeben Sie an den `value`-Parameter der Init-Funktion eine Zahl, wobei alle gängigen Typen unterstützt werden (`Int`, `Bool`, `Double`, `Float`, `UInt16` etc.). Über die Eigenschaften `intValue`, `doubleValue`, `boolValue` etc. können Sie die Zahl dann wieder auslesen, wobei bei Bedarf automatisch eine Umwandlung in den entsprechenden Typ erfolgt.

```
let n1 = NSNumber(value: 2.7)
let n2 = NSNumber(value: 17)
let n3 = NSNumber(value: true)
let n4 = NSNumber(value: Double.random(in: 0...1))
n1.doubleValue  // 2.7
n1.intValue     // 2
n1.boolValue    // true
n2.doubleValue  // 17
n3.intValue     // 1 (bei false --> 0)
n4.intValue     // zufällige ganze Zahl
```

Der Operator `as?` versucht, eine `NSNumber`-Zahl in einen elementaren Swift-Datentyp umzuwandeln. Im folgenden Beispiel würde dabei der `Int8`-Zahlenbereich überschritten – deswegen lautet das Ergebnis `nil`.

```
let n = NSNumber(value: 1234)
let i = n as? Int8   // nil
```

`NSNumber` ist eine Klasse (Referenztyp), während elementare Swift-Typen wie `Int` oder `Double` Strukturen sind (`struct`, Werttypen). `NSNumber`-Objekte sind somit wesentlich schwerfälliger als simple `Int`- oder `Double`-Variablen.

`NSNumber`-Objekte sind unveränderlich (*immutable*). Wenn Sie Veränderungen durchführen möchten, müssen Sie neue Objekte erzeugen:

```
var cnt = NSNumber(value: 1)
cnt = NSNumber(value: cnt.intValue + 1)  // Inkrement
```

`NSNumber`-Objekte werden Sie in der Regel nur dann verwenden, wenn Sie Methoden aufrufen möchten, die mit den elementaren Swift-Datentypen nicht zurechtkommen. Das ist z. B. der Fall, wenn Sie »Binding« verwenden möchten – eine macOS-Technik, die Eigenschaften von Steuerelementen direkt mit Variablen verbindet. `NSNumber`-Ergebnisse erhalten Sie auch, wenn Sie einen `NumberFormatter` verwenden, um Zeichenketten als Zahlen zu interpretieren (zu »parsen«, siehe Abschnitt 8.5, »Zeichenketten und Zahlen umwandeln«).

Fremdkörper »NSNumber«

Im Gegensatz zu den elementaren Swift-Datentypen unterstützt die `NSNumber`-Klasse das neue `Codable`-Protokoll nicht. Als Alternative stehen zwar die älteren Protokolle `NSCoding` und `NSSecureCoding` zur Auswahl, die (mit Ausnahme der JSON-Umwandlung) ähnliche Funktionen bieten; aber innerhalb einer Datenstruktur können Sie `Codable` und `NS[Secure]-Coding` nicht kombinieren, sondern müssen sich für die eine oder andere Variante entscheiden. Innerhalb der Swift-Welt bleibt `NSNumber` diesbezüglich der Fremdkörper, der diese Klasse schon seit Version 1 ist.

7.3 CGFloat, CGPoint, CGSize und Co.

Das Kürzel CG stammt von der Core-Graphics-Bibliothek. Die dort definierten Typen (siehe Tabelle 7.1) sind bei der App-Programmierung für iOS und tvOS sowie bei der Programmierung von Spielen mit der SpriteKit-Bibliothek allgegenwärtig.

Typ	Bedeutung
`CGFloat`	Fließkommazahl
`CGPoint`	2D-Koordinatenpunkt
`CGVector`	Richtung (2D-Vektor)
`CGSize`	Länge und Breite eines Rechtecks
`CGRect`	Position, Länge und Breite eines Rechtecks

Tabelle 7.1 Wichtige Core-Graphics-Typen

In macOS-Apps gibt es außerdem `NSSize`, `NSPoint` etc. Diese Typen stimmen mit den entsprechenden `CG`-Typen überein. Hinter den Kulissen sind es simple `typealias`-Definitionen.

CGFloat-Zahlen

`CGFloat`-Zahlen werden auf 64-Bit-Plattformen, also mittlerweile auf nahezu allen Geräten, für die Sie Swift-Programme entwickeln können, intern durch `Double` abgebildet. Nur auf 32-Bit-Plattformen kommen `Float`-Zahlen zum Einsatz. Das ändert aber nichts daran, dass der Compiler Sie bei jeder erdenklichen Berechnung dazu zwingt, explizit Typumwandlungen durchzuführen – beispielsweise wenn Sie eine `CGFloat`-Zahl mit einer `Double`-Zahl multiplizieren möchten.

```
let x = 3.3                     // Double
let y: CGFloat = 4.5            // CGFloat
let z = x * y                   // Fehler!
let z1 = CGFloat(x) * y         // OK, Ergebnistyp CGFloat
let z2 = x * Double(y)          // auch OK, Ergebnis Double
```

Der beste Ausweg aus diesem Casting-Dilemma besteht darin, möglichst alle Variablen als `CGFloat` zu deklarieren:

```
var x: CGFloat = 3              // x-Koordinate
var y: CGFloat = 3              // y-Koordinate
var radius: CGFloat = 0.5       // Radius
```

CGXxx-Strukturen

Zum Erzeugen von `CGPoint`-, `CGSize`- und anderen `CG`-Elementen verwenden Sie Init-Funktionen. Diese sind dankenswerterweise redundant formuliert, Sie können wahlweise ganze Zahlen, `Double`-Zahlen oder `CGFloat`-Werte übergeben:

```
let rect1 = CGRect(x: 1, y: 1, width: 4, height: 3)
let rect2 = CGRect(x: 1.0, y: 1.0, width: 4.0, height: 3.0)
if rect1 == rect2 {
  print("Beide CGRect-Objekte stimmen überein.")
}
```

Die Init-Funktion von `CGRect` akzeptiert auch ein `CGPoint`- und ein `CGSize`-Element als Parameter:

```
let pt = CGPoint(x: 1, y: 1)
let sz = CGSize(width: 4, height: 3)
let rect3 = CGRect(origin: pt, size: sz)
if rect1 == rect3 {
  print("Auch diese beiden CGRect-Objekte sind gleich.")
}
```

Überraschend oft werden in der Praxis mit 0 initialisierte `CGXxx`-Elemente benötigt. Dabei hilft die statische `zero`-Eigenschaft:

```
let pt0 = CGPoint.zero
let vec0 = CGVector.zero
```

Die `CGXxx`-Strukturen sind mit diversen Eigenschaften und Methoden ausgestattet, um elementare Operationen durchzuführen. Das folgende Listing gibt dafür einige Beispiele:

```
let pt1 = CGPoint(x: 1, y: 2)
let pt2 = CGPoint(x: 4, y: 5)
```

```
if pt1.equalTo(pt2) {
  print("Die Punkte pt1 und pt2 stimmen überein.")
}
if rect3.contains(pt1)  {
  print("Punkt pt1 befindet sich im Rechteck rect1.")
}
if rect1.intersects(rect2) {
  print("Die Rechtecke rect1 und rect2 überschneiden sich.")
}
print("Minimale X-Koordinate von rect1: \(rect1.minX)")
print("Mittlere Y-Koordinate von rect1: \(rect1.midY)")
```


Die Methoden der CGXxx-Strukturen reichen allerdings nicht recht weit. Gerade in SpriteKit-Programmen wollen Sie mit CGxxx-Strukturen oft richtig rechnen, also z. B. zu einem Punkt einen Vektor addieren, um die Koordinaten eines neuen Punkts zu ermitteln. Dafür gibt es aber keine Operatoren, Sie müssen selbst die X- und Y-Komponenten ausrechnen und daraus ein neues CGPoint-Element erstellen. Das ist nicht nur unübersichtlich und mit viel Tippaufwand verbunden, sondern auch extrem fehleranfällig. x und y sind schnell verwechselt.

```
let v1 = CGVector(dx: 3, dy: 5)
// pt3 = pt1 + v1
let pt3 = CGPoint(x: pt1.x + v1.dx, y: pt1.y + v1.dy)
```

Eigene Operatoren für CGXxx-Strukturen

Glücklicherweise ist es in Swift vollkommen unkompliziert, für derartige Berechnungen neue Operatoren zu definieren (siehe Abschnitt 3.5, »Eigene Operatoren«). Ich habe mir für meine SpriteKit-Projekte deswegen die Datei CGOperators.swift zusammengestellt, die von mir häufig benötigte Operatoren enthält. Der hier aus Platzgründen etwas gekürzt abgedruckte Code sollte ohne Erläuterungen auf Anhieb klar sein:

```
// Projekt cgfloat-cgpoint, Datei CGOperators.swift
// CGPoints addieren/subtrahieren
public func + (left: CGPoint, right: CGPoint) -> CGPoint {
  return CGPoint(x: left.x + right.x, y: left.y + right.y)
}
public func += (left: inout CGPoint, right: CGPoint) {
  left = left + right
}
public func - (left: CGPoint, right: CGPoint) -> CGPoint {
  return CGPoint(x: left.x - right.x, y: left.y - right.y)
}
public func -= (left: inout CGPoint, right: CGPoint) {
  left = left - right
}
```

```
// CGPoint skalieren (plus analoger Code für Division)
public func * (point: CGPoint, scalar: CGFloat) -> CGPoint {
  return CGPoint(x: point.x * scalar, y: point.y * scalar)
}
public func *= (point: inout CGPoint, scalar: CGFloat) {
  point = point * scalar
}
// CGVectors addieren (plus analoger Code für Subtraktion)
public func + (left: CGVector, right: CGVector) -> CGVector {
  return CGVector(dx: left.dx + right.dx, dy: left.dy + right.dy)
}
public func += (left: inout CGVector, right: CGVector) {
  left = left + right
}
// CGVector skalieren (plus analoger Code für Division)
public func * (vector: CGVector, scalar: CGFloat) -> CGVector {
  return CGVector(dx: vector.dx * scalar, dy: vector.dy * scalar)
}
public func *= (vector: inout CGVector, scalar: CGFloat) {
  vector = vector * scalar
}
// CGPoint + CGVector (plus analoger Code für Subtraktion)
public func + (left: CGPoint, right: CGVector) -> CGPoint {
  return CGPoint(x: left.x + right.dx, y: left.y + right.dy)
}
// CGSize skalieren (plus analoger Code für Division)
public func * (size: CGSize, scalar: CGFloat) -> CGSize {
  return CGSize(width: size.width * scalar,
                height: size.height * scalar)
}
public func *= (size: inout CGSize, scalar: CGFloat) {
  size = size * scalar
}
```

Mit diesen Definitionen sind jetzt beispielsweise die folgenden Berechnungen möglich:

```
let pt4 = pt1 + v1          // Punkt plus Vektor -> Punkt
let v2 = v1 * 0.3           // Vektor mal Skalar -> Vektor
```

CGRect-Struktur erweitern

In einem Vorgriff auf Abschnitt 12.5, »Extensions«, verrate ich Ihnen schon hier, dass Sie in Swift sogar bereits vorhandene Datenstrukturen nachträglich um eigene Methoden erweitern können. Dazu leiten Sie Ihren Code einfach mit `public extension Klassenname` ein und formulieren dann Ihre eigenen Methoden.

Auch wenn die Grundlagen der objektorientierten Programmierung in Swift erst in den weiteren Kapiteln folgen, ist der folgende Code leicht verständlich: Die neuen Methoden minPoint, middlePoint und maxPoint erzeugen aus einer gegebenen CGRect-Struktur neue CGPoint-Elemente, die die Position der Eckpunkte bzw. des Mittelpunkts angeben:

```
// Projekt cgfloat-cgpoint, Datei CGOperators.swift
public extension CGRect {
  // Mittelpunkt
  func middlePoint() -> CGPoint {
    return CGPoint(x: self.midX, y: self.midY)
  }
  // links unten im iOS-Koordinatensystem
  func minPoint() -> CGPoint {
    return CGPoint(x: self.minX, y: self.minY)
  }
  // rechts oben im iOS-Koordinatensystem
  func maxPoint() -> CGPoint {
    return CGPoint(x: self.maxX, y: self.maxY)
  }
}
```

Eine mögliche Anwendung der neuen Methoden sieht so aus:

```
let midPt = rect1.middlePoint()  // Mittelpunkt
```

CGPoint-Struktur erweitern

Auch bei der CGPoint-Struktur gibt es naheliegende Erweiterungsmöglichkeiten. Die folgende Methode distance berechnet den Abstand zwischen zwei Punkten. length ermittelt den Abstand zum Koordinatennullpunkt. setWithin liefert einen neuen Punkt, der möglichst nah zum Ausgangspunkt ist, sich aber innerhalb eines gegebenen Rechtecks befindet.

print gibt die Koordinaten eines Punkts gut lesbar aus. Innerhalb der print-Methode wird auch print verwendet – diesmal, um den Punkt im Debug-Bereich auszugeben. Damit es hier nicht zu einer endlosen Rekursion kommt, muss Swift vorangestellt werden. Es soll also die globale print-Methode der Swift-Standardbibliothek verwendet werden.

```
// Projekt cgfloat-cgpoint, Datei CGOperators.swift
public extension CGPoint {
  // Abstand
  func distance(to other: CGPoint) -> CGFloat {
    return hypot(self.x - other.x, self.y - other.y)
  }
  // Länge (Abstand vom Nullpunkt)
  func length() -> CGFloat {
    return distance(to: CGPoint.zero)
  }
```

```
  // passt die Koordinaten des Punkts so an, dass dieser sich
  // innerhalb des Rechtecks befindet
  func setWithin(rect: CGRect) -> CGPoint {
    return CGPoint(x: min(rect.maxX, max(rect.minX, self.x)),
                   y: min(rect.maxY, max(rect.minY, self.y)))
  }
  // Ausgabe mit zwei Nachkommastellen
  func print(_ txt: String) {
    let s = String(format: "\(txt) x=%.2f y=%.2f", self.x, self.y)
    Swift.print(s)
  }
}
```

Die Anwendung dieser Erweiterungen könnte so aussehen:

```
let pt1 = CGPoint(x: 1, y: 2)
let pt2 = CGPoint(x: 4, y: 5)
let rect1 = CGRect(x: 1, y: 1, width: 4, height: 3)
let distance = pt1.distance(to: pt2)  // Abstand berechnen
let l = pt1.length()                  // Abstand zum Nullpunkt
let pt5 = pt1.setWithin(rect: rect1)  // sicherstellen, dass pt5
                                      // innerhalb von rect1 liegt
pt5.print("Punkt 5: ")          // Ausgabe: Punkt 5: x=1.00 y=2.00
```

Erweiterungsmöglichkeiten

Je nachdem, welche Berechnungen bzw. Vergleiche Sie in Ihren Apps anstellen möchten, sind natürlich noch viele andere Erweiterungen und zusätzliche Operatoren denkbar. Natürlich bin ich nicht der Erste, der auf diese Idee gekommen ist. Auch im Internet finden Sie diverse Bibliotheken, die die Strukturen rund um `CGPoint` deutlich umfassender erweitern:

- *https://www.raywenderlich.com/2271-operator-overloading-in-swift-tutorial*
- *https://github.com/seivan/VectorArithmetic*

Leider wurde der Code auf diesen Seiten mit älteren Swift-Versionen erstellt. Seitdem wurde er nicht mehr gewartet. Betrachten Sie die Seiten also als Ideenlieferanten, aber nicht als fertige Lösungen.

Kapitel 8
Zeichenketten

Der Umgang mit Zeichenketten ist ein allgegenwärtiges Thema bei der App-Entwicklung. Ganz egal, in welcher Programmiersprache Sie bisher gearbeitet haben: In Swift müssen Sie sich beim Umgang mit Zeichenketten auf viele Eigenheiten einstellen. Die Apple-Entwickler haben bei der Konzeption des `String`-Datentyps ganz andere Schwerpunkte gesetzt als sonst üblich: Die höchste Priorität hatte der möglichst korrekte Umgang mit Unicode-Spezialitäten.

Dafür sind vollkommen elementare Funktionen auf der Strecke geblieben – etwa der einfache Zugriff auf Teilzeichenketten. Mir ist keine Programmiersprache bekannt, bei der der Zugriff auf Teilzeichenketten (z. B. drittes bis fünftes Zeichen) derart umständlich ist wie in Swift. Viele Einschränkungen lassen sich durch eigene Erweiterungen der `String`-Klasse umgehen. Dabei müssen Sie aber aufpassen, dass die Performance nicht auf der Strecke bleibt. Außerdem besteht das Risiko, dass eigene Erweiterungen inkompatibel mit der zukünftigen Entwicklung von Swift sind.

In diesem Kapitel präsentiere ich Ihnen Grundlagenwissen und Techniken, damit Sie mit Zeichenketten effizient und sicher umgehen können. Sie lernen hier unter anderem, wie Sie Zeichenketten in ihre Bestandteile zerlegen, mit regulären Mustern durchsuchen und wie Sie Umwandlungen zwischen verschiedenen Datentypen vornehmen, also z. B. Zahlen formatieren oder Zeichenketten als Zahlen interpretieren (*parsen*).

Zum Schluss gehe ich noch kurz auf den Umgang mit binären Daten ein. Dafür sieht Swift den Typ `Data` vor. Dieser Typ hat zwar nichts mit Zeichenketten zu tun; in der Praxis ist aber recht oft eine Umwandlung zwischen Zeichenketten und `Data`-Elementen notwendig.

8.1 Syntax

In Swift gibt es zwei Datentypen zum Umgang mit Zeichenketten:

- Ein `Character` speichert ein einzelnes Unicode-Zeichen. Genau genommen kann es sich dabei um einen *Extended Grapheme Cluster* handeln, also um ein Symbol, das sich aus mehreren Unicode-Skalaren zusammensetzt. Details dazu folgen gleich.
- Ein `String` entsteht aus einer Aneinanderreihung von `Character`-Objekten.

Sowohl Character als auch String sind intern als struct realisiert. Es handelt sich also um Werttypen, nicht um Referenztypen!

Einzelne Zeichen werden ebenso wie Zeichenketten in doppelte Anführungszeichen gestellt, also "abc". Standardmäßig verwendet Swift immer den Typ String, auch dann, wenn es sich nur um ein einzelnes Zeichen handelt.

```
// Beispieldatei strings.playground
let s1 = "abc"           // Datentyp String
let s2 = "a"             // ebenfalls Datentyp String
let c: Character = "a"  // Datentyp Character
```

Der Umgang mit Zeichenketten ist unkompliziert, wie die folgenden Zeilen beweisen:

```
var s3 = s1 + s2 + "xxx"  // "abcaxxx"
s3+="yz"                  // "abcaxxxyz"
s3.isEmpty                // false
```

Zum Erzeugen neuer Zeichenketten können Sie an String() diverse Daten übergeben:

```
let s4 = String()                          // ""
let s5 = String(127, radix:16)             // "7f"
let s6 = String(repeating: "*-", count: 3) // "*-*-*-"
let s7 = String(format:"%.2f", sqrt(2.0))  // "1.41"
```

Mehrzeilige Zeichenketten

Mehrzeilige Zeichenketten werden mit einer Dreierkombination von Apostrophen eingeleitet und ebenso abgeschlossen. Die Endkombination gibt gleichzeitig die Einrücktiefe vor. Leer- oder Tabulatorzeichen bis zu dieser Position werden ignoriert. Die letzte Zeile einer mehrzeiligen Zeichenkette endet nicht mit einem Zeilenumbruch.

```
let longMsg = """
  Zeile 1
    Zeile 2
      Zeile 3
  """
// entspricht longMsg = "Zeile 1\n  Zeile2\n    Zeile 3"
print(longMsg)
// Ausgabe:
// Zeile 1
//   Zeile 2
//     Zeile 3
```

Wenn einzelne Zeilen einer mehrzeiligen Zeichenkette mit \ enden, dann wird an dieser Stelle *kein* Zeilenumbruch eingefügt:

```
let lorem = """
  Lorem ipsum \
  dolor
  sit amet
  """
print(lorem)
// Ausgabe:
// Lorem ipsum dolor
// sit amet
```


Spezialzeichen und String-Interpolation

In Xcode können Sie Unicode-Zeichen wie das Euro-Zeichen direkt in den Code einbauen. Alternativ können Sie auch die Zeichenkombination `\u{hexcode}` verwenden. Daneben gibt es einige weitere Zeichenkombinationen (siehe Tabelle 8.1). Diese Kombinationen sind sowohl in einfachen als auch in mehrzeiligen Zeichenketten zulässig.

Zeichenkombination	Bedeutung
`\0`	Null-Zeichen (Code 0)
`\t`	Tabulator (Code 9)
`\n`	Line Feed (Code 10)
`\r`	Carriage Return (Code 13)
`\"`	doppeltes Anführungszeichen (Code 34)
`\'`	einfaches Anführungszeichen (Code 39)
`\\`	Backslash (Code 94)
`\u{hexcode}`	Unicode-Zeichen mit dem angegebenen Code
`\(ausdruck)`	wertet den Ausdruck aus (String-Interpolation).

Tabelle 8.1 Sonderzeichen in Zeichenketten

Zur effizienten Zusammensetzung von Zeichenketten kennt Swift eine besondere *String-Interpolation*-Syntax. Ausdrücke der Form `\(ausdruck)` werden ausgewertet und in die Zeichenkette eingebaut:

```
let euro = "\u{20ac}"
let txt = "Zeile 1\nZeile 2\nZeile 3"
let i = 1, x = 0.4
let s = "i=\(i), x=\(x)"  // i=1, x=0.4
let msg = "Die Wurzel von \(x) ist \(sqrt(x))"
```

Raw-Zeichenketten

Mitunter soll eine Zeichenkette *as is* angegeben werden: Ein Backslash soll also ein Backslash bleiben und keine Zusatzfunktionen entfalten. Auch Anführungszeichen sollen erhalten bleiben. Diese Möglichkeit bietet Swift seit Version 5 in Form sogenannter *Raw Strings*. Die Syntax ist hässlich, aber sie funktioniert:

```
let sql = #"SELECT * FROM table WHERE column="ab""#
let winfn = #"C:\verzeichnis\name.txt"#
print(sql)    // SELECT * FROM table WHERE column="ab"
print(winfn)  // C:\verzeichnis\name.txt
```

Zeichenketten werden also zusätzlich von einem #-Zeichen umschlossen. Das hat folgende Auswirkung:

- Innerhalb der Zeichenkette sind Anführungszeichen erlaubt. (Erst "# beendet die Zeichenkette.)
- Sequenzen wie `\n` oder `\u{1234}` haben nicht die übliche Wirkung, sondern werden unverändert übernommen.
- String-Interpolation (`\(ausdruck)`) funktioniert nicht mehr.

Die neue Syntax ist auch für mehrzeilige Zeichenketten erlaubt:

```
let sql = #"""
    SELECT *
    FROM table
    WHERE column="abc"
    """#
```

Wenn in einem Raw-String doch String-Interpolation verwendet werden soll, lautet die Syntax hierfür `\#(ausdruck)`, also:

```
let id = 17
let sql = #"SELECT * FROM t WHERE col="abc" AND id=\#(id)"#
print(sql)
// Ausgabe: SELECT * FROM t WHERE col="abc" AND id=17
```

Für den Fall, dass in einer Zeichenkette die Zeichenkombination "# vorkommt, kann die Anzahl der #-Zeichen vor und nach dem Apostroph vergrößert werden. Auch diese Variante kann mit String-Interpolation verbunden werden, dann eben in der Form `\##(ausdruck)`.

```
let special = ##"abc"#efg"##
print(special)   // Ausgabe: abc"#efg
```

Noch mehr Spitzfindigkeiten sind hier dokumentiert:

https://github.com/apple/swift-evolution/blob/master/proposals/0200-raw-string-escaping.md

Schleifen

Eine Schleife über alle Zeichen einer Zeichenkette bilden Sie wie folgt:

```
// s hat den Typ String, c hat den Typ Character
let s = "Eine Zeichenkette"
for c in s {
  print(c)
}
```

Zeichen zufällig auswählen

Neu in Swift 5 ist die Möglichkeit, aus einer Zeichenkette ein zufälliges Zeichen mit `randomElement` auszulesen. Merkwürdigerweise lautet der Datentyp für ein derartiges Zeichen nicht `Character`, sondern `String.Element?`. Der Typ ist ein Optional, damit bei leeren Zeichenketten das Ergebnis `nil` zulässig ist.

```
let s = "abcde"
let someChar = s.randomElement()        // Datentyp String.Element?
```

Die folgenden Zeilen zeigen, wie Sie mit ganz wenig Code ein zufälliges Passwort aus acht Kleinbuchstaben erzeugen können:

```
let abc = "abcdefghijklmnopqrstuvwxyz"
let pw = String((1...8).map {_ in abc.randomElement()! })
```

Der Code ist kurz, aber nicht ganz leicht zu verstehen. `(1...8).map` wendet die `map`-Methode achtmal an. `map` wertet eine Closure aus, die den Parameter ignoriert (_). Die Closure liefert jeweils ein zufälliges Zeichen zurück. `map` produziert daraus eine Liste. Die Init-Funktion `String` verbindet die acht `String.Elements` zu einer Zeichenkette.

String versus NSString

Der Swift-Datentyp `String` hat intern nur wenig mit der Objective-C-Programmierern bekannten `NSString`-Klasse zu tun. Wenn Sie einen `String` als `NSString`-Parameter übergeben möchten oder umgekehrt einen `NSString` als `String` interpretieren wollen, müssen Sie explizit `as NSString` bzw. `as String` in Ihren Code einbauen:

```
func printString(_ s: String) {        // String-Parameter
  print(s)
}
func printNSString(_ s: NSString) {  // NSString-Parameter
  print(s)
}

let s = "abc"
let ns = NSString(format: "%04d", 12)  // NSString-Instanz
```

```
printString(ns)               // Fehler, Typen stimmen nicht
printNSString(s)              // ebenfalls Fehler
printString(ns as String)     // so klappt es
printNSString(s as NSString)
```

Mitunter stellt die NSString-Klasse Methoden zur Verfügung, die dem String-Datentyp in Swift fehlen. Auch dann ist eine Umwandlung notwendig, wobei Sie dazu anstelle von as [NS]String auch die Init-Funktionen von String und NSString verwenden können. Die doppelte Konvertierung macht den Code in jedem Fall unübersichtlich:

```
let path = "/Users/kofler"
let newpath1 =
  (path as NSString).appendingPathComponent("Documents") as String
let newpath2 =
  String(NSString(string: msg).appendingPathComponent("Documents"))
// Ergebnis in beiden Fällen: "/Users/kofler/Documents"
```

Verzeichnispfade bearbeiten

Zur Manipulation von Verzeichnispfaden sollten Sie nicht Zeichenketten und die hier präsentierte Methode appendingPathComponent verwenden, sondern auf die URL-Struktur zurückgreifen. Entsprechende Beispiele finden Sie in Abschnitt 21.4, »Standardverzeichnisse«.

String-Eigenschaften

Bevor Sie die Details im Umgang mit Zeichenketten lernen, sollten Sie drei wesentliche Eigenschaften von Swift-Zeichenketten verinnerlichen:

- Zeichenketten sind veränderlich (*mutable*). Wenn Sie also beispielsweise einer Zeichenkette ein Zeichen hinzufügen, wird dabei kein neuer String erzeugt. Wenn Sie unveränderliche Zeichenketten wünschen, speichern Sie die Zeichenkette einfach in einer Konstanten (let msg = "abc").
- Zeichenketten sind Werttypen (*Value Types*). Beim Aufruf einer Funktion oder Methode wird daher – falls notwendig – eine Kopie der Zeichenkette erstellt. Diese wird übergeben. Insofern brauchen Sie in einer Methode keine Angst haben, dass Ihre Zeichenkette in nebenläufigen Algorithmen verändert wird.

  Intern verwendet Swift ein Copy-on-Write-Verfahren. Zu einer tatsächlichen Kopie der Daten kommt es erst, wenn eine Zeichenkette wirklich verändert wird.
- Swift betrachtet eine Zeichenkette als Aneinanderreihung von Character-Objekten. Jedes Character-Objekt entspricht *einem* Unicode-Zeichen. Gemäß der Unicode-Spezifikation kann ein Zeichen aber aus mehreren Unicode-Skalaren zusammengesetzt sein!

Beispielsweise kann das Zeichen »ä« (Umlaut-A) sowohl durch den Unicode-Skalar mit dem hexadezimalen Code 0xe4 dargestellt werden als auch durch die Kombination aus dem Buchstaben »a« (Code 0x61) und dem Zeichen »Combining Diaeresis« (Code 0x308). In diesem Fall spricht man von einem *Extended Grapheme Cluster* – das Umlaut-A ist also aus mehreren Einzelzeichen zusammengesetzt worden. Derartige Zeichenkombinationen kommen bei asiatischen Sprachen häufig vor.

Eine Besonderheit von Swift besteht nun darin, dass es Zeichen(ketten) unabhängig vom internen Aufbau dann als gleichwertig betrachtet, wenn ihre Unicode-Bedeutung gleichwertig ist. Das folgende Beispiel illustriert dies:


```
let single = "ä"             // ä als Einzelzeichen
let cluster = "a\u{308}"     // ä als Zeichenkombination a + "
cluster == single            // true!
```

Die dazu erforderlichen Algorithmen machen Zeichenkettenvergleiche aufwendig.

8.2 Bearbeitung von Zeichenketten

Swift stellt eine riesige Palette von Funktionen zur Verarbeitung von Zeichenketten zur Verfügung. In diesem Kapitel muss ich mich auf die am häufigsten benötigten Funktionen konzentrieren, von denen einige in Tabelle 8.2 aufgelistet sind.

Methode/Eigenschaft	**Funktion**
`s.count`	Ermittelt die Anzahl der Zeichen.
`s.isEmpty`	Verrät, ob die Zeichenkette leer ist (`true`/`false`).
`s.startIndex`	Index-Element für das erste Zeichen von `s`
`s.endIndex`	Index-Element für das letzte Zeichen von `s`
`s.hasPrefix(s2)`	Testet, ob `s` mit `s2` beginnt.
`s.hasSuffix(s2)`	Testet, ob `s` mit `s2` endet.
`s.lowercased()`	Liefert `s` mit lauter Kleinbuchstaben.
`s.uppercased()`	Liefert `s` mit lauter Großbuchstaben.
`s.range(of: f)`	Liefert die Position von `f` innerhalb von `s`.
`ar.joined(separator: s)`	Verbindet die Array-Elemente, mit `s` als Trennzeichen.

Tabelle 8.2 Elementare String-Methoden

Länge von Zeichenketten ermitteln

Die vielleicht elementarste Fragestellung bei der Verarbeitung einer Zeichenkette lautet: Wie viele Zeichen umfasst eine Zeichenkette? Aufgrund von Swifts Umgang mit Extended Grapheme Clusters gibt es für diese simple Fragestellung aber mehrere Antworten. Welche davon zweckmäßig ist, hängt vom Kontext der Fragestellung ab. Am ehesten entspricht `count` der aus anderen Programmiersprachen vertrauten Ermittlung der Zeichenanzahl.

```
let s = "abcäöüß€" + "a\u{308}"       // "abcäöüß€ä"
s.count                                // 9 Zeichen
let start = s.startIndex
let end = s.endIndex
s.distance(from: start, to: end)       // 9 Zeichen
s.unicodeScalars.count                 // 10 Unicode-Skalare
s.utf16.count                          // 10 UTF16-Zeichen
s.utf8.count                           // 17 Byte in UTF8-Codierung
```

Vergleichen und sortieren

Zeichenketten können direkt mit `==` verglichen werden. Dabei unterscheidet Swift zwischen Klein- und Großschreibung:

```
"abc" == "abc"              // true
"Abc" == "abc"              // false
"Abc" != "abc"              // true
```

Wenn Sie nicht die gesamte Zeichenkette vergleichen möchten, sondern nur ihren Anfang oder ihr Ende, stellt Swift die Methoden `hasPrefix` und `hasSuffix` zur Verfügung:

```
let lorem = "Lorem ipsum dolor sit amet"
lorem.hasPrefix("Lorem")       // true
lorem.hasPrefix("l")           // false

lorem.hasSuffix("et")          // true
lorem.hasSuffix("t amet")      // true
```

Bei Vergleichen mit `<`, `<=`, `>` und `>=` berücksichtigt Swift unabhängig von den Spracheinstellungen die *Unicode-Normalform D*:

https://unicode.org/reports/tr15/#Norm_Forms

Das führt dazu, dass Großbuchstaben immer vor Kleinbuchstaben angeordnet werden. Deutsche Umlaute werden beim Sortieren zwischen die benachbarten Buchstaben eingereiht, also *a – ä – b*. Das scharfe ß wird hingegen nach allen gewöhnlichen Buchstaben aufgelistet! Die Schreibweise `sort(by: <)` ist eine spezielle Closure-Syntax, bei der der Vergleichsoperator als Funktion an `sort` übergeben wird.

```
"A" < "a"                   // true
"Z" < "a"                   // true
"a" < "b"                   // true
"a" < "ä"                   // true
"ä" < "b"                   // true
"z" < "ß"                   // true

// Array mit Zeichenketten sortieren
var ar = ["A", "B", "C", "ä", "ö", "ü", "s", "t", "ß", "a", "z"]
ar.sort(by: <)
print(ar)
// Ausgabe: [A, B, C, a, ä, ö, s, t, ü, z, ß]
```


Wenn Sie beim Sortieren die aktuellen Spracheinstellungen berücksichtigen, aber nicht zwischen der Groß- und Kleinschreibung differenzieren möchten, übergeben Sie an sort einen Vergleichsausdruck mit der Funktion compare. Der Vergleichsausdruck ist abermals eine Closure, also eine ad hoc definierte Funktion ohne Namen, die die beiden Parameter $0 und $1 verarbeitet. Mit range können Sie den Vergleich auf einen bestimmten Bereich von Zeichen einschränken, mit locale explizit eine von den Spracheinstellungen abweichende andere Sortierordnung wählen. Der gesamte Ausdruck ist leider nicht gerade leicht zu lesen:

```
ar.sort() { $0.compare($1,
                       options: .caseInsensitive,
                       range: nil,
                       locale: nil) == .orderedAscending }
print(ar)
// Ausgabe: [A, a, ä, B, C, ö, s, ß, t, ü, z]
```

Um explizit eine bestimmte Sortierordnung auszuwählen, übergeben Sie an die compare-Methode ein entsprechendes NSLocale-Objekt. Das folgende Beispiel zeigt die schwedische Sortierordnung, in der Ä und Ö hinter dem Z eingeordnet werden:

```
let sv = Locale(identifier: "sv_SV")
ar.sort() { $0.compare($1,
                       options: .caseInsensitive,
                       range: nil,
                       locale: sv) == .orderedAscending }
print(ar)
// Ausgabe: [a, A, B, C, s, ß, t, ü, z, ä, ö]
```

Zeichenketten manipulieren

Die Methoden uppercased und lowercased liefern jeweils eine neue Zeichenkette mit lauter Groß- bzw. Kleinbuchstaben. Beachten Sie, dass uppercased ß zu SS macht und somit die Anzahl der Zeichen verändert! Den neuen Großbuchstaben zu ß, der seit Mitte 2017 Bestandteil der amtlichen deutschen Rechtschreibung ist, kennt Swift also noch nicht (siehe *https://de.wikipedia.org/wiki/Großes_ß*). Die Eigenschaft capitalized lässt jedes Wort mit einem Großbuchstaben beginnen.

```
let s = "abcäöüß€" + "a\u{308}"
s.uppercased()              // ABCÄÖÜSS€Ä
s.lowercased()              // abcäöüß€ä
s.capitalized               // Abcäöüß€Ä
"abc efg".capitalized       // Abc Efg
```

Um Leer- und Tabulatorzeichen (*Whitespace*) vom Beginn und Ende einer Zeichenkette zu entfernen, verwenden Sie die Methode trimmingCharacters, wobei Sie als Parameter eine Aufzählung der zu eliminierenden Zeichen übergeben:

```
let s = " abc efg  "
s.trimmingCharacters(in: .whitespaces)  // "abc efg"
```

Um eine Zeichenkette umzudrehen, verwenden Sie die Methode reversed. Diese Methode liefert ein Array von Zeichen zurück. String bildet daraus wieder eine zusammenhängende Zeichenkette:

```
let s = "abcde"
let r = String(s.reversed())
```

Ähnlich können Sie vorgehen, wenn Sie aus einer Zeichenkette bestimmte Zeichen herausfiltern möchten. filter wendet auf jedes Zeichen eine Testfunktion an und bildet aus allen zutreffenden Elementen ein Array. String macht daraus wieder eine Zeichenkette. Im folgenden Beispiel werden aus einer Zeichenkette alle Zahlen extrahiert. Die Closure verwendet den Vergleichsoperator ~=, um herauszufinden, ob sich das Zeichen im Bereich zwischen "0" und "9" befindet. Nur wenn dieser Ausdruck true ergibt, wird das Zeichen berücksichtigt.

```
let isbn = "978-3-8362-5859-3"
let cleanIsbn = String(isbn.filter() {"0"..."9" ~= $0} )
//  cleanIsbn = "9783836258593"
```

Palindromtest

Deutlich schwieriger ist es, aus einer Zeichenkette alle Buchstaben herauszufiltern – zumindest dann, wenn dies auch für Nicht-ASCII-Zeichen wie äöüß funktionieren soll. Die folgende Funktion testet, ob eine Zeichenkette ein Palindrom ist, ob sie also von vorne und von hinten gelesen denselben Text ergibt.

Dabei werden alle Leer- und Satzzeichen ignoriert. palindromTest greift dazu auf die Methode rangeOfCharacter zurück, die den Ort (Range) des ersten Zeichens einer Zeichenkette findet, das im angegebenen Zeichen-Set enthalten ist. Als Zeichen-Set kommt die vordefinierte letters-Sammlung der CharacterSet-Struktur zum Einsatz. Wird das Zeichen in der Closure nicht gefunden, lautet der Rückgabewert nil – dann handelt es sich bei dem Zeichen offensichtlich nicht um einen Buchstaben.

```
// Datei palindrom.playground
func palindromTest(_ s:String) -> Bool {
  let lower = s.lowercased()
  let onlyLetters = lower.filter() { // Closure
    String($0).rangeOfCharacter(from: .letters) != nil
  }
  return String(onlyLetters) == String(onlyLetters.reversed())
}
palindromTest("abc")                                // false
palindromTest("Otto")                               // true
palindromTest("Die Liebe fleht: Helfe bei Leid!")   // true
```


8.3 Suchen und ersetzen

Mit den bereits erwähnten Methoden hasPrefix und hasSuffix können Sie feststellen, ob eine Zeichenkette mit einem Substring beginnt oder endet. Den Test, ob needle in haystack irgendwo (nicht nur am Anfang oder am Ende) enthalten ist, führen Sie so aus:

```
// Beispieldatei find-and-replace.playground
let haystack = "abc efg hij"
let needle = "fg"
if haystack.range(of: needle) != nil {
  print("gefunden")
}
```

range liefert ein Range-Objekt mit der Position des Substrings oder nil zurück. Genau genommen ist der Rückgabetyp von range ein Optional (siehe Abschnitt 4.2, »Optionals«); wenn der Suchausdruck nicht zu finden ist, lautet das Ergebnis nil. Beachten Sie auch, dass das Range-Objekt nicht einfach Integer-Zahlen enthält, sondern String.Index-Elemente. Der Rückgabedatentyp lautet somit Range<String.Index>?.

```
let msg = "Lorem ipsum dolor sit amet"
let rng = msg.range(of: "ipsum")  // Range-Objekt
rng?.lowerBound                   // String.Index
rng?.upperBound                   // String.Index
msg.range(of: "xxx")              // nil
```

Bei den lower- und upperBound-Eigenschaften handelt es sich um String.Index-Elemente. Das sind Zeiger auf eine Position innerhalb einer Zeichenkette.

Die folgenden Zeilen zeigen, wie Sie eine Schleife über alle Vorkommen eines Substrings bilden und die gefundenen Einträge durch eine neue Zeichenkette ersetzen:

```
// Suchen und Ersetzen selbst gemacht
var txt = "abc efg abc xxx abc"
let find = "abc"
let replace = "***"
var start = txt.startIndex

while let rng = txt.range(of: find, range: start..<txt.endIndex) {
  txt.replaceSubrange(rng, with: replace)
  start = rng.lowerBound
}
print(txt)
```

Im obigen Code sucht `range` beim ersten Aufruf nach dem ersten Vorkommen von `find`. Wenn die Suche erfolgreich war, wird die gefundene Zeichenkette ersetzt. Anschließend wird die Suche mit einem neuen Startpunkt wiederholt. Der Suchen-und-Ersetzen-Algorithmus funktioniert auch, wenn die `replace`-Zeichenkette eine andere Länge als die `find`-Zeichenkette hat. Das Suchmuster darf in `replace` aber nicht selbst wieder vorkommen.

Anstatt den Algorithmus zum Suchen und Ersetzen selbst zu programmieren, ist es natürlich viel einfacher, die fertige Methode `replacingOccurrences` zu verwenden:

```
// Suchen und Ersetzen mit replacingOccurrences
txt = txt.replacingOccurrences(of: find, with: replace)
print(txt)
```

Reguläre Ausdrücke

Reguläre Ausdrücke sind aus speziellen Formatcodes zusammengesetzte Zeichenketten für Mustervergleiche. Swift enthält zwar selbst keine Funktionen für reguläre Ausdrücke, kann aber natürlich auf die vielseitigen Methoden der `NSRegularExpression`-Klasse aus der Foundation-Bibliothek zurückgreifen:

https://developer.apple.com/library/mac/documentation/Foundation/Reference/NSRegularExpression_Class

Das folgende Beispiel testet, ob `email` eine auf den ersten Blick syntaktisch gültige E-Mail-Adresse ohne Kommentare enthält – zumindest soweit sich dies mit einem einfachen regulären Ausdruck testen lässt. (Es gibt dabei ziemlich viele Sonderfälle, siehe beispielsweise auf *https://stackoverflow.com/questions/201323*.)

Der resultierende Code ist leider unübersichtlich und lässt die Eleganz von Swift vermissen. Wenn der Code nicht in einem Playground formuliert wird, muss anstelle von `try` die Variante `try!` verwendet oder eine richtige Fehlerabsicherung mit `try-catch` durchgeführt werden.

```
// Datei regex.playground
let email = "kontakt@kofler.info"
let ptn = "^[a-zA-Z0-9_.+-]+@[a-zA-Z0-9-]+\\.[a-zA-Z0-9-.]+$"
```

```
let regex = try NSRegularExpression(pattern: ptn, options: [])
let matches =
  regex.numberOfMatches(in: email,
                        options: [],
                        range: NSMakeRange(0, email.utf16.count))
if matches == 1 {
  print("Die E-Mail-Adresse sieht korrekt aus.")
}
```

Fortgeschrittene Swift-Programmierer, die häufig reguläre Ausdrücke benötigen, können mit wenigen Zeilen eine komfortabel zu nutzende RegEx-Struktur definieren. Das folgende Beispiel enthält einige Swift-Sprachmerkmale, die ich Ihnen erst in den weiteren Kapiteln genauer vorstellen werde: die Definition von Strukturen, die Verwendung einer Failable-Init-Funktion sowie die Fehlerabsicherung mit try-catch.


```
struct RegEx {
  let rx: NSRegularExpression!

  init?(pattern: String,  // RegEx-Struktur initialisieren
        options: NSRegularExpression.Options = [])
  {
    do {
      rx = try NSRegularExpression(pattern: pattern, options: options)
    } catch {
      print("Fehlerhafter regulärer Ausdruck")
      return nil
    }
  }
  // match-Methode zur Anwendung des regulären Ausdrucks
  func match(string: String,
             options: NSRegularExpression.MatchingOptions = [])
    -> Bool
  {
    return rx.numberOfMatches(
      in: string,
      options: options,
      range: NSMakeRange(0, string.utf16.count)) != 0
  }
}
// Anwendung der RegEx-Struktur: regulärer Ausdruck für
// Zeichenketten, die mit "A" beginnen
if let r = RegEx(pattern: "^A.*") {
  r.match(string: "Abc")      // true
  r.match(string: "abc")      // false
  r.match(string: "efgAbc")   // false
}
```

Operatoren für reguläre Ausdrücke

Als Swift vorgestellt wurde, waren manche enttäuscht, dass Swift keine Operatoren zum Umgang mit regulären Ausdrücken vorsieht. Glücklicherweise können Sie derartige Operatoren unkompliziert selbst definieren, wie dies beispielsweise auf den folgenden Seiten dokumentiert ist:

https://github.com/kasei/SwiftRegex
https://github.com/crossroadlabs/Regex

8.4 Zeichenketten zerlegen und zusammensetzen

Zur Speicherung oder Weiterverarbeitung von Zeichenketten ist es oft erforderlich, diese in eine bestimmte Form umzuwandeln. Swift hilft dabei mit den drei Eigenschaften `utf8`, `utf16` und `unicodeScalars`.

- Bereits mehrfach erwähnt habe ich, dass Sie Zeichenketten in Schleifen einfach durchlaufen können. `c` enthält dann immer ein `Character`-Element:

  ```
  let s = "abcäöüß€" + "a\u{308}"
  for c in s {
    print(c)
  }
  // Ausgabe: a b c ä ö ü ß € ä
  ```

  Sollten Sie ein `Character`-Array einer Zeichenkette benötigen, können Sie es unkompliziert erzeugen:

  ```
  let ar = Array(s)
  ```

  Hintergrundinformationen zum Umgang mit Arrays folgen in Abschnitt 10.1, »Arrays«.

- `s.unicodeScalars` liefert eine Aneinanderreihung von Unicode-Skalaren. Jedes Element dieser Aufzählung ist ein `UnicodeScalar`-Objekt. Seine `value`-Eigenschaft enthält eine 21-Bit-Integer-Zahl mit dem Skalarcode des Zeichens. (Zur Erinnerung: Ein Unicode-Zeichen kann aus mehreren Skalaren zusammengesetzt sein.)

  ```
  // Beispieldatei substrings.playground
  let s = "abcäöüß€" + "a\u{308}"
  for us in s.unicodeScalars {
    print("\(us) " + String(us.value, radix:16))
  }
  // Ausgabe
  // a 61
  // b 62
  // c 63
  ```

```
// ä e4
// ö f6
// ü fc
// ß df
// € 20ac
// a 61
// " 308
```

- s.utf8 liefert eine Folge von UInt8-Werten mit der UTF8-Codierung der Zeichenkette:

```
let s = "abcäöüß€" + "a\u{308}"
for i in s.utf8 {
  print(String(i, radix: 16))
}
// Ausgabe: 61 62 63 c3 a4 c3 b6 c3 bc c3 9f e2 82 ac 61 cc 88
```

- s.utf16 liefert eine Folge von UInt16-Werten mit der UTF16-Codierung der Zeichenkette:

```
let s = "abcäöü" + "a\u{308}"
for i in s.utf16 {
  print(String(i, radix: 16))
}
// Ausgabe: 61 62 63 e4 f6 fc df 20ac 61 308
```

Wenn Sie den Code eines Zeichens kennen und daraus ein Character-Element erzeugen möchten, übergeben Sie den Code an UnicodeScalar. Diesen Skalar wandeln Sie dann in ein Zeichen um:

```
Character(UnicodeScalar(97))  // "a"
```

Mehrere derartige Zeichen setzen Sie am besten mit append zu einer Zeichenkette zusammen:

```
var s = ""  // s ist ein String
s.append(Character(UnicodeScalar(97)))
s.append(Character(UnicodeScalar(98)))
s           // s enthält jetzt "ab"
```

components, split und joined

Mitunter wollen Sie Zeichenketten in Wörter oder andere logisch zusammengehörende Teilzeichenketten zerlegen. Am einfachsten gelingt dies mit der Methode components. An diese Methode übergeben Sie die Zeichenkette, die das Trennzeichen enthält. Das resultierende Array können Sie anschließend mit joined wieder zusammensetzen.

```
let txt1 = "Swift ist eine Programmiersprache."
let words1 = txt1.components(separatedBy: " ")  // Datentyp [String]
// words1 = ["Swift", "ist" ...]
let txt2 = words1.joined(separator: " ")
txt1 == txt2                       // true
```

Alternativ können Sie auf die Sequenz der einzelnen Zeichen die Methode `split` anwenden. An `split` übergeben Sie eine Funktion (Closure), die eine Bedingung für die Wort-Trennungen enthält. Die resultierenden Gruppen von Zeichen müssen dann mit `map` wieder zu Zeichenketten zusammengesetzt werden:

```
let words2 = txt1.split() {$0 == " "}.map() { String($0) }
```

Closures und map

Der `split`-Aufruf ist syntaktisch nicht ganz leicht zu verstehen. Mit `{$0 == " "}` wird an diese Funktion eine Closure übergeben, also eine Funktion, die ad hoc definiert wird. Sie enthält die Bedingung, an welchen Stellen Gruppen gebildet werden sollen. Dabei ist `$0` der einzige Funktionsparameter.

`split` liefert als Ergebnis ein Array von `Substring`-Elementen. (Details zu diesem Datentyp folgen gleich.) Jedes derartige Element beschreibt also eine Teilzeichenkette. Die `map`-Methode wendet nun auf jedes Element die `String`-Init-Funktion an und macht daraus wieder reguläre Zeichenketten. Auch `{ String($0)}` ist eine Closure.

Teilzeichenketten extrahieren

In unzähligen Algorithmen müssen Sie Teile aus einer Zeichenkette extrahieren. Besonders elegant funktioniert dies in der Programmiersprache Python, wo beispielsweise `s[n]` das n-te Zeichen ausliest oder `s[n1:n2]` die Zeichen von der Position `n1` bis zur Position `n2`. Swift bietet vergleichbare Möglichkeiten natürlich auch, diese sind aber leider ungleich mühsamer in der Handhabung.

Auf den ersten Blick scheint die Syntax in Swift ähnlich wie in Python auszusehen: `s[n]` liest das n-te Zeichen und gibt ein `Character`-Element zurück, `s[n1...n2]` liest die Zeichen von der Position `n1` bis `n2` und liefert eine entsprechende Zeichenkette. Das Problem besteht aber darin, dass `n`, `n1` und `n2` nicht einfach ganze Zahlen sind. Vielmehr müssen Sie als Parameter `String.Index`-Elemente angeben. Ein `String.Index` gibt die Position eines Zeichens innerhalb einer Zeichenkette an.

Zwei derartige Positionen liefert jede Zeichenkette frei Haus: `startIndex` verweist auf das erste Element, und `endIndex` zeigt auf die Position *hinter* dem letzten Element. Deswegen tritt in der dritten Zeile des folgenden Listings ein Fehler auf. Das letzte Zeichen sprechen Sie korrekt mit `index(before: s.endIndex)` an:

```
let s = "Lorem ipsum dolor sit amet"
s[s.startIndex]                  // erstes Zeichen, "L"
s[s.endIndex]                    // Fehler!
s[s.index(before: s.endIndex)]   // letztes Zeichen, "t"
s[s.startIndex..<s.endIndex]     // ganze Zeichenkette
```

Das erste bzw. letzte Zeichen einer Zeichenkette können Sie auch mit den Eigenschaften first und last ermitteln. Beachten Sie, dass der Rückgabetyp dieser Eigenschaften ein Character-Optional ist. Bei leeren Zeichenketten liefern die Eigenschaften also nil. Um aus Character?-Ergebnissen wieder eine Zeichenkette zusammenzusetzen, müssen Sie die Einzelzeichen explizit in Strings umwandeln:

```
s.first    // erstes Zeichen, "L" (Datentyp Character?)
s.last     // letztes Zeichen, "t"
let fl = String(s.first!) + String(s.last!)
```


Wie aber kommen Sie zum dritten Zeichen oder zum vorletzten? Die naheliegende Angabe von Integer-Zahlen ist nicht zulässig! Auch Additionen oder Subtraktionen in der Art von s[s.startIndex+2] akzeptiert Swift nicht. Eine Möglichkeit besteht darin, sich ausgehend von einem String-Index durch den wiederholten Aufruf der Methoden index(before:) oder index(after:) nach vorne bzw. nach hinten zu hangeln:

```
let s = "Lorem ipsum dolor sit amet"
s[2]                                // Fehler!

// drittes Zeichen ermitteln ("r")
s[s.index(after: s.index(after: s.startIndex))]

// vorletztes Zeichen ermitteln ("e")
s[s.index(before: s.index(before: s.endIndex))]
```

Wesentlich praktischer ist in solchen Fällen eine Variante der index-Methode, bei der Sie im zweiten Parameter einen Offset angeben können. Die folgenden Zeilen zeigen nochmals den Zugriff auf das dritte Zeichen bzw. auf das vorletzte Zeichen einer Zeichenkette:

```
// drittes Zeichen ermitteln ("r")
s[s.index(s.startIndex, offsetBy: 2)]

// vorletztes Zeichen ermitteln ("e")
s[s.index(s.endIndex, offsetBy: -2)]
```

Noch zwei Beispiele zur index-Methode zeigen, dass Sie diese auch relativ zu bereits ermittelten Positionen anwenden können:

```
// 6 Zeichen überspringen
let startpos = s.index(s.startIndex, offsetBy: 6)
// ab dieser Position 5 Zeichen vorwärts
let endpos = s.index(startpos, offsetBy: 5)
s[startpos..<endpos]                  // "ipsum"

let pos2 = s.endIndex                 // Ende der Zeichenkette
let pos1 = s.index(pos2, offsetBy: -4) // 4 Zeichen zurück
s[pos1..<pos2]                        // "amet"
```

Selbstverständlich dürfen Sie beim Zugriff auf Teilzeichenketten auch offene Bereiche verwenden, die in Swift 4 eingeführt wurden. `s[start...]` liefert eine Teilzeichenkette von der Startposition bis zum Ende der Zeichenkette. `s[..<ende]` liefert eine Teilzeichenkette vom Beginn der Zeichenkette bis zur Endposition (exklusive).

```
s[pos1...]                             // ebenfalls "amet"
s[..<pos1]                             // "Lorem ipsum dolor sit "
```

Die Substring-Struktur

Nachdem ich Ihnen im vorigen Abschnitt erklärt habe, wie Sie den Start- und Endpunkt einer Teilzeichenkette `s[start..<ende]` angeben, ist ein anderer Aspekt bisher untergegangen: Beginnend mit Swift 4 liefert `s[start..<ende]` als Ergebnis ein Element des neuen Typs `Substring`.

Ein `Substring` hat viele Gemeinsamkeiten mit der `String`-Struktur: Die meisten in diesem Kapitel vorgestellten Eigenschaften und Methoden können gleichermaßen auf `Strings` und `Substrings` angewendet werden.

Der entscheidende Unterschied besteht darin, dass ein `Substring` die Zeichenkette nicht selbst speichert, sondern auf einen Ausschnitt der zugrunde liegenden `String`-Instanz verweist. Das ist effizient und spart Speicherplatz. `Substrings` sind für Algorithmen gedacht, in denen die Teilzeichenketten nur vorübergehend benötigt werden.

Allerdings kann eine einzige Variable mit einem `Substring` dazu führen, dass ein riesiges `String`-Objekt nicht aus dem Speicher entfernt werden kann. Wenn ein `Substring` dauerhaft benötigt wird, dann sollte er vorher in ein neues `String`-Objekt umgewandelt werden. In manchen Fällen erkennt Xcode das Problem und zeigt eine entsprechende Warnung an – z. B. wenn Sie eine Teilzeichenkette einer Eigenschaft der Oberfläche Ihrer App zuweisen.

Teilzeichenketten komfortabler auslesen

Das umständliche Hantieren mit `Index`-Elementen missfällt vielen Swift-Einsteigern. Im Internet gibt es dutzendweise Vorschläge zur Erweiterung der `String`-Struktur um zusätzliche `subscript`-Funktionen, die ganze Zahlen als Positionsangaben akzeptieren. Die folgenden Zeilen zeigen eine mögliche Implementierung:

```
// Datei string-subscript.playground
extension String {

  // liefert Substring von n1 bis n2
  subscript(start:Int, end:Int) -> Substring {
    var n1 = start, n2=end
    if n1<0            { n1 = 0 }            // auf gültigen
    if n1>self.count { n1 = self.count }     // Wertebereich
    if n2<0            { n2 = 0 }            // achten
```

```
    if n2>self.count { n2 = self.count }

    if n2 < n1   {              // Anfang nach Ende:
      return ""                 // leere Zeichenkette
    } else {                    // OK
      let pos1 = self.index(self.startIndex, offsetBy: n1)
      let pos2 = self.index(self.startIndex, offsetBy: n2)
      return self[pos1..<pos2]
    }
  }
  // liefert das Zeichen an der Position n als String
  // (self[a, b] ruft den obigen subscript-Code auf)
  subscript(n: Int) -> Substring {
    return self[n, n+1]
  }
  // liefert Substring für Integer-Bereich
  subscript(rng: Range<Int>) -> Substring {
    return self[rng.lowerBound, rng.upperBound]
  }
}
```


Swift macht derartige Erweiterungen mit dem `extension`-Schlüsselwort möglich. Der `subscript`-Code definiert Computed Properties, die nur gelesen, aber nicht verändert werden können. Hintergrundinformationen dazu folgen in Abschnitt 11.3, »Eigenschaften«, sowie in Abschnitt 12.5, »Extensions«.

Der wie bei einer Funktion oder Methode formulierte `subscript`-Code wird aufgerufen, wenn Parameter in einem geeigneten Typ in eckigen Klammern übergeben werden. `s[2, 3]` führt also dazu, dass `subscript(start: end:)` ausgeführt wird. Die wiederholte Nennung von `self` ist im obigen Code erforderlich, um in Extensions auf die zugrunde liegenden Daten – hier also eine Zeichenkette – zuzugreifen.

Die Anwendung der soeben definierten `String`-Erweiterungen sieht so aus:

```
let s = "abcde"
s[0]                // "a"    // Datentyp Substring
s[4]                // "e"
s[0..<5]            // "abcde"
s[0, 5]             // "abcde", gleichwertig
s[2..<4]            // "cd"

// Grenzfälle
s[-1]               // ""
s[5]                // ""
s[2..<10]           // "cde"
s[-3..<3]           // "abc"
```

Kompatibilität

Egal, ob selbst gemacht oder aus einer externen Quelle geladen: Bei jeder derartigen Erweiterung besteht das Risiko, dass sie Kompatibilitätsprobleme mit zukünftigen Swift-Versionen verursacht!

8.5 Zeichenketten und Zahlen umwandeln

Häufig ist es notwendig, Zahlen in Zeichenketten umzuwandeln oder eine eingegebene bzw. aus einer Datei gelesene Zeichenkette als Zahl zu interpretieren. Der erste Vorgang wird ganz allgemein als *Formatierung* von Zahlen bezeichnet, der zweite als *Parsen* von Zeichenketten. Bei beiden Varianten ist es zumeist erforderlich, landessprachliche Besonderheiten zu berücksichtigen – also z. B. die richtige Formatierung von Fließkommazahlen mit deutschem Komma oder amerikanischem Dezimalpunkt. Dieser Abschnitt gibt einen Überblick über die vielen verschiedenen Vorgehensweisen, die Ihnen zur Auswahl stehen.

String-Interpolation

Der einfachste Weg, Ausdrücke oder Variablen in Zeichenketten einzubauen, ist die sogenannte *String-Interpolation* mit der Syntax `"\(ausdruck)"`. Dabei haben Sie aber keinen Einfluss auf die Formatierung. Fließkommazahlen werden beispielsweise mit allen Nachkommastellen und mit einem Dezimalpunkt dargestellt:

```
// Beispieldatei format-parse.playground
let x = 2.0
let sq = sqrt(x)
let s1 = "Die Wurzel von \(x) beträgt \(sq)."
// s1 = "Die Wurzel von 2.0 beträgt 1.4142135623731."
```

Zahlen formatieren

Die aus anderen Programmiersprachen vertraute `printf`-Syntax gilt auch für Swift, wenn Sie neue Zeichenketten in der Form `String(format: "code", daten)` erzeugen (siehe Tabelle 8.3).

```
let fmt = "Die Wurzel von %.3f beträgt %.3f."
let s2 = String(format:fmt, x, sq)
// s2 = "Die Wurzel von 2.000 beträgt 1.414."
```

Beachten Sie, dass Sie statt des in anderen Programmiersprachen üblichen Codes `%s` für Zeichenketten besser `%@` verwenden. Das bedeutet, dass Swift das betreffende Objekt in eine Zeichenkette umwandelt und diese einsetzt. Das funktioniert für beliebige Objekte. Die Syntax `%s` ist zwar auch erlaubt, geht aber davon aus, dass es sich um eine nullterminierte

Zeichenkette aus 8-Bit-Zeichen handelt. Diese Voraussetzung ist in Swift praktisch nie gegeben! Noch mehr Formatcodes sind hier dokumentiert:

https://developer.apple.com/library/ios/documentation/Cocoa/Conceptual/Strings/Articles/formatSpecifiers.html

Formatcode	Bedeutung
%@	Beschreibung (Zeichenkette) des Objekts
%d	32-Bit-Integer mit Vorzeichen
%u	32-Bit-Integer ohne Vorzeichen
%x / %X	32-Bit-Integer ohne Vorzeichen in hexadezimaler Schreibweise
%f	Fließkommazahl (Double)
%.3f	Fließkommazahl (Double) mit drei Nachkommastellen
%e	Fließkommazahl in Exponentialschreibweise
%%	das Zeichen %

Tabelle 8.3 Die wichtigsten Codes für »String(format:...)«

Python-Freunde können den dort üblichen %-Operator unkompliziert nachbilden:

```
func % (format:String, args: [CVarArg]) -> String {
  return String(format: format, arguments:args)
}
let fmt = "Die Wurzel von %.3f beträgt %.3f."
let s3 = fmt % [x, sq]
// s3 = "Die Wurzel von 2.000 beträgt 1.414."
```

Damit anstelle des Dezimalpunkts ein Komma angegeben wird, übergeben Sie ein entsprechendes `Locale`-Objekt an `String()`:

```
let de = Locale(identifier: "de_DE")
let s4 = String(format:fmt, locale: de,  x, sq)
// s4 = "Die Wurzel von 2,000 beträgt 1,414."
```

Locale im Playground

Normalerweise liefert `Locale.current` die aktuell gültigen Sprach- und Ländereinstellungen. Eine Ausnahme ist allerdings der Playground, der grundsätzlich amerikanische Einstellungen verwendet. `Locale.current.identifier` lautet dort immer `en_US`.

Zahlen mit dem NumberFormatter formatieren

Deutlich mehr Gestaltungsmöglichkeiten als `String(format:...)` bietet die Klasse `NumberFormatter`, die ich Ihnen hier anhand einiger Beispiele vorstelle. Beim Erzeugen einer Instanz dieser Klasse wird in Programmen automatisch die gerade gültige Landeseinstellung berücksichtigt. Nur wenn Sie explizit eine andere Lokalisierung wünschen, geben Sie diese durch die Einstellung der `locale`-Eigenschaft an. (Beachten Sie aber, dass wie oben erwähnt im Playground immer die amerikanischen Ländereinstellungen gelten!)

Details der gewünschten Formatierung, z. B. die Anzahl der Stellen hinter dem Dezimalpunkt, legen Sie durch Eigenschaften wie `minimumFractionDigits` fest. Anschließend wandeln Sie mit `stringFromNumber` Zahlen in Zeichenketten um.

```
let fmt = NumberFormatter()
fmt.numberStyle = .decimal
fmt.locale = Locale(identifier: "de_DE")
fmt.usesGroupingSeparator = true
fmt.string(from: 1234567)      // 1.234.567
fmt.minimumFractionDigits = 2
fmt.maximumFractionDigits = 2
fmt.string(from: 1234.567)     // 1.234,57
fmt.string(from: 1234)         // 1.234,00
```

Zeichenketten in Zahlen umwandeln (parsen)

Für Umwandlungen von Zeichenketten in ganze Zahlen können Sie die Init-Funktion des `Int`-Datentyps verwenden. Der Rückgabedatentyp ist `Int?`, d. h., das Ergebnis ist entweder eine Zahl oder `nil`, wenn keine Umwandlung möglich war.

```
Int("123")           // 123
Int("123abc")        // nil
Int("12e3")          // nil
Int("123 ")          // nil
Int(" 123")          // nil
```

Wie die obigen Beispiele zeigen, ist `Int` sehr pingelig. Wenn in der Zeichenkette vor oder nach den Ziffern auch nur ein Leerzeichen steht, gilt die Zahl bereits als ungültig!

Zur Weiterverarbeitung von `Int`-Ergebnissen müssen Sie `if-let`-Konstruktionen bilden, den Nil-Coalescing-Operator einsetzen oder durch ein dem Variablennamen nachgestelltes Ausrufezeichen explizit die Umwandlung in den Datentyp `Int` erzwingen. Im folgenden Listing gibt der Kommentar jeweils den resultierenden Datentyp an. Beachten Sie, dass die letzte Zeile einen Fehler auslöst, wenn `m` den Zustand `nil` enthält!

```
let s = "123"
let n = Int(s) ?? 0  // Datentyp Int
```

```
let m = Int(s)          //          Int?
let o = m! + 3          //          Int
```

Analog zu Int gibt es zur Umwandlung von Zeichenketten in Fließkommazahlen die Init-Funktion des Double-Typs:

```
Double("123.5")        //  123,5 (Datentyp Double?)
Double("123,5")        //  nil
Double("abc")          //  nil
```


Zahlen mit dem NumberFormatter parsen

Double erwartet die Fließkommazahlen im amerikanischen Format mit einem Dezimalpunkt. Um auch Fließkommazahlen aus dem deutschen Sprachraum in Double-Werte umzuwandeln, erzeugen Sie zuerst ein NumberFormatter-Objekt. Für dieses gelten nun automatisch die Spracheinstellungen des Systems. Nur wenn Sie davon abweichen möchten, wählen Sie mit locale eine andere Lokalisierung. Auch im Playground ist die explizite Einstellung von locale erforderlich.

Die Methode number liefert entweder die resultierende Zahl oder nil, wenn eine fehlerfreie Erkennung unmöglich war. Der Rückgabedatentyp lautet NSNumber?, ist also ein Optional. Zur Weiterverarbeitung als Double-Zahl müssen Sie die Eigenschaft doubleValue auswerten:

```
let fmt = NumberFormatter()
fmt.numberStyle = .decimal
fmt.locale = Locale(identifier: "de_DE")
fmt.number(from: "1.234.567,89")       // 1234567,89 als NSNumber?
fmt.number(from: "abc")                // nil        als NSNumber?

if let x = fmt.number(from: "3,14159") {
  // x enthält 3,14159, Datentyp NSNumber
  let y = x.doubleValue + 1.2          // 4,34159 als Double
}
```

8.6 Zeichenketten und binäre Daten umwandeln (Data-Struktur)

Zeichenketten sind in Swift ausschließlich zur Speicherung und Verarbeitung von korrekten Unicode-Zeichenketten gedacht. Sie sollten unbedingt davon absehen, in Zeichenketten binäre Daten unterzubringen. Dazu gibt es in Swift die Struktur Data, die der aus Objective-C vertrauten Klasse NSData entspricht.

Data-Elemente dienen als Byte-Puffer. Sie können in Dateien gespeichert sowie aus Dateien oder von einem Webserver gelesen werden (siehe auch Kapitel 21, »Dateien und User-Defaults«, und Kapitel 22, »Netzwerk, XML und JSON«).

Auf eine umfassende Beschreibung der Data-Struktur verzichte ich an dieser Stelle. Eine Referenz über unzählige Methoden zum Erzeugen und Manipulieren von Data-Elementen finden Sie hier:

https://developer.apple.com/documentation/foundation/data

Im Kontext dieses Kapitels möchte ich Ihnen aber zeigen, wie Sie Umwandlungen zwischen Zeichenketten und Data-Elementen durchführen. Die Methode data der String-Struktur versucht, aus einer Zeichenkette unter Angabe einer Codierung einen Byte-Puffer zu füllen. Sollte das nicht gelingen, liefert die Methode nil als Ergebnis.

```
// Beispieldatei data.playground
let s1 = "Lorem ipsum äöü"
if let bin = s1.data(using: .utf8) {
  print("Byteanzahl: \(bin.count)")
}
```

In die umgekehrte Richtung verwenden Sie die Init-Funktion String(data:encoding:), um aus einem Data-Element eine entsprechende Zeichenkette zu erzeugen. Abermals müssen Sie angeben, welche Codierung vorliegt. Auch die Init-Funktion liefert ein Optional als Datentyp. Eine Zeichenkette erhalten Sie nur, wenn die Codierung korrekt ist.

```
if let s2 = String(data: bin, encoding: .utf8) {
  print(s2)
}
```

Kapitel 9
Datum und Uhrzeit

Swift stellt keine eigenen Datentypen zum Umgang mit Datumsangaben und Zeiten zur Verfügung. Swift greift stattdessen auf diverse Klassen der Foundation-Bibliothek zurück, z. B. auf `NSDate`, `NSCalendar` und `NSDateFormatter`. Für diese Klassen gibt es aber eine eigene Swift-Schnittstelle. Ihr ist es zu verdanken, dass die Datentypen in Swift die Namen `Date`, `Calendar` und `DateFormatter` haben und dass `Date` und `Calendar` gar keine Klassen, sondern Strukturen (Werttypen) sind.

9.1 Datum und Uhrzeit ermitteln und darstellen

Das aktuelle Datum samt Uhrzeit als `Date`-Objekt liefert die Init-Funktion der Struktur. Eine direkte Ausgabe mit `print` sieht aber nicht besonders schön aus und berücksichtigt auch nicht die aktuelle Zeitzone. Vielmehr wird die GMT angezeigt:

```
let now = Date()
print(now)  // Ausgabe 2019-02-11 16:10:36 +0000
```

Datum und Zeit formatieren (DateFormatter)

Mit einem `DateFormatter` können Sie die Ausgabe ordentlich formatieren. Die Klasse berücksichtigt automatisch die aktuelle Zeitzone des Rechners bzw. Geräts:

```
let formatter = DateFormatter()
formatter.dateFormat = "d.M.yyyy H:mm"
formatter.string(from: now)  // "11.2.2019 16:10"
```

Wenn Sie in der Formatzeichenkette `MMMM` angeben, wird anstelle der Nummer des Monats dessen Name angezeigt – und das immer in der für den Rechner bzw. das Gerät eingestellten Sprache. Nur wenn Sie explizit eine bestimmte Sprache wünschen, stellen Sie die Eigenschaft `locale` ein:

```
formatter.locale = Locale(identifier: "de_DE")
formatter.dateFormat = "d. MMMM yyyy"
formatter.string(from: now)  // "11. Februar 2019"
```

Zur Formatierung der Zeit gibt es keinen eigenen `TimeFormatter`, vielmehr geben Sie nun in der `DateFormat`-Zeichenkette Formatierungszeichen für die Uhrzeit an:

```
formatter.dateFormat = "hh:mm"
formatter.string(from: now)  // "16:10"
```

Eine Referenz der Zeichen für die Formatzeichenkette finden Sie in der offiziellen Dokumentation:

https://developer.apple.com/library/ios/documentation/Cocoa/Conceptual/DataFormatting/Articles/dfDateFormatting10_4.html

Datum und Zeit parsen (DateFormatter)

Den `DateFormatter` können Sie auch zum Parsen von Zeichenketten und damit zur lesefreundlichen Initialisierung von Daten und Zeiten verwenden:

```
formatter.dateFormat = "yyyy-MM-dd"
let sylvester2019 = formatter.date(from: "2019-12-31")
```

Zeitkomponenten extrahieren

Um aus dem aktuellen Datum und der Uhrzeit die einzelnen Komponenten zu extrahieren, benötigen Sie einen `NSCalendar`. Dieser berücksichtigt ebenfalls die aktuelle Zeitzone. Seine Methode `components` ermittelt die im ersten Parameter als Array aufgezählten Komponenten, die in der Folge als Eigenschaften des `NSDateComponents`-Objekts ausgelesen werden können:

```
let now = Date()
let cal = Calendar.current
// Tag, Monat und Jahr extrahieren
// comps hat den Datentyp DateComponents
let comps = cal.dateComponents([.day, .month, .year], from: now)
let y = comps.year    // 2016, Datentyp Int?
let m = comps.month   //    9, Datentyp Int?
let d = comps.day     //   13, Datentyp Int?
```

Eine Auflistung aller Komponenten finden Sie wiederum in der Dokumentation:

https://developer.apple.com/library/ios/documentation/Cocoa/Reference/Foundation/Classes/NSDateComponents_Class
https://developer.apple.com/library/ios/documentation/Cocoa/Reference/Foundation/Classes/NSCalendar_Class

9.2 Rechnen mit Datum und Uhrzeit

Mit dem Anzeigen und Extrahieren der Daten ist es selten getan – zumeist wollen Sie auch Berechnungen durchführen. Welche Uhrzeit ist in zwei Stunden? Welches Datum in zwei Wochen?

In einfachen Fällen können Sie zu einem `Date`-Element einfach die gewünschte Anzahl von Sekunden addieren:

```
let now = Date()
let inTwoHours = now + 3600 * 2
```

Für größere Zeiträume ist diese Vorgehensweise naturgemäß weniger praktisch. Um beispielsweise das Datum in zwei Monaten zu ermitteln, benötigen Sie ein `DateComponents`-Element, dessen Eigenschaften Sie mit der gewünschten Zeitdifferenz initialisieren. Ausgehend von einem `Calendar`-Objekt können Sie dann mit der Methode `date` einen neuen Zeitpunkt errechnen. Das Ergebnis ist ein Optional, das bei Fehlern `nil` enthalten kann.

```
let now = Date()                              // 11.2.2019
let cal = Calendar.current
var twoMonths = DateComponents()
twoMonths.month = 2
if let inTwoMonths = cal.date(byAdding: twoMonths, to: now) {
  let formatter = DateFormatter()
  formatter.dateFormat = "d.M.yyyy"
  formatter.string(from: inTwoMonths)       // 11.4.2019
}
```

Komfortabler mit Daten und Zeiten rechnen

Auf GitHub finden Sie das Projekt `SwiftDateTimeExtensions`. Damit können Sie in Swift ähnlich wie mit Ruby on Rails Berechnungen durchführen, z. B. in dieser Form: `8.days.fromNow` oder `2.weeks.ago`. Auch wenn die Erweiterung nicht alle Wünsche erfüllt und die Entwicklung seit 2014 stillsteht, kann das Projekt doch als Basis für eigene Ideen dienen.

https://github.com/schluete/SwiftDateTimeExtensions

Zeit messen

Eine weitere häufige Aufgabenstellung besteht darin, Zeit zu messen – z. B. wie lange die Ausführung eines Programmteils benötigt. Dazu müssen Sie mit der Methode `timeIntervalSince` die Differenz zwischen zwei Zeiten berechnen. Die resultierende Zeitspanne in Sekunden hat den Datentyp `TimeInterval`. Das ist aber nur ein `typealias` für `Double` – das Ergebnis ist also eine `Double`-Zahl.

Das folgende Beispielprogramm misst, wie lange das Erzeugen und Summieren von 100.000.000 Zufallszahlen dauert. Auf meinem iMac (2015er-Modell mit i7-CPU) dauert die Ausführung der Debug-Version circa 7,1 Sekunden. Das Release-Kompilat erledigt dieselbe Aufgabe in rund 3,3 Sekunden.

```
// Projekt mini-benchmark, Datei main.swift
print("start")
let start = Date()

var sum=0
for _ in 1...100_000_000 {
  sum +=  Int(arc4random_uniform(100))
}

let end = Date()
let seconds = end.timeIntervalSince(start)
print("fertig nach \(seconds) Sekunden")
```

Aufgepasst bei Benchmarktests!

Mitunter sind Geschwindigkeitstests notwendig, wenn ein Kompromiss zwischen elegantem Code und angemessener Performance gefunden werden muss (siehe dazu auch das Beispiel in Abschnitt 10.7, »Lottosimulator«). Aussagekräftige Messungen können Sie allerdings nur in Release-Kompilaten durchführen. Der Playground ist für Benchmarktests vollkommen ungeeignet, und auch die standardmäßig von Xcode erzeugten Debug-Kompilate sind oft unverhältnismäßig langsam.

Zeiten vergleichen

Gerade in Spielen kommt es oft vor, dass Sie eine Zeitspanne vorgeben und nach deren Verstreichen etwas tun möchten, z. B. in der in SpriteKit-Apps regelmäßig aufgerufenen `update`-Methode. Dazu müssen Sie zwei Zeiten vergleichen. Dankenswerterweise funktioniert das in Swift ganz einfach mit einem Vergleichsoperator:

```
let now = Date()
let inFiveSeconds = Date() + 5
inFiveSeconds > Date()    // liefert aktuell true
                          // ...
inFiveSeconds > Date()    // aber liefert 5 Sekunden später false
```

Kapitel 10
Arrays, Dictionaries, Sets und Tupel

Im Mittelpunkt dieses Kapitels stehen Datenstrukturen zum Verwalten von Aufzählungen mehrerer Elemente.

- **Arrays:** Arrays enthalten mehrere geordnete Elemente, die durch einen Index angesprochen werden, der von `0` bis `n-1` reicht. Die Größe von Arrays kann zur Laufzeit verändert werden. Damit sind Arrays in Swift ähnlich flexibel wie z. B. Listen in Java.
- **Dictionaries:** Dictionaries speichern Schlüssel-Wert-Paare. In anderen Programmiersprachen heißen Dictionaries auch *Maps* oder *assoziative Arrays*.
- **Sets und Option-Sets:** Sets dienen zur ungeordneten Sammlung von Daten ohne Doppelgänger. Option-Sets sind ein Sonderfall von Sets. Sie helfen bei der Auflistung von Optionen, die beliebig miteinander kombiniert werden können.
- **Tupel:** Tupel sind mehrere durch Kommas getrennte Ausdrücke in runden Klammern. Anders als Arrays, Dictionaries oder Sets können Tupel nicht erweitert werden. Tupel sind direkt innerhalb der Sprache Swift implementiert, nicht wie Arrays, Dictionaries oder Sets in der Swift-Standardbibliothek.

Anders als in vielen anderen Programmiersprachen sind alle hier genannten Datentypen in Swift als Werttypen realisiert, nicht als Referenztypen!

Viele der in diesem Kapitel präsentierten Programmiertechniken und insbesondere der Umgang mit Methoden wie `map` oder `forEach` spielen in Swift eine große Rolle: Diese Methoden eignen sich nicht nur zur Verarbeitung von Array-Elementen, sondern ganz allgemein für alle Datentypen, die das `Sequence`-Protokoll implementieren.

Am Ende des Kapitels gehe ich anhand eines einfachen Lottosimulators noch kurz auf das Thema Geschwindigkeit ein. Sie werden sehen, dass zeitkritische Programme mit ein wenig Mühe und durch Verzicht auf komfortable Datenstrukturen manchmal deutlich schneller gemacht werden können.

10.1 Arrays

In den meisten Programmiersprachen bieten Arrays die einfachste und vielfach auch effizienteste Möglichkeit, mehrere Werte desselben Typs zu speichern und weiterzuverarbeiten –

z. B. 20 Integer-Zahlen. Swift kennt ebenfalls Arrays, diese sind aber wesentlich flexibler als z. B. in Java oder C. Insbesondere ist die Größe des Arrays variabel, d. h., Sie können jederzeit Elemente hinzufügen oder löschen.

Geschwindigkeit

Der vielseitige Umgang mit Arrays ist auch mit Nachteilen verbunden: So sind Arrays in Swift bei manchen Operationen langsamer als herkömmliche Arrays, z. B. solche in Objective-C.

Beachten Sie aber, dass Swift mittlerweile *viel* schneller ist als die ersten Swift-Versionen. Im Internet gibt es diverse Seiten, die über die mangelnde Geschwindigkeit von Swift lamentieren. Die meisten dieser Seiten beziehen sich aber auf uralte Swift-Versionen und sind daher nicht mehr relevant!

Arrays sind intern als `struct` realisiert, sind also Werttypen. Daher werden Arrays bei Zuweisungen oder bei der Übergabe an eine Methode kopiert! Aus Geschwindigkeitsgründen erstellt Swift die Kopie allerdings erst dann, wenn dies bei der Veränderung eines der beiden Arrays erforderlich ist. Swift stellt aber auf jeden Fall sicher, dass die Kopien vollkommen unabhängig voneinander sind:

```
var ar1 = [1, 2, 3]
var ar2 = ar1    // ar2 enthält eine Kopie von ar1
ar2[1]=0
ar1              // ar1 ist unverändert [1, 2, 3]
ar2              // ar2 enthält [1, 0, 3]
```

Je nachdem, ob Sie ein Array in einer Variablen oder in einer Konstanten speichern, ist sein Inhalt veränderlich (*mutable*) oder unveränderlich (*immutable*). Bei `ar4` können weder seine Werte verändert werden noch können zusätzliche Elemente hinzugefügt oder vorhandene Werte verändert werden:

```
var ar3 = [1, 2, 3]  // Array kann später verändert werden
let ar4 = [2, 4, 6]  // unveränderliches Array (immutable)
```

Wenn Sie ein Array als Referenz an eine Funktion oder Methode übergeben möchten, müssen Sie den Parameter mit dem Schlüsselwort `inout` kennzeichnen und der Array-Variablen ein &-Zeichen voranstellen:

```
func changeArray(_ x: inout [Int]) {
  x[0] = -1
}
changeArray(&ar1)
ar1  // enthält jetzt [-1, 2, 3]
```

Zur Initialisierung und Verarbeitung von Arrays stehen unzählige Methoden zur Auswahl (siehe Tabelle 10.1). Einige davon lernen Sie auf den folgenden Seiten kennen. Methoden wie `filter`, `map` und `reduce`, die in Swift universell auch für andere Aufzählungsstrukturen verwendet werden können, behandle ich getrennt in Abschnitt 10.2, »Arrays und Aufzählungen verarbeiten«.

Methode/Eigenschaft	Funktion
`var ar = [1, 2, 3]`	Array initialisieren
`var ar = [Int]()`	leeres Array deklarieren
`ar.count`	Anzahl der Elemente
`ar[n]`	Element an der Position `n` lesen
`ar[n1...n2]`	auf Teil-Array zugreifen (Datentyp `ArraySlice`)
`ar += [4]`	Element am Ende hinzufügen
`ar += [6, 7, 8]`	mehrere Elemente am Ende hinzufügen
`ar.insert(-1, at:3)`	Element einfügen
`ar.removeFirst([n])`	erstes Element bzw. die ersten `n` Elemente entfernen
`ar.removeLast([n])`	letztes Element bzw. die letzten `n` Elemente entfernen
`ar.remove(at: n)`	Element entfernen
`ar[n1...n2] = [a, b, c]`	mehrere Elemente durch andere ersetzen
`ar[n1...n2] = []`	mehrere Elemente entfernen
`ar.swapAt(n1, n2)`	die Elemente mit dem Index `n1` und `n2` vertauschen
`ar.sort(by: <)`	Array sortieren (ändert `ar`)
`ar2 = ar1.sorted(by: <)`	neues sortiertes Array erzeugen (ändert `ar1` nicht)
`ar2 = Array(ar1.reversed())`	neues Array in umgekehrter Reihenfolge erzeugen
`ar2 = ar.filter(fn)`	Elemente, die `fn` entsprechen, in neues Array kopieren
`ar2 = ar.map(fn)`	`fn` auf Elemente anwenden, neues Array bilden
`x = ar.reduce(start, fn)`	`fn` paarweise anwenden, Endergebnis zurückgeben
`ar.forEach(fn)`	`fn` auf alle Elemente anwenden (ohne Ergebnis)
`ar.split(...)`	Array in Teile zerlegen
`ar.joined(separator: x)`	Elemente vereinen, `x` als Trennelement verwenden

Tabelle 10.1 Ausgewählte Array-Eigenschaften, -Methoden und -Operatoren

Arrays initialisieren

Am einfachsten initialisieren Sie ein Array, indem Sie einige Werte in eckige Klammern stellen und einer Variablen oder Konstanten zuweisen:

```
var nmbs = [1, 2, 3, 4]
let strgs = ["abc", "efg", "xyz"]
```

Swift erkennt hier selbstständig den richtigen Datentyp, d. h., `nmbs` ist ein Array von Integer-Zahlen (Datentyp `[Int]`), `strgs` ein Zeichenketten-Array (Datentyp `[String]`).

Wenn Sie Elemente in unterschiedlichen Typen übergeben möchten, dann müssen Sie den Array-Typ explizit mit `as [Any]` angeben:

```
let various = [1, "abc", true] as [Any]
```

Ein derartiges Array bietet grenzenlose Freiheit dahingehend, dass in seinen Elementen jedes erdenkliche Objekt gespeichert werden kann. Gleichzeitig muss dann aber bei der Weiterverarbeitung der Elemente bei jedem Zugriff der Datentyp des Elements ermittelt werden.

Bei mit `var` deklarierten Arrays können zusätzliche Elemente hinzugefügt oder vorhandene Werte verändert werden:

```
nmbs.remove(at: 1)          // nmbs = [1, 3, 4]
nmbs.append(12)             // nmbs = [1, 3, 4, 12]
nmbs[0] = -4                // nmbs = [-4, 3, 4, 12]
strgs.append("zzz")         // Fehler, strgs ist
                            // unveränderlich
```

Es gibt verschiedene Syntaxvarianten, um ein neues Array zu erzeugen, ohne es mit Elementen zu füllen. Die erste Variante erfordert den geringsten Tippaufwand und ist vorzuziehen:

```
var sar = [String]()        // leeres String-Array
var dar = Array<Double>()   // leeres Double-Array
var iar: [Int] = Array()    // leeres Integer-Array
```

Wenn an die Init-Funktion `Array()` ein Objekt bzw. eine Datenstruktur übergeben wird, deren Elemente durchlaufen werden können, initialisiert Swift das Array mit den entsprechenden Elementen:

```
let s = "abcde"
var car = Array(s)      // Array mit den Elementen ["a", "b", ...]
var iar = Array(3...7)  // Int-Array mit den Elementen [3, 4, 5, 6, 7]
```

Mehrere Array-Elemente initialisieren

Mitunter ist es zweckmäßig, ein Array in einer bestimmten Größe vorweg mit einem Startwert zu initialisieren. Dazu übergeben Sie an die Init-Funktion `Array` entsprechende Parameter. Die Syntax ist leider langatmig:

```
// Integer-Array erzeugen, das aus tausend 0-Werten besteht
var iar1 = [Int](repeating: 0, count: 1000)
var iar2 = Array(repeating: 0, count: 1000)  // gleichwertig
```

Beachten Sie auch, dass sich diese Array-Initialisierung für Objekte nicht besonders gut eignet. Die folgende Anweisung erzeugt ein Array, das viermal dieselbe Instanz *eines* UIView-Objekts enthält. (UIView ist die Basisklasse zur Gestaltung grafischer Steuerelemente und iOS-Apps.)

```
var viewAr1 = Array(repeating: UIView(), count: 4)
```

In den meisten derartigen Fällen brauchen Sie aber vier unabhängige UIView-Instanzen. Dann können Sie sich wie folgt behelfen:


```
// Variante 1
var viewAr2 = [UIView]()
for _ in 1...4 {
  viewAr2.append(UIView())
}

// Variante 2
let viewAr3 = (1...4).map() { _ in  // Closure
  UIView() }
```

Bei Variante 1 erzeugen Sie ein leeres Array und fügen dann mit append in einer Schleife die gewünschte Anzahl von Elementen hinzu. Variante 2 ist kompakter, aber weniger leicht zu lesen: (1...n).map() wendet die nach map angegebene Closure auf die Werte von 1 bis n an und fasst die Ergebnisse in ein Array zusammen. Da die Werte hier gar nicht von Interesse sind, wird der Closure-Parameter in der Form _ einfach ignoriert. Die Closure liefert einfach unabhängig vom Parameter eine UIView-Instanz zurück. Die map-Methode wird also gewissermaßen missbraucht, weil die an die Closure gelieferten Daten nicht ausgewertet werden (was der eigentliche Zweck von map wäre).

Array-Elemente auslesen

nmbs.count verrät, wie viele Elemente das Array umfasst. Wenn das Array noch leer ist, liefert isEmpty das Resultat true. Der Zugriff auf Array-Elemente erfolgt über einen Index in eckigen Klammern, wobei das erste Element mit dem Index 0 angesprochen wird:

```
var nmbs = [1, 2, 3, 4]
nmbs.count      // 4
nmbs.isEmpty    // false
nmbs[0]         // 1
nmbs[3]         // 4
nmbs[4]         // Fehler, dieses Array-Element existiert nicht
```

Das erste bzw. letzte Array-Element können Sie bequem mit den Eigenschaften `first` bzw. `last` auslesen. Dabei ist aber zu beachten, dass diese Eigenschaften Optionals zurückgeben: Als Ergebnis kommt auch `nil` infrage, sollte das Array leer sein. Sofern Sie nicht vorweg `count` überprüfen, sollten Sie zur Weiterverarbeitung `if-let`-Konstruktionen verwenden. Für Adhoc-Beispiele reicht es natürlich auch, den Unwrapping-Operator `!` nachzustellen:

```
nmbs.first      // Optional mit Datentyp Int?
nmbs.first!     // 1 (Datentyp Int)
nmbs.last!      // 4
```

Die Elemente eines Arrays können mühelos in Schleifen verarbeitet werden:

```
for n in nmbs {
  print(n)
}
```

ArraySlices

Anstelle einer Indexzahl können Sie in eckigen Klammern auch einen Bereich angeben. Damit erhalten Sie ein Teil-Array mit den entsprechenden Elementen. Intern lautet der Datentyp `ArraySlice<T>`, im folgenden Beispiel also `ArraySlice<Int>`:

```
var nmbs = [1, 2, 3, 4]
var slc = nmbs[1...3]     // [2, 3, 4]
```

Ein `ArraySlice` (»Slice« bedeutet Stück, Tranche) ist anfänglich kein neues Array, sondern ein Paar von Zeigern (*Links*) auf zwei Elemente eines vorhandenen Arrays, also auf den Start- und den Endpunkt. Sie können das Slice wie ein Array auslesen, wobei die Indexpositionen des ursprünglichen Arrays erhalten bleiben. Interessanterweise sind sogar Veränderungen zulässig. Erst dann kommt es zu einer Kopie der Daten, damit das ursprüngliche Array und das Slice unabhängig voneinander bleiben.

```
var nmbs = Array(1...10)    // [1, 2, 3, 4, 5, 6, 7, 8, 9, 10]
var slc = nmbs[3...7]       // [4, 5, 6, 7, 8]
slc.count                   // 5
slc[3]                      // 4
slc[5] = -5
slc                         // [4, 5, -5, 7, 8]
nmbs                        // [1, 2, 3, 4, 5, 6, 7, 8, 9, 10]
```

Der Zugriff auf einen Teilbereich eines Arrays ist seit Swift 4 auch mit einseitigen Ranges erlaubt. Auch in diesem Fall erhalten Sie `ArraySlice`-Elemente als Ergebnis. Denken Sie immer daran, dass der Index 0 das erste Element bezeichnet, 1 das zweite usw.

```
let slc2 = nmbs[4...]       // [5, 6, 7, 8, 9, 10]
let slc3 = nmbs[...2]       // [1, 2, 3]
let slc4 = nmbs[..<2]       // [1, 2]
```

Um aus einem Slice ein neues Array zu erzeugen, übergeben Sie das Slice an die Init-Funktion `Array()`. Das ist aber nur selten notwendig, weil die Standardfunktionen von Swift Slices häufig wie Arrays verarbeiten können:

```
var someNmbs = Array(slc)
```

Natürlich können auch die Elemente von Slices in Schleifen durchlaufen werden:

```
for n in slc {
  print(n)
}
```

Arrays manipulieren

Sofern Sie die Array-Variable mit `var` und nicht mit `let` deklariert haben, können Sie Ihr Array mit einer Reihe von Methoden verändern. `append` fügt ein Element am Ende hinzu, `insert` an der durch den zweiten Parameter angegebenen Position. Anstelle von `append` können Sie platzsparend den Operator `+=` verwenden. Dieser Operator akzeptiert auch Arrays mit mehreren Elementen.

```
var ar = Array(5...7)      // [5, 6, 7]
ar.append(8)               // [5, 6, 7, 8]
ar.insert(0, at: 3)        // [5, 6, 7, 0, 8]
ar += [17]                 // [5, 6, 7, 0, 8, 17]
ar += [18, 19, 20]         // [5, 6, 7, 0, 8, 17, 18, 19, 20]
```

Die `insert`-Variante mit dem Parameter `contentsOf` fügt nicht ein einzelnes Element, sondern gleich ein ganzes Array in ein vorhandenes Array ein:

```
var a1 = [1, 2, 3, 4]
var a2 = [7, 8, 9]

a1.insert(contentsOf: a2, at: 2)
a1   // enthält jetzt [1, 2, 7, 8, 9, 3, 4]
```

`removeLast` entfernt das letzte Element eines Arrays. Optional können Sie einen Parameter übergeben, um die ersten *n* Elemente zu entfernen. Analog gibt es auch die Methode `removeFirst`, deren Ausführung bei großen Arrays allerdings deutlich aufwendiger ist.

Mit `remove` können Sie ein Element an einer beliebigen Position herausnehmen. Die Methode gibt das betreffende Element als Ergebnis zurück. `removeSubrange` entfernt mehrere Elemente auf einmal, `removeAll` entfernt alle Elemente. Anstelle von `removeAll` können Sie auch die Schreibweise `ar[] = []` verwenden:

```
var ar = Array(5...12)   // ar = [5, 6, 7, 8, 9, 10, 11, 12]
ar.removeLast()          // ar = [5, 6, 7, 8, 9, 10, 11]
ar.remove(at: 3)         // ar = [5, 6, 7, 9, 10, 11]
ar.removeSubrange(0...2) // ar = [9, 10, 11]
```

```
ar[1...2] = []              // ar = [9]
ar.removeAll()              // ar = []
```

Ein einzelnes Element können Sie einfach per Neuzuweisung verändern. replaceSubrange ersetzt mehrere Elemente auf einmal, wobei Sie im zweiten Parameter ein entsprechend großes Array oder ein ArraySlice übergeben müssen. Anstelle von replaceSubRange ist auch die Kurzschreibweise ar[range] = [a, b, c] erlaubt:

```
var ar = Array(5...12)    // ar = [5, 6, 7, 8, 9, 10, 11, 12]
ar[3] = -1                // ar = [5, 6, 7, -1, 9, 10, 11, 12]
ar.replaceSubrange(1...3, with: [-3, -4, -5])
                          // ar = [5, -3, -4, -5, 9, 10, 11, 12]
ar[3...6] = [-6, -5, -5, -6]
                          // ar = [5, -3, -4, -6, -5, -5, -6, 12]
```

Der Operator + fügt zwei Arrays aneinander und bildet dabei ein neues Array. Dabei müssen die Datentypen der beiden Ursprungs-Arrays übereinstimmen.

```
let ar1 = [1, 2, 3]
let ar2 = [4, 5, 6, 7]
var ar3 = ar1 + ar2  // ar3 = [1, 2, 3, 4, 5, 6, 7]
```

Zum Vertauschen von zwei Array-Elementen verwenden Sie die Methode swapAt, wobei Sie die Positionen der zu vertauschenden Elemente übergeben.

```
ar3.swapAt(0, 6)     // ar3 = [7, 2, 3, 4, 5, 6, 1]
```

Arrays sortieren und umdrehen

sort sortiert ein vorhandenes Array. An die Methode kann eine Funktion übergeben werden, die ermittelt, wie zwei Elemente verglichen werden sollen. Für Zahlen oder Zeichenketten ist die kürzeste Syntaxform einfach die Angabe des Kleiner- oder Größer-Operators. Die folgenden Syntaxvarianten sind alle gleichwertig und unterscheiden sich nur in der Art und Weise, wie die Vergleichsfunktion ausgedrückt wird (siehe Abschnitt 6.5, »Closures«). Wenn Sie an sort keine Vergleichsfunktion übergeben, werden die Elemente aufsteigend sortiert.

```
var ar = [17, 12, 4, 19, 3]
ar.sort(by: { (i1, i2) -> Bool in i1 < i2 } )
ar.sort(by: {$0<$1} )  // Kurzschreibweise
ar.sort() {$0<$1}      // Closure nachgestellt
ar.sort(by: <)         // noch kürzer
ar.sort()              // Default-Sortierordnung aufsteigend
```

Alternativ zu sort gibt es auch die Methode sorted. Sie lässt das ursprüngliche Array unverändert und erzeugt stattdessen ein neues Array:

```
let ascending = ar.sorted(by: >)
```

Die Methode reversed ermöglicht es, die Elemente eines Arrays in umgekehrter Reihenfolge zu verarbeiten. Anders als sorted liefert reversed allerdings *kein* neues Array zurück. Vielmehr erhalten Sie ein Objekt des Typs ReversedRandomAccessCollection<Array<elementtyp>>.

```
let ar = [7, 1, 9, 2]
for item in ar.reversed() {
  print(item)
}
```

Wenn Sie das Ergebnis über die lazy-Eigenschaft ansprechen, werden die Elemente erst bei Bedarf geliefert. Das ist dann zweckmäßig, wenn es unwahrscheinlich ist, dass Sie alle Elemente verarbeiten werden:

```
for item in ar.reversed().lazy {
  print(item)
  if item > 3 { break }
}
```


Wenn Sie ein neues Array wünschen, übergeben Sie das Ergebnis von reversed an die Init-Funktion Array:

```
let ar1 = [7, 1, 9, 2]
let ar2 = Array(ar1.reversed())
```

Neu in Swift 5 sind die Methoden shuffle (durchmischt ein Array) und shuffled (erzeugt ein neues durchmischtes Array):

```
let ar3 = ar1.shuffled()  // z. B. [2, 1, 9, 7]
```

Interna und Geschwindigkeitsüberlegungen

Hinter den Kulissen werden Swift-Array-Elemente wie bei anderen Programmiersprachen in aneinanderliegenden Bereichen im Speicher angeordnet. Das Einfügen oder Entfernen von Elementen mitten in einem Array führt dazu, dass eine Menge Elemente im Speicher verschoben werden müssen.

Weniger problematisch ist es, Elemente am Ende eines Arrays hinzuzufügen oder zu löschen: Swift legt Arrays gewissermaßen auf Verdacht immer etwas größer als notwendig an und muss daher nicht jedes Mal alle Elemente in einen neuen Speicherblock kopieren.

Die Maximalanzahl der Elemente, die ohne Neuanforderung von Speicher gespeichert werden können, geht aus der Eigenschaft capacity hervor. Bevor Sie einem Array eine Menge Elemente hinzufügen, können Sie die voraussichtliche Größe mit reserveCapacity festlegen. Weitere Swift-Array-Interna sind hier dokumentiert:

https://developer.apple.com/documentation/swift/array
https://stackoverflow.com/questions/27943629

Fixed-sized Arrays

Swift kennt keine Arrays mit unveränderlicher Größe (*Fixed-sized Arrays*). Damit dennoch mathematische Algorithmen in maximaler Geschwindigkeit implementiert werden können, unterstützt Swift seit Version 5 die SIMD-Bibliothek (*Single Instruction, Multiple Data*). Darauf aufbauender Code ist leider nur mäßig elegant. Details zur Implementierung und Anwendung der SIMD-Funktionen finden Sie hier:

https://github.com/apple/swift-evolution/blob/master/proposals/0192-non-exhaustive-enums.md

Mehrdimensionale Arrays

Wie das folgende Beispiel zeigt, kommt Swift auch mit mehrdimensionalen Arrays zurecht. Der Elementzugriff erfolgt dann in der Form `ar[index1][index2][...]`. Hinter den Kulissen handelt es sich freilich nicht um mehrdimensionale Arrays. Vielmehr kann ein Array selbst wieder Arrays aufnehmen. `ar.count` liefert im folgenden Beispiel daher den Wert 2 und nicht 6. `ar` ist also ein Array aus zwei Elementen. Jedes Element ist aber wiederum selbst ein Integer-Array.

```
var ar = [[1, 2, 3], [4, 5, 6]]
ar.count
for zeile in 0..<ar.count {
  for spalte in 0..<ar[zeile].count {
    print("\(ar[zeile][spalte]), ", terminator: "")
  }
  print()  // neue Zeile
}
// Ausgabe: 1, 2, 3,
//          4, 5, 6,
```

Wenn Sie ein mehrdimensionales Array ohne sofortige Initialisierung deklarieren möchten, gehen Sie so vor:

```
var ar2d = [[Int]]()        // zweidimensionales Int-Array
var ar3d = [[[Double]]]()   // dreidimensionales Double-Array
```

Auch eine automatische Initialisierung der Array-Elemente ist möglich, wenngleich die Syntax ein wenig umständlich ist. Die folgenden zwei Zeilen erzeugen ein Array mit 20 × 100 Elementen, wobei jedem Element der Wert 0 zugewiesen wird:

```
ar2d = [[Int]](repeating: [Int](repeating: 0, count: 100),
               count: 20)
```

Wenn Sie in einem Programm mit vielen zwei- oder mehrdimensionalen Arrays zu tun haben, lohnt sich die Definition einer generischen Funktion (siehe Abschnitt 12.2, »Generics«), die beim Erzeugen und Initialisieren solcher Arrays hilft:

```
func createArray2D<T>(_ n: Int, by m: Int, value:T)  -> [[T]] {
  return [[T]](
    repeating: [T](repeating: value, count: m),
    count: n)
}
// Anwendung
var ar1 = createArray2D(20, by: 100, value: 0)    // Int-Array
var ar2 = createArray2D(5, by: 5, value: "bla")  // String-Array
```


10.2 Arrays und Aufzählungen verarbeiten

Dass es einfach ist, über alle Elemente eines Arrays eine Schleife zu bilden, wissen Sie schon. Dieser Abschnitt macht Sie mit Methoden wie `map`, `reduce`, `filter` oder `forEach` vertraut. Diese Methoden ermöglichen eine in vielen Fällen besonders elegante und effiziente Verarbeitung von Array-Elementen.

Closures

An die in diesem Abschnitt vorgestellten Methoden werden häufig Closures übergeben. Ich ziehe dabei die nachgestellte Syntaxvariante vor, also beispielsweise `ar.map() { closure }`. Wenn Ihnen Closures noch nicht geläufig sind, sollten Sie vorher Abschnitt 6.5, »Closures«, lesen.

rethrows

An viele der hier vorgestellten Methoden, z. B. an `map`, dürfen Sie Funktionen übergeben, die einen Fehler auslösen können. Derartige Methoden sind in der Swift-Standardbibliothek mit dem Schlüsselwort `rethrows` gekennzeichnet. Welche Bedeutung `rethrows` hat und was Sie beim Aufruf derartiger Methoden beachten müssen, erkläre ich Ihnen in Abschnitt 13.3, »Fehler in Funktionen weitergeben (rethrows)«.

Auch wenn sich die Beispiele dieses Abschnitts auf Arrays beziehen, eignen sich die meisten hier vorgestellten Methoden ebenso gut für andere Aufzählungen. Beispielsweise können Sie die `map`-Methode auf alle Datenstrukturen anwenden, die eine der folgenden Klassen bzw. Protokolle implementieren: `AnyCollection`, `ArraySlice`, `CountableSlice`, `LazyMapSequence` oder `Sequence`. Darüber hinaus gibt es rund ein Dutzend weitere Protokolle – suchen Sie einfach in der Onlinehilfe von Xcode nach *map*.

count

Die Eigenschaft count liefert erwartungsgemäß die Anzahl der Elemente eines Arrays bzw. einer Sequenz. Ursprünglich war geplant, Swift 5 um eine gleichnamige Methode mit dem Parameter where zu erweitern, die die Anzahl der Elemente zählt, die einer Bedingung entsprechen. count(where:) stand in den Beta-Versionen zur Verfügung, wurde aber in letzter Minute wieder entfernt. Möglicherweise taucht die Methode in Swift 5.1 wieder auf. Bis dahin müssen Sie sich mit reduce behelfen. (Die Anwendung von reduce erläutere ich ein paar Seiten weiter.)

```
let ar = Array(1...10)
ar.count    // 10
// let evennmbs = ar.count(where: {$0 % 2 == 0} )
let evennmbs = ar.reduce(0) { $1 % 2 == 0 ? $0 + 1 : $0 } // Ergebnis 5
// let bignmbs = ar.count {$0 > 4}
let bignmbs = ar.reduce(0) { $1>4  ? $0 + 1 : $0}         // Ergebnis 6
```

allSatisfy

An die Methode allSatisfy wird wie an count eine zumeist als Closure verpackte Bedingung übergeben. Die Methode überprüft, ob alle Elemente der Sequenz die Bedingung erfüllen:

```
let ar = Array(1...10)
let smaller100 = ar.allSatisfy { $0 < 100 }  // true
let bigger100  = ar.allSatisfy { $0 > 100 }  // false
```

first und last

Die Eigenschaften first und last liefern das erste bzw. letzte Element einer Sequenz als Optional. Gegebenenfalls müssen Sie durch ein nachgestelltes Ausrufezeichen das Unwrapping erzwingen. Wenn die Sequenz leer ist, liefern die Funktionen nil zurück. Die Sequenz bleibt in jedem Fall unverändert.

```
let ar = [1, 2, 3, 4]
let s = "Hello World!"
ar.first             // 1, Datentyp Int?
s.last               // "!", Datentyp Character?
```

randomElement

Die Methode randomElement (neu in Swift 5) wählt ein zufälliges Element aus einer Sequenz aus. Auch hier ist der Datentyp ein Optional, weil die Methode bei leeren Sequenzen nil liefert.

```
ar.randomElement()  // zufälliges Element, Datentyp Int?
```

prefix und suffix

prefix und suffix liefern die ersten bzw. letzten *n* Elemente einer Sequenz. Wenn *n* größer als die Elementanzahl ist, liefern die Funktionen einfach alle Elemente. Ist die Sequenz bzw. das Array leer, ist konsequenterweise auch das Ergebnis leer. Der Rückgabedatentyp ist bei Arrays ein ArraySlice (also ein Teil-Array).

```
let ar = [1, 2, 3, 4]
let sub1 = ar.prefix(2)        // [1, 2], Datentyp ArraySlice<Int>
let sub2 = ar.suffix(2)        // [3, 4], Datentyp ArraySlice<Int>
var x = [Int]()
let sub3 = x.prefix(2)         // leer, weil auch x leer ist
```

Zu prefix gibt es eine Variante, die als Parameter while eine Funktion erwartet. prefix testet die ersten Elemente und liefert alle Elemente zurück, bis die while-Bedingung zum ersten Mal nicht mehr zutrifft. Der Rest der Sequenz wird nicht bearbeitet. Der Ergebnisdatentyp ist wieder ein ArraySlice.

10

Die beiden folgenden Beispiele zeigen zwei gleichwertige Varianten zum Aufruf dieser Methode. In beiden Fällen liefert prefix ein ArraySlice-Element, das alle Array-Elemente umfasst, bis erstmalig eines gefunden wird, das größer oder gleich 4 ist. Das Nachstellen der Closure hat hier den Nachteil, dass der Parametername while verschwindet. Das verschleiert den Zweck der Anweisung.

```
let sub4 = ar.prefix(while: {$0 < 4})  // [1, 2, 3]
let sub5 = ar.prefix() {$0 < 4}        // [1, 2, 3]  (gleichwertig)
```

dropFirst, dropLast und drop

dropFirst und dropLast liefern eine neue Sequenz, die sich aus der Ausgangsmenge ergibt, aus der das erste oder letzte Element entfernt wurde. Die Daten, auf die die Methoden angewendet werden, ändern sich nicht. Da Zeichenketten seit Swift 4 die Protokolle BidirectionalCollection und RangeReplaceableCollection implementieren, können die drop-Methoden auch auf Zeichenketten angewendet werden.

```
let ar = [1, 2, 3, 4]
let new1 = ar.dropFirst()          // [2, 3, 4], Datentyp [Int]
let new2 = new1.dropLast(2)        // [2], Datentyp [Int]

let s = "Hello World!"
String(s.dropFirst())              // "ello World!"
String(s.dropLast())               // "Hello World"
```

Die Methode drop mit dem Parameter while agiert genau umgekehrt wie die vorhin erwähnte Methode prefix(while:). Die Methode verwirft so lange Elemente vom Beginn der Sequenz, bis die als Closure übergebene Bedingung zum ersten Mal nicht mehr erfüllt ist. Der Rest der Sequenz wird zurückgegeben.

Im folgenden Beispiel werden vom Anfang des Arrays alle Elemente entfernt, die kleiner 3 sind. Die `while`-Funktion wird wie beim `prefix(while:)`-Beispiel einmal direkt und einmal in einer nachgestellten Closure übergeben:

```
let data1 = [1, 2, 3, 1, 2, 3]
let data2 = data1.drop(while: {$0 < 3})  // [3, 1, 2, 3]
let data3 = data1.drop() {$0 < 3}        // [3, 1, 2, 3] (gleichwertig)
```

starts, contains und firstIndex

Die Methode `starts` testet, ob eine Sequenz mit einer vorgegebenen Aufzählung von Elementen beginnt. Merkwürdigerweise gibt es keine entsprechende `ends`-Methode.

```
let ar = [1, 2, 3, 4, 5, 6]
ar.startsWith([1, 2])        // true
ar.startsWith([4, 5])        // false
```

`contains` überprüft, ob ein Wert in der Sequenz enthalten ist. Das Ergebnis lautet `true` oder `false`. Dabei kann an die Methode sowohl ein einzelnes Element übergeben werden als auch eine Funktion (eine Closure) mit einem Suchausdruck. Die beiden folgenden Beispielaufrufe ergeben beide `true`, weil das Array sowohl die Zahl 3 als auch gerade Zahlen enthält:

```
let ar = [1, 2, 3, 4, 5, 6]
ar.contains(3)                 // true
ar.contains() {$0 % 2 == 0}    // true
```

`firstIndex` (bis Swift 4 einfach `index`) durchsucht eine Sequenz nach dem ersten Auftreten eines Elements. Anstelle eines Suchwerts kann auch eine Funktion (eine Closure) angegeben werden, die `true` ergeben muss. Das Ergebnis ist ein Optional mit der Indexnummer zum Zugriff auf das Element bzw. `nil`, wenn die Suche ergebnislos bliebt. Beachten Sie, dass die Index-Nummerierung mit 0 beginnt – d. h., wenn ein Element an der ersten Position gefunden wird, lautet das Ergebnis 0.

```
let data = Array(1...10)
data.firstIndex(of: 7)              // 6, Datentyp Index?
data.firstIndex(of: 12)             // nil
data.firstIndex() {$0 % 2 == 0}     // 1, Datentyp Index?
```

Es ist nicht möglich, die Startposition der Suche anzugeben. Daher eignet sich die Funktion nicht, um mehrere gleiche Elemente in der Sequenz zu finden. Eine Funktion, die die Sequenz beginnend mit dem letzten Element durchsucht, fehlt ebenfalls.

Zeichenketten durchsuchen

`firstIndex(of:)` eignet sich auch für Zeichenketten, solange Sie nach einem einzigen Zeichen suchen (`s.firstIndex(of: 'x')`). Deutlich flexibler ist die Methode `range(of:)`, die ich bereits in Abschnitt 8.2, »Bearbeitung von Zeichenketten«, erwähnt habe. Sie lässt als Suchobjekt ganze Zeichenketten zu, weist einen Parameter für die Startposition auf und kann sogar rückwärts suchen.

filter

Die Methode `filter` liefert alle Elemente, die einer Filterfunktion entsprechen, als neues Array zurück.

Im folgenden Beispiel wird `ar1` mit den Wörtern eines Lorem-ipsum-Satzes initialisiert. Die Methode `components` zerlegt die Zeichenkette in ein Array von Wörtern (Variable `ar1`). `filter` übergibt anschließend daraus alle Wörter, die mehr als fünf Zeichen lang sind (Ergebnis `ar2`).

```
let txt = "Lorem ipsum dolor sit amet, consetetur sadipscing elitr."
let ar1 = txt.components(separatedBy: " ")
let ar2 = ar1.filter() {$0.count > 5}
print(ar2)    // ["consetetur", "sadipscing", "elitr."]
```

Im folgenden Beispiel liefert `filter` ein Array mit den Zahlen der Ausgangsdaten, die größer als 10, kleiner als 50 und durch 3 teilbar sind:

```
func testNumber(_ x: Int) -> Bool {
  return x>10 && x<50 && (x % 3 == 0)
}

var data = Array(1...100)
let result = data.filter() { testNumber($0) }
result      // [12, 15, 18, ..., 48]
```

Zum gleichen Ergebnis führt auch der folgende Code, bei dem die Testbedingung direkt in der Closure formuliert ist:

```
let result2 = data.filter() { $0>10  &&  $0<50  &&  ($0 % 3 == 0) }
```

map, flatMap und compactMap

`map` wendet eine Funktion auf alle Elemente an und liefert die Ergebnisse als Array. Die im folgenden Beispiel definierte Funktion `f` erzeugt für jede als Parameter übergebene Integer-Zahl eine Zeichenkette aus ebenso vielen Sternen:

```
let data = [2, 5, 4]
func f(_ n: Int) -> String {
  var result = ""
  for _ in 1...n { result += "*" }
  return result
}
data.map(f)  // ["**", "*****", "****"]
```

Das zweite Beispiel liefert in `ar2` ein Integer-Array, das die Länge der Wörter aus `ar1` enthält. In diesem Fall macht `map` also aus einem `String`-Array ein `Int`-Array. Die Closure wird hinter `map` angegeben, die runden Klammern der Methode können dann weggelassen werden.

```
let txt = "Lorem ipsum dolor sit amet, consetetur sadipscing elitr."
let ar1 = txt.components(separatedBy: " ")   // [String]
let ar2 = ar1.map { $0.count }  // [Int]
```

Der Code lässt sich auch kompakter ohne die Zwischenspeicherung der `String`-Arrays formulieren. In diesem Fall erzeugt `components` ein Array, dessen Elemente direkt von `map` weiterverarbeitet werden. Diese Methode erzeugt dann selbst ein `Int`-Array.

```
let ar3 = txt.components(separatedBy: " ")
  .map { $0.count }                 // [Int]
```

Zu `map` existiert die Variante `flatMap`. Sie eignet sich vor allem dann, wenn die `map`-Methode selbst Arrays verarbeitet. `map` liefert dann verschachtelte Arrays. `flatMap` bildet aus den Ergebniselementen hingegen ein einziges, eindimensionales Array:

```
var ar = [1, 2, 3]
let nested = ar.map { Array(1...$0) }
// nested = [[1], [1, 2], [1, 2, 3]]
let flat = ar.flatMap { Array(1...$0) }
// flat = [1, 1, 2, 1, 2, 3]
```

Eine weitere `map`-Variante ist `compactMap`: Die Methode eliminiert aus dem Ergebnis alle `nil`-Ergebnisse. Im folgenden Beispiel enthält `nmbs` alle Elemente, die sich mit `Int` in Zahlen umwandeln lassen:

```
let strings = ["1", "2", "3", "abc", "efg"]
let nmbs = strings.compactMap { Int($0) } // 1, 2, 3
```

map-Interna

In Abschnitt 13.3, »Fehler in Funktionen weitergeben (rethrows)«, verwende ich `map` als Beispiel, um das Schlüsselwort `rethrows` zu erklären. In diesem Abschnitt zeige ich Ihnen auch, wie Sie `map` unkompliziert selbst implementieren können.

forEach

In einer simplen for-in-Schleife können Sie alle Elemente durchlaufen und auswerten, aber nicht ändern:

```
// Array durchlaufen, aber nicht ändern
let ar = Array(1...10)
for item in ar {
  print(item)
}
```

Weitgehend dieselbe Funktionalität bietet die Methode forEach, die Sie auf ein Array anwenden und an die Sie eine Funktion bzw. Closure übergeben:

```
ar.forEach() { print($0) }
```


forEach weist im Vergleich zur for-Schleife zwei Einschränkungen auf:

- break und continue funktionieren nicht.
- return bricht nur die Verarbeitung des aktuellen Werts ab. Die Schleife wird fortgesetzt. Es ist nicht möglich, mit return die Schleife oder den aktuellen Verarbeitungskontext (Funktion, Methode etc.) zu verlassen.

Die Methode forEach wendet eine Funktion oder Closure auf alle Elemente einer Sequenz an. forEach gibt kein Ergebnis zurück. Im Vergleich zu einer Schleife mit for ... in sequenz können Sie forEach weder durch break noch durch return abbrechen.

forEach versus map und flatMap

Sowohl forEach als auch map und flatMap wenden jeweils eine Funktion oder Closure auf die Elemente einer Aufzählung oder eines Arrays an. Worin besteht nun der Unterschied?

forEach ruft die angegebene Funktion für jedes Element der Sequenz auf, ignoriert aber eventuell zurückgegebene Ergebnisse. map erstellt aus den Ergebnissen hingegen ein Array. Wenn die Ausgangsdaten selbst schon Arrays sind, entsteht dabei ein verschachteltes Array. Diesen Sonderfall vermeidet flatMap: Es erstellt ein »flaches«, eindimensionales Array.

Die folgenden Zeilen zeigen drei Anwendungsbeispiele für forEach: Der erste forEach-Ausdruck bildet eine Summe über ein Double-Array, der zweite Ausdruck gibt die Zeichen einer Zeichenkette einfach einzeln aus. Beim dritten Beispiel wurde die Closure zur besseren Lesbarkeit hinter forEach platziert, was die Anzahl der offenen Klammerebenen verringert. UnicodeScalar bildet aus den übergebenen Zeichencodes die entsprechenden Zeichen, und print gibt diese ohne Zeilenumbruch aus.

```
let data = [2.7, 3.9, 1.6]
var sum = 0.0
data.forEach( { sum += $0} )
print(sum)  // Ausgabe: 8,2
```

```
let s = "abc"
s.forEach( { print($0) } )
// Ausgabe: "a", "b", "c"

(65...68).forEach()
  { print(UnicodeScalar($0)!, terminator: "") }
print("")
// Ausgabe "ABCD"
```

In der Praxis bietet sich der Einsatz von `forEach` vor allem in Kombination mit anderen Funktionen an, die selbst Arrays oder Sequenzen zurückgeben. Der folgende Ausdruck ist aus Übersichtsgründen über mehrere Zeilen verteilt, es handelt sich aber um *einen* Ausdruck. Dabei verarbeitet `filter` die Elemente von `nmbs` und gibt ein neues Array zurück, das nur die durch 3 teilbaren Zahlen enthält. `map` quadriert diese Zahlen und liefert ein weiteres Array. Dieses wird von `forEach` verarbeitet.

```
let nmbs = Array(1...20)
nmbs.filter( {$0 % 3 == 0} )
  .map( {$0*$0} )
  .forEach( {print($0)} )
// Ausgabe: 9, 36, 81, 144, 225, 324
```

Schleifen mit indices und enumerated

Weder mit einer gewöhnlichen `for-in`-Schleife noch mit `forEach` können Sie die Elemente des Arrays verändern. Um Änderungen durchzuführen, durchlaufen Sie die Indizes des Arrays und greifen auf die Elemente in der Form `array[index]` zu:

```
// Array-Elemente verändern
var ar = Array(1...10)
for i in ar.indices {
  ar[i] += 1
}
```

Die `enumerated`-Methode bildet Index-Wertpaare, die Sie dann ebenfalls durchlaufen können.

```
var ar = [7, 3, 5]
for (n, value) in ar.enumerated() {
  print("Index \(n) -- Wert \(value)")
}
// Ausgabe: Index 0 -- Wert 7
//          Index 1 -- Wert 3
//          Index 2 -- Wert 5
```

reduce

reduce wendet wie map eine Funktion auf jedes Element an, allerdings paarweise. Zuerst wird das erste Array-Element mit einem Startwert verknüpft, dann das Ergebnis mit dem zweiten Array-Element, dann das neue Ergebnis mit dem dritten Element usw. Letzten Endes destilliert reduce aus einem Array einen einzigen Wert. Das folgende Beispiel zeigt, wie mit reduce die Summe eines Integer-Arrays berechnet werden kann:

```
let ar = [1, 7, 12, 5]
let sum = ar.reduce(0) {$0+$1}    // 25
```

Im zweiten Beispiel werden drei Ziffern mit binärem Und verknüpft, wobei der Startwert 0xffff lautet. Somit ist das Ergebnis auf Zahlen bis 65.535 limitiert.

```
let data = [0xff, 0xf0, 0x10]
let result = data.reduce(0xffff)  { $0 & $1 }
String(result, radix:16)  // Ergebnis hexadezimal "10"
```


Seit Swift 4 gibt es mit reduce(into:combine:) eine zweite Variante der Methode: Sie unterscheidet sich dadurch, dass der erste Parameter der Closure mit inout deklariert ist. Das ermöglicht die Veränderung dieses Parameters. In manchen Anwendungsfällen, z. B. beim Zusammensetzen eines Arrays, ist diese Variante wesentlich schneller.

Im folgenden Codeschnipsel wird einmal die herkömmliche reduce-Methode und einmal die neue reduce-Variante dazu verwendet, Schritt für Schritt ein Array um je ein Element zu vergrößern. Bei großen Bereichen ist die zweite Variante um ein Vielfaches schneller. Das resultierende Array ist in beiden Fällen dasselbe.

```
// traditionelle reduce-Methode, bei großen
// Range-Bereichen sehr langsam
let range = 0..<10
let ar1 = range.reduce([]) { $0 + [$1] }

// reduce mit inout-Parameter, bei großen Range-Bereichen
// viel schneller
let ar2 = range.reduce(into: []) {   // Closure für reduce
  (ar: inout [Int], elem) in
  ar.append(elem)
}
print(ar1)  // [0, 1, 2, ..., 9]
print(ar2)  // [0, 1, 2, ..., 9]
```

split und joined

split zerlegt eine Sequenz in kleinere Teile und liefert das Ergebnis als Array zurück. Die Trennung erfolgt an Positionen, bei denen ein Element eine als Funktion formulierte Bedingung erfüllt. split erwartet bis zu drei Parameter, wobei der erste und der zweite Parameter optional sind:

- Der erste Parameter, maxSplit, bestimmt die Maximalanzahl der resultierenden Array-Elemente.
- Der zweite Parameter, omittingEmptySubsequences, gibt an, ob die Funktion bei einem mehrfachen Vorkommen des Trennzeichens leere Array-Elemente erzeugen soll. Standardmäßig ist das nicht der Fall.
- Im dritten Parameter, whereSeparator, erwartet split die Trennfunktion. Wenn Sie die Funktion nicht als Closure hintanstellen, müssen Sie den Parameternamen angeben, also data.split(whereSeparator: {$0 == " "}).

Wenn split auf ein Array angewendet wird, liefert es als Ergebnis ein Array von Arrays. Im folgenden Beispiel gelten 0-Elemente als Teiler:

```
let data = [1, 2, 0, 5, 6, 4, 0, 3, 0, 2]
let splitted = data.split {$0==0}
// Datentyp [ArraySlice<Int>]
splitted  // [[1, 2], [5, 6, 4], [3], [2]]
```

Die Methode joined ist das Spiegelbild zu split. Der Datentyp des Ergebnisses lässt das Herz von Generics-Fans höher schlagen (siehe Abschnitt 12.2, »Generics«) – und alle anderen verzweifeln: Das Ergebnis ist eine JoinedSequence von Arrays von ArraySlice-Elementen für Int-Werte. Alles klar?

```
let joined = splitted.joined(separator: [0])
// Datentyp JoinedSequence<Array<ArraySlice<Int>>>
```

Erstaunlicherweise gelingt der Init-Funktion von Array ohne Weiteres die Zurückverwandlung in ein normales Array:

```
let newdata = Array(joined) as [Int]
newdata == data                // true
```

Im zweiten Beispiel wird ein Array von Zeichenketten zu einer langen Zeichenkette zusammengesetzt:

```
let s = ["e4", "e5", "c7", "c6"].joined(separator: ";")
// s = "e4;e5;c7;c6"
```

Elemente mit removeAll entfernen

Die Methode removeAll entfernt alle Elemente aus einem Array, die die angegebene Bedingung erfüllen. Das folgende Beispiel löscht die durch 3 teilbaren Zahlen aus ar:

```
var ar = Array(1...10)
ar.removeAll { $0 % 3 == 0 }
print(ar)    // Ausgabe z. B. [1, 2, 4, 5, 7, 8, 10]
```

Doppelgänger entfernen

Keinen Automatismus gibt es zum Eliminieren von Doppelgängern. Wenn die Reihenfolge der Elemente dabei erhalten bleiben soll, können Sie z. B. wie folgt vorgehen:

```
var ar = [1, 7, 3, 1, 5, 2, 3, 3, 3]
for i in 0 ..< ar.count-1 {
  var j = ar.count - 1
  while(j > i) {
    if ar[i] == ar[j] {
      ar.remove(at: j)
    }
    j -= 1
  }
}
print(ar)   // Ausgabe [1, 7, 3, 5, 2]
```

Wenn Ihnen die Reihenfolge der Elemente egal ist, lässt sich der Code drastisch vereinfachen:

```
ar = Array(Set(ar))
```

Die obige Anweisung macht sich die Tatsache zunutze, dass Sets (siehe Abschnitt 10.4, »Sets«) automatisch Doppelgänger eliminieren. In Sets ist die Reihenfolge der Elemente allerdings nicht definiert und kann sich ändern.

10.3 Dictionaries

Dictionaries sind neben Arrays die wichtigste in Swift integrierte Datenstruktur zur Verwaltung von Datenmengen. Dictionaries dienen zur Speicherung von Schlüssel-Wert-Paaren (*Key-Value-Pairs*) und sind in anderen Programmiersprachen als Maps (Java) oder als assoziative Arrays (PHP) bekannt.

Dictionaries deklarieren und initialisieren

Das folgende Einführungsbeispiel zeigt, woher der Name Dictionary stammt. Schlüssel-Wert-Paare können dazu verwendet werden, ein einfaches Wörterbuch zu erstellen. Das Beispiel zeigt auch gleich die Syntax für die Initialisierung neuer Dictionaries in der Form `[key1:value1, key2:value2, ...]`, für das Hinzufügen neuer Elemente und für den Zugriff auf Elemente. Die letzte Zeile des Beispiels macht auch klar, dass der Einsatz als Wörterbuch insofern eingeschränkt ist, als das Wörterbuch nur in eine Richtung funktioniert.

```
var dict = ["rot": "red", "grün": "green"]
dict["blau"] = "blue"  // Element hinzufügen/ändern
dict["rot"]            // Elementzugriff --> "red" als String?
dict["green"]          // ungültiger Elementzugriff --> nil
```

Um ein Element aus dem Dictionary wieder zu entfernen, weisen Sie einfach `nil` zu. Mit der Methode `removeAll` können Sie bei Bedarf alle Einträge löschen.

```
dict["blau"] = nil      // Element entfernen
dict.removeAll()        // alle Elemente entfernen
```

Wenn Sie ein Dictionary einrichten möchten, ohne es gleich zu initialisieren, sieht Swift hierfür die folgende Syntax vor:

```
var dict = [schlüsseltyp: werttyp]()
```

Schlüssel- und Werttyp sind vollkommen unabhängig voneinander. Wenn Sie also ein Dictionary erzeugen möchten, das Farbcodes für Farbnamen speichert, gehen Sie so vor:

```
var colors = [String: Int]()
colors["red"] = 0xff0000
colors["blue"] = 0x0000ff
...
```

Schlüssel müssen hashable sein

Als Schlüssel für Dictionaries sind nur Datentypen geeignet, die das Protokoll `Hashable` einhalten und daher eine geeignete `hashValue`-Methode zur Verfügung stellen. Bei den elementaren Swift-Datentypen ist das standardmäßig der Fall. Bei eigenen Klassen oder Strukturen müssen Sie `Hashable` aber eventuell implementieren.

Dictionaries aus zwei Arrays initialisieren

Sie können ein Dictionary auch aus zwei Arrays initialisieren. Dazu verbinden Sie die Arrays mit `zip` zu einer Sequenz aus Datenpaaren und übergeben diese an die Init-Funktion mit dem Parameter `uniqueKeysWithValues`.

```
let deutsch = ["eins", "zwei", "drei"]
let english = ["one", "two", "three"]
let mydict = Dictionary(uniqueKeysWithValues: zip(deutsch, english))
mydict["zwei"]   // two
```

Diese Initialisierungsform löst allerdings beim mehrfachen Vorkommen eines Schlüssels Fehler aus:

```
let keys = [1, 2, 3, 1, 2]
let values = ["abc", "cde", "efg", "ghi", "ijk"]
let anotherdict = Dictionary(uniqueKeysWithValues: zip(keys, values))
// Fehler, weil die Schlüssel 1 und 2 mehrfach vorkommen
```

Abhilfe schafft eine weitere Init-Funktion, bei der Sie an den zweiten Parameter `uniquingKeysWith` eine Closure übergeben, die bestimmt, wie mit Doppelgängern zu verfahren ist. Im ersten Beispiel bleiben bereits vorhandene Einträge erhalten, d. h., die Doppelgänger werden ignoriert:

```
let dict2 = Dictionary(zip(keys, values),
                       uniquingKeysWith: { (first, _) in first } )
dict2  // [1: "abc", 2: "cde", 3: "efg"]
```

Gerade umgekehrt geht das nächste Beispiel vor und überschreibt schon vorhandene Elemente:

```
let dict3 = Dictionary(zip(keys, values),
                       uniquingKeysWith: { (_, next) in next } )
dict3  // [1: "ghi", 2: "ijk", 3: "efg"]
```

10

Beim letzten Beispiel wird das höchstwertige Element genommen. Da es sich bei den Werten um Zeichenketten handelt, gelten Zeichenketten, die in einer sortierten Liste weiter hinten kommen, als höherwertig.

```
let dict4 =
  Dictionary(zip(keys, values),
             uniquingKeysWith: { (first, next) in max(first, next) } )
dict4  // [1: "ghi", 2: "ijk", 3: "efg"]
```

Die beiden folgenden Konstrukte sind gleichwertig, verwenden aber eine kompaktere Syntax zur Formulierung der Closure:

```
let dict5 = Dictionary(zip(keys, values),
                       uniquingKeysWith: { max($0, $1) } )
let dict6 = Dictionary(zip(keys, values)) { max($0, $1) }
```

Die Reihenfolge von Dictionary-Elementen ist unbestimmt

In den obigen Beispielen habe ich zur besseren Lesbarkeit das Ergebnis immer nach dem Schlüssel geordnet. Beachten Sie aber, dass Dictionary-Elemente keine reproduzierbare Reihenfolge haben. Die Schlüssel eines Dictionarys werden als `Set` verwaltet, und ein `Set` speichert seine Elemente per Definition ohne Reihenfolge.

Zugriff auf Dictionary-Elemente

`dict[schlüssel]` testet, ob es für den angegebenen Schlüssel ein Element im Dictionary gibt. Ist dies der Fall, liefert der Ausdruck den Wert als Optional, andernfalls das Resultat `nil`. Zur Weiterverarbeitung der Dictionary-Elemente müssen Sie also `if let` oder den Unwrapping-Operator ! oder den Nil-Coalescing-Operator `??` verwenden.

```
var colors = [String: Int]()
colors["red"] = 0xff0000
colors["blue"] = 0x0000ff
```

```
if let col = colors["red"] {         // Int? --> Int
  // col enthält Int-Zahl
}
var mycol = colors["blue"] ?? 0;    // Defaultfarbcode 0
```

Eleganter ist es, wenn Sie einfach im zweiten Parameter einen Defaultwert angeben. Er kommt zur Anwendung, wenn der Schlüssel nicht existiert.

```
// ebenfalls Default-Farbcode 0
var othercol = colors["magenta", default: 0]
```

Das vereinfacht viele Algorithmen, z. B. den folgenden, der die Anzahl gleicher Buchstaben in einer Zeichenkette zählt. Die Idee stammt von der folgenden Seite, die etliche Dictionary-Verbesserungen in Swift 4 dokumentiert:

https://github.com/apple/swift-evolution/blob/master/proposals/0165-dict.md

```
let s = "Lorem ipsum"
var charcount: [Character: Int] = [:]
for c in s {
  charcount[c, default: 0] += 1
}
print(charcount)
// Ausgabe  ["i": 1, "r": 1, "m": 2, "p": 1, "L": 1,
//           "o": 1, "e": 1, " ": 1, "s": 1, "u": 1]
```

Dictionary-Eigenschaften und -Schleifen

Die Eigenschaft `count` verrät, wie viele Elemente ein Dictionary enthält.

```
var colors = [String: Int]()
colors["red"] = 0xff0000
colors["blue"] = 0x0000ff
colors.count  // 3
```

Wenn das Dictionary noch leer ist, liefert `isEmpty` das Resultat `true`. Die Eigenschaften `keys` und `values` liefern eine Auflistung aller Schlüssel bzw. Werte des Dictionarys. Der Datentyp dieser Eigenschaften lautet `LazyMapCollection`. Die Aufzählung kann in einer Schleife durchlaufen oder mit der Eigenschaft `array` in ein Array umgewandelt werden. Die Reihenfolge der Elemente ist willkürlich und muss nicht mit der Reihenfolge übereinstimmen, in der Sie die Dictionary-Elemente erzeugt haben.

```
for s in colors.keys {
  print(s)
} // Ausgabe: blue, white, red
for i in colors.values {
  print(i)
} // Ausgabe: 255, 16777215, 16711680
```

Um in *einer* Schleife die Schlüssel *und* die zugehörigen Werte zu durchlaufen, gehen Sie so vor:

```
for (cname, ccode) in colors {
  print("Name \(cname) -- Code \(String(ccode, radix:16))")
}
// Ausgabe: Name blue  -- Code     ff (führende Nullen werden
//          Name white -- Code ffffff         nicht angezeigt)
//          Name red   -- Code ff0000
```

filter, mapValues und compactMapValues

Bei der Verarbeitung von Dictionaries helfen die von den Arrays bereits bekannten Methoden `filter` und `mapValues`. Die an `filter` übergebene Closure kann bei jedem Element auf `.key` und `.value` zugreifen und diese Eigenschaften als Kriterium auswerten:


```
let numbers = [1: "eins", 2: "zwei", 3: "drei", 4: "vier"]
let data1 = numbers.filter() { $0.value.contains("ei")}
data1  // [ 1: "eins", 2: "zwei", 3: "drei" ]

let data2 = numbers.filter() { $0.key % 2 == 0 }
data2  //  [2: "zwei", 4: "vier"]
```

Die von `mapValues` ausgeführte Closure verändert nur die Werte der Elemente, lässt die Schlüssel aber unverändert:

```
let data3 = numbers.mapValues() { $0.uppercased() }
data3  //  [1: "EINS", 2: "ZWEI", 3: "DREI", 4: "VIER"]
```

Die in Swift 5 neu eingeführte Variante `compactMapValues` eliminiert alle Elemente, bei denen die `map`-Funktion `nil` zurückgibt:

```
let dict = ["A": "1", "B": "2", "C": "drei", "D:": "four"]
let data4 = dict.compactMapValues { Int($0) }
data4  // ["A": "1", "B": "2"]
```

10.4 Sets

Nachdem ich Ihnen Arrays und Dictionaries vorgestellt habe, fehlt nur noch der letzte Collection-Typ, den die meisten modernen Programmiersprachen anbieten: das *Set*. Ein Set ist eine ungeordnete Datenmenge ohne Doppelgänger.

Sets sind wie Dictionaries und Arrays als generische Struktur realisiert. Sie können nur Instanzen aufnehmen, die das Protokoll `Hashable` unterstützen. Zu den wichtigsten Methoden zählen `insert`, `contains` und `remove`. Wenn Sie bei `insert` ein bereits vorhandenes Element nochmals einfügen, wird die Methode ohne Fehler einfach ignoriert.

Das folgende Beispiel liefert Lottozahlen für das deutsche Lottosystem 6 aus 49. Es müssen also sechs Zufallszahlen zwischen 1 und 49 erzeugt werden, wobei es aber keine Doppelgänger geben darf. Ein Set ist hierfür die ideale Datenstruktur. Eine Schleife fügt so lange Zufallszahlen in das Set ein, bis dieses aus sechs Elementen besteht. `Array` bildet daraus ein Array, das unkompliziert sortiert werden kann. `print` gibt die geordneten Lottozahlen schließlich aus:

```
var set = Set<Int>()          // leeres Set erzeugen
repeat {                      // Lottozahlen einfügen
  set.insert(Int(arc4random_uniform(49))+1)
} while set.count<6
var lotto = Array(set).sorted()
print(lotto)                  // z. B.: [27, 28, 39, 42, 46, 47]
```

In Abschnitt 10.7 greife ich den obigen Code zur Erzeugung der Lottozahlen nochmals auf – und gehe auch auf dessen Effizienzprobleme ein.

map und filter

Wenn Sie mit `map` eine Closure auf ein Set anwenden, erhalten Sie als Ergebnis ein Array. Im folgenden Beispiel enthält das Set die Zahlen 1, 7 und 12. `map` berechnet den Restwert einer Division durch 3 und speichert das Ergebnis in einem Array. Da Sets ungeordnet sind, ist auch die Reihenfolge der Ergebnisse im Array ungeordnet!

```
var myset = Set<Int>()
myset.insert(1)
myset.insert(7)
myset.insert(12)
let data1 = myset.map() { $0 % 3 }  // [0, 1, 1], Datentyp Array<Int>
```

`filter` wendet eine Auswahl-Closure auf ein Set an und liefert als Ergebnis ein neues, in der Regel kleineres Set zurück. Im folgenden Beispiel enthält das neue Set nur die Zahlen, die durch 3 teilbar sind:

```
let data2 = myset.filter() { $0 % 3 == 0 }  // { 12}, Datentyp Set<Int>
```

10.5 Option-Sets

Ein Sonderfall eines Sets ist eine Auflistung von Optionen, die beliebig miteinander kombiniert werden können. In vielen Programmiersprachen werden derartige Optionen durch Konstanten oder Enumerationen beschrieben, deren Werte Zweierpotenzen entsprechen (1, 2, 4, 8, 16 etc.). Damit können die Werte binär verarbeitet werden, also z. B. durch logisches Oder kombiniert oder durch logisches Und abgefragt werden.

Swift sieht zur Verwaltung derartiger Optionen das Protokoll `OptionSet` vor. Die Zielsetzung dieses Protokolls ist es, den Umgang mit Option-Sets zu vereinfachen. Viele entsprechende

Strukturen aus den Standardbibliotheken (Foundation, Cocoa, UIKit etc.) wurden dahingehend portiert, sodass sie in Swift als `OptionSet` genutzt werden können.

Was sind Protokolle?

Option-Sets zählen zu den grundlegenden Datentypen in Swift, weswegen ich sie bereits an dieser Stelle vorstelle. Hinter den Kulissen ist `OptionSetType` aber ein Protokoll.

Was Protokolle sind und wie Sie sie anwenden, behandle ich in diesem Buch erst in Abschnitt 12.3, »Protokolle«.

Option-Sets werden als Arrays formuliert, wobei Sie ein leeres Array angeben, wenn keine der zur Auswahl stehenden Optionen aktiv sein soll. `optset1.contains(optset2)` testet, ob die durch `optset1` ausgedrückten Optionen in `optset2` gesetzt sind (das entspricht einem logischen Und). Daneben gibt es mehrere Methoden, die zwei Option-Sets logisch kombinieren: `insert`, `remove`, `union`, `formIntersection`, `formSymmetricIntersection` etc. Das Ergebnis ist jeweils ein neues Option-Set.

Eigene Option-Sets definieren

Eigene Option-Sets definieren Sie, indem Sie für eine Struktur das Protokoll `OptionSet` implementieren. Die Struktur benötigt eine Init-Funktion für den Parameter `rawValue`. Dieser Wert muss innerhalb der Struktur gespeichert werden. Die einzelnen Optionen werden als statische Eigenschaften formuliert. (Hintergrundinformationen zur Programmierung eigener Strukturen folgen in Kapitel 11, »Objektorientierte Programmierung I«.)

```
// Datei sets.playground
// Definition eines eigenen Option-Sets
struct MyOptions: OptionSet {
  let rawValue: Int
  init(rawValue: Int) {
    self.rawValue = rawValue
  }
  static let A = MyOptions(rawValue: 1)
  static let B = MyOptions(rawValue: 2)
  static let C = MyOptions(rawValue: 4)
  static let D = MyOptions(rawValue: 8)
  // vordefinierte Kombination, die häufig
  // benötigt wird
  static let BD: MyOptions = [B, D]
}

// Anwendung des Option-Sets
let someOptions1: MyOptions = [.A, .C]
let someOptions2: MyOptions = [.A, .B, .D]
```

```
let someOptions3: MyOptions = [.BD]
let someOptions4: MyOptions = []

// Auswertung von Option-Sets
func testIfAC(_ opt: MyOptions) -> Bool {
  return opt.contains(.A) && opt.contains(.C)
}
testIfAC(someOptions1)  // true
testIfAC(someOptions2)  // false
testIfAC(someOptions3)  // false
testIfAC(someOptions4)  // false
```

10.6 Tupel

In Swift gelten mehrere durch Kommas getrennte Ausdrücke in runden Klammern als Tupel. Im Unterschied zu Arrays, Dictionaries oder Sets können Tupel nicht erweitert werden. Die Elementanzahl wird bei der Deklaration unveränderlich festgeschrieben. Einige mögliche Tupel sind:

```
()                  // leeres Tupel
(1, 2, 3)           // Tupel aus drei Integer-Zahlen
(7, 3.234, "abc") // Tupel aus drei unterschiedlichen Datentypen
```

Auf die Elemente eines Tupels können Sie in der Form `tupel.0`, `tupel.1` etc. zugreifen:

```
let t = (1, "abc", 3.14159)
t.0                 // 1
t.1                 // "abc"
t.2                 // 3.14159
```

Alternativ können Sie den Tupel-Elementen auch Namen geben. Dann ist zusätzlich zum obigen Zugriffsmechanismus auch das namentliche Auslesen möglich:

```
let u = (nr:1, txt:"abc", nmb:3.14159)
u.nr                // 1
u.txt               // "abc"
```

Schließlich können Sie die Datentypen für Tupel im Voraus festlegen, wobei Sie die Elemente auch benennen können:

```
var t1: (Int, String, Double)
var t2: (nr: Int, txt: String, nmb: Double)
t1 = (1, "xx", 2.3)
t2 = (nr: 1, txt: 2, nmb: 3)  // Fehler, entspricht nicht
                              // den Datentypen
```

Tupel sind Compound Types

In Swift sind fast alle Datentypen benannte Typen (*Named Types*) – also Datentypen, denen bei der Definition ein Name gegeben wird. Es gibt nur zwei Ausnahmen: Closures und Tupel. Verbundene Typen (*Compound Types*) sind Typen ohne Namen, die in Swift selbst definiert werden.

Anwendungen

Tupel finden innerhalb von Swift viele Anwendungen. Besonders praktisch ist die Möglichkeit, damit Funktionen zu definieren, die mehrere Rückgabewerte haben. Das folgende Beispiel zeigt eine Funktion, die den kleinsten und den größten Wert eines Integer-Arrays ermittelt:


```
// Funktion zur Minimum- und Maximumsuche
func minMax(_ data: [Int]) -> (min: Int?, max: Int?) {
  if data.isEmpty {
    return (nil, nil)
  }
  var min = data.first!, max = data.first!
  for itm in data {
    if itm < min { min = itm }
    if itm > max { max = itm }
  }
  return (min, max)
}
```

Sie können die Rückgabewerte der Funktion auf zwei Arten auswerten: Entweder speichern Sie das Ergebnis-Tupel in einer Variablen und werten dann die Komponenten `min` und `max` aus, oder Sie führen eine Tupel-Zuweisung durch und erhalten so zwei Variablen:

```
let ar = [2, 7, 4, -2, 5]      // Daten zum Ausprobieren der Funktion
let ergebnis = minMax(ar)      // (-2, 7)
ergebnis.min                   // -2
ergebnis.max                   // 7
let (a, b) = minMax(ar)
b                              // 7
```

Faszinierend sind auch Auswertemöglichkeiten von Tupeln in `switch`-Konstruktionen. Dabei ist _ ein allgemeiner Pattern-Ausdruck, der immer zutrifft. Bei `case(_, 0)` wird also nur getestet, ob das zweite Tupel-Element 0 ist. Das erste Element wird ignoriert.

```
var pt = (0.0, 0.0)
switch pt {
case (0, 0):
  print("Koordinatenursprung")
```

```
case (_, 0):
  print("Auf der X-Achse")
case (0, _):
  print("Auf der Y-Achse")
case (-1.0...1.0, -1.0...1.0):
  print("Nahe dem Koordinatenursprung")
default:
  print("Sonstwo")
}
```

Tupel sind ein Compiler-Konstrukt, kein eigener Datentyp wie ein Array oder ein Dictionary! Daher gibt es keine Möglichkeit, die Anzahl der Elemente eines Tupels zu ermitteln, die Elementanzahl durch Methoden zu vergrößern oder zu verkleinern etc.

Einelementige Tupel

Swift erlaubt Tupel ohne Elemente sowie mit zwei, drei oder mehr Elementen. Die einzige Ausnahme ist ein Tupel aus nur einem Element – das gibt es nicht. Diese Einschränkung ist deswegen erforderlich, weil sonst die runden Klammern nicht mehr zur Gruppierung von Ausdrücken verwendet werden könnten, also im Sinne von `a * (b + c)`.

Vergleiche

Tupel mit bis zu sechs Elementen können mit == bzw. != miteinander verglichen werden:

```
(1, 2, 3) == (1, 2, 3)  // true
(1, 2) == (2, 1)        // false
(1, 2) != (1, 1)        // true
```

10.7 Lottosimulator

Das folgende Beispiel für den praktischen Einsatz von Arrays und Sets beweist einmal mehr, dass Lottospielen Geldverschwendung ist. Ursprünglich war das Beispiel eher dazu gedacht, etwas Abwechslung in dieses Kapitel zu bringen. Rasch hat sich aber herausgestellt, dass das Beispiel auch einen anderen Aspekt der Swift-Programmierung ausgezeichnet beleuchtet: die Geschwindigkeitsoptimierung. Die erste Version des Programms hat sich nämlich als inakzeptabel langsam herausgestellt.

Version 1: elegant, aber langsam

Das Ziel des Programms ist, so lange Lottoziehungen zu simulieren, bis die sechs gezogenen Zahlen mit den eigenen Zahlen übereinstimmen. Auf die Superzahl, die Erkennung von fünf übereinstimmenden Zahlen und andere Sonderfälle habe ich verzichtet.

Im folgenden Code läuft die äußere Schleife so lange, bis eine mit Zufallszahlen durchgeführte Ziehung den eigenen sechs »Glückszahlen« entspricht. Die innere Schleife simuliert Lottoziehungen: Dabei werden so lange Zufallszahlen zwischen 1 und 49 in ein Set eingetragen, bis dieses aus sechs Elementen besteht. Zur einfacheren Vergleichbarkeit werden diese Elemente in ein sortiertes Array umgewandelt.

```
// Projekt cmd-lotto, Datei main.swift
// Funktion lottoSimulator1()

// diese Zahlen müssen geordnet sein!
let meineZahlen = [1, 6, 12, 14, 25, 33]
var lotto: [Int]
var cnt = 0

repeat {
  var set = Set<Int>()   // leeres Set erzeugen
  repeat {               // Ziehung simulieren
    set.insert(Int.random(in: 1...49))
  } while(set.count < 6)

  // Keys des Dictionarys in sortiertes Array umwandeln
  lotto = Array(set).sorted(by: <)
  cnt += 1
  if cnt % 100_000 == 0 {
    print("Bisher \(cnt) Ziehungen")
  }
  // Schleife ausführen, bis beide Arrays übereinstimmen
} while meineZahlen != lotto

print("Sechs richtige Zahlen nach \(cnt) Versuchen")
```

Das Programm ist aus Geschwindigkeitsgründen für den Playground ungeeignet. Damit der Lottosimulator in einer angemessenen Geschwindigkeit ausgeführt wird, müssen Sie den Code in ein »richtiges« Projekt verpacken. Dazu erstellen Sie mit FILE • NEW • PROJECT ein MACOS • APPLICATION • COMMAND LINE TOOL. Um dieses zu einer Release-Version zu kompilieren, führen Sie in Xcode PRODUCT • SCHEME • EDIT SCHEME aus, wählen den Eintrag RUN und das Dialogblatt INFO aus, stellen dort die BUILD CONFIGURATION auf RELEASE um und deaktivieren die Option DEBUG EXECUTABLE (siehe Abbildung 10.1).

Selbst in dieser Konfiguration und auf einem leistungsfähigen iMac dauert die Ausführung des Programms oft mehrere Minuten, bis im Debug-Bereich von Xcode die Erfolgsmeldung erscheint. Statistisch gesehen sind dafür rund 15 Millionen simulierte Ziehungen nötig.

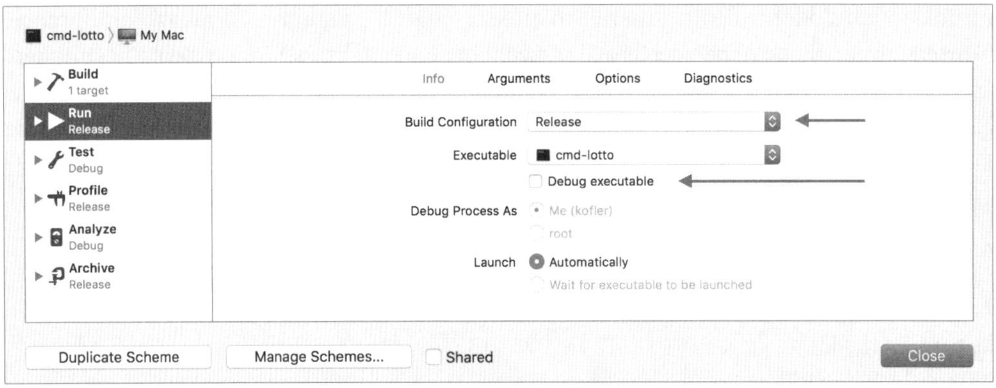

Abbildung 10.1 Xcode-Einstellung für ein Release-Kompilat

Einige Benchmarktests

Vergleichbare Aufgabenstellungen habe ich in der Vergangenheit auch schon mit anderen Programmiersprachen gelöst – und habe dabei weniger lange auf meinen simulierten Sechser im Lotto warten müssen. Warum ist das Programm so langsam?

Mein erster Verdacht richtete sich auf das Erzeugen der Zufallszahlen. Und tatsächlich: Die in Swift 4.2 neu eingeführte `random`-Methode ist ca. um den Faktor 8 langsamer als die in der Vergangenheit verwendete Funktion `arc4random_uniform`. Auf meinem Testrechner dauert das Generieren von 100.000.000 Zufallszahlen zwischen 1 und 49 mit `Int.random` ca. 17 Sekunden, mit `arc4random_uniform` dagegen nur 2,4 Sekunden.

`arc4random_uniform` ist in der Standard-C-Bibliothek definiert und steht automatisch zur Verfügung, wenn Sie die Cocoa-, die UIKit- oder zumindest die Foundation-Bibliothek importiert haben. Der Rückgabedatentyp von `arc4random_uniform` ist `UInt32` und kann problemlos in `Int` umgewandelt werden.

```
// Projekt cmd-lotto, Datei main.swift
let start = Date()
var sum=0
for _ in 1...100_000_000 {
  sum += Int.random(in: 1...49)            // Variante 1
  sum += Int(arc4random_uniform(49)) + 1   // oder Variante 2
}
let end = Date()
let seconds = end.timeIntervalSince(start)
print("fertig nach \(seconds) Sekunden")
```

Aber auch nach der Umstellung des Codes auf `arc4random_uniform` lief der Lottosimulator wesentlich langsamer als in anderen Programmiersprachen. Mein nächster Verdächtiger war das Set, das ich zum bequemen Erzeugen von Lottozahlen missbraucht habe. Das Set kommt hier zum Einsatz, weil es nur eindeutige Werte zulässt. Ohne Set muss beim Hinzufügen jeder neuen Lottozahl überprüft werden, ob es sich hierbei um einen Doppelgänger handelt. Das erfordert eine zusätzliche Schleife und macht den Code unübersichtlicher – aber auch viermal schneller als mit dem ursprünglichen Set-Code!

```
for _ in 1...1_000_000 {
  var lotto =  [Int](repeating: 0, count: 6)
  var n=0
  repeat {
    lotto[n] =  Int(arc4random_uniform(49))+1
    for i in 0..<n {  // Doppelgängertest
      if lotto[i] == lotto[n] {
        n -= 1          // die n-te Lottozahl ist ein Doppel-
        break           // gänger, neu erzeugen
      }
    }
    n += 1
  } while(n<6)
  lotto.sort(by: <)
}
```


Aber auch mit der verbesserten Variante war ich noch nicht glücklich. Das Erzeugen von 100.000.000 Zufallszahlen hatte bewiesen, dass es noch schneller gehen müsste. Glücklicherweise fiel mir auf, dass ich das `lotto`-Array eigentlich nicht ständig neu erzeugen muss.

Ich habe die Zeile `var lotto=...` also oberhalb der `for`-Schleife angeordnet, ohne mir davon Wunder zu versprechen. Doch genau dieses Wunder traf ein: Die Rechenzeit sank auf meinem Testrechner von 0,42 auf 0,24 Sekunden, also nochmals beinahe auf die Hälfte der ursprünglichen Zeit. Oder, anders formuliert: Im obigen Code beansprucht die Zeile `var lotto = [Int](repeating: 0, count: 6)` beachtliche 40 Prozent der Rechenzeit!

```
// mit Recycling des lotto-Arrays: nochmals um 40 % schneller
var lotto = [Int](repeating: 0, count: 6) // <-- neu platziert
for _ in 1...1_000_000 {
  var n=0
  repeat {
    // ... Code wie oben
  } while(n<6)
  lotto.sort(by: <)  // beansprucht ca. 1/4 der Rechenzeit!
}
```

Im Versuch, den Algorithmus weiter zu optimieren, habe ich den Datentyp des Arrays von `Int` auf `UInt8` umgestellt – ohne Erfolg. Die Rechenzeit blieb im Rahmen der Messgenauigkeit unverändert.

Optimierungspotenzial habe ich dann nur noch bei `sort` gefunden: Ohne das Sortieren sinkt die Rechenzeit nochmals um rund 25 Prozent. Die Zahlen müssen aber sortiert werden, damit sie mit den ebenfalls geordneten Glückszahlen verglichen werden können. Wenn Sie das Programm also weiter optimieren wollten, könnten Sie versuchen, einen effizienteren Sortieralgorithmus zu implementieren oder den Zahlenvergleich ohne vorheriges Sortieren durchzuführen. Darauf habe ich verzichtet.

Version 2: Swift zeigt, was es kann

Mit dem so gewonnenen Wissen habe ich dann die endgültige Version des Lottosimulators fertiggestellt. Der Code sieht so aus:

```
// Projekt cmd-lotto, Datei main.swift
// Funktion lottoSimulator2()
let meineZahlen = [1, 6, 12, 14, 25, 33]
var lotto =  [Int](repeating: 0, count: 6)
var cnt=0
repeat {
  // Lottoziehung simulieren
  var n=0
  repeat {
    lotto[n] =  Int(arc4random_uniform(49))+1
    // Doppelgängertest
    for i in 0..<n {
      if lotto[i] == lotto[n] {
        n -= 1    // die n-te Lottozahl ist ein Doppelgänger,
        break     // neu erzeugen
      }
    }
    n += 1
  } while(n<6)
  lotto.sort(by: <)
  cnt += 1
  if cnt % 100_000 == 0 {
    print("Bisher \(cnt) Ziehungen")
  }
// Schleife ausführen, bis beide Arrays übereinstimmen
} while meineZahlen != lotto
print("Sechs Richtige nach \(cnt) Versuchen")
```

Kapitel 11
Objektorientierte Programmierung I

Die bisherigen Beispiele haben bewiesen, dass man in Swift relativ weit kommen kann, ohne selbst objektorientierten Code zu verfassen. Ob in Playground-Experimenten oder in Terminal-Apps: Sie müssen mit Strukturen und Klassen umgehen können, aber Swift zwingt Sie anfänglich nicht, Ihren eigenen Code objektorientiert zu strukturieren.

Spätestens dann, wenn Sie beginnen, Apps für iOS oder eine andere Apple-Plattform zu entwickeln, stoßen Sie an eine Grenze: Ohne eigene Klassen geht es dann einfach nicht mehr! Und das wäre auch gar nicht sinnvoll, denn die Konzepte der objektorientierten Programmierung (OOP) kamen ja gerade deswegen zustande, um komplexe Projekte auf eine solide, übersichtliche Codebasis stellen zu können. OOP vermeidet Redundanzen im Code, hilft, bereits vorhandenen Code bestmöglich wiederzuverwenden, und stellt sicher, dass sich Code längerfristig weiterentwickeln und warten lässt.

Dieses Kapitel wird freilich auf die Ideen der OOP kaum eingehen, sondern vielmehr deren praktische Implementierung unter Swift in den Vordergrund stellen. Konkrete Themen der folgenden Abschnitte sind:

- Klassen und Strukturen (`class` versus `struct`)
- Enumerationen
- Eigenschaften
- die Init- und die Deinit-Funktion
- Methoden
- Subscripts
- Typ-Aliasse
- Speicherverwaltung

Im folgenden Kapitel 12, »Objektorientierte Programmierung II«, geht es dann um fortgeschrittene OOP-Konzepte:

- Vererbung
- Generics
- Protokolle
- Extensions
- Protokollerweiterungen
- Reflection und Metatypen

11.1 Klassen und Strukturen

In Swift gibt es zwei sehr ähnliche Möglichkeiten, neue Typen zu definieren: Klassen und Strukturen (`class` bzw. `struct`). Während es bei anderen Sprachen oft erhebliche syntaktische Einschränkungen für Strukturen gibt, die dort zumeist als *Verbundtypen* bezeichnet werden, sind die beiden Konstrukte in Swift nahezu gleichwertig (siehe Tabelle 11.1). Klassen können ebenso wie Strukturen mit Eigenschaften und Methoden ausgestattet werden, Init-Funktionen (Konstruktoren) aufweisen, Protokolle erfüllen und nachträglich erweitert werden (Extensions).

Merkmal	Klassen	Strukturen	Enumerationen
Schlüsselwort	`class`	`struct`	`enum`
Verhalten	Referenztyp	Werttyp	Werttyp
Init-Funktion	ja	ja	ja
Convenience Init	ja	nein	nein
Deinit-Funktion	ja	nein	nein
Eigenschaften (Properties)	ja	ja	nein
Eigenschaften ändern	ja	ja, mit `mutating`	nein
statische Eigenschaften	nein	ja	nein
Computed Properties	ja	ja	ja
Methoden	ja	ja	ja
statische Methoden	ja	ja	ja
Subscripts	ja	ja	ja
Protokolle erfüllen	ja	ja	ja
nachträglich erweitern	ja	ja	ja
Vererbung	ja	nein	nein
Type Casting	ja	nein	nein

Tabelle 11.1 Klassen versus Strukturen versus Enumerationen

Der größte Unterschied zwischen Klassen und Strukturen bezieht sich darauf, dass Klassen Referenztypen sind, Strukturen hingegen Werttypen (siehe Abschnitt 4.3, »Wert- versus Referenztypen«). Insofern sollten Sie sich immer zuerst die Frage stellen, wie sich die Instanzen Ihrer Typen später bei Variablenzuweisungen bzw. bei einer Parameterübergabe verhalten sollen: Wollen Sie, dass Ihre Daten kopiert werden (Werttypen) oder dass nur Referenzen (Zeiger) auf die Daten ausgetauscht werden? Ersteres ist gerade bei nebenläufigen Algorithmen sicherer, Letzteres mitunter effizienter.

Ein weiterer wichtiger Unterschied besteht darin, dass nur Klassen das Prinzip der Vererbung unterstützen. Gewissermaßen eine Konsequenz daraus ist die Möglichkeit, Typentests und Typumwandlungen (Up- und Downcasts) durchzuführen.

Ein wenig befremdlich beim Umgang mit Strukturen ist, dass Swift es normalen Methoden verbietet, Eigenschaften (also die Datenelemente der Struktur) der Instanz zu verändern. Nach der erstmaligen Initialisierung aller Datenelemente ist eine weitere Veränderung zwar von außen möglich (`rect.width = 3`), nicht aber von innen (`self.width = 3`). Wollen Sie Eigenschaften durch eine Methode verändern, müssen Sie der Methode das Schlüsselwort `mutating` voranstellen.

Paradigmenwechsel von Klassen zu Strukturen

Bei den in Swift inkludierten Typen ist ein Paradigmenwechsel festzustellen: Während in den meisten Programmiersprachen komplexe Datenstrukturen bevorzugt als Klassen implementiert werden, gibt Swift in nahezu allen Fällen Strukturen den Vorzug. Beispielsweise sind Arrays und Dictionaries in Swift Strukturen und somit Werttypen, während vergleichbare Datenstrukturen z. B. in Java oder C# als Klassen (Referenztypen) realisiert sind.

In Swift wurden bei den Schnittstellen zu den Standardbibliotheken sogar einige Datentypen von `class` in `struct` geändert. Während `NSDate` aus Objective-C-Sicht eine Klasse ist, ist das gleichwertige `Date` in Swift eine Struktur!

Bei der App-Programmierung werden Sie Ihren eigenen Code voraussichtlich dennoch überwiegend in Klassen formulieren – in erster Linie deswegen, weil Sie nur in Klassen Vererbung nutzen können.

Auch Enumerationen sind Datentypen!

Oft wird vergessen, dass es in Swift neben Klassen und Strukturen mit Enumerationen eine dritte Möglichkeit gibt, neue Datentypen zu definieren. Enumerationen wurden bereits in Abschnitt 4.1, »Variablen und Konstanten«, kurz erwähnt, wobei dort der Fokus auf der Definition von Konstantengruppen lag. In diesem Kapitel greife ich Enumerationen nochmals in Abschnitt 11.2 auf. Dort geht es um einige fortgeschrittene Funktionen, die Enumerationen bieten.

Glossar

Wenn Sie bisher mit anderen objektorientierten Sprachen gearbeitet haben, dann werden Ihnen manche Swift-Begriffe fremdartig erscheinen. Ich habe mich deswegen bemüht, als erste Orientierungshilfe einige besonders oft auftretende Begriffe und die in anderen Sprachen üblichen Bezeichnungen gegenüberzustellen (siehe Tabelle 11.2). Beachten Sie aber, dass es sich hier nicht immer um 1:1-Entsprechungen handelt. Beispielsweise entspricht zwar der Zustand `nil` weitgehend `null` aus anderen Sprachen, allerdings ist `nil` in Swift eng mit Optionals verbunden und insofern nur bedingt vergleichbar (siehe Abschnitt 4.2).

Swift	Andere OO-Sprachen
Instanz	Objekt
Eigenschaft (Property)	Attribut, Member, Instanzvariable
Init-Funktion	Konstruktor
Deinit-Funktion	Destruktur
Computed Property	Getter/Setter-Methoden
Type Methods	statische Methoden
Protokoll	Schnittstelle (Interface)
`nil`	`null`

Tabelle 11.2 OO-Glossar für Swift

Syntax

Wie das folgende Listing zeigt, ist die Syntax zur Definition eigener Klassen bzw. Strukturen sowie zu deren Anwendung einfach. Bei der Definition unterscheiden sich Klassen und Strukturen nur durch die Schlüsselwörter `class` und `struct`. Es ist üblich, den Klassen- bzw. Strukturnamen mit einem Großbuchstaben beginnen zu lassen.

Innerhalb des neuen Datentyps leiten `var` bzw. `let` die Deklaration von Variablen bzw. Konstanten ein. Im Kontext von Klassen bzw. Strukturen werden diese als *Eigenschaften* bezeichnet (*Properties*). Auch der in anderen Programmiersprachen übliche Begriff *Klassenvariable* ist natürlich nicht falsch.

Alle Eigenschaften *müssen* initialisiert werden – andernfalls akzeptiert der Swift-Compiler Ihren Code nicht. Zur Initialisierung haben Sie zwei Möglichkeiten: Weisen Sie den Eigenschaften gleich bei der Deklaration einen Defaultwert zu, oder sehen Sie eine Funktion mit dem Namen `init` dazu vor. Der Aufruf der Init-Funktion erfolgt beim Erzeugen einer Instanz, im folgenden Beispiel also z. B. durch `r1 = RectangleClass(12, 10)`.

In einer Klasse oder Struktur definierte Funktionen heißen *Methoden*. Sie können die Eigenschaften der Klasse bzw. Struktur verarbeiten.

```
// Datei oo-intro.playground
// Rechteck-Klasse
class RectangleClass {
  // zwei Eigenschaften bzw.
  // Klassenvariablen
  var length: Double
  var width: Double

  // Init-Funktion
  init(_ length: Double,
       _ width: Double) {
    self.length = length
    self.width = width
  }

  // Methode
  func getArea() -> Double {
    return length * width
  }
}

// Anwendung
let r1 = RectangleClass(12, 10)
r1.length = 13
r1.width
r1.getArea()   // 130.0
let r2 = r1    // Referenz
```

```
// Rechteck-Struktur
struct RectangleStruct {
  // zwei Eigenschaften bzw.
  // Klassenvariablen
  var length: Double
  var width: Double

  // Init-Funktion
  init(_ length: Double,
       _ width: Double) {
    self.length = length
    self.width = width
  }

  // Methode
  func getArea() -> Double {
    return length * width
  }
}

// Anwendung
let r3 = RectangleStruct(4.3, 2.5)
r3.getArea()   // 10.75
let r4 = r3    // Kopie
```

Um eine neue Instanz einer Klasse oder Struktur zu erzeugen, nennen Sie einfach den Klassen- oder Strukturnamen samt runden Klammern. Wenn Ihre Klasse/Struktur eine Init-Funktion aufweist, wird diese aufgerufen. In den runden Klammern müssen Sie dann die Parameter der Init-Funktion angeben.

Beachten Sie, dass `RectangleClass` und `RectangleStruct` mit Ausnahme von `class` bzw. `struct` durch exakt denselben Code definiert sind. Die resultierenden Instanzen verhalten sich aber unterschiedlich!

Beispielsweise können Sie bei `r1` die Länge des Rechtecks nachträglich verändern, obwohl `r1` eine Konstante ist. Konstant ist hier aber nur die Referenz auf das Objekt! Bei `r3` handelt es sich hingegen um einen Werttyp. Hier ist auch eine Veränderung des Inhalts ausgeschlossen:

```
let r3 = RectangleStruct(4.3, 2.5)
r3.length = 4.5    // Fehler, funktioniert nur mit 'var r3=...'
```

Auch die Zuweisungen `r2=r1` und `r4=r3` werden Swift-intern vollkommen unterschiedlich verarbeitet. Im ersten Fall wird einfach eine weitere Referenz auf das schon vorhandene Objekt eingerichtet. r1 und r2 zeigen also beide auf dieselbe Instanz eines Rechteckobjekts. Im zweiten Fall werden die Daten hingegen kopiert. r4 ist also eine vollkommen unabhängige Kopie von r3.

Das Schlüsselwort »self«

Bemerkenswert innerhalb der Init-Funktion ist das Schlüsselwort self. Damit verweisen Sie im Code einer Klasse oder Struktur auf die aktuelle Instanz, bei einer Enumeration auf den aktuellen Enumerationswert. In Strukturen oder Klassen ist die Verwendung von self nur notwendig, wenn andernfalls Doppeldeutigkeiten im Code entstehen – vorhin also zwischen dem init-Parameter length und der gleichnamigen Eigenschaft.

»self« versus »Self«

Swift kennt neben self auch das Schlüsselwort Self. Es bezeichnet nicht die aktuelle Instanz, sondern den aktuellen Typ. Besonders häufig benötigen Sie Self bei der Definition von Protokollen, um wie im folgenden Listing den Typ anzugeben, den das Protokoll implementiert. Eine genaue Beschreibung von Protokollen folgt in Abschnitt 12.3.

```
// Protokoll P
protocol P {
  // die Funktion m gibt als Ergebnis eine Instanz
  // der Enumeration, Struktur oder Klasse zurück,
  // die das Protokoll implementiert
  func m() -> Self
}
```

Zugriffsebenen und Zugriffssteuerung

Swift unterscheidet grundsätzlich zwischen zwei Arten von Codeebenen:

- Ein **Modul** ist ein vollständiges Programm bzw. ein ganzes Framework, das Sie in anderen Projekten mit import nutzen können. In Xcode sind Build Targets für die Erzeugung eines Moduls verantwortlich. Jedes Target definiert also ein eigenes Modul.

  Bei der Entwicklung einfacher Apps enthält Ihr Xcode-Projekt normalerweise nur ein Target (mal abgesehen von eventuellen Test-Targets). In solchen Fällen können Sie einfach das gesamte Projekt als »Modul« betrachten.

- Module bestehen in der Regel aus vielen **Codedateien**. In objektorientierten Programmen ist es üblich, größere Klassen oder Strukturen jeweils in eigenen Codedateien zu definieren. Es gibt dafür aber keine Syntaxregel! Sie dürfen also beliebig viele Klassen, Strukturen, Funktionen etc. in einer Datei definieren.

Nun stellen sich folgende Fragen: Welche Klassen eines importierten Moduls sind im eigenen Projekt zugänglich? Welche Eigenschaften und Methoden einer anderen Klasse dürfen an der aktuellen Stelle im Code gelesen oder verändert werden? Welche Klassen dürfen als Basisklassen zur Vererbung verwendet werden?

Swift steuert den Zugriff auf Codeelemente durch fünf Schlüsselwörter:

```
open          // Zugriff und Vererbung in anderen Modulen
public        // Zugriff auch in anderen Modulen,
              // aber Vererbung nur im eigenen Modul
internal      // Zugriff und Vererbung nur im eigenen Modul
fileprivate   // Zugriff und Vererbung nur in der aktuellen Datei
private       // Zugriff nur in der aktuellen Klasse sowie in
              // Erweiterungen in der gleichen Datei
```

Wenn Sie Klassen oder Elemente nicht kennzeichnen, gilt automatisch `internal`. Im Detail sieht die Bedeutung der Schlüsselwörter zur Zugriffssteuerung so aus:

11

- `open` und `public`: **Öffentliche Elemente** sind überall zugänglich, also in anderen Klassen, in anderen Dateien und auch aus anderen Modulen heraus.

  Das Schlüsselwort `open` ist insofern noch liberaler, als es bei Klassen auch die Vererbung in andere Module zulässt. Eine als `public` deklarierte Klasse kann zwar ebenfalls vererbt werden, aber nur *innerhalb* des aktuellen Moduls.

  Bei Methoden und Eigenschaften besteht der Unterschied zwischen `open` und `public` darin, dass diese Elemente im ersten Fall auch in anderen Modulen überschrieben werden dürfen, im zweiten Fall aber nur durch andere Klassen im selben Modul.

- `internal` (Standardeinstellung): **Interne Elemente** sind nur für das aktuelle Modul gedacht. Ein Zugriff von anderen Modulen ist unmöglich. Die Vererbung innerhalb des aktuellen Moduls ist erlaubt.

- `fileprivate`: Der Zugriff auf **private Elemente**, also auf Klassen, Methoden und Eigenschaften, ist nur innerhalb der aktuellen Codedatei zulässig. Bei Klassen ist innerhalb der gleichen Datei auch Vererbung erlaubt.

- `private`: Dieses Schlüsselwort ist noch restriktiver als `fileprivate`, weil es die Nutzung des Elements sogar dann verbietet, wenn diese in einer anderen Klasse in derselben Codedatei erfolgen soll. Vererbung ist in diesem Fall ganz unmöglich. Immerhin können Sie mit `private` deklarierte Typen in der gleichen Datei durch `extension` erweitern.

  Grundsätzlich unterscheiden sich `fileprivate` und `private` nur dann, wenn mehrere Klassen in einer gemeinsamen Codedatei definiert werden. Wenn Sie dagegen für jede Klasse eine eigene Datei verwenden, dann spielt es keine Rolle, ob Sie `private` oder `fileprivate` verwenden.

In Swift gilt per Default immer `internal`. Es ist vergleichsweise selten erforderlich, die Zugriffsrechte explizit zu ändern. In der Praxis sind vor allem diese drei Fälle relevant:

- Wenn Sie eine App entwickeln und dabei gewisse Implementierungsdetails einer Klasse oder Struktur vor irrtümlichem Zugriff schützen möchten, markieren Sie die betreffenden Eigenschaften oder Methoden als `private`. Ein wichtiges Konzept der objektorientierten Programmierung, nämlich die Kapselung von Daten, baut darauf auf.
- Wenn Sie ein Framework für andere Entwickler gestalten, kennzeichnen Sie die von außen zugänglichen Klassen, Strukturen, Methoden und Eigenschaften als `public`.
- Wenn Sie ein Framework gestalten und dabei explizit zulassen möchten, dass bestimmte Klassen extern durch Vererbung erweitert werden, dann markieren Sie diese Klassen als `open`.

Um die Default-Zugriffsrechte zu verändern, stellen Sie der Definition des jeweiligen Elements eines der fünf aufgezählten Schlüsselwörter voran.

```
class RectangleClass {              // per Default internal, kann im
                                    // Modul verwendet und vererbt werden

  fileprivate var length: Double   // Zugriff auf diese Elemente nur
  fileprivate var width: Double    // in der aktuellen Datei

  private var internal: Int        // noch privater, Zugriff nur
                                    // innerhalb der aktuellen Klasse
                                    // oder per `extension` in der
                                    // gleichen Datei
  ...
}
```

Sie können den Zugriff auf eine Eigenschaft oder Methode nie liberaler einstellen als den Zugriff der zugrunde liegenden Klasse oder Struktur. Eine Klasse mit der Standardeinstellung `internal` kann also keine öffentliche Methode (`public`) haben. Wenn das erforderlich ist, müssen Sie zuerst die ganze Klasse als `public` kennzeichnen.

Elementzugriff bei Unit-Test

Losgelöst von den oben skizzierten Regeln können Sie Elemente, die `internal`, `fileprivate` oder `private` sind, durch das Attribut `@testable` für Test-Targets zugänglich machen.

Modifizierer

Modifizierer sind Schlüsselwörter, die der Definition eines Typs, einer Eigenschaft oder einer Methode vorangestellt werden und die so dessen bzw. deren Verhalten verändern. Zu den meisten Schlüsselwörtern folgen im weiteren Verlauf des Kapitels noch mehr Details.

- Die im vorigen Abschnitt vorgestellten Schlüsselwörter `open`, `public`, `internal`, `fileprivate` und `private` steuern die Gültigkeitsebene von Typen, Eigenschaften oder Methoden.
- `dynamic` bewirkt, dass die Methode oder Eigenschaft dynamisch durch die Objective-C-Runtime verarbeitet wird. Das verhindert bestimmte Optimierungen des Compilers, führt zu einer höheren Kompatibilität mit Objective-C und erlaubt die Nutzung in einem Key-Value-Observer (KVO). `dynamic` ist erforderlich, wenn eine Eigenschaft mit Cocoa Bindings mit einem Steuerelement synchronisiert werden soll. (Xcode bietet diese Möglichkeit bei macOS-Apps im Bindings Inspector. Das funktioniert aber nur in trivialen Fällen zufriedenstellend, weswegen ich in diesem Buch nicht weiter darauf eingehe.) Beachten Sie, dass `dynamic` bei optionalen Variablen nicht zulässig ist. Objective-C kennt ja keine Optionals!
- `final` verhindert, dass eine Methode oder Eigenschaft durch Vererbung verändert wird. Das gibt dem Compiler die Möglichkeit, etwas effizienteren Code zu erzeugen, und kann die Implementierung von Protokollen erleichtern.
- `lazy` bewirkt bei Eigenschaften, dass diese erst initialisiert werden, wenn sie tatsächlich benötigt werden.
- `weak` drückt aus, dass in der Eigenschaft gespeicherte Objektverweise nicht für das Automatic Reference Counting berücksichtigt werden sollen (siehe Abschnitt 11.8, »Speicherverwaltung«).
- `optional` kennzeichnet in Protokollen Elemente, deren Implementierung freiwillig ist.
- `required` bewirkt bei Init-Funktionen, dass diese auch durch die erbende Klasse implementiert werden müssen.

11

Verschachtelte Klassen, Strukturen und Enumerationen

Klassen, Strukturen, Enumerationen und Methoden bzw. Funktionen können beliebig ineinander verschachtelt werden. Sie können also innerhalb einer Klasse weitere Klassen, Strukturen und Enumerationen definieren, innerhalb einer globalen Funktion eine Struktur etc.

Relativ häufig wird diese Möglichkeit genutzt, um interne Datentypen zu definieren, die nach außen hin gar nicht eingesetzt werden sollen. Dann kennzeichnen Sie die Unterklassen, -strukturen etc. einfach mit `private`.

Syntaktisch gesehen spricht aber nichts dagegen, Subklassen öffentlich zu definieren. Sie können dann wie im folgenden Beispiel auch von außerhalb genutzt werden, wobei sich ein zusammengesetzter Typname ergibt. Innerhalb der Swift-Typenbibliothek gibt es dafür bei der `String`-Struktur einige Beispiele: Innerhalb dieser Struktur sind weitere Typen wie `String.CharacterView`, `String.UTF8View` etc. definiert.

```
class A {                // Klasse 'A'
  class Special {        // Klasse 'A.Special'
    var data: Int = 0
  }
}
```

```
// Anwendung
var asp = A.Special()
asp.data = 3
```

Codedateien

Dateien habe ich ja vorhin schon angesprochen, als es um die Gültigkeitsebenen von Swift-Sprachelementen ging. Gibt es auch Regeln, wie die Namen von Klassen- oder anderen Typ-Dateien aussehen müssen? Insbesondere im Vergleich zu Java ist Swift hier sehr liberal: Sie dürfen Swift-Code-Dateien benennen, wie Sie möchten, und Sie dürfen durchaus in einer Datei mehrere Klassen, Strukturen, Enumerationen, Funktionen etc. definieren.

Trotz dieser Freiheiten ist es üblich, für jede wichtige Klasse oder Struktur eine eigene Datei zu verwenden und diese wie den Typnamen zu benennen – also `MyClass.swift` oder `MyStruct.swift` für die Klasse `MyClass` bzw. die Struktur `MyStruct`.

11.2 Enumerationen

Im vorigen Abschnitt habe ich bereits kurz erwähnt, dass sich Enumerationen in Swift nicht nur zur Definition einer Gruppe zusammengehöriger Konstanten eignen, sondern dass das Schlüsselwort `enum` einen neuen Datentyp definiert. Dafür stellt Swift beinahe so viele syntaktische Möglichkeiten wie bei Strukturen zur Verfügung.

Swift macht von Enumerationen selbst intensiv Gebrauch. Beispielsweise sind der Datentyp `Character` sowie Optionals intern als Enumerationen realisiert, auch wenn der Compiler durch sogenannten *syntaktischen Zucker* dazu beiträgt, dass sich Optionals bei ihrer Anwendung nicht wie Enumerationen anfühlen.

```
// Swift-interne Definition eines Optionals
public enum Optional<Wrapped> : ExpressibleByNilLiteral {
  case none
  case some(Wrapped)
  // sowie diverse Init-Funktionen, map(), flatMap(),
  // unsafelyUnwrapped
}
```

Vorweg zur Wiederholung nochmals die Definition einer »gewöhnlichen« Enumeration, wie Sie sie vielleicht von anderen Programmiersprachen kennen:

```
enum Color {
  case white, black, red, green, blue
}
```

Enumerationen sind wie Strukturen Werttypen. Der größte Unterschied zu Strukturen besteht darin, dass Enumerationen keine Eigenschaften (*Stored Properties*) besitzen können.

Eine Instanz einer Enumeration kann daher nur ein Element der durch `case` vordefinierten Werte enthalten. Aus diesem Grund gibt es in der Init-Funktion einer Enumeration normalerweise wenig zu tun. Sie können die Init-Funktion verwenden, um `self` einen der Enumerationswerte zuzuweisen:

```
// Beispieldatei enum.playground
enum Color {
  case white, black, red, green, blue
  init() {
    self = .white       // Weiß ist die Defaultfarbe
  }
}
var c1 = Color()      // diese beiden Anweisungen
var c2 = Color.white  // sind gleichwertig
```


Schleifen über Enumerationen

Wenn Sie eine Enumeration mit dem Protokoll `CaseIterable` definieren (neu seit Swift 4.2), dann steht Ihnen ohne zusätzlichen Programmieraufwand die Eigenschaft `allCases` zur Verfügung. Diese Eigenschaft liefert ein Array aller Enumerationswerte zurück und macht es einfach, Schleifen zu bilden:

```
enum Color : CaseIterable {
  case white, black, red, green, blue
}
// allCases: Datentyp [Color]
// c:        Datentyp Color
for c in Color.allCases {
  print(c)
}
```

Auswertung von Enumerationen mit switch

Zur Auswertung von Enumerationsausdrücken bietet sich `switch` an. Im einfachsten Fall kann der Code so aussehen:

```
switch c1 {
  case .white: print("Weiß")
  case .black: print("Schwarz")
  case .red:   print("Rot")
  case .green: print("Grün")
  case .blue:  print("Blau")
}
```

Der Swift-Compiler besteht darauf, dass `switch` wirklich *alle* Fälle berücksichtigt:

```
switch c1 {   // fehlerhafter Code, 'switch must be exhaustive'
  case .white: print("Weiß")
  case .black: print("Schwarz")
}
```

Wenn Sie wirklich nur an den Fällen `.white` und `.black` interessiert sind, fügen Sie der `switch`-Konstruktion einfach einen `default`-Block hinzu:

```
switch c1 {   // OK
  case .white: print("Weiß")
  case .black: print("Schwarz")
  default:     print("Interessiert mich nicht.")
}
```

Ein wenig komplizierter wird die Angelegenheit, wenn Sie Enumerationen verarbeiten, die Sie nicht selbst definiert haben, sondern die aus einer externen Bibliothek stammen. Das folgende Beispiel stammt aus einer kleinen tvOS-App, wo die Tasten der Fernbedienung ausgewertet werden sollen:

```
override func pressesBegan(_ presses: Set<UIPress>, ...) {
  super.pressesBegan(presses, with: event)
  for p in presses {
    switch p.type {       // Datentyp UIPress.PressType
      case .select:       print("Touchpad-Klick")
      case .downArrow:    print("Touchpad-Tap am Rand: unten")
      case .upArrow:      print("Touchpad-Tap am Rand: oben")
      case .leftArrow:    print("Touchpad-Tap am Rand: links")
      case .rightArrow:   print("Touchpad-Tap am Rand: rechts")
      case .menu:         print("Menü")
      case .playPause:    print("Play/Pause")
    }
  }
}
```

Nach aktuellem Stand (tvOS 12.2) berücksichtigt `switch` alle zulässigen Elemente der Enumeration `UIPress.PressType`. Es ist aber nicht auszuschließen, dass Apple irgendwann eine neue AppleTV-Fernbedienung mit zusätzlichen Tasten vorstellt und die Enumeration dann erweitert. Deswegen zeigt Xcode die folgende Warnung an: *Switch covers known cases, but UIPress.PressType may have additional unknown values, possibly added in future versions.*

Diese Warnung verschwindet, wenn Sie `switch` um einen zusätzlichen `default`-Block mit dem Attribut `@unknown` erweitern (neu seit Swift 5). Dieser Block kommt dann zur Anwendung, wenn irgendwann in der Zukunft ein Benutzer auf eine neue Taste der AppleTV-Fernbedienung drückt.

```
switch p.type {       // Datentyp UIPress.PressType
  case .select:       print("Touchpad-Klick")
  // ... wie bisher
  case .playPause:  print("Play/Pause")
  @unknown default:
     print("Diese Taste wird noch nicht unterstützt.")
}
```

Der große Vorteil der obigen Codeerweiterung besteht darin, dass Ihr Code auch nach einer Erweiterung der `UIPress.PressType`-Enumeration syntaktisch korrekt bleibt *und* dass Xcode Sie nach der Erweiterung durch eine Warnung darauf hinweist, dass es jetzt tatsächlich neue Enumerationsfälle gibt.

Beachten Sie, dass Sie `@unknown` nie für eigene Enumerationen verwenden können. Der Einsatz dieses Schlüsselworts ist ausschließlich für extern definierte Enumerationen gedacht, die *non-frozen* gelten, also möglicherweise in Zukunft erweitert werden. Weitere Details zu diesem Feature können Sie hier nachlesen:

https://github.com/apple/swift-evolution/blob/master/proposals/0192-non-exhaustive-enums.md

11

Datentypen und Protokolle für Enumerationen

Normalerweise definieren Enumerationen für sich einen neuen Werttyp. Sie können einer Enumeration aber auch explizit einen vorhandenen Typ zuweisen, z. B. `Int` oder `String`. Das gibt Ihnen die Möglichkeit, den Enumerationswerten explizit eigene Werte zuzuweisen. Die Enumeration definiert aber weiterhin für sich einen Datentyp. Wertvergleiche sind nur mit der Eigenschaft `rawValue` zulässig.

```
enum Color : Int {
  case white = 1
  case black = 2
  case red = 3
}

let c = Color.black

if c == Color.black { print("schwarz") }  // OK
if c.rawValue == 2  { print("schwarz") }  // OK
if c == 2           { print("schwarz") }  // Fehler
```

Enumerationen können auch Protokolle implementieren. (Was Protokolle sind, erfahren Sie in Abschnitt 12.3, »Protokolle«.) Besonders häufig wird diese Möglichkeit genutzt, um eigene Fehlerzustände zu definieren. Die `MyErrors`-Enumeration implementiert dazu das `Error`-Protokoll:

```
enum MyErrors : Error {
  case tooSmall
  case tooBig(maximum: Int)
  case missing
  case other(explanation: String)
}
```

Der Umgang mit Fehlern sowie die Verwendung von `try`, `catch` und des `Error`-Protokolls sind die Themen von Kapitel 13, »Fehlerabsicherung«.

Zuordnung von Zusatzdaten (Associated Values)

Eine Besonderheit von Swift-Enumerationen besteht darin, dass Sie jedem Wert der Enumeration (also jedem `case`) einen Datentyp oder auch mehrere Datentypen zuordnen können. Die Swift-Dokumentation spricht in diesem Zusammenhang von *Associated Values*. Damit können je nach Art des Elements unterschiedliche Zusatzdaten gespeichert werden. Genau das ist auch bei dem in Swift 5 eingeführten Datentyp `Result` der Fall (siehe Abschnitt 13.6).

Im folgende Beispiel ist `Token` ist eine Enumeration, um die Elemente eines Codes zu speichern, wobei dieser Code aus Texten, Zahlen und Operatoren zusammengesetzt sein kann. Da `operator` ein Schlüsselwort ist, musste es bei der Definition der Enumeration in nach rechts gerichtete Apostrophe gesetzt werden. (In Swift sind Schlüsselwörter an vielen Stellen erlaubt, z. B. als Parameter von Methoden. Für Enumerationswerte gilt dies aber nicht.)

```
enum Token {
  case `operator`(String)
  case number(Int)
  case text(String)
}
var stack = [Token]()    // ein Array von 'Token'-Elementen
stack.append(Token.text("abc"))
stack.append(Token.number(123))
stack.append(Token.operator("+"))
```

Die Auswertung derartiger Daten gelingt am einfachsten in `switch`-Konstruktionen. Dort können Sie mit `let` die Daten eines Enumerationselements einer lokalen Variablen zuweisen:

```
for data in stack {
  switch data {
  case let .operator(op):
    print("Operator: \(op)")
  case let .number(n):
    print("Number: \(n)")
  case let .text(t):
    print("Text: \(t)")
  }
}
```

Ein Nachteil von Enumerationen mit zugeordneten Werten besteht darin, dass der Vergleichsoperator == nicht mehr funktioniert:

```
let t = Token.Operator("+")
if t == Token.Operator { ... }        // Operator == cannot be applied
if t == Token.Operator("+") { ... } // ebenfalls Fehler
```

Abhilfe schafft die folgende Konstruktion, die zwar syntaktisch korrekt ist, aber ziemlich merkwürdig aussieht:

```
if case let .operator(op) = t, op=="+" {
  print("Plus-Operator")
}
```

Associated Values nur für Enumerationen ohne Datentyp

Sie können mit `enum MyEnum : Typ { ... }` den Werten einer Enumeration einen Datentyp zuweisen, z. B. `Int` oder `String`. Wenn Sie das tun, müssen Sie auf die hier vorgestellten Associated Values verzichten.

Rekursive bzw. indirekte Enumerationen

Eine Enumeration akzeptiert als zugeordneten Wert wieder eine Enumeration, sofern dieser Fall mit `indirect` gekennzeichnet ist. Das ermöglicht es, Enumerationen rekursiv zu verwenden und beispielsweise zur Modellierung von Baumstrukturen einzusetzen:

```
// Beispieldatei enum.playground
enum Tree {
  case leaf(value: String)
  indirect case node(Tree, Tree)
}
```

`indirect` kann wahlweise nur den betreffenden `case`-Ausdrücken oder der gesamten Enumeration vorangestellt werden. Daher ist die folgende Enumeration gleichwertig:

```
indirect enum Tree {
  case Leaf(value:String)
  case Node(Tree, Tree)
}
```

Damit können Sie eine verschachtelte Struktur zusammenstellen (siehe Abbildung 11.1):

```
let mytree =
  Tree.node(
    Tree.leaf(value: "a"),
    Tree.node(Tree.leaf(value: "b"),
              Tree.leaf(value: "c")))
```

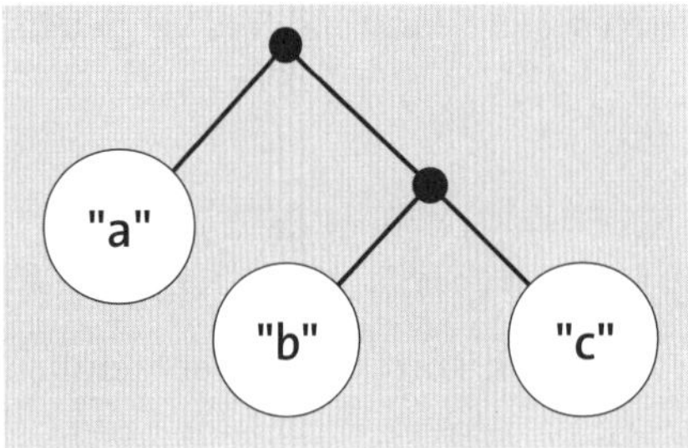

Abbildung 11.1 Eine einfache Baumstruktur

Die folgenden Zeilen zeigen eine rekursive Funktion zur Verarbeitung derartiger Daten:

```
// Baum ausgeben, wobei die Ausgaben je nach
// Verschachtelungstiefe eingerückt werden
func showTree(_ t: Tree, indent n: Int = 0) {
  switch t {
  case .leaf(let value):
    let indentation = String(repeating: " ", count: n)
    print(indentation + value)
  case .node(let leaf1, let leaf2):
    showTree(leaf1, indent: n + 2)
    showTree(leaf2, indent: n + 2)
  }
}
```

Wenn Sie den Code in einem kompilierten Programm ausführen, sieht die Ausgabe wie folgt aus:

```
showTree(mytree)
// Ausgabe:
//   a
//     b
//     c
```

Das obige Beispiel eignet sich nur für Zeichenketten. Sie können den Datentyp aber auch generisch festlegen (siehe Abschnitt 12.2, »Generics«) und den Datentyp so für die spätere Verwendung offen lassen:

```
enum genericTree<T> {
  case leaf(value: T)
  indirect case node(genericTree, genericTree)
}
```

Wenn Sie auf der Suche nach einem ausführlicheren `Tree`-Beispiel auf der Basis indirekter Enumerationen sind, sollten Sie unbedingt einen Blick in den folgenden Blogbeitrag werfen:

https://airspeedvelocity.net/2015/07/22/a-persistent-tree-using-indirect-enums-in-swift

11.3 Eigenschaften

Variablen oder Konstanten, die innerhalb einer Klasse oder Struktur definiert sind, werden *Eigenschaften* bzw. *Stored Properties* genannt. Sie dienen als Datenspeicher für den neu definierten Typ.

Der Swift-Compiler zwingt Sie bei Klassen, jede Eigenschaft entweder direkt bei der Definition oder sonst in der Init-Funktion zu initialisieren. Bei Strukturen scheint diese Regel auf den ersten Blick nicht zu gelten. Beispielsweise wird die folgende Struktur ohne Fehlermeldung akzeptiert:

```
// Beispieldatei properties.playground
struct Person {
  var name: String
  var address: String
  var telnr: [String]

  func showData() {
    print("Name:    \(name)")
    print("Adresse: \(address)")
    print("Tel.nr.: \(telnr)")
  }
}
```

Sobald Sie aber versuchen, eine Instanz dieser Datenstruktur zu erzeugen, wird klar, dass Swift hinter den Kulissen eine Default-Init-Funktion zur Initialisierung aller Eigenschaften eingerichtet hat. An diese Funktion müssen Sie alle Parameter übergeben:

```
var p = Person(name: "Michael", address: "Graz",
               telnr: ["0043 676 98765432", "0043 316 98765432"])
```

Innerhalb des Codes einer Klasse erfolgt der Zugriff auf die Eigenschaften einfach durch deren Namen, wie die Methode `showData` zeigt. Bei der Nutzung der Daten lautet die Schreibweise `instanz.name`:

```
p.name             // "Michael"
p.name = "Peter"   // ändert den Namen
```

Konstante Eigenschaften

Eigenschaften von Strukturen oder Klassen dürfen auch Konstanten sein (also `let x: Int`). Diese müssen bei der Initialisierung der Instanz eingestellt werden und können danach nicht mehr verändert werden.

Verzögerte Initialisierung von Eigenschaften (Lazy Properties)

Normalerweise müssen Eigenschaften beim Erzeugen einer Instanz sofort initialisiert werden. Eine Ausnahme sind Lazy Properties, die durch das vorangestellte Schlüsselwort `lazy` gekennzeichnet werden. Der Inhalt solcher Eigenschaften wird erst dann ermittelt, wenn der Anwender des Datentyps zum ersten Mal darauf zugreift. Die Verwendung von Lazy Properties kann aus Geschwindigkeitsgründen zweckmäßig sein oder wenn der Startwert beim Erzeugen der Instanz noch gar nicht bekannt ist. `lazy` ist nur für Variablen, aber nicht für Konstanten zulässig.

Im folgenden Beispiel ist `MyData` eine Struktur, bei der zwei Eigenschaften ohne großen Aufwand initialisiert werden können, die dritte aber eine aufwendige Berechnung erfordert. Die Variable `c` ist als `lazy` definiert, deswegen kommt es erst beim Auslesen von `c` zum Aufruf der Funktion `complicatedCalc`. Die im folgenden Listing dokumentierten Ausgaben sind in dieser Reihenfolge nur in einem Terminal-Programm nachzuvollziehen (nicht im Playground).

```
// Projekt lazy-properties, Datei main.swift
func complicatedCalc() -> Double {
  print("calc")
  return 3.0
}
struct MyData {
  var a = 1.0
  var b = 2.0
  lazy var c = complicatedCalc()
}
var md = MyData()
print(md.a)
print(md.b)
print(md.c)  // erst jetzt wird complicatedCalc() ausgeführt
// Ausgabe: 1,0
//          2,0
//          calc
//          3,0
```

Anstelle eines Funktionsaufrufs kann bei einer Lazy Property auch eine Closure angegeben werden. Syntaktisch ist außerdem ein nachgestelltes Klammernpaar erforderlich – der Variablen soll ja nicht die Closure an sich, sondern deren Ergebnis zugewiesen werden. Ganz egal, wie oft auf `c` zugegriffen wird – die Closure wird nur beim ersten Lesezugriff ausgewertet. Danach verhält sich `c` wie eine gewöhnliche Instanzvariable bzw. Eigenschaft.

Swift verlangt, dass alle Eigenschaften eines Datentyps sofort oder durch die Init-Funktion mit einem Startwert initialisiert werden (siehe Abschnitt 11.4, »Init- und Deinit-Funktion«). Lazy Properties werden vom Compiler als initialisiert betrachtet. Das kann mitunter ein Henne-Ei-Problem lösen: Sie wollen eine Methode Ihrer Klasse aufrufen, um eine Eigenschaft zu initialisieren. Das dürfen Sie aber nicht, weil der Aufruf von Methoden erst nach der Initialisierung aller Eigenschaften zulässig ist. Der Ausweg ist eine Lazy Property, die durch eine Closure initialisiert wird. Deswegen gilt c im folgenden Beispiel für Swift als initialisiert:

```
// Projekt lazy-properties, Datei main.swift
class MyClass {
  var a: Double
  var b: Double
  // c wird erst bei Bedarf durch die Auswertung
  // der folgenden Closure initialisiert
  lazy var c: Double = { self.m() }()

  init() {
    a=2
    b=3
  }
  func m() -> Double {
    return sqrt(a + b)
  }
}
let mc = MyClass()
mc.c  // 2,2361
```


Eigenschaften beobachten (Property Observer mit willSet und didSet)

Sie können die Definition einer Eigenschaft um zwei Funktionen erweitern: willSet und didSet. Diese Funktionen werden in der englischen Dokumentation *Property Observer* genannt. Die erste Funktion wird aufgerufen, bevor die Eigenschaft verändert wird, die zweite unmittelbar danach. Die entsprechende Syntax sieht so aus:

```
var myproperty: typ [ = startwert ] {
  willSet(newValue) {
    ... // kann 'newValue' und den bisherigen
        // Wert 'myproperty' lesen
  }
  didSet(oldValue)  {
    ...  // kann 'oldValue' und den neuen Wert
         // aus 'myproperty' lesen
  }
}
```

In willSet können Sie anstelle von newValue einen beliebigen anderen Parameternamen angeben. Unter diesem Namen können Sie den Wert auslesen, auf den name gesetzt wird. Innerhalb von didSet steht Ihnen die lokale Variable oldValue zur Verfügung, die den bisherigen Wert der Eigenschaft enthält. new- und oldValue können nur gelesen, aber nicht verändert werden.

Beachten Sie, dass willSet und didSet nicht bei der Initialisierung ausgeführt werden, egal, ob diese durch eine Zuweisung bei der Deklaration oder in einer Init-Funktion erfolgt.

Vorsicht

In `didSet` enthält `oldValue` nicht den aktuellen Wert, sondern den bisherigen, der Sie in der Regel gar nicht interessiert! Auf den aktuellen Wert können Sie natürlich auch zugreifen, ganz einfach unter dem Eigenschaftsnamen (hier also `myproperty`).

Wenn Sie am bisherigen bzw. alten Wert nicht interessiert sind, können Sie auf den Parameter von `willSet` bzw. `didSet` auch verzichten. Dann entfallen auch die runden Klammern!

```
var myproperty: typ [ =startwert ] {
  willSet { ... } // myproperty enthält noch den alten Wert
  didSet  { ... } // myproperty enthält schon den neuen Wert
}
```

Property Observers bieten einen unkomplizierten Weg, den Wertebereich einer Eigenschaft zu limitieren – im folgenden Beispiel für Werte zwischen 0 und 100:

```
// Beispieldatei properties.playground
// garantiert einen Wertebereich von 0.0 bis 1.0
var percent: Double = 0.5  {
  didSet  {
    percent = max(0.0, min(1.0, percent))
  }
}
```

Oft werden Property Observers auch dazu verwendet, bei einer Änderung eine andere Eigenschaft oder ein Steuerelement zu synchronisieren:

```
// UILabel-Text bei jeder Änderung aktualisieren
var percent: Double = 0.0  {
  didSet  {
    mylabel.text = "\(percent)"
  }
}
```

Wozu Property Observers?

In eigenen Datentypen können Sie anstelle von Property Observers auch Computed Properties verwenden, die ich im Folgenden vorstelle. Der wichtigste Unterschied im Vergleich zu Property Observers besteht darin, dass die `get`- und `set`-Methoden vom Datenspeicher getrennt sind.

Richtig praktisch sind Property Observers aber bei der Vererbung: Swift gibt Ihnen nämlich die Möglichkeit, vorhandene Eigenschaften der abgeleiteten Klasse durch Property Observers zu erweitern! In Abschnitt 12.1, »Vererbung«, finden Sie dazu ein Beispiel.

Statische Eigenschaften

In Strukturen und Klassen können Sie mit `static` sogenannte statische Eigenschaften bzw. *Type Properties* definieren. Das sind von den Instanzen unabhängige Datenspeicher. Der Zugriff auf sie erfolgt nicht mit `instanzname.varname`, sondern mit `Strukturname.varname` bzw. `Klassenname.varname`. Deswegen werden statische Eigenschaften in einigen Sprachen als Klassenvariablen bezeichnet.

```
// Beispieldatei properties.playground
struct MyData {
  var a = 1.0
  static var b = 2.0
}

var md = MyData()
md.a          // OK, 1,0
MyData.b      // OK, 2,0
md.b          // Fehler!
```

Mit einer statischen Variablen können Sie unkompliziert das sogenannte *Singleton-Muster* implementieren. Damit können sich verschiedene Codepassagen eines Programms *eine* gemeinsame Objektinstanz teilen:

```
class SingletonClass {
  static let shared = SingletonClass()
}
```

Wo immer im Code nun eine Instanz der Singleton-Klasse benötigt wird, lautet die entsprechende Zuweisung:

```
let sc = SingletonClass.shared
```

Singletons

Das obige Beispiel ist genau genommen eine unvollständige Singleton-Implementierung: Sie ermöglicht zwar einen gemeinsamen Zugriff auf ein Objekt, verhindert aber nicht die Erzeugung mehrerer Instanzen. Hintergründe zu Singletons können Sie in der Wikipedia nachlesen:

https://de.wikipedia.org/wiki/Singleton_(Entwurfsmuster)

Dynamische Eigenschaften

Das Attribut `@dynamicMemberLookup` (neu seit Swift 4.2) gibt Ihnen die Möglichkeit, Typen zu definieren, auf deren Daten Sie in der Form `obj.name [= ...]` zugreifen können, obwohl die Eigenschaft `name` gar nicht statisch definiert ist. Stattdessen wird bei unbekannten Eigenschaftsnamen eine subscript-Methode aufgerufen. Um deren Implementierung müssen Sie sich selbst kümmern. Die folgenden Zeilen geben ein einfaches Beispiel:

```
// Beispieldatei properties.playground
@dynamicMemberLookup
struct Person {
  private var dynamicdata = [String: String]()

  subscript(dynamicMember member: String) -> String {
    get {
      return dynamicdata[member] ?? ""
    }
    set {
      dynamicdata[member] = newValue
    }
  }
}
// Anwendung
var p = Person()
p.name = "Michael Kofler"
p.city = "Graz"
p.tel  = "+43 123 4567 8901"
print(p.city)  // "Graz"
print(p.mail)  // ""
```

Die Struktur Person hat also gar keine Eigenschaften. Sie können aber beliebige Daten in der Form `obj.name = "xxx"` speichern und später in der Form `obj.name` wieder auslesen. Wenn name unbekannt ist, liefert die subscript-Methode in der obigen Implementierung einfach eine leere Zeichenkette. (Sie könnten hier auch einen Fehler auslösen oder auf eine andere Art und Weise reagieren.)

Die vorhin präsentierte Implementierung hat den Nachteil, dass ausschließlich Zeichenketten gespeichert und wieder ausgelesen werden können. Diese Einschränkung lässt sich umgehen, indem Sie subscript-Methoden für mehrere Datentypen implementieren. Das macht allerdings später den Zugriff umständlicher, weil der Datentyp für den Compiler immer eindeutig erkennbar sein muss:

```
struct Person {
  private var dynamicStringData = [String: String]()
  private var dynamicIntData = [String: Int]()

  // dynamische Zeichenketten-Eigenschaften
  subscript(dynamicMember member: String) -> String {
    get {
      return dynamicStringData[member] ?? ""
    }
```

```
    set {
      dynamicStringData[member] = newValue
    }
  }
  // dynamische Int-Eigenschaften
  subscript(dynamicMember member: String) -> Int {
    get {
      return dynamicIntData[member] ?? 0
    }
    set {
      dynamicIntData[member] = newValue
    }
  }
}
// Anwendung
var p = Person()
p.name = "Michael Kofler"
p.id = 123

// OK, weil n explizit als Int deklariert wurde
let n: Int = p.id
print(n)

// Fehler, Ambiguous use of 'subscript(dynamicMember:)',
// weil der Datentyp unklar (String oder Int?)
print(p.id)
```

Weitere Hintergrundinformationen und Anwendungsbeispiele finden Sie im Internet:

https://github.com/apple/swift-evolution/blob/master/proposals/0195-dynamic-member-lookup.md

Computed Properties (get und set)

Computed Properties, wörtlich übersetzt also *berechnete Eigenschaften*, sind keine Datenspeicher. Vielmehr handelt es sich bei ihnen um zwei Funktionen, von denen jeweils eine ausgeführt wird, wenn der Anwender der Klasse oder Struktur die Eigenschaft liest bzw. verändert. Die folgenden Zeilen fassen die Syntax einer Computed Property zusammen:

```
var name: typ {
  get { return xxx }          // liefert ein Ergebnis
  set { ... }                 // verarbeitet 'newValue'
}
```

Wenn Sie mit dem Parameternamen `newValue` nicht glücklich sind, können Sie hierfür in runden Klammern nach `set` einen eigenen Namen angeben. Die Syntax sieht dann so aus:

```
var name: typ {
  get           { return xxx }  // liefert ein Ergebnis
  set(neuerwert) { ... }        // verarbeitet 'neuerwert'
}
```

Computed Properties ermöglichen es, die interne Speicherung der Daten von der externen Darstellung zu trennen. Das ist dann zweckmäßig, wenn Sie Eigenschaften nach außen hin anders darstellen möchten als intern. Oft ist die interne Datenverwaltung im Hinblick auf Effizienz und einfache Programmierung optimiert. Nach außen hin soll sich die Klasse oder Struktur aber möglichst »anwenderfreundlich« geben und die Daten so darstellen, wie der Anwender sie erwartet.

Temperaturumrechnung mit Computed Properties

Das folgende Beispiel zeigt eine Struktur zur Speicherung und Umrechnung von Temperaturen. Intern wird die Temperatur in Kelvin gespeichert. Nach außen hin ist die Temperatur aber auch über die Eigenschaften `celsius` und `fahrenheit` zugänglich.

```
// Datei temperatur.playground
struct Temperature {
  var kelvin: Double  // interne Speicherung in Kelvin

  // Init-Funktionen für Kelvin, Celsius und Fahrenheit
  init(kelvin: Double)  { self.kelvin = kelvin    }
  init(celsius: Double) { self.kelvin = celsius + 273.15 }
  init(fahrenheit: Double) {
    self.kelvin = (fahrenheit - 32.0) / 1.8 + 273.15
  }
  // Computed Properties für Celsius und Fahrenheit
  var celsius: Double {
    get { return kelvin - 273.15 }
    set { kelvin = newValue + 273.15 }
  }
  var fahrenheit: Double {
    get { return celsius * 1.8 + 32.0 }
    set { kelvin = (newValue - 32.0) / 1.8 + 273.15 }
  }
}
// Anwendung
var t = Temperature(celsius: 100)
t.celsius     // 100
t.fahrenheit  // 212
t.kelvin      // 373.15
```

Read-only-Eigenschaften

Sie können bei einer Computed Property nur den get-Teil implementieren und auf set verzichten. Das Ergebnis ist dann eine Read-only-Eigenschaft:

```
// Read-only-Eigenschaft
var name: typ {
  get  { ...; return xxx }  // liefert ein Ergebnis
}
```

Für Read-only-Eigenschaften sieht Swift auch eine verkürzte Syntax vor, in der Sie auf das Schlüsselwort get und die dazugehörenden Klammern verzichten können:

```
// Read-only-Eigenschaft, verkürzte Syntax
var name: typ {
  ...
  return xxx   // liefert ein Ergebnis
}
```

Es geht sogar noch kürzer: Indem Sie einer Eigenschaft private(set) voranstellen, wird sie zur Read-only-Eigenschaft:

```
// Read-only-Eigenschaft, noch kürzere Syntax
private(set) var name:typ = xxx
```

Übersetzt heißt das: Für get gelten die normalen Zugriffsregeln, aber set ist private und somit nur innerhalb der Klasse zugänglich. Das folgende Minibeispiel zeigt eine Klasse mit der Read-only-Eigenschaft counter. Beim Erzeugen einer Instanz wird die Eigenschaft auf 0 gesetzt. Von außen kann die Eigenschaft nur gelesen werden, innerhalb der Klasse kann die Eigenschaft aber verändert werden – z. B. in der Methode increment:

```
// Beispieldatei properties.playground
class Counter {
  private(set) var counter:Int = 0
  func increment() {
    self.counter = self.counter + 1
  }
}
var c = Counter()
c.increment()
print(c.counter)  // 1
c.increment()
print(c.counter)  // 2
c.counter = 10    // Fehler, nicht erlaubt
```

Read-only-Eigenschaft versus Methode

Anstelle einer Read-only-Eigenschaft können Sie natürlich auch eine Methode ohne Parameter definieren. Eindeutige Vor- oder Nachteile dieser beiden Varianten gibt es nicht – es ist eher eine Geschmacksfrage.

Beispiel: Rectangle-Struktur

Das erste längere Beispiel für den Umgang mit Eigenschaften greift nochmals die Rechteck-Struktur auf. Stellen Sie sich vor, Sie wollen sichergehen, dass Länge und Breite eines Rechtecks immer größer als 0 sind. Die erste Implementierung aus Abschnitt 11.1, »Klassen und Strukturen«, hindert den Nutzer Ihrer Datenstruktur nicht, ein Rechteck in der Form `let r = Rectangle(-2, -3)` zu erzeugen oder nachträglich mit `r.length = -5` eine negative Länge einzustellen.

Der folgende Code verwendet die Eigenschaften `_length` und `_width` zur internen Datenspeicherung. Diese Eigenschaften sind als `private` gekennzeichnet und sind von außen nicht zugänglich, sofern die Struktur `Rectangle` in einer eigenen Datei definiert wird.

Der Zugriff auf Länge und Breite erfolgt hingegen durch die Computed Properties `length` und `width`. Die `get`-Code-Teile liefern einfach den in `_length` bzw. `_width` gespeicherten Wert. Die `set`-Code-Teile überprüfen, ob der neue Wert `newValue` größer 0 ist. Wenn das der Fall ist, wird der Wert gespeichert, andernfalls ein Fehler ausgelöst.

Warum NSException?

Der Aufruf von `NSException(...).raise()` ist gewissermaßen die Holzhammermethode, um auf einen Fehler hinzuweisen. Das Programm wird dadurch beendet; es ist nicht möglich, den Fehler abzufangen.

In Swift gibt es mit `throw` auch die Möglichkeit, Fehler auszulösen, die mit `try/catch` verarbeitet werden können. `throw` ist allerdings nur für Funktionen und Methoden, nicht für Computed Properties geeignet. Mehr Details zum Thema »Fehlerabsicherung« folgen in Kapitel 13.

Eine pragmatische Lösung des Problems könnte darin bestehen, den Zugriff auf die Eigenschaften `_length` und `_width` nur über Read-only-Properties zu erlauben. Das macht die nachträgliche Einstellung fehlerhafter Werte unmöglich. Ein entsprechendes Beispiel finden Sie ebenfalls in Kapitel 13. Generell ist es häufig eine gute Idee, Strukturen unveränderlich (*immutable*) zu konzipieren:

https://stackoverflow.com/questions/24035648/swift-and-mutating-struct
https://stackoverflow.com/questions/441309/why-are-mutable-structs-evil

Die Init-Funktion greift auf die Computed Properties zurück. Die Anweisung `self.length= length` führt beispielsweise dazu, dass der `set`-Code von `length` ausgeführt wird:

```
// Datei rectangle.playground
// Struktur zur Speicherung eines Rechtecks
struct Rectangle {
  // interner Datenspeicher, 'private'
  private var _length = 0.0
  private var _width = 0.0

  // Init-Funktion, greift auf Computed Properties zurück
  init(_ length: Double, _ width: Double) {
    self.length = length
    self.width = width
  }
  // Computed Property 'length'
  var length: Double {
    // _length auslesen
    get {
      return _length
    }
    // _length verändern
    set {
      if newValue > 0 {
        _length = newValue
      } else {
        NSException(
          name: NSExceptionName(rawValue: "invalid argument"),
          reason: "must be > 0", userInfo: nil).raise()
      }
    }
  }
  // Computed Property 'width' (analoger Code)
  var width: Double {
    get { return _width }
    set {
      if newValue > 0 {
        _width = newValue
      } else {
        NSException(
          name: NSExceptionName(rawValue: "invalid argument"),
          reason: "must be > 0", userInfo: nil).raise()
      }
    }
  }
}
```

```
// Rectangle-Struktur ausprobieren
var r = Rectangle(1.2, 2.4)
r.length
r.length = 2.7
```

Beispiel: ChessFigure-Struktur

Das zweite Beispiel ist etwas komplexer: Die Struktur `ChessFigure` speichert die Position einer Schachfigur. Um die weitere Verarbeitung der Daten zu vereinfachen, wird die Position durch die Integer-Variablen `col` und `row` ausgedrückt, wobei der Wertebereich jeweils von 0 bis 7 reicht. Ideal also, um Berechnungen in einem 8 × 8-Array durchzuführen.

Nach außen hin soll die Position aber in der üblichen Notation `"a1"` oder `"e5"` ausgedrückt werden. Dazu dient die Computed Property `position`. Der `get`-Teil bildet aus `row` und `col` die Position in der Schachnotation. Der Code macht sich den Umstand zunutze, dass die Unicodes der Zeichen `"a"` bis `"h"` bzw. `"1"` bis `"8"` ganz einfach in der Form `97 + col` bzw. `49 + row` berechnet werden können.

Der `set`-Teil ist deutlich aufwendiger: Einerseits muss sichergestellt werden, dass die übergebene Position in `newValue` korrekt ist. Es muss sich dabei um eine Zeichenkette handeln, die aus zwei Unicode-Skalaren besteht, wobei der Code des ersten Skalars zwischen 97 und 104 liegt (entspricht `"a"` bis `"h"`) und der Code des zweiten Skalars zwischen 49 und 56 (entspricht `"1"` bis `"8"`).

```
// Beispieldatei schach1.playground
struct ChessFigure {
  private var col = -1  // Spalte, Wertebereich 0-7 für a-h
  private var row = -1  // Zeile, Wertebereich 0-7 für 1-8
  var figure: String    // Art der Figur, z. B. "king"

  init(_ position: String, _ figure: String) {
    self.figure = figure
    self.position = position   // -> position-set
  }

  // Position in der üblichen Schachnotation,
  // beispielsweise "a1" oder "e5" oder "h8"
  var position: String {
    get {      // Position zurückgeben
      if col == -1 || row == -1 { return "" }
      var position = ""
      position.append(String(UnicodeScalar(97 + col)!))
      position.append(String(UnicodeScalar(49 + row)!))
      return position
    }
```

```
    // Position in 'newValue' verarbeiten und in
    // row und col speichern, falls valid
    set {
      if newValue.count != 2 {
        row = -1
        col = -1
      } else {
        let code1 =
          Int(newValue.lowercased().unicodeScalars.first!.value)
        let code2 = Int(newValue.unicodeScalars.last!.value)

        if code1 < 97 || code1 > 104 ||
           code2 < 49 || code2 > 56
        {
          row = -1
          col = -1
        } else {
          col = code1 - 97
          row = code2 - 49
        }
      }
    } // set-Ende
  }   // var-Ende
}     // struct-Ende

// ChessFigure-Struktur ausprobieren
var king = ChessFigure("e1", "king")      // col=4, row=0
var dPawn = ChessFigure("d2", "pawn")     // col=3, row=1
dPawn.position                            // "d2"
var ePawn = ChessFigure("e2", "pawn")     // col=4, row=1
ePawn.position = "e4"                     // col=4, row=3
```

11.4 Init- und Deinit-Funktion

Die Init-Funktion dient zur Initialisierung der Eigenschaften eines neuen Datentyps. Der Swift-Compiler verlangt, dass jede nicht optionale Eigenschaft initialisiert wird, lässt Ihnen aber die Wahl, wie Sie dies erledigen: Sie können Ihren Eigenschaften entweder schon bei der Definition einen Defaultwert zuweisen oder Sie können die Init-Funktion dazu verwenden. Diese Regel gilt unabhängig davon, ob die Eigenschaft mit `var` oder mit `let` deklariert ist. Wenn Sie also allen Eigenschaften einen Defaultwert zuweisen, ist keine Init-Funktion erforderlich.

```
// Beispieldatei oo-intro.playground
struct Test {    // alle Eigenschaften sind initialisiert,
  var a = 0      // daher ist die Init-Funktion optional
  var b = 1
  var c: Int?                    // automatisch nil
}

var t1 = Test()                  // a=0, b=1, c=nil
var t2 = Test(a: 2, b: 3, c: 2) // ruft Default-Init-Funktion auf
```

Default-Init-Funktionen bei Strukturen

Wenn Sie bei einer Struktur keine Init-Funktion definieren, aber allen Eigenschaften Defaultwerte zuweisen, dann erzeugt der Swift-Compiler selbstständig zwei Init-Funktionen: eine ohne Parameter und eine mit Parametern für alle Eigenschaften in der Reihenfolge, in der diese in der Struktur definiert sind. Bei Klassen verhält sich der Compiler ähnlich. Allerdings wird in diesem Fall nur eine Init-Funktion ohne Parameter erzeugt.

Sobald Sie auch nur eine einzige Init-Funktion selbst definieren, gehen die Default-Init-Funktionen verloren. Um die Default-Init-Funktionen dennoch zu erhalten, können Sie sich mit einem Trick behelfen und die eigene Init-Funktion in einer Erweiterung definieren (siehe auch Abschnitt 12.5, »Extensions«).

Syntax für Init-Funktionen

Die Init-Funktion beginnt mit dem Schlüsselwort `init`. Diesem folgt eine Parameterliste wie bei einer gewöhnlichen Methode. Der Init-Funktion darf das Schlüsselwort `func` nicht vorangestellt werden. Die Funktion darf auch keinen Rückgabedatentyp aufweisen. Die Init-Funktion unterscheidet sich somit syntaktisch klar von Methoden.

```
struct/class MyType {
  // Init-Funktion
  init(parameterliste) {
    // Code zur Initialisierung der Eigenschaften
  }
}
```

Der Aufruf der Init-Funktion erfolgt implizit beim Erzeugen einer Instanz des Datentyps. Anstelle von `init` geben Sie dabei aber den Struktur- oder Klassennamen an:

```
var mt = MyType(parameter)
```

Diese Schreibweise ist eine Kurzschreibweise (sogenannter *syntaktischer Zucker*) für die folgende exaktere Formulierung:

```
var mt = MyType.init(parameter)
```

Parameterliste

Für den Aufbau der Parameterliste gelten dieselben Regeln wie bei Funktionen (siehe Abschnitt 6.2, »Parameter«).

```
struct Test {
  var a = 0
  var b = 1

  init(a: Int, b: Int)  {
    self.a = a
    self.b = b
  }
}
// die Parameternamen müssen angegeben werden!
var t = Test(a: 2, b: 3)
```


Wenn Sie das nicht wünschen, geben Sie bei der Definition der Init-Funktion bei jedem Parameter vorweg das Pattern-Zeichen _ an:

```
struct Test {
  var a = 0
  var b = 1
  // Init-Funktion mit unbenannten Parametern
  init(_ a: Int, _ b: Int)  {
    self.a = a
    self.b = b
  }
}
// die Parameter werden ohne Namen angegeben
var t = Test(2, 3)
```

Innerhalb der Init-Funktion können Sie wie im gesamten Code der Klasse bzw. Struktur das Schlüsselwort `self` verwenden, um explizit auf die aktuelle Instanz zu verweisen. In der Init-Funktion ist das besonders häufig erforderlich, um Doppeldeutigkeiten zwischen Parametern und Eigenschaften zu vermeiden, die gleich heißen (siehe auch das obige Listing).

Eventuell vorhandene Property Observer, also `willSet`- und `didSet`-Funktionen, werden während der Initialisierung der Eigenschaften nicht ausgeführt. Die Beobachtung der Eigenschaften beginnt also erst *nach* der Initialisierung.

Codereihenfolge in Init-Funktionen

Anweisungen in der Init-Funktion müssen eine exakte Reihenfolge einhalten:

- Zuerst müssen *alle* eigenen Eigenschaften initialisiert werden. Als automatisch initialisiert gelten auch Eigenschaften mit Defaultwerten (`var x = 3`) und Optionals. Ebenfalls als initialisiert gelten Lazy Properties.
- Falls die eigene Klasse von einer anderen Klasse abgeleitet wurde, muss im zweiten Schritt `super.init()` aufgerufen werden. Mehr Details zum nicht ganz unkomplizierten Thema der Init-Funktionen im Zusammenhang mit Vererbung folgen in Abschnitt 12.1.
- Erst jetzt dürfen Methoden der Klasse genutzt und Eigenschaften ausgelesen werden.

Init-Overloading

Sie dürfen beliebig viele Init-Funktionen definieren, sofern diese anhand der Parameterliste für den Compiler unterscheidbar sind. Allerdings muss gewährleistet sein, dass jede Init-Funktion alle Eigenschaften initialisiert, für die es nicht ohnehin Defaultwerte gibt. Die Init-Funktionen dürfen sich dazu nicht gegenseitig aufrufen. Wenn Sie eine Instanz einer Struktur oder Klasse erzeugen, können Sie sich für eine beliebige der zur Auswahl stehenden Init-Funktionen entscheiden.

Designated versus Convenience Init

Die bisher beschriebenen Init-Funktionen heißen in der Swift-Dokumentation *Designated Init Functions*, also gewissermaßen vollwertige Init-Funktionen. Daneben haben Sie bei Klassen (nicht bei Strukturen!) die Möglichkeit, sogenannte *Convenience Init Functions* zu definieren. Das sind ebenfalls Init-Funktionen, für die aber zwei Sonderregeln gelten:

- Sie können keine Eigenschaften initialisieren, sondern müssen diese Arbeit an eine designierte Init-Funktion delegieren.
- Sie rufen andere Init-Funktionen in der Form `self.init(...)` auf.

Der Hintergedanke dieses Konzepts besteht darin, dass es oft zweckmäßig ist, *eine* vollwertige Init-Funktion zu schreiben, die *alle* Eigenschaften initialisiert und sich um alle Sonderfälle kümmert. Daneben kann es weitere Init-Funktionen geben, die mit dem Schlüsselwort `convenience` gekennzeichnet sind. An sie müssen nur wenige Parameter übergeben werden. Die fehlenden Daten werden durch Defaultwerte ersetzt, die an die Haupt-Init-Funktion übergeben werden:

```
// Testklasse mit vier Eigenschaften
class Test {
  var a: Int
  var b: Int
  var c: Double
  var d: String
```

```
  // Designated Init Function für alle Eigenschaften
  init(a: Int, b: Int, c: Double, d: String) {
    self.a = a
    self.b = b
    self.c = c
    self.d = d
  }
  // Convenience Init Function
  convenience init(c: Double) {
    // ruft die Designated Init Function auf
    self.init(a: 0, b: -1, c: c, d: "")
  }
}

// erzeugt eine Instanz mit Convenience Init Function
var t = Test(c: 2.5)  // t.a=0, t.b=-1, t.c=2.5, t.d=""
```


Init-Funktion als Optional (Failable Init Functions)

Oft soll bei der Initialisierung einer Instanz überprüft werden, ob die übergebenen Parameter überhaupt sinnvoll sind. Es ist nicht zweckmäßig, überhaupt eine Instanz zu erstellen, wenn diese Bedingung nicht erfüllt ist. In Swift können Sie in solchen Fällen die Init-Funktion mit einem nachgestellten Fragezeichen als Optional definieren und bei fehlerhaften Parametern einfach `nil` zurückgeben. Solche Init-Funktionen heißen *Failable Init Functions*.

Beachten Sie, dass sich damit der Datentyp der durch die Init-Funktion erzeugten Instanz in ein Optional ändert. Im folgenden Beispiel überprüft die Init-Funktion der Rechteck-Struktur, ob Länge und Breite größer als 0 sind. Ist dies nicht der Fall, gibt die Init-Funktion `nil` zurück. Durch `var r = Rectangle(...)` ist `r` nun aber nicht mehr einfach eine Variable für `Rectangle`-Daten, sondern eine für ein Optional, also `Rectangle?`. Bei der Weiterverarbeitung der Variablen muss getestet werden, ob überhaupt Daten vorliegen. Nur wenn dies der Fall ist, kann durch das nachgestellte Ausrufezeichen ein Unwrapping erzwungen werden.

```
// Datei rectangle-failable.playground
// Struktur zur Speicherung eines Rechtecks
struct Rectangle {
  var length: Double
  var width: Double

  // Init-Funktion mit Validitätskontrolle
  init?(_ length: Double, _ width: Double) {
    if length <= 0 || width <= 0 { return nil }
    self.length = length
    self.width = width
  }
}
```

```
// Beispiel 1: ein korrektes Rechteck
if var r1 = Rectangle(1.2, 2.4)  {
  print(r1.length)
  r1.length = 2.7
}
// Beispiel 2: ein fehlerhaftes Rechteck
if var r2 = Rectangle(-1.2, 2.4)  {
  // dieser Code wird nicht ausgeführt,
  // weil Rectangle(-1.2, 2.4) nil zurückgibt
  print(r2.length)
  r2.length = 2.7
}
```

Syntaxfeinheiten

Syntaktisch gesehen ist `return nil` eine merkwürdige Konstruktion. Die Aufgabe einer Init-Funktion ist es, eine Instanz zu initialisieren. Innerhalb der Init-Funktion ist aber normalerweise keine Ergebnisrückgabe vorgesehen. (Wenn überhaupt, wäre wohl `return self` am logischsten.)

Init-Funktion mit throws

Swift bietet eine zweite Möglichkeit, mit ungeeigneten Parametern in einer Init-Funktion umzugehen: Sie können der Init-Funktion `throws` hintanstellen und auf diese Weise ausdrücken, dass innerhalb der Init-Funktion ein Fehler auftreten kann. Lästig bei dieser Syntaxvariante ist aber der Umstand, dass `throw` erst *nach* der Initialisierung aller Eigenschaften der Klasse verwendet werden kann, was der Vorweg-Prüfung aller Parameter widerspricht. Eine weitere Variante der `rectangle`-Klasse mit `throws` lernen Sie in Kapitel 13, »Fehlerabsicherung«, kennen.

Deinit-Funktion

Bei Klassen können Sie eine Deinit-Funktion vorsehen. Der darin enthaltene Code wird ausgeführt, unmittelbar bevor die Instanz einer Klasse aus dem Speicher entfernt wird (siehe auch Abschnitt 11.8, »Speicherverwaltung«).

Eine Deinit-Funktion kann es nur in Klassen, nicht in Strukturen geben. Strukturen sind ja Werttypen, die sofort aus dem Speicher entfernt werden, sobald sie nicht mehr benötigt werden. Bei Referenztypen ist dies schwieriger: Wenn es mehrere Referenzen auf das Objekt gibt, darf dieses erst aus dem Speicher entfernt werden, wenn die letzte Referenz aufgelöst wurde.

11.5 Methoden

Methoden sind Funktionen auf Klassen- bzw. Strukturebene. Syntaktisch ändert sich im Vergleich zu Funktionen nicht viel (siehe Kapitel 6, »Funktionen und Closures«), es gibt aber doch einige Besonderheiten:

- Instanzmethoden: Gewöhnliche Methoden werden auf Instanzen angewendet, werden also in der Form `var.meth()` aufgerufen. Diesen Methoden stehen die Daten der Instanz zur Verfügung. Innerhalb der Klasse bzw. Struktur kann mit dem schon bekannten Schlüsselwort `self` auf die Instanz als Ganzes zugegriffen werden.
- `mutating`: Methoden von Klassen können die Eigenschaften einer Instanz ohne Weiteres ändern. Methoden von Strukturen dürfen dies normalerweise nicht, es sei denn, sie werden mit dem Schlüsselwort `mutating` gekennzeichnet.
- `static`: Im Gegensatz zu Instanzmethoden – egal, ob `mutating` oder nicht – stehen statische Methoden bei Strukturen bzw. bei Klassen. Sie werden bei der Definition mit dem vorangestellten Schlüsselwort `static` gekennzeichnet und können aufgerufen werden, ohne vorher eine Instanz des Datentyps zu erzeugen: `Struktur/Klassenname.methode()`. Sie eignen sich zum Erzeugen neuer Instanzen oder für Aufgaben, zu deren Erledigung keine Instanzdaten erforderlich sind.

11

Instanzmethoden

Gewöhnliche Methoden werden innerhalb einer Klasse oder Struktur mit dem Schlüsselwort `func` eingeleitet. Dem Methodennamen folgen die Parameterliste und gegebenenfalls der Rückgabedatentyp. Das folgende Beispiel definiert die Datenstruktur `Vector3` für dreidimensionale Vektoren. Darin gibt es mehrere Instanzmethoden:

- `length` liefert die Länge des Vektors.
- `getNormalized` erzeugt einen neuen Vektor, der in die gleiche Richtung zeigt wie der ursprüngliche Vektor, aber die Länge 1 hat. Bei einem Nullvektor liefert die Methode `nil` als Ergebnis.
- `toString` gibt eine Zeichenkette zurück, die die Daten des Vektors in der Form `"(x, y, z)"` zusammenfasst.
- `greater` und `smaller` vergleicht den Vektor mit einem anderen und liefert `true` oder `false` zurück, je nachdem, welcher Vektor größer ist.

```
// Datei vector.playground
struct Vector3 {
  var x = 0.0
  var y = 0.0
  var z = 0.0
```

```
  // liefert die Länge des Vektors als Double-Zahl
  func length() -> Double {
    return sqrt(x * x + y * y + z * z)
  }
  // erzeugt eine neue Vector3D-Instanz
  func getNormalized() -> Vector3? {
    if length() > 0 {
      return Vector3(x: x / length(),
                     y: y / length(),
                     z: z / length())
    } else {
      return nil
    }
  }
  // gibt die Vektorkomponenten als Zeichenkette zurück
  func toString() -> String {
    return "(\(x), \(y), \(z))"
  }
  // verrät, welcher Vektor länger ist
  func greater(than other: Vector3) -> Bool {
    return self.length() > other.length()
  }
  func smaller(than other: Vector3) -> Bool {
    return self.length() < other.length()
  }
}

// ausprobieren
let v1 = Vector3(x: 2, y: 3, z: 1)
v1.length()     // 3,7417

let v2 = v1.getNormalized()!
v2.toString()  // "(0.5345, 0.8018, 0.2673)"
v2.length()     // 1,0
```

Mutating Methods

Nehmen Sie an, wir wollten für die obige Vector3-Struktur eine neue Methode normalize entwickeln, die einen vorhandenen Vektor »normalisiert«, also die drei Komponenten so skaliert, dass der resultierende Vektor die Länge 1 hat. Der naheliegende Code sieht so aus:

```
// Vektor normalisieren
struct Vector3 {
  ... Code wie bisher
```

```
  // Vektor normalisieren
  func normalize() {
    let len = length()
    if len != 0 {
      x = x / len    //  Fehler: cannot assign to x in self
      y = y / len
      z = z / len
    }
  }
}
```

Allerdings liefert der Swift-Compiler nun bei den drei Zuweisungen `x=...`, `y=...` und `z=...` Fehlermeldungen: Methoden von Strukturen dürfen die Eigenschaften einer Instanz nicht verändern. Dieses Problem lässt sich auf drei Arten lösen:

- Sie stellen der Methode das Schlüsselwort `mutating` voran, also:

```
// Methode als 'mutating' kennzeichnen
mutating func normalize() { ... }
```

- Sie machen aus der Struktur eine Klasse, ersetzen also `struct` durch `class`. Methoden von Klassen ist die Veränderung von Eigenschaften generell erlaubt. Allerdings müssen Sie den Code der Klasse nun noch um eine Init-Funktion ergänzen, die der Swift-Compiler bei Strukturen automatisch generiert:

```
init(x: Double, y: Double, z: Double) {
  self.x = x
  self.y = y
  self.z = z
}
```

- Sie bleiben bei einer Struktur, verändern die Daten aber von außen durch eine Struktur, an die der Vektor als `inout`-Parameter übergeben wird:

```
// globale Funktion zur Normalisierung eines Vektors
func normalize(inout v:Vector3) {
  let len = v.length()
  if len != 0 {
    v.x = v.x / len
    v.y = v.y / len
    v.z = v.z / len
  }
}

var v3 = Vector3(x: 4, y: 2, z: 1)
normalize(&v3)
v3.x
```

Von diesen drei Lösungswegen ist eine *Mutating Method* sicherlich der naheliegendste. Das Schlüsselwort mutating wurde eingeführt, weil die Swift-Entwickler die Veränderung der Daten bzw. Eigenschaften einer Struktur nicht als den Normalfall betrachten, sondern als Ausnahme. Deswegen verlangt der Swift-Compiler von den Programmierern, dass sie solche Methoden explizit als mutating (wörtlich: *verändernd*) kennzeichnen.

Swift-intern ist das Schlüsselwort mutating auch aus Effizienzgründen wichtig: Strukturen sind Werttypen und werden bei Zuweisungen kopiert. Das kostet aber Zeit, weswegen Swift eine »echte« Kopie oft auf später verschiebt. Erst wenn Daten verändert werden (z. B. durch den Aufruf einer Methode, die als mutating gekennzeichnet ist) und eine Trennung zwischen Original und Kopie also unbedingt erforderlich ist, wird die Kopie tatsächlich durchgeführt.

In Mutating Methods gilt noch eine Besonderheit: Sie können self eine neue Instanz zuweisen. Diese ersetzt dann die aktuelle Instanz. Damit tut sich ein weiterer Lösungsweg für die normalize-Methode auf:

```
struct Vector3 {
  ... wie bisher

  // normalize verändert die aktuelle Instanz
  mutating func normalize() {
    let len = length()
    if len != 0 {
      self = Vector3(x: x / len, y: y / len, z: z / len)
    }
  }
}

// ausprobieren
var v3 = Vector3(x: 2, y: -2, z: 3)
v3.normalize()
v3.toString()  // "(0,4851, -0.4851, 0.7276)"
```

Statische Methoden

Gewöhnliche Methoden werden auf Instanzen angewendet und verarbeiten in der Regel die dort gespeicherten Daten. Statische Methoden werden syntaktisch hingegen direkt auf den Typnamen angewendet. Es ist nicht erforderlich, vor ihrem Aufruf eine Instanz zu erzeugen. Dafür kann eine statische Methode allerdings auch auf keine Instanzdaten zugreifen.

Statische Methoden werden in Strukturen und Klassen mit dem Schlüsselwort static gekennzeichnet. Statische Methoden von Klassen können statt durch static auch durch das in diesem Kontext gleichwertige Schlüsselwort class gekennzeichnet werden. Die Swift-Dokumentation bezeichnet statische Methoden von Klassen vielfach auch als *Type Methods*, also als Typmethoden.

```
struct TestStruct {
  // statische Methoden in Strukturen
  static func m() -> Int { return 42 }
}
class TestClass {
  // statische Methoden = Typmethoden in Klassen
  static func m() -> Int { return 42 }
  class func n() -> Int { return 43}      // class = static
}
```

Um noch einmal zum `Vector3`-Beispiel zurückzukehren: Dort könnte man die Methoden `greater` und `smaller` auch statisch implementieren. Diese Methoden vergleichen zwei als Parameter übergebene `Vector3`-Instanzen und geben `true` zurück, wenn die erste größer oder kleiner als die zweite ist, wobei als Vergleichsmaßstab `length()` dient:


```
struct Vector3 {
  ... Code wie bisher

  // verrät, welcher Vektor länger ist
  static func greater(v1: Vector3, v2: Vector3) -> Bool {
    return v1.length() > v2.length()
  }
  static func smaller(v1: Vector3, v2: Vector3) -> Bool {
    return v1.length() < v2.length()
  }
}
```

Damit ist es nun ein Kinderspiel, ein Array von Vektoren zu sortieren:

```
var v = [Vector3]()
v.append(Vector3(x: 1, y: 2, z: 3))
v.append(Vector3(x: 2, y: 2, z: 3))
v.append(Vector3(x: 1, y: 0, z: 1))

// sortiert das Array v, der längste Vektor wird
// zuerst aufgelistet
v.sort(by: Vector3.greater)

// sortiert das Array in umgekehrter Reihenfolge
v.sort(by: Vector3.smaller)
```

Noch eleganter wird der Code, wenn Sie die Operatoren `<` und `>` außerhalb der `Vector3`-Struktur wie folgt definieren:

```
func < (lhs: Vector3, rhs: Vector3) -> Bool {
  return lhs.smaller(than: rhs)
}
```

```
func > (lhs: Vector3, rhs: Vector3) -> Bool {
  return lhs.greater(than: rhs)
}
```

Damit können Sie noch eleganter sortieren:

```
v.sort(by: <)
```

Statische Eigenschaft

Der Vollständigkeit halber verfügt das Beispiel auch über eine statische Eigenschaft, um einen Null-Vektor zu erzeugen:

```
struct Vector3 {
  static let zero = Vector3(x: 0, y: 0, z: 0)
  ...
}

let v0 = Vector3.zero
let v0 = Vector3()      // gleichwertig, aber weniger klar
```

Signaturen von Methoden

Wenn Sie in Xcode in einem Codefenster in die Titelleiste klicken, wird eine Referenz aller Methoden der Swift-Datei angezeigt. Xcode verwendet eine spezielle Kurzschreibweise, um die *Signatur* der Methode auszudrücken. Darin sind neben dem Namen der Methode auch die Namen der benannten Parameter zusammengefasst, nicht aber deren Typen.

In der Signaturschreibweise werden die Parameter wie üblich in runden Klammern angegeben. Jedem Parameter, auch dem letzten, folgt ein Doppelpunkt. Nicht benannte Parameter werden durch das Zeichen _ ausgedrückt.

Die folgenden Zeilen stammen aus Kapitel 41, »Icon-Resizer«. Die Methoden befinden sich in einer Klasse `ViewController`, die von `NSViewController` abgeleitet ist und die außerdem die Protokolle `NSTableViewDataSource` und `NSTableViewDelegate` implementiert. Der Inhalt der Methoden ist hier nicht relevant, er wird deswegen mit `{ ... }` nur angedeutet.

```
// einige Methoden ...
class ViewController : NSViewController,
  NSTableViewDataSource, NSTableViewDelegate
{
  func numberOfRows(in tableView: NSTableView) -> Int { ... }

  func tableView(_ tableView: NSTableView, heightOfRow row: Int)
    -> CGFloat { ... }
```

```
  func tableViewColumnDidResize(_ notification: Notification)
    { ... }

  func tableView(_ tableView: NSTableView,
    viewFor tableColumn: NSTableColumn?,
    row: Int) -> NSView? {... }
}
```

Die dazugehörenden Swift-Signaturen sehen so aus:

```
// ... und die entsprechenden Swift-Signaturen
numberOfRows(in:)
tableView(_:heightOfRow:)
tableViewColumnDidResize(_:)
tableView(_:viewFor:row:)
```


In vielen Bibliotheken existieren gleichnamige Methoden, die sich nur durch die Parameterliste unterscheiden. Die Signatur kann die betreffende Methode dann eindeutig identifizieren. Deswegen wird die Signaturschreibweise fallweise auch in diesem Buch verwendet, um auf eine bestimmte Variante von mehreren gleichnamigen Methoden hinzuweisen.

#selector-Syntax

Signaturen spielen eine Rolle, wenn Sie in einer `action`-Eigenschaft oder einem `action`-Parameter eine Referenz auf eine Methode übergeben müssen, wie dies z. B. in Abschnitt 16.6, »Layoutregeln durch Code definieren«, vorkommt. Dazu verwenden Sie die Schreibweise `#selector(signatur)`, wobei die Signatur auch den Klassennamen enthalten muss.

```
btn.addTarget(
  self,
  action: #selector(ViewController.buttonAction(_:)),
  for: .touchUpInside)
```

Bei Methoden ohne Parameter entfallen die Klammern. Die folgenden Zeilen zeigen, wie eine App auf Nachrichten eines `AVPlayer`-Objekts reagieren kann, die dieser Player an das Notification Center sendet (siehe auch Abschnitt 27.2, »Audiowiedergabe mit dem AVPlayer«):

```
NotificationCenter.default.addObserver(self,
  selector: #selector(ViewController.playerHasStopped),
  name: .AVPlayerItemDidPlayToEndTime,
  object: nil)
```

Die `playerHasStopped`-Methode kann dann so in der `ViewController`-Klasse implementiert werden:

```
class ViewController: UIViewController {
  // ... sonstiger Code
  @objc func playerHasStopped() {
    //  Reaktion auf das Ereignis
  }
}
```

Regeln für Selektor-Methoden

Die Methoden, auf die ein Selektor verweist, dürfen nicht `fileprivate` oder `private` sein. Außerdem müssen sie mit dem Attribut `@objc` gekennzeichnet werden. Dieses Attribut macht Swift-Methoden kompatibel mit Objective-C-Code.

11.6 Subscripts

Bei einigen Swift-Datenstrukturen können Sie über einen Index in eckigen Klammern auf einzelne Elemente zugreifen. Dies gilt unter anderem für Arrays, Dictionaries und Zeichenketten:

```
var ar = [17, 29, 31, 47]
ar[2]                              // 31, Datentyp Int

var dict = ["GRZ": "Graz", "VIE": "Wien", "SZG": "Salzburg"]
dict["VIE"]                        // "Wien", Datentyp String?

var s = "Hello World!"
let start = s.startIndex
let end = s.index(start, offsetBy: 3)
s[start..<end]                     // "Hel", Datentyp Substring
```

Swift bietet Ihnen nun die Möglichkeit, diese sogenannte Subscript-Syntax auch für Ihre eigenen Datentypen zu nutzen. Dazu müssen Sie Ihre Klasse oder Struktur lediglich um spezielle Methoden ergänzen, die mit dem Schlüsselwort `subscript` beginnen und ähnlich wie bei Computed Properties einen `get`- und einen `set`-Teil aufweisen, um so Daten zu ändern bzw. auszulesen. Die folgenden Zeilen fassen die Syntax zusammen:

```
struct Test {
  // subscript-Methode für Test[index]-Zugriffe
  subscript(index: indexDatentyp) -> Datentyp {
    get            { return ...  }
    set(newValue) { newValue speichern ... }
  }
}
```

Sowohl für den Index als auch für die Daten an sich ist jeweils ein beliebiger Datentyp zulässig. Bei generischen Klassen bzw. Strukturen kann auch der Datentyp generisch sein. Subscripts eignen sich besonders gut für eigene Datentypen, die selbst Aufzählungen (Collections) verwalten.

Beispiel: Schachbrett

Das folgende Beispiel greift nochmals das Schachspiel auf. Die folgenden Zeilen definieren zuerst zwei Enumerationen für die Figuren und Farben eines Schachspiels. Die Struktur `Figure` bildet aus je einem Element dieser beiden Enumerationen eine Schachfigur – z. B. einen weißen Springer. Derartige Figuren sollen nun auf einem Schachbrett platziert werden. Dazu dient die Struktur `ChessBoard`, die zur Datenspeicherung ein 8 × 8-Array vom Typ `Figure?` verwendet: Wenn ein Feld des Schachbretts frei bleibt, lautet der entsprechende Wert im Array `nil`.

Damit kommen wir zu den `subscript`-Funktionen: Der Zugriff auf die Felder des Schachbretts soll nicht über Spalten- und Zeilennummern erfolgen, sondern in der Schachnotation. Die Umrechnung zwischen Zeichenketten wie `"a1"` oder `"e5"` in ein Tupel, das aus einer Spalten- und einer Zeilennummer besteht, übernimmt die Funktion `getRowCol`.

```
// Datei schach2.playground
// Aufzählungen zur Definition der Schachfiguren
enum Pieces {
  case king, queen, rook, bishop, knight, pawn
}
enum Colors {
  case white, black
}

// Struktur zur Darstellung einer Schachfigur (ohne Position)
struct Figure {
  let col: Colors
  let fig: Pieces
  init(_ col: Colors, _ fig: Pieces) {
    self.col = col
    self.fig = fig
  }
}

// Schachbrett zur Speicherung der Figuren
struct ChessBoard {
  // interner Datenspeicher
  private var board: [[Figure?]]
```

```
  // Initialisierung des 8x8-Arrays
  init() {
    board = [[Figure?]](repeating: [Figure?](repeating: nil,
                                             count: 8),
                        count: 8)
  }
  // subscript-Funktionen zum komfortablen Zugriff
  // auf das Schachbrett
  subscript(pos: String) -> Figure? {
    get {
      let (row, col) = ChessBoard.getColRow(pos: pos)
      return board[row][col]
    }
    set(newValue) {
      let (row, col) = ChessBoard.getColRow(pos: pos)
      board[row][col] = newValue
    }
  }

  // Umrechnung "e3" --> (4, 2)
  private static func getColRow(pos:String) -> (Int, Int) {
    if pos.count != 2 {
      print("wrong position")
      return (-1, -1)
    }

    let code1 = Int(pos.lowercased().unicodeScalars.first!.value)
    let code2 = Int(pos.unicodeScalars.last!.value)
    if code1>=97 && code1<=104 && code2>=49 && code2<=56 {
      return (code1 - 97, code2 - 49)
    } else {
      print("wrong position")
      return (-1, -1)
    }
  }
} // Ende von struct ChessBoard

// ChessBoard-Struktur ausprobieren
var cb = ChessBoard()
cb["a1"] = Figure(.white, .rook)  // weißer Turm auf a1
cb["h8"] = Figure(.black, .rook)  // schwarzer Turm auf h8
```

Einfachere »subscripts« für Zeichenketten

Ein weiteres Beispiel für eine `subscript`-Funktion gibt es in Abschnitt 8.4, »Zeichenketten zerlegen und zusammensetzen«: Am Ende dieses Abschnitts finden Sie Code zur Erweiterung der `String`-Struktur, mit dem Sie auf Teilzeichenketten unkompliziert mit ganzen Zahlen zugreifen können.

11.7 Typ-Aliasse

Mit `typealias` können Sie einem vorhandenen Datentyp einen zweiten Namen zuweisen, unter dem Sie den Typ von nun an ebenfalls nutzen können. Die folgende `typealias`-Anweisung macht `Temperature` gleichwertig zu `Double`:


```
typealias Temperature = Double
var temp: Temperature = 2.7
2.3 + Temperature(2.5)       // 4.8, entspricht 2.3 + Double(2.5)
```

Die Swift-Sprachdefinition enthält eine ganze Reihe von Typ-Aliassen, von denen hier auszugsweise einige wiedergegeben sind:

```
// trifft auf Instanzen aller Klassen zu (siehe nächstes Kapitel)
typealias AnyClass = AnyObject.Type
typealias CBool = Bool
typealias CChar = Int8
typealias IntegerLiteralType = Int
typealias Void = ()                   // leeres Tupel
...
```

Swift erlaubt auch die Definition generischer Typ-Aliasse (siehe Abschnitt 12.2, »Generics«):

```
typealias IntFunction<T> = (T) -> Int
```

11.8 Speicherverwaltung

Wie bei den meisten Programmiersprachen müssen Sie sich in Swift nur in Ausnahmefällen um die Speicherverwaltung kümmern. Objekte, auf die Sie im Code nicht mehr verweisen, werden automatisch aus dem Arbeitsspeicher entfernt. Sie müssen keine Angst haben, dass Ihr Programm aufgrund vergessener Aufräumarbeiten mehr und mehr Speicher beansprucht.

Interessant zu wissen ist, dass es in Swift im Gegensatz zu vielen anderen Sprachen keinen sogenannten *Garbage Collector* gibt, der nicht mehr genutzte Ressourcen aus dem Speicher räumt. Stattdessen zählt Swift mit, wie viele Referenzen auf ein Objekt zeigen (*Automatic Reference Counting*, ARC). Wenn die Anzahl der Referenzen auf null sinkt, wird das Objekt sofort aus dem Speicher entfernt. Beide Verfahren haben in manchen Fällen Vorteile. Hintergrundinformationen können Sie hier nachlesen:

https://docs.swift.org/swift-book/LanguageGuide/AutomaticReferenceCounting.html
https://www.quora.com/Why-doesnt-Apple-Swift-adopt-the-memory-management-method-of-garbage-collection-like-Java-uses

Wenn Sie verfolgen möchten, wann ein Objekt aus dem Speicherplatz entfernt wird, implementieren Sie die Deinit-Funktion. Sie wird unmittelbar aufgerufen, bevor ARC eine Instanz des Objekts aus dem Speicher entfernt.

Im folgenden Beispiel wird zuerst eine Instanz von `MyClass` erzeugt. Mit `b=a` und `c=a` verweisen schließlich drei Variablen auf das Objekt, d. h., der Reference Counter erreicht den Wert 3. Anschließend werden die Objektverweise alle auf `nil` gesetzt. Mit der dritten `nil`-Zuweisung sinkt der Reference Counter auf 0, die Deinit-Funktion wird ausgeführt und das Objekt dann aus dem Speicher entfernt. Beachten Sie bitte, dass Sie ein echtes, kompiliertes Programm benötigen, um das zu testen. Der Playground ist hierfür ungeeignet.

```
// Projekt memory, Datei main.swift
class MyClass {
  var data: String
  init(data: String) {
    self.data = data
  }
  deinit {
    print("deinit")
  }
}

var a: MyClass? = MyClass(data: "abc")
var b: MyClass? = a
var c: MyClass? = a
b = nil
a = nil
c = nil
print("fertig")
// Ausgabe: zuerst 'deinit', dann 'fertig'
```

weak und unowned

Das größte Problem von ARC besteht darin, dass es Fälle gibt, in denen der Reference Counter nie auf 0 sinkt. Das betrifft insbesondere geschlossene Verweisketten, wo also z. B. Objekt 1 auf Objekt 2 verweist, dieses auf Objekt 3 und dieses wieder zurück auf Objekt 1. Selbst wenn es im Programm keine direkten Verweise mehr auf Objekt 1 bis 3 gibt, diese also alle drei nicht mehr benötigt werden, verhindern die inneren Referenzen die Speicherfreigabe.

Um selbst derartige Sonderfälle korrekt zu verarbeiten, bietet Swift die Möglichkeit, Objektvariablen mit dem Schlüsselwort `weak` oder `unowned` zu kennzeichnen:

```
weak var name1: typ1?
unowned var name2: typ2
unowned let name2: typ2 = ...
```

- **weak:** Wenn es nur noch »schwache« Objektverweise gibt, darf ARC das Objekt aus dem Speicher entfernen. `weak` ist nur für optionale Variablen geeignet. In der Praxis kommen `weak`-Eigenschaften sehr oft in View-Controller-Klassen vor, wenn Sie dort *Outlets* einfügen. Outlets sind Eigenschaften, die auf ein Steuerelement innerhalb einer Ansicht eines iOS-Programms verweisen.

  Wenn eine `weak`-Variable auf ein Objekt verweist, das via ARC aus dem Speicher entfernt wird, dann wird diese Variable automatisch auf `nil` gesetzt. Das erklärt auch, warum `weak` Optionals voraussetzt.

- **unowned:** Ein »herrenloser« Objektverweis gilt für ARC als schwacher Objektverweis. Der syntaktische Unterschied besteht darin, dass `unowned` für Variablen bzw. Konstanten gedacht ist, die nie `nil` sein können, während `weak` für Optionals vorgesehen ist.

Übrigens gibt es auch das Schlüsselwort `strong`, das anstelle von `weak` oder `unowned` verwendet werden kann; da `strong` per Default gilt, ist sein Einsatz im Code überflüssig. Mehr Details sowie Beispiele für den Umgang mit `weak` und `unowned`, auch im Zusammenhang mit Closures, finden Sie auf den folgenden Seiten:

https://docs.swift.org/swift-book/LanguageGuide/AutomaticReferenceCounting.html
https://stackoverflow.com/questions/24320347
https://sketchytech.blogspot.com/2014/09/swift-rules-of-weak-and-unowned.html

weak-Beispiel

Um zyklische Verweise zu illustrieren, sind im Beispielprojekt `weak-references` sechs Klassen definiert: `Class1a`, `Class2a` und `Class3a` enthalten jeweils Eigenschaften, damit Instanzen dieser Klassen aufeinander verweisen können (siehe Abbildung 11.2). `Class1b`, `Class2b` und `Class3b` enthalten einen ganz ähnlichen Code, allerdings sind die Eigenschaften `pointsToXxx` nun mit dem Schlüsselwort `weak` versehen.

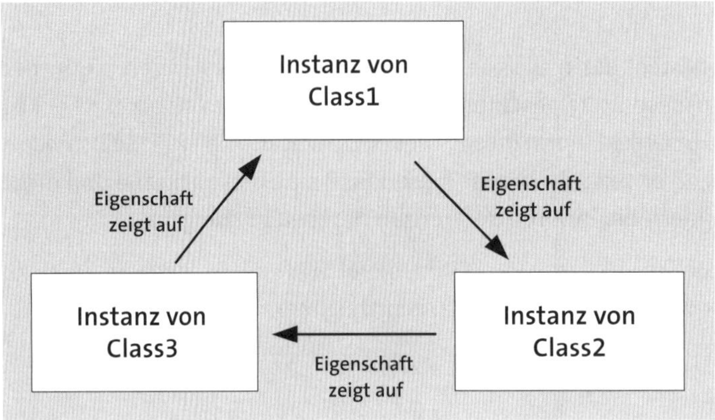

Abbildung 11.2 Zyklische Verweise von Instanzen können die ARC-Speicherverwaltung aus dem Takt bringen.

```
// Projekt weak-references, Datei main.swift
// drei Klassen mit strong-Referenzen
class Class1a {
  var pointsTo2: Class2a?
  deinit {
    print("deinit Class 1a")
  }
}
class Class2a {
  var pointsTo3: Class3a?
  deinit {
    print("deinit Class 2a")
  }
}
class Class3a {
  var pointsTo1: Class1a?
  deinit {
    print("deinit Class 3a")
  }
}
// noch drei Klassen, aber mit weak-Referenzen
class Class1b {
  weak var pointsTo2: Class2b?
  deinit {
    print("deinit Class 1b")
  }
}
```

```
class Class2b {
  weak var pointsTo3: Class3b?
  deinit {
    print("deinit Class 2b")
  }
}
class Class3b {
  weak var pointsTo1: Class1b?
  deinit {
    print("deinit Class 3b")
  }
}
```

In einem `if-true`-Block werden nun Instanzen von allen sechs Klassen erzeugt und miteinander verbunden. Da die sechs Variablen nur innerhalb des `if`-Blocks gültig sind, sollten die durch die Variablen belegten Ressourcen eigentlich anschließend wieder freigegeben werden. Bei den `a`-Instanzen scheitert dies an den zyklischen Verweisen, während die `b`-Instanzen wunschgemäß freigegeben werden:

```
// ARC ausprobieren
if true {
  var c1a = Class1a()
  var c2a = Class2a()
  var c3a = Class3a()
  c1a.pointsTo2 = c2a
  c2a.pointsTo3 = c3a
  c3a.pointsTo1 = c1a

  var c1b = Class1b()
  var c2b = Class2b()
  var c3b = Class3b()
  c1b.pointsTo2 = c2b
  c2b.pointsTo3 = c3b
  c3b.pointsTo1 = c1b
  print("if-Block endet")
}
print("nach dem if-Block")
```

Das Programm liefert die folgenden Ausgaben:

```
if-Block endet
deinit Class 3b
deinit Class 2b
deinit Class 1b
nach dem if-Block
```

Und wenn Sie jetzt denken, dass die drei Instanzen eigentlich kein großes Problem darstellen, dann verpacken Sie den `if-true`-Block in eine Schleife:

```
for(i in 1...10_000_000 {
  if true {
    var c1a = Class1a()
    // weiter wie oben
  }
}
```

Der Speicherbedarf dieses Programms wächst und wächst und wächst – ungebremst. Je länger die Schleife läuft, desto mehr Speicherplatz beansprucht das Programm. Das ist ein klassisches Beispiel für einen *Memory Leak*, den es unbedingt zu vermeiden gilt! In Xcode können Sie den Speicherhunger des Programms übrigens wunderbar im Dialogblatt DEBUG NAVIGATOR verfolgen (siehe Abbildung 11.3).

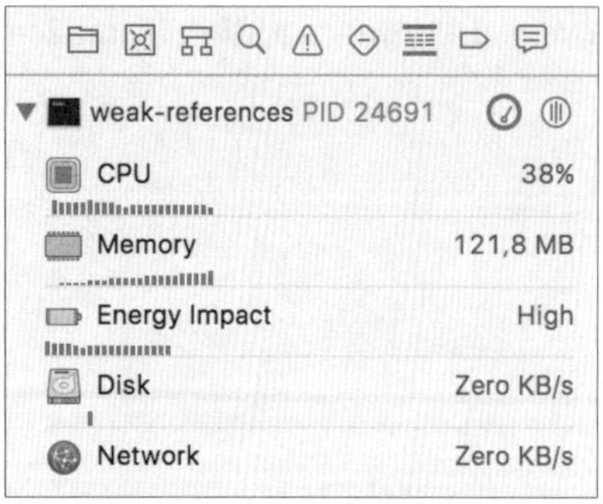

Abbildung 11.3 Den steigenden Speicherbedarf können Sie in Xcode beobachten.

Kapitel 12
Objektorientierte Programmierung II

Nachdem ich in Kapitel 11 die Sprachelemente von Swift zur Definition von Strukturen und Klassen mit Eigenschaften, Init-Funktionen, Methoden und Subscripts erläutert habe, folgen in diesem Kapitel einige fortgeschrittene Funktionen zur objektorientierten Programmierung:

- Vererbung
- Generics
- Protokolle und Standardprotokolle
- Extensions
- Protokollerweiterungen
- Reflection und Metatypen

12.1 Vererbung

Vererbung ist ein Mechanismus, der nur Klassen, nicht aber Strukturen zur Verfügung steht. Mit Vererbung kann eine neue Klasse alle Eigenschaften und Methoden einer frei wählbaren Basisklasse übernehmen und darauf aufbauen: Die eigene Klasse kann zusätzliche Eigenschaften und Methoden hinzufügen sowie vorhandene Methoden durch neue Implementierungen ersetzen.

Syntaktisch gesehen ist Vererbung denkbar einfach implementiert: Sie geben einfach nach dem Namen Ihrer neuen Klasse einen Doppelpunkt und dann den Namen der Basisklasse an:

```
class BasisKlasse {                // Basisklasse
  var x = 1                        // Eigenschaft
  func m1(...) { ... }             // Methode
}
class NeueKlasse : BasisKlasse {   // erweiterte Klasse
  var y = 1                        // neue Eigenschaft
  override func m1(...) { ... }    // vorhandene Methode ändern
  func m2(...) { ... }             // neue Methode
}
```

Anstelle von Vererbung ist auch der Begriff *Subclassing* üblich. Die neu definierte Klasse ist die *Sub-Klasse*, die vorhandene Basisklasse heißt *Super-Klasse*.

Es gibt keine universelle Basisklasse

Anders als beispielsweise in Java gibt es in Swift keine universelle Basisklasse, von der alle anderen Klassen abgeleitet werden. Wenn Sie also selbst eine Klasse definieren und dabei keine Vererbung nutzen, beginnen Sie bei null. Ihre neue Klasse wird also zu einer Basisklasse in Swift.

In manchen Fällen ist es aber erforderlich, eigene Klassen von `NSObject` abzuleiten. `NSObject` gilt als Basisklasse für Objective-C. Eine Ableitung von `NSObject` ist beispielsweise unumgänglich, wenn Ihre Klasse ein Protokoll implementiert, das selbst auf das Objective-C-Protokoll `NSObject` zurückgreift. Vergessen Sie die Angabe der Basisklasse `NSObject`, liefert der Compiler die Fehlermeldung *type does not conform to NSObjectProtocol*. Der Widerspruch zwischen `NSObject` und `NSObjectProtocol` besteht deswegen, weil das Objective-C-Protokoll `NSObject` unter Swift den Namen `NSObjectProtocol` hat. Weitere Details können Sie hier nachlesen:

https://stackoverflow.com/questions/24057525/swift-native-base-class-or-nsobject

Mehrfachvererbung

Swift unterstützt wie Java und C# keine Mehrfachvererbung: Jede Klasse kann also immer nur von einer Basisklasse erben. Anders als beim Vorbild aus der Biologie kann eine neue Klasse nicht gleichzeitig Eigenschaften von Mutter und Vater erben.

```
class A1 { ... }            // Basisklasse A1
class A2 { ... }            // Basisklasse A2
class B : A1, A2 { ... }    // FEHLER: B kann nur von einer Klasse
                            // abgeleitet sein!
```

Sehr wohl zulässig ist aber das Vererben in mehreren Schritten: Sie können also zuerst die Basisklasse A definieren, davon B und davon wiederum C ableiten:

```
class A { ... }             // Basisklasse A
class B : A { ... }         // erweiterte Klasse B
class C : B { ... }         // nochmals erweiterte Klasse C
```

Vererbung versus Protokolle versus Extensions

Vererbung zählt zu den elementarsten Konzepten der objektorientierten Programmierung. Swift bietet mit Protokollen und Extensions aber noch zwei weitere Mechanismen an zum Gestalten von Klassenbibliotheken (siehe Tabelle 12.1).

Merkmal	Vererbung	Protokolle	Extensions
für Klassen geeignet	ja	ja	ja
für Strukturen geeignet	nein	ja	ja
für Enumerationen geeignet	nein	ja	ja
Stored Properties hinzufügen	ja	nein	nein
Computed Properties hinzufügen	ja	nein	ja
Property Observer hinzufügen	ja	nein	nein
Methoden hinzufügen	ja	nein	ja
Methoden ändern (`override`)	ja	nein	nein
Retroactive Modeling	nein	nein	ja
Generics-Syntax	<T>	`associatedtype`	–

Tabelle 12.1 Vererbung versus Protokolle versus Extensions

Details zu Protokollen und Extensions folgen in Abschnitt 12.3, »Protokolle«, und in Abschnitt 12.5, »Extensions«.

Vererbung ist allgegenwärtig!

Dieser Abschnitt konzentriert sich auf die Beschreibung der Syntax der Vererbung. Praktische Beispiele folgen dann ab Kapitel 15, »Hello iOS-World!« – und zwar dutzendweise! Vererbung ist nämlich ein allgegenwärtiges Prinzip in allen Apps: Dort sind es vor allem Klassen zur Gestaltung grafischer Benutzeroberflächen aus dem UIKit oder Cocoa, die Sie als Basis für Ihre Apps verwenden und dann um Eigenschaften zum Zugriff auf Ihre Steuerelemente, um Methoden zur Reaktion auf Benutzerereignisse etc. erweitern. Bei jeder noch so einfachen iOS-App beginnt der Code für das »Storyboard« mit Vererbung:

```
class MyViewController : UIViewController { ... }
```

override bei Methoden

Sie können in der neuen Klasse Methoden, Computed Properties, Property Observer sowie Subscript-Funktionen durch eine neue Implementierung ersetzen. Dabei müssen Sie allerdings zwei Dinge beachten:

- Sie müssen Ihrer Neudefinition das Schlüsselwort `override` voranstellen und so klar machen, dass Sie ein vorhandenes Merkmal einer Basisklasse überschreiben möchten.
- Sie müssen die Attribute, die Parameterliste, die Datentypen und die anderen Merkmale exakt übernehmen. Eine private Methode kann nicht durch eine öffentliche Methode überschrieben werden; aus einer Methode, die ein `Double`-Ergebnis liefert, kann keine Methode werden, die eine `Int`-Zahl zurückgibt etc.

Anders als in Java, wo `@overrides` ein optionales Attribut ist, ist `override` in Swift zwingend erforderlich. Das folgende Beispiel zeigt, wie die Methode `m1` der Klasse `X` in `Y` durch eine neue Implementierung überschrieben wird:

```
// Datei vererbung.playground
class X {
  var a = 1, b=2
  func m1() -> Int {
    return a+b
  }
}
class Y : X {
  override func m1() -> Int {
    return a*b
  }
}

var x = X()    // Instanz der Klasse X, a=1, b=2
var y = Y()    // Instanz der Klasse Y, a=1, b=2
x.m1()         // 1+2 ergibt 3
y.m1()         // 1*2 ergibt 2
```

override bei Eigenschaften

Ein direktes Überschreiben von Eigenschaften (*Stored Properties*) ist in Swift nicht vorgesehen. Mit `override` können Sie aber eine aus der Basisklasse gegebene Eigenschaft um eigene Property Observer erweitern. Dabei müssen Sie den Datentyp der Variablen explizit angeben.

```
class A {
  var x = 1
}

// B erweitert A um Property Observer
// für die Eigenschaft x
class B : A {
  override var x: Int {
    willSet(newX) {
      print("willSet: current=\(x) new will be=\(newX)")
    }
```

```
    didSet(oldX) {
      print("didSet:  current=\(x) old was=\(oldX)")
    }
  }    // Ende override var x
}      // Ende class B

// Test
var b = B()
b.x = 2
// Ausgabe: willSet: current=1 new will be=2
//          didSet:  current=2 old was=1
```

»override« erweitert Property Observers und Computed Properties

Das Schlüsselwort override impliziert eigentlich, dass eine vorhandene Implementierung überschrieben wird. Das stimmt nicht. Vielmehr wird eine zusätzliche Implementierung hinzugefügt. So bleiben die Property Observers bzw. Computed Properties der Basisklasse aktiv, d. h., ihr Code wird weiter ausgeführt. Allerdings kommt nun in der eigenen Klasse zusätzlicher Code hinzu, der ebenfalls ausgeführt wird.

Bei Methoden und Init-Funktionen ist es ähnlich. Der wesentliche Unterschied besteht aber darin, dass Sie sich um den Aufruf des Codes der Basisklasse durch `super.init()` oder `super.methode()` bei Bedarf selbst kümmern müssen.

Das Schlüsselwort super

Sobald Sie in einer Klasse Methoden oder andere Elemente der Basisklasse überschreiben, haben Sie das Problem, dass die zugrunde liegende Methode bzw. ein anderes Element nicht mehr zugänglich ist. (Beide Methoden haben ja den gleichen Namen.)

Abhilfe schafft in solchen Fällen das Schlüsselwort super: Damit beziehen Sie sich explizit auf die Basisklasse. super hat damit eine ähnliche Funktion wie self – nur dass sich self auf die aktuelle Instanz bezieht, super hingegen auf die Instanz der Basisklasse (»Superklasse«).

```
// Datei super.playground
// Basisklasse A mit den Eigenschaften a1 und a2
class A {
  var a1: Int
  var a2: Int

  init(a1: Int, a2: Int) {
    self.a1 = a1
    self.a2 = a2
  }
  func m() -> Int {   // Methode
```

```
    return a1 + a2
  }
  var p: Int {          // Computed Property
    get {
      return a1 + a2
    }
    set {
      a1 = 0
      a2 = newValue
    }
  }
}

// Spezialklasse B mit der zusätzlichen Eigenschaft b
class B : A {
  var b: Int

  init(a1: Int, a2: Int, b: Int) {
    self.b = b
    // Init-Funktion der Basisklasse aufrufen
    super.init(a1: a1, a2: a2)
  }

  // Methode überschreiben
  override func m() -> Int {
    // m1() der Basisklasse plus
    // B-spezifische Ergänzung
    return super.m() + b
  }

  // Computed Property überschreiben
  override var p: Int {
    get { return a1 + a2 + b }
    set { a1 = 0
          a2 = 0
          b  = newValue
        }
  }
}
```

Das Schlüsselwort final

Wenn Sie vermeiden möchten, dass eine ganze Klasse oder auch nur eine Methode oder eine Computed Property durch Vererbung verändert wird, dann kennzeichnen Sie das entsprechende Element einfach mit dem Schlüsselwort `final`:

```
final class A {              // diese Klasse kann nicht
  ...                        // vererbt  werden
}

class B {                    // diese schon, aber
  final func m() { ...}      // die Methode m() darf nicht
                             // überschrieben werden
}
```

Der Swift-Compiler muss normalerweise auf dynamische Erweiterungen von Klassen und Methoden Rücksicht nehmen. Finale Klassen oder Methoden können aber nicht mehr erweitert werden. Das Kompilat kann »statischer« und damit effizienter formuliert werden. Insofern führt `final` zu einer (minimal) schnelleren Codeausführung.

`final` macht eine Klasse auch kompatibel mit Protokollen, die sich mit `Self` auf den konkreten Typ der Klasse beziehen. Der Compiler muss sich darauf verlassen können, dass es von einer Klasse nicht auch eine abgeleitete Klasse mit zusätzlichen Eigenschaften gibt (Fehlermeldung *protocol requirement cannot be satisfied by a non-final class*). Beispiele und Hintergründe finden Sie hier:

https://stackoverflow.com/questions/37141067

Vererbung und Zugriffsebenen

Losgelöst von `final` ist eine Vererbung nur möglich, wenn die Zugriffsebene der Basisklasse dies erlaubt. `private`-Klassen können nie vererbt werden, `fileprivate`-Klassen nur innerhalb der aktuellen Datei, nicht gekennzeichnete Klassen (`internal`) und `public`-Klassen nur innerhalb des aktuellen Moduls. Über Modulgrenzen hinweg ist Vererbung nur bei `open`-Klassen möglich (siehe auch Abschnitt 11.1, »Klassen und Strukturen«).

Initialisierung

Die Initialisierung von vererbten Klassen ist in »The Swift Programming Language« in vielen Details beschrieben. Zumindest die Grundidee ist einfach: Der Compiler stellt sicher, dass alle Eigenschaften in allen Ebenen der Klassenhierarchie initialisiert werden. Dazu muss auf jeder Ebene eine vollwertige Init-Funktion aufgerufen werden, und es muss die folgende Reihenfolge eingehalten werden:

- Zuerst werden die spezifischen Eigenschaften der eigenen Klasse initialisiert.
- Anschließend wird `super.init()` aufgerufen, um die Eigenschaften der Basisklasse(n) zu initialisieren.
- Erst jetzt kann die Init-Funktion bei Bedarf weitere Aufgaben erledigen und dabei Eigenschaften der Klasse auslesen bzw. Methoden aufrufen.

Wenn *Convenience Init Functions* im Spiel sind, müssen sie eine *Designated Init Function* ihrer eigenen Klasse aufrufen. Aus nicht ganz einsichtigen Gründen ist es hingegen nicht erlaubt, aus der eigenen Init-Funktion eine *Designated Init Function* der übergeordneten Klasse aufzurufen. (Die genannten Begriffe habe ich bereits in Abschnitt 11.4, »Init- und Deinit-Funktion«, erläutert.)

Eine Init-Funktion der Basisklasse rufen Sie mit `super.init(...)` auf. Entscheidend ist dabei die Reihenfolge: Die Init-Funktion der eigenen Klasse muss zuerst alle eigenen Eigenschaften initialisieren, bevor der Aufruf von `super.init()` zulässig ist. Das war vorhin bereits im `override`-Beispiel zu sehen: Die Init-Funktion von `B` hat zuerst die eigene Klassenvariable `b` initialisiert und dann mit `super.init()` die Init-Funktion von `A` aufgerufen.

Erst nachdem die gesamte Initialisierungskette durchlaufen ist, darf die Init-Funktion auf Eigenschaften der übergeordneten Klasse zugreifen. Die Kommentare im folgenden Listing verdeutlichen die vorgeschriebene Initialisierungsabfolge nochmals. Vergessen Sie nicht das Schlüsselwort `override`, wenn die Parameterliste Ihrer neuen Init-Funktion mit der der Basisklasse übereinstimmt!

```
// Beispieldatei init.playground
class A {       // Basisklasse A
  var a1: Int, a2: Int
  init(_ a1: Int, _ a2: Int) {  // Designated Init Function
    self.a1 = a1
    self.a2 = a2
  }
  convenience init() {          // Convenience Init Function
    self.init(0, 0)             // mit Defaultwerten
  }
}

class B : A {  // erweiterte Klasse B
  var b: Int

  // Designated Init Function für B
  init(_ a1: Int, _ a2: Int, _ b: Int) {
    self.b = b
    // super.init(...) darf erst nach der Initialisierung aller
    // eigenen Eigenschaften (hier 'b') aufgerufen werden.
    // super.init() wäre nicht erlaubt, weil init() nur eine
    // Convenience Init Function ist!
    super.init(a1, a2)
    // Der Zugriff auf Eigenschaften von A ist erst hier, also
    // nach super.init(), zulässig.
    self.a1 += b
  }
```

```
  // Convenience Init Function für B
  convenience init() {
    // darf nur Init-Funktionen von B aufrufen, aber keine
    // Init-Funktionen von A!
    self.init(0, 0, 0)
  }
}
```

Vererbung von Init-Funktionen

Wenn Sie Ihre neue Klasse *nicht* mit eigenen Init-Funktionen ausstatten, dann erbt die neue Klasse einfach die Init-Funktionen der Basisklasse (auch die Convenience Init Functions) – alles erledigt also! Aber sobald Sie *eine* eigene Init-Funktion programmieren, müssen Sie sich um *alle* Init-Funktionen kümmern. Es gilt also: »Alles oder nichts.«

Das Schlüsselwort required

In der Basisklasse können Init-Funktionen mit dem Schlüsselwort `required` gekennzeichnet werden. Das hat zur Folge, dass die abgeleitete Klasse diese Init-Funktion implementieren muss. Wenn die abgeleitete Klasse gar keine Init-Funktionen implementiert, gilt diese Bedingung wegen der automatischen Vererbung von Init-Funktionen ebenfalls als erfüllt.

In der abgeleiteten Klasse muss die Init-Funktion ebenfalls als `required` gekennzeichnet werden, dafür entfällt `override`. Das folgende Beispiel zeigt, dass aus `required` für die Basisklasse ein `required convenience` in der abgeleiteten Klasse werden darf:

```
// Beispieldatei required-init.playground
// Basisklasse
class A {
  var a1: Int, a2: Int

  // jede Subklasse muss diese Init-Funktion
  // auch implementieren
  required init(_ a1: Int, _ a2: Int) {
    self.a1 = a1
    self.a2 = a2
  }
}

// erweiterte Klasse B
class B : A {
  var b: Int
```

```
  // Designated Init Function zur Initialisierung
  // aller Eigenschaften von A und B
  init(_ a1: Int, _ a2: Int, _ b: Int) {
    self.b = b
    super.init(a1, a2)
  }

  // Convenience Init Function, erfüllt zugleich
  // die 'required'-Anforderung aus A
  required convenience init(_ a1: Int, _ a2: Int) {
    self.init(a1, a2, 0)
  }
}
```

Redundanz in Init-Funktionen vermeiden

Wenn Sie Ihre eigene Klasse von einer anderen Klasse mit mehreren Init-Funktionen ableiten, müssen Sie in Ihrem Code oft entsprechend mehrere Init-Funktionen implementieren. Dabei tritt das Problem auf, dass Sie in *jeder* Init-Funktion zuerst alle Eigenschaften initialisieren müssen, bevor Sie `super.init` aufrufen können. Der Aufruf einer gemeinsamen Initialisierungsfunktion scheitert an dieser Stelle, weil andere Funktionen/Methoden erst *nach* der vollständigen Initialisierung aller Eigenschaften aufgerufen werden können.

Die nun fast zwangsweise auftretende Redundanz können Sie vermeiden, indem Sie Ihre Eigenschaften als Optionals deklarieren. Damit gelten sie von Anfang an als mit `nil` initialisiert, und es ist syntaktisch erlaubt, die Initialisierung nach dem Aufruf von `super.init` durch eine zentrale Methode durchzuführen.

Die folgenden Zeilen zeigen eine eigene View-Controller-Klasse, wie sie in vielen iOS-Apps vorkommt. Die drei Eigenschaften `x`, `y` und `z` wurden als Optionals definiert, was die Initialisierung *nach* dem `super.init`-Aufruf ermöglicht. Die Deklaration von `x`, `y` und `z` als Implicitly Unwrapped Optionals hat den Vorteil, dass Sie bei weiteren Zugriffen nicht jedes Mal an das Unwrapping denken müssen.

```
class ViewController: UIViewController {
  var x: Int!
  var y: Int!
  var z: Int!

  override init(nibName nibNameOrNil: String?,
                bundle nibBundleOrNil: NSBundle?)
  {
    super.init(nibName: nibNameOrNil, bundle: nibBundleOrNil)
    sharedInit()
  }
```

```
  required init?(coder aDecoder: NSCoder) {
    super.init(coder: aDecoder)
    sharedInit()
  }

  // zentrale Initialisierung optionaler Eigenschaften
  func sharedInit() {
    x = 1
    y = 2
    z = 3
  }
}
```

Generalisierung, Polymorphie und Casting

Wie in den meisten anderen objektorientierten Programmiersprachen können Sie auch in Swift die Konzepte der Generalisierung und der Polymorphie nutzen:

- Kurz gesagt bedeutet Generalisierung, dass Sie in einer Variablen oder einem Parameter eines allgemeinen Typs (einer Basisklasse, aber auch eines Protokolls, siehe Abschnitt 12.3) eine Instanz eines spezielleren Typs speichern dürfen (also einer erweiterten Klasse).
- Polymorphie besagt, dass Swift erkennen kann, welcher Klasse die Daten tatsächlich angehören, und entsprechend die richtigen Methoden aufruft.

Wenn Ihnen diese Begriffe nicht vertraut sind, finden Sie in der Wikipedia eine umfassende Erklärung:

https://de.wikipedia.org/wiki/Vererbung_(Programmierung)
https://de.wikipedia.org/wiki/Polymorphie_(Programmierung)

Das folgende Beispiel zeigt die Umsetzung dieser Begriffe in die Praxis. Zuerst werden drei Klassen definiert: eine allgemeine Klasse für Schachfiguren und dann zwei abgeleitete Klassen für einen Bauern bzw. einen König. Die abgeleiteten Klassen überschreiben jeweils die Methode `toString`.

Aufgrund des Prinzips der Generalisierung ist es zulässig, in einem Array für die Basisklasse `ChessFigure` auch Instanzen der abgeleiteten Klassen `Pawn` oder `King` zu speichern. In der OO-Nomenklatur spricht man in diesem Zusammenhang von einem *impliziten Upcast*.

Und weil Swift mit Polymorphie umgehen kann, wird in der Schleife durch `f.toString()` immer die passende Methode aufgerufen – bei einem Bauern also `toString` der `Pawn`-Klasse, bei einem König hingegen `toString` der `King`-Klasse. Das erscheint selbstverständlich, ist es aber nicht, weil `f` zum Zeitpunkt der Kompilierung eine Variable vom Typ `ChessFigure` ist. Swift kann daher erst zur Laufzeit ergründen, welchen Datentyp die Instanz hat, auf die `f` gerade zeigt.

```
// Datei schach3.playground
// Basisklasse für eine allgemeine Schachfigur
class ChessFigure {
  var position: String

  required init(at position: String) {
    self.position = position
  }
  func toString() -> String {
    return "ChessFigure @ \(position)"
  }
}

// abgeleitete Klassen für Bauer und König
class Pawn : ChessFigure {
  override func toString() -> String {
    return "Pawn @ \(position)"
  }
}
class King : ChessFigure {
  var hasCastled = false  // Rochade
  override func toString() -> String {
    return "King @ \(position)"
  }
}

// impliziter Upcast
var cf1: ChessFigure = Pawn(at: "h2")
var cf2 = Pawn(at: "h2") as ChessFigure // gleichwertig

// Generalisierung: Obwohl figures ein Array für ChessFigure-Elemente
// ist, dürfen darin auch Bauern, Könige etc. gespeichert werden:
var figures = [ChessFigure]()
figures.append(Pawn(at: "a2"))
figures.append(Pawn(at: "b2"))
figures.append(King(at: "b2"))

// Polymorphie: Es wird immer die 'richtige' toString-Methode
// aufgerufen:
for f in figures {
  print(f.toString())
}
// Ausgabe: Pawn @ a2
//          Pawn @ b2
//          King @ b2
```

Nun ist es zwar toll, dass Swift zur Laufzeit erkennen kann, welchen Datentyp die Instanz eines Objekts hat. Mitunter wollen Sie die Typeninformation aber selbst auswerten oder gezielt eine Datentypumwandlung (ein *Casting*) vornehmen. Dafür sind die Operatoren `is` sowie `as`, `as?` und `as!` vorgesehen.

`as!` erzwingt einen sogenannten *Downcast*. Das Ausrufezeichen deutet darauf hin, dass hier ein Fehler auftritt, wenn der Datentyp nicht stimmt, der Downcast also unmöglich ist. `as?` ist fehlertoleranter und liefert bei inkompatiblen Datentypen `nil` zurück. Die Verwendung von `as` ist nur zulässig, wenn der Compiler erkennen kann, dass die Umwandlung auf jeden Fall funktioniert. Das ist bei Upcasts der Fall.

```
if figures[1] is Pawn {            // Typtest
  let p = figures[1] as! Pawn      // impliziter Downcast mit as!,
  p.toString()                     // p hat den Datentyp 'Pawn'
}
if let k = figures[2] as? King {   // Typtest und Downcast
  print(k.hasCastled)              // zugleich mit as?,
                                   // liefert als Ergebnis false
}
```

Während `figures` den allgemeinen Datentyp `ChessFigure` hat, sind `p` bzw. `k` für Swift eindeutig `Pawn`- bzw. `King`-Instanzen. Für `k` ist somit die `King`-spezifische Eigenschaft `hasCastled` zugänglich.

12.2 Generics

Die Grundidee generischer Typen ist es, einzelne Datentypen bei der Programmierung nicht von vornherein festzulegen. Anstatt also z. B. eine Klasse zu entwerfen, die mit Instanzen des Typs `A` umgehen kann, und eine zweite Klasse für Instanzen des Typs `B`, wird bei der Deklaration der Klasse ein variabler Datentyp `T` festgelegt (Schreibweise `<T>`). Der Datentyp wird dann erst bei der Nutzung der generischen Klasse fixiert.

Grundsätzlich sind generische Typen für Funktionen, Methoden und Subscripts sowie für Enumerationen, Strukturen und Klassen erlaubt. Merkwürdigerweise sieht Swift keine generischen Typen für Protokolle vor. Bei Protokollen müssen Sie sich stattdessen mit einem `associatedtype` behelfen (siehe Abschnitt 12.3, »Protokolle«).

In der Praxis kommen generische Typen am häufigsten bei Collections zum Einsatz, also bei Datenstrukturen, die eine Sammlung gleichartiger Daten verwalten.

Dieser Abschnitt gibt lediglich eine Generics-Einführung. Weitere Erklärungen und Beispiele folgen in den nächsten Abschnitten, wo es um Protokolle und Extensions geht. Wie Sie sehen werden, sind beide Themen in der Praxis oft eng mit Generics verknüpft.

Syntax

Der generische Typ oder die generischen Typen folgen unmittelbar nach dem Namen des Elements in spitzen Klammern. Als Name wird oft nur ein einzelner Großbuchstabe verwendet, syntaktisch ist aber jeder Name erlaubt. Wie bei allen Typen sollte der Name jedoch mit einem Großbuchstaben beginnen. In der Folge können die dort genannten Typen dazu verwendet werden, den Datentyp von Parametern, Eigenschaften oder Rückgabewerten festzulegen.

Das folgende Beispiel definiert die Struktur `Triple` zur Speicherung von drei Datenelementen desselben Typs. Welcher Typ tatsächlich verwendet wird, entscheidet sich erst beim Erzeugen einer Instanz. In vielen Fällen erkennt der Swift-Compiler den richtigen Typ selbst, andernfalls geben Sie den gewünschten Typ explizit an:

```
// Datei generics.playground
// Struktur mit dem generischen Typ 'T'
struct Triple<T> {
  var a: T, b: T, c: T
  init (_ a: T, _ b: T, _ c: T) {
    self.a = a
    self.b = b
    self.c = c
  }
}
var t1 = Triple(1, 2, 3)              // Datentyp Triple<Int>
var t2 = Triple("abc", "efg", "xyz") // Datentyp Triple<String>
var t3 = Triple<UInt64>(1, 2, 3)      // Datentyp Triple<UInt64>
t3.b                                  // 2, Datentyp UInt64
```

Generics in verschachtelten Typen (Nested Generics)

Generische Ausdrücke sind auch bei der Definition von verschachtelten Strukturen, Klassen oder Enumerationen erlaubt:

```
struct OuterNonGeneric {
  struct InnerGeneric<T> {}
}
struct OuterGeneric<T> {
  struct InnerNonGeneric {}
  struct InnerGeneric<T> {}
}
```

Generics in der Swift-Standardbibliothek

Generics werden in der Swift-Standardbibliothek intensiv genutzt, z. B. für die Strukturen `Array` und `Dictionary` sowie für eine Menge Protokolle und Funktionen zum Umgang mit

Aufzählungen (Sequenzen). Die folgenden Zeilen zeigen exemplarisch einige generische Definitionen:

```
struct Array<Element> : RandomAccessCollection,
                        MutableCollection {
  public func map<T>
      (_ transform: (Element) throws -> T) rethrows -> [T] { ... }
  ...
}

struct Dictionary<Key, Value> : Collection,
                                ExpressibleByDictionaryLiteral
  where Key: Hashable { ... }

func swap<T>(_ a: inout T, _ b: inout T)  { ... }

func max<T>(_ x: T, _ y: T) -> T where T: Comparable  { ... }

public struct Array<Element> {
    public func map<T>
      (_ transform: (Element) throws -> T) rethrows -> [T] { ... }
}
```

Dazu einige Erläuterungen: Wenn Sie eine Array-Variable mit `var x = [Int]()` deklarieren, dann ist das nur eine Kurzschreibweise für `var x = Array<Int>()`. Derartige Kurzschreibweisen, um deren Interpretation sich der Compiler kümmert, nennt man *syntaktischen Zucker*.

```
var x1 = [Int]()
var d2 = Array<Int>()  // gleichwertig
```

Das bedeutet, dass `x` nicht einfach irgendein Array ist, sondern eines, das ausschließlich Integer-Zahlen speichern kann. Egal, ob Sie ein Element hinzufügen oder auslesen – für den Swift-Compiler ist klar, dass es sich dabei wieder um eine Integer-Zahl handeln muss. Der Compiler kann damit sicherstellen, dass Ihr Code korrekt ist. Seit Sie mit Arrays arbeiten, arbeiten Sie also mit generischen Typen – vermutlich, ohne sich jemals Gedanken darüber gemacht zu haben.

Ähnlich verhält es sich bei Dictionaries:

```
var d1 = [Int: String]()
var d2 = Dictionary<Int, String>()  // gleichwertig
```

Für Dictionaries gilt aber die Einschränkung, dass der erste generische Typ, also `Key`, das Protokoll `Hashable` erfüllen muss. Diese Bedingung ist der generischen Definition mit `where` nachgestellt.

Die Standardfunktion `swap` vertauscht die Inhalte zweier Variablen. Hier stellt der generische Typ `T` sicher, dass an `swap` nur zwei Parameter desselben Typs übergeben werden können.

Es ist also unmöglich, die Werte einer Int- und einer Double-Variablen miteinander zu vertauschen.

Die Standardfunktion max erwartet ebenfalls zwei Parameter vom selben Typ. Der Typ T ist hier aber nicht frei wählbar: Es sind nur Typen erlaubt, die das Protokoll Comparable unterstützen. Dieses Protokoll ist erforderlich, damit max den größeren der beiden Parameter herausfinden und zurückgeben kann. Naturgemäß hat auch der Rückgabewert den Typ T. Neben der oben angegebenen Funktionsdefinition von max gibt es übrigens eine zweite Definition für drei und mehr Parameter.

Schon viel schwerer lesbar ist die Definition von map als Erweiterung für das Collection-Protokoll: Der Parameter muss eine Funktion sein, die als Parameter Daten vom Typ Self.Element verarbeiten kann, also Daten einer Aufzählung, die dem Collection-Protokoll entspricht. Diese Funktion liefert Ergebnisse vom Typ T zurück. map bildet daraus ein Array von Elementen des Typs T – daher lautet der Rückgabetyp von map also -> [T]. Die Transformationsfunktion darf einen Fehler auslösen (throws), dieser Fehler wird von map weitergegeben (rethrows).

Regeln für generische Typen (Type Constraints)

In der Syntax struct Name<T> akzeptiert Swift *jeden* Datentyp für die Struktur Name. Das ist aber nicht immer zweckmäßig. Vielleicht wollen Sie eine generische Methode definieren, die mehrere Daten eines bestimmten Typs vergleicht. Dazu muss es eine Möglichkeit geben, den generischen Datentyp einzuschränken.

Swift kennt mehrere Varianten zur Einschränkung des generischen Typs. Die allgemeingültigste ist das Nachstellen von Bedingungen mit where. Der where-Ausdruck folgt am Ende der generischen Deklaration, bei Funktionen oder Methoden also nach deren Rückgabetyp.

```
class MyClass<T> (...) where bedingung1, bed2, bed3 { ... }
func MyFunc<T> (...) -> Ergebnistyp where bed1, bed2, bed3 { ... }
```

Im Folgenden zeige ich Ihnen anhand von Beispielen einige Syntaxvarianten. Die Struktur MyStruct1, deren Zweck und Code aus dem Beispiel nicht hervorgeht, kann nur Typen speichern und verarbeiten, die dem Protokoll P1 entsprechen:

```
protocol P1 {}
protocol P2 {}
protocol P3 {}
struct MyStruct1<T> where T: P1 { ... }
```

Die folgenden gleichwertigen Definitionen von MyStruct2a und MyStruct2b akzeptieren nur generische Typen, die alle drei Protokolle P1, P2 und P3 erfüllen:

```
struct MyStruct2a<T> where T: P1 & P2 & P3 { ... }
struct MyStruct2b<T> where T: P1, T: P2, T: P3 { ... }
```

Die Funktion myFunc1 akzeptiert im ersten Parameter nur Objekte der Klasse MyClass (oder Objekte von Klassen, die von MyClass abgeleitet sind):

```
class MyClass { }
func myFunc1<T>(element: T, n: Int) -> Int
  where T: MyClass
{ ... }
```

Anstatt Protokolle und Klassen mit where zu formulieren, können Sie sie auch direkt dem generischen Typ nachstellen. In einfachen Fällen macht das den Code kompakter; bei komplexeren Bedingungen ist dagegen die where-Schreibweise oft besser lesbar.

```
// gleichwertig zu MyStruct1
struct MyStruct1a<T: P1>  { ... }

// gleichwertig zu MyStruct2a und MyStruct2b
struct MyStruct2c<T: P1 & P2 & P3> { ... }

// gleichwertig zu myFunc1
func myFunc2<T: MyClass>(element: T, n: Int) -> Int { ... }
```


Bedingungen können auch den Datentyp des Ergebnisses festlegen. Das folgende Beispiel definiert eine globale Funktion toArray, die alle Elemente einer Sequenz in ein Array umwandelt. An toArray muss eine Instanz eines Typs S übergeben werden, der das Sequence-Protokoll erfüllt. Das Ergebnis der Funktion ist ein Array vom Typ T. Dieser Typ T wird durch where bestimmt und ergibt sich aus dem Datentyp der Elemente der Sequenz. Auf diesen Typ können Sie in der Form S.Element zugreifen:

```
func toArray<S, T> (_ seq : S) -> [T]
  where S: Sequence, T == S.Element
{
  var ar = [T]()
  for x in seq {
    ar.append(x)
  }
  return ar
}
let ar = toArray("abc")  // ["a", "b", "c"]
```

Das obige Beispiel soll nur das Prinzip verdeutlichen. Eigentlich ist die toArray-Funktion überflüssig, weil diese Aufgabe bereits von der Init-Funktion von Array übernommen wird:

```
// es geht auch ohne toArray :-)
let ar2 = Array("abc")
```

Generische Typ-Aliasse

`typealias` bietet die Möglichkeit, einem vorhandenen Datentyp einen neuen Namen zu geben (siehe Abschnitt 11.7, »Typ-Aliasse«). Diese Aliasse dürfen auch generisch formuliert werden:

```
typealias StringDictionary<T> = Dictionary<String, T>
typealias IntFunction<T> = (T) -> Int
typealias MatchingTriple<T> = (T, T, T)
typealias BackwardTriple<T1, T2, T3> = (T3, T2, T1)
```

12.3 Protokolle

Ein Protokoll definiert eine bestimmte Funktionalität, die eine Klasse, eine Struktur oder eine Enumeration erfüllt. Als Entwickler können Sie sich dazu entschließen, mit Ihrem neuen Datentyp ein Protokoll oder auch mehrere Protokolle einzuhalten. Das ist für Sie zwar mit einem gewissen Zusatzaufwand verbunden, dafür verhalten sich Instanzen Ihres Datentyps nun aber hinsichtlich des Protokolls genau so wie andere Objekte, deren Typen dasselbe Protokoll implementieren. Protokolle machen es also möglich, dass sich Daten, die von ihrer Natur her ganz unterschiedlich sind, hinsichtlich gewisser Funktionen einheitlich verhalten und dass sie somit auch einheitlich verarbeitet werden können.

Protokolle definieren neue Datentypen – aber ohne konkrete Implementierung oder gespeicherte Eigenschaften. Die Implementierung kommt erst hinzu, wenn eine Struktur, eine Enumeration oder eine Klasse ein Protokoll einhält. Dessen ungeachtet können Sie ein Protokoll wie einen Datentyp verwenden, z. B. bei der Deklaration von Variablen, Eigenschaften und Parametern.

Protokolle spielen auch eine wichtige Rolle für grundlegende Entwurfsmuster der objektorientierten Programmierung: Beispielsweise kann ein Typ durch *Delegation* Aufgaben an die Instanz eines anderen Typs weitergeben (delegieren). Die formale Beschreibung der Aufgaben erfolgt durch ein Protokoll.

Das klingt hier sehr abstrakt, ist aber ein gängiges Muster, um auf Ereignisse in grafischen Benutzeroberflächen zu reagieren. Das erste konkrete Beispiel in diesem Buch finden Sie in Abschnitt 16.9, »Texteingaben«.

Protokoll == Schnittstelle == Interface

Wenn Sie bisher mit anderen Programmiersprachen gearbeitet haben, kennen Sie Protokolle unter den Begriffen *Schnittstelle* oder *Interface*. In jedem Fall sind Mechanismen gemeint, die ein *Application Programming Interface* (API) syntaktisch definieren.

Swift als protokollorientierte Programmiersprache

Im Internet gibt es Diskussionen darüber, ob Swift mehr objektorientierte oder mehr funktionale Merkmale aufweist. Dave Abraham, Mitglied des Swift-Entwicklerteams bei Apple, hielt auf der WWDC 2015 einen Vortrag über die Wichtigkeit von Protokollen für Swift – speziell für die Typenbibliothek.

Abraham verwendete dabei einen dritten Begriff und bezeichnete Swift als *protokollorientierte* Programmiersprache. (Tatsächlich treffen natürlich alle drei Aspekte zu: Swift unterstützt die funktionale Programmierung ebenso wie die objekt- und protokollorientierte.)

Seine Empfehlungen gehen dahin, beim Design von objektorientierten Bibliotheken nach Möglichkeit Protokolle und Strukturen zu verwenden, Klassen hingegen nur, wo diese unbedingt erforderlich seien. Diese Ansichten mögen umstritten sein, aber sein Vortrag ist durchaus hörenswert und regt an, etablierte Konzepte der objektorientierten Programmierung zu hinterfragen:

https://developer.apple.com/videos/play/wwdc2015/408

Eine gute Ergänzung dieses eher trockenen Vortrags bietet Erik Kerber auf der bekannten Website von Ray Wenderlich. Er präsentiert eine Menge praktischer Beispiele zum Umgang mit Protokollen:

https://www.raywenderlich.com/814-introducing-protocol-oriented-programming-in-swift-3

Vorhandene Protokolle implementieren

Die Syntax für die Definition von Klassen, Strukturen und Enumerationen, die ein bestimmtes Protokoll einhalten sollen, sieht ähnlich aus wie bei der Vererbung: Dem Typnamen folgt ein Doppelpunkt und dann die Liste der Protokolle. Anders als bei der Vererbung kann ein Typ nämlich *mehrere* Protokolle gleichzeitig erfüllen. Bei Klassen können Protokolle auch mit Vererbung kombiniert werden. In diesem Fall muss die Basisklasse zuerst genannt werden, anschließend folgen die Protokollnamen:

```
struct MyStruct  : Protocol1, Protocol2, Protocol3 { ... }
enum   MyEnum    : Protocol1, Protocol2, Protocol3 { ... }
class  MyClass1  : Protocol1, Protocol2, Protocol3 { ... }
class  MyClass2  : SuperClass, Protocol1, Protocol2, Protocol3 { ... }
```

Indem Sie bei der Definition des Datentyps das Protokoll bzw. die Protokolle angeben, verpflichten Sie sich, die durch das Protokoll aufgelisteten Methoden oder Eigenschaften innerhalb Ihres Datentyps zu implementieren. Der Swift-Compiler kontrolliert dies – und er prüft auch, ob Sie in Ihrer Implementierung exakt dieselben Parameter und Datentypen verwenden.

Benannte Parameter

Wenn ein Protokoll Methoden mit benannten Parametern definiert, dann muss dieser Parametername auch bei der Implementierung verwendet werden!

Selbst Protokolle definieren

Protokolle werden mit dem Schlüsselwort `protocol` eingeleitet. Sie können die folgenden Anforderungen umfassen:

- Methoden
- Eigenschaften
- Init-Funktionen

Bei Methoden geben Sie nach `func` den Methodennamen, die Namen und Datentypen der Parameter sowie den Datentyp des Ergebnisses an. Wenn die Methode statisch sein soll, verwenden Sie das Schlüsselwort `class`. In Klassen muss die Methode dann ebenfalls mit `class` definiert werden, Strukturen oder Enumerationen hingegen mit `static`. Ähnlich differenziert ist die Sache mit `mutating`: Wenn eine Methode im Protokoll als `mutating` beschrieben ist, hat dies keinen Einfluss auf Klassen, die dieses Protokoll implementieren. Strukturen oder Enumerationen müssen die Methode aber ebenfalls als `mutating` definieren.

Eigenschaften werden durch `var name:Typ { get [set] }` definiert, wobei `set` optional ist. Die Klasse oder Struktur, die das Protokoll erfüllt, muss dann eine Eigenschaft mit dem angegebenen Namen oder Typ implementieren, wobei sowohl eine Stored als auch eine Computed Property zulässig ist. Konstanten können im Protokoll nur in der Form `var name:Type {get}`, nicht aber mit `let name:Type` deklariert werden.

Wenn Protokolle Init-Funktionen vorschreiben, sind dabei die Schlüsselwörter `convenience` oder `required` nicht zulässig. Der abgeleitete Typ muss die Init-Funktion mit `required` kennzeichnen oder die ganze Klasse als `final` deklarieren.

Failable Init Functions im Protokoll können wahlweise als gewöhnliche oder eben als Failable Init Functions in der abgeleiteten Klasse implementiert werden. Eine gewöhnliche Init-Funktion im Protokoll muss aber auf jeden Fall einer gewöhnlichen Init-Funktion im abgeleiteten Typ entsprechen; die Failable-Variante ist in diesem Fall nicht erlaubt.

```
// Syntaxbeispiele für ein Protokoll (Datei protocols.playground)
protocol P {
  // Methoden
  func m1(a: Int) -> String         // gewöhnliche Methode
  static func m2() -> Double        // statische Methode
  mutating func m3(p: Int)          // Mutating Method
```

```
  // Eigenschaften
  var p1: Int {get set}             // gewöhnliche Eigenschaft
  var p2: String {get}              // Konstante bzw. read-only
  static var p3: Double {get set} // statische Eigenschaft

  // Init-Funktionen
  init(x: Int, y: Bool)             // gewöhnliche Init-Funktion
  init?(z: Double)                  // Failable Init Function
}
```

Protokolle sind vererbbar. Für das folgende Protokoll `P` müssen sowohl die Protokolle `M`, `N` und `O` erfüllt werden als auch die Methoden `m` und die Eigenschaft `p`:

```
// das Protokoll P umfasst auch die Protokolle
// M, N und O
protocol P : M, N, O {
  func m()
  var p: Double {get set}
}
```


Swift bietet die Möglichkeit, Protokolle zu definieren, die sich nur von Klassen erfüllen lassen, nicht aber von Strukturen oder Enumerationen. Dazu geben Sie in der Liste der vererbten Protokolle zuerst das Schlüsselwort `class` an, danach gegebenenfalls vererbte Protokolle.

```
// das Protokoll P kann nur von einer Klasse
// erfüllt werden, nicht von Strukturen und Enums
protocol P : class {
  func m()
  var p: Double {get set}
}
```

Innerhalb der Definition eines Protokolls können Sie mit `Self` auf den Datentyp der Klasse, Struktur oder Enumeration verweisen, die das Protokoll später implementiert. Das bietet sich für die Datentypen von Eigenschaften, Parametern und Methoden an:

```
protocol P {
  // die Funktion m gibt als Ergebnis eine Instanz der Enumeration,
  // Struktur oder Klasse zurück, die das Protokoll implementiert
  func m() -> Self
}
```

Generische Protokolle

Sie können innerhalb eines Protokolls einen oder mehrere Typ-Aliasse vorsehen. Diese Aliasse funktionieren wie generische Typen, d. h., der zugeordnete Typ wird erst bei der Nutzung des Protokolls festgelegt.

Auf diese Weise können Sie generische Protokolle definieren, auch wenn die Syntax von den üblichen generischen Typen abweicht. Details zu generischen Protokollen folgen am Ende dieses Abschnitts.

Protokolle sind Datentypen

Swift-intern definieren Protokolle eigene Datentypen. Sie können Protokolle also als Datentyp für Variablen und Parameter verwenden:

```
var x: Protocol1
func f(x: Protocol1, y: Protocol2) -> Protocol3 { ... }
```

Um auszudrücken, dass ein Element *mehrere* Protokolle gleichzeitig erfüllt, können Sie ein eigenes, durch Vererbung zusammengesetztes Protokoll definieren. Alternativ ist auch die Schreibweise `P1 & P2 & P3` zulässig. Sie besagt, dass das betreffende Element alle drei Protokolle erfüllen muss. Die Swift-Dokumentation nennt das *Protocol Composition*.

```
var x: P1 & P2  & P3
```

Wie das Geometry-Beispiel im folgenden Abschnitt beweist, gelten die Prinzipien der Generalisierung und Polymorphie auch für Protokolle. Ebenso sind die in Abschnitt 12.1, »Vererbung«, erwähnten Schlüsselwörter `is` zum Typtest und `as` für explizite Downcasts auch auf Protokolle anwendbar.

Es ist möglich, einen Datentyp zu formulieren, der sowohl einer Klasse als auch diversen Protokollen entsprechen muss. Die offizielle Bezeichnung dieser Syntaxform lautet *Class and Subtype Existentials*. Die Syntax sieht wie bei der Kombination mehrerer Protokolle aus, wobei am Anfang aber eine Klasse steht:

```
class MyType : Class & Protocol1 & Protocol2 ...
```

Der folgende Beispielcode stammt aus dem Swift-Erweiterungsvorschlag SE-0156:

```
// Beispiel aus dem Swift Evolution Proposal SE-0156
protocol P {}
struct S {}
class C {}
class D : P {}
class E : C, P {}
let u: S & P         // FEHLER: S is not of class type
let v: C & P = D()   // FEHLER: D is not a subtype of C
let w: C & P = E()   // ok
```

Geometry-Beispiel

Das folgende Beispiel definiert zuerst das Geometry-Protokoll. Jeder Datentyp, der dieses Protokoll erfüllt, muss die Methoden getArea und getPerimeter zur Verfügung stellen. Für die danach definierten Strukturen Rectangle und Circle ist dies der Fall.

Auf der Basis des gemeinsamen Protokolls können nun verschiedene Geometrieinstanzen einheitlich verarbeitet werden. Im Beispielcode werden drei geometrische Objekte in einem Array vom Typ Geometry gespeichert, anhand ihres Flächeninhalts sortiert und schließlich in einer Schleife durchlaufen.

```
// Datei geometry.playground
// Geometry-Protokoll
protocol Geometry {
  func getArea() -> Double
  func getPerimeter() -> Double
}

// Rechteck-Struktur
struct Rectangle : Geometry {
  var length:Double, width:Double
  init(_ l: Double, _ w: Double) {
    length = l
    width = w
  }
  func getArea() -> Double {
    return length * width
  }
  func getPerimeter() -> Double {
    return 2 * (length + width)
  }
}
// Kreis-Struktur
struct Circle : Geometry {
  var radius: Double
  init(_ r: Double) {
    radius = r
  }
  func getArea() -> Double {
    return radius * radius * .pi
  }
  func getPerimeter() -> Double {
    return 2 * radius * .pi
  }
}
```

```
// Beispieldaten zusammenstellen
var geos = [Geometry]()
geos.append(Circle(3.5))
geos.append(Rectangle(4.8, 3.6))
geos.append(Circle(2.2))

// nach Flächeninhalt sortieren und ausgeben
geos.sort( by: {$0.getArea() < $1.getArea() } )
for g in geos {
  print(g.getArea())
}
```

Natürlich hätte das obige Beispiel auch mit Computed Properties statt mit Methoden realisiert werden können. Die folgenden Zeilen zeigen als Beispiele das Protokoll und eine passende `Circle`-Struktur:

```
// alternative Implementierung mit Computed Properties
protocol Geometry {
  var area: Double {get}
  var perimeter: Double {get}
}

struct Circle : Geometry {
  var radius: Double
  init(_ r: Double) {
    radius = r
  }
  var area: Double {
    return radius * radius * .pi
  }
  var perimeter: Double {
    return 2 * radius * .pi
  }
}
```

Optionale Protokollanforderungen

Eine Besonderheit von Swift besteht darin, dass Protokolle mit dem Schlüsselwort `optional` Zusatzanforderungen formulieren können, die der abgeleitete Typ einhalten kann – oder auch nicht. Das scheint ein Widerspruch in sich zu sein: Entweder fordert ein Protokoll eine Methode oder Eigenschaft – oder eben nicht.

Wozu optionale Methoden?

Der Sinn optionaler Protokollregeln besteht darin, auch für den freiwilligen Teil eines Protokolls Regeln vorzugeben: Wenn also eine Struktur ein optionales Protokollelement implementiert, dann schreibt das Protokoll für diesen Fall immerhin Namen und Datentypen fest.

Tatsächlich gibt es in den Bibliotheken zur App-Programmierung unzählige Beispiele für Protokolle mit optionalen Methoden. Fast immer handelt es sich dabei um Delegate-Methoden – also um Methoden, mit denen Ihre Klasse über bestimmte Ereignisse informiert wird. Es steht Ihnen frei, die Methoden zu implementieren. Tun Sie es, erhalten Sie die entsprechenden Informationen; sind Sie an den Informationen aber nicht interessiert, verzichten Sie einfach auf die entsprechende Methode, und syntaktisch ist alles in bester Ordnung.

Protokolle mit optionalen Regeln sowie alle optionalen Parameter müssen mit dem Attribut `@objc` gekennzeichnet werden. Dieses Attribut dient zur Kennzeichnung von Elementen, die auch in Objective-C dargestellt werden können.

Optionale Methoden und Eigenschaften liefern als Datentyp immer ein Optional zurück und müssen als solches verarbeitet werden. Für die Auswertung von ganzen Ketten von Optionals ist auch die Optional-Chaining-Syntax zulässig, also z. B. `obj.prop?.otherProp?`.

Die folgenden Zeilen greifen nochmals das obige Beispiel auf. Das Protokoll `Geometry` verlangt nun nur noch eine `area`-Eigenschaft, während die `perimeter`-Eigenschaft freiwillig ist:

```
// Variante des Geometry-Protokolls
// Datei geometry-optional.playground
@objc protocol Geometry {
  var area:Double {get}                         // zwingend erforderlich
  @objc optional var perimeter:Double {get}     // freiwillig
  @objc optional func m() -> Double             // freiwillig
}
```

Wegen des `@objc`-Attributs muss das Protokoll als Klasse implementiert werden. Um den Umgang mit optionalen Protokollregeln zu demonstrieren, verzichtet die folgende `Square`-Klasse auf die `perimeter`-Eigenschaft:

```
class Square : Geometry {
  var side: Double
  init(_ s: Double) {
    side = s
  }
  @objc var area: Double {
    return side*side
  }
}
```

Bei der Auswertung von Geometry-Instanzen können Sie nun auf die Eigenschaft perimeter wie auf ein Optional zugreifen. Da die Square-Klasse auf die Implementierung verzichtet hat, ist das Ergebnis nil:

```
var s: Geometry = Square(2.4)
s.area          // 5,76
s.perimeter     // nil, weil von 'Square' nicht implementiert
s.m?()          // ebenfalls nil
```

Beachten Sie, dass die Syntax für den Zugriff auf optionale Methoden m?() lautet, nicht m()?. Sie müssen das Optional-Fragezeichen also *vor* den Klammern der Parameterliste angeben!

Generische Protokolle mit »associatedtype«

Merkwürdigerweise gilt für generische Protokolle in Swift eine vollkommen andere Syntax als für generische Methoden oder Klassen. Anstelle von protocol P<T> müssen Sie innerhalb des Protokolls eine oder mehrere associatedtype-Anweisungen einbauen. Dabei geben Sie den generischen Elementen nur einen Namen, weisen ihnen aber keinen Typ zu. Die Typzuweisung erfolgt erst bei der Nutzung des Protokolls.

Wie bei generischen Klassen und Methoden können Sie auch bei generischen Protokollen den Typ durch where-Bedingungen einschränken, wie das folgende Beispiel zeigt:

```
// Beispiel aus dem Swift Evolution Proposal SE-0142
// Datei generator.playground
protocol TestProto {
  associatedtype Iterator : IteratorProtocol
  associatedtype SubSequence : Sequence
    where SubSequence.Iterator.Element == Iterator.Element
}
```

Protokolle, deren generische Datentypen durch Bedingungen eingeschränkt sind (die Dokumentation spricht von *Associated Type Constraints*), können nicht als gewöhnliche Datentypen verwendet werden. var tp: TestProto führt daher zu einem Compiler-Fehler. Vielmehr können Sie solche Protokolle nur dazu verwenden, Bedingungen für andere generische Parameter zu formulieren: verwenden, Bedingungen für andere generische Parameter zu formulieren:

```
var tp: TestProto                            // Fehler, nicht erlaubt
class Test<T> where T: TestProto { ... } // OK
```

Generator-Beispiel

Die folgenden Zeilen definieren das Generator-Protokoll: Es besagt im Wesentlichen, dass die implementierende Klasse oder Struktur mit next das nächste Element liefern soll – oder nil, wenn alle Elemente durchlaufen sind. Der Datentyp der Elemente ist aber noch offen; er wird erst bei der Implementierung des Protokolls festgelegt.

```
// Datei generator.playground
// protocol Generator<Element> ist syntaktisch nicht erlaubt
protocol Generator {
  associatedtype Element
  mutating func next() -> Element?
}
```

Eine mögliche Implementierung dieses Protokolls könnte wie folgt aussehen:

```
// die Struktur MyGenerator implementiert das Generator-Protokoll
struct MyGenerator<T: BinaryInteger> : Generator {
  typealias Element = T

  private var current:T
  private let end:T
  private let delta:T

  init(start: T, end: T, delta: T) {
    current = start
    self.end = end
    self.delta = delta
  }

  mutating func next() -> T? {
    let result = current
    if current > end {
      return nil
    } else {
      current += delta
      return result
    }
  }
}
```

Bemerkenswert ist hier vor allem die erste Zeile, die den assoziierten Typ `Element` des Protokolls mit dem generischen Datentyp `T` der Struktur verbindet. Für `T` ist jeder Integer-Datentyp zulässig (Protokoll `BinaryInteger`). Die Funktion `next` zählt die Variable `current` mit einer Schrittweite von `delta` hoch, bis der Zielwert `end` überschritten wird.

```
// Test für T = Int
var gen1 = MyGenerator(start: 0, end: 10, delta: 2)
while let x = gen1.next() {
  print(x)
}
// Ausgabe: 0, 2, 4, 6, 8, 10 (Datentyp Int)
```

```
// T = UInt8
var gen2 = MyGenerator<UInt8>(start: 0, end: 10, delta: 2)
while let x = gen2.next() {
  print(x)
}
// Ausgabe: 0, 2, 4, 6, 8, 10 (Datentyp UInt8)
```

12.4 Standardprotokolle

In der Swift-Typenbibliothek sind eine Menge Protokolle vordefiniert. Diese lassen sich in mehrere Gruppen gliedern (ohne Anspruch auf Vollständigkeit):

- **Grundlegende Datentypen:** `AnyObject`, `BinaryFloatingPoint`, `BinaryInteger`, `FloatingPoint`, `OptionSet` etc.
- **Eigenschaften grundlegender Datentypen:** `Codable`, `Comparable`, `CustomStringConvertible`, `CustomReflectable`, `Equatable`, `Hashable`, `RawRepresentable`, `SignedNumeric`, `Strideable` etc.
- **Eigenschaften von Aufzählungen:** `Collection`, `LazyCollection`, `LazySequence`, `MutableCollection`, `RandomAccessCollection`, `Sequence` etc.
- **Literale:** `ExpressibleByArrayLiteral`, `ExpressibleByFloatLiteral`, `ExpressibleByIntegerLiteral`, `ExpressibleByNilLiteral`, `ExpressibleByStringLiteral` etc. Diese Protokolle sind dafür verantwortlich, dass Swift `12` als ganze Zahl, `2.5` als `Double`-Wert und `[2.5]` als `Double`-Array interpretiert.
- **Sonstige:** `ErrorProtocol` (siehe Kapitel 13, »Fehlerabsicherung«)

Viele dieser Protokolle können nicht als Datentypen verwendet werden, sondern nur dazu, generische Typen in eigenen Klassen, Methoden oder Protokollen einzuschränken. In den folgenden Abschnitten gehe ich auf einige ausgewählte Protokolle und deren Anwendung näher ein.

CustomStringConvertible

Damit Sie Instanzen eines eigenen Typs einfach mit `print(x)` ausgeben können, muss der zugrunde liegende Typ das Protokoll `CustomStringConvertible` erfüllen. Dieses Protokoll hieß in Swift 1 etwas naheliegender `Printable`. Wie viele Protokolle ist `CustomStringConvertible` ein sehr einfaches Protokoll. Es besteht aus der Deklaration einer einzigen Eigenschaft, nämlich `description`:

```
// Definition des CustomStringConvertible-Protokolls
protocol CustomStringConvertible {
  public var description: String { get }
}
```

In Ihrer eigenen Klasse, Struktur oder Enumeration müssen Sie also eine Eigenschaft description implementieren. Wie Sie das tun, ist Ihnen überlassen – es liegt aber nahe, description als Computed Property so zu realisieren, dass die Eigenschaft eine Zeichenkette mit einer sinnvollen Repräsentation der Instanz liefert.

Im folgenden Beispiel implementiert die Struktur Person das Protokoll CustomStringConvertible:

```
// Datei person.playground
class Person : CustomStringConvertible {
  var name: String
  var tel  = [String]()
  var mail = [String]()

  // Init-Funktion
  init (_ name: String) {
    self.name = name
  }

  // die Implementierung dieser Eigenschaft ist durch das
  // CustomStringConvertible-Protokoll vorgeschrieben
  var description: String {
    let telnr = tel.joined(separator: ", ")
    let email = mail.joined(separator: ", ")
    return "\(name): \(telnr); \(email)"
  }
}

// Test
var p = Person("Hermann Huber")
p.tel.append("0123 5325345")
p.tel.append("0699 44556677")
p.mail.append("hermann@huber.com")
print(p)
// Ausgabe:
// Hermann Huber: 0123 5325345, 0699 44556677; hermann@huber.com
```

Wenn Sie Ihre Klasse von NSObject ableiten, wird das Protokoll CustomStringConvertible redundant. NSObject enthält bereits eine description-Eigenschaft, die den Klassennamen und einen Zahlencode liefert. Wenn Sie stattdessen aussagekräftigere Daten wünschen, müssen Sie Ihre eigene description-Eigenschaft mit override definieren. (NSObject ist ja eine Klasse, kein Protokoll!)

```
class Person2: NSObject {
  var vorname: String
  var nachname: String
```

```
  init(vorname: String, nachname: String) {
    self.vorname = vorname
    self.nachname = nachname
  }
  override var description: String {
    return "\(vorname) \(nachname)"
  }
}
let t = Person2(vorname: "Hermann", nachname: "Huber")
print(t)  // Ausgabe "Hermann Huber"
```

Automatische Implementierung von Hashable und Equatable

Die Protokolle Hashable bzw. Equatable schreiben die Implementierung einer Hash- bzw. Vergleichsfunktion vor. In Swift erfüllen alle elementaren Datentypen, z. B. Int, String, Date, URL diese Protokolle.

Eigene Typen können Sie aber nur dann als Schlüssel in einem Dictionary verwenden, wenn sie das Protokoll Hashable erfüllen. Abermals ist das Protokoll an sich minimalistisch – es besteht nur aus der Deklaration der Methode hash. (Diese Methode ersetzt die seit Swift 4.2 veraltete Eigenschaft hashValue). Das Hashable-Protokoll baut allerdings auf dem Equatable-Protokoll auf, das demzufolge ebenfalls implementiert werden muss:

```
// Definition des Equatable-Protokolls
protocol Equatable {
  public static func ==(lhs: Self, rhs: Self) -> Bool
}
// Definition des Hashable-Protokolls
protocol Hashable : Equatable {
  func hash(into hasher: inout Hasher)
}
```

Apple empfiehlt, in allen Strukturen zumindest das Protokoll Equatable zu implementieren:

https://developer.apple.com/videos/play/wwdc2015/414

Seit Swift 4.1 gelingt die Implementierung von Equatable und Hashable zumeist ohne eine einzige Zeile Code! Für eigene Strukturen und Enumerationen, bei denen alle Eigenschaften selbst den Protokollen Equatable und Hashable entsprechen, implementiert der Compiler den erforderlichen Code für die Protokolle Equatable und Hashable automatisch. Sie müssen lediglich bei der Deklaration des Datentyps die gewünschten Protokolle angeben:

```
// Der für Hashable und Equatable erforderliche Code wird
// automatisch generiert.
struct Person3 : Hashable, Equatable {
  var name: String
```

```
  var tel:  String
  var mail: String
}
```

Allerdings gilt es Einschränkungen:

- Die automatische Implementierung funktioniert nur für `struct` und `enum`, nicht für `class`.
- Sie funktioniert nicht, wenn die Struktur Arrays oder vergleichbare Aufzählungen enthält.
- Sie funktioniert auch dann nicht, wenn die Struktur statische Eigenschaften oder berechnete Eigenschaften (Computed Properties) enthält.

Hintergrundinformationen zu diesem Feature finden Sie hier:

https://github.com/apple/swift-evolution/blob/master/proposals/0185-synthesize-equatable-hashable.md

Hashable und Equatable selbst implementieren

Wenn Ihr Datentyp die Anforderungen für die automatische Implementierung nicht erfüllt, müssen Sie selbst Hand anlegen. Beginnen wir mit dem Protokoll `Equatable`: Seine Implementierung erfordert die Definition des Operators `==`, der zwei Instanzen des Datentyps (`Self`) vergleicht und `true` oder `false` zurückgibt, je nachdem, ob die Instanzen vollkommen übereinstimmen oder nicht.

Der Operator `==` ist aus der Sicht von Swift nichts anderes als eine Funktion mit zwei Parametern – siehe auch Abschnitt 3.5, »Eigene Operatoren«. Dabei ist aber zu beachten, dass der Operator als globale Funktion implementiert werden muss, nicht als Methode innerhalb des Typs! Das folgende Beispiel erweitert die oben im Abschnitt »CustomStringConvertible« präsentierte `Person`-Klasse (und bezieht sich also nicht auf die zwischenzeitlich vorgestellten Klassen bzw. Strukturen `Person2` bzw. `Person3`). Die Gleichheit können Sie unkompliziert feststellen, indem Sie überprüfen, ob der Name und die beiden Arrays übereinstimmen.

Die Implementierung von `Hashable` ist etwas schwieriger: Der Hash-Wert sollte unterschiedliche Instanzen eines Typs möglichst eindeutig identifizieren können. Der Hash-Code muss außerdem reproduzierbar sein: Instanzen mit demselben Inhalt müssen immer wieder denselben Hash-Code liefern. Innerhalb der `hash`-Methode können Sie dabei auf eine Instanz der `Hasher`-Struktur zurückgreifen (neu seit Swift 4.2). Mit `combine` fügen Sie alle Daten Ihrer Klasse hinzu.

```
// Datei person.playground
struct Person : CustomStringConvertible, Hashable {
  var name: String
  var tel = [String]()
  var mail = [String]()

  // ... sonstiger Code wie bisher
```

```
  // für Hashable
  func hash(into hasher: inout Hasher) {
    hasher.combine(name)
    for t in tel {
      hasher.combine(t)
    }
    for m in mail {
      hasher.combine(m)
    }
  }
}
// für das Protokoll Equatable (globale Funktion, daher erfolgt
// die Definition außerhalb der Klasse)
func ==(lhs: Person, rhs: Person) -> Bool {
  return lhs.name == rhs.name &&
         lhs.tel == rhs.tel &&
         lhs.mail == rhs.mail
}
```

Comparable

Datentypen, die unkompliziert mit Kleiner- und Größer-Operatoren verglichen werden, sollten das Protokoll `Comparable` erfüllen. Es baut wiederum auf dem schon bekannten `Equatable`-Protokoll auf:

```
// Definition des Comparable-Protokolls
protocol Comparable : Equatable {
  public static func <= (lhs: Self, rhs: Self) -> Bool
  public static func >= (lhs: Self, rhs: Self) -> Bool
  public static func <  (lhs: Self, rhs: Self) -> Bool
  public static func >  (lhs: Self, rhs: Self) -> Bool
}
```

Auf den ersten Blick sieht es so aus, als müssten nun *vier* weitere Operatoren implementiert werden, zusätzlich zum schon vorhandenen Operator `==` also auch `<`, `>`, `<=` und `>=`. Die Swift-Dokumentation hält aber fest, dass die Operatoren `==` und `<` ausreichen. Alle anderen Operatoren können daraus durch logische Verknüpfungen gebildet werden. Da der Operator `==` schon für `Equatable` implementiert wurde, muss die `Person`-Struktur aus den vorangegangenen Beispielen nur noch um den Operator `<` ergänzt werden:

```
struct Person : CustomStringConvertible, Hashable, Comparable {
  // ... Code wie bisher
}
// für das Protokoll Comparable (globale Funktion)
func <(lhs: Person, rhs: Person) -> Bool {
  return lhs.name < rhs.name
}
```

```
// Test
var p1 = Person("Harald Hosp")
var p2 = Person("Hermann Huber")
p1 == p2   // false
p1 <  p2   // true
p1 <= p2   // true
p1 >  p2   // false
p1 >= p2   // false
```

Any und AnyObject

Wenn Sie eine Funktion oder Methode entwickeln möchten, an die Sie jede Art von Daten übergeben können, dann bieten sich für den Parameter die Datentypen `Any` oder `AnyObject` an:

- `Any` kann jede beliebige Dateninstanz annehmen. `id` in Objective-C entspricht `Any` in Swift.
- `AnyObject` kann nur für Instanzen von Klassen verwendet werden, aber nicht von Enumerationen oder Strukturen (es sei denn, diese werden durch `as AnyObject` explizit umgewandelt).

`Any` war in Swift 2 als Typ-Alias für ein leeres Protokoll definiert. In aktuellen Swift-Versionen ist `Any` hingegen ein Compiler-Konstrukt.

`AnyObject` ist ein leerer Typ-Alias:

```
public typealias AnyObject
```

An die folgende Funktion `f1` können Sie beliebig viele Parameter eines beliebigen Typs übergeben. Die Funktion gibt an, wie viele Parameter sie erhalten hat, und versucht für einige Datentypen eine Weiterverarbeitung:

```
// Beispieldatei standard-protocols.playground
func f1(_ all: Any ...) {
  for p in all {
    if let i = p as? Int {
      print("  Integer: \(i)")
    } else if let d = p as? Double {
      print("  Double: \(d)")
    } else if let s = p as? String {
      print("  String: \(s)")
    } else {
      print("  Sonstige: \(type(of: p))")
    }
  }
}
```

```
// Test
class MyClass {}
f1(8, 2.5, "abc", false, Date(), MyClass())
// Ausgabe: Integer:  8
//          Double:   2.5
//          String:   abc
//          Sonstige: Bool
//          Sonstige: Date
//          Sonstige: MyClass
```

`AnyObject` funktioniert im Prinzip wie `Any`, erwartet aber Instanzen von Klassen. Wenn Sie ungeeignete Daten übergeben, reklamiert der Swift-Compiler einen Fehler:

```
let any: AnyObject = 123  // Fehler, Value type of 'Int' does
                          // not conform to specified type
                          // 'AnyObject'
```

Sie können den Compiler aber »überreden«, indem Sie die Anweisung um `as AnyObject` ergänzen. Dann wird die Integer-Zahl 123 in ein Objekt verpackt:

```
// Der Datentyp von 'any' ist 'AnyObject', nicht 'Int'!
let any : AnyObject = 123 as AnyObject
```

AnyClass

Im Kontext von `AnyObject` ist auch der selten genutzte Typ-Alias `AnyClass` von Interesse. Dieser Typ ist wie folgt definiert:

```
public typealias AnyClass = AnyObject.Type
```

Während der Datentyp `AnyObject` auf *Instanzen* jeder beliebigen Klasse zutrifft, bezieht sich `AnyClass` auf den *Typ* der Klasse. Wenn Sie einen Parameter oder eine Variable vom Typ `AnyClass` definieren, können Sie darin den Klassentyp speichern. Dabei hilft das Schlüsselwort `self`:

```
class MyClass {}
// die Variable aType speichert hier
// den Typ der Klasse 'MyClass'
var aType: AnyClass = MyClass.self
```

ExpressibleByStringLiteral

Das Protokoll `ExpressibleByStringLiteral` ist dafür verantwortlich, dass der Swift-Compiler `"abc"` als Zeichenkette erkennt. Vergleichbare Protokolle gibt es auch für Zahlen und boolesche Werte, aber an dieser Stelle konzentriere ich mich auf das Protokoll `ExpressibleByStringLiteral`, für das es viele Anwendungsmöglichkeiten gibt.

Die Implementierung des Protokolls ExpressibleByStringLiteral für einen eigenen Typ hat den Vorteil, dass Sie Instanzen des Typs besonders komfortabel direkt aus einer Zeichenkette erzeugen können. Sie müssen sich allerdings die Mühe machen, einen Typ-Alias sowie eine zusätzliche Init-Funktion zu definieren. Das folgende Beispiel greift nochmals die Klasse Person auf:

```
// Datei person.playground
class Person: ExpressibleByStringLiteral {
  var name: String
  var tel = [String]()
  var mail = [String]()

  // Designated Init Function
  init(_ name: String){
    self.name = name
  }

  // generischer Typ und Init-Funktion für ExpressibleByStringLiteral
  typealias StringLiteralType = String

  required convenience init(stringLiteral name: StringLiteralType)
  {
    self.init(name)
  }
}
```

Jetzt können Sie einer Variablen vom Typ Person direkt eine Zeichenkette zuweisen. Swift erzeugt dann ein Person-Element und initialisiert die name-Eigenschaft korrekt:

```
// Anwendung
var p: Person
p = "Maria Müller"  // statt bisher p = Person("Maria Müller")
p.tel.append("0234 32345345")
```

Codable

Das Protokoll Codable setzt sich aus den Protokollen Encodable und Decodable zusammen. Codable wird standardmäßig von allen elementaren Swift-Datentypen unterstützt, also z. B. von Int, String, Date oder URL.

Solange Sie eigene Typen nur aus Standard-Swift-Datentypen zusammensetzen, können Sie davon abgeleitete Elemente dank Codable ohne zusätzlichen Code serialisieren und wieder einlesen, also z. B. im JSON-Format in eine Datei schreiben und später wieder daraus lesen. Im Detail gehe ich auf Codable in Abschnitt 22.3, »JSON-Encoder und -Decoder«, ein.

12.5 Extensions

Sogenannte *Extensions* (also Erweiterungen) geben Ihnen die Möglichkeit, eine vorhandene Klasse, Struktur, Enumeration und ein vorhandenes Protokoll nachträglich um die folgenden Merkmale zu erweitern:

- Computed Properties (aber keine Stored Properties!)
- Methoden (auch Mutating Methods)
- Init-Funktionen
- Subscripts
- Sub-Strukturen und -Klassen (Nested Types)
- Protokolle

Bemerkenswert sind dabei zwei Dinge: Zum einen können Sie auf diese Weise Typen erweitern, auf deren Code Sie gar keinen Zugriff haben. Man bezeichnet diesen Vorgang auch als *Retroactive Modeling*. Und zum anderen funktioniert das Extensions-Konzept nicht nur für Klassen (wo Sie Erweiterungen auch durch Vererbung realisieren könnten), sondern auch für Enumerationen, Strukturen und Protokolle.

In Ihrem Programm definierte Extensions gelten für *alle* Instanzen des betreffenden Typs, sogar für solche Instanzen, die schon vor der Definition der Extension erzeugt wurden!

Freilich gibt es auch Einschränkungen:

- Sie können vorhandene Typen nicht um neue Stored Properties erweitern. Sie können dem Typ also keinen zusätzlichen Datenspeicher hinzufügen.
- Sie können keine Property Observer hinzufügen.
- Sie können Merkmale hinzufügen, aber vorhandene Merkmale nicht ändern. Anders als bei der Vererbung gibt es kein `override`.

Intern haben Extensions große Ähnlichkeiten mit *Kategorien* in Objective-C. Ein wesentlicher Unterschied besteht aber darin, dass Extensions in Swift keinen Namen haben.

Syntax

Die Syntax ist denkbar einfach:

```
extension MyType {
  // Code, der die Klasse, Struktur oder Enumeration
  // 'MyType' erweitert
}
```

Im Zuge von Extensions können Sie einem vorhandenen Typ ein zusätzliches Protokoll hinzufügen:

```
extension MyType : Protocol1, Protocol2 {
  // Code für zusätzliche Eigenschaften und Methoden,
  // damit 'MyType' die Regeln von 'Protocol1' und
  // 'Protocol2' einhält
}
```

Mitunter kommt es vor, dass ein Typ die für ein Protokoll erforderlichen Methoden oder Eigenschaften bereits enthält, das Protokoll in der Definition des Typs aber nicht angegeben wurde. In diesem Fall erfordert die nachträgliche Erweiterung um das Protokoll keinen Zusatzcode.

Die Struktur `Person` im folgenden Beispiel enthält bereits die vom `CustomStringConvertible`-Protokoll vorgeschriebene Computed Property `description`. Das Protokoll `CustomStringConvertible` ist bei der Typdefinition aber nicht angegeben. Wenn Sie auf den Code von `Person` keinen Zugriff haben, können Sie die Struktur durch eine Erweiterung kompatibel mit dem Protokoll `CustomStringConvertible` machen:

```
// Beispieldatei extension.playground
struct Person {
  var name: String
  init(_ name: String) {
    self.name = name
  }
  var description: String {
    return name
  }
}
// nachträgliche Erweiterung von 'Person' um das Protokoll
// 'CustomStringConvertible'
extension Person : CustomStringConvertible {
  // kein Code erforderlich
}
```

Es gibt Fälle, in denen der erforderliche Code für eine Erweiterung außerhalb des `extension`-Blocks formuliert wird. Ein Beispiel ist das Protokoll `Equatable`, das ich Ihnen in Abschnitt 12.4, »Standardprotokolle«, vorgestellt habe. Wenn Sie dieses Protokoll für eine Struktur nachträglich realisieren möchten, erweitern Sie zuerst die Struktur um dieses Protokoll:

```
// die vorhandene Car-Struktur ...
struct Car {
  var model: String
  var typenr: String
}

// ... soll nachträglich erweitert werden
extension Car : Equatable { }
```

Damit das Equatable-Protokoll erfüllt ist, müssen Sie nun den Operator == als globale Funktion definieren – also außerhalb der extension:

```
func == (lhs: Car, rhs: Car) -> Bool {
  return lhs.model == rhs.model &&
         lhs.typenr == rhs.typenr
}
```

Erweiterung generischer Typen

Sie können auch generische Typen erweitern (siehe auch Abschnitt 12.2, »Generics«). In diesem Fall dürfen Sie bei der Erweiterung die generischen Typen nicht angeben. Es gelten automatisch die Typenregeln und -namen des Grundtyps.

Eine wichtige Neuerung seit Swift 4 besteht darin, dass Sie für die generischen Typen des Grundtyps Bedingungen formulieren können. Die Bedingung muss direkt in der extension-Zeile formuliert werden, nicht innerhalb der neuen Methode.

Beispielsweise definiert der folgende Code die Methode sum, die alle Elemente eines Arrays addiert. sum kann aber nur auf solche Arrays angewendet werden, deren Datentyp dem Protokoll BinaryInteger entspricht. Dazu zählen z. B. Int und Long, aber nicht Double oder String.

```
// Definition der Array-Struktur, vorgegeben durch die
// Swift-Standardbibliothek
struct Array<Element> : RandomAccessCollection,
                        MutableCollection  { ... }

// Beispieldatei array-extensions.playground
// Array erweitern, aber nur, wenn es ganze Zahlen enthält
extension Array where Element: BinaryInteger {
  func sum() -> Element {
    return self.reduce(0) { $0 + $1 }
  }
}

// Anwendung der sum-Methode
let data1 = [1, 2, 3, 4]
data1.sum()  // Ergebnis 10, Datentyp Int

var data2 = [UInt8]()
data2.append(12)
data2.append(15)
data2.sum()   // Ergebnis 27, Datentyp UInt8
```

Auch im zweiten Beispiel wird die Array-Struktur erweitert, diesmal um die Methode find. Sie liefert den Index des ersten Elements zurück, der mit dem Vergleichswert (Parameter what) übereinstimmt. Diese Erweiterung gilt nur für Arrays, deren Elemente dem Protokoll Equatable entsprechen.

```
// Erweiterung um eine find-Methode, gilt nur, wenn das
// Array Elemente enthält, die dem Protokoll Equatable entsprechen
extension Array where Element: Equatable {
  func find(what: Element) -> Int? {
    for i in 0..<self.count {
      if self[i] == what { return i }
    }
    return nil
  }
}

// Anwendung der find-Methode
var ar = [7, 12, 30]
if let index = ar.find(what: 12)  {
  print("Gefunden an Position \(index)")
  // Ausgabe: 1 (also zweites Element)
}
```

Die find-Methode hat lediglich didaktischen Nutzen. Die Swift-Standardbibliothek sieht für Arrays bereits die gleichwertige Methode firstIndex(of:) vor:

```
if let index = ar.firstIndex(of: 12) {
  print("Gefunden an Position \(index)")
}
```

Übersichtlicherer Code durch Extensions

In Apps müssen in einzelnen Klassen oft unzählige Protokolle implementiert werden. Der einfachste Weg besteht darin, alle Protokolle direkt bei der Klassendefinition anzugeben und die erforderlichen Methoden der Reihe nach innerhalb der Klasse zu formulieren:

```
class ViewController: UIViewController, UITextFieldDelegate,
                      UITableViewDataSource, UITableViewDelegate ...
{
  // für UIViewController
  func viewDidLoad() {...}
  // für UITextFieldDelegate
  func textFieldShouldReturn(...) {...}
  // für UITableViewDataSource
  func tableView(...) {...}
  func numberOfSections(...) {...}
  ...
}
```

Der Code für den ViewController erstreckt sich dann über Hunderte von Zeilen und wird zunehmend unübersichtlich. Ein anderer Weg besteht darin, zuerst den Code für die Basisklasse zu schreiben und dann die für die verschiedenen Protokolle notwendigen Methoden als Erweiterungen zu implementieren. Damit wird auf den ersten Blick klar, welche Methode für welches Protokoll erforderlich ist. Außerdem ist es so leichter, in Xcode die Codeteile auszublenden, die bei der aktuellen Arbeit gerade nicht von Interesse sind.

```
class ViewController: UIViewController
{
  // Basiscode mit Outlets und Actions
  func viewDidLoad(...) {...}
}
extension ViewController: UITextFieldDelegate {
  // Methoden für das UITextFieldDelegate-Protokoll
  func textFieldShouldReturn(...) {...}
}
extension ViewController: UITableViewDataSource {
  // Methoden für das UITableViewDataSource-Protokoll
  func tableView(...) {...}
  func numberOfSectionsInTableView(...) {...}
}
```

Beispiel: Rechnen mit Kilo-, Mega- und Gigabyte

Die folgenden Zeilen zeigen eine Erweiterung des Datentyps Int um eine ganze Reihe von Computed Properties, die bei der Umrechnung von Speicher zwischen binären und metrischen Byte-Werten helfen:

```
// Datei kilobyte.swift
extension Int {
  var kB: Int    { return self * 1000 }
  var KiB: Int   { return self * 1024 }
  var MB: Int    { return self * 1000_000 }
  var MiB: Int   { return self * 1_048_576 }
  var GB: Int    { return self * 1000_000_000 }
  var GiB: Int   { return self * 1_073_741_824 }

  var tokB: Int  { return self / 1000 }
  var toKiB: Int { return self / 1024 }
  var toMB: Int  { return self / 1000_000 }
  var toMiB: Int { return self / 1_048_576 }
  var toGB: Int  { return self / 1000_000_000 }
  var toGiB: Int { return self / 1_073_741_824 }
}
```

```
let memory = 2.GiB      // 2.147.483.648
memory.toMiB            // 2.048
memory.tokB             // 2.147.483
```

Vorsicht

Bei der Anwendung dieser neuen Eigenschaften müssen Sie zwei Dinge beachten. Zum einen besteht auf 32-Bit-Systemen rasch die Gefahr von Überlauffehlern. Der Zahlenbereich von 32-Bit-Integern mit Vorzeichen endet ja schon bei zwei Gigabyte (GiB). Glücklicherweise sind in der Apple-Welt 32-Bit-Architekturen ohnedies im Aussterben begriffen. Zum anderen führen die `toXxx`-Eigenschaften eine ganzzahlige Division durch. Dabei wird nicht gerundet!

Weitere Beispiele

In Abschnitt 8.4, »Zeichenketten zerlegen und zusammensetzen«, erweitere ich den Datentyp `String` um neue Subscript-Funktionen, die Integer-Zahlen als Parameter akzeptieren. Das vereinfacht den Zugriff auf Teilzeichenketten. Mit der Erweiterung liefert beispielsweise `"abc".[2]` das Ergebnis `"c"`.

In Abschnitt 13.3, »Fehler in Funktionen weitergeben (rethrows)«, zeige ich Ihnen im Zusammenhang mit der Fehlerabsicherung, wie Sie die Array-Methode `map` selbst implementieren können. Erstaunlicherweise gelingt das mit weniger als 10 Zeilen Code.

12.6 Protokollerweiterungen

Mit *Protocol Extensions* können auch Protokolle nachträglich ergänzt werden. Insbesondere lassen sich durch Protokollerweiterungen neue Defaultmethoden für alle implementierenden Klassen eines Protokolls definieren.

Dabei gilt wie für alle Erweiterungen: Der Code des ursprünglichen Protokolls ist nicht erforderlich. Wie das folgende Beispiel beweist, sind Protokollerweiterungen syntaktisch gesehen ganz einfach:

```
// Beispieldatei extensions.swift
// ein Protokoll
protocol MyProtocol {
  func methodA() -> Double
  func methodB() -> Int
}
```

```
// Erweiterung des Protokolls
extension MyProtocol {
  // neue Methode
  func methodC() -> Double {
    return methodA() + Double(methodB())
  }
  // neue Computed Property
  var propertyD: Int {
    get { return 3 }
  }
}
```

Als Protokollerweiterungen sind Methoden und Computed Properties mit konkreter Implementierung erlaubt. Anders als im Protokoll selbst ist es in einer Erweiterung unmöglich, Methoden oder Computed Properties nur zu deklarieren und so die Implementierung durch den jeweiligen Typ zu erzwingen – eben weil Protokollerweiterungen kompatibel mit vorhandenem Code sein müssen. Würde man ein Protokoll nachträglich um eine Deklaration einer Methode erweitern, wären alle Typen, die das Protokoll bisher implementieren, unvollständig.

Durch Protokollerweiterungen realisierte Methoden bzw. Computed Properties gelten als Defaultimplementierung. Sie können im Code des Typs, der das Protokoll implementiert, durch eigenen Code ersetzt werden:

```
struct MyStruct : MyProtocol {
  // durch MyProtocol vorgeschrieben
  func methodA() -> Double { return 1.2 }
  func methodB() -> Int    { return 3 }

  // Erweiterung, Defaultimplementierung wird durch eigenen Code
  // ersetzt
  func methodC() -> Double { return 2.2 }
}
```

Bedingte Protokollerweiterungen

Mit `where` besteht die Möglichkeit, Protokollerweiterungen so zu formulieren, dass sie nur für Typen gelten, die bestimmte Voraussetzungen erfüllen. Die Bedingung kann wahlweise für `Self`, also für den jeweiligen Typ, oder für eine Eigenschaft des Typs formuliert werden; außerdem geben Sie an, welches Protokoll `Self` bzw. die Eigenschaft erfüllen muss:

```
extension ExistingProtocol where Self : Protocol1 { ... }
extension ExistingProtocol where SomeProperty : Protocol1 { ... }
```

Beispiel: Die uniqueElements-Methode

Die folgenden Zeilen Code erweitern das `Collection`-Protokoll um die neue Methode `uniqueElements`. Diese Methode liefert ein Array als Ergebnis, das jedes Element der Collection nur einmal enthält:

```
// Datei unique-elements.playground
extension Collection where Element : Comparable {

  // liefert ein Array zurück, das jedes Element nur einmal enthält
  func uniqueElements() -> [Element] {
     // Ergebnis: ein vorerst leeres Array vom Typ Self.Element
    var result : [Element] = []
    // gegebenenfalls leeres Array zurückgeben
    if self.count == 0 { return result }
    // Schleife über alle Elemente
    for  e in self {
      if !result.contains(e) {
        result.append(e)
      }
    }
    return result
  }
}
```

Die neue Methode kann beispielsweise so angewendet werden:

```
var ar = Array("Hello World!")
ar.uniqueElements()
// Ergebnis: ["H", "e", "l", "o", " ", "W", "r", "d", "!"]
```

Die `uniqueElements`-Methode kann nur für Collections verwendet werden, deren Elemente vergleichbar sind – also `where Element : Comparable`. Die Vergleichsfunktion ist zur Feststellung der Eindeutigkeit erforderlich. Ohne diese Einschränkung stünde die `contains()`-Methode nicht zur Verfügung. Anstelle von `Element` können Sie auch `Self.Element` schreiben; beide Formulierungen sind gleichwertig.

Beispiel: Die uniqueSet-Methode

Bei einer Sammlung einmaliger Elemente spielt die Reihenfolge normalerweise keine Rolle. Insofern wäre es naheliegend, das Ergebnis von `uniqueElements` gleich als Set zurückzugeben. Wie Sie gleich sehen werden, ist dies prinzipiell kein Problem; allerdings muss `Element` nun noch stärker eingeschränkt werden: Sets können nur Elemente enthalten, die `Hashable` sind. Daher muss die Bedingung für die Protokollerweiterung so lauten: `where Element : Hashable`.

Die folgenden Zeilen zeigen den Code für die Methode uniqueSet, die die Elemente einer Collection als Set zurückgibt:

```
// Datei unique-elements.playground
extension Collection where Element : Hashable {

  // liefert Set zurück
  func uniqueSet() -> Set<IElement> {
    // Ergebnis: ein Set für Elemente vom Typ Element
    var result = Set<Element>()
    // gegebenenfalls leeres Set zurückgeben
    if self.count == 0 { return result }
    // Schleife über alle Elemente von self
    for e in self {
      result.insert(e)
    }
    return result
  }
}
```

Die Anwendung sieht so aus:

```
var ar = Array("Hello World!")
ar.uniqueSet()
// Ergebnis: {"H", "r", "!", "e", "o", "l", " ", "W", "d"}
```

Beachten Sie, dass die Elemente eines Sets generell ungeordnet sind!

12.7 Reflection und Metatypen

Im letzten Abschnitt dieses Kapitels geht es darum, wie Sie Informationen über den Typ einer Variablen herausfinden können. Ich beginne mit einer kurzen Wiederholung zu den Operatoren is und as. Um zu testen, ob eine Variable einem bestimmten Datentyp entspricht, verwenden Sie den Operator is:

```
// Beispieldatei reflection.playground
func f(_ obj: Any) -> String {
  if obj is Int {
    return "Integer"
  } else if obj is Double {
    return "Double"
  } else if obj is Date {
    return "Datum/Zeit"
  } else {
    return "weder noch"
  }
}
```

Sofern Sie sicher sind, dass der Datentyp geeignet ist, können Sie mit `as!` einen sogenannten *Downcast* durchführen und das Ergebnis speichern oder weiterverarbeiten. Im folgenden Beispiel werden drei Klassen definiert: die Basisklasse A, die davon abgeleitete Klasse `B` und die wiederum von `B` abgeleitete Klasse `C` (siehe Abschnitt 12.1, »Vererbung«). Nun ist es möglich, in einer Variablen vom Typ `A` Instanzen von `A`, `B` oder `C` zu speichern. Mit `is` kann dann der tatsächliche Typ ermittelt werden:

```
class A {}       // Basisklasse
class B: A {}  // B ist von A abgeleitet
class C: B {}  // C ist von B abgeleitet

var obj: A       // Variable vom Typ A
obj = C()        // Instanz vom Typ C

if obj is C {
  let c = obj as! C
}
```


Oft ist es zweckmäßig, den Typentest und die Zuweisung mit `as?` zu kombinieren. Auch hier können Sie zwischen `if var` oder `if let` wählen, je nachdem, ob Sie den Inhalt der Variablen später noch ändern möchten oder nicht:

```
if let c = obj as? C {
  // c hat den Datentyp C
} else {  // obj enthält keine Instanz des Typs C
  print("Fehler ...")
}
```

Reflection

Recht schwierig ist es, über den Typ- oder Klassennamen hinaus weitere Eigenschaften zu ermitteln, wie z. B. die Liste der zur Auswahl stehenden Methoden. Leider fehlt Swift hierfür ein allgemeingültiger Ansatz, etwa in der Art der Reflection-Funktionen, die in Objective-C, C# oder Java eine Selbstverständlichkeit sind.

Die folgenden Absätze und Codebeispiele zeigen, wie weit Swift zur Selbstreflexion in der Lage ist. Mit der Init-Funktion von `Mirror` erzeugen Sie eine gleichnamige Struktur, die das Element bzw. Objekt beschreibt. Das `Mirror`-Element verrät, wie viele Eigenschaften das betroffene Objekt hat. Diese Subelemente können in einer Schleife durchlaufen werden. Das funktioniert aber nur für Typen, die in Swift definiert sind.

```
// Datei reflection.playground
// Klasse als Testbasis
class MyClass {
  var a: Double = 1.0
  var b: Int = 2
```

```
  func f() -> Double {
    return a + Double(b)
  }
}

var x = MyClass()                    // ein Objekt der Klasse
let mirr = Mirror(reflecting: x)
mirr.description                     // "Mirror for MyClass"
mirr.children.count                  // 2
for c in mirr.children {
  print("Label: \(c.label), Value: \(c.value)")
}
// Ausgabe: Label: a, Value: 1.0
//          Label: b, Value: 2
```

Wenn Sie den Namen eines Datentyps eines Objekts ermitteln möchten, wandeln Sie das Ergebnis der im vorigen Abschnitt präsentierten Funktion `type(of:)` in eine Zeichenkette um:

```
String(describing: type(of: x))  // "MyClass"
```

Die folgenden Zeilen zeigen die Typennamen für einige elementare Daten:

```
func typename(_ obj: Any) -> String {
  return String(describing: type(of: (obj)))
}
typename(x)             // "MyClass"
typename(2.4)           // "Double"
typename(Date())        // "Date"
typename([1, 2, 3])     // "Array<Int>"
typename( (1, 2, 3) )   // "(Int, Int, Int)"
```

Reflection-Bibliothek

Einen ausgezeichneten Artikel über weitere Anwendungsmöglichkeiten von Reflection finden Sie hier:

https://www.swiftbysundell.com/posts/reflection-in-swift

Auf GitHub gibt es eine Bibliothek, die die Reflection-Möglichkeiten von Swift erheblich verbessert:

https://github.com/Zewo/Reflection

KeyPath-Ausdrücke

Schon in den ersten Swift-Versionen konnten Sie Referenzen auf Methoden oder Funktionen einrichten und anwenden (siehe auch Abschnitt 6.4, »Funktionale Programmierung«):

```
func f(n: Int) -> Int {
  return 2*n
}
let funcref = f
print(funcref(3))  // Ausgabe 6
```

Seit Version 4 besteht darüber hinaus die Möglichkeit, durch sogenannte *KeyPath-Ausdrücke* auch Referenzen auf Eigenschaften zu formulieren. Sie können also gewissermaßen den Pfad zu einer Eigenschaft ausdrücken, die Auswertung aber erst später durchführen.

KeyPath-Ausdrücke beginnen immer mit dem Zeichen \. Sie werden intern als Objekte der `ReferenceWritableKeyPath`-Klasse ausgedrückt. Der Zugriff erfolgt in der Form `obj[keyPath: path]`, wobei Sie die betreffende Eigenschaft sowohl lesen als auch ändern können. Das folgende Beispiel zeigt eine simple Anwendung:

12

```
// Beispieldatei keypath.playground
class Rect {
  var x: Int, y: Int
  init(x: Int, y: Int) {
    self.x = x; self.y = y
  }
}

let r1 = Rect(x:2, y:3)
let r2 = Rect(x:7, y:2)

// KeyPath definieren, Datentyp ReferenceWritableKeyPath<Rect, Int>
let pathToX = \Rect.x

// KeyPath auf unterschiedliche Objekte anwenden
print(r1[keyPath: pathToX])  // Ausgabe 2
r2[keyPath: pathToX] = 17
print(r2[keyPath: pathToX])  // Ausgabe 17
```

Seit Swift 4.1 funktionieren KeyPaths auch für Arrays und verschachtelte Konstruktionen:

```
// Beispieldatei keypath.playground (Fortsetzung)
class Geometry {
  var descr = ""
  var data = [Rect]()
}
```

```
let g = Geometry()
g.data.append(r1)
g.data.append(r2)

// Pfad zum 2. Rechteck (Zählung beginnt mit 0)
let pathToSecondRect = \Geometry.data[1].x
print(g[keyPath: pathToSecondRect])  // Ausgabe 17
```

Metatypen

Die Überschrift klingt wissenschaftlich, aber keine Angst, es ist halb so schlimm! In Swift gelten Klassen, Strukturen, Enumerationen und Protokolle als *Typen*. Normalerweise verwenden Sie diese Typen, um davon konkrete Objekte (Elemente, Instanzen) zu erzeugen. Mitunter ist es aber notwendig, die Typen als solche anzusprechen – und zwar dann, wenn nicht der Inhalt einer Variablen variabel sein soll, sondern auch der Typ selbst. Die Swift-Dokumentation spricht dann von *Metatypen*. Je nachdem, welche Ausgangsdaten Sie haben, gibt es verschiedene Wege, auf den Metatyp zuzugreifen:

- Bei Klassen, Strukturen und Enumerationen beschreibt die Ergänzung `.Type` den Metatyp, also z. B. `MyClass.Type`. Die Ergänzung `.Type` kann nur bei der Angabe von Datentypen verwendet werden, z. B. `let x = obj as Class.Type` oder `typealias AnyClass = AnyObject.Type`.
- Bei Protokollen gilt die Ergänzung `.Protocol`, also z. B. `MyProtocol.Protocol`.
- Bei Klassen, Protokollen etc. liefert `MyClass.self` den Metatyp. Die folgenden Beispiele zeigen die Anwendung von `self`.
- Bei Instanzen liefert `obj.self` den Typ (nicht den Metatyp) der tatsächlich enthaltenen Instanz – unabhängig davon, ob `obj` vielleicht als Variable des Basistyps deklariert wurde.
- Den Metatyp einer Instanz ermitteln Sie mit der gerade vorgestellten Funktion `type(of: obj)`.

Im ersten Beispiel enthält `datetype` den Datentyp `Foundation.Date.Type`. Daher kann in der nächsten Zeile mit `datetype.init()` ein neues `Date`-Objekt erzeugt werden – so, als würde `Date()` ausgeführt. Beachten Sie, dass `init()` hier explizit genannt werden muss, was ja sonst in Swift beim Aufruf von Init-Funktionen unüblich ist.

```
// Datei metatypes.playground
let datetype = Date.self    // speichert den Datentyp
                            // Foundation.Date.Type
let d1 = datetype.init()    // erzeugt ein Date-Objekt
print("Aktuelles Datum und Uhrzeit: \(d1)")
```

Mit der Methode `NSClassFromString` können Sie den Metatyp einer Klasse einer Objective-C-Bibliothek erzeugen, deren Namen Sie als Zeichenkette angeben. Die Methode funktioniert nicht für Swift-Klassen.

NSClassFromString liefert den Ergebnisdatentyp AnyClass?. Sofern ein gültiger Klassenname angegeben wird, ist ein Casting auf NSObject.Type möglich, also auf einen allgemeinen Metatyp. Mit mytype.init() wird nun die Init-Funktion dieser Klasse ausgeführt und eine NSDate-Instanz erzeugt. (Dieses Beispiel funktioniert nicht für die verwandte Swift-Date-Klasse.)

```
let mytype = NSClassFromString("NSDate") as! NSObject.Type
let d2 = mytype.init()        // erzeugt ein NSDate-Objekt
print("Aktuelles Datum und Uhrzeit: \(d2)")
```

Die folgenden Zeilen zeigen die Anwendung von self für Typen und type(of:) für Variablen. myvar wird als Variable des Typs A deklariert. Tatsächlich wird darin aber eine Instanz der davon abgeleiteten Klasse B gespeichert – im Sinne der Vererbung nichts Ungewöhnliches.

```
class A { }      // Basisklasse A
class B: A {     // B ist von A abgeleitet
  func m() { print("bla") }
}

let myvar: A = B()
let type1 = A.self            // Datentyp A.Type
let type2 = B.self            // Datentyp B.Type
let type3 = type(of: myvar)   // Datentyp B.Type
if type(of: myvar) == B.self {
  print("myvar enthält eine Instanz von B.")
}
```

Kapitel 13
Fehlerabsicherung

Programmierer machen Fehler, Anwender auch: Egal, ob Ihr Programm versucht, auf ein nicht vorhandenes Array-Element zuzugreifen, eine Datei zu speichern, obwohl das Dateisystem voll ist, oder eine Seite aus dem Internet zu laden, obwohl gerade keine Internetverbindung besteht – in jedem dieser Fälle tritt ein Fehler auf.

Dieses Kapitel zeigt Ihnen, welche Möglichkeiten Sie haben, mit solchen Situationen umzugehen. Im Mittelpunkt stehen dabei die Schlüsselwörter `try`, `catch` und `defer` sowie `throw`, `throws` und `rethrows`. Außerdem beschreibe ich die Unterschiede zwischen dem `Error`-Protokoll von Swift und der weiterhin relevanten `NSError`-Klasse, die alle Objective-C-Programmierer kennen.

Zuletzt geht ich auf den `Result`-Datentyp ein, der in Swift 5 neu hinzugekommen ist und ganz neue Wege zum Umgang mit Fehlern bietet – insbesondere in asynchronen Algorithmen.

13.1 Fehlerabsicherung mit try und catch

Auf Flüchtigkeitsfehler im Code reagiert ein Swift-Programm unbarmherzig. Ein Programm mit den folgenden Codezeilen wird sofort beendet, wenn versucht wird, auf das nicht existierende Array-Element `ar[3]` zuzugreifen:

```
let ar = [7, 12, -1]
for  i in 0...3 { // Fehler, sollte 0..<3 sein
  print(ar[i])
}
```

In Xcode sehen Sie die Fehlermeldung *fatal error* samt einer kurzen Erklärung: Beim obigen Beispiel lautet sie *Array index out of range*. Anschließend können Sie im Programmcode den aktuellen Wert der Variablen etc. analysieren. Wenn der gleiche Fehler aber in einer iOS-App auftritt, wird die App kommentarlos geschlossen. Und, um es gleich vorwegzunehmen: Derartige Fehler lassen sich auch mit `try` nicht abfangen.

Es gibt eine ganze Reihe von Möglichkeiten, Fehler unbeabsichtigt auszulösen. Ich habe mich hier bemüht, die »populärsten« Kandidaten aufzuzählen:

- **Integer-Arithmetik:** Division durch null, Überlauf
- **Arrays:** Zugriff auf nicht vorhandene Elemente
- **Zeichenketten:** Zugriff auf nicht vorhandene Zeichen:

  ```
  let s1 = "abc"
  s1[s1.endIndex]
  ```

- **Optionals:** erzwungenes Unwrapping durch `var!` bzw. `ausdruck!`, wenn der Inhalt `nil` ist
- **Casting:** Umwandlung in einen ungeeigneten Datentyp durch `as!`
- **Collections:** Manche Eigenschaften und Methoden zur Bearbeitung von Arrays und anderen Aufzählungen lösen Fehler aus, wenn sie auf leere Sequenzen angewendet werden (z. B. `removeLast`) oder wenn ungültige Parameter übergeben werden (z. B. `removeAt`).

Die einzige Möglichkeit, derartige Fehler zu vermeiden, besteht darin, die Parameter im Voraus strikt zu kontrollieren. Gewöhnen Sie es sich daher an, Ihren Code sorgfältig zu verfassen und Parameter von Funktionen oder Methoden bzw. Benutzereingaben generell zu validieren.

try-catch-Syntax

`try-catch`-Konstruktionen sind zur Absicherung von Funktionen und Methoden gedacht, die mit `throws` deklariert sind und somit Fehler auslösen können. Die `try-catch`-Syntax von Swift weicht ein wenig von der anderer Programmiersprachen ab:

- Der abzusichernde Codeblock wird mit `do` eingeleitet.
- Innerhalb dieses Codes können Funktionen oder Methoden, die einen Fehler auslösen können, jeweils mit `try` ausgeführt werden. `try` gilt immer für eine gesamte Anweisung, nicht nur für einen einzelnen Methodenaufruf. Wenn `xxx()` und `yyy()` Fehler auslösen können, lautet der korrekte Aufruf zur Berechnung der Summe dieser Funktionen `try xxx()+ yyy()`, nicht `try xxx() + try yyy()`.

  Bei Zuweisungen muss `try` unmittelbar nach dem Zuweisungsoperator angegeben werden, also `let c = try xxx()` oder `var v = try xxx()`, aber nicht `try let n = xxx()`. Analog lautet die korrekte Syntax `return try xxx()`, nicht `try return xxx()`.
- Tritt tatsächlich ein Fehler auf, bricht Swift den `do`-Block ab, sucht nach einem passenden `catch`-Block und führt dessen Code aus. Anschließend wird das Programm fortgesetzt, als wäre nichts passiert.
- Der restliche Code innerhalb des `do`-Blocks ist nicht abgesichert! Integer-Arithmetik-Fehler, Zugriff auf nicht vorhandene Zeichen oder Array-Elemente etc. führen auch innerhalb des `do`-Blocks zum Programmende.

Einführungsbeispiel

Das folgende Listing beginnt mit der Definition einer Enumeration, die das Protokoll `Error` implementiert. Die Enumeration dient lediglich zur Bereitstellung von Fehlerzuständen. Die Funktionen `f1` und `f2` lösen gegebenenfalls einen der dort aufgezählten Fehler aus.

```
// Projekt try-catch, Datei main.swift
// Definition eigener Fehlerzustände
enum MyErrors : Error {
  case tooSmall
  case tooBig(maximum: Int)
  case missing
  case other(explanation: String)
}

// Definition von Funktionen, die Fehler auslösen können
func f1(_ n: Int) throws -> Int {
  if n < 0   { throw MyErrors.tooSmall }
  if n > 100 { throw MyErrors.tooBig(maximum: 100) }
  return n + 1
}
func f2(_ n:Int?) throws -> Int {
  if n == nil { throw MyErrors.missing }
  return n! + 1
}

// Test der Funktionen
do {
  let a = try f1(101)
  let b = try f2(a)
  let c = a / (a - 6)  // kann nicht abgesichert werden
  try print(12 + f1(1) +  f2(7))
}

// für den Fehler .tooSmall
catch MyErrors.tooSmall {
  print("Fehler: Parameter zu klein")
}

// für den Fehler .tooBig
catch MyErrors.tooBig(let maximum) {
  print("Fehler: Parameter zu groß")
  print("Maximalwert = \(maximum)")
}
```

```
// alle anderen Fehler
catch {
  print("Ein anderer Fehler:")
  print(error)
}
print("Hier geht es weiter, wenn kein Fehler " +
      "oder ein abgesicherter Fehler aufgetreten ist.")
```

Vorerst geht es nur um die Anwendung von `do`, `try` und `catch`. Details zum Protokoll `Error` und den Schlüsselwörtern `catch`, `throws` und `throw` folgen in den weiteren Abschnitten.

try ist nicht freiwillig

Die Verwendung von `try` ist keine Option, um Code bei Bedarf abzusichern; vielmehr ist der Einsatz von `try` zwingend erforderlich, sobald Sie eine mit dem Schlüsselwort `throws` gekennzeichnete Methode ausführen möchten.

Umgekehrt ist `try` aber nur für Funktionen bzw. Methoden gedacht, die mit `throws` deklariert sind und somit Fehler auslösen können. Alle anderen Anweisungen können nicht mit `try` abgesichert werden! Xcode meldet gegebenenfalls einen Syntaxfehler (*No calls to throwing functions occur within try expression*).

Reaktion auf Fehler mit catch

Einem `do`-Block mit einer oder mehreren `try`-Anweisungen muss zumindest ein `catch`-Block folgen. Wenn ein durch `try` abgesicherter Fehler auftritt, verarbeitet Swift der Reihe nach die `catch`-Ausdrücke. Der erste zutreffende `catch`-Ausdruck wird als Reaktion auf den Fehler ausgeführt. Anschließend wird das Programm fortgesetzt.

Im Anschluss an `catch` kann ein beliebiger Ausdruck übergeben werden, der dem `Error`-Protokoll entspricht. Swift vergleicht diesen Ausdruck mit dem aufgetretenen Fehler, wobei intern wie bei `switch` der Pattern-Operator `~=` zum Einsatz kommt (siehe Abschnitt 3.2, »Vergleichsoperatoren und logische Operatoren«).

Im einfachsten Fall geben Sie nach `catch` direkt einen konkreten Fehlerwert an. Sie haben dann allerdings im weiteren `catch`-Code keinerlei Zugriff auf die weiteren Eigenschaften des Fehlers.

```
// catch für einen expliziten Fehler
catch MyError.tooSmall {
  // wird ausgeführt, wenn der angegebene Fehler aufgetreten ist
}
```

Wenn zusammen mit dem Enumerationswert des Fehlers weitere Daten übergeben werden, wie dies im vorigen Beispiel bei `MyError.tooBig` der Fall war, können diese Daten mit `let` in eine Konstante übertragen und im folgenden Codeblock ausgewertet werden:

```
// catch für einen expliziten Fehler mit Zusatzinformationen
catch MyErrors.tooBig(let maximum) {
  // maximum enthält Details zum Fehler, in diesem Fall den maximal
  // zulässigen Wert
}
```

Die folgende `catch`-Variante trifft für *alle* Fehler zu, die in der `MyErrors`-Enumeration definiert sind. Die Details des aufgetretenen Fehlers können Sie der Konstanten `myerror` entnehmen. Sofern es sich bei der Fehlerenumeration um simple Konstanten handelt, kann ein Vergleich einfach mit `myerror == MyError.xxx` erfolgen. Die `MyError`-Enumeration aus dem Einführungsbeispiel macht aber von zugeordneten Werten Gebrauch (*Associated Values*, siehe Abschnitt 11.2, »Enumerationen«). Die Unterscheidung der möglichen Fehler erfolgt in diesem Fall am besten durch `switch`:

```
// catch für eine Gruppe von Fehlern
catch let myerror as MyErrors {
  switch myerror {
  case .tooSmall:
    print("Parameter zu klein")
  case let .tooBig(n):
    print("Parameter zu groß, Maximum=\(n)")
  case .missing:
    print("Parameter darf nicht nil sein")
  case let .other(msg):
    print("Anderer Fehler: \(msg)")
  }
}
```

Default-catch

Ein `catch` ohne Ausdruck leitet den Defaultblock ein, der für alle bisher nicht berücksichtigten Fehler gilt. In diesem Block steht die Konstante `error` (Datentyp `Error`) zur Verfügung, die Auskunft über den aufgetretenen Fehler gibt. Dieser Block muss immer zuletzt angegeben werden.

```
// Default-catch, Auswertung von 'error'
catch {
  print(error)
  // Ausgabe z. B. "tooBig(100)"

  print(error.localizedDescription)
  // Ausgabe z. B. "The operation couldn't be completed.
  //               (try_catch.MyErrors error 1.)"
}
```

Zur detaillierten Auswertung der Konstanten `error` ist es zweckmäßig, aus ihr ein `NSError`-Objekt abzuleiten und dann dessen Eigenschaften auszuwerten (siehe Abschnitt 13.5, »Fehlerabsicherung von API-Methoden (NSError)«).

```
// Default-catch, Auswertung von 'error' als NSError-Instanz
catch {
  let nserr = error as NSError
  print("Fehlerbeschreibung: \(nserr.description)")
  // Ausgabe z. B. "Fehlerbeschreibung: Error
  //               Domain=try_catch.MyErrors Code=1"
}
```

Sie können das `NSError`-Casting auch direkt im `catch`-Ausdruck durchführen:

```
// Default-catch mit integriertem NSError-Casting
catch let nserr as NSError {
  print("Fehlerbeschreibung: \(nserr.description)")
}
```

Sollten Sie weder am `error`- noch am `NSError`-Objekt Interesse haben, ist `catch _` am effizientesten:

```
// Default-catch ohne Fehleranalyse
catch _ {
  print("Irgendein Fehler ist aufgetreten ...")
}
```

Wenn der Default-`catch` fehlt, betrachtet der Swift-Compiler die gesamte Konstruktion als unvollständig (*not exhaustive*) – es werden also nicht alle Fehlermöglichkeiten behandelt. Es gibt zwei Möglichkeiten, diesen Fehler zu beheben:

- Sie fügen einen Default-`catch` ein.
- Sie deklarieren die Methode oder Funktion, in der sich Ihre `try`-`catch`-Konstruktion befindet, selbst mit `throws`. Damit gibt sich der Compiler zufrieden. Sollte ein nicht behandelter Fehler auftreten, wird er einfach an die Stelle weitergegeben, an der die Methode/Funktion aufgerufen wurde.

Leider agiert der Swift-Compiler bei der Erkennung der `catch`-Zweige weniger intelligent als bei `switch`-`case`: Selbst wenn Sie alle vier `MyErrors`-Fehler des Einführungsbeispiels berücksichtigen oder `catch let myerror as MyErrors` verwenden, gilt die Konstruktion ohne Default-`catch` als unvollständig. Das hat damit zu tun, dass aus der Deklaration von Funktionen oder Methoden nicht hervorgeht, *welche* Fehler auftreten können. Bei eigenem Code könnte der Compiler den Quellcode analysieren, aber bei Methoden aus externen Bibliotheken fällt diese Möglichkeit weg.

try ohne do-catch

Innerhalb des Playgrounds ist der Swift-Compiler etwas toleranter: Sie dürfen Methoden mit try ausführen, ohne dieses Schlüsselwort in eine do-catch-Konstruktion einzuschließen. Das gilt auch innerhalb von Funktionen oder Methoden, die selbst mit throws deklariert sind. Sollte es hier zu einem Fehler kommen, wird der Fehler einfach weitergegeben. throws entbindet Sie also von der do-catch-Absicherung. try bleibt aber weiter erforderlich!

Im folgenden Beispiel wird der Aufruf von f1 zum Fehler tooBig führen. Diesen Fehler gibt f3 weiter an die Stelle im Code, wo f3 aufgerufen wird.

```
// auch im kompilierten Code OK
func f3() throws -> Int {
  return try f1(101) + f2(88)
}
```

try! und try? (Forced Try und Optional Try)

Zum gewöhnlichen Schlüsselwort try existieren die Variante try! mit einem nachgestellten Ausrufezeichen (*Forced Try*) und die Variante try? mit einem nachgestellten Fragezeichen (*Optional Try*). Im Unterschied zum gewöhnlichen try darf try! ohne eine do-catch-Konstruktion verwendet werden, um Methoden aufzurufen, die einen Fehler auslösen können. In der Praxis verwenden Sie try! nur in Testcode oder wenn Sie absolut sicher sind, dass kein Fehler auftreten wird. Passiert dies doch, so führt der Fehler unmittelbar zum Programmende (*Fatal Error*).

```
let a = try! f1(7)
try! f2(12)
```

try? ruft eine Funktion oder Methode auf, die einen Fehler verursachen kann. Tritt tatsächlich ein Fehler auf, liefert try? den Wert nil zurück, andernfalls das Ergebnis. Die folgenden Zeilen beziehen sich wieder auf die Funktion f1, die ich in dem Einführungsbeispiel zu diesem Abschnitt definiert habe:

```
var result1 = try? f1(10)  // Datentyp Int?
print(result1 as Any)      // Ergebnis Optional(11)
result1 = try? f1(1000)
print(result1 as Any)      // Ergebnis nil
```

Üblicherweise verwenden Sie try? in Kombination mit if let:

```
if let result = try? f1(50) {
  // result ist hier eine Int-Variable
  print("Ergebnis \(result)")
}
```

Optional Flattening

An sich bietet try? eine ausgesprochen angenehme Möglichkeit, die Fehlerabsicherung elegant durchzuführen. In der Vergangenheit gab es allerdings einen Sonderfall, der häufig Verwirrung stiftete: Wenn die abzusichernde Funktion oder Methode an sich schon ein Optional lieferte, dann ergab sich in Kombination mit try? ein doppeltes Optional. Hinter den Kulissen wurde dieser Datentyp als Optional<Optional<typ>> abgebildet.

Abhilfe schafft das in Swift 5 eingeführte *Optional Flattening*. Ein Ausdruck in der Form

```
let result = try? funcWithOptionalResult(...)
```

liefert jetzt ein einfaches Optional: Das Ergebnis ist entweder das Resultat der Funktion oder nil. In diesem Fall wissen Sie nicht, ob Sie nil erhalten haben, weil die Funktion eben nil zurückgegeben hat oder weil sie einen Fehler ausgelöst hat. Im Regelfall ist Ihnen das auch egal – es geht ja nur darum, ob Sie nach try? gültige Daten haben.

Ausgangspunkt für das folgende Beispiel ist die Funktion f5. Sie liefert normalerweise eine ganze Zahl als Ergebnis. Ist der Parameter kleiner 0, lautet der Rückgabewert allerdings nil. Und für Parameter größer 100 wird ein Fehler ausgelöst:

```
// Projekt try-catch, Datei main.swift
func f5(_ n: Int) throws -> Int? {
  if n < 0   { return nil }
  if n > 100 { throw MyErrors.tooBig(maximum: 100) }
  return n + 1
}
```

Bis Swift 4.2 führte let result5 = try? f5(10) dazu, dass result den Datentyp Int?? hatte (doppeltes Optional). Ab Swift 5 hat result dagegen den Datentyp Int? (einfaches Optional). Der große Vorteil besteht nun darin, dass Sie das Ergebnis mit if let vollkommen unkompliziert verarbeiten können (was bisher wegen der Verschachtelung unmöglich war):

```
if let result5 = try? f5(1000) { // Datentyp Int?
  print("Ergebnis \(result5)")
} else {
  print("f5 hat nil zurückgegeben oder einen Fehler ausgelöst.")
}
```

Aufräumarbeiten mit defer

In einigen Programmiersprachen können Sie in try-catch-Konstruktionen einen finally-Block Code formulieren, der auf jeden Fall ausgeführt wird – egal, ob im zuvor ausgeführten try-Block Fehler aufgetreten sind oder nicht. Der finally-Block eignet sich gut für Aufräumarbeiten, z. B. zum Schließen von Dateien bzw. von Datenbank- oder Netzwerkverbindungen.

Swift kennt zwar kein `finally`, stellt eine ähnliche Funktionalität aber über das Schlüsselwort `defer` zur Verfügung, das bereits in Abschnitt 6.1, »Funktionen definieren und ausführen«, vorgestellt wurde. Das Schlüsselwort `defer` kann also vollkommen losgelöst von `try-catch` verwendet werden. Seine Anwendung bietet sich aber häufig in `try-catch`-Konstruktionen an, wie der folgende Pseudocode zeigt: Die Datenbankverbindung wird in jedem Fall geschlossen, egal, ob während der Programmausführung Fehler auftreten oder nicht.

```
func f() {
  do {
    let db = open("database-connection")
    defer {
      db.close()  // Datenbank auf jeden Fall schließen
    }
    let result try db.execute("SELECT ...")
    if result = "xxx" { return }
    try db.execute("UPDATE ...")
  } catch {
    print("Fehler")
  }
}
```


Debugging-Hilfe assert

Wenn Sie in Ihrem Programm nach dem Auftreten eines Fehlers bzw. bei der Übergabe ungeeigneter Parameter absolut keine Möglichkeit sehen, das Programm fortzusetzen, empfiehlt »The Swift Programming Language« den Einsatz von `assert`. Im ersten Parameter dieser Funktion geben Sie eine Bedingung an. Ist diese erfüllt, wird das Programm fortgesetzt, und alles ist in Ordnung. Ist die Bedingung hingegen nicht erfüllt, wird das Programm im Debug-Modus unterbrochen. Optional können Sie im zweiten Parameter noch eine Fehlermeldung an `assert` übergeben.

assert ist nur für das Debugging geeignet!

`assert` ist ausschließlich ein Hilfsmittel zur Fehlersuche, aber kein geeigneter Weg zur Fehlerabsicherung! `assert` wird bei Release-Kompilaten automatisch aus dem Code entfernt und ist dort wirkungslos.

Im folgenden Minibeispiel löst die `print`-Zeile bei einem Debug-Kompilat einen Fehler aus. Wird das Programm hingegen für ein Release kompiliert, lautet die Ausgabe `nan` (`Not a Number`). `assert` wird nicht kompiliert, und `sqrt(-1)` löst keinen Fehler aus, sondern gibt einen speziell für solche Fälle vorgesehenen `Double`-Wert zurück.

```
// eigene sqrt-Funktion
func mysqrt(_ x: Double) -> Double {
  assert(x>=0, "x must be greater than 0")
  return sqrt(x)
}
print(mysqrt(-1))  // Testbetrieb: löst Fehler aus
                   // Release: Ausgabe 'nan'
```

13.2 Selbst Fehler auslösen (throws und throw)

Wenn Sie eine Funktion oder Methode programmieren, die selbst Fehler auslösen soll, müssen Sie sie mit `throws` deklarieren. Dieses Schlüsselwort folgt dem Klammerpaar der Parameterliste. Bei Funktionen oder Methoden, die ein Ergebnis zurückgeben, ist `throws` vor dem Pfeiloperator mit dem Ergebnisdatentyp anzugeben. Im Gegensatz zu Sprachen wie Java, wo nach `throws` der oder die möglichen Fehler anzugeben sind, entfällt diese Information in Swift. `throws` besagt also nur, dass eine Funktion oder Methode Fehler auslösen kann, gibt aber keinen Hinweis, um *welche* Fehler es sich dabei handeln könnte.

```
func m1() throws { ... }
func m2(p1: Int, p2: Double) throws -> { ... }
```

Wenn Sie nun im Code Ihrer Funktion/Methode einen Zustand feststellen, auf den Sie nur durch das Auslösen eines Fehlers reagieren können, dann geben Sie im Anschluss an das Schlüsselwort `throw` einen Fehlercode an. Als *Fehlercode* gilt jedes Element bzw. jede Instanz einer Enumeration, Struktur oder Klasse, die das Protokoll `Error` implementiert. Der übliche Weg besteht darin, wie im Einführungsbeispiel zur Formulierung von Fehlerzuständen eine simple Enumeration zu verwenden, die mit `EnumName : Error` definiert ist.

```
// Fehler auslösen
if n == nil { throw MyErrors.missing }
```

`throw` bewirkt, dass die Funktion oder Methode sofort und ohne Rückgabewert verlassen wird. Auf den Fehler kann nun im entsprechenden `catch`-Block reagiert werden. `throw` darf nur in Funktionen bzw. Methoden verwendet werden, die mit `throws` deklariert sind!

Geschwindigkeit

Im E-Book »The Swift Programming Language«, also in der offiziellen Swift-Dokumentation, können Sie nachlesen, dass `throw` in Swift ebenso schnell ausgeführt wird wie `return`. Das `try-catch`-Modell von Swift sieht zwar so aus, als würde es wie z. B. in Java Exceptions verarbeiten; tatsächlich ist das aber nicht der Fall.

Vielmehr erzeugt throw ein NSError-Objekt, dessen Klasse schon seit vielen Jahren in der Foundation-Bibliothek existiert. try und catch verpacken lediglich die Verarbeitung von derartigen NSError-Objekten.

https://docs.swift.org/swift-book/LanguageGuide/ErrorHandling.html

Fehler in Init-Funktionen auslösen

throws ist auch in Init-Funktionen erlaubt, sofern diese mit throws gekennzeichnet sind. Hier gilt aber die merkwürdige Regel, dass alle Eigenschaften des Typs initialisiert werden müssen, bevor throw verwendet werden darf. Das widerspricht der in anderen Sprachen üblichen Vorgehensweise, in der Init-Funktion die Parameter zu überprüfen und gegebenenfalls noch *vor* der Erzeugung eines neuen Objekts einen Fehler auszulösen.

Das folgende Beispiel greift nochmals die Rectangle-Struktur auf, die unter anderem schon in Abschnitt 11.3, »Eigenschaften«, vorkam. Bei dieser Variante löst die Init-Funktion einen Fehler aus, wenn die Länge oder Breite kleiner als 0 ist. Die Struktur ist mit Read-only-Properties so konzipiert, dass Länge und Breite eines einmal erzeugten Rechtecks nachträglich nicht mehr verändert werden können. Diese Vorgehensweise wurde auch deswegen gewählt, weil Computed Properties in Swift keine Fehler auslösen und nicht mit throws gekennzeichnet werden können.

```
// Datei rectangle-throw.playground
enum RectangleError : Error {
  case lengthTooSmall
  case widthTooSmall
}
// Struktur zur Speicherung eines Rechtecks
struct Rectangle {
  private var _length = 0.0            // interner Datenspeicher
  private var _width = 0.0
  var length: Double { return _length } // Read-only-Properties
  var width: Double  { return _width }

  // init-Funktion, greift auf Computed Properties zurück
  init(_ length: Double, _ width: Double) throws {
    _length = length
    _width = width
    if length < 0.0 { throw RectangleError.lengthTooSmall }
    if width < 0.0  { throw RectangleError.widthTooSmall }
  }
}
```

```
// Beispiel 1: ein korrektes Rechteck
do {
  let r = try Rectangle(1.2, 2.4)
  print(r.length)
} catch {
  print("Fehler: \(error)")
}

// Beispiel 2: ein fehlerhaftes Rechteck
do {
  let r = try Rectangle(-1.2, 2.4)
  print(r.length)
} catch {
  print("Fehler: \(error)")
}
```

Failable Init Functions

Als Alternative zu einer Init-Funktion mit `throws` können Sie eine *Failable Init Function* definieren, die bei fehlerhaften Parametern `nil` anstelle des gewünschten Elements liefert (siehe auch Abschnitt 11.4, »Init- und Deinit-Funktion«). In der Anwendung sind solche Init-Funktionen oft angenehmer, weil Sie auf `try` verzichten und stattdessen mit `if let` oder `guard` arbeiten können. Die folgenden Zeilen skizzieren die Vorgehensweise:

```
struct Rectangle {
  var length: Double, width: Double

  // Init-Funktion mit Validitätskontrolle
  init?(_ length: Double, _ width: Double) {
    if length <= 0 || width <= 0 { return nil }
    self.length = length
    self.width = width
  }
}
// Test
if let r = Rectangle(-1.2, 2.4) { print("alles ok") }
else                            { print("Fehler")   }
```

Fehler in Eigenschaften und Subscripts

Eigenschaften und Subscripts dürfen in Swift keine Fehler auslösen. Die Schlüsselwörter `throws` und `throw` sind dort unzulässig. Es gab Überlegungen, Swift dahingehend zu erweitern, aber aktuell existiert keine konkrete Entscheidung, geschweige denn ein Zeitplan:

https://github.com/apple/swift-evolution/pull/218

Wenn Sie im Code einer Eigenschaft dennoch einen Fehler auslösen wollen, können Sie zur Not ein `NSException`-Objekt erzeugen. Derart ausgelöste Exceptions lassen sich allerdings nicht mit `try-catch` abfangen und führen immer zum Programmende. Ein entsprechendes Beispiel finden Sie in Abschnitt 11.3, »Eigenschaften«.

Parameterabsicherung mit guard

Das Schlüsselwort `guard` wird oft im Kontext mit der Fehlerabsicherung erwähnt. Es hat aber genau genommen nichts mit Exceptions oder `try-catch` zu tun. Vielmehr ist `guard` (siehe Abschnitt 5.2, »Inverse Logik mit guard«) eine Variante zu `if let`: Sie testen damit, ob einige Ausdrücke bestimmten Regeln entsprechen, und führen entsprechende Zuweisungen durch. Kommt es zu einer Regelverletzung, können Sie darauf im `else`-Block reagieren. Andernfalls stehen die mit `guard` zugewiesenen Variablen und Konstanten auch *nach* dem `guard`-Block zur Verfügung.

Der Vorteil von `guard` besteht darin, dass der Hauptcode weniger stark verschachtelt und somit besser lesbar ist. Im Kontext dieses Kapitels ist `guard` ausgesprochen praktisch, um mit `throw` einen Fehler auszulösen, wenn die Parameter einer Funktion oder Methode nicht den Erwartungen entsprechen:

```
// Projekt try-catch, Datei main.swift
func f4(_ n: Int?) throws -> Int {
  guard let a = n , a >= 0, a <= 100  else {
    throw MyErrors.other(explanation: "ungültiger Parameter")
  }
  return a * 2
}
```

Die NSException-Klasse

Bei vielen Programmiersprachen basiert das `try-catch`-Konzept auf Exceptions. In Swift ist dies aber nicht der Fall! `try-catch` ist lediglich eine neue Verpackung zum Aufruf von Methoden, die über `NSError`-Objekte Fehlerzustände mitteilen.

Überraschenderweise sieht die Foundation-Bibliothek dennoch eine Möglichkeit vor, Exceptions auszulösen. Dazu erzeugen Sie ein `NSException`-Objekt und führen dann seine `raise`-Methode aus:

```
NSException(name: "Name ...",
            reason: "Begründung",
            userInfo: nil).raise()
```

Exceptions sind in der Logik der Frameworks und Programmiersprachen von Apple ausschließlich dazu gedacht, nicht abfangbare Fehler auszulösen. Solche Fehler deuten üblicherweise auf Programmier- oder Logikfehler hin. Zu dieser Art von Fehlern zählen die in der

Einleitung von Abschnitt 13.1, »Fehlerabsicherung mit try und catch«, genannten Fehler, also z. B. der Zugriff auf nicht vorhandene Array-Elemente. Exceptions sind nicht für den Endanwender des Programms, sondern für dessen Entwickler(innen) gedacht.

In eigenem Swift-Code ist es nur selten zweckmäßig, Exceptions einzusetzen. Eine Ausnahme ist die Entwicklung von Bibliotheken, wo Exceptions auf die fehlerhafte Verwendung von Methoden hinweisen können.

13.3 Fehler in Funktionen weitergeben (rethrows)

Die Array-Methode `map` ist ebenso wie unzählige weitere Collection-Methoden mit dem Schlüsselwort `rethrows` deklariert:

```
// Definition von map in der Swift-Standardbibliothek
public struct Array<Element> {
  public func map<T>(_ transform: (Element) throws -> T)
                     rethrows -> [T]
}
```

`rethrows` wird anstelle von `throws` nach der Parameterliste, aber vor einem eventuellen Rückgabedatentyp angegeben. Das Schlüsselwort `rethrows` bedeutet:

- Wenn an `map` eine Funktion übergeben wird, die keinen Fehler auslöst, dann muss `map` nicht abgesichert werden. `map` verspricht laut Deklaration, selbst keinen Fehler auszulösen.
- Die gute Nachricht besteht darin, dass Sie `map` sogar eine Funktion oder Closure übergeben dürfen, die selbst einen Fehler auslösen kann. Deswegen ist der Parameter `transform` mit `throws` deklariert.

  Sollte bei der Ausführung von `map` tatsächlich ein Fehler auftreten, gibt `map` diesen Fehler zurück. Der Fehler wird also neuerlich ausgelöst (daher die Bezeichnung `rethrows`).
- Die logische Konsequenz besteht aber darin, dass Sie – sobald Sie an `map` eine Funktion mit `throws` übergeben – den gesamten Aufruf von `map` selbst wieder absichern müssen.

Wie Sie anhand der folgenden Beispiele gleich sehen werden, gibt es dabei durchaus einige Sonderfälle zu beachten.

rethrows in der Praxis

Das folgende Beispiel geht davon aus, dass `f1` unverändert die Funktion aus dem Einführungsbeispiel dieses Kapitels ist:

```
// Beispieldatei rethrows.playground
enum MyErrors: Error { ... } // Code wie bisher
```

```
func f1(_ n: Int) throws -> Int {
  if n < 0   { throw MyErrors.tooSmall }
  if n > 100 { throw MyErrors.tooBig(maximum: 100) }
  return n + 1
}
```

Die zu verarbeitenden Daten befinden sich in einem Array:

```
let data = [1, 2, 3, 200]
```

Wenn Sie nun `map` auf `data` anwenden und die Closure `{ $0 + 1}` übergeben, kann nichts schiefgehen. `map` muss nicht durch `try` abgesichert werden:

```
// new1 hat den Datentyp [Int], Ergebnis [2, 3, 4, 201]
let new1 = data.map() { $0 + 1}
```

Syntaktisch nicht erlaubt ist es hingegen, einfach `f1` an `map` zu übergeben. Xcode reklamiert *call can throw but is not marked with try* und meint damit, dass `map` jetzt sehr wohl einen Fehler auslösen kann – eben weil `f1` mit `throws` deklariert ist.


```
let new2 = data.map(f1)    // nicht erlaubt
```

Sie können sich jetzt für eine `do-try-catch`-Konstruktion entscheiden oder wie im folgenden Beispiel einfach `try?` voranstellen. `new3` enthält in diesem Fall als Ergebnis `nil`, weil `f1` beim `data`-Element 200 einen Fehler auslöst.

```
// new3 hat den Datentyp [Int]?, Ergebnis nil
let new3 = try? data.map(f1)
```

Auf den ersten Blick sieht die folgende Variante gleichwertig aus: `f1` wird nicht unmittelbar als Parameter von `map` übergeben, sondern nachgestellt in eine Closure verpackt. Die Variante ist aber nicht gleichwertig. Durch die Verpackung betrachtet Swift die Closure als *neue* Funktion – und zwar als eine, die nicht mit `throws` deklariert ist. (Das ist syntaktisch gar nicht vorgesehen.)

```
let new4 = try? data.map() {  f1($0) }  // nicht erlaubt
```

Der Compiler beklagt auch bei der obigen Zeile, dass ein Funktionsaufruf einen Fehler verursachen kann, aber nicht durch `try` abgesichert werden kann. Diesmal meint er aber nicht `map`, sondern `f1`. Und tatsächlich bietet ein `try?` vor `f1($0)` eine andere Variante, `f1` an `map` zu übergeben:

```
// new5 hat den Datentyp [Int?], Ergebnis
// [Optional(2), Optional(3), Optional(4), nil]
let new5 = data.map() { try? f1($0) }
```

Die Closure kann nun keinen Fehler mehr auslösen. Vielmehr liefert `f1` entweder eine Integer-Zahl oder `nil`, der Datentyp ist also `Int?`. Deswegen erhält `new5` den Datentyp `[Int?]`, nicht `[Int]?` wie bei `new3`.

rethrows in eigenen Funktionen und Methoden

Wenn Sie selbst Funktionen oder Methoden mit `rethrows` kennzeichnen, verpflichten Sie sich damit, selbst nur Fehler im `catch`-Teil der Fehlerabsicherung Ihrer Funktion bzw. Methode auszulösen. An anderen Stellen ist `throws` nicht erlaubt.

Die folgenden Zeilen zeigen eine minimalistische Neuimplementierung von `map` für Arrays – zum besseren Verständnis zeige ich Ihnen zuerst eine Variante ohne `rethrows`. Die `transform`-Funktion verarbeitet also die Array-Elemente vom Typ `Element` (dieser Name ist durch die `Array`-Definition vorgegeben) und liefert Ergebnisse vom Typ `T`. Dabei darf kein Fehler auftreten.

```
// Beispieldatei rethrows.playground
extension Array {
  func map1<T>(_ transform: (Element) -> T) -> [T] {
    var result = [T]()
    for item in self {
      result.append(transform(item))
    }
    return result
  }
}
```

Die `map2`-Variante akzeptiert wie die echte `map`-Methode Transformationsfunktionen mit `throws` und gibt resultierende Fehler mit `rethrows` weiter. Die Deklaration sieht jetzt wie bei der richtigen `map`-Methode aus. Die Implementierung ist möglicherweise weniger effizient, aber funktionell gleichwertig. Der Aufruf der `transform`-Funktion erfolgt mit `try`. Sollte dabei ein Fehler auftreten, wird das resultierende `Error`-Objekt im `catch`-Zweig einfach durch `throw` an den Aufrufer von `map` weitergegeben. Hier findet also der *Rethrow* statt.

```
extension Array { // Variante 1: eine eigene map-Methode mit rethrows
  func map2<T>(_ transform: (Element) throws -> T) rethrows -> [T] {
    var result = [T]()
    for item in self {
      do {
        let newitem = try transform(item)
        result.append(newitem)
      } catch {
        throw error
      }
    }
    return result
  }
}
```

Swifts Syntax erlaubt eine noch kürzere Variante, die auf do und catch verzichtet. try ist weiter vorgeschrieben und hat dieselbe Wirkung wie die gesamte do-try-catch-Konstruktion von map2:

```
extension Array { // Variante 2: eine eigene map-Methode mit rethrows
  func map3<T>(_ transform: (Element) throws -> T) rethrows -> [T] {
    var result = [T]()
    for item in self {
      let newitem = try transform(item)
      result.append(newitem)
    }
    return result
  }
}
```

Der obige Code verpackt in erstaunlich wenigen Zeilen viele fortgeschrittene Swift-Sprachmerkmale: Neben der Fehlerbehandlung sind hier auch Extensions und Generics mit im Spiel (siehe auch Kapitel 12, »Objektorientierte Programmierung II«).

Ein kurzer Test stellt sicher, dass map3 sich wie map verhält:

```
let new7 = try? data.map3(f1)       // Datentyp [Int]?, Ergebnis nil
let new8 = data.map3() { try? f1($0) }
// Datentyp [Int?]
// Ergebnis [Optional(2), Optional(3), Optional(4), nil]
```

Weitere Informationen zu rethrows finden Sie im Swift-Handbuch:

https://docs.swift.org/swift-book/ReferenceManual/Types.html
https://docs.swift.org/swift-book/ReferenceManual/Declarations.html

13.4 Das Error-Protokoll

Für das try-catch-Modell von Swift spielt das Error-Protokoll eine große Rolle:

- An throw können nur Daten übergeben werden, deren Typen diesem Protokoll entsprechen.
- Analog kann catch nur Fehlerzustände auf der Basis dieses Protokolls vergleichen.

Definition einer Error-Enumeration

In Berührung kommen Sie mit dem Error-Protokoll primär dann, wenn Sie selbst Fehlerzustände definieren. Der übliche und im Swift-Handbuch empfohlene Weg besteht darin, eine Enumeration zu erstellen, die Error implementiert:

```
// Projekt try-catch, Datei main.swift
enum MyErrors : Error {
  case tooSmall
  case tooBig(maximum: Int)
  case missing
  case other(explanation: String)
}
```

Erstaunlicherweise definiert das `Error`-Protokoll keinerlei Regeln. Ein [⌘]-Klick auf das Schlüsselwort offenbart die folgende Definition:

```
public protocol Error { }
```

Das bedeutet: Sie können für jede Enumeration, für jede Struktur und für jede Klasse ohne irgendeinen Zusatzaufwand das `Error`-Protokoll implementieren.

Definition einer Error-Struktur

Wenn Sie zusammen mit einem Fehler Zusatzinformationen verpacken möchten, dann definieren Sie dazu am besten eine Struktur, wobei Sie anstelle von `contextinfo1` und `-2` natürlich für Ihren Fehler passende Namen wählen:

```
struct DetailedError : Error {
  enum ErrorKind {
    case tooSmall
    case tooBig(maximum: Int)
    case missing
    case other(explanation: String)
  }
  let kind: ErrorKind
  let contextinfo1: String
  let contextinfo2: Int
}
```

Der entsprechende `throw`-Aufruf kann so aussehen:

```
throw DetailedError(kind: .tooSmall,
                    contextinfo1: "bla",
                    contextinfo2: 42)
```

Das `Error`-Protokoll enthält eine Defaultimplementierung für die Eigenschaft `localizedDescription`. Es ist mir allerdings nicht gelungen, diese Implementierung durch eigenen Code zu ersetzen.

13.5 Fehlerabsicherung von API-Methoden (NSError)

Unzählige Methoden aus dem Foundation-Framework sowie aus anderen Bibliotheken wurden ursprünglich für die Verwendung durch Objective-C konzipiert. Bei der Verwendung dieser Programmiersprache liefern diese Methoden `true` oder `false` zurück, je nachdem, ob sie erfolgreich waren oder nicht. Die Details über einen eventuell aufgetretenen Fehler können einem `NSError`-Objekt entnommen werden.

Bereits in Swift 2 hat Apple die Deklarationen aller derartigen Methoden so abgewandelt, dass diese kompatibel mit dem `try-catch`-Konzept sind. Das folgende Beispiel zeigt, wie Sie eine Zeichenkette in einer Textdatei speichern:

```
var s = "Hello World!"
do {
  try s.write(toFile: "/bla/test.txt",
              atomically: true,
              encoding: .utf8)
} catch let nserr as NSError {
  print("Fehler beim Speichern")
  if let reason = nserr.localizedFailureReason {
    print("Grund: \(reason)")
  }
}
```

Error versus NSError

Es ist nicht zwingend notwendig, auf das `NSError`-Objekt zurückzugreifen. Sie können auch das `Error`-Objekt auswerten, das Swift standardmäßig zur Verfügung stellt. Das `NSError`-Objekt gibt aber Zugriff auf mehr Daten und Kontextinformationen.

Der obige Code wird eine Fehlermeldung liefern, weil der Pfad `/bla` nicht existiert. Aber auch dann, wenn Sie einen korrekten Pfad angeben, z. B. `/Users/loginname`, scheitert die Ausführung der Zeilen im Playground mit der Fehlermeldung *You don't have permissions ...* Schuld sind in diesem Fall die Sicherheitsmechanismen des Playgrounds. Das Speichern gelingt aber, sobald Sie das Programm in Xcode als ein COMMAND LINE TOOL kompilieren. Eine eventuell vorhandene Datei wird dabei überschrieben.

Wenn Sie weder am Fehler an sich noch an seinen Details interessiert sind, können Sie den obigen Code wie folgt verkürzen. Der Code ist damit formal korrekt, auch wenn das stille Ignorieren von Fehlern in der Praxis natürlich selten sinnvoll ist.

```
// Fehler stillschweigend ignorieren (Kurzschreibweise)
do {
  try s.write(toFile: "/bla/test.txt",
              atomically: true,
              encoding: .utf8)
} catch _ { }
```

Und es geht noch kürzer, ganz ohne do und catch:

```
// Fehler stillschweigend ignorieren (Kurzschreibweise)
try? s.write(toFile: "/bla/test.txt",
             atomically: true,
             encoding: .utf8)
```

try? liefert gegebenenfalls nil, aber im obigen Code wird der Rückgabewert gar nicht erst ausgewertet. In Testprogrammen ist es in solchen Fällen zumeist sinnvoller, try! einzusetzen. Das vermeidet, dass Sie Probleme übersehen. Ein Fehler führt jetzt sofort zum Programmende. Damit ist für Sie als Entwickler(in) unmissverständlich klar, dass hier etwas schiefgegangen ist.

```
// formal korrekter Code, führt bei Fehlern zum Programmabbruch
try! s.write(toFile: "/bla/test.txt",
             atomically: true,
             encoding: .utf8)
```

Die NSError-Klasse

Die NSError-Klasse stellt diverse Eigenschaften zur Verfügung, mit denen Sie weitere Informationen über den Fehler ermitteln können (siehe Tabelle 13.1).

Merkmal	Bedeutung
code	Fehlernummer, domainabhängig
domain	Name der Bibliothek bzw. des Systems
userInfo	Array mit Detailinformationen
localizedDescription	ausführliche Fehlermeldung
localizedFailureReason	kurze Fehlermeldung
localizedRecoveryOptions	Hilfevorschlag (nur macOS, oft nil)
localizedRecoverySuggestion	Hilfevorschlag (nur macOS)
helpAnchor	Text für Hilfe-Button (nur macOS, oft nil)

Tabelle 13.1 Eigenschaften der NSError-Klasse

Zur Anzeige der Fehlermeldung ist `localizedDescription` am hilfreichsten. `domain` enthält eine Zeichenkette mit dem Namen der Bibliothek bzw. des Systems, in der bzw. in dem der Fehler aufgetreten ist – z. B. `NSCocoaErrorDomain`. Die Eigenschaft `code` ergänzt diese Daten um eine domainspezifische Fehlernummer.

13.6 Result-Datentyp

Man möchte es nicht für möglich halten, aber die Neuerung von Swift 5, über die im Swift-Forum am heftigsten diskutiert wurde, ist eine gerade drei Zeilen lange Deklaration eines neuen Datentyps. (Genau genommen kommen dazu noch ein paar weitere Zeilen für diverse Methoden hinzu.)

```
public enum Result<Success, Failure: Error> {
    case success(Success)
    case failure(Failure)
}
```


Der `Result`-Datentyp ist also eine Enumeration mit Zusatzdaten (siehe den Abschnitt »Zuordnung von Zusatzdaten (Associated Values)« in Abschnitt 11.2, »Enumerationen«). `Result` ermöglicht es einer Funktion oder Methode, wahlweise ein Ergebnis oder ein Fehlerobjekt zurückzugeben. `Result` ist gar kein Sprachmerkmal von Swift, sondern *nur* eine Erweiterung der Swift-Standardbibliothek. Dennoch hat `Result` das Potenzial, den Umgang mit Fehlern in Swift auf den Kopf zu stellen. Seine Anwendung ist mit vielen Vorteilen verbunden:

- Die oft umständlichen `do-try-catch`-Konstruktionen entfallen.
- Die Auswertung, ob beim Aufruf einer Methode ein Fehler aufgetreten ist, kann zu einem beliebigen Zeitpunkt später erfolgen.
- Der Einsatz von `Result` bietet sich insbesondere für asynchronen Code an, der bisher mit Swift-Mitteln nur schwer abgesichert werden konnte.

Pro und Kontra

Ich habe es bereits erwähnt, über den `Result`-Datentyp wurde im Swift-Forum wochenlang diskutiert. Das hatte vor allem zwei Gründe: Zum einen gab es bereits diverse Bibliotheken, die intern einen `Result`-Datentyp mit ähnlichen Ideen implementierten. Für diese Bibliotheken ist der `Result`-Typ in der Swift-Standardbibliothek natürlich ein Kompatibilitätsproblem. Zum anderen ist für Swift 6 geplant, Swift grundlegend um asynchrone Sprach-Features zu erweitern. Vielen Experten erschien `Result` eine halbherzige Lösung, die womöglich in ein, zwei Jahren schon wieder obsolet werden könnte.

Beweggründe für die Einführung des `Result`-Typs, Implementierungsdetails sowie Links auf die Diskussionen im Swift-Forum finden Sie hier:

https://github.com/apple/swift-evolution/blob/master/proposals/0235-add-result.md

Einführungsbeispiel

Nehmen Sie an, Sie wollten eine Funktion oder Methode programmieren, die den Inhalt einer Textdatei zurückgibt. Eine naheliegende Implementierung in der »alten« Denkweise könnte so aussehen:

```
func readTextFile(url: URL) throws -> String {
  ...
}
```

Die Funktion `readTextFile` liefert also im Normalfall eine Zeichenkette mit dem Inhalt der Datei zurück. Sollte hingegen ein Problem auftreten (die Datei kann nicht gelesen werden etc.), löst die Methode einen Fehler aus.

Dieselbe Methode könnte mit dem neuen `Result`-Datentyp auch wie folgt definiert werden (eine Beschreibung des Datentyps `URL` und der Init-Funktion `String(contentsOf)` folgen in Kapitel 21, »Dateien und User-Defaults«):

```
// Projekt macos-result, Datei main.swift
func readTxtFile(url: URL) -> Result<String, Error> {
  do {
    return .success(try String(contentsOf: url))
  } catch  {
    return .failure(error)
  }
}
```

Die Funktion gibt also wahlweise ein `String`-Ergebnis oder ein `Error`-Objekt zurück. Die Anwendung dieser Methode sieht so aus:

```
let myurl = URL(fileURLWithPath: "/Users/kofler/readme.txt")
let result = readTxtFile(url: myurl)
switch result {
case let .success(txt):
  print("Inhalt der Textdatei:\n\(txt)")
case let .failure(myerr):
  print("Fehler: \(myerr)")
}
```

Die `switch`-Konstruktion testet, welches Enumerationselement `result` enthält. `case let` weist entweder das Ergebnis der Variablen `txt` oder den Fehler der Variablen `myerr` zu.

Mit `Result` ersparen Sie sich zwar mitunter umständlichen `do/try/catch`-Code, die Ersatzkonstruktion mit `switch/case` ist aber auch nicht wesentlich besser. Wenn Sie am `Error`-Objekt gar nicht interessiert sind, können Sie die folgende `if-case-let`-Schlüsselwortkaskade zur Auswertung des `Result`-Objekts verwenden:

```
if case let .success(txt) = result {
   print("Inhalt der Textdatei:\n\(txt)")
}
```

Im Klartext bedeutet das: Wenn result ein success-Enumerationselement ist, dann speichere dessen zugeordneten Wert in der Variablen txt. Eleganter Code sieht anders aus, aber Swift bietet aktuell keine bessere Möglichkeit, Enumerationswerte mit zugeordneten Daten zu verarbeiten.

Eine dritte Variante, um das Ergebnis eines Result-Objekts auszulesen, ist die get-Methode. Sie liefert das Ergebnis oder löst den in Result gespeicherten Fehler aus – und muss daher mit try abgesichert werden.

```
if let txt = try? result.get() {
  print("Inhalt der Textdatei:\n\(txt)")
}
```

Der obige Code ist insofern merkwürdig, als ein Ziel von Result ja gerade die Vermeidung von try-Konstruktionen ist. Es wird selten sinnvoll sein, zuerst ein Result-Objekt zu erzeugen und dann aufgrund von get doch wieder try einzusetzen. Da wäre es viel einfacher, die Textdatei ohne den Umweg über Result direkt einzulesen:

```
if let txt = try? String(contentsOf: myurl) {
  print("Inhalt der Textdatei:\n\(txt)")
}
```

Am ehesten ist get in asynchronen Algorithmen sinnvoll, um die Fehlerbehandlung auf einen späteren Zeitpunkt zu verschieben.

Init-Funktion des Result-Typs

Die bei der Swift-Programmierung verwendeten Bibliotheken enthalten unzählige (Init-) Funktionen und Methoden, die genau wie String(contentsOf) entweder ein Ergebnis zurückgeben oder einen Fehler auslösen. Damit derartige Funktionen nicht alle quasi »neu verpackt« werden müssen, sieht der Result-Datentyp eine Init-Funktion vor, an den Sie eine Funktion bzw. eine Closure übergeben können, die möglicherweise einen Fehler auslöst. Die Init-Funktion liefert wahlweise Result.success mit dem Ergebnis der Funktion oder Result.failure mit dem Fehler zurück.

Die im Einführungsbeispiel präsentierte Funktion readTxtFile war also überflüssig! (Es waren didaktische Gründe, weswegen ich mit dieser Funktion begonnen habe.) Sie können die Textdatei stattdessen wie folgt einlesen:

```
let result2 = Result() { try String(contentsOf: myurl) }
// result2 hat den Datentyp Result<String, Error>
switch result2 {
...  // Auswertung wie im Einführungsbeispiel
}
```

Das Result-Objekt wird dieses Mal mit seiner Init-Funktion erzeugt. An die Funktion wird eine Closure mit der Funktion übergeben, die vielleicht einen Fehler auslösen kann (hier also String(contentsOf)). Der Swift-Compiler wertet den Datentyp der Funktion aus und berücksichtigt ihn für Result.

Result mit eigenen Fehlern kombinieren

Die Funktion readTxtFile war überflüssig, weil die Init-Funktion von Result die gleiche Aufgabe übernehmen kann. Aber vielleicht wollen Sie eine Funktion oder Methode programmieren, die auf Fehlerarten, die beim Lesen einer Textdatei auftreten können, differenzierter reagiert? Die folgende Funktion readUtf8File gibt dafür ein Beispiel. Sie wertet die NSError-Informationen aus und liefert je nach Fehlercode einen eigenen Fehler vom Typ fileNotFound, wrongEncoding oder other zurück.

```
// Projekt macos-result, Datei main.swift
enum MyIOError : Error {        // Enumeration mit eigenen Fehlern
  case fileNotFound(NSError)
  case wrongEncoding(NSError)
  case other(NSError)
}

// Funktion, um UTF8-Dateien zu lesen
func readUtf8File(url: URL) -> Result<String, MyIOError> {
  do {
    let txt = try String(contentsOf: url, encoding: .utf8)
    return .success(txt)
  } catch let nserr as NSError {
    if nserr.code == 260 {
      return .failure(.fileNotFound(nserr))
    } else if nserr.code == 261 {
      return .failure(.wrongEncoding(nserr))
    } else {
      return .failure(.other(nserr))
    }
  }
}

// Test der Funktion
let result3 = readUtf8File(url: myurl)
switch result3 {
case let .success(txt):
  print(txt)
case let .failure(myerr):
  print(myerr)
}
```

Result-Weiterverarbeitung mit map

Der Datentyp `Result` sieht gleich vier `map`-Methoden vor, die auf ein `Result` eine Closure anwenden: `map`, `flatMap`, `mapError` und `flatMapError`. Gedacht sind die Methoden zur Transformation von einem `Result` in ein neues `Result`. Die `map`-Methoden ersparen dann umständliche Fallunterscheidungen sowie das Aus- und neuerliche Einpacken der Ergebnisse. Anders als bei Arrays und anderen Aufzählungen verarbeiten die `map`-Methoden aber immer nur *ein* Ergebnis (keine Auflistung von Ergebnissen).

Am besten ist die Zweckmäßigkeit der Methoden anhand eines Beispiels zu verstehen. Als Ausgangspunkt dienen eine Enumeration mit den beiden Fehlern `tooSmall` und `tooBig` sowie drei Funktionen: `f1` verdoppelt eine ganze Zahl, sofern der Ausgangswert zwischen 10 und 50 liegt. `f2` ermittelt das Ergebnis der Division `500/n`. `f3` überprüft zuerst, ob `n` zwischen 10 und 30 liegt, berechnet dann die Quadratwurzel von `n` und bildet schließlich eine Zeichenkette mit entsprechend vielen Sternchen (`f3(16.0)` liefert also `"****"`.)

```
// Projekt macos-result, Datei main.swift
enum MyError : Error {
  case tooSmall, tooBig
}
func f1(_ n: Int)  -> Result<Int, MyError> {
  if n < 10 { return .failure(.tooSmall) }
  if n > 50 { return .failure(.tooBig)   }
  return .success(n * 2)
}
func f2(_ n: Int) -> Double {
  return 500.0 / Double(n)
}
func f3(_ n: Double)  -> Result<String, MyError> {
  if n < 10.0 { return .failure(.tooSmall) }
  if n > 30.0 { return .failure(.tooBig) }
  let s = String(repeating: "*", count: Int(sqrt(n)))
  return .success(s)
}
```

Die Anwendung dieser Funktionen beginnt mit einer Zufallszahl zwischen 0 und 100. `f1` macht daraus ein Objekt des Typs `Result<Int, Error>`:

```
// Funktion f1 liefert Result<Int, MyError>
let x = Int.random(in: 0...100)
let resultA = f1(x)
```

Nun soll auf dieses Ergebnis die Funktion `f2` angewendet werden. Die vielleicht naheliegende Formulierung `f2(resultA)` funktioniert nicht: `f2` erwartet als Parameter ja eine ganze Zahl, kein `Result`-Objekt. Dafür macht `map` genau das, was hier beabsichtigt ist: Wenn `resultA` ein Ergebnis enthält (also `.success(n)`), dann wird `f2` auf dieses Ergebnis angewendet; Andernfalls bleibt das Ergebnis `.failure(.tooSmall)` oder `.failure(.tooBig)`. In jedem Fall ändert sich aber der Datentyp von `Result<Int, MyError>` in `Result<Double, MyError>`.

```
// wendet f2 auf resultA an, liefert Result<Double, MyError>
let resultB = resultA.map { f2($0) }
```

Ein wenig komplizierter ist der nächste Schritt: Nun soll `f3` auf `resultB` angewendet werden. Da `f3` selbst ein `Result`-Objekt liefert, kommt es dabei zu einer vermutlich nicht gewünschten Verschachtelung:

```
// wendet f3 auf resultB an, liefert
// Result<Result<String, MyError>, MyError>
let resultC1 = resultB.map { f3($0) }
```

Genau diesen Fall vermeidet `flatMap`. Es packt das ursprüngliche `Result`-Objekt aus und verpackt es in ein neues `Result`-Objekt, jetzt ohne Verschachtelung:

```
// wendet f3 auf resultB an, liefert Result<String, MyError>
let resultC2 = resultB.flatMap { f3($0) }
```

Die Methoden `mapError` und `flatMapError` funktionieren wie `map` und `flatMap`, bearbeiten aber den `.failure`-Zweig des Ergebnisses. Die Methoden sind eher der Vollständigkeit halber da. Eine praktische Anwendungen ist selten gegeben.

Kapitel 14
Importe, Attribute und Systemfunktionen

Dieses Kapitel fasst einige Funktionen von Swift zusammen, die nicht wirklich in die anderen Kapitel passen. Zu den behandelten Themen zählen:

- Module, Bibliotheken und Importe
- Attribute
- Systemfunktionen

14.1 Module, Frameworks und Importe

Aus der Sicht von Xcode ist ein Modul einfach ein Build Target eines Projekts. An dieser Stelle geht es allerdings nicht um jede Art von Modulen, sondern um Frameworks, die in Swift genutzt werden können. Ein Framework ist eine Sammlung von Datentypen, Funktionen etc., auf die eigene Programme wie auf eine Bibliothek zugreifen können. Die bekanntesten Frameworks der Apple-Welt sind Foundation, Cocoa und UIKit. Daneben gibt es aber viele weitere, wie Core Data, Core Graphics und SpriteKit.

Damit Sie in Swift ein Framework nutzen dürfen, müssen Sie das betreffende Modul mit `import` importieren:

```
import Foundation
```

Frameworks in Xcode aktivieren

Soweit die erforderlichen Einstellungen nicht bereits aufgrund des Projekt-Templates gelten, reicht ein `import` allein nicht aus: Alle nicht elementaren Frameworks müssen außerdem in den Einstellungen Ihres Xcode-Projekts aktiviert werden, damit die entsprechenden Bibliotheken mit Ihrem Programm verbunden werden.

Dazu bestehen zwei Möglichkeiten: Entweder aktivieren Sie in den Projekteinstellungen für das App-Target im Dialogblatt CAPABILITIES die entsprechende Funktion (z. B. MAPS, wenn Sie das `MapKit`-Framework verwenden wollen), oder Sie fügen das erforderliche Framework im Dialogblatt BUILD PHASES beim Eintrag LINK BINARY WITH LIBRARIES manuell hinzu.

Eine Liste der Module, die Apple zur Verfügung stellt, ermitteln Sie am einfachsten, indem Sie in einem Terminal mit `find` nach Dateien mit der Endung `.swiftmodule` suchen. Dabei handelt es sich um binäre Dateien, die die Definition aller Typen, Funktionen, Methoden in einer für den Swift-Compiler lesbaren Form enthalten.

```
cd /Applications/Xcode.app/
find . -name '*.swiftmodule'
```

Außer der `swiftmodule`-Datei ist auch die kompilierte Bibliothek erforderlich, die sich in einer Datei mit der Endung `.a` oder `.dylib` befindet. Bei Frameworks liegt die zumeist dynamische Bibliothek als Datei mit dem Namen des Frameworks ohne Endung im Framework-Ordner. Die meisten Frameworks stellen außerdem `.swiftdoc`-Dateien mit Dokumentation zur Verfügung.

Selbst Frameworks erzeugen

Xcode bietet die Möglichkeit, selbst Frameworks zu erzeugen. Darauf gehe ich in diesem Buch nicht ein. Wenn Sie mit Swift Frameworks entwickeln möchten, finden Sie auf den folgenden Seiten gute Einführungsbeispiele:

https://www.raywenderlich.com/5109-creating-a-framework-for-ios
https://thoughtbot.com/blog/creating-your-first-ios-framework
https://www.yudiz.com/develop-your-own-swift-framework

Bibliotheken nutzen

Selbst Frameworks zu erstellen ist sicherlich toll, viel häufiger kommt es aber vor, dass Sie Frameworks anderer Entwickler verwenden wollen. Entsprechende Klassen, Bibliotheken und Frameworks finden Sie zuhauf auf GitHub, teilweise aber auch auf anderen Websites. Achten Sie auf die Lizenz! Wenn Sie Apps entwickeln möchten, deren Code nicht als Open Source frei zur Verfügung stehen soll, brauchen Sie eine Lizenz, die die Nutzung auch in Nicht-Open-Source-Projekten erlaubt (z. B. MIT-, BSD- oder LGPL-Lizenz).

Eine ausgezeichnete Link-Sammlung unzähliger Swift-Erweiterungen finden Sie hier:

https://github.com/Wolg/awesome-swift

Ein interessantes All-in-one-Paket ist *Swifter Swift* mit über 500 kleinen Erweiterungen:

https://github.com/SwifterSwift/SwifterSwift

> **Wie zukunftssicher sind nicht offizielle Swift-Erweiterungen?**
>
> Als größtes Problem beim Einsatz der vielen frei verfügbaren Erweiterungen hat sich deren Wartung herausgestellt. Was nutzt eine praktische Erweiterung, deren Projekt in einem Jahr verwaist ist und nicht auf künftige Swift-Versionen portiert wird?

Problematisch sind Erweiterungen auch dann, wenn Sie an zeitkritischen Projekten mit Xcode-Beta-Versionen arbeiten. Oft warten die Entwickler von Erweiterungen verständlicherweise auf die finale Version von Xcode, bevor sie ihre Erweiterungen auf die gerade aktuelle Version von Swift bzw. Xcode aktualisieren. In dieser Zeit ist es für Sie aber aufgrund der Abhängigkeit zu nicht mehr funktionierenden Erweiterungen unmöglich, Ihr eigenes Projekt schon in einer Xcode-Beta-Version zu testen und damit zu beginnen, den eigenen Code auf die neueste Swift-Version zu portieren.

Funktioniert nicht in macOS-Command-Line-Apps

Frameworks können nicht in macOS-Command-Line-Apps genutzt werden! Auf Stack Overflow finden Sie Vorschläge, wie Sie diese Einschränkung in bestimmten Fällen umgehen können:

https://stackoverflow.com/questions/630911

Die einfachste Art der Verwendung externer Bibliotheken besteht darin, den Quellcode herunterzuladen und in Ihr eigenes Projekt einzufügen. Für einige Beispiele in diesem Buch, die die Bibliothek `SWXMLHash` verwenden (siehe Kapitel 22, »Netzwerk, XML und JSON«), bin ich so vorgegangen. Diese Vorgehensweise hat aber Nachteile:

- Ihr Xcode-Projekt wird unnötig groß.
- Bei jedem Update der Bibliothek müssen Sie den Import in Xcode wiederholen.
- In je mehr Projekten Sie externe Bibliotheken verwenden, desto redundanter und unübersichtlicher wird der Prozess.

Zur Lösung dieser Probleme bieten sich Programme wie CocoaPods oder Carthage an:

https://cocoapods.org
https://github.com/Carthage/Carthage

Diese Programme vereinfachen zwar den Umgang mit externen Projekten, setzen aber diverse Installationen voraus und verändern zum Teil die sonst üblichen Xcode-Arbeitstechniken. Insofern sind CocoaPods und Carthage nur für fortgeschrittene Entwickler geeignet, die keine Scheu vor dem Terminal haben. Ich beschränke mich hier auf die Beschreibung von CocoaPods.

CocoaPods

CocoaPods greift auf die unter macOS standardmäßig installierte Programmiersprache Ruby zurück. Ruby stellt das Kommando `gem` zur Verfügung, das bei der Verwaltung von Ruby-Paketen hilft. Auch CocoaPods ist ein derartiges Ruby-Paket. Sie installieren es in einem Terminal-Fenster mit dem folgenden Kommando:

```
sudo gem install cocoapods
```

Wenn Sie cocoapods später aktualisieren möchten, ersetzen Sie im obigen Kommando install durch update.

Anschließend wechseln Sie im Terminal in das Verzeichnis eines bereits vorhandenen Xcode-Projekts, in dem Sie externe Bibliotheken verwenden möchten, und führen das Kommando pod init aus:

```
cd ihr-xcode-projektverzeichnis
pod init
```

Damit erzeugen Sie die Datei Podfile. Diese Datei fasst zusammen, auf welche Bibliotheken Ihr Projekt zurückgreifen möchte. Diese Musterdatei müssen Sie nun nur noch erweitern, und zwar pro Bibliothek um eine Zeile, die mit pod beginnt und den Namen und die Versionsnummer der Bibliothek enthält. Außerdem müssen Sie angeben, für welche Platform und Version Ihr Projekt gedacht ist. Die Datei kann z. B. so aussehen, wobei Sie targetname durch den Namen des Targets Ihres Projekts ersetzen müssen:

```
# Datei <ihr-xcode-projektverzeichnis>/Podfile
platform :ios, '11.0'
target 'targetname' do
  use_frameworks!
  pod 'SWXMLHash', '~> 4.7.0'
end
```

targetname will also die Bibliothek SWXMLHash zumindest in der Version 4.1 verwenden. Schließen Sie nun Ihr Xcode-Projekt, und installieren Sie die erforderlichen Bibliotheken mit dem folgenden Kommando im Terminal:

```
cd ihr-xcode-projektverzeichnis
pod install

  Analyzing dependencies
  Downloading dependencies
  Installing SWXMLHash (4.7.6)
  Generating Pods project
  Integrating client project

  Please close any current Xcode sessions and use
  `<projektname>.xcworkspace` for this project from now on.
  ...
```

Wenn Sie Ihr Projekt nun in Xcode wieder öffnen, müssen Sie dies im Finder per Doppelklick auf die Datei projektname.xcworkspace tun (nicht projektname.xcodeproj). Alternativ führen Sie im Terminal einfach open aus:

```
open projektname.xcworkspace
```

Die `xcworkspace`-Datei umfasst sowohl Ihr ursprüngliches Projekt als auch alle durch CocoaPods hinzugefügten Bibliotheken. Im Code Ihres eigenen Targets müssen Sie nun nur noch `import Bibliothek` hinzufügen und können die durch CocoaPods installierte Bibliothek nutzen. Fertig!

Sollte es später Updates der von Ihrem Projekt genutzten Bibliotheken geben, schließen Sie den Xcode-Workspace und führen im Terminal im Projektverzeichnis `pod update` durch.

Beispiele

In den Beispieldateien zu diesem Kapitel finden Sie das Projekt `cocoapods-test`. Es wertet mit der `SWXMLHash`-Bibliothek die Sitemap meiner Website *https://kofler.info* aus und zeigt eine Liste von Links im Debug-Bereich von Xcode an. Der Code ist in Abschnitt 22.2, »XML-Dokumente auswerten«, beschrieben.

Ein weiteres Beispiel finden Sie in Abschnitt 27.7, »YouTube-Videos abspielen«. Dort zeige ich Ihnen den Einsatz der `youtube-ios-player-helper`-Bibliothek.

Kapitel 29, »Core Data und SQLite«, sowie Kapitel 36, »To-do-Listen«, enthalten jeweils ein Beispielprogramm, das auf die SQlite.swift-Bibliothek zurückgreift.

Package Manager

Apple hat einen eigenen *Package Manager* entwickelt. Das ist eine Sammlung von Low-Level-Werkzeugen, die ebenfalls dabei hilft, ein Projekt zusammen mit abhängigen Bibliotheken zu kompilieren. Der Package Manager ist allerdings speziell für das Kompilieren von Swift-Projekten in der Kommandozeile optimiert und ist besonders interessant, wenn Sie unter Linux arbeiten bzw. nicht Xcode als Entwicklungsumgebung verwenden möchten. Eine kurze Einführung in den Umgang mit dem Package Manager finden Sie in Kapitel 34, »Server-side Swift«.

14.2 Attribute

Attribute stellen dem Compiler Zusatzinformationen zur Verfügung. Attribute werden der betreffenden Deklaration vorangestellt, z. B. einer Klasse, einer Methode oder einem Parameter. Attribute beginnen mit dem Zeichen `@` und können Parameter aufweisen. Die Übergabe von Werten an die Parameter erfolgt in Swift wie bei Funktionen und Methoden in der Schreibweise `parameter: wert`.

Swift bietet keine Möglichkeit, selbst Attribute zu definieren. Die folgende Liste fasst die gängigsten Swift-Attribute zusammen:

- `@autoclosure` kennzeichnet, dass ein Parameter automatisch als Closure betrachtet werden soll (siehe Abschnitt 6.5). `@autoclosure` wird Swift-intern von `assert` sowie von einigen booleschen Operatoren verwendet.
- `@available` dokumentiert, ab welcher Version ein Element verfügbar ist, ob es als veraltet gilt etc. An das Attribut können einige Parameter übergeben werden, wobei der erste immer angibt, für welche Plattform das Element zur Verfügung steht. Zur Auswahl stehen `iOS`, `iOSApplicationExtension`, `macOS`, `macOSApplicationExtension` etc. sowie * für plattformübergreifende Elemente.

  Anschließend kann eine beliebige Kombination von Parametern in der Form `introduced=n`, `deprecated=n`, `obsoleted=n`, `message=s` und `renamed=s` folgen. Dabei ist `n` eine Versionsnummer und `s` eine Zeichenkette. Ein typisches `@available`-Attribut sieht so aus:

  ```
  @available(iOS, introduced: 7.0, deprecated: 10.0,
           message: "Use textView:shouldInteractWithURL:
                    inRange:forInteractionType: instead")
  optional public func textView(...)
  ```

- `@discardableResult` kennzeichnet Methoden und Funktionen, bei denen es zulässig ist, das Ergebnis zu ignorieren. Bei allen anderen Methoden und Funktionen, die ein Ergebnis zurückgeben, die aber so aufgerufen werden, dass das Ergebnis weder gespeichert noch weiterverarbeitet wird, liefert der Compiler eine Warnung (siehe Abschnitt 6.1, »Funktionen definieren und ausführen«).
- `@escaping` ist für Parameter einer Methode gedacht, an die eine Closure übergeben wird. Standardmäßig gelten Closures als *non-escaping*. Das bedeutet, dass die Closure weder in einer Variablen gespeichert noch an eine andere Methode weitergegeben werden kann. Wenn Sie das doch tun möchten, müssen Sie den Parameter mit dem Attribut `@escaping` kennzeichnen. Weitere Informationen können Sie in Abschnitt 6.5, »Closures«, nachlesen.
- `@IBAction` und `@IBOutlet` werden von Xcode verwendet, um Methoden und Eigenschaften zu kennzeichnen, die mit Steuerelementen verbunden sind. Die Abkürzung IB steht für *Interface Builder*, also für den Teil von Xcode, der für die Gestaltung von Benutzeroberflächen verantwortlich ist. Die beiden Attribute sind im Code vieler Apps allgegenwärtig. Das erste entsprechende Beispiel finden Sie in Kapitel 15, »Hello iOS-World!«.
- `@IBInspectable` und `@IBDesignable` sind für eigene Steuerelemente gedacht. Sie machen deren Eigenschaften für den Attributinspektor zugänglich und ermöglichen eine Live-Vorschau des Steuerelements in Xcode. Ein Anwendungsbeispiel finden Sie in Abschnitt 25.2, »Kompass-Steuerelement«. Für SpriteKit-Apps gibt es analog dazu das Attribut `GKInspectable`.

- `@inlineable` und `@usableFromInline` helfen den Compiler bei der Optimierung von Code in Bibliotheken. In gewöhnlichen Projekten sind die in Swift 4.2 eingeführten Attribute nicht erforderlich. Hintergrundinformationen finden Sie hier:

  https://github.com/apple/swift-evolution/blob/master/proposals/0193-cross-module-inlining-and-specialization.md

- `@NSManaged` ist für Methoden und Eigenschaften von Klassen vorgesehen, die von `NSManagedObject` abgeleitet sind. Das ist erforderlich, wenn das betreffende Element durch Core Data verwaltet werden soll.

- `@objc` dient zur Kennzeichnung von Elementen, die auch aus Objective-C-Code heraus genutzt bzw. aufgerufen werden können. Bei Klassen, die von `NSObject` abgeleitet sind, kann das Attribut entfallen. Mit `@objc` gekennzeichnete Klassen, die nicht von `NSObject` abgeleitet sind, müssen eine andere in Objective-C definierte Basisklasse aufweisen.

  `@objc` gilt automatisch für alle Elemente, die eine vorhandene `@objc`-Deklaration ersetzen (`override`) oder die mit den Attributen `@IBOutlets`, `@IBActions`, `@IBInspectable`, `@IBDesignable` oder `@NSManaged` markiert sind.

- `@testable` macht Elemente, die `internal`, `fileprivate` oder `private` sind, für Test-Targets zugänglich. Mit dem Attribut vermeiden Sie, dass Sie alle in Unit-Tests aufgerufenen Typen, Funktionen und Methoden öffentlich deklarieren müssen.

- `@UIApplicationMain` kennzeichnet die Klasse, die die Delegate-Aufrufe des Programms verarbeitet. Das Attribut entspricht dem Aufruf der `UIApplicationMain`-Funktion samt der Übergabe des Klassennamens. In iOS-Apps wird standardmäßig die `AppDelegate`-Klasse mit diesem Attribut ausgestattet.

Einige weitere Attribute sind in »The Swift Programming Language« dokumentiert:

https://docs.swift.org/swift-book/ReferenceManual/Attributes.html

14.3 Systemfunktionen aufrufen

In diesem Abschnitt geht es darum, Systemfunktionen auszuführen, die in Swift nicht unmittelbar zur Verfügung stehen. Als Beispiel dient die Funktion `getifaddrs`, mit der Sie die IP-Adresse(n) eines macOS-Rechners oder eines iOS- oder tvOS-Geräts herausfinden können. Außerdem zeige ich Ihnen hier, wie Sie unter macOS Terminal-Kommandos wie `find` oder `grep` ausführen und in Swift auswerten können.

Bridging-Header-Datei verwenden

Mit der Funktion `getifaddrs` aus der Foundation-Bibliothek können Sie die IP-Adressen des Computers bzw. Geräts ermitteln. Diese in der Programmiersprache C entwickelte Funktion steht aber nur unter Objective-C zur Verfügung, eine Swift-Schnittstelle fehlt.

Damit Sie derartige Funktionen in Swift dennoch aufrufen können, fügen Sie Ihrem Projekt mit FILE • NEW • FILE eine leere OBJECTIVE-C FILE hinzu. Sie können der Datei einen beliebigen Namen geben – z. B. `myheader.h`.

Die Datei enthält standardmäßig nur die Import-Anweisung für die Foundation-Bibliothek. Diese eine Zeile ist für unsere Zwecke bereits ausreichend – damit werden die Header-Definitionen der Foundation-Bibliothek für die Nutzung in Objective-C-Code importiert.

```
// Datei myheader.h
#import <Foundation/Foundation.h>
```

Noch bevor Sie sich die Header-Datei ansehen können, fragt Xcode, ob es eine Bridging-Header-Datei einrichten soll (siehe Abbildung 14.1). Diese Datei stellt die Verbindung zwischen Swift- und Objective-C-Code her und macht es möglich, Objective-C-Funktionen der Foundation auch in Swift zu nutzen.

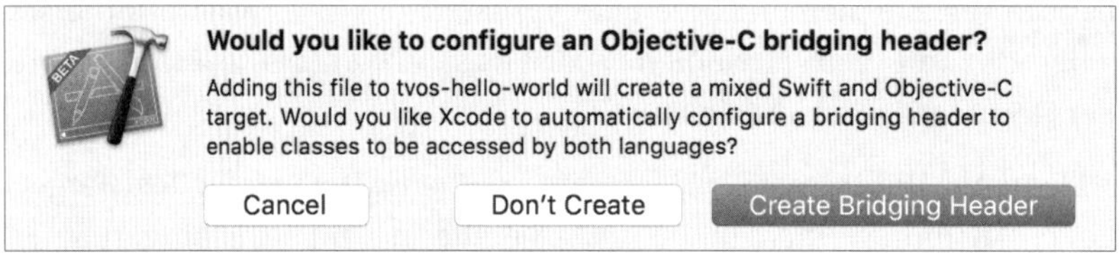

Abbildung 14.1 Xcode soll eine Bridging-Datei einrichten.

Mit CREATE BRIDGING HEADER erzeugt Xcode nicht nur die Datei `projektname-Bridging-Header.h`, sondern verändert auch die Build-Einstellungen des Projekts (siehe Abbildung 14.2).

Abbildung 14.2 Die Bridging-Datei wird in den Build-Einstellungen verankert.

Die Bridging-Datei ist anfänglich vollständig leer. In diese Datei fügen Sie nun eine `include`-Anweisung für die Header-Datei `ifaddrs.h` ein. Diese Header-Datei enthält nicht nur die Deklaration der `getifaddrs`-Funktion, sondern auch die dazu passenden Datenstrukturen.

```
// Datei ip-address-Bridging-Header.h
#include <ifaddrs.h>
```

Nach diesen Vorbereitungsarbeiten ist es wieder an der Zeit, Swift-Code zu erstellen. Die Funktion `getAddresses` habe ich mit minimalen Änderungen von der Website Stack Overflow übernommen. Der Code beweist, dass das Ausführen von Funktionen, die nicht für Swift optimiert wurden, ausgesprochen mühsam ist und zu weitgehend unlesbarem Code führt.

Kurz einige Erläuterungen: `getifaddrs` schreibt die Ergebnisse in eine `ifaddrs`-Struktur und schreibt die Adresse des Speicherblocks in den `inout`-Parameter der Funktion. Deswegen ist `ifaddr` als `UnsafeMutablePointer` deklariert und wird mit dem &-Zeichen als veränderlicher Parameter an `getifaddrs` übergeben.

Die `while`-Schleife durchläuft nun die Einträge des Ergebnisses. (Ein macOS-Rechner kann gleichzeitig mehrere IP-Adressen haben, z. B. wenn sowohl eine Ethernet- als auch eine WLAN-Verbindung besteht.) `defer` stellt sicher, dass `ptr` am Ende jedes Schleifendurchgangs auf das jeweils nächste Element zeigt.

Die weiteren Zeilen werten die Daten aus und berücksichtigen diese nur, wenn es sich um eine aktive Schnittstelle handelt (aber nicht um die Loopback-Schnittstelle mit der Adresse 127.0.0.1). Schließlich kann die IP-Adresse in eine Zeichenkette umgewandelt und dem `addresses`-Array hinzugefügt werden. Nach dem Abschluss der Schleife wird die Speicherstruktur, auf die `ifaddr` zeigt, wieder freigegeben.

```
// Projekt ip-address, Datei main.swift
// liefert IP-Adressen als Zeichenkette oder nil
// Quelle: https://stackoverflow.com/questions/25626117
func getIPAddresses() -> [String] {
  var addresses = [String]()  // Ergebnis

  // getifaddrs liefert eine Liste aller Netzwerkschnittstellen
  var ifaddr : UnsafeMutablePointer<ifaddrs>? = nil
  if getifaddrs(&ifaddr) == 0 {

    // Schleife über alle Schnittstellen
    var ptr = ifaddr
    while ptr != nil {
      // am Ende des Schleifenkörpers nächstes Element lesen
      defer { ptr = ptr?.pointee.ifa_next }

      let flags = Int32((ptr?.pointee.ifa_flags)!)
      var addr = ptr?.pointee.ifa_addr.pointee

      // nur aktive Schnittstellen, Loopback ignorieren
      if (flags & (IFF_UP|IFF_RUNNING|IFF_LOOPBACK)) ==
         (IFF_UP|IFF_RUNNING)
```

```
      {
        // IPv4 und IPv6
        if addr?.sa_family == UInt8(AF_INET) ||
           addr?.sa_family == UInt8(AF_INET6)
        {
          // in lesbare Form umwandeln
          var hostname = [CChar](repeating: 0,
                                 count: Int(NI_MAXHOST))
          if getnameinfo(&addr!,
               socklen_t((addr?.sa_len)!),
               &hostname,
               socklen_t(hostname.count),
               nil,
               socklen_t(0),
               NI_NUMERICHOST) == 0
          {
            if let address = String(validatingUTF8: hostname) {
              addresses.append(address)
            }
          }       // Ende von if getnameinfo()
        }         // Ende von if addr ...
      }           // Ende von if (flags ...)==...
    }             // Ende der while-Schleife
    // ifaddrs-Struktur wieder freigeben
    freeifaddrs(ifaddr)
  }
  return addresses
}
```

Der Aufruf der Funktion sieht so aus:

```
for  ipaddr in getIPAddresses() {
  print("Adresse: \(ipaddr)")
}
```

Weitere Hintergrundinformationen zur Funktion `getifaddrs` sowie zum Umgang mit Bridging-Dateien finden Sie hier:

https://stackoverflow.com/questions/25626117
https://stackoverflow.com/questions/31716413
https://developer.apple.com/documentation/swift/imported_c_and_objective-c_apis

macOS-Terminal-Kommandos aufrufen

Swift stellt selbst keine Funktionen zur Verfügung, die in macOS-Apps die im Terminal verfügbaren Kommandos aufrufen, also z. B. `find` oder `grep`. Sie können dazu aber die `Process`-Klasse aus der Foundation zu Hilfe nehmen. In launchPath geben Sie an, welches Kommando Sie aufrufen möchten, in arguments übergeben Sie die Parameter an dieses Kommando als Array. launch führt das Kommando schließlich aus.

Die Ausgabe des Kommandos leiten Sie in ein Pipe-Objekt. Dieses können Sie dann wie eine Datei mit readDataToEndOfFile auslesen. Damit erhalten Sie einen Byte-Stream in UTF8-Codierung, den Sie zuerst in einen NSString und dann in eine Swift-Zeichenkette umwandeln. components zerlegt die Zeichenkette in die einzelnen Zeilen.

```
// Projekt call-terminal-command, Datei main.swift

// mit dem find-Kommando alle Dateien in /usr/bin suchen
let pipe = Pipe()
let task = Process()
task.launchPath = "/usr/bin/find"
task.arguments = ["/usr/bin", "-type", "f"]
task.standardOutput = pipe
task.launch()

// Datentyp data (binäre Daten)
let data = pipe.fileHandleForReading.readDataToEndOfFile()

// in Zeichenkette umwandeln
if let s = String(bytes: data, encoding: .utf8) {
  // Ergebnis von find zeilenweise ausgeben
  let lines = s.components(separatedBy: "\n")
  for line in lines {
    print(line)
  }
}
```

TEIL II

App-Programmierung

Kapitel 15
Hello iOS-World!

Mit diesem Kapitel beginnt nun endlich die konkrete iOS-Programmierung. In seinem Zentrum steht ein einfaches Hello-World-Programm. Das Ziel ist es, Sie mit den Grundfunktionen von Xcode sowie mit einigen Konzepten der iOS-Programmentwicklung bekannt zu machen.

Bei der Lektüre dieses und auch des nächsten Kapitels werden Sie feststellen, dass Swift vorübergehend in den Hintergrund rückt. Natürlich müssen Sie da und dort ein paar Zeilen Code schreiben; aber gerade bei den ersten iOS-Programmen geht es vielmehr darum, den effizienten Umgang mit Xcode zu erlernen, die grafische Gestaltung von Apps kennenzulernen und grundlegende Konzepte der iOS-Programmentwicklung zu verstehen. Dennoch setze ich ab diesem Kapitel voraus, dass Sie zumindest über elementare Grundkenntnisse in Swift verfügen. Insbesondere die grundlegenden Sprachstrukturen, Datentypen und der Umgang mit Optionals sollten Ihnen geläufig sein.

Xcode per Video kennenlernen

Ich wäre nicht seit 30 Jahren mit Begeisterung Autor, würde ich nicht aus vollster Überzeugung das Medium Buch lieben. Aber es heißt ja, ein Bild sagt mehr als tausend Worte, und man könnte diese Analogie noch fortführen: Ein Video sagt mehr als tausend Bilder. Mitunter stimmt das sogar, z. B. wenn es darum geht, die Bedienung von Xcode zu erlernen.

Ohne Sie hier an die Konkurrenz verweisen zu wollen, möchte ich Ihnen doch ein Video-Tutorial ans Herz legen, das qualitativ meilenweit über den vielen YouTube-Filmchen der Art »Jetzt lerne ich iOS-Programmierung« steht. Die renommierte Stanford-Universität hat eine mehr als 25-stündige Vorlesung zum Thema »Developing iOS 11 Apps with Swift« kostenlos im iTunes U-Programm verfügbar gemacht. Um die Videos ansehen zu können, benötigen Sie entweder iTunes auf Ihrem Mac oder die App *iTunesU* für das iPad. Grundlegende Englischkenntnisse reichen aus, um dem mit vielen Screencasts unterlegten Vortrag zu folgen. Die Videos basieren momentan auf Swift 4, es ist aber zu hoffen, dass es früher oder später eine aktualisierte Fassung gibt, die iOS 12 und vor allem Swift 5 berücksichtigt.

https://itunes.apple.com/us/podcast/developing-ios-11-apps-with-swift/id1315130780

15.1 Projektstart

Um eine App für ein iOS-Gerät zu entwickeln, also für ein iPhone, ein iPad oder einen iPod, starten Sie in Xcode ein neues Projekt und wählen zuerst den Typ IOS • SINGLE VIEW APPLICATION. Das ist die einfachste Art von iOS-Apps. Anfänglich besteht eine derartige App aus einer einzigen Ansicht, also aus einem »Bildschirm«, aus einer »Seite«. Sie können aber später problemlos weitere Ansichten hinzufügen. Der anfängliche Projekttyp schränkt Sie also nicht bei der späteren Weiterentwicklung der App ein.

Im nächsten Dialogblatt geben Sie Ihrem Projekt einen Namen und wählen als Programmiersprache SWIFT aus. Der Dialog enthält drei Optionen (siehe Abbildung 15.1), die Sie alle drei nicht aktivieren müssen. (CORE DATA ist ein Framework, das die App mit einer Datenbank verbindet. Die beiden anderen Optionen betreffen automatisierbare Tests.)

- USE CORE DATA ist nur dann relevant, wenn Sie die Daten Ihrer App in einem Objekt-Relationen-Mapping-Modell speichern möchten.
- INCLUDE UNIT TESTS und INCLUDE UI TESTS fügen Ihrem Projekt jeweils ein eigenes Verzeichnis hinzu, in dem Sie Testfunktionen für Ihren Code bzw. für die Benutzeroberfläche unterbringen können.

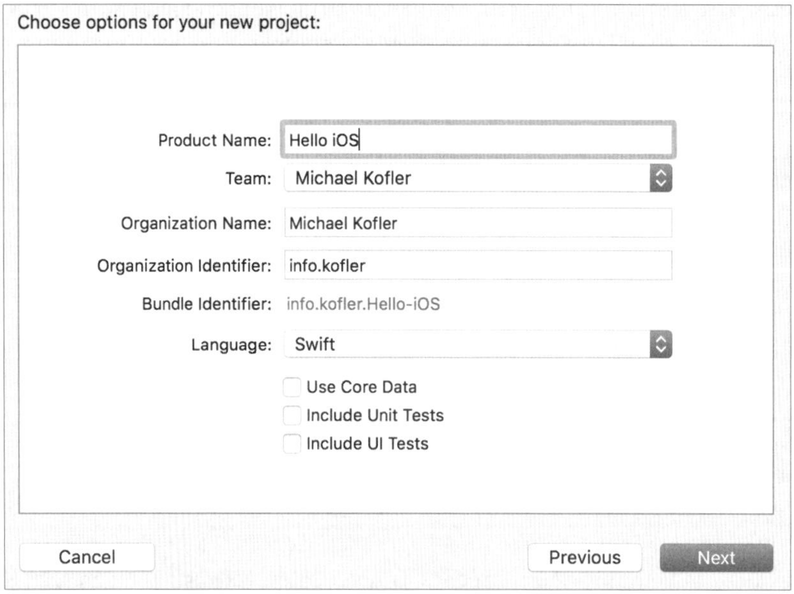

Abbildung 15.1 Projektoptionen für das Hello-iOS-Projekt

Zuletzt müssen Sie noch das Verzeichnis angeben, in dem Xcode die Codedateien des neuen Projekts speichern soll.

15.2 Gestaltung der App

Das neue Projekt besteht aus einer ganzen Reihe von Dateien, deren Namen in der linken Spalte von Xcode im Projektnavigator zu sehen sind. Sollte Xcode den Projektnavigator nicht anzeigen, führen Sie VIEWS • NAVIGATOR • PROJECT NAVIGATOR aus oder drücken einfach [⌘]+[1]. Im Projektnavigator klicken Sie nun auf die Datei `Main.storyboard`.

Im Hauptbereich von Xcode sehen Sie jetzt das sogenannte *Storyboard* (siehe Abbildung 15.2). Anfänglich besteht dieses Drehbuch für iOS-Apps aus nur einer, vorerst leeren Szene, also einer Bildschirmansicht der App. (Die technische Bezeichnung lautet *View-Controller*. Details zur Nomenklatur folgen auf der nächsten Seite.) Bei vielen Apps gesellen sich dazu später weitere Seiten, zwischen denen die Anwender dann navigieren können. Im Hello-World-Beispiel wird es aber bei einer Ansicht bleiben.

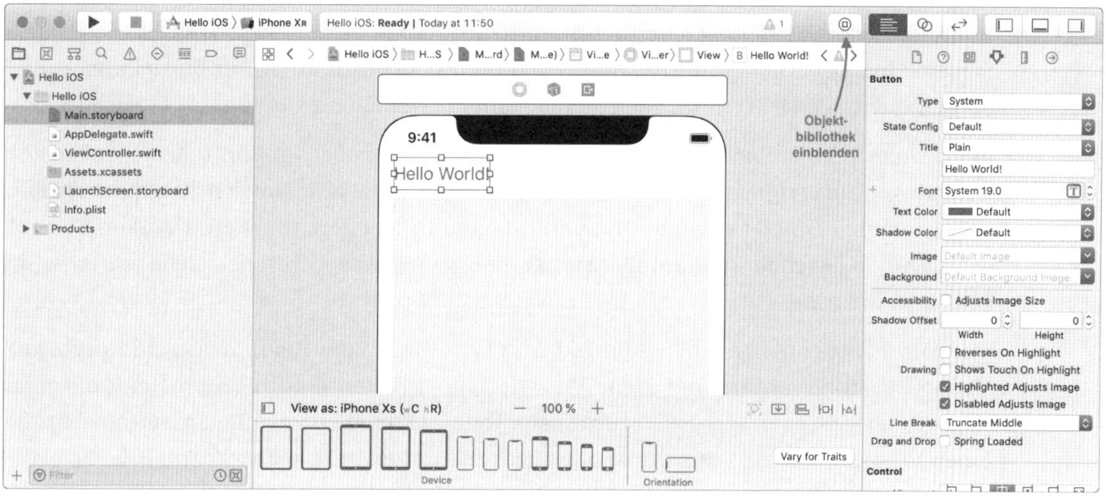

Abbildung 15.2 Das Storyboard mit dem einzigen View-Controller der Hello-World-App

Device-Größe

In der Fußleiste des Storyboard-Editors können Sie einstellen, welches iOS-Gerät Sie während des Programmentwurfs verwenden möchten. Per Knopfdruck können Sie zwischen diversen Modellen wählen und so blitzschnell überprüfen, wie Ihre App auf unterschiedlichen Geräten aussehen wird.

Anfänglich wird Ihre App nicht auf die unterschiedlichen Bildschirmproportionen und -maße reagieren. Vielmehr zeigt Xcode eine oder mehrere Warnungen an, dass das Layout noch verbesserungswürdig ist. Abhilfe schaffen sogenannte Layoutregeln, die ich Ihnen in Abschnitt 15.5, »Layout optimieren«, und detaillierter nochmals in Abschnitt 16.5, »Auto Layout«, vorstellen werde.

Tipp

Ich verwende bei der Entwicklung meiner Apps zumeist möglichst kleine Geräte, entweder ein iPhone X (um die Auswirkungen der runden Ecken und der »Notch« beurteilen zu können) oder ein iPhone SE. Das spart einerseits wertvollen Platz im Storyboard-Editor und gibt mir andererseits eine gute Vorstellung davon, wie die App auf dem kleinsten infrage kommenden Gerät aussehen wird. In der Regel ist die Optimierung für kleine Bildschirme schwieriger als die für große.

Mini-Glossar

Bevor Sie damit beginnen, die Hello-World-App zu gestalten, sollten Sie zumindest die wichtigsten Grundbegriffe aus der iOS-Entwicklerwelt kennen: Eine App kann aus mehreren Ansichten bestehen. Solche Ansichten nennt Xcode *Szenen*. Jede Szene kann diverse Steuerelemente enthalten, die das Aussehen der Ansicht bestimmen. Alle Einstellungen aller Szenen sowie der darin enthaltenen Steuerelemente werden im *Storyboard* gespeichert.

Jede Szene wird mit einer Codedatei verbunden, dem *Controller*. Im Controller legen Sie fest, wie Ihre App auf Ereignisse reagiert. Der Controller bestimmt also, wie sich Ihre App verhalten soll, wenn ein Benutzer einen Button berührt, einen Slider verschiebt etc. Das dem Controller zugrunde liegende Programmiermuster, den *Model-View-Controller*, stelle ich Ihnen in Abschnitt 16.1 näher vor.

Standardmäßig enthält ein neues Projekt vom Typ SINGLE VIEW APPLICATION die Storyboard-Datei `Main.storyboard` mit der Szene VIEW-CONTROLLER und dem zugeordneten Controller in der Datei `ViewController.swift`. Um später weitere Szenen hinzuzufügen, verschieben Sie einen VIEW-CONTROLLER aus der Xcode-Objektbibliothek in das Storyboard. (Die Objektbibliothek öffnen Sie mit ⇧+⌘+L oder durch einen Button in der Xcode-Fensterleiste.)

Während im Storyboard beliebig viele Szenen gespeichert werden können, benötigen Sie im Regelfall zu jeder Szene eine eigene Swift-Code-Datei mit dem dazugehörigen Controller. Mitunter können Sie auch eine Controller-Klasse mehreren ähnlichen Szenen zuordnen. Wie Sie selbst neue Controller-Klassen einrichten, beschreibe ich in Abschnitt 17.1, »Storyboard und Controller-Klassen verbinden«.

Steuerelemente einfügen

Die Benutzeroberfläche unserer Hello-World-App ist anfänglich leer. In die Ansicht sollen nun zwei Bestandteile (Steuerelemente) eingebaut werden: ein Button mit der Aufschrift HELLO WORLD! und ein leeres Textfeld. Jedes Mal, wenn Sie den Button HELLO WORLD! anklicken, soll im Textfeld eine neue Zeile mit dem aktuellen Datum und der Uhrzeit eingefügt werden (siehe Abbildung 15.3).

Abbildung 15.3 Die Hello-World-App im iOS-Simulator, hier in der iPhone-X-Ausprägung

Die zur Auswahl stehenden Steuerelemente finden Sie in der Objektbibliothek, die Sie mit ⇧+⌘+L einblenden. Xcode kann die Objektbibliothek in einer kompakten Icon-Ansicht oder in einer Listenansicht darstellen. Wechseln Sie gegebenenfalls in die übersichtlichere Listenansicht. Im Suchfeld können Sie in der Liste rasch die gewünschten Einträge ermitteln – suchen Sie nach »button« bzw. »text view«.

Klicken Sie zuerst den Button an, und verschieben Sie ihn per Drag & Drop in den View-Controller des Storyboards. Platzieren Sie den Button links oben, und ändern Sie dann den Text von BUTTON in HELLO WORLD! (siehe Abbildung 15.2). Wenn Sie möchten, können Sie im Attributinspektor links oben in der Werkzeugleiste die Button-Schrift etwas größer einstellen. Den Attributinspektor blenden Sie bei Bedarf mit `alt`+⌘+4 ein.

Nun ist das Text-View-Steuerelement an der Reihe: Suchen Sie in der Objektbibliothek nach diesem Steuerelement, und verschieben Sie es per Drag & Drop in das Storyboard. Platzieren Sie das Steuerelement unterhalb des Buttons, und stellen Sie die Größe so ein, dass es circa ein Viertel des Storyboards füllt. Wie gesagt, mit den Feinheiten des Layouts beschäftigen wir uns später. Stellen Sie nun die gewünschte Textgröße ein, und löschen Sie den Blindtext »Lorem ipsum ...« im Attributinspektor.

Wenn Sie möchten, können Sie dem Textfeld auch noch eine andere Hintergrundfarbe zuweisen – dann erkennen Sie später bei der Programmausführung besser die tatsächlichen Ausmaße des Steuerelements. Zur Farbeinstellung scrollen Sie im Attributinspektor nach unten, bis Sie relativ weit unten im Bereich VIEW das Feld BACKGROUND finden.

Ein erster Test mit dem iOS-Simulator

Nachdem wir nun die minimalistische Oberfläche unserer App gestaltet haben, spricht nichts dagegen, das Programm ein erstes Mal zu starten. Dazu wählen Sie in der Symbolleiste des Xcode-Fensters rechts neben der Stopp-Taste zuerst das Gerät aus, das Sie simulieren möchten. Zur Auswahl steht die gängige iOS-Hardware-Palette.

Ein Klick auf den dreieckigen RUN-Button kompiliert das Programm und übergibt es zur Ausführung an den iOS-Simulator (siehe Abbildung 15.3). Dabei handelt es sich um ein eigenständiges Programm, das getrennt von Xcode läuft. Wie der Name vermuten lässt, simuliert es ein iPhone oder iPad, wobei das zu testende Programm zur Ausführung automatisch installiert wird. Der Simulator ist zumindest für erste Tests gut geeignet. Später führt an Tests auf richtiger Hardware aber natürlich kein Weg vorbei.

Spracheinstellungen im Simulator

Im Simulator gelten anfänglich englische Spracheinstellungen. Das lässt sich wie auf einem richtigen Gerät in den Systemeinstellungen beheben. Dazu beenden Sie die laufende Hello-World-App durch eine Schiebebewegung vom unteren Displayrand nach oben oder durch die Tastenkombination ⇧+⌘+H des Simulators. Anschließend starten Sie die vorinstallierte App SETTINGS, navigieren in den Dialog GENERAL • LANGUAGE & REGION und stellen dort die Sprache DEUTSCH und die Region GERMANY ein.

Diesen Vorgang müssen Sie für jedes iOS-Gerät wiederholen, das Sie testen möchten. Die Einstellungen werden also nicht über alle simulierten Geräte geteilt.

Da die Veränderung der Spracheinstellungen in allen iOS-Geräten recht umständlich ist, bietet Xcode auch die Möglichkeit, mit PRODUCT • SCHEME • EDIT SCHEME festzulegen, in welcher Sprache die App ausgeführt werden soll. Das Hello-World-Kapitel ist aber nicht der richtige Ort für diese schon recht fortgeschrittenen Funktionen. Details zum Umgang mit Schemes und zur Entwicklung mehrsprachiger Apps folgen in Abschnitt 32.4.

Im iOS-Simulator können Sie nun den Button HELLO WORLD! anklicken. Das Programm wird darauf aber nicht reagieren, weil der Button ja noch nicht mit Code verbunden ist. Wenn Sie das Textfeld anklicken, können Sie über die Tastatur Ihres Computers sowie über die im Simulator eingeblendete Bildschirmtastatur Text eingeben. Die Test-App läuft, bis Sie sie in Xcode mit dem Stopp-Button beenden.

Ärger mit der Tastatur

Sie können im iOS-Simulator mit der Tastatur Ihres Computers Eingaben durchführen. Das ist effizient, aber nicht realitätsnah: Der Simulator betrachtet Ihre Tastatur als mit dem iOS-Gerät verbunden und blendet deswegen die iOS-Bildschirmtastatur aus. Mit dem Kommando HARDWARE • KEYBOARD • CONNECT HARDWARE KEYBOARD im iOS-Simulator können Sie auswählen, ob Sie Ihre Computertastatur oder die Bildschirmtastatur von iOS verwenden möchten.

Sobald die iOS-Bildschirmtastatur einmal im iOS-Simulator erscheint, tritt ein weiteres Problem auf: Es scheint keine Möglichkeit zu geben, die Tastatur wieder loszuwerden. Das ist das in iOS vorgesehene Verhalten – wenn die Eingabe abgeschlossen ist, muss die Tastatur per Code explizit ausgeblendet werden, in der Regel durch die Anweisung `view.endEditing(true)`. Im Hello-World-Projekt verzichten wir darauf.

Praktische Details zum richtigen Umgang mit Textfeldern folgen in Abschnitt 16.9, »Texteingaben«, sowie in mehreren Beispielprojekten in Teil IV dieses Buchs.

15.3 Steuerung der App durch Code

Damit das Berühren des Buttons auf einem iPhone oder das Anklicken des Buttons im Simulator eine sichtbare Wirkung zeigt, soll die App jetzt so erweitert werden, dass in das Textfeld jedes Mal eine Zeile mit dem Datum und der aktuellen Uhrzeit eingefügt wird. Das erfordert einige Zeilen Swift-Code.

Den Button mit einer Methode verbinden (Actions)

Um Steuerelemente aus der App-Ansicht (*Szene*) mit Code zu verbinden, muss dieser in die bereits vorgesehene Datei `ViewController.swift` eingetragen werden. Xcode unterstützt diesen Vorgang, sofern das Storyboard und die damit verbundene Datei `ViewController.swift` nebeneinander angezeigt werden. Genau das bewirkt der Button mit den »Eheringen«: Er blendet zur gerade aktiven Datei den sogenannten Assistenzeditor ein, also eine zugeordnete zweite Datei.

Platz sparen in Xcode

Wenn Sie nicht gerade auf einem sehr großen Monitor arbeiten, wird der Platz in Xcode jetzt knapp. Links sitzt der Projektnavigator, in der Mitte das Storyboard und der Code des Controllers und rechts noch die Werkzeugleiste – das ist zu viel! Blenden Sie deswegen vorübergehend die beiden Seitenleisten aus. Die entsprechenden Buttons finden Sie rechts oben in der Xcode-Symbolleiste.

`ViewController.swift` enthält den Swift-Code für eine Klasse mit dem Namen `ViewController`. Diese Klasse ist von der `UIViewController`-Klasse abgeleitet. Wie der Name vermuten lässt, steuert diese Klasse das App-Erscheinungsbild. Der View-Controller enthält bereits zwei leere Methoden. Diese sind für uns vorerst aber nicht von Interesse; wenn Sie möchten, können Sie sie löschen. In diesem Hello-World-Beispiel benötigen wir sie nicht.

Dafür möchten wir nun eine Methode in den Code einbauen, die ausgeführt wird, wenn der Button HELLO WORLD angeklickt wird. Dazu drücken Sie die Taste `ctrl` und ziehen den Button vom Storyboard in den Assistenzeditor. Die Methode soll direkt in der Klasse und *nicht* innerhalb einer anderen Methode eingefügt werden. Achten Sie darauf, die Maus- bzw. Trackpad-Taste an der richtigen Stelle loszulassen! Bis dahin markiert eine blaue Linie die Verbindung, die Sie herstellen möchten.

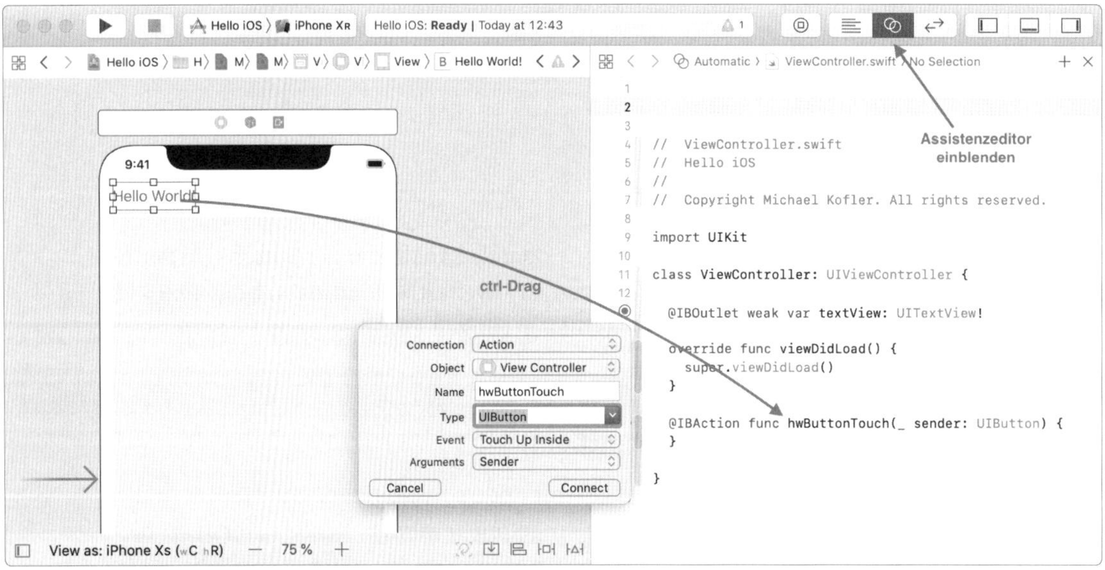

Abbildung 15.4 Der Button des Storyboards (links) wird durch ctrl-Drag mit einer neuen Methode im ViewController-Code (rechts) verbunden.

Sobald Sie die Maus bzw. das Trackpad losgelassen haben, erscheint ein Dialog, in dem Sie die Details der Verbindung einstellen können (siehe Abbildung 15.4). Für uns sind folgende Einstellungen zweckmäßig:

- CONNECTION = ACTION: Wir wollen auf ein Ereignis reagieren. Der Begriff *Action* bezieht sich dabei auf das Target-Action-Entwurfsmuster, bei dem eine Methode in die eigene Controller-Klasse eingebaut wird. Sie gilt als »Ziel«, das angesprungen wird, wenn das entsprechende Ereignis auftritt.
- OBJECT: Das Feld gibt das Basisobjekt der Aktion an. Die Voreinstellung lautet VIEW CONTROLLER und bleibt immer unverändert.

- NAME: Hier geben wir der zu erstellenden Methode einen möglichst aussagekräftigen Namen. Ich habe mich bei diesem Beispiel für `hwButtonTouch` entschieden. Wenn Sie das Beispiel selbst ausprobieren, können Sie hier einen beliebigen anderen Namen wählen.
- TYPE = ANYOBJECT oder UIBUTTON: Diese Einstellung gibt an, in welcher Form Daten an die Methode übergeben werden sollen. Im Hello-World-Beispiel werten wir diese Daten aber ohnehin nicht aus – insofern ist die Einstellung egal. Wollten wir den Text des Buttons oder andere Eigenschaften auslesen, wäre es zweckmäßig, hier UIBUTTON einzustellen.
- EVENT = TOUCH UP INSIDE: Hier wird festgelegt, auf welches Ereignis wir reagieren möchten. Die Defaulteinstellung passt hier: Wenn der Button innen berührt wird, soll unser Code ausgeführt werden.
- ARGUMENTS = SENDER: In der Auswahlliste können Sie festlegen, welche Daten an die Methode übergeben werden sollen. Zur Auswahl stehen SENDER, SENDER AND EVENT oder NONE. Die Einstellung SENDER bedeutet, dass eine Referenz auf das Objekt übergeben wird, das die Aktion ausgelöst hat. Das vereinfacht die Auswertung der Daten dieses Objekts – insbesondere dann, wenn Sie eine Action-Methode mit mehreren Steuerelementen verbinden.

Die hier so langatmig beschriebenen Einstellungen nehmen Sie mit etwas Übung in gerade mal 15 Sekunden vor. Xcode belohnt diese Arbeit mit einer Methodendefinition, die aus zwei Zeilen Code besteht:


```
// Projekt hwios-world, Datei ViewController.swift
@IBAction func hwButtonTouch(_ sender: UIButton) {
  // todo: Code verfassen
}
```

Der Code allein reicht nicht!

Angesichts des doch recht umständlichen Mausgeklickes liegt es nahe, den wenigen Code einfach selbst einzutippen. Das ist aber keine gute Idee! Mit dem Code an sich ist es nämlich nicht getan. Hinter den Kulissen merkt sich Xcode auch, mit welchem Steuerelement und mit welchem Ereignis die Methode verknüpft ist. Diese Metadaten landen in der XML-Datei `Main.storyboard`. Die Verbindung stellt Cocoa Touch dynamisch zur Laufzeit her. Das kompilierte Storyboard enthält dafür eine Referenz auf den serialisierten View-Controller und den Selektor auf die Methode.

Zugriff auf das Textfeld über eine Eigenschaft (Outlets)

Bevor wir die Methode `hwButtonTouch` mit konkretem Code füllen können, benötigen wir noch eine Möglichkeit, auf das Textfeld zuzugreifen. Dazu stellen wir eine weitere Verbindung zwischen der App-Ansicht im Storyboard und dem Code her: Wieder mit `ctrl` ziehen wir auch das Text-View-Steuerelement in den Codebereich, verwenden diesmal aber andere Einstellungen (siehe Abbildung 15.5):

- CONNECTION = OUTLET: Wir wollen auf das Steuerelement zugreifen können. Xcode soll also eine entsprechende Eigenschaft in die `ViewController`-Klasse einbauen, die auf das Objekt verweist. In der iOS-Nomenklatur wird das als *Outlet* bezeichnet.
- OBJECT: Das Feld gibt das Basisobjekt der Aktion an. Die Voreinstellung VIEW CONTROLLER kann nicht geändert werden.
- NAME: Das ist der Name, unter dem wir das Steuerelement ansprechen möchten. Ich habe `textView` angegeben.
- TYPE = UITEXTVIEW: Das Steuerelement ist eine Instanz der `UITextView`-Klasse – und unter diesem Typ möchten wir auf das Steuerelement auch zugreifen.
- STORAGE = WEAK: Hier geht es darum, ob die Referenz auf das Steuerelement sicherstellt, dass dieses im Speicher bleibt. Das ist nicht notwendig: Das Steuerelement kommt uns sicher nicht abhanden. Insofern können wir die Defaulteinstellung WEAK bedenkenlos übernehmen.

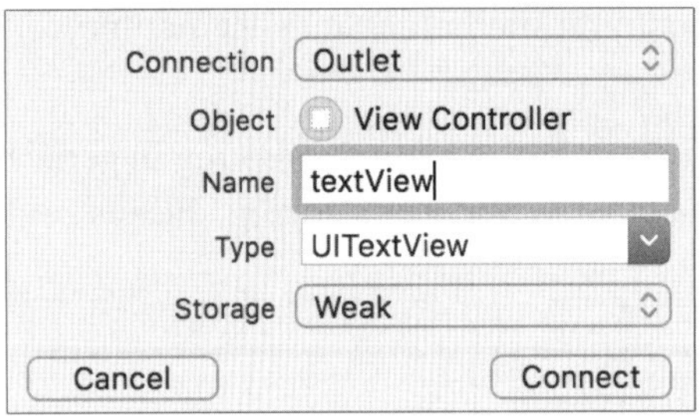

Abbildung 15.5 Einstellungen für das textView-Outlet

Die resultierende Codezeile sieht so aus:

```
@IBOutlet weak var textView: UITextView!
```

Damit ist also eine neue Eigenschaft (Klassenvariable) mit dem Namen `textView` definiert. Wir können mit ihr auf ein Steuerelement vom Typ `UITextView` zugreifen, wobei der Typ als Optional angegeben ist. Der Grund dafür ist, dass die Initialisierung des Steuerelements möglicherweise nicht sofort beim App-Start, sondern erst etwas später erfolgt. Indem die Eigenschaft als Optional deklariert ist, wird klar, dass ein Zugriff auf das Steuerelement unter Umständen noch gar nicht möglich ist.

Die Attribute »@IBAction« und »@IBOutlet«

Sicher ist Ihnen aufgefallen, dass Xcode die Methode mit dem Attribut `@IBAction` und die Eigenschaft mit dem Attribut `@IBOutlet` gekennzeichnet hat. Der Interface Builder erkennt anhand dieser Attribute, zu welchen Elementen der Programmierer Verbindungen erlaubt bzw. herstellen darf. Der Interface Builder ist jener Teil von Xcode, der zur Gestaltung grafischer Benutzeroberflächen dient.

Endlich eigener Code

Sie können die App zwischenzeitlich noch einmal starten. Am Verhalten der App hat sich aber nichts verändert. Die Methode hwButtonTouch ist ja noch leer, und auch die zusätzliche Eigenschaft textView ist ungenutzt. Aber das ändert sich jetzt endlich! Jedes Mal, wenn der Button HELLO WORLD berührt wird, soll das Textfeld um eine Zeile mit Datum und Uhrzeit ergänzt werden. In einer ersten Testversion könnte der Code wie folgt aussehen:

```
// Projekt Hello iOS, Datei ViewController.swift
import UIKit
class ViewController: UIViewController {
  @IBOutlet weak var textView: UITextView!

  @IBAction func hwButtonTouch(_ sender: UIButton) {
    let now = Date()
    let formatter = DateFormatter()     // Formatierung des Datums
    formatter.dateFormat = "d.M.yyyy H:mm:ss"
    // Text im Text-View-Steuerelement hinzufügen
    textView.text? += formatter.string(from: now) + "\n"
  }
}
```


Auf den Abdruck der standardmäßig vorhandenen, aber leeren Methode viewDidLoad habe ich verzichtet. In diesem Beispiel können Sie diese Methode aus dem Code löschen, wir brauchen sie nicht. In realitätsnäheren Apps wird viewDidLoad oft verwendet, um diverse Initialisierungsarbeiten durchzuführen.

Outlets wie die Eigenschaft textView sind Optionals. Es liegt in der Natur von Optionals, dass sie den Zustand nil haben können. Tatsächlich ist dies aber nur vor der Initialisierung der Ansicht der Fall. Sobald die Ansicht auf einem iOS-Gerät sichtbar wird und Action-Methoden ausführen kann, können Sie sich darauf verlassen, dass Outlet-Eigenschaften nicht nil sind. Genau genommen gilt dies ab dem Zeitpunkt, zu dem im View-Controller die Methode viewDidLoad ausgeführt wurde (siehe Abschnitt 16.3, »Die UIViewController-Klasse«).

Hintergrundinformationen zum Umgang mit Datum und Uhrzeit können Sie bei Bedarf in Kapitel 9 nachlesen. Somit bleibt nur noch die Zuweisung für textView.text zu erklären: Ein Blick in die Dokumentation des UITextView-Steuerelements zeigt, dass der Inhalt des Textfelds über die Eigenschaft text gelesen und verändert werden kann. Der Datentyp von text lautet String?, es handelt sich also um ein Optional, das beim Zugriff explizit durch ein nachgestelltes Fragezeichen oder Ausrufezeichen ausgepackt werden muss.

Der schnellste Weg zur Dokumentation

Wenn Sie zum ersten Mal ein UITextView-Steuerelement nutzen, kennen Sie die Elemente dieser Klasse noch nicht.

Eine kurze Beschreibung der Klasse erhalten Sie, wenn Sie das Schlüsselwort `UITextView` im Code zusammen mit `alt` anklicken. Am unteren Rand der eingeblendeten Infobox befindet sich ein Link auf die Klassenreferenz, die in einem eigenen Fenster geöffnet wird (siehe Abbildung 15.6).

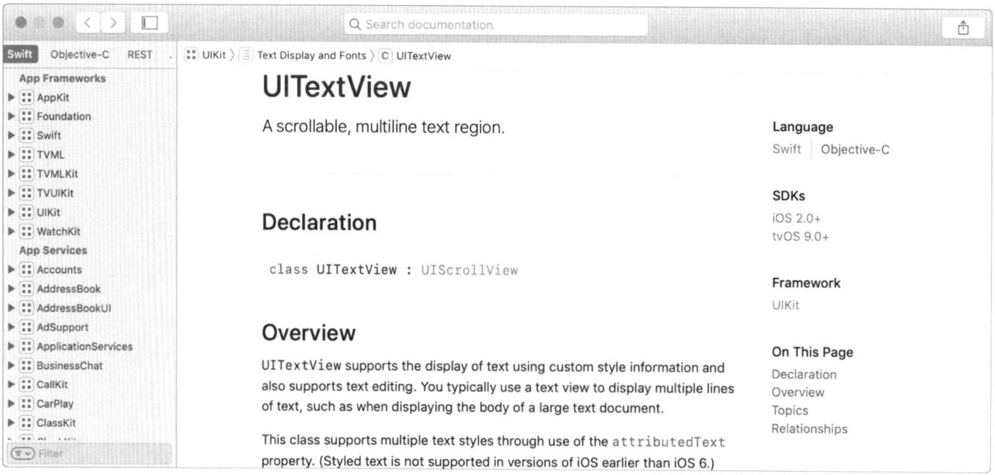

Abbildung 15.6 Der Hilfebrowser von Xcode

Jetzt ist es höchste Zeit, die App im Simulator endlich auszuprobieren. Einige Klicks auf den Button beweisen, dass das Programm wie erwartet funktioniert (siehe Abbildung 15.3). Einen Preis für innovatives Layout wird es freilich nicht gewinnen.

15.4 Actions und Outlets für Fortgeschrittene

Sie haben nun eine erste Vorstellung davon, wozu Actions und Outlets verwendet werden. Dieser Abschnitt weist auf einige Besonderheiten im Umgang mit Actions und Outlets hin.

Eine Action für mehrere Steuerelemente

Es ist zulässig, ein und dieselbe Action-Methode für mehrere Steuerelemente zu verwenden. Dazu richten Sie zuerst für ein Steuerelement die Methode ein. Danach führen Sie eine `ctrl`-Drag-Operation für das zweite Steuerelement aus, wobei Sie als Ziel die bereits vorhandene Methode verwenden. Achten Sie darauf, dass die gesamte Methode blau unterlegt wird – dann hat Xcode erkannt, dass Sie nicht eine Action *in* der Methode einfügen möchten (das funktioniert nicht), sondern dass Sie das Steuerelement mit der vorhandenen Methode verbinden möchten.

Naturgemäß müssen Sie die Methode nun ein wenig modifizieren: Erst mit einer Auswertung des `sender`-Parameters können Sie erkennen, welches Steuerelement den Aufruf der Methode ausgelöst hat. Wenn Sie beispielsweise mehrere Buttons mit einer Methode verbunden haben, können Sie wie folgt den Text des Buttons ausgeben:

```
@IBAction func btnAction(_ sender: UIButton) {
  print(sender.currentTitle!)
}
```

Ein Outlet für mehrere Steuerelemente (Outlet Collections)

Auch der umgekehrte Fall ist möglich – Sie können mehrere Steuerelemente über ein Outlet ansprechen. Genau genommen handelt es sich dann nicht mehr um ein einfaches Outlet, sondern um eine *Outlet Collection*. Dazu markieren Sie das erste Steuerelement, ziehen es mit `ctrl`-Drag in den Controller-Code und wählen Connection = Outlet Collection (siehe Abbildung 15.7).

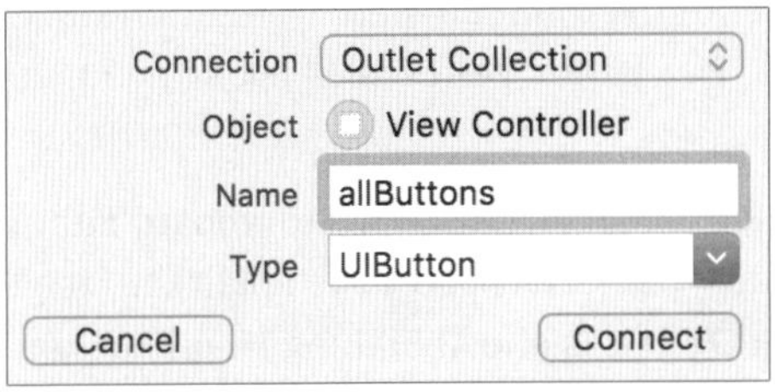

Abbildung 15.7 Dialog zum Einrichten einer Outlet-Collection

Xcode erzeugt anstelle einer einfachen Outlet-Variablen nun ein Array:

```
@IBOutlet var allButtons: [UIButton]!
```

In der Folge verbinden Sie auch die weiteren Steuerelemente durch `ctrl`-Drag mit diesem Array. Xcode ist leider nicht in der Lage, mehrere markierte Steuerelemente auf einmal zu verbinden. Im Code können Sie nun unkompliziert Schleifen über alle so verbundenen Steuerelemente bilden.

Actions oder Outlets umbenennen

Wenn Sie im Code Actions oder Outlets einfach einen neuen Namen geben, funktioniert Ihre App nicht mehr. Xcode speichert die Verknüpfung zu Ihren Methoden bzw. Eigenschaften in Form von Zeichenketten in einer XML-Datei. Nach der Umbenennung passen der Code und die Referenzen in der XML-Datei nicht mehr zusammen.

Deswegen müssen Sie zum Umbenennen das Kommando Refactor • Rename verwenden. Sie können dieses Kommando entweder nach einem Kontextmenüklick auf den Variablennamen oder über das Editor-Menü ausführen. Xcode zeigt nun automatisch alle Stellen im Code und im Storyboard an, wo die Umbenennung wirksam wird (siehe Abbildung 15.8).

Abbildung 15.8 Umbenennung einer Outlet-Variablen

Zuordnung zwischen Steuerelementen und Actions/Outlets ergründen

Eigenschaften und Methoden, die mit Steuerelementen verbunden sind, werden im Code-Editor durch einen runden Punkt gekennzeichnet. Der Editor verrät aber leider nicht, zu welchem Steuerelement die Verbindung besteht.

Wesentlich hilfreicher ist Xcode in die umgekehrte Richtung: Wenn Sie im Storyboard-Editor das betreffende Steuerelement mit der rechten Maus- oder Trackpad-Taste anklicken, zeigt ein Kontextmenü alle Zuordnungen zu Actions oder Outlets (siehe Abbildung 15.9). Dort können Sie die Action- oder Outlet-Verknüpfung löschen, die Sie nicht mehr brauchen.

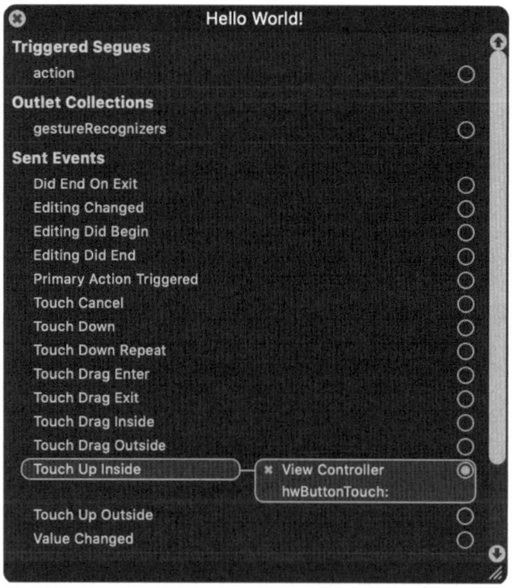

Abbildung 15.9 Die rechte Maus- oder Trackpad-Taste führt in eine Liste aller Actions und Outlets eines Steuerelements.

Fehlermeldung »unrecognized selector«

Wenn Ihre App mit der nicht besonders aussagekräftigen Fehlermeldung *unrecognized selector* abstürzt, liegt dies in der Regel daran, dass die Zuordnung zwischen einem Steuerelement und dem Outlet oder der Action verloren gegangen ist – z. B. weil Sie einen Action-Methodennamen direkt geändert haben, anstatt REFACTOR • RENAME auszuführen.

Abhilfe: Löschen Sie im Kontextmenü die Verbindung (siehe Abbildung 15.9), und richten Sie sie dann mit einem [ctrl]-Drag neu ein.

Steuerelemente kopieren

Wenn Sie Steuerelemente mit [⌘]+[C] und [⌘]+[V] kopieren, werden dabei alle möglichen unsichtbaren Attribute und Eigenschaften mitkopiert, unter anderem zugeordnete Actions. Oft erspart Ihnen das eine wiederholte Einstellung dieser Merkmale, aber mitunter führt dieses Verhalten zu unerwarteten Nebenwirkungen. Ein Klick auf das Steuerelement mit der rechten Maus- oder Trackpad-Taste offenbart alle zugeordneten Outlets und Actions.

15.5 Layout optimieren

Es ist Ihnen sicher aufgefallen, dass das Layout unserer App, also die Anordnung und Größe der Steuerelemente, verbesserungswürdig ist. Die Größe der Steuerelemente ist willkürlich. Wenn Sie die App in verschiedenen iOS-Geräten ausprobieren, werden Sie feststellen, dass teilweise große Teile des Bildschirms ungenutzt bleiben, während das Textfeld bei anderen Geräten womöglich sogar abgeschnitten und unvollständig dargestellt wird. Besonders deutlich werden die Layoutdefizite, wenn Sie den iOS-Simulator mit HARDWARE • ROTATE in das Querformat drehen.

Wie würden unsere Layoutwünsche denn aussehen?

- Der Button soll ohne unnötige Abstände links oben im Bildschirm dargestellt werden.
- Das Textfeld soll darunter platziert sein.
- Es soll die gesamte verbleibende Größe des Bildschirms nutzen.
- Es soll seine Größe bei einer Drehung des Geräts automatisch anpassen.

Momentan wird unser Programm diesen Wünschen deswegen nicht gerecht, weil wir die Position und Größe der Steuerelemente absolut festgelegt haben. Wir haben die Steuerelemente in der View weitgehend nach Gutdünken platziert.

Layoutregeln

Die Lösung, die Xcode bzw. eigentlich das UIKit (also das Framework zur iOS-Programmierung) hierfür anbietet, heißt Layoutregeln (*Constraints*). Sie können also für jedes Steuerelement Regeln aufstellen, die das Steuerelement einhalten soll. Das UIKit bemüht sich dann, in Abhängigkeit von der gerade vorliegenden Form und Größe des iOS-Geräts, allen Regeln gerecht zu werden. Beispiele für derartige Regeln sind:

- Der horizontale Abstand zwischen dem Steuerelement A und seinem nächstgelegenen linken oder rechten Nachbarn soll 8 Punkte betragen. Bei Retina-Geräten mit doppelter Auflösung entspricht das 16 Pixeln.
- Der vertikale obere Abstand zwischen dem Steuerelement A und dem Bildschirmrand soll 16 Punkt betragen.
- Steuerelement A soll genauso breit sein wie Steuerelement B.
- Steuerelement A soll innerhalb seines Containers vertikal und/oder horizontal zentriert werden.
- Die linken Ränder der Steuerelemente A, B und C sollen in einer Linie verlaufen.

Wenn wir also erreichen möchten, dass die Steuerelemente der Hello-World-App wie oben formuliert angeordnet werden, müssen wir nur die entsprechenden Regeln formulieren. Mit etwas Erfahrung gelingt dies rasch; gerade Einsteiger in die iOS-Programmierung scheitern aber oft an der damit verbundenen Komplexität.

Glücklicherweise macht Xcode es sehr einfach, Layoutregeln zu testen, ohne die App jedes Mal neu starten zu müssen: Dazu verändern Sie einfach in der Fußleiste von Xcode das iOS-Device und seine Orientierung. Xcode passt dann die View an die neue Gerätegröße an, und Sie erkennen sofort, ob die Steuerelemente wunschgemäß platziert werden.

Layoutregeln für den »Hello World«-Button

Eine detaillierte Erklärung der Layoutregeln erhalten Sie in Abschnitt 16.5, »Auto Layout«. An dieser Stelle möchte ich Ihnen nur rezeptartig erklären, wie Sie das Layout der Hello-World-App korrekt einstellen. Um die Layoutregeln einzustellen, verwenden Sie fünf Buttons, die sich rechts unten im Editor befinden (siehe Abbildung 15.10). Nur der erste Button (UPDATE FRAMES) löst eine unmittelbare Aktion aus. Alle anderen führen in kleine Dialoge oder Menüs, in denen Sie Einstellungen vornehmen und Varianten auswählen können.

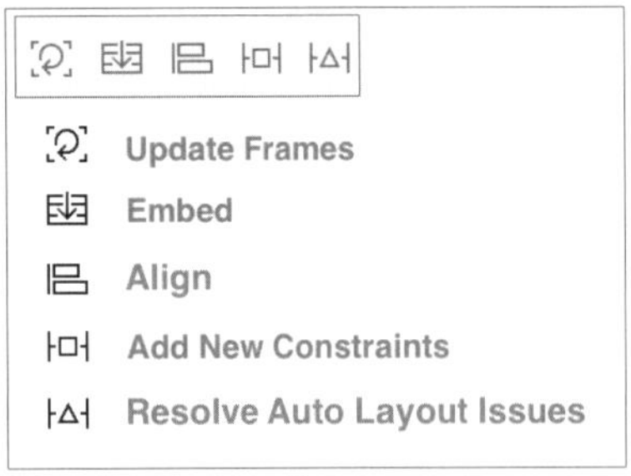

Abbildung 15.10 Die winzigen Layout-Buttons befinden sich rechts unten im Storyboard-Editor.

Beginnen Sie mit dem Button HELLO WORLD!: Nachdem Sie den Button beschriftet haben, platzieren Sie ihn links oben im View-Controller, wobei Sie Abstände zu den Rändern einhalten. Dabei helfen Orientierungslinien, an denen der Button beim Verschieben einrastet. Den rechten Rand des Buttons ziehen Sie bis knapp an den rechten Rand des View-Controllers. Auch dort rastet der Button ein. Damit nutzt der Button die gesamte Breite, hält dabei aber einen kleinen optischen Abstand ein und lässt die obere Zeile des iPhones oder iPads frei. Damit der Text dennoch links ausgerichtet wird, stellen Sie die Textausrichtung im Attributinspektor auf ALIGNMENT = LEFT.

Während der Button noch immer ausgewählt ist, klicken Sie nun auf den Layout-Button ADD NEW CONSTRAINTS. Damit erscheint der gleichnamige Dialog zur Einstellung diverser Abstände (siehe Abbildung 15.11). Dort klicken Sie zuerst die Verbindungsstege für die Abstände nach oben, nach links und nach rechts an, sodass diese Stege durchgängig rot angezeigt werden. Standardmäßig ist die Option CONSTRAIN TO MARGINS aktiv. Sie bewirkt, dass diese Abstände relativ zu den vom jeweiligen iOS-Gerät vorgegebenen Rahmen (*Guide Lines*) gerechnet werden. Zuletzt schließen Sie den Dialog mit dem Button ADD 3 CONSTRAINTS. Damit werden drei neue Regeln zur Positionierung des Buttons festgelegt.

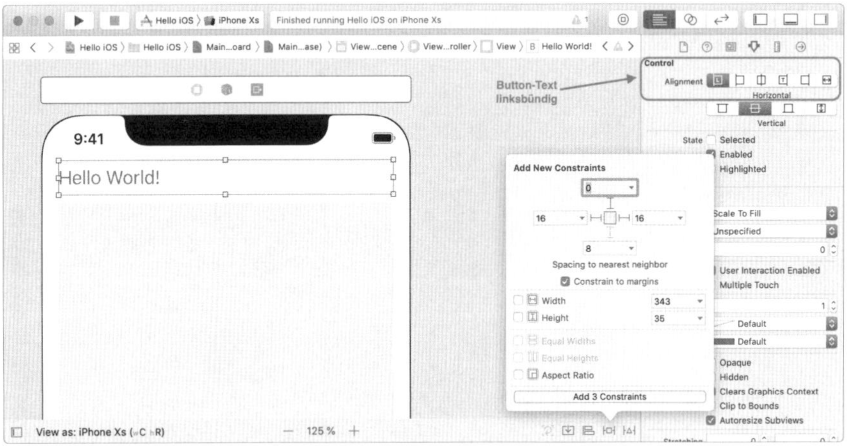

Abbildung 15.11 Layoutregeln für den Hello-World-Button festlegen

Die neuen Layoutregeln ändern nichts an der aktuellen Position des Buttons. Sie können nun aber versuchen, in der Leiste VIEW AS IPHONE XXX ein anderes Gerät auszuwählen. Aufgrund der Layoutregeln wird sich der Button automatisch an die geänderten Platzverhältnisse anpassen.

Interessant ist das Verhalten, wenn Sie den Button aus seiner durch die Regeln festgelegten Position hinausziehen. Nun zeigen orangefarbene strichlierte Linien an, wo der Button bei der Programmausführung platziert wird (siehe Abbildung 15.12). Außerdem visualisieren zwei orangefarbene Stege die von Ihnen aufgestellten Regeln. Aus den Zahlenwerten geht hervor, um wie viele Punkte das Element aktuell falsch positioniert ist. Um den Button den Regeln entsprechend wieder korrekt zu positionieren, klicken Sie auf den ersten Layout-Button UPDATE FRAMES.

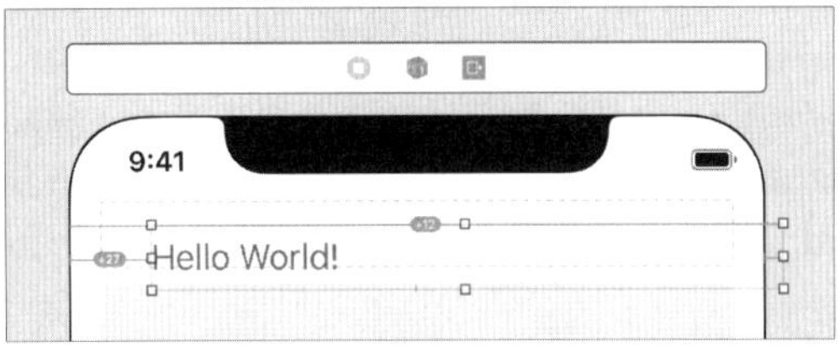

Abbildung 15.12 Wenn die Position eines Steuerelements aktuell nicht den Layoutregeln entspricht, zeigt der Storyboard-Editor an, wo das Element zur Laufzeit platziert wird.

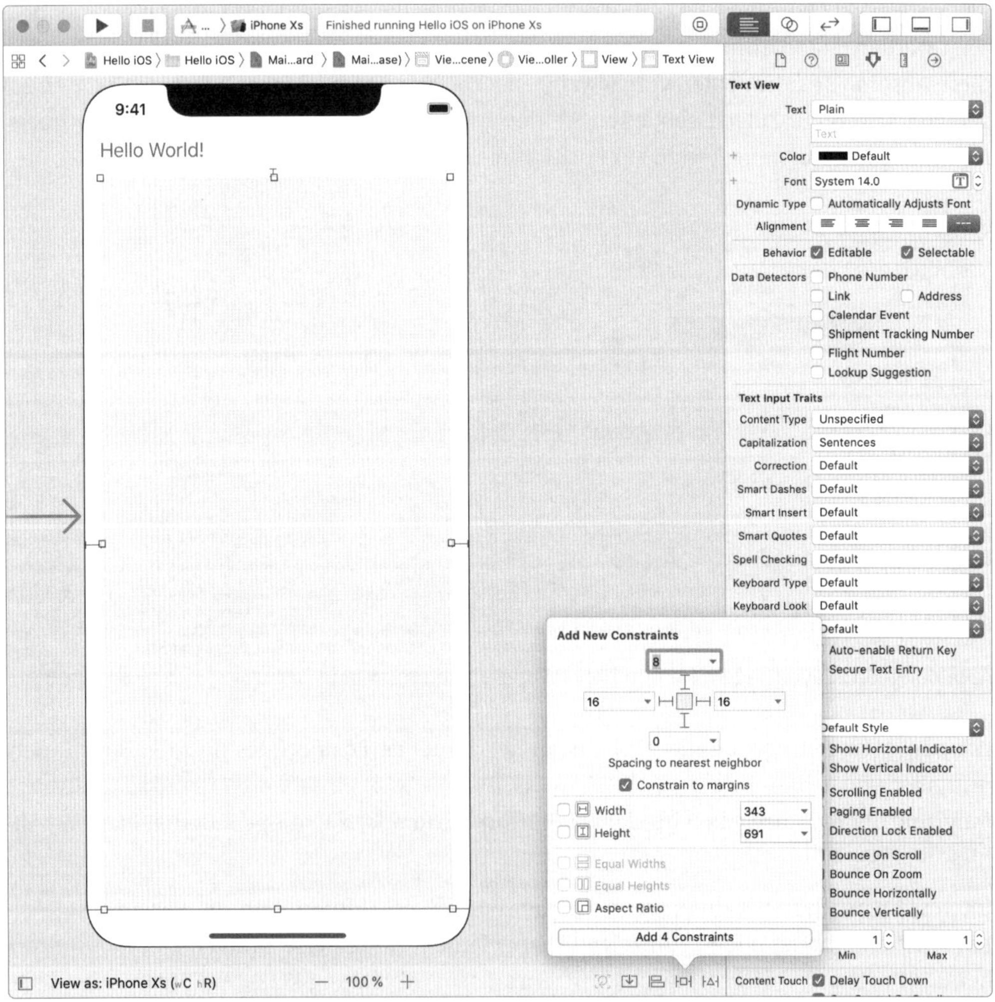

Abbildung 15.13 Layoutregeln für das Textfeld

Layoutregeln für das Textfeld

Nun ist das Textfeld an der Reihe. Der erste Schritt besteht wieder darin, dass Sie das Steuerelement in der Ansicht so platzieren, wie es auch zur Laufzeit angeordnet werden soll. In diesem Fall bietet es sich an, das Steuerelement bündig unterhalb des Buttons anzuordnen und dann die Größe so einzustellen, dass es – wieder unter Einhaltung eines kleinen Abstands – den ganzen View-Controller ausfüllt. Das fällt nicht schwer, weil die Begrenzungslinien des Steuerelements automatisch an den richtigen Stellen einrasten.

Nun klicken Sie neuerlich auf den Button ADD NEW CONSTRAINTS. Dort stellen Sie die folgenden Abstände ein (siehe Abbildung 15.13):

- Links: 16 Punkte. Dieser Abstand gilt wegen der Option CONSTRAIN TO MARGINS relativ zum Standardrahmen.
- Oben: 8 Punkte. Dieser Abstand wird relativ zum nächstgelegenen Steuerelement gerechnet, in diesem Fall also zum Button.
- Rechts: 16 Punkte. Dieser Abstand gilt wieder relativ zum Standardrahmen.
- Unten: 0 Punkte. Auch dieser Abstand gilt relativ zum Standardrahmen. Dieser sieht nach unten aber keinen Rand vor.

ADD 4 CONSTRAINTS beendet die Eingabe und fügt vier Regeln hinzu. Damit sollten beide Steuerelemente korrekt angeordnet sein. Ändern Sie nun in der Fußleiste des Storyboard-Editors das iOS-Device und die Ausrichtung. Der Ort und die Größe der Steuerelemente sind nun immer korrekt an die jeweilige Bildschirmgröße angepasst (siehe Abbildung 15.14).

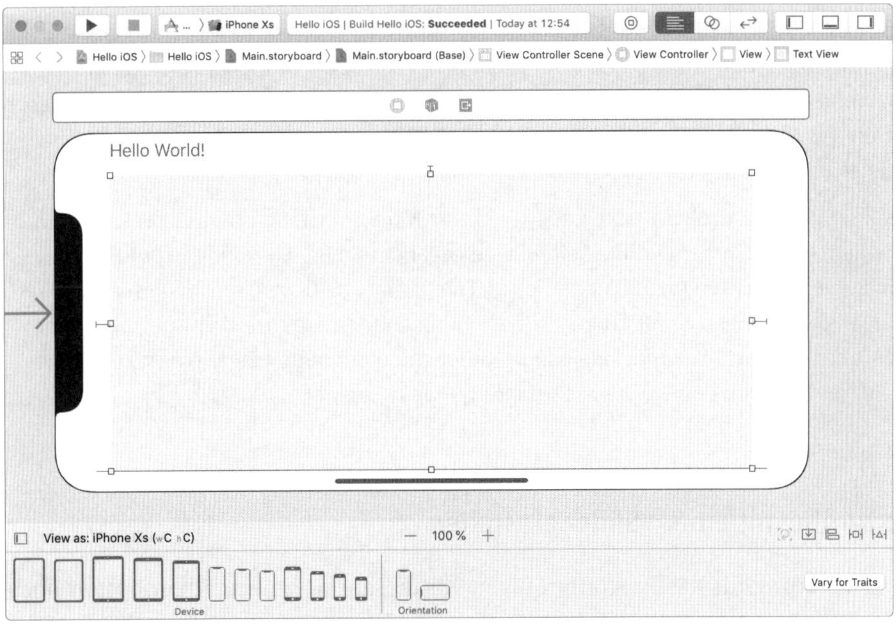

Abbildung 15.14 Die Hello-World-App im Querformat

Layouttipps

Der Umgang mit Layoutregeln ist schwierig und führt häufig dazu, dass sich Xcode über fehlende oder widersprüchliche Regeln beklagt. In Abschnitt 16.5, »Auto Layout«, folgt eine Menge weiterer Details zu diesem Thema. Bis dahin vertröste ich Sie hier mit zwei Tipps:

- Sie können vorhandene Regeln nicht ohne Weiteres ändern. Die Dialoge ADD NEW ALIGNMENT CONSTRAINTS oder ADD NEW CONSTRAINTS ersetzen oder verändern nicht vorhandene Regeln, sondern definieren zusätzliche Regeln. Das führt oft zu Regeln, die sich widersprechen. Einen Überblick über alle Regeln erhalten Sie, wenn Sie die Seitenleiste des Storyboard-Editors einblenden (EDITOR • SHOW DOCUMENT OUTLINE). Dort finden Sie eine Liste aller CONSTRAINTS. Wenn Sie eine der Regeln anklicken, wird die betreffende Regel markiert.
- Bei kleinen Projekten ist es oft am einfachsten, alle Regeln zu löschen und noch einmal von vorn zu beginnen. Dazu klicken Sie auf den Button RESOLVE AUTO LAYOUT ISSUES und führen ALL VIEWS IN VIEW CONTROLLER • CLEAR CONSTRAINTS aus.

Die Document-Outline-Seitenleiste verstehen

Alle Steuerelemente sind intern von der Klasse `UIView` abgeleitet und werden daher oft Views genannt. Die Document-Outline zeigt die Verschachtelung der Views und hilft dabei, das gewünschte Steuerelement auszuwählen, wenn mehrere Elemente übereinander platziert sind. Innerhalb des Objektbaums erhält jedes Element standardmäßig einen Namen, der seiner Klasse entspricht – z. B. `View` für ein `UIView`-Objekt. Bei bei Buttons und Labels wird stattdessen der Beschriftungstext angezeigt.

Sie können im Objektbaum alle Objekte durch einfaches Anklicken umbenennen. Das ist dann sinnvoll, wenn es mehrere gleichartige Objekte gibt, die Sie im Storyboard-Editor leichter identifizieren wollen. Beachten Sie aber, dass die Objektnamen in der Document-Outline-Seitenleiste ausschließlich für den Storyboard-Editor von Xcode gelten!

Im Code Ihrer View-Controller-Klasse haben Sie keine Möglichkeit, den Namen festzustellen, den Sie einem Objekt in der Outline-Seitenleiste gegeben haben. Sie können zur Identifizierung von Steuerelementen im Code auf die `tag`-Eigenschaft zurückgreifen. In dieser auch in Xcode zugänglichen Eigenschaft können Sie allerdings nur eine ganze Zahl speichern. Eine zweite Möglichkeit besteht darin, eine eigene Klasse mit einer neuen Eigenschaft zu definieren. Ein Beispiel dafür finden Sie in Abschnitt 20.3, »Focus Engine«.

15.6 Textgröße mit einem Slider einstellen

Als letzte Erweiterung für das Programm fügen wir diesem nun neben dem Button noch einen Slider hinzu, mit dem die Schriftgröße des Textfelds verändert werden kann (siehe Abbildung 15.15).

Abbildung 15.15 Die erweiterte Hello-World-App mit einem Slider zur Einstellung der Textgröße, diesmal im Simulator im Querformat ausgeführt

Das Slider-Steuerelement hinzufügen

Sie finden das Steuerelement in der Xcode-Objektbibliothek unter dem Namen SLIDER. Fügen Sie es in den View-Controller ein, und platzieren Sie es so, dass es am rechten und oberen Rand einrastet, wobei Sie dieselben Abstände wie bei den anderen Steuerelementen einhalten. Mit ADD ALIGN CONSTRAINTS fixieren Sie die Abstände nach oben und nach rechts sowie die Breite des Steuerelements.

Mit dem Slider soll die Textgröße in einem Bereich zwischen 12 und 30 Punkt verändert werden. Dazu wählen Sie den Slider aus und stellen im Attributinspektor die folgenden Eigenschaften ein:

- CURRENT: 16 (entsprechend der Textgröße des Hello-World-Buttons)
- MINIMUM: 12
- MAXIMUM: 30

Den Slider mit einer Methode verbinden

Damit sind die Arbeiten an der Oberfläche abgeschlossen, und wir können uns wieder der Programmierung zuwenden: Öffnen Sie den Assistenzeditor, und verschieben Sie den Slider mit `ctrl` in den Codebereich. Die Verbindungsparameter stellen Sie wie folgt ein:

- CONNECTION = ACTION: Wir wollen in einer Methode auf das Verschieben des Sliders reagieren.
- NAME: Die Methode muss einen Namen bekommen. Ich habe mich für `sliderMove` entschieden.
- TYPE = UISLIDER: In der Methode müssen wir die aktuelle Position des Sliders herausfinden. Deswegen soll die Instanz des Sliders an die Methode übergeben werden.

- EVENT = VALUE CHANGED: Die Defaulteinstellung passt hier gut – andere Ereignisse interessieren uns nicht.
- ARGUMENTS = SENDER: Damit wird die Instanz des Sliders als Parameter an die Methode übergeben. Den Datentyp des Parameters haben wir ja bereits mit `UISlider` festgelegt.

Zu Testzwecken bauen wir in die Methode vorerst nur die `print`-Funktion ein, um eine Veränderung des Sliders in Xcode verfolgen zu können. Uns interessiert die `value`-Eigenschaft, die die Slider-Position im eingestellten Wertebereich als Fließkommazahl liefert:

```
// wird bei jeder Slider-Bewegung ausgeführt
@IBAction func sliderMove(_ sender: UISlider) {
  // Testausgabe im Debug-Fenster
  print(sender.value)
}
```

Jetzt geht es nur noch darum, die Schrift des Textfelds entsprechend zu verändern. Dazu lesen wir mit `textView.font?` die aktuelle Font-Instanz aus, bilden daraus mit der Methode `withSize` eine neue Instanz in der gewünschten Größe und weisen diese der `font`-Eigenschaft des Textfelds wieder zu. Da `fontWithSize` einen `CGFloat`-Parameter erwartet, muss die Fließkommazahl von `sender.value` in den `CGFloat`-Typ umgewandelt werden. `CGFloat` ist auf 32-Bit-Architekturen ein `Float`, auf 64-Bit-Architekturen aber ein `Double`.

```
// Schriftgröße im Textfeld einstellen
@IBAction func sliderMove(_ sender: UISlider) {
  textView.font = textView.font?.withSize(CGFloat(sender.value))
}
```

15.7 Apps auf dem eigenen iPhone oder iPad ausführen

Den iOS-Simulator in Ehren, aber natürlich wollen Sie Ihre Programme auch auf »richtiger« Hardware testen. Während dazu früher ein kostenpflichtiger Apple-Developer-Account erforderlich war, ist das Ausführen eigener Apps auf eigenen Geräten mittlerweile kostenlos möglich (*Free Provisioning*). Dazu verbinden Sie im Dialog PREFERENCES • ACCOUNTS Xcode mit Ihrer Apple-ID. Außerdem muss Ihr iOS-Gerät durch ein USB-Kabel mit dem Computer verbunden sein. Nach diesen Vorbereitungsarbeiten können Sie das iOS-Gerät in der Symbolleiste von Xcode anstelle eines Simulators auswählen.

Wenn Sie [⌘]+[R] drücken oder den RUN-Button anklicken, überträgt Xcode die Hello-World-App auf das angeschlossene iPhone oder iPad und startet sie dort. Das gelingt nur, wenn Ihr Smartphone oder Tablet entsperrt ist. Bemerkenswert ist, dass trotz der externen Programmausführung die Debugging-Funktionen von Xcode aktiv bleiben. Wenn Sie also z. B. einen Breakpoint setzen, wird die App an dieser Stelle angehalten. Sie können in Xcode den Zustand der Variablen ergründen und das Programm dann fortsetzen.

Die App bleibt jetzt auf dem iPhone oder iPad. Sie kann dort losgelöst von Xcode ausgeführt werden – dann aber ohne Debugging-Möglichkeiten. Sie können Ihre App wie jede andere installierte App problemlos wieder löschen, indem Sie sie zuerst länger anklicken und dann auf das X-Symbol drücken.

Einschränkungen des Free Provisioning

Apple bezeichnet das Verfahren zum Ausführen von Apps auf iOS-Geräten ohne Apple-Developer-Account als *Free Provisioning*. Dabei gibt es aber Einschränkungen: Der Test von einigen Zusatzfunktionen erfordert weiterhin einen kostenpflichtigen Apple-Developer-Account. Das gilt z. B. für In-App-Käufe, den Datenaustausch mit der iCloud oder die Verwendung der Apple-Pay-Funktionen.

App-Ausführung ohne Kabel

Testgeräte müssen nicht ständig über ein USB-Kabel mit Ihrem Computer verbunden bleiben. Um über das WLAN mit dem Gerät zu kommunizieren, muss das Gerät aber weiterhin einmalig per Kabel verbunden werden. Anschließend führen Sie in Xcode WINDOW • DEVICES AND SIMULATORS aus, wählen Ihr Gerät und aktivieren die Option CONNECT VIA NETWORK (siehe Abbildung 15.16).

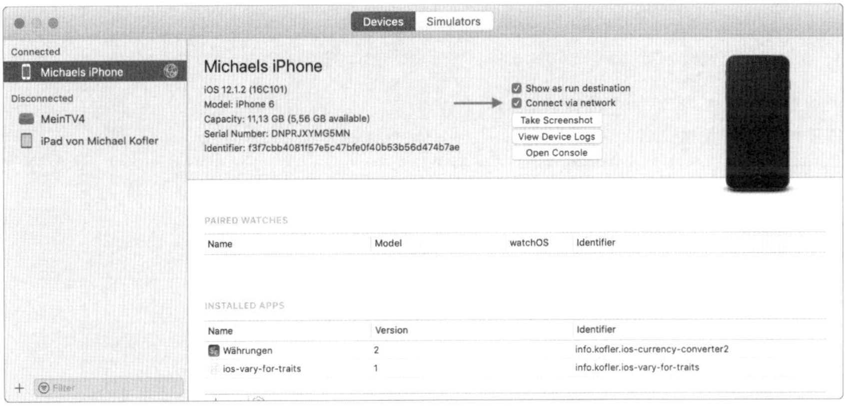

Abbildung 15.16 Xcode erlaubt die App-Entwicklung ohne Kabel.

Apple Developer Program

Bevor Sie eine App in den App Store hochladen können, müssen Sie Ihre App speziell vorbereiten und signieren (siehe Kapitel 32, »App Store und Co.«). Das ist nur mit dem Schlüsselsystem des Apple Developer Program möglich. Die Mitgliedschaft hat auch andere Vorteile – etwa den unkomplizierten Zugang zu Beta-Versionen von iOS, macOS und Xcode oder den Zugang zu Entwicklerforen:

https://developer.apple.com/programs

Dieses Service-Paket lässt sich Apple mit zurzeit 100 EUR pro Jahr bezahlen. Im Gegensatz zu früher, als es verschiedene Entwicklerprogramme für iOS, macOS und Safari gab, hat Apple diese Programme nun zu einem einzigen verbunden.

Eine vorhandene oder eine neue Apple-ID verwenden?

Bevor Sie sich dem Entwicklerprogramm anschließen, müssen Sie sich überlegen, welche Apple-ID Sie hierfür verwenden. Normalerweise spricht nichts gegen Ihre gewöhnliche Apple-ID. Sollten Sie diese ID aber schon im Rahmen von *iTunes Connect* zum Verkauf von Musik oder Büchern nutzen, dann benötigen Sie eine zweite Apple-ID für das Entwicklerprogramm.

Sie können dem Entwicklerprogramm wahlweise als Einzelperson oder als Team beitreten. Als Einzelperson benötigen Sie dazu lediglich eine Kreditkarte. Nach Abschluss des Bezahlprozesses kann es ein paar Minuten dauern, bis Ihr Entwicklerzugang freigeschaltet wird und Sie die entsprechende *Welcome*-E-Mail erhalten.

Nun können Sie in den Xcode-Einstellungen im Dialogblatt Accounts mit Add Apple ID Ihre Apple-ID mit Xcode verbinden. Von dort gelangen Sie mit View Details in einen weiteren Dialog, in dem Sie Schlüssel generieren können (siehe Abbildung 15.17). Vorerst benötigen Sie lediglich einen Schlüssel zur iOS-Entwicklung (also den Eintrag iOS Development).

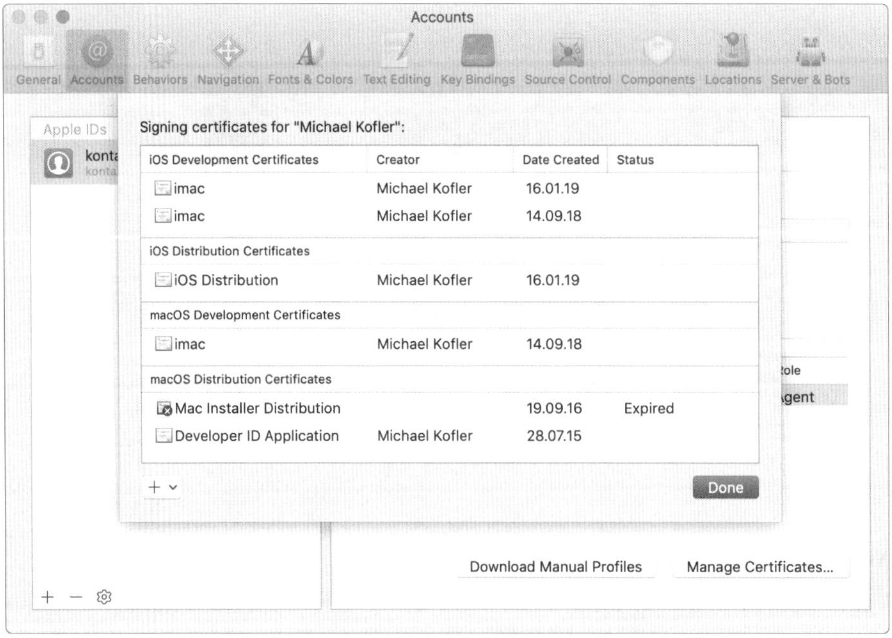

Abbildung 15.17 Verwaltung der Schlüssel des iOS-Entwicklerprogramms in Xcode

Nach diesen Vorbereitungsarbeiten wird jedes Gerät, auf dem Sie via Xcode eigene Apps ausführen, in das Entwicklungsprogramm aufgenommen. Insgesamt dürfen Sie pro Jahr maximal 500 Geräte mit Ihrem Konto verbinden: 100 iPhones, 100 iPods, 100 iPads sowie je 100 Apple-TV- und Apple-Watch-Geräte. Einen Überblick über alle mit Ihrem Konto verbundenen iOS-Geräte finden Sie auf der Webseite des Entwicklerprogramms:

https://developer.apple.com/account/ios/device

15.8 Komponenten und Dateien eines Xcode-Projekts

Wenn Sie in Xcode ein neues iOS-Projekt starten, besteht dieses standardmäßig schon aus einer Menge Dateien (siehe Abbildung 15.18) – und dabei bleibt es nicht. Dieser Abschnitt gibt Ihnen einen kurzen Überblick darüber, welche Datei welchen Zweck hat. Detaillierte Erläuterungen zu vielen Dateien folgen dann in den weiteren Kapiteln.

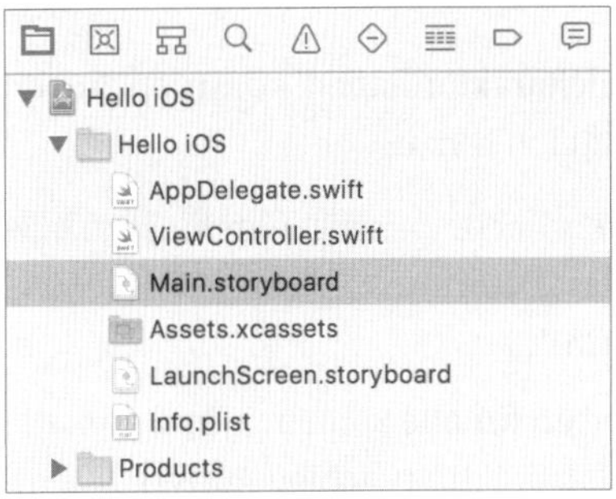

Abbildung 15.18 Überblick über die Codedateien im Projektnavigator von Xcode

Das sind die wichtigsten Dateien:

- `AppDelegate.swift` enthält Code zur Verarbeitung von Ereignissen des App-Lebenszyklus (siehe Abschnitt 16.4, »Phasen einer iOS-App«).
- `LaunchScreen.storyboard` enthält eine spezielle Ansicht der App, die während des Starts als eine Art Willkommensdialog angezeigt wird (siehe Abschnitt 32.1, »iOS-Artwork (Icons, Launch Screen)«).
- `Assets.xcassets` dient als Container für die Bilddateien der App. Dazu zählen neben dem Icon der App auch alle anderen Bitmaps, die Sie irgendwann anzeigen möchten. Die Besonderheit von Xcassets-Dateien besteht darin, dass Bitmaps in mehreren Auflösungen gespeichert werden können. Bei der Ausführung verwendet iOS dann automatisch die Datei, die am besten zum Display des iOS-Geräts passt (siehe Abschnitt 16.10, »Image-Views und Xcassets«, und Abschnitt 32.1, »iOS-Artwork (Icons, Launch Screen)«).
- `Info.plist` enthält diverse Projekteinstellungen in Form einer sogenannten Property List (Key-Value-Datei).
- `Main.storyboard` beschreibt das Aussehen und die Eigenschaften der Ansichten (View-Controller) einer App.

- `ViewController.swift` enthält den Controller-Code der ersten Ansicht des Storyboards. Für jede weitere Ansicht im Storyboard müssen Sie in der Regel eine weitere Swift-Datei hinzufügen, die eine von `UIViewController` abgeleitete Klasse definiert (siehe Kapitel 17, »iOS-Apps mit mehreren Ansichten«).

Dateien im Navigator verschieben

Sie können die Dateien des Projekts im Navigator verschieben und in Gruppen bzw. Verzeichnisse gliedern. Es spielt für Xcode keine Rolle, in welchem Verzeichnis die Dateien sich befinden. Xcode findet in jedem Fall alle zum Kompilieren erforderlichen Dateien. Die Organisation ist lediglich ein Hilfsmittel für Sie, um einen besseren Überblick zu wahren.

Weitere Dateien

Bei »richtigen« Apps, die also nicht nur Test- oder Beispielcharakter haben, kommen zu den anfänglich vorhandenen Dateien zumeist viele weitere Dateien hinzu:

- Weitere Swift-Code-Dateien verbinden Objekte Ihrer Oberfläche mit eigenen Klassen bzw. bilden die innere Logik Ihres Programms ab, also das Datenmodell gemäß des MVC-Musters (siehe Abschnitt 16.1, »Model-View-Controller (MVC)«).
- Zusätzliche Lokalisierungsdateien enthalten Zeichenketten für alle Sprachen, in denen die App später ausgeführt werden kann (siehe Abschnitt 32.4, »Mehrsprachige Apps«).
- Ja nach Zielsetzung der App sind außerdem Text-, XML-, HTML-, Datenbank- sowie Audio- und Videodateien erforderlich. Diese Dateien werden zusammen mit der App ausgeliefert (*Bundle-Dateien*).

Test- und Produktgruppe

Neben der eigentlichen Projektgruppe, deren Name mit dem Projektnamen übereinstimmt, kann ein Projekt bis zu drei weitere Gruppen aufweisen:

- `projektnameTests` und `projektnameUITests` enthält Code und Einstellungen zum automatisierten Test Ihres Projekts. Das zugrunde liegende XCTest-Framework hat eine ähnliche Zielsetzung wie Unit-Tests in anderen Programmiersprachen. In diesem Buch gehe ich darauf allerdings nicht ein.
- `Products` enthält das kompilierte Programm. Bei der iOS-App-Entwicklung werden die hier enthaltenen Dateien aber selten benötigt, weil die Ausführung von Apps durch Xcode automatisiert ist und eine Weitergabe von Apps an andere Benutzer nur über den App Store möglich ist.

Kapitel 16

iOS-Grundlagen

Zu den wichtigsten Themen dieses Kapitels, das etwas langatmiger auch »Grundlagen der Entwicklung von iOS-Apps mit Swift« hätte heißen können, zählen:

- Model-View-Controller (MVC)
- Klassenhierarchie
- View-Controller (`UIViewController`-Klasse)
- Phasen eines iOS-Programms (`AppDelegate`-Klasse)
- App-Gestaltung mit Auto Layout und Stack-View
- Texteingabe (`UITextField`-Steuerelement)
- Bilder (`UIImageView`-Steuerelement, Xcassets)

16

Damit erhalten Sie bereits einen ersten Überblick über elementare Grundlagen und Arbeitstechniken. Kapitel 17, »iOS-Apps mit mehreren Ansichten«, zeigt dann, wie Sie Apps gestalten, die aus mehreren Ansichten bestehen (Tab-Controller, Navigation-Controller, Popup-Dialoge). Weitere Programmiertechniken folgen dann in Teil III des Buchs. Dort beschreibe ich unter anderem das `UITableView`-Steuerelement, die Anzeige von Webseiten in Apps, die Auswertung von Geo-Daten und die Anzeige von Karten in der Map-View, das Zeichnen eigener Grafiken, die Auswertung von Touch-Ereignissen etc. Außerdem erfahren Sie, welche Schritte notwendig sind, bevor Sie Ihre App im App Store einreichen können.

16.1 Model-View-Controller (MVC)

Ein Model-View-Controller (MVC) ist ein Architekturmuster zur Entwicklung grafischer Benutzeroberflächen. Die Grundidee besteht darin, die Daten (das Modell) von der Benutzeroberfläche (der View) zu trennen. Die Steuerung des Gesamtprogramms erfolgt durch den Controller (siehe Abbildung 16.1). Konkret bedeutet das, dass es für eine Ansicht (eine Seite, einen Dialog) eines iOS-Programms in der Regel mindestens *drei* Klassen gibt, die miteinander in Kontakt stehen:

- **Modell (Daten):** Die Modellklassen kümmern sich um die Verwaltung der Daten und um die Logik des Programms. Bei einem Spiel enthält das Modell den aktuellen Spielstand, also z. B. die Position aller Figuren. Außerdem stellt die Klasse des Modells Methoden zur Verfügung, die den nächsten Zug durchführen, einen Zug rückgängig machen etc. Bei vielen Apps bietet das Modell auch Möglichkeiten, Daten bleibend zu speichern, sodass bei einem späteren Neustart des Programms der zuletzt gültige Zustand wiederhergestellt wird. Je nach Komplexität der App kann das Modell natürlich aus vielen Klassen bestehen.

- **View (Aussehen):** Das äußere Erscheinungsbild von iOS-Apps wird durch die auf dem Bildschirm sichtbaren Texte, Bilder und Bedienungselemente geprägt. Hinter den Kulissen befinden sich diese Objekte alle in einem `UIView`-Objekt. Dieses stellt gewisse Grundfunktionen zur Verfügung und dient als Container für alle weiteren Komponenten. Die Entwicklungsoberfläche speichert Ihre Einstellungen in einer Storyboard-Datei und erstellt beim Kompilieren eine serialisierte, binäre Darstellung der so definierten Objekte.

  Der Begriff *View* hat je nach Kontext unterschiedliche Bedeutungen! In diesem Abschnitt bezeichnet View die Oberfläche einer App. Gleichzeitig ist `UIView` aber auch die Basisklasse aller Steuerelemente. Deswegen werden Steuerelemente oft ebenfalls Views genannt.

- **Controller (Verhalten):** Der Controller bestimmt, wie sich die App verhält. Was beim Berühren eines Buttons passiert, wie sich die Darstellung des Bildschirminhalts bei einer Pan-Bewegung ändert, welche Methoden des Modells aufgerufen werden, um nach dem Antippen von OK Daten bleibend zu speichern – all das ist Aufgabe des Controllers. Die entsprechenden Anweisungen formulieren Sie in der Swift-Datei des Controllers.

  Die Trennung zwischen View und Controller ist nicht immer ganz so streng wie hier formuliert. Manche Aktionen, die eigentlich dem Controller zuzuordnen sind, können Sie direkt im Storyboard-Editor festlegen. Sie werden dann in der Storyboard-Datei gespeichert, also letztlich in der View. Ein typisches Beispiel ist ein Übergang (*Segue*) von einer Ansicht in eine andere beim Anklicken eines Buttons. Sie können den entsprechenden Code selbst im Controller schreiben, Sie können aber auch in Xcode den Button zusammen mit `ctrl` in die Ziel-View verschieben, und Xcode kümmert sich um die »Verdrahtung«.

Der größte Vorteil des MVC-Modells gegenüber anderen Entwicklungsmodellen besteht darin, dass die Modellklassen unabhängig von der Benutzeroberfläche bleiben. Daher lassen sie sich in der Folge relativ unkompliziert auch für andere Apps oder für eine macOS-Version nutzen oder an neue Bedienkonzepte – z. B. in künftigen iOS-Versionen – anpassen.

Der MVC-Ansatz ist seit vielen Jahren populär, aber bei den meisten Programmiersprachen bzw. Entwicklungsumgebungen optional. Sie können MVC zur Strukturierung Ihres Codes verwenden, müssen es aber nicht tun. Bei der Entwicklung von iOS-Apps geht an MVC aber kein Weg vorbei. Das machen schon die Klassennamen aus Cocoa Touch, dem iOS-Framework, klar: `UIView`, `UIViewController` zeigen deutlich, in welche Richtung die Reise geht. Insofern ist ein Grundverständnis von MVC zur iOS-Entwicklung unabdingbar. Jede noch so einfache App besteht zumindest aus View und Controller.

In ganz einfachen Apps wie dem Hello-World-Programm aus dem vorigen Kapitel kann ein eigenes Datenmodell entfallen. Auch in den kurzen Beispielprogrammen in diesem Kapitel fehlt das Datenmodell – ganz einfach deswegen, weil die Apps nur bestimmte Techniken demonstrieren, aber von ein paar Zeichenketten abgesehen keine Daten verwalten. In solchen Fällen liegt es nahe, die Funktionalität des Modells direkt im Controller zu realisieren.

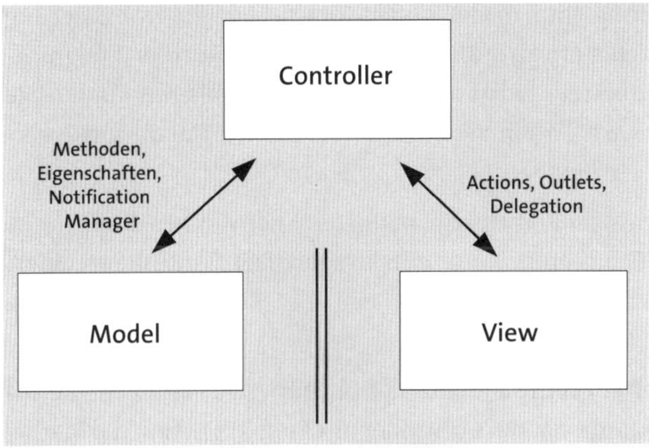

Abbildung 16.1 Kommunikation im Model-View-Controller

Kommunikation in MVC-Apps

Model, View und Controller müssen naturgemäß miteinander kommunizieren. Für diese Kommunikation gibt es Regeln bzw. Muster, die Sie einhalten sollten:

- **Trennung zwischen Model und View:** Eine direkte Kommunikation zwischen Model und View ist unüblich. Sie widerspricht dem Grundgedanken, das Datenmodell von den Details der Benutzeroberfläche zu trennen. Die Steuerungslogik geht daher über den Controller.
- **Actions** ordnen Ereignisse der View einer Methode im Controller zu. Jedes Mal, wenn ein bestimmtes Ereignis auftritt, kommt es also zum Aufruf der betreffenden Methode im Controller. Ihr Code kann so auf das Ereignis reagieren.
- **Outlets** ordnen Elemente der View einer Eigenschaft im Controller zu. Auf diese Weise kann Code des Controllers den Inhalt oder andere Details eines Steuerelements lesen oder auch verändern.

  Wie Sie im vorigen Kapitel schon gesehen haben, können Sie Actions und Outlets in Xcode unkompliziert erstellen, indem Sie das betreffende Element mit `ctrl` vom Storyboard in den Code verschieben. Es gibt kein iOS-Beispielprogramm in diesem Buch, das nicht an irgendeiner Stelle Actions und Outlets verwendet.
- **Delegation:** Für manche Ereignisse, vor allem solche von Zusatz-Frameworks, sehen die Controller-Klassen keine Methoden vor. Der oben beschriebene Actions-Ansatz ist somit nicht möglich.

  In solchen Fällen ist es üblich, dass die Controller-Klasse zusätzliche Protokolle einhält und deren Methoden implementiert. Die Controller-Klasse muss sich nun quasi anmelden und der View verraten, dass sie auf ein bestimmtes Ereignis reagieren möchte. In der Folge kommt es dann zum Aufruf der betreffenden Methoden, deren Namen häufig mit `did-` oder `will-` beginnen und so zum Ausdruck bringen, dass etwas passiert ist oder gleich passieren wird.

Der zugrunde liegende Mechanismus wird in der objektorientierten Programmierung *Delegation* genannt: Eine Klasse delegiert also die Verarbeitung bestimmter Ereignisse an eine andere Klasse. Das erste konkrete Beispiel für diesen Mechanismus finden Sie in Abschnitt 16.9, »Texteingaben«: Dort lernen Sie unter anderem, wie Sie die Onscreen-Tastatur nach der Eingabe von [↵] ausblenden.

Ein weiteres Beispiel folgt in Abschnitt 24.2, »Wegstrecke aufzeichnen«, wo es darum geht, die aktuelle Position des iOS-Geräts auf einer Karte einzutragen. Der Controller reagiert auf Ereignisse des Location Managers, also einer Klasse, die für GPS-Funktionen zuständig ist.

- **Kommunikation mit dem Model:** Der Controller enthält üblicherweise Variablen, die auf Objekte der Model-Klassen zeigen. Damit hat der Controller direkten Zugriff auf die Methoden und Eigenschaften des Datenmodells.

  Mitunter ist aber auch ein Datentransport in die umgekehrte Richtung erforderlich, also vom Model zum Controller – z. B. dahingehend, dass ein Download abgeschlossen ist und neue Daten verfügbar sind, die nun angezeigt werden können. Grundsätzlich wäre es denkbar, hierfür wieder den Delegation-Mechanismus einzusetzen. Gängiger sind in diesem Kontext aber zwei andere Verfahren: Nachrichten, die über den zentralen Notification Manager der App versendet und empfangen werden, sowie *Key Value Observers* (KVOs). Den Notification Manager lernen Sie in Kapitel 37, »Schatzsuche«, näher kennen.

MVC bei Apps mit mehreren Dialogen

Viele Apps bestehen nicht aus einem einzigen Dialog, sondern aus vielen Dialogen, Fenstern, Szenen, Ansichten, Views – welcher Begriff auch immer Ihnen am liebsten ist. Für das MVC-Modell bedeutet das: Es gibt viele Views, und in der Regel existiert zu jeder View ein Controller.

Innerhalb von Xcode ist die Aufteilung oft nicht ganz so klar: Zum einen enthält eine Storyboard-Datei üblicherweise alle Ansichten eines Programms. Das ändert aber nichts daran, dass hinter den Kulissen jede Ansicht für sich eigenständig ist. Zum anderen teilen sich die Ansichten einer App häufig (aber nicht immer) ein gemeinsames Datenmodell.

Auf jeden Fall benötigt jede Programmansicht, die auf Ereignisse reagieren kann, einen Controller. In größeren Projekten ist es durchaus möglich, dass ein und dieselbe Controller-Klasse für mehrere ähnliche Views eingesetzt werden kann.

Ein typisches Xcode-Projekt für eine iOS-App besteht somit aus:

- einem Storyboard für alle App-Ansichten
- je einer `*.swift`-Datei für den Controller zu jeder Ansicht
- eventuell `*.swift`-Dateien mit den Klassen selbst erweiterter Steuerelemente
- einer oder mehreren `*.swift`-Dateien für die Klassen des Datenmodells
- diversen Hilfsdateien (z. B. Bildern, Unit-Tests)

Grundsätzlich können Sie die Übergänge zwischen den einzelnen App-Ansichten vollkommen manuell durch sogenannte Segues steuern. Alternativ können Sie aber auch auf Controller-Klassen zurückgreifen, die bei der Navigation bzw. Darstellung von Ansichten helfen:

- Mit dem **Navigation-Controller** können Sie Oberflächen realisieren, in denen die Anwender ausgehend von einer Startseite in oft tief verzweigte Detailseiten navigieren. Ein ZURÜCK-Button links oben ermöglicht es, unkompliziert zur Startseite zurückzukehren.
- Der **Tab-Bar-Controller** kann mehrere Ansichten einer Oberfläche in Form von Dialogblättern anzeigen, zwischen denen die Anwender über Icons einer Tab-Bar am unteren Bildschirmrand wechseln.
- Der **Split-View-Controller** teilt den Bildschirm in eine Master-Ansicht (links bzw. ausgeblendet) und eine Detailansicht (rechts).
- Die **Table-** und **Page-View-Controller** helfen dabei, Oberflächen zu gestalten, in denen die Benutzer durch Tabellenelemente bzw. Seiten blättern.

Ein gemeinsames Merkmal all dieser Controller besteht darin, dass die Darstellung auf dem Bildschirm des iOS-Geräts aus Bestandteilen unterschiedlicher Ansichten zusammengesetzt wird. Hinter den Kulissen kommt es zu einer MVC-Verschachtelung. Eine ganze Menge konkreter Beispiele zur Realisierung von Apps mit mehreren Ansichten folgen in Kapitel 17.

16.2 Klassenhierarchie einer App-Ansicht

Jede Szene bzw. jede Ansicht eines Storyboards setzt sich aus mehreren Objekten zusammen. Dieser Abschnitt beschreibt ganz kurz das Zusammenspiel der zugrunde liegenden UIKit-Klassen (siehe Abbildung 16.2).

- `UIApplication` und `AppDelegate`: Diese Klassen sind für die Ausführung der App als Ganzes und zur Kommunikation mit iOS erforderlich. Details dazu folgen in Abschnitt 16.4, »Phasen einer iOS-App«.
- `UIWindow`: Diese Klasse beschreibt den Zeichenbereich der App. Normalerweise gibt es nur ein `UIWindow` – auch dann, wenn die App aus vielen Ansichten besteht. Die Xcode-Datei `AppDelegate.swift` enthält die Eigenschaft `window`, die auf das `UIWindow`-Objekt der App verweist.

  Mitunter sind auch mehrere `UIWindow`-Objekte im Spiel – z. B. wenn ein Alert angezeigt wird. Das ist eine Nachrichtenbox, die über der normalen Ansicht abgebildet wird.
- `UIScreen`: Die `screen`-Eigenschaft von `UIWindow` verweist auf ein `UIScreen`-Objekt. Es beschreibt den Bildschirm des iOS-Geräts im Detail. In seltenen Fällen verfügt eine App über mehrere Screens, etwa wenn via AirPlay ein externer Bildschirm angesteuert wird.
- `UIViewController`: Diese Klasse verwaltet eine Ansicht einer App. Die Klasse wird nicht direkt genutzt; vielmehr ist die Controller-Klasse (`ViewController.swift` in einer SINGLE

View Application) von `UIViewController` abgeleitet. Somit übernimmt der selbst gestaltete Controller alle zugrunde liegenden Methoden und Eigenschaften.

- `UIView`: Der `UIViewController` nimmt in einfachen Fällen direkt ein Objekt der `UIView`-Klasse auf. Dieses dient dann als Container für Steuerelemente, wobei auch diese von `UIView` abgeleitet sind und zum Teil selbst wieder als Container andere Steuerelemente aufnehmen.

  Grundsätzlich ist es auch zulässig, in einen `UIViewController` anstelle eines `UIView`-Objekts direkt ein Steuerelement einzufügen. Dieses füllt dann aber immer die gesamte Ansicht aus und schränkt die weiteren Gestaltungsmöglichkeiten ein.

Bei der Entwicklung von iOS-Apps mit Swift haben Sie es am häufigsten mit `UIViewController`- sowie mit `UIView`-Klassen bzw. deren Sub-Klassen zu tun. Sie können mit relativ wenig Aufwand auch eigene Steuerelemente entwickeln. Diese verwenden als Basisklasse wiederum `UIView`. Konkrete Beispiele dazu finden Sie in Kapitel 25, »Grafik und Animation«.

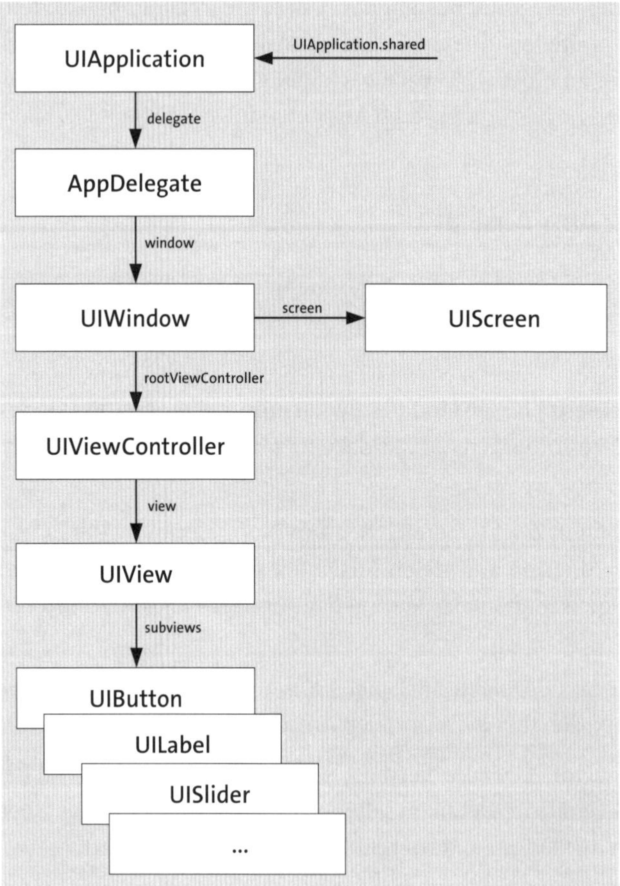

Abbildung 16.2 Zusammenspiel wichtiger UIKit-Klassen in einer einfachen iOS-App

UI-Nomenklatur

Das Buchstabenkürzel UI steht für *User Interface* und leitet die Namen aller Klassen des UIKit-Frameworks ein. Dieses Framework enthält die Basisklassen zur Gestaltung grafischer Benutzeroberflächen unter iOS.

UIKit ist wiederum ein Bestandteil von Cocoa Touch, also einer Sammlung von Frameworks zur iOS-Programmierung. Andere wichtige Bestandteile sind z. B. GameKit und SpriteKit (Spieleprogrammierung) oder MapKit (GPS- und Kompassfunktionen).

Innerhalb von Xcode können Sie den Baum aller Objekte, aus denen sich eine Szene einer App zusammensetzt, in der Document-Outline-Seitenleiste des Storyboard-Editors ansehen. Der Objektbaum beginnt in diesem Fall mit dem View-Controller (siehe Abbildung 16.3). Während die App im Debug-Modus läuft, kann Xcode außerdem eine 3D-Ansicht aller Komponenten darstellen. Das entsprechende Menükommando versteckt sich unter DEBUG • VIEW DEBUGGING • CAPTURE VIEW HIERARCHY.

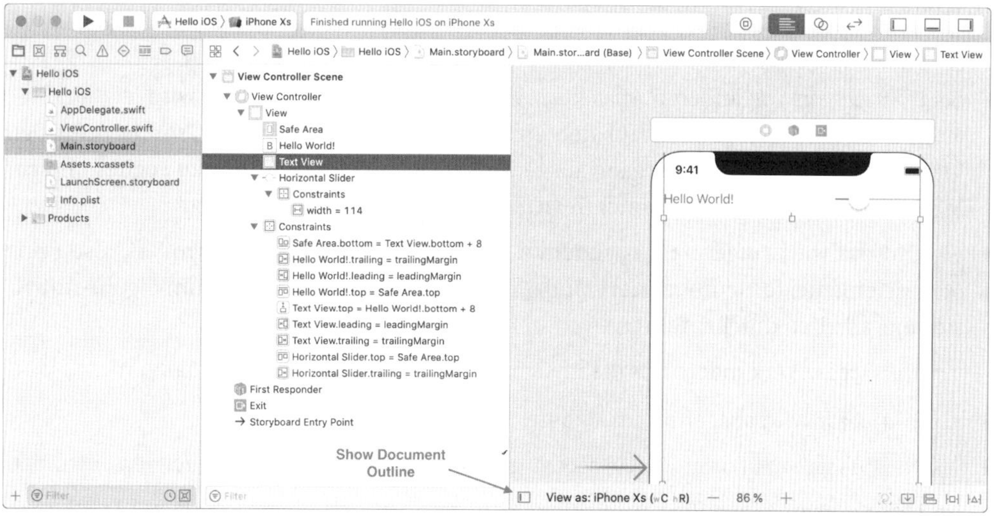

Abbildung 16.3 Der Objektbaum der »Hello World!«-App aus dem vorigen Kapitel

16.3 Die UIViewController-Klasse

Wie Sie im vorigen Abschnitt gesehen haben, verbergen sich hinter jeder App-Ansicht zahllose Klassen – aber mit keiner haben Sie in Ihrem Swift-Code so intensiv zu tun wie mit der `UIViewController`-Klasse. Das liegt daran, dass jede eigene Controller-Klasse von `UIViewController` abgeleitet ist. Beim Projekttyp SINGLE VIEW APPLICATION betrifft dies die Datei `ViewController.swift`, bei Projekten mit mehreren Views kommen weitere vergleichbare Klassen hinzu.

Lebenszyklus eines View-Controllers

Zuerst sollten Sie sich mit der Idee vertraut machen, dass View-Controller Wegwerfobjekte sind: Wenn eine App eine bestimmte Ansicht anzeigen will, erzeugt sie das betreffende View-Controller-Objekt. Aber sobald die Ansicht nicht mehr benötigt wird, gibt die App alle Referenzen auf den View-Controller wieder frei, und das Objekt wird aus dem Speicher entfernt. Bei Apps mit mehreren Ansichten ist es also nichts Ungewöhnliches, dass von ein und demselben View-Controller immer neue Instanzen erzeugt und wenig später wieder gelöscht werden.

Eine Ausnahme ist die Startansicht, also der View-Controller, der zuerst angezeigt wird und der oft der Dreh- und Angelpunkt der gesamten App ist. Er wird über die Eigenschaft `rootViewController` des `UIWindow`-Objekts angesprochen und bleibt im Speicher, bis die App endet oder bis diese explizit einen anderen Root-View-Controller einstellt. (Das ist möglich, aber nur in seltenen Fällen notwendig.)

Während der mitunter also recht kurzen Lebensdauer eines View-Controllers werden unter anderem die folgenden Methoden aufgerufen:

- `init(coder:)` initialisiert den View-Controller aus einem Storyboard.
- Bei Übergängen von anderen Ansichten, also bei sogenannten SEGUES, wird jetzt `prepare` aufgerufen – allerdings nicht für den anzuzeigenden View-Controller, sondern für den View-Controller, der den Übergang ausgelöst hat. Mehr Informationen zu Segues und zur Methode `prepare` folgen in Kapitel 17, »iOS-Apps mit mehreren Ansichten«.
- `viewDidLoad` wird aufgerufen, nachdem auch der Inhalt des View-Controllers, also seine Steuerelemente, fertig initialisiert sind. `viewDidLoad` ist der ideale Ort, um eigene Initialisierungsarbeiten durchzuführen.
- `viewWillAppear` verkündet, dass die Ansicht jetzt gleich tatsächlich sichtbar wird.
- `viewDidAppear` wird ausgeführt, nachdem die Ansicht sichtbar wurde.
- `viewWillDisappear` und `viewDidDisappear` geben an, dass die Ansicht wieder verschwindet.

  Im Lebenszyklus eines View-Controllers kommt es nur zu einem einzigen `viewDidLoad`-Aufruf. Es kann aber sein, dass ein- und derselbe Controller mehrfach ein- und ausgeblendet wird – und entsprechend oft werden die vier `viewXxxAppear`-Methoden ausgeführt.
- Während der Lebenszeit einer Ansicht treten zahlreiche Aufrufe von `viewWill-` und `viewDidLayoutSubviews` auf – und zwar bevor und nachdem iOS alle Layoutregeln verarbeitet und so die Größe und Position aller Steuerelemente festlegt bzw. festgelegt hat.
- In seltenen Fällen, wenn das iOS-Gerät zu wenig Arbeitsspeicher hat, kann es zu einem Aufruf von `didReceiveMemoryWarning` kommen. Eine Implementierung dieser Methode ist dann zweckmäßig, wenn Ihre App eine Menge Ressourcen bindet und diese bei Bedarf freigeben kann.
- `deinit` wird aufgerufen, bevor der View-Controller aus dem Speicher entfernt wird.

Wenn Sie den Aufruf dieser Methoden verfolgen möchten, führen Sie das Beispielprojekt `ios-viewcontroller-lifecycle` aus. Es besteht aus zwei View-Controllern, in denen die oben erwähnten Methoden alle implementiert sind und die ihren Aufruf mit `print` protokollieren.

In Wirklichkeit gibt es natürlich noch viel mehr Methoden, die über alle erdenklichen Zustände des View-Controllers informieren. Eine umfassende Beschreibung finden Sie in der Dokumentation der `UIViewController`-Klasse.

App-Lebenszyklus

Gewissermaßen die logische Ergänzung zu diesem Abschnitt folgt in Abschnitt 16.4, »Phasen einer iOS-App«. Dort geht es nicht mehr um einzelne View-Controller, sondern um die App als Ganzes. Deren Lebenszyklus durchläuft ebenfalls vordefinierte Phasen, über die Sie durch Methoden der `AppDelegate`-Klasse informiert werden.

Init-Funktion

Für den `UIViewController` gibt es zwei Init-Funktionen:

- Die `UIViewController`-eigene Init-Funktion dient dazu, den View-Controller aus einer NIB- bzw. XIB-Datei zu erzeugen. NIB stand ursprünglich für den *NeXT Interface Builder*. Das war ein Programm zur Erstellung grafischer Benutzeroberflächen für NeXT-Computer. Diese Funktionen sind jetzt in Xcode integriert. Sämtliche Steuerelemente, Einstellungen etc. werden dabei in NIB-Dateien gespeichert. Das ursprünglich binäre NIB-Format wurde später auf XML umgestellt, woraus die Dateikennung `.xib` resultiert. Dennoch ist weiterhin von NIB-Dateien die Rede.
- Die zweite Init-Funktion resultiert aus dem `NSCoding`-Protokoll. Sie ist erforderlich, um den View-Controller aus einem Decoder heraus zu erzeugen (zu *deserialisieren*). Diese Init-Funktion kommt zum Einsatz, wenn Sie – wie in allen Beispielen dieses Buchs – mit Storyboards arbeiten. Storyboards haben gegenüber NIBs den Vorteil, dass alle Bildschirme einer App in *einer* zentralen Datei verwaltet werden können.

Solange Sie in Ihren vom `UIViewController` abgeleiteten Klassen selbst keine Init-Funktionen implementieren, werden einfach die Init-Funktionen der Basisklasse genutzt. Es findet also ein impliziter Aufruf von `super.init` statt. Bei Bedarf können Sie die Decoder-Init-Funktion allein implementieren. Sobald Sie aber eine eigene NIB-Init-Funktion definieren, *müssen* Sie auch die Decoder-Init-Funktion überschreiben.

```
class MyViewController: UIViewController {
  // Init-Funktion der UIViewController-Klasse, wird nicht ausgeführt,
  // weil diese App keine NIBs verwendet
  override init(nibName nibNameOrNil: String?,
                bundle nibBundleOrNil: Bundle?)
  {
```

```
    // Eigenschaften der Basisklasse initialisieren
    super.init(nibName: nibNameOrNil, bundle: nibBundleOrNil)
    // eigener Code ...
  }

  // Init-Funktion des NSCoding-Protokolls, das die UIViewController-
  // Klasse erfüllt
  required init?(coder aDecoder: NSCoder) {
    // Eigenschaften der Basisklasse initialisieren
    super.init(coder: aDecoder)
    // eigener Code ...
  }
}
```

viewDidLoad-Methode

Auf die von Xcode eingefügten `@IBOutlet`-Eigenschaften können Sie in den Init-Funktionen nicht zugreifen, weil die Eigenschaften zu diesem Zeitpunkt noch `nil` enthalten. Im folgenden Beispiel befindet sich in Ihrem View-Controller ein Textfeld (`UITextView`): Sie wollen dieses Textfeld mit einem Rahmen darstellen. Im Attributinspektor fehlen entsprechende Einstellmöglichkeiten.

Also geht es darum, während der Initialisierung einige Eigenschaften des Core Animation Layers (`CALayer`) zu verändern. Naheliegend wäre es, den Code nach `super.init()` in der eigenen Init-Funktion einzubauen, also:

```
class MyViewController: UIViewController {
  @IBOutlet weak var txtView: UITextView!

  required init(coder aDecoder: NSCoder) {
    super.init(coder: aDecoder)
    // die folgenden Zeilen lösen einen Fehler aus!
    txtView.layer.borderColor = UIColor.lightGray.cgColor
    txtView.layer.borderWidth = 1
    txtView.layer.cornerRadius = 6
  }
}
```

Die resultierende App liefert nun aber beim Start die Fehlermeldung *unexpectedly found nil while unwrapping an Optional value*. Im Klartext: Das Steuerelement ist nicht initialisiert, `txtView` enthält noch `nil`. Die Lösung besteht darin, die Einstellungen erst in der Methode `viewDidLoad` durchzuführen. Diese wird einmal aufgerufen, sobald der View-Controller seinen Inhalt vollständig initialisiert hat, und ist somit der ideale Ort für derartige Arbeiten. Dank `viewDidLoad` können Sie auf die eigene Implementierung der Init-Funktionen praktisch immer verzichten.

```
class MyViewController: UIViewController {
  @IBOutlet weak var txtView: UITextView!
  // Eigenschaften von Steuerelementen einstellen,
  // nachdem deren Initialisierung abgeschlossen ist
  override func viewDidLoad() {
    super.viewDidLoad()
    txtView.layer.borderColor = UIColor.lightGray.cgColor
    txtView.layer.borderWidth = 1
    txtView.layer.cornerRadius = 6
  }
}
```

Beachten Sie, dass Sie in `viewDidLoad` zwar schon auf alle Steuerelemente zugreifen können, dass deren Position aber noch nicht festgelegt ist! Die Ansicht hat noch keine Größe, denn die Regeln des Auto-Layout-Systems sind noch nicht aktiv.

Vergessen Sie »super.viewDidLoad« nicht!

Bei allen View-Controller-Methoden mit Namen wie `xxxWillYyy` oder `xxxDidYyy`, die Sie mit `override` implementieren, sollten Sie zuerst `super.methodenname()` aufrufen. Damit kann die Basisklasse die erforderlichen Arbeiten erledigen. Erst dann folgt Ihr eigener Code.

16.4 Phasen einer iOS-App

Jede iOS-App durchläuft bei der Ausführung vordefinierte Phasen (siehe Abbildung 16.4):

- **Not running:** Die App wurde noch nicht gestartet oder bereits beendet.
- **Inactive:** Die App läuft und ist im Vordergrund, aber erhält gerade keine Ereignisse. Hierbei handelt es sich um einen kurzzeitigen Übergangsstatus in eine andere Phase.
- **Active:** Die App ist aktiv und reagiert auf Ereignisse, z. B. auf Fingerbewegungen auf dem Display. Das ist der Normalzustand einer gerade aktiven App.
- **Background:** Die App läuft im Hintergrund und führt Code aus. Bei den meisten Apps ist dies ähnlich wie *Inactive* eine kurze Übergangsphase hin zu einem anderen Zustand.

  Es gibt aber Apps, die explizit um Rechenzeit im Hintergrund bitten, weil sie dort Aufgaben erfüllen – beispielsweise Audio-, AirPlay-, Bluetooth- oder Navigationsfunktionen. Wenn Ihre App derartige Funktionen nutzen will, aktivieren Sie diese in Xcode in den Target-Einstellungen (siehe auch Abbildung 24.8 in Kapitel 24, »GPS- und Kompassfunktionen«).
- **Suspended:** Sofern Apps keine Aufgaben im Hintergrund erfüllen, werden nicht aktive Apps von iOS gestoppt. Solange das Gerät genug Speicher hat, bleibt die App im Speicher und kann später fortgesetzt werden. Wird der Speicher aber knapp, entfernt iOS die App aus dem Speicher. Wird die App später wieder benötigt, muss sie neu gestartet werden.

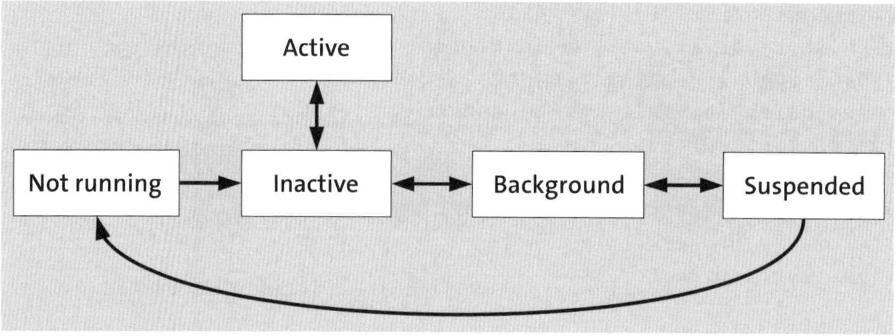

Abbildung 16.4 Der Lebenszyklus einer App

Die AppDelegate-Klasse

Die Programmausführung einer iOS-App beginnt in der `AppDelegate`-Klasse, die in jedem mit Xcode erstellten Projekt in der Datei `AppDelegate.swift` definiert ist. Die Klasse ist mit dem Attribut `@UIApplicationMain` ausgestattet. Dieses Attribut bewirkt, dass der Compiler Code für die `main`-Funktion generiert und an sie den Namen der `AppDelegate`-Klasse übergibt.

```
// Datei AppDelegate.swift
@UIApplicationMain
class AppDelegate: UIResponder, UIApplicationDelegate {
  var window: UIWindow?
  // diverse Methoden
}
```

Unmittelbar nach dem Programmstart wird ein `UIApplication`-Objekt erzeugt. Es ist für die Verarbeitung von Ereignissen verantwortlich (für den sogenannten *Event Loop*) und kommuniziert über Methoden des Protokolls `UIApplicationDelegate` mit der `AppDelegate`-Klasse. Diese Methoden informieren die App über anstehende Zustandswechsel. Standardmäßig enthält `AppDelegate.swift` leere Codeschablonen für die folgenden Methoden:

- `application` mit dem Parameter `didFinishLaunchingWithOptions`: Die App wurde gestartet.
- `applicationWillResignActive`: Die App wird in den Zustand *Inactive* wechseln. Die wahrscheinlichsten Ursachen sind das Drücken der Home-Taste des iPhones oder iPads oder eine durch eine andere App verursachte Unterbrechung, z. B. ein Telefonanruf oder eine eintreffende SMS. Spiele sollten hier pausiert werden.
- `applicationDidEnterBackground`: Die App ist in den Hintergrundstatus gewechselt. Sie sollte jetzt alle nicht unbedingt erforderlichen Ressourcen freigeben und alle Daten speichern, die es der App später ermöglichen, den zuletzt aktiven Zustand wiederherzustellen.
- `applicationWillEnterForeground`: Der App-Status wechselt vom Hintergrund- zurück in den Vordergrundstatus.

- applicationDidBecomeActive: Die App ist jetzt aktiv. Die Methode wird auf jeden Fall kurz nach dem Start aufgerufen, unter Umständen aber auch später immer wieder, wenn die App zwischen verschiedenen Zuständen wechselt.
- applicationWillTerminate: Die App wird beendet. Hier ist die letzte Gelegenheit, Daten zu speichern.

Es ist Ihnen freigestellt, diese Methoden mit eigenem Code zu füllen. Neben den oben aufgezählten Methoden gibt es unzählige weitere, die in der UIApplicationDelegate-Dokumentation beschrieben sind. Wenn Sie den Aufruf der Methoden beobachten möchten, starten Sie einfach das Beispielprojekt ios-viewcontroller-lifecycle. Es enthält in allen vorhin erwähnten Methoden print-Anweisungen.

Wenn Ihre App persistent Daten speichern soll, muss sie dies durchaus nicht unbedingt in den Methoden der AppDelegate-Klasse tun. Ein anderer Ansatz besteht darin, Daten in einer laufenden App ständig zu speichern, also immer dann, wenn Daten geändert wurden. Das ist vor allem bei solchen Apps ein zweckmäßiger Ansatz, bei denen kleine Datenmengen verwaltet werden und bei denen es relativ selten Änderungen gibt – z. B. bei einer App zur Speicherung von To-do-Listen.

Zugriff auf den Root-View-Controller und das AppDelegate-Objekt

In den meisten Apps sind das AppDelegate-Objekt und der Root-View-Controller standardmäßig die einzigen Objekte, die während der gesamten Lebenszeit der App zur Verfügung stehen. Sie eignen sich, um in Ihren Klassen Referenzen auf global für die App verfügbare Daten einzurichten. Das macht aber nur Sinn, wenn es gelingt, aus der AppDelegate-Klasse heraus auf den Root-View-Controller zuzugreifen und umgekehrt.

Beginnen wir mit dem ersten Fall. In jeder View-Controller-Klasse Ihrer App können Sie wie folgt auf das AppDelegate-Objekt zugreifen:

```
// Zugriff von einem beliebigen View-Controller
// auf das AppDelegate-Objekt
class MyViewController: UIViewController {
  ...
  let appDelegate = UIApplication.shared.delegate as! AppDelegate
```

Die Eigenschaft shared der UIApplication-Klasse verweist auf das zentrale UIApplication-Objekt der App (siehe Abbildung 16.2). Dieses verwendet ein AppDelegate-Objekt zur Delegation – also muss seine delegate-Eigenschaft auf das gesuchte Objekt zeigen.

Umgekehrt gelingt der Zugriff auf den Root-View-Controller über die window-Eigenschaft der AppDelegate-Klasse. Sie verweist auf das UIWindow-Objekt der App, und dessen Eigenschaft rootViewController führt uns zum View-Controller.

```
// Zugriff aus der AppDelegate-Klasse
// auf den aktuellen Root-View-Controller
class AppDelegate: ... {
  ...
  if let root = window?.rootViewController as? ViewController {
     print(root.title)
  }
}
```

Sollten Sie nicht am Root-View-Controller, sondern am gerade aktiven View-Controller interessiert sein, werten Sie die Eigenschaft `presentedViewController` des Root-View-Controllers aus.

16.5 Auto Layout

Unter iOS ist das Auto-Layout-System dafür verantwortlich, die Steuerelemente einer App richtig zu positionieren – und das in Abhängigkeit von der Größe und der Ausrichtung des Geräts, auf dem die App läuft. Zu den größten Herausforderungen angehender App-Entwickler zählt die korrekte Einstellung der entsprechenden Layoutregeln.

Diese Regeln bestimmen, wie groß ein Steuerelement ist, wie weit es von welchem Rand entfernt ist, wie es relativ zu anderen Steuerelementen positioniert wird etc. Die Kunst besteht nun darin, die Layoutregeln möglichst effizient festzulegen. Dazu stellt Xcode eine Menge Hilfsmittel zur Auswahl. In der Praxis kommen Sie zumeist mit einer Kombination dieser Verfahren am schnellsten zum Ziel.

Es ist noch kein Auto-Layout-Meister vom Himmel gefallen. Der Umgang mit Layoutregeln erfordert Übung, Erfahrung, Geduld und starke Nerven. Dieser Abschnitt vermittelt nur die Grundlagen. Konkrete Layoutbeispiele folgen – quasi nebenbei – in den weiteren iOS-Kapiteln dieses Buchs.

Punkt versus Pixel

Absolute Maße werden grundsätzlich in Punkt ausgedrückt. Auf iPhones und iPads der ersten Generation entspricht ein Punkt einem Pixel. Bei Retina-Geräten entspricht ein Punkt pro Dimension zwei Pixeln, d. h., es werden $2 \times 2 = 4$ Pixel gezeichnet. Beim iPhone 6/7/8 Plus sowie beim iPhone X/XS/XR sind es sogar noch mehr.

Grundeinstellungen

Bevor Sie mit den Layoutregeln beginnen, sollten Sie einige Grundeinstellungen Ihrer App überdenken:

- **Universal App oder dezidierte iPhone/iPad-Apps:** In Xcode werden neue Projekte automatisch als »Universal Apps« eingerichtet, d. h., sie sind später sowohl auf einem iPhone als auch auf einem iPad lauffähig. Wenn Sie das nicht möchten, klicken Sie im Projektnavigator das Projekt und im Editor das App-Target an. Die Einstellung für die Geräteart finden Sie nun im Dialogblatt GENERAL. Im Listenfeld DEVICES haben Sie die Wahl zwischen UNIVERSAL, IPHONE und IPAD.
- **Geräteausrichtung:** Bei reinen iPhone-Apps kann es zweckmäßig sein, die Geräteausrichtung auf PORTRAIT einzuschränken. Wenn eine Ausführung der App im Querformat ohnedies keine Vorteile mit sich bringt, ersparen Sie sich so Arbeit für Layoutoptimierungen. Die entsprechenden Optionen finden Sie in den gerade erwähnten Target-Einstellungen.
- **View-Größe (Simulated Metrics):** In der Fußleiste des Storyboard-Editors können Sie zwischen verschiedenen Displaygrößen sowie zwischen Hoch- und Querformat umschalten. Das ermöglicht einen raschen Test, wie Ihre Oberfläche auf unterschiedlichen iPhone- und iPad-Modellen aussehen wird. Oft ist es zweckmäßig, hier das kleinste mögliche Gerät auszuwählen, für das Sie entwickeln. Diese Einstellung hat noch einen Vorteil: Sie spart Platz im Storyboard-Editor, insbesondere bei der Entwicklung von Apps mit vielen Seiten.

Viele Wege führen zum Ziel

Bevor ich Ihnen im Detail einige Arbeitstechniken zur Einstellung der Layoutregeln beschreibe, fasse ich die Alternativen hier in einem Überblick zusammen. Als Orientierungshilfe dient dabei Abbildung 16.5.

- Mit `ctrl`-Drag können Sie den Rand eines Steuerelements zu einem anderen Element ziehen. Anschließend können Sie festlegen, welche Regel für die Ausrichtung der beiden Steuerelemente zueinander gelten soll.
- Die Layout-Buttons ALIGN, ADD NEW CONSTRAINTS und RESOLVE AUTO LAYOUT ISSUES rechts unten im Storyboard-Editor helfen dabei, Regeln manuell festzulegen, sie an geänderte Voraussetzungen anzupassen oder sie zu löschen.

  Eine ganz andere Funktion hat der Button EMBED IN STACK: Er bettet die gerade markierten Steuerelemente in eine Stack-View ein. Sie hilft dabei, mehrere Steuerelemente gleichmäßig in einer Zeile oder Spalte zu verteilen. Wie Sie damit effizient umgehen, lernen Sie in Abschnitt 16.7, »Steuerelemente in einer Stack-View anordnen«.
- Die Storyboard-Seitenleiste DOCUMENT OUTLINE weist auf Layoutprobleme hin und bietet die Möglichkeit, vorhandene Regeln anzupassen oder fehlende Regeln hinzuzufügen.
- Der Size Inspector listet alle Regeln für das gerade ausgewählte Steuerelement auf und gibt Ihnen die Möglichkeit, Details zu verändern.
- Im Attributinspektor können Sie selten benötigte Regeldetails einstellen.
- Einige Steuerelemente, wie Buttons oder Label, können ihre optimale Größe selbst ermitteln. Entsprechende Optionen finden Sie im Attributinspektor.

- Manchmal können Sie sich die Arbeit mit den Layoutregeln ersparen und stattdessen die Autoresizing-Optionen einstellen. Diese sind deutlich einfacher zu handhaben, bieten aber auch weniger Flexibilität bei Sonderfällen.

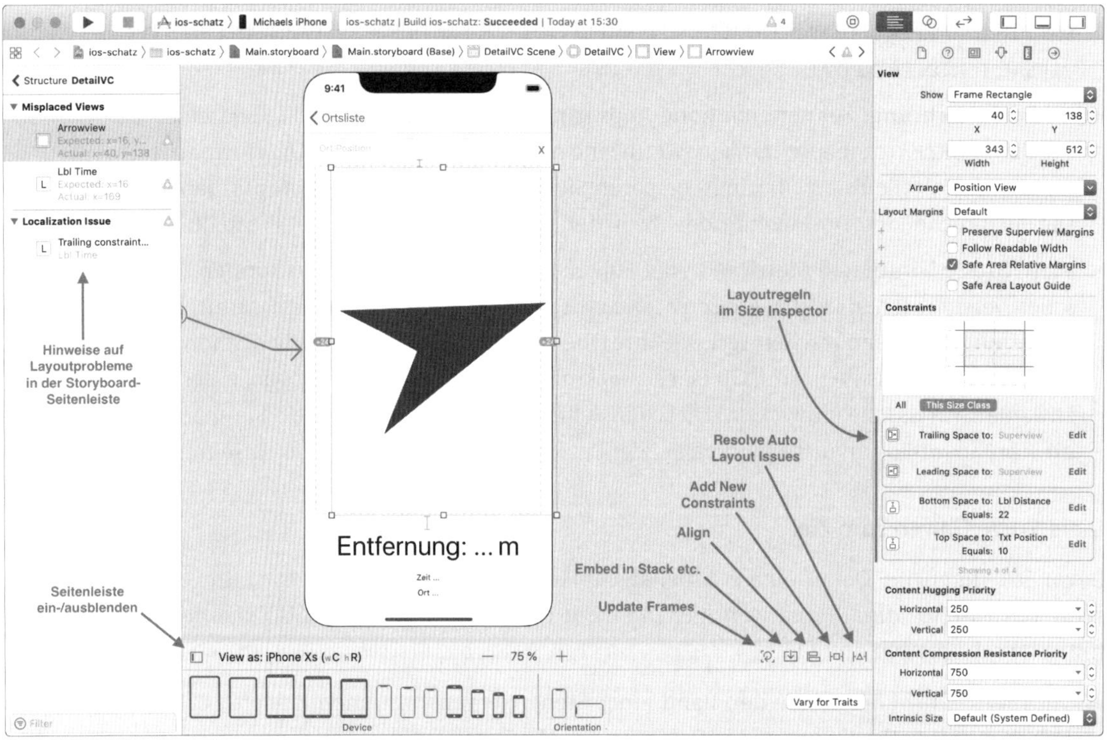

Abbildung 16.5 Hilfsmittel zur Bearbeitung von Layoutregeln in Xcode

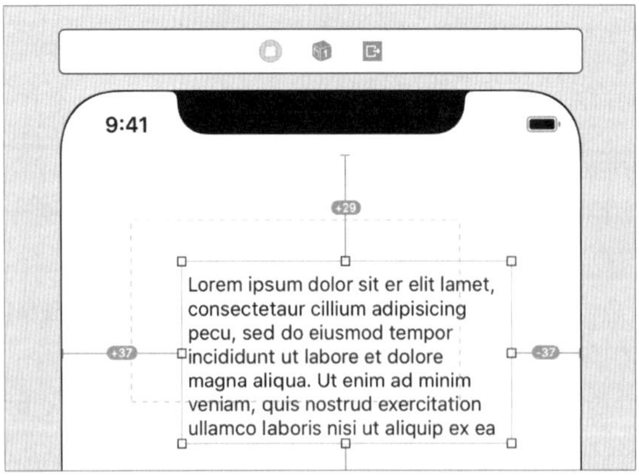

Abbildung 16.6 Links oben sehen Sie gestrichelt die Soll-Position des Buttons, die dieser in der laufenden App annehmen wird, rechts nach unten versetzt die aktuelle Ist-Position im Storyboard-Editor.

Soll- versus Ist-Position

Der Storyboard-Editor ändert den Ort und die Größe von Steuerelementen nicht automatisch, wenn Sie eine neue Layoutregel definieren! Vielmehr wird das Steuerelement nun orange statt blau umrandet (Ist-Position). Die Position, an der das Steuerelement aufgrund der Layoutregeln platziert wird, wird orange gestrichelt angezeigt (siehe Abbildung 16.6). Wenn Sie die App starten, wird das Steuerelement richtig platziert. Um die korrekte Platzierung auch im Storyboard-Editor zu erreichen, klicken Sie auf den ersten Layout-Button, also auf UPDATE FRAMES.

Layoutregeln im Storyboard-Editor einstellen

Eine einfache und in vielen Fällen praktische Vorgehensweise zur Definition von Layoutregeln besteht darin, die Steuerelemente zuerst in der gewünschten Größe und Form im View-Controller zu platzieren. Anschließend ziehen Sie mit gedrückter `ctrl`-Taste eine Linie über einen der vier Ränder des Steuerelements zu einem anderen Objekt bzw. in den Container, in dem sich das Steuerelement befindet. Xcode markiert dabei das Partnerobjekt in blauer Farbe.

Sobald Sie die Maus- oder Trackpad-Taste loslassen, erscheint ein Kontextmenü, in dem Sie die Art der Verbindung festlegen können (siehe Abbildung 16.7).

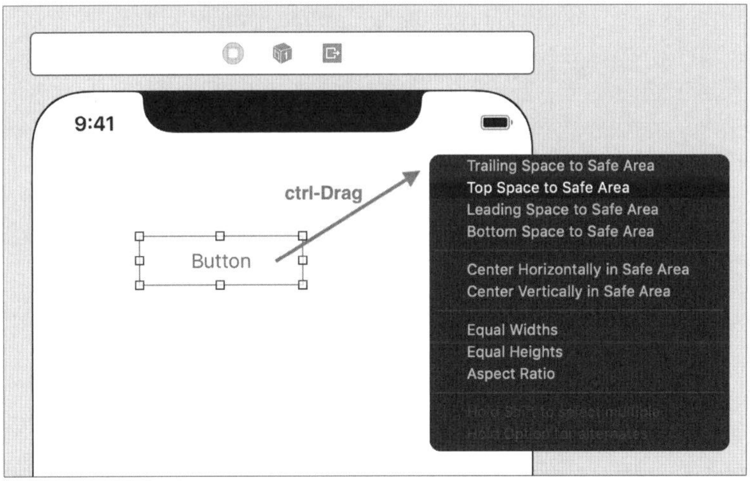

Abbildung 16.7 Layoutregeln mit ctrl-Drag festlegen

Die zur Auswahl stehenden Optionen hängen davon ab, in welche Richtung Sie die `ctrl`-Bewegung durchgeführt haben und von welcher Art die beiden Objekte sind, die durch Regeln verbunden werden sollen (siehe Tabelle 16.1). Die *Safe Area* bezeichnet den Bereich des Displays, in dem Sie eigene Steuerelemente platzieren können, ohne Probleme aufgrund von abgerundeten Ecken oder Aussparungen (also der »Notch«) zu riskieren.

Bezeichnung	Funktion
Trailing Space to Container Margin	horizontaler Abstand zum rechten Rand
Leading Space to Container Margin	horizontaler Abstand zum linken Rand
Horizontal Spacing	horizontaler Abstand zu einem anderen Objekt
Top Space to Container Margin	vertikaler Abstand zum oberen Rand
Top Space to Safe Area	vertikaler Abstand zur Safe Area
Bottom Space to Container Margin	vertikaler Abstand zum unteren Rand
Bottom Space to Safe Area	vertikaler Abstand zur Safe Area
Vertical Spacing	vertikaler Abstand zu einem anderen Objekt
Top	Ausrichtung am oberen Rand
Center Y	Ausrichtung an der vertikalen Mitte
Baseline	Ausrichtung an der Textunterkante
Bottom	Ausrichtung am unteren Rand
Left	Ausrichtung am linken Rand
Center X	Ausrichtung an der horizontalen Mitte
Right	Ausrichtung am rechten Rand
Center Horizontally in Xxx	im Container horizontal zentrieren
Center Vertically in Xxx	im Container vertikal zentrieren
Equal Widths	gleiche Breite
Equal Heights	gleiche Höhe
Aspect Ratio	gleiches Verhältnis von Länge zu Breite

Tabelle 16.1 Verschiedene Constraint-Typen

Tipp

Um mehrere Layoutregeln gleichzeitig auszuwählen, drücken Sie zusammen mit der Maus- bzw. der Trackpad-Taste ⇧ – dann bleibt der Optionsdialog (siehe Abbildung 16.7) für die weitere Auswahl auf dem Bildschirm.

Layoutregeln manuell einstellen

Der Layout-Button ALIGN ermöglicht es, die Ausrichtung eines Steuerelements relativ zu einem anderen exakt festzulegen (siehe den linken Teil von Abbildung 16.8). Die meisten Optionen können nur verwendet werden, wenn zumindest zwei Steuerelemente ausgewählt sind. Zusammen mit jeder Regel können Sie den Default-Offsetwert 0 anders einstellen. Wenn Sie beispielsweise zwei Steuerelemente an der Unterkante ausrichten und einen Offsetwert von 50 verwenden, dann wird das eine Steuerelement 50 Punkte unterhalb des anderen dargestellt. Die ausklappbare Option USE CURRENT CANVAS VALUE bedeutet, dass als Offset der aktuelle Abstand der Steuerelemente verwendet werden soll.

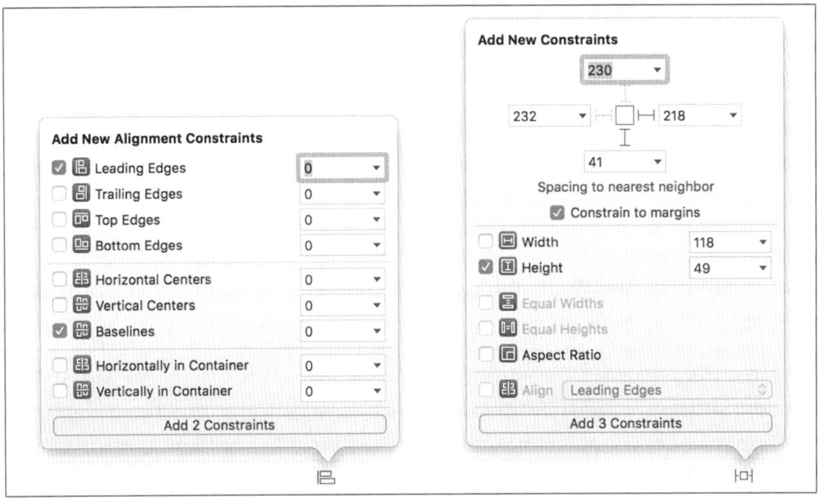

Abbildung 16.8 Layoutregeln manuell festlegen. Links der Dialog des »Align«-Buttons, rechts der Dialog des Buttons »Add New Constraints«

Der Layoutdialog des Buttons ADD NEW CONSTRAINTS (rechts in Abbildung 16.8) hilft, die Abstände und Größe eines Steuerelements relativ zum Container bzw. zum nächstgelegenen Nachbarsteuerelement exakt festzulegen. Von den vier Abstandsregeln werden nur die aktiv, bei denen Sie die roten Verbindungslinien anklicken.

iOS sieht bei Steuerelementen einen unsichtbaren inneren Rand (Margin) von standardmäßig 8 Punkt vor. Abstandsregeln können mit der Option CONSTRAIN TO MARGINS wahlweise relativ zu diesem inneren Rand oder zum äußeren Rand formuliert werden. Bereits festgelegte Abstände werden beim (De-)Aktivieren dieser Option sofort umgerechnet, sodass sich am resultierenden Layout nichts ändert. Relevant ist die Option nur, wenn Sie ineinander verschachtelte Container mit Steuerelementen verwenden. Eine detaillierte Erläuterung mit vielen Abbildungen finden Sie auf der Website Stack Overflow:

https://stackoverflow.com/questions/25807545

Regeln ändern statt hinzufügen

Vorsicht, die beiden gerade beschriebenen Dialoge fügen ausschließlich neue Regeln hinzu. Weder werden vorhandene Regeln verändert noch werden sie durch neue ersetzt. Änderungen an vorhandenen Regeln können Sie nur im Size Inspector durchführen. Dort können Sie auch gezielt einzelne Regeln löschen. Um *alle* Regeln für ein bestimmtes Steuerelement zu löschen, klicken Sie auf den fünften Layout-Button, RESOLVE AUTO LAYOUT ISSUES, und führen dann im Menü CLEAR CONSTRAINTS aus.

Layoutregeln aus der aktuellen Position und Größe ableiten

Der vielleicht schnellste Weg zur Festlegung von Layoutregeln besteht darin, die Steuerelemente von Anfang an immer an blauen Linien auszurichten. Wenn Sie ein Steuerelement mit der Maus oder dem Trackpad im Storyboard-Editor bewegen, blendet Xcode immer wieder blaue Hilfslinien ein: an den Rändern des View-Controllers, an den Rändern anderer Steuerelemente, an Flucht- oder Mittellinien mehrerer Objekte etc.

Diese Hilfslinien zeigen nicht nur Orte an, an denen eine optisch ansprechende Platzierung oder Ausrichtung gelingt, sondern sie markieren auch Orte, die Xcode für Layoutregeln zweckmäßig erscheinen.

Zur Festlegung der Layoutregeln klicken Sie dann auf den Button RESOLVE AUTO LAYOUT ISSUES und wählen den Eintrag ADD MISSING CONSTRAINTS, wahlweise nur für das gerade ausgewählte Steuerelement oder für alle Steuerelemente im View-Controller oder innerhalb eines anderen Containers (siehe Abbildung 16.9).

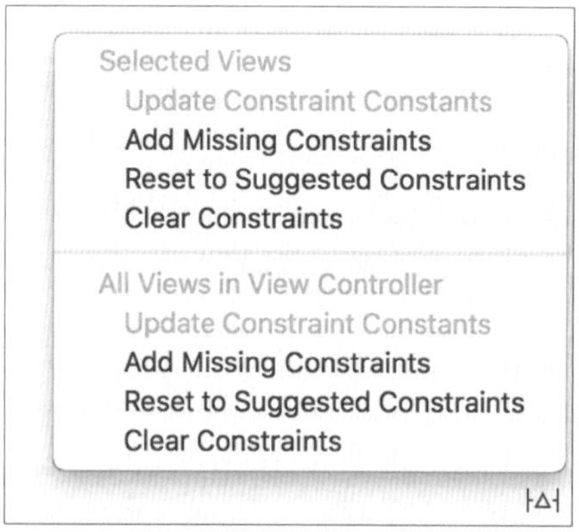

Abbildung 16.9 Layoutregeln mit »Add Missing Constraints« automatisch erzeugen

Die Erkennung geeigneter Layoutregeln funktioniert mittelprächtig. Die künstliche Intelligenz, die in den IT-Medien aktuell ja allgegenwärtig ist, hat offenbar noch nicht den Weg in Xcode gefunden. Xcode stellt generell zu viele Regeln auf, insbesondere dann, wenn es mehrere Steuerelemente gibt.

Anfänglich sind die vielen Regeln kein Problem, weil sie sich nicht widersprechen. Aber sobald Sie Änderungen am Layout durchführen möchten und z. B. einen Button neu positionieren, kommt es zu Konflikten. Die vielen Regeln machen das Layoutsystem unwartbar.

Daher ist es empfehlenswert, ADD MISSING CONSTRAINTS immer nur für ein Steuerelement auszuführen. Anschließend sehen Sie sich alle Regeln im Size Inspector an und löschen sofort alle nicht erforderlichen Regeln.

Regeln ändern und löschen, Steuerelemente neu positionieren

Das gerade beschriebene Menü des Buttons RESOLVE AUTO LAYOUT ISSUES weist noch einige weitere Kommandos auf (siehe Abbildung 16.9), die im Folgenden näher erläutert werden. Alle Kommandos können wahlweise auf den SELECTED VIEW oder ALL VIEWS IN VIEW-CONTROLLER angewendet werden. Der Begriff *View* ist in diesem Kontext ein wenig irreführend. Er bezeichnet Steuerelemente, weil iOS-intern alle Steuerelemente von der `UIView`-Klasse abgeleitet sind.

- UPDATE CONSTRAINT CONSTANTS: Sollten Sie eine kleine Änderung am Layout eines Steuerelements vornehmen, z. B. indem Sie es mit Maus oder Trackpad an eine neue Position ziehen oder seine Größe verändern, dann funktioniert UPDATE CONSTRAINT CONSTANTS ausgezeichnet. Dieses Kommando setzt neue Werte in bereits vorhandene Regeln ein. Es kommen keine neuen Regeln hinzu.
- ADD MISSING CONSTRAINTS ergänzt bereits vorhandene Regeln um weitere, sodass das Ort und Größe des Steuerelements bzw. der Steuerelemente anschließend eindeutig bestimmt sind.
- RESET TO SUGGESTED CONSTRAINTS löscht zueinander in Konflikt stehende Regeln. Die Wirkung des Kommandos ist nicht immer genau vorhersehbar, weil ja nicht immer eindeutig ist, welche von zwei oder mehr Regeln die vernünftigste ist. Spötter meinen, das Kommando macht im Zweifelsfall immer genau das Falsche.
- CLEAR CONSTRAINTS löscht alle Regeln für das ausgewählte Steuerelement bzw. für alle Steuerelemente des View-Controllers.

Layoutprobleme in der Document-Outline-Seitenleiste beheben

Solange es für ein Steuerelement keine Layoutregeln gibt, betrachtet Xcode das Steuerelement als unbestimmt und beschwert sich nicht. Aber kaum gibt es auch nur eine einzige Regel, verlangt Xcode, dass Position und Größe vollständig bestimmt sind. Zumeist sind vier Regeln erforderlich, um Ort und Größe eines Steuerelements eindeutig festzulegen. Mitunter reichen auch weniger Regeln, wenn iOS die Breite oder Höhe eines Steuerelements selbst festlegen kann.

Sobald Xcode Layoutprobleme erkennt, weist es darauf an verschiedenen Stellen der Entwicklungsumgebung durch gelbe oder rote Symbole hin. In der Seitenleiste des Storyboard-

Editors mit der Document Outline führt ein Klick auf das Layoutfehler-Icon in eine Detailansicht, in der für alle Steuerelemente die festgestellten Probleme aufgelistet sind (siehe Abbildung 16.10). Dazu zählen:

- CONFLICTING CONSTRAINTS: Die Layoutregeln für das Steuerelement widersprechen sich.
- MISSING CONSTRAINTS: Die vorhandenen Layoutregeln reichen nicht aus, um die Position und Größe des Steuerelements vollständig zu bestimmen.
- MISPLACED VIEWS: Es gibt Layoutregeln für ein Steuerelement, dieses befindet sich aber nicht an der vorgesehenen Position.

Sobald Sie in der Document Outline eine Regel anklicken, wird diese im Storyboard-Editor hervorgehoben, sodass sofort klar wird, um welches Steuerelement es sich handelt und welche Regel gemeint ist.

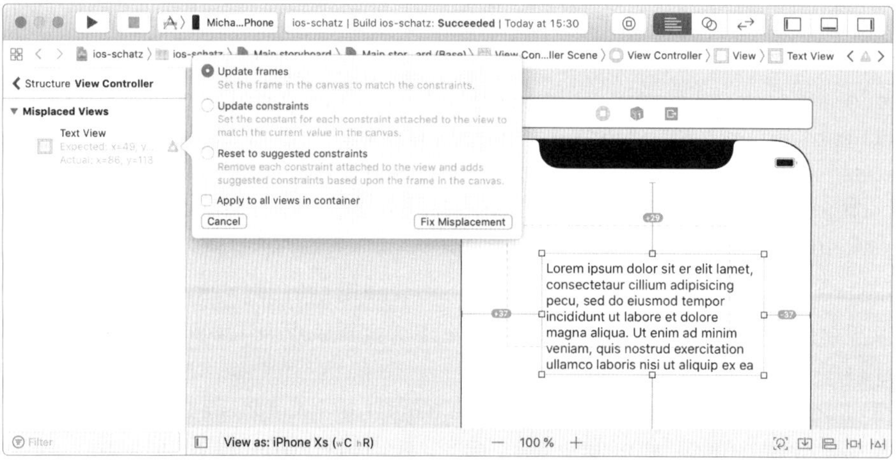

Abbildung 16.10 Zusammenstellung von Layoutproblemen in der Document-Outline-Seitenleiste

Die Zusammenstellung aller Layoutprobleme kann bei größeren Projekten mitunter Panikgefühle verursachen – nämlich dann, wenn die Liste schier endlos erscheint. Der große Vorteil dieser Ansicht besteht aber darin, dass Xcode Ihnen bei der Behebung der Probleme unter die Arme greift. Ein Klick auf die Fehler- oder Warn-Icons öffnet einen kleinen Dialog mit einem Lösungsvorschlag:

- Widersprüchliche Regeln werden aufgelistet, und Sie können die Regeln auswählen, die Sie löschen möchten.
- Bei fehlenden Regeln bietet Xcode an, geeignete Regeln hinzuzufügen. Die so erzeugten Regeln erfüllen dann zwar alle formalen Anforderungen, sind aber selten glücklich gewählt. Definieren Sie Layoutregeln besser selbst!
- Bei Widersprüchen zwischen den Regeln und der aktuellen Position der Steuerelemente fragt Xcode, ob es die Steuerelemente korrekt positionieren soll (UPDATE FRAMES), ob es

die Layoutregeln an die aktuelle Position anpassen soll (UPDATE CONSTRAINTS) oder ob es die vorhandenen Regeln durch Standardregeln verbessern soll (RESET TO SUGGESTED CONSTRAINTS, siehe Abbildung 16.10). Alle drei Maßnahmen können wahlweise nur für das betroffene Steuerelement oder gleich für alle Steuerelemente im View-Controller ausgeführt werden.

Ärger mit der Lokalisierung

Von der *Lokalisierung* einer App spricht man, wenn Sie die Texte in den Steuerelementen in unterschiedlichen Sprachen zur Verfügung stellen (siehe auch Abschnitt 32.4, »Mehrsprachige Apps«). Selbst wenn Sie das gar nicht vorhaben, sieht Xcode schon alle erdenklichen Probleme am Horizont, die sich daraus ergeben können, dass der Text durch die Lokalisierung länger wird.

Sie brauchen nur ein Label in einen View-Controller einzufügen und den Ort des Labels durch zwei Layoutregeln zu fixieren – schon erkennt Xcode ein Problem und zeigt eine entsprechende Warnung an (siehe Abbildung 16.11). Xcode will, dass Sie explizit durch eine weitere Regel festlegen, dass das Steuerelement in eine Richtung wachsen darf.

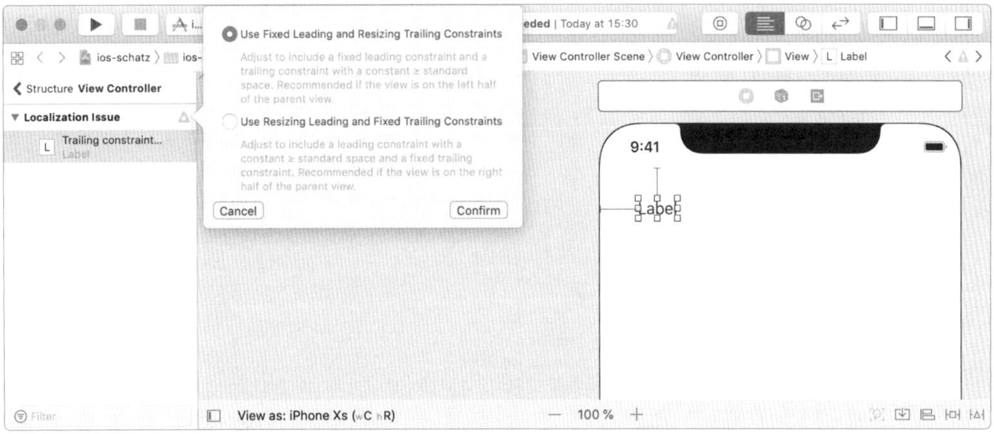

Abbildung 16.11 Xcode treibt mit seinen »Localization Issues« jeden Entwickler in den Wahnsinn.

Die Formulierung solcher Regeln ist recht umständlich. Üblicherweise fügen Sie zuerst eine »gewöhnliche« Regel mit absoluten Zahlen an, also z. B. dass der Abstand zum rechten Rand 120 Punkt lauten soll. In einem zweiten Schritt ändern Sie per Doppelklick auf die Regel den Vergleichsoperator von »=« in »>=«, sodass der Abstand größer oder gleich als 120 Punkt sein soll. Außerdem ersetzen sie 120 Punkt durch einen Minimalabstand, z. B. 8 Punkt oder sogar 0 Punkt.

Genau eine derartige Regel fügen Sie wesentlich rascher ein, indem Sie den entsprechenden Verbesserungsvorschlag von Xcode akzeptieren (siehe Abbildung 16.11). Xcode stellt dabei zwei Varianten zur Wahl, einmal für Steuerelemente, die am linken Rand fixiert sind, und einen zweiten für Steuerelemente, die sich rechts im View-Controller befinden.

Layoutregeln im Size Inspector bearbeiten

Wenn Sie vorhandene Layoutregeln ändern möchten, ist der Size Inspector eine große Hilfe (siehe Abbildung 16.12). Sobald Sie ein Steuerelement auswählen, werden dort alle Layoutregeln aufgelistet. Das darüber dargestellte Diagramm CONSTRAINTS zeigt auf einen Blick, für welche Ränder des Steuerelements es Regeln gibt.

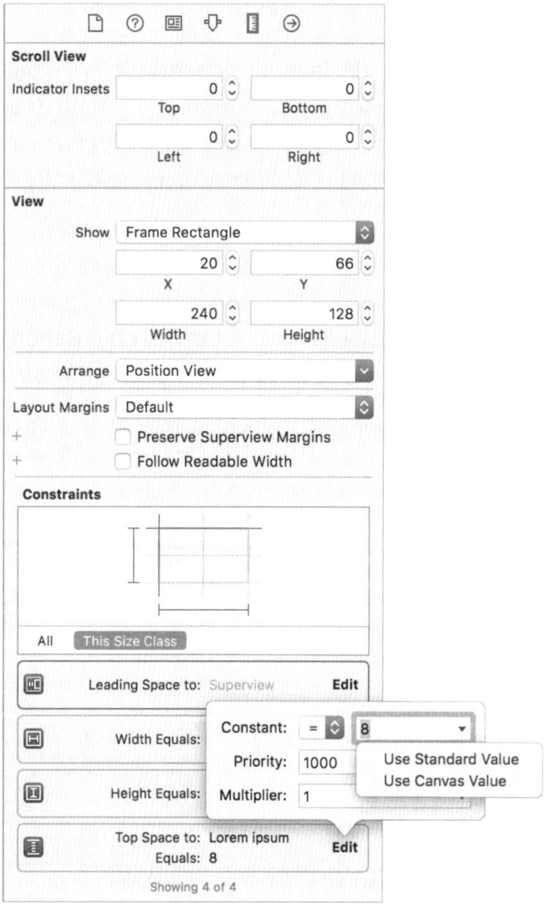

Abbildung 16.12 Layoutregeln im Size Inspector bearbeiten

Wenn Sie im Size Inspector eine Regel anklicken, wird diese im Storyboard visualisiert. Der Layout Inspector bietet damit eine ausgezeichnete Möglichkeit, aus der Liste der Regeln diejenigen zu ermitteln, die wirklich erforderlich sind. Alle anderen löschen Sie unkompliziert mit ←.

Der Size Inspector bietet Ihnen auch die Möglichkeit, Layoutregeln gezielt zu verändern, beispielsweise um den Abstand zwischen zwei Steuerelementen von 8 auf 16 Punkt zu vergrößern. In keiner anderen Komponente von Xcode gelingt dies so schnell und unkompliziert wie hier.

Oft enthalten Regeln, die sich aus dem Entwurf im Storyboard-Editor ergeben, krumme Zahlen für Abstände. Ein harmonisches und zweckmäßiges Layout erzielen Sie in aller Regel, wenn Sie diese Werte durch 0 ersetzen bzw. die Option Use Standard Value auswählen. Damit werden die Abstände zwischen den Steuerelementen minimiert. Die Option Use Canvas Value bedeutet, dass die momentan im Storyboard-Editor geltenden Abstände übernommen werden sollen.

Content Hugging und Content Compression Resistance

Der Size Inspector enthält auch die relativ selten benötigten Einstellmöglichkeiten für das Content Hugging und die Content Compression Resistance (siehe Abbildung 16.13). Beide Optionen sind dann relevant, wenn die Größe eines Steuerelements dynamisch je nach Platzangebot geregelt werden soll und der Platz zwischen zwei oder mehr Steuerelementen *ungleich* verteilt werden soll.

- **Content Hugging** (»Inhaltsumarmung«): Ein höherer Wert als bei den anderen Steuerelementen bewirkt, dass sich das Steuerelement so klein wie möglich macht – so klein, dass der gesamte Inhalt gerade noch dargestellt werden kann.
- **Content Compression Resistance** (»Widerstand gegen die Inhaltskomprimierung«): Ein kleinerer Wert als bei den anderen Steuerelementen bewirkt, dass das Steuerelement so stark verkleinert wird, dass sein Inhalt nicht bzw. nicht mehr optimal dargestellt wird.

Die beiden Parameter sind häufig dann eine Hilfe, wenn in einem `UIImageView`-Steuerelement eine Bitmap dargestellt werden soll. Dieses Steuerelement stellt Bitmaps bevorzugt pixelgenau dar – und das ist in der Praxis oft zu groß. Eine hochauflösende Bitmap führt dazu, dass alle anderen Steuerelemente gleichsam an den Rand gedrängt werden. Abhilfe schafft die Reduktion der Content Compression Resistance.

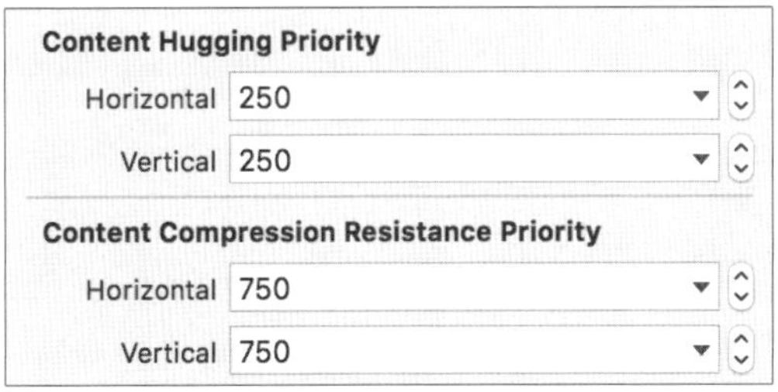

Abbildung 16.13 Steuerung von Content Hugging und Content Compression Resistance im Size Inspector

Layoutdetails im Attributinspektor modifizieren

Wenn Sie in der Document-Outline-Seitenleiste oder direkt im Storyboard-Editor eine Layoutregel auswählen, können Sie diese im Attributinspektor weiterbearbeiten. Dort offenbart sich die ganze Einstellungsvielfalt für Layoutregeln (siehe Abbildung 16.14):

- First und Second Item geben die Steuerelemente und die Bezugspunkte im Steuerelement an – z. B. die Oberkante oder die Mittellinie.
- Relation gibt an, in welcher Beziehung die Bezugspunkte zueinander stehen sollen. Standardmäßig sollen beide Seiten übereinstimmen (Equal), zur Auswahl stehen aber auch Less Than und Greater Than. Das ist praktisch, um beispielsweise eine Minimalbreite für ein Steuerelement vorzugeben (größer als 100 Punkte).
- Constant gibt einen Offsetwert an, der zur Regel addiert wird. Bei dem Wert kann es sich z. B. um den exakten Abstand zwischen zwei Elementen handeln.
- Priority gibt an, wie wichtig die Regel ist. Standardmäßig gilt für alle Regeln der gleiche Wert 1.000. Wenn Sie hier kleinere oder größere Werte angeben, weiß iOS, welcher Regel es bei Konflikten den Vorzug geben soll. Der zulässige Wertebereich reicht von 1 bis 1.000, wobei der Wert 1.000 bedeutet, dass die Regel zwingend eingehalten werden muss.
- Multiplier gibt einen Faktor an, in dem zwei Bezugswerte zueinander stehen sollen. Das ist z. B. bei Größenangaben sinnvoll, wenn etwa das eine Element genau doppelt so breit wie das andere sein soll. Das Maß zwischen zwei Elementen wird so berechnet:

```
item1.attributeA == item2.attributeB * multiplier + constant
```

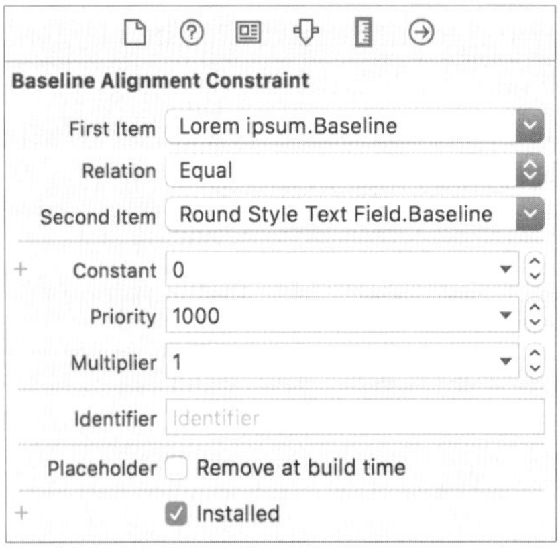

Abbildung 16.14 Noch mehr Layoutoptionen im Attributinspektor

Regelloses Layout (Autoresizing-Optionen)

Xcode bietet die Möglichkeit, anstelle von Regeln Autoresizing-Optionen zu setzen. Der Size Inspector sieht dazu einen kleinen Abschnitt vor, der allerdings nur dann sichtbar ist, wenn es für das gerade ausgewählte Steuerelement keine Layoutregeln gibt (siehe Abbildung 16.15).

In der AUTORESIZING-Box können Sie sechs Verbindungslinien anklicken:

- Die vier Verbindungslinien an den Rändern fixieren den Abstand zur übergeordneten View, also zum Container, in dem sich das Steuerelement befindet. Beachten Sie, dass das Setzen *beider* Ränder nur dann Wirkung zeigt, wenn Sie außerdem den entsprechenden Doppelpfeil für die Größenanpassung anklicken.

  Standardmäßig sind die beiden Verbindungslinien links und oben aktiviert. Solange es keine Layoutregeln gibt, fixieren diese beiden Autoresizing-Optionen die Position des Steuerelements.

- Das Anklicken der beiden Doppelpfeile links/rechts oder oben/unten im Inneren des Quadrats bewirkt, dass das Steuerelement je nach Platzangebot horizontal bzw. vertikal größer oder kleiner wird. Wenn nur einer der beiden Ränder fixiert ist, verläuft die Größenänderung anteilig. Wenn ein Steuerelement anfänglich also die halbe Breite des Containers nutzt, bleibt es dabei.

Neben der AUTORESIZING-Box gibt es ein kleines Vorschaufenster, in dem eine Animation anzeigt, wie sich Position und Größe des Steuerelements je nach Platzangebot verändern werden (siehe Abbildung 16.15).

16

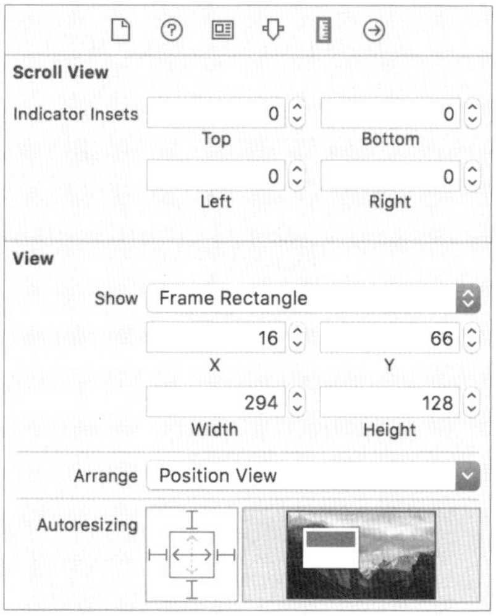

Abbildung 16.15 Die Autoresizing-Optionen sind nur für Steuerelemente sichtbar, für die keine expliziten Layoutregeln definiert wurden.

In einem WWDC-Video werden die Autoresizing-Optionen insbesondere für einen inkrementellen Layoutprozess empfohlen. Sie können damit mit wenig Aufwand ein einigermaßen gut funktionierendes Layout erzielen. Erst wenn Sie mit den Autoresizing-Optionen nicht mehr weiterkommen, beginnen Sie mit der Definition »richtiger« Layoutregeln:

https://developer.apple.com/videos/play/wwdc2016/236

Hinter den Kulissen kommen übrigens auch bei den Autoresizing-Optionen Regeln zum Einsatz. Diese werden aber erst zur Laufzeit generiert.

Tipps und Tricks

- Weniger ist mehr! Löschen Sie von Xcode durch ADD MISSING CONSTRAINTS erzeugte, aber nicht erforderliche Regeln sofort.
- Bei einer Fülle von Layoutfehlern führt ein kompletter Neustart (CLEAR CONSTRAINTS) oft schneller zum Ziel als eine Fehlersuche.
- Views (also `UIView`-Objekte) eignen sich als unsichtbare Platz- oder Abstandshalter, für die Sie alle erdenklichen Regeln formulieren können.
- Textfelder verkleinern standardmäßig die Schriftgröße, um auch längere Texte vollständig darzustellen (Optionen ADJUST TO FIT und MINIMAL FONT SIZE).
- Ziehen Sie auch den Einsatz der Stack-View in Erwägung (siehe Abschnitt 16.7, »Steuerelemente in einer Stack-View anordnen«)!
- Image-Views versuchen, große Bitmaps unverkleinert darzustellen. Daher ist es oft notwendig, Breite und Höhe der Image-Views durch Regeln klar zu limitieren.

  Achten Sie auch auf die richtige Einstellung des CONTENT MODE im Attributinspektor: Dieser Wert steuert, ob und wie die Bildgröße angepasst werden darf.

  Beispielsweise bewirkt die Einstellung ASPECT FIT, dass die vorgegebene Größe optimal genutzt wird, das Bild aber weder verzerrt noch beschnitten wird. ASPECT FILL erhält ebenfalls die Proportionen des Bildes, beschneidet seine Ränder aber so, dass es die Image-View vollständig ausfüllt.
- Wenn Sie ein Container-Steuerelement auswählen möchten, das sich hinter (unter) einem anderen Steuerelement befindet, drücken Sie ⇧ und klicken mit der rechten Maus- bzw. Trackpad-Taste. Xcode zeigt dann ein Kontextmenü mit allen Steuerelementen an, die sich unter dem Cursor befinden.
- Wenn bei Steuerelementen mit einzeiligem Text (typischerweise Buttons und Labels) die Breite fixiert ist, zeigt Xcode die folgende Warnung an: *Fixed width constraints my cause clipping.* Zwar muss der Text oder die Schriftgröße geändert werden, damit wirklich Text abgeschnitten wird, aber natürlich ist die Warnung nicht ganz von der Hand zu weisen.

  Abhilfe: Vermeiden Sie die Einstellung der Breite. Machen Sie das Steuerelement stattdessen so groß wie möglich, und fixieren Sie es auch am rechten Rand mit einer Layoutregel. Gegebenenfalls ordnen Sie den Text *innerhalb* des Buttons linksbündig an.

  Wenn ein Button nur ein Icon enthält (also keinen Text), aktivieren Sie im Attributinspektor die Option POSITION = IMAGE ONLY. Das erlaubt die explizite Einstellung der Breite ohne Warnungen.

16.6 Layoutregeln durch Code definieren

Die Grundidee des Auto-Layout-Systems ist es, das Layout vorab in Xcode festzulegen. Swift-Code ist nur zur Einstellung oder Auswertung der Daten in den Steuerelementen erforderlich, aber nicht zur Lösung von Layoutproblemen. Aber natürlich gibt es Ausnahmen – etwa, wenn Sie in einer App per Code Steuerelemente erzeugen und diese durch Layoutregeln positionieren möchten.

Die folgenden Zeilen in `viewDidLoad` erzeugen einen Button und platzieren ihn mit Auto-Layout-Regeln. Zum Erzeugen des Buttons wird eine Init-Funktion der `UIButton`-Klasse verwendet. Mit dem Parameter `.system` liefert die Methode einen Button, der »normal« aussieht, also die gleichen Farben, Schriften etc. wie ein im Storyboard-Editor erzeugter Button aufweist.

`addTarget` gibt an, welche Methode beim Berühren des Buttons ausgeführt werden soll – im vorliegenden Beispiel `buttonAction()` aus der aktuellen Klasse (daher `self`). Mit dem `action`-Parameter wird ein sogenannter *Selektor* übergeben.

Selektor-Syntax

Ein Selektor gibt die Signatur einer Methode an. Dabei folgt dem Methodennamen die Parameterliste. Parameter werden durch `:name` ausgedrückt, unbenannte Parameter mit dem in Swift üblichen Unterstrich. Die aufgerufene Methode muss mit dem Attribut `@objc` gekennzeichnet werden.

`addSubview` fügt den Button in das `UIView`-Objekt des View-Controllers ein. Anstelle von `self.view` funktioniert auch einfach `view`. Das vorangestellte `self` soll hier nur verdeutlichen, dass `view` eine Eigenschaft der `UIViewController`-Klasse ist.

```
// Projekt ios-layout-code, Datei ViewController.swift
class ViewController: UIViewController {
  override func viewDidLoad() {
    super.viewDidLoad()

    // Button erzeugen
    let btn = UIButton(type: .system)
    btn.setTitle("Dieser Button wurde mit Code erzeugt",
                 for: UIControlState())
    btn.addTarget(
      self,
      action: #selector(ViewController.buttonAction(_:)),
      for: .touchUpInside)
    self.view.addSubview(btn)
```

Wenn Sie keine Layoutregeln verwenden wollen, können Sie die Position und Größe des Buttons mit `btn.frame = CGRect(...)` einfach fixieren. Wenn Sie aber Layoutregeln nutzen möchten, dann müssen Sie zuerst mit `translatesAutoresizingMaskIntoConstraints` automatisch generierte Layoutregeln eliminieren. Vergessen Sie die Einstellung dieser Eigenschaft, treten Regelkonflikte auf, die sich in der folgenden Fehlermeldung äußern: *Unable to simultaneously satisfy constraints*.

Die Layoutregeln werden in Form von `NSLayoutConstraint`-Objekten formuliert. Die erste Regel bedeutet, dass der linke Rand des Buttons 8 Punkte vom linken Rand des `UIView`-Objekts des View-Controllers platziert werden soll. Die zweite Regel richtet die Oberkante des Buttons an der Oberkante der Safe Area Layout Guides aus. `addConstraint` fügt die Regeln dem `UIView`-Objekt hinzu.

```
    // Fortsetzung von class ViewController ... {
    // zuerst automatische Constraints eliminieren
    btn.translatesAutoresizingMaskIntoConstraints = false

    // Button links (linke Kante Button = linke Kante View + 8 Punkt)
    let left = NSLayoutConstraint(
      item:        btn,
      attribute:   .left,
      relatedBy:   .equal,
      toItem:      self.view,
      attribute:   .left,
      multiplier:  1,
      constant:    8)
    view.addConstraint(left)

    // oben (Oberkante Button = Oberkante Safe Area Layout Guide)
    let top = NSLayoutConstraint(
      item:        btn,
      attribute:   .top,
      relatedBy:   .equal,
      toItem:      self.view.safeAreaLayoutGuide,
      attribute:   .top,
      multiplier:  1,
      constant:    0)
    view.addConstraint(top)
  }

  // wird beim Berühren des Buttons ausgeführt
  func buttonAction(_ sender:UIButton!) {
    print(sender.currentTitle!)
  }
} // class-Ende
```

Eine mittige Platzierung des Buttons erreichen Sie mit den beiden folgenden NSLayoutConstraint-Objekten:

```
// alternativ: Button zentriert
let center1 = NSLayoutConstraint(item:       btn,
                                 attribute:  .centerX,
                                 relatedBy:  .equal,
                                 toItem:     self.view,
                                 attribute:  .centerX,
                                 multiplier: 1,
                                 constant:   0)
let center2 = NSLayoutConstraint(item:       btn,
                                 attribute:  .centerY,
                                 relatedBy:  .equal,
                                 toItem:     self.view,
                                 attribute:  .centerY,
                                 multiplier: 1,
                                 constant:   0)
view.addConstraint(center1)
view.addConstraint(center2)
```

Die im action-Parameter angegebene Methode (also #selector(...)) sieht so aus:


```
@objc func buttonAction(_ sender: UIButton!) {
  print(sender.currentTitle)
}
```

16.7 Steuerelemente in einer Stack-View anordnen

Das UIStackView-Steuerelement dient als Container für andere Steuerelemente und kann diese unter- oder nebeneinander ausrichten. Dabei sind nur ganz wenige Layoutregeln erforderlich, mitunter gar keine! Stack-Views können auch ineinander verschachtelt werden.

Bei der Arbeit mit Stack-Views hilft ein Button, der sich rechts unten in der Statusleiste des Storyboard-Editors befindet. Ein Klick auf diesen Button führt in ein Menü, in dem Sie wählen können, in welches andere Element (z. B. in eine Stack-View) die markierten Steuerelemente eingebettet werden sollen.

Stack-View per Video kennenlernen

Auf der WWDC 2015 wurde die Stack-View im Rahmen des Vortrags »Mysteries of Auto Layout, Part 1« vorgestellt. Sehen Sie sich die ersten 15 Minuten dieser Session an, es lohnt sich!

https://developer.apple.com/videos/wwdc/2015/?id=218

Die Präsentation der Stack-View endet mit der Empfehlung, eigene Layouts grundsätzlich mit Stack-Views zu starten und Layoutregeln erst dann zu verwenden, wenn die Stack-View an ihre Grenzen stößt. Der Vorschlag ist vielleicht ein wenig radikal, zeigt aber, dass selbst Apple-Entwicklern die schwer beherrschbare Komplexität des Auto-Layout-Systems bekannt ist.

Funktionsprinzip

Innerhalb einer Stack-View können mehrere andere Steuerelemente per Drag & Drop oder mit dem STACK-Button eingefügt werden. Die Elemente werden unter- oder nebeneinander angezeigt (AXIS = VERTICAL/HORIZONTAL). Über die Anordnung der Steuerelemente innerhalb der Stack-View bestimmen drei Eigenschaften (siehe Abbildung 16.16):

- ALIGNMENT gibt an, wie jedes Steuerelement für sich im Container angeordnet ist. Bei AXIS = VERTICAL stehen die Optionen links- und rechtsbündig sowie zentriert zur Auswahl, bei AXIS = HORIZONTAL oben, mittig, Unterkante und Baseline.

  Außerdem können Sie bei beiden Varianten FILL einstellen: Die Steuerelemente nutzen dann die gesamte zur Verfügung stehende Breite bzw. Höhe. Das ist natürlich nur bei Steuerelementen mit variabler Breite/Höhe zweckmäßig – etwa bei Bildern (Image-View), bei Textfeldern etc.
- DISTRIBUTION gibt an, wie die Steuerelemente zueinander positioniert werden sollen. Hier gibt es die folgenden Einstellungen:
  - FILL: Steuerelemente mit variabler Breite/Höhe erhalten möglichst viel Platz, alle anderen Steuerelemente nur so viel, wie sie zur Darstellung ihres Inhalts benötigen.
  - FILL EQUALLY: Jedes Steuerelement erhält gleich viel Platz, egal, ob es diesen nutzen kann (Bitmap) oder nicht (Button).
  - FILL PROPORTIONALLY: Große Steuerelemente erhalten proportional mehr Platz als kleine. Diese Einstellung ist vor allem dann zweckmäßig, wenn Bitmaps im Spiel sind.
  - EQUAL SPACING: Die Steuerelemente werden so angeordnet, dass die Abstände zwischen ihnen jeweils gleich groß sind.
  - CENTERING: Die Steuerelemente werden so angeordnet, dass ihre Mittellinien jeweils den gleichen Abstand zueinander haben.
- SPACING bestimmt einen fixen Abstand zwischen den Steuerelementen bzw. zum Rand der Stack-View. Der SPACING-Wert wird nur bei manchen DISTRIBUTION-Einstellungen berücksichtigt.

Bei meinen Tests hat sich herausgestellt, dass Sie sich auf die Vorschau im Storyboard-Editor nicht immer verlassen können. In der laufenden App sieht die Platzverteilung oft ein wenig anders aus. Testen Sie vor allem die Extremfälle, also z. B. die App-Ausführung auf kleinen Geräten im Querformat! Am besten funktioniert die Stacking-View, wenn sie lauter gleichartige Steuerelemente enthält.

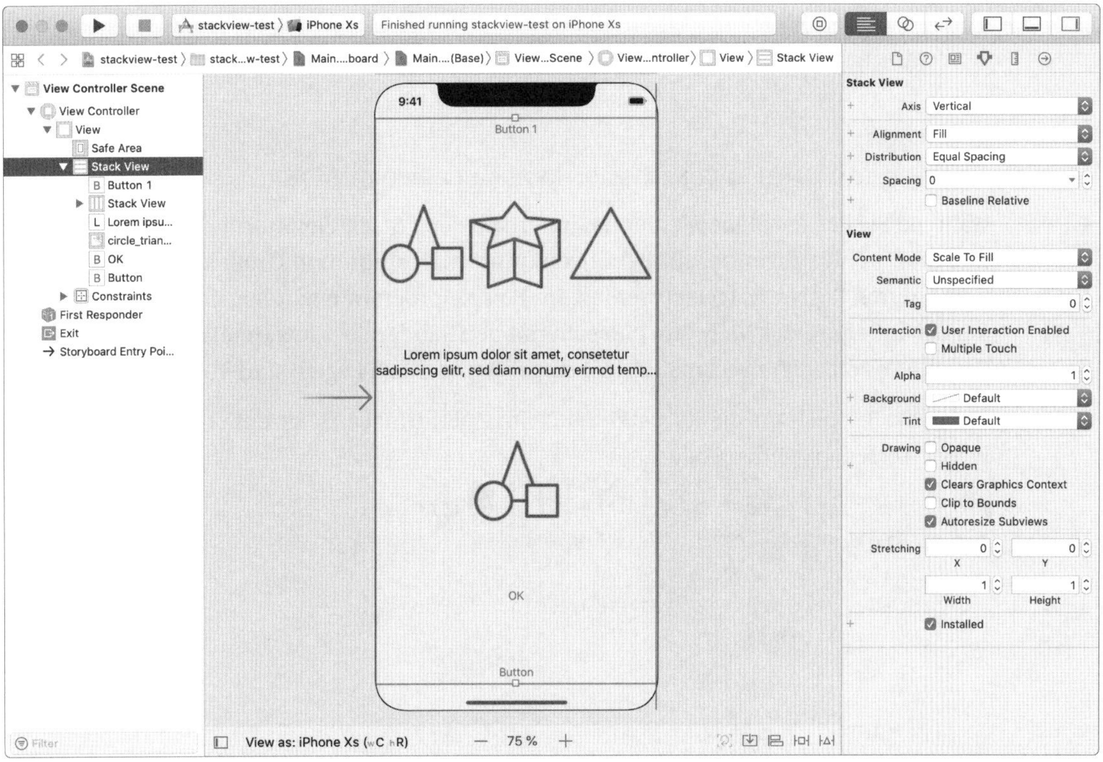

Abbildung 16.16 Testprogramm zum Ausprobieren der Stack-View

Beispiel

Um mit der Stack-View vertraut zu werden, empfiehlt es sich, einfach ein wenig zu experimentieren. Dazu habe ich ein winziges Beispielprogramm zusammengestellt, das einige geometrische Figuren (Bitmaps) und andere Steuerelemente in zwei Stack-Views verpackt (siehe Abbildung 16.16). Im Folgenden sind die wichtigsten Einstellungen aller Steuerelemente zusammengefasst:

- Äußere Stack-View:
  - Axis = Vertical
  - Alignment = Fill
  - Distribution = Equal Spacing
  - Spacing = 0
- Innere Stack-View:
  - Axis = Horizontal
  - Alignment = Center
  - Distribution = Fill Equally
  - Spacing = 0

- Alle Image-Views mit Bitmaps:
  - MODE = ASPECT FIT
- Label:
  - LINES = 2
  - VERTICAL CONTENT COMPRESSION RESISTANCE PRIORITY = 751

Während Sie bei den Steuerelementen innerhalb einer Stack-View normalerweise keine oder nur ganz wenige Layoutregeln benötigen, müssen Position und Größe der Stack-View wie üblich durch Regeln festgelegt werden. Im Beispielprogramm wurden einfach alle vier Ränder der äußeren Stack-View durch Regeln mit den Rändern des iOS-Geräts verbunden. In der Praxis ist es oft auch zweckmäßig, Höhe oder Breite durch Regeln starr vorzugeben.

Damit die Beispiel-App die Statuszeile auch im Querformat anzeigt, enthält die View-Controller-Klasse den folgenden Code:

```
// Projekt ios-stackview, Datei ViewController.swift
class ViewController: UIViewController {
  // Statusbar immer anzeigen
  override var prefersStatusBarHidden: Bool {
    get { return false }
    set {}
  }
}
```

Noch ein Beispiel

Ein weiteres Anwendungsbeispiel für die Stack-View gibt es in Kapitel 38, »Währungskalkulator«: Die dort vorgestellte App finden Sie unter den Beispieldateien in zwei Varianten vor, bei denen die Gestaltung einmal mit herkömmlichen Auto-Layout-Regeln erfolgt ist und das andere Mal mit Stack-Views.

Content Compression Resistance Priority

Bei manchen DISTRIBUTION-Einstellungen kann es passieren, dass einzelne Steuerelemente zu stark »zusammengedrückt« werden, um Platz für die anderen Steuerelemente zu machen. Das gilt insbesondere, wenn eine Stack-View sowohl Image-Views mit Bitmaps als auch andere Steuerelemente enthält. Dieses Problem tritt beispielsweise auf, wenn das iPhone bzw. der Simulator für das vorhin beschriebene Beispielprogramm im Querformat ausgeführt wird. Die Buttons werden dann zu stark zusammengedrückt.

Abhilfe schafft in solchen Fällen eine geringfügige Verkleinerung der CONTENT COMPRESSION RESISTANCE aller Image-Views im Size Inspector. Im Beispielprogramm wurde diese Eigenschaft des Images vom Standardwert 750 auf 749 verringert. Das sorgt schon dafür, dass sich diese Steuerelemente sich nicht mehr so stark gegen das Zusammendrücken »wehren«.

16.8 Layoutvarianten

Aus Ihrer Sicht als Entwickler(in) wäre es am einfachsten, beim Layoutentwurf möglichst wenige Varianten zu unterstützen, also die App beispielsweise nur für iPhones im Hochformat zu konzipieren (also keine Drehung ins Querformat, keine iPads). Die Nutzer Ihrer App wird das aber unglücklich machen. Aus Anwendersicht ist eine App dann ideal, wenn diese ihr Layout an verschiedene Geräte und Orientierungen anpasst und den zur Verfügung stehenden Raum immer optimal nutzt.

Dieser Abschnitt steckt die Möglichkeiten ab, die Xcode Ihnen bietet, um das Layout Ihrer App geräte- bzw. richtungsabhängig zu entwerfen. Der Grundansatz sieht so aus:

- Zuerst entwerfen Sie die Layoutregeln für den Normalfall, also z. B. für ein iPhone im Hochformat. Die so definierten Regeln gelten immer.
- Danach fügen Sie neue Regeln hinzu bzw. ändern vorhandene Regeln, wobei diese Änderungen nur für bestimmte Sonderfälle gelten – z. B. für Geräte mit einem besonders breiten Display.

Zur Formulierung der Zusatzregeln bzw. Regeländerungen gibt es wiederum zwei Möglichkeiten. Zum einen zeigt Xcode links neben vielen Einstellungsmöglichkeiten ein kleines Plus-Symbol an. Wenn Sie dieses anklicken, können Sie eine Einstellung hinzufügen (siehe Abbildung 16.18), die nur unter bestimmten Voraussetzungen gilt – also z. B. dann, wenn die App auf einem Gerät mit breitem Display läuft.

16

Die andere Möglichkeit ist, dass Sie mit dem Button VARY FOR TRAITS einen speziellen Bearbeitungsmodus aktivieren (*trait*: englisch für *Merkmal*). Dabei müssen Sie zuerst eine bestimmte Displayvariante auswählen und danach angeben, ob die Breite oder die Höhe oder beide Merkmale als Kriterium dienen (siehe Abbildung 16.20). Anschließend gelten, solange dieser Modus aktiv ist, alle hinzugefügten oder veränderten Regeln nur für ähnliche Displayvarianten, die im Bereich VARY FOR TRAITS aufgelistet werden. Eine große Einschränkung des Vary-for-Traits-Verfahrens besteht darin, dass Xcode dabei nur Varianten bei der Änderung bzw. beim Hinzufügen von Layoutregeln aufzeichnet, die restlichen Eigenschaften aber global ändert.

Auch wenn Xcode zwei unterschiedliche Bearbeitungstechniken zur Wahl stellt – hinter den Kulissen ist die Technik immer dieselbe: Mit beiden Verfahren definieren Sie in Xcode Regeln, die nur für bestimmte Displayformen gelten.

Kriterien

Apple hat versucht, die Kriterien, die darüber entscheiden, welche Regel wann gilt, so allgemeingültig wie möglich zu formulieren. Sie können also nicht einfach sagen: »Wenn die App auf einem iPhone mit einem Display mit mehr als 4,5 Zoll läuft, dann ...« Vielmehr gibt es nur zwei Kriterienfilter, die auch in Kombination verwendet werden können:

- **Displaybreite (Width):**
  - **Any:** gilt immer
  - **Regular:** gilt, wenn die App horizontal viel Platz hat
  - **Compact:** gilt, wenn die App horizontal wenig Platz hat
- **Displayhöhe (Height):**
  - **Any:** gilt immer
  - **Regular:** gilt, wenn die App vertikal viel Platz hat
  - **Compact:** gilt, wenn die App vertikal wenig Platz hat

»Welches Gerät gehört jetzt zu welcher Kategorie?«, werden Sie fragen. Aber diese Frage lässt sich so einfach nicht beantworten. Nicht nur das Gerät ist entscheidend (siehe Tabelle 16.2), sondern auch seine Lage (Hoch- oder Querformat) und bei iPads sogar der aktuelle Betriebszustand: Einer App, die auf einem iPad im Querformat im Multitasking-Modus läuft, steht nur die Hälfte oder gar nur ein Drittel des Platzes zur Verfügung.

Gerät	Height	Width
iPhone SE Portrait iPhone 6/7/8/X Portrait iPhone 6/7/8 Plus Portrait	Regular	Compact
iPad Portrait	Regular	Regular
iPhone SE Landscape	Compact	Compact
iPhone 6/7/8/X Landscape iPhone 6/7/8 Plus Landscape	Compact	Regular
iPad Landscape	Regular	Regular

Tabelle 16.2 Ausgewählte Beispiele zur Einordnung von iOS-Geräten (ohne Multitasking)

Einschränkungen

Ich empfinde dieses System als nicht besonders gelungen. Beispielsweise ist es ohne Code unmöglich, Regeln zu definieren, die gelten, wenn eine App im Querformat läuft – also wenn die zur Verfügung stehende Bildschirmbreite größer ist als die Bildschirmhöhe. Ebenso ist es unmöglich, eine Regel zu definieren, die für iPads, aber nicht für iPhones gilt.

Meine persönlichen Befindlichkeiten sind hier aber nicht relevant. Sie müssen sich mit den Möglichkeiten begnügen, die Apple Ihnen zur Verfügung stellt. Bei manchen Apps lässt sich wirklich perfektes Design nur erreichen, wenn Sie getrennte Varianten der App für iPhone und iPad entwickeln und manche Layoutdetails nicht in Xcode einstellen, sondern durch eigenen Code steuern. Naturgemäß ist der damit verbundene Aufwand riesig.

Layoutregeln mit dem Plus-Button einrichten

Im View-Controller des Beispielprojekts `ios-plus` sind vier Steuerelemente enthalten: ein Label und drei Buttons. Bei schmalen Geräten sollen alle vier Steuerelemente untereinander angezeigt werden. Bei breiten Geräten (WIDTH = REGULAR, also z. B. auf iPads sowie auf einem iPhone X im Querformat) soll das Label in größerer Schrift und anderer Farbe oben, die drei Buttons aber in einer Zeile darunter angezeigt werden (siehe Abbildung 16.17).

Abbildung 16.17 Das Beispielprojekt »ios-plus« im Simulator für ein iPhone X im Hoch- und Querformat

Um diesen Effekt zu erreichen, richten Sie das Layout der App zuerst wie folgt im Hochformat eines iPhones ein:

- Eine äußere Stack-View mit dem Label und einer inneren Stack-View:
  - Abstand 0 zu allen vier Rändern der Safe Area
  - AXIS = VERTICAL
  - ALIGNMENT = CENTER
  - DISTRIBUTION = FILL PROPORTIONALLY
- Eine innere Stack-View mit den drei Buttons:
  - AXIS = VERTICAL
  - ALIGNMENT = CENTER
  - DISTRIBUTION = FILL EQUALLY

Stack-Views sind eine gute Startbasis für Layoutvariationen. In der Document-Outline-Seitenleiste wählen Sie die innere Stack-View aus, klicken bei der Eigenschaft Axis auf den Plus-Button und fügen eine Variante für Width = Regular, Height = Any und Gamut = Any hinzu. Für diese Variante stellen Sie Axis = Horizontal ein (siehe Abbildung 16.18).

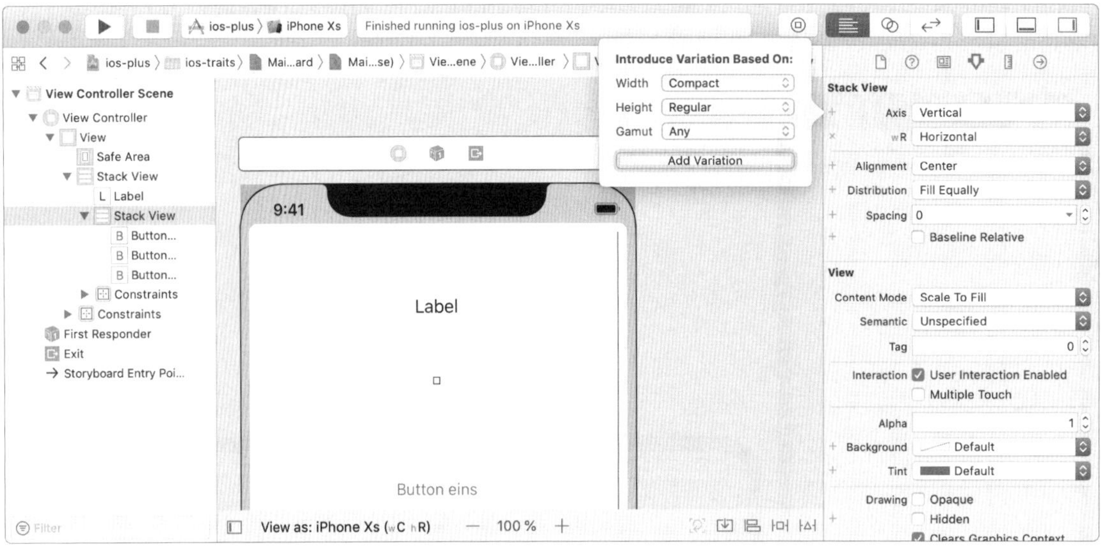

Abbildung 16.18 Layoutvarianten mit dem Plus-Button einrichten

Analog richten Sie für die Schriftgröße des Labels und für seine Farbe Layoutvarianten ein, sodass bei breiten Geräten eine größere Schrift in einer anderen Farbe verwendet wird. Die Wirkung der Einstellungen können Sie sofort in Xcode überprüfen, indem Sie in der Leiste View as unterschiedliche Geräte auswählen.

Layoutregeln mit »Vary for Traits« einrichten

Ziel des Beispielprojekts `ios-vary-for-traits` ist es, eine im View-Controller zentrierte Bitmap in kleinen Geräten in einer Größe von 128 × 128 Punkt darzustellen, in großen Geräten aber mit 256 × 256 Punkt (siehe Abbildung 16.19).

Dazu fügen Sie in den View-Controller ein `UIImage`-Steuerelement ein und zentrieren es mit zwei Layoutregeln im Container (Layout-Button Align). Anschließend stellen Sie die Größe im Dialog Add new Constraints mit 128 × 128 Punkt ein.

Nun wählen Sie in der unteren Leiste View as ... ein iPad aus und klicken dann auf Vary for Traits (siehe Abbildung 16.20). Die beiden Optionen Width und Height legen fest, welche Dimensionen des aktuell ausgewählten Geräts berücksichtigt werden sollen – in unserem Fall beide. Xcode zeigt nun in der blau hinterlegten Leiste die Anzahl der Geräte bzw. Varianten an, für die diese Einstellung gilt. (Hinter den Kulissen gelten die Regeln einfach für Width = Regular und Height = Regular.)

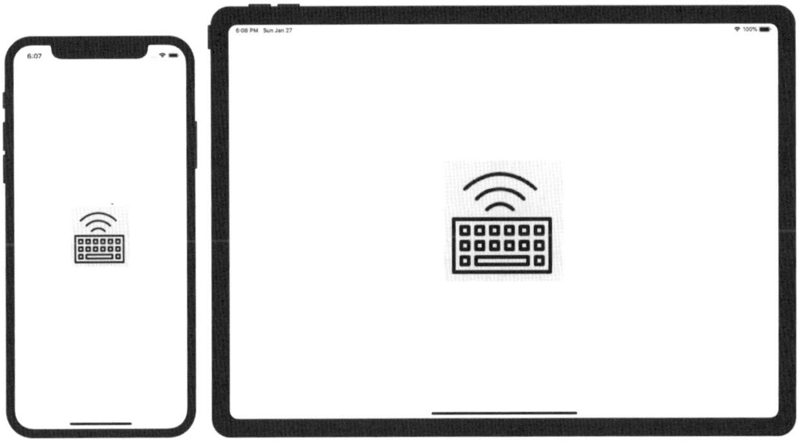

Abbildung 16.19 Die zentrierte Bitmap ist normalerweise nur 128 × 128 Punkt groß, in großen Geräten (Width = Regular und Height = Regular) aber 256 × 256 Punkt.

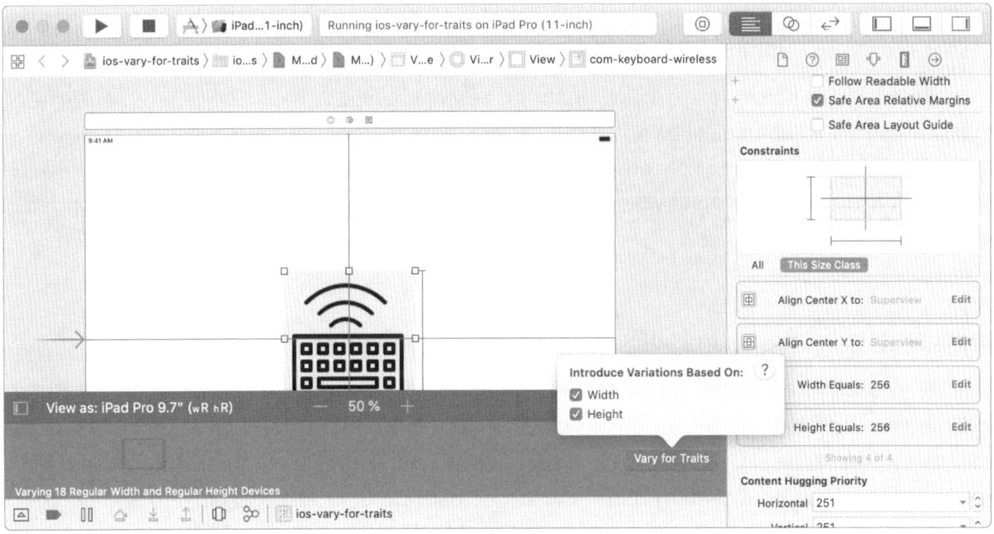

Abbildung 16.20 Layoutregeln für große Geräte einrichten

Jetzt müssen Sie nur noch die Layoutregeln der Image-View suchen und dort mit EDIT das neue Maß 256 (statt bisher 128) einstellen. Vorsicht: Sie dürfen nicht im Dialog ADD NEW CONSTRAINTS zwei neue Regeln für die Breite und die Höhe einrichten! Dann gäbe es zwei Regeln, die zueinander in Widerspruch stehen. Wenn es schon eine Regel gibt, müssen Sie sie ändern. Sobald Sie mit den spezifischen Einstellungen für die aktuelle Merkmalkombination fertig sind, beenden Sie den Vorgang mit DONE VARYING.

Wenn Sie sich hinterher eine der Layoutregeln genauer ansehen, werden Sie feststellen, dass Sie mit VARY FOR TRAITS einfach eine Variante zur Einstellung der Konstanten einer Layoutregel definiert haben (siehe Abbildung 16.21). Sie hätten ebenso gut den Wert innerhalb der Regel mit dem Plus-Button variieren können.

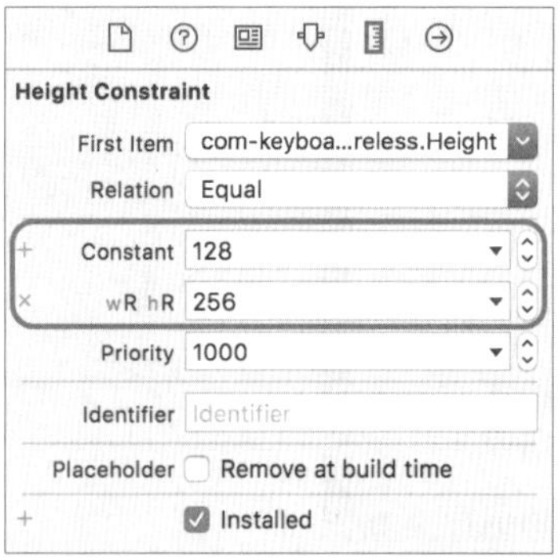

Abbildung 16.21 Hinter den Kulissen ist »Vary for Traits« nur eine andere Eingabeform für Regelvarianten.

»Vary for Traits« gilt nur für Constraints!

Während Sie mit dem im vorigen Abschnitt beschriebenen Plus-Button jede erdenkliche Eigenschaft in Abhängigkeit von Width- und Height-Kriterien manipulieren können, beschränkt sich die Wirkung von VARY FOR TRAITS auf Auto-Layout-Regeln. Andere Änderungen, die Sie durchführen, während VARY FOR TRAITS aktiv ist, gelten global ohne Einschränkung der Width- und Height-Klassen.

Layoutregeln für Hoch- und Querformat per Code variieren

Das Ziel des letzten Beispiels ist es, in einem iOS-Gerät zwei möglichst große Quadrate unterzubringen. (Innerhalb der Quadrate könnten Steuerelemente für ein Spiel sein, aber das tut hier nichts zur Sache.) Das Problem: Egal, um welches Gerät es sich handelt: Solange das Gerät im Hochformat bedient wird, müssen die zwei Quadrate übereinander angeordnet werden, im Querformat aber nebeneinander (siehe Abbildung 16.22). Mit den bisher präsentierten Techniken kann dieser Wunsch nicht allgemeingültig realisiert werden.

Vor der Rotationsfrage ist noch zu klären, wie es überhaupt gelingt, zwei quadratische Steuerelemente so zu platzieren, dass diese zum einen quadratisch bleiben, sich zum anderen aber an den zur Verfügung stehenden Platz anpassen. Das geht erstaunlich einfach: Zuerst fügen Sie zwei `UIView`-Elemente in den View-Controller ein und richten mit ADD NEW CONSTRAINTS eine Regel vom Typ ASPECT RATIO ein. Wenn Sie die Steuerelemente vorher schon quadratisch gemacht haben, ist die Regel bereits korrekt. Andernfalls müssen Sie die gewünschten Proportionen im Size Inspector ändern.

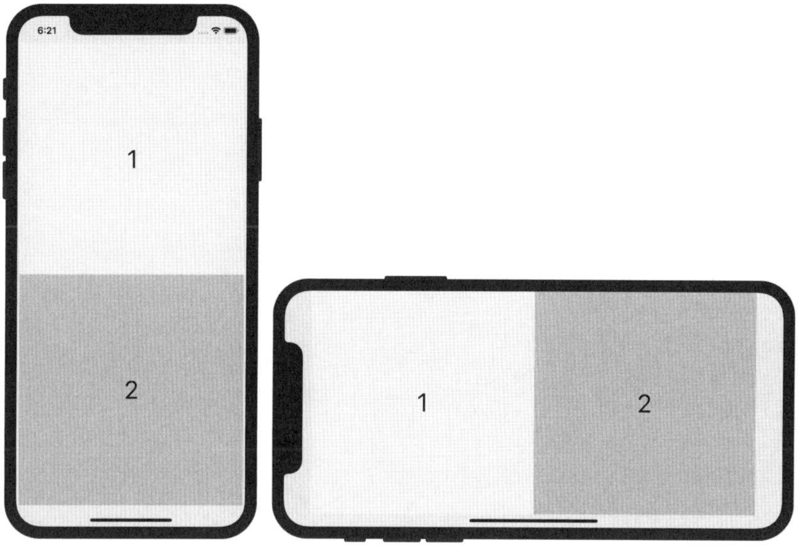

Abbildung 16.22 Das Layout der App passt sich sowohl an die Größe als auch an die Ausrichtung der App an.

Die beiden Views verpacken Sie nun in eine Stack-View, wobei Sie die folgenden Einstellungen wählen:

- Abstand 0 zu allen vier Rändern der Safe Area
- Axis = Vertical
- Alignment = Center
- Distribution = Fill Proportionally

Diese Regeln reichen aus, dass die Stack-View sich darum kümmert, die in ihr enthaltenen Views so groß wie möglich zu machen. Damit die beiden Views besser unterscheidbar sind, habe ich in sie jeweils ein Label mit den Ziffern 1 bzw. 2 eingefügt. Die beiden Label sind in ihren Containern jeweils zentriert (also Align-Button, dann Align Horizontally bzw. Align Vertically in Container).

Im Hochformat funktioniert nun alles bestens. Bei einer Drehung in das Querformat muss aber bei der Stack-View die Eigenschaft `axis` auf `.horizontal` gestellt werden. In Xcode lassen sich entsprechende Regeln nicht aufstellen, aber dafür ist die Lösung des Problems per Code recht einfach:

```
// Projekt ios-rotate, Datei ViewController.swift
class ViewController: UIViewController {
  @IBOutlet weak var stack: UIStackView! // Outlet für die Stack-View

  override func viewDidLoad() {
    super.viewDidLoad()
```

```
    // Methode einrichten, die bei der Drehung des Geräts
    // aufgerufen wird
    NotificationCenter.default.addObserver(
      self,
      selector: #selector(ViewController.rotated),
      name: .UIDeviceOrientationDidChange,
      object: nil)
  }
  // abhängig von der aktuellen Lage die Ausrichtungsachse
  // der Stack-View einstellen
  @objc func rotated() {
    switch UIDevice.current.orientation {
    case .portrait, .portraitUpsideDown:
      stack.axis = .vertical
    case .landscapeLeft, .landscapeRight:
      stack.axis = .horizontal
    default:
      break
    }
  }
}
```

Die Funktionsweise des Codes ist einfach: Während der Initialisierung des Programms wird die Methode `rotated` eingerichtet. Sie wird immer dann aufgerufen, wenn eine Drehung des Geräts erkannt wird. Um diese Erkennung kümmert sich das *Notification Center*. Das ist eine Komponente von iOS, der Sie mitteilen können, dass Sie bei bestimmten Ereignissen verständigt werden möchten. Unser Ereignis hat den Namen `UIDeviceOrientationDidChange`.

Die aufzurufende Methode wird über einen Selektor angegeben (siehe Abschnitt 11.5, »Methoden«). Der Methode selbst muss das Attribut `@objc` vorangestellt werden, damit der Aufruf funktioniert. Sie wertet die Eigenschaft `orientation` des `UIDevice`-Objekts aus.

16.9 Texteingaben

Für eine systematische Vorstellung aller iOS-Steuerelemente reicht der Platz in diesem Buch nicht aus. In diesem Kapitel konzentriere ich mich stattdessen auf zwei Steuerelemente, die besonders wichtig sind: Dieser Abschnitt erläutert den Umgang mit Textfeldern (`UITextField`), Abschnitt 16.10 die Verwendung von Bildfeldern (`UIImageView`). Bei der Beschreibung des Textfelds geht es mir nicht nur darum, Ihnen eine fertige Sammlung von Tipps und Tricks zu präsentieren; vielmehr möchte ich die zugrunde liegenden Konzepte und Techniken erläutern, die Sie dann auch bei anderen Steuerelementen anwenden können.

Querverweise

Diverse weitere Steuerelemente stelle ich Ihnen im Rahmen von Programmiertechniken bzw. Beispielprojekten in Teil III und Teil IV vor. Besonders hinweisen möchte ich auf die folgenden Kapitel:

Kapitel 22, »Netzwerk, XML und JSON«: `UIWebView`, `WKWebView` etc.
Kapitel 23, »Tabellen und Listen darstellen«: `UITableView`, `UIListView`
Kapitel 24, »GPS- und Kompassfunktionen«: `MKMapView`
Kapitel 25, »Grafik und Animation«: eigene Steuerelemente mit `UIView`-Basis
Kapitel 38, »Währungskalkulator«: `UIPickerView`

UITextField-Eigenschaften

Standardmäßig ist das `UITextField` für einzeilige universelle Eingaben vorgesehen. Einige in Xcode veränderliche Eigenschaften steuern das Verhalten:

- **Clear Button:** Diese Option führt dazu, dass im Textfeld ein kleines rotes X zum Löschen der Eingabe eingeblendet wird.
- **Correction/Spell Checking:** Die Option steuert, ob die Autokorrektur und die Rechtschreibkontrolle aktiv sind. Für E-Mail-Adressen, Passwörter etc. sollten Sie beide Optionen deaktivieren.
- **Keyboard Type:** Diese Option bestimmt, welche Tastatur eingeblendet wird. Beispielsweise gibt es hier die Einstellmöglichkeit E-MAIL ADDRESS. Sie bewirkt, dass das @-Zeichen in der Tastatur neben dem Leerzeichen erreichbar ist.
- **Return Key:** Hier können Sie einstellen, welcher Text auf der Return-Taste der Onlinetastatur angezeigt werden soll. Zulässige Einstellungen sind z. B. GO (Öffnen) oder SEARCH (Suchen). Die Option hat keinen Einfluss auf das Verhalten der App beim Drücken von Return – dafür sind Sie als Programmierer zuständig (siehe übernächsten Abschnitt »Reaktion auf Return (Hello World, Delegation!)«).
- **Secure Text Entry:** Diese Option bewirkt, dass Passwörter in Form von Punkten dargestellt werden, um ein Mitlesen während der Eingabe zu verhindern. Allerdings ist das zuletzt eingegebene Zeichen kurzzeitig sichtbar.

Das `UITextField` kann keine mehrzeiligen Texte anzeigen – dazu müssen Sie das `UITextView`-Steuerelement verwenden.

Reaktion auf Eingaben

Bei der Eingabe jedes einzelnen Zeichens tritt das Ereignis *Editing Changed* auf. Sie können dafür unkompliziert in Xcode eine Action-Methode einrichten. Achten Sie aber darauf, dass Sie den richtigen Event-Typ auswählen (siehe Abbildung 16.23). Das eigentlich plausibler klingende Ereignis *Value Changed* ist bei Textfeldern nicht relevant!

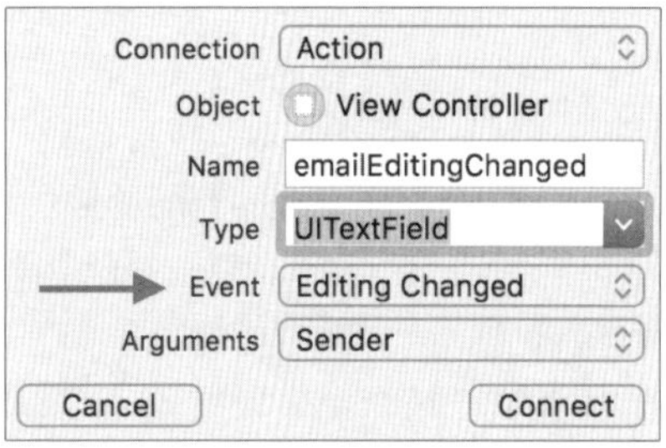

Abbildung 16.23 Dialog zum Einrichten der »Editing Changed«-Action-Methode

In der Action-Methode können Sie über die `text`-Eigenschaft auf den gesamten bisher eingegebenen Text zugreifen. Die Methode bietet aber keine Möglichkeit, das zuletzt eingegebene Zeichen festzustellen. Sie wird auch nicht aufgerufen, wenn der Anwender [↵] drückt.

Reaktion auf Return (Hello World, Delegation!)

Im Regelfall soll Ihre App beim Drücken von [↵] etwas tun: die Eingabe validieren, eine Suche starten, eine Seite öffnen, die Tastatur ausblenden (siehe den übernächsten Abschnitt) – was auch immer. Die Suche nach einer passenden Action-Methode für das Textfeld bleibt in diesem Fall ergebnislos, weil keiner der in Abbildung 16.23 beim Feld EVENT zur Auswahl stehenden Typen passt. Auf dieses Problem werden Sie später noch bei vielen anderen Steuerelementen stoßen: Vorgefertigte Action-Methoden können nur für ausgewählte Ereignisse per [ctrl]-Drag in den Code eingebaut werden.

Statt auf fertige Action-Methoden zu setzen, müssen Sie in solchen Fällen den Delegation-Mechanismus nutzen, um das Ereignis zu verarbeiten. Delegation bedeutet, dass Sie in einer selbst programmierten Klasse – in der Praxis ganz oft in der View-Controller-Klasse – die Methode eines fremden Objekts verarbeiten. Diese Methode ist wiederum in einem Delegation-Protokoll definiert. Die eigene Klasse muss dieses Protokoll implementieren, damit der Methodenaufruf möglich ist (siehe Abbildung 16.24).

In unserem Fall ist das »fremde Objekt« ein Textfeld. Um [↵] zu erkennen, sieht das `UITextFieldDelegate`-Protokoll die Methode `textFieldShouldReturn` vor. Damit es in der View-Controller-Klasse zum Aufruf dieser Methode kommt, sind drei Dinge erforderlich:

- Die View-Controller-Klasse muss das `UITextFieldDelegate`-Protokoll implementieren. Dieses Protokoll definiert diverse optionale Methoden, die auf verschiedene Tastaturereignisse reagieren.
- In `viewDidLoad` gibt `txtfield.delegate = self` an, dass wir `UITextFieldDelegate`-Ereignisse innerhalb unserer View-Controller-Klasse selbst verarbeiten möchten.
- In der Controller-Klasse müssen wir nun die für das Ereignis passende Methode implementieren. Für die Reaktion auf [↵] ist dies die Methode `textFieldShouldReturn`.

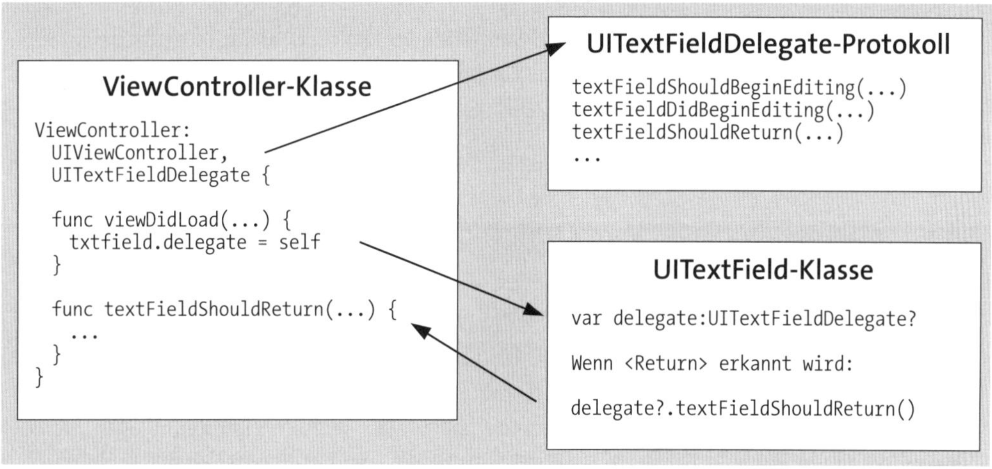

Abbildung 16.24 Delegation-Mechanismus für Textfelder

Im Code sieht das so aus:

```
// (1) Protokoll UITextFieldDelegate implementieren
class ViewController: UIViewController, UITextFieldDelegate {
  @IBOutlet weak var myTextField: UITextField!

  override func viewDidLoad() {
    super.viewDidLoad()
    myTextField.delegate = self        // (2) Delegate einrichten
  }

  // (3) Delegate-Methode implementieren
  func textFieldShouldReturn(_ textField: UITextField) -> Bool {
    // Code, um auf Return zu reagieren
    return false  // <Return> nicht als Eingabe betrachten
  }
}
```

Ein konkretes Beispiel folgt gleich.

Xcode hilft bei der Eingabe der Delegate-Methode

Wenn Sie eine Delegate-Methode in Ihren Code einbauen, muss nicht nur der Methodenname, sondern auch die Parameterliste exakt mit der Definition der Methode im entsprechenden Protokoll übereinstimmen. Glücklicherweise hilft Xcode Ihnen bei der Eingabe: Geben Sie einfach die ersten Buchstaben der Methode an (ohne vorangestelltes `func`). Xcode zeigt dann eine Liste aller passenden Methoden an. Mit [↵] wählen Sie eine aus, und Xcode fügt den gesamten erforderlichen Code samt `func`, der Parameterliste und den geschwungenen Klammern ein.

Viele Delegate-Protokolle sehen unzählige Methoden vor. Bei der Tastatureingabe reicht es, außer dem Anfangsbuchstaben jeweils die Großbuchstaben der CamelCase-Notation anzugeben. Um also die Methode `textFieldShouldReturn` auszuwählen, reicht die Eingabe der Buchstaben `tfsr` aus!

Delegation ohne Ende

Delegation ist in den Cocoa- und Cocoa-Touch-Bibliotheken ein allgegenwärtiges Muster. Um Delegation zu verstehen, sollten Sie wissen, wie Protokolle in Swift funktionieren (siehe Abschnitt 12.3, »Protokolle«).

Noch mehr Beispiele für Delegation folgen in nahezu allen weiteren Kapiteln dieses Buchs. Besonders hervorheben möchte ich Kapitel 23, »Tabellen und Listen darstellen« (Table-View- und Datasource-Delegation), und Kapitel 37, »Schatzsuche« (Definition eines eigenen Delegation-Protokolls, siehe speziell Abschnitt 37.7).

Eingabe bestimmter Zeichen verhindern

Mitunter wollen Sie bei der Eingabe nur bestimmte Zeichen akzeptieren oder die Eingabe ausgewählter Zeichen verhindern. Wenn die Action-Methode für das Ereignis *Editing Changed* aufgerufen wird, ist es dafür schon zu spät. Besser für derartige Tests geeignet ist die folgende `textField`-Methode des vorhin schon erwähnten `UITextFieldDelegate`-Protokolls:

```
func textField(_ textField: UITextField,
               shouldChangeCharactersIn range: NSRange,
               replacementString string: String)       -> Bool
{
  // Parameter string auswerten, true oder false zurückgeben
}
```

An die Methode wird im dritten Parameter eine Zeichenkette mit der neuen Eingabe übergeben. Je nachdem, ob Ihr Code nach der Auswertung dieser Zeichenkette `true` oder `false` zurückgibt, ersetzt die neue Eingabe den aktuell markierten Text oder auch nicht. Eine Anwendung dieser Methode finden Sie in Abschnitt 38.4, »Umrechnungsansicht«: Dort geht es darum, in einem Textfeld die Eingabe von maximal neun Zeichen und von maximal einem Komma- oder Dezimalpunkt-Zeichen zuzulassen.

Tastatur ein- und ausblenden

Normalerweise wird die Bildschirmtastatur automatisch eingeblendet, sobald Sie ein Textfeld anklicken. Die Tastatur erscheint nicht, wenn eine externe Tastatur mit Ihrem iPhone oder iOS-Gerät verbunden ist. Wenn Sie Apps im Simulator testen, gilt normalerweise die

Tastatur Ihres Computers als externe Tastatur. Wollen Sie die iOS-Bildschirmtastatur auch im Simulator sehen, deaktivieren Sie HARDWARE • KEYBOARD • CONNECT HARDWARE KEYBOARD.

Bei Dialogen mit mehreren Steuerelementen erscheint die Tastatur nur dann automatisch, wenn der Eingabefokus auf das richtige Steuerelement gesetzt ist. Bei Bedarf können Sie hier per Code mit der `becomeFirstResponder`-Methode nachhelfen:

```
// Eingabefokus auf ein Textfeld setzen und damit
// die Bildschirmtastatur einblenden
myTextField.becomeFirstResponder()
```

First Responder

Der Begriff *First Responder* bezeichnet das Steuerelement oder Objekt, das gerade für die Verarbeitung von Eingaben zuständig ist. Sie bekommen es intensiver mit dem First Responder zu tun, wenn Sie unter macOS Tastatureingaben verarbeiten möchten (siehe Abschnitt 19.4, »Tastatur«).

Die Bildschirmtastatur des iPads hat einen Button, der die Tastatur wieder ausblendet. Dieser Button fehlt auf der iPhone-Tastatur. Die Benutzer haben selbst keine Chance, die Tastatur auszublenden – außer Ihre App hilft mit, indem sie zum gegebenen Zeitpunkt die Methode `endEditing` ausführt:


```
// Tastatur ausblenden
self.view.endEditing(true)
```

Beispiel

Die Beispiel-App zeigt einen einfachen Login-Dialog (siehe Abbildung 16.25). [↵] im ersten Textfeld aktiviert das zweite Textfeld. [↵] im zweiten Textfeld oder das Berühren des LOGIN-Buttons überprüft den Login. Dieser gilt als korrekt, wenn die E-Mail-Adresse `a@b.c` und das Passwort `1234` eingegeben werden. Wenn ein Fehler auftritt, wird ein Hinweis angezeigt und der Tastaturfokus zurück in das betreffende Textfeld gesetzt.

Zum Code gibt es nicht viel zu sagen: Die Methode `loginTest` liefert `true` oder `false` zurück, je nachdem, ob der Login korrekt war oder nicht. Dieses Ergebnis wird in der App aber nicht ausgewertet. Damit Xcode keine Warnungen anzeigt, erfolgt der Aufruf in der Form `_ = testLogin()`.

Beim Status-Label, dessen Ort und Breite durch Layoutregeln fixiert ist, habe ich im Attributinspektor LINES = 0 und LINE BREAK = WORD WRAP eingestellt. Damit können beliebig lange Texte angezeigt werden. Allerdings passt das Label die erforderliche Höhe nicht selbst an. Deswegen wird in `loginTest` nach jeder Änderung des Texts die Methode `sizeToFit` ausgeführt:

Abbildung 16.25 Ein einfacher Login-Dialog

```
// Projekt ios-text, Datei ViewController.swift
class ViewController: UIViewController, UITextFieldDelegate
{
  // Zugriff auf Textfelder und Label
  @IBOutlet weak var txtEmail: UITextField!
  @IBOutlet weak var txtPassword: UITextField!
  @IBOutlet weak var lblStatus: UILabel!

  // Initialisierung
  override func viewDidLoad() {
    super.viewDidLoad()
    // Fokus in erstes Textfeld, Tastatur anzeigen
    txtEmail.becomeFirstResponder()
    // Delegates für beide Textfelder
    txtEmail.delegate = self
    txtPassword.delegate = self
  }
```

```
  // auf die Eingabe von <Return> reagieren
  func textFieldShouldReturn(_ textField: UITextField) -> Bool {
    if textField == txtEmail {
      // Return im E-Mail-Feld: weiter zum Passwort
      txtPassword.becomeFirstResponder()
    } else {
      // Return im Passwort-Feld: Login überprüfen
      _ = testLogin()
    }
    return false  // <Return> nicht als Eingabe verarbeiten
  }

  // Login-Button
  @IBAction func btnLogin(_ sender: UIButton) {
    _ = testLogin()
  }

  // Überprüfen, ob Login OK ist
  private func testLogin() -> Bool {
    if txtEmail.text != "a@b.c" {
      lblStatus.text = "Unbekannte E-Mail-Adresse, " +
                       "verwenden Sie a@b.c."
      lblStatus.textColor = .red
      lblStatus.sizeToFit()
      txtEmail.becomeFirstResponder()
      return false
    } else if txtPassword.text != "1234" {
      lblStatus.text = "Falsches Passwort, verwenden Sie 1234."
      lblStatus.textColor = .red
      lblStatus.sizeToFit()
      txtPassword.becomeFirstResponder()
      return false
    }

    // OK, Tastatur ausblenden, true zurückgeben
    lblStatus.text = "OK"
    lblStatus.textColor = .green
    lblStatus.sizeToFit()
    self.view.endEditing(true)
    return true
  }
}
```

16.10 Image-Views und Xcassets

Um eine Bitmap in einer iOS-App darzustellen, sei es als Hintergrundbild oder als Symbol auf einem Button oder in der Tab-Bar, sind üblicherweise zwei Schritte erforderlich: Zuerst fügen Sie die gewünschte Bitmap in eine Xcassets-Datei ein, und danach stellen Sie die Bitmap in einem Image-View-Steuerelement dar.

Xcassets-Dateien

Jedes iOS-Projekt, das Sie mit Xcode einrichten, enthält bereits die Datei `Assets.xcassets`. Diese enthält anfangs nur ein vorgefertigtes App-Icon. Xcassets-Dateien können beliebig viele Bitmaps enthalten. Sie dienen also in erster Linie als Container, damit Ihr Projekt auch mit vielen Bitmap-Dateien übersichtlich bleibt.

Xcassets-Dateien unterscheiden sich von simplen Verzeichnissen in einem wesentlichen Punkt: Sie können Bitmaps unter einem Namen in mehreren Auflösungen speichern. Die App verwendet dann automatisch die Bitmap-Version, die für das jeweilige iOS-Gerät am besten geeignet ist. Dabei gilt die einfache Auflösung für kaum noch verfügbare Geräte ohne Retina-Auflösung, die doppelte Auflösung für die meisten üblichen iPhones und iPads und die dreifache Auflösung aktuell nur für die iPhone-Plus-Modelle.

Die Dateinamen für die drei Auflösungen lauten üblicherweise `name.png`, `name@x2.png` und `name@x3.png` oder analog `name.jpeg`, `name@x2.jpeg` und `name@x3.jpeg`. Beim Einfügen per Drag & Drop spielen die Dateinamen aber keine Rolle. Sie müssen nur darauf achten, dass Sie die Bitmaps an der richtigen Stelle fallen lassen.

Wenn Ihre Bilddatei nur in einer Auflösung vorliegt, verwenden Sie in `Images.xcasset` nur die `1x`-Version (siehe Abbildung 16.26). Die Bitmap wird dann auf allen Geräten verwendet und entsprechend skaliert. Wenn Sie von vornherein für Retina-Geräte ausreichend aufgelöste Bitmaps verwenden, ist die Qualität auf allen Geräten ausreichend hoch. SVG-Dateien sind in Xcassets-Dateien leider nicht zulässig, obwohl sie eigentlich eine ideale Lösung für das Problem der unterschiedlichen Auflösungen wären. PDF-Dateien sind prinzipiell erlaubt, aber selten optimal geeignet.

> **App-Icon**
>
> Das App-Icon ist ein Sonderfall einer Xcassets-Bitmap. Das Icon muss in besonders vielen Auflösungen vorliegen. Details zu diesem Thema folgen in Abschnitt 32.1, »iOS-Artwork (Icons, Launch Screen)«.

Bleibt als letzte Frage nur noch zu klären, woher Sie geeignete Bilder nehmen. Wenn Sie nicht gerade ein Photoshop- oder GIMP-Künstler sind und Sie auch auf Ihre Arbeitszeit achten müssen, bietet sich der Erwerb einer Icon-Sammlung an. Im Internet finden Sie hierfür diverse Angebote. Empfehlenswert sind beispielsweise die Bitmaps von *https://pixellove.com*.

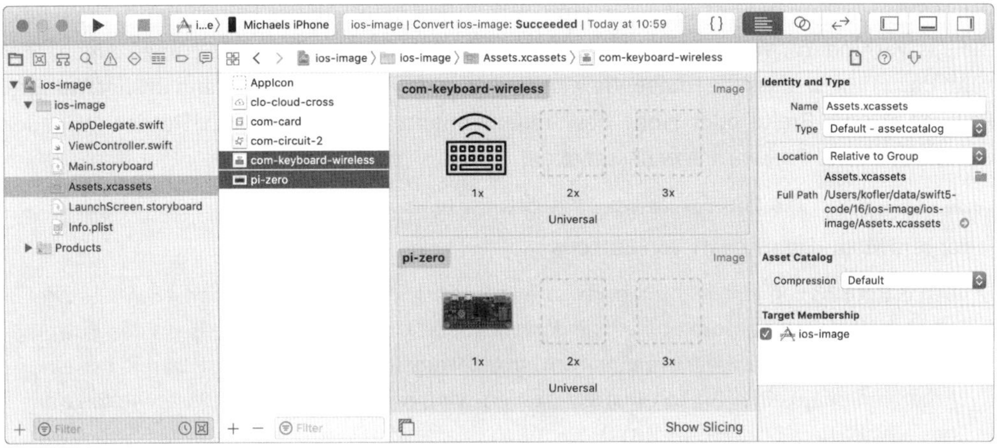

Abbildung 16.26 Bilder in einer Xcassets-Datei

Verwaltung vieler Bilder

Sollten Sie in einer App sehr viele Bilder benötigen, empfiehlt es sich, mit FILE • NEW • FILE einfach weitere `*.xcassets`-Dateien einzurichten. Dazu verwenden Sie den Dateityp RESOURCE • ASSET CATALOG. Für Ihre App bzw. Ihren Code spielt es keine Rolle, in welcher Xcassets-Datei sich ein Bild befindet.

16

Image-View-Steuerelement

Zur Anzeige von Bitmaps in einer App verwenden Sie das Image-View-Steuerelement, also eine Instanz der `UIImageView`-Klasse. Sofern Sie die Bitmap in Xcode zuvor in eine Xcassets-Datei eingefügt haben, können Sie die IMAGE-Eigenschaft direkt im Attributinspektor einstellen. Um das Bild dynamisch per Code zuzuweisen, gehen Sie wie folgt vor (siehe auch Abschnitt 21.3, »Bundle-Dateien und Assets«):

```
// Bundle-Datei oder Xcassets-Datei laden
let myImageView.image = UIImage(named: "foto")
```

Die interessanteste Eigenschaft des Image-View-Steuerelements ist `contentMode` (CONTENT MODE im Attributinspektor). Sie steuert, wie die Größe der Bitmap an die Größe des Steuerelements angepasst werden soll:

- ASPECT FIT bewirkt, dass die vorgegebene Größe optimal genutzt wird, das Bild aber weder verzerrt noch beschnitten wird.
- ASPECT FILL erhält ebenfalls die Proportionen des Bilds, skaliert es aber so, dass es die Image-View vollständig ausfüllt. Dabei kommt es oft dazu, dass die Bitmap über das Steuerelement hinaus angezeigt wird. Wenn das nicht erwünscht ist, aktivieren Sie im Attributinspektor die Option CLIP TO BOUNDS (Eigenschaft `clipToBounds`).

Wenn Sie eine Bitmap zur Laufzeit in eine Image-View laden und es keine Layoutregeln gibt, die das verhindern, versucht die Image-View, die Bitmap in voller Größe anzuzeigen. Das kann dazu führen, dass die Image-View andere Steuerelemente an den Rand drängt. Abhilfe: Fixieren Sie die Breite oder Höhe des Steuerelements, oder reduzieren Sie den Wert der Option CONTENT COMPRESSION RESISTANCE.

contentMode-Eigenschaft von Buttons

Auch in Buttons können Sie Bitmaps darstellen, und auch für Buttons gibt es die `contentMode`-Eigenschaft. Allerdings funktioniert sie dort nicht wie erwartet, weil sie sich auf den Button als Ganzes und nicht auf die in den Button eingebettete Image-View bezieht. Damit also eine Bitmap innerhalb eines Buttons korrekt skaliert wird, müssen Sie `contentMode` wie folgt im Code einstellen (z. B. in `viewDidLoad`):

```
myButton.imageView?.contentMode = .scaleAspectFit
```

Kapitel 17
iOS-Apps mit mehreren Ansichten

Eine Ansicht bzw. Storyboard-Szene ist für die meisten Apps zu wenig. Deswegen setzen sich Apps in der Regel aus vielen Ansichten zusammen. Derartige Apps stehen im Mittelpunkt dieses Kapitels. Grundsätzlich stehen Ihnen dabei drei Vorgehensweisen zur Auswahl:

- Sie können die Übergänge zwischen mehreren unabhängigen Ansichten des Programms selbst durch sogenannte *Segues* steuern.
- Sie können zur Verwaltung diverser App-Ansichten spezielle Controller verwenden. In diesem Kapitel stelle ich Ihnen den Navigation-Controller, den Tab-Bar-Controller und den Split-Controller näher vor.
- Sie können Popup-Dialoge einsetzen, die die vorhandene Ansicht nur teilweise überlagern.

17.1 Storyboard und Controller-Klassen verbinden

Ganz egal, welche Techniken Sie verwenden, um Apps mit mehreren Ansichten zu entwickeln – eine Grundvoraussetzung besteht darin, dass Sie jede Ansicht des Storyboards mit der dazugehörenden Controller-Klasse verbinden.

Das Storyboard enthält anfänglich bei den meisten Projekttypen nur eine oder nur ganz wenige Ansichten (View-Controller). Mit der Maus oder einem Trackpad können Sie unkompliziert aus der Objektbibliothek weitere Controller in das Storyboard einfügen.

Diesen neuen Controller-Objekten ist anfänglich aber keine eigene Klasse zugeordnet. Zur Darstellung der Ansicht in einer App ist auch durchaus kein Code erforderlich – wohl aber, wenn Sie auf Ereignisse in dieser Ansicht reagieren wollen. Deswegen ist es in der Regel so, dass Sie jedem View-Controller eine Klasse zuordnen, die von `UIViewController` abgeleitet ist.

Konkret sieht die Vorgehensweise so aus, dass Sie Ihrem Projekt mit Datei • Neu • Datei eine weitere Datei hinzufügen. Als Dateityp wählen Sie Source • Cocoa Touch Class. Im nächsten Schritt geben Sie der Klasse einen möglichst aussagekräftigen Namen – beispielsweise `InfoViewController` für eine Ansicht, die einen Infotext anzeigt – und wählen aus, dass die neue Klasse eine Subklasse von `UIViewController` sein soll (siehe Abbildung 17.1).

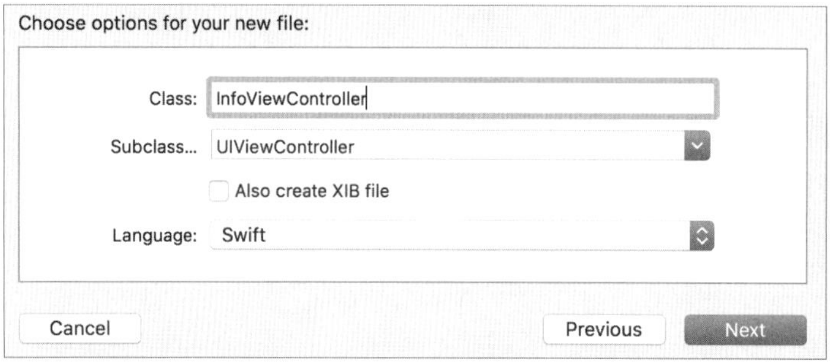

Abbildung 17.1 Eine neue Controller-Klasse für eine App-Ansicht erzeugen

Alle weiteren Optionen lassen Sie unverändert. In einem dritten Dialog fragt Xcode noch, in welchem Verzeichnis es die neue Swift-Datei speichern soll. Zweckmäßig ist in der Regel das mit dem Projektnamen übereinstimmende Verzeichnis.

Xcode erzeugt damit eine neue Swift-Datei zur Definition dieser Klasse. Die neue Klassendatei muss nun noch mit dem View-Controller im Storyboard verbunden werden: Dazu wählen Sie die Ansicht im Storyboard-Editor aus und stellen dann im Identity Inspector in der Gruppe CUSTOM CLASS den Klassennamen ein (siehe Abbildung 17.2).

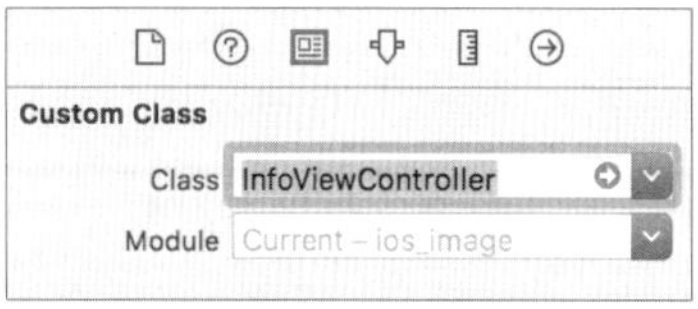

Abbildung 17.2 Verbindung zwischen Ansicht und Controller herstellen

17.2 Ansichten durch Segues verbinden

Als *Segue* (wörtlich übersetzt: *Übergang*) wird in der iOS-Welt der Wechsel von einer Ansicht in eine andere bezeichnet. Segues werden normalerweise als Verbindungen zwischen Objekten – z. B. zwischen einem Button und einer View – in Xcode definiert und im laufenden Programm automatisch ausgelöst, wenn dieser Button gedrückt wird. Die Segue-Einstellungen werden dann innerhalb des Storyboards gespeichert. Segues lassen sich aber natürlich auch per Code auslösen.

Um Segues auszuprobieren, starten Sie ein neues Projekt vom Typ SINGLE VIEW APPLICATION. In die erste, bereits vorhandene Ansicht fügen Sie ein Label mit dem Text »View 1« und den Button WEITER ein. Um Platz im Storyboard zu sparen, stellen Sie die Option VIEW AS auf IPHONE SE oder, wenn die heute ungewohnten Proportionen Sie nicht irritieren, auf IPHONE 4. Grundsätzlich ist die optische Gestaltung der App für dieses und die folgenden Beispiele nicht von Belang. Ich versuche Ihnen hier nur in möglichst überschaubaren Beispielen die Logik von mehrseitigen Apps nahezubringen.

Nun fügen Sie Ihrer App eine zweite Ansicht hinzu, indem Sie aus der Objektbibliothek einen View-Controller in den Storyboard-Editor ziehen. Diese Ansicht nennen Sie nun mit einem Label »View 2« und fügen zwei Buttons namens WEITER und ZURÜCK ein. Analog verfahren Sie dann mit einer dritten Ansicht, wobei diese nur einen ZURÜCK-Button benötigt.

Nun geht es darum, dass der WEITER-Button von »View 1« zu »View 2« führt und dessen WEITER-Button zu »View 3«. Dazu ziehen Sie zuerst den WEITER-Button aus »View 1« bei gedrückter `ctrl`-Taste in »View 2«. Xcode zeigt daraufhin einen kleinen Dialog an, in dem Sie auswählen können, wie der Übergang von »View 1« zu »View 2« erfolgen soll. In unserem Fall eignet sich SHOW am besten. Nach der Auswahl zeigt Xcode den Übergang in Form eines Verbindungspfeils an. Auf die gleiche Weise verfahren Sie nun mit dem WEITER-Button aus »View 2«, den Sie mit `ctrl` in »View 3« ziehen (siehe Abbildung 17.3).

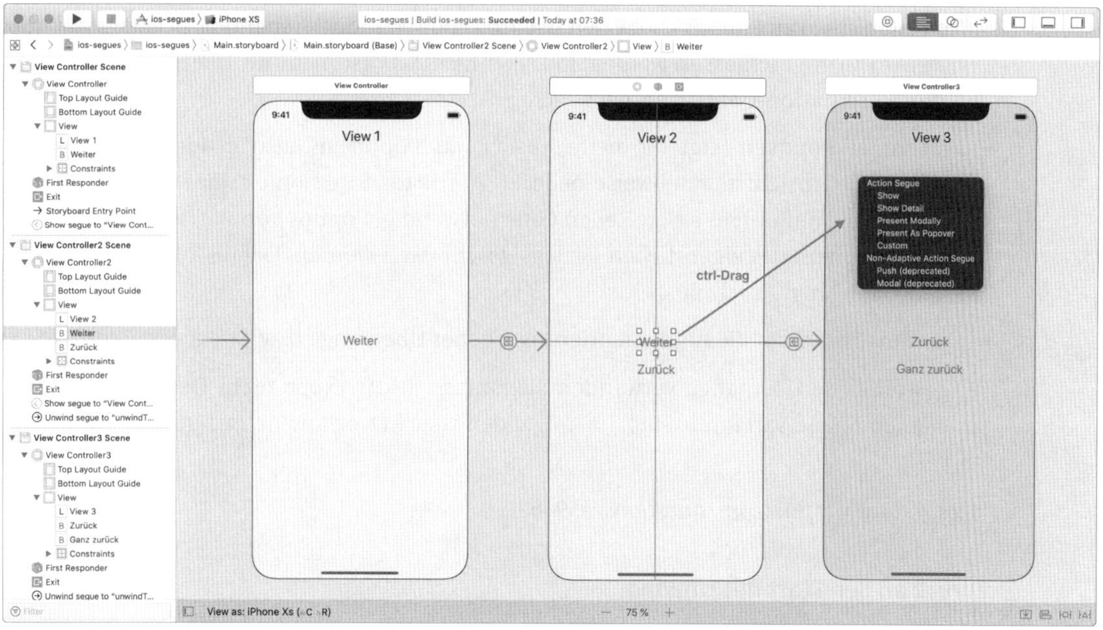

Abbildung 17.3 Mit der »ctrl«-Taste stellen Sie Segues zwischen zwei App-Ansichten her.

Welcher Segue-Typ ist der richtige?

Die verschiedenen Segue-Typen wirken bei einem ersten Test in einem iPhone(-Simulator) alle sehr ähnlich. Optische Unterschiede werden zum Teil nur auf einem iPad sichtbar, funktionelle Eigenheiten gelten mitunter nur im Zusammenspiel mit einem Navigation-Controller.

- **Show** wechselt in die nächste Ansicht. Diese Variante ist auch der übliche Weg, die nächste Ansicht im Presentation-Controller zu aktivieren. Der Presentation-Controller ist für die Darstellung der Hauptansicht auf dem Bildschirm des iOS-Geräts verantwortlich. Er kümmert sich um Animationen bei Übergängen, um Drehungen, wenn der Benutzer das Gerät anders ausrichtet etc. Solange Sie in diesen Prozess nicht eingreifen möchten, haben Sie mit dem Presentation-Controller nichts zu tun. Er erledigt einfach seine Arbeit, und Sie merken nicht einmal, dass es dieses Objekt gibt.
- **Show Detail** ändert die Detailansicht (den Secondary-View-Controller) in einem Split-Controller. Der Split-Controller ermöglicht es, zwei Ansichten parallel nebeneinander anzuzeigen. Oft enthält die linke Ansicht eine Liste; nach der Auswahl eines Elements werden rechts Details zum Eintrag, z. B. in Form einer Webseite, dargestellt.
- **Present Modally** funktioniert bei unabhängigen iPhone-Ansichten wie SHOW, bietet allerdings mehr Möglichkeiten, die Animation des Übergangs zu beeinflussen. Auf iPads werden modale Dialoge hingegen über dem Hintergrund der letzten Ansicht dargestellt. Im Unterschied zu Popups (siehe den nächsten Punkt) blockieren modale Dialoge die App, bis sie explizit geschlossen werden. PRESENT MODALLY ist nicht für Übergänge innerhalb eines Presentation-Controllers gedacht.
- **Present as Popover** zeigt die neue Ansicht als Popup an, also in einem Dialog, der die aktuelle Ansicht nur teilweise bedeckt. Auf iPads funktioniert dies auf Anhieb, auf iPhones sind außerdem einige Zeilen Code notwendig. Popups können durch eine Berührung außerhalb des eigentlichen Dialogs geschlossen werden. Details zum Umgang mit Popups folgen in Abschnitt 17.7.
- **Custom** ermöglicht die Implementierung eigener Übergänge bzw. Effekte.

Für gewöhnliche Übergänge verwenden Sie einfach SHOW. Noch mehr Details zu den verschiedenen Segue-Varianten sind im folgenden Stack-Overflow-Artikel gut zusammengefasst:

https://stackoverflow.com/questions/25966215

Zurück an den Start mit Unwind

Wenn Sie die App nun ausführen, können Sie durch zweimaliges Anklicken von WEITER die Views 1 bis 3 durchlaufen. Allerdings gibt es momentan keinen Weg zurück. Der für Einsteiger in die iOS-Programmierung naheliegendste Weg würde so aussehen, dass Sie einfach zwei weitere Segues hinzufügen, jeweils vom ZURÜCK-Button in die vorige Ansicht. Aber dieser Weg ist falsch! Er würde dazu führen, dass iOS mit jedem Segue neue Instanzen der Views erzeugt. Der Speicherbedarf Ihrer App würde mit jedem Segue wachsen!

Der richtige Weg besteht vielmehr darin, die Übergänge durch *Unwind* rückabzuwickeln. Xcode unterstützt Sie mit dem Storyboard-Editor auch bei dieser Arbeit. Vorher müssen Sie aber (ganz wenig) Code verfassen. Für den Rücksprung in eine Ansicht muss der Controller dieser Ansicht eine Methode zur Verfügung stellen, an die ein UIStoryboardSegue-Objekt als Parameter übergeben werden kann. Den Namen der Methode dürfen Sie frei wählen. Es ist zweckmäßig, die Bezeichnung der Ansicht zu integrieren.

Im vorliegenden Beispiel können Sie eine geeignete Methode wie folgt in die vorhandene Codedatei ViewController.swift einbauen:

```
// Beispielprojekt ios-segues in der Datei ViewController.swift
class ViewController: UIViewController {
  @IBAction func unwindToView1(_ segue: UIStoryboardSegue) {
    // optional: Code, der den segue-Parameter auswertet
  }
}
```

Die von Xcode automatisch eingerichtete Datei ViewController.swift ist allerdings nur für die erste Ansicht der App zuständig. Den beiden anderen Ansichten ist im Xcode-Projekt momentan noch kein Controller zugeordnet. Bisher hat uns der Controller nicht gefehlt, weil unsere App keine richtige Aufgabe erfüllt. Aber spätestens jetzt müssen wir zumindest für »View 2« einen Controller hinzufügen.

Dazu führen Sie in Xcode FILE • NEW • FILE aus oder drücken [⌘]+[N], wählen die Kategorie IOS • SOURCE und dann den Typ COCOA TOUCH CLASS aus (siehe Abschnitt 17.1, »Storyboard und Controller-Klassen verbinden«).

Im nächsten Dialog geben Sie den Namen Ihrer Klasse an. In unserem Beispiel bietet sich ViewController2 an – es handelt sich ja um den Controller zu »View 2«. In »richtigen« Apps werden Sie die Controller-Klassen natürlich nicht durchnummerieren, sondern ihnen aussagekräftigere Namen geben. Entscheidend ist, dass Sie im Feld SUBCLASS OF die Klasse UIViewController auswählen.

Die neue Klassendatei muss nun noch mit der Ansicht »View 2« verbunden werden. Dazu wählen Sie die Ansicht im Storyboard-Editor aus und stellen dann im Identity Inspector in der Gruppe CUSTOM CLASS als Klassenname ViewController2 ein. Nach diesen Vorbereitungsarbeiten können Sie nun in der Datei ViewController2.swift eine unwind-Methode einbauen. Geben Sie der Methode diesmal den Namen unwindToView2:

```
// in der Datei ViewController2.swift
class ViewController2: UIViewController {
  @IBAction func unwindToView2(_ segue: UIStoryboardSegue) {
    // optional: Code, der den segue-Parameter auswertet
  }
}
```

Nachdem es nun für »View 1« und für »View 2« jeweils Rücksprungmethoden gibt, kann die verbleibende Arbeit im Storyboard-Editor erledigt werden. Dort ziehen Sie zuerst den ZURÜCK-Button von »View 2« mit gedrückter [ctrl]-Taste zum EXIT-Icon der Ansicht (siehe

Abbildung 17.4). Damit sagen Sie Xcode, dass der ZURÜCK-Button diese Ansicht schließen soll. Xcode fragt Sie, welche der infrage kommenden `unwind`-Methoden das Ziel des Übergangs sein soll. Sie wählen `unwindToView1`.

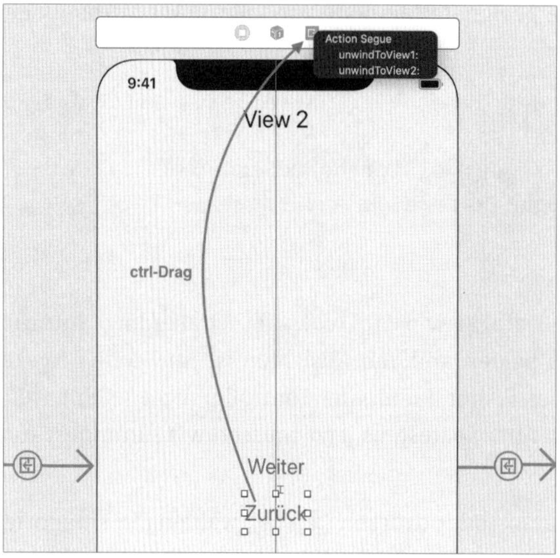

Abbildung 17.4 Der »Zurück«-Button soll »View 2« schließen und zu »View 1« zurückkehren.

Analog verfahren Sie nun mit dem ZURÜCK-Button von »View 3«: Schieben Sie ihn zum EXIT-Icon von »View 3«, und wählen Sie die `unwindToView2`-Methode aus. Ein neuerlicher Test des Programms zeigt, dass Sie nun alle drei Views hin und zurück durchlaufen können. Hinter den Kulissen werden mit jedem Unwind Segue die geschlossenen Ansichten freigegeben. Sofern es in Ihrem Code keine anderen Referenzen mehr auf diese Ansichten oder deren Daten gibt, werden die betroffenen Objekte automatisch aus dem Speicher entfernt.

Mehrere Schritte zurück

Sie können bei einem Unwind Segue eine Methode einer Ansicht auswählen, die mehrere Schritte zurückliegt. Dann werden beim Unwind-Übergang alle dazwischenliegenden Ansichten übersprungen und aus dem Speicher entfernt. Sie können das ausprobieren, indem Sie in »View 3« den Button GANZ ZURÜCK einbauen und diesen mit `ctrl` ebenfalls in den EXIT-Button der Ansicht verschieben. Als Ziel des Unwind Segues wählen Sie `unwindToView1`. In der App können Sie damit direkt von »View 3« zu »View 1« zurückspringen.

Segues per Code ausführen

In diesem Beispiel haben Sie alle Segues in Xcode mit Buttons verbunden. Deswegen kommt es scheinbar von allein zum Aufruf des richtigen Segues. In der Praxis wird es aber nicht immer das Berühren eines Buttons sein, das einen Übergang oder die Rückkehr zu einem anderen View-Controller auslöst; dann ist es notwendig, die Segues per Code auszuführen. Dazu verwenden Sie die `performSegue`-Methode. Sie eignet sich gleichermaßen für »gewöhnliche« Segues und für Unwind Segues:

```
performSegue(withIdentifier: "SegueName", sender: self)
```

Die einzige Voraussetzung für den Aufruf von `performSegue` besteht darin, dass zuvor in Xcode ein Segue eingerichtet und mit einem Namen versehen wurde. Konkrete Beispiele folgen im nächsten Abschnitt.

Um einen Unwind Segue ohne ein Startobjekt (z. B. einen Button) in Xcode einzurichten, führen Sie einen [ctrl]-Drag vom ersten zum dritten Icon im View-Controller in Xcode durch (siehe Abbildung 17.5). Dabei erscheint ein Auswahldialog, in dem Sie eine der zuvor angelegten `unwind`-Methoden auswählen können.

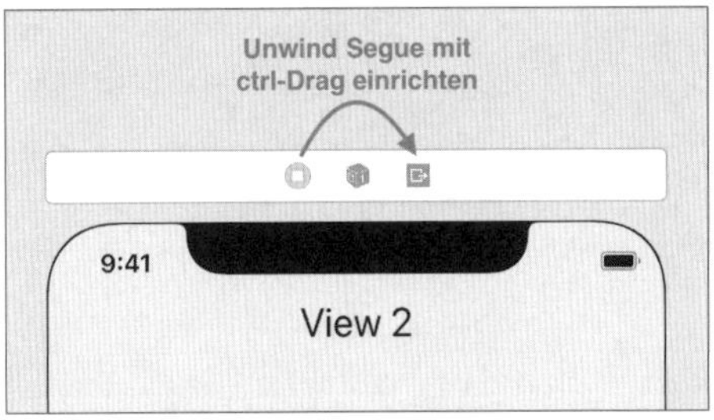

Abbildung 17.5 In Xcode einen Unwind Segue ohne Button oder andere Steuerelemente einrichten

17.3 Segues mit Datenübertragung

Der vorherige Abschnitt hat einen guten Einstieg in die Welt der Segues geboten, das Beispiel war aber in einem Punkt nicht sehr realitätsnah: In der Praxis ist es bei Übergängen von einer Ansicht zur nächsten fast immer erforderlich, Daten zu übertragen.

Das folgende Beispiel geht auf den Aspekt der Datenübertragung näher ein: Es handelt sich um eine Mini-App mit zwei Ansichten, die jeweils ein Textfeld enthalten (siehe Abbildung 17.6). Der Inhalt des ersten Textfelds soll in die zweite Ansicht übertragen werden, und der Inhalt des Textfelds der zweiten Ansicht soll später zurück in die erste übertragen werden. Nebenbei lernen Sie in diesem Beispiel auch, wie Sie Segues (auch Unwind Segues) per Code auslösen.

Der Zusammenbau der beiden App-Ansichten erfolgt ganz ähnlich wie im vorigen Beispiel:

- Projekttyp Single View Application
- zweiten View-Controller von der Objektbibliothek in das Storyboard einfügen
- neue Codedatei `ViewController2.swift` einrichten und mit »View 2« verbinden

- Steuerelemente einfügen
- bei beiden Views jeweils Outlets für das Textfeld und den Label in den Code einbauen
- `unwindToView1`-Methode in `ViewController.swift` programmieren (der Code folgt gleich)
- Segue vom OK-Button aus »View 1« zu »View 2« anlegen
- Unwind Segue vom OK-Button aus »View 2« zu dessen EXIT-Icon anlegen

Wenn Sie die App in diesem Zustand, also nur mit einer leeren `unwind`-Methode als eigenem Code, testen, dann sollte der Übergang zwischen den Views funktionieren, aber natürlich nicht der Texttransfer. Außerdem tritt ein weiteres Problem auf: Sobald Sie ein Textfeld antippen, erscheint erwartungsgemäß die Onscreen-Tastatur. Danach gibt es aber keine Möglichkeit, diese wieder zu entfernen. Zeit also, ein paar Zeilen Swift-Code zu schreiben und die offenen Punkte zu lösen!

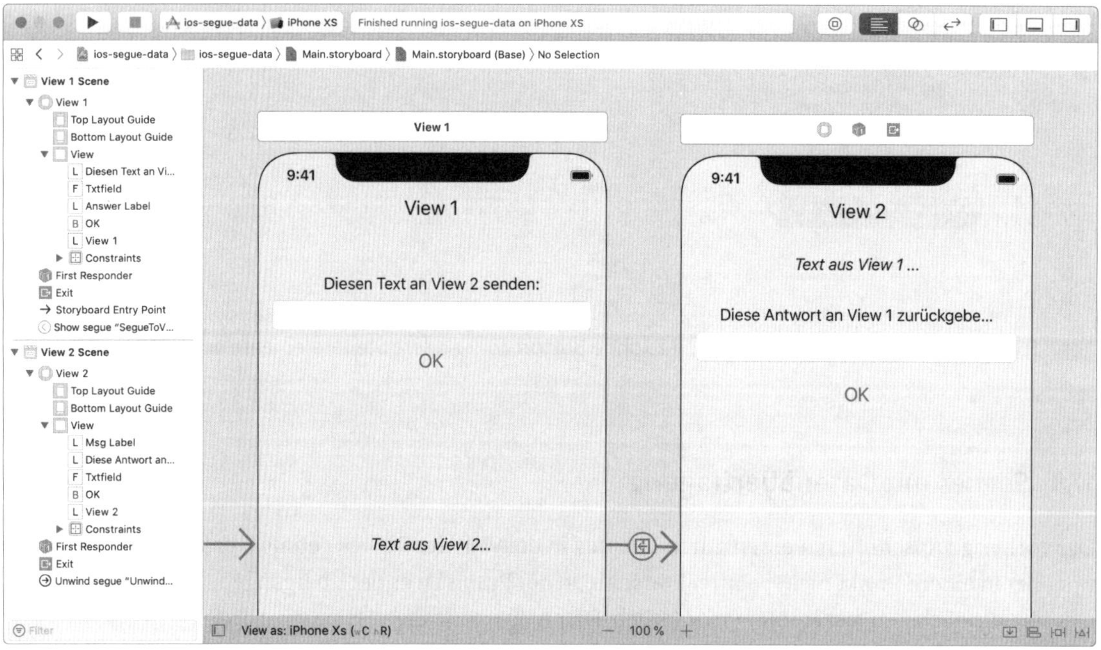

Abbildung 17.6 Mini-App zur Demonstration der Datenübertragung bei Segues

Segue-Code für »View 1« (prepare-Methode)

Beginnen wir mit dem Code des Controllers von »View 1«. Interessant ist hier die Methode `prepare`, die von der `UIViewController`-Klasse stammt, die wir aber mit eigenem Code überschreiben. Diese Methode wird aufgerufen, unmittelbar bevor es zu einem Übergang kommt – in unserem Beispiel zu »View 2«.

»override«-Methoden effizient eingeben

Wahrscheinlich wissen Sie nicht auswendig, welche Parameter `prepare` erwartet. Ersparen Sie sich das Nachschlagen in der Dokumentation – beginnen Sie einfach die Eingabe des Methodennamens, ganz ohne die eigentlich notwendigen Schlüsselwörter `override` oder `func`! Schon nach wenigen Buchstaben bietet Xcode Ihnen die Vervollständigung der Methode an. Mit [↵] fügt Xcode den kompletten erforderlichen Code samt allen Parametern ein. [⇥] führt nun an die Stelle, wo Sie Ihren eigenen Code hinzufügen.

Über `segue.destination` können Sie nun bereits auf die Instanz des demnächst aktiven View-Controllers zugreifen. Allerdings sind zu diesem Zeitpunkt die Steuerelemente der Ansicht noch nicht verfügbar. Deswegen müssen Sie zur Datenübergabe eine selbst definierte Eigenschaft des Controllers verwenden. Erst in dessen `viewDidLoad`-Methode (siehe den folgenden Abschnitt) können Sie die Daten dann von der `msg`-Eigenschaft in das betreffende Steuerelement übertragen.

Gewissermaßen die Umkehrfunktion zu `prepare` ist `unwindToView`: Die Idee dieser Methode ist ja schon aus dem ersten Segue-Beispiel bekannt. Sie können den Methodennamen hier frei wählen. Wichtig ist aber, dass die Methode mit einem `UIStoryboardSegue`-Parameter ausgestattet ist. Das dort übergebene Segue-Objekt enthält eine Referenz auf den View-Controller, die der Ausgangspunkt des Unwind Segue war.

Diesmal werten wir den Parameter aus und können so Daten aus der vorherigen Ansicht auslesen, bevor diese aus dem Speicher entfernt wird – in unserem Fall lesen wir den Inhalt des Textfelds (Outlet `txtfield`). In »echten« Apps werden Sie in der Regel die Daten nicht direkt den Steuerelementen entnehmen, sondern Eigenschaften des View-Controllers verwenden, die die Verbindung zu Ihrem Datenmodell herstellen.

```
// Projekt ios-segue-data, Datei ViewController.swift
class ViewController: UIViewController {
  @IBOutlet weak var txtfield: UITextField! // Zugriff auf das Textfeld
  @IBOutlet weak var answerLabel: UILabel!  // und das Ergebnis-Label

  override func viewDidLoad() {  // Initialisierung
    super.viewDidLoad()
    answerLabel.text = ""          // Ergebnis-Label-Text löschen
  }
  // Vorbereitung für den Segue zu View 2
  override func prepare(for segue: UIStoryboardSegue, sender: Any?) {
    if let dest = segue.destination as? ViewController2 {
      // den Inhalt des Textfelds in die Eigenschaft 'msg' des
      // ViewController2 übertragen (muss in VC2 deklariert werden)
      dest.msg = txtfield.text!
    }
  }
```

```
  // Rückkehr aus View 2
  @IBAction func unwindToView1(_ segue: UIStoryboardSegue) {
    if let src = segue.source as? ViewController2 {
      answerLabel.text = src.txtfield.text  // Antwort anzeigen
      txtfield.text = ""                    // Texteingabefeld leeren
    }
  }
}    // Ende class
```

Segue verhindern

In der prepare-Methode können Sie auf den Ziel-View-Controller zugreifen und seine Eigenschaften einstellen, aber Sie können den Segue nicht mehr verhindern. Wenn Sie in Abhängigkeit vom Zustand Ihrer App den Übergang zu einem anderen View-Controller blockieren möchten, implementieren Sie zusätzlich zu prepare die Methode shouldPerformSegue. Diese Methode wird vor prepare aufgerufen. Je nach Zustand Ihrer App geben Sie true zurück, wenn Sie den Segue akzeptieren, oder false, wenn Sie ihn verhindern möchten.

Segue-Code für »View 2«

Der Controller-Code von »View 2« ist kurz. Neben den beiden Outlets enthält die Klasse die Zeichenketteneigenschaft msg zur Übergabe der Daten aus »View 1«. In viewDidLoad wird diese Eigenschaft ausgelesen und in das msgLabel übertragen:

```
// Projekt ios-segue-data, Datei ViewController2.swift
class ViewController2: UIViewController {
  @IBOutlet weak var txtfield: UITextField!
  @IBOutlet weak var msgLabel: UILabel!
  var msg = ""

  // msg-Text in das nun initialisierte Label-Control übertragen
  override func viewDidLoad() {
    super.viewDidLoad()
    msgLabel.text = msg
  }
}
```

Segues per Code auslösen

Sie können Segues mit der Methode performSegue unkompliziert per Code auslösen. Vorher müssen Sie den Segue aber benennen. Beim Segue von »View 1« zu »View 2« ist das unkompliziert: Sie klicken den Segue im Storyboard-Editor an und geben ihm im Attributinspektor einen Namen (IDENTIFIER-Feld).

Bei Unwind Segues ist die Benennung etwas komplizierter, weil sie im Storyboard-Editor nicht als anklickbare Objekte sichtbar sind. Sie können den Unwind Segue aber in der Seitenleiste des Storyboard-Editors auswählen (Schritt 1) und können ihm dann im Attributinspektor einen IDENTIFIER zuweisen (Schritt 2) (siehe Abbildung 17.7).

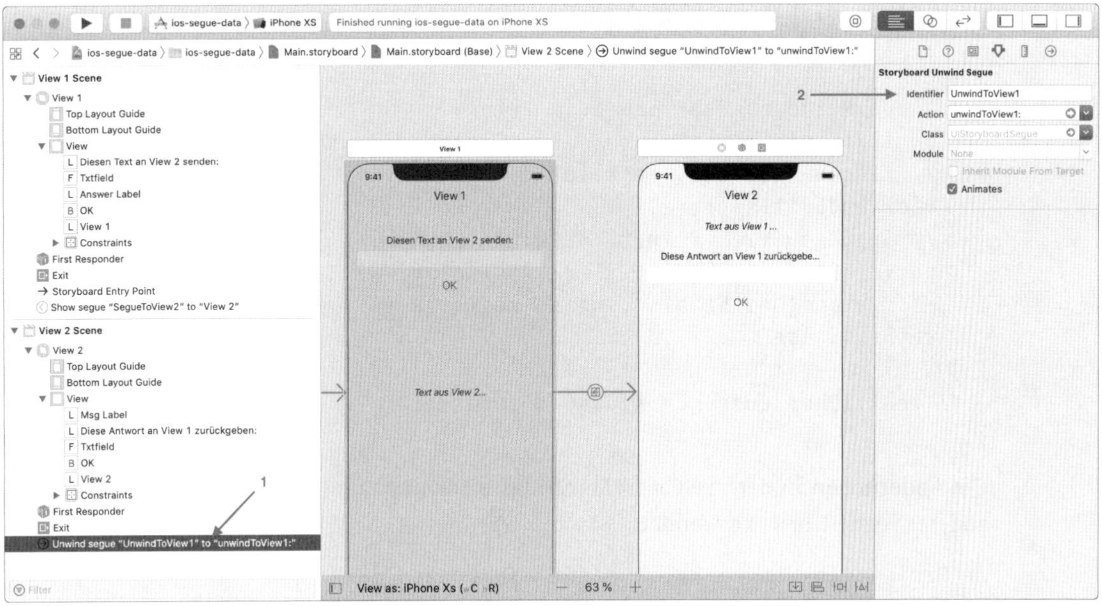

Abbildung 17.7 Unwind Segue in Xcode benennen

An `performSegue` übergeben Sie dann den Namen des Segues, und im zweiten Parameter `sender` legen Sie mit `self` eine Referenz auf den gerade aktuellen View-Controller an. Wenn der Segue durch verschiedene Buttons ausgelöst werden kann und Sie diese Information auswerten möchten, können Sie als `sender` auch die Instanz des betreffenden Buttons übergeben.

```
performSegue(withIdentifier: "SegueToView2", sender: self)
```

Segues im Textfeld mit Return auslösen

Um die Beispiel-App ein wenig eleganter zu gestalten, soll der Wechsel von »View 1« zu »View 2« und wieder zurück automatisch ausgelöst werden, sobald die Tastatureingabe in einem der Textfelder mit [↵] beendet wird. Um die Eingabe von [↵] zu erkennen, müssen wir das `UITextFieldDelegate`-Protokoll implementieren. Grundlagen zu dieser Vorgehensweise habe ich im vorigen Kapitel in Abschnitt 16.9, »Texteingaben«, erläutert.

In `ViewController1` sind die folgenden Änderungen erforderlich:

```
// Projekt ios-segue-data, Datei ViewController1.swift
class ViewController: UIViewController,
                      UITextFieldDelegate   // neu
{
  override func viewDidLoad() {
    // wie bisher ...
    txtfield.delegate = self               // neu
  }
  // neue Methode: Reaktion auf 'Return'
  func textFieldShouldReturn(_ textField: UITextField) -> Bool {
    // Eingabe beenden, Tastatur ausblenden
    view.endEditing(true)
    // Segue zu View 2 initiieren
    performSegue(withIdentifier: "SegueToView2", sender: self)
    // 'Return' nicht als Eingabe weitergeben
    return false
  }
  // restlicher Code der Klasse unverändert
}
```

Die Änderungen in der `ViewController2`-Klasse sehen analog aus, allerdings wird dort ein anderes Segue-Objekt verwendet:

```
// Projekt ios-segue-data, Datei ViewController1.swift
performSegue(withIdentifier: "UnwindToView1", sender: self)
```

17.4 Navigation-Controller

Cocoa Touch stellt mehrere Klassen zur Auswahl, die bei der Verwaltung von App-Ansichten helfen. Als ersten Vertreter stelle ich Ihnen hier den `UINavigationController` näher vor. In Abschnitt 17.5 folgt der `UITabBarController`. Diese und einige weitere Controller sind in der Objektbibliothek zu finden.

Controller-Kombinationen

Der Navigation-Controller wird oft zusammen mit anderen Controllern verwendet. Beliebte Partner-Controller sind der `UITabBarController` und der `UISplitController`.

Funktionsweise

Der Navigation-Controller hilft dabei, mehrstufige Hierarchien von Ansichten einfach zu verwalten – sowohl aus der Sicht der App-Entwickler als auch aus der Sicht der Anwender. Der Navigation-Controller reserviert innerhalb der App am oberen Bildschirmrand eine Art

Menüleiste. Auf der Startseite der App kann hier ein beliebiger Text angezeigt werden. In den weiteren App-Ansichten befindet sich links in der Menüleiste ein ZURÜCK-Button, dessen Text frei eingestellt werden kann. Dieser Button führt jeweils zurück zur vorigen Seite.

Das Bedienkonzept des Navigation-Controllers wird oft mit einem Stapel Karten verglichen: Mit jeder Vorwärts-Navigation wird dem Stapel oben eine Karte hinzugefügt – die gerade sichtbare Ansicht. Jede Rückwärts-Navigation entfernt eine Karte und gibt die Sicht auf die darunter befindliche Karte/Ansicht frei.

Es gibt mehrere Möglichkeiten, einen Navigation-Controller in das Storyboard einzubauen:

- Am einfachsten klicken Sie eine vorhandene Ansicht an und führen dann EDITOR • EMBED IN • NAVIGATION-CONTROLLER aus.
- Alternativ können Sie das neue Projekt gleich mit der Vorlage IOS • MASTER-DETAIL APP starten. Der Aufbau des Storyboards ist dann aber komplexer, weil Xcode dann auch gleich einen Split-View-Controller einbaut (siehe Abschnitt 17.6).
- Schließlich können Sie aus der Objektbibliothek einen Navigation-Controller in das Storyboard einfügen. In diesem Fall ist der Navigation-Controller standardmäßig mit einem Table-View-Controller verbunden, was nicht in jedem Fall zweckmäßig ist (siehe auch Kapitel 23, »Tabellen und Listen darstellen«).

Handarbeit

Die obigen drei Varianten ersparen etwas Handarbeit, verschleiern aber auch manche Interna. Um einen leeren Navigation-Controller mit einer vorhandenen Ansicht zu verbinden, führen Sie `ctrl`-Drag aus und entscheiden sich für den Segue-Typ ROOT VIEW CONTROLLER.

Übergänge von einer Ansicht zur nächsten stellen Sie ebenfalls mit `ctrl`-Drag her – z. B. von einem Button zum View-Controller der nächsten Ansicht. Als Segue-Typ wählen Sie SHOW aus. Damit wird auch diese Ansicht in den Navigation-Controller eingebettet.

Um den Startpunkt des Programms frei einzustellen, verschieben Sie im Storyboard-Editor den Startpfeil zum gewünschten View-Controller oder klicken im Attributinspektor die Option IS INITIAL VIEW CONTROLLER an.

Um die Rückwärts-Navigation müssen Sie sich nicht kümmern – das erledigt der Navigation-Controller für Sie. Anders als bei von Hand verbundenen Ansichten sind keine Unwind-Methoden erforderlich.

Einstellungen

Wenn Sie die Document-Outline-Leiste in der ersten mit dem Navigation-Controller verbundenen Ansicht im Storyboard-Editor anklicken, können Sie im Attributinspektor drei Eigenschaften einstellen (siehe Abbildung 17.8):

- TITLE ist der Text, der in der Navigationsleiste auf der Startseite angezeigt wird. Der gleiche Text wird in der nächsten Ansicht statt BACK verwendet.
- PROMPT ist ein optionaler Text, der in etwas kleinerer Schrift oberhalb des Titels angezeigt wird. Normalerweise bleibt dieser Text leer.
- BACK BUTTON gibt den Text für den ersten Button zur Rückwärts-Navigation an. iOS übernimmt hier standardmäßig die gerade erwähnte TITLE-Einstellung. Wenn der Titel fehlt oder zu lang ist, erscheint BACK oder nach einer Veränderung der Sprache ZURÜCK (siehe auch Abschnitt 32.4, »Mehrsprachige Apps«). Durch die Veränderung der Option BACK BUTTON können Sie explizit einen eigenen Text einstellen, der allerdings nur für die erste Ebene gilt.

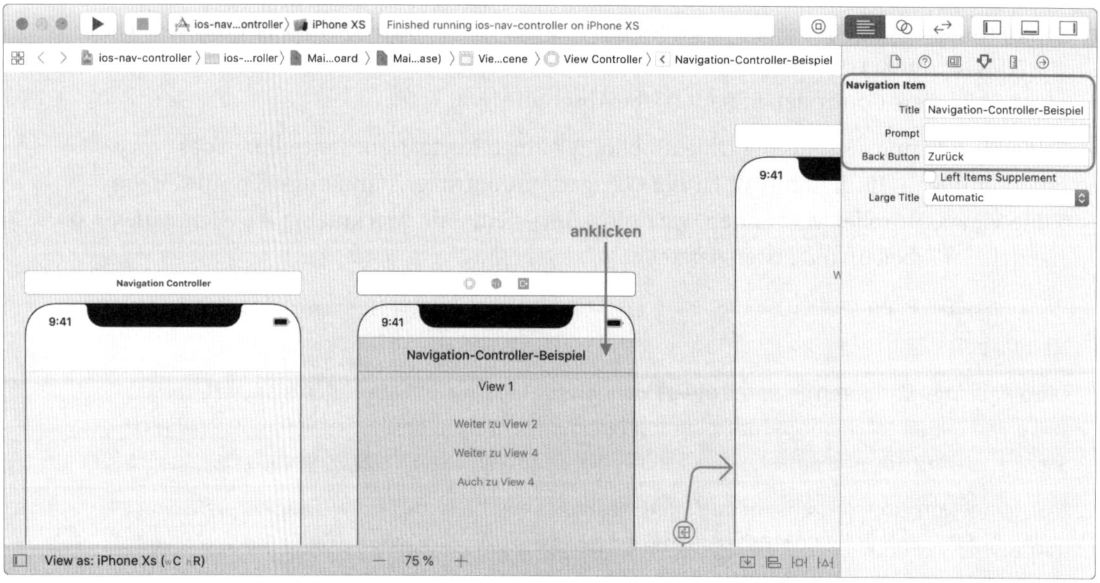

Abbildung 17.8 Einstellung der Navigationsleiste

In den weiteren mit dem Navigation-Controller verbundenen Ansichten fehlen diese Einstellmöglichkeiten. In der Regel werden sie auch nicht benötigt: Der Titel ergibt sich aus dem Titel des View-Controllers, und als Text für den ZURÜCK-Button wird der View-Controller-Titel der jeweils vorherigen Ansicht verwendet. Die TITLE-Eigenschaft stellen Sie im Attributinspektor ein. Dazu müssen Sie aber zuerst für die jeweilige Szene das Icon VIEW-CONTROLLER anklicken.

Um wie in der ersten Ansicht TITLE, PROMPT und BACK BUTTON frei einstellen zu können, fügen Sie aus der Objektbibliothek ein NAVIGATION ITEM (`UINavigationItem`-Klasse) in den Menübereich der jeweiligen Ansicht ein. Das gibt Ihnen auch die Möglichkeit, am linken und rechten Rand je einen Button einzubauen, wobei der linke Button den ZURÜCK-Button ersetzt. Beachten Sie, dass Sie innerhalb der Navigationsleiste keine gewöhnlichen UIButtons verwenden können, sondern *Bar-Button-Items* (UIBarButtonItem-Klasse) nutzen müssen, die Sie im Objektkatalog ganz unten finden.

Zur Not können Sie den Text auch in der prepare-Methode einstellen, bevor der Segue zum jeweils nächsten View-Controller ausgeführt wird. Dazu müssen Sie ein neues UIBarButtonItem-Objekt erzeugen:

```
// Quelle: https://stackoverflow.com/questions/28471164
override func prepare(for segue: UIStoryboardSegue, sender: Any?) {
  let backItem = UIBarButtonItem()
  backItem.title = "Eigener Text"
  navigationItem.backBarButtonItem = backItem
}
```

Steuerung per Code

Dieser kurze Abschnitt fasst zusammen, wie Sie in Ihrem Code auf Navigationsereignisse reagieren können und wie Sie die Navigation beeinflussen können:

- **Vorbereitung auf Segue:** Wie bei Segues ohne Navigation-Controller kommt es vor der Navigation in eine neue Ansicht, also bei der Vorwärts-Navigation, zum Aufruf der Methode prepare. Die Methode wird immer in dem Navigation-Controller ausgeführt, der der Startpunkt für den jeweiligen Übergang ist.

- **Rückwärts-Navigation erkennen:** Anders als bei Ansichten ohne Navigation-Controller müssen Sie nicht selbst Unwind-Methoden einrichten – um die Rückwärts-Navigation kümmert sich ja der Navigation-Controller. Das macht es allerdings auch schwieriger, im Code auf den Wechsel der Ansicht zu reagieren.

  Eine Möglichkeit besteht darin, im betreffenden Controller die Methoden viewWillAppear und viewWillDisappear zu implementieren. Diese Methoden werden aufgerufen, bevor eine Ansicht auf dem Bildschirm erscheint bzw. bevor sie wieder verschwindet. Bei einer Navigation über mehrere Ansichten geht aus dem Aufruf dieser Methoden leider nicht hervor, in welche Richtung die Navigation gerade erfolgt – vorwärts oder rückwärts. In einfachen Fällen reicht viewWillDisappear aber aus. Abschnitt 37.7, »Detailansicht mit Richtungspfeil«, zeigt, wie viewWillDisappear zum Aufruf einer selbst definierten Delegate-Methode verwendet werden kann.

  In dieser Hinsicht eindeutiger ist didMove: Wenn der an diese Methode übergebene Parameter parent den Zustand nil hat, dann wurde der aktuelle View-Controller gerade aus dem Navigation-Controller entfernt, d. h., die Navigationsrichtung ist rückwärts.

  Der Nachteil im Vergleich zu eigenen Unwind-Methoden besteht darin, dass Sie keine Referenz auf die zukünftige bzw. vorherige Ansicht haben und daher keine Daten übertragen können. Das gelingt nur, wenn Sie ein eigenes Delegate-Protokoll definieren und implementieren oder in prepare eine Referenz auf den aktuellen View-Controller an eine Eigenschaft des zukünftigen View-Controllers übergeben.

- **Vorwärts-Navigation auslösen:** Um eine Vorwärts-Navigation per Code zu initiieren, geben Sie dem Segue im Storyboard-Editor einen Namen und führen dann die aus Abschnitt 17.3, »Segues mit Datenübertragung«, bekannte Methode `performSegue` aus:

  ```
  performSegue(withIdentifier: "segue-name", sender: self)
  ```

- **Rückwärts-Navigation auslösen:** Die Rückwärts-Navigation erfolgt mit der Methode `popViewControllerAnimated`, die auf den Navigation-Controller angewendet werden muss. Der Parameter gibt an, ob die Navigation mit oder ohne Animation erfolgen soll:

  ```
  navigationController!.popViewController(animated: true)
  ```

  Wenn Sie in der Navigationshistorie weiter zurück springen wollen, bieten sich die Methoden `popToRootViewController` sowie `popToViewController` an. Die erste Methode navigiert zur Startseite des Navigation-Controllers zurück, die zweite zu einem bestimmten View-Controller, dessen Instanz als Parameter übergeben werden muss.

- **Beschriftung ändern:** Um die Beschriftung des Navigation-Controllers zu ändern, müssen Sie die `title`-Eigenschaft des View-Controllers ändern, in dem der Navigation-Controller eingebettet ist (Quelle: *https://stackoverflow.com/questions/24383068*). Das ist nicht ganz logisch, aber es funktioniert.

Beispiel

Als Experimentierwiese für den Navigation-Controller finden Sie in den Beispieldateien zu diesem Buch das Projekt `ios-nav-controller`. Ein Navigation-Controller ermöglicht den Wechsel zwischen mehreren verschiedenfarbigen Ansichten (siehe Abbildung 17.9). Sie können damit zwischen vier Ansichten hin und zurück navigieren und dabei im Debugging-Bereich von Xcode beobachten, in welcher Reihenfolge die Methoden `viewWillAppear`, `viewWillDisappear`, `prepare` und `didMove` aufgerufen werden.

In der Startansicht löst der Button WEITER ZU VIEW 4 einen automatischen Übergang zu Ansicht 4 aus, während in der Action-Methode des Buttons AUCH ZU VIEW 4 derselbe Segue codegesteuert ausgelöst wird:

```
// Projekt ios-nav-controller, Datei ViewController.swift
@IBAction func btnToVC4(_ sender: UIButton) {
  performSegue(withIdentifier: "SegueToVC4", sender: self)
}
```

In Ansicht 3 ermöglicht der Button DIREKT ZURÜCK ZU VIEW 1 einen Rücksprung zur Startansicht, wobei »View 2« übersprungen wird:

```
// Projekt ios-nav-controller, Datei ViewController3.swift
@IBAction func btnBackToVC1(_ sender: UIButton) {
  navigationController!.popToRootViewController(animated: true)
}
```

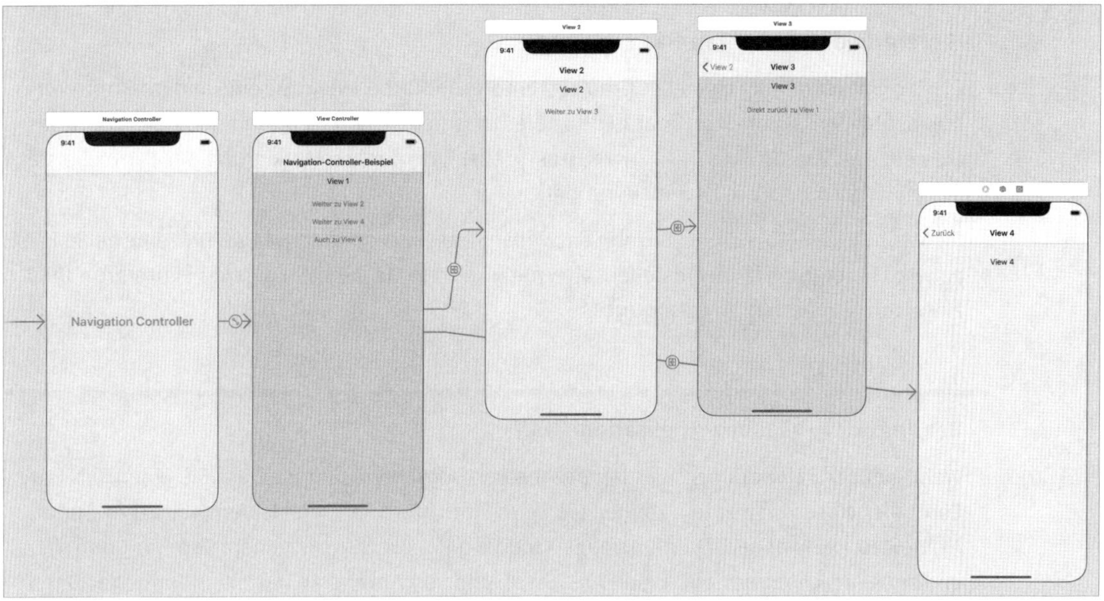

Abbildung 17.9 Vier durch einen Navigation-Controller verbundene App-Ansichten

17.5 Tab-Bar-Controller

Der Tab-Bar-Controller verbindet mehrere Ansichten, wobei die gerade aktive Ansicht über die Icons einer Symbolleiste am unteren Bildschirmrand ausgewählt wird (eben über die Tab-Bar).

Wenn Sie einen Tab-Bar-Controller aus der Objektbibliothek in das Storyboard schieben, werden in Wirklichkeit gleich drei Controller eingefügt: ein Tab-Bar-Controller, der mit zwei gewöhnlichen View-Controllern bereits verbunden ist. Den beiden Ansichten sind allerdings keine Controller-Dateien zugeordnet. Diese müssen Sie selbst mit FILE • NEW • FILE anlegen (Dateityp COCOA TOUCH CLASS sowie SUBCLASS = `UIViewController`) und im Identity Inspector mit dem jeweiligen View-Controller verbinden (Eigenschaft CUSTOM CLASS).

Um weitere Ansichten als Tabs hinzuzufügen, führen Sie einen `ctrl`-Drag vom Tab-Bar-Controller in die betreffende Ansicht durch und wählen dann als Segue-Typ RELATIONSHIP SEGUE = VIEW CONTROLLERS aus. Wenn es mehr als fünf Tabs gibt, wird in die Symbolleiste automatisch ein WEITER-Button eingebaut, der die Auswahl der weiteren Dialogblätter ermöglicht. Nach Möglichkeit sollten Sie aber versuchen, mit maximal fünf Seiten auszukommen.

Hintergrundfarbe der Tab-Bar

Die Tab-Bar verwendet ein helles Grau als Hintergrundfarbe. Wenn Sie eine andere Farbe wünschen, blenden Sie im Storyboard-Editor die Dokumentstruktur ein und markieren dort das Element TAB BAR der TAB BAR CONTROLLER SCENE. Eine direkte Markierung der Symbolleiste per Maus oder Trackpad ist leider unmöglich.

Im Attributinspektor können Sie nun entweder STYLE = BLACK oder mit BAR TINT eine beliebige andere Hintergrundfarbe einstellen. Alternativ können Sie auch ein eigenes Hintergrundbild zuweisen (Eigenschaft BACKGROUND).

Der Projekttyp »Tabbed-Application«

Wenn bei der Entwicklung einer neuen App von vornherein klar ist, dass Sie einen Tab-Bar-Controller einsetzen werden, können Sie beim Einrichten des Projekts den Projekttyp TABBED APPLICATION verwenden. Damit erzeugt Xcode ein Projekt, das aus einem Tab-Bar-Controller und zwei Ansichten besteht. Beide Ansichten sind von Anfang an mit einer Controller-Datei ausgestattet (`First-` und `SecondViewController.swift`). Außerdem haben beide Ansichten bereits Navigations-Buttons, die auf zwei Grafiken in `Assets.xcassets` zurückgreifen. Sie ersparen sich mit dem Projekttyp TABBED APPLICATION also einige Arbeitsschritte.

Tab-Bar-Items

Dem Programm fehlen nun noch die Tab-Bar-Items, also die Buttons, die in der Symbolleiste angezeigt werden. In den beiden Ansichten des Tab-Bar-Controllers scheint es bereits derartige Buttons zu geben (»Item 1« und »Item 2«). Diese lassen sich aber weder anklicken noch bearbeiten. Ziehen Sie daher aus der Objektbibliothek je ein TAB BAR ITEM in den Navigationsbereich der beiden Ansichten. Nun klicken Sie die Buttons an und stellen ihre Eigenschaften im Attributinspektor ein (siehe Abbildung 17.10).

Sie haben die Wahl zwischen zwei Vorgehensweisen:

- Sie können mit SYSTEM ITEM einen der vordefinierten Buttons auswählen (CONTACTS, FAVORITES, HISTORY etc.). Damit sind sowohl das Symbol als auch der Text des Buttons vorgegeben.
- Oder Sie verwenden die Einstellung SYSTEM ITEM = CUSTOM: Dann können Sie bei der Einstellungsgruppe BAR ITEM den Text frei eingeben und ein Bild auswählen. Als Icon-Symbol kommen allerdings nur Bilder infrage, die Sie zuvor in eine Xcassets-Datei eingefügt haben (siehe Abbildung 17.11). Tipps zum Umgang mit dem Xcassets-Editor finden Sie in Abschnitt 16.10, »Image-Views und Xcassets«.

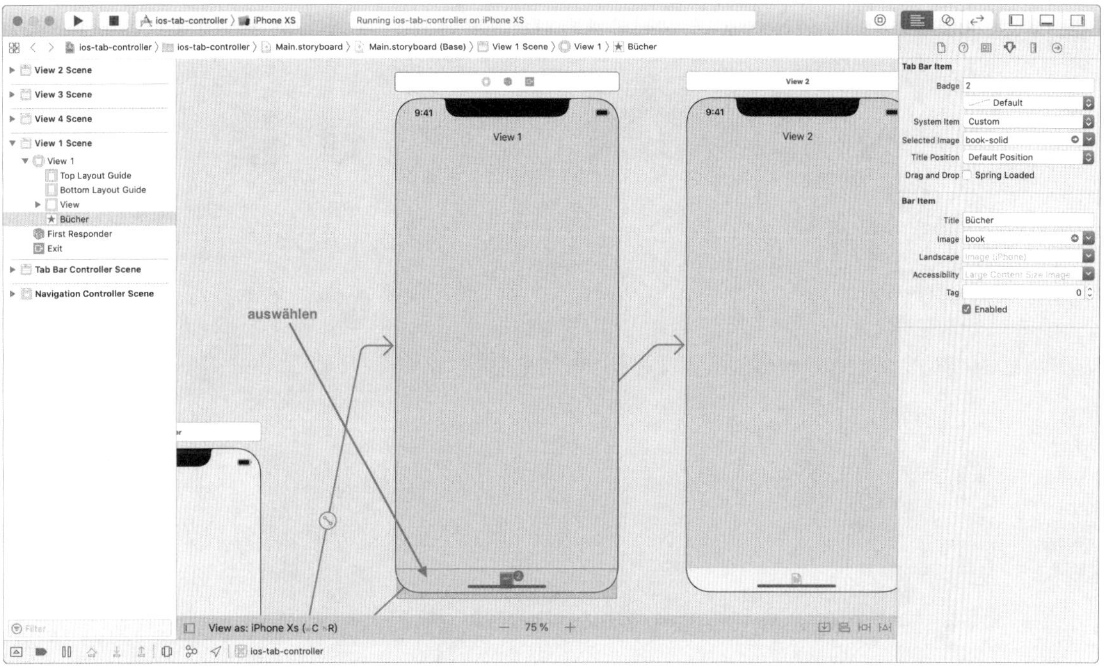

Abbildung 17.10 Die Tab-Bar-Item-Einstellungen

Als Bilder für die Tab-Bar-Items sollen Sie gemäß den *Human Interface Guidelines* von Apple jeweils *drei* Bitmaps zur Verfügung stellen: eine in einfacher, eine in doppelter und eine in dreifacher Auflösung. Diese Bitmaps müssen transparent sein, nur die Form des Icons soll als schwarze Linie erkennbar sein. Die Auflösung der drei Bitmaps soll zumindest 25 × 25, 50 × 50 oder 75 × 75 Pixel betragen.

https://developer.apple.com/ios/human-interface-guidelines/graphics/custom-icons

Tab-Bar-Items weisen noch drei interessante Eigenschaften auf:

- Die Eigenschaft BADGE kann einen zusätzlichen Text enthalten, der in einem roten Feld rechts oberhalb des Icons dargestellt wird. In der Praxis wird BADGE meist erst während der App-Ausführung eingestellt, z. B. um die App-Benutzer auf eine bestimmte Anzahl neuer Objekte hinzuweisen (E-Mails, Bookmarks etc.).
- Die Eigenschaft TAG können Sie mit einer Zahl zur App-internen Auswertung einstellen.
- Mit SELECTED IMAGE können Sie ein zweites Bild auswählen, das dann verwendet wird, wenn das Tab-Bar-Item gerade ausgewählt ist. Wenn das SELECTED IMAGE fehlt, dann invertiert iOS einfach das gewöhnliche Icon, was in der Regel ausreichend ist. Für eine wirklich perfekte Optik können Sie aber eben eine zweite Bitmap auswählen.

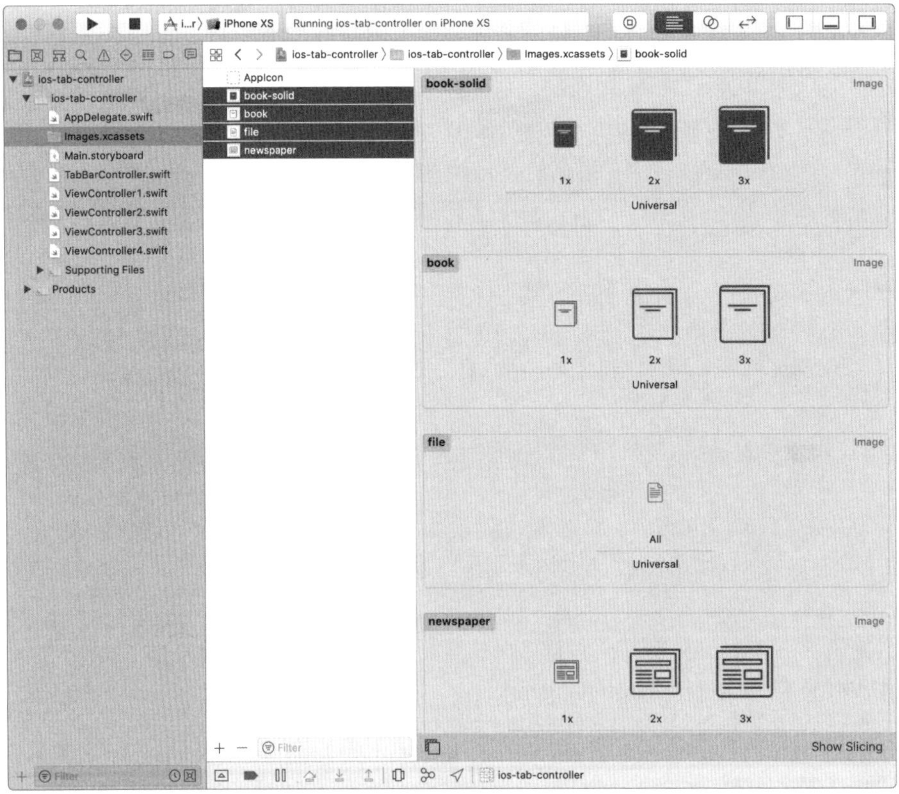

Abbildung 17.11 Die Tab-Bar-Bitmaps für die Beispiel-App

> **Reihenfolge der Tabs ändern**
>
> Die Reihenfolge der Tabs können Sie unkompliziert durch eine Drag-Operation im Tab-Bar-Controller verändern.

Kombination aus Tab-Bar- und Navigation-Controller

Sie können einen Tab-Bar-Controller mit einem oder mehreren Navigation-Controllern kombinieren. Dabei muss der Tab-Bar-Controller der Startpunkt in der Hierarchie Ihrer Ansichten sein. Anstelle von normalen Ansichten (View-Controllern) können die Seiten des Tab-Bar-Controllers aber auch auf einen Navigation-Controller zeigen, der dann wieder mehrere Seiten enthält. In der laufenden App wird dann unten die Symbolleiste des Tab-Bar-Controllers angezeigt, oben die Navigationsleiste des Navigation-Controllers. Ein bekanntes Beispiel für eine derartige Benutzeroberfläche ist die auf allen iPhones vorinstallierte App *Uhr*.

Um einen Navigation-Controller mit einem Tab-Bar-Controller zu verbinden, fügen Sie zuerst die beiden Controller und ihre Ansichten in den Storyboard-Editor ein. Dann stellen Sie mit

[ctrl]-Drag eine Verbindung vom Tab-Bar- zum Navigation-Controller her, und anschließend legen Sie nochmals mit [ctrl]-Drag die Verbindung vom Navigation-Controller zur darin enthaltenen Startansicht an. Weitere Ansichten für den Navigation-Controller verbinden Sie wie üblich durch Segues.

Der Tab-Bar-Controller muss immer der erste Controller sein!

Die *Human Interface Guidelines* von Apple schreiben vor, dass bei Apps mit einem Tab-Bar-Controller dieser als Startpunkt der App agieren muss. Sie dürfen also nicht einen Tab-Bar-Controller in einen Navigation-Controller einbauen.

Programmierung

Als Spielwiese zum Ausprobieren des Tab-Bar-Controllers können Sie das Projekt `ios-tab-controller` aus den Beispieldateien verwenden. Es verbindet vier Ansichten zu Dialogblättern einer App (siehe Abbildung 17.12). Dabei sind die Ansichten 3 und 4 wiederum in einen Navigation-Controller eingebettet.

Der Tab-Bar-Controller verwendet keine Segues zum Wechseln zwischen den Ansichten. Daher unterbleibt auch der Aufruf von `prepare`. Um den Wechsel zwischen den Tabs festzustellen, verwenden Sie am einfachsten die Methoden `viewWillAppear` oder `viewDidAppear` im jeweiligen Controller.


```
// Projekt ios-tab-controller, Datei ViewController1.swift
class ViewController1: UIViewController {
  override func viewDidAppear(_ animated: Bool) {
    super.viewDidAppear(animated)
    print("viewDidAppear in VC1")
  }
}
```

Alternativ können Sie auch das `UITabBarControllerDelegate`-Protokoll implementieren – beispielsweise in `AppDelegate.swift` und mit einer Initialisierung in der Methode `viewDidLoad` des ersten View-Controllers. Dann verrät Ihnen die Methode `tabBarController`, welcher View-Controller als nächster aktiviert wird. Hintergrundinformationen zur `AppDelegate`-Klasse finden Sie in Abschnitt 16.4, »Phasen einer iOS-App«.

```
// Projekt ios-tab-controller, Datei ViewController1.swift
class ViewController1: UIViewController {
  override func viewDidLoad() {
    super.viewDidLoad()
    self.tabBarController!.delegate =
      UIApplication.shared.delegate as! AppDelegate
  }
}
```

```
// Projekt ios-tab-controller, Datei AppDelegate.swift
extension AppDelegate: UITabBarControllerDelegate {
  func tabBarController(_ tabBarController: UITabBarController,
                        didSelect viewController: UIViewController)
  {
    print("tabBar -- didSelectItem")
    if let title = viewController.title {
      print("  \(title)")
    }
  }
}
```

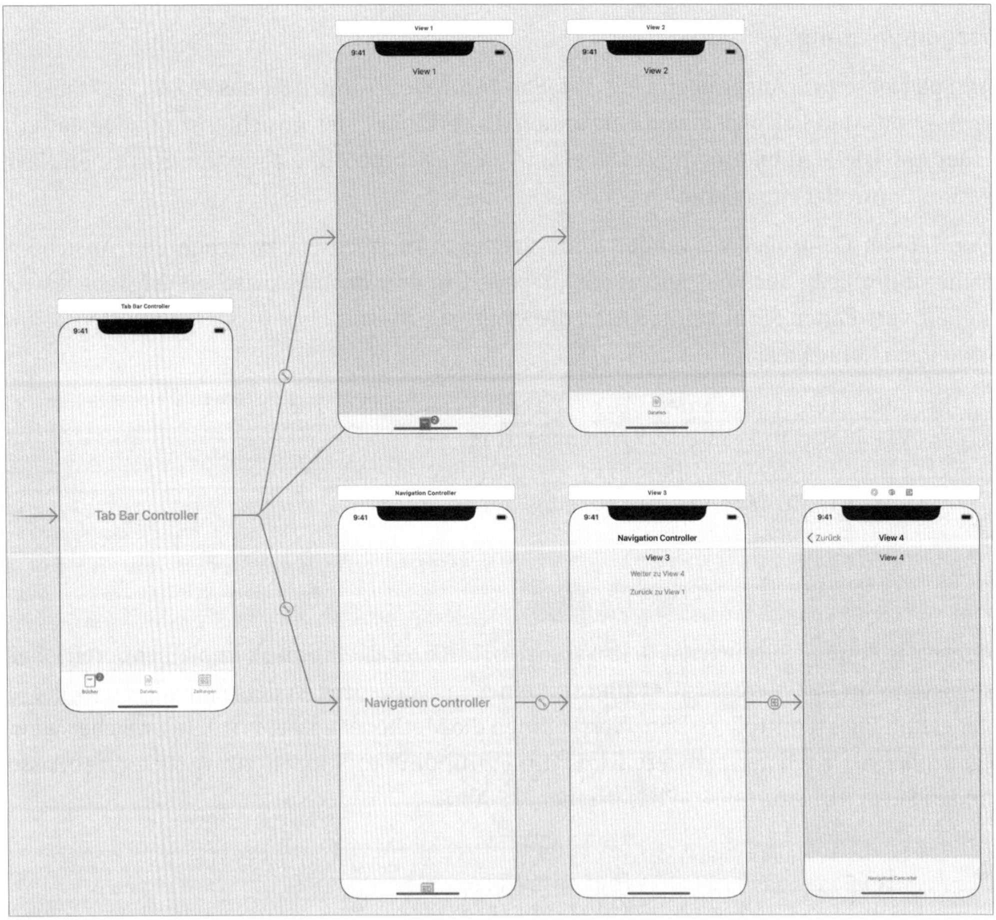

Abbildung 17.12 Aufbau der Beispiel-App zum Test des Tab-Bar-Controllers

Im Controller-Code einer Ansicht, die von einem Tab-Bar-Controller verwaltet wird, können Sie über die Eigenschaft `tabBarController` auf den übergeordneten Tab-Bar-Controller zugreifen. Dessen Eigenschaft `viewControllers` zeigt auf ein Array mit allen View-Controllern in der Reihenfolge der Tab-Bar-Items. Beachten Sie, dass die Elemente dieses Arrays zwar von Anfang an alle existieren, dass Sie sich aber nicht darauf verlassen können, dass die View-Controller auch schon vollständig initialisiert sind.

Die Initialisierung inklusive des `viewDidLoad`-Aufrufs erfolgt erst, wenn die betreffende Ansicht zum ersten Mal angezeigt wird – und erst dann können Sie auch auf die Steuerelemente der Views zugreifen. Den Zustand des View-Controllers können Sie mit der Methode `isViewLoaded` feststellen:

```
// Projekt ios-tab-controller, Datei ViewController1.swift
// Beispielcode in der Methode viewDidAppear
let tab = tabBarController!
if let vcs = tab.viewControllers {
  // Schleife über alle View-Controller
  for vc in vcs {
    let title = vc.title ?? "kein Titel"
    let loaded = vc.isViewLoaded
    print("Titel = \(title), isViewLoaded = \(loaded)")
  }
}
```

Der gerade aktive View-Controller und seine Indexnummer gehen aus den Eigenschaften `selectedViewController` und `selectedIndex` hervor. Eine Zuweisung an eine der beiden Eigenschaften ändert den aktiven View-Controller. Beachten Sie, dass es bei einem derartigen durch Code ausgelösten Tab-Wechsel nicht zum Aufruf der `tabBar`-Methode mit dem Parameter `didSelectItem` kommt! Die folgenden Zeilen zeigen den durch einen Button initiierten Wechsel in die erste Ansicht des Tab-Bar-Controllers:

```
// Projekt ios-tab-controller, Datei ViewController3.swift
class ViewController3: UIViewController {
  // in die erste Ansicht des Tab-Bar-Controllers wechseln
  @IBAction func btnActivateView1(_ sender: UIButton) {
    tabBarController!.selectedIndex = 0
  }
}
```

17.6 Split-View-Controller

Der Split-View-Controller (Klasse `UISplitController`) hilft dabei, eine zweigeteilte Ansicht zu gestalten. Dabei wird üblicherweise in der linken Spalte eine Liste angezeigt. Nach der Auswahl eines Eintrags erscheinen die dazu passenden Details in der breiteren rechten Ansicht und können dort betrachtet oder verarbeitet werden.

Besonders angenehm ist die Bedienung solcher Apps auf einem iPad oder auf großen iPhone-Modellen im Querformat. Damit der Split-View-Controller auch auf iPads im Hochformat sowie auf iPhones verwendet werden kann, wird er üblicherweise mit einem Navigation-Controller kombiniert. Anstatt beide Ansichten nebeneinander anzuzeigen, führt die Auswahl eines Listenelements in die Detailansicht.

Zur Entwicklung von Apps mit einem Split-View-Controller sieht Xcode den Projekttyp MASTER-DETAIL APPLICATION vor. An sich ist die Verwendung dieses Projekttyps empfehlenswert. Dennoch gehe ich in diesem Abschnitt davon aus, dass Sie die Entwicklung Ihrer App als SINGLE VIEW APPLICATION begonnen haben. Das hat den didaktischen Vorteil, dass ich Ihnen das Zusammenspiel der einzelnen Klassen in der Reihenfolge beschreiben kann, wie sie sich beim Programmieren ergibt.

Listendarstellung im UITableViewController

Der Split-View-Controller wird in aller Regel in Kombination mit einer Liste verwendet. Der Umgang mit dem `UITableView`-Steuerelement und dem damit verwandten `UITableViewController` wird allerdings erst in Kapitel 23, »Tabellen und Listen darstellen«, behandelt. Zum besseren Verständnis des hier präsentierten Beispiels ist es empfehlenswert, indem Sie zuerst einen Blick in dieses Kapitel werfen.

Beispiel

Die denkbar einfache Beispiel-App zeigt in der Liste die Namen einiger Farben an. Sie können nun eine Farbe auswählen – dann zeigt die Detailansicht ein Rechteck in dieser Farbe (siehe Abbildung 17.13 und Abbildung 17.14). Ein weiteres Beispiel für die Anwendung des Split-View-Controllers finden Sie in Kapitel 35, »New-York-Times-Bestseller«.

```
// Projekt ios-split, Datei MyColor.swift
class MyColor {      // Klasse zur Verwaltung von Farben
  var name: String
  var color: UIColor

  init(_ name: String, color: UIColor) {
    self.name = name
    self.color = color
  }
  static func makeDefault() -> [MyColor] {
    return [
      MyColor("Gelb", color: .yellow),
      MyColor("Grau", color: .gray),
      ...
      MyColor("Blau", color: .blue)
    ]
  }
}
```

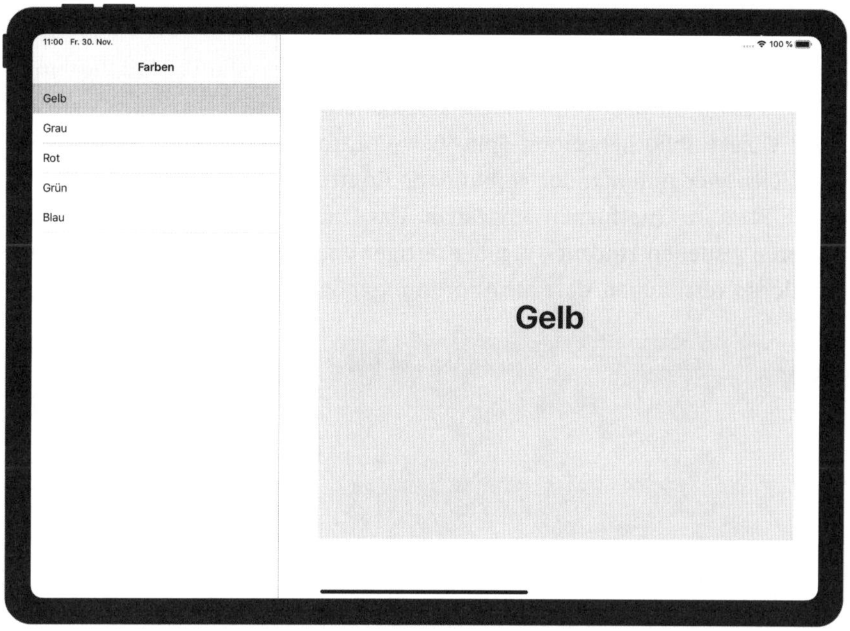

Abbildung 17.13 Split-View-Controller-Beispiel auf dem iPad im Querformat

Abbildung 17.14 Master- und Detailansicht der Beispiel-App auf einem iPhone

Split-View-Controller einfügen

Zur Gestaltung der Benutzeroberfläche habe ich zuerst den im Projekt standardmäßig enthaltenen View-Controller sowie die dazugehörende Klassendatei `ViewController.swift` gelöscht und dann aus der Objektbibliothek einen Split-View-Controller eingefügt. Xcode macht daraus ungefragt gleich vier miteinander verbundene Controller. Im Storyboard habe ich VIEW AS IPHONE XR PLUS im Querformat eingestellt. Das Querformat hat hier den Vorteil, dass es einen besseren visuellen Eindruck von der fertigen App vermittelt. Schließlich habe ich die vier Controller so verschoben, dass die Anordnung möglichst übersichtlich ist.

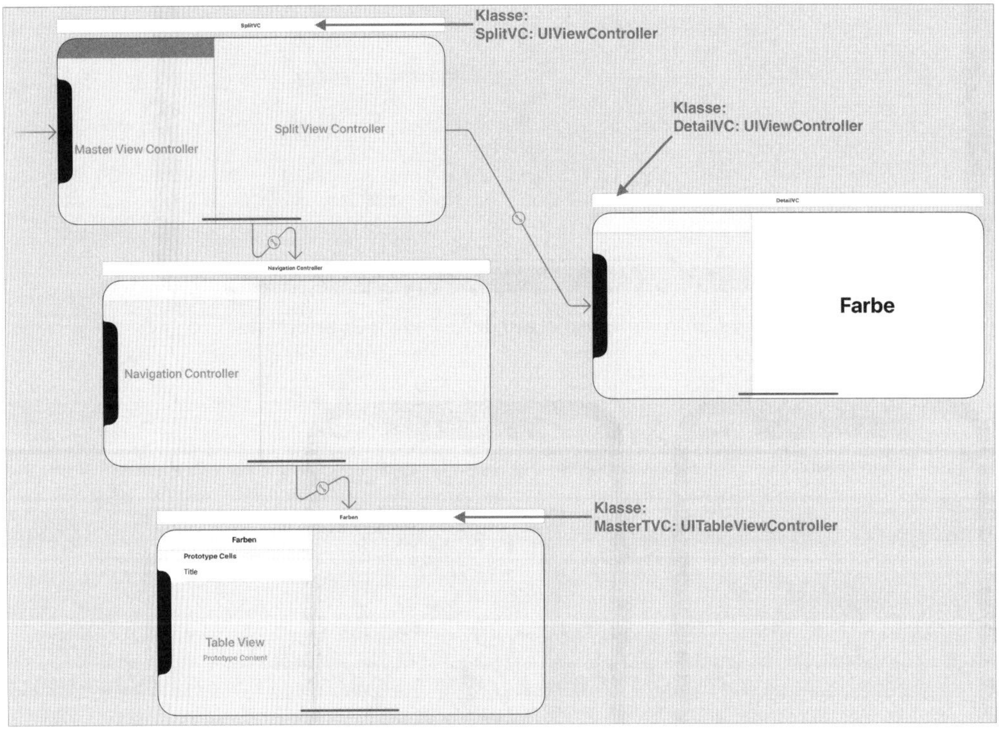

Abbildung 17.15 Die vier Controller einer minimalen Split-View-Controller-App

Sobald Sie den Split-View-Controller zum Start-View-Controller Ihrer App machen (Option IS INITIAL VIEW CONTROLLER), können Sie die App bereits starten. Das prinzipielle Erscheinungsbild wird dabei bereits erkennbar – sonst funktioniert aber natürlich noch nichts.

Liste füllen (MasterTVC-Klasse)

Als ersten Schritt, um die App zum Leben zu erwecken, erzeugen Sie eine neue Cocoa-Touch-Klasse, die von einem `UITableViewController` abgeleitet ist. Ich habe als Klassennamen `MasterTVC` gewählt (siehe Abbildung 17.15). Diese Klasse muss durch die Einstellung der CLASS-

Eigenschaft mit dem Table-View-Controller verbunden werden. Die Aufgabe dieser Klasse ist es, die Zellen der Liste mit den Namen der Farben zu füllen.

Um den folgenden Code leichter zu verstehen, werfen Sie bitte einen Blick in Kapitel 23, »Tabellen und Listen darstellen«. Im Gegensatz zu den dort präsentierten Techniken ist es hier nicht erforderlich, die `delegate`- und die `datasource`-Eigenschaften einzustellen – wir implementieren hier ja unmittelbar und nicht über den Umweg von Delegates die Table-View-Controller-Klasse. Der Code der Methode `tableView(_:cellForRowAt:)` setzt voraus, dass Sie in Xcode die Prototypzelle im Table-View-Controller mit `mycell` benannt und STYLE = BASIC eingestellt haben.

```
// Projekt ios-split, Datei MainTVC.swift
class MasterTVC: UITableViewController {
  let mycolors = MyColor.makeDefault()  // Datenbasis

  override func viewDidLoad() {         // Initialisierungsarbeiten
    super.viewDidLoad()
    // Auswahl erhalten
    self.clearsSelectionOnViewWillAppear = false
    // keine leeren Zellen unten
    self.tableView.tableFooterView = UIView(frame: CGRect.zero)
    // ersten Eintrag in Master-Liste auswählen
    let idx = IndexPath(row: 0, section: 0)
    self.tableView.selectRow(at: idx,
                             animated: true,
                             scrollPosition: .top)
  }

  // mycolors.count Listeneinträge
  override func tableView(_ tableView: UITableView,
                          numberOfRowsInSection section: Int) -> Int
  {
    return mycolors.count
  }

  // Zellen erzeugen
  override func tableView(_ tableView: UITableView,
                          cellForRowAt indexPath: IndexPath)
    -> UITableViewCell
  {
    let cell = tableView.dequeueReusableCell(
      withIdentifier: "mycell", for: indexPath)
    cell.textLabel!.text = mycolors[indexPath.row].name
    return cell
  }
}
```

Wenn Sie die App in dieser Form starten, wird die Liste korrekt angezeigt. Im obigen Code fehlen allerdings noch einige Details. Insbesondere zeigt die App momentan keine Reaktion, wenn ein Listenelement ausgewählt wird. Dieser Code folgt gleich, vorher sind aber noch ein paar Vorbereitungsarbeiten notwendig.

Detailansicht (DetailVC-Klasse)

In den View-Controller der Detailansicht habe ich in Xcode eine leere View und ein Label eingefügt und zentriert angeordnet. Die beiden Elemente sollen die ausgewählte Farbe optisch und in Textform zeigen.

Anschließend habe ich eine weitere Cocoa-Touch-Klasse eingerichtet, diesmal abgeleitet von `UIViewController` und mit dem Namen `DetailVC`. Die Aufgabe dieser Klasse ist es, bei der Veränderung der Eigenschaft `mycolor` die Farbe der View und den Text des Labels zu verändern. Wenige Codezeilen reichen dazu aus:

```
// Projekt ios-split, Datei DetailVC.swift
class DetailVC: UIViewController {
  @IBOutlet weak var lblColorName: UILabel!
  @IBOutlet weak var viewColor: UIView!

  // bei jeder Änderung dieser Eigenschaft den
  // Label-Text und die View-Farbe ändern
  var mycolor : MyColor? {
    didSet(oldcolor) { refresh() }
  }
  // damit die Anzeige beim ersten Erscheinen aktuell ist
  override func viewDidLoad() {
    super.viewDidLoad()
    refresh()
  }
  // Label-Text und die View-Farbe aktualisieren
  private func refresh() {
    lblColorName?.text = mycolor?.name
    viewColor?.backgroundColor = mycolor?.color
  }
}
```

Vergessen Sie nicht, die Klasse in Xcode mit dem View-Controller zu verbinden!

Verbindung zwischen den Controller-Instanzen herstellen (AppDelegate-Klasse)

Eine zentrale Frage, die sich bei allen Split-View-Controller-Apps stellt, lautet: Wie kommunizieren die über mehrere Klassen verteilten Codeteile miteinander? Ich habe dazu die von Xcode bereits vorgegebene Datei `AppDelegate.swift` um einige Eigenschaften ergänzt, die auf Instanzen aller relevanten Klassen verweisen. Damit kann ich überall im Code über den Umweg der AppDelegate-Instanz auf die jeweils anderen Controller-Instanzen zugreifen. Zur Initialisierung dieser Variablen habe ich auf diverse xxxViewController-Eigenschaften der UIWindow-Klasse zurückgegriffen.

```
@UIApplicationMain
class AppDelegate: UIResponder, UIApplicationDelegate {
  var window: UIWindow?

  // Querverweise auf diverse Controller hier zentral zugänglich machen
  var splitVC:   UISplitViewController?
  var leftNC:    UINavigationController?
  var masterTVC: MasterTVC?
  var detailVC:  DetailVC?

  // Controller-Variablen initialisieren
  func application(_ application: UIApplication,
                   didFinishLaunchingWithOptions launchOptions:
                     [UIApplication.LaunchOptionsKey: Any]?) -> Bool
  {
    splitVC = self.window!.rootViewController as? UISplitViewController
    leftNC =  splitVC?.viewControllers.first as? UINavigationController
    masterTVC = leftNC?.topViewController as? MasterTVC
    detailVC =  splitVC?.viewControllers.last as? DetailVC
    return true
  }
}
```

Die Delegation-Alternative

Ein alternativer Weg bestünde darin, ein eigenes Delegation-Protokoll zur Kommunikation zwischen dem Master- und dem Detail-Controller zu definieren. Die Delegation-Verbindung zwischen den betreffenden Klassen müsste dann abermals in AppDelegate.swift eingerichtet werden. Für die simplen Anforderungen dieses Beispiels ergeben sich daraus keine Vorteile, der Code würde noch unübersichtlicher.

Reaktion auf die Auswahl eines Listeneintrags

Nun ist es an der Zeit, die MasterTVC-Klasse zu erweitern. Als Erstes wird am Beginn der Klasse die Variable myapp definiert, die einen unkomplizierten Zugriff auf die AppDelegate-Instanz gibt:

```
// Projekt ios-split, Datei MasterTVC.swift
let myapp = UIApplication.shared.delegate as! AppDelegate
```

17

Als Zweites soll jetzt nach jeder Auswahl einer Farbe aus der Master-Liste diese in der Detailansicht angezeigt werden. Dazu muss die Methode `tableView(_:didSelectRowAt)` implementiert werden. In der ersten Anweisung wird einfach die `mycolor`-Eigenschaft des Detail-Controllers aktualisiert – so weit, so klar.

Der Aufruf von `showDetailViewController` ist nur dann relevant, wenn die App auf einem iPhone oder einem iPad im Hochformat ausgeführt wird: Dann muss die Detailansicht explizit sichtbar gemacht werden.

```
override func tableView(_ tableView: UITableView,
                        didSelectRowAt indexPath: IndexPath)
{
  myapp.detailVC?.mycolor = mycolors[indexPath.row]
  myapp.splitVC?.showDetailViewController(myapp.detailVC!, sender: nil)
}
```

Beim Start den ersten Eintrag auswählen

Bis auf Kleinigkeiten entspricht die App jetzt den Erwartungen. Der Rest dieses Abschnitts beschäftigt sich mit diesen Kleinigkeiten, die App-Entwicklern das Leben oft schwer machen.

Beim Start der App wird die Liste zwar angezeigt, es ist aber noch kein Eintrag ausgewählt. Die Detailansicht zeigt keine Farbe, sondern sieht so trostlos wie im Entwurfsmodus in Xcode aus. Um beim Start den ersten Listeneintrag zu aktivieren und auch die Detailansicht entsprechend zu aktualisieren, sind zwei Ergänzungen in `viewDidLoad` in der `MasterTVC`-Klasse notwendig:

```
// Projekt ios-split, Datei MasterTVC.swift
override func viewDidLoad() {
  // Code wie bisher ...

  // ersten Eintrag in Master-Liste auswählen  ...
  let idx = IndexPath(row: 0, section: 0)
  self.tableView.selectRow(at: idx,
                           animated: true,
                           scrollPosition: .top)
  // ... und in der Detailansicht anzeigen
  myapp.detailVC?.mycolor = mycolors[0]
}
```

Beim Start die Master-Ansicht anzeigen

Auf einem iPhone bzw. iPad im Portrait-Modus erscheint beim Start die Detailansicht. Je nach Art der App wäre es oft besser, wenn stattdessen die Master-Ansicht mit den Listenelementen angezeigt werden würde. Nichts leichter als das, werden Sie vielleicht denken. Falsch gedacht! Apple hat sich große Mühe gegeben, die erforderlichen Methoden im letzten

Winkel der UIKit-Bibliothek zu verstecken und mit irrwitzigen Namen auszustatten. Der einzige Weg zur Lösung führt (wie so oft) nicht über die Apple-Dokumentation, sondern über Stack Overflow:

https://stackoverflow.com/questions/25875618

Um die App also in der Master-Ansicht zu starten, müssen Sie Ihr Projekt mit einer weiteren Klasse ausstatten – diesmal für den Split-View-Controller, der bisher ohne eigenen Code funktionierte. Die Klasse muss das `UISplitViewControllerDelegate`-Protokoll und davon wiederum die `splitViewController`-Methode implementieren, deren Parameternamen weitere drei Zeilen füllen. Wen wundert es, dass uns keiner der drei Parameter interessiert – wir geben einfach `true` zurück.

```
class SplitVC: UISplitViewController, UISplitViewControllerDelegate
{
  override func viewDidLoad() {
    super.viewDidLoad()
    self.delegate = self
  }
  // beim Programmstart Master-Ansicht anzeigen (nicht Detail)
  func splitViewController(
       _ splitViewController: UISplitViewController,
       collapseSecondary secondaryViewController: UIViewController,
       onto primaryViewController: UIViewController) -> Bool
  {
    return true
  }
}
```


Zurück-Button für das iPad im Hochformat

Wenn Sie die App auf einem iPad im Hochformat ausprobieren, wird es Sie vielleicht irritieren, dass es von der Detailansicht scheinbar keinen Weg zurück zur Master-Liste gibt. Der ZURÜCK-Button, also der Pfeil nach links, fehlt.

Häufige Nutzer des iPads wissen natürlich, wie sie zur Master-Liste gelangen: Ein Wischen vom linken Rand nach rechts blendet die Liste ein. Wenn Ihnen das zu wenig intuitiv ist, müssen Sie den Detail-Controller in einen eigenen Navigation-Controller einbetten. Dazu markieren Sie den Detail-View-Controller und führen EDITOR • EMBED IN • NAVIGATION CONTROLLER aus. Damit gibt es in der App nun zwei Navigation-Controller: einen für die Master-Ansicht und einen weiteren für die Detailansicht (siehe Abbildung 17.16).

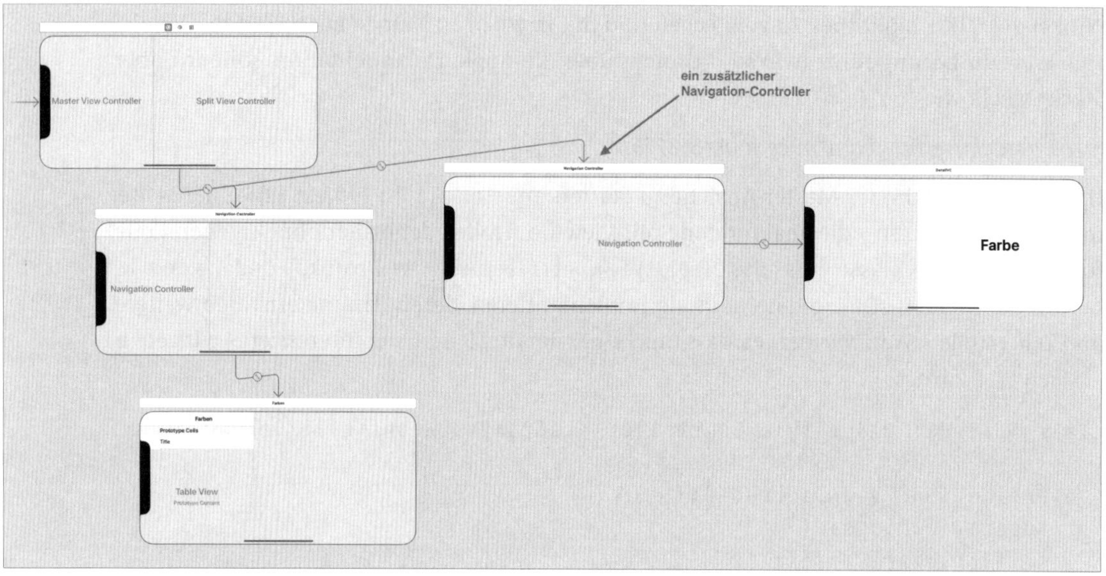

Abbildung 17.16 Ein ganzer Wald von Controllern ist erforderlich, damit die Split-View-App auf jedem Gerät zufriedenstellend läuft.

Parallel dazu sind auch einige Codeänderungen erforderlich. In den Beispieldateien finden Sie das Projekt `ios-split-2nc`, in dem diese Änderungen realisiert sind.

Nach der Auswahl eines Listeneintrags muss nun der Navigation-Controller der Detailansicht geöffnet werden:

```
// Projekt ios-split-2nc, Datei MasterTVC.swift
override func tableView(_ tableView: UITableView,
                        didSelectRowAt indexPath: IndexPath)
{
  myapp.detailVC?.mycolor = mycolors[indexPath.row]
  myapp.splitVC?.showDetailViewController(
    myapp.detailVC!.navigationController!,  // geändert
    sender: nil)
}
```

In der `AppDelegate`-Klasse erfolgt der Zugriff auf den Detail-View-Controller nun indirekt über den neuen Navigation-Controller:

```
// Projekt ios-split-2nc, Datei AppDelegate.swift
let secondNC = splitVC?.viewControllers.last as? UINavigationController
    detailVC = secondNC?.topViewController as? DetailVC
```

Außerdem muss dort der Pfeil-Button zur Master-Ansicht explizit aktiviert werden:

```
// Back-Button immer anzeigen (Quelle: https://raywenderlich.com/94443)
detailVC?.navigationItem.leftItemsSupplementBackButton = true
detailVC?.navigationItem.leftBarButtonItem =
    splitVC?.displayModeButtonItem
```

Die Master-Detail-Vorlage

Wenn Sie beim Erstellen einer neuen iOS-App die Projektvorlage MASTER-DETAIL APPLICATION verwenden, erhalten Sie als Startpunkt bereits eine vollständig funktionierende App. In ihr können Sie mit einem Plus-Button die Listeneinträge erweitern und später sogar verschieben. Die Listeneinträge und die Detailansicht bestehen jeweils aus dem gerade aktuellen Datum samt Uhrzeit.

Die Implementierung unterscheidet sich in drei Details vom hier präsentierten Muster:

- Das `UISplitViewControllerDelegate`-Protokoll wird nicht in einer eigenen Split-View-Controller-Klasse implementiert, sondern in der `AppDelegate`-Klasse.
- Der Übergang zur Detailansicht bei der Auswahl eines Listeneintrags erfolgt nicht durch `showDetailViewController` in `tableView(_:didSelectRowAt)`, sondern durch das in Xcode vordefinierte Segue-Objekt mit dem Identifier `showDetail`. Startpunkt des Segues ist die Prototypzelle des Table-View-Controllers.
- Konsequenterweise ist für die Datenübergabe in die Detailansicht nun die `prepare`-Methode in `MasterDetailController.swift` zuständig. Dort wird auch der ZURÜCK-Button im zweiten Navigation-Controller eingerichtet.

17

Das Xcode-Projekt `ios-split-master-detail` enthält den Mustercode, ergänzt um ein paar erläuternde Kommentare.

17.7 Popups

Popups bzw. im Apple-Jargon *Popovers* sind Ansichten oder Dialoge, die *über* der gerade aktuellen Ansicht angezeigt werden. Dabei gelten zwei Besonderheiten:

- Popups sind kleiner als der Bildschirm. Die im Hintergrund weiterhin sichtbare Ansicht wird abgedunkelt.
- Popups können unkompliziert durch einen Klick auf den Hintergrund verlassen werden.

Intern verhalten sich Popups weitgehend wie »normale« Ansichten: Sie verfügen über einen eigenen View-Controller. Das Ein- und Ausblenden erfolgt über Segues.

Hello Popup!

Um Popups schnell und unkompliziert auszuprobieren, erstellen Sie ein neues iOS-Projekt, wobei Sie wie üblich den Typ SINGLE VIEW APPLICATION verwenden. In den vorgegebenen

View-Controller fügen Sie einen Button ein. Dann richten Sie einen zweiten View-Controller ein, in den Sie z. B. ein Text-View-Steuerelement einfügen. Erstellen Sie mit `ctrl`-Drag einen Segue vom Button zum zweiten View-Controller, und wählen Sie als Segue-Typ PRESENT AS POPOVER (siehe Abbildung 17.17). Fertig!

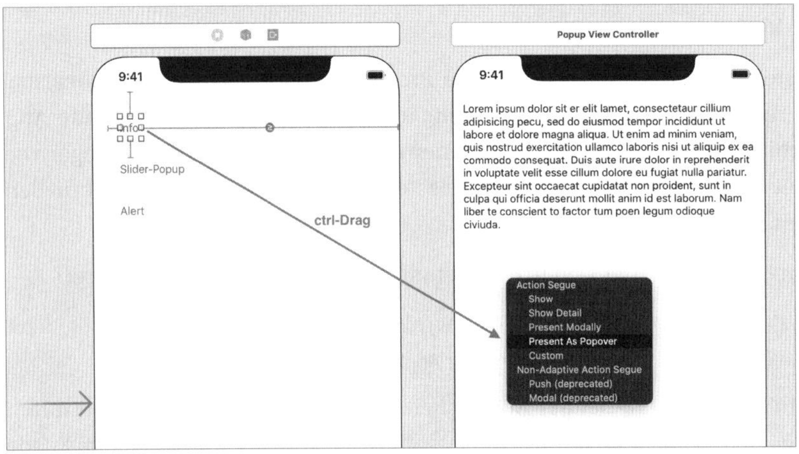

Abbildung 17.17 Popup Segue vom Button zum zweiten View-Controller einrichten

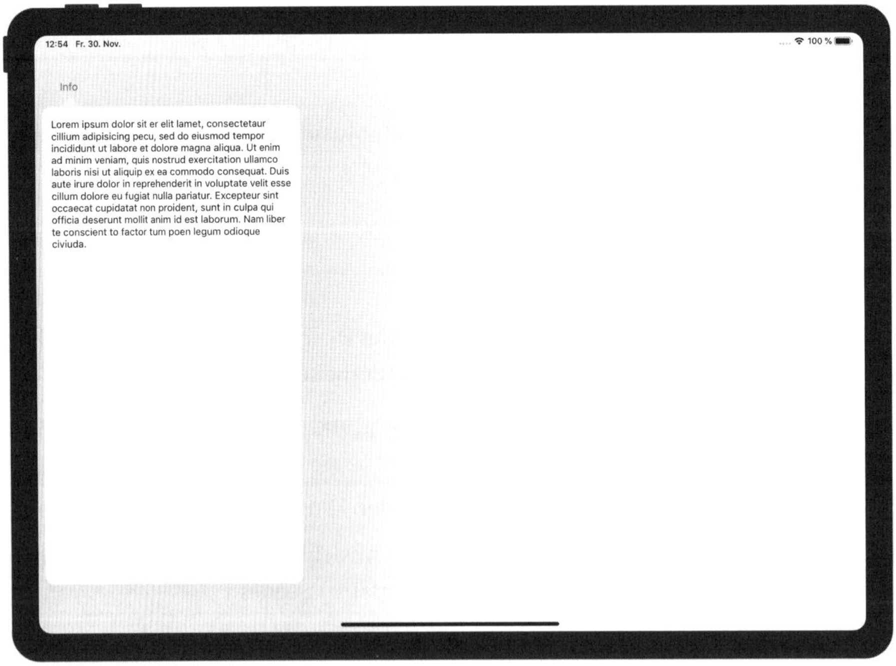

Abbildung 17.18 Die minimalistische Popup-Demo läuft in einem simulierten iPad.

Nun starten Sie die App, wobei Sie als Gerät aber ein iPad-Modell auswählen. Prinzipiell funktioniert das Beispiel, allerdings sind Größe und Position des Popups noch verbesserungswürdig (siehe Abbildung 17.18). Mögliche Optimierungsmaßnahmen stelle ich Ihnen im Verlauf dieses Abschnitts vor.

Nicht zufriedenstellend verläuft der erste Popup-Test hingegen, wenn Sie als iOS-Gerät ein iPhone auswählen: Anstatt des Popups stellt iOS den zweiten View-Controller in einer ganz gewöhnlichen Ansicht dar. Noch schlimmer: Es gibt keinen Weg zurück in die ursprüngliche Ansicht, weil es keinen Hintergrund zum Anklicken gibt.

Popups auch auf dem iPhone

Der Grund für das unerwartete Versagen der Popup-Demonstration besteht darin, dass iOS der Meinung ist, dass Popups auf dem relativ kleinen Display eines iPhones nicht zweckmäßig sind. Daher ignoriert iOS den Wunsch nach einer Popover-Presentation. Stattdessen macht es aus dem Popup-Dialog eine eigenständige Ansicht.

Abhilfe schafft die Methode `adaptivePresentationStyle` des Protokolls `UIPopoverPresentationControllerDelegate`. (Es geht nichts über kurze, prägnante Namen ...) Die Methode wird vor der Anzeige des Popups aufgerufen. Dort können Sie Einfluss darauf nehmen, wie das Popup angezeigt werden soll. Der Rückgabewert `.none` bedeutet, dass Sie explizit eine nichtmodale Anzeige wünschen, unabhängig davon, welche Ansicht iOS zu diesem Thema hat.

Damit die Methode im View-Controller verarbeitet werden kann, muss er das Protokoll implementieren. Außerdem muss in `prepare` die `delegate`-Eigenschaft des Popup-Presentation-Controllers eingestellt werden. Im folgenden Code setze ich voraus, dass dem View-Controller des Popups die Klasse `PopupViewController` zugeordnet ist.

```
// Projekt ios-popup, Datei ViewController.swift
// Code im View-Controller, der den Popup-Aufruf initiiert
class ViewController: UIViewController,
                      UIPopoverPresentationControllerDelegate
{
  // wird ausgeführt, bevor der Info-Popup-Dialog angezeigt wird
  override func prepare(for segue: UIStoryboardSegue, sender: Any?) {
    if let dest = segue.destination as? PopupViewController {
      popPC.delegate = self    // iPhone-Kompatibilität
    }
  }
  // Popups auf iPhones anzeigen (setzt popPC.delegate = self voraus)
  func adaptivePresentationStyle(for controller:
      UIPresentationController) -> UIModalPresentationStyle
  {
    return .none
  }
}
```

Größe des Popups einstellen

Wenn Sie bereits während des Designs Ihrer App genau wissen, wie groß Ihr Popup-Dialog sein wird, können Sie dessen Größe unveränderlich vorgeben. Die Vorgehensweise ist leider recht umständlich (siehe Abbildung 17.19):

- Zuerst stellen Sie die Größe der Text-View so ein, dass diese den gesamten View-Controller ausfüllt. Im Size Inspector klicken Sie bei AUTORESIZING alle sechs Verbindungslinien und Pfeile an, damit die Text-View auch bei einer Größenänderung immer den gesamten Platz ausfüllt. Alternativ können Sie natürlich auch entsprechende Layoutregeln definieren.
- Als Nächstes wählen Sie den View-Controller aus und stellen im Attributinspektor SIZE = FREEFORM und STATUS BAR = NONE ein.
- Dann wählen Sie innerhalb des View-Controllers die Hintergrund-View aus (das gelingt am einfachsten in der Document-Outline-Seitenleiste) und stellen ihre gewünschte Größe absolut ein, also WIDTH und HEIGHT im Size Inspector (siehe Abbildung 17.19). Der View-Controller übernimmt jetzt die Größe der View.
- Schließlich wählen Sie wieder den View-Controller aus und stellen im Attributinspektor CONTENT SIZE = PREFERRED EXPLICIT SIZE ein. Damit fixieren Sie die bisherigen Einstellungen endgültig. Sollten Sie die View-Größe später nochmals ändern, müssen Sie die Option PREFERRED EXPLICIT SIZE erneut deaktivieren und wieder aktivieren, damit der View-Controller die neue Größe berücksichtigt.

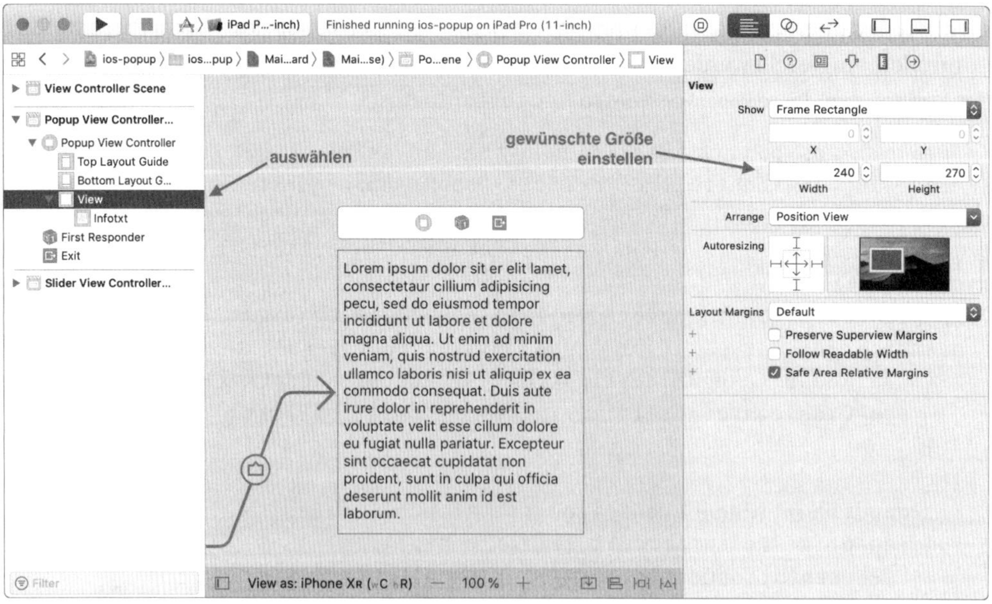

Abbildung 17.19 Absolute Einstellung der View-Größe

Variable Popup-Größe

Nicht immer ist die Größe von vornherein klar: Vielleicht wollen Sie einen Text anzeigen, dessen Inhalt sich aus dem Programmverlauf ergeben hat. Oder die Größe der Steuerelemente im Popup hängt von der Sprache ab. In solchen Fällen müssen Sie im Controller der Popup-View die Eigenschaft `preferredContentSize` durch eigenen Code überschreiben. Diese Eigenschaft gibt an iOS die gewünschte Größe des Popup-Dialogs weiter. iOS versucht sich daran zu halten, garantiert dies aber nicht. Wenn etwa die gewünschte Größe die Ausmaße des Bildschirms überschreitet, muss iOS den Popup-Dialog verkleinern.

Der folgende Beispielcode geht davon aus, dass der View-Controller des Popups nur ein Textfeld enthält, dass dieses Textfeld den gesamten View-Controller ausfüllt und dass es Auto-Layout-Regeln gibt, die die vier Seiten des Textfelds mit den Rändern des View-Controllers verbinden. In der Klassendatei des Popups bauen Sie nun den folgenden Code ein:

```
// Projekt ios-popup, Datei PopupViewController.swift
class PopupViewController: UIViewController {
  @IBOutlet weak var infotxt: UITextView!
  // dieser Code ist nur notwendig, wenn die Größe dynamisch
  // an den Inhalt angepasst werden soll
  override var preferredContentSize: CGSize {
    get {
      if infotxt != nil, let pvc = presentingViewController {
        return infotxt.sizeThatFits(pvc.view.bounds.size)
      }
      return super.preferredContentSize
    }
    set { super.preferredContentSize = newValue }
  }
}
```

Im `get`-Teil dieser Computed Property wird getestet, ob das Textfeld bereits initialisiert ist und ob `presentingViewController` auf einen anderen View-Controller zeigt. In unserem Beispiel verweist `presentingViewController` auf den ersten View-Controller, dessen Button die Anzeige des Popups ausgelöst hat. Sind diese Voraussetzungen erfüllt, berechnet `sizeThatFits` die optimale Größe des Textfelds unter Berücksichtigung der Grenzen des übergeordneten View-Controllers. Die resultierende `CGSize`-Struktur wird zurückgegeben.

Sollte die Initialisierung hingegen noch nicht abgeschlossen sein bzw. wurde der View-Controller des Popups in einem anderen Kontext verwendet, dann greift `super.preferredContentSize` auf die Wunschgröße der Basisklasse zurück, also auf die Größe des `UIViewControllers`. Ähnlich agieren wir im `set`-Teil: Wenn `preferredContentSize` verändert wird, geben wir diese Information einfach an die Basisklasse weiter.

Popup-Richtung festlegen

Um den App-Benutzern zu verdeutlichen, welches Element die Anzeige des Popups initiiert hat, platziert iOS das Popup nach Möglichkeit neben oder unter das betreffende Steuerelement und baut in das Popup eine pfeilförmige Ausbuchtung ein, im vorigen Beispiel links oben (siehe Abbildung 17.18).

iOS entscheidet normalerweise selbst über die optimale Platzierung. Künstliche Intelligenz kommt dabei aber nicht zum Einsatz. Vielmehr ist es verblüffend, in wie vielen Fällen iOS sich für die denkbar ungünstigste bzw. hässlichste Variante entscheidet.

Immerhin können Sie im Attributinspektor des Segue vorgeben, welche Orte für Sie akzeptabel sind und welche nicht (siehe Abbildung 17.20). Die Richtungen beziehen sich dabei nicht auf das Popup, sondern auf seinen Pfeil. Wenn Sie als einzige Option DIRECTIONS = UP anklicken, wird das Popup *unterhalb* des Buttons angezeigt, der Pfeil zeigt entsprechend nach oben.

Abbildung 17.20 Segue-Eigenschaften steuern, in welche Richtung der Popup-Pfeil zeigen darf.

Bei der Einstellung ist Vorsicht angebracht: Eine ungünstige Einstellung kann dazu führen, dass das Popup sehr klein oder überhaupt nicht sichtbar wird. Denken Sie auch daran, dass Ihre App vielleicht auch im Landscape-Modus ausgeführt wird! In vielen Fällen ist es am besten, einfach alle vier Richtungsoptionen aktiviert zu lassen, wie die Defaulteinstellungen dies vorsehen. Alternativ können Sie die zulässige Richtung mit der Eigenschaft `permittedArrowDirections` auch per Code in `prepareSegue` einstellen, wobei Sie die zur Auswahl stehenden Optionen als Array übergeben.

Bei meinen Tests hat sich allerdings herausgestellt, dass die Einstellung, egal, ob sie in Xcode oder per Code durchgeführt wird, nur dann funktioniert, wenn für das Popup außerdem die Eigenschaft `sourceRect` eingestellt wird. Diese Einstellung ist erforderlich, damit iOS weiß, relativ zu welcher Position das Popup positioniert werden soll (also neben bzw. unter dem betreffenden Button, siehe Abbildung 17.21). Die folgenden Zeilen zeigen eine erweiterte Variante der prepare-Methode, die sich um diesen Aspekt kümmert:

```
// Projekt ios-popup, Datei ViewController.swift
override func prepare(for segue: UIStoryboardSegue, sender: Any?) {
  if let dest = segue.destination as? PopupViewController,
     let popPC = dest.popoverPresentationController,
     let btn = sender as? UIButton
  {
    popPC.permittedArrowDirections = [.up]  // erlaubte Pfeilrichtung
    popPC.sourceRect = btn.bounds           // Positionierung
    popPC.delegate = self                   // iPhone-Kompatibilität
  }
}
```

Abbildung 17.21 Korrekt platzierte Popups auf einem iPhone

Popups per Code anzeigen und entfernen

Um ein Popup ohne einen im Storyboard-Editor eingerichteten Segue per Code anzuzeigen, müssen Sie dem View-Controller des Popups zuerst einen Namen geben (STORY BOARD ID im Identity Inspector).

Ist diese Voraussetzung erfüllt, können Sie mit der Methode `instantiateViewController` eine Instanz des View-Controllers des Popup-Dialogs erzeugen. Wichtig ist die Einstellung der Eigenschaft `modalPresentationStyle = .Popover`, damit der Slider wirklich als Popup präsentiert wird.

Für die eigentliche Darstellung ist ein Presentation-Controller zuständig (Klasse `UIPopoverPresentationController`). Hier müssen die Eigenschaften `sourceView` und `sourceRect` eingestellt werden, damit iOS weiß, welches Steuerelement die Popup-Anzeige initiiert und in welchen Bildschirmbereich der Popup-Pfeil weisen soll. Die Position des Rechtecks wird relativ zu den Koordinaten des Source-Views angegeben.

View-Koordinatensysteme

Hintergrundinformationen zu den Koordinatensystemen in iOS- und macOS-Programmen finden Sie in Abschnitt 26.2, »Maus«. Dort geht es eigentlich um die Verarbeitung von Mausereignissen unter macOS, die dort behandelten Grundlagen gelten aber ebenso für iOS.

Wie beim ersten Beispiel muss die `delegate`-Eigenschaft des Presentation-Controllers auf `self` gestellt werden. Deswegen kommt es zum Aufruf der `adaptivePresentationStyle`-Methode. Diese muss `.none` zurückgeben, damit der Popup-Dialog auch auf dem iPhone funktioniert. Nach all diesen Vorbereitungsarbeiten kann der Dialog endlich mit `present` angezeigt werden.

In diesem Beispiel steuert ein Slider im Popup-Dialog (siehe Abbildung 17.21) die Hintergrundfarbe der Hauptansicht zwischen Weiß und Schwarz. Die gerade aktuelle Farbe wird vor dem Aufruf ermittelt und über die Eigenschaft `sliderValue` an den Popup-View-Controller übergeben. Die Größe des Popups wurde vorweg im Storyboard durch die Einstellung von USE PREFERRED EXPLICIT SIZE fixiert.

```
// Projekt ios-popup, Datei ViewController.swift
@IBAction func btnSlider(_ sender: UIButton) {
  // aktuelle Hintergrundfarbe ermitteln
  var white: CGFloat = 0
  self.view.backgroundColor?.getWhite(&white, alpha: nil)

  // Slider-Popup-VC erzeugen und initialisieren
  let sliderVC = storyboard?
    .instantiateViewController(withIdentifier: "SliderPopup")
    as! SliderViewController
```

```
  sliderVC.sliderValue = Float(white)
  sliderVC.mainVC = self

  // Slider-Popup vorbereiten
  sliderVC.modalPresentationStyle = .popover
  let popPC = sliderVC.popoverPresentationController!
  popPC.sourceView = sender
  popPC.sourceRect = sender.bounds
  popPC.permittedArrowDirections = .up
  popPC.delegate = self  // damit es auf iPhones funktioniert

  // und vorbereiten
  present(sliderVC, animated:true, completion: nil)
}
```

SliderViewController

Dem Popup-Slider ist die Klasse `SliderViewController` zugeordnet. `viewDidLoad` wertet die Eigenschaft `sliderValue` aus und stellt die Slider-Position entsprechend ein. Bei jeder Änderung des Sliders kommt es zum Aufruf der Action-Methode `sliderChanged`. Dort wird die Hintergrundfarbe des Haupt-View-Controllers geändert:

```
// Projekt ios-popup, Datei SliderViewController.swift
class SliderViewController: UIViewController,
          UIPopoverPresentationControllerDelegate
{
  var sliderValue: Float = 0       // Startwert für Slider
  weak var mainVC: ViewController! // Verweis auf Haupt-View-Controller

  @IBOutlet weak var slider: UISlider!

  // Initialisierung
  override func viewDidLoad() {
    super.viewDidLoad()
    slider.value = sliderValue
  }

  // Hintergrundfarbe des übergeordneten Haupt-View-Controllers
  // verändern
  @IBAction func sliderChanged(_ sender: UISlider) {
    mainVC.view.backgroundColor =
      UIColor(white: CGFloat(slider.value), alpha: 1)
  }
}
```

Im SliderViewController fehlen jetzt noch einige Zeilen Code zur Implementierung des Protokolls UIPopoverPresentationControllerDelegate. Bevor ich darauf eingehe, muss ich aber den »gewöhnlichen« Unwind-Prozess beschreiben.

Unwind für Popups

Für den Unwind-Vorgang ist in ViewController.swift die Methode unwindToMainVC vorgesehen. Es ist wichtig, dass Sie die Methode selbst mit @IBAction kennzeichnen, damit im nächsten Schritt die Verknüpfung zum EXIT-Button gelingt.

```
// Projekt ios-popup, Datei ViewController.swift
class ViewController: UIViewController, ... {

  // Popup wurde mit 'OK' beendet
  @IBAction func unwindToMainVC(_ segue: UIStoryboardSegue) {
    if let src = segue.source as? SliderViewController {
      print("Slider-Popup mit OK geschlossen")
      print("Eingestellt: \(src.slider.value)")
    }
  }
}
```

Im Storyboard-Editor verbinden Sie nun den OK-Button durch einen ctrl-Drag zum EXIT-Button mit dieser Methode (siehe Abbildung 17.22). Die unwindToMainVC-Methode liest den Zustand des Sliders aus, speichert ihn in der Eigenschaft gray und ändert außerdem die Hintergrundfarbe der Hauptansicht.

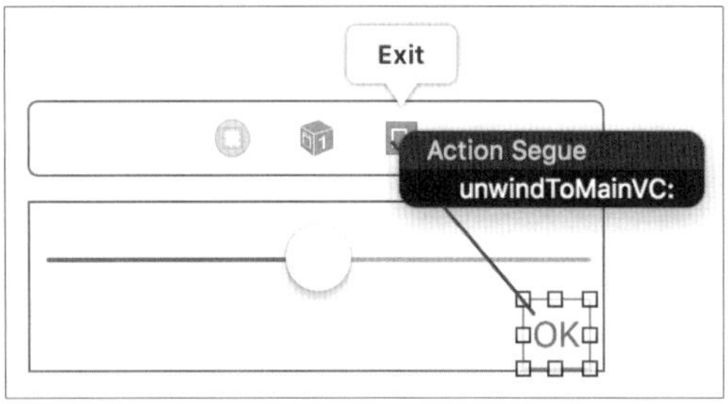

Abbildung 17.22 Verbindung des OK-Buttons mit der »unwind«-Methode im Storyboard

Die unwind-Methode wird nur aufgerufen, wenn der Popup-Dialog explizit durch den OK-Button geschlossen wurde – nicht aber, wenn der Popup-Dialog durch einen Klick auf den Hintergrund ausgeblendet wird. Sollten Sie diese Information in Ihrem Programm benötigen, müssen Sie im View-Controller des Popups das Protokoll UIPopoverPresentationControllerDelegate implementieren und die delegate-Eigenschaft des Presentation-Controllers auf self stellen. Dann kommt es zum Aufruf der Methode popoverPresentationControllerShouldDismissPopover:

```
// Projekt ios-popup, Datei SliderViewController.swift
class SliderViewController: UIViewController,
               UIPopoverPresentationControllerDelegate
{
  // restlicher Code wie bisher

  override func viewDidLoad() {
    // Delegate für UIPopoverPresentationControllerDelegate-Protokoll
    popoverPresentationController?.delegate = self
  }

  // Die folgende Methode wird aufgerufen, bevor das Popup durch einen
  // Klick außerhalb ausgeblendet wird, nicht aber, wenn es regulär
  // durch 'OK' plus Segue geschlossen wird.
  func popoverPresentationControllerShouldDismissPopover(
      _ popoverPresentationController: UIPopoverPresentationController)
    -> Bool
  {
    // Aufräumarbeiten etc.
    print("should dismiss")
    return true
  }
}
```


dismiss-Methode

Anstatt den OK-Button des Popup-Dialogs mit dem EXIT-Button und so mit einer selbst programmierten dismiss-Methode zu verbinden, können Sie den OK-Button auch mit einer ganz gewöhnlichen Action-Methode des Popup-View-Controllers verbinden. Dort lösen Sie dann bei Bedarf mit der Methode dismiss das Ausblenden des Popups aus.

```
@IBAction func btnOK(_ sender: UIButton) {
  // ...
  dismiss(animated: true,
    completion: { // Closure
      // .. diesen Code ausführen,
      // sobald der Popup-Dialog
      // verschwunden ist
  })
}
```

Im Parameter completion können Sie eine Funktion bzw. eine Closure übergeben, deren Code nach dem Schließen des Popups ausgeführt wird. Gleich eine ganze Sammlung entsprechender Beispiele finden Sie in Abschnitt 39.6, »Der Popup-Dialog (PopupVC.swift)«.

17.8 Ja/Nein-Dialoge (UIAlertController)

Nicht immer ist es notwendig, einen eigenen Popup-Dialog selbst zu gestalten. In manchen Fällen können Sie auch auf die `UIAlertController`-Klasse zurückgreifen, um Sicherheitsabfragen, Ja/Nein-Dialoge oder andere Entscheidungsdialoge darzustellen (siehe Abbildung 17.23). Ein wichtiger Unterschied zu Popups besteht darin, dass die App-Benutzer sich für eine der Optionen entscheiden müssen; ein Klick außerhalb des Dialogs ist nicht erlaubt.

Abbildung 17.23 Eine wesentliche Frage für iOS-Entwickler

Der Umgang mit einem `UIAlertController` ist unkompliziert: Sie erzeugen einen `UIAlertController`, fügen mit `addAction` die gewünschten Optionen hinzu und zeigen den Dialog schließlich mit der Methode `present` an. Beim Erzeugen haben Sie die Wahl zwischen zwei Präsentationsformen:

- `preferredStyle: .alert` zeigt den Dialog in der Bildschirmmitte an. Die Texte werden in schwarzer Schrift angezeigt.
- `preferredStyle: .actionSheet` zeigt den Dialog am unteren Bildschirmrand an. Die Textfarbe ist Grau, d. h., der Dialog wirkt unauffälliger und weniger wichtig.

Bei `addAction` fügen Sie dem Button eine `UIAlertAction` hinzu. Dabei können Sie zwischen drei Button-Varianten unterscheiden:

- `style: .default` verwendet die Standardformatierung zur Gestaltung des Buttons. Für mehrere gleichwertige Optionen sollten Sie diese Variante wählen.
- `style: .cancel` ist dazu gedacht, die Option hervorzuheben, mit der der Dialog abgebrochen werden kann. iOS verwendet eine fette Schrift für den Button-Text. Dieser Stil darf nur bei einer Aktion pro Controller verwendet werden.
- `style: .destructive` warnt App-Benutzer vor einem gefährlichen Vorgang, z. B. vor dem Löschen eines Objekts. Der Button wird in roter Schrift dargestellt.

Interessant ist der dritte Parameter der Init-Funktion von `UIAlertAction`: Mit `handler` geben Sie eine Funktion an, die nach der Wahl der Option ausgeführt werden soll. An die Funktion wird das zugrunde liegende `UIAlertAction`-Objekt übergeben.

In einfachen Fällen bietet es sich an, die Handler-Funktion wie im folgenden Listing direkt als Closure zu realisieren. Wenn Sie am UIAlertAction-Parameter nicht interessiert sind, geben Sie anstelle des Parameters einfach das Pattern-Zeichen _ an.

Der folgende Code zeigt zwei Varianten, die Closure zu übergeben: Entweder direkt als Parameter (Antwort 1) oder der Methode nachgestellt (Antwort 2 und 3). Bei der zweiten Variante brauchen Sie den handler-Parameternamen nicht anzugeben.

Sind diese Vorbereitungsarbeiten erledigt, zeigen Sie den Dialog mit der Methode present an. Im completion-Parameter dieser Methode können Sie eine Funktion angeben, die im Anschluss an den Dialog ausgeführt werden soll. Das ist hier aber nicht zweckmäßig.

```
// Projekt ios-popup, Datei ViewController.swift
class ViewController: UIViewController, ... {
  @IBAction func btnAlert(_ sender: UIButton) {
    // Dialog zusammenstellen
    let alert = UIAlertController(
      title: "Programmiersprache",
      message: "Womit programmieren Sie iOS-Apps?",
      preferredStyle: .alert)
    // Antwort 1
    alert.addAction(
      UIAlertAction(title: "Swift", style: .default, handler:
        // Closure als Parameter
        { (_) in self.label.text = "Natürlich, womit sonst?" }
    ))
    // Antwort 2
    alert.addAction(
      UIAlertAction(title: "Objective C", style: .default)
      { // nachgestellte Closure
        (_) in self.label.text =
          "Da haben Sie aber das falsche Buch gekauft!"
      }
    )
    // Antwort 3
    alert.addAction(
      UIAlertAction(title: "Java", style: .default)
      { (_) in self.label.text =
        "Sie sind auf der falschen Hochzeit. " +
        "Wahrscheinlich entwickeln Sie für Android ..." }
    )

    // Dialog anzeigen
    present(alert, animated: true, completion: nil)
  }
}
```

Kapitel 18
Hello macOS-World!

In den vorigen drei Kapiteln habe ich Ihnen die Grundlagen der iOS-App-Programmierung präsentiert. Dieses und das nächste Kapitel widmen sich der zweitwichtigsten Apple-Plattform, nämlich macOS. Dabei gibt es zum Glück eine Menge Ähnlichkeiten. Deswegen setze ich voraus, dass Ihnen zumindest die Grundbegriffe und -konzepte der iOS-Programmierung bekannt sind – andernfalls müsste ich viele Dinge hier nochmals präsentieren und das Buch mit unnötigen Redundanzen aufblähen.

Dieses Hello-World-Kapitel zeigt Ihnen die Programmierung eines einfachen Lottozahlengenerators. Wie bei iOS-Apps erfolgt der Programmentwurf auf der Basis eines Storyboards.

Von iOS zu macOS

macOS (damals OS X) gab es schon lange vor iOS. Heute arbeitet aber die Mehrheit der Entwickler im Apple-Universum an iOS-Apps. Das ist auch bei den Entwicklungswerkzeugen spürbar: Xcode-Funktionen, Steuerelemente und Bibliotheken, die zuerst für iOS entwickelt wurden, finden nur nach und nach Eingang in die macOS-Welt. Das begründet, warum ich in diesem Buch iOS den Vorzug gegeben und es ausführlicher behandelt habe.

Als Basis für alle macOS-Programme dient das Cocoa-Framework. Die dort definierten Klassen beginnen mit dem Kürzel `NS`, das an die NextStep-Herkunft erinnert. Bei vielen Steuerelementen und anderen Basisklassen stimmt der Name bis auf das Kürzel überein – also `UIButton` aus dem UIKit-Framework versus `NSButton` aus dem Cocoa-Framework. Verlassen Sie sich aber nicht darauf, dass die Klassen kompatibel sind: Zum Teil gibt es erhebliche Unterschiede!

macOS-Programmen sind nicht auf den Bildschirm eines iOS-Geräts eingeschränkt, sondern nutzen Fenster mit variabler Größe. Fenster werden in Cocoa durch die `NSWindow`-Klasse abgebildet. Bei der Verwaltung des Fensters hilft der zugeordnete `NSWindowController`. Zu den Aufgaben des Window-Controllers zählen das Laden, Anzeigen und Schließen von Fenstern. Bei einfachen Programmen kann es sein, dass Sie mit dem Window-Controller nie in Kontakt kommen. Bei Programmen mit mehreren Fenstern kann es aber zweckmäßig sein, die Controller-Funktionen des Programms jeweils in Klassen zu realisieren, die vom `NSWindowController` abgeleitet sind. Der Window-Controller kann dann ähnliche Aufgaben wie der View-Controller unter iOS erfüllen, also z. B. auf einen Button-Klick reagieren.

macOS-Steuerelemente sind grundsätzlich von der `NSView`-Klasse abgeleitet. Diese Klasse kann auch eigenständig als Container für andere Steuerelemente verwendet werden. Ein `NSWindow`-Objekt verweist über die `contentView`-Eigenschaft auf das Basis-View-Objekt.

18.1 Lottozahlengenerator

Mit dem Swift- und Xcode-Know-how, das Sie inzwischen erworben haben, würde ein ganz simples Hello-World-Programm Sie unterfordern. Deswegen habe ich mich für ein minimal anspruchsvolleres Projekt entschieden. Die Funktionen des Programms sind ganz schnell umrissen:

- Das Programm generiert Lotto-Tipps (siehe Abbildung 18.1). Der erste Tipp wird direkt nach dem Start angezeigt. Wenn Ihnen das nicht reicht, klicken Sie auf den Button NOCH EIN TIPP!.
- Sie können zwischen dem deutschen und dem österreichischen Lottosystem umschalten.
- Die Fenstergröße ist unveränderlich vorgegeben. Ein Klick auf den roten Schließen-Button in der Fensterleiste beendet das Programm.

Abbildung 18.1 Ein einfacher Lottozahlengenerator

Projekt einrichten

Um das Programm als Storyboard-Projekt zu entwickeln, führen Sie in Xcode FILE • NEW • PROJECT aus und wählen als Projekttyp MACOS • COCOA APP. Im zweiten Dialog geben Sie dem Projekt einen Namen und wählen als Programmiersprache SWIFT. Die Option USE STORYBOARDS muss gesetzt werden, wohingegen die restlichen Optionen für uns nicht relevant sind (siehe Abbildung 18.2). Im letzten Dialog müssen Sie nur noch den Speicherort akzeptieren oder ändern – das ist Ihnen ja von iOS-Projekten vertraut.

Gestaltung der Benutzeroberfläche

Im Projektnavigator sieht das neue Projekt wie ein iOS-Projekt aus. Aber sobald Sie die Storyboard-Datei öffnen, sehen Sie den ersten wesentlichen Unterschied: Während es unter iOS nur ein Pseudo-Fenster für den View-Controller gab, kommen nun zwei weitere Fenster für das Menü und den Window-Controller hinzu (siehe Abbildung 18.3).

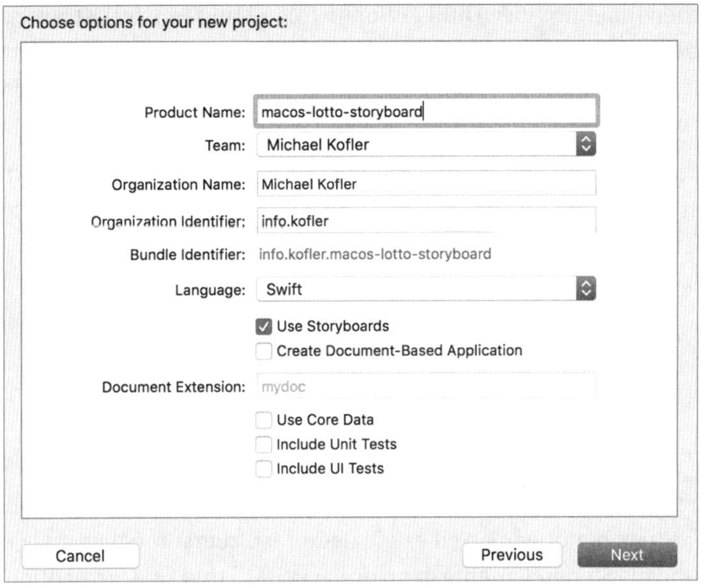

Abbildung 18.2 Ein macOS-Projekt mit Storyboard einrichten

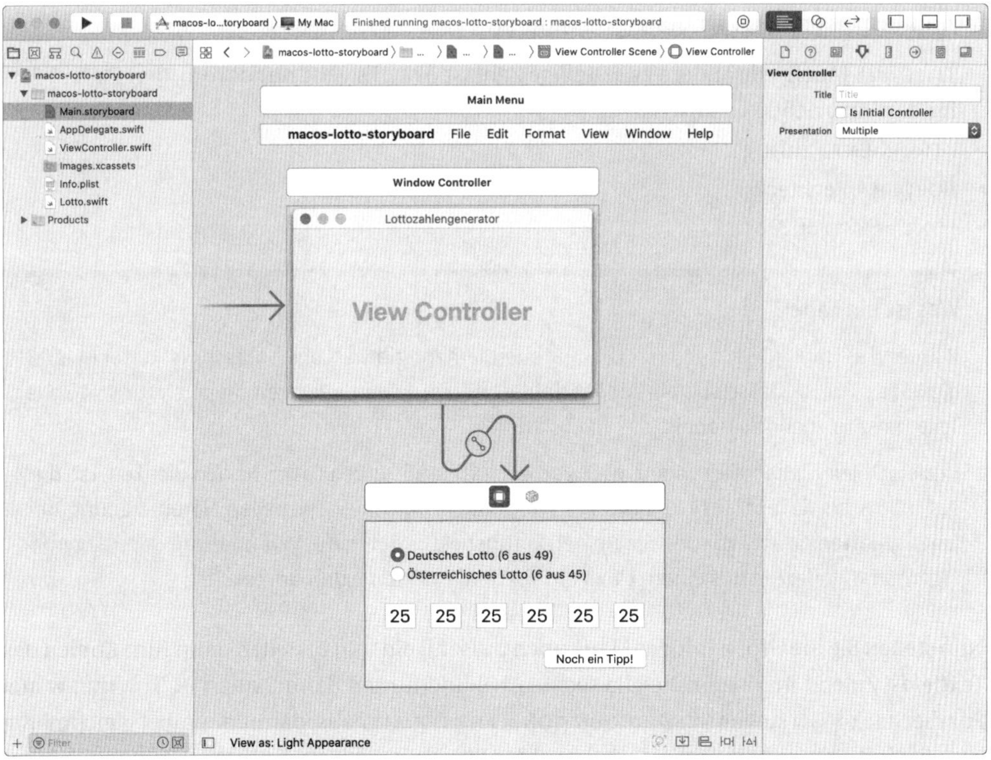

Abbildung 18.3 Menü (oben), Window-Controller (Mitte) und View-Controller (unten)

Diese Unterscheidung zwischen Innerem (View) und Äußerem (Menü und Fenster) ist zweckmäßig, weil unter macOS ja auch der Fensterrahmen gestaltet und seine Merkmale verändert werden können. Die meiste Zeit werden Sie aber wie bisher damit verbringen, Steuerelemente in den View-Controller einzufügen und deren Eigenschaften einzustellen.

Um die Benutzeroberfläche des Lottogenerators zu gestalten, fügen Sie nun aus der Objektbibliothek die folgenden drei Steuerelemente in den View-Controller ein, also in das unterste der drei Objekte im Storyboard-Editor:

- einen Radio-Button
- ein Label
- einen Push-Button

Effizient arbeiten mit Kopieren und Einfügen

Warum habe ich Ihnen empfohlen, nur einen Radio-Button und nur ein Label einzufügen, wo wir doch zwei bzw. sechs Stück benötigen? Weil es effizienter ist, zuerst möglichst viele Eigenschaften einzustellen und die Steuerelemente dann durch ⌘+C und ⌘+V zu duplizieren.

Beim Radio-Button ist vorerst nichts einzustellen. Dafür müssen Sie beim Textfeld im Attributinspektor einige Optionen verändern:

- Title = 25 (Auch jede andere zweistellige Zahl ist okay. Es geht nur darum, den Platzbedarf für den Text richtig einzuschätzen.)
- Alignment = mittig
- Border = Rechteck
- Font = System 20

Was ist ein Label?

Während es unter iOS ein eigenes Label-Steuerelement gibt (`UILabel`-Klasse), ist unter macOS die `NSTextField`-Klasse sowohl für Textfelder mit Eingabemöglichkeit als auch für statische Texte (also »Label«) zuständig.

In der Objektbibliothek scheint es zwar ein Label zu geben, aber in Wirklichkeit ist dieses intern als `NSTextField` realisiert – wenn auch mit einer speziellen Voreinstellung der Eigenschaften. Später können Sie im Attributinspektor durch die Veränderung der Behavior-Eigenschaft jederzeit aus einem Label ein Textfeld machen – und umgekehrt!

Nun stellen Sie die Größe mit der Maus noch passend ein und erstellen dann fünf Kopien des Textfelds. Zuletzt markieren Sie alle sechs Label und führen dann Embed in Stackview aus. Für die Stack-View stellen Sie Distribution = Fill Equally aus, damit die Label gleichmäßig verteilt sind. Beim ersten Radio-Button wählen Sie schließlich noch State = On, beim zweiten belassen Sie State = Off.

Im Storyboard-Editor gelten dieselben Prinzipien zur Einstellung der Layoutregeln wie für iOS-Apps. Auch bei einem so simplen Layout müssen Sie für alle Steuerelemente die Abstände zu den Rändern bzw. zueinander einstellen.

Fenstergröße und Fenstertitel einstellen

Beim ersten Start eines macOS-Programms erscheint dieses in der Größe des Window-Controllers (nicht des View-Controllers!) auf dem Bildschirm. Wenn Sie das Fenster während der Ausführung ändern, merkt macOS sich die neue Größe und verwendet diese beim nächsten Start.

Für den Lottozahlengenerator ist eine veränderliche Fenstergröße aber gar nicht zweckmäßig. Vielmehr geht es nun darum, die optimale Fenstergröße zu ermitteln und sie dann fix einzustellen. Dazu verändern Sie die Größe des View-Controller so, dass rechts unten ein angemessener Rand zu den Steuerelementen entsteht. Dann klicken Sie das Innere des View-Controllers an (genau genommen dessen erstes `NSView`-Element) und ergründen im Size Inspector seine Größe (siehe Abbildung 18.4). Merken Sie sich diese Maße!

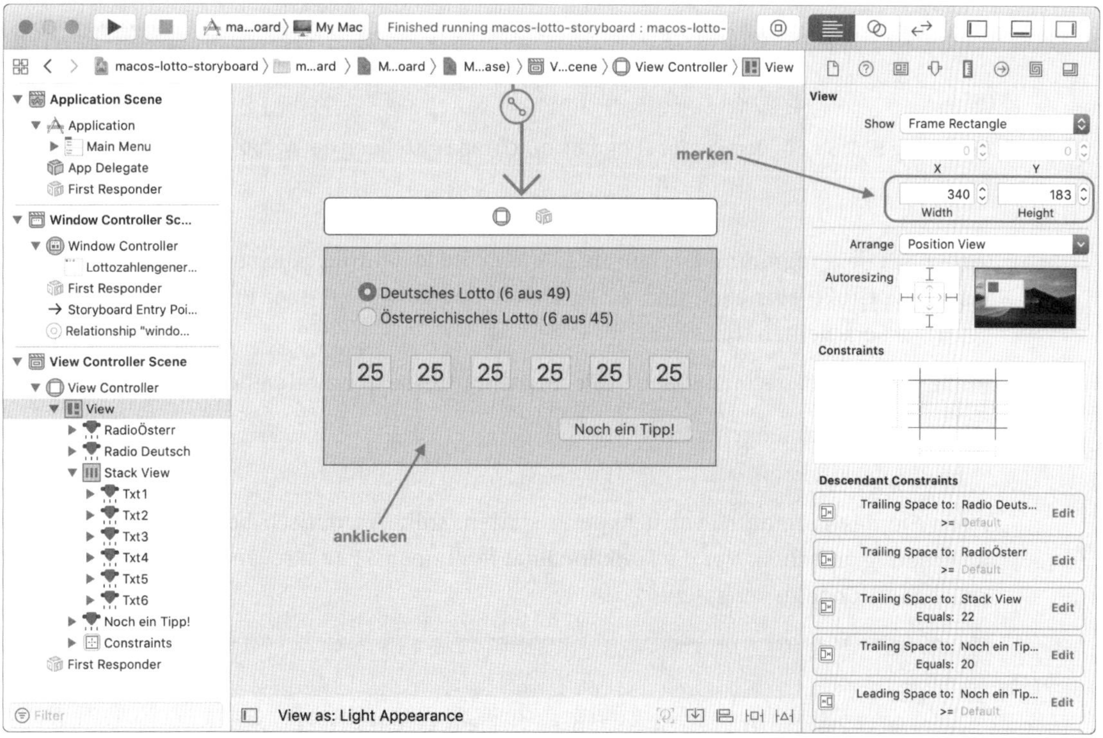

Abbildung 18.4 Der Size Inspector verrät die Größe der ersten View im View-Controller.

Nun klicken Sie in das Innere des Window-Controllers und wählen so das darin enthaltene `NSWindow`-Objekt aus. Im Size Inspector stellen Sie anschließend die zuvor ermittelten Maße als CONTENT SIZE ein und aktivieren dann die Optionen MINIMUM CONTENT SIZE und MAXIMUM CONTENT SIZE (siehe Abbildung 18.5). Damit wird die Fenstergröße unveränderlich fixiert.

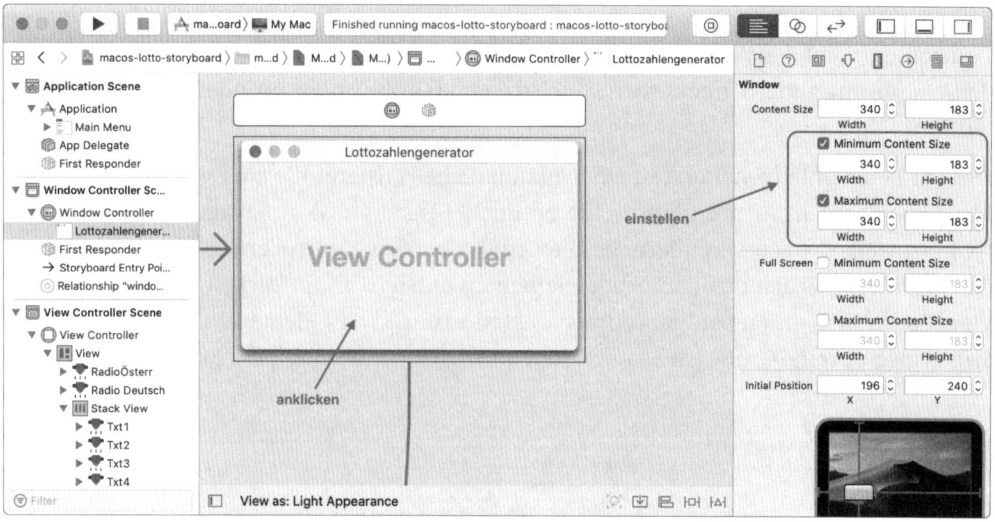

Abbildung 18.5 Sie können die Fenstergröße durch die Einstellung der Minimal- und Maximalgröße fixieren.

Je nach Art des Programms können Sie an dieser Stelle natürlich auch nur die minimale oder maximale Größe einstellen und außerdem festlegen, wo auf dem Bildschirm das Fenster beim Start erscheinen soll.

Immer noch für das Window stellen Sie im Attributinspektor zwei weitere Eigenschaften ein:

- TITLE = Lottozahlengenerator
- RESIZE deaktivieren

Wenn Sie das Programm versuchsweise starten, sollte es optisch bereits wie die fertige Anwendung aussehen. Nur die Funktionalität fehlt noch – Zeit also, endlich wieder ein paar Zeilen Swift-Code zu verfassen!

Menü

Jedes gewöhnliche macOS-Programm besitzt ein eigenes Menü. Xcode stellt dafür ein Defaultmenü zur Verfügung, das Sie nach Ihren Vorstellungen anpassen können. Für dieses Lottozahlen-Beispiel ignorieren wir das Menü aber ganz einfach. Tipps zur Organisation eigener Menüs folgen in Abschnitt 19.5, »Menüs«.

viewDidLoad und representedObject

Bevor Sie zu programmieren beginnen, klicken Sie auf den Button ASSISTENZEDITOR (»Eheringe«). Neben dem Storyboard sollte nun die Datei `ViewController.swift` angezeigt werden. Sollte das nicht klappen, hilft es zumeist, die Datei einmal im Projektnavigator auszuwählen. Standardmäßig enthält die Klasse bereits einige Zeilen Code:

```
class ViewController: NSViewController {
  override func viewDidLoad() {
    super.viewDidLoad()
    // Do any additional setup after loading the view.
  }
  override var representedObject: Any? {
    didSet {
      // Update the view, if already loaded.
    }
  }
}
```

- Die Methode `viewDidLoad` wird wie in iOS-Apps ausgeführt, sobald die Ansicht vollständig geladen ist. `viewDidLoad` eignet sich ausgezeichnet dazu, eigene Eigenschaften zu initialisieren oder Änderungen an den geladenen Steuerelementen durchzuführen. In unserem Beispielprogramm ermöglicht uns die Methode, gleich beim Start die ersten Lottozahlen zu erzeugen und anzuzeigen.
- Die Eigenschaft `representedObject` bietet bei einigen Cocoa-Klassen die Möglichkeit, ein beliebiges Datenobjekt (Datentyp `Any?`) zuzuordnen. Damit können Sie eine Verbindung zum Datenmodell herstellen bzw. Daten übergeben. Bei einem View-Controller ist das aber selten zweckmäßig. Viel besser ist es, dazu eigene Eigenschaften mit einem klar definierten Datentyp zu verwenden und sie gegebenenfalls in einer `prepare`-Methode zu initialisieren. Im Lottozahlengenerator brauchen wir das `representedObject` jedenfalls nicht. Löschen Sie die entsprechenden Zeilen einfach aus dem Code.

Outlets und Actions

Wie bei iOS-Apps geht es nun darum, in den Code Outlet-Eigenschaften zum Zugriff auf die Steuerelemente sowie Action-Methoden zur Reaktion auf Ereignisse einzufügen (siehe Abschnitt 15.3, »Steuerung der App durch Code«). Dazu ziehen Sie die jeweiligen Steuerelemente mit `ctrl`-Drag in den View-Controller. Für den Lottozahlengenerator benötigen wir gleich acht Outlets – je eines für jeden Radio-Button sowie je eines für jedes der sechs Textfelder.

Außerdem müssen wir zwei Action-Methoden für drei Steuerelemente definieren. Das klingt wie ein Widerspruch – aber es ist keiner. Beginnen wir mit dem Button NOCH EIN TIPP!, für den Sie einfach mit `ctrl`-Drag eine Action-Methode in den Code einfügen. Etwas diffiziler ist es bei den Radio-Buttons: Auch hier fügen Sie mit `ctrl`-Drag zuerst eine Methode ein.

Danach stellen Sie mit [ctrl]-Drag eine Verbindung zwischen dem zweiten Radio-Button und der schon vorhandenen Methode her (siehe Abbildung 18.6).

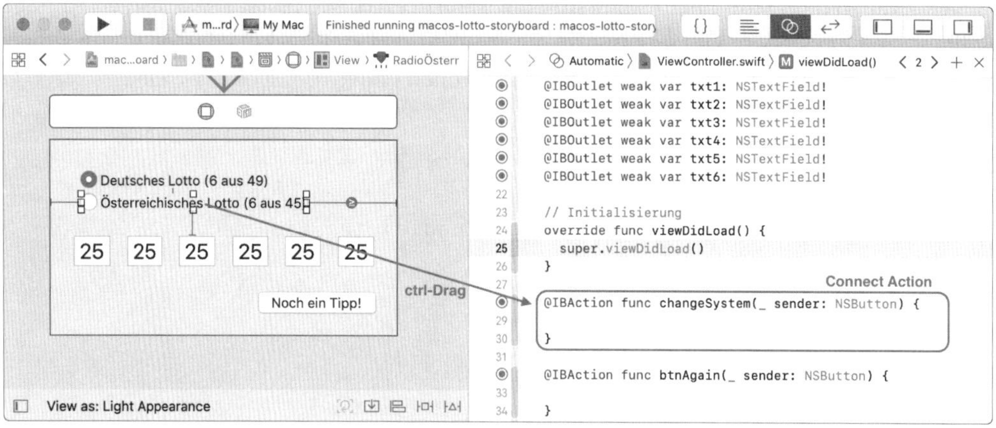

Abbildung 18.6 Beide Radio-Buttons werden mit derselben Action-Methode verbunden.

Damit sind beide Radio-Buttons mit einer Action-Methode verbunden. Diese Verbindung ist unter anderem deswegen notwendig, weil Xcode nun erkennt, dass die Radio-Buttons zusammengehören. Klicken Sie den einen an, wird der andere automatisch deaktiviert.

Die Lotto-Klasse

Bevor wir nun den View-Controller mit eigenem Code gleichsam zum Leben erwecken, benötigen wir noch das Datenmodell unseres Programms. Dazu ergänzen Sie das Projekt mit FILE • NEW • FILE um die Swift-Datei `Lotto.swift` und fügen dort den folgenden Code ein:

```
// Projekt macos-lotto-storyboard, Datei Lotto.swift
class Lotto {
  let count: Int
  let max: UInt32

  init(count:Int, max:Int) {
    self.count = count
    self.max   = UInt32(max)
  }
  func generateNumbers() -> [Int] {
    var set = Set<Int>()          // leeres Set erzeugen
    repeat {                      // Lottozahlen einfügen
      set.insert(Int(arc4random_uniform(max)) + 1)
    } while(set.count < count)
    let lotto = Array(set)
    return lotto.sorted(by: <)  // sortieren
  }
}
```

Den Code zum Erzeugen der Lottozahlen habe ich ja schon in Abschnitt 10.4, »Sets«, beschrieben. Er ist hier in eine Klasse verpackt, deren Eigenschaften `count` und `max` festlegen, nach welchem Schema die Lottozahlen erzeugt werden sollen.

Die View-Controller-Klasse

In der View-Controller-Klasse benötigen wir die Eigenschaft `lotto`, um darin das gerade gültige `Lotto`-Objekt zu speichern. `viewDidLoad` initialisiert die Eigenschaft für das deutsche Lottomodell und ruft die Methode `newNumbers` auf, um sechs Lottozahlen zu erzeugen und in den sechs Textfeldern anzuzeigen.

Das Anklicken eines der Radio-Buttons führt zum Aufruf von `changeSystem`. Hier wird `lotto` neu initialisiert und dann ebenfalls `newNumbers` aufgerufen. Auch das Anklicken von NOCH EIN TIPP! führt zum Aufruf von `newNumbers`. Dort wird die Eigenschaft `stringValue` verwendet, um die anzuzeigende Zeichenkette der Textfelder einzustellen.

```
// Projekt macos-lotto-storyboard, Datei ViewController.swift
class ViewController: NSViewController {
  @IBOutlet weak var radioDeutsch: NSButton!
  @IBOutlet weak var radioÖsterr:  NSButton!
  @IBOutlet weak var txt1: NSTextField!
  @IBOutlet weak var txt2: NSTextField!
  @IBOutlet weak var txt3: NSTextField!
  @IBOutlet weak var txt4: NSTextField!
  @IBOutlet weak var txt5: NSTextField!
  @IBOutlet weak var txt6: NSTextField!

  var lotto:Lotto!

  // Initialisierung
  override func viewDidLoad() {
    super.viewDidLoad()
    lotto = Lotto(count: 6, max: 49)
    newNumbers()
  }

  // einer der beiden Radio-Buttons wurde angeklickt
  @IBAction func changeSystem(_ sender: NSButton) {
    if sender === radioDeutsch {
      lotto = Lotto(count: 6, max: 49)
    } else {
      lotto = Lotto(count: 6, max: 45)
    }
    newNumbers()
  }
```

18

```
  // Button 'Noch ein Tipp!' wurde angeklickt
  @IBAction func btnAgain(_ sender: NSButton) {
    newNumbers()
  }
  // neue Lottozahlen erzeugen und in den Textfeldern anzeigen
  func newNumbers() {
    let nmbs = lotto.generateNumbers()
    txt1.stringValue = "\(nmbs[0])"
    txt2.stringValue = "\(nmbs[1])"
    ...
    txt6.stringValue = "\(nmbs[5])"
  }
}
```

Programmende

Anders als unter iOS sollten macOS-Programme explizit beendet werden können. Für den Lottozahlengenerator ist dies bereits der Fall – und zwar, wenn der Benutzer über das Menü Quit ausführt. Eleganter wäre es freilich, wenn das Programm bereits beim Schließen des Fensters enden würde.

Dazu ist lediglich eine Zeile Code in der Methode `viewDidDisappear` innerhalb der View-Controller-Klasse erforderlich. Die Schablone für die Methode fügen Sie ein, indem Sie die Anfangsbuchstaben von `viewDidDisappear` eintippen und dann die gewünschte Methode aus der Vervollständigungsliste auswählen. Danach greifen Sie mit `sharedApplication` auf das `NSApplication`-Objekt des Programms zu und leiten mit `terminate` dessen Ende ein. `terminate` bewirkt kein sofortiges Ende, vielmehr wird das Programm geordnet heruntergefahren. Dabei wird unter anderem die Methode `applicationWillTerminate` der `AppDelegate`-Klasse ausgeführt, um dem Programm die Gelegenheit für letzte Aufräumarbeiten zu geben.

```
// Projekt macos-lotto-storyboard, Datei ViewController.swift
class ViewController: NSViewController {
  ...
  override func viewDidDisappear() {
    super.viewDidDisappear()
    NSApplication.shared.terminate(self)
  }
}
```

Programmende bei Programmen mit mehreren Fenstern

Die hier skizzierte Vorgehensweise ist nur bei Programmen mit genau einem Fenster sinnvoll. Bei Programmen, die mehrere (Dokument)-Fenster öffnen können, ist es zweckmäßiger, es beim Quit-Kommando zu belassen.

Kapitel 19
macOS-Grundlagen

Dieses Kapitel bietet Ihnen einen systematischen Einstieg in einige grundlegende Themen der macOS-Programmierung. In den folgenden Abschnitten lernen Sie:

- wie Sie Storyboard-Projekte mit mehreren Fenstern, View-Controllern und Segues organisieren
- wie Sie mit dem Tab-View-Controller einen Einstellungsdialog zusammensetzen und Optionen in den User-Defaults speichern
- wie Sie Standarddialoge zur Auswahl von Dateien, Schriften und Farben aufrufen
- wie Sie Tastaturereignisse verarbeiten
- wie Sie das Hauptmenü und Kontextmenüs gestalten und auf die Menüauswahl reagieren
- wie Sie Programme ohne Menüs gestalten (sogenannte *Menubar-Apps*)

Tipps zum Umgang mit der Maus sowie zur Verarbeitung von Drag-and-Drop-Operationen folgen in Kapitel 26, »Touch, Maus, Gestures und Drag & Drop«.

Darüber hinaus gäbe es genug Themen rund um die macOS-Programmierung, um ein halbes Dutzend weiterer Kapitel zu füllen. Ich kann also nur nochmals betonen, dass ich in diesem Buch keinen Anspruch erhebe, die App-Programmierung enzyklopädisch abzuhandeln – weder für iOS, noch für macOS. Das Ziel dieses Kapitels besteht also darin, das Fundament zu schaffen und wichtige Arbeitstechniken vorzustellen. Mit diesem Wissen und etwas Internetrecherche sollte es Ihnen möglich sein, sich selbst in weitere Themen einzuarbeiten.

19.1 Programme mit mehreren Fenstern

Der Lottozahlengenerator aus Kapitel 18 bestand aus nur einem Fenster. In diesem Abschnitt gebe ich Ihnen anhand eines Beispiels Tipps zur Verwaltung von mehreren Fenstern. Dabei setze ich wie bei allen weiteren Programmen voraus, dass Sie mit Storyboards arbeiten.

Das Beispielprogramm zeigt anfänglich ein Startfenster an. Mit dessen Buttons erzeugen Sie dann beliebig viele weitere Fenster. Dabei können Sie eine Nachricht übergeben. Die Buttons der neuen Fenster demonstrieren verschiedene Möglichkeiten, eine an das Fenster gekoppelte Ansicht als *Sheet*, als Popup-Fenster oder als modalen Dialog zu öffnen (siehe Abbildung 19.1).

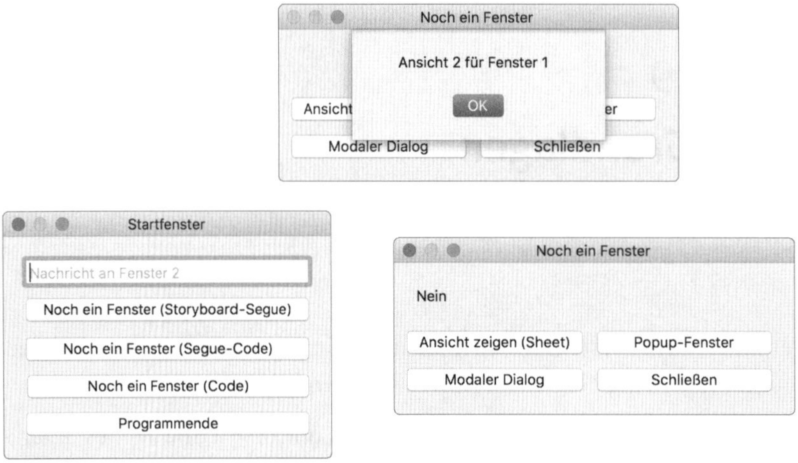

Abbildung 19.1 Beispielprogramm zur Fensterverwaltung

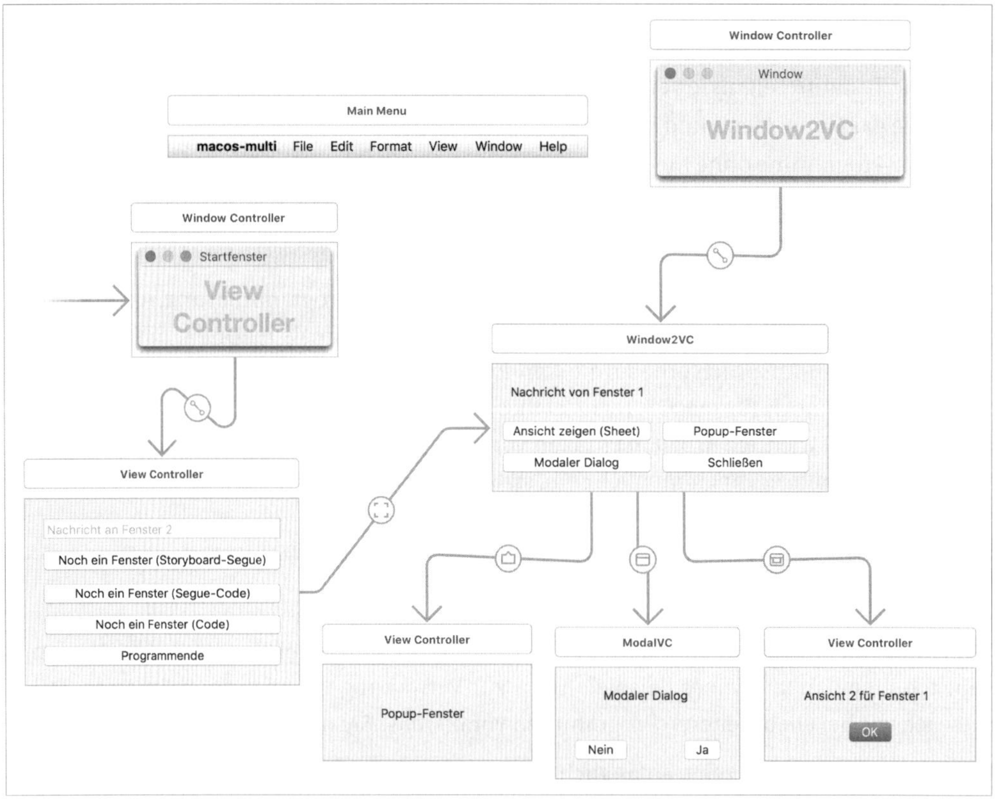

Abbildung 19.2 Storyboard des Beispielprogramms zur Fensterverwaltung

Das Storyboard für das Beispiel besteht aus zwei Window- und vier View-Controllern (siehe Abbildung 19.2). Neue Window- oder View-Controller fügen Sie aus der Objektbibliothek in den Storyboard-Editor ein. Die View-Controller sind anfänglich mit `NSViewController`-Klassen verbunden.

Um die View-Controller mit eigenem Code zu verbinden, fügen Sie dem Projekt eine neue Datei vom Typ COCOA CLASS hinzu, wählen `NSViewController` als Basisklasse und deaktivieren die Option ALSO CREATE XIB FILE. Anschließend wählen Sie den View-Controller im Storyboard aus und stellen im Identity Inspector die gerade erzeugte Klasse als CUSTOM CLASS ein.

Segues

Segues dienen in iOS-Programmen dazu, Übergänge zwischen Ansichten zu gestalten. Unter macOS können Segues aber auch einfach Verbindungen zwischen Controllern herstellen – dann spricht man von *Containment Segues* oder *Presenting Segues*.

Gewöhnliche Segues erzeugen Sie, indem Sie mit [ctrl]-Drag eine Verbindung von einem Steuerelement zu einem View-Controller herstellen. Dabei haben Sie die Wahl zwischen verschiedenen Typen:

- SHEET: den View-Controller als an die Fensterleiste fixierten Subdialog anzeigen
- POPOVER: den View-Controller in einem Popup-Fenster anzeigen
- MODAL: den View-Controller als modalen Dialog anzeigen; damit wird das Hauptprogramm bis zum Schließen dieses Dialogs blockiert.
- SHOW: den View-Controller als neues, eigenes Fenster anzeigen
- CUSTOM: ermöglicht eine individuelle Gestaltung

Containment Segues erstellen Sie, falls notwendig, indem Sie eine Verbindung vom Window-Controller zum View-Controller herstellen. Sie starten den [ctrl]-Drag-Vorgang im blauen Icon WINDOW CONTROLLER in der Titelleiste. Als einziger Typ steht dann WINDOW CONTENT zur Auswahl.

Im Beispielprogramm gibt es die folgenden Segues:

- vom Start-Window-Controller zum View-Controller (Containment Segue, wurde von Xcode bei der Projekterstellung eingerichtet)
- vom zweiten Window-Controller zum View-Controller `Window2VC` (Containment Segue, wurde von Xcode erstellt, als ein zweiter Window-Controller in das Storyboard eingefügt wurde)
- vom Button NOCH EIN FENSTER (STORYBOARD SEGUE) zum View-Controller `Window2VC`
- vom Button ANSICHT ZEIGEN (SHEET) zum View-Controller des Popup-Fensters (Typ SHEET)
- vom Button MODALER DIALOG zum View-Controller `ModalVC` (Typ MODAL)
- vom Button POPUP-FENSTER zum View-Controller mit dem Text ANSICHT 2 • FÜR FENSTER 1 (Typ POPOVER)

Datenübergabe mit der Methode prepare

Grundsätzlich erfolgt die Anzeige der neuen Ansicht automatisch, also ohne Code. Oft wollen Sie aber vom Quell-Controller Daten an den Ziel-Controller übergeben. Dabei hilft Ihnen die aus der iOS-Programmierung schon vertraute Methode prepare. Sie wird vor dem Segue aufgerufen und ermöglicht es, auf den Ziel-Controller zuzugreifen. Dabei dürfen Sie aber noch nicht auf dessen Steuerelemente (Outlets) zugreifen, weil diese noch nicht initialisiert sind. Stattdessen übergeben Sie die Daten an Eigenschaften der Klasse des Ziel-Controllers.

In der viewDidLoad-Methode des Ziel-Controllers können Sie die Eigenschaften dann auslesen und gegebenenfalls in Steuerelemente übertragen. Im Beispielprogramm wird dieser Mechanismus verwendet, um einen Text aus dem Startfenster in ein neues Fenster zu übergeben. Der erforderliche Code im Quell-Controller sieht so aus:

```
// Projekt macos-multi, Datei ViewController.swift
class ViewController: NSViewController {
  @IBOutlet weak var txtfield: NSTextField!

  // Datenübergabe an den Ziel-Controller
  override func prepare(for segue: NSStoryboardSegue, sender: Any?) {
    if let dest = segue.destinationController as? Window2VC {
      dest.data = txtfield.stringValue
    }
  }
}
```

Im Ziel-Controller wertet viewDidLoad die Eigenschaft data aus:

```
// Projekt macos-multi, Datei Window2VC.swift
class Window2VC: NSViewController {
 @IBOutlet weak var label: NSTextField!
  var data: String?

  // Initialisierung eines Labels
  override func viewDidLoad() {
    super.viewDidLoad()
    if data == nil || data!.isEmpty {
      label.stringValue = "keine Nachricht"
    } else {
      label.stringValue = data!
    }
  }
}
```

Oft wollen Sie beim Schließen des Ziel-Controllers Daten zurück an den Quell-Controller übergeben. Das gelingt am einfachsten, wenn Sie im Ziel-Controller eine weak-Variable einrichten, die zurück auf den Quell-Controller zeigt. Die Variable muss weak sein, damit kein zyklischer Verweis zwischen Quell- und Ziel-Controller entsteht. Ein zyklischer Verweis würde verhindern, dass die Speicherverwaltung den Ziel-Controller wieder aus dem Speicher entfernt, wenn dieser nicht mehr benötigt wird. Eleganter, aber aufwendiger zu programmieren als der Rückverweis, wäre ein eigenes Delegation-Protokoll, wie ich es in Abschnitt 37.7, »Detailansicht mit Richtungspfeil«, demonstriere.

Die Variable initialisieren Sie in prepare. Der Ziel-Controller kann damit nun auf Daten und Methoden des Quell-Controllers zugreifen. Im Beispielprogramm wird dieser Mechanismus anhand des modalen Ja-Nein-Dialogs demonstriert. Der Aufruf dieses Dialogs erfolgt durch einen Button des Window2VC-Controllers und führt zu einem Aufruf von prepare:

```
// Projekt macos-multi, Datei Window2VC.swift
class Window2VC: NSViewController {
  override func prepare(for segue: NSStoryboardSegue, sender: Any?) {
    if let dest = segue.destinationController as? ModalVC {
      dest.srcVC = self
    }
  }
}
```

Der Ziel-Controller, also in der Klasse ModalVC, kann nun über die Eigenschaft srcVC auf den Quell-Controller zugreifen. Beim Anklicken eines Buttons wird der Dialog mit dismiss wieder entfernt.

```
// Projekt macos-multi, Datei ModalVC.swift
class ModalVC: NSViewController {
  weak var srcVC: Window2VC!
  @IBAction func btnNo(_ sender: NSButton) {
    srcVC.label.stringValue = "Nein"
    dismiss(sender)
  }
  @IBAction func btnYes(_ sender: NSButton) {
    srcVC.label.stringValue = "Ja"
    dismiss(sender)
  }
}
```

19

Fenstergröße fixieren

Neue Fenster, Dialoge und Popups übernehmen grundsätzlich die Größe des View-Controllers. Die Größe von Fenstern, die durch einen SHOW- oder MODAL-Segue erzeugt werden, ist aber in der Regel veränderlich.

Um die Fenstergröße zu fixieren, stellen Sie die Eigenschaft styleMask ohne das sonst übliche Attribut .resizable ein. Der Code befindet sich in der Methode viewDidAppear (siehe unten).

Window-Eigenschaften des Ziel-Controllers einstellen

Bei Übergängen vom Typ MODAL oder VIEW erscheint der View-Controller in einem neuen Fenster, das unabhängig vom Ausgangsfenster ist. Selbst wenn der Ziel-Controller mit einem Window-Controller verbunden ist, werden die dort eingestellten Fenstereigenschaften ignoriert. Wenn Sie individuelle Einstellungen für das Fenster wünschen, müssen Sie sie in der Methode `viewDidAppear` des Ziel-Controllers einstellen. Beachten Sie, dass eine Einstellung in `viewDidLoad` nicht möglich ist! Zu diesem Zeitpunkt existiert noch kein Fenster; die Eigenschaft `window` enthält daher `nil`.

Im Beispielprogramm stellt `viewDidAppear` der `Window2VC`-Klasse den Fenstertitel ein und fixiert wie gerade erläutert durch die Einstellung von `styleMask` die Fenstergröße.

```
// Projekt macos-multi, Datei Window2VC.swift
class Window2VC: NSViewController {
  override func viewDidAppear() {  // nicht viewDidLoad!
    super.viewDidAppear()
    // Fenstertitel einstellen
    view.window?.title = "Noch ein Fenster"
    // Fenstergröße fixieren
    view.window?.styleMask = [.titled, .closable, .miniaturizable]
  }
}
```

Auch beim modalen Dialog (Klasse `ModalVC`) wird der Fenstertitel auf diese Weise eingestellt. Außerdem soll die Fenstergröße unveränderlich sein. Das Fenster darf nicht minimiert oder geschlossen werden. Um das zu erreichen, wird die Eigenschaft `styleMask` auf `.titled` eingestellt. Das Fenster soll also lediglich den Titel anzeigen. Es darf aber weder minimiert noch maximiert noch sonst in seiner Größe verändert werden.

```
// Projekt macos-multi, Datei ModalVC.swift
override func viewDidAppear() {
  super.viewDidAppear()
  view.window?.title = "Ein modaler Dialog"
  view.window?.styleMask = .titled
}
```

Ansichten und Fenster schließen

Ansichten, die mit einem Segue des Typs POPOVER, MODAL oder SHEET erzeugt wurden, können mit der Methode `dismissController` geschlossen werden. Selbst diese eine Zeile Code können Sie sich oft sparen, indem Sie mit `ctrl`-Drag eine Verbindung vom Button zum blauen View-Controller-Icon zeichnen. Im nun erscheinenden Menü wählen Sie unter RECEIVED ACTIONS den Eintrag DISMISSCONTROLLER aus. Beachten Sie aber, dass diese Auswahl eine eventuell andere für den Button eingerichtete Action ersetzt. Wenn es also eine Action-Methode gibt, dann müssen Sie die Methode `dismissController` dort ausführen.

Ein Sonderfall sind Ansichten, die mit einem SHOW-Segue in einem eigenen, unabhängigen Fenster angezeigt werden. Hier bleibt `dismissController` wirkungslos. Sie müssen explizit das Fenster mit `close` schließen.

```
// Projekt macos-multi, Datei Window2VC.swift
class Window2VC: NSViewController {
  // Fenster schließen
  @IBAction func btnClose(_ sender: NSButton) {
    view.window?.close()
  }
}
```

Segues per Code ausführen

Um einen Segue per Code auszuführen, müssen Sie ihm zuerst im Attributinspektor einen Namen (IDENTIFIER) geben. Anschließend können Sie ihn mit `performSegue` ausführen:

```
// Projekt macos-multi, Datei ViewController.swift
@IBAction func btnOpen(_ sender: NSButton) {
  performSegue(withIdentifier: "SegueToAnother", sender: self)
}
```

Fenster per Code erzeugen

Wenn Sie ein neues Fenster ohne Segue per Code erzeugen möchten, müssen Sie im Storyboard sowohl einen Window- als auch einen View-Controller einrichten. Außerdem müssen Sie dem Window-Controller im Identity Inspector im Feld STORYBOARD ID einen Namen geben.

In jedem View-Controller können Sie über die Eigenschaft `storyboard` auf das Storyboard des Programms zugreifen. Die Methode `instantiateControllerWithIdentifier` erzeugt eine Instanz des namentlich genannten Window-Controllers. `showWindow` zeigt das Fenster schließlich an.

Vergessen Sie nicht, eine Referenz auf den neuen Controller in einer Variablen oder in einem Array zu speichern! Gibt es keine Referenz, löscht die Speicherverwaltung das neu erzeugte Objekt, und das Fenster verschwindet sofort wieder vom Bildschirm.

Im folgenden Beispielcode sollen zusätzlich Daten an den View-Controller im neuen Fenster übergeben werden. Das ist prinzipiell kein Problem, die Vorgehensweise ist aber anders als in `prepare`. Der View-Controller ist nämlich bereits initialisiert, und der Code in `viewDidLoad` wurde schon ausgeführt. Dafür ist es nun möglich, Eigenschaften des Ziel-View-Controllers einzustellen, und ein Property Observer überträgt die Daten dann auf die bereits zur Verfügung stehenden Steuerelemente.

```
// Projekt macos-multi, Datei ViewController.swift
class ViewController: NSViewController {
  var win2array: [NSWindowController] = []

  // anderes Fenster ohne Segue erzeugen
  @IBAction func btnOpen2(_ sender: NSButton) {
    if let winctrl = storyboard!.instantiateController(
                       withIdentifier: "w2vc") as? NSWindowController
    {
      if let w2vc = winctrl.contentViewController as? Window2VC {
        // w2vc.label.stringValue =  txtfield.stringValue
        w2vc.data =  txtfield.stringValue
      }
      winctrl.showWindow(self)
      win2array.append(winctrl)  // sonst sofort wieder weg!
    }
  }
}

// Projekt macos-multi, Datei Window2VC.swift
class Window2VC: NSViewController {
  @IBOutlet weak var label: NSTextField!

  // Property Observer für 'data', wenn das Textfeld zur Verfügung
  // steht, werden Änderungen sofort dort angezeigt
  var data: String? {
    didSet {
      label?.stringValue = data!
    }
  }
  // ... weiterer Code
}
```

19.2 Tab-View-Controller

Mit dem in diesem Abschnitt vorgestellten Tab-View-Controller können Sie mehrblättrige Dialoge gestalten, bei denen für jede Dialogseite ein eigener View-Controller zuständig ist. Das Beispielprogramm zeigt die Gestaltung eines Einstellungsdialogs (siehe Abbildung 19.3). Der Dialog kann wahlweise über den Menüeintrag EINSTELLUNGEN oder einen gleichnamigen Button im Hauptfenster geöffnet werden. Als einzige Einstellung wird dabei die Textgröße bleibend in den sogenannten User-Defaults gespeichert. Alle anderen Radio- und Checkbox-Buttons im Einstellungsdialog dienen nur als Platzhalter.

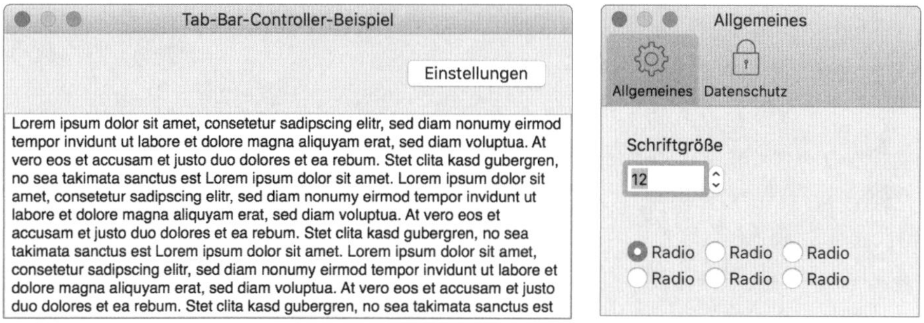

Abbildung 19.3 Veränderung der Textgröße in einem Einstellungsdialog

Dieser Abschnitt ist eine logische Fortsetzung des View-Controller-Beispiels aus dem vorigen Abschnitt. Gleichzeitig greift er aber das Thema der User-Defaults auf, das in diesem Buch eigentlich erst in Kapitel 21, »Dateien und User-Defaults«, behandelt wird.

User-Defaults bieten eine unkomplizierte Möglichkeit, Benutzer- und Programmeinstellungen zu speichern. Werfen Sie gegebenenfalls rasch einen Blick in Abschnitt 21.1, »User-Defaults«.

Storyboard und Tab-View-Controller-Einstellungen

Das Beispielprogramm besteht im Wesentlichen aus einem gewöhnlichen Fenster und einem Einstellungsdialog. In Kombination mit den dazugehörenden View-Controllern und Segues ergibt das ein eindrucksvolles Storyboard (siehe Abbildung 19.4).

Wenn Sie einen Tab-View-Controller aus der Objektbibliothek in das Storyboard einfügen, bildet Xcode eine Kombination aus dem Tab-View-Controller und zwei View-Controllern, die für zwei Seiten des mehrblättrigen Dialogs zuständig sind. Benötigen Sie mehr Seiten, fügen Sie einfach weitere View-Controller ein und stellen mit `ctrl`-Drag eine Verbindung vom Tab-View-Controller zum neuen View-Controller her.

Für den Tab-View-Controller selbst führen Sie im Attributinspektor normalerweise nur eine einzige Einstellung durch: Die STYLE-Eigenschaft bestimmt das Erscheinungsbild des Dialogs, wobei TABS ON TOP, TABS ON BOTTOM oder TOOLBAR zur Auswahl stehen. Letztere Option kommt bei diesem Beispiel zur Anwendung und gibt dem Dialog das aus anderen Programmen vertraute Erscheinungsbild von Einstellungsdialogen.

Der Tab-View-Controller übernimmt die Beschriftung der Reiter automatisch aus den Titeln der enthaltenen View-Controller. Damit jedes Dialogblatt die für Einstellungsdialoge typischen Icons zeigt, fügen Sie zuerst passende Bilder in `Images.xcassets` ein. Anschließend wählen Sie in der Document Outline oder direkt im Storyboard die Reiter aus (Tool-Bar-Items) und stellen im Attributinspektor die IMAGE-Eigenschaft ein.

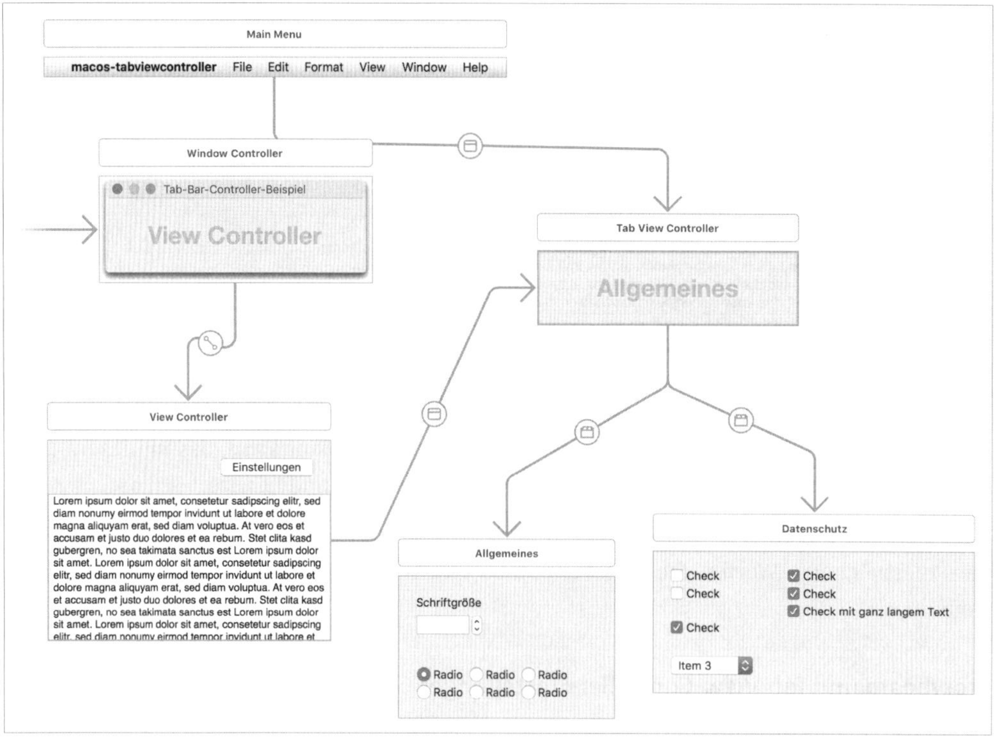

Abbildung 19.4 Storyboard des Tab-View-Controller-Beispiels

> **Tab-Reihenfolge ändern**
>
> Mit der Einstellung STYLE = TOOLBAR geht dem Tab-View-Controller die Vorschaufunktion verloren. Wenn Sie die Reihenfolge der Tabs ändern möchten, schalten Sie vorübergehend auf TABS ON TOP um und verschieben die Dialogblätter in der Tab-Leiste nach Bedarf.

Dialogblattgröße

Die Größe des mehrblättrigen Dialogs ergibt sich aus der Größe des gerade aktiven View-Controllers. Wenn Sie vermeiden möchten, dass sich die Fenstergröße mit jedem Seitenwechsel ändert, achten Sie darauf, alle Dialogblätter gleich groß zu gestalten.

Ob die Größe des Dialogs verändert werden kann, hängt davon ab, wie die Größe des View-Controllers bestimmt ist. Gibt es im View-Controller (zumindest) ein Steuerelement, das eine fixe Größe und fixe Abstände zu den vier Rändern des Controllers aufweist, übernimmt der Dialog die Größe unveränderlich. Gibt es hingegen keine derartigen Layoutregeln, kann die Größe des Fensters mit dem mehrblättrigen Dialog im laufenden Betrieb verändert werden.

Im Beispielprogramm können Sie beide Effekte ausprobieren. Im View-Controller für das Dialogblatt ALLGEMEINES gibt es keine Layoutregeln. Solange dieses Dialogblatt angezeigt wird, können Sie die Fenstergröße ändern. Wechseln Sie aber in das Dialogblatt DATENSCHUTZ, vergrößert sich der Einstellungsdialog so weit, dass der gesamte View-Controller Platz findet. Eine Größenänderung ist nun nicht mehr möglich. Die Größe des View-Controllers ergibt sich im Beispielprogramm aus der Checkbox CHECK MIT GANZ LANGEM TEXT. Für dieses Steuerelement wurden sechs Layoutregeln definiert, um Länge, Breite sowie Randabstände zu fixieren.

Segues

Im Beispielprogramm gibt es die folgenden Verbindungen und Segues:

- vom Window-Controller zum View-Controller mit dem Lorem-ipsum-Text (Typ: WINDOW CONTENT)
- vom Tab-View-Controller zu den View-Controllern mit den Dialogseiten (Typ: TAB ITEM)
- vom Button EINSTELLUNGEN zum Tab-View-Controller (Typ: MODAL)
- vom Menüeintrag PREFERENCES zum Tab-View-Controller (Typ: MODAL)

Mehr Details zum Umgang mit Menüeinträgen folgen in Abschnitt 19.5, »Menüs«, aber auf ein Detail möchte ich an dieser Stelle schon hinweisen: Da das Menü ein eigenes, vom View-Controller unabhängiges Objekt ist, kommt es im View-Controller des Fensters zu keinem `prepare`-Aufruf!

Splitter-Steuerelement

Der View-Controller ALLGEMEINES enthält ein Textfeld und einen sogenannten *Splitter*. Dieses durch die `NSSplitter`-Klasse abgebildete Steuerelement enthält zwei winzige Buttons mit Pfeilspitzen, die nach oben und unten zeigen. Für den Splitter ist im Attributinspektor ein zulässiger Wertebereich von 6 bis 127 eingestellt. Größere oder kleinere Werte können im Textfeld direkt eingegeben werden, aber nicht durch einen Klick auf den Splitter.

Klassen

Der Code zu dem Beispiel verteilt sich über drei Klassen:

- `AppDelegate` enthält eine eigene Init-Funktion, die die Datei `appdefaults.plist` mit den User-Defaults verbindet.
- `ViewController` mit dem View-Controller zum Hauptfenster lädt beim Erscheinen des Fensters die zuletzt eingestellte Schriftgröße aus den User-Defaults.
- `SettingsGeneralVC` mit dem View-Controller zur Dialogseite ALLGEMEINES synchronisiert das Textfeld zur Veränderung der Schriftgröße mit dem Splitter, den Einstellungen in den User-Defaults und der Schriftgröße im Hauptfenster.

Application Defaults mit den User-Defaults verbinden (AppDelegate.swift)

Die `UserDefaults`-Klasse bietet die Möglichkeit, mit der Methode `register` ein Dictionary mit Defaulteinstellungen festzulegen. Die dort enthaltenen Einstellungen kommen zum Einsatz, wenn noch nie Benutzereinstellungen gespeichert wurden oder wenn es für den betreffenden Schlüssel keinen Eintrag gibt.

Im Beispielprogramm wird dieses Dictionary aus der Datei `appdefaults.plist` extrahiert. Damit können die Defaulteinstellungen sehr komfortabel direkt in Xcode eingetragen und verwaltet werden (siehe Abbildung 19.5).

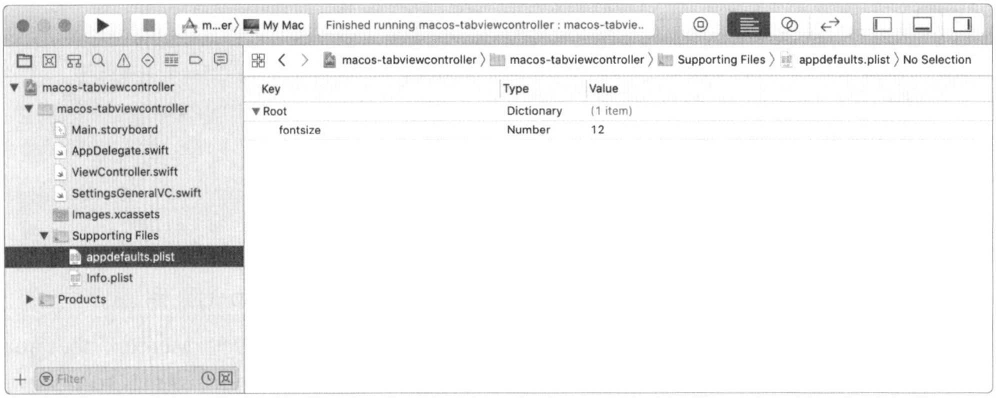

Abbildung 19.5 Die Datei »appdefaults.plist« mit Defaulteinstellungen für das Programm

> **Defaults für User-Defaults?**
>
> Die vielen »Defaults« können einen hier schwindlig werden lassen. Eine kurze Erklärung: Die *User-Defaults* sind Benutzereinstellungen, die in einer `*.plist`-Datei gespeichert werden. Sobald ein Programm einmal einen Wert dort gespeichert hat, kann es später wieder auf ihn zurückgreifen.
>
> Was geschieht aber, wenn das Programm zum ersten Mal läuft und die User Defaults noch leer sind? Dann müssen Standardwerte (Defaults) zum Einsatz kommen. Hier geht es also um diese Defaultwerte. Die hier vorgestellten Techniken gelten auch für iOS.

Die Verbindung zwischen den User-Defaults und den dazugehörigen Defaultwerten muss ganz früh unmittelbar nach dem Programmstart durchgeführt werden, also noch bevor Window- oder View-Controller geladen werden. Aus diesem Grund wurde in `AppDelegate.swift` die Init-Funktion der `AppDelegate`-Klasse überschrieben. Würde derselbe Code in den Methoden `applicationWillFinishLaunching` oder `applicationDidFinishLaunching` eingebaut, wäre es zu spät: Die Defaultwerte blieben unberücksichtigt.

Der eigentliche Code ist unspektakulär: `standardUserDefaults` liefert eine Referenz auf die immer zur Verfügung stehende `UserDefaults`-Instanz des Programms. `URLForResource` ermittelt den Pfad zu der mit dem Programm mitgelieferten Bundle-Datei appdefaults.plist. Die Init-Funktion der NSDictionary-Klasse bildet aus dieser Datei eine NSDictionary-Instanz. Diese wird mit der schon erwähnten Methode register weiterverarbeitet.

Die AppDelegate-Klasse enthält darüber hinaus die Eigenschaft mainVC. Sie wird später in viewDidLoad der View-Controller-Klasse initialisiert und gibt dann allen Klassen des Programms die Möglichkeit, über das AppDelegate-Objekt auf die Steuerelemente des Hauptfensters zuzugreifen.

```
// Projekt macos-tabviewcontroller, Datei AppDelegate.swift
@NSApplicationMain
class AppDelegate: NSObject, NSApplicationDelegate {

  // Verweis auf den View-Controller des Hauptfensters
  var mainVC: ViewController!

  // Defaultwerte für die Benutzereinstellungen laden
  override init() {
    super.init()
    let userDefaults = UserDefaults.standard
    if let url = Bundle.main.url(forResource: "appdefaults",
                                 withExtension: "plist"),
       let appDefaults = NSDictionary(contentsOf: url)
    {
      userDefaults.register(
        defaults: appDefaults as! [String : AnyObject])
    }
  }
}
```


Textgröße aus den User-Defaults lesen (ViewController.swift)

Die Klasse ViewController enthält die beiden Eigenschaften userDefaults und app, die auf Instanzen von AppDelegate und der UserDefaults zeigen. Die beiden Ausrufezeichen bei der Initialisierung der app-Eigenschaft sind normalerweise etwas, was den erfahrenen Swift-Programmierer nervös macht. In diesem Fall besteht aber kein Grund zur Sorge: Die delegate-Eigenschaft hat zwar den Typ NSApplicationDelegate?, aber so, wie das Programm aufgebaut ist, *muss* diese Eigenschaft auf eine Instanz der gerade oben beschriebenen AppDelegate-Klasse verweisen.

In viewDidLoad wird zuerst die Eigenschaft mainVC der AppDelegate-Instanz initialisiert. Danach wird aus den User-Defaults die zuletzt gespeicherte Schriftgröße gelesen. Ein Aufruf von setFontSize verändert die Schrift. Dabei wird ein neues NSFont-Objekt erzeugt, das bis auf die Größe die anderen Eigenschaften der bisherigen Schrift übernimmt.

```
// Projekt macos-tabviewcontroller, Datei ViewController.swift
class ViewController: NSViewController {
  @IBOutlet var txtfield: NSTextView!

  // Zugriff auf die User-Defaults und die AppDelegate-Instanz
  var userDefaults = UserDefaults.standard
  let app = NSApplication.shared.delegate! as! AppDelegate

  override func viewDidLoad() {
    app.mainVC = self
    // Schriftgröße aus Defaults laden und setzen
    let size = userDefaults.integer(forKey: "fontsize")
    setFontSize(size)
  }

  // Schriftgröße von txtfield ändern
  func setFontSize(_ size: Int) {
    txtfield.font = NSFont(descriptor: txtfield.font!.fontDescriptor,
                           size: CGFloat(size))
  }
}
```

Andere Schriftattribute ändern

Um aus einer vorhandenen Schrift ein neues NSFont-Objekt mit einer anderen Schriftgröße zu machen, gibt es die im obigen Listing eingesetzte Init-Funktion. Wenn Sie andere Schriftattribute ändern möchten, setzen Sie am besten einen NSFontManager ein:

```
let fontmanager = NSFontManager.shared
let newfont = fontmanager.convert(oldfont, toHaveTrait: .boldFontMask)
```

Einstellungen ändern (SettingsGeneralVC.swift)

Auch die SettingsGeneralVC-Klasse beginnt mit der schon bekannten Definition der Variablen app und userDefaults. In viewDidLoad wird die delegate-Eigenschaft des Textfeldes auf self gesetzt. Damit kommt es bei Änderungen im Textfeld zum Aufruf der Methode controlTextDidChange.

Außerdem lädt userForKey den zuletzt gespeicherten Wert für die Textgröße und ruft setAndSaveFontSize auf. Diese Methode synchronisiert das Textfeld, den Splitter, die Textgröße im Hauptfenster und den Wert in den User-Defaults. Auch die Methoden sizestepper und controlTextDidChange rufen diese Methode auf, sobald ein Benutzer einen neuen Wert im Textfeld eingibt oder diesen durch die Pfeil-Buttons vergrößert oder verkleinert.

```
// Projekt macos-tabviewcontroller, Datei SettingsGeneralVC.swift
class SettingsGeneralVC: NSViewController, NSTextFieldDelegate {
  var app = NSApplication.shared.delegate! as! AppDelegate
  var userDefaults = UserDefaults.standard
  @IBOutlet weak var sizestepper: NSStepper!
  @IBOutlet weak var fntsize: NSTextField!

  override func viewDidLoad() {
    super.viewDidLoad()
    fntsize.delegate = self
    // aktuelle Schriftgröße
    let size = userDefaults.integer(forKey: "fontsize")
    setAndSaveFontSize(size)
  }

  // Änderungen an den Steuerelementen
  @IBAction func sizestepper(_ sender: NSStepper) {
    setAndSaveFontSize(Int(sizestepper.stringValue)!)
  }
  func controlTextDidChange(_ obj: NSNotification) {
    if let newsize = Int(fntsize.stringValue) {
      setAndSaveFontSize(newsize)
    }
  }

  // Schriftgröße in den Steuerelementen des Settings-Dialogs und im
  // Hauptfenster einstellen, außerdem in den User-Defaults speichern
  private func setAndSaveFontSize(_ size: Int) {
    sizestepper.stringValue = "\(size)"
    fntsize.stringValue = "\(size)"
    userDefaults.set(size, forKey: "fontsize")
    app.mainVC.setFontSize(size)
  }
}
```


19.3 Standarddialoge

Nicht jeden Dialog müssen Sie selbst programmieren. Für einige häufig vorkommende Aufgaben stellt das AppKit-Framework fertige Dialoge zur Verfügung. Dazu zählen:

- die Anzeige von Nachrichten und einfachen Auswahldialogen (Ja, Nein, Abbrechen etc.)
- die Auswahl einer vorhandenen Datei oder eines Verzeichnisses zum Öffnen

- die Auswahl einer neuen Datei zum Speichern
- die Auswahl einer Schrift
- die Auswahl einer Farbe

Das Beispielprogramm `macos-dialogs` zeigt die Anwendung dieser Standarddialoge (siehe Abbildung 19.6). Ein wenig befremdlich ist dabei, dass die dazu erforderlichen Techniken je nach Dialog stark variieren.

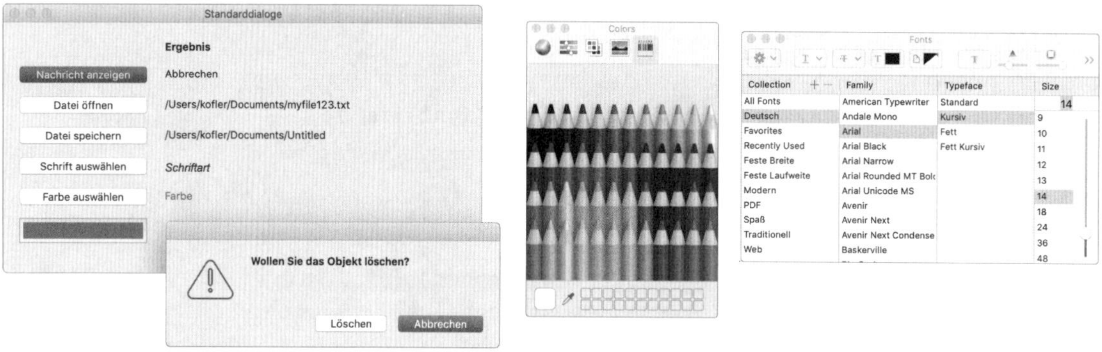

Abbildung 19.6 Demonstration verschiedener Standarddialoge

Der gesamte Code befindet sich in `ViewController.swift`. Der Code beginnt mit Outlets für die fünf Ergebnis-Label und die sogenannte *Color Well*:

```
// Projekt macos-dialogs, Datei ViewController.swift
class ViewController: NSViewController {
  @IBOutlet weak var txtMessage: NSTextField!
  @IBOutlet weak var txtFilename: NSTextField!
  @IBOutlet weak var txtFilename2: NSTextField!
  @IBOutlet weak var txtFont: NSTextField!
  @IBOutlet weak var txtColor: NSTextField!
  @IBOutlet weak var colorwell: NSColorWell!

  // ... diverse Methoden, Details folgen gleich
}
```

Nachrichten anzeigen und Ja/Nein-Entscheidungen treffen

Zur Anzeige von Nachrichten, die üblicherweise mit einem OK-Button zu bestätigen sind, und einfachen Dialogen zur Entscheidung zwischen Ja/Nein oder anderen Optionen verwenden Sie eine Instanz der `NSAlert`-Klasse. Bevor Sie den Dialog mit `runModal` anzeigen, stellen Sie mit der Eigenschaft `messageText` die Nachricht ein. `addButtonWithTitle` fügt beliebig viele Buttons hinzu, wobei der erste Button ganz rechts angezeigt wird.

Die Nachrichtenbox zeigt normalerweise links das Programm-Icon an. Über die icon-Eigenschaft wählen Sie bei Bedarf ein anderes Bild aus Images.xcassets. Mit der zusätzlichen Einstellung alertStyle = .critical erreichen Sie, dass Ihr Icon um ein Warndreick erweitert wird.

runModal blockiert das restliche Programm, bis der Dialog geschlossen ist. Die Methode gibt für die ersten drei Buttons NSAlertFirst-, NSAlertSecond- bzw. NSAlertThirdButtonReturn zurück. Gibt es mehr Buttons, müssen Sie ihre Rückgabewerte selbst mit .alertThirdButtonReturn + n errechnen.

```
// Projekt macos-dialogs, Datei ViewController.swift
// Fortsetzung
class ViewController: NSViewController {

  // Info-Dialog anzeigen
  @IBAction func btnMessage(_ sender: NSButton) {
    let alert = NSAlert()
    alert.messageText = "Wollen Sie das Objekt löschen?"
    alert.addButton(withTitle: "Abbrechen")
    alert.addButton(withTitle: "Löschen")
    alert.alertStyle = .warning // .critical / .informational
    // Icon aus Images.xcassets lesen
    alert.icon = NSImage(imageLiteralResourceName: "warning")

    switch alert.runModal() {
    case .alertFirstButtonReturn:
      txtMessage.stringValue = "Abbrechen"
    case .alertSecondButtonReturn:
      txtMessage.stringValue = "Löschen"
    default:
      break
    }
  }
}
```

Datei- und Verzeichnisauswahl

Zur Datei- und Verzeichnisauswahl stehen die Klassen NSOpenPanel und NSSavePanel zur Auswahl. Obwohl die mit runModal angezeigten Dialoge ganz ähnlich aussehen, gibt es doch einige grundlegende Unterschiede. So unterstützt nur NSOpenPanel eine Mehrfachauswahl und die Auswahl von Verzeichnissen. Dafür können Sie mit NSFilePanel einen Dateinamen angeben, den es noch gar nicht gibt. Tun Sie dies nicht, erscheint eine Rückfrage, ob Sie die vorhandene Datei überschreiben möchten.

Der Umgang mit den beiden Panel-Klassen ist ganz ähnlich wie beim `NSAlert`: Sie stellen zuerst einige Eigenschaften ein, öffnen den Dialog dann mit `runModal` und werten danach die Eigenschaft `url` oder `urls` aus. Die folgenden Zeilen zeigen den Umgang mit dem `NSSavePanel`:

```
// Projekt macos-dialogs, Datei ViewController.swift
@IBAction func btnFileSave(_ sender: NSButton) {
  let saveFile = NSSavePanel()
  saveFile.title = "Datei speichern"
  saveFile.prompt = "Speichern"
  saveFile.worksWhenModal = true
  saveFile.canCreateDirectories = true
  saveFile.runModal()
  if let url = saveFile.url  {
    txtFilename2.stringValue = url.path
  }
}
```

Auf die Wiedergabe des ganz ähnlichen Codes für das `NSOpenPanel` habe ich hier verzichtet – werfen Sie gegebenenfalls einen Blick in die Beispieldateien zum Buch. Wie Sie die Dateiauswahl durch die richtige Einstellung der `allowedFileTypes`-Eigenschaft auf bestimmte Dateitypen einschränken, zeigt ein Beispiel in Abschnitt 41.5, »Drag-and-Drop-Empfänger für Icons (OriginalIconView.swift)«.

Schrift einstellen

Jedem macOS-Programm steht eine Instanz des `NSFontManager` zur Verfügung, der bei allen erdenklichen Aufgaben im Zusammenhang mit Schriften hilft. Der Zugriff auf die Instanz erfolgt über die statische Methode `shared`. Sie können mit `convert` aus einer vorhandenen Schrift eine neue mit einem veränderten Attribut erstellen, mit `traits` die Attribute eines gegebenen `NSFont`-Objekts herausfinden, mit `availableFonts` alle verfügbaren Schriftarten auflisten etc.

Für uns ist hier aber die Methode `orderFrontFontPanel` am interessantesten. Sie zeigt den aus allen macOS-Programmen bekannten Dialog zur Schriftauswahl an, der intern durch die `NSFontPanel`-Klasse realisiert ist. Beachten Sie, dass es sich dabei nicht um einen modalen Dialog handelt. Das Hauptprogramm bleibt weiter benutzbar, der Schriftendialog kann parallel dazu offen bleiben, solange der Benutzer dies wünscht.

Vor dem Aufruf von `orderFrontFontPanel` müssen Sie die Eigenschaften `delegate` und `target` auf `self` stellen, damit in Ihrer View-Controller-Klasse die Methode `changeFont` aufgerufen wird. Zumeist ist es außerdem zweckmäßig, mit `setSelectedFont` die gerade aktuelle Schrift voreinzustellen.

Ein wenig merkwürdig ist die richtige Vorgehensweise in der Methode `changeFont`: Der Font-Manager stellt Ihnen die gerade ausgewählte Schrift nicht als fertiges `NSFont`-Objekt zur

Verfügung. Stattdessen müssen Sie ausgehend von einem beliebigen vorhandenen NSFont-Objekt mit convert ein neues Objekt erzeugen, das der durchgeführten Auswahl entspricht. Die Methode changeFont gilt im Übrigen als *deprecated*, aber ich habe trotz langer Suche keinen besseren Weg gefunden, auf die Font-Auswahl zu reagieren. Die Dokumentation lässt zu wünschen übrig, und Beispiele im Internet sind rar.

```
// Projekt macos-dialogs, Datei ViewController.swift
@IBAction func btnChooseFont(_ sender: NSButton) {
  let fontmanager = NSFontManager.shared
  fontmanager.target = self
  fontmanager.setSelectedFont(txtFont.font!, isMultiple: false)
  fontmanager.orderFrontFontPanel(self)
}

// Reaktion auf die Auswahl einer neuen Schriftart
@objc
func changeFont(_ sender: Any?) {
  let oldfont=txtFont.font!
  let newfont = NSFontManager.shared.convert(oldfont)
  txtFont.font = newfont
}
```

Beachten Sie, dass changeFont von nun an immer wieder aufgerufen wird, wenn der Benutzer Änderungen im Schriftendialog durchführt. Wenn Sie in Ihrem Programm verschiedene Schriften einstellen können, müssen Sie in changeFont darauf Rücksicht nehmen.

Farbe einstellen

Das Beispielprogramm zeigt gleich zwei Varianten, die Farbe eines Textfelds einzustellen:

- Der Button FARBE AUSWÄHLEN führt zum Aufruf der Action-Methode btnChooseColor. Dort greift der Code über shared auf die in jedem macOS-Programm vorhandene NSColorPanel-Instanz zu.

  Die Methoden setTarget und setAction geben an, dass bei einer Farbauswahl die Methode colorSelect der eigenen Klasse aufgerufen werden soll. makeKeyAndOrderFront zeigt das Color Panel an. Bei der Farbauswahl können Sie in der durch setAction definierten Methode über die color-Eigenschaft des NSColorPanel-Objekts die ausgewählte Farbe auslesen. color-Eigenschaft des NSColorPanel-Objekts die ausgewählte Farbe auslesen.

- Noch deutlich einfacher ist es, zur Farbauswahl das Color-Well-Steuerelement zu verwenden (Klasse NSColorWell). Das Steuerelement zeigt einen farbigen Button an. Beim Anklicken erscheint automatisch der Farbauswahldialog. Jedes Mal, wenn der Benutzer eine Farbe auswählt, kommt es zum Aufruf der zugeordneten Action-Methode, in der das als sender übergebene NSColorWell-Objekt die ausgewählte Farbe verrät.

```
// Projekt macos-dialogs, Datei ViewController.swift
// Farbauswahl mit Button
@IBAction func btnChooseColor(_ sender: NSButton) {
  let colorpanel = NSColorPanel.shared
  colorpanel.setTarget(self)
  colorpanel.setAction(#selector(ViewController.newColor(_:)))
  colorpanel.makeKeyAndOrderFront(self)
}
// wird bei Farbauswahl aufgerufen
@objc func newColor(_ sender:AnyObject?) {
  let colorpanel = NSColorPanel.shared
  txtColor.textColor = colorpanel.color
  colorwell.color = colorpanel.color
}
// Farbauswahl mit Color Well
@IBAction func colorSelect(_ sender: NSColorWell) {
  txtColor.textColor = sender.color
}
```

19.4 Tastatur

Mit Tastaturereignissen ist es ähnlich wie mit Mausereignissen (siehe Kapitel 26, »Touch, Maus, Gestures und Drag & Drop«): In vielen Fällen kümmert sich macOS bzw. das Cocoa-Framework um ihre Verarbeitung, z. B. in Textfeldern. Es gibt aber zwei Ausnahmen:

- In Textfeldern wollen Sie mitunter sofort bei jeder Eingabe auf diese reagieren, z. B. um bestimmte Eingaben zu unterbinden oder um andere Objekte zu synchronisieren. In solchen Fällen implementieren Sie in der View-Controller-Klasse das `NSTextFieldDelegate`-Protokoll, setzen die `delegate`-Eigenschaft des Textfelds auf `self` und können dann in diversen `controlText`-Methoden auf Textereignisse reagieren.

  Ein Beispiel für diese Vorgehensweise gibt die Klasse `SettingsGeneralVC.swift` im Projekt `macos-tabviewcontroller`, das ich in Abschnitt 19.2, »Tab-View-Controller«, beschrieben habe.

- Bei Steuerelementen, die von sich aus keine Tastatureingaben verarbeiten, müssen Sie eine eigene Klasse mit diversen Responder-Methoden programmieren. Der Umgang mit der `NSResponder`-Klasse steht im Mittelpunkt dieses Abschnitts.

Die NSResponder-Klasse

Die `NSView`-, die `NSWindow`- und die `NSApplication`-Klasse haben eine Gemeinsamkeit: Sie sind alle von der `NSResponder`-Klasse abgeleitet. Das gibt ihnen die Möglichkeit, zu einem sogenannten *First Responder* zu werden. Mit diesem Begriff wird dasjenige Objekt bezeichnet, das als erstes Tastatureingaben, Menükommandos etc. verarbeitet. In jedem Fenster kann immer nur ein Objekt bzw. Steuerelement der First Responder sein. Es ist aber erlaubt, dass mehrere Fenster jeweils ihren eigenen First Responder aufweisen. In diesem Fall verarbeitet das gerade aktive Fenster die Eingaben.

Wenn der Benutzer in einem Fenster mit mehreren Textfeldern eines davon anklickt, dann muss zuerst das gerade aktive Steuerelement seinen First-Responder-Status abgeben. Anschließend muss das angeklickte Steuerelement den First-Responder-Status akzeptieren. Erst danach kann das Textfeld Eingaben empfangen. In anderen GUI-Frameworks würde man sagen: Es hat den Eingabefokus erhalten.

Damit Ihre eigene View-Klasse als First Responder agieren kann, sind nur wenige Zeilen Code erforderlich:

```
class MyView: NSView {
  override var acceptsFirstResponder: Bool { return true }
  override func becomeFirstResponder() -> Bool {
    return true
  }
  override func resignFirstResponder() -> Bool {
    return true
  }
}
```

Eine kurze Erklärung:

- Die Read-only-Eigenschaft `acceptsFirstResponder` muss den Wert `true` zurückgeben. Damit bringt das `NSView`-Objekt zum Ausdruck, dass es bereit ist, als First Responder Tastaturereignisse zu verarbeiten.
- Die Methode `becomeFirstResponder` wird aufgerufen, wenn die View zum First Responder wird. Diese Methode gibt üblicherweise `true` zurück, d. h., die View akzeptiert den First-Responder-Status.

  In Fenstern mit mehreren Steuerelementen ist es zumeist zweckmäßig, das Steuerelement jetzt zu kennzeichnen. Beispielsweise können Sie in Ihrer Klasse eine `highlight`-Eigenschaft definieren, diese in `drawRect` auswerten und dort bei Bedarf einen Rahmen rund um das Steuerelement zeichnen. Ein Beispiel für diese Vorgehensweise finden Sie in Abschnitt 26.4, »Drag & Drop (macOS)«.
- Die Methode `resignFirstResponder` wird aufgerufen, bevor die View den First-Responder-Status wieder verliert. Wenn Ihre App den First-Responder-Status nicht hergeben will, können Sie das durch die Rückgabe von `false` erzwingen.

Tastaturereignisse

Sobald Ihre View der First Responder ist, führt jede Tastatureingabe zum Aufruf der folgenden Methoden:

- `keyDown`: Eine Taste wurde gedrückt. Diese Methode wird mehrfach aufgerufen, wenn die Taste länger gedrückt bleibt (Auto-Repeat).
- `keyUp`: Eine Taste wurde losgelassen.
- `flagsChanged`: Die Zustandstasten [⇧], [ctrl], [alt] oder [⌘] haben sich geändert.

An diese Methoden wird jeweils ein `NSEvent`-Objekt übergeben, das Ihnen von den Mausereignissen ja schon vertraut ist. Sie können nun einige tastaturspezifische Eigenschaften dieses Objekts auswerten:

- `characters` enthält eine Zeichenkette mit dem eingegebenen Zeichen.
- `keyCode` enthält den Code der gedrückten Taste.
- `modifierFlags` enthält eine Kombination von Werten, die den Zustand von [⇧], [ctrl], [alt] oder [⌘] widerspiegeln.

Es ist grundsätzlich möglich, in `keyDown` diese Eigenschaften auszuwerten und im Programm dann entsprechend darauf zu reagieren. Allerdings bereitet speziell die Interpretation des `keyCode`-Werts Probleme. Das Cocoa-Framework enthält nämlich keine Enumeration bzw. keine Konstanten mit den zulässigen Werten.

Einfacher ist es in der Regel, das `NSEvent`-Objekt an die Methode `interpretKeyEvents` zu übergeben. Dann kümmert sich diese Methode um die Auswertung der Eingabe. In der Folge kommt es für jede denkbare Aktion zur Ausführung einer entsprechenden Methode. Die Dokumentation der `NSResponder`-Klasse zählt über 80 derartige Methoden auf. Zu ihnen zählen:

- `cancelOperation`: Der Vorgang soll abgebrochen werden ([esc]).
- `deleteXxx`: Es sollen Daten gelöscht werden.
- `insertText`: Es wurde ein Zeichen eingegeben.
- `insertXxx`: Es sollen Sonderzeichen eingefügt werden, z. B. ein Tabulatorzeichen.
- `moveXxx`, `pageXxx`: Die Cursorposition soll verändert werden.
- `scrollXxx`: Der sichtbare Ausschnitt der Daten soll verändert werden.
- `selectXxx`: Der ausgewählte Bereich der Daten soll verändert werden.

Beispielprogramm

Das Beispielprogramm zu diesem Abschnitt zeigt das Icon eines Hockey-Spielers (siehe Abbildung 19.7). Dessen Position können Sie mit den Cursortasten oder mit den Tasten [I], [J], [K] und [M] steuern. Bei einer Bewegung nach links ändert das Icon-Symbol sogar seine Richtung – der Hockey-Schläger zeigt also immer nach vorn.

Abbildung 19.7 Beispielprogramm zur Verarbeitung von Tastaturereignissen

Das Beispielprogramm besteht lediglich aus einem Fenster mit der standardmäßig bereits enthaltenen View. Deren CUSTOM CLASS wurde auf `MyView` umgestellt. Bis auf wenige Zeilen in `viewDidLoad` des View-Controllers befindet sich der gesamte Code dieses Beispiels in `MyView.swift`.

Bei der Initialisierung eines `MyView`-Objekts werden aus `Images.xcassets` zwei Icons mit den nach vorn bzw. nach hinten laufenden Hockey-Spielern geladen. Die Klasseneigenschaften `x` und `y` bestimmen die aktuelle Position des Spielers, `img` verweist auf das gerade gültige Icon. `x`, `y` und `img` werden in `viewDidLoad` der View-Controller-Klasse mit Startwerten belegt.

```
// Projekt macos-keyboard, Datei MyView.swift
class MyView: NSView {
  // Bitmaps sind in Images.xcassets
  let forward = NSImage(imageLiteralResourceName:  "hockey")
  let backward = NSImage(imageLiteralResourceName: "hockey-back")
  let size: CGFloat = 64  // Größe des Icons

  var x: CGFloat!   // x-Koordinate
  var y: CGFloat!   // y-Koordinate, von oben gerechnet!
  var img: NSImage!

  // als First Responder auftreten
  override var acceptsFirstResponder:Bool { return true }
  override func becomeFirstResponder() -> Bool {
    return true
  }
  override func resignFirstResponder() -> Bool {
    return true
  }
  // ... weitere Methoden, Details folgen
}
```

draw zeichnet das Hockey-Icon mit der Methode drawInRect an die aktuelle Position. Vorher stellen zwei verschachtelte min/max-Funktionen sicher, dass sich der Hockey-Spieler innerhalb der View befindet. Die Kontrolle an dieser Stelle vereinfacht nicht nur den restlichen Code, sondern ist auch bei einer Veränderung der Fenstergröße wirksam. Dabei kommt es nämlich immer zu einem draw-Aufruf.

```
// Projekt macos-keyboard, Datei MyView.swift, Fortsetzung
class MyView: NSView {
  // den Hockey-Spieler zeichnen
  override func draw(_ dirtyRect: NSRect) {
    if img == nil { return }
    // Position muss innerhalb der View sein
    x = max(0, min(bounds.width - size, x))
    y = max(0, min(bounds.height - size, y))
    let rect = NSRect(x: x,
                      y: bounds.height - y - size,
                  width: size,
                 height: size)
    img.draw(in: rect)
  }
}
```

Beim Drücken einer Taste wird die Methode keyDown aufgerufen. Sie übergibt das NSEvent-Objekt direkt an interpretKeyEvents. Wenn diese Methode das Drücken der Cursortasten erkennt, kommt es zum Aufruf der vier move-Methoden. Eingaben von Buchstaben führen zum Aufruf von insertText, wo die Tasten [I], [J], [K] und [M] wie Cursortasten behandelt werden. In den move-Methoden wird der Einfachheit halber ein Neuzeichnen der gesamten View ausgelöst.

```
// Projekt macos-keyboard, Datei MyView.swift, Fortsetzung
class MyView: NSView {
  // Eingabe auswerten
  override func keyDown(with theEvent: NSEvent) {
    interpretKeyEvents( [theEvent] )
  }
  override func insertText(_ insertString: Any) {
    if let input = insertString as? String {
      switch  input.lowercaseString {
      case "j":
        moveLeft(self)
      case "k":
        moveLeft(self)
      case "i":
        moveUp(self)
```

```
      case "m":
        moveDown(self)
      default:
        break
      }
    }
  }
  // Figur bewegen
  override func moveLeft(_ sender: Any?) {
    x = x - 10
    img = backward
    setNeedsDisplayInRect(bounds)
  }
  override func moveRight(_ sender: Any?) {
    x = x + 10
    img = forward
    setNeedsDisplayInRect(bounds)
  }
  override func moveDown(_ sender: Any?) {
    y = y + 10
    setNeedsDisplayInRect(bounds)
  }
  override func moveUp(_ sender: Any?) {
    y = y - 10
    setNeedsDisplayInRect(bounds)
  }
}
```


Verwenden Sie SpriteKit zur Spieleprogrammierung!

Der spielerische Charakter dieses Beispiels soll Sie keineswegs dazu animieren, auf diese Weise Spiele zu programmieren! Dazu gibt es eigene Bibliotheken, z. B. SpriteKit (siehe Kapitel 28).

19.5 Menüs

Menüs sind ein zentrales Steuerungselement vieler macOS-Programme, wenngleich viele Programme für eine möglichst menülose Bedienung optimiert sind. Dieser Abschnitt gibt Ihnen einen Überblick über die verschiedenen Erscheinungsformen von Menüs und über deren Anwendung in eigenen Programmen. Das dazugehörende Beispielprogramm `macos-menu` besteht aus zwei Fenstern. Das Menü EIGENES MENÜ besteht aus den folgenden Einträgen:

- TEST 1 ist immer verwendbar, die Action-Methode befindet sich in `AppDelegate`.
- TEST 2 ist nur verwendbar, wenn Fenster 1 aktiv ist. Die Action-Methode befindet sich in der `ViewController`-Klasse.
- TEST 3 und TEST 4 sind verwendbar, wenn eine Instanz von Fenster 2 aktiv ist. TEST 4 zeigt ein Auswahlhäkchen an, das durch die Menüauswahl gesetzt bzw. wieder entfernt wird. Die Action-Methoden befinden sich im `ViewController2`.

Innerhalb des zweiten Fensters steht außerdem ein Kontextmenü mit drei Einträgen zur Verfügung (siehe Abbildung 19.8).

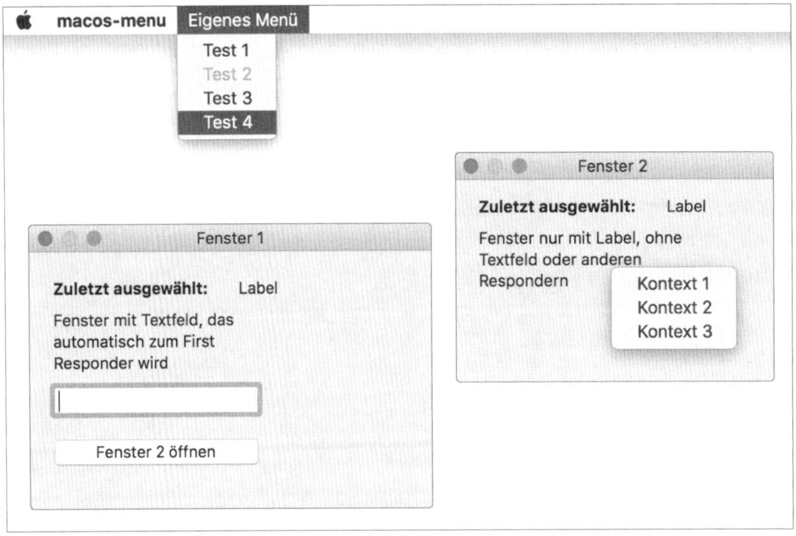

Abbildung 19.8 Menübeispielprogramm

Die Responder-Kette

Wie die Verarbeitung von Menüaktionen vor sich geht, lässt sich nur mit etwas Grundwissen über den sogenannten First Responder und die nachfolgende Responder-Kette begreifen. Auf den First Responder sind Sie ja im vorigen Abschnitt schon gestoßen: So wird das Objekt bezeichnet, das Tastaturereignisse empfangen und verarbeiten kann. Oft handelt es sich dabei um ein Textfeld, aber prinzipiell sind alle Objekte von Klassen dazu in der Lage, die von `NSResponder` abgeleitet sind. Zu diesen Klassen zählen:

- `NSView` und somit alle Steuerelemente
- `NSViewController`
- `NSWindow` und `NSWindowController`
- `NSDocumentController` (hilft bei der Konzeption von Programmen, die in ihren Fenstern Dokumente verwalten – also Editoren jeder Art, Office-Programme etc.)
- `NSApplication`

Der Nachrichtenfluss beginnt beim First Responder. Ist dieser an der Nachricht nicht interessiert, leitet er die Nachricht an das nächste Objekt in der Responder-Kette weiter (siehe Abbildung 19.9). Dieser Nachrichtenfluss endet, wenn ein Objekt das Ereignis verarbeitet. »Eine Nachricht empfangen« bedeutet, dass eine entsprechende Methode aufgerufen wird.

Wie die Responder-Kette ausgeprägt ist, hängt von der Gestaltung des Programms ab. Gibt es einen Window-Controller? Gibt es View-Controller? Gibt es einen Document-Controller? Sind Window-Delegates implementiert? Wie verschachtelt sind die Steuerelemente im Fenster?

Zudem ändert sich die Responder-Kette während der Programmausführung ständig: Mal ist das eine Fenster mit einem Textfeld aktiv, dann wieder ein Dialog mit anderen Steuerelementen. Sicher ist nur: Am Ende der Responder-Kette stehen immer das `NSApplication`-Objekt sowie dessen Delegates, in einem typischen Storyboard-Projekt also die `AppDelegate`-Klasse.

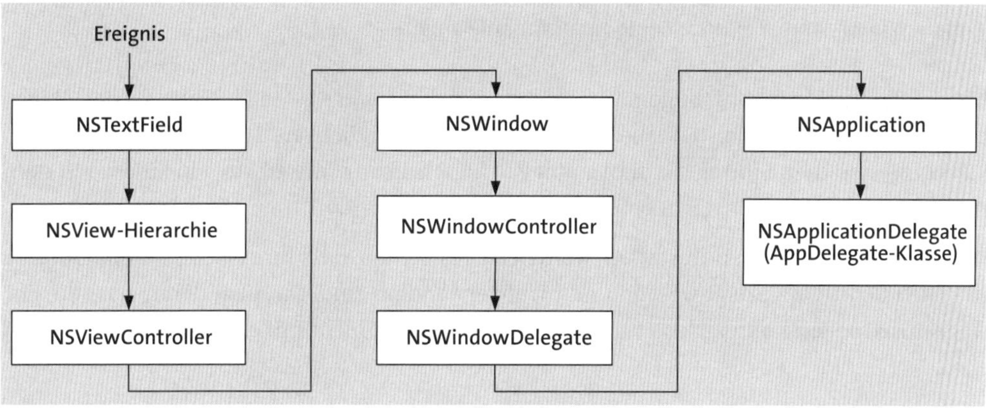

Abbildung 19.9 Eine mögliche Responder-Kette für Ereignisse

Und warum ist dies für Menüs relevant? Weil auch Menüereignisse, also die Auswahl eines Menükommandos, über die Responder Chain zuerst an den First Responder geleitet werden und anschließend über alle anderen Objekte der Responder-Kette.

Gestaltung der Menüleiste

Neue Xcode-Projekte enthalten eine umfangreiche vordefinierte Menüleiste. Nicht benötigte Menüs oder Menüeinträge klicken Sie einfach an und löschen sie mit [←].

Wenn Sie neue Menüs hinzufügen möchten, suchen Sie in der Objektbibliothek nach *menu*. Lassen Sie sich von den vielen Ergebnissen nicht irritieren – die meisten Einträge sind einfach vordefinierte Menükommands, z. B. zur Veränderung der Schrift. Vorerst reicht es aus, wenn Sie zwischen zwei Menüklassen differenzieren:

- `NSMenu` (MENU in der Objektbibliothek) ist ein Menü, also eine aus mehreren Einträgen bestehende Box.
- `NSMenuItem` (MENU ITEM) ist ein *Eintrag* eines Menüs, also z. B. SPEICHERN.

Um also einen zusätzlichen Eintrag in ein schon vorhandenes Menü einzubauen, verschieben Sie per Drag & Drop ein MENU ITEM an die gewünschte Stelle im Menü. Während des Verschiebevorgangs klappen die Menüs nach einigen Sekunden bei Bedarf auf. Nach dem Einfügen verändern Sie den Menütext per Doppelklick oder im Attributinspektor. Auch das zugeordnete Tastenkürzel kann direkt im Menü verändert werden. Ein Doppelklick im rechten Bereich eines Menüeintrags zeigt eine kleine rechteckige Box. Sie können nun eine beliebige Tastenkombination drücken, die dann als Kürzel eingetragen wird. Unter macOS übliche Tastenkürzel sollten Sie möglichst vermeiden.

Programmname-Menü

Der Name des ersten Menüs in der Menüleiste ist durch den Programmnamen vorgegeben. Sie können zwar im Storyboard-Editor einen anderen Namen einstellen, im laufenden Programm wird dann aber doch der Programmname angezeigt.

Um ein ganzes Menü einzufügen, verschieben Sie ein SUBMENU MENU ITEM aus der Objektbibliothek in die Menüleiste. Dabei handelt es sich in Wirklichkeit um drei Objekte: um ein `NSMenuItem` mit dem Eintrag für die Menüleiste (Beschriftung MENU), um ein `NSMenu` mit dem neuen Menü und um ein darin befindliches `NSMenuItem` (Beschriftung MENUITEM).

Wenn Sie Ihr Programm nun starten, werden Sie feststellen, dass Ihre eigenen Menüeinträge in grauer Schrift angezeigt werden und nicht verwendbar sind. Das liegt daran, dass die Einträge im aktuellen Kontext, also für das geöffnete Fenster, nicht mit einer Aktion verbunden sind.

Was bedeutet hier »im aktuellen Kontext«? Es ist möglich, dass ein Menü mit einer Methode eines View-Controllers verbunden ist. Dadurch ist der Menüeintrag dann verwendbar, wenn ein Fenster mit diesem View-Controller das aktive Fenster ist und der View-Controller oder ein darin enthaltenes Steuerelement der First Responder ist, also Eingaben verarbeitet. Klicken Sie ein anderes Fenster an, wird der Menüeintrag wieder grau.

Responder-Aktionen

Natürlich soll nach der Auswahl eines Menüeintrags auch etwas passieren. Einige Menüeinträge des Defaultmenüs sind standardmäßig schon mit Aktionen verbunden.

Um eigene Menüeinträge mit vordefinierten Responder-Aktionen zu verbinden, zeichnen Sie mit `ctrl`-Drag eine Verbindungslinie vom Menüeintrag zum orangefarbenen Icon FIRST RESPONDER in der Titelleiste des Menüs. In einem Popup-Dialog stehen weit über 100 Aktionen zur Auswahl (siehe Abbildung 19.10). Es handelt sich dabei um alle Action-Methoden der Systemklassen und des Projekts. Um eine Aktion auszuwählen, tippen Sie am besten ihre Anfangsbuchstaben ein.

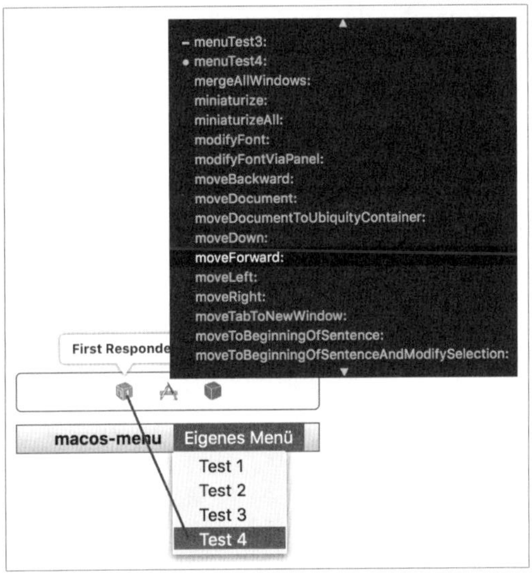

Abbildung 19.10 Menüeintrag mit Responder-Aktion verbinden

Bei der Aktionsliste handelt es sich um eine Zusammenstellung der Methoden der `NSResponder`-, `NSDocumentController`- und `NSApplication`-Klassen sowie um `@IBAction`-Methoden Ihrer eigenen Klassen. Die Zusammenstellung ist insofern irreführend, als die aufgelisteten Methoden nur dann tatsächlich ausgeführt werden können, wenn das betreffende Objekt auch Teil der Responder-Kette ist. Bei vielen Methoden ist dies aber normalerweise nicht der Fall – z. B. wenn es in Ihrem Programm gar keinen `NSDocumentController` gibt.

19

Menüaktionen in der AppDelegate-Klasse

In der Regel wollen Sie eigene Menüeinträge mit eigenen Methoden verbinden. Naheliegend wäre es, wie bei Steuerelementen mit `ctrl`-Drag eine Action-Methode in der View-Controller-Klasse einzufügen. Leider unterstützt Xcode das nicht. Wie Sie dennoch Menüaktionen auf View-Controller-Ebene verarbeiten können, erkläre ich Ihnen gleich.

Vorerst konzentrieren wir uns aber auf den Weg, den Xcode vorsieht: Sie öffnen im Haupteditor das Storyboard und im Assistenzeditor `AppDelegate.swift` und stellen dann mit `ctrl`-Drag eine Verbindung her. Auf diese Weise können Sie sowohl Actions als auch Outlets einfügen. Da sich die `AppDelegate`-Klasse am Ende der Responder-Kette befindet (siehe Abbildung 19.9), ist sichergestellt, dass die Aktion auf jeden Fall ausgeführt wird – ganz egal, welches Fenster oder ob überhaupt ein Fenster geöffnet ist oder welches Steuerelement gerade als First Responder agiert.

Leider ist die `AppDelegate`-Klasse für viele Aktionen nicht der am besten geeignete Ort – vor allem, wenn das Menükommando eigentlich ein Fenster oder einen Bereich eines Fensters betrifft. Wenn es in Ihrem Programm ohnedies nur ein einziges Fenster gibt, macht die

Verwendung der AppDelegate-Klasse für Menükommandos den Code auch nicht wesentlich unübersichtlicher. Für Mehr-Fenster-Anwendungen ist die hier skizzierte Vorgehensweise aber weder empfehlenswert noch sinnvoll durchführbar.

Die Kompromisslösung sieht so aus, dass Sie in der AppDelegate-Klasse eine Eigenschaft definieren, die auf den View-Controller Ihres einzigen Fensters zeigt. In viewDidLoad des View-Controllers initialisieren Sie diese Eigenschaft. Damit können Sie nun von der AppDelegate-Klasse auf alle Eigenschaften und Methoden des View-Controllers zugreifen. Das folgende Listing mit Code aus beiden Klassen veranschaulicht den Lösungsweg:

```
// Projekt macos-menu, Datei AppDelegate.swift
@NSApplicationMain
class AppDelegate: NSObject, NSApplicationDelegate {
  // Zugriff auf den View-Controller des Fensters
  var mainVC: ViewController?

  // Action-Methode für einen Menüeintrag
  @IBAction func menuTest1(_ sender: NSMenuItem) {
    mainVC?.mylabel.stringValue = "Test 1"
  }
}

// Projekt macos-menu, Datei ViewController.swift
class ViewController: NSViewController {
  @IBOutlet weak var mylabel: NSTextField!

  override func viewDidLoad() {
    super.viewDidLoad()
    let app = NSApplication.shared.delegate as! AppDelegate
    app.mainVC = self
  }
}
```

Segues

Menüs können per ctrl-Drag direkt mit einem View-Controller verbunden werden. In diesem Fall wird der betreffende Controller bei einer Menüauswahl in einem Fenster angezeigt. Ein Beispiel für einen derartigen Segue finden Sie in Abschnitt 19.2, »Tab-View-Controller«.

Menüaktionen in eigenen View-Klassen

Selbstverständlich ist es möglich, Menüeinträge mit Action-Methoden zu verbinden, die in einem View-Controller definiert sind. Dazu müssen Sie die Methode aber selbst eintippen, ein ctrl-Drag vom Menüeintrag in das Codefenster funktioniert nicht. Vergessen Sie nicht, dass an die Action-Methode ein Parameter vom Typ NSMenuItem übergeben wird.

```
// Projekt macos-menu, Datei ViewController.swift (Fortsetzung)
class ViewController: NSViewController {
  @IBOutlet weak var mylabel: NSTextField!

  // Action-Methode für 'Test 2'
  @IBAction func menuTest2(_ sender: NSMenuItem) {
    mylabel.stringValue = "Test 2"
  }
}
```

Die Verbindung vom Menüeintrag zur gerade verfassten Action-Methode stellen Sie her, indem Sie einen [ctrl]-Drag vom Menüeintrag zum orangefarbenen Icon FIRST RESPONDER des Menüfensters durchführen. In der endlosen Liste der Responder-Aktionen ist nun auch `menuTest2` enthalten – diese Methode wählen Sie aus.

Es gibt eine wichtige systembedingte Einschränkung: Der so verbundene Menüeintrag kann nur ausgewählt werden, wenn ein Steuerelement im View-Controller der First Responder ist – denn nur dann ist der View-Controller ein Glied der Responder-Kette! In der Praxis heißt das:

- Das Menükommando ist nur dann aktiv, wenn es ein Objekt in der Responder-Kette mit einer passenden Action-Methode gibt. Ist das nicht der Fall, wird der Menüeintrag in grauer Schrift angezeigt und kann nicht ausgewählt werden.
- Das Menükommando ist auch dann nicht benutzbar, wenn Ihr View-Controller gar kein Steuerelement enthält, das ein First Responder ist.

Letzteres Problem tritt am ehesten in Testprogrammen auf, wenn ein Fenster z. B. nur ein Label enthält. Aber natürlich gibt es auch »reale« Anwendungen, bei denen ein Fenster ohne Buttons, Textfelder etc. auskommt. Zum Glück gibt es eine einfache Lösung: Sie implementieren einfach eine von `NSView` abgeleitete Klasse mit First-Responder-Funktionen (siehe Abschnitt 19.4, »Tastatur«) und ordnen diese Klasse der ersten View im View-Controller zu.

Das Beispielprogramm zu diesem Abschnitt demonstriert diese Vorgehensweise beim zweiten Fenster. Der Code der Klasse `MyView` für die View im View-Controller 2 sieht so aus:

```
// Projekt macos-menu, Datei MyView.swift
class MyView: NSView {
  override var acceptsFirstResponder: Bool { return true }

  override func becomeFirstResponder() -> Bool {
    return true
  }

  override func resignFirstResponder() -> Bool {
    return true
  }
}
```

Veränderung von Menüeinträgen per Code

An die Action-Methode wird das NSMenuItem-Objekt im sender-Parameter übergeben. Das gibt Ihnen die Möglichkeit, den Menüeintrag in der Methode zu verändern. Ein einfaches Beispiel dafür ist das Anzeigen oder Entfernen eines Auswahlhäkchens vor dem Menüeintrag:

```
// Projekt macos-menu, Datei ViewController2.swift
class ViewController2: NSViewController {
  @IBOutlet weak var label: NSTextField!

  // Action-Methode für den Menüeintrag 'Test 4'
  @IBAction func menuTest4(_ sender: NSMenuItem) {
    label.stringValue = "Test 4"
    // Auswahlhäkchen setzen/entfernen
    if sender.state == .off {
      sender.state = .on
    } else {
      sender.state = .off
    }
  }
}
```

Auf die gesamte Menüleiste können Sie über die menu-Eigenschaft des NSApplication-Objekts zugreifen. Mit addItem können Sie nun bei Bedarf NSMenu- und NSMenuItem-Objekte hinzufügen und auf diese Weise dynamische Menüs realisieren. Ein Beispiel für ein per Code erzeugtes Menü finden Sie in Abschnitt 19.6, »Programme ohne Menü«. Dort geht es darum, eine sogenannte *Menubar-App* zu programmieren, also ein Programm ohne ein reguläres Menü, aber dafür mit einem Icon im rechten Bereich der Menüleiste.

Menüeinträge je nach Kontext aktivieren oder deaktivieren

Wenn Sie Menüeinträge per Code aktivieren oder deaktivieren möchten, implementieren Sie hierfür das NSMenuValidation-Protokoll. Dessen Methode validateMenuItem wird aufgerufen, bevor ein Menüeintrag sichtbar wird. Je nachdem, in welchem Zustand sich Ihr Programm gerade befindet, können Sie nun entscheiden, ob der Menüeintrag aktiv sein soll oder nicht. Dementsprechend muss Ihre Methode true oder false zurückgeben.

Kontextmenüs

Um ein Kontextmenü zu definieren, ziehen Sie ein MENU aus der Objektbibliothek in den Titelbereich des View-Controllers oder an die entsprechende Stelle in der Document Outline. Auch die Bearbeitung der Einträge muss dort erfolgen. Eine Menüvorschau wie beim Hauptmenü gibt es also nicht. Dafür können Sie für die Menüeinträge unkompliziert per [ctrl]-Drag Outlets und Actions in die View-Controller-Klasse einfügen (siehe Abbildung 19.11).

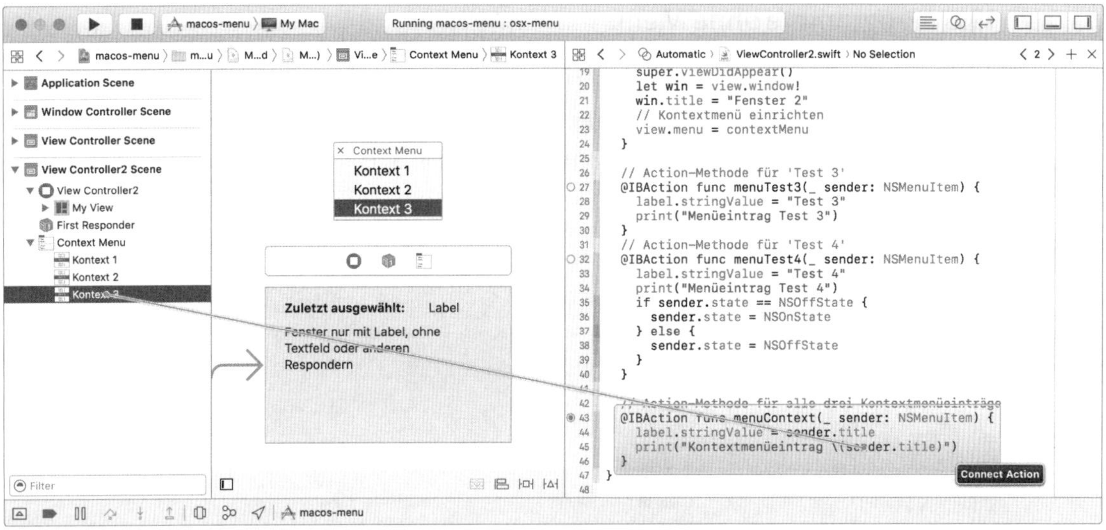

Abbildung 19.11 Action-Methode für einen Kontextmenüeintrag einrichten

Damit das Kontextmenü automatisch angezeigt wird, sobald der Anwender die rechte Maustaste bzw. die linke Taste zusammen mit `ctrl` drückt, müssen Sie nur die `menu`-Eigenschaft der View einstellen, beispielsweise in `viewDidLoad`. Im Beispielprogramm gibt es im zweiten Fenster ein Kontextmenü. Alle drei Einträge dieses Menüs sind mit derselben Methode `menuContext` verbunden:


```
// Projekt macos-menu, Datei ViewController.swift
// Fortsetzung
class ViewController2: NSViewController {

  @IBOutlet weak var label: NSTextField!
  @IBOutlet var contextMenu: NSMenu!

  override func viewDidAppear() {
    // ...
    view.menu = contextMenu
  }

  // Action-Methode für alle drei Kontextmenüeinträge
  @IBAction func menuContext(_ sender: NSMenuItem) {
    label.stringValue = sender.title
  }
}
```

19.6 Programme ohne Menü

Für Programme, die überwiegend im Hintergrund laufen, besteht die Möglichkeit, auf ein Menü ganz zu verzichten. Dazu reicht es aus, in der Projektdatei `Info.plist` den Eintrag APPLICATION IS AGENT (UIELEMENT) = YES einzufügen (siehe Abbildung 19.12). Das Programm lässt sich weiter ganz normal starten und bedienen. Es besitzt nun aber weder ein eigenes Menü, noch wird es im Dock angezeigt.

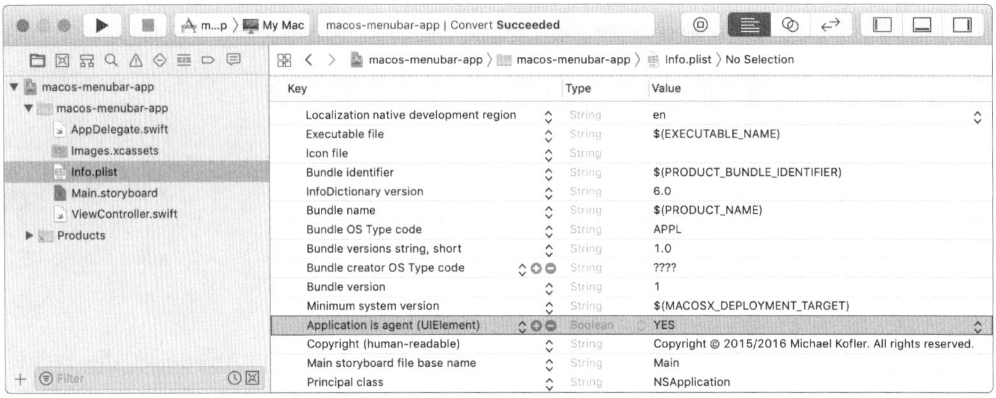

Abbildung 19.12 Das Menü mit einer »Info.plist«-Einstellung ausblenden

Im Prinzip sind Sie damit auch schon fertig. Sie müssen nur darauf achten, dass beim Schließen des einzigen bzw. letzten Fensters das Programm beendet wird – andernfalls läuft es im Hintergrund weiter, ohne dass es eine Möglichkeit gibt, es wieder zu aktivieren.

Menubar-Apps

In der Praxis werden menülose Programme zumeist als sogenannte *Menubar-Apps* ausgeführt. Solche Programme präsentieren sich im rechten Bereich der Menüleiste, also dort, wo die Uhrzeit angezeigt wird, in Form eines kleinen Icons. Das Anklicken dieses Icons führt wahlweise in ein kleines Menü zur Steuerung der Programmfunktionen oder zeigt einfach das Programmfenster an.

Der rechte Bereich der Menüleiste wird *Menubar* genannt. Etwas inkonsequent ist es, dass die Namen der dafür verantwortlichen Klassen alle mit `NSStatusBar` beginnen. Das folgende Minibeispiel besteht aus einem Fenster, das mit einem Button aus- und über das Menü des Menubar-Icons wieder eingeblendet werden kann (siehe Abbildung 19.13).

Die Gestaltung von Menubar-Apps erfolgt weitestgehend durch Code. Dem Storyboard-Editor von Xcode fehlen momentan Werkzeuge zur visuellen Gestaltung von Statusmenüs. Das hat aber den Vorteil, dass dieser Abschnitt mir die Gelegenheit bietet, Ihnen zu zeigen, wie Sie eigene Menüs per Code zusammensetzen.

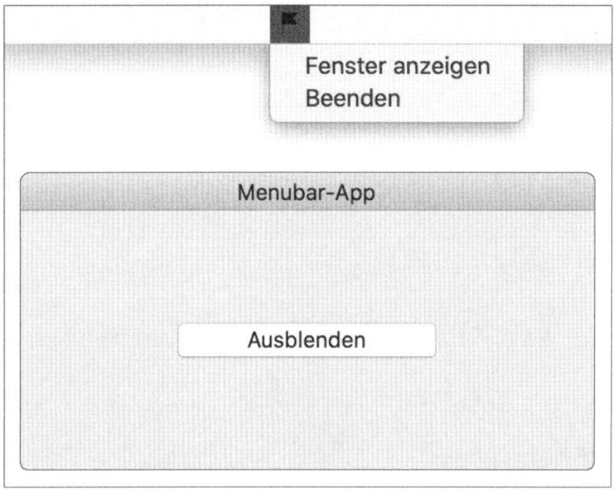

Abbildung 19.13 Eine winzige Menubar-App

Die AppDelegate-Klasse

Der Großteil des Codes befindet sich in `AppDelegate.swift`. Dort wird, wie schon in vielen Beispielen, eine Variable definiert, die auf den View-Controller des einzigen Fensters des Programms zeigt. Die Variable wird später in `viewDidLoad` des View-Controllers initialisiert.

`statusBarItem` enthält ein neues `NSStatusBarItem`-Objekt, das mit der Methode `statusItem` erzeugt wurde. In `applicationDidFinishLaunching` wird dieser Eintrag in der Menubar mit einem Icon aus `Images.xcassets` ausgestattet. Die Bitmap sollte 16 × 16 Pixel groß sein, die Retina-Variante 32 × 32 Pixel.

Die weiteren Zeilen erzeugen ein neues Menü mit zwei Einträgen und verbinden es mit dem neuen Statusbar-Element. Die `action`-Eigenschaften verweisen jeweils auf die Methoden, die bei einer Menüauswahl auszuführen sind. `showMyWindow` greift über die Eigenschaften `view` und `window` auf das einzige Fenster des Programms zu und bringt es mit `makeKeyAndOrderFront` in den Vordergrund.

```
// Projekt macos-menubar, Datei AppDelegate.swift
@NSApplicationMain
class AppDelegate: NSObject, NSApplicationDelegate {
  var mainVC: ViewController!
  let statusBarItem = NSStatusBar.system.statusItem(withLength: -1)

  func applicationDidFinishLaunching(_ aNotification: Notification) {
    // Icon für MenuBar-Eintrag
    let icon = NSImage(imageLiteralResourceName: "flag")
    // icon?.setTemplate(true)  // bei Bitmaps ohne Transparenz
    statusBarItem.image = icon

    // Menüeinträge hinzufügen
    let menu: NSMenu = NSMenu()  // erster Eintrag
```

```
    var menuItem   = NSMenuItem()
    menuItem.title = "Fenster anzeigen"
    menuItem.action = #selector(AppDelegate.showMyWindow(_:))
    menu.addItem(menuItem)
    menuItem   = NSMenuItem()      // zweiter Eintrag
    menuItem.title = "Beenden"
    menuItem.action = #selector(AppDelegate.quit(_:))
    menu.addItem(menuItem)
    statusBarItem.menu = menu  // Menü mit Statusbar-Element verbinden
  }
  // Reaktion auf Menüeintrag
  @objc func showMyWindow(_ sender: NSMenuItem) {
    mainVC?.view.window?.makeKeyAndOrderFront(self)
  }
  @objc func quit(_ sender: NSMenuItem) {
    NSApplication.shared.terminate(self)
  }
}
```

View-Controller

Der View-Controller initialisiert die `mainVC`-Eigenschaft der `AppDelegate`-Klasse. Die Action-Methode `btnHide` zeigt das Gegenstück zu `makeKeyAndOrderFront:` Die Methode `orderOut` blendet das Fenster aus.

```
// Projekt macos-menubar, Datei ViewController.swift
class ViewController: NSViewController {
  override func viewDidLoad() {
    super.viewDidLoad()
    let app = NSApplication.shared.delegate as! AppDelegate
    app.mainVC = self
  }
  // Fenster ausblenden
  @IBAction func btnHide(_ sender: NSButton) {
    view.window?.orderOut(self)
  }
}
```

19.7 Dunkles Erscheinungsbild (»Dark Mode«)

macOS hat sich in den letzten Versionen optisch kaum verändert. Die einzige Neuerung in macOS Mojave bestand darin, dass die gesamte Oberfläche nun auch im sogenannten »Dark Mode« genutzt werden kann, der vor allem beim Arbeiten in der Nacht weniger blendet.

Im günstigen Fall unterstützen Ihre mit Swift entwickelten Apps den Dark Mode automatisch: Alle Steuerelemente, bei denen Sie keine Änderungen an den Vorder- und Hintergrundfarben durchgeführt haben, ändern bei der Aktivierung des Dark Modes automatisch ihre Farbe.

Wenn Sie hingegen eigene Farben verwenden oder die Oberfläche Ihrer Apps mit eigenen Steuerelementen gestalten, kann es sein, dass manuelle Eingriffe in die Farbgebung erforderlich sind.

Aktuellen Zustand feststellen

Um beim Start des Programms oder später den gerade aktuellen Modus zu ermitteln, können Sie eine Variable wie `darkMode` als Computed Property definieren:

```
// Projekt macos-dark, Datei ViewController.swift
var darkMode: Bool {
  let mode =
    UserDefaults.standard.string(forKey: "AppleInterfaceStyle")
  return mode == "Dark"
}
```

`darkMode` wertet die globale User-Default-Variable `AppleInterfaceStyle` aus und liefert `true` oder `false` zurück, je nachdem, ob der Dark Mode gerade aktiv ist.

Notifier für Zustandsänderung

Damit Ihre App bei jeder Änderung des Dark Modes verständigt wird, richten Sie im Notification Center eine Methode ein. Sie soll aufgerufen werden, wenn das Ereignis `AppleInterfaceThemeChangedNotification` auftritt.

Im folgenden Beispiel soll die Methode `setLabel` aufgerufen werden. Sie ändert den Text und die Farbe eines Labels je nachdem, ob der Dark Mode aktiv ist oder nicht (siehe Abbildung 19.14).

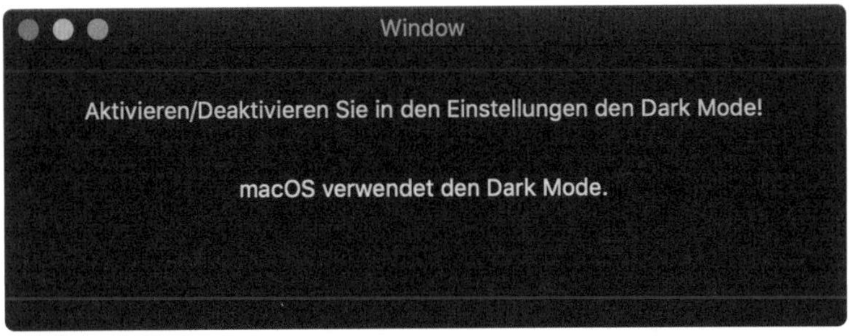

Abbildung 19.14 Die Test-App ändert den Text und die Farbe eines Labels je nachdem, ob der Dark Mode gerade aktiv ist.

```
// Projekt macos-dark, Datei ViewController.swift
@IBOutlet weak var lblStatus: NSTextField!
...
override func viewDidLoad() {
  super.viewDidLoad()
  setLabel()  // Label beim Start des Programms einstellen
  // Observer für Dark-Mode-Änderung einrichten
  DistributedNotificationCenter.default.addObserver(
    self,
    selector: #selector(setLabel),
    name: NSNotification.Name(
      rawValue: "AppleInterfaceThemeChangedNotification"),
    object: nil)
}
// Label-Eigenschaften einstellen
@objc func setLabel() {
  if darkMode {
    lblStatus.stringValue = "macOS verwendet den Dark Mode."
    lblStatus.textColor = NSColor.yellow
  } else {
    lblStatus.stringValue = "macOS läuft im Standardmodus."
    lblStatus.textColor = NSColor.blue
  }
}
```

Kapitel 20
tvOS

Seit der vierten Generation läuft auf Apple-TV-Geräten das Betriebssystem tvOS. Es ermöglicht erstmals die Programmierung von Apps für tvOS, wobei es zwei Arten von Apps gibt:

- Herkömmliche Apps verwenden wie iOS-Apps UIKit, SpriteKit, SceneKit, Metal etc.
- TVML-Apps setzen ein Client-Server-Modell voraus. Zur Gestaltung der App-Oberfläche kommt die *Television Markup Language* (TVML) zum Einsatz. Zu jeder TVML-App muss es einen dazu passenden Server geben, der in der Regel Metadaten und Videos zur Verfügung stellt.

Dieses Buch behandelt nur herkömmliche Apps, die in Swift programmiert werden. Die zweite Variante setzt JavaScript als Programmiersprache voraus und hat insofern nichts mit Swift zu tun.

tvOS versus iOS

tvOS basiert weitestgehend auf iOS. Viele Bibliotheken stehen vollkommen identisch unter iOS und tvOS zur Verfügung. Das macht die Portierung vorhandener iOS-Apps auf tvOS relativ einfach und erklärt, warum es bereits wenige Wochen nach der Auslieferung der ersten Geräte der vierten Apple-TV-Generation ein riesiges App-Angebot gab.

Die größten Unterschiede zwischen tvOS und iOS betreffen die Benutzerschnittstelle: tvOS wird über eine Fernbedienung gesteuert, die aus nur wenigen Tasten und einem kleinen Touchpad besteht. Es gibt keinen Zeiger (kein Maus-Symbol), stattdessen wird das gerade aktive Element auf dem Bildschirm farblich und durch einen Schatten hervorgehoben. Die Auswahl des aktiven Elements erfolgt durch das Touchpad. Durch das Drücken des mechanischen Tasters unterhalb des Touchpads wird das ausgewählte Element aktiviert. Das entspricht einer Berührung des iPhone-Bildschirms bzw. einem Mausklick unter macOS.

Eine fundamentale Einschränkung in tvOS im Vergleich zu iOS besteht darin, dass Sie im Dokumentenverzeichnis keine eigenen Dateien speichern dürfen. Zur dauerhaften Speicherung von kleinen Datenmengen dürfen Sie die User-Defaults verwenden. Außerdem dürfen Sie Dateien im Cache-Verzeichnis zwischenspeichern; es kann aber sein, dass die Dateien bereits beim nächsten Start der App dort wieder verschwunden sind. Wenn es für Ihre App notwendig ist, größere Datenmengen dauerhaft zu speichern, müssen Sie eine serverbasierte Lösung suchen (iCloud oder andere Cloud-Angebote, eigener Server etc.).

tvOS in diesem Buch

Dieses kurze Kapitel setzt voraus, dass Sie mit iOS bereits vertraut sind. Es fasst die wichtigsten tvOS-spezifischen Details zusammen und gibt erste Programmierbeispiele. Darüber hinaus finden Sie in diesem Buch aber eine Menge weiterer Informationen speziell für tvOS:

- In Abschnitt 23.6, »Collections asynchron füllen (UICollectionView)«, demonstriere ich Ihnen, wie Sie in einer tvOS-App eine `UICollectionView` mit Daten aus einer Film-Trailer-Datenbank füllen.
- In Kapitel 27, »Audio, Video und Fotos«, beschreibe ich diverse Methoden, Videos abzuspielen.
- Abschnitt 28.3, »Spielsteuerung durch Touch-Ereignisse«, und Abschnitt 28.4, »Bewegungssteuerung (Gyroskop und Accelerometer)«, zeigen, wie Sie Ereignisse der Apple-TV-Fernbedienung auswerten, um SpriteKit-Spiele zu steuern.
- In Kapitel 32, »App Store und Co.«, erkläre ich Ihnen, wie Sie tvOS-Apps mit den für den App Store erforderlichen Parallax-Icons ausstatten.
- Richtige tvOS-Apps folgen dann in Teil IV des Buchs. In Kapitel 43, »Pac-Man selbst gemacht«, zeige ich Ihnen, wie Sie aus dem iOS-Spiel »Pac-Man« eine tvOS-Variante erstellen.
- Kapitel 44, »Asteroids«, zeigt die Programmierung eines weiteren Spiels, in dem Sie die Erde vor Asteroiden schützen müssen. Das Spiel enthält einen Konfigurationsbildschirm mit einem Menü, das über die Fernbedienung gesteuert wird.

20.1 Hello tvOS!

Eine neue tvOS-App starten Sie in Xcode wie üblich mit FILE • NEW • PROJECT. Dabei wählen Sie als Vorlage TVOS APPLICATION • SINGLE VIEW APPLICATION aus. Das aus der Vorlage produzierte Projekt ist im Simulator sofort ausführbar, auch wenn es lediglich einen grau melierten Hintergrund anzeigt.

Xcode-Verbindung

Bei Apple-TV-Geräten der fünften Generation (Verkauf seit 2017) erfolgt die Xcode-Koppelung direkt über das Netzwerk. Dabei geben Sie in Xcode einen sechsstelligen Verifizierungscode ein, den das Apple-TV-Gerät anzeigt:

https://stackoverflow.com/questions/44382841

Ältere Apple-TV-Gerät der 4. Generation schließen Sie dagegen anfänglich mit einem USB-C-Kabel an Ihrem Mac an. Sobald die Verbindung hergestellt ist, können Sie im Xcode-Fenster WINDOW • DEVICES AND SIMULATORS die Option CONNECT VIA NETWORK aktivieren. Die weitere Kommunikation erfolgt dann über das Netzwerk.

Eine Voraussetzung für die Ausführung eigener Apps besteht darin, dass Ihr Apple-TV-Gerät zur Liste der Geräte Ihres Apple-Developer-Accounts hinzugefügt wird. Darum kümmert sich Xcode – und lädt gleich die erforderlichen Signing Identities und Provisioning Profiles herunter (siehe XCODE • PREFERENCES • ACCOUNTS). Die folgende Seite zeigt eine Liste aller tvOS-Geräte an, die mit Ihrem Developer Account verbunden sind:

https://developer.apple.com/account/ios/device/tvOS

Gestaltung der Benutzeroberfläche

Die Hello-World-App besteht aus vier Buttons und einem Textfeld. Wenn ein Button ausgewählt und per Fernbedienung angeklickt wird, zeigt die App die entsprechenden Informationen im Textfeld an (siehe Abbildung 20.1).

Abbildung 20.1 Hello-World-App für tvOS

Apple-TV-Screenshots

Screenshots erstellen Sie am einfachsten im Simulator. Alternativ öffnen Sie in Xcode WINDOW • DEVICES und wählen dort das Apple-TV-Gerät aus. Im Hauptfenster erscheint dann der Button TAKE SCREENSHOT. Die Screenshots werden auf dem macOS-Schreibtisch (Desktop) gespeichert.

Die Gestaltung der Benutzeroberfläche erfolgt wie bei iOS- und macOS-Apps: Sie öffnen die in der Projektvorlage bereits enthaltene Storyboard-Datei und fügen die Steuerelemente per Drag & Drop in die View ein.

Eigener Code

Auch die weiteren Schritte, mit denen die Benutzeroberfläche mit Code verbunden wird, erfolgen exakt wie bei iOS- oder macOS-Apps: Zuerst machen Sie in Xcode Platz und schließen die beiden Seitenleisten, dann blenden Sie zur verkleinerten View den Assistenzeditor ein. Mit `ctrl` und der Maus bzw. dem Trackpad richten Sie nun ein Outlet für das Textfeld sowie vier Actions für die vier Buttons in der Datei `ViewController.swift` ein.

Vollkommen unkompliziert ist der Code zur Anzeige der aktuellen Uhrzeit samt Datum: Die `description`-Eigenschaft eines `Date`-Elements liefert eine korrekt formatierte Zeichenkette entsprechend den Sprach- und Landeseinstellungen des tvOS-Geräts.

```
// Projekt tvos-hello-world, Datei ViewController.swift
class ViewController: UIViewController {
  @IBOutlet weak var outputText: UITextView!

  // keine eigenen Initialisierungsarbeiten erforderlich
  override func viewDidLoad() {
    super.viewDidLoad()
  }
  // Zeit und Datum anzeigen
  @IBAction func showDateTime(_ sender: UIButton) {
    let now = Date()
    outputText.text = now.description(with: Locale.current)
  }
}
```

tvOS-Versionsnummer ermitteln

Wenn Sie wissen möchten, welche Version von tvOS auf dem Apple-TV-Gerät installiert ist, werten Sie die Eigenschaft `systemVersion` der `UIDevice`-Klasse aus:

```
@IBAction func showVersion(_ sender: UIButton) {
  let v = UIDevice.current.systemVersion
  outputText.text = "tvOS-Version \(v)"
}
```

Diese Vorgehensweise funktioniert so auch unter iOS.

IP-Adresse ermitteln

Das Ermitteln der IP-Adresse eines iOS- oder tvOS-Geräts ist schwierig, weil die erforderliche Funktion `getifaddr` eigentlich nur für Objective-C-Programme zur Verfügung steht. Eine Schnittstelle für Swift fehlt. Wie Sie diese Hürde mit einer Bridging-Header-Datei umgehen können, habe ich Ihnen bereits in Abschnitt 14.3, »Systemfunktionen aufrufen«, erklärt. Dort ist die Funktion `getIPAddresses` abgedruckt, die in `showIpAddress` aufgerufen wird:

```
@IBAction func showIpAddress(_ sender: UIButton) {
  var out = ""
  for s in getIPAddresses() {
    out += s + "\n"
  }
  outputText.text = "IP-Adresse(n): " + out
}
```

Immer nur eine aktive Schnittstelle

Wenn Ihr Apple-TV-Gerät sowohl über WLAN als auch über ein Ethernet-Kabel verbunden ist, dann hat die Ethernet-Verbindung Vorrang. Die Hello-World-App zeigt entsprechend nur die IP-Adresse der Ethernet-Schnittstelle. Das ist ein Unterschied zu macOS, wo durchaus mehrere Schnittstellen gleichzeitig aktiv sein können.

Speicherplatz ermitteln

Die Größe des RAMs lässt sich ganz einfach der Eigenschaft `physicalMemory` einer `ProcessInfo`-Instanz entnehmen. Schon schwieriger ist es, die Größe des Flash-Speichers sowie den noch freien Bereich dieses Speichers zu ermitteln. Ich habe dazu zwei Hilfsfunktionen programmiert, die ich gleich erläutern werde. Der Code in `showMemory` konzentriert sich auf die Formatierung der Speicherangaben in GiB.

```
// Datei ViewController.swift
@IBAction func showMemory(_ sender: UIButton) {
  let gbyte = Double(1024*1024*1024)
  let ram = ProcessInfo.processInfo.physicalMemory
  let flashtotal = deviceTotalInBytes()
  let flashfree = deviceRemainingFreeSpaceInBytes()
  let fmt = NumberFormatter()   // Informationen formatieren ...
  fmt.minimumFractionDigits = 2
  fmt.maximumFractionDigits = 2
  let ramfmt = fmt.string(from: NSNumber(value: Double(ram) / gbyte))!
  let flashfreefmt =
    fmt.string(from: NSNumber(value: Double(flashfree) / gbyte))!
  let flashtotalfmt =
    fmt.string(from: NSNumber(value: Double(flashtotal) / gbyte))!

  // ... und ausgeben
  outputText.text = """
      Arbeitsspeicher (RAM, insgesamt):  \(ram) Byte = \(ramfmt) GiB
      Gerätespeicher (Flash, insgesamt): \(flashtotalfmt) GiB
      Gerätespeicher (Flash, noch frei): \(flashfreefmt) GiB
      """
}
```

Die Größe des Flash-Speichers wird in deviceTotalInBytes über einen Umweg festgestellt: Zuerst werden in systemAttributes die Eigenschaften des Dateisystems ermittelt, in dem sich das Heimatverzeichnis befindet; danach wird dessen Attribut systemSize ausgewertet. Das Ergebnis liefert aus mehreren Gründen nicht exakt die erwarteten 32 oder 64 GByte: Zum einen kann es auf dem Flash-Datenträger des Apple-TV-Geräts mehrere Dateisysteme geben; wir berücksichtigen aber nur eines davon (das größte). Zum anderen ist jedes Dateisystem mit einem gewissen Overhead verbunden.

```
func deviceTotalInBytes() -> Int64 {
  do {
    let systemAttributes =
      try FileManager.default.attributesOfFileSystem(
            forPath: NSHomeDirectory() as String)
    let space = (systemAttributes[.systemSize]
                 as? NSNumber)?.int64Value
    return space!
  } catch {
    return 0
  }
}
```

Die Methode deviceRemainingFreeSpaceInBytes funktioniert analog, wertet aber das Attribut systemFreeSize aus.

```
func deviceRemainingFreeSpaceInBytes() -> Int64 {
  do {
    let systemAttributes =
      try FileManager.default.attributesOfFileSystem(
            forPath: NSHomeDirectory() as String)
    let freeSize = (systemAttributes[.systemFreeSize]
       as? NSNumber)?.int64Value
    return freeSize!
  } catch {
    return 0
  }
}
```

20.2 Fernbedienung auswerten

Im einfachsten Fall, das hat das Hello-World-Beispiel gezeigt, brauchen Sie sich um die Auswertung der Fernbedienung gar nicht zu kümmern. tvOS merkt sich, wo auf dem Bildschirm sich der unsichtbare Cursor befindet, und gibt dem Button, der sich darunter befindet, selbstständig den Fokus. Ein Druck auf die Touchpad-Fläche wird als Klick auf den Button interpretiert.

Leider ist es nicht immer so einfach: Oft müssen Sie die per Fernbedienung durchgeführten Eingaben selbst auswerten. Im Mittelpunkt dieses Abschnitts stehen daher die Methoden `touchesXxx`, die über Fingerbewegungen auf der Touchpad-Fläche der Fernbedienung informieren, sowie die Methoden `pressesXxx`, die melden, welche Tasten gedrückt wurden.

Vorgriff

Dieser und der folgende Abschnitt präsentieren tvOS-spezifische Programmiertechniken. Die dazugehörenden Grundlagen folgen allerdings erst in Kapitel 25, »Grafik und Animation«, in Kapitel 26, »Touch, Maus, Gestures und Drag & Drop«, sowie in Kapitel 28, »SpriteKit«.

Ich habe mich bemüht, den Text hier so zu formulieren, dass er auch ohne die Lektüre der drei genannten Kapitel klar wird. Sollten dennoch Verständnisprobleme auftreten, werfen Sie gegebenenfalls einen Blick in diese Kapitel!

touches-Ereignisse

Jede Berührung der Touchpad-Oberfläche der Fernbedienung führt zum Aufruf von `touches`-Methoden für das betroffene Objekt. Zu Beginn der Bewegung wird einmal `touchesBegan` ausgeführt, dann regelmäßig `touchesMoved` und zuletzt `touchesEnded` oder in Ausnahmefällen `touchesCanceled` (z. B. wenn die App während der Bewegung durch das Drücken der Menü-Taste verlassen wird).

In gewöhnlichen tvOS-Apps können Sie diese Methoden z. B. auf View-Controller-Ebene oder in einer eigenen `UIView`-Klasse verarbeiten. In SpriteKit-Apps stehen Ihnen äquivalente Methoden in eigenen `SKScene`-Klassen zur Verfügung. An die `touches`-Methoden werden `UIEvent`-Objekte übergeben, aus denen der Ort des unsichtbaren Cursors hervorgeht. 20

Einstein hatte recht: Alles ist relativ, nichts absolut!

Jede Bewegung beginnt immer in der Mitte des Bildschirms! Weder spielt es eine Rolle, wo die letzte Bewegung geendet hat, noch an welcher Position auf der Touchpad-Fläche die neue Bewegung beginnt.

Für Sie als Entwickler(in) bedeutet das: Die `touches`-Methoden informieren Sie nur *relativ* über Berührungen auf der Fernbedienung. Die Idee eines absoluten Cursors gibt es in tvOS nicht! Wenn Sie eine derartige Funktion benötigen, müssen Sie den aktuellen Koordinatenpunkt selbst speichern und bei jeder Berührung entsprechend ändern.

Um die Relativität der Koordinatenpunkte zu verdeutlichen, die in den `touches`-Methoden übertragen werden, habe ich ein winziges Beispielprogramm entwickelt. Im View-Controller der App befindet sich ein `UIView`-Feld, das den gesamten Bildschirm ausfüllt und das der eigenen Klasse `MyView` zugeordnet ist.

Dort werden die `touches`-Methoden ausgewertet. Am Beginn jeder neuen Bewegung wird eine zufällige Farbe festgelegt. Danach werden an den Koordinatenpunkten, die in den `UIEvent`-

Objekten übertragen werden, bunte Kreise gezeichnet. Wenn Sie die App ausführen, werden Sie sofort bemerken, dass jede neue Bewegung immer im Mittelpunkt beginnt.

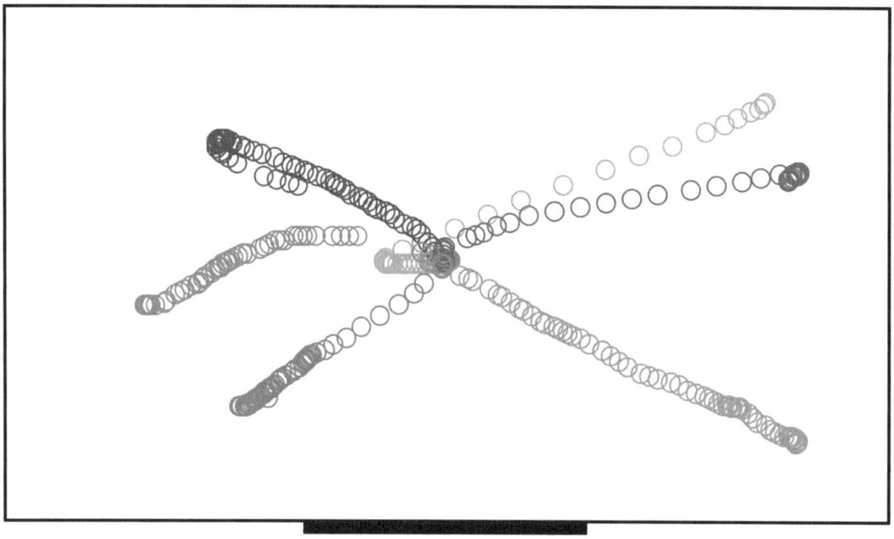

Abbildung 20.2 Die App »tvos-remote« visualisiert Touchpad-Bewegungen auf der Fernbedienung.

Der relevante Code der App befindet sich in der Datei `MyView.swift`. Die Grundidee ist dieselbe wie im Beispielprogramm aus Abschnitt 26.2, »Maus«, wo es um die Auswertung von Touch-Ereignissen unter macOS geht: Bei jedem `touchesMoved`-Aufruf wird ein neues `Circle`-Objekt erzeugt, das den Ort und die Farbe eines Kreises speichert. Die Methode `draw` zeichnet alle Kreise in der von `UIView` abgeleiteten Klasse. Das Beispiel greift damit auf Kapitel 25, »Grafik und Animation«, vor. Dort erkläre ich Ihnen im Detail, wie Sie eigene von `UIView` bzw. `NSView` abgeleitete Klassen mit Grafikfunktionen programmieren.

```
// Projekt tvos-remote, Datei MyView.swift
class MyView: UIView {
  var circles = [Circle]()          // Position aller Kreise speichern
  var currentColor: UIColor = .red  // Farbe für die gerade aktuelle
                                    // Touchpad-Bewegung
  override func draw(_ dirtyRect: CGRect) {
    ...  // zeichnet in MyView alle im circles-Array gespeicherten
         // Kreise, Code wie in Abschnitt 26.2
  }
  // Beginn der Bewegung: neue, zufällige Farbe festlegen
  override func touchesBegan(_ touches: Set<UITouch>,
                             with event: UIEvent?)
  {
    currentColor = UIColor(red: cRnd(),  green: cRnd(),
                           blue: cRnd(), alpha: 1)
  }
```

```
  // Verlauf der Bewegung
  override func touchesMoved(_ touches: Set<UITouch>,
                             with event: UIEvent?)
  {
    let pt = touches.first!.location(in: self)
    circles.append(Circle(x: pt.x, y: pt.y,
                          radius: 20,
                          lineWidth: 4,
                          color: currentColor))
    // neu zu zeichnenden Bereich festlegen
    // radius 20 + linewidth 4 + 1 --> 25
    let rect = CGRect(x: pt.x - 25,
                      y: pt.y - 25,
                      width: 2 * 25,
                      height: 2 * 25)
    setNeedsDisplay(rect)
  }
  // Hilfsfunktion, erzeugt CGFloat-Zufallszahl zwischen 0 und 1
  private func cRnd() -> CGFloat { return CGFloat.random(in: 0...1) }
}
```

Die Tasten der Fernbedienung

Die Fernbedienung aktueller Apple-TV-Geräte verfügt über sechs sichtbare Tasten. Unter der Touchpad-Fläche der Fernbedienung ist ein weiterer mechanischer Taster verborgen, sodass es insgesamt sieben Tasten gibt:

- Lautstärke leiser und Lautstärke lauter
- Play/Pause
- Siri
- Menü
- Home
- Select (Touchpad-Fläche in der Mitte drücken)

Darüber hinaus können Sie ein kurzzeitiges Berühren (einen *Tap*) der Touchpad-Fläche an den Rändern feststellen.

Leider können Sie über diese sieben Tasten nicht frei verfügen:

- Das Drücken der Lautstärketasten, der Siri-Taste sowie der Home-Taste wird von tvOS verarbeitet, ohne dass Sie darauf Einfluss haben.
- Die *Human Interface Guidelines* (HIG) legen fest, dass die Menü-Taste von der Hauptebene Ihrer App zurück in den tvOS-Hauptbildschirm führen muss. Das geschieht normalerweise automatisch – außer Sie vergessen in Ihren `pressesXxx`-Methoden, `super.pressesXxx(...)` aufzurufen. Ihre App wird dadurch nur unterbrochen, nicht beendet. Wenn Sie die App explizit beenden möchten, führen Sie dazu `exit(EXIT_SUCCESS)` aus.

Wenn Sie in Ihrer App mehrere Darstellungs-, Steuerungs- oder Konfigurationsebenen realisiert haben, dann muss die Menü-Taste von den höheren Ebenen jeweils eine Ebene zurückführen, bis zuletzt die obige Regel gilt.

Bei Spielen kann die Menü-Taste verwendet werden, um das Spiel zu pausieren bzw. fortzusetzen. (Diese von Apple vorgegebene Regel widerspricht jeder Logik. Viel plausibler wäre es, wenn die Play/Pause-Taste diese Funktion übernehmen würde.)

- Ebenfalls in den HIGs ist nachzulesen, wie die Play/Pause-Taste zwischen dem Abspielen und einem Pause-Modus hin- und herzuschalten hat. Dies gilt z. B. für Audio- oder Video-Player. Einzig bei Spielen darf der Play/Pause-Knopf gegebenenfalls sekundäre Aufgaben übernehmen.

https://developer.apple.com/tvos/human-interface-guidelines/remote-and-controllers

Wenn Sie die HIGs nicht einhalten, wird Ihre App im App Store nicht akzeptiert. Daraus ergibt sich die folgende bittere Konsequenz: Die einzige Taste, über die Sie in Ihren Apps uneingeschränkt verfügen können, ist die Select-Taste des Touchpads. Zu allem Überfluss erfordert das Drücken dieser Taste relativ viel Kraft, was feine Steuerungsaufgaben nahezu unmöglich macht. Komplexe Spiele lassen sich so nur schwer realisieren. Apple erlaubt zwar, dass Spiele eine alternative Fernbedienung mit mehr Steuerungsmöglichkeiten voraussetzen; da aber nur wenige Apple-TV-Benutzer derartige Fernbedienungen besitzen, werden Sie für Spiele mit dieser Voraussetzung kaum hohe Verkaufs- oder Download-Zahlen erzielen.

presses-Methoden

Das Drücken der Menü-, Select- und Play/Pause-Taste sowie das kurzzeitige Berühren der Ränder der Touchpad-Fläche können Sie unkompliziert in den `presses`-Methoden des View-Controllers verarbeiten. `pressesBegan` wird sofort beim Drücken einer Taste aufgerufen, `pressesChanged` bei Änderungen der gedrückten Tasten, `pressesEnded` beim Loslassen und `pressesCancelled` beim Abbruch der Aktion.

In der Praxis reicht zumeist die Implementierung von `pressesBegan` aus. Dabei dürfen Sie nicht vergessen, die Methode auch für die Basisklasse auszuführen, also für `super.pressesBegan`. Das stellt unter anderem sicher, dass die App durch das Drücken der Menü-Taste auf der Hauptebene verlassen wird.

```
// Projekt tvos-remote, Datei ViewController.swift
// Reaktion auf Klicks auf die Tasten der Fernbedienung sowie auf
// Berührungen (Taps) der Touchpad-Fläche
override func pressesBegan(_ presses: Set<UIPress>,
                           with event: UIPressesEvent?)
{
  super.pressesBegan(presses, with: event)
  for p in presses {
    switch p.type { // Datentyp UIPress.PressType
```

```
    case .select:
      print("Touchpad-Klick")
    case .downArrow:
      // Tap, nicht Klick!
      print("Touchpad-Tap am Rand: unten")
    case .upArrow:
      print("Touchpad-Tap am Rand: oben")
    case .leftArrow:
      print("Touchpad-Tap am Rand: links")
    case .rightArrow:
      print("Touchpad-Tap am Rand: rechts")
    case .menu:
      print("Menü")
      // führt automatisch zum Exit auf tvOS-Hauptebene,
      // sofern super.pressesBegan() aufgerufen wird
    case .playPause:
      print("Play/Pause")
    @unknown default:
        print("Diese Taste wird noch nicht unterstützt.")
    }
  }
}
```

Beachten Sie bitte, dass – entgegen dem, was der Methodenname presses vermuten lässt – die Fälle .down-, .up-, .left- und .rightArrow *nicht* durch das Drücken der Touchpad-Fläche am Rand ausgelöst werden, sondern durch ein kurzes Berühren. Zum Aufruf von pressesBegan kommt es auch, wenn die Fläche nahe der Mitte berührt wird. Dann ist eine zuverlässige Erkennung der Richtung bzw. des Rands nicht möglich.

Der Block @unknown default ist für Enumerationswerte vorgesehen, die es aktuell noch gar nicht gibt. Die Enumeration UIPress.PressType gilt aber als *non-frozen*, Apple behält sich also vor, die Enumeration in Zukunft zu erweitern. Ohne den Block @unknown default wäre die switch-Konstruktion dann syntaktisch nicht mehr korrekt, weil sie nicht alle Fälle berücksichtigt.

Die presses-Methoden sind in der UIResponder-Klasse implementiert, von der UIApplication, UIViewController und UIView abgeleitet sind. Es ist mir allerdings nicht gelungen, die Verarbeitung der presses-Methoden in einer eigenen UIView-Klasse durchzuführen, auch nicht, nachdem ich dort die diversen become- und resignResponder-Eigenschaften neu implementiert habe, damit das Objekt zum First Responder werden kann.

Gesture Recognizer

Alternativ zur Auswertung der touches- und presses-Methoden können Sie auch Gesture Recognizer einrichten, die eine bestimmte Art der Bewegung oder Berührung auf der

Touchpad-Oberfläche erkennen und dann eine entsprechende Methode ausführen. Sie finden diverse vordefinierte Gesture Recognizer in der Objektbibliothek des Storyboard-Editors. Sie können ein derartiges Objekt in den View-Controller ziehen und dann das resultierende Gesture-Element in der Seitenleiste anklicken, benennen und seine Attribute einstellen.

Ebenso schnell können Sie den gewünschten Gesture Recognizer in `viewDidLoad` des View-Controllers per Code einrichten:

```
// Projekt tvos-remote, Datei ViewController.swift
super.viewDidLoad()
  let tapRecognizer1 = UITapGestureRecognizer(
    target: self,
    action: #selector(ViewController.tappedLeft(_:)))
  tapRecognizer1.allowedPressTypes =
    [ NSNumber(value: UIPress.PressType.leftArrow.rawValue) ]
  self.view.addGestureRecognizer(tapRecognizer1)

  let tapRecognizer2 = UITapGestureRecognizer(
    target: self,
    action: #selector(ViewController.tappedRight(_:)))
  tapRecognizer2.allowedPressTypes =
    [ NSNumber(value: UIPress.PressType.rightArrow.rawValue) ]
  self.view.addGestureRecognizer(tapRecognizer2)
}
@objc func tappedLeft(_ tapGR: UITapGestureRecognizer) {
    print("Tap Gesture: links")
}
@objc func tappedRight(_ tapGR: UITapGestureRecognizer) {
  print("Tap Gesture: rechts")
}
```

20.3 Focus Engine

Beim Hello-World-Beispiel mussten Sie sich nicht um die Fokussteuerung der Buttons kümmern. Die *Focus Engine* von tvOS berücksichtigt selbst die horizontale und vertikale Anordnung der vier Buttons, die über die Fernbedienung ausgewählt werden können, und hebt den gerade ausgewählten Button farblich und durch einen Schatten hervor. Andere fokussierbare Steuerelemente sind `UITextField`, `UITableView`, `UICollectionView`, `UITextView`, `UISegmentedControl` und `UISearchBar`.

Eigene Steuerelemente mit Fokus

Sie können in iOS, tvOS und macOS mit relativ kleinem Aufwand selbst Steuerelemente programmieren, die von vordefinierten Klassen abgeleitet sind. Die prinzipielle Vorgehensweise erkläre ich Ihnen in Kapitel 25, »Grafik und Animation«, speziell in Abschnitt 25.1, »Eigene Steuerelemente mit Grafikfunktionen«. Wenn Ihnen diese Technik noch nicht vertraut ist, werfen Sie bitte zuerst einen Blick in dieses Kapitel, bevor Sie hier weiterlesen!

Um eigene Steuerelemente über die Fernbedienung fokussierbar zu machen, müssen sie zwei Voraussetzungen erfüllen:

- Ihre Steuerelementklasse muss die Methode `canBecomeFocused` durch eigenen Code überschreiben. Die Eigenschaft muss `true` zurückgeben.
- In der View-Controller-Klasse müssen Sie die Methode `didUpdateFocus` implementieren. Diese Methode wird immer dann aufgerufen, wenn die Fokus-Engine ein Steuerelement deaktiviert und ein anderes aktiviert. In der Methode müssen Sie das nun fokussierte Steuerelement auf irgendeine Art kennzeichnen, damit die Benutzer Ihrer App ein visuelles Feedback erhalten.

Beispiel

Der Bildschirm der App `tvos-focus-engine` besteht aus drei Buttons und neun bunten Rechtecken (siehe Abbildung 20.3), die durch die eigene Klasse `MyView` realisiert sind. Die Benutzer der App können sowohl die Buttons als auch die Rechtecke mit der Fernbedienung auswählen. Ein Klick auf die Fernbedienung zeigt im Label-Feld unten auf dem Bildschirm den Text des Buttons bzw. den Namen des angeklickten Rechtecks an. Die Hervorhebung der Buttons erfolgt automatisch durch tvOS. Zur Hervorhebung der Rechtecke wird deren `alpha`-Eigenschaft von 0.5 auf 1 angehoben. Das so markierte Rechteck scheint damit zu leuchten.

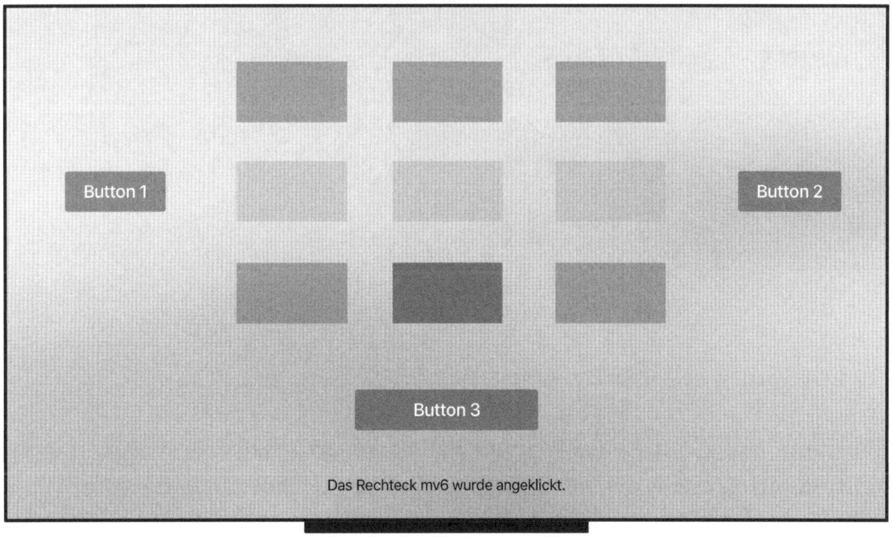

Abbildung 20.3 Die bunten Rechtecke sind fokussierbar.

Die Klasse `MyView` zur Darstellung der bunten Rechtecke besteht aus wenigen Zeilen Code:

```
// Projekt tvos-focus-engine, Datei MyView.swift
@IBDesignable
class MyView : UIView {
  // Eigenschaft zur Benennung/Identifizierung des Steuerelements
  @IBInspectable
  var name: String = ""
  // das Steuerelement ist fokussierbar
  override var canBecomeFocused: Bool {
    return true
  }
}
```

Die Farbsteuerung erfolgt über die Eigenschaften `background` und `alpha`, die durch die `UIView`-Klasse vorgegeben sind und im Attributinspektor von Xcode eingestellt werden können. Die zusätzliche Eigenschaft `name` ermöglicht es, den Rechtecken in Xcode Namen zu geben. Das erleichtert die weitere Auswertung. Die Attribute `@IBDesignable` und `@IBInspectable` bewirken, dass die `name`-Eigenschaft ebenfalls im Attributinspektor angezeigt wird und dort verändert werden kann.

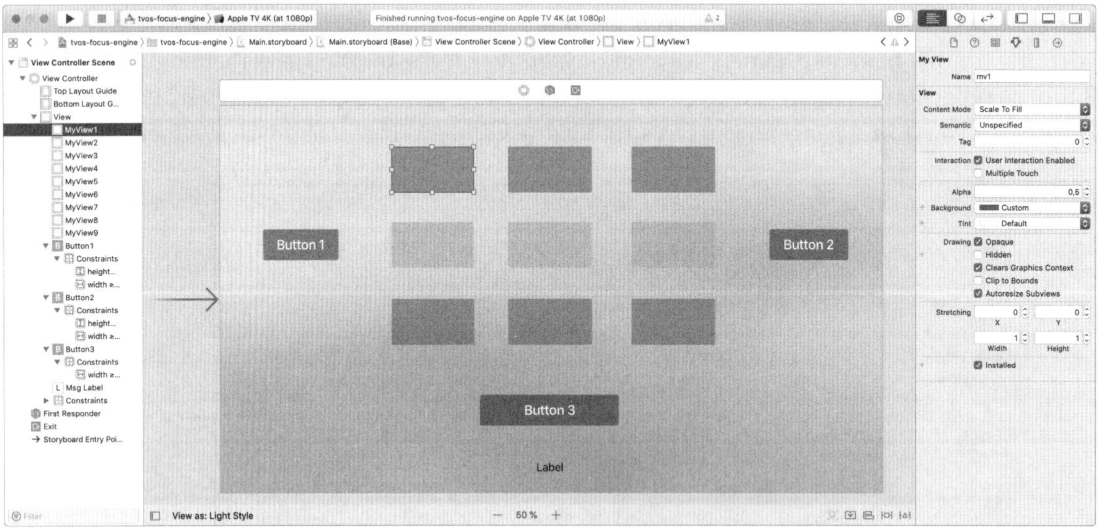

Abbildung 20.4 Die Fokus-Test-App im Entwurfsstadium

Nach der Programmierung von `MyView` kann die Benutzeroberfläche der Test-App im Storyboard-Editor zusammengestellt werden. Dazu fügen Sie die drei Buttons sowie neun `UIView`-Elemente ein. Für jedes `UIView`-Element stellen Sie dann im Identity Inspector als CUSTOM CLASS `MyView` ein. Außerdem stellen Sie im Attributinspektor für jedes Rechteck einen Namen, die gewünschte Farbe sowie einen Alpha-Wert von 0,5 ein. Ich habe in der Test-App die Namen `mv1` bis `mv9` verwendet (siehe Abbildung 20.4).

View-Controller mit didUpdateFocus-Methode

Der Code des View-Controllers enthält eine Variable, in der später eine Referenz auf das gerade ausgewählte MyView-Steuerelement gespeichert wird. Die Outlet-Variable msgLabel macht das UILabel-Feld im Code zugänglich. Die Action-Methode buttonClicked wird aufgerufen, wenn einer der drei Buttons angeklickt wird.

```
// Projekt tvos-focus-engine, Datei ViewController.swift
class ViewController: UIViewController {
  var currentlySelected: MyView? = nil
  @IBOutlet weak var msgLabel: UILabel!

  // ein Button wurde angeklickt
  @IBAction func buttonClicked(_ sender: UIButton) {
    msgLabel.text =
      "Der Button \(sender.title(for: .normal)!) wurde angeklickt."
  }
}
```

Interessant wird es nun in der Methode didUpdateFocus. Die Methode wird aufgerufen, wenn sich der Fokus ändert. Der Parameter context gibt dabei Informationen weiter, welches Steuerelement bisher fokussiert war und welches in Zukunft ausgewählt sein wird.

Für die Test-App ist die Benachrichtigung nur dann relevant, wenn es sich bei den Steuerelementen um MyView-Objekte handelt. (Um die Buttons kümmert sich tvOS ja selbst.) Beim nicht mehr fokussierten Elementen wird die alpha-Eigenschaft auf 0,5 zurückgesetzt, beim neu fokussierten Element auf 1 erhöht. Das Steuerelement scheint damit zu leuchten. Außerdem wird eine Referenz auf das fokussierte Element in der Variablen currentlySelected gespeichert.


```
override func didUpdateFocus(
  in context: UIFocusUpdateContext,
  with coordinator: UIFocusAnimationCoordinator)
{
  // dieses Steuerelement ist nicht mehr fokussiert
  if let prev = context.previouslyFocusedItem as? MyView {
    prev.alpha = 0.5
  }
  // dafür ist nun dieses Steuerelement ausgewählt
  if let next = context.nextFocusedItem as? MyView {
    next.alpha = 1
    currentlySelected = next
  } else {
    currentlySelected = nil
  }
}
```

Die Variable currentlySelected ist notwendig, damit die Test-App bei einem Klick auf die Touchpad-Fläche der Fernbedienung weiß, ob ein bzw. welches MyView-Element gerade ausgewählt ist:

```
override func pressesBegan(_ presses: Set<UIPress>,
                           with event: UIPressesEvent?) {
  for p in presses {
    if p.type == .select, let mv = currentlySelected
    {
      msgLabel.text = "Das Rechteck \(mv.name) wurde angeklickt."
    }
  }
}
```

Fokussiertes Element per Code auswählen

Beim Programmstart aktiviert die Fokus-Engine automatisch das Steuerelement links oben. Wenn Sie ein anderes Steuerelement vorauswählen möchten, müssen Sie in viewDidLoad die Methoden updateFocusIfNeeded und setNeedsFocusUpdate aufrufen sowie die Eigenschaft preferredFocusEnvironments neu implementieren. Diese Eigenschaft muss das gewünschte Element in einem Array zurückgeben. Bei der Beispiel-App habe ich das mittlere der neun Rechtecke per ctrl-Drag in das Codefenster gezogen. Die resultierende Action-Variable wird im Code der Eigenschaft preferredFocusEnvironments verwendet.

```
// Projekt tvos-focus-engine, Datei ViewController.swift
class ViewController: UIViewController {
  // dieses Steuerelement wird beim Programmstart vorausgewählt
  @IBOutlet weak var startMv: MyView
  override func viewDidLoad() {
    super.viewDidLoad()
    self.updateFocusIfNeeded()
    self.setNeedsFocusUpdate()
  }
  override var preferredFocusEnvironments: [UIFocusEnvironment] {
    return [startMv]
  }
  // sonstiger Code wie bisher ...
}
```

Fokus in SpriteKit-Programmen

Die hier präsentierten Techniken funktionieren analog auch in SpriteKit-Programmen (siehe Kapitel 28, »SpriteKit«). Als Muster für eigene Experimente zeige ich Ihnen hier ein kleines Beispielprogramm, bei dem einige bunte Quadrate auf dem Bildschirm über die Fernbedienung ausgewählt werden können (siehe Abbildung 20.5).

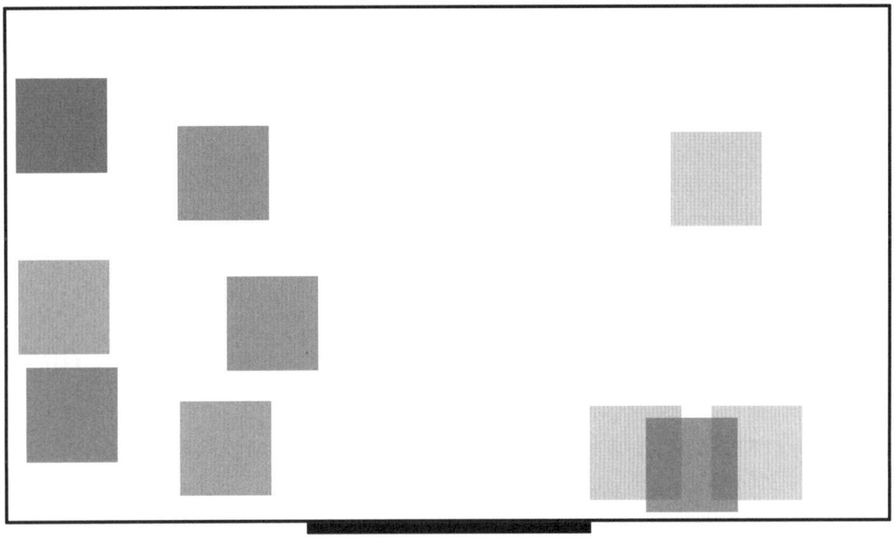

Abbildung 20.5 Fokussierbare Quadrate in einer SpriteKit-App

Der Startpunkt ist in diesem Fall die Implementierung einer eigenen, von `SKSpriteNode` abgeleiteten Klasse, in der `canBecomeFocused` den Wert `true` zurückgibt:

```
// Projekt tvos-spritekit-getfocus, Datei MySprite.swift
class MySprite: SKSpriteNode {
  override var canBecomeFocused: Bool {
    return true
  }
}
```


Wichtig ist, dass Sie in der View-Controller-Klasse die Methode `preferredFocusEnvironments` implementieren und dort eine Referenz auf die Szene zurückgeben, in der Sie die fokussierbaren Sprites verwenden. Der Code dieser Klasse kann z. B. so aussehen:

```
// Projekt tvos-spritekit-getfocus, Datei GameViewController.swift
class GameViewController: UIViewController {
  // Referenz auf Szene mit fokussierbaren Sprites
  var myscene: SKScene!

  override func viewDidLoad() {
    super.viewDidLoad()
    // Szene erzeugen und anzeigen
    if let view = self.view as! SKView? {
      myscene = GameScene(size: CGSize(width: 1920, height: 1080))
      myscene.scaleMode = .aspectFill
      view.presentScene(myscene)
    }
  }
```

```
    // Referenz auf aktive Szene mit fokussierbaren Sprites
    // zurückgeben
    override var preferredFocusEnvironments: [UIFocusEnvironment] {
      if myscene != nil {
        return [myscene]
      } else {
        return []
      }
    }
}
```

Die Fokusverarbeitung erfolgt in der `GameScene`-Klasse in der schon vertrauten Methode `didUpdateFocus`.

```
class GameScene: SKScene {
  override func didMove(to view: SKView) {
    self.backgroundColor = .white
    for _ in 1...10   {  // fokussierbare Quadrate erzeugen
      let mySp = MySprite()
      mySp.size = CGSize(width: 200, height: 200)
      mySp.color = SKColor(red: cRnd(),   green: cRnd(),
                           blue: cRnd(),  alpha: 1)
      mySp.colorBlendFactor = 1
      mySp.position = CGPoint(x: 100 + cRnd()*1720,
                              y: 100 + cRnd()*880)
      mySp.zPosition = 1 + cRnd()
      mySp.alpha = 0.5  // halb transparent
      mySp.isUserInteractionEnabled = true
      self.addChild(mySp)
    }
  }
  // Fokus-Wechsel
  override func didUpdateFocus(
    in context: UIFocusUpdateContext,
    with coordinator: UIFocusAnimationCoordinator)
  {
    if let prev = context.previouslyFocusedItem as? MySprite {
      prev.alpha = 0.5
    }
    if let next = context.nextFocusedItem as? MySprite {
      next.alpha = 1
    }
  }
  // Hilfsfunktion, erzeugt CGFloat-Zufallszahl zwischen 0 und 1
  private func cRnd() -> CGFloat { return CGFloat.random(in: 0...1) }
}
```

TEIL III

Programmier- und Arbeitstechniken

Kapitel 21
Dateien und User-Defaults

Egal, für welche Plattform Sie Ihre App entwickeln – ganz häufig wollen Sie Daten in Dateien speichern oder von dort lesen. Dieses Kapitel stellt dafür diverse Programmiertechniken vor, wobei ich unter anderem die folgenden Themen behandle:

- Umgang mit Dateinamen und URLs
- Zugriff auf Bundle-Dateien und Assets
- Ort von Standardverzeichnissen ermitteln
- Dateien kopieren, verschieben und löschen
- Textdateien lesen und schreiben

Eine attraktive Alternative zu eigenen Dateien sind die sogenannten *User-Defaults*: Darin können Sie unkompliziert Key-Value-Paare ablegen bzw. auslesen. User-Defaults sind, wie der Name bereits andeutet, speziell für Benutzereinstellungen gedacht. Aus technischer Sicht hindert Sie nichts daran, dort auch andere Daten zu speichern. Aber Vorsicht: Die missbräuchliche Verwendung der User-Defaults kann ein Grund sein, weswegen Apple Ihre App-Store-Einreichung ablehnt.

Sofort speichern!

iOS- und tvOS-Apps werden im Gegensatz zu macOS-Programmen nicht explizit per Menükommando oder durch ⌘+Q beendet. Vielmehr entscheidet iOS/tvOS, welche gerade nicht aktiven Programme es bei Bedarf aus dem Speicher entfernt. Starten Sie Ihr selbst entwickeltes Programm später neu, hat es alles vergessen – auch den Zustand, in dem es sich zuletzt befand. Daten werden nur dann bleibend gespeichert, wenn Sie sich als Programmierer darum explizit kümmern. Speichern sollten Sie nach Möglichkeit sofort, d. h., sobald sich neue Daten oder neue App-Zustände aus Benutzereingaben ergeben.

21.1 User-Defaults

Die `UserDefaults`-Klasse dient dazu, programmspezifische Einstellungen unkompliziert zu verwalten. Hinter den Kulissen werden die Daten als Property List in einer `*.plist`-Datei gespeichert – womit Sie als Entwickler aber nichts zu tun haben: Sie kommen mit der Datei nie in Berührung. Allerdings sind Sie auf die durch das PLIST-Format vorgegebenen Datentypen beschränkt. Dazu zählen Zeichenketten, Zahlen, Daten/Zeiten, Arrays, Dictionaries und Binärdaten.

Das Speichern und Auslesen von `UserDefaults`-Daten ist denkbar einfach. Sie benötigen eine `UserDefaults`-Instanz, speichern Daten mit `set` und lesen sie mit Methoden wie `string`, `integer` oder `double` wieder aus – immer unter Angabe eines Schlüssels.

```
// Zugriff auf die UserDefaults-Instanz
let defaults = UserDefaults.standard
// Zeichenkette speichern
defaults.set("mydata", forKey: "mykey")
// Zeichenkette lesen
let data = defaults.string(forKey: "mykey") // Datentyp String?
```

Methode	Bedeutung	Rückgabedatentyp
`array`	Array lesen	`[Any]?`
`bool`	booleschen Wert lesen	`Bool`
`data`	binäre Daten lesen	`Data?`
`dictionary`	Dictionary lesen	`[String : Any]?`
`double`	Fließkommazahl lesen	`Double`
`float`	Fließkommazahl lesen	`Float`
`integer`	ganze Zahl lesen	`Int`
`object`	beliebige Daten lesen	`Any?`
`stringArray`	String-Array lesen	`[String]?`
`string`	Zeichenkette lesen	`String?`
`url`	URL lesen	`URL?`
`set(b, ...)`	`Bool`-Wert speichern	–
`set(d, ...)`	`Double`-Zahl speichern	–
`set(f, ...)`	`Float`-Zahl speichern	–
`set(i, ...)`	`Int`-Zahl speichern	–
`set(u, ...)`	`URL`-Element speichern	–
`set(obj, ...)`	String/Objekt/Array/Dictionary speichern	–

Tabelle 21.1 UserDefaults-Methoden

Die Methode `set(_:forKey:)` gibt es in mehreren Varianten, die im ersten Parameter Daten in den Typen `Int`, `Double`, `Float`, `Bool`, `URL` oder `Any` erwarten. Bei der `Any`-Variante sind allerdings nicht beliebige Daten erlaubt, sondern nur Zeichenketten, Instanzen der Typen `Date`, `Data` und `NSNumber` sowie Arrays und Dictionaries, die selbst wiederum Elemente in den gerade aufgezählten Datentypen enthalten.

Größer ist die Methodenauswahl zum Auslesen der Daten (siehe Tabelle 21.1). Die meisten Methoden liefern als Ergebnis ein Optional. Wenn es für den angegebenen Schlüssel keine Daten gibt oder nur solche im falschen Typ, dann liefert die Methode einfach `nil`. Bemerkenswert ist aber, dass einige Methoden wie `bool` und `integer` keine Optionals verwenden. Diese Methoden liefern einfach 0 bzw. `false`, wenn der Schlüssel nicht existiert oder die Datentypen nicht zusammenpassen.

Für einige PLIST-kompatible Datentypen wie `Date` gibt es keine eigenen Methoden. Zum Speichern verwenden Sie einfach `set(obj, ...)`. Beim Auslesen verwenden Sie die `object`-Methode. Das folgende Beispiel zeigt, wie Sie die resultierenden Daten dann mit `as?` in den Typ umwandeln, den Sie erwarten.

Beispiel

In dieser Mini-App können Sie einen Namen und ein Geburtsdatum angeben (siehe Abbildung 21.1). Zur Datumseingabe erfolgt mit einem `UIDatePicker` mit der Einstellung MODE = DATE. Die App merkt sich die Daten und zeigt sie beim nächsten Start wieder an.

Abbildung 21.1 Der Name und das Geburtsdatum werden in den User-Defaults gespeichert.

> **Verwenden Sie Konstanten statt Zeichenketten als Schlüssel!**
>
> In diesem Beispiel habe ich anstelle der Zeichenkette `"Birthdate"` die Konstante `keyDate` als Schlüssel verwendet. Damit ist ausgeschlossen, dass Sie versehentlich an einer Stelle im Code den Schlüssel `"Birthdate"` und woanders `"Birth-Date"` verwenden.

Der Code sollte auf Anhieb verständlich sein: Beim Start werden die zuletzt gespeicherten Daten – falls vorhanden – aus den User-Defaults gelesen. Die `if-let`-Konstruktion für das Datum testet zuerst, ob es überhaupt Daten gibt, und dann, ob diese dem `Date`-Typ entsprechen. Bei jeder Eingabe werden die Daten in Action-Methoden sofort gespeichert.

```
// Projekt ios-user-defaults, Datei ViewController.swift
class ViewController: UIViewController {
  @IBOutlet weak var txtName: UITextField!
  @IBOutlet weak var dtBirth: UIDatePicker!
  let keyDate = "Birthdate"
  let keyName = "Name"
  let ud = UserDefaults.standard

  // zuletzt gespeicherten Namen und Geburtsdatum aus den
  // User-Defaults laden
  override func viewDidLoad() {
    super.viewDidLoad()
    txtName.text = ud.string(forKey: keyName)
    if let obj = ud.object(forKey: keyDate),
       let bdate = obj as? Date
    {
      dtBirth.date = bdate
    }
  }
  // Änderungen sofort speichern
  @IBAction func txtNameEditingChanged(_ sender: UITextField) {
    ud.set(txtName.text, forKey: keyName)
  }
  @IBAction func dtBirthChanged(_ sender: UIDatePicker) {
    ud.set(dtBirth.date, forKey: keyDate)
  }
}
```

Interna

Die User-Defaults eines macOS-Programms werden in einer binären `*.plist`-Datei im Library-Verzeichnis gespeichert. Der Dateiname dieser Datei ergibt sich aus dem Bundle Identifier des Programms. Das ergibt z. B. den folgenden Dateinamen:

```
~/Library/Preferences/info.kofler.projektname.plist
```

Prinzipiell gilt diese Regel auch für iOS. Dort gibt es aber für jede App ein eigenes Unterverzeichnis `Library/Preferences`. Um den vollständigen Pfad herauszufinden, bauen Sie den folgenden Swift-Code in Ihre App ein, z. B. in `viewDidLoad`:

```
let urls = FileManager.default.urls(for: .libraryDirectory,
                                     in: .userDomainMask)
print(urls.first!.path)
```

Bei meinen Tests mit einem iOS-Simulator führte das zur folgenden Ausgabe:

```
/Users/kofler/Library/Developer/CoreSimulator/Devices/
672F1ADF-1512-48B0-8205-EC843E4EEC59/data/Containers/
Data/Application/E9DC3585-F769-465E-BF03-8B226B6782DE/Library
```

In einem Terminal-Fenster können Sie nun mit cd in dieses Verzeichnis wechseln. open öffnet die *.plist-Datei dann in einem Xcode-Fenster (siehe Abbildung 21.2):

```
cd /Users/.../Library
open Preferences/info.kofler.ios-user-defaults.plist
```

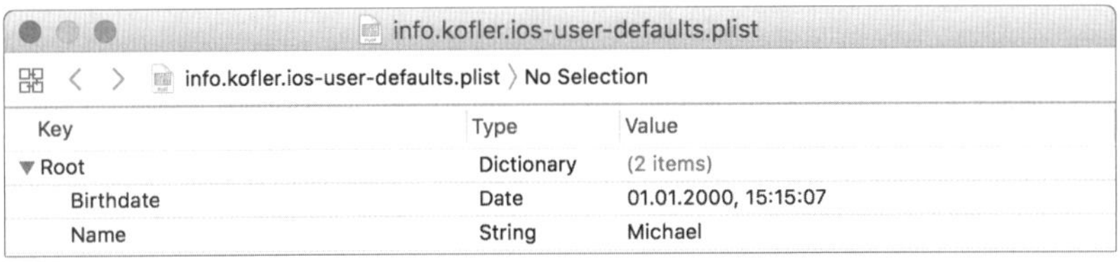

Abbildung 21.2 Die User-Defaults im Property-List-Editor von Xcode ansehen

Mehr User-Defaults

User-Defaults waren bereits in Abschnitt 19.2, »Tab-View-Controller«, im Rahmen der macOS-Programmierung ein Thema: Dort ging es primär darum, Programmeinstellungen in einem mehrblättrigen Dialog abzubilden. Der Abschnitt zeigte aber auch, wie Sie Defaultwerte für die User-Default-Datenbank definieren. Derartige Defaulteinstellungen sind praktisch, wenn ein Programm zum ersten Mal läuft und die User-Defaults daher noch gar nicht existieren oder zumindest einzelne Einstellungen fehlen. Die in diesem Zusammenhang erläuterten Programmiertechniken gelten gleichermaßen für iOS und macOS.

User-Defaults kommen in etlichen Beispielprojekten dieses Buchs zum Einsatz – unter anderem in Kapitel 38, »Währungskalkulator«, in Kapitel 37, »Schatzsuche«, und in Kapitel 44, »Asteroids«.

21.2 Dateinamen und URLs

Viele Methoden zur Bearbeitung von Dateien erwarten den Dateinamen als Parameter. Daneben gibt es aber eine Reihe von Klassen bzw. Methoden, die gleichermaßen für lokale Dateien wie für im Netzwerk befindliche Dokumente gedacht sind. Diese Methoden erwarten den Ort der Datei in Form einer URL (*Uniform Resource Locator*). Typische URLs sind:

```
file:///Users/kofler/foto.jpg
https://kofler.info/uploads/foto.jpg
```

URLs für Dateien enthalten wirklich oft drei aufeinanderfolgende /-Zeichen. Die ersten zwei kennzeichnen das Protokoll (hier `file://`), das dritte leitet den absoluten Pfad ein.

Dateinamen in URLs umwandeln

In Swift werden URLs allerdings nicht durch Zeichenketten dargestellt, sondern durch Elemente der `URL`-Struktur (ehemals `NSURL`). Um ein `URL`-Element aus einem Dateinamen zu erzeugen, sollten Sie grundsätzlich die Init-Funktion mit dem `fileURLWithPath`-Parameter verwenden:

```
// liefert den Datentyp URL
let url = URL(fileURLWithPath: "/User/kofler/foto.jpg")
```

Wenn Sie dabei keinen absoluten Pfad angeben, wird Ihre Zeichenkette relativ zum aktuellen Verzeichnis interpretiert. Die Zeichenkette darf auch Leerzeichen enthalten, diese werden korrekt verarbeitet.

Die problematische Init-Funktion mit dem `string`-Parameter werden Sie häufig sehen:

```
// Vorsicht, das liefert den Datentyp 'URL?'
let url = URL(string: "file:///User/kofler/foto.jpg")
```

Diese Init-Funktion sollten Sie nur verwenden, wenn Sie sich sicher sind, dass die Zeichenkette alle URL-Regeln einhält. So sollte die Zeichenkette mit `file://` beginnen – sonst fehlt der URL das Schema, und gewisse Operationen funktionieren nicht. Außerdem darf die Zeichenkette in diesem Fall keine Leerzeichen enthalten. Das widerspräche den Syntaxregeln für URLs. Die Init-Funktion liefert dann `nil`. Wenn der Dateiname wirklich ein Leerzeichen enthält, müssen Sie das URL-Objekt so erzeugen: `URL(string: "file:///bla%20bla")`. Wie gesagt: Viel einfacher ist `URL(fileURLWithPath: "bla bla")`.

URL in Dateinamen umwandeln

Um in umgekehrter Richtung aus einem `URL`-Element den Dateinamen als Zeichenkette herauszuholen, werten Sie einfach die `path`-Eigenschaft aus. Verwenden Sie nicht `absoluteString`! Diese Eigenschaft liefert die komplette URL-Zeichenkette inklusive `file://`.

URLs bearbeiten

Der Hauptvorteil von `URL`-Elementen im Vergleich zu simplen Zeichenketten besteht darin, dass Sie mit diversen Methoden einzelne Komponenten der URL extrahieren bzw. neue Komponenten hinzufügen können. Alle Methoden erzeugen neue `URL`-Elemente und lassen das Originalelement unverändert.

```
// Beispieldatei ios-url.playground
let url = URL(fileURLWithPath: "/Users/kofler/foto.jpg")
url.deletingPathExtension()       // liefert /Users/kofler/foto
url.deletingLastPathComponent()   // liefert /Users/kofler/
url.appendingPathExtension("bak") // liefert /Users/kofler/foto.jpg.bak
url.lastPathComponent             // liefert foto.jpg

url.deletingLastPathComponent()
  .appendingPathComponent("unterverzeichnis")
  .appendingPathComponent(url.lastPathComponent)
// liefert /Users/kofler/unterverzeichnis/foto.jpg
```

Testen, ob eine Datei existiert

Sie können URL-Elemente für beliebige Dateinamen erzeugen. Das bedeutet aber keinesfalls, dass diese Dateien auch existieren. Ob eine Datei oder ein Verzeichnis tatsächlich für Ihre App zugänglich ist (d. h., dass die App auch die erforderlichen Zugriffsrechte hat), können Sie mit der Methode `checkResourceIsReachable` testen. Dabei ist zu beachten, dass diese Methode einen Fehler auslösen kann. Daher ist eine Absicherung erforderlich, am einfachsten wie im folgenden Codeschnipsel mit `try?`:

```
if (try? url.checkResourceIsReachable()) == true {
  print("Datei/Verzeichnis existiert")
}
```

Wie Sie noch mehr Eigenschaften einer Datei ergründen, zeige ich Ihnen in Abschnitt 21.5, »Dateioperationen«.

21.3 Bundle-Dateien und Assets

Xcode bietet zwei Möglichkeiten, eigene Dateien mit einer App zu verbinden:

- Am einfachsten ist es, die Datei einfach per Drag & Drop in den Projektbaum einzufügen. Die Datei wird standardmäßig mit der App ausgeliefert. Sie gilt als *Bundle-Datei*, sie wird also in das Bündel von Dateien integriert, das eine App ausmacht.
- Bei Bilddateien bietet es sich an, sie in eine Asset-Datei (Kennung `*.xcassets`) einzufügen. Daraus ergeben sich zwei Vorteile: Erstens können so mehrere Bitmaps an einem Ort verwaltet werden, ohne den Projektbaum unübersichtlich zu machen. Zweitens können die Bilder in mehreren Auflösungen gespeichert werden. Ihre App wird immer die Bitmap in der richtigen Auflösung verwenden. (Dieses Argument wird übrigens zunehmend hinfällig, weil es in der iOS-Welt keine Nicht-Retina-Geräte mehr gibt. Anders sieht es zugegebenermaßen bei macOS- oder tvOS-Apps aus.)

Zugriff auf Bundle-Dateien

In Ihr Xcode-Projekt eingefügte Dateien werden, soweit es sich nicht um Code handelt, gemeinsam mit der App als sogenanntes *Bundle* ausgeliefert. Dieses Dateibündel umfasst auch die für die Auflösung des Zielgeräts geeigneten Xcassets-Bitmaps.

Sollte Ihr Projekt mehrere Targets umfassen, müssen Sie explizit angeben, für welche Targets eine bestimmte Datei relevant ist. Dazu markieren Sie die Datei im Projektnavigator und stellen im File Inspector die TARGET MEMBERSHIP korrekt ein. Von dieser Möglichkeit habe ich z. B. im Pac-Man-Spiel Gebrauch gemacht (siehe Abbildung 43.11): Das Projekt besteht aus je einem Target für die iOS- und für die tvOS-Version der App.

In Xcode finden Sie einen Überblick über alle Bundle-Dateien in den Projekteinstellungen des App-Targets im Dialogblatt BUILD PHASES (siehe Abbildung 21.3).

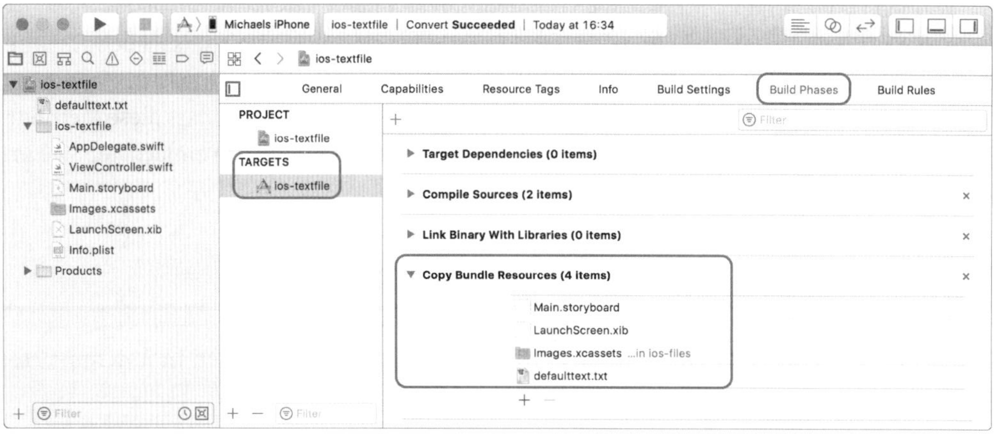

Abbildung 21.3 Der in Xcode gut versteckte Überblick über die Bundle-Dateien

Im Code können Sie über `Bundle.main` auf die zugehörende `Bundle`-Instanz zugreifen. Deren Methode `path` verrät, unter welchem Pfad Sie auf die Datei zugreifen können. Dabei übergeben Sie im ersten Parameter den Dateinamen ohne Kennung, im zweiten Parameter die Kennung. Es spielt keine Rolle, in welchem Verzeichnis sich die Datei – hier `name.html` – innerhalb der Xcode-Projektdateien befindet.

```
// Pfad zur Bundle-Datei "name.html" ermitteln
if let path = Bundle.main.path(forResource: "name", ofType: "html")
{
  // path (Datentyp String) enthält den absoluten Pfad
}
```

Wenn Sie die Bundle-Datei nicht über eine Zeichenkette mit dem Pfad ansprechen wollen, sondern über ein `URL`-Element, werten Sie die Methode `Bundle.main.url` aus.

Mitunter können Sie sich das Ermitteln des Dateinamens ersparen. Einige Klassen haben spezielle Methoden oder Init-Funktionen zum Zugriff auf Bundle-Dateien. Deren Methoden- oder Parametername enthält oft `named`. Ein Beispiel ist die Methode `playSoundFileNamed` der `SKAction`-Klasse (SpriteKit):

```
// Bundle-Datei shot.wav in einer SpriteKit-Action abspielen
let shotSound = SKAction.playSoundFileNamed("shot.wav",
                    waitForCompletion: false)
```

Zugriff auf Bitmap-Dateien

Für den Zugriff auf Bitmaps gibt es eigene Init-Funktionen oder Methoden. Ein Beispiel dafür ist die Init-Funktion der `UIImage`-Klasse mit dem `named`-Parameter. Sie kommt gleichermaßen mit Bildern in `*.xcassets`-Dateien wie mit Bundle-Dateien zurecht:

```
// funktioniert für Bundle- und Xcassets-Dateien
// (Dateiname mit Kennung)
let img = UIImage(named: "foto.jpg")
```

Wenn Sie die Datei `foto.png` per Drag & Drop in einen Xcassets-Container einfügen, erhält das Bild automatisch den Namen `foto` (ohne die Kennung `.jpg`). Dann funktioniert auch die folgende Anweisung:

```
// funktioniert nur für Xcassets-Datei (Name ohne Kennung)
let img = UIImage(named: "foto")
```

Unter macOS gibt es eine vergleichbare Init-Funktion `NSImage(named:)`:

```
// umständliche Vorgehensweise unter macOS
img.image = NSImage(named: "arr-3-rotate")
```


Zugriff auf Farben

Sie können in `*.xcassets`-Dateien mit dem Kontextmenükommando Add Color Set auch Farbcodes speichern. Im Code greifen Sie dann so auf die Farbe zu:

```
let c = UIColor(named: "mycolor")
```

21.4 Standardverzeichnisse

In iOS- und tvOS-Apps dürfen Sie ausschließlich in den dafür vorgesehenen Standardverzeichnissen eigene Dateien ablegen – z. B. das Cache-Verzeichnis als Zwischenspeicher oder das Dokumentenverzeichnis für Benutzerdaten. Ihre Apps haben keinen generellen Zugriff auf das Dateisystem. macOS ist in dieser Hinsicht weniger restriktiv, aber auch dort sollten

Sie nach Möglichkeit Standardverzeichnisse vorziehen. Vorweg ein kurzer Überblick über den Ort der wichtigsten Verzeichnisse, getestet unter iOS 10:

- Heimatverzeichnis:
  `/var/mobile/Containers/Data/Application/<id>`
- Dokumentenverzeichnis:
  `/var/mobile/Containers/Data/Application/<id>/Documents`
- Library-Verzeichnis:
  `/var/mobile/Containers/Data/Application/<id>/Library`
- Cache-Verzeichnis:
  `/var/mobile/Containers/Data/Application/<id>/Library/Caches`
- Temporäres Verzeichnis:
  `/private/var/mobile/Containers/Data/Application/<id>/tmp`

Dabei ist `<id>` eine UUID, also eine lange hexadezimale Zahl, die die App auf dem Gerät identifiziert.

Verzeichnisse mit dem File-Manager ermitteln

Bei vielen wichtigen Verzeichnissen hilft ein File-Manager dabei, den Ort zu ergründen. Die `FileManager`-Klasse stellt darüber hinaus Methoden für unterschiedliche Operationen zur Verfügung, z. B. zum Erzeugen, Verschieben, Kopieren und Löschen von Dateien und Verzeichnissen (siehe Abschnitt 21.5, »Dateioperationen«).

Auf den File-Manager greifen Sie einfach mit `FileManager.default` zu. Über die Methode `urls` können Sie nun gezielt nach Verzeichnissen suchen. Dabei geben Sie im ersten Parameter durch ein Element der `SearchPathDirectory`-Enumeration die Art des gesuchten Verzeichnisses an. Mit dem zweiten Parameter schränken Sie durch die Angabe von `SearchPathDomainMask`-Konstanten die Suche auf bestimmte Domänen ein.

Dieser allgemeingültige Ansatz wirkt komplizierter, als er tatsächlich ist. Die Art des Verzeichnisses ist z. B. `document`-, `downloads`-, `pictures`-, `caches`- oder `trashDirectory` – das ist leicht zu verstehen. Und als Domäne geben Sie so gut wie immer `userDomainMask` an. Die `urls`-Methode liefert zwar ein Array von URLs, bei der hier skizzierten Anwendung wird das Array aber genau ein Element enthalten, das Sie mit `first` auslesen. Also:

```
// Beispieldatei ios-url.playground
// Documents-Verzeichnis ermitteln
let fm = FileManager.default
let urls = fm.urls(for: .documentDirectory, in: .userDomainMask)
if let url = urls.first {
  print(url.path)
}
```

Heimatverzeichnis

iOS-Apps und tvOS-Apps laufen immer in einer Sandbox, die nur einen Zugriff auf Dateien innerhalb des App-spezifischen Heimatverzeichnisses zulässt. Dazu gibt es für jede App ein eigenes Heimatverzeichnis, innerhalb dessen es weitere Unterverzeichnisse gibt (z. B. `Documents` und `Library`).

Merkwürdigerweise liefert die `urls`-Methode für den Enumerationswert `userDirectory` *kein* Ergebnis:

```
// funktioniert nicht, urls enthält ein leeres Array
let urls = fm.urls(for: .userDirectory, in: .userDomainMask)
```

Um das Heimatverzeichnis zu ermitteln, werten Sie stattdessen einfach die Foundation-Funktion `NSHomeDirectory` aus:

```
let homepath = NSHomeDirectory()
```

Grundsätzlich funktioniert das auch bei macOS-Apps. In diesem Fall ist das Ergebnis aber davon abhängig, ob die App in einer Sandbox läuft oder nicht. Im ersten Fall erhalten Sie wie unter iOS das App-spezifische Heimatverzeichnis, beispielsweise `/Users/kofler/Library/Containers/<bundle-name>/Data`. Im zweiten Fall liefert `NSHomeDirectory` hingegen tatsächlich das Heimatverzeichnis des Benutzers, beispielsweise `/Users/kofler`.

Aktuelles Verzeichnis ermitteln und ändern

Um das aktuelle Verzeichnis herauszufinden, also das Verzeichnis, in dem Ihre App ausgeführt wird und auf das sich relative Pfadangaben und URLs beziehen, erzeugen Sie einfach ein `URL`-Element für einen leeren Dateinamen:

```
let current = URL(fileURLWithPath: "")  // aktuelles Verz. ermitteln
print(current.path)
```


Alternativ können Sie auch die Eigenschaft `currentDirectoryPath` des File-Managers auswerten. Sie liefert kein `URL`-Element, sondern eine Zeichenkette:

```
print(fm.currentDirectoryPath)
```

Nach dem Start einer App ist das aktuelle Verzeichnis kein geeigneter Ort, um darin eigene Dateien zu speichern. Sie können das aktuelle Verzeichnis aber wechseln und z. B. das Dokumentenverzeichnis Ihrer App zum aktuellen Verzeichnis machen. Die dazu vorgesehene Methode `changeCurrentDirectoryPath` des File-Managers liefert `true` oder `false` zurück, je nachdem, ob die Änderung möglich war oder nicht.

```
let fm = FileManager.default  // aktuelles Verzeichnis ändern
let urls = fm.urls(for: .documentDirectory, in: .userDomainMask)
if let url = urls.first {
  let ok = fm.changeCurrentDirectoryPath(url.path)
}
```

Temporäres Verzeichnis

Die `urls`-Methode des File-Managers sieht keine Möglichkeit vor, den Ort des temporären Verzeichnisses zu ermitteln. Dazu gibt es stattdessen die Foundation-Funktion `NSTemporaryDirectory`, die den Ort als Zeichenkette liefert.

Eine vergleichbare Funktion, die einen Namen für eine temporäre Datei vorschlägt, gibt es nicht. Sie können sich aber damit behelfen, dass Sie eine zufällige UUID-Zeichenkette als Dateinamen verwenden:

```
let tmpfilepath = NSTemporaryDirectory() + NSUUID().uuidString
```

Das temporäre Verzeichnis ist ein geeigneter Ort, an dem Ihre App eine Datei einrichten und später wieder löschen kann. Das macOS-Beispielprogramm *Icon-Resizer* richtet innerhalb dieses Verzeichnisses ein eigenes Unterverzeichnis ein und löscht dieses beim Programmende wieder. Die Vorgehensweise ist im Detail in Abschnitt 41.7, »Temporäres Verzeichnis erstellen und löschen«, beschrieben.

Den Inhalt von Verzeichnissen auflisten

Mit der File-Manager-Methode `contentsOfDirectory` finden Sie heraus, welche Dateien und Unterverzeichnisse sich in einem Verzeichnis befinden. Sofern kein Fehler auftritt, liefert die Methode ein Array von Zeichenketten mit Dateinamen. Die Dateinamen sind relativ, enthalten also keine Pfadangaben. Die folgenden Zeilen geben die Namen der Dateien und Unterverzeichnisse aus, die sich im Heimatverzeichnis befinden:

```
// Projekt macos-file, Datei main.swift
let fm = FileManager.default
let homepath = NSHomeDirectory()
if let files = try? fm.contentsOfDirectory(atPath: homepath) {
  for file in files {  // file hat den Datentyp String
    print(file)
  }
}
```

Ein weiteres Beispiel mit Rekursion folgt in Abschnitt 21.5, »Dateioperationen«.

Welches Verzeichnis für welchen Zweck?

Je nach Plattform gibt es unterschiedliche Vorgaben, wo Sie welche Daten speichern dürfen. Halten Sie sich nicht an diese Regeln, kann es Ihnen passieren, dass Ihr Programm im App Store abgelehnt wird.

- **iOS:** Daten des Benutzers sollten im Dokumentenverzeichnis gespeichert werden. Dort befindliche Dateien werden bei Backups in der iCloud bzw. durch iTunes automatisch gesichert. Wenn Ihre App große Datenmengen beansprucht, sollten Sie dem Benutzer eine Möglichkeit anbieten, Daten wieder zu löschen. (Ich weiß, auch in vielen populären Apps fehlt diese Möglichkeit. Das führt dazu, dass man Apps wie Twitter bei Platzmangel regelmäßig deinstallieren muss. Keine elegante Lösung!)

Nichts im Dokumentenverzeichnis verloren haben Daten, die später neuerlich heruntergeladen werden können oder die anderswie rekonstruierbar sind; solche Dateien gehören in das Cache-Verzeichnis.

- **tvOS:** tvOS erlaubt keine persistente Speicherung von Dateien! Selbst wenn Sie beispielsweise Dateien im Dokumentenverzeichnis ablegen, kann es sein, dass sie bereits beim nächsten Start der App wieder von dort verschwunden sind. Der einzig zulässige Speicherort sind die User-Defaults – aber dort sind keine großen Datenmengen erlaubt. Wenn die Speicherung von Daten unumgänglich ist, müssen Sie eine (i)Cloud-Lösung anstreben.

  Natürlich können Sie das Cache-Verzeichnis verwenden, um gerade benötigte Bilder, Filme etc. zwischenzuspeichern – aber Ihre App muss damit zurechtkommen, dass beim letzten Mal heruntergeladene Dateien beim nächsten Start nicht mehr da sind und eben neuerlich heruntergeladen werden müssen.

- **macOS:** Bei macOS hängt es stark davon ab, ob Sie die Sandbox-Funktion aktivieren oder nicht. Wenn nicht, haben Sie nahezu unbegrenzten Zugriff auf das ganze Dateisystem. Die einzigen Schranken ergeben sich durch die Rechte, mit denen Ihre App später ausgeführt wird. macOS-Sandbox-Apps verhalten sich dagegen recht ähnlich wie iOS-Apps, wobei Sie in Xcode auswählen können, auf welche Standardverzeichnisse Ihre App zugreifen darf.

Für alle Plattformen gilt: Programmeinstellungen (und nur die) sollten in den User-Defaults gespeichert werden. Weitere Informationen können Sie unter anderem auf den folgenden Seiten nachlesen:

https://developer.apple.com/library/mac/documentation/FileManagement/Conceptual/FileSystemProgrammingGuide/FileSystemOverview/FileSystemOverview.html
https://developer.apple.com/icloud/documentation/data-storage/index.html
https://stackoverflow.com/questions/19964831
https://developer.apple.com/library/mac/documentation/Security/Conceptual/AppSandboxDesignGuide/AppSandboxInDepth/AppSandboxInDepth.html

Core Data

Wenn Ihre App große Mengen komplexer Daten verwalten soll, sollten Sie sich mit Core Data anfreunden (siehe Kapitel 29). Das ist ein Framework zur Organisation von Daten, wobei die Modellierung in einem grafischen Editor in Xcode erfolgt. Die Daten werden letztlich wahlweise als XML-Datei, als Binärdatei oder in einer SQlite-Datenbank gespeichert.

21.5 Dateioperationen

Ausgangspunkt für nahezu alle elementaren Dateioperationen ist eine File-Manager-Instanz, die Sie ja bereits kennengelernt haben. Ich setze in allen Beispielen dieses Abschnitts voraus, dass `fm` auf ein `FileManager`-Objekt zeigt.

```
let fm = FileManager.default
```

Eigenschaften von Dateien ermitteln

Wenn ein Dateiname als Zeichenkette oder `URL`-Element vorliegt, werden Sie oft wissen wollen: Gibt es die Datei überhaupt? Wie groß ist sie? Darf sie verändert werden?

Das folgende Listing beantwortet all diese Fragen. Viele Tests können durch File-Manager-Methoden wie `fileExists` oder `isWritableFile` ohne Weiteres beantwortet werden. Vergessen Sie dabei nicht, dass alle Pfadangaben relativ zum gerade aktuellen Verzeichnis verarbeitet werden, wenn sie nicht mit / beginnen!

Einzig die Ermittlung der Dateigröße ist etwas aufwendiger: Dazu muss zuerst mit `attributesOfItem` ein Dictionary erzeugt werden. Der Zugriff auf dessen Elemente erfolgt durch `FileAttributeKey`-Konstanten. Die `size`-Konstante liefert ein `Any`-Objekt, das wiederum in ein `NSNumber`-Objekt umgewandelt werden kann. Die Dateigröße geht schließlich aus dessen `int64Value`-Eigenschaft hervor.

```
// Beispieldatei macos-file.playground
let path = "/Users/kofler/foto.jpg"

// testen, ob die Datei existiert
if fm.fileExists(atPath: path) {
  print("Die Datei existiert.")
  if fm.isReadableFile(atPath: path) {
    print("Die Datei kann gelesen werden.")
  }
  if fm.isWritableFile(atPath: path) {
    print("Die Datei kann verändert werden.")
  }
  if fm.isDeletableFile(atPath: path) {
    print("Die Datei kann gelöscht werden.")
  }
  // Größe
  if let attr = try? fm.attributesOfItem(atPath: path) {
    if let nmb = attr[.size] as? NSNumber  {
      let size = nmb.int64Value
      print("Dateigröße: \(size) Byte")
    }
  }
}
```

Verzeichnistest

Etwas komplizierter wird es, wenn Sie nicht wissen, ob ein Pfad auf eine Datei oder ein Verzeichnis zeigt. Von der Methode `fileExists` gibt es eine Variante, die nicht nur testet, ob der angegebene Pfad ein Objekt im Dateisystem ist, sondern die auch in die als zweiten Parameter übergebene Variable schreibt, ob es nun ein Verzeichnis ist oder nicht. Dieser Parameter muss im Datentyp `ObjCBool` vorliegen, zur Auswertung unter Swift muss seine Eigenschaft `boolValue` ausgewertet werden. Zur Verkürzung des Codes können Sie `== true` weglassen – ich habe den Vergleich aber stehen lassen, damit das Listing leichter verständlich ist.

```
let dirpath = "/Users/kofler/subdir"
var isDir : ObjCBool = false
if fm.fileExists(atPath: dirpath, isDirectory: &isDir),
   isDir.boolValue == true
{
  print("Es ist ein Verzeichnis.")
}
```

Rekursiv die Verzeichnisgröße ermitteln

Mit den oben präsentierten Techniken und der im vorigen Abschnitt vorgestellten Methode `contentsOfDirectory` können Sie nun ohne allzu große Schwierigkeiten eine rekursive Funktion programmieren, die einen Verzeichnisbaum durchläuft und dabei die Größe aller Dateien zusammenzählt: `dirSize` durchläuft alle Elemente des Startverzeichnisses. Wenn es sich dabei um ein Verzeichnis handelt, wird die Funktion rekursiv wieder aufgerufen.

```
// Projekt macos-file, Datei main.swift
// Größe einer Datei ermitteln
func fileSize(path: String) -> Int64? {
  if let attr = try? fm.attributesOfItem(atPath: path) {
    if let nmb = attr[.size] as? NSNumber  {
      return nmb.int64Value
    }
  }
  return nil
}
// Summe der Größe aller Dateien rekursiv ermitteln
func dirSize(at dirpath: String) -> Int64 {
  var result: Int64 = 0
  // Verzeichniseinträge ermitteln
  if let paths = try? fm.contentsOfDirectory(atPath: dirpath) {
    // alle Elemente durchlaufen; Test, ob Verzeichnis/Datei
    for path in paths {
      let fullpath = dirpath + "/" + path
      var isDir : ObjCBool = false
```

```
      if fm.fileExists(atPath: fullpath, isDirectory: &isDir)
      {
        if isDir.boolValue {
          // es ist ein Verzeichnis: dessen Inhalt verarbeiten
          result += dirSize(at: fullpath)
        } else {
          // es ist eine Datei: deren Größe hinzufügen
          if let size = fileSize(path: fullpath) {
            result += size
          }
        }
      }   // Ende if-fileExists
    }     // Ende for-path
  }       // Ende if let ... try
  return result
}
```

Der Aufruf kann z. B. so aussehen:

```
let docdir = fm.urls(for: .documentDirectory,
                     in: .userDomainMask).first!
let docsize = dirSize(at: docdir.path)
print("\(docsize) Byte")
```

Benchmarking

Wenn Sie mit dem obigen Programm ein viele GByte großes Verzeichnis durchlaufen, werden Sie zwei Dinge feststellen: Das Programm ist zum einen langsam, und es verbraucht zum anderen laut den Informationen des Debug-Navigators unglaublich viel Speicherplatz. Lassen Sie sich davon nicht irritieren! Es gibt keinen Memory Leak, vielmehr sind es die Debug-Informationen, die so viel Speicherplatz brauchen. Erstellen Sie gegebenenfalls ein Release-Kompilat (Product • Scheme • Edit Scheme), und testen Sie es – es verhält sich vollkommen unauffällig. Stack Overflow warnt ganz generell davor, die Informationen des Debug-Navigators bei Debug-Kompilaten von Swift-Programmen ernst zu nehmen:

https://stackoverflow.com/questions/28545108

Dateien kopieren, verschieben und löschen

Diverse Methoden des File-Managers helfen Ihnen dabei, Dateien zu kopieren, zu verschieben oder zu löschen. Alle hier vorgestellten Methoden gibt es in zwei Varianten, die wahlweise Zeichenketten oder `URL`-Elemente als Parameter erwarten, um den Ort der Dateien anzugeben. Die Methoden müssen mit `try` gegen mögliche Fehler abgesichert werden. Alle Methoden liefern `true` oder `false` zurück, je nachdem, ob die Operation erfolgreich durchgeführt werden konnte.

- **Datei kopieren:** `copyItem(at: f1, to: f2)` kopiert Datei `f1` in Datei `f2`. Wenn es `f2` schon gibt, tritt ein Fehler auf.
- **Datei umbenennen:** `moveItem(at: f1, to: f2)` benennt Datei `f1` in `f2` um. Wenn es `f2` schon gibt, tritt ein Fehler auf.
- **Datei löschen:** `removeItem(at: f)` löscht Datei `f` unwiderruflich.
- **Datei in den Papierkorb bewegen:** Unter macOS ist `trashItem(at: f)` eine sichere Alternative zu `removeItem`. Die angegebene Datei wird nicht wirklich gelöscht, sondern nur in den Papierkorb verschoben.

Die `FileManager`-Klasse stellt darüber hinaus eine Menge weitere Methoden zur Verfügung, mit denen Sie z. B. Links einrichten oder iCloud-Objekte bearbeiten können.

Das folgende Listing zeigt die Anwendung aller drei Methoden: Im Dokumentenverzeichnis soll die Datei `myfile123.txt` gespeichert werden. Wenn diese Datei schon existiert, wird davon die Backup-Datei `myfile123.bak` erstellt. Und sollte es schon ein älteres Backup geben, wird dieses zuvor gelöscht. Von `myfile123.txt` wird außerdem ein Duplikat unter dem Namen `myfile123.duplicate` angelegt. Dabei wird ein Fehler auftreten, sobald der Playground zum zweiten Mal ausgeführt wird – weil es das Duplikat dann schon gibt und im Code Anweisungen fehlen, um dieses Duplikat vorher zu löschen. Auf die Auswertung der Rückgabewerte der Methoden habe ich in diesem Minibeispiel verzichtet.

```
// Beispieldatei macos-file.playground
// VORSICHT: überschreibt ~/Documents/myfile123.txt und .bak
let docurl = fm.urls(for: .documentDirectory,
                     in: .userDomainMask).first!
let myfile =   docurl.appendingPathComponent("myfile123.txt")
let mybackup = docurl.appendingPathComponent("myfile123.bak")
let mycopy =   docurl.appendingPathComponent("myfile123.duplicate")
do {
  // gibt es schon ein Backup? --> löschen
  if fm.fileExists(atPath: mybackup.path) {
    try fm.removeItem(at: mybackup)
  }
  // gibt es die Zieldatei schon? --> umbenennen
  if fm.fileExists(atPath: myfile.path) {
    try fm.moveItem(at: myfile, to: mybackup)
  }
  let txt = "Zeile 1\nZeile 2 äöü\nZeile 3\n"  // neue Datei speichern
  try txt.write(toFile: myfile.path,
              atomically: true,
              encoding: .utf8)
  try fm.copyItem(at: myfile, to: mycopy)  // Kopie der Datei erzeugen
} catch {
  print(error.localizedDescription)
}
```

Textdateien lesen und schreiben

Ganz nebenbei hat das vorige Beispiel gezeigt, wie einfach es ist, eine Zeichenkette als Textdatei zu speichern: Dazu wenden Sie einfach die write-Methode auf die String-Variable an. Falls die angegebene Datei bereits existiert, wird sie überschrieben. write muss mit try gegen mögliche Fehler abgesichert werden.

Als Parameter übergeben Sie den Pfad, die gewünschte Codierung (in der Regel utf8) sowie den Parameter atomically. Dieser Parameter steuert, wie die Datei gespeichert wird:

- Bei false wird eine eventuell schon vorhandene Datei sofort überschrieben. Sollte der Schreibvorgang aus irgendeinem Grund nicht beendet werden können, ist auch die ursprüngliche Datei verloren.
- Mit true wird die Zeichenkette zuerst in eine temporäre Datei geschrieben. Erst wenn das erfolgreich war, wird die ursprüngliche Datei durch die neue ersetzt (Alles-oder-nichts-Prinzip). true ist also sicherer und hat lediglich den Nachteil, das es kurzzeitig zwei Versionen der Datei im Dateisystem gibt. Textdateien sind selten so groß, dass dies zu Platzproblemen führen kann.

```
let txt = "Zeile 1\nZeile 2 äöü\nZeile 3\n"
do {
  // Textdatei schreiben
  try txt.write(toFile: myfile.path,
                atomically: true,
                encoding: .utf8)
} catch { ... }
```

Ebenso einfach ist es, eine Textdatei zu laden. Dazu verwenden Sie die Init-Funktion der String-Klasse mit dem Parameter contentsOf bzw. contentsOfFile und übergeben wahlweise eine URL oder den Pfad. Abermals müssen Sie die Methode durch try absichern:

```
let newtxt = try String(contentsOfFile: myfile.path, encoding: .utf8)
```

Wenn Sie die Codierung der Textdatei nicht wissen, können Sie eine Variante mit dem inout-Parameter usedEncoding verwenden. Der hier übergebenen Variablen können Sie hinterher entnehmen, für welche Codierung sich die Init-Funktion entschieden hat:

```
var enc: String.Encoding = .ascii // muss mit einem beliebigen Wert
                                  // initialisiert werden
let newtxt = try String(contentsOfFile: myfile.path,
                        usedEncoding: &enc)
print(enc.description)
```

Wenn Sie die resultierende Zeichenkette zeilenweise in ein Array umwandeln möchten, verwenden Sie dazu am besten die Methoden split und map: split bildet an jeder New-Line-Position Gruppen einzelner Zeichen. map setzt die einzelnen Zeichen wieder zu Zeichenketten zusammen, sodass lines schließlich den Datentyp [String] hat. Die Bedingung bzw. die String-Init-Funktion in den geschwungenen Klammern wird jeweils als Closure an split bzw. map übergeben:

```
let lines = newtxt.split() { $0 == "\n" }.map { String($0) }
```

Dateien zeilenweise lesen oder schreiben

Unbegreiflicherweise gibt es weder in der Foundation noch in Cocoa oder UIKit Methoden, die Textdateien zeilenweise verarbeiten oder auch nur eine Zeichenkette am Ende einer vorhandenen Datei hinzufügen. Sie müssen in solchen Fällen auf Low-Level-Klassen wie NSFileHandle, NSInput- oder NSOutputStream zurückgreifen. Auf der Website Stack Overflow finden Sie dazu diverse Beispiele, z. B. hier:

https://stackoverflow.com/questions/26989493
https://stackoverflow.com/questions/24581517

Noch ein Beispiel

Das Beispielprogramm ios-textfile demonstriert das persistente Speichern und Laden von Dateien. Die kleine Test-App besteht aus vier Buttons und einem Textfeld (siehe Abbildung 21.4). Den Inhalt des Textfelds löschen Sie mit NEU. Der Button SPEICHERN speichert den aktuellen Inhalt in einer Datei, LADEN lädt die Datei von dort wieder. Das erfolgt auch automatisch bei jedem Programmstart. RESET setzt den Text auf einen Lorem-ipsum-Blindtext zurück, wobei dieser Text aus der Bundle-Datei defaulttext.txt geladen wird.

Der Code sollte ohne weitere Erläuterungen verständlich sein. Die Ermittlung eines Dateinamens im Document-Verzeichnis habe ich in die Methode docpath ausgelagert, um Redundanzen zu vermeiden.


```
// Projekt ios-textfile, Datei ViewController.swift
class ViewController: UIViewController {
  @IBOutlet weak var txtView: UITextView!

  // zuletzt gespeicherten Text automatisch laden
  override func viewDidLoad() {
    btnLoad()
  }

  // Inhalt der TextViews löschen
  @IBAction func btnNew() {
    txtView.text = ""
  }
```

```
  // Inhalt der TextViews in der Document-Datei speichern
  @IBAction func btnSave() {
    if let url = docurl("data.txt") {
      do {
        try txtView.text.write(to: url,
                               atomically: true,
                               encoding: .utf8)
      } catch  { }  // Fehler ignorieren
    }
  }
  // Inhalt der TextViews aus der Document-Datei laden
  @IBAction func btnLoad() {
    if let url = docurl("data.txt") {
      do {
        txtView.text = try String(contentsOf: url, encoding: .utf8)
      } catch  {
        txtView.text = nil
      }
    }
  }
  // Inhalt der TextViews aus der Bundle-Datei laden
  @IBAction func btnReset() {
    if let path = Bundle.main.path(forResource: "defaulttext",
                                   ofType: "txt")
    {
      do {
        txtView.text = try String(contentsOfFile: path,
                                  encoding: .utf8)
      } catch  {
        txtView.text = nil
      }
    }
  }
  // URL für eine Datei im Document-Verzeichnis der App ermitteln
  func docurl(_ filename:String) -> URL? {
    let fm = FileManager.default
    if let docurl = fm.urls(for: .documentDirectory,
                            in: .userDomainMask).first {
      return docurl.appendingPathComponent(filename)
    } else {
      return nil
    }
  }
}
```

Abbildung 21.4 Die Mini-App demonstriert den Umgang mit Dateien.

21

21.6 Wie geht's weiter?

Zum Thema Dateien ließe sich natürlich noch viel mehr schreiben, worauf ich an dieser Stelle aber verzichtet habe. Stattdessen habe ich hier ein paar Leseempfehlungen zusammengefasst, die sowohl andere Kapitel dieses Buchs betreffen als auch diverse Seiten im Internet:

- **Datei- und Verzeichnisauswahl, Drag & Drop:** In Kapitel 19 habe ich bereits den Umgang mit Standarddialogen behandelt, unter anderem zur Auswahl einer Datei oder eines Verzeichnisses in einer macOS-App (siehe Abschnitt 19.3, »Standarddialoge«). Drag-and-Drop-Operationen sind Thema von Kapitel 26, »Touch, Maus, Gestures und Drag & Drop«. Unter macOS können Sie damit unter anderem Dateien vom Finder in Ihre App verschieben (siehe Abschnitt 26.4, »Drag & Drop (macOS)«).

- **Größe des Dateisystems ermitteln:** Ebenfalls schon vorgestellt habe ich Ihnen in Abschnitt 20.1, »Hello tvOS!«, die Systemattribute `systemSize` und `systemFreeSize`, mit denen Sie unter iOS und tvOS die Größe des Flash-Speichers und den noch freien Speicherplatz ermitteln können.
- **XML- und JSON-Dokumente verarbeiten:** Kapitel 22, »Netzwerk, XML und JSON«, beschäftigt sich damit, wie Sie Dokumente aus dem Internet herunterladen und verarbeiten. Die dabei präsentierten Programmiertechniken zur Auswertung von XML- und JSON-Dokumenten gelten natürlich gleichermaßen für lokale Dateien. Ein konkretes Beispiel, wie Sie in einer Table-View dargestellte Dateien im JSON-Format speichern, gibt Kapitel 37, »Schatzsuche«.
- **Textdateien lesen:** In Kapitel 23, »Tabellen und Listen darstellen«, geht es primär um den Umgang mit den `UITableView`- und `NSTableView`-Steuerelementen. Die Testdateien werden dabei aus einer einfachen Textdatei gelesen, die dem App-Bundle beigefügt ist (siehe Abschnitt 23.2, »Prototypzellen«).
- **Textdatei speichern und wieder lesen:** Kapitel 36, »To-do-Listen«, stellt eine minimalistische To-do-App vor, bei der die abzuarbeitende Liste in einer simplen Textdatei gespeichert und von dort wieder gelesen wird (siehe Abschnitt 36.2, »Datenmodell«).
- **Bitmaps erzeugen und speichern:** Gleich in zwei Beispielen werden eigene Bitmaps erzeugt und in Dateien gespeichert – einmal in Abschnitt 41.2, »Icons verwalten (IconSize-Struktur)«, und dann noch einmal in Abschnitt 43.12, »Pac-Man-Figuren zeichnen«.
- **Temporäres Verzeichnis erstellen, anwenden und wieder löschen:** Das macOS-Beispielprogramm Icon-Resizer verwendet ein eigenes temporäres Verzeichnis und räumt dieses beim Programmende wieder auf. Die Details sind in Abschnitt 41.7, »Temporäres Verzeichnis erstellen und löschen«, beschrieben.
- **Core Data:** Das ist ein Framework zur hierarchischen Organisation von Daten, die die App verwaltet. Eine Vorstellung von Core Data finden Sie in Kapitel 29, »Core Data und SQLite«.

Kapitel 22
Netzwerk, XML und JSON

Dieses Kapitel fasst Programmiertechniken zusammen, mit denen Sie Dateien aus dem Netzwerk laden und XML- und JSON-Dokumente verarbeiten. Sie benötigen diese Grundlagen immer dann, wenn Sie Dateien aus dem Internet in einer App auswerten möchten.

Außerdem stelle ich Ihnen das `UIWebView`-Steuerelement und seine moderneren Varianten `WKWebView` und `SafariViewController` vor. Damit können Sie Webseiten in Ihrer App oder in einem externen Webbrowser öffnen.

macOS-Sandbox

Denken Sie daran, bei macOS-Apps, die in der Sandbox ausgeführt werden sollen, OUTGOING CONNECTIONS zu erlauben!

22.1 Dateien per HTTP/HTTPS laden

Grundsätzlich erfolgt der Zugriff auf Webdokumente ganz ähnlich wie auf lokale Dateien: Sie erzeugen zuerst ein `URL`-Element, das den Ort des Dokuments angibt. Danach laden Sie die Datei. Die Init-Funktion von `URL` liefert den Wert `nil`, wenn die URL-Zeichenkette syntaktisch falsch ist.

Beim Laden des Dokuments kann naturgemäß alles Mögliche schiefgehen: Es besteht gerade keine Internetverbindung, oder der Server ist gerade nicht erreichbar, oder die gewünschte Seite existiert gar nicht mehr. In all diesen Fällen kommt es bei der Ausführung von `String(contentsOf: url)` zu einem Fehler.

```
// Datei ios-http.playground
var content: String = ""
let str = "https://kofler.info"
if let url = URL(string: str) {
  do {
    content = try String(contentsOf: url)
  } catch {
    print(error.localizedDescription)
  }
}
```

Die Init-Funktion von `String` versucht, die Codierung automatisch zu erkennen. Zu welchem Ergebnis die Funktion gekommen ist, können Sie dann dem `inout`-Parameter `usedEncoding` entnehmen:

```
var enc = String.Encoding.ascii
content = try String(contentsOf: url, usedEncoding: &enc)
print(enc)
```

Um eine bestimmte Codierung zu erzwingen, geben Sie die Codierung bzw. den Zeichensatz explizit an:

```
content = try String(contentsOf: url,
                     encoding: String.Encoding.isoLatin1)
```

Binäre Daten und Bilder

Wenn Sie nicht Zeichenketten, sondern binäre Daten herunterladen möchten, verwenden Sie die Init-Methode der `Data`-Klasse. Die folgenden Zeilen laden eine Bilddatei und stellen diese in einem `UIImageView`-Steuerelement dar:

```
let iv = UIImageView(frame: CGRect(x:0, y:0, width: 600, height: 400))
let picurl = URL(string: "https://kofler.info/uploads/foto.jpg")!
do {
  let bindata = try Data(contentsOf: picurl)
  iv.image = UIImage(data: bindata)
} catch {
  print(error.localizedDescription)
}
```

Noch einfacher gelingt dies in macOS-Apps. Die `NSImageView`-Klasse verfügt über eine eigene Init-Funktion mit dem Parameter `contentsOfUrl`, der Umweg über ein `Data`-Objekt kann dort entfallen.

Unsichere Downloads

Apps, die für aktuelle Versionen von iOS und Co. kompiliert werden, betrachten jede HTTP-Verbindung als unsicher. Der Versuch, ein Dokument via HTTP zu laden, führt zum folgenden Fehler: *App Transport Security has blocked a cleartext HTTP resource load since it is insecure.* Selbst HTTPS wird nur akzeptiert, wenn ausreichend moderne Verschlüsselungsverfahren zum Einsatz kommen.

Wenn es für Ihre App unumgänglich ist, Dokumente per HTTP oder über eine HTTPS-Verbindung mit alten TSL-Verfahren zu übertragen, dann müssen Sie für die betroffenen Webseiten in der Datei `Info.plist` Ausnahmeregeln definieren. Um derartige Probleme zu umgehen, müssen Sie in `Info.plist` eine Ausnahmeregel definieren, die den unverschlüsselten HTTP-Zugriff auf eine Webseite erlaubt.

Die Eingabe dieser Ausnahmeregel im *.plist-Editor von Xcode ist mühsam und fehleranfällig. Besser ist es, die Datei in Xcode in einer einfachen Textansicht zu öffnen. Dazu klicken Sie die Datei im Projektnavigator mit der rechten Maus- oder Trackpad-Taste an und führen OPEN AS • SOURCE CODE aus. Nun fügen Sie am Ende dieser Datei die folgenden Zeilen ein:

```
<?xml version="1.0" encoding="UTF-8"?>
<!DOCTYPE plist PUBLIC "-//Apple//DTD PLIST 1.0//EN"
   "http://www.apple.com/DTDs/PropertyList-1.0.dtd">
<plist version="1.0">
<dict>
  <!-- ... vorhandene Einträge nicht ändern,
           neuer Code beginnt hier -->
  <key>NSAppTransportSecurity</key>
  <dict>
    <key>NSExceptionDomains</key>
    <dict>
      <key>die-fragliche-website.com</key> <!-- Adresse ändern! -->
      <dict>
        <key>NSIncludesSubdomains</key>
        <true/>
        <key>NSTemporaryExceptionAllowsInsecureHTTPLoads</key>
        <true/>
        <key>NSTemporaryExceptionMinimumTLSVersion</key>
        <string>TLSv1.0</string>
        <key>NSTemporaryExceptionRequiresForwardSecrecy</key>
        <false/>
      </dict>
    </dict>
  </dict>
  <!-- Ende des neuen Codes -->
</dict>
</plist>
```

Schreiben Sie den obigen XML-Code nicht ab! Mustercode zum Kopieren und Einfügen sowie weitere Hintergrundinformationen finden Sie auf der folgenden Stack-Overflow-Seite:

https://stackoverflow.com/questions/30720813

Wenn Sie keine Ausnahmeregeln für einzelne Seiten festlegen, sondern HTTP generell akzeptieren möchten, dann fügen Sie an derselben Stelle den folgenden Code in `Info.plist` ein:

```
<!-- Start des eigenen Codes -->
<key>NSAppTransportSecurity</key>
<dict>
  <key>NSAllowsArbitraryLoads</key>
  <true/>
</dict>
<!-- Ende des eigenen Codes -->
```

Downloads im Hintergrund

Wenn Sie mit `String(contentsOf: url)` oder `Data(contentsOf: url)` ein Dokument herunterladen, wird Ihr Programm erst fortgesetzt, wenn der Download fertig ist oder wenn ein Fehler auftritt. Es gibt keine Möglichkeit, einen eigenen Timeout zu definieren oder einen bereits begonnenen Download zu stoppen. Deswegen ist es bei großen oder mehrfachen Downloads empfehlenswert, sie asynchron durchzuführen, also im Hintergrund. Leider ist ein asynchroner Download mit erheblichem Codeaufwand verbunden:

- Sie brauchen ein `URLSession`-Objekt. Es dient als Ausgangspunkt für alle asynchronen Downloads Ihrer App.
- Sie müssen in einer Klasse das `URLSessionDownloadDelegate`-Protokoll implementieren. Die in diesem Protokoll definierten `urlSession`-Delegate-Methoden halten Sie über den Status aller aktiven Downloads auf dem Laufenden.
- Um einen Download zu initiieren, erzeugen Sie ein `URLSessionDownloadTask`-Objekt und führen dessen Methode `resume` aus. (Es gibt keine `start`-Methode. `resume` dient gleichermaßen dazu, einen Download zu starten wie einen unterbrochenen Download fortzusetzen.)

NSURLConnection

In der Vergangenheit bot die `NSURLConnection` einen weiteren Weg, asynchrone Downloads durchzuführen. Diese Klasse gilt inzwischen als veraltet, weswegen ich nicht auf sie eingehe.

Den Umgang mit `URLSession` illustriere ich im Folgenden anhand eines kleinen iOS-Beispielprogramms. Es beginnt nach dem Start, eine größere Bilddatei von meiner Webseite herunterzuladen. Während des Downloads wird ein Fortschrittsbalken angezeigt. Um zu zeigen, dass der Download die App nicht blockiert, können Sie während des Downloads mit drei Buttons die Hintergrundfarbe der App verändern.

In der View-Controller-Klasse gibt die Variable `uSession` Zugriff auf das `URLSession`-Objekt. Das Objekt wird dank `lazy` erst bei Bedarf durch den Aufruf einer Closure erzeugt. In der Dokumentation der `URLSession`-Klasse können Sie nachlesen, dass dabei verschiedene Konfigurationsvarianten zur Auswahl stehen. Ich habe mich hier für die Defaultkonfiguration entschieden. Die alternative Ephemeral-Konfiguration (*ephemeral* = kurzlebig) ist dann zweckmäßig, wenn Sie jegliche Zwischenspeicherung von heruntergeladenen Dokumenten vermeiden möchten (*Private Browsing*). Falls Downloads auch dann fortgesetzt werden sollen, wenn Ihre App gar nicht mehr aktiv ist, müssen Sie zusätzlich die Eigenschaft `shouldUseExtendedBackgroundIdleMode` auf `true` setzen. Diese Eigenschaft ersetzt die ehemalige Background-Konfiguration.

Abbildung 22.1 Das Foto vom Gipfel des Lugauers (Steiermark) wird nach dem Start der Beispiel-App im Hintergrund von der Webseite »kofler.info« heruntergeladen.

`viewDidLoad` erzeugt zuerst mit `downloadTask` einen neuen Download-Job und startet diesen dann mit `resume`. Der Download wird nun asynchron ausgeführt, die Benachrichtigung erfolgt durch Delegate-Methoden an `self` (siehe den zweiten Parameter der Init-Funktion von `URLSession`), also an die `ViewController`-Klasse.

```
// Projekt ios-async-image, Datei ViewController.swift
class ViewController: UIViewController {
  // Zugriff auf die Image-View- und die Progress-Bar
  @IBOutlet weak var imgview: UIImageView!
  @IBOutlet weak var progress: UIProgressView!
  // Session-Objekt erst bei Bedarf mit Closure erzeugen
  lazy var uSession: URLSession = {
    let config = URLSessionConfiguration.default
    return URLSession(configuration: config,
                      delegate: self,
                      delegateQueue: nil)
  }()
```

```
  // asynchronen Download starten
  override func viewDidLoad() {
    super.viewDidLoad()
    let url = URL(string: "https://kofler.info/uploads/lugauer.jpg")!
    let uTask = uSession.downloadTask(with: url)
    uTask.resume()  // Download starten
  }
}
```

URLSession-Delegates

Die Delegate-Methoden des `URLSessionDownloadDelegate`-Protokolls sind zur besseren Übersichtlichkeit in einer Erweitung der `ViewController`-Klasse formuliert. Die Methoden heißen alle `urlSession` und unterscheiden sich nur durch ihre Parameter.

`urlSession(::didFinishDownloadingTo)` wird aufgerufen, wenn der Download erfolgreich endet. Die heruntergeladene Datei befindet sich nun vorübergehend in einem temporären Verzeichnis. Der genaue Ort geht aus dem dritten Parameter hervor. Innerhalb der Methode muss die Datei entweder vollständig gelesen und verarbeitet oder an einen anderen Ort verschoben werden. Sollte sich die Datei nach dem Ende der Methode noch im temporären Verzeichnis befinden, wird sie automatisch gelöscht. Auf die Methoden `setProgressAndImage` bzw. `setFailedImage` gehe ich etwas weiter unten ein.

```
// Projekt ios-async-image, Datei ViewController.swift
extension ViewController : URLSessionDownloadDelegate {
  // Download abgeschlossen, Bild laden
  func urlSession(_ session: URLSession,
                  downloadTask _: URLSessionDownloadTask,
                  didFinishDownloadingTo loc: URL)
  {
    if let img = try? UIImage(data: Data(contentsOf: loc)) {
      setProgressAndImage(progress: 0, image: img)
    } else {
      setFailedImage()
    }
  }
  // ... weitere urlSession-Methoden, Code folgt gleich
}
```

Den Download-Fortschritt verfolgen Sie in der Methode `urlSession(::didWriteData::)`. Wenn beim Download Probleme auftreten, können die Parameter negativ sein.

```
// Download-Fortschritt
func urlSession(_ session: URLSession,
                downloadTask: URLSessionDownloadTask,
                didWriteData bytesWritten: Int64,
```

```
                totalBytesWritten: Int64,
                totalBytesExpectedToWrite: Int64)
{
  let prg = Float(totalBytesWritten) / Float(totalBytesExpectedToWrite)
  if prg > 0 {
    setProgressAndImage(progress: prg)
  }
}
```

Sollte beim Download ein Fehler auftreten, z. B. weil der Server nicht erreichbar ist, wird die Methode `urlSession(::didCompleteWithError)` aufgerufen. Aus dem dritten Parameter geht die Art des Fehlers hervor. Beachten Sie, dass diese Methode merkwürdigerweise auch nach einem korrekten Download aufgerufen wird. In diesem Fall enthält der `Error`-Parameter `nil`.

```
func urlSession(_ session: URLSession,
                task: URLSessionTask,
                didCompleteWithError usError: Error?)
{
  print("Fehler: \(usError)")
  if usError == nil { return }
  setFailedImage()
}
```

Fehler 404

Wenn Sie für das Bild eine falsche Download-Adresse angeben, wäre eigentlich zu erwarten, dass `urlSession(::didCompleteWithError)` über diesen Fehler informiert. Viele Webseiten sind aber so konfiguriert, dass sie bei fehlerhaften Adressen eine Hinweisseite anzeigen. Anstelle der gewünschten Datei wird dann dieses HTML-Dokument heruntergeladen, und dieser Download kann problemlos durchgeführt werden. Sie erhalten daher keine Fehlermeldung! Allerdings scheitert beim vorliegenden Beispiel dann die Umwandlung des heruntergeladenen Fehlerdokuments in ein Bild.

Im gerade beschriebenen Beispiel gibt es nur einen Download. Sie können mit einem `URLSession`-Objekt aber beliebig viele Dateien gleichzeitig herunterladen. Allerdings müssen Sie dann in den `urlSession`-Methoden jeweils den `downloadTask`-Parameter auswerten, um die Delegate-Aufrufe dem passenden Download zuzuordnen. Daher ist es zumeist zweckmäßig, in einem Array oder einer Liste alle Downloads samt dem `URLSessionDownloadTask`-Objekt zu speichern, damit Sie in Ihrer App die Kontrolle darüber behalten, welche Downloads gerade aktiv sind, welche bereits abgeschlossen sind etc. Außerdem können Sie über das jeweilige `downloadTask`-Objekt einzelne Downloads gezielt ab- oder unterbrechen und eventuell später wieder fortsetzen.

GUI-Synchronisierung

Ein Aspekt fehlt jetzt noch – die Anzeige des Bilds bzw. die Veränderung der Fortschrittsbalken. Das simple Ausführen von

```
imgview.image = img
progress.progress = 0
```

in den `urlSession`-Methoden führt nicht zum gewünschten Erfolg: Die Änderungen werden zwar durchgeführt, auf dem Bildschirm aber erst angezeigt, wenn dieser berührt wird. Der Grund: Die `urlSession`-Methoden werden nicht im Main Thread ausgeführt. Deswegen bemerkt die für die Bildschirmdarstellung zuständige Logik die Veränderung der Eigenschaften nicht – und erneuert den Bildschirm erst, wenn dies aus einem anderen Grund notwendig ist.

Um diese Verzögerung zu vermeiden, müssen Steuerelemente der App-Oberfläche immer im Main Thread manipuliert werden. Dazu werden diese Änderungen in den Methoden `setProgressAndImage` bzw. `setFailedImage` als Closure formuliert und mit der `async`-Methode im Main Thread ausgeführt – asynchron also zum Hintergrund-Thread der `URLSession`.

```
// Image-View und Progressbar aktualisieren
private func setProgressAndImage(progress: Float,
                                 image: UIImage? = nil)
{
  DispatchQueue.main.async() {   // Closure
    self.progress.progress = progress
    if image != nil {
      self.imgview.image = image
      self.imgview.contentMode = .scaleAspectFill
    }
  }
}
private func setFailedImage() {  // File-not-found-Icon anzeigen
  DispatchQueue.main.async {
    // Closure
    self.progress.progress = 0
    self.imgview.image = UIImage(named: "fil-warning")
    self.imgview.contentMode = .center
  }
}
```

Lesetipps

Es gibt noch viel mehr Varianten, Dateien aus dem Internet herunter- bzw. auf einen Server hinaufzuladen. Einen ausgezeichneten Überblick gibt dieser Stack-Overflow-Artikel:

https://stackoverflow.com/questions/24176362

Wenn Ihnen mehr nach einem umfangreicheren praktischen Beispiel zumute ist, sollten Sie die Website von Ray Wenderlich besuchen. Dort finden Sie den Code für eine iPhone-App, die aus dem iTunes-Store 30-Sekunden-Hörproben herunterlädt. Es können mehrere Downloads parallel laufen. Jeder Download wird durch einen Fortschrittsbalken visualisiert und lässt sich pausieren oder ganz abbrechen:

https://raywenderlich.com/110458/nsurlsession-tutorial-getting-started

22.2 XML-Dokumente auswerten

Die Foundation-Bibliothek stellt diverse `XMLXxx`-Klassen zur Verfügung (ehemals `NSXMLXxx`), die bei der Verarbeitung von XML-Daten helfen. Speziell zum Lesen von XML-Dokumenten ist die `XMLParser`-Klasse gedacht. Deren Anwendung ist allerdings ausgesprochen unhandlich, weswegen ich Ihnen in diesem Kapitel stattdessen die `SWXMLHash`-Bibliothek vorstelle. Wenn Sie sich dennoch mit dem `XMLParser` auseinandersetzen möchten, gibt die folgende Seite eine gute, auf Swift abgestimmte Einführung:

http://theappguruz.com/tutorial/xml-parsing-using-nsxmlparse-swift

Die SWXMLHash-Bibliothek

Eine geniale und vor allem Swift-freundliche Alternative zum `XMLParser` stellt die `SWXMLHash`-Bibliothek dar. Die Bibliothek untersteht der MIT-Lizenz und kann somit auch in kommerziellen Projekten kostenlos eingesetzt werden. Die Bibliothek wird bereits seit mehreren Jahren gut gewartet und auch für Xcode-Beta-Versionen aktualisiert.

https://github.com/drmohundro/SWXMLHash

Auf der Projektseite sind diverse Installationsanleitungen beschrieben. Ich habe die Bibliothek in etlichen Beispielprogrammen dieses Buchs eingesetzt, z. B. im Währungskalkulator und im Spiel Pac-Man. Dabei habe ich mich jeweils für die einfachste Installationsvariante entschieden: Ich habe einfach die Source-Dateien `SWXMLHash.swift` heruntergeladen und in das betreffende Projekt eingefügt – fertig!

SWXMLHash mit CocoaPods installieren

Sie können die `SWXMLHash`-Bibliothek auch mit CocoaPods installieren. Das erfordert anfänglich einige Vorbereitungsarbeiten, vereinfacht es aber später, die Bibliothek auf die gerade neueste Version zu aktualisieren. CocoaPods bietet sich vor allem bei Projekten an, die mehrere externe Bibliotheken verwenden. Eine kurze Einführung zu CocoaPods finden Sie in Abschnitt 14.1, »Module, Frameworks und Importe«.

Zur Anwendung der Bibliothek bilden Sie aus der XML-Zeichenkette zuerst ein XMLIndexer-Objekt und greifen dann auf dessen XML-Elemente über Indizes mit den Elementnamen zu. Bei XML-Elementen gibt die Methode attribute Zugriff auf ein bestimmtes Attribut. Wenn Sie ein Dictionary mit allen Attributen benötigen, werten Sie allAttributes aus:

```
let xml = SWXMLHash.parse(xmlstring)    // Typ XMLIndexer
let x1 = xml["Root"]                    // Typ XMLIndexer
// alle Level1-Elemente verarbeiten
for x2 in xml["root"]["Level1"].all {   // Typ XMLIndexer
  ...
}
let e = xml["Root"]["Level1"].element   // Typ XMLElement?
let s = e?.text                         // Typ String? (Inhalt)
let a = e?.attribute(by: "attrname")    // Typ XMLAttribute?
let an = a?.name                        // Typ String?
let at = a?.text                        // Typ String?
let allA = e?.allAttributes             // Typ [String : XMLAttribute]?
```

Die SWXML-Bibliothek ist sehr fehlertolerant. Falsche XML-Elementnamen oder -Attributnamen führen einfach dazu, dass der entsprechende Ausdruck nil liefert.

XML-Sitemap lesen

Das folgende Beispiel zur Anwendung der SWXMLHash-Bibliothek zeigt, wie Sie eine XML-Sitemap auswerten und alle Seiten ermitteln, die sich in den letzten zwei Monaten geändert haben. Der Aufbau der Sitemap-Startseite meiner Website *https://kofler.info* sieht wie folgt aus (zur besseren Lesbarkeit gekürzt):

```
<!-- https://kofler.info/sitemap.xml -->
<?xml version="1.0" encoding="UTF-8"?>
<?xml-stylesheet type="text/xsl" href="..."?>
<sitemapindex xmlns:xsi="..." ...>
  <sitemap>
    <loc>https://kofler.info/sitemap-misc.xml</loc>
    <lastmod>2019-01-12T09:02:40+00:00</lastmod>
  </sitemap>
  <sitemap>
    <loc>https://kofler.info/sitemap-pt-post-2019-01.xml</loc>
    <lastmod>2019-01-11T07:50:57+00:00</lastmod>
  </sitemap>
  <sitemap>
    <loc>https://kofler.info/sitemap-pt-post-2018-12.xml</loc>
    <lastmod>2018-12-21T07:08:49+00:00</lastmod>
  </sitemap>
 ...
</sitemapindex>
```

Die Sitemap-Startseite verweist also in den weiteren <sitemap>-Einträgen auf Sub-Dokumente, von denen die meisten einfach eine Auflistung aller im jeweiligen Monat neuen Seiten enthalten. Jedes Sub-Dokument enthält wiederum eine Liste (<urlset>) von <url>-Einträgen, die einzelne Webseiten beschreiben:

```
<!-- https://kofler.info/sitemap-pt-post-2019-01.xml -->
<?xml version="1.0" encoding="UTF-8"?>
<?xml-stylesheet type="text/xsl" href="..."?>
<urlset xmlns:xsi="..." xsi:schemaLocation="..." xmlns="...">
  <url>
    <loc>https://kofler.info/unter-ubuntu-alte-snap-pakete-loeschen/
    </loc>
    <lastmod>2019-01-11T07:50:57+00:00</lastmod>
    <changefreq>monthly</changefreq>
    <priority>0.2</priority>
  </url>
  <url>
    ... <!-- nächste URL -->
  </url>
  ...
</urlset>
```

Die macOS-Terminal-App verarbeitet die XML-Sitemap zur folgenden Ausgabe:

```
process https://kofler.info/sitemap-misc.xml
  2018-11-09: https://kofler.info/
  2019-01-12: https://kofler.info/sitemap.html
process https://kofler.info/sitemap-pt-post-2019-01.xml
  2019-01-11: https://kofler.info/unter-ubuntu-alte-snap-pakete-loes...
process https://kofler.info/sitemap-pt-post-2018-12.xml
  2018-12-21: https://kofler.info/null-test-mit-pymysql/
  2018-12-13: https://kofler.info/ubuntus-ssh-login-nachrichten-redu...
...
```


Um eine Liste der zuletzt hinzugefügten Seiten zu generieren, muss also zuerst `sitemap.xml` ausgelesen werden. In einer Schleife werden die ersten vier <sitemap>-Elemente ermittelt und anschließend durch den Aufruf der Funktion `processUrlset` ausgewertet:

```
// Projekt macos-swxmlhash, Datei main.swift
let adr = "https://kofler.info/sitemap.xml"
let url = URL(string: adr)!
if let xmlstring = try? String(contentsOf: url) {
  let xmlhash = SWXMLHash.parse(xmlstring)
  var cnt=0
```

```
  // Schleife über XML-Dokument
  for subsitemap in xmlhash["sitemapindex"]["sitemap"].all {
    if let loc = subsitemap["loc"].element?.text {
      processUrlset(location: loc)
    }
    cnt += 1
    if cnt >= 4 {  // maximal drei Sub-Sitemaps
      break
    }
  }  // Ende for
}    // Ende if let xmlstring = ...
```

`processUrlset` initialisiert zuerst mit `guard` die Variablen `url` und `data` und richtet zwei `DateFormatter` ein: den ersten zum Lesen (Parsen) der Zeitangaben in der Sitemap, den zweiten zur kompakten Ausgabe der Daten. Eine Schleife durchläuft dann alle `<url>`-Elemente in der XML-Datei. Ein dreistufiges `if-let`-Kommando wertet die darin enthaltenen `<loc>`- und `<lastmod>`-Tags aus. Sie sehen: Die `SWXMLHash`-Bibliothek ermöglicht eleganten, kompakten und gleichzeitig leicht lesbaren Code!

```
// Sub-Sitemap mit URL-Set auswerten
func processUrlset(location: String) {
  print("process \(location)")
  guard let url = URL(string: location) else { return }
  guard let data = try? String(contentsOf: url) else { return }

  // zwei Formatter zum Lesen und Ausgeben
  let formatter1 = DateFormatter()
  formatter1.dateFormat = "yyyy-MM-dd'T'HH:mm:ssZZZZZ"
  let formatter2 = DateFormatter()
  formatter2.dateFormat = "yyyy-MM-dd"

  // Schleife über XML-Dokument
  let xmlhash = SWXMLHash.parse(data)
  for siteurl in xmlhash["urlset"]["url"].all {
    if let loc = siteurl["loc"].element?.text,
       let modified = siteurl["lastmod"].element?.text,
       let modDate = formatter1.date(from: modified)
    {
      print("  \(formatter2.string(from: modDate)): \(loc)")
    }
  }
}
```

22.3 JSON-Encoder und -Decoder

Die *JavaScript Object Notation* (JSON) ist mittlerweile beliebter als XML, wenn es darum geht, zumeist kleinere Datenmengen von einem Programm zum anderen zu übertragen – bzw. von einer Webseite zum Client. Insofern ist es äußerst erfreulich, dass Swift seit Version 4 das JSON-Format umfassend unterstützt.

Die entscheidende Neuerung ist das `Codable`-Protokoll, das sich aus den Teilprotokollen `Decodable` und `Encodable` zusammensetzt. Es wird von allen elementaren Swift-Datentypen inklusive Arrays und Dictionaries implementiert, außerdem von vielen Core-Graphics-Datentypen (`CGPoint` etc.). Datenstrukturen, die aus `Codable`-kompatiblen Elementen zusammengesetzt sind, lassen sich mit minimalem Aufwand in das JSON-Format umwandeln bzw. aus einem JSON-Dokument wieder einlesen.

JSON oder Property Lists

Aktuell enthält die Swift-Standardbibliothek nur zwei Implementierungen des `Codable`-Protokolls: Neben den in diesem Abschnitt behandelten Klassen `JSONEncoder` und `JSONDecoder` können Sie auf die Klassen `PropertyListEncoder` und `PropertyListDecoder` zurückgreifen, um eigene Daten in einer Property List zu speichern bzw. von dort wieder einzulesen. Ob `Codable` in künftigen Swift-Versionen auf andere Formate erweitert wird, ist noch nicht abzusehen. Großartig wären natürlich XML sowie ein platzsparendes binäres Format.

Hello World, JSON!

Ausgangspunkt für das Hello-World-Beispiel zur Anwendung des JSON-Encoders und -Decoders sind die leicht verständlichen Datenstrukturen `Author` und `Book`. Der einzige Aspekt, der neu ist, ist die Angabe des Protokolls `Codable`. Da die Strukturen ausschließlich aus Elementen bestehen, die selbst `Codable` unterstützen, ist zur Implementierung des Protokolls kein weiterer Code erforderlich.

22

```
// Beispieldatei ios-json.playground
struct Author : Codable {
  let name: String
}
struct Book : Codable {
  let title: String
  let isbn: String
  let authors: [Author]
  let published: Date
}
```

Ein `Book`-Element kann beispielsweise so zusammengesetzt werden:

```
let formatter = DateFormatter()
formatter.dateFormat = "yyyy-MM-dd"

let rapibook = Book(title: "Raspberry Pi",
                    isbn: "978-3-8362-6519-5",
                    authors: [Author(name: "Kofler"),
                              Author(name: "Kühnast"),
                              Author(name: "Scherbeck")],
                    published: formatter.date(from: "2018-09-15")!)
```

Um alle Daten der Variablen rapibook in eine Zeichenkette umzuwandeln (zu *serialisieren*, wie der Fachausdruck lautet), sind genau drei Zeilen Code erforderlich: Sie müssen einen JSONEncoder erzeugen, dessen Methode encode ausführen und die resultierenden Daten (Datentyp Data) mit einer geeigneten Init-Funktion von String in eine Zeichenkette umwandeln:

```
let encoder = JSONEncoder()
if let jsondata = try? encoder.encode(rapibook),
   let jsonstr = String(data: jsondata, encoding: .utf8)
{
  print(jsonstr)
  // Ausgabe:
  // {"title":"Raspberry Pi",
  //  "published": 520466400
  //  "authors":[{"name":"Kofler"}, {"name":"Kühnast"},
  //             {"name":"Scherbeck"}],
  //  "isbn": "978-3-8362-6519-5"}
}
```

JSON-Formatierung

Die print-Ausgabe sieht in Wirklichkeit nicht so schön aus wie im obigen Listing: Der JSON-Encoder versucht nämlich, möglichst kompakte Daten zu liefern, und verzichtet deswegen standardmäßig auf Einrückungen und Zeilenumbrüche. Die Formatierung sowie einige Details der JSON-Encodierung lassen sich aber durch Eigenschaften der JSONEncoder-Klasse steuern. Diese Eigenschaften müssen vor dem Aufruf der encode-Methode eingestellt werden.

```
encoder.outputFormatting = .prettyPrinted    // gut lesbare Formatierung
encoder.dateEncodingStrategy = .iso8601      // Datum gemäß ISO 8601
```

Weitere Parameter des JSON-Encoders sind dataEncodingStrategy (wie sollen Binärdaten verarbeitet werden) und nonConformingFloatEncodingStrategy. Diese Eigenschaft gibt an, wie der Encoder mit den Fließkommawerten NaN (*Not a Number*) sowie positiv und negativ Unendlich umgehen soll. Wichtig: Wenn Sie nicht bei den Defaultwerten bleiben, müssen Sie äquivalente Einstellungen auch beim Decoder verwenden.

JSON-Decoder

Das Decodieren eines Data-Elements, das Sie z. B. mit Data(contentsOf:) aus einer Datei gelesen haben, ist ähnlich unkompliziert wie das Codieren. An die decode-Methode übergeben Sie den Datentyp (hier Book.self), den Sie erwarten, sowie die im Data-Typ vorliegenden Daten:

```
// Beispieldatei ios-json.playground
let decoder = JSONDecoder()
// eventuell Decoder-Eigenschaften wie .dateEncodingStrategy einstellen
if let bookcopy = try? decoder.decode(Book.self, from: jsondata) {
  print(bookcopy.title)
  ...
}
```

In der Praxis kommt es oft vor, dass Sie ein JSON-Dokument decodieren möchten, aber nicht an allen darin enthaltenen Informationen interessiert sind. In diesem Fall ist es zulässig, dass Sie Datenstrukturen definieren, die nur die für Sie relevanten Teile des JSON-Dokuments abbilden.

Ausgangspunkt für das folgende Beispiel ist eine Zeichenkette, die im JSON-Format eine Menüstruktur abbildet (Quelle: *http://json.org/example.html*):

```
// Beispieldatei ios-json-sample2.playground
let jsonstr = """
  { "menu": {
      "id": "file",
      "value": "File",
      "popup": {
        "menuitem": [
          {"value": "New", "onclick": "CreateNewDoc()"},
          {"value": "Open", "onclick": "OpenDoc()"},
          {"value": "Close", "onclick": "CloseDoc()"}
        ]
      }
    }
  }
  """
```

Von den so dargestellten Daten seien aber nur die Popup-Menüeinträge von Interesse. In diesem Fall kann das JSON-Dokument durch die folgende Datenstruktur abgebildet werden. (Beachten Sie, dass in der Struktur Menu die Eigenschaften id und value absichtlich fehlen, weil wir an diesen Daten nicht interessiert sind.)

```
struct Toplevel : Codable {
  let menu: Menu
}
```

```
struct Menu : Codable {
  let popup: Popup
}

struct Popup : Codable {
  // Array, weil es pro Popup mehrere Menuitem-Objekte geben kann!
  let menuitem: [Menuitem]
}

struct Menuitem : Codable {
  let value: String
  let onclick: String
}
```

Sobald es gelungen ist, das Datenmodell durch Swift-Typen darzustellen, ist die Decodierung ein Kinderspiel. Denken Sie daran, dass Sie die JSON-Zeichenkette zuerst mit der Methode `data` in ein `Data`-Element umwandeln müssen!

```
let decoder = JSONDecoder()
if let jsondata = jsonstr.data(using: .utf8),
   let top = try? decoder.decode(Toplevel.self, from: jsondata)
{
  for itm in top.menu.popup.menuitem {
    print("Value = \(itm.value), OnClick=\(itm.onclick)")
    // Ausgabe Value = New, OnClick=CreateNewDoc()
    //         Value = Open, OnClick=OpenDoc()
    //         Value = Close, OnClick=CloseDoc()
  }
}
```

Zuordnung zwischen JSON-Dokument und Swift-Typen ändern

Oft weichen die Elementnamen in vorgegebenen JSON-Dokumenten von den Konventionen für Variablennamen in Swift ab. In solchen Fällen können Sie die Zuordnung zwischen den JSON-Namen und den Swift-Eigenschaften durch eine Enumeration mit dem Namen `CodingKeys` anpassen. Die Enumeration muss für jede Eigenschaft der betreffenden `Codable`-Struktur oder -Klasse einen Eintrag enthalten. Bei Elementen, deren Name im JSON-Dokument von den Swift-Namen abweicht, müssen Sie dem Element eine entsprechende Enumerationszeichenkette zuordnen.

In der folgenden Variante des obigen Beispiels gibt es JSON-Elemente mit den Namen `menu_item` und `on_click`. Diese Elemente sollen den Swift-Eigenschaftsnamen `menuItem` bzw. `onClick` zugeordnet werden.

```
// Beispieldatei ios-json-sample3.playground
let jsonstr = """
```

```
  { "menu": {
      "id": "file",
      "value": "File",
      "popup": {
        "menu_item": [
          {"value": "New", "on_click": "CreateNewDoc()"},
          {"value": "Open" },
          {"value": "Close", "on_click": "CloseDoc()"}
        ]
      }
    }
  }
  """
struct Toplevel : Codable { ... }  // wie im vorigen Beispiel
struct Menu : Codable { ... }      // wie im vorigen Beispiel

struct Popup : Codable {
  let menuItem: [MenuItem]

  enum CodingKeys: String, CodingKey {
    case menuItem = "menu_item"    // menuItem <--> menu_item
  }
}

struct MenuItem : Codable {
  let value: String
  let onClick: String?

  enum CodingKeys: String, CodingKey {
    case value
    case onClick = "on_click"      // onClick <--> on_click
  }
}

let decoder = JSONDecoder()
if let jsondata = jsonstr.data(using: .utf8) ,
  let top = try? decoder.decode(Toplevel.self, from: jsondata) {
    for itm in top.menu.popup.menuItem {
      print("Value=\(itm.value), OnClick=\(itm.onClick ?? "[empty]")")
      // Ausgabe Value=New, OnClick=CreateNewDoc()
      //         Value=Open, OnClick=[empty]
      //         Value=Close, OnClick=CloseDoc()
  }
}
```

Optionals in Codable-Datentypen

Wenn Sie eine JSON-Datei einlesen, bei der gewisse Elemente manchmal vorhanden sind, in anderen Teilen aber fehlen, müssen Sie den entsprechenden Datentyp in den Swift-Strukturen zur Nachbildung der JSON-Struktur als Optional definieren. Dieser Aspekt ist im obigen Beispiel bei der Eigenschaft `onClick` zu sehen.

Eigene Encoder und Decoder

Solange Ihre eigenen Datentypen aus lauter Eigenschaften zusammengesetzt sind, die selbst dem Protokoll `Codable` entsprechen, können Sie ohne Zusatzaufwand codieren bzw. decodieren. Verwenden Sie aber Eigenschaften mit anderen Datentypen, dann müssen Sie eine Init-Funktion zum Decodieren sowie die Methode `encode` selbst implementieren. Außerdem benötigen Sie nun zwingend eine Enumeration mit den Schlüsseln aller Elemente, die verarbeitet werden müssen.

Die Vorgehensweise ist am einfachsten anhand eines Beispiels zu verstehen. Ausgangspunkt ist die folgende Struktur zur Speicherung eines Koordinatenpunkts samt Beschreibung:

```
// Beispieldatei ios-json-sample4.playground
struct Place: Codable {
  let name: String
  let location: CLLocation
}
```

In der obigen Form liefert der Code einen Fehler, weil `CLLocation` nicht dem Protokoll `Codable` entspricht. Sie entscheiden sich, De- und Encoder selbst zu programmieren, wobei Sie das `CLLocation`-Objekt auf den Koordinatenpunkt reduzieren und dabei die Schlüssel `loc_lat` und `loc_long` verwenden. (Tatsächlich enthält die `CLLocation`-Klasse weitere Eigenschaften, z. B. die Höhe. Dieses Beispiel ignoriert diese Eigenschaften. Wenn sie gesetzt sind, gehen sie beim Codieren und anschließenden Decodieren verloren.)

Der gesamte Code der `Place`-Struktur sieht dann so aus:

```
struct Place: Codable {
  let name: String
  let location: CLLocation

  // Standard-Init-Funktion, hier syntaktisch erforderlich
  init(name: String, location: CLLocation) {
    self.name = name
    self.location = location
  }
```

```
  // Aufzählung aller Schlüssel
  enum PlaceKeys : String, CodingKey {
    case name, loc_lat, loc_long
  }

  // eigene Decoder-Init-Funktion
  init(from decoder: Decoder) throws {
    do {
      let container = try decoder.container(keyedBy: PlaceKeys.self)
      let name: String =
        try container.decode(String.self, forKey: .name)
      let lat: Double =
        try container.decode(Double.self, forKey: .loc_lat)
      let long: Double  =
        try container.decode(Double.self, forKey: .loc_long)
      self.init(name: name,
                location: CLLocation(latitude: lat,
                                     longitude: long))
    } catch {
      print(error)
      throw error
    }
  }

  // eigene Encoding-Methode
  func encode(to encoder: Encoder) throws {
    do {
      var container = encoder.container(keyedBy: PlaceKeys.self)
      try container.encode(name, forKey: .name)
      try container.encode(location.coordinate.latitude,
                           forKey: .loc_lat)
      try container.encode(location.coordinate.longitude,
                           forKey: .loc_long)

    } catch {
      print(error)
      throw error
    }
  }
}
```

Nun zur Erklärung des Codes: Die Init-Funktion `init(name:location:)` ist hier zwingend erforderlich. Normalerweise wird die Init-Funktion einer Struktur durch den Swift-Compiler implementiert. Das gilt aber nicht, wenn wie in diesem Fall zusätzlich eine weitere Init-Funktion vorhanden ist, also `init(from:)`.

Die Enumeration `PlaceKeys` zählt die Schlüssel der Datenelemente auf, die codiert bzw. decodiert werden sollen. Dabei geht es um die interne Darstellung der Daten, nicht um die Eigenschaften der Struktur `Place`. Die Schlüssel `loc_lat` und `loc_long` sind den beiden Koordinaten zugeordnet.

Der Decoder wird als weitere Init-Funktion implementiert. In der `container`-Variablen wird ein generischer `KeyedDecodingContainer` für die in der Enumeration aufgezählten Elemente gespeichert. Durch den wiederholten Aufruf der Methode `decode` versucht die Funktion nun, alle erforderlichen Elemente aus dem Container zu decodieren. Dabei dürfen Sie nur solche Datentypen verwenden, die das `Codable`-Protokoll standardmäßig kennt. Wenn das Decodieren ohne Fehler gelingt, wird aus diesen Daten durch den Aufruf von `self.init` ein neues Element der `Place`-Struktur erzeugt.

Die `encode`-Methode ist für die umgekehrte Richtung zuständig. Dem Container werden durch mehrere `encode`-Aufrufe alle Datenelemente der `PlaceKeys`-Enumeration hinzugefügt.

Weitere Beispiele und Details

Der JSON-Encoder und -Decoder kommt in diesem Buch auch in zwei Beispielprojekten zum Einsatz. Werfen Sie einen Blick in Kapitel 35, »New-York-Times-Bestseller«, und in Kapitel 37, »Schatzsuche«!

Einen guten Überblick über die Möglichkeiten des `Codable`-Protokolls sowie über mögliche Alternativen, z. B. mit den Protokollen `NScoding` und `NSSecureCoding`, finden Sie hier:

https://developer.apple.com/documentation/foundation/archives_and_serialization

22.4 Webseiten anzeigen

Oft besteht in Apps die Notwendigkeit, eine Webseite anzuzeigen – sei es extern im Webbrowser des Geräts oder direkt in der App. Dieser Abschnitt geht kurz auf beide Varianten ein.

Webseite im Webbrowser anzeigen

Um eine Webseite unter macOS im Standard-Browser des Betriebssystems zu öffnen, erzeugen Sie zuerst ein entsprechendes `URL`-Objekt und übergeben es an die `open`-Methode des `NSWorkspace`-Objekts. Die Methoden des `NSWorkspace`-Objekts ermöglichen es Ihnen, Verzeichnisse im Finder, Dokumente in der ihnen zugeordneten App sowie Webseiten im Browser zu öffnen. Außerdem können Sie mit `launchApplication` ein beliebiges anderes Programm starten, herausfinden, welche App gerade aktiv ist, Geräte aus dem Verzeichnisbaum lösen etc. Sie sehen also: Hinter der `NSWorkspace`-Klasse verbergen sich durchaus interessante Funktionen. Für unsere Zwecke benötigen wir aber wie gesagt nur `open`:

```
// Webseite in macOS im Standard-Webbrowser anzeigen
let url = URL(string: "https://kofler.info")!
NSWorkspace.shared().open(url)
```

Ganz ähnlich ist die Vorgehensweise unter iOS: Dort brauchen Sie ein `UIApplication`-Objekt:

```
// Projekt ios-webkit, Datei ViewController.swift
// Webseite in iOS in Safari öffnen
let uiapp = UIApplication.shared
let url = URL(string: "https://kofler.info")!
uiapp.open(url, options: [:], completionHandler: nil)
```

Webseite in der App anzeigen

Zur Anzeige von Webseiten *innerhalb* der App stehen Ihnen unter iOS gleich drei Varianten zur Auswahl:

- `UIWebView`: Sie können aus der Objektbibliothek die Web-View in Ihre App einfügen. Diese Möglichkeit besteht schon seit iOS 2, ist aus Entwicklersicht am bequemsten und bietet die Möglichkeit, die Web-View wie jedes andere Steuerelement zu platzieren.
- `WKWebView`: Die Klasse `WKWebView` aus der WebKit-Bibliothek gibt es seit iOS 8. Der größte Vorteil im Vergleich zur `UIWebView` ist die deutlich höhere Geschwindigkeit, besonders bei der Verarbeitung von JavaScript-Code der anzuzeigenden Webseite. Die `WKWebView` läuft in einem eigenen Prozess, nutzt die neuesten Optimierungstechniken von Safari und beansprucht weniger Speicherplatz als die `UIWebView`.

  Natürlich gibt es auch Nachteile: Die `WKWebView` muss das Wurzel-View-Objekt des View-Controllers ersetzen. Sie können die `WKWebView` nicht mit eigenen Steuerelementen kombinieren. Außerdem sind zwei, drei Zeilen mehr Code erforderlich, um eine `WKWebView` zu erzeugen und zu initialisieren.

- `SFSafariViewController`: Seit iOS 9 bietet Apple die `SFSafariViewController`-Klasse in der Bibliothek SafariServices an. Geschwindigkeit und Speicherverbrauch sind in etwa wie bei der `WKWebView`, der Vorteil besteht aber darin, dass sich der View-Controller wie ein Safari-Tab verhält und auf den gemeinsamen Cache, gespeicherte Passwörter, Cookies etc. zugreifen kann. (Ihre App hat darauf aus Sicherheitsgründen keinen Zugriff, der Safari-View-Controller läuft in einem eigenen Thread.)

  »Wo ist diesmal der Nachteil?«, werden Sie fragen: Sie geben noch mehr Kontrolle ab. Während die `WKWebView` innerhalb der View eines Navigation- oder Tab-Bar-Controllers ausgeführt werden kann, ist der `SFSafariViewController` sein eigener View-Controller. Er wird per Code erzeugt und mit `present` angezeigt. Der einzige Weg zurück in die Seiten Ihrer App führt über einen vordefinierten FERTIG-Button. Immerhin können Sie Einfluss auf die Farbgestaltung der Bedienungselemente des Browsers nehmen.

Im Beispielprojekt `ios-webkit` zeige ich Ihnen alle Varianten (siehe Abbildung 22.2). Die anzuzeigende Webseite ist in `Global.swift` als Konstante für die gesamte App zentral festgelegt:

```
// Projekt ios-webkit, Datei Global.swift
let myurl = URL(string: "https://derspiegel.de")!
```

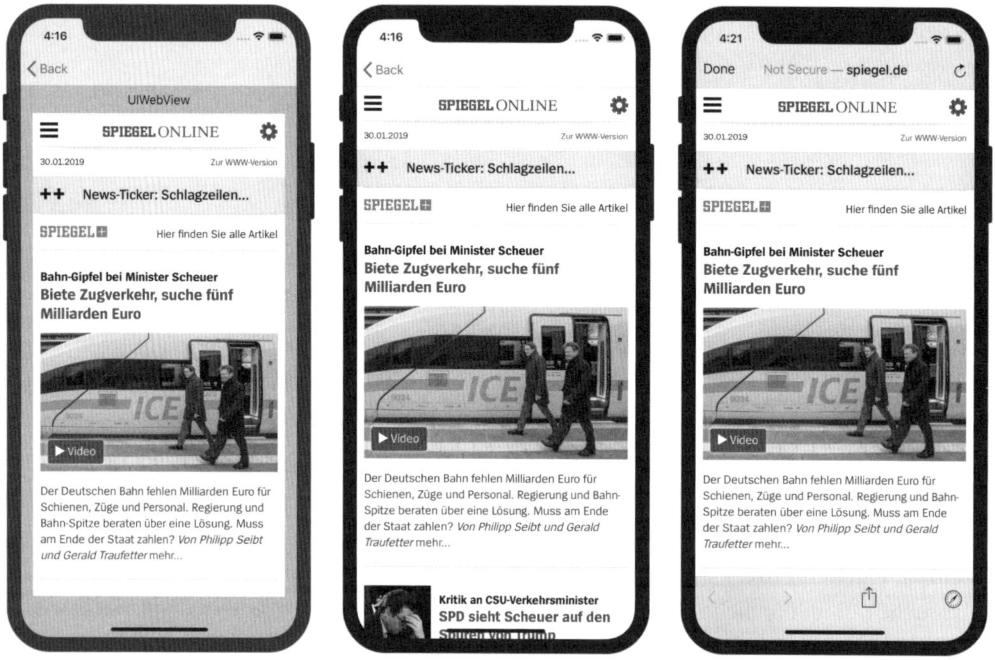

Abbildung 22.2 Eine Spiegel-Online-Schlagzeile in drei verschiedenen Web-Views

Das Beispiel beschränkt sich allerdings darauf, eine Webseite einfach anzuzeigen. Alle drei Web-Viewer bieten wesentlich mehr Funktionen: Sie können lokale Dateien oder durch Ihre App generierten HTML- und JavaScript-Code anzeigen und ausführen lassen, Sie können Delegates zur Verarbeitung von Browsing-Ereignissen einrichten, je nach Web-Viewer-Variante Einfluss auf die Darstellung und den Bedienungsablauf nehmen, Cookies setzen und löschen etc.

Wenn Sie derart fortgeschrittene Funktionen benötigen, müssen Sie sich genauer in die jeweiligen Programmiermodelle einlesen. Ein erster Startpunkt sind die folgenden Seiten, die die Unterschiede zwischen den drei Web-View-Varianten mit noch mehr Details erläutern:

https://nshipster.com/wkwebkit
https://macstories.net/stories/ios-9-and-safari-view-controller-the-future-of-web-views

Webseiten in tvOS anzeigen

Vielleicht wundert es Sie, dass ich hier nicht auf tvOS eingehe. Das hat damit zu tun, dass es in tvOS zwar wie unter iOS eine `UIWebView`-Klasse gibt, dass deren Anwendung aber nicht erlaubt ist – zumindest nicht, wenn Sie vorhaben, Ihre App im App Store anzubieten.

Die Bibliotheken WebKit und SafariServices stehen unter tvOS nicht zur Verfügung. Wenn Sie aber ohnedies nur an einer Test-App arbeiten, verrät der folgende Stack-Overflow-Artikel, wie Sie eine Webseite unter tvOS anzeigen. Das funktioniert wunderbar, allerdings gibt es keine Möglichkeit, einen Link oder Button auf der Seite anzuklicken und so weiterzunavigieren.

https://stackoverflow.com/a/32715013

UIWebView-Klasse

Um eine Seite in der `UIWebView` anzuzeigen, bauen Sie dieses Steuerelement einfach in Xcode in Ihre App-Oberfläche ein. Außerdem richten Sie wie üblich eine Outlet-Variable ein. Die Adresse der anzuzeigenden Seite übergeben Sie in Form eines `URLRequest`-Objekts:

```
// Projekt ios-webkit, Datei VC_UIWebKit.swift
class ViewController: UIViewController {
  @IBOutlet weak var webview: UIWebView!  // Outlet für Web-View

  override func viewDidLoad() {
    super.viewDidLoad()
    // Seite in Web-View öffnen
    webview.loadRequest(URLRequest(url: myurl))
  }
}
```

Adjust Scroll View Insets

Die `UIWebView` wird in einer View innerhalb eines Navigation-Controllers angezeigt. Damit innerhalb der `UIWebView` kein grauer Balken angezeigt wird, müssen Sie die Option Adjust Scroll View Insets des View-Controllers deaktivieren.

WKWebView-Klasse

Die `WKWebView`-Klasse steht nicht als Steuerelement in der Objektbibliothek zur Auswahl, sondern ist in der WebKit-Bibliothek definiert, die Sie importieren müssen. Das `WKWebView`-Objekt erzeugen Sie in `viewDidLoad` oder noch besser bereits in der Methode `loadView` per Code und weisen es der `view`-Eigenschaft des View-Controllers zu. Die Web-View ersetzt damit den gesamten Inhalt des View-Controllers. Die Eigenschaft `wkwv` habe ich hier nur definiert, um ggf. später in anderen Methoden noch eine Zugriffsmöglichkeit auf die Web-View zu haben.

```
// Projekt ios-webkit, Datei VC_WKWebKit.swift
import UIKit
import WebKit
class VC_WKWebView: UIViewController {
  var wkwv: WKWebView!
  // loadView() wird bereits vor viewDidLoad() aufgerufen
  override func loadView() {
    super.loadView()
    wkwv = WKWebView()                    // WKWebView erzeugen und der
    self.view = wkwv                      //  root-View zuweisen
    wkwv.load(URLRequest(url: myurl)) // Seite laden und anzeigen
  }
}
```

Gerade bei Apps für das iPad wäre es mitunter praktisch, wenn man analog zur obigen Vorgehensweise auch die `view`-Eigenschaft eines `UIView`-Elements verändern könnte, um so die Web-View nicht bildschirmfüllend, sondern innerhalb eines vorgegebenen Rechtecks anzuzeigen. Das funktioniert aber leider nicht:

https://stackoverflow.com/questions/32399066

SFSafariViewController-Klasse

Die `SFSafariViewController`-Klasse beinhaltet, wie der Name bereits sagt, einen eigenen View-Controller. Deswegen sieht die Vorgehensweise zur Anzeige einer Webseite ein wenig anders aus: Sie erzeugen eine Instanz der Klasse und verwenden dann die Methode `present`, um den neuen View-Controller zu aktivieren. Der Anwender Ihrer App gelangt mit dem Button FERTIG zurück zum bisherigen View-Controller. An den `completion`-Parameter können Sie eine Closure übergeben, die verarbeitet wird, sobald die Web-View sichtbar wird und das Laden der Webseite beginnt.

```
// Projekt ios-webkit, Datei ViewController.swift
import UIKit
import SafariServices
class ViewController: UIViewController {
  // Webseite intern in einem neuen Safari-View-Controller öffnen
  @IBAction func openInSafariViewController(_ sender: UIButton) {
    let svc = SFSafariViewController(url: myurl)
    svc.preferredBarTintColor =
      UIColor(red: 0.9, green: 0.9, blue: 1, alpha: 1)
    svc.preferredControlTintColor = .black
    present(svc, animated: true, completion: nil)
  }
}   // Ende class ViewController
```

Die Eigenschaften `preferredBarTintColor` und `preferredControlTintColor` steuern die Hintergrund- und Vordergrundfarben der Adressleiste und der Statusbar der Web-View. Diese Bedienungselemente verschwinden, sobald der Anwender die Webseite verschiebt, und tauchen erst wieder auf, wenn das Ende der Seite erreicht ist. Eine Möglichkeit, diese Elemente anfänglich auszublenden, habe ich nicht gefunden.

HTTP-Seiten anzeigen

Die `UIWebView`- und `WKWebView`-Steuerelemente funktionieren für HTTPS-Seiten wunderbar. Bei HTTP-Seiten bleiben die Steuerelemente allerdings leer. Lediglich im Debug-Bereich lässt sich mit etwas Mühe die folgende Warnung finden: *App Transport Security has blocked a cleartext HTTP resource load since it is insecure.* iOS weigert sich also wiederum aus Sicherheitsgründen, HTTP-Seiten anzuzeigen.

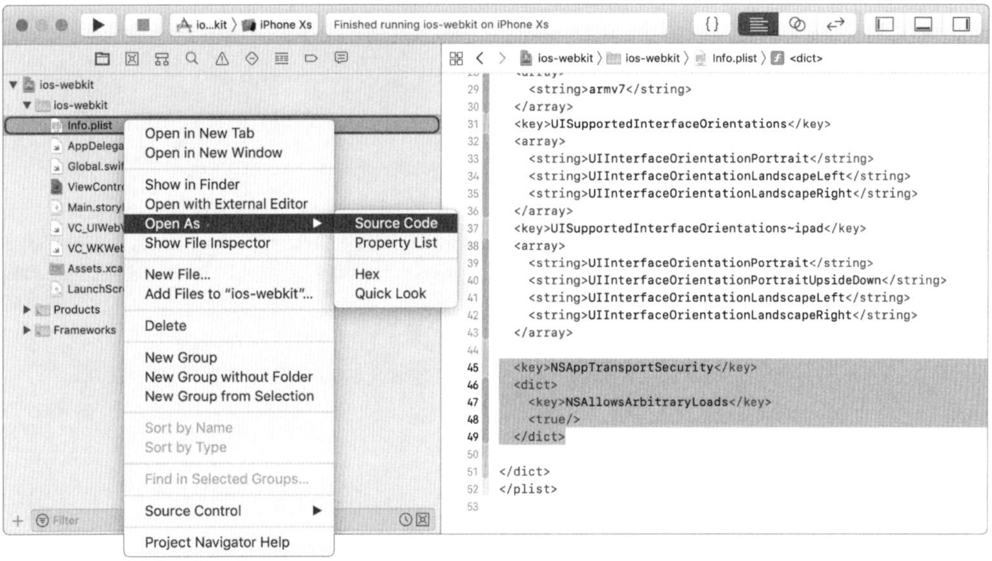

Abbildung 22.3 »Info.plist« muss verändert werden, damit die Web-View auch HTTP-Seiten anzeigt.

An sich ist die Präferenz für HTTPS sicherlich lobenswert, aber in diesem Fall schießt Apple doch über das Ziel hinaus. Damit die Web-View alle Seiten anzeigen kann, fügen Sie die folgenden Zeilen kurz vor dem Ende von `Info.plist` ein:

```
<!-- Projekt ios-webkit, Datei Info.plist -->
<?xml version="1.0" encoding="UTF-8"?>
<plist version="1.0">
<dict>
  ...
```

```
  <!-- Start des eigenen Codes -->
  <key>NSAppTransportSecurity</key>
  <dict>
    <key>NSAllowsArbitraryLoads</key>
    <true/>
  </dict>
  <!-- Ende des eigenen Codes -->
</dict>
</plist>
```

Die Veränderung führen Sie durch, indem Sie `Info.plist` per Kontextmenü mit OPEN AS • SOURCE CODE öffnen (siehe Abbildung 22.3). Wenn Sie mit dem Safari-View-Controller arbeiten, ist diese Änderung nicht erforderlich! In diesem Fall gelten die Einstellungen von Safari. Dort akzeptiert Apple glücklicherweise das Protokoll HTTP ohne Einschränkungen.

Kapitel 23
Tabellen und Listen darstellen

In vielen Apps ist es notwendig, Tabellen oder Listen darzustellen, aus denen der Anwender einen Eintrag auswählen kann. Manche Apps bieten zudem die Möglichkeit, Listeneinträge hinzuzufügen, zu verändern bzw. wieder zu löschen.

Dieses Kapitel gibt eine Einführung in den Umgang mit dem Table-View- und dem Collection-View-Steuerelement. Für iOS- und tvOS-Apps basieren die Steuerelemente auf der Klasse `UITableView` bzw. `UICollectionView`. Wenn Sie macOS-Apps entwickeln, müssen Sie sich dagegen mit den verwandten Klassen `NSTableView` und `NSCollectionView` anfreunden, die sich durch ein paar Eigenheiten von ihrem iOS-Gegenstück absetzen.

Konkrete Anwendungsbeispiele für die Steuerelemente finden Sie unter anderem in den folgenden Abschnitten bzw. Kapiteln:

- Abschnitt 27.9, »Fotos in einer AVCaptureSession aufnehmen«
- Kapitel 35, »New-York-Times-Bestseller«
- Kapitel 36, »To-do-Listen«
- Kapitel 37, »Schatzsuche«
- Kapitel 41, »Icon-Resizer«

Die in diesem Kapitel präsentierten Techniken gelten auch für die Picker-View (`UIPickerView`-Klasse, siehe Kapitel 38, »Währungskalkulator«).

23.1 Listen in iOS-Apps (UITableView)

Das `UITableView`-Steuerelement zählt zu den universellsten Gestaltungselementen von iOS-Programmen. Es bietet die Möglichkeit, Elemente einer Liste in den unterschiedlichsten Formen darzustellen. Aus den vielen Anwendungsvarianten ergibt sich aber leider auch eine große Komplexität bei der Anwendung des Steuerelements.

In diesem Buch kann ich nur eine Einführung in den Umgang mit dem Steuerelement geben. Gruppierte und hierarchische Listen bleiben außen vor, ebenso viele fortgeschrittene Bearbeitungsfunktionen. Von Apple gibt es außer der `UITableView`-Klassenbeschreibung einen umfangreichen *Programming Guide*:

https://developer.apple.com/documentation/uikit/uitableview
https://developer.apple.com/library/ios/documentation/UserExperience/Conceptual/TableView_iPhone/AboutTableViewsiPhone/AboutTableViewsiPhone.html

UITableView versus UITableViewController

Viele Beispiele in diesem Kapitel basieren auf einem `UITableView`-Steuerelement (graues Icon in der Objektbibliothek). Im Storyboard-Editor fügen Sie dieses Steuerelement in ein `UIView`-Steuerelement ein – bei Bedarf mit anderen Steuerelementen, die zusammen die Ansicht der App gestalten.

Alternativ stellt die Objektbibliothek aber auch einen `UITableViewController` zur Verfügung (gelbes Icon). Dabei handelt es sich um einen selbstständigen View-Controller, der sich wie ein `UIView`-Steuerelement mit einem randfüllenden `UITableView`-Steuerelement verhält.

Mit anderen Worten: Wenn eine Ansicht Ihrer App ausschließlich aus einer Table-View besteht, ist es egal, ob Sie ein `UITableView`-Steuerelement in eine gewöhnliche View einfügen oder ob Sie gleich einen `UITableViewController` einsetzen. Wenn man davon absieht, dass Sie die Eigenschaften `delegation` und `datasource` nicht einstellen müssen, ist die Verwendung des `UITableViewController` mit keinerlei Vorteilen verbunden; dem steht aber der Nachteil gegenüber, dass es unmöglich ist, später doch noch einen Button oder ein Label hinzuzufügen.

Ein Anwendungsbeispiel für den `UITableViewController` gab es in diesem Buch bereits in Abschnitt 17.6, »Split-View-Controller«: Sobald Sie einen Split-View-Controller in das Storyboard einfügen, wird automatisch auch ein Table-View-Controller für die Listenelemente eingerichtet.

Hello UITableView!

Eine Art »Hello World!«-Projekt soll Sie mit dem Steuerelement vertraut machen. Unser Ziel besteht vorerst nur darin, die Bundesländer Deutschlands als Liste darzustellen.

Starten Sie also ein neues Projekt, und fügen Sie ein Table-View-Steuerelement in den View-Controller ein. Achten Sie darauf, dass Sie nicht irrtümlich einen Table-View-Controller verwenden! Stellen Sie die Größe des Table-Views mit Regeln so ein, dass das Steuerelement den gesamten Bildschirm ausfüllt. Sie können die App in dieser Form bereits ausführen, werden dann aber nur eine leere Liste sehen.

Es geht jetzt also darum, die Liste mit Daten zu füllen. Der vielleicht naheliegende Ansatz wäre, dass Sie in `viewDidLoad` Daten an die Table-View übergeben. Aber so (einfach) ist es nicht: Nicht Sie teilen dem Tabellenfeld mit, welche Daten es gibt – nein, umgekehrt fragt das Tabellenfeld Ihr Programm erst bei Bedarf, welche Daten es im Eintrag *n* der Tabelle bzw. Liste anzeigen soll. Dieses Fragespiel findet, wie so oft in Cocoa, durch den Aufruf von

Delegate-Methoden statt. Der entscheidende Vorteil dieses Konzepts besteht darin, dass bei einer langen Liste nicht von vornherein alle Daten übergeben werden müssen. Das spart Zeit und Speicherplatz.

Es ist Ihnen freigestellt, wo im Code Sie die Delegate-Methoden implementieren. Gerade bei einfachen Apps bietet sich dazu die ohnedies schon vorhandene View-Controller-Klasse an. Fügen Sie also per [ctrl]-Drag eine Outlet-Variable für die Table-View in die Klasse ein, und geben Sie in `viewDidLoad` an, dass Sie in der Controller-Klasse die Delegate-Methoden der Protokolle `UITableViewDataSource` und `UITableViewDelegate` verarbeiten möchten. Das erste Protokoll ist für das schon erwähnte Fragespiel zur Datenbefüllung notwendig. Das zweite Protokoll sieht unter anderem die Methode `tableview(:didSelectRowAt:)` vor, die Ihr Programm darüber informiert, dass der Anwender ein Listenelement durch eine Berührung mit dem Finger ausgewählt hat.

Mit der `register`-Methode geben Sie außerdem an, welche Art von Zellen in der Tabelle verwendet werden sollen. In diesem Beispiel handelt es sich um den einfachstmöglichen Zellentyp, also um Elemente der unveränderten `UITableViewCell`-Klasse in der Defaultvariante. Diese sieht pro Zelle ein Text- und ein optionales Image-Feld vor.

`register` ist erforderlich, damit iOS die Zellen später erzeugen und beim Scrollen wiederverwerten (recyceln) kann, was die Effizienz wesentlich erhöht. Der `register`-Aufruf entfällt, wenn Sie mit Prototypzellen arbeiten. Details dazu folgen in Abschnitt 23.2.

```
// Projekt ios-list1, Datei ViewController.swift
class ViewController: UIViewController {
  // Zugriff auf das Table-View-Steuerelement
  @IBOutlet weak var tableView: UITableView!

  // Daten
  var mydata = ["Baden-Württemberg", "Bayern", "Berlin", ...
    "Schleswig-Holstein", "Thüringen"]

  // Delegate- und DataSource-Verarbeitung per Code einstellen
  override func viewDidLoad() {
    super.viewDidLoad()
    tableView.delegate = self
    tableView.dataSource = self

    // UITableViewCell-Defaultzellen verwenden
    tableView.register(UITableViewCell.self,
                       forCellReuseIdentifier: "cell")
  }
}
```

Delegation und Datenquelle in Xcode einstellen

In allen meinen Beispielprogrammen stelle ich `delegate`- und `dataSource`-Eigenschaften im Code ein, bei iOS-Apps zumeist in der `viewDidLoad`-Methode des View-Controllers.

Das ist aber nicht der einzige mögliche Weg. Sie können die beiden Eigenschaften auch in Xcode einstellen. Dazu wählen Sie zuerst das Steuerelement aus – hier also die Table-View – und öffnen den Connections Inspector. Von dort ziehen Sie eine Verbindungslinie zum View-Controller (siehe Abbildung 23.1), ausnahmsweise ohne gleichzeitig [ctrl] zu drücken.

Der Code zur Einstellung von `delegate` und `dataSource` ist schneller eingetippt, als es dauert, die Verbindung in Xcode herzustellen. Außerdem hat der Code den Vorteil, dass die Zuweisung damit nachvollziehbar dokumentiert ist. Die Xcode-Einstellung ist hingegen unsichtbar; Sie müssen im Connections Inspector explizit danach suchen.

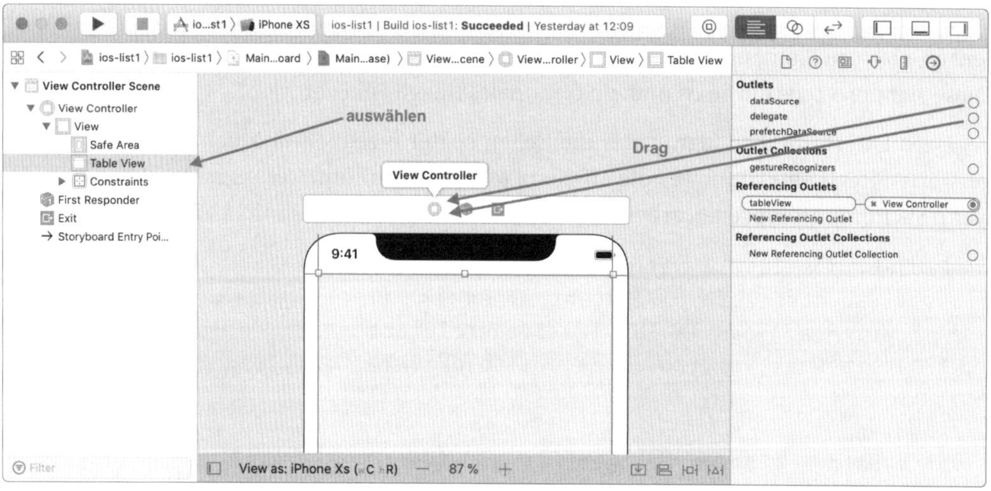

Abbildung 23.1 Delegation und Datenquelle in Xcode einstellen

Für die minimale Implementierung des `UITableViewDataSource`-Protokolls sind zwei oder drei Methoden erforderlich:

- In `numberOfSections(in:)` geben Sie an, aus wie vielen Abschnitten Ihre Liste besteht. Bei einfachen Listen gibt es nur einen Abschnitt. In diesem Fall darf diese Methode auch ganz entfallen.
- In `tableView(_:numberOfRowsInSection:)` geben Sie an, aus wie vielen Einträgen der jeweilige Abschnitt der Liste besteht. Da es im vorliegenden Beispiel nur einen Abschnitt gibt, ist eine Auswertung dieses Parameters nicht erforderlich. Die Methode gibt einfach die Anzahl der Array-Elemente von `mydata` zurück.
- Interessant wird es in `tableView(_:cellForRowAt:)`: Diese Methode erwartet als Rückgabewert ein `UITableViewCell`-Objekt, das das betreffende Listenelement darstellt. Die Methode

`dequeueReusableCell` liefert ein Objekt dieses Typs, wobei nach Möglichkeit eine zuvor schon genutzte, aktuell aber nicht mehr sichtbare Zelle wiederverwendet wird.

Jetzt müssen Sie nur noch die Zelleneigenschaften einstellen. In unserem Fall betrifft das nur die `textLabel`-Eigenschaft. Um die eigentliche Anzeige der Listenelemente müssen Sie sich nicht kümmern – das erledigt das Steuerelement für Sie (siehe Abbildung 23.2).

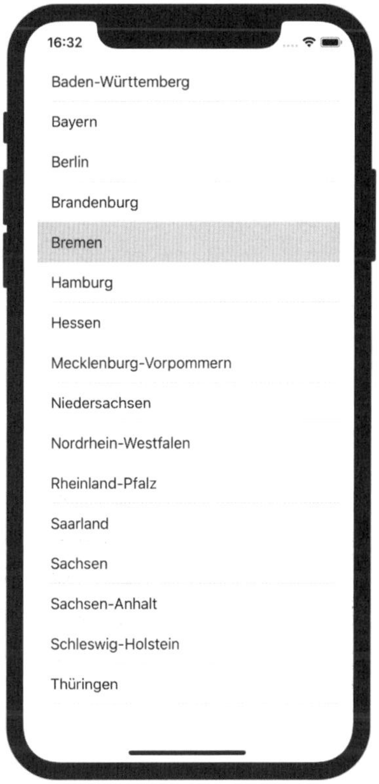

Abbildung 23.2 Die Darstellung der Bundesländerliste in der laufenden App

23

```
// Projekt ios-list1, Datei ViewController.swift (Fortsetzung)
// DataSource-Methoden
extension ViewController: UITableViewDataSource {
  func numberOfSections(in tableView: UITableView) -> Int {
    // Die Liste hat nur einen Abschnitt. In diesem Fall können
    // Sie auf die Methode ganz verzichten.
    return 1
  }
  func tableView(_ tableView: UITableView,
                 numberOfRowsInSection section: Int) -> Int
  {
    // der einzige Abschnitt der Liste hat mydata.count Elemente
    return mydata.count
  }
```

```
  func tableView(_ tableView: UITableView,
                 cellForRowAt indexPath: IndexPath) -> UITableViewCell
  {
    // liefert eine Zelle
    let cell = tableView.dequeueReusableCell(withIdentifier: "cell",
                                             for: indexPath)

    // Eigenschaften der Zelle einstellen und zurückgeben
    cell.textLabel!.text = mydata[indexPath.row]
    return cell
  }
}
```

Reaktion auf die Auswahl eines Listeneintrags

Damit die App auf die Auswahl eines Listenelements reagieren kann, muss sie noch die Methode `tableView` mit dem zweiten Parameter `didSelectRowAtIndexPath` aus dem `UITable-ViewDelegate`-Protokoll implementieren:

```
// Projekt ios-list1, Datei ViewController.swift (Fortsetzung)
// TableView-Delegates
extension ViewController: UITableViewDelegate {
  func tableView(_ tableView: UITableView,
                 didSelectRowAt indexPath: IndexPath)
  {
    print(mydata[indexPath.row])
  }
}
```

Listeneintrag per Code auswählen

Umgekehrt wollen Sie mitunter einen Listeneintrag per Code auswählen. Dazu verwenden Sie die Methode `selectRow`, die im ersten Parameter allerdings nicht einfach die Nummer des gewünschten Eintrags erwartet, sondern ein `IndexPath`-Objekt. Das hat damit zu tun, dass Listen aus mehreren Abschnitten bestehen können. Die folgenden Zeilen zeigen, wie Sie zuerst ein `IndexPath`-Objekt für den ersten Eintrag des ersten Abschnitts erzeugen (die Zählung beginnt wie immer mit 0) und dieses Element dann so anzeigen, dass es innerhalb der Liste oben angezeigt wird. Alternativen für den Parameter `scrollPosition` sind `.middle` und `.bottom`.

```
let idx = IndexPath(row: 0, section: 0)
tableView.selectRow(at: idx,
                    animated: true,
                    scrollPosition: .top)
```

Anzeige leerer Listeneinträge vermeiden

Wenn Ihre Liste weniger Einträge umfasst, als innerhalb des Steuerelements Platz finden, erscheinen am Ende der Liste als Platzhalter lauter leere Listeneinträge. Das sieht unschön aus und lässt sich durch folgende Anweisung in `viewDidLoad` vermeiden:

```
tableView.tableFooterView = UIView(frame: CGRect.zero)
```

23.2 Prototypzellen

Mit der einfachen Anzeige einer Textzeile pro Zelle ist es selten getan. Dieser Abschnitt erläutert zuerst die Darstellungsvarianten der Standardzellen und zeigt dann, wie Sie Listenzellen vollkommen frei selbst gestalten können.

Anstatt (wie im vorigen Abschnitt beschrieben) die Zellen als neue `UITableViewCell`-Objekte zu erzeugen, können Sie vorweg einen Prototyp der Zellen in Xcode vorbereiten. Dazu klicken Sie die Table-View an und setzen im Attributinspektor die Anzahl der Prototypzellen auf 1 (Option PROTOTYPE CELLS). Es wird dann eine leere Prototypzelle angezeigt. Wenn Sie mehrere unterschiedliche Arten von Zellen benötigen, können Sie entsprechend mehr Prototypzellen einrichten.

Um die Prototypzelle zu bearbeiten, klicken Sie diese im Storyboard-Editor oder, was zuverlässiger funktioniert, in der Document-Outline-Leiste an. Nun geben Sie der Zelle bei der Option IDENTIFIER einen Namen. Tatsächlich eingestellt wird so die Eigenschaft `reuseIdentifier`. Der Name ist erforderlich, damit Sie im Code auf den Prototyp zugreifen können.

Die Prototypzelle erscheint im Storyboard-Editor vorerst einfach in Weiß. Das liegt an der Einstellung STYLE = CUSTOM. Wenn Sie im STYLE-Feld eines der vier im nächsten Abschnitt beschriebenen Defaultschemata auswählen, dann werden in der Zelle ein oder zwei Textfelder angezeigt. Deren Formatierung können Sie anschließend verändern.

In der Delegate-Methode `tableView(:cellForRowAt:)` erzeugen Sie die Zellen nun nicht mehr mit `UITableViewCell(:style:reuseIdentifier)`, sondern durch den Aufruf der Methode `tableView.dequeueReusableCell`.

Verwirrender Umgang mit Prototypzellen in Xcode

Der Umgang mit Prototypzellen im Storyboard-Editor ist gewöhnungsbedürftig. Sobald Sie zumindest eine Prototypzelle anlegen, wird die Darstellung der Table-View zweigeteilt: Oben werden mit weißem Hintergrund zuerst die Überschrift »Prototype Cells« und dann die Zelle(n) angezeigt. Es ist optisch nicht erkennbar, wo die Überschrift endet und die Zelle anfängt. Die Zweiteilung hat auch nichts mit dem Aussehen der Table-View im laufenden Programm zu tun, sondern ist nur für die Entwicklungsphase gedacht.

Mit dem quadratischen Anfasser zwischen dem weißen und dem grauen Bereich stellen Sie die Zellenhöhe ein.

Bei einigen Prototypzellen können Sie im IMAGE-Feld ein Bild auswählen. Das Bild wird im Storyboard aber nicht angezeigt. Sie bemerken nur, dass der Platz für die Textfelder kleiner wird.

Kurz und gut: Mit etwas Routine und nach vielen Versuch-und-Irrtum-Tests stellt man irgendwann fest, dass Prototypzellen doch ein praktisches Feature sind. Leicht macht es Apple den Entwicklern hier aber nicht.

Listenzellen mit Bild und Zusatzinformationen

Bei Zellen, die Sie mit `UITableViewCell(style: xxx)` erzeugen, bzw. bei Prototypzellen, die Sie in Xcode einrichten, haben Sie die Wahl zwischen vier verschiedenen Erscheinungsformen (`UITableViewCellStyle`-Enumeration):

- `.default` / BASIC: Bild links, Titel rechts, ohne Zusatzinformationen
- `.subtitle` / SUBTITLE: Bild links, Titel rechts, darunter Zusatzinformationen
- `.value1` / RIGHT DETAIL: Bild links, Titel in der Mitte, rechts Zusatzinformationen
- `.value2` / LEFT DETAIL: links die Zusatzinformationen, rechts der Titel, kein Bild

Je nach Stil können Sie später in Ihrem Programm drei Eigenschaften der Zelle einstellen:

- `textLabel` gibt den Titel der Zelle an.
- `detailTextLabel` kann Zusatzinformationen bzw. einen Untertitel enthalten.
- `imageView` kann ein Bild (`UIImage`-Objekt) enthalten. Wird kein Bild übergeben, wird der so freie Platz für Text verwendet.

Wie diese drei Datenelemente angezeigt werden, hängt vom `style`-Parameter ab, an den Sie ein Element der `UITableViewCellStyle`-Enumeration übergeben. Bei in Xcode erzeugten Prototypzellen können Sie auch diverse Eigenschaften wie Schriftart, Farbe und Position einstellen.

Bundesländerliste mit Flaggen

Zur Illustration der Gestaltungsmöglichkeiten zeigt die Beispiel-App `ios-list2` zu jedem Bundesland auch den Namen der Hauptstadt sowie eine Flagge an (siehe Abbildung 23.3). Die App verwendet Prototypzellen mit STYLE = SUBTITLE. Auch die Formatierung der Textfelder (blaue, fette Schrift für das Bundesland, kursiver Text für die Hauptstadt) erfolgte in Xcode (siehe Abbildung 23.4).

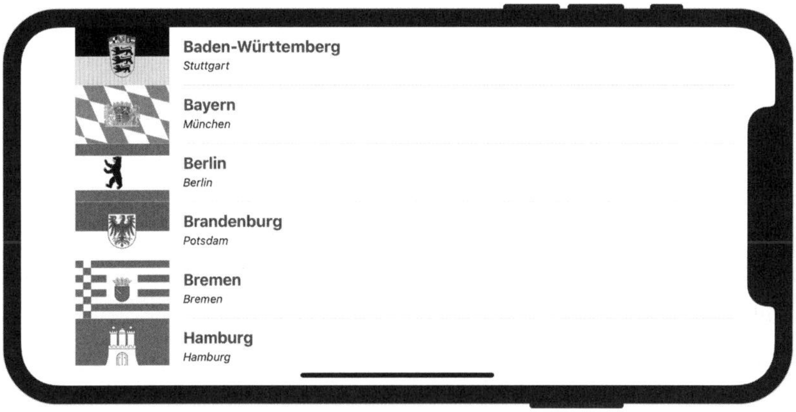

Abbildung 23.3 Darstellung der Listenelemente mit Untertitel und Bild, hier im Querformat)

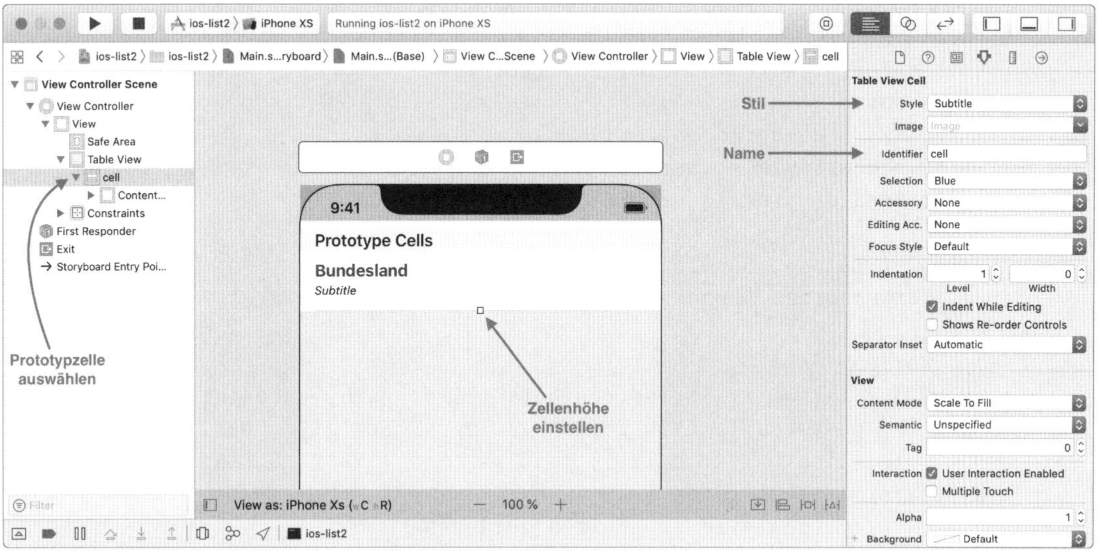

Abbildung 23.4 Verwendung von Prototypzellen in Xcode

Bundesländerdaten verwalten

Die Datenbasis für das Programm befindet sich in der Textdatei `bundesländer.txt`. Jede Zeile enthält, durch Tabulatorzeichen getrennt, den Namen eines Bundeslands, seine Fläche, die Einwohneranzahl (Stand: Ende 2012) sowie den Namen der Landeshauptstadt.

Zur Speicherung eines Datensatzes im Programm dient die Struktur `Country`:

```
// Projekt ios-list2, Datei Country.swift
struct Country {
  var name:String
  var population:Int
```

```
  var area:Double
  var capital:String

  static func readFromBundle() -> [Country] { ... }
}
```

Dort ist auch die statische Methode `readFromBundle` definiert, die `bundesländer.txt` einliest. Grundlagen zum Zugriff auf Bundle-Dateien können Sie in Abschnitt 21.3, »Bundle-Dateien und Assets«, nachlesen. Auf eine Fehlerbehandlung für den Fall, dass das Einlesen der Datei nicht funktioniert, habe ich verzichtet.

Die beiden recht unübersichtlichen `split`/`map`-Kombinationen dienen dazu, die Textdatei zuerst in Zeilen und dann in Spalten zu zerlegen. Die Konstruktionen in den geschwungenen Klammern sind jeweils Closures, die an `split` bzw. `map` übergeben werden. `split` arbeitet zeichenweise; die resultierenden `Character`-Arrays werden dann in `String($0)` wieder zu Zeichenketten zusammengefügt.

```
static func readFromBundle() -> [Country] {
  var data = [Country]()
  let fmt = NumberFormatter()
  fmt.numberStyle = .decimal
  fmt.locale = Locale.de_DE

  if let path =  Bundle.main.path(
    forResource: "bundesländer", ofType: "txt")
  {
    do {
      let txt = try String(contentsOfFile: path, encoding: .utf8)
      // gesamten Text in Zeilen zerlegen, Schleife über jede Zeile
      let lines = txt.split() { $0 == "\n" }.map { String($0) }
      for line in lines {
        // jede Zeile in Spalten zerlegen
        let columns = line.split() {$0 == "\t"}.map { String($0) }
        if columns.count == 4 {
          let name = columns[0]
          let area =
            Double(truncating: fmt.number(from: columns[1]) ?? 0.0)
          let pop = Int(columns[2]) ?? 0
          let cap = columns[3]
          data.append(Country(name: name, population: pop,
                              area: area, capital: cap))
        }
      } // for
    } catch _ {}  // Fehler ignorieren
  } // if let
  return data
}
```

Table-View-Code

Der restliche Aufbau der App sieht wie beim Beispiel in Abschnitt 23.1, »Listen in iOS-Apps (UITableView)«, aus. `mydata` mit den Länderdaten wird direkt bei der Deklaration initialisiert:

```
// Projekt ios-list2, Datei ViewController.swift
class ViewController: UIViewController {
  var mydata = Country.readFromBundle()
}
```

Am interessantesten ist der Code der Methode `tableView(:cellForRowAt:)`:

- Zum einen können wir uns jetzt darauf verlassen, dass `dequeueReusableCell` immer ein Ergebnis liefert. Die Methode liefert nämlich die Prototypzelle zurück.
- Zum anderen sind nun gleich drei Eigenschaften der Zelle einzustellen: `textLabel`, `detailTextLabel` und `imageView`.

Die Flaggen liegen als PNG-Dateien vor, die innerhalb von `Images.xcassets` gespeichert wurden. Der Zugriff auf die Inhalte der Bilddatenbank erfolgt denkbar einfach in der Init-Funktion von `UIImage` mit dem `named`-Parameter:

```
UIImage(named: "name aus images.xcasset")
```

Die eingesetzten Bilddateien mit einer relativ geringen Auflösung von 400 × 240 Pixeln stammen von der folgenden Webseite:

http://nationalflaggen.de/flaggen-zum-download.html

Höherauflösende Bilder finden Sie bei Bedarf in der Wikipedia. Dort ist auch nachzulesen, dass Flaggen in Deutschland gemeinfrei sind (also *public domain*):

http://de.wikipedia.org/wiki/Liste_der_Flaggen_deutscher_Länder

```
// Projekt ios-list2, Datei ViewController.swift
extension ViewController: UITableViewDataSource {
  // liefert Tabellenzellen zur Darstellung im Steuerelement
  func tableView(_ tableView: UITableView,
                 cellForRowAt indexPath: IndexPath) -> UITableViewCell
  {
    // Prototypzelle nutzen
    let cell = tableView.dequeueReusableCell(withIdentifier: "cell",
                                             for: indexPath)
    // Titel und Untertitel einstellen, Bilder aus Xcassets-Datei laden
    let row = indexPath.row
    cell.textLabel!.text = mydata[row].name
    cell.detailTextLabel?.text = mydata[row].capital
    cell.imageView!.image = UIImage(named: mydata[row].name)
    return cell
  }
}
```

23.3 Individuelle Gestaltung von Listenzellen

Wenn die vier vordefinierten Varianten der `UITableCellView`-Klasse nicht Ihren Vorstellungen entsprechen, müssen Sie sich die Mühe machen, für die Zellen ein eigenes Layout zu entwickeln. Das können Sie auf zwei Arten tun: Entweder per Code, indem Sie die Zellen Schritt für Schritt aus verschiedenen, von `UIView` abgeleiteten Komponenten zusammensetzen; oder in Xcode, indem Sie mit Prototypzellen mit STYLE = CUSTOM arbeiten.

Die erste Vorgehensweise ist naturgemäß mühsamer. Die Details erkläre ich in Abschnitt 23.5, »Tabellen in macOS-Apps (NSTableView)«. Dieser Abschnitt bleibt hingegen auf den von Apple vorgezeichneten Xcode-Pfaden und beweist, welche Möglichkeiten Prototypzellen bieten. Dabei wird die aus den vorigen Abschnitten schon vertraute Bundesländer-App nochmals so erweitert, dass das Anklicken eines Listeneintrags in eine Detailsicht führt (siehe Abbildung 23.5).

Abbildung 23.5 Links die Listenansicht der Beispiel-App, rechts die Detailansicht

Den Inhalt von Prototypzellen selbst zusammenstellen

Für das Beispiel habe ich die Table-View wieder mit einer Prototypzelle ausgestattet, wobei ich diesmal die Voreinstellung STYLE = CUSTOM beibehalten habe. Innerhalb der Zelle sieht Xcode eine sogenannte *Content-View* vor. Das ist der Bereich der Zelle, den Sie selbst gestalten können. Darin fügen Sie nun die für Ihre Anwendung erforderlichen Steuerelemente ein und definieren durch Auto-Layout-Regeln deren Ausrichtung. Die Höhe der Zelle bleibt ja in jedem iOS-Gerät dieselbe, die Breite kann aber stark variieren (denken Sie an ein iPad im Querformat).

Objektauswahl leicht gemacht

Wenn im Storyboard mehrere Steuerelemente, Zellen etc. übereinander angeordnet bzw. ineinander verschachtelt sind, wird es zunehmend schwierig, das gewünschte Objekt mit der Maus oder dem Trackpad zu treffen.

Viel einfacher ist es, wenn Sie die Storyboard-Seitenleiste Document Outline einblenden und das betreffende Element dort auswählen. Eine andere Möglichkeit besteht darin, das Steuerelement mit [⇧] und der rechten Maustaste anzuklicken: Dann erscheint ein Kontextmenü zur Auswahl aller darunter befindlichen Steuerelemente bzw. Container.

Für das hier vorliegende Beispiel habe ich in die Zelle zwei Label und ein Image-View-Steuerelement eingefügt (siehe Abbildung 23.6). Im Vergleich zur bisherigen Gestaltung befindet sich die Flagge nun rechts und wird etwas kleiner dargestellt – und mit einem kleinen Rand innerhalb des Listeneintrags, um die Gestaltung etwas luftiger zu machen.

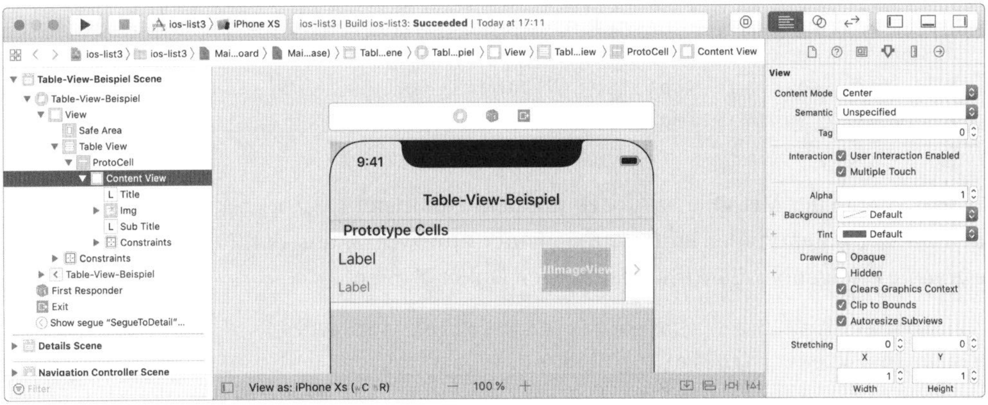

Abbildung 23.6 Individuelle Gestaltung einer Prototypzelle in Xcode

Die Zellenhöhe können Sie direkt mit der Maus oder dem Trackpad einstellen. Alternativ finden Sie im Size Inspector das Feld Row Height, in dem Sie die vertikale Größe punktgenau angeben können.

Abermals müssen Sie der Prototypzelle einen Namen geben (Feld Identifier im Attributinspektor). Ich habe wieder die Zeichenkette `ProtoCell` verwendet. Außerdem müssen Sie die Zelle nun mit einer eigenen Klassendatei ausstatten. Dazu führen Sie File • New • File aus, wählen die Vorlage Cocoa Class, geben der neuen Klasse einen Namen (hier `MyCell`) und geben an, dass Ihre Klasse von der `UITableViewCell`-Klasse abgeleitet werden soll (siehe Abbildung 23.7).

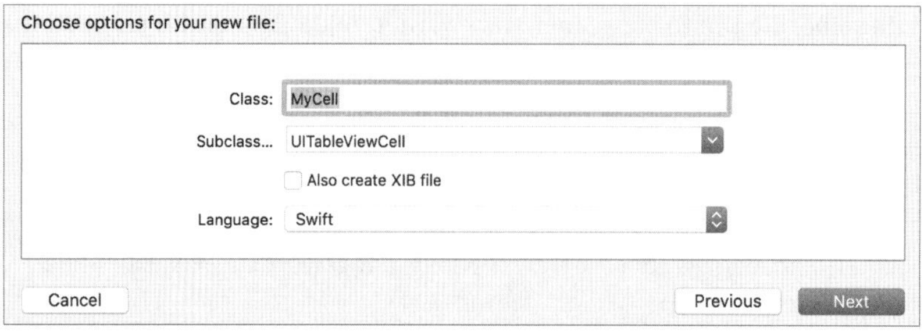

Abbildung 23.7 Neue Klassendatei für die Prototypzelle einrichten

Nun wählen Sie die Prototypzelle aus und verbinden sie mit Ihrer eigenen Klasse (CUSTOM CLASS • CLASS im Identity Inspector). Anschließend ordnen Sie in Xcode den Storyboard-Editor und die Codedatei `MyCell.swift` nebeneinander an und verschieben die Steuerelemente der Prototypzelle mit `ctrl` in den Code. Dabei geben Sie den drei Outlets sinnvolle Namen. Weitere Änderungen am Code sind in diesem Beispiel nicht erforderlich, sodass der Code der neuen Klasse ungewöhnlich kurz ausfällt:

```
// Projekt ios-list3, Datei MyCell.swift
class MyCell: UITableViewCell {
  @IBOutlet weak var title: UILabel!
  @IBOutlet weak var subTitle: UILabel!
  @IBOutlet weak var img: UIImageView!
}
```

Zuletzt sind in der Methode `tableView` mit dem Parameter `cellForRowAt` Änderungen erforderlich: Der Datentyp der Prototypzelle lautet nun `MyCell`, und der Zugriff auf die Steuerelemente erfolgt über die vorhin definierten Outlet-Namen.

```
// Projekt ios-list3, Datei ViewController.swift
extension ViewController: UITableViewDataSource {
  // liefert Tabellenzellen zur Darstellung im Steuerelement
  func tableView(_ tableView: UITableView,
                 cellForRowAt indexPath: IndexPath) -> UITableViewCell
  {
    // Prototypzelle erzeugen und als MyCell-Objekt verwenden
    let cell = tableView.dequeueReusableCell(
      withIdentifier: "ProtoCell", for: indexPath) as! MyCell
    let row = (indexPath as NSIndexPath).row
    cell.title.text = mydata[row].name
    cell.subTitle.text = mydata[row].capital
    // Zugriff auf Bilder aus Images.xcasset
    cell.img.image = UIImage(named: mydata[row].name)
    return cell
  }
}     // restlicher Code der Klasse wie in den vorigen Beispielen
```

Noch mehr Gestaltungsmöglichkeiten mit einer eigenen UITableViewCell-Klasse

Das aktuelle Beispiel, das gleich vervollständigt wird (siehe die Überschrift »Detailansicht zu Listeneinträgen«), nutzt das Potenzial von Prototypzellen nur teilweise: Es verwendet die standardmäßig vorgesehenen Zellelemente (ein Bild und zwei Textfelder) und ordnet sie lediglich neu an.

Sie können Zellen aber auch vollkommen frei gestalten. Dazu geben Sie im Attributinspektor STYLE = CUSTOM ein und fügen dann in den Prototypbereich die gewünschten Steuerelemente ein wie sonst in den View-Controller.

Zur Programmierung der frei gestalteten Tabellenzelle verbinden Sie diese mit einer eigenen Klasse. Sie fügen also mit FILE • NEW • FILE eine neue Datei vom Typ COCOA TOUCH CLASS ein und verwenden als Basisklasse `UITableViewCell`. Anschließend verbinden Sie diese neue Klasse mit den Prototypzellen, indem Sie diese im Storyboard-Editor anklicken und dann in der rechten Seitenleiste CUSTOM CLASS den Namen der neuen Zellenklasse angeben. Nach diesen Vorbereitungsarbeiten können Sie das Storyboard und im Assistenzeditor die Klassendatei nebeneinander anzeigen und per `ctrl`-Drag Outlet-Verbindungen herstellen.

Ein ausführliches Beispiel für diese Vorgehensweise finden Sie am Ende dieses Kapitels (siehe Abschnitt 23.6, »Collections asynchron füllen (UICollectionView)«), ein weiteres Beispiel gibt Abschnitt 30.5, »CloudKit-Beispiel«.

Zellenhöhe einstellen

Um die Zellenhöhe individuell einzustellen, müssen Sie das `UITableViewDelegate`-Protokoll implementieren (also z. B. `tblView.delegate = self` in der Methode `viewDidLoad` ausführen). Das gibt Ihnen wiederum die Möglichkeit, die Methode `tableView(_:heightForRowAt)` zu implementieren. In dieser Methode geben Sie die gewünschte Höhe der Tabellenzellen in Punkt zurück.

Deutlich komplizierter wird die Sache, wenn die Höhe von Zelle zu Zelle variieren soll. Eine Anleitung für diese Variante finden Sie auf der folgenden Webseite:

https://www.raywenderlich.com/8549-self-sizing-table-view-cells

Detailansicht zu Listeneinträgen

In vielen iOS-Anwendungen gelangen Sie mit der Auswahl eines Listenelements in eine Detailansicht, die weitere Informationen zum Listeneintrag anzeigt oder Bearbeitungsfunktionen anbietet. Um den App-Benutzern einen optischen Hinweis zu geben, dass eine Detailansicht verfügbar ist, wählen Sie im Storyboard-Editor die Prototypzelle aus und stellen dann im Attributinspektor ACCESSORY = DISCLOSURE INDICATOR ein. Damit wird am rechten Rand jeder Listenzelle ein kleiner Pfeil nach rechts angezeigt (siehe Abbildung 23.5). Dadurch verkleinert sich der nutzbare Bereich der Listenzelle (die Content-View-Größe) entsprechend.

Der nächste Arbeitsschritt besteht darin, dass Sie Ihren View-Controller mit dem Table-View-Steuerelement in einen Navigation-Controller verpacken. Am einfachsten gelingt das mit dem Xcode-Kommando EDITOR • EMBED IN • NAVIGATION CONTROLLER. Oberhalb der Liste wird nun ein grauer Balken angezeigt, der später den ZURÜCK-Button aufnehmen wird. Für das vorliegende Beispiel habe ich den Balken per Doppelklick mit TABLE-VIEW-BEISPIEL beschriftet.

Mehr Platz mit »Hide Bars • On Swipe«

Die Navigation-Controller-Option HIDE BARS • ON SWIPE bewirkt, dass der Beschriftungsbalken beim Scrollen verschwindet und so bei der aktiven Nutzung der App keinen Platz wegnimmt. In der Listenansicht ist dies praktisch, aber leider gilt die Einstellung auch für die Detailansicht. Dort ist für den Benutzer der App nicht unmittelbar einsichtig, dass er auf dem Bildschirm nach unten wischen muss, damit der ZURÜCK-Button erscheint. Deswegen habe ich in dieser App darauf verzichtet, diese Option zu setzen.

Nach diesen Vorbereitungsarbeiten fügen Sie dem Storyboard nun einen weiteren View-Controller hinzu und beschriften ihn z. B. mit *Details*. Mit FILE • NEW • FILE richten Sie für den Controller eine neue Klassendatei ein und verbinden sie mit dem View-Controller. Für das vorliegende Beispiel lautet der Klassenname `DetailVC`.

Abbildung 23.8 Die Controller der Beispiel-App beim Einrichten des Segue von der Prototypzelle in die Detailansicht

Mit [ctrl] richten Sie nun den Segue von der Prototypzelle in den neuen View-Controller ein. Das gelingt am einfachsten, wenn Sie die Zieh-Operation nicht aus dem Table-View-Controller heraus starten (dort ist es nämlich schwierig, die Prototypzelle als solche anzuklicken), sondern vielmehr den Eintrag PROTOCELL aus dem Objektbaum in der Document-Outline-Seitenleiste ziehen (siehe Abbildung 23.8). Außerdem müssen Sie die Detailansicht nun mit den erforderlichen Labeln und einer Image-View ausstatten.

In der Codedatei `DetailVC.swift` benötigen Sie Outlets zum Zugriff auf die Steuerelemente sowie eine Eigenschaft für die `Country`-Daten. Die Initialisierung der Steuerelemente erfolgt in `viewDidLoad`:

```
// Projekt ios-list3, Datei DetailVC.swift
class DetailVC: UIViewController {
  var data:Country!    // die anzuzeigenden Daten
  @IBOutlet weak var country: UILabel!
  @IBOutlet weak var population: UILabel!
  @IBOutlet weak var area: UILabel!
  @IBOutlet weak var capital: UILabel!
  @IBOutlet weak var flag: UIImageView!

  // Initialisierung der Steuerelemente
  override func viewDidLoad() {
    super.viewDidLoad()
    if data == nil { return }

    country.text = data.name    // Bundesland

    let fmt = NumberFormatter() // Einwohneranzahl im Format 1.234.567
    fmt.numberStyle = .decimal
    fmt.usesGroupingSeparator = true
    population.text =
      fmt.string(from: NSNumber(value: data.population))

    fmt.minimumFractionDigits=2  // Fläche im Format 1.234,56 km2
    fmt.maximumFractionDigits=2
    area.text  =
      (fmt.string(from: NSNumber(value: data.area)) ?? "?") + " km2"

    capital.text = data.capital  // Hauptstadt

    // Flagge: Zugriff auf xcassets-Dateien
    flag.image = UIImage(named: data.name)
  }
}
```

Die Datenübergabe an die Detailsicht erfolgt in der prepare-Methode des View-Controllers. Dort stellen die beiden ersten if-let-Kommandos sicher, dass es sich um den richtigen Segue handelt und alle erforderlichen Daten zur Verfügung stehen. An den sender-Parameter wird eine Tabellenzelle übergeben. Die Methode indexPath ermittelt daraus die Nummer des Eintrags, sodass in der data-Eigenschaft des DetailVC-Objekts die passenden Country-Daten gespeichert werden können.

```
// Projekt ios-list3, Datei ViewController.swift (Fortsetzung)
class ViewController: UIViewController {
  // Detailansicht anzeigen
  override func prepare(for segue: UIStoryboardSegue, sender: Any?) {
    if let dest = segue.destination as? DetailVC,
       let cell = sender as? MyCell,
       let indexPath = tableView.indexPath(for: cell)
    {
      dest.data = mydata[indexPath.row]
    } // Ende if let
  }   // Ende func prepare()
}     // Ende class ViewController
```

23.4 Veränderliche Listen

In den bisherigen Beispielen hat sich die Liste während der Laufzeit nie verändert. Für manche Apps trifft diese Annahme zu, in anderen Apps ist es aber erforderlich, Listen dynamisch zu verändern, indem Elemente hinzugefügt, verändert und wieder gelöscht werden.

Die Methode reloadData

Grundsätzlich ist die Veränderung von Listen unkompliziert: Sie führen die Änderung zuerst in der zugrunde liegenden Datenquelle durch und führen dann die Table-View-Methode reloadData aus. Damit werden alle sichtbaren Zellen der Table-View neu gezeichnet, natürlich unter Berücksichtigung der aktuellen Daten. Wenn Sie nur einzelne Listenelemente verändert haben, können Sie reloadRows aufrufen, um so nur ausgewählte Elemente neu zu zeichnen.

Die Scroll-Position der Liste ändert sich durch reloadData nicht. Sollte das in Ihrer App notwendig sein, helfen Sie mit der Methode scrollToRow nach. Dabei können Sie allerdings nicht einfach eine ganze Zahl mit dem gewünschten Element angeben. Sie müssen vielmehr vorher ein IndexPath-Objekt erzeugen, das die Position angibt. Am einfachsten gelingt das mit den diversen indexPath-Methoden, mit denen Sie gezielt nach Objekten innerhalb der Liste suchen können. Ein Beispiel für den Einsatz von scrollToRowAtIndexPath folgt in Kapitel 36, »To-do-Listen«.

Edit-Modus

Mit der Methode `setEditing` können Sie das Table-View-Steuerelement in einen Bearbeitungsmodus versetzen. Dort werden dann, je nachdem, welche Delegate-Methoden implementiert sind, rote Lösch- und grüne Einfüge-Buttons sowie graue Verschiebebalken angezeigt. Damit können Sie die Reihenfolge der Listenelemente verändern. Jede dieser Operationen führt wiederum zum Aufruf von Delegate-Methoden, in denen Sie die gewünschten Änderungen auch im Datenmodell nachvollziehen müssen.

Auch der aus vielen Apps bekannte Links-Wisch zum Löschen von Listeneinträgen ist im Table-View-Steuerelement bereits vorgesehen. Auch in diesem Fall reicht die Implementierung einer Delegate-Methode, um die Funktion zu aktivieren.

Gestaltung der Benutzeroberfläche

Die eigentliche Herausforderung bei veränderlichen Listen besteht darin, eine gut bedienbare Benutzeroberfläche zu gestalten. Etabliert sind dabei zwei Wege:

- **Inline-Veränderung:** Bei Listen mit strukturell einfachen Daten ist es am elegantesten, Veränderungen direkt in der Listenansicht durchzuführen. Spielen Sie ein wenig mit der Apple-App *Erinnerungen* – dort finden Sie viele Anregungen, wie die Steuerung elegant durchzuführen ist. Die größte Herausforderung bei der Programmierung besteht darin, dass in die gerade aktive Zelle statt eines Labels ein Textfeld eingebettet werden muss und dass die dort durchgeführten Änderungen anschließend auch im Datenmodell gespeichert werden.
- **Eigene Eingabe- und Änderungsansicht:** Bei komplexeren Daten ist zur Neueingabe oder Veränderung der Daten ein eigener Dialog erforderlich. Die Navigation in diesen Dialog erfolgt in der Regel bei der Auswahl eines Elements, also wie im zuletzt vorgestellten Beispiel `ios-list3`.

Inhalt neu laden (Pull to Refresh)

Die Methode `reloadData` kennen Sie ja schon. Damit fordern Sie die Table-View auf, die Daten neu aus der geänderten Datenquelle zu laden. In vielen Apps hat der Benutzer ebenfalls die Möglichkeit, so einen Reload anzufordern, indem er den Start der Liste nach unten zieht. Im Englischen heißt dieses Feature *Pull to Refresh*. Eine wirklich glückliche deutsche Bezeichnung ist mir nicht bekannt.

Zur Realisierung dieser Funktion verbinden Sie die Table-View mit einem `UIRefreshControl`-Objekt. Diesem Objekt fügen Sie eine Action-Methode hinzu. Wenn der Benutzer nun die Tabelle vom oberen Ende nach unten zu ziehen versucht, erscheint automatisch das rotierende Laden-Symbol. Außerdem wird die Action-Methode ausgeführt. Dort können Sie nun das Neuladen der Daten veranlassen. Wenn Sie damit fertig sind, müssen Sie `endRefreshing` ausführen, damit das Laden-Symbol verschwindet. Analog können Sie mit `beginRefreshing` das rotierende Laden-Symbol auch selbst aktivieren.

Die folgenden Zeilen geben einen Überblick über den erforderlichen Code. Ein Beispiel, in dem dieser Code realisiert ist, finden Sie in Abschnitt 30.5, »CloudKit-Beispiel«.

```
class ViewController: UIViewController {
  @IBOutlet weak var tblview: UITableView!
  let refresh = UIRefreshControl()

  override func viewDidLoad() {
    super.viewDidLoad()
    refresh.addTarget(self,         // 'Pull to Refresh' unterstützen
                      action: #selector(ViewController.refreshTable),
                      for: UIControlEvents.valueChanged)
    tblview.addSubview(refresh)
  }

  @objc func readBooks()  {
    // Code zum Neuladen der Table-View-Elemente ...
    refresh.endRefreshing()
  }
}
```

Beispiele für veränderliche Listen

Die in Kapitel 36, »To-do-Listen«, vorgestellte To-do-App beschreitet den ersten Weg, wenngleich anstelle von Inline-Veränderungen Popup-Dialoge eingesetzt werden. Dort erfahren Sie auch, wie Sie Listenelemente durch einen Links-Wisch löschen, Listenelemente nach oben oder nach unten verschieben etc.

Ein Beispiel für die Veränderung von Listenelementen in einem Detaildialog finden Sie in Kapitel 37, »Schatzsuche«: Dort können Sie den gerade aktuellen Ort als Listenelement speichern, um später dorthin zurückzukehren.

23.5 Tabellen in macOS-Apps (NSTableView)

Das Table-View-Steuerelement ist das vermutlich vielseitigste macOS-Steuerelement. Ihm liegen die `NSTableView`-Klasse zugrunde und eine ganze Menge weiterer Klassen und Protokolle, die für die Teilkomponenten wie die Spaltenbeschriftung zuständig sind.

Mit dem `NSTableView`-Steuerelement arbeiten Sie ähnlich wie mit dem `UITableView`-Steuerelement, das auf den vorangegangenen Seiten dieses Kapitels im Mittelpunkt stand. Es gibt aber auch grundlegende Unterschiede. Diese haben damit zu tun, dass unter macOS mehrere Spalten erlaubt sind, die Breite und Anordnung der Spalten oft variabel sind, die Zeilen sortiert werden können etc.

Hello NSTableView!

Wenn Sie ein Table-View-Steuerelement in den View-Controller einfügen, wird in Wirklichkeit ein ganzes Konglomerat von Objekten erzeugt und eingebaut. Am einfachsten lässt sich die Hierarchie der Elemente in der Document-Outline-Seitenleiste ergründen (siehe Abbildung 23.9).

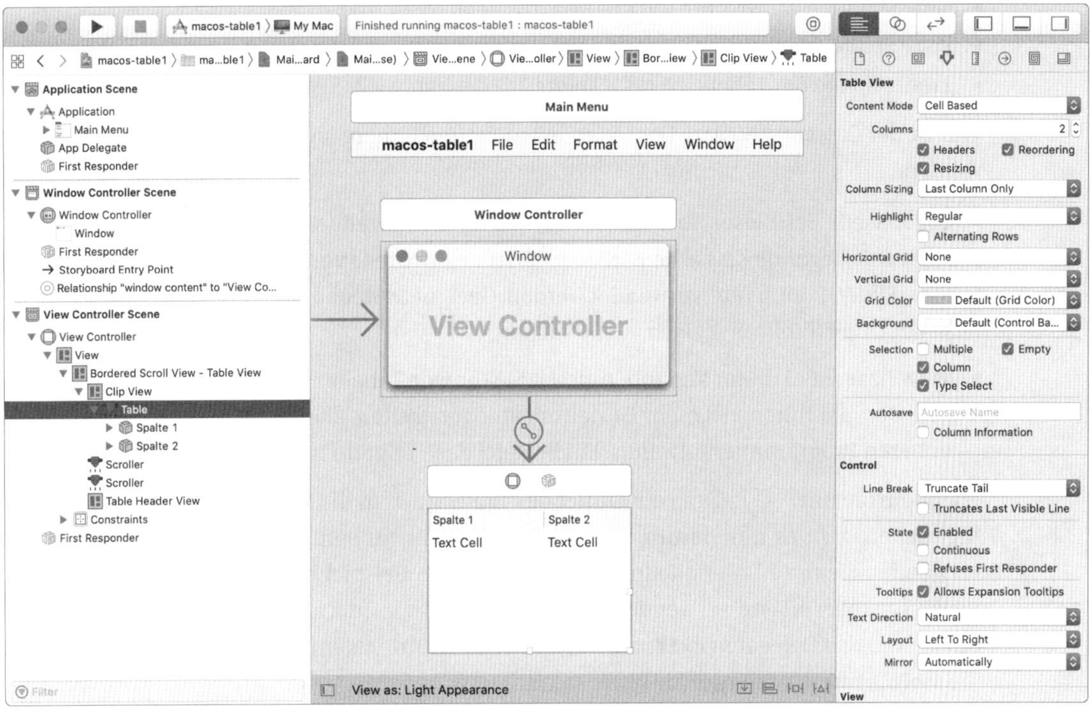

Abbildung 23.9 Table-View-Einstellungen in Xcode

> **Die Document Outline effizient nutzen**
>
> Cocoa-Steuerelemente bestehen oft aus vielen ineinander verschachtelten Objekten. Im Storyboard-Editor ist es schwierig und oft unmöglich, das gerade erforderliche Objekt anzuklicken. Abhilfe: Verwenden Sie die Document-Outline-Seitenleiste, um Objekte auszuwählen, Actions und Outlets in den Code einzufügen, Verbindungen herzustellen etc.
>
> Das Ausklappen der vielen Ebenen in der Document Outline gelingt am schnellsten zusammen mit `alt` – dann werden gleich auch alle Unterebenen ausgeklappt.

Die Anzahl der Spalten legen Sie im Attributinspektor für das Objekt *Table* fest. Zur Beschriftung klicken Sie auf die entsprechende Tabellenspalte in der Document Outline. Im Identity Inspector können Sie zudem für jede Spalte den IDENTIFIER festlegen. Diese Zeichenkette benötigen Sie später, um in den Delegate-Methoden zu erkennen, welche Spalte gemeint ist.

Für dieses Hello-World-Beispiel erstellen Sie ein neues Cocoa-Projekt mit Storyboard, fügen das Table-View-Steuerelement in den View-Controller ein, passen seine Größe an die des View-Controllers an und legen mit ADD MISSING CONSTRAINTS entsprechende Layoutregeln fest. Nun führen Sie die folgenden Einstellungen durch (siehe Abbildung 23.9):

- Tabelle: CONTENT MODE = CELL BASED
- Erste Spalte der Tabelle: TITLE = *Spalte 1*, IDENTIFIER = *1*
- Zweite Spalte der Tabelle: TITLE = *Spalte 2*, IDENTIFIER = *2*

Was ist der CONTENT MODE? Das `NSTableView`-Steuerelement kann auf zwei Arten verwendet werden:

- **Cell Based:** Bei dieser Variante ist für jede Tabellenzelle ein Textfeld vorgesehen. Die zugrunde liegende Klasse heißt `NSTextFieldCell`. Anstelle von Textzellen können auch Buttons, Slider, Popups etc. verwendet werden. Geeignete Steuerelemente finden Sie, wenn Sie in der Objektbibliothek nach »Cell« suchen.
- **View Based:** Bei dieser Variante müssen Sie für jede Tabellenzelle ein `NSView`-Objekt erzeugen. Das gibt Ihnen viel mehr Gestaltungsmöglichkeiten, allerdings zum Preis eines etwas höheren Programmieraufwands. Ein Beispiel dazu folgt im nächsten Abschnitt.

Nachdem Sie mit `ctrl`-Drag ein Outlet des Table-Views in die View-Controller-Klasse eingefügt haben, geht es nun darum, die Tabelle mit Daten zu befüllen. Wie bei der `UITableView` verwenden Sie dazu Datenquellmethoden. In diesem Beispiel habe ich dazu die Instanz der View-Controller-Klasse verwendet. Der Code in der `viewDidLoad`-Methode stellt die Datenquelle und das Delegate-Objekt auf `self`. In vielen Tutorials im Internet kommt stattdessen die `AppDelegate`-Klasse zum Einsatz.

Welches der bessere Ort ist, hängt davon ab, wie Ihr Programm konzipiert ist, d. h. davon, wo Sie die Verbindung zwischen dem Controller und dem Datenmodell vorsehen: Bei Programmen mit nur einem Fenster ist der View-Controller naheliegend; bei Programmen mit mehreren Fenstern, aber gemeinsamen Daten bietet sich dagegen die `AppDelegate`-Klasse an.

Datenquelle und Delegation im Connections Inspector einstellen

Wie in iOS-Apps besteht auch in macOS-Programmen die Möglichkeit, das Delegation-Objekt und die Datenquelle im Connections Inspector einzustellen. Dazu wählen Sie zuerst die Table-View aus und öffnen den Connections Inspector. Dort ziehen Sie vom Verbindungsknopf der Datasource- bzw. Delegate-Eigenschaft eine Verbindungslinie zum View-Controller-Icon, also zum ersten Icon im View-Controller-Fenster des Storyboard-Editors.

> Mir ist die Initialisierung in `viewDidLoad` sympathischer – die zwei Codezeilen sind rasch geschrieben, kaum zu übersehen und leicht nachzuvollziehen.

Die weiteren Zeilen erweitern die `ViewController`-Klasse um die Protokolle `NSTableViewDataSource` und `NSTableViewDelegate`. Für dieses Beispiel reicht es aus, nur zwei Methoden tatsächlich zu implementieren:

- `numberOfRowsInTableView(_:)` gibt an, wie viele Zeilen die Tabelle umfasst.
- `tableView(_:objectValueForTableColumn:row)` wird aufgerufen, wenn macOS eine Tabellenzelle darstellen will. Die resultierenden Objekte werden dann als Zeichenketten angezeigt (siehe Abbildung 23.10).

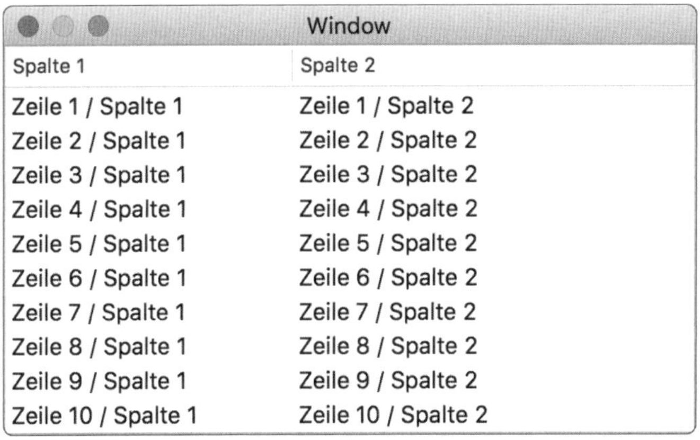

Abbildung 23.10 Ein Miniprogramm zum Kennenlernen des Table-View-Steuerelements

Beim Ausprobieren des Miniprogramms werden Sie feststellen, dass Sie einzelne Zeilen auswählen, die Spaltenbreite verändern und sogar die Reihenfolge der Spalten ändern können.

```
// Projekt macos-table1, Datei ViewController.swift
class ViewController: NSViewController {
  @IBOutlet weak var table: NSTableView!

  override func viewDidLoad() {
    super.viewDidLoad()
    // Datenquelle und Delegate des Tabellen-Steuerelements einstellen
    table.dataSource = self
    table.delegate = self
  }
}
extension ViewController: NSTableViewDataSource, NSTableViewDelegate {
  func numberOfRows(in tableView: NSTableView) -> Int {
    return 20 // die Tabelle hat 20 Zeilen
  }
```

```
    // diese Methode gibt den Inhalt der Zellen der Tabelle zurück
    func tableView(_ tableView: NSTableView,
                   objectValueFor tableColumn: NSTableColumn?,
                   row: Int) -> Any?
    {
      let colid = tableColumn?.identifier.rawValue ?? "empty"
      let content = "Zeile \(row+1) / Spalte \(colid)"
      return content
    }
}
```

Table-View mit eigenen Views

Im zweiten Beispiel geht es wie bei den iOS-Beispielen darum, die Eckdaten der deutschen Bundesländer samt ihrer Flagge in einer Tabelle darzustellen. Diesmal werden diese Daten als Tabelle angezeigt, wobei die Sortierung geändert werden kann (siehe Abbildung 23.11). Die Einwohner- und Flächenangaben sind jeweils rechtsbündig ausgerichtet.

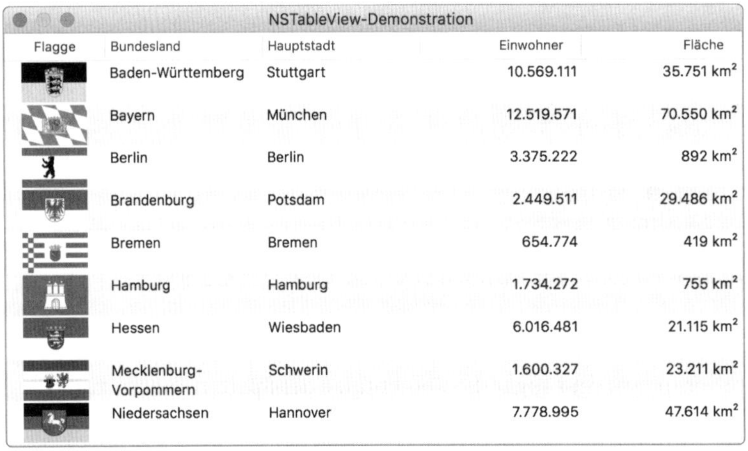

NSTableView-Demonstration

Flagge	Bundesland	Hauptstadt	Einwohner	Fläche
	Baden-Württemberg	Stuttgart	10.569.111	35.751 km²
	Bayern	München	12.519.571	70.550 km²
	Berlin	Berlin	3.375.222	892 km²
	Brandenburg	Potsdam	2.449.511	29.486 km²
	Bremen	Bremen	654.774	419 km²
	Hamburg	Hamburg	1.734.272	755 km²
	Hessen	Wiesbaden	6.016.481	21.115 km²
	Mecklenburg-Vorpommern	Schwerin	1.600.327	23.211 km²
	Niedersachsen	Hannover	7.778.995	47.614 km²

Abbildung 23.11 Die deutschen Bundesländer in einem Table-View-Steuerelement

Die Realisierung dieses Beispielprogramms ist schon mit deutlich mehr Arbeit verbunden. Die ersten Schritte erfolgen im Storyboard-Editor, wo eine Menge Eigenschaften des Table-View-Steuerelements bzw. dessen Spalten eingestellt werden müssen.

Beginnen wir mit den Table-View-Einstellungen:

- Content Mode = View Based bedeutet, dass Sie die Tabellenzellen selbst in Form von `NSView`-Objekten zur Verfügung stellen wollen.
- Columns = 5 bedarf keiner Erklärung.
- Column Sizing = Uniform bedeutet, dass bei einer Größenänderung des Steuerelements alle Spalten gleichmäßig verkleinert bzw. vergrößert werden sollen.

- Die Highlight-Option ALTERNATING ROWS bewirkt, dass die Zeilen wechselweise weiß und grau hinterlegt werden. Das erhöht die Lesbarkeit vor allem bei langen Zeilen.

Anschließend sind für jede der fünf Spalten einige Einstellungen erforderlich, die Sie in Xcode durchführen (siehe Abbildung 23.12):

- Im Identity Inspector geben Sie im Feld IDENTITY jeder Spalte eine interne Bezeichnung. Ich habe dabei die Zeichenketten »flag«, »name«, »capital«, »population« und »area« verwendet.
- Im Attributinspektor stellen Sie mit TITLE die Spaltenbeschriftung ein.
- Hier können Sie auch angeben, ob die Beschriftung zentriert (erste Spalte), linksbündig (per Default, zweite und dritte Spalte) oder rechtsbündig erfolgen soll (vierte und fünfte Spalte).
- Für Spalten, nach deren Inhalt die Tabelle sortiert werden soll, geben Sie im Feld SORT KEY eine Zeichenkette zur Identifizierung der Spalte an (siehe Abbildung 23.12). Ich habe für die zweite bis fünfte Spalte die Zeichenketten »name«, »capital«, »population« und »area« angegeben. Diese Namen müssen mit den Namen der Eigenschaften der `Country`-Klasse des Datenmodells übereinstimmen. Xcode stellt automatisch für das nächste Feld SELECTOR = COMPARE: ein – diese Information ist für unser Programm aber nicht relevant.
- Zu guter Letzt geben Sie im Size Inspector die gewünschte Startbreite jeder Spalte an. Ich habe für die erste Spalte 70, für alle weiteren Spalten 120 Punkt verwendet. An dieser Stelle können Sie auch die minimale und maximale Breite für jede Spalte festlegen.

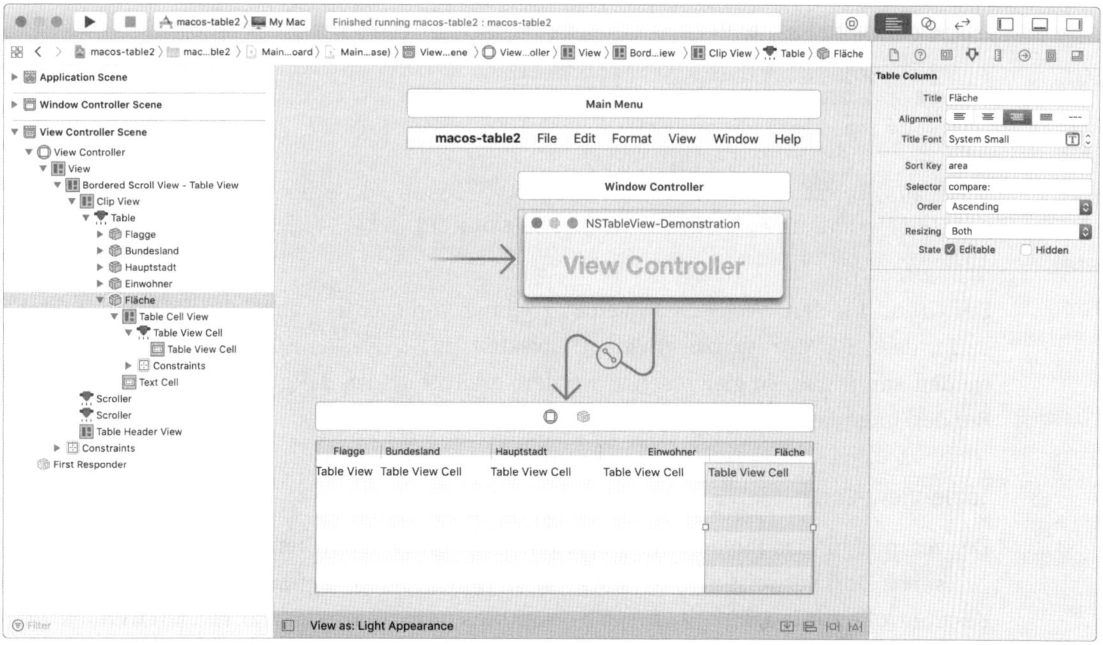

Abbildung 23.12 Einstellungen für die Tabellenspalten in Xcode

Programmaufbau und Country-Klasse

Das Beispielprogramm `macos-table2` besteht aus den folgenden Dateien:

- `AppDelegate.swift`: unverändert wie von Xcode erzeugt
- `bundesländer.txt`: CSV-Text mit den Bundesländerdaten
- `Country.swift`: Klasse zur Speicherung eines Bundeslands
- `Images.xcassets`: enthält die PNG-Bitmaps der Flaggen
- `Main.storyboard`: enthält die Fenster-, View- und Table-View-Einstellungen
- `ViewController.swift`: Controller-Klasse, Details folgen gleich.

Die Ausgangsdaten und die `Country`-Struktur habe ich bereits in Abschnitt 23.2, »Prototypzellen«, erläutert. Für dieses Beispiel habe ich das Datenmodell angepasst: Aus `struct Country` wurde `class Country : NSObject`. Da Klassen anders als Strukturen nicht automatisch eine Init-Funktion erhalten, musste diese hinzugefügt werden:

```
// Projekt macos-table2, Datei Country.swift
class Country : NSObject {
  var name: String
  var population: Int
  var area: Double
  var capital: String

  // Init-Funktion
  init(name: String, population: Int, area: Double, capital: String) {
    self.name = name
    self.population = population
    self.area = area
    self.capital = capital
  }
  // aus Textdatei 'bundesländer.txt' lesen, wie im Beispiel ios-table2
  static func readFromBundle() -> [Country] { ... }
}
```

Der Grund für den Wechsel von `struct` zu einer von `NSObject` abgeleiteten Klasse besteht darin, dass ein `NSArray` von `NSObject`-Objekten mit `sortedArrayUsingDescriptors` sortiert werden kann. Wie Sie gleich sehen werden, erleichtert das die geordnete Darstellung der Bundesländerdaten in der Table-View enorm.

Table-View-Code

Der gesamte für das Table-View-Steuerelement relevante Code befindet sich in `ViewController.swift`. Dort verweist `mydata` auf die Bundesländerdaten, die während der Initialisierung des Controllers mit der Methode `readFromBundle` aus `bundesländer.txt` gelesen werden. `viewDidLoad` richtet wie im ersten Beispiel die Datenquelle und das Delegation-Objekt ein. Die entsprechenden Delegation-Methoden sind in einer Erweiterung der Klasse formuliert und werden in den weiteren Abschnitten behandelt.

```
// Projekt macos-table2, Datei ViewController.swift
class ViewController: NSViewController {
  var mydata = Country.readFromBundle()   // die anzuzeigenden Daten
  let cellheight: CGFloat = 33            // Zeilenhöhe
  // Outlet zum Zugriff auf das Table-View-Steuerelement
  @IBOutlet weak var table: NSTableView!

  override func viewDidLoad() {
    super.viewDidLoad()
    // Datenquelle und Delegate der Tabelle
    table.dataSource = self
    table.delegate = self
  }
}
extension ViewController: NSTableViewDataSource, NSTableViewDelegate {
  // ... alle weiteren Methoden
}
```

Die Tabelle mit Daten füllen

`numberOfRows(in:)` legt die Anzahl der Tabellenzeilen fest, `tableView(_:heightOfRow:)` die Zeilenhöhe. Die jeweilige Größe ist so gewählt, dass in schmalen Spalten lange Texte zur Not über zwei Zeilen verteilt werden können.

```
// Projekt macos-table2, Datei ViewController.swift, Fortsetzung
// Anzahl der Zeilen
func numberOfRows(in tableView: NSTableView) -> Int {
  return mydata.count
}
// Höhe der Zeilen
func tableView(_ tableView: NSTableView, heightOfRow row: Int)
  -> CGFloat
{
  return cellheight
}
```

Der interessanteste Code befindet sich in `tableView(_:viewFor:row:)`. Diese Methode wird aufgerufen, wenn macOS eine Tabellenzelle auf dem Bildschirm darstellen will. Als Ergebnis muss nun ein `NSView`-Objekt oder ein Objekt einer davon abgeleiteten Klasse zurückgegeben werden.

Die Methode ermittelt zuerst die `identifier`-Zeichenkette der Spalte und ruft dann `makeImage` oder `makeLabel` auf, die ein passendes `NSImageView`- oder ein `NSTextField`-Objekt erzeugt. Bei den Spalten für die Fläche bzw. für die Einwohner wird ein `NSNumberFormatter` verwendet, um die Zahlen übersichtlich und gemäß den Ländereinstellungen darzustellen.

```
// Projekt macos-table2, Datei ViewController.swift, Fortsetzung
// Tabellenzellen erzeugen
func tableView(_ tableView: NSTableView,
               viewFor tableColumn: NSTableColumn?,
               row: Int) -> NSView?
{
  if let colid = tableColumn?.identifier {
    let width = tableColumn!.width
    let formatter = NumberFormatter()
    formatter.usesGroupingSeparator = true

    // je nach Spalte differenzieren
    switch colid.rawValue {
    case "flag":
      return makeImage(mydata[row].name)
    case "name":
      return makeLabel(mydata[row].name, width)
    case "capital":
      return makeLabel(mydata[row].capital, width)
    case "area":
      let area = NSNumber(value: mydata[row].area)
      let txt = formatter.string(from: area) ?? ""
      return makeLabel("\(txt) km\textsuperscript{2}", width, .right)
    case "population":
      let popul = NSNumber(value: mydata[row].population)
      let txt = formatter.string(from: popul)
      return makeLabel(txt ?? "", width, .right)
    default:
      break
    }
  }
  return nil
}
```

`makeLabel` erzeugt ein `NSTextField`. Position und Größe werden dabei durch eine `CGRect`-Struktur bestimmt, die die `frame`-Eigenschaft des Objekts festlegt. Position und Größe werden also absolut und nicht durch Layoutregeln festgelegt. Das erfordert wesentlich weniger Code. Beachten Sie, dass sich der Koordinatenursprung innerhalb von Views links unten befindet, nicht wie in manchen anderen Systemen zur GUI-Programmierung links oben!

`stringValue = txt` stellt den anzuzeigenden Text ein. `isEditable = false` und `isBezeled = false` bewirken, dass das Textfeld ohne Rahmen angezeigt wird. (Anders als Cocoa Touch kennt Cocoa ja keine richtige Label-Klasse. Label sind einfach `NSTextField`-Objekte mit besonderen Eigenschaften.)

`drawsBackground = false` ist wichtig, damit die alternierende Spaltenhintergrundfarbe unter den Texten sichtbar bleibt und damit bei markierten Zeilen das farbige Hervorheben funktioniert. Die `alignment`-Eigenschaft bestimmt schließlich, ob der Text innerhalb des `NSTextField`-Objekts links- oder rechtsbündig dargestellt wird.

Eigentlich wollte ich den Text auch vertikal zentrieren. Das `NSTextField`-Steuerelement sieht das aber nicht vor. Ein relativ komplizierter Ausweg hätte darin bestanden, das Textfeld mit Layoutregeln in ein `NSView`-Steuerelement vertikal zentriert einzubetten.

```
// Projekt macos-table2, Datei ViewController.swift, Fortsetzung
// Textzelle für die Tabelle erzeugen
private func makeLabel(_ txt: String,
                       _ width: CGFloat,
                       _ align: NSTextAlignment = .left) -> NSTextField
{
  let rect = CGRect(x: 0, y: 0, width: width, height: cellheight)
  let lbl = NSTextField(frame: rect)
  lbl.stringValue = txt
  lbl.isEditable = false
  lbl.isBezeled = false
  lbl.drawsBackground = false  // damit Highlight und Alternate
                               // funktionieren
  lbl.alignment = align
  return lbl
}
```

Analog erzeugt die Methode `makeImage` eine `NSImageView` mit der Flagge des Bundeslands.

```
// Projekt macos-table2, Datei ViewController.swift, Fortsetzung
// NSImageView mit Bundeslandflagge erzeugen
private func makeImage(_ flagname:String) -> NSImageView {
  let rect = CGRect(x: 0, y: 0, width: 50, height: cellheight)
  let img = NSImageView(frame: rect)
  img.image = NSImage(named: flagname)
  return img
}
```

Tabelle sortieren

Beim Klick auf eine Tabellenspalte soll die Tabelle entsprechend sortiert werden. Für alle Spalten, bei denen im Attributinspektor ein Sort Key angegeben wurde, kommt es dann zum Aufruf der Methode `tableView(_:sortDescriptorsDidChange:)`. Die an diese Methode übergebenen Parameter sind für uns irrelevant. Dafür interessiert uns die sortDescriptors-Eigenschaft des NSTableView-Objekts.

Sie enthält ein Array von NSSortDescriptor-Objekten. Jedes Objekt gibt an, welche Spalte auf- oder absteigend sortiert wird. Die detaillierte Auswertung dieses Arrays können wir uns zum Glück ersparen – für NSArrays existiert nämlich die Methode sortedArray, die die enthaltenen Daten gemäß der NSSortDescriptor-Daten selbstständig sortiert! Damit wir diese Methode anwenden können, müssen aber zwei Voraussetzungen erfüllt sein:

- Die zu sortierenden Objekte müssen Instanzen einer von NSObject abgeleiteten Klasse sein. Strukturen oder »gewöhnliche« Swift-Klassen sind nicht geeignet. Das ist der Grund, weswegen die Country-Struktur für dieses Beispiel in eine Klasse umgewandelt wurde.
- Das Array muss ein NSArray sein. Für Swift-Arrays steht eine vergleichbare sortedArray-Methode leider nicht zur Verfügung.

Die zweite Voraussetzung bedingt, dass wir unser Array mydata vor dem Sortieren in ein NSArray und danach zurück in ein Swift-Array verwandeln müssen. Das klingt alles recht kompliziert, aber der gesamte Code ist nur drei Zeilen lang! reloadData bewirkt anschließend, dass die gesamte Tabelle neu gezeichnet wird.

```
// Projekt macos-table2, Datei ViewController.swift, Fortsetzung
// Tabelle neu sortieren
func tableView(_ tableView: NSTableView,
          sortDescriptorsDidChange oldDescriptors: [NSSortDescriptor])
{
  // Swift-Array in NSArray umwandeln
  let nsa = mydata as NSArray
  // NSArray sortieren und dann wieder in Swift-Array zurückverwandeln
  mydata =
    nsa.sortedArray(using: tableView.sortDescriptors) as! [Country]
  table.reloadData()
}
```

Auswahl einer Zeile

Wenn der Benutzer eine Zeile der Tabelle anklickt, kommt es zum Aufruf der Methode tableViewSelectionDidChange. Da diese Methode aber auch nach dem Anklicken einer Spalte aufgerufen wird, muss zuerst überprüft werden, ob die Eigenschaft selectedRow positiv ist.

```
// Projekt macos-table2, Datei ViewController.swift, Fortsetzung
// wird nach der Auswahl einer Zeile oder Spalte aufgerufen
func tableViewSelectionDidChange(_ notification: Notification) {
  if table.selectedRow >= 0 {
    print("Ausgewählt: \(mydata[table.selectedRow].name)")
  }
}
```

23.6 Collections asynchron füllen (UICollectionView)

Das abschließende Beispiel dieses Kapitels stellt die Collection-View vor. Sie unterscheidet sich insofern von der Table-View, als sie die Listenelemente nicht nur untereinander, sondern außerdem in mehreren Spalten nebeneinander anordnet. Bei der Programmierung gibt es aber glücklicherweise kaum Unterschiede zur Table-View.

Als Beispiel dient eine tvOS-App: Sie lädt eine RSS-Datei der Website *Apple Movie Trailers* und präsentiert die neuesten Trailer in einer Collection-View (siehe Abbildung 23.13).

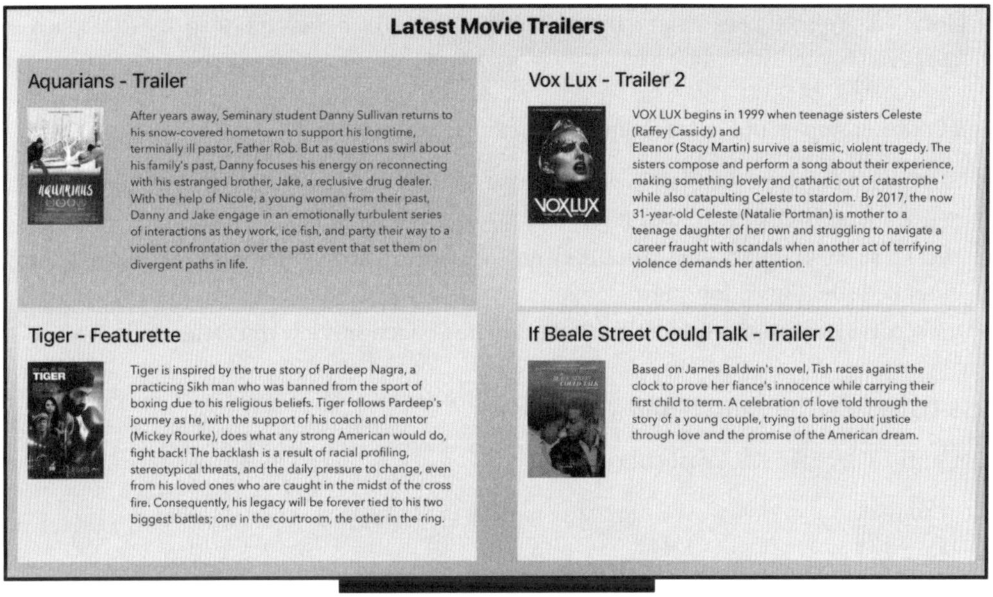

Abbildung 23.13 Die Trailer-Texte und -Bilder werden asynchron geladen.

Dieses Beispiel unterscheidet sich in einem wesentlichen Punkt von den bisherigen Anwendungen: Sowohl die RSS-Datei als auch die Vorschaubilder der Trailer werden asynchron geladen. Damit startet die App verzögerungsfrei. Die Texte zur Beschreibung der Filme werden angezeigt, noch bevor die Bilder erscheinen. Alles in allem läuft die App auch bei einer langsamen Internetverbindung sehr flüssig. Generell ist eine asynchrone Befüllung von Tabellen- und Listenfeldern immer dann zu empfehlen, wenn die Beschaffung der Daten Zeit beansprucht – z. B. weil Bilder aus dem Internet geladen werden müssen.

Das Beispiel stellt einen Vorgriff auf Kapitel 31, »Asynchrone Programmierung«, dar. Sie werden aber sehen, dass die asynchrone Verarbeitung nur Auswirkungen auf wenige Codezeilen hat und leicht zu verstehen ist.

Trailer ansehen unmöglich gemacht

Mit der Fernbedienung können Sie durch die Filme scrollen – aber leider den Trailer nicht starten. Das scheitert daran, dass Apple weder in der RSS-Datei noch auf der Webseite des jeweiligen Films direkte Links zu den Videodateien angibt. Stattdessen verbirgt sich die Logik zur Trailer-Wiedergabe in JavaScript-Code. Es gibt im Internet Anleitungen, wie Sie eventuell doch die Download-Links herausfinden können, aber das führt an der Zielsetzung des Beispiels vorbei.

Wenn Sie eine iOS-Version der App entwickeln, könnten Sie das Problem umgehen, indem Sie einfach die Webseite des ausgewählten Trailers in einem Web-Viewer öffnen. Diese Möglichkeit besteht unter tvOS leider nicht.

Der Code der App ist über die folgenden Dateien verteilt:

- `Film.swift` definiert die `Film`-Klasse. Objekte dieser Klasse enthalten die Daten des jeweiligen Trailers (Titel, Beschreibung, URLs zum Vorschaubild und zur Webseite).
- `MyCell.swift` definiert eine von `UICollectionViewCell` abgeleitete Klasse zur Darstellung einer Zelle der Collection-View.
- `ViewController.swift` enthält den Code, der die Collection-View mit Daten füllt.

RSS-Datei laden und auswerten (Film-Klasse)

Der Aufbau der `Film`-Klasse ist simpel:

```
// Projekt tvos-trailer, Datei Film.swift
class Film {
  let title: String
  let descr: String
  let filmLink: URL?
  let imgLink: URL?

  init(title: String, descr: String, film: String, img: String) {
    self.title = title
    self.descr = descr
    self.filmLink = URL(string: film)
    self.imgLink = URL(string: img)
  }
}
```

Die Klasse enthält darüber hinaus die statische Methode `loadFilmsFromRss`. Bei der Verarbeitung der RSS-Datei hilft die `SWXMLHash`-Bibliothek, die ich in Abschnitt 22.2, »XML-Dokumente auswerten«, vorgestellt habe.

```
static func loadFilmsFromRss() -> [Film] {
  var films = [Film]()
  let adr =
    "https://trailers.apple.com/trailers/home/rss/newtrailers.rss"
  if let url = URL(string: adr),
     let s = try? String(contentsOf: url)
  {
    let xml = SWXMLHash.parse(s)
    // Schleife über alle items in der RSS-Datei
    for item in xml["rss"]["channel"]["item"].all {
      if let title = item["title"].element?.text,
         let link = item["link"].element?.text,
         let descr = item["description"].element?.text,
         let content = item["content:encoded"].element?.text
      {
        let film = Film(title: fixEncodingErrors(title),
                        descr: fixEncodingErrors(descr),
                        film: link,
                        img: getImageAdr(of: content))
        films.append(film)
      }
    }
  }
  return films
}
```

Die Datei newtrailers.rss hat den folgenden Aufbau (stark gekürzt):

```
<rss xmlns:content="..." version="2.0">
  <channel>
    <title>Latest Movie Trailers</title>
    ...
    <item>
      <title>Aquarians - Trailer</title>
      <link>
        http://trailers.apple.com/trailers/independent/aquarians/
      </link>
      <description>
      After years away, Seminary student Danny Sullivan returns ...
      </description>
      <content:encoded>
      <![CDATA[
        <table>
          <tr valign="top">
           <td width="67"><a href=...">
             <img src="http://trailers.apple.com/.../poster.jpg"
```

```
                    width="65" height="97" border="0">
                  ...
          ]]>
        </content:encoded>
      </item>
      <item> ... nächster Film ... </item>
    </channel>
</rss>
```

Der Link auf die Image-Datei ist also leider nicht direkt als XML-Element enthalten, sondern ist in einen CDATA-Block als HTML-Code eingebettet. Die Methode getImageAdr extrahiert den Link aus der HTML-Zeichenkette – und beweist einmal mehr, wie umständlich es in Swift ist, Zeichenketten zu extrahieren.

```
// Projekt tvos-trailer, Datei Film.swift
private static func getImageAdr(of s: String) -> String {
  // pos1: Bereich, in dem <img src=" gefunden wurde
  // pos2: Position am Ende dieses Bereichs
  // pos3: Bereich, in dem sich das nächstfolgende "-Zeichen befindet
  // pos4: Position am Anfang dieses Bereichs
  if let pos1 = s.range(of: "<img src=\"")
  {
    let pos2 = pos1.upperBound
    if let pos3 = s.range(of: "\"", range: pos2..<s.endIndex)
    {
      let pos4 = pos3.lowerBound
      return String(s[pos2..<pos4])
    }
  }
  return ""
}
```

Leider treten bei der Auswertung der RSS-Datei Zeichensatzprobleme auf. Wenn die Filmbeschreibung Zeichen außerhalb des ASCII-Zeichensatzes enthält, werden diese falsch dargestellt. Interessanterweise tritt dieses Problem auch in Google Chrome und in Firefox auf, wenn der XML-Code der RSS-Datei angezeigt wird. (Safari zeigt die Datei gar nicht an.)

Trotz mehrstündiger Versuche habe ich keinen Weg gefunden, die Texte in der richtigen Codierung aus der RSS-Datei zu extrahieren. Ich bin mir nicht ganz sicher, ob tatsächlich die gesamte RSS-Datei fehlerhaft ist bzw. in einer mir unbekannten Codierung vorliegt oder ob das Problem mit dem Auslesen einzelner XML-Elemente zu tun hat. Auch der probeweise Wechsel zu einer anderen XML-Bibliothek (SwiftyXML) hat zu keiner Verbesserung geführt. Letztlich habe ich als Ad-hoc-Lösung mit der hier nicht abgedruckten Methode fixEncodingErrors die am häufigsten auftretenden Sonderzeichen durch simples Suchen und Ersetzen ausgetauscht, um den Fehler zu umgehen.

Collection-View verwenden

Im Storyboard-Editor beginnen Sie damit, dass Sie die Collection-View (ein graues Icon in der Objektbibliothek) in den View-Controller einfügen. Achten Sie darauf, dass Sie nicht versehentlich einen Collection-View-Controller verwenden (gelbes Icon)!

Standardmäßig enthält die Collection-View die Einstellung ITEMS = 1 und somit eine Prototypzelle. Das ist für unser Beispiel ausreichend. Stellen Sie die Größe der Zelle so ein, dass sie etwas kleiner als ein Viertel des Bildschirms ist, und fügen Sie dann ein Label, ein Textfeld und eine Image-View in die Zelle ein. Ich habe für das Beispiel die Hintergrundfarbe der Collection-View auf »transparent« gestellt, die der Prototypzellen auf Hellgrau – aber natürlich gibt es viele andere Gestaltungsmöglichkeiten.

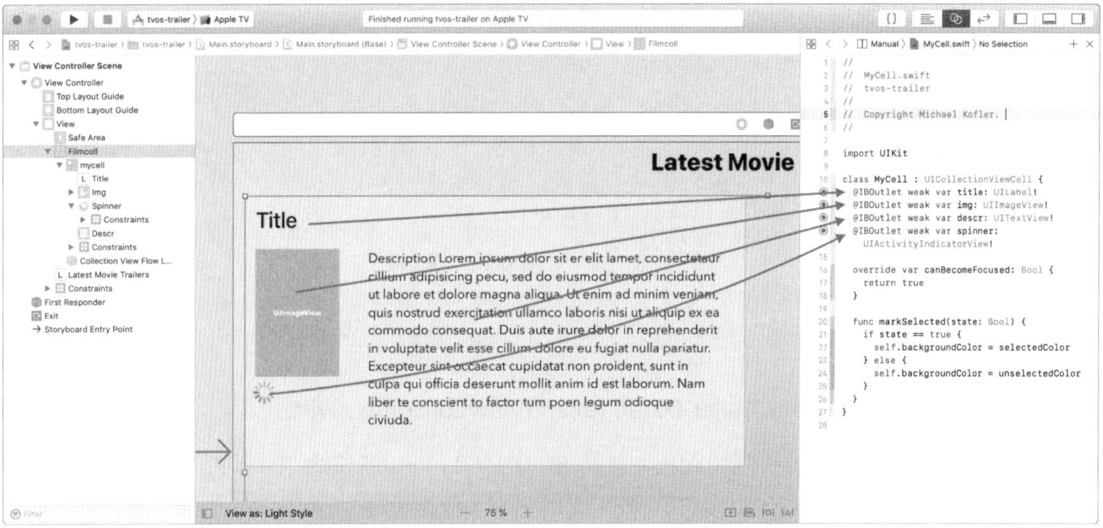

Abbildung 23.14 Die Prototypzelle und die ihr zugeordnete Klassendatei mit Outlets

Damit Sie auf die Prototypzelle im Code zugreifen können, geben Sie ihr im Attributinspektor einen Namen (IDENTIFIER = `mycell`) und weisen ihr im Dialogblatt CUSTOM CLASS die eigene, von `UICollectionViewCell` abgeleitete Klasse `MyCell` zu. Der Code für diese Klasse folgt gleich. Wenn Sie in Xcode links den Storyboard-Editor und im Assistenzeditor `MyCell.swift` darstellen, können Sie per `ctrl`-Drag die Outlets der Prototypzelle einrichten (siehe Abbildung 23.14).

Der Code zur Prototypzelle enthält neben den Outlets nur die Eigenschaft `canBecomeFocused`, die eine Auswahl der Zelle in tvOS ermöglicht (siehe Abschnitt 20.3, »Focus Engine«), und die Methode `markSelected`, mit der die Hintergrundfarbe der Zelle verändert werden kann – je nachdem, ob die Zelle gerade ausgewählt ist oder nicht.

```
// Projekt tvos-trailer, Datei MyCell.swift
class MyCell : UICollectionViewCell {
  @IBOutlet weak var title: UILabel!
  @IBOutlet weak var img: UIImageView!
  @IBOutlet weak var descr: UITextView!
  @IBOutlet weak var spinner: UIActivityIndicatorView!

  override var canBecomeFocused: Bool {
    return true
  }
  func markSelected(state: Bool) {
    if state == true {
      self.backgroundColor = selectedColor
    } else {
      self.backgroundColor = unselectedColor
    }
  }
}
```

Die Farbcodes sind in `Globals.swift` definiert:

```
// Projekt tvos-trailer, Datei Globals.swift
let unselectedColor = UIColor(white: 0.9, alpha: 1)
let selectedColor = UIColor(red: 0.8,  green: 0.8, blue: 1, alpha: 1)
```

Collection-View mit Trailer-Daten füllen (ViewController.swift)

Nach diesen umfassenden Vorbereitungsarbeiten fällt der Code der View-Controller-Klasse recht kurz aus. `viewDidLoad` stellt die `dataSource`- und `delegate`-Eigenschaften der Collection-View ein und verwendet dann die Methode `loadFilmsFromRss`, um das `Film`-Array zu initialisieren. Damit die App beim Start nicht gleich durch das Laden der Datei blockiert ist, wird `loadFilmsFromRss` asynchron ausgeführt. Dazu wird `async` auf eine der vordefinierten globalen Dispatch Queues angewendet.

Sobald das Laden fertig ist, muss die Collection View aufgefordert werden, ihren Inhalt zu aktualisieren. Das darf aber nur im Main Thread erfolgen. Deswegen muss `reloadData` in eine zweite Closure verpackt werden, die asynchron im Main Thread ausgeführt wird, also in dem Thread, der für alle Aspekte der Benutzeroberfläche verantwortlich ist.

```
// Projekt tvos-trailer, Datei ViewController.swift
class ViewController: UIViewController {
  @IBOutlet weak var filmcoll: UICollectionView!

  // Trailer-Daten
  var films = [Film]()
```

```
  // Initialisierung
  override func viewDidLoad() {
    super.viewDidLoad()
    filmcoll.dataSource = self
    filmcoll.delegate = self
    DispatchQueue.global().async {
      // Filmdaten asynchron laden
      self.films = Film.loadFilmsFromRss()

      DispatchQueue.main.async {
        // im Main Thread Anzeige aktualisieren
        self.filmcoll.reloadData()
      } // Ende der main.async-Closure

    }    // Ende der global.async-Closure
  }      // Ende von func
}
```

Die Logik der Collection-View-Methoden ist Ihnen ja von der Table-View schon bekannt. Interessant ist die Methode mit dem `cellForItemAt`-Parameter: Dort liefert `dequeueReusableCell` eine eventuell schon benutzte Prototypzelle. Abweichend von den Einstellungen im Storyboard-Editor wird die Hintergrundfarbe neu gesetzt. Anschließend werden das Label und das Textfeld für den Filmtitel bzw. die Beschreibung des Films eingestellt. Das geht schnell, wird also direkt (synchron) gemacht.

Das Herunterladen des Bilds kann unter Umständen ein wenig dauern – deswegen wird dieser Vorgang asynchron durchgeführt. Vorher wird (noch im Main Thread) die Spinner-Animation gestartet. Sobald der Download abgeschlossen ist, wird nochmals `async` ausgeführt, diesmal aber für die Dispatch Queue des Main Threads. Dort wird die `image`-Eigenschaft der Zelle mit dem neu geladenen Bild gesetzt. Das Muster, also der verschachtelte Aufruf der beiden `async`-Methoden, ist exakt dasselbe wie in `viewDidLoad`.


```
extension ViewController : UICollectionViewDelegate,
                           UICollectionViewDataSource
{
  func collectionView(_ collectionView: UICollectionView,
                      numberOfItemsInSection section: Int) -> Int
  {
    return films.count  // Anzahl der Zellen
  }
  func collectionView(_ collectionView: UICollectionView,
                      cellForItemAt indexPath: IndexPath)
    -> UICollectionViewCell
  {
    let cell = filmcoll.dequeueReusableCell(
      withReuseIdentifier: "mycell", for: indexPath)
```

```
    cell.backgroundColor = unselectedColor
    if let mycell = cell as? MyCell {
      let n = indexPath.row
      mycell.title.text = films[n].title
      mycell.descr.text = films[n].descr
      mycell.img.image = nil
      if let url = films[n].imgLink {
        mycell.spinner.startAnimating()
        DispatchQueue.global().async {
          // asynchron Bild herunterladen
          if let bindata = try? Data(contentsOf: url) {
            DispatchQueue.main.async {
              // im Main Thread Bild ändern, Spinner stoppen
              mycell.img.image = UIImage(data: bindata)
              mycell.spinner.stopAnimating()
            }
          }  // Ende if let bindata = ...
        }    // Ende von async()-closure
      }      // Ende von if let url = ...
    }        // Ende von if let mycell = ...
    return cell
  }  // Ende von func
}    // Ende von extension
```

Zellenauswahl

Um die Auswahl der Zellen durch die Fernbedienung kümmert sich die Focus Engine von tvOS (siehe Abschnitt 20.3, »Focus Engine«). Sie ruft bei jedem Fokuswechsel die Methode `didUpdateFocus` auf.

```
// Projekt tvos-trailer, Datei ViewController.swift (Fortsetzung)
class ViewController: UIViewController {
  // Fokuswechsel
  override func didUpdateFocus(in context: UIFocusUpdateContext,
                    with coordinator: UIFocusAnimationCoordinator)
  {
    // diese Zelle ist nicht mehr ausgewählt
    if let prev = context.previouslyFocusedItem as? MyCell {
      prev.markSelected(state: false)
    }
    // dafür ist nun diese Zelle ausgewählt
    if let next = context.nextFocusedItem as? MyCell {
      next.markSelected(state: true)
    }
  }
}
```

Kapitel 24

GPS- und Kompassfunktionen

In diesem Kapitel geht es um die Nutzung der GPS- und Kompassfunktionen Ihres Smartphones. Visuell besonders eindrucksvoll ist das Map-View-Steuerelement: Wenige Zeilen Code reichen aus, um Ihre Programme mit einer Vielzahl der aus der Apple-App *Karten* bekannten Funktionen auszustatten. Wenn Sie Ort und Himmelsrichtung dagegen numerisch auswerten möchten, hilft Ihnen der *Location Manager*. Ein kleines Beispielprogramm zeigt, wie Sie auf einer Karte die zuletzt zurückgelegte Strecke aufzeichnen können. Umfangreichere Anwendungen folgen dann in anderen Abschnitten bzw. Kapiteln:

- Abschnitt 25.2, »Kompass-Steuerelement«, zeigt, wie Sie ein eigenes Kompass-Steuerelement programmieren.
- Kapitel 37, »Schatzsuche«, präsentiert eine App, die Sie zurück an einen vorher gespeicherten Ort bringt – sei es bei einer Schatzsuche oder bei einer Wanderung im Nebel.

Location Manager versus Motion Manager

In diesem Kapitel spielt der Location Manager eine große Rolle. Dessen Funktionen geben Auskunft darüber, wo sich ein iOS-Gerät befindet und in welche Himmelsrichtung es zeigt.

Dem steht der Motion Manager gegenüber. Er verrät, in welcher Lage das iPhone gerade gehalten wird (aufrecht, verkehrt herum, schräg nach oben gerichtet) und ob es gerade beschleunigt wird. Der Motion Manager gibt also Zugriff auf die im iPhone integrierten Gyroskop- und Accelerometer-Sensoren. Den Motion Manager und andere Klassen und Methoden zur Auswertung von Bewegungsdaten lernen Sie im Rahmen der Spieleprogrammierung mit SpriteKit in Abschnitt 28.4 kennen.

24.1 Hello Map-View!

Das Map-View-Steuerelement mit dem Klassennamen `MKMapView` (MK = MapKit) ermöglicht es Ihnen, mit geringem Aufwand eine App mit Navigationsfunktionen zu erstellen. Grundsätzlich dient dieses Steuerelement dazu, eine Karte darzustellen, optional auch mit Satellitenbildern und – wo verfügbar – in 3D-Ansicht.

Um Erlaubnis fragen

Wenn Sie Ihre App mit dem Map-View-Steuerelement jetzt ausführen, zeigt sie zwar eine Europakarte in großem Maßstab, nicht aber Ihren aktuellen Ort an. »Na gut«, werden Sie sich denken, »dann aktiviere ich eben im Attributinspektor die Option SHOWS USER LOCATION.« An sich ist die Idee richtig, aber auch das reicht nicht aus.

Bevor Ihre App Ortsdaten empfangen kann, muss sie explizit um Erlaubnis fragen (siehe Abbildung 24.1). Das ist aus zweierlei Gründen notwendig. Zum einen schätzen es viele Smartphone-Anwender nicht, wenn jedes Programm ständig weiß, wo sich das Telefon und in der Regel auch sein Besitzer gerade aufhält, und zum anderen kosten die GPS-Funktionen relativ viel Strom und verkürzen somit die Akkulaufzeit. Deswegen muss der Benutzer bei jeder App dem Zugriff auf Standortdaten zuerst zustimmen.

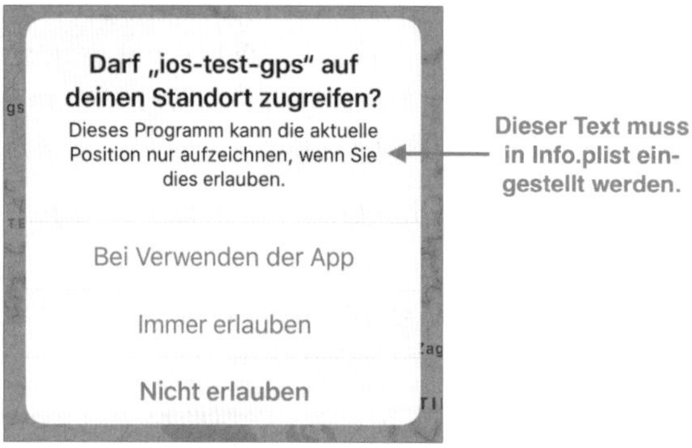

Abbildung 24.1 Darf die App auf Standortdaten zugreifen?

Das »Um-Erlaubnis-Fragen« erledigen Sie am einfachsten in der `viewDidLoad`-Methode des View-Controllers. Dort erzeugen Sie einen `CLLocationManager` (CL steht hier für *Core Location*) und führen dann die Methode `requestWhenInUseAuthorization` aus. Falls Ihre App die Position auch im Hintergrund abfragen soll, also wenn die App gerade nicht aktiv im Vordergrund läuft, verwenden Sie stattdessen die Methode `requestAlwaysAuthorization`. Vergessen Sie nicht, die Core-Location-Bibliothek zu importieren!

```
// Projekt ios-test-gps, Datei ViewController.swift
import CoreLocation

class ViewController: UIViewController {
  let locmgr = CLLocationManager()

  override func viewDidLoad() {
    super.viewDidLoad()
    // um Erlaubnis fragen, ob die Ortungsdienste
    // verwendet werden dürfen
    locmgr.requestWhenInUseAuthorization()
```

```
    // alternativ, falls GPS auch im Hintergrund genutzt werden soll
    locmgr.requestAlwaysAuthorization()
  }
}
```

Info.plist-Einstellungen

In den von Apple gestalteten Erlaubnisdialog wird eine Begründung eingebaut, warum die App diesen Dienst nutzen will (siehe Abbildung 24.1). Die entsprechenden Eigenschaftseinträge müssen Sie in der Datei `Info.plist` mit ADD ROW hinzufügen (siehe Abbildung 24.2). Sie dürfen die Zeichenkette mit der Begründung leer lassen, aber Sie müssen den entsprechenden Eintrag in die Property List einfügen.

Wenn Sie das vergessen, wird der Erlaubnisdialog gar nicht angezeigt und die App läuft ohne Zugriff auf die Standortdaten! Immerhin erscheint dann im Debug-Fenster eine Warnung, deren Text z. B. wie folgt klingt: *This app has attempted to access privacy-sensitive data without a usage description. The app's Info.plist must contain an NSLocationWhenInUseUsageDescription key with a string value explaining to the user how the app uses this data.*

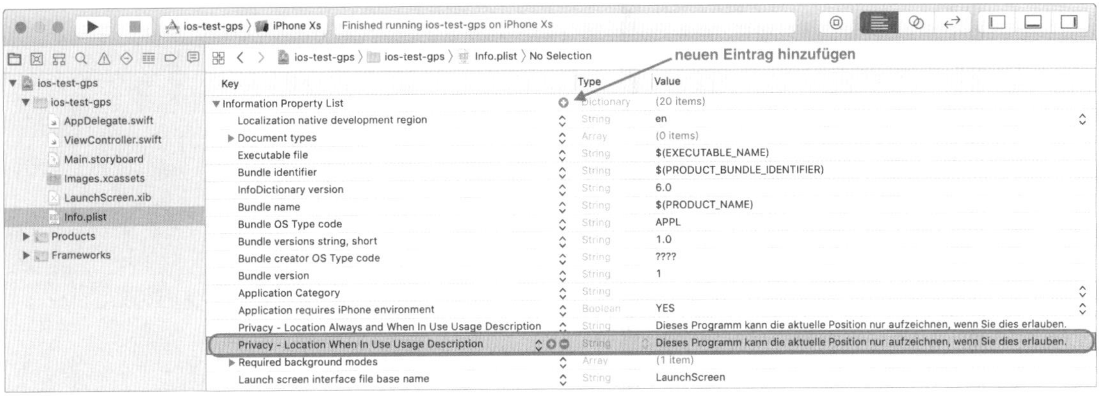

Abbildung 24.2 Begründung für die Nutzung der Ortungsdienste

Die erforderlichen Eigenschaften haben ausufernd lange Namen. Beim Einfügen neuer Einträge in die Property List funktioniert die automatische Vervollständigung nur, wenn Sie auf die richtige Groß- und Kleinschreibung achten. Beachten Sie, dass die Methode `requestAlwaysAuthorization` die Einstellung von gleich zwei Einträgen erfordert.

- PRIVACY – LOCATION WHEN IN USE USAGE DESCRIPTION für `requestWhenInUseAuthorization()`
- PRIVACY – LOCATION WHEN IN USE USAGE DESCRIPTION und PRIVACY – LOCATION ALWAYS AND WHEN IN USE USAGE DESCRIPTION für `requestAlwaysAuthorization()`

Erste Tests

Kurz zusammengefasst müssen Sie also ein Map-View-Steuerelement in das Storyboard einfügen, im Attributinspektor die Option SHOWS USER LOCATION setzen, die entsprechende `requestXxx`-Methode für den `CLLocationManager` ausführen und die Begründung zur Anfrage durch Einträge in `Info.plist` einbauen. Das Ergebnis sieht auf den ersten Blick beinahe wie die Apple-App *Karten* aus. Die App zeigt also eine Landkarte mit der gerade aktuellen Position (siehe Abbildung 24.3).

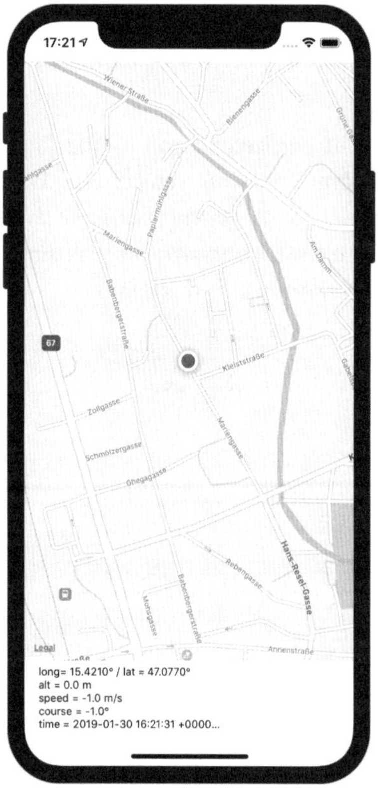

Abbildung 24.3 Eine Mini-App mit einem Map-View-Steuerelement

Den sichtbaren Kartenausschnitt können Sie wie üblich durch Schieben, Zoomen und Drehen verändern. Ansonsten kann unsere Mini-App aber natürlich nicht mit *Karten* mithalten. Such- und Navigationsfunktionen fehlen ebenso wie die Möglichkeit, die Darstellungsform umzuschalten.

Die entsprechenden Einstellungen können Sie vorweg im Attributinspektor durchführen (siehe Abbildung 24.4), oder Sie müssen in der laufenden App Eigenschaften des `MKMapView`-Steuerelements durch Swift-Code verändern.

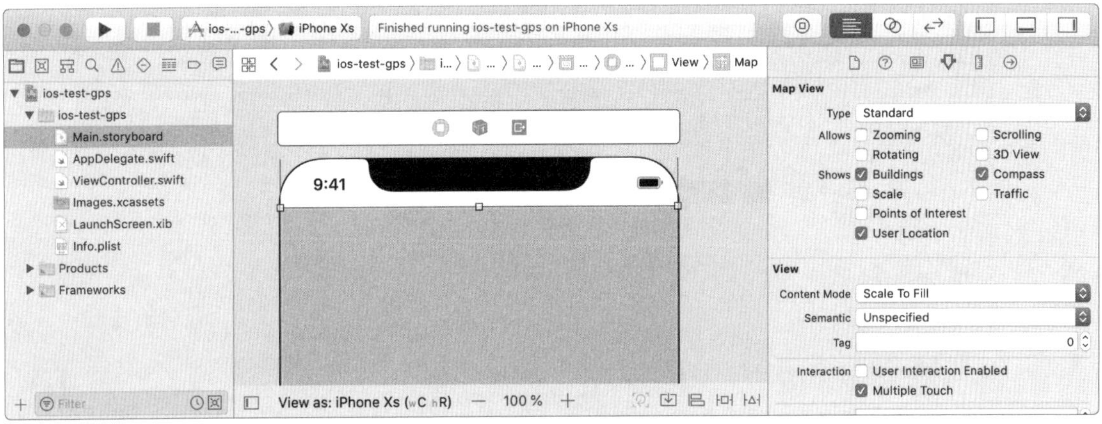

Abbildung 24.4 Map-View-Eigenschaften im Attributinspektor einstellen

Kartenfunktionen im iOS-Simulator

Auf den ersten Blick erweckt der iOS-Simulator den Eindruck, als könnten Sie den sichtbaren Kartenausschnitt dort nur verschieben, nicht aber drehen oder zoomen.

Das täuscht aber: Sobald Sie `alt` drücken, erscheinen im Simulator zwei graue Punkte, die zwei Fingern entsprechen. Diese Punkte bewegen sich rund um den Mittelpunkt der Karte. Mit gedrückter Maus- oder Trackpad-Taste können Sie nun eine Zoom- oder Drehbewegung durchführen. Das erfordert anfänglich etwas Übung, funktioniert aber bald schon ganz zufriedenstellend.

Darüber hinaus bietet das Programm die Möglichkeit, verschiedene Bewegungsabläufe zu simulieren. Die entsprechenden Kommandos sind im Menü DEBUG • LOCATION versteckt. Trotzdem ist der Test von Programmen mit geografischen Funktionen im Simulator natürlich nur eingeschränkt möglich.

Das MapKit-Framework

Das Map-View-Steuerelement kann auch dazu verwendet werden, Routen zu berechnen, also Anweisungen, wie der Benutzer vom Ort A zum Ort B kommt. Wenn Sie diese Funktionen benutzen möchten, müssen Sie die MapKit-Bibliothek in die App einbinden. Dazu wählen Sie im Projektnavigator Ihr Projekt und anschließend das zugehörige App-Target aus. Im Dialogblatt CAPABILITIES aktivieren Sie nun die Funktion MAPS (siehe Abbildung 24.5).

Xcode integriert nun das entsprechende MapKit-Framework in Ihre App. Davon überzeugen Sie sich durch einen Blick in das Dialogblatt GENERAL, an dessen Ende Sie den Eintrag LINKED FRAMEWORKS AND LIBRARIES finden (siehe Abbildung 24.6).

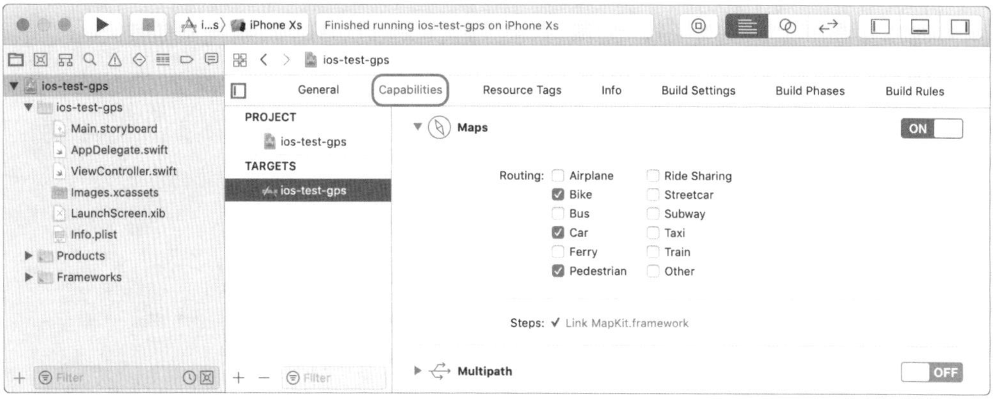

Abbildung 24.5 Die Aktivierung der Maps-Capabilities ist nur für die Routing-Funktionen des MavView-Steuerelements erforderlich.

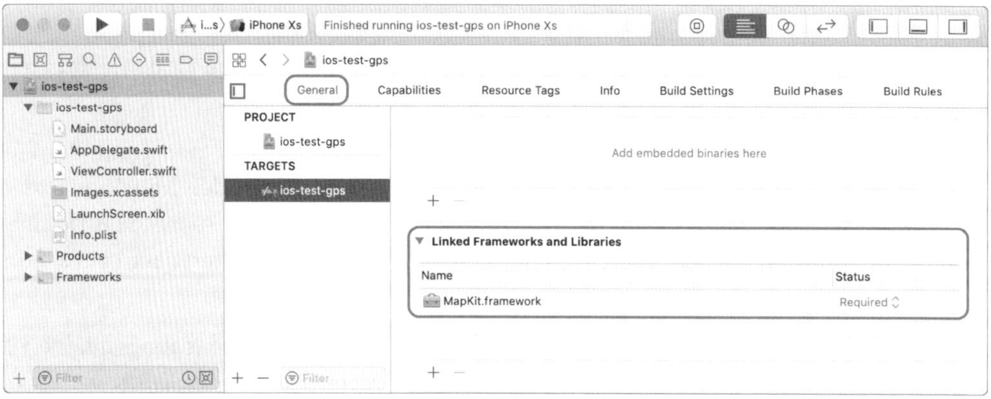

Abbildung 24.6 Zusammenstellung der Zusatz-Frameworks der App

24.2 Wegstrecke aufzeichnen

Im folgenden Beispielprogramm geht es um eine App, die nach dem Start die gerade aktuelle Position des Benutzers verfolgt und in der Karte einzeichnet. Wenn Sie die App starten und dann einen Spaziergang unternehmen, wird Ihr Weg also in Form einer roten Linie auf der Karte nachgezeichnet. Gleichzeitig wird im unteren Bildschirmbereich Ihre aktuelle Position, Geschwindigkeit etc. angezeigt (siehe Abbildung 24.7).

Programmaufbau und Auto Layout

Die App besteht aus zwei Steuerelementen: einer Map-View und einem Label. Das mehrzeilige Label ist am linken, unteren und rechten Rand fixiert, außerdem ist seine Höhe fix mit 61 Punkt vorgegeben. Das darüber befindliche Map-View-Steuerelement ist am linken, oberen und rechten Rand sowie an der Oberkante des Labels fixiert. Damit füllt es den gesamten freien Bildschirm aus, der nicht vom Label beansprucht wird.

Abbildung 24.7 App zur grafischen Aufzeichnung einer Wegstrecke

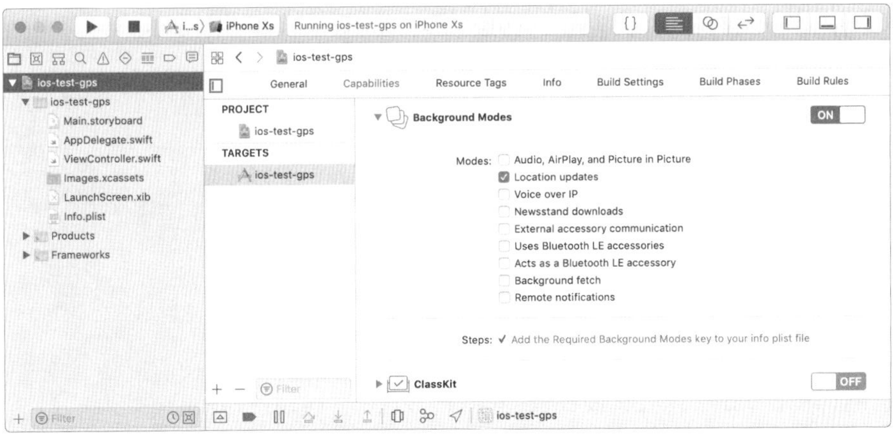

Abbildung 24.8 Die App soll auch im Hintergrund laufen.

Im Attributinspektor ist die Map-View-Darstellung auf STANDARD gestellt. Jede Benutzerinteraktion ist deaktiviert (also alle ALLOWS-Optionen), dafür ist die Option SHOWS USER LOCATION aktiv.

Im Dialogblatt CAPABILITIES muss der Punkt BACKGROUND MODES für LOCATION UPDATES aktiviert werden (siehe Abbildung 24.8). Damit läuft das Programm, so es einmal gestartet ist, auch im Hintergrund weiter und protokolliert Positionsdaten. Vergessen Sie diese Einstellung, wird die App, wenn sie nicht mehr aktiv ist, nach einiger Zeit gestoppt und stürzt beim »Wiederaufwachen« ab. Details zu den verschiedenen App-Zuständen (Vordergrund, Hintergrund, Suspended) lesen Sie bitte in Abschnitt 16.4, »Phasen einer iOS-App«, nach.

Achtung, verminderte Akkulaufzeit

Diese Test-App läuft unbegrenzt im Hintergrund, was nicht nur die Akkulaufzeit mindert, sondern auch die Chancen, dass das Programm im App Store akzeptiert wird.

Wenn Sie aus dem Testprogramm eine »richtige« App entwickeln möchten, sollten Sie `startMonitoringSignificantLocationChanges` aufrufen, damit die Position nicht ständig, sondern nur bei nennenswerten Veränderungen aktualisiert wird. Dadurch wird die weiter unten beschriebene Methode `locationManager(_:didUpdateLocations:)` viel seltener aufgerufen. Auch eine zeitliche Limitierung der Aufzeichnung kann zweckmäßig sein.

Die ViewController-Klasse

Die eigene `ViewController`-Klasse ist wie üblich von `UIViewController` abgeleitet. Die Klasse implementiert aber außerdem die beiden Protokolle `CLLocationManagerDelegate` und `MKMapViewDelegate`. Sie sind erforderlich, damit die App Location- und Map-View-Ereignisse in Methoden verarbeiten kann. Zwei `IBOutlets` ermöglichen wie üblich den Zugriff auf die Steuerelemente, zwei Eigenschaften speichern den Location Manager sowie die aufgezeichneten Positionen. Die eigentliche Arbeit erledigen drei Methoden, die im folgenden Listing nur angedeutet sind. Die detaillierte Beschreibung folgt gleich.

```
// Projekt ios-test-gps, Datei ViewController.swift
import UIKit
import CoreLocation
import MapKit
class ViewController: UIViewController,
                      CLLocationManagerDelegate,
                      MKMapViewDelegate
{
  @IBOutlet weak var map: MKMapView!         // Zugriff auf die
  @IBOutlet weak var label: UILabel!         // Steuerelemente
  var locmgr:CLLocationManager!              // Location Manager
  var coords:[CLLocationCoordinate2D] = []   // Positions-Array

  override func viewDidLoad() { ... }        // Initialisierung
  func locationManager(...) { ...  }         // neue Position
  func mapView(...) -> ... { ... }           // Route zeichnen
}
```

Initialisierung in viewDidLoad

Die Methode `viewDidLoad` wird aufgerufen, sobald iOS mit der Low-Level-Initialisierung der App fertig ist. Jetzt ist der Zeitpunkt gekommen, um die eigenen Initialisierungsarbeiten zu erledigen. In unserem Fall geht es dabei um zwei Dinge:

- Der Location Manager soll uns in Zukunft regelmäßig mit Informationen darüber versorgen, wo sich das iPhone gerade befindet. Dazu erzeugen wir wie im vorigen Abschnitt eine Instanz der `CLLocationManager`-Klasse. Neu sind die weiteren Einstellungen:
  - Mit `locmgr.delegate = self` geben wir an, dass unsere `ViewController`-Instanz Location-Ereignisse verarbeiten soll. Das ist nur zulässig, weil die `ViewController`-Klasse das Protokoll `CLLocationManagerDelegate` implementiert. Somit können wir unsere Klasse mit im Protokoll definierten Methoden ausstatten, die dann beim Auftreten eines Ereignisses aufgerufen werden. In diesem Beispiel gibt es nur eine derartige Methode, nämlich die im nächsten Abschnitt beschriebene Methode `locationManager`.
  - Mit `desiredAccuracy = kCLLocationAccuracyBest` geben wir an, dass wir die Position des iOS-Geräts mit größtmöglicher Genauigkeit wissen möchten.
  - `requestAlwaysAuthorization` sorgt beim erstmaligen Start der App für den schon bekannten Dialog mit der Frage, ob die App Standortdaten verarbeiten darf. Vergessen Sie nicht, in der Datei `Info.plist` die Eigenschaft `NSLocationAlwaysUsageDescription` hinzuzufügen und ihr einen Erklärungstext zuzuweisen.
  - `startUpdatingLocation` startet schließlich die Ereignisverarbeitung und führt dazu, dass wenig später erstmals die `locationManager`-Methode aufgerufen wird, wenn neue Positionsdaten zur Verfügung stehen.
- Anders als im ersten Beispiel wollen wir diesmal auch auf die Darstellung des MapView-Steuerelements Einfluss nehmen. Deswegen hält unser View-Controller auch das `MKMapViewDelegate`-Protokoll ein. `map.delegate = self` bewirkt auch hier, dass wir die resultierenden Methodenaufrufe verarbeiten können. Das betrifft in diesem Beispiel die Methode `mapView`, die etwas weiter unten beschrieben wird.

```
override func viewDidLoad() {
  super.viewDidLoad()
  // Location Manager initialisieren
  locmgr = CLLocationManager()
  locmgr.delegate = self
  locmgr.desiredAccuracy = kCLLocationAccuracyBest
  locmgr.requestAlwaysAuthorization()
  locmgr.startUpdatingLocation()
  // Map-Methoden verarbeiten
  map.delegate = self
}
```

locationManager-Delegate

Die Delegate-Methode `locationManager(_:didUpdateLocations:)` wird von nun an circa einmal pro Sekunde aufgerufen. Im ersten Parameter wird der für das Ereignis verantwortliche Location Manager übergeben. Interessanter ist der zweite Parameter, der ein Array mit den aktuellen Positionsangaben übergibt, wobei das letzte Element die aktuellsten Daten enthält.

Eingabe von Delegation-Methoden in Xcode

Vielleicht fragen Sie sich, woher Sie wissen, welche Parameter diese Methode erwartet, und wie Sie die Methode am besten in Xcode eingeben. Ganz einfach: Tippen Sie die Anfangsbuchstaben der Methode ein. Xcode zeigt nun eine Liste der zur Auswahl stehenden Methoden, die in unserem Fall zwar alle `locationManager` heißen, sich aber durch den zweiten Parameter unterscheiden (siehe Abbildung 24.9).

Wir benötigen die Variante der Methode, bei der der zweite Parameter `didUpdateLocations` heißt – was auch aus der im vorigen Absatz angegebenen Signatur `locationManager(_:didUpdateLocations:)` hervorgeht. Wählen Sie die richtige Methode aus, und drücken Sie [↵].

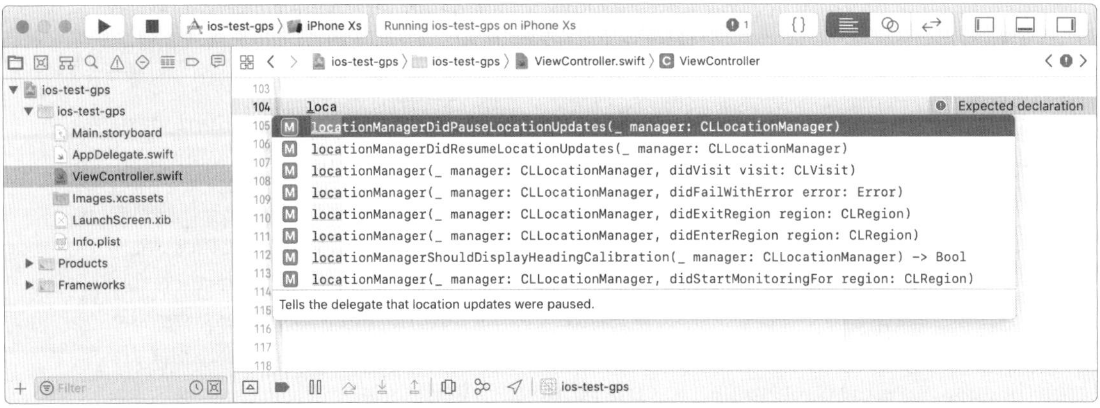

Abbildung 24.9 Die Auto-Vervollständigung hilft bei der Eingabe von Delegate-Methoden.

Die folgenden Swift-Anweisungen extrahieren aus dem aktuellsten `CLLocation`-Objekt den Längen- und Breitengrad, die Seehöhe (leider nicht besonders genau), die Geschwindigkeit und die Bewegungsrichtung in Grad. All diese Informationen werden im Label angezeigt.

`setRegion` stellt ein, welchen Kartenausschnitt die Map-View zeigen soll. Mit den gewählten Daten wird die gerade aktuelle Position immer mittig im Steuerelement dargestellt. Der sichtbare Ausschnitt soll circa eine Breite von einem Kilometer haben.

Zuletzt geht es noch darum, die aktuelle Position im Array `coords` zu speichern. Da die ersten Positionen oft sehr ungenau sind, ignorieren wir sie. Aber sobald zumindest fünf Positionen vorliegen, erzeugen wir aus den letzten beiden Positionen ein `MKPolyline`-Objekt. Dieses

Objekt fügen wir mit `mapOverlay` in einen Speicher ein, der sich alle Daten merkt, die auf der Karte dargestellt werden sollen. Beachten Sie, dass an dieser Stelle noch nichts gezeichnet wird! Darum kümmert sich die Map-View selbst, wobei wir diesen Prozess in der `mapView`-Methode unterstützen.

```
// Projekt ios-test-gps, Datei ViewController.swift
func locationManager(_ manager:CLLocationManager,
  didUpdateLocations locations:[CLLocation])
{
  for loc in locations {
    // Position anzeigen und dem coords-Array hinzufügen
    let long =   String(format: "%.4f", loc.coordinate.longitude)
    let lat  =   String(format: "%.4f", loc.coordinate.latitude)
    let alt =    String(format: "%.1f", loc.altitude)
    let speed =  String(format: "%.1f", loc.speed)
    let course = String(format: "%.1f", loc.course)
    label.text = "long= \(long)° / lat = \(lat)° \n" +
                 "alt = \(alt) m \n" +
                 "speed = \(speed) m/s \n" +
                 "course = \(course)° \n" +
                 "time = \(loc.timestamp) \n"
    // sichtbaren Bereich der Karte (inkl. Zoom) einstellen, aktuelle
    // Position immer zentriert
    let span = 0.01  // in Grad; 1° entspricht 111 km,
    let mkcspan =    // 0.01° entspricht 1100 m
      MKCoordinateSpan(latitudeDelta: span, longitudeDelta: span)
    let reg = MKCoordinateRegion(center: map.userLocation.coordinate,
                                 span: mkcspan)
    map.setRegion(reg, animated: false)
    coords.append(loc.coordinate)  // Koordinaten speichern
    // Linie vom letzten zum vorletzten Punkt hinzufügen
    let n = coords.count
    if n > 4 {  // die ersten Messpunkte ignorieren, oft ungenau
      var pts = [coords[n-1], coords[n-2]]
      let polyline = MKPolyline(coordinates: &pts, count: pts.count)
      map.addOverlay(polyline)
    }
  } // for-Ende
}   // func-Ende
```

Location-Benachrichtigungen ohne Map-View

Ihr Programm kann auch ohne Map-View einen Location Manager einrichten und dessen Daten auswerten. Weiterhin erforderlich bleibt die Abfrage, ob Ihre App Standortdaten empfangen darf (also `requestXxxAuthorization` in `viewDidLoad`).

Die mapView-Methode

Die folgende, im `CLLocationManagerDelegate`-Protokoll definierte `mapView`-Methode wird immer dann aufgerufen, wenn das Map-View-Steuerelement neu gezeichnet wird. Unsere Aufgabe ist es, darin für unsere Daten ein Overlay-Renderer-Objekt zu erzeugen und zurückzugeben. Dieses Objekt bestimmt, wie die Liniensegmente zu zeichnen sind, die auf der Karte erscheinen sollen – in unserem Beispiel als roter, 3 Punkt breiter Linienzug.

```
func mapView(_ mapView: MKMapView, rendererFor overlay: MKOverlay)
  -> MKOverlayRenderer
{
  if overlay is MKPolyline {
    // falls Polyline-Overlay: passenden MKPolylineRenderer erzeugen
    let polylineRenderer = MKPolylineRenderer(overlay: overlay)
    polylineRenderer.strokeColor = UIColor.red
    polylineRenderer.lineWidth = 3
    return polylineRenderer
  } else {
    return MKOverlayRenderer()  // leere MKOverlayRenderer-Instanz
  }
}
```

Zeichnen auf einer Map-View versus Grafik in einer UIView/NSView

Wenn Sie schon einen Blick in Kapitel 25, »Grafik und Animation«, geworfen haben, irritiert es Sie vielleicht, dass ich Ihnen hier ganz andere Grafikmethoden präsentiere. Das hat damit zu tun, dass innerhalb der Map-View die »normalen« Grafikmethoden (`UIBezierPath`, Core Graphics etc.) nicht zugänglich sind. Hier müssen wir mit den Möglichkeiten vorliebnehmen, die das Map-View-Steuerelement anbietet.

Erweiterungsmöglichkeiten

Wenn Sie Spaß an dem kleinen Programm haben, gibt es viele Erweiterungsmöglichkeiten:

- Das Programm bietet im laufenden Betrieb keine Möglichkeit, den sichtbaren Ausschnitt einzustellen. Die aktuelle Position wird immer im Bildschirmmittelpunkt angezeigt, der Zoom-Faktor ist unveränderlich. Schuld daran ist der Aufruf von `map.setRegion` in der Methode `locationManager`. Ein anderer Ansatz könnte darin bestehen, `setRegion` nur einmal nach dem Start der App aufzurufen und dem Benutzer die Kontrolle über die Map-View ansonsten zu überlassen. Dazu müssen die Optionen ALLOWS ZOOMING, SCROLLING und ROTATING im Attributinspektor aktiviert werden.
- Ebenso fehlt der App die Möglichkeit, zwischen den verschiedenen Darstellungsvarianten (also Karte, Satellit, Hybrid) umzustellen. Ein Button und eine Codezeile wie `map.mapType = MKMapType.Hybrid` könnten da rasch Abhilfe schaffen.

- Das Programm speichert die aufgezeichnete Route nicht. Sobald das Programm von iOS aus dem Speicher entfernt wird, hat es alles vergessen. Wenn Sie Routen aufzeichnen möchten, müssen Sie eine Speichermöglichkeit für das Array `coords` anbieten.
- Als logische Ergänzung würden sich nun ein paar Buttons oder ein eleganterer Steuerungsmechanismus anbieten, um die Positionsaufzeichnung zu starten, zu stoppen und zurückzusetzen.

24.3 Kompassfunktionen

Zwar gibt es in Xcode kein eigenes Kompasssteuerelement, ansonsten ist die Nutzung der Kompassfunktionen aber denkbar einfach: Wir benötigen wie in den vorangegangenen Beispielen einen Location Manager und müssen im View-Controller das Protokoll `CLLocationManagerDelegate` implementieren. In `viewDidLoad` erzeugen wir wie gehabt den Location Manager. Anstelle von `startUpdatingLocation` führen wir diesmal aber `startUpdatingHeading` aus: Wir sind nicht an Positionsinformationen, sondern nur an Richtungsangaben interessiert. Dafür müssen wir nicht einmal um Erlaubnis bitten.

Die für uns relevante Delegate-Methode `locationManager` ist am Namen des zweiten Parameters zu erkennen. Dieser muss `didUpdateHeading` lauten, d. h., die Signatur der Methode lautet `locationManager(_:didUpdateHeading:)`. Der Parameter stellt uns ein `CLHeading`-Objekt zur Verfügung. Von dessen vielen Eigenschaften interessiert uns nur eine: `trueHeading` gibt an, in welche Richtung das obere Ende der Benutzeroberfläche des iPhones oder iPads zeigt. Die Angabe erfolgt in Grad. 0° bedeutet, dass das Gerät aus der Sicht des Benutzers nach Norden zeigt, 90° gelten für Osten etc.

iPad-Kompass

Die Kompassfunktionen sind auch bei iPads ohne Mobilfunk- und GPS-Funktionen verwendbar. Beachten Sie aber, dass der Kompass durch Gehäuse mit Magnetverschluss massiv aus dem Gleichgewicht kommt!

Eine minimale Auswertung der Kompassdaten mit Debugging-Anzeige in Xcode erfordert somit nur wenige Zeilen Code:

```
// Projekt ios-compass, Datei ViewController.swift
import UIKit
import CoreLocation
class ViewController: UIViewController, CLLocationManagerDelegate {
  var locmgr: CLLocationManager!

  override func viewDidLoad() {   // Location Manager initialisieren
    super.viewDidLoad()
```

```
    locmgr = CLLocationManager()
    locmgr.delegate = self
    locmgr.desiredAccuracy = kCLLocationAccuracyBest
    locmgr.startUpdatingHeading()
  }
  // wird aufgerufen, wenn das iPhone/iPad in eine andere Richtung
  // zeigt
  func locationManager(_ manager: CLLocationManager,
                       didUpdateHeading newHeading: CLHeading) {
    print(newHeading.trueHeading)
  }
}
```

Kompasskalibrierung

Mitunter erkennen iOS-Geräte die Notwendigkeit, die Kompassfunktion neu zu kalibrieren. Das ist vor allem dann der Fall, wenn die Funktion zum ersten Mal nach langer Zeit verwendet wird oder wenn das Gerät ein störendes Magnetfeld in der Nähe feststellt.

Es ist Ihrer App überlassen, ob bzw. wie sie auf diese Kalibrierungsaufforderung reagiert. Wenn Sie keinen entsprechenden Code vorsehen, dann verzichtet iOS auf die Kalibrierung; es kann dann aber sein, dass die Richtungsangaben ungenau sind. Besser ist es daher, in den View-Controller den folgenden Code einzubauen:

```
func locationManagerShouldDisplayHeadingCalibration(
  _ manager: CLLocationManager) -> Bool
{
  return true
}
```

Das führt dazu, dass Ihre App, wann immer sie es für notwendig hält, einen Kompasskalibrierdialog einblendet. Ihre App-Benutzer müssen nun die Kalibrierung durchführen, ob sie wollen oder nicht. In einer »echten« App ist es vermutlich zweckmäßiger, die Benutzer vorher zu informieren und ihnen die Möglichkeit zu geben, diesen Prozess abzubrechen.

Grafische Darstellung eines Kompasses

Es ist zwar kein Problem, den `trueHeading`-Wert in einem Label anzuzeigen, besonders hilfreich ist das aber selten. Wer einen Kompass braucht, will in der Regel einen nach Norden gerichteten Pfeil sehen. Die grafische Darstellung ist an sich nicht schwierig, allerdings muss der Code in ein eigenes Steuerelement verpackt werden. Wie das geht, verrate ich Ihnen in Abschnitt 25.2, »Kompass-Steuerelement«.

Kapitel 25
Grafik und Animation

Dieses Kapitel gibt eine kurze Einführung in die Themen Grafik und Animation. Im Grafikteil geht es darum, in eigenen Apps nicht nur vorgegebene Steuerelemente oder aus den Xcassets geladene Bitmaps anzuzeigen, sondern dynamisch generierte Grafik.

Der Animationsteil erklärt, wie Sie Änderungen in der Oberfläche Ihrer App durch Animationen eleganter gestalten oder gerade wichtige Elemente hervorheben können.

Wie so oft gilt auch für dieses Kapitel: In diesem Buch ist gerade einmal Platz für den Einstieg. Eine detaillierte Beschreibung der Grafikfunktionen und Animationsmöglichkeiten von iOS und macOS könnte ein kleineres Buch füllen. Das Ziel dieses Kapitels ist es also, Ihnen bei den ersten Schritten zu helfen. Haben Sie die Grundkonzepte einmal verstanden, wird es Ihnen nicht allzu schwer fallen, mithilfe von Stack Overflow und anderen Seiten eigene Effekte zu programmieren.

Konkrete Beispiele zur Grafikprogrammierung bzw. für Animationen finden Sie in den folgenden Abschnitten bzw. Kapiteln:

- Abschnitt 26.2, »Maus«: eigenes Steuerelement zum Zeichnen von Kreisen unter macOS
- Kapitel 37, »Schatzsuche«: eigenes Steuerelement mit Richtungspfeil
- Kapitel 39, »Fünf gewinnt«: einfache Animationen
- Kapitel 41, »Icon-Resizer«: Bitmaps skalieren
- Kapitel 43, »Pac-Man selbst gemacht«: PNGs erzeugen und speichern

Gewissermaßen auch um Grafikprogrammierung geht es, wenn Sie Spiele mit SpriteKit entwickeln (siehe Kapitel 28, »SpriteKit«). Dabei wird aber primär mit animierten Bitmaps gearbeitet, und es kommen vollkommen andere Klassen und Methoden zum Einsatz.

25.1 Eigene Steuerelemente mit Grafikfunktionen

Hinter den Kulissen sind alle Steuerelemente Instanzen von Klassen, die wiederum von `UIView` (iOS, watchOS) bzw. `NSView` (macOS) abgeleitet sind. Was tun Sie, wenn Sie eine vorhandene Klasse um neue Funktionen erweitern möchten? Sie nutzen den Mechanismus der Vererbung (siehe Abschnitt 12.1). Das gelingt umso unkomplizierter, je einfacher das Basissteuerelement ist.

Das Ziel dieses Abschnitts ist es, eigene Grafik in einer iOS-App darzustellen. Naheliegend wäre es jetzt vielleicht, dass Sie mit `draw`-Methoden in den Hintergrund der App oder in bzw. über ein Standardsteuerelement zeichnen. Das ist in dieser simplen Form allerdings nicht vorgesehen.

Der richtige Weg sieht vielmehr so aus, dass Sie an der Stelle Ihrer App, an der Sie Grafikausgaben durchführen möchten, eine View einfügen, also bei iOS-Apps ein vorerst leeres `UIView`-Steuerelement. Dieses Steuerelement verbinden Sie dann mit einer eigenen, von `UIView` abgeleiteten Klasse. Diese enthält den Code, der das Innere des Steuerelements zeichnet. Und da eine View die denkbar einfachste Form eines Steuerelements ist, wird sich gleich zeigen, dass die Erweiterung der `UIView`-Klasse mit wenig Aufwand verbunden ist: Sie müssen lediglich die `draw`-Methode neu implementieren.

Alternative Vorgehensweise mit Renderer-Funktion

Anstatt eine neue Klasse von `UIView` abzuleiten und den Grafikcode dort unterzubringen, können Sie der `image`-Eigenschaft einer Image-View ein `UIGraphicsImageRenderer`-Objekt zuweisen. Eine mit diesem Objekt verbundene Closure bzw. Funktion kümmert sich dann um das Zeichnen. Ein kurzes Beispiel für diese Variante folgt in Abschnitt 25.3, »Core Graphics«.

Eine Klasse für ein neues Steuerelement

Um ein neues Steuerelement zu erzeugen, brauchen Sie als Erstes eine neue Klasse. Dazu führen Sie im aktuellen iOS-Projekt File • New • File aus und wählen die Vorlage Cocoa Touch Class aus. Im zweiten Schritt benennen Sie die Klasse, z. B. mit `MyView`, und geben im Listenfeld Subclass of an, von welcher vorhandenen Klasse Sie Ihre Kreation ableiten möchten (siehe Abbildung 25.1). Für unsere Zwecke eignet sich `UIView` am besten. Dabei handelt es sich um einen rechteckigen Bereich, dessen Inhalt Sie selbst grafisch gestalten können. Dazu müssen Sie lediglich die `drawRect`-Methode überschreiben und mit eigenem Code ausstatten.

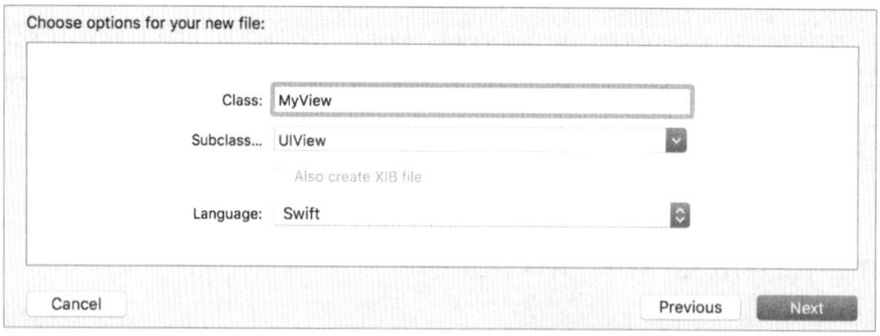

Abbildung 25.1 Eine neue Klasse für das Steuerelement anlegen

Zuletzt müssen Sie noch angeben, wo Sie die neue `*.swift`-Datei speichern möchten. Sofern Ihr iOS-Projekt nicht schon aus sehr vielen Dateien besteht, spricht nichts dagegen, dies einfach im Grundverzeichnis Ihres Projekts zu tun. In diesem Fall bestätigen Sie den Vorschlag von Xcode einfach mit CREATE. Xcode zeigt die neue Datei an, die anfänglich folgenden Inhalt hat:

```
// Projekt ios-grafik, Datei MyView.swift
class MyView: UIView {
  // Only override draw: if you perform custom drawing.
  // An empty implementation adversely affects performance during
  // animation.
  override func draw(_ rect: CGRect) {
    // Drawing code
  }
}
```

Die draw-Methode

In der neuen Klasse wird die Methode `draw` immer dann aufgerufen, wenn das ganze Steuerelement oder auch nur Teile davon neu zu zeichnen sind. Der neu zu zeichnende Bereich geht aus dem Parameter `rect` hervor. Im Regelfall werden Sie diesen Parameter ignorieren und einfach alles neu zeichnen.

Beginnen wir mit einem Beispiel: Um innerhalb des neuen Steuerelements eine rote, drei Punkt breite Linie zu zeichnen, ist der folgende Code erforderlich, den ich gleich erläutern werde:

```
// im Steuerelement eine rote, schräge Linie zeichnen
override func draw(_ rect: CGRect) {
  let start = CGPoint(x: 10, y: 20)   // links oben
  let end   = CGPoint(x: 400, y: 900) // rechts unten

  let line = UIBezierPath()
  line.move(to: start)      // Startpunkt festlegen
  line.addLine(to: end)     // Linie zum Endpunkt
  line.lineWidth = 3        // Linienbreite
  UIColor.red.setStroke()   // Farbe einstellen
  line.stroke()             // Linie zeichnen
}
```

25

Koordinatensystem

Das Koordinatensystem für alle Ausgaben beginnt mit (0, 0) in der linken oberen Ecke. Die X-Achse zeigt nach rechts, die Y-Achse nach unten. Die Größe der Zeichenfläche (also genau genommen die des `UIView`-Steuerelements, das Sie mit Ihrer eigenen Klasse verbunden haben) können Sie in der `draw`-Methode den Eigenschaften `self.bounds.width` und `self.bounds.height` entnehmen.

Das neue Steuerelement verwenden

Nun stellt sich die Frage, wie das neue Steuerelement in die App eingefügt werden kann: In der Objektbibliothek erscheint `MyView` nämlich nicht. Tatsächlich ist die Vorgehensweise (zumindest beim ersten Mal) ein wenig merkwürdig: Sie fügen in die App nämlich nicht Ihr `MyView`-Steuerelement ein, sondern das zugrunde liegende Basissteuerelement – in diesem Beispiel also eine `UIView`. Dieses Minimalsteuerelement, das in seiner Grundfunktion nichts tut und nur als Platzhalter dient, ist nämlich sehr wohl in der Objektbibliothek enthalten.

Dann klicken Sie das Steuerelement an, öffnen in der rechten Seitenleiste den IDENTITY INSPECTOR und stellen im Feld CUSTOM CLASS die Steuerelementklasse ein, die Sie *tatsächlich* nutzen möchten – also `MyView` (siehe Abbildung 25.2). Im Auswahlfeld stehen nur passende Steuerelemente zur Auswahl, also solche, die von dem Steuerelement abgeleitet sind, das Sie ursprünglich in den View-Controller eingefügt haben.

Diese Vorgehensweise ist dieselbe, die Ihnen aus dem Umgang mit mehreren View-Controllern schon vertraut ist: Auch dort wird der View-Controller, also genau genommen ein Objekt der `UIViewController`-Klasse, nachträglich mit einer eigenen Klasse verbunden – z. B. mit `MyViewController` oder wie immer Sie Ihre Klasse genannt haben.

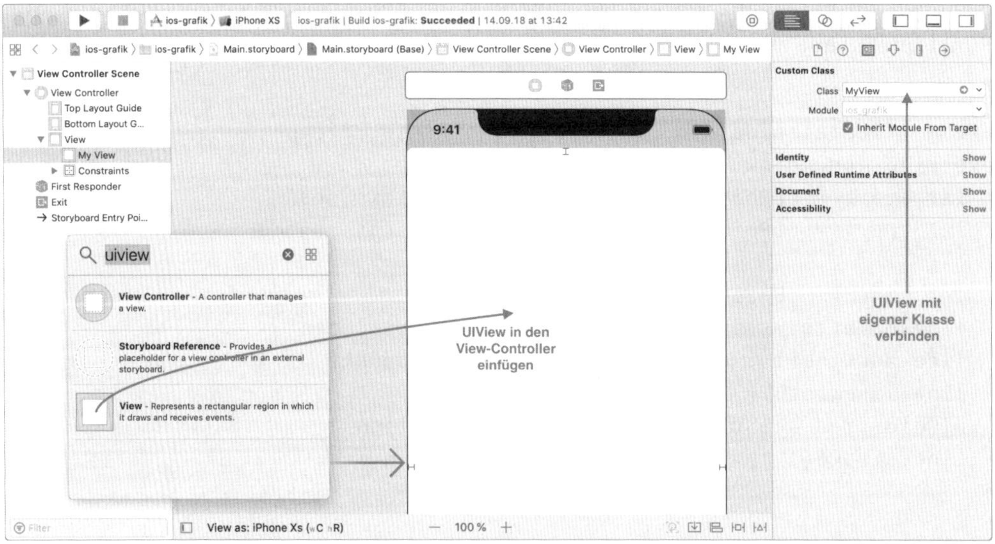

Abbildung 25.2 »Custom Class« bestimmt die tatsächlich genutzte Steuerelementklasse.

Wenn Sie das Programm jetzt starten, dann wird in der `UIView`, die bei diesem Programm der einzige Bestandteil der App-Oberfläche ist, eine rote Linie gezeichnet (siehe Abbildung 25.3). Dass die Linie unten abgeschnitten ist, liegt daran, dass unser `UIView`-Steuerelement zu klein ist. Alle Grafikausgaben sind auf die Größe des jeweiligen Steuerelements begrenzt.

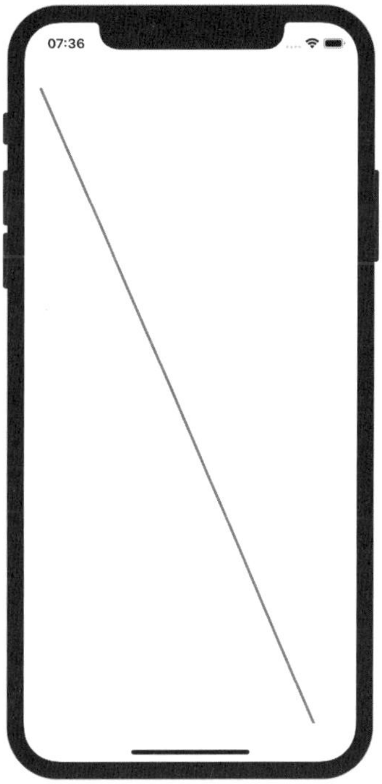

Abbildung 25.3 Recht unspektakulär – die erste eigene Grafikausgabe

Die UIBezierPath-Klasse

Nachdem die prinzipielle Vorgehensweise hin zur ersten Grafikausgabe nun klar ist, muss ich Ihnen die `UIBezierPath`-Klasse näher vorstellen. Sie bietet zwar keineswegs die einzige Möglichkeit, Grafikausgaben durchzuführen, aber mit dieser einen Klasse kommen Sie schon ziemlich weit. Lassen Sie sich vom Namen der Klasse nicht irritieren: Sie können damit keineswegs nur Bezierkurven zeichnen, sondern auch Linien, Polygone, Kreise und viele andere geometrische Formen.

Die Grundidee sieht so aus:

- Sie erzeugen ein `UIBezierPath`-Objekt. Dabei können Sie zuerst ein leeres Objekt erzeugen, dem Sie später durch `move`, `addLine` etc. Grafikelemente hinzufügen, oder Sie verwenden eine der diversen Init-Funktionen, um gleich den Pfad für einen Kreis, für ein abgerundetes Rechteck etc. zu erzeugen.
- Sie stellen mit den Methoden `setStroke` und `setFill` die Farben ein, die für die Umrandung des Objekts bzw. zum Ausfüllen des Inhalts verwendet werden sollen.
- Sie zeichnen das Objekt mit den Methoden `fill` (Inhalt) bzw. `stroke` (Umrandung). Wenn Sie ein Objekt mit einer Farbe füllen, aber mit einer anderen umranden wollen, ist es wichtig, dass Sie zuerst `fill` und dann `stroke` ausführen. Bei einer umgekehrten Reihenfolge würde `fill` die Ausgabe von `stroke` zumindest teilweise überschreiben.

Bei komplexen Grafiken wiederholen Sie diesen Vorgang und setzen so Ihre Ausgabe aus beliebig vielen Teilen zusammen. Tatsächlich ausgeführt werden die Grafikausgaben immer dann, wenn iOS erkennt, dass der Inhalt des Steuerelements neu gezeichnet werden muss. Dann kommt es automatisch zum Aufruf der draw-Methode. Bei einer Drehung des iPhones, bei Animationen etc. kann das mehrere Male pro Sekunde der Fall sein. Sie sollten sich also bemühen, den Code in der draw-Methode möglichst effizient zu gestalten.

Das folgende Listing zeigt einige Anwendungsbeispiele, um die Syntax zu verdeutlichen (siehe Abbildung 25.4). Wenn Sie im Internet nach »swift uibezierpath« suchen, finden Sie unzählige weitere Beispiele und Varianten.

```
// Kreis
let midpt = CGPoint(x: 250, y: 100)
let circle = UIBezierPath(arcCenter:  midpt,
                          radius:     50,
                          startAngle: 0,
                          endAngle:   2 * .pi,
                          clockwise:  true)
circle.lineWidth = 4
UIColor.black.setStroke()
UIColor.yellow.setFill()
circle.fill()
circle.stroke()
// abgerundetes Rechteck mit strichlierter Linie
let rrect = CGRect(x: 100, y: 220, width: 200, height: 100)
let rrectpath = UIBezierPath(roundedRect: rrect, cornerRadius: 10)
rrectpath.lineWidth = 5
let dashes:[CGFloat] = [4, 2]
rrectpath.setLineDash(dashes, count: 2, phase: 0)
UIColor.gray.setStroke()
rrectpath.stroke()
// gefülltes Polygon
let pts = [ CGPoint(x:  80, y: 400),
            CGPoint(x: 180, y: 450),
            CGPoint(x: 180, y: 490),
            CGPoint(x: 140, y: 520),
            CGPoint(x:  70, y: 410) ]
let poly = UIBezierPath()
poly.move(to: pts[0])
for i in 1..<pts.count {
  poly.addLine(to: pts[i])
}
poly.close()
UIColor.blue.setFill()
poly.fill()
```

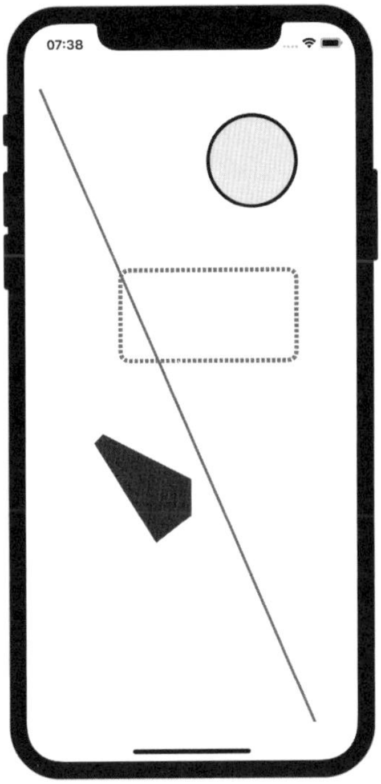

Abbildung 25.4 Einfache UIBezierPath-Grafiken

Hintergrundfarbe einstellen

Die Hintergrundfarbe der View können Sie in Xcode im Attributinspektor einstellen. Im Beispielprogramm habe ich die Voreinstellung auf Weiß belassen. Wenn Sie den Hintergrund dynamisch innerhalb der draw-Methode variieren möchten, beginnen Sie Ihre Ausgabe so:

```
override func draw(_ rect: CGRect) {
  UIColor.gray.setFill()            // grauer Hintergrund
  UIBezierPath(rect: rect).fill()
  // ... weitere Ausgaben
}
```


Damit erzeugen Sie ein rechteckiges Bézier-Objekt, speichern es jedoch nicht, sondern zeichnen seinen Inhalt sofort mit fill.

25.2 Kompass-Steuerelement

Als Beispiel dafür, mit wie wenig Aufwand sich ein »richtiges« neues Steuerelement gestalten lässt, zeigt dieser Abschnitt die Realisierung des CompassView-Steuerelements. Es zeigt eine Kompassnadel im gewünschten Winkel an. Zum Schluss des Abschnitts wird das Steuerelement mit ein paar Zeilen Code mit den Richtungsdaten des Location Managers verknüpft. Das Ergebnis ist eine App, die immer nach Norden zeigt (siehe Abbildung 25.5).

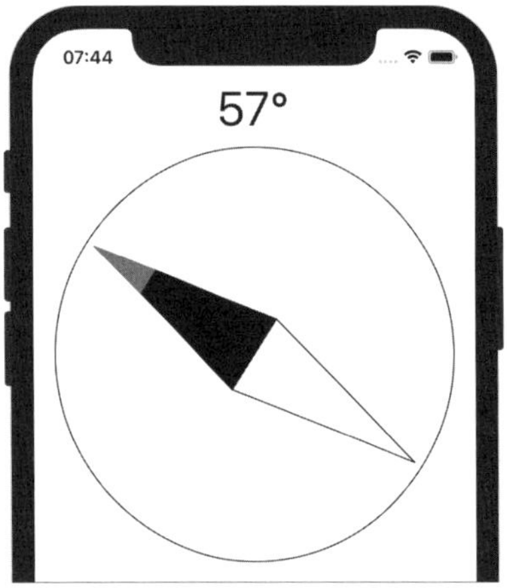

Abbildung 25.5 Eine minimalistische Kompass-App

Im Vergleich zur Einführung in die Grafikprogrammierung ist bei diesem Beispiel noch ein Aspekt neu: Ich zeige Ihnen, wie Sie das Steuerelement so gestalten, dass Sie bereits in Xcode (und nicht erst im laufenden Programm) eine Vorschau sehen und im Attributinspektor Eigenschaften der `CompassView` einstellen können.

Die CompassView-Klasse

Wie beim Einführungsprojekt besteht der erste Schritt darin, eine neue, von `UIView` abgeleitete Klasse einzurichten. Diese erhält diesmal den Namen `CompassView`. Das Steuerelement soll die Richtung nach Norden anzeigen. Deswegen ergänzen wir die neue Klasse zuerst um die Eigenschaft `heading`. Diese `Double`-Zahl entspricht der `trueHeading`-Eigenschaft der `CLHeading`-Klasse, auf die wir später bei der Auswertung des Location Managers stoßen werden. Ein Beispiel: Liefert `trueHeading` beispielsweise den Wert 90, weil das iOS-Gerät gerade nach Osten zeigt, dann muss die Kompassnadel entsprechend nach links zeigen – weil Norden, relativ zum Standpunkt des Nutzers, jetzt links ist.

Damit der Kompass bei jeder Änderung dieser Eigenschaft neu gezeichnet wird, versehen wir die Eigenschaft mit einem Property Observer. Jede Änderung führt nun dazu, dass die Methode `setNeedsDisplay` ausgeführt wird. Diese von der `UIView`-Klasse vererbte Methode löst einen Aufruf von `drawRect` aus.

Die Variablen `color` und `northColor` steuern, in welcher Farbe die Kompassnadel und in welcher Farbe ihre Spitze gezeichnet wird.

```
class CompassView: UIView {
  var heading = 0.0   {   // Kompassrichtung in Grad, 0 = Norden
    didSet {              // bei Änderung neu zeichnen
      setNeedsDisplay()
    }
  }
```

```
  var color: UIColor = .black     // Farbe für Kompassrose und Nadel
  var northColor: UIColor =.red  // Farbe für die Kompassspitze

  // Kompassnadel zeichnen
  override func draw(_ rect: CGRect) { ... }
}
```

Nun müssen wir noch draw um Grafikkommandos ergänzen, die mittig im Steuerelement einen Kreis und darin eine symbolisierte Kompassnadel zeichnen. Der erforderliche Code ist ziemlich lang, aber nicht allzu schwer zu verstehen, wenn Sie mit den Sinus- und Cosinus-Funktionen vertraut sind. Sollte das nicht der Fall sein, empfehle ich Ihnen eine kurze Wikipedia-Nachhilfe:

https://de.wikipedia.org/wiki/Sinus_und_Kosinus

In side wird die Seitenlänge des Quadrats ausgerechnet, das innerhalb der CompassView zur Darstellung des Kompasses vorgesehen ist. Die Seitenlänge ergibt sich aus dem kleineren Wert der Steuerelementlänge bzw. -breite. Die diversen x- und y-Variablen geben die Eckpunkte der Kompassnadel an. Im Code kommen außerdem zwei neue Zeichenmethoden vor: CGContextAddArc zeichnet den Kreis, CGContextDrawPath zeichnet ein gefülltes umrandetes Polygon.

```
// Projekt ios-compass, Datei CompassView.swift
override func draw(_ rect: CGRect) {
  let rad = heading / 180.0 * .pi   // Winkel im Zahlenbereich
                                     // von 0 bis 2*Pi
  // Kompassgröße
  let side   = Double(min(bounds.size.width, bounds.size.height))
  let side2  = side / 2
  let radout = side2 * 0.95  // Radius zur Spitze
  let radin  = side2 * 0.20  // Radius für Ost/West-Punkte

  // Kompassspitze Nord
  let xnorth = side2 - radout * sin(rad)
  let ynorth = side2 - radout * cos(rad)

  // Kompassspitze Süd
  let xsouth = side2 - radout * sin(rad + .pi)
  let ysouth = side2 - radout * cos(rad + .pi)

  // Kompassseite Ost/West
  let xeast  = side2 - radin * sin(rad + .pi / 2)
  let yeast  = side2 - radin * cos(rad + .pi / 2)
  let xwest  = side2 - radin * sin(rad + 3 * .pi / 2)
  let ywest  = side2 - radin * cos(rad + 3 * .pi / 2)
```

```
// Kompassseite Ost/West für farblich abgesetzte Spitze
let xeast2  = (2 * xnorth + xeast) / 3
let yeast2  = (2 * ynorth + yeast) / 3
let xwest2  = (2 * xnorth + xwest) / 3
let ywest2  = (2 * ynorth + ywest) / 3

// Kreis
let circle = UIBezierPath(arcCenter: CGPoint(x: side2, y: side2),
                          radius: CGFloat(side2 - 2),
                          startAngle: 0,
                          endAngle: 2 * .pi,
                          clockwise: true)
UIColor.black.setStroke()
circle.stroke()

// Kompassnadelspitze Nord
northColor.setFill()
northColor.setStroke()
with( UIBezierPath() ) { // Closure, with ist in
                         // Global.swift definiert
  $0.move(to: CGPoint(x: xnorth, y: ynorth))
  $0.addLine(to: CGPoint(x: xeast, y: yeast))
  $0.addLine(to: CGPoint(x: xwest, y: ywest))
  $0.addLine(to: CGPoint(x: xnorth, y: ynorth))
  $0.fill()    // Fill und Stroke
  $0.stroke()
}

// Kompassnadelbasis Nord
color.setFill()
color.setStroke()
with( UIBezierPath() ) {
  $0.move(to: CGPoint(x: xeast2, y: yeast2))
  $0.addLine(to: CGPoint(x: xeast,  y: yeast))
  $0.addLine(to: CGPoint(x: xwest,  y: ywest))
  $0.addLine(to: CGPoint(x: xwest2, y: ywest2))
  $0.addLine(to: CGPoint(x: xeast2, y: yeast2))
  $0.fill()
  $0.stroke()
}

// Kompassnadel Süden
color.setStroke()
with( UIBezierPath() ) {
```

```
      $0.move(to: CGPoint(x: xsouth, y: ysouth))
      $0.addLine(to: CGPoint(x: xeast, y: yeast))
      $0.addLine(to: CGPoint(x: xwest, y: ywest))
      $0.addLine(to: CGPoint(x: xsouth, y: ysouth))
      $0.stroke()  // nur Stroke
    }
}
```

Naturgemäß können Sie die optische Gestaltung des Steuerelements noch optimieren, z. B. indem Sie die vier Himmelsrichtungen auf der Rose markieren oder Gradangaben wie auf einem Zifferblatt einfügen. Auch 3D-Effekte wären denkbar – aber Sie wissen ja: Seit iOS 7 gilt bei der grafischen Gestaltung von Apps die Devise »Weniger ist mehr«.

Hilfsfunktion »with«

Beim Arbeiten mit `UIBezierPath`-Objekten kommt es oft zu einem Code nach diesem Muster:

```
let geometricform = UIBezierPath()
geometricform.move(to: CGPoint(x: xnorth, y: ynorth)
geometricform.addLine(to: CGPoint(x: xeast, y: yeast))
geometricform.addLine(to: CGPoint(x: xwest, y: ywest))
geometricform.addLine(to: CGPoint(x: xnorth, y: ynorth))
geometricform.fill()    // Fill und Stroke
geometricform.stroke()
```

Es wird also ein `UIBezierPath`-Objekt erzeugt, etliche Male manipuliert und schließlich gezeichnet. Dabei muss ein und derselbe Variablenname immer wieder geschrieben werden; gleichzeitig werden die Zeilen sehr lang und unübersichtlich. In der `draw`-Methode habe ich das vermieden, indem ich die Verarbeitung des `UIBezierPath`-Objekts in eine Closure verpackt habe. Damit das funktioniert, habe ich in `Globals.swift` die folgende generische Funktion definiert:

```
func with<T>(_ object: T, closure: (T)->()) {
  closure(object)
}
```


Automatischer Redraw bei Größenänderung

Wenn sich die Größe des Steuerelements ändert, z. B. bei einer Drehung eines iOS-Geräts, dann erwarten wir natürlich, dass das Steuerelement in der neuen Größe neu gezeichnet wird. iOS kümmert sich darum – aber tut dies nicht automatisch. Vielmehr müssen Sie dazu das Steuerelement im Storyboard zuerst anklicken und dann im Attributinspektor die View-Eigenschaft CONTENT MODE auf REDRAW stellen (siehe Abbildung 25.6). Hinter den Xcode-Kulissen heißt die betreffende Eigenschaft der `UIView`-Klasse `contentMode`.

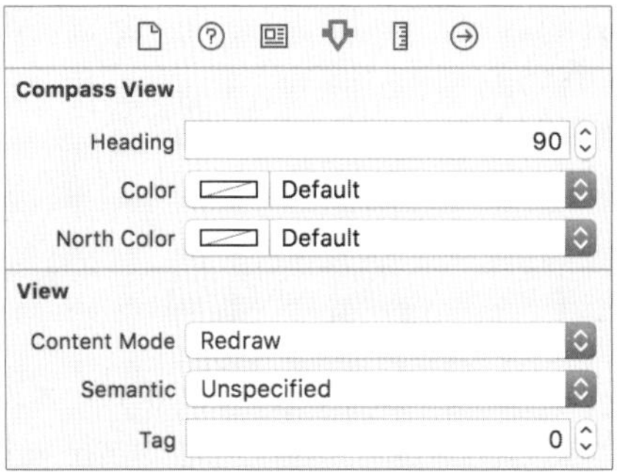

Abbildung 25.6 Die Einstellung »Content Mode = Redraw« stellt sicher, dass das Steuerelement bei Größenänderungen korrekt neu gezeichnet wird.

Kompassnadel einstellen

Nun geht es nur noch darum, im laufenden Programm die Kompassnadel entsprechend der Lage des iPhones auszurichten. Dazu müssen Sie im View-Controller zuerst das `CLLocationManagerDelegate`-Protokoll implementieren (siehe Abschnitt 24.3, »Kompassfunktionen«). Die relevanten Zeilen sehen so aus:

```
// Projekt ios-compass, Datei ViewController.swift
class ViewController: UIViewController, CLLocationManagerDelegate {

  // Zugriff auf ein Label und das Compass-View-Steuerelement
  @IBOutlet weak var label: UILabel!
  @IBOutlet weak var compass: CompassView!

  // Location Manager
  var locmgr: CLLocationManager!

  // Initialisierung
  override func viewDidLoad() {
    super.viewDidLoad()

    // Location Manager für Richtungsinformationen einrichten
    locmgr = CLLocationManager()
    locmgr.delegate = self
    locmgr.desiredAccuracy = kCLLocationAccuracyBest
    locmgr.startUpdatingHeading()
  }
}
```

Nach diesen Vorbereitungen können Sie die `heading`-Eigenschaft der `CompassView` in der `locationManager`-Methode ausrichten und die Abweichung gegenüber der Nordrichtung in einem Label anzeigen:

```
func locationManager(_ manager: CLLocationManager,
                     didUpdateHeading newHeading: CLHeading)
{
  let head = newHeading.trueHeading
  label.text = String(format:"%.1f°", head)
  compass.heading = head
}
```

Im Simulator lässt sich dieses Programm nicht sinnvoll testen, aber die probeweise Ausführung auf einem iPhone zeigt, dass das Programm wie erwünscht funktioniert (siehe Abbildung 25.5).

Den Kompass an die Ausrichtung des Geräts anpassen

Allerdings fördert der Test ein neues Problem zutage: Wird das iPhone ins Querformat gedreht, zeigt die Kompassnadel plötzlich nicht mehr nach Norden! Schuld daran ist, dass der Location Manager nichts von der Drehung der iOS-Benutzeroberfläche weiß. Abhilfe ist zum Glück nicht schwierig: Sie müssen bei jeder Änderung der Ausrichtung des Geräts auch die Ausrichtung des Kompasses anpassen.

Dazu richten Sie in `viewDidLoad` die Methode `rotated` ein, die immer dann automatisch ausgeführt werden soll, wenn sich die Geräteausrichtung ändert. `addObserver` meldet `rotated` beim Notification Center an. Dabei handelt es sich um eine zentrale Kommunikationseinheit für iOS-Apps. Detaillierte Informationen zum Notification Center folgen in Abschnitt 37.3, »Location Manager selbst gemacht«.

In `rotated` werten Sie die `orientation`-Eigenschaft von `currentDevice` aus und stellen entsprechend die `headingOrientation` des Location Managers ein. Die naheliegende Zuweisung

```
locmgr.headingOrientation = UIDevice.current.orientation
```

ist übrigens nicht möglich, weil die Eigenschaften `headingOrientation` und `orientation` unterschiedliche Datentypen aufweisen.

```
// Projekt ios-compass, Datei ViewController.swift
override func viewDidLoad() {
  super.viewDidLoad()
  locmgr = CLLocationManager()
  // ... wie bisher

  // bei einer Änderung der Geräteausrichtung die Methode rotated()
  // ausführen und auf die Drehung des iOS-Geräts reagieren
  NotificationCenter.default.addObserver(
    self,
    selector: #selector(ViewController.rotated),
    name: UIDevice.orientationDidChangeNotification,
    object: nil)
}
```

```
// Kompassausrichtung an die Geräteausrichtung anpassen
@objc func rotated() {
  switch UIDevice.current.orientation {
  case .portrait:
    locmgr.headingOrientation = .portrait
  case .landscapeLeft:
    locmgr.headingOrientation = .landscapeLeft
  case .landscapeRight:
    locmgr.headingOrientation = .landscapeRight
  case .portraitUpsideDown:
    locmgr.headingOrientation = .portraitUpsideDown
  default:
    break
  }
}
```

Xcode-Integration mit IBDesignable und IBInspectable

Prinzipiell erfüllen das Kompasssteuerelement und seine Integration in die Kompass-App nun alle Aufgaben. Der Umgang mit dem Steuerelement in Xcode ist aber wenig elegant: Im Storyboard wird das Steuerelement nur als rechteckiger Rahmen dargestellt; seine Eigenschaften `heading`, `color` und `northColor` können nur per Code, aber nicht wie bei anderen Steuerelementen im Attributinspektor eingestellt werden.

Mit ein wenig Mühe können wir aus dem `CompassView`-Steuerelement ein vollwertiges Steuerelement machen. Dazu müssen wir die `CompassView`-Klasse mit dem Attribut `@IBDesignable` versehen und die für Xcode zugänglichen Eigenschaften der Klasse mit dem Attribut `@IBInspectable` kennzeichnen. Vorweg ein paar Hintergrundinformationen:

- `@IBInspectable` macht eigene Eigenschaften für den Attributinspektor von Xcode zugänglich. Wenn Sie also mit Swift ein neues Steuerelement entwickeln und eine Eigenschaft mit dem Attribut `@IBInspectable` auszeichnen, können Sie diese Eigenschaft im Attributinspektor einstellen. Dabei werden unter anderem die folgenden Datentypen unterstützt: `Bool`, `CGFloat`, `CGPoint`, `CGRect`, `CGSize`, `Double`, `Int`, `String`, `UIColor` und `UIImage`.
- `@IBDesignable` ist für eigene Steuerelemente gedacht, die von der `UIView`-Klasse abgeleitet sind. Xcode kann mit diesem Attribut ausgestattete Steuerelemente im Storyboard-Editor direkt darstellen.

Damit das Steuerelement in Xcode eine »Live View« bietet, also bereits in der Vorschau korrekt angezeigt wird, stellen Sie der Klasse `@IBDesignable` voran. Außerdem machen Sie Eigenschaften des Steuerelements mit `@IBInspectable` für den Attributinspektor zugänglich.

```
// Projekt ios-compass, Datei CompassView.swift
@IBDesignable class CompassView: UIView {
  // diese drei Eigenschaften in Xcode zugänglich machen
  @IBInspectable var heading: Double = 0.0  {
    didSet {              // bei Änderung neu zeichnen
      setNeedsDisplay()
    }
  }
  @IBInspectable var color: UIColor = .black
  @IBInspectable var northColor: UIColor = .red
  // weiterer Code wie bisher
}
```

Bei meinen Tests hat sich herausgestellt, dass der Datentyp der Eigenschaft explizit angegeben werden muss – hier also mit `Double` bzw. `UIColor`. Der folgende, eigentlich gleichwertige Code funktioniert nicht!

```
// so funktioniert es nicht
@IBInspectable var heading = 0.0  {
  didSet { setNeedsDisplay() }
}
@IBInspectable var color = UIColor.black
@IBInspectable var northColor = UIColor.red
```

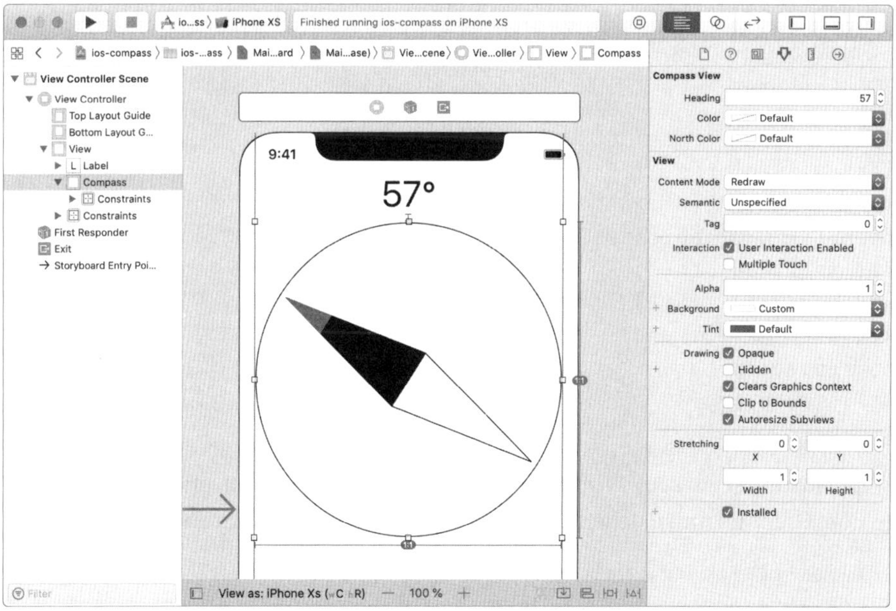

Abbildung 25.7 Vorschau des »CompassView«-Steuerelements in einem Storyboard, Einstellung seiner Eigenschaften im Attributinspektor

Der Lohn dieser Umstellarbeiten zeigt sich in Xcode: Das Kompasssteuerelement wird nun bereits in der Vorschau korrekt angezeigt, und seine Eigenschaften können direkt eingestellt werden (siehe Abbildung 25.7). Beachten Sie übrigens, dass Xcode die Eigenschaftsnamen nicht einfach unverändert übernimmt. Vielmehr wird der erste Buchstabe zu einem Großbuchstaben, außerdem wird die Bezeichnung bei einem Wechsel von Klein- zu Großbuchstaben getrennt. Aus `northColor` wird also NORTH COLOR. Schade, dass Xcode das Steuerelement nicht auch in der Objektbibliothek anzeigt!

25.3 Core Graphics

Die Verwendung von `UIBezierPath`-Objekten unter iOS oder tvOS bzw. von `NSBezierPath`-Objekten unter macOS ist gewissermaßen die moderne Form der Grafikprogrammierung. Eine Ebene weiter unten in den Apple-Bibliotheken befindet sich *Core Graphics* mit dem Kürzel CG. Die hier versammelten Funktionen sind mitunter weniger bequem in der Anwendung, bieten zum Teil aber zusätzliche Möglichkeiten. Um Ihnen an dieser Stelle zumindest das Konzept von Core Graphics zu präsentieren, habe ich vom vorhin vorgestellten `CompassView`-Steuerelement eine Core-Graphics-Variante zusammengestellt. Der gesamte Code ist fast identisch; die einzige Ausnahme ist die `draw`-Methode, auf die ich mich hier konzentriere:

Grundvoraussetzung für die Anwendung der Core-Graphics-Methoden ist ein Grafikkontext, den Sie mit `UIGraphicsGetCurrentContext` ermitteln. Alle Grafikmethoden werden auf das `CGContext`-Objekt angewendet. Die folgenden Zeilen zeichnen eine diagonale rote Linie in einem `UIView`-Container:

```
override func draw(_ rect: CGRect) {
  let start = CGPoint(x: 10, y: 20)
  let end   = CGPoint(x: 400, y: 900)
  let context = UIGraphicsGetCurrentContext()
  context?.setLineWidth(3)
  context?.move(to: start)
  context?.addLine(to: end)
  UIColor.red.set()
  context?.strokePath()
}
```

Nach diesem Muster ist es kein Problem, den `UIBezierPath`-Code der ersten `CompassView`-Version auf Core Graphics umzustellen. Die konzeptuellen Ähnlichkeiten sind unverkennbar:

```
// Projekt ios-grafik-cg, Datei CompassView.swift
// Inhalt des Steuerelements zeichnen
override func draw(_ rect: CGRect) {
  let context = UIGraphicsGetCurrentContext()
  // Berechnung von rad, side, x<name> und y<name>
  // wie bei der UIBezierPath-Variante ...
```

```
    // Kreis zeichnen
    context?.setLineWidth(2.0)
    context?.setStrokeColor(color.cgColor)
    UIColor.black.set()
    context?.addArc(center: CGPoint(x: side2, y: side2),
                    radius: side2 - 2,
                    startAngle: 0.0,      // Start- und Endwinkel
                    endAngle: .pi * 2,
                    clockwise: true)
    context?.strokePath()

    // Kompassnadelspitze (rot)
    context?.setLineWidth(1.0)
    context?.setFillColor(northColor.cgColor)
    context?.setStrokeColor(northColor.cgColor)
    context?.move(to: CGPoint(x: xnorth, y: ynorth))
    context?.addLine(to: CGPoint(x: xeast, y: yeast))
    context?.addLine(to: CGPoint(x: xwest, y: ywest))
    context?.addLine(to: CGPoint(x: xnorth, y: ynorth))
    context?.drawPath(using: .fillStroke)   // zuerst Stroke, dann Fill

    // Kompassnadel schwarz (Norden)
    context?.setFillColor(color.cgColor)
    context?.setStrokeColor(color.cgColor)
    context?.move(to: CGPoint(x: xeast2, y: yeast2))
    context?.addLine(to: CGPoint(x: xeast,  y: yeast))
    context?.addLine(to: CGPoint(x: xwest,  y: ywest))
    context?.addLine(to: CGPoint(x: xwest2, y: ywest2))
    context?.addLine(to: CGPoint(x: xeast2, y: yeast2))
    context?.drawPath(using: .fillStroke)

    ...
}
```


Image-Renderer

Egal, ob mit `UIBezierPath` oder mit Core-Graphics-Methoden: In allen bisherigen Beispielen bin ich davon ausgegangen, dass Sie eine eigene Klasse entwickeln, die von `UIView` bzw. `NSView` abgeleitet ist, und Ihren Grafikcode in der `draw`-Methode unterbringen.

An dieser Stelle möchte ich Ihnen ganz kurz eine alternative Vorgehensweise präsentieren. Sie bietet sich dann an, wenn Sie nur einfache Ausgaben durchführen möchten, deren Inhalt, Aufbau bzw. Größe sich normalerweise nicht mehr ändert. In solchen Fällen können Sie als Basis ein `UIImageView`-Steuerelement verwenden. Anstatt nun dessen `image`-Eigenschaft eine Bitmap zuzuweisen, wie dies oft der Fall ist, erzeugen Sie ein Objekt `UIGraphicsImageRenderer`-

Klasse. Diese Klasse ist zur Verpackung einer Zeichenprozedur auf der Basis von Core Graphics gedacht.

Das Ziel des folgenden Beispielprogramms ist es, eine Image-View, die im Storyboard-Editor eingefügt wurde, mit einem gelben Hintergrund und einem schwarzen Kreis bzw. einer Ellipse zu füllen (siehe Abbildung 25.8).

Wie die folgenden Zeilen beweisen, ist die Vorgehensweise ganz simpel: In `viewDidLoad` erzeugen Sie ein `UIGraphicsImageRenderer`-Objekt in der erforderlichen Größe. An dessen `image`-Methode übergeben Sie eine Closure mit dem Code zum Zeichnen der Grafik. Diese Methode gibt ein `UIImage`-Objekt zurück, das Sie direkt der `image`-Eigenschaft der Image-View zuweisen:

```
// Beispiel ios-image-renderer, Datei ViewController.swift
class ViewController: UIViewController {
  // Outlet für das UIImageView-Steuerelement
  @IBOutlet weak var imgview: UIImageView!

  override func viewDidLoad() {
    super.viewDidLoad()

    let renderer = UIGraphicsImageRenderer(size: imgview.frame.size)
    imgview.image = renderer.image { context in  // Closure
      let rectangle = self.imgview.bounds

      // gelber Hintergrund
      context.cgContext.setFillColor(UIColor.yellow.cgColor)
      context.cgContext.fill(rectangle)

      // schwarzer Kreis bzw. Ellipse, wenn imgview rechteckig ist
      context.cgContext.setFillColor(UIColor.black.cgColor)
      context.cgContext.fillEllipse(in: rectangle)
    }
  }
}
```

Jetzt bleiben noch die folgenden Fragen zu beantworten: Sollten Sie lieber die `UIBezierPath`-Klasse und verwandten Klasse einsetzen oder Core Graphics? Ist es besser, eine eigene Klasse zu programmieren, oder ist es einfacher, einen Image-Renderer zu verwenden? Wie so oft gibt es darauf keine eindeutigen Antworten. Generell bieten Ihnen eigene Klassen und `UIBezierPath`-Code die größte Funktionalität. Die hier präsentierte Vorgehensweise mit einem Core-Graphics-Renderer bietet sich primär dann an, wenn Sie ganz simple Effekte erzielen möchten und der Inhalt und idealerweise auch die Größe der Grafik statisch vorgegeben sind. Der größte Vorteil der Vorgehensweise besteht darin, dass Sie sich die Definition einer neuen Klasse ersparen.

Abbildung 25.8 Der schwarze Kreis auf gelbem Hintergrund wird in einem »UIImageView«-Steuerelement mit selbst definierter Renderer-Funktion dargestellt.

25.4 Animationen

iOS stellt innerhalb des UIKits ein ganzes Framework von Klassen und Methoden zur Verfügung, um Elemente von Benutzeroberflächen mit Animationen zu verändern. Einmal gestartete Animationen blockieren das Hauptprogramm nicht. Wenn mehrere Animationen auf einmal gestartet werden, laufen sie gleichzeitig ab. Animieren lassen sich unter anderem die Form und die Größe aller Steuerelemente (Views), deren Farben und Transparenzeinstellungen sowie diverse andere Eigenschaften, die für das visuelle Erscheinungsbild verantwortlich sind.

Hello World!

Dieses Buch ist nicht der geeignete Ort für eine enzyklopädische Beschreibung des Animation-Frameworks. Stattdessen möchte ich Ihnen hier nur die elementarsten Konzepte anhand von Beispielen näherbringen. Als Ausgangspunkt dient das Projekt `ios-animation`: Es enthält einen Tab-Bar-Controller mit drei Seiten, wobei auf jeder Seite eine Animation mit dem START-Button ausgeführt werden kann. Auf der ersten Seite wandert ein anfänglich graues Quadrat nach unten. Dabei verändert sich seine Form in ein Rechteck und seine Farbe in Blau (siehe Abbildung 25.9).

Der für die Animation verantwortliche Code ist verblüffend kurz und einfach: In der Action-Methode des Buttons wird die statische Methode `animateWithDuration` ausgeführt. An diese Methode werden zwei Parameter übergeben: die Zeitdauer der Animation, hier also eineinhalb Sekunden, sowie eine Closure mit Einstellungen, die das animierte Objekt zum Schluss haben soll. In diesem Beispiel sollen also Ort, Größe und Hintergrundfarbe des in Xcode eingefügten `UIView`-Objekts `myview` verändert werden. Die `animate(withDuration:)`-Methode wird sofort beendet, und die Animation wird im Hintergrund automatisch fortgesetzt.

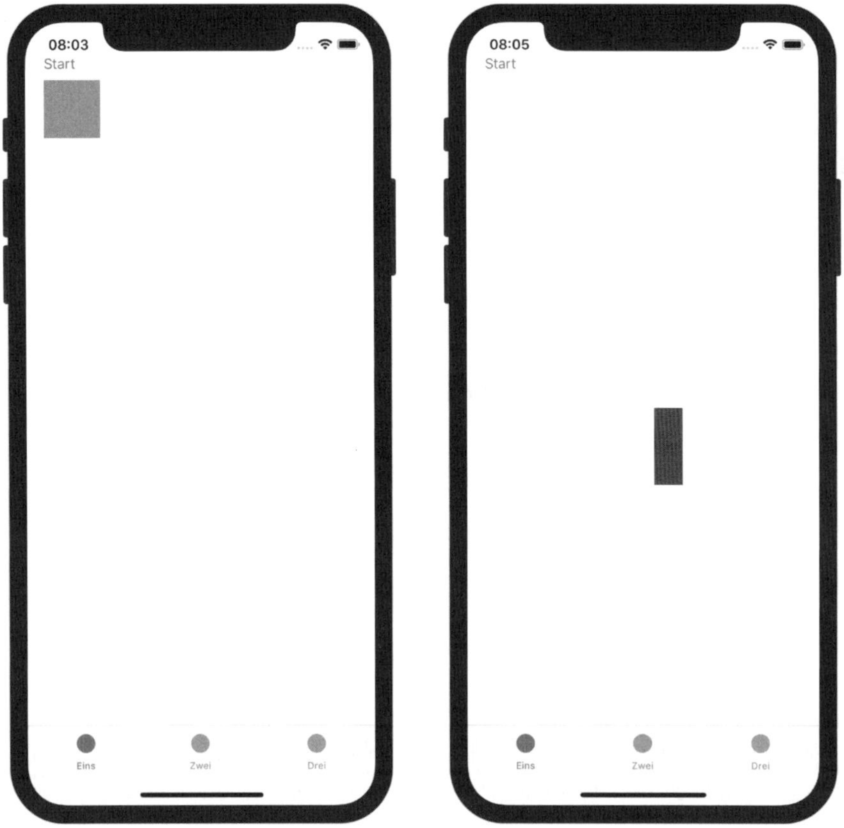

Abbildung 25.9 Die Tab-Seite zu Beginn und am Ende der Animation

```
// Projekt ios-animation, Datei FirstViewController.swift
class FirstViewController: UIViewController {
  @IBOutlet weak var myview: UIView!

  // Action-Methode des Start-Buttons
  @IBAction func start(_ sender: AnyObject) {

    // Animation ohne Reset
    UIView.animate(withDuration: 1.5, animations:
      { // Closure
        self.myview.frame = CGRect(x: 200, y: 400,
                                   width: 30, height: 80)
        self.myview.backgroundColor = .blue
      }
    )
  }
}
```

Alternativ können Sie die Closure auch nachgestellt an `animateWithDuration` übergeben und so eine Klammerebene einsparen:

```
UIView.animate(withDuration: 1.5) { // Closure
  self.myview.frame = CGRect(x: 200, y: 400, width: 30, height: 80)
  self.myview.backgroundColor = .blue
}
```

In Anleitungen zum Thema Animation, die man im Internet findet, wird die Closure mitunter mit `[unowned self] in ...` eingeleitet. Diese Formulierung kann Memory Leaks verhindern, wenn eine geschlossene Referenzkette zwischen `self` und der Closure entsteht. Bei `animate` besteht diese Gefahr jedoch nicht, `unowned self` ist überflüssig.

`animate(withDuration::)` gibt es auch in einer Variante mit einem optionalen dritten Parameter, `completion`. Der hiermit übergebene Code wird nach dem Ende der Animation ausgeführt. An diese Closure wird ein boolescher Parameter übergeben, der die Closure darüber benachrichtigt, ob die Animation korrekt beendet oder vorzeitig abgebrochen wurde. Wenn Sie den Parameter berücksichtigen wollen, formulieren Sie die Closure so:

```
completion: { (finished: Bool) in Code ... }
```

Sie können den Parameter aber auch wie im folgenden Beispiel mit dem Pattern-Zeichen _ ignorieren. Dadurch setzt `animate` das animierte Rechteck zum Schluss wieder an seine Startposition zurück:

```
UIView.animate(
  withDuration: 1.5,
  animations: { // Closure
    self.myview.frame = CGRect(x: 200, y: 400, width: 30, height: 80)
    self.myview.backgroundColor = .blue
  },
  completion: { // noch eine Closure
    (_) in
    self.myview.frame = CGRect(x: 20, y: 60, width: 60, height: 60)
    self.myview.backgroundColor = .gray
  }
)
```

Fade-in-Effekt

Das zweite Dialogblatt der Beispiel-App enthält eine Bitmap. Diese ist aber nicht sofort sichtbar, sondern wird nach der Auswahl des Dialogblatts im Verlauf einer Sekunde eingeblendet. Der erforderliche Code sieht so aus:

```
// Projekt ios-animation, Datei SecondViewController.swift
class SecondViewController: UIViewController {
  @IBOutlet weak var imgview: UIImageView!

  // Bitmap ist anfänglich transparent
  override func viewDidLoad() {
    super.viewDidLoad()
    imgview.alpha = 0
  }

  // Animation beim Anzeigen der Tab-Seite starten
  override func viewDidAppear(_ animated: Bool) {
    UIView.animate(withDuration: 2.5) {
      self.imgview.alpha = 1
    }
  }
}
```

Bemerkenswert ist hier zuerst einmal, dass die Animation in `viewDidAppear` gestartet wird. Die sonst so allgegenwärtige Methode `viewDidLoad` ist zum Start von Animationen ungeeignet, weil die View zu diesem Zeitpunkt zwar geladen, aber noch nicht sichtbar ist. Der Aufruf von `animateWithDuration` würde wirkungslos bleiben.

Der eigentliche Code ist leicht zu verstehen: Die Bitmap wird bereits in `viewDidLoad` mit `alpha=0` transparent (also unsichtbar) gemacht. Mit dem Beginn der Animation wird die Transparenz dann schrittweise so reduziert, dass die Bitmap zum Schluss vollkommen sichtbar ist.

Animationszeiten

Eine Animationszeit von zweieinhalb Sekunden wie in diesem Beispiel ist ungewöhnlich lang. Im Regelfall sollten Animationen schnell vor sich gehen und unaufdringlich sein. Dafür reichen Zeitspannen zwischen 0,2 und 0,5 Sekunden vollkommen aus.

Steuerelemente animiert erscheinen und verschwinden lassen

Die dritte Tab-Ansicht zeigt oben vier Schalter (`UISwitch`-Objekte) und darunter vier Buttons (siehe Abbildung 25.10). Mit den Schaltern können Sie einzelne Buttons aus- und wieder einblenden. Dieser Vorgang erfolgt jeweils animiert. Selbstverständlich funktioniert dies nicht nur für Buttons, sondern für jede Art von Steuerelementen bzw. `UIView`-Objekten.

Zur Anordnung der Steuerelemente kommen zwei Stack-Views zum Einsatz. Die erste ist horizontal ausgerichtet und verteilt die vier Schalter über die ganze Breite des iOS-Geräts. Die zweite Stack-View verteilt die Buttons gleichmäßig über die restliche Anzeigefläche.

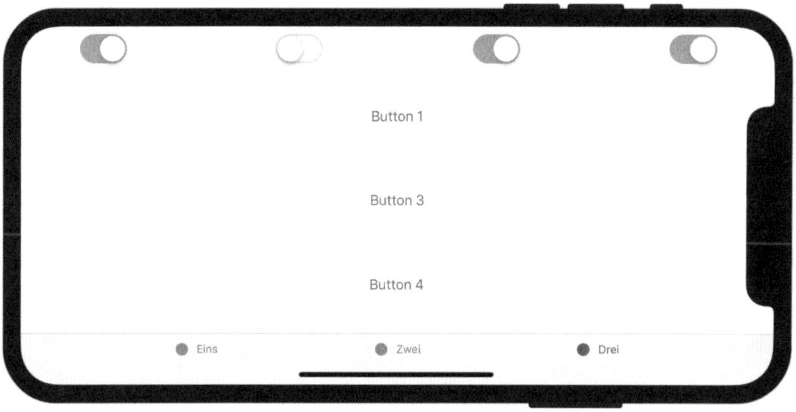

Abbildung 25.10 Mit den Schaltern kann die Sichtbarkeit von vier Buttons eingestellt werden.

Die Stack-Views sind hier nicht nur praktisch, um der mühseligen Einstellung von Layoutregeln aus dem Weg zu gehen, sie eignen sich auch besonders gut für Animationen: Zum Ein- und Ausblenden von Steuerelementen bzw. ganz generell von `UIView`-Objekten wird einfach die Eigenschaft `hidden` auf `true` oder `false` gestellt. Derartige Ja/Nein-Eigenschaften lassen sich normalerweise schlecht animieren. Die Stack-View kommt aber auch mit diesem Sonderfall zurecht und kann die Steuerelemente animiert neu anordnen. Die gleichzeitige Animation der Transparenz der Steuerelemente macht den Effekt noch eleganter.

Der Code sollte auf Anhieb verständlich sein. Der Zustand der Schalter geht aus der Eigenschaft `on` hervor. Die Auswertung von `on` erfolgt durch den ternären Operator (siehe Abschnitt 3.4, »Operatoren für Fortgeschrittene«).

```
// Projekt ios-animation, Datei ThirdViewController.swift
class ThirdViewController: UIViewController {
  @IBOutlet weak var btn1: UIButton!
  @IBOutlet weak var btn2: UIButton!
  @IBOutlet weak var btn3: UIButton!
  @IBOutlet weak var btn4: UIButton!

  // Schalterzustand hat sich geändert
  @IBAction func switch1changed(sender: UISwitch) {
    sender.on ? show(btn1) : hide(btn1)
  }
  @IBAction func switch2changed(sender: UISwitch) {
    sender.on ? show(btn2) : hide(btn2)
  }
  @IBAction func switch3changed(sender: UISwitch) {
    sender.on ? show(btn3) : hide(btn3)
  }
```

```
  @IBAction func switch4changed(sender: UISwitch) {
    sender.on ?  show(btn4) : hide(btn4)
  }

  // UIView in Stack-View ein- und ausblenden
  func show(_ v: UIView) {
    UIView.animate(withDuration: 0.35) {
      v.isHidden = false
      v.alpha = 1
    }
  }

  func hide(_ v: UIView) {
    UIView.animate(withDuration: 0.35) {
      v.isHidden = true
      v.alpha = 0
    }
  }
}
```

Kapitel 26
Touch, Maus, Gestures und Drag & Drop

Dieses Kapitel präsentiert Programmiertechniken zur Verarbeitung von Eingaben mit dem Finger bzw. mit der Maus. Im einfachsten Fall müssen Sie sich um die Details gar nicht kümmern: Das ist z. B. bei einem Button der Fall, der das Anklicken bzw. Berühren selbst feststellt; in Ihrem Code kommt es dann zum Aufruf der entsprechenden Action-Methode.

- **Touch:** Mit etwas mehr Aufwand ist es verbunden, in einem `UIView`-Steuerelement selbst Touch-Ereignisse zu verarbeiten. Dabei müssen Sie auf den Aufruf diverser `touch_xxx`-Methoden reagieren, mit denen Ihre App über den Beginn, den Verlauf und das Ende der Wischbewegung informiert wird.

  Die im ersten Abschnitt dieses Kapitels präsentierten Techniken gelten größtenteils auch für tvOS, wobei der Fingerkontakt hier nicht auf dem Bildschirm, sondern auf der Fernbedienung erfolgt. Dementsprechend lässt sich ein Touch-Ereignis unter tvOS nicht unmittelbar mit absoluten Bildschirmkoordinaten verbinden. Es ist aber möglich, relative Bewegungen zu erkennen, z. B. von links nach rechts.

- **Maus:** Intern ganz ähnlich wie bei Touch-Ereignissen unter iOS erfolgt die Reaktion auf Mausklicks und -bewegungen unter macOS. Dort haben Sie es mit einem `NSView`-Steuerelement als Basis zu tun.

- **Gestures:** Die Definition von Gesten (*Gestures*) ermöglicht es unter iOS, eine bestimmte Art einer Touch-Aktion, z. B. eine Bewegung nach oben, automatisch zu erkennen. Das erspart Ihnen die Auswertung der an die Touch-Methoden übergebenen Daten.

- **Drag & Drop:** Das Verschieben von Objekten mit der Maus war bis 2017 eine Domäne von macOS. Doch der Wunsch, iPads zu professionellen Arbeitsgeräten zu machen, brachte Drag & Drop in Version 11 auch in iOS.

26.1 Touch

Viele Touch-Eingaben verarbeitet iOS selbst. Es erkennt, dass ein Button gedrückt oder ein längerer Text gescrollt werden soll. In dem Moment, in dem Sie Touch-Ereignisse selbst verarbeiten möchten, steigt der Programmieraufwand aber deutlich. Das liegt daran, dass die im Folgenden beschriebenen `touch`-Methoden für das betreffende Steuerelement implementiert werden müssen. Das erfordert wiederum, dass Sie eine eigene Klasse programmieren, die von der betreffenden Basisklasse (am häufigsten `UIView`) abgeleitet ist.

Vorweg ein Überblick über die `touch`-Methoden in der Reihenfolge ihres Aufrufs:

- `touchesBegan` signalisiert, dass der Benutzer das Display an einer Stelle berührt. Die Methode wird nur einmal am Beginn des Vorgangs aufgerufen.
- `touchesMoved` informiert über den weiteren Fortschritt der Berührung. Die Methode wird fortwährend aufgerufen und liefert insbesondere die aktuelle Position des Fingers bzw. der Finger innerhalb des `UIView`-Elements.
- `touchesEnded` wird einmal aufgerufen, wenn die Berührung regulär endet, wenn der Vorgang also erfolgreich abgeschlossen wird.
- `touchesCancelled` wird dagegen aufgerufen, wenn der Vorgang abgebrochen wird – z. B. weil gerade ein Anruf eintrifft oder der Benutzer den Home-Button drückt.

Verarbeitung von touch-Ereignissen unter tvOS

Unter tvOS werden dieselben Methoden wie unter iOS aufgerufen. Der wesentliche Unterschied besteht aber darin, dass die Parameter Ihnen keine absolute Position auf dem Bildschirm angeben. Jede Touch-Bewegung auf der Fernbedienung ist als relativ zum bisherigen Kontext auszuwerten. Wie das funktioniert, habe ich Ihnen, gewissermaßen in einem Vorgriff auf dieses Kapitel, bereits im tvOS-Kapitel in Abschnitt 20.2, »Fernbedienung auswerten«, erklärt.

Der Touch-Vorgang muss innerhalb des Steuerelements beginnen, aber er darf außerhalb enden. Wenn Sie also den Finger aus dem `UITouch`-Rechteck hinausbewegen, werden weiter die `touchesMoved`-Methoden aufgerufen. Die Dokumentation weist darauf hin, dass Sie auf jeden Fall alle vier Methoden implementieren müssen, auch wenn einzelne Methoden in Ihrer App gar nicht erforderlich sind. Gegebenenfalls lassen Sie den Methodenkörper eben leer.

An alle vier Methoden wird ein Set von `UITouch`-Objekten übergeben. Diese enthalten die Koordinatenposition aller Finger, die am Touch-Ereignis beteiligt sind. Grundsätzlich hat jedes `UIView`-Steuerelement sein eigenes Koordinatensystem (siehe Abbildung 26.1).

Die folgenden Zeilen zeigen musterhaft die Auswertung der Daten. Die Methode `location` liefert ein `CGPoint`-Objekt, dessen Koordinaten relativ zu dem als Parameter angegebenen Steuerelement sind. Damit können Sie die Koordinaten also bei Bedarf gleich in das Koordinatensystem eines anderen Steuerelements umrechnen.

Die Eigenschaft `force` gibt an, wie fest der Benutzer auf das Display drückt. Diese Information erhalten Sie nur, wenn das Gerät ein druckempfindliches Display aufweist, wie dies bei den meisten neueren iPhone-Modellen der Fall ist. Der Wert `1.0` gilt für einen durchschnittlich festen Druck. Bei Geräten ohne druckempfindliches Display enthält `forces` immer den Wert `0`.

Abbildung 26.1 Jedes »UIView«-Element einer iOS-App hat sein eigenes Koordinatensystem.

```
// Code in einer von UIView abgeleiteten Klasse
override func touchesMoved(_ touches: Set<UITouch>,
                           with event: UIEvent?)
{
  if touches.count ==  0 { return }
  let cnt = touches.count
  let loc = touches.first!.location(in: self)
  let force = touches.first!.force
  print("  Moved: x=\(loc.x)  y=\(loc.y) count=\(cnt) force=\(force)")
}
```


Multi-Touch

Sets mit Touch-Daten von mehr als einem Finger erhalten Sie nur, wenn Sie für das betroffene Steuerelement vorher im Attributinspektor die Option MULTIPLE TOUCH aktivieren (interner Eigenschaftsname: `isMultipleTouchEnabled`). Da die Verarbeitung von mehreren gleichzeitigen Berührungen relativ aufwendig ist, ist die Option standardmäßig nicht aktiv. Beachten Sie, dass sich die Anzahl der Set-Elemente während eines Multiple-Touch-Ereignisses ständig ändern kann. Die Verarbeitung solcher Ereignisse ist nicht ganz trivial.

Beispiel: Linien zeichnen

Am leichtesten lässt sich die Auswertung von Touch-Ereignissen anhand eines Beispiels illustrieren. In der App `ios-touch` können Sie mit dem Finger Linien zeichnen, wobei jede Linie eine zufällige Farbe erhält (siehe Abbildung 26.2). Eine Berührung des Mülleimer-Buttons löscht alle vorhandenen Linien.

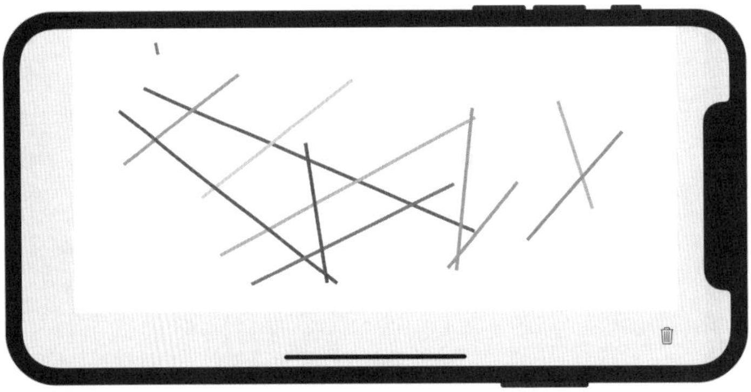

Abbildung 26.2 Eine App zum Zeichnen von bunten Linien

Mehr Touch

In diesem Buch folgen noch etliche Beispiele zum Umgang mit Touch-Ereignissen: Einerseits beschreibt Abschnitt 28.3, »Spielsteuerung durch Touch-Ereignisse«, die Grundlagen der Spielsteuerung in SpriteKit-Programmen. Andererseits liefern Kapitel 39, »Fünf gewinnt«, Kapitel 42, »Breakout«, Kapitel 43, »Pac-Man selbst gemacht«, sowie Kapitel 44, »Asteroids«, konkrete Beispiele aus der Praxis.

Obwohl die Aufgabenstellung trivial klingt, verteilen sich das View-Controller-Layout und der Code über etliche Dateien:

- `Main.storyboard` enthält den View-Controller mit einem `UIView`-Element, dem die Klasse `MyView` zugeordnet ist, und einem Button.
- `ViewController.swift` enthält nur wenige Zeilen Code zur Initialisierung des Zufallszahlengenerators sowie zum Löschen der Linien.
- `Random.swift` enthält die Methoden `initRnd` und `cRnd` (liefert `CGFloat`-Zufallszahlen zwischen 0 und 1, siehe Abschnitt 7.1, »Zahlen und boolesche Werte«).
- `Line.swift` enthält den Code der `Line`-Struktur. Diese speichert den Start- und Endpunkt einer Linie sowie deren Farbe.

Wirklich spannend aus der Sicht dieses Abschnitts ist eigentlich nur `MyView.swift`: Dort werden die `touches`-Ereignisse ausgewertet und dabei neue `Line`-Elemente erzeugt und einem Array hinzugefügt. Die `draw`-Methode kümmert sich darum, alle bisher gezeichneten Linien korrekt darzustellen.

Bevor ich Ihnen den Code der `MyView`-Klasse im Detail erläutere, sind hier vorweg die kurzen Codepassagen aus `ViewController.swift` und `Line.swift` abgedruckt. Sie sollten ohne weitere Erklärung verständlich sein:

```
// Projekt ios-touch, Datei Line.swift
// Datenstruktur zur Speicherung einer Linie
struct Line {
  var pt1: CGPoint
  var pt2: CGPoint
  var color: UIColor
}

// Projekt ios-touch, Datei ViewController.swift
class ViewController: UIViewController {
  // Zugriff auf das MyView-Steuerelement mit den Linien
  @IBOutlet weak var myview: MyView!

  override func viewDidLoad() {
    super.viewDidLoad()
    initRnd()   // Zufallszahlengenerator initialisieren
  }
  // alle bisher gezeichneten Linien löschen
  @IBAction func btnTrash(_ sender: Any) {
    myview.lines = [Line]()   // neues, leeres Array
    myview.setNeedsDisplay()  // MyView-Steuerelement neu zeichnen
  }
}
```

MyView-Klasse

Die Grundidee zur Verarbeitung von Touch-Ereignissen ist die gleiche wie die zur Darstellung eigener Grafiken (siehe Kapitel 25, »Grafik und Animation«):

- Sie richten zuerst eine neue Klasse ein, die von `UIView` abgeleitet ist. In diesem Beispiel ist das die Klasse `MyView` in der Datei `MyView.swift`.
- Sie fügen im Storyboard-Editor ein `UIView`-Steuerelement in den View-Controller ein.
- Damit das Steuerelement auch bei Größenänderungen (z. B. nach der Drehung eines iPhones vom Portrait- in den Landscape-Modus) korrekt neu gezeichnet wird, stellen Sie im Attributinspektor CONTENT MODE = REDRAW ein.
- Schließlich verbinden Sie das Steuerelement im Identity Inspector mit der neu geschaffenen Klasse (CUSTOM CLASS = `MyView`). Das hat zur Folge, dass im Code Ihrer eigenen Klasse unter anderem die `touchesXxx`-Methoden und die `draw`-Methode aufgerufen werden.

Das Line-Array in der MyView-Klasse speichert die Linien. draw kümmert sich darum, den Inhalt des Steuerelements neu zu zeichnen. Dazu werden einfach alle Elemente des Arrays in einer Schleife durchlaufen. Für die Zeichenoperationen kommen die im vorigen Kapitel erläuterten Methoden rund um die UIBezierPath-Klasse zum Einsatz.

```
// Projekt ios-touch, Datei MyView.swift
class MyView: UIView {
  // Datenspeicher für die Linien
  var lines = [Line]()

  // Inhalt des Steuerelements neu zeichnen
  override func draw(_ rect: CGRect) {
    for l in lines {
      let path = UIBezierPath()
      path.move(to: l.pt1)
      path.addLine(to: l.pt2)
      path.lineWidth = 4
      l.color.setStroke()
      path.stroke()
    }
  }
  override func touchesXxx(...) { ... } // Code folgt gleich
}
```

Damit sind wir bei den touches-Methoden. In touchesBegan beginnt der Prozess, der zum Hinzufügen einer neuen Linie führt. Die Methode wird nur ausgeführt, wenn das UITouch-Set exakt ein Element enthält. Die in diesem Element enthaltene Position des Berührungspunkts dient vorerst sowohl als Start- als auch als Endpunkt der neuen Linie. Die neue Linie, die aktuell eigentlich nur ein Punkt ist, wird zusammen mit einer zufälligen Farbe im Line-Array gespeichert.

```
override func touchesBegan(_ touches: Set<UITouch>,
                           with event: UIEvent?)
{
  if touches.count != 1 { return }
  let loc = touches.first!.location(in: self)
  let rndcolor = UIColor(red:   CGFloat.random(in: 0...1),
                         green: CGFloat.random(in: 0...1),
                         blue:  CGFloat.random(in: 0...1),
                         alpha: 1)
  // neue Linie erzeugen, Start- und Endpunkt vorerst ident
  lines.append(Line(pt1: loc, pt2: loc, color: rndcolor))
}
```

touchesMoved wird in der Folge jedes Mal aufgerufen, wenn der Benutzer den Finger über den Bildschirm bewegt. In der Methode wird der Endpunkt der neuen Linie verändert. setNeedsDisplay führt dazu, dass der gesamte Inhalt des Steuerelements gezeichnet wird – und damit auch die neue Linie.

```
override func touchesMoved(_ touches: Set<UITouch>,
                           with event: UIEvent?)
{
  if touches.count != 1 { return }
  let loc = touches.first!.location(in: self)
  // Endpunkt der letzten Linie ändern, neu zeichnen
  lines[lines.count - 1].pt2 = loc
  setNeedsDisplay()
}
```

Der Code in touchesEnded ist exakt der gleiche wie in touchesMoved: Der Endpunkt der Linie wird ein letztes Mal korrigiert. Damit ist die Bewegung abgeschlossen und die neue Linie endgültig definiert.

```
override func touchesEnded(_ touches: Set<UITouch>,
                           with event: UIEvent?)
{
  if touches.count != 1 { return }
  let loc = touches.first!.location(in: self)
  // Endpunkt der letzten Linie ändern, neu zeichnen
  lines[lines.count - 1].pt2 = loc
  setNeedsDisplay()
}
```

Zum Aufruf von touchesCancelled kommt es nur, wenn der Vorgang abgebrochen wird – z. B. durch den Wechsel in eine andere App. In diesem Fall muss die zuletzt hinzugefügte Linie wieder aus dem Line-Array entfernt werden. Auch in diesem Fall ist ein Neuzeichnen erforderlich, damit die Linie, deren Zeichenvorgang abgebrochen wurde, wieder verschwindet. Mit der Konstruktion `_ = ...` erklären Sie dem Swift-Compiler, dass Sie am Rückgabeergebnis von dropLast nicht interessiert sind; Xcode zeigt andernfalls eine Warnung an.


```
override func touchesCancelled(_ touches: Set<UITouch>,
                               with event: UIEvent?)
{
  // Vorgang abgebrochen, die neue Linie löschen
  _ = lines.dropLast()
  setNeedsDisplay()
}
```

26.2 Maus

Die Verarbeitung von Mausereignissen unter macOS hat große Ähnlichkeiten mit der Verarbeitung von Touch-Ereignissen unter iOS. In diesem Fall erzeugen Sie eine eigene, von `NSView` oder `NSImageView` abgeleitete Klasse und geben diese dann im Identity Inspector als CUSTOM CLASS für das entsprechende Steuerelement im Storyboard an.

In der von `NSView` abgeleiteten Klasse können Sie die folgenden Methoden überschreiben:

- `mouseEntered`: Der Mauszeiger wurde in das Steuerelement hineinbewegt.
- `mouseDown`: Die linke Maus- oder Trackpad-Taste wurde gedrückt.
- `mouseDragged`: Die Maus wurde bei gedrückter Maustaste bewegt.
- `mouseUp`: Die Maustaste wurde losgelassen.
- `mouseExited`: Der Mauscursor hat das Steuerelement verlassen oder befindet sich momentan über einem anderen Steuerelement innerhalb der View.

Die Methoden `mouseDown`, `mouseDragged` und `mouseUp` gelten nur für die linke Maus- oder Trackpad-Taste. Für die rechte gibt es drei weitere Methoden:

- `rightMouseDown`: Die rechte Maus- oder Trackpad-Taste wurde gedrückt.
- `rightMouseDragged`: Die Maus wurde bei gedrückter Maustaste bewegt.
- `rightMouseUp`: Die Maustaste wurde losgelassen.

An all diese Methoden wird ein `NSEvent`-Objekt übergeben, aus dem die Mausposition sowie der Status der Zustandstasten ⇧, ctrl, alt und ⌘ ermittelt werden kann.

Koordinatensysteme, Bounds und Frames

Grundsätzlich gilt sowohl für das Fenster als Ganzes als auch für jedes einzelne darin enthaltene Steuerelement ein Koordinatensystem, dessen Ursprung in der Ecke links unten ist (siehe Abbildung 26.3).

Als Einheit werden Punkte verwendet, wobei aber bei Retina-Bildschirmen in jede Richtung zwei Pixel gezeichnet werden. Sehr hilfreich ist in diesem Zusammenhang, dass Koordinaten und Größen schon seit jeher mit `CGFloat`-Zahlen ausgedrückt werden, also mit Fließkommazahlen. Intern handelt es sich bei `CGFloat`-Zahlen unter macOS um `Double`-Zahlen, weil es alle aktuellen Versionen von macOS nur noch in 64-Bit-Versionen gibt.

Zwei Eigenschaften eines Steuerelements geben Auskunft über seine Position und Größe:

- `bounds` enthält `NSRect`-Daten im Koordinatensystem des Steuerelements.
- `frame` enthält ein weiteres `NSRect`-Element, das aber das Koordinatensystem des Containers verwendet, also der View, in der das Steuerelement enthalten ist.

Grundsätzlich gilt, dass keine der beiden Eigenschaften das Koordinatensystem des Fensters verwendet! Die `frame`-Koordinaten stimmen nur dann mit den Fensterkoordinaten überein, wenn sich Steuerelemente direkt in der ersten View des Fensters befinden, die dieses vollständig ausfüllt.

Abbildung 26.3 Koordinatensystem des Fensters und einer darin enthaltenen View

NSPoint, NSSize, NSRect versus CGPoint, CGSize, CGRect

Beim Umgang mit `bounds` und `frame` werden Sie mit drei Datenstrukturen konfrontiert, die Sie auch sonst häufig benötigen. `NSPoint` enthält einen Koordinatenpunkt, dessen Position aus den Eigenschaften `x` und `y` hervorgeht. `NSSize` enthält eine Größenangabe, die durch die Eigenschaften `width` und `height` definiert ist. Ein `NSRect`-Element beschreibt Position und Größe eines Rechtecks. Intern setzt es sich aus einem `NSPoint`- und einem `NSSize`-Element zusammen. Die beiden Strukturen sprechen Sie über die Eigenschaften `origin` und `size` an.

`NSPoint`, `NSSize` und `NSRect` sind als `typealias` der Strukturen `CGPoint`, `CGSize` und `CGRect` definiert, die aus der Core-Graphics-Bibliothek stammen. Deswegen können Sie zwischen diesen Strukturen beliebig wechseln.

Mausposition ergründen

Das an die diversen `mouse`-Methoden übergebene `NSEvent`-Objekt verrät über die Eigenschaft `locationInWindow` die Position des Mauscursors. Wie der Name der Eigenschaft schon vermuten lässt, wird die Position des Mauscursors im Koordinatensystem des Fensters angegeben.

Häufig werden Sie die Koordinatenposition aber im Koordinatensystem der `NSView`-Klassen benötigen, die Sie implementieren. Die Vorgehensweise sieht dann ein wenig anders aus als unter iOS: Zur Umrechnung stellt die `NSView`-Klasse die Methode `convert` zur Verfügung. An diese Methode übergeben Sie im ersten Parameter die Position. Im zweiten Parameter können Sie ein anderes `NSView`-Objekt angeben, wenn die ursprüngliche Position relativ zu diesem Objekt ist. Bei Positionen im Fensterkoordinatensystem übergeben Sie hier einfach nil:

```
class MyView: NSView {
  override func mouseDown(theEvent: NSEvent) {
    let locationInView = convert(theEvent.locationInWindow, from: nil)
    ...
  }
}
```

Statustasten

In vielen Programmen müssen in Mausereignissen auch die Zustandstasten ⇧, ctrl, alt und ⌘ berücksichtigt werden. Das NSEvent-Objekt stellt Ihnen entsprechende Informationen in der modifierFlags-Eigenschaft als OptionSet (siehe Abschnitt 10.5, »Option-Sets«) zur Verfügung. Um zu testen, ob ein bestimmtes Flag gesetzt ist, verwenden Sie am besten die contains-Methode:

```
if theEvent.modifierFlags.contains(.shift) {
  // Shift ist gedrückt
}
```

Beispiel: Kreise zeichnen

Das folgende macOS-Beispielprogramm hat in seinem Konzept große Ähnlichkeiten mit dem iOS-Beispielprogramm für Touch-Ereignisse. In ihm können Sie per Mausklick rote Kreise zeichnen. Wenn Sie außerdem die ⇧-Taste drücken, werden die Kreislinien stärker ausgeführt (siehe Abbildung 26.4).

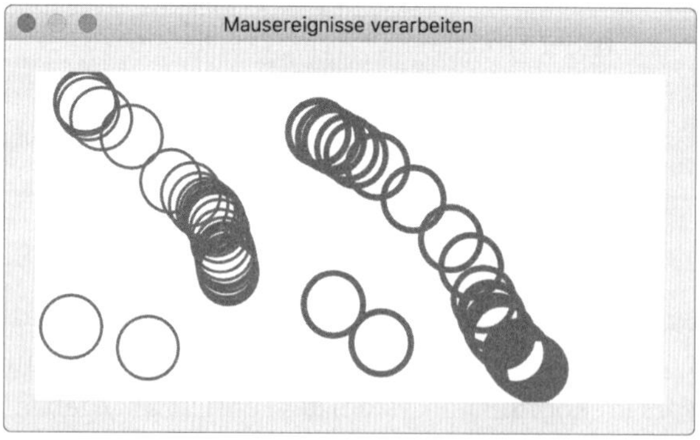

Abbildung 26.4 Kreise zeichnen mit der Maus

Das Beispielprogramm definiert außer den von Xcode vorgesehenen Klassen die eigene Klasse MyView sowie die Datenstruktur Circle, die die Daten eines Kreises speichert. Der Swift-Compiler erzeugt für die Circle-Struktur eine Init-Funktion, an die die Parameter in der Reihenfolge übergeben werden, in der sie definiert sind.

```
// Projekt macos-mouse, Datei Circle.swift
struct Circle {
  var x: CGFloat            // x-Koordinate
  var y: CGFloat            // y-Koordinate
  var radius: CGFloat       // Radius
  var lineWidth: CGFloat    // Linienstärke
  var color: NSColor        // Farbe
}
```

Die `MyView`-Klasse ist von `NSView` abgeleitet. Im Identity Inspector ist diese Klasse als CUSTOM CLASS für das View-Steuerelement im Zentrum des View-Controllers eingestellt (siehe Abbildung 26.5).

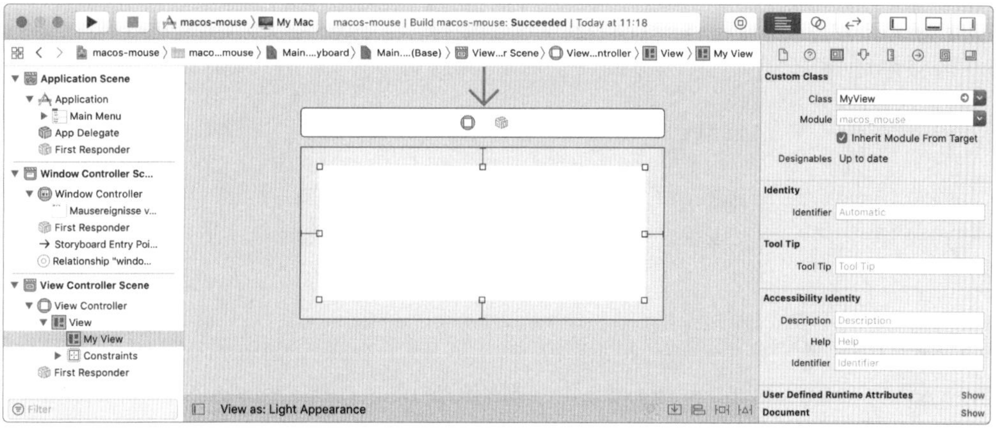

Abbildung 26.5 Das Storyboard des Beispielprogramms

Die MyView-Klasse

Die `MyView`-Klasse hat zwei Aufgaben:

- Einerseits reagiert sie auf Mausklicks. Sie ermittelt die Position und fügt dann dem Array `circles` ein neues `Circle`-Element mit den Eckdaten des Kreises hinzu.
- Andererseits zeichnet sie den Inhalt der View bei Bedarf neu – also immer dann, wenn ein neuer Kreis hinzukommt, wenn das Fenster vorübergehend verdeckt war oder wenn sich die Fenstergröße ändert.

Bei Änderungen der Fenstergröße bleibt die Position der bisher gezeichneten Kreise unverändert. Das ist insofern nicht selbstverständlich, als eine direkte Interpretation der Koordinaten dazu führen würde, dass die Kreise bei einer Vergrößerung des Fensters nach unten wandern würden. Deswegen speichert das Programm die Y-Koordinate so, als befände sich der Koordinatenursprung oben. Beim Zeichnen wird die Y-Koordinate dann wieder in das macOS-Koordinatensystem umgerechnet.

Auf noch ein Detail möchte ich hinweisen: Die vielleicht naheliegendere Lösung der Aufgabenstellung bestünde darin, einfach in der mouseDown-Methode einen Kreis an der Mausposition zu zeichnen. Das ist aber gar nicht vorgesehen; gelänge es dennoch, ergäbe sich der Nachteil, dass die Zeichenoperation nicht nachhaltig wäre. Das Programm und somit auch die selbst implementierte View muss ja zu einem späteren Zeitpunkt in der Lage sein, seinen bzw. ihren Inhalt wieder neu zu zeichnen. Aus diesem Grund speichert das Programm Position, Größe, Farbe etc. jedes Kreises in einem Array von Circle-Strukturen.

Die Klasse MyView ist mit dem Attribut @IBDesignable gekennzeichnet. Das bedeutet, dass Xcode die Klasse sofort kompiliert und das Steuerelement im Storyboard-Editor so anzeigt, wie es später aussehen wird. In unserem Fall bewirkt dies, dass das Steuerelement mit weißem und nicht wie sonst üblich mit grauem Hintergrund dargestellt wird.

```
// Projekt macos-mouse, Datei MyView.swift
@IBDesignable
class MyView: NSView {
  var circles = [Circle]()

  override func drawRect(_ dirtyRect: NSRect) { ... }      // Der Code
  override func mouseDown(with theEvent: NSEvent) { ... }  // folgt ...
}
```

Die draw-Methode

In eigenen Steuerelementen muss die draw-Methode überschrieben werden, um den Inhalt des Steuerelements zu zeichnen. In diesem Buch gibt es dafür noch mehrere Beispiele, z. B. beim Steuerelement zur Richtungsanzeige in der »Schatzsuche«-App (siehe Abschnitt 37.4).

Bei diesem Beispiel ist die Aufgabenstellung einfach: Zuerst wird mit fill ein weißer Hintergrund gezeichnet; danach wird für jeden Kreis aus dem circles-Array ein NSBezierPath-Objekt erzeugt und gezeichnet. Der Code sollte auch ohne Hintergrundwissen in der Grafikprogrammierung plausibel sein. Beachten Sie die Berechnung der Y-Koordinate des Kreismittelpunkts: Diese ergibt sich aus der Innengröße der View minus dem im Circle-Element gespeicherten Wert.

Eine denkbare Optimierung bestünde darin, vorweg bei jedem Kreis zu überprüfen, ob er überhaupt innerhalb des Zeichenbereichs liegt, der durch den dirtyRect-Parameter vorgegeben ist (Bounding-Box-Test). Wenn sehr viele komplexe Grafikelemente effizient dargestellt werden sollen, könnte das zu einem flüssigeren Bildaufbau führen. Bei diesem Beispiel lohnt sich die Mühe aber nicht.

```
// Projekt macos-mouse, Datei MyView.swift
@IBDesignable
class MyView: NSView {
  var circles = [Circle]()
```

```
  override func draw(_ dirtyRect: NSRect) {
    NSColor.white.setFill()   // Hintergrund
    dirtyRect.fill()
    // falls nicht NSView als Basisklasse, sondern z. B. NSImageView:
    // Inhalt des Steuerelements zeichnen: super.drawRect(dirtyRect)

    for c in circles {         // Vordergrund
      let path = NSBezierPath()
      path.appendArc(
        withCenter: NSPoint( x: c.x, y: bounds.size.height - c.y),
            radius: c.radius,
        startAngle: 0,
          endAngle: 360)
      c.color.set()
      path.lineWidth = c.lineWidth
      path.stroke()
    }
  }
}
```

Aufruf von super.drawRect

Bei Steuerelementen, die direkt von `NSView` abgeleitet sind, enthält die `drawRect`-Methode der Basisklasse keinen Code. Ein Aufruf ist daher überflüssig.

Bei anderen Steuerelementen müssen Sie aber in Ihrer eigenen `drawRect`-Methode die übergeordnete Methode `super.drawRect` aufrufen, wenn das Steuerelement zuerst seinen eigenen Inhalt zeichnen soll. Der Aufruf von `super.drawRect` sollte nach dem Zeichnen eines eigenen Hintergrunds erfolgen, aber vor weiteren Grafikausgaben, die zuletzt über dem Originalsteuerelement sichtbar sein sollen.

Die mouseDown-Methode

In `mouseDown` wird die Position des Mauscursors in das View-Koordinatensystem umgerechnet. Die Y-Koordinate wird außerdem so umgerechnet, dass sie den Abstand von oben und nicht von unten bestimmt. Je nachdem, ob die [⇧]-Taste gedrückt wird oder nicht, verwendet die Methode eine unterschiedliche Linienstärke. Das so erzeugte Kreiselement wird nun dem `circles`-Array hinzugefügt.

Jetzt könnten wir es uns einfach machen und mit der Anweisung

```
setNeedsDisplay(bounds)
```

ein Neuzeichnen des gesamten Steuerelements auslösen. Aber stellen Sie sich vor, das Programm läuft im Vollbildmodus auf einem Retina-iMac mit rund 15 Millionen Pixeln: Der gesamte Fensterinhalt würde neu gezeichnet, obwohl sich nur ein vergleichsweise kleiner

Bereich geändert hat. Deswegen ist es hier unbedingt empfehlenswert, ein NSRect-Element zusammenzusetzen, das den Kreis umhüllt. Dabei dürfen Sie die Linienstärke nicht vergessen, sonst wird der Kreis beim Zeichnen an den Rändern beschnitten! Wichtig ist auch, dass die Methode setNeedsDisplay die Y-Koordinate natürlich im Koordinatensystem der View erwartet.

```
// Projekt macos-mouse, Datei MyView.swift, Fortsetzung
class MyView: NSView {
  override func mouseDown(with theEvent: NSEvent) {
    let locationInView = convert(theEvent.locationInWindow, from: nil)
    let x =  locationInView.x
    let y1 = locationInView.y         // macOS-Koordinatensystem
    let y2 = bounds.size.height - y1 // eigenes Koordinatensystem

    let r = CGFloat(20)
    let lw: CGFloat
    if theEvent.modifierFlags.contains(.shift)  {
      lw = CGFloat(4)
    } else {
      lw = CGFloat(2)
    }
    let color = NSColor.red
    circles.append(Circle(x: x, y: y2,
                          radius: r,
                          lineWidth: lw,
                          color: color))
    // neu zu zeichnenden Bereich festlegen
    let rect = NSRect(
           x: x - r - lw ,
           y: y1 - r - lw,
       width: 2 * (r + lw),
      height: 2 * (r + lw))
    setNeedsDisplay(rect)
    // setNeedsDisplay(bounds)  // wesentlich langsamer!
  }
}
```

Wenn Sie durch eine Mausbewegung mit gedrückter Maustaste viele Kreise hintereinander zeichnen möchten, rufen Sie mouseDown einfach auch aus der mouseDragged-Methode auf. Auf die mouseDragged-Methode werden wir dann wieder in Abschnitt 26.4, »Drag & Drop (macOS)«, stoßen, wo sie verwendet wird, um eine Drag-and-Drop-Operation zu initiieren.

```
// bei gedrückter Maustaste viele Kreise zeichnen
override func mouseDragged(with theEvent: NSEvent)  {
  mouseDown(with: theEvent)
}
```

26.3 Gestures

»Gestures« sind Wischbewegungen auf dem Display eines iPhones oder iPads bzw. auf dem Touchpad eines Notebooks oder der Apple-TV-Fernbedienung, auf die Ihre App mit einem bestimmten Verhalten reagieren soll. Grundsätzlich können Sie jede erdenkliche Geste durch die Auswertung der Daten erkennen, die iOS an die in Abschnitt 26.1, »Touch«, vorgestellten `touches`-Methoden übermittelt. Je nach Geste reicht der Schwierigkeitsgrad von mühsam (Wischbewegung nach links) bis kompliziert (Spreiz- oder Drehbewegungen mit zwei Fingern).

Um Ihnen diese Arbeit abzunehmen, stellen iOS, macOS und tvOS sogenannte *Gesture Recognizer* zur Verfügung. Objekte dieser Klassen erkennen für ein Steuerelement (zumeist `UIView` oder `NSView`) eine bestimmte Geste und rufen dann automatisch eine zu diesem Zweck eingerichtete Methode auf.

Sie können Gesture Recognizer auf zwei Arten anwenden: Die eine Art besteht darin, dass Sie den Recognizer aus der Objektbibliothek in das betreffende Steuerelement im Storyboard verschieben, die gewünschten Eigenschaften einstellen und danach eine Action-Methode einrichten. Die andere Art verzichtet auf die Xcode-Hilfe und richtet das betreffende Gesture-Recognizer-Objekt mit fünf, sechs Codezeilen ein. Es bleibt Ihnen überlassen, welche Vorgehensweise Sie wählen. Der Zeitaufwand ist weitgehend derselbe – es ist eher die Frage, ob Sie lieber klicken oder tippen.

Beispielprogramm

Das Beispielprogramm `ios-gesture` zeigt beide Wege. In der App können Sie mit dem Finger über ein gelbes Rechteck wischen. Die erkannte Bewegung wird anschließend als Text im darunter befindlichen Label angezeigt. Für Wischbewegungen nach links und rechts sind aus der Objektbibliothek übernommene Recognizer-Objekte zuständig, während die Wischbewegungen nach oben und unten durch Recognizer-Objekte erkannt werden, die Sie per Code erzeugen.

Weitere Gesture-Recognizer-Beispiele

Beispiele für die Anwendung von Gesture Recognizern folgen in Kapitel 36, »To-do-Listen«, (`UILongPressGestureRecognizer`) und in Kapitel 38, »Währungskalkulator«, (`UILongPressGestureRecognizer`).

Die optische Gestaltung des Beispielprogramms ist minimalistisch. Das Storyboard enthält nur zwei Steuerelemente: eine gelbe `UIView` und einen Label. Die beiden Gesture Recognizer zur Erkennung der Wischbewegung nach rechts und links richten Sie wie folgt in Xcode ein (siehe Abbildung 26.6):

- Aus der Objektbibliothek ziehen Sie zwei Swipe Gesture Recognizer (Klassenname: `UISwipeGestureRecognizer`) in das Steuerelement, auf dessen Oberfläche Sie Gesten erkennen möchten.
- In der Document-Outline-Seitenleiste geben Sie den Recognizer-Elementen eindeutige Namen. (Wenn es mehrere Recognizer der gleichen Art gibt, macht sich Xcode nicht die Mühe, ihnen unterschiedliche Namen zu geben. Das führt rasch zu Konfusion.)
- Im Attributinspektor stellen Sie die Eigenschaften des Recognizers ein. Welche Eigenschaften zur Auswahl stehen, hängt vom Typ des Recognizers ab. Beim Swipe-Recognizer ist die wichtigste Eigenschaft die Wischrichtung, die erkannt werden soll. Zur Auswahl stehen nur die vier Hauptrichtungen (keine diagonalen Richtungen).
- Von der Titelleiste des View-Controllers ziehen Sie schließlich die Gesture-Icons bei gedrückter [ctrl]-Taste in den Code des Assistenzeditors und richten so Action-Methoden ein, die bei der Erkennung einer Wischgeste aufgerufen werden.

Abbildung 26.6 Gesture Recognizer in Xcode einrichten

Anschließend müssen Sie nur noch die Action-Methoden mit Code füllen:

```
// Projekt ios-gesture, Datei ViewController.swift
class ViewController: UIViewController {
  // Outlets für das Label und das gelbe UIView-Element
  @IBOutlet weak var label: UILabel!
  @IBOutlet weak var yellowView: UIView!
```

```
  override func viewDidLoad() {
    super.viewDidLoad()
  }
  // Actions für zwei Gestures, die in Xcode eingerichtet wurden
  @IBAction func gestureLeft(_ sender: Any) {
    label.text = "Bewegung nach links"
  }
  @IBAction func gestureRight(_ sender: Any) {
    label.text = "Bewegung nach rechts"
  }
}
```

Gesture Recognizer per Code einrichten

Anstatt in Xcode herumzuklicken, können Sie die `UIGestureRecognizer`-Objekte mit wenigen Zeilen Code in `viewDidLoad` einrichten. Dazu erzeugen Sie zuerst das gewünschte Objekt, wobei Sie als Target `self` angeben (also den View-Controller, in dem sich der Code befindet) und als Aktion einen Verweis auf die Methode, die aufzurufen ist. Danach stellen Sie die Eigenschaften des Recognizers ein (hier nur die `direction`-Eigenschaft) und verbinden das Objekt mit `addGestureRecognizer` mit dem gewünschten Steuerelement. An die Gesture-Methoden wird das zugrunde liegende `UISwipeGestureRecognizer`-Objekt übergeben. Es wird im Beispielprogramm aber nicht ausgewertet.

```
// Projekt ios-gesture, Datei ViewController.swift (Fortsetzung)
override func viewDidLoad() {
  super.viewDidLoad()
  // Gestures per Code einrichten
  let gestureUp = UISwipeGestureRecognizer(
    target: self,
    action: #selector(ViewController.gestureUp(_:)))
  gestureUp.direction = .up
  yellowView.addGestureRecognizer(gestureUp)

  let gestureDown = UISwipeGestureRecognizer(
    target: self,
    action: #selector(ViewController.gestureDown(_:)))
  gestureDown.direction = .down
  yellowView.addGestureRecognizer(gestureDown)
}
// Actions für Gestures, die in viewDidLoad eingerichtet wurden
@objc func gestureUp(_ tapGR: UISwipeGestureRecognizer) {
  label.text = "Bewegung nach oben"
}
@objc func gestureDown(_ tapGR: UISwipeGestureRecognizer) {
  label.text = "Bewegung nach unten"
}
```

26.4 Drag & Drop (macOS)

Drag & Drop war bis Mitte 2017 eine reine macOS-Domäne. Dann machte Apple mit iOS 11 klar, dass Drag & Drop nun auch ein Bedienungskonzept für iPads ist, mit Einschränkungen sogar für iPhones. Hintergrund dieser Entscheidung ist sicherlich der Versuch, das iPad stärker als Notebook-Alternative zu vermarkten.

Dieser Abschnitt konzentriert sich auf die Verarbeitung von Drag-and-Drop-Operationen unter macOS. iOS-spezifische Informationen folgen in Abschnitt 26.5, »Drag & Drop (iOS)«. Die strikte Trennung zwischen macOS und iOS macht hier Sinn, weil Drag & Drop für iOS auf komplett neuen Bibliotheken fußt; insofern unterscheiden sich die Programmiertechniken erheblich.

Wenn Sie Drag & Drop unter macOS unterstützen wollen, haben Sie die Wahl, ob Steuerelemente Ihres Programms als Empfänger oder als Sender (*Initiator*) eines Drag-and-Drop-Vorgangs fungieren sollen. Natürlich ist auch beides möglich. Die prinzipielle Vorgehensweise sieht so aus, dass Sie eine eigene Klasse entwickeln, die von `NSView` oder einer anderen Steuerelementklasse abgeleitet ist. In Ihrer Klasse implementieren Sie nun das Protokoll bzw. die Protokolle `NSDraggingDestination` und/oder `NSDraggingSource`.

Die beiden folgenden Abschnitte fassen die wichtigsten Schritte und Methoden für den Empfang und für das Initiieren von Verschiebeoperationen kurz zusammen. Ein längeres Beispielprogramm illustriert dann die wichtigsten Programmiertechniken im Detail. Ein weiteres Beispiel finden Sie in Kapitel 41, »Icon-Resizer«.

Drag-Operationen empfangen (NSDraggingDestination)

Damit Ihr Steuerelement Drag-Operationen empfangen kann, müssen Sie zuerst mit der Methode `register` angeben, welche Art von Daten Ihr Steuerelement empfangen kann. Das erledigen Sie üblicherweise während der Initialisierung des View-Controllers.

Außerdem muss Ihre Steuerelementklasse das Protokoll `NSDraggingDestination` implementieren. Dieses Protokoll sieht neun Methoden vor, von denen aber zum Glück nicht alle in jedem Fall erforderlich sind. Unabdingbar sind in der Regel nur `draggingEntered` und `performDragOperation`. Die folgende Liste beschreibt die wichtigsten Methoden in der Reihenfolge ihres Aufrufs:

- `draggingEntered` wird aufgerufen, wenn ein Anwender Ihres Programms mit der Maus oder mit dem Touchpad ein Drag-and-Drop-Objekt in das Steuerelement bewegt. Sie müssen nun entscheiden, ob Daten vorliegen, die Ihr Programm verarbeiten kann. Die Methode gibt zurück, welche Arten von Drag-and-Drop-Operationen Ihr Programm unterstützt – z. B. Verschieben, Kopieren oder Löschen. Außerdem ist es in der Regel zweckmäßig, ein optisches Feedback zu geben, also die Hintergrundfarbe zu ändern oder einen Rahmen zu zeichnen.

- `draggingUpdated` wird nun während der Bewegung des Drag-and-Drop-Objekts innerhalb Ihres Steuerelements kontinuierlich aufgerufen. Abhängig von der Mausposition und anderen Parametern können Sie jetzt die erlaubten Drag-and-Drop-Operationen ändern. Eine Implementierung dieser Methode ist beispielsweise dann erforderlich, wenn sich das beabsichtigte Verhalten während des Drag-and-Drop-Vorgangs noch ändern kann – beispielsweise durch das Drücken der [alt]- oder [⌘]-Taste.
- `draggingExited` informiert Ihr Programm, dass das Drag-and-Drop-Objekt das Steuerelement verlassen hat, ohne dass das Objekt losgelassen wurde (Drop). Wenn Sie Ihr Steuerelement markiert haben, entfernen Sie die Markierung jetzt wieder. Sonst gibt es nichts zu tun.
- `prepareForDragOperation` wird aufgerufen, wenn ein Anwender Ihres Programms das Drag-and-Drop-Objekt tatsächlich fallen gelassen hat. Wenn Sie die Methode implementieren, können Sie hier entscheiden, ob Sie den Drop-Vorgang akzeptieren oder ablehnen (Rückgabe `true`/`false`).
- `performDragOperation` wird aufgerufen, nachdem die optische Darstellung des Drag-Objekts vom Bildschirm entfernt wurde. In dieser Methode müssen Sie die eigentliche Drag-and-Drop-Operation im Kontext Ihres Programms durchführen. Die erforderlichen Daten befinden sich im `sender`-Parameter der Methode (Datentyp `NSDraggingInfo`).
- `concludeDragOperation` schließt die Drag-and-Drop-Aktion ab. Wenn Sie das Empfängersteuerelement optisch markiert haben, müssen Sie diese Markierung hier wieder entfernen.

Drag-Operationen initiieren (NSDraggingSource)

Dass der Benutzer Ihres Programms eine Drag-and-Drop-Aktion initiieren möchte, erkennen Sie am Aufruf der `mouseDragged`-Methode. Dort stellen Sie die zu übermittelnden Daten sowie ihre bildliche Darstellung in einer `NSDraggingItem`-Instanz zusammen und übergeben diese dann an die Methode `beginDraggingSession`.

Für den weiteren Verlauf der Drag-and-Drop-Operation sind nun Methoden des `NSDraggingSource`-Protokolls zuständig. Das Protokoll definiert zwölf verschiedene Methoden; oft reicht es aber aus, nur zwei davon zu implementieren:

- In `draggingSession(_:sourceOperationMaskFor:)` geben Sie an, welche Drag-and-Drop-Operationen Sie unterstützen, z. B. das Verschieben und das Kopieren. Diese Methode ist unbedingt erforderlich.
- `draggingSession(_:endedAtPoint:operation:)` gibt an, an welchem Punkt und mit welcher Aktion (z. B. Löschen) die Drag-and-Drop-Operation beendet wurde. Nach Verschiebe- oder Löschoperationen müssen Sie hier die entfernten Daten löschen oder ausblenden, sodass für die Programmanwender optisch ersichtlich ist, dass die gewünschte Aktion durchgeführt wurde.

Beispielprogramm

Das Programm `macos-drag-drop` veranschaulicht die praktischen Details der Drag-and-Drop-Programmierung. Beim Start zeigt das Programm vier nebeneinander angeordnete Icons an (siehe Abbildung 26.7).

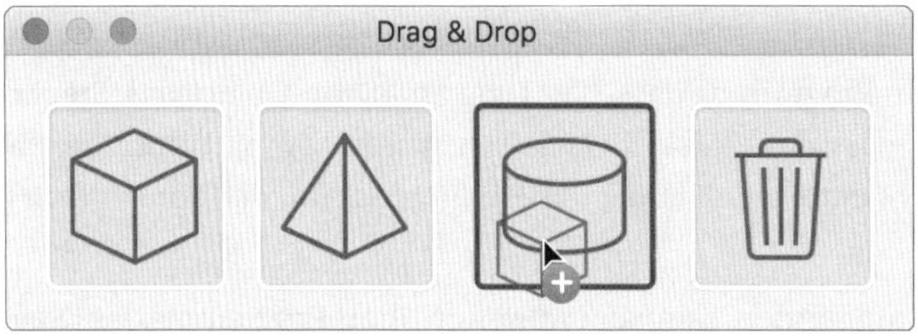

Abbildung 26.7 Drag-and-Drop-Beispielprogramm

Sie können in der App die folgenden Aktionen durchführen:

- die Icons aus den ersten drei Containern verschieben bzw. kopieren
- die Icons aus den ersten drei Containern löschen, indem Sie sie in den vierten Container oder in den Mülleimer von macOS verschieben
- PNG- oder JPG-Dateien aus dem Finder oder vom macOS-Desktop in die drei ersten Container einfügen

Container, in die gerade ein gültiges Objekt hineingeschoben wird, werden mit einem blauen Rand gekennzeichnet. Der vierte Container mit dem Mülleimer ist nur ein Drag-and-Drop-Ziel und kann selbst keine Drag-and-Drop-Aktion initiieren. Dieser Mülleimer ist nur für programminterne Drag-and-Drop-Bewegungen gedacht. Sie können ihn also z. B. nicht verwenden, um eine Datei aus dem Finder zu löschen.

Alles in allem liest sich die Programmbeschreibung also recht unspektakulär. Sie werden aber gleich merken, dass die wenigen Funktionen dennoch eine Menge Code erfordern.

Projektaufbau

Das Projekt verwendet ein Storyboard. Als einzige Datei im Vergleich zu den Vorgaben von Xcode ist die Datei `MyView.swift` hinzugekommen. Sie enthält die `MyView`-Klasse, eine von `NSImageView` abgeleitete Klasse mit Drag-and-Drop-Funktionalität.

In den View-Controller wurden vier Image-Views eingefügt. Layoutregeln sind nicht notwendig, weil die Fenstergröße im Size Inspector für das Window-Objekt fix eingestellt wurde: SIZE, MINIMUM SIZE und MAXIMUM SIZE enthalten also jeweils dieselben Werte.

Die vier Image-Views verwenden Bitmaps aus `Images.xcassets`. Die Symbole stammen übrigens aus der empfehlenswerten iOS-Icon-Sammlung von PixelLove. Darüber hinaus gelten für die vier Image-Views die folgenden Einstellungen:

- Identity Inspector: CLASS = MYVIEW
- Attribut Inspektor: BORDER = BEZEL

View-Controller

Die View-Controller-Klasse enthält vier Outlets für die vier Bildcontainer. In `viewDidLoad` werden diese Steuerelemente initialisiert. Dabei legt die Methode `registerForDraggedTypes` fest, welche Objekte per Drag & Drop in die Steuerelemente hineingezogen werden dürfen: Dateinamen (`.fileURL`-Konstante) und Zeichenketten (`.string`). Die Dokumentation zu `registerForDraggedTypes` zählt diverse weitere Datentypen auf, die macOS für Drag & Drop unterstützt – Webadressen (URLs), formatierter Text (RTF) etc. Beachten Sie, dass Sie die zulässigen Typen in jedem Fall als Array übergeben müssen, auch wenn Ihr Programm nur einen Typ unterstützt.

> **Die App erfordert macOS 10.13**
>
> Die Konstante `.fileURL` aus der Struktur `NSPasteboard.PasteboardType` steht erst seit macOS 10.13 zur Verfügung. Damit läuft die App nur auf aktuellen macOS-Versionen. Natürlich gab es auch in älteren macOS-Versionen die Möglichkeit, Dateien per Drag & Drop zu verschieben. Die früher üblichen Konstanten gelten jetzt aber als obsolet und werden in Xcode nicht mehr akzeptiert.

Die beiden Eigenschaften `dragSrcOp` und `dragDestOp` sind in der Klasse `MyView` definiert. Sie legen fest, welche Art von Drag-and-Drop-Operationen das jeweilige Steuerelement als Empfänger bzw. als Initiator des Drag-and-Drop-Vorgangs unterstützt. Beachten Sie, dass für das `mvtrash`-Outlet ganz andere Einstellungen gelten, damit dieser Container als Mülleimer agiert.

```
// Projekt macos-drag-drop, Datei ViewController.swift
class ViewController: NSViewController {
  @IBOutlet weak var mv1: MyView!
  @IBOutlet weak var mv2: MyView!
  @IBOutlet weak var mv3: MyView!
  @IBOutlet weak var mvtrash: MyView!

  override func viewDidLoad() {
    super.viewDidLoad()

    // Was kann in die View gezogen werden?
    mv1.registerForDraggedTypes([.fileURL, .string])
    mv2.registerForDraggedTypes([.fileURL, .string])
    mv3.registerForDraggedTypes([.fileURL, .string])
    mvtrash.registerForDraggedTypes([.string])
```

```
    // Welche Operationen werden als Quelle unterstützt?
    mv1.dragSrcOp = [.copy, .move, .delete]
    mv2.dragSrcOp = [.copy, .move, .delete]
    mv3.dragSrcOp = [.copy, .move, .delete]
    mvtrash.dragSrcOp =  NSDragOperation()

    // Welche Operationen werden als Empfänger unterstützt?
    mv1.dragDestOp = [.copy, .move]
    mv2.dragDestOp = [.copy, .move]
    mv3.dragDestOp = [.copy, .move]
    mvtrash.dragDestOp =  [.delete]
  }
}
```

Die MyView-Klasse

Die `MyView`-Klasse erweitert die `NSImageView`-Klasse um einige Eigenschaften und Methoden, damit die Klasse sowohl Drag-and-Drop-Vorgänge initiieren als auch empfangen kann. Der Code ist in drei Teilen organisiert:

- Im ersten Teil sind die Eigenschaften `dragSrcOp`, `dragDestOp` und `myhighlight` definiert. Die Methode `drawRect` kümmert sich darum, bei Bedarf einen blauen Rahmen um das Bildfeld zu zeichnen.
- Der zweite Teil der Klasse fasst alle Methoden zusammen, die das Steuerelement zu einem Drag-and-Drop-Empfänger machen.
- Der dritte Teil enthält die Methoden, die erforderlich sind, damit das Steuerelement selbst Drag-and-Drop-Aktionen initiieren kann.

Natürlich wäre es auch möglich, die Klasse mit `class MyView: NSImageView, NSDraggingSource, NSDraggingDestination` einzuleiten und dann einfach alle Methoden einzubauen. Die Organisation als Basis plus Erweiterungen strukturiert den Code aber besser. Die mit `MARK:` eingeleiteten Kommentare helfen zudem dabei, im Editor rasch zur gewünschten Methode zu springen (siehe Abbildung 26.8).

Die beiden `dragXxx`-Eigenschaften legen fest, welche Drag-and-Drop-Operationen der Bild-Container zulassen soll. Zulässig ist jeweils eine beliebige Kombination aus `.copy`, `.move` und `.delete`.

Jede Veränderung von `myhighlight` bewirkt aufgrund von `setNeedsDisplay`, dass es zum sofortigen Neuzeichnen des Steuerelements durch die Methode `draw` kommt. In dieser Methode kümmert sich `super.draw` darum, zuerst einmal das Steuerelement wie üblich zu zeichnen.

Wenn `myhighlight` wahr ist, fügt `appendBezierPathWithRoundedRect` ein abgerundetes Rechteck in den `NSBezierPath` ein. `bounds` ist dabei eine Eigenschaft der zugrunde liegenden `NSView`-Klasse. Sie enthält eine `NSRect`-Struktur mit den Ausmaßen des Steuerelements. `NSInset-`

Rect verkleinert das Rechteck nach innen hin um 2,5 Punkt. Die weiteren Parameter von appendRoundedRect bestimmen den Eckradius. Das so definierte abgerundete Rechteck wird nun mit stroke in blauer Farbe und einer Linienstärke von 2,5 Punkt gezeichnet.

Ein weiteres Beispiel zum Umgang mit Bézier-Pfaden für die verwandte UIBezierPath-Klasse finden Sie in Abschnitt 37.4, »Steuerelement zur Richtungsanzeige (UIBezierPath)«.

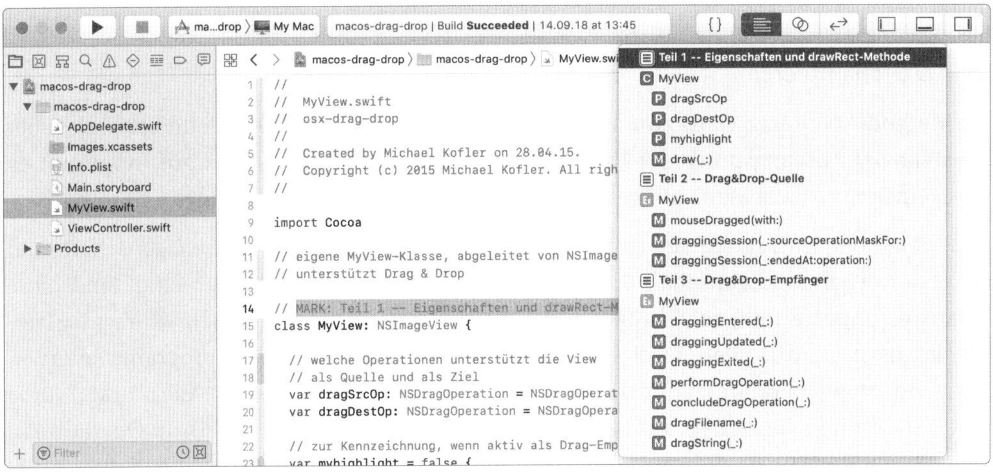

Abbildung 26.8 Übersichtliche Codestruktur durch Extensions und MARK:-Kommentare

```
// Projekt macos-drag-drop, Datei MyView.swift
// MARK: Teil 1 -- Eigenschaften und drawRect-Methode
class MyView: NSImageView {
  // Welche Operationen unterstützt die View
  // als Quelle und als Ziel?
  var dragSrcOp: NSDragOperation = NSDragOperation()
  var dragDestOp: NSDragOperation = NSDragOperation()

  // zur Kennzeichnung, wenn aktiv als Drag-Empfänger
  var myhighlight = false {
    didSet { setNeedsDisplay() }
  }

  // blauen Rahmen um Element zeichnen, wenn myhighlight = true
  override func draw(_ dirtyRect: NSRect) {
    // Inhalt wie üblich zeichnen
    super.draw(dirtyRect)

    // danach Rahmen dazu
    if myhighlight {
      let path = NSBezierPath()
      path.appendRoundedRect(
```

```
        NSInsetRect(bounds, 2.5, 2.5), xRadius:3, yRadius:3)
      path.lineWidth = 2.5
      NSColor.blue.set()
      path.stroke()
    }
  }
}
```

Drag & Drop initiieren

Die Methode mouseDragged ist zwar nicht im NSDraggingSource-Protokoll definiert, sie ist aber meistens der Ausgangspunkt für Drag-and-Drop-Operationen. Zu ihrem Aufruf kommt es, wenn ein Benutzer die Maus mit gedrückter Taste ein kleines Stück bewegt.

In der Methode wird zuerst getestet, ob überhaupt Daten vorliegen (image-Eigenschaft) und ob in der dragSrcOp-Eigenschaft Drag-and-Drop-Operationen vorgesehen sind. Sind diese Voraussetzungen erfüllt, geht es darum, die Drag-and-Drop-Daten in einem NSDraggingItem-Objekt zusammenzustellen. In diesem Beispiel reicht es aus, wenn bei programminternen Drag-and-Drop-Operationen einfach eine Zeichenkette übergeben wird – hier "Drag & Drop test". Sie können versuchen, aus dem Beispielprogramm eine Drag-and-Drop-Operation in einen Texteditor durchzuführen. Dann wird auch dort diese Zeichenkette eingefügt.

Wesentlich aufwendiger ist die Einstellung von imageComponentsProvider des NSDraggingItem-Objekts: An diese Eigenschaft muss eine Funktion übergeben werden, die macOS später ausführt, um ein Vorschaubild des Objekts anzuzeigen, das verschoben werden soll. Die Funktion ist hier als Closure formuliert.

Die Erstellung des Bilds ist im Beispielprogramm einfach – wir können auf die image-Eigenschaft des Steuerelements zurückgreifen. Das Bild wird in einem 50 × 50 Punkt großen Container angezeigt, der wiederum mittig zur aktuellen Mausposition platziert wird. Der hier verwendete Code führt allerdings dazu, dass nichtquadratische Bilder verzerrt werden. Wenn das stört, müssen Sie component.frame so berechnen, dass die Proportionen des Bilds in image erhalten bleiben. Schließlich müssen Sie noch der Eigenschaft draggingFrame ein Rechteck in der Größe Ihres Objekts zuweisen.

Das so vorbereitete NSDraggingItem kann schließlich an die beginDraggingSessionWithItems-Methode übergeben werden. Dabei ist zu beachten, dass Sie die Daten als Array übergeben müssen, selbst wenn es nur ein Drag-and-Drop-Objekt gibt.

```
// Projekt macos-drag-drop, Datei MyView.swift
// MARK: Teil 2 -- Drag-and-Drop-Quelle
extension MyView: NSDraggingSource {
  // Drag starten (Quelle)
  override func mouseDragged(with theEvent: NSEvent) {
    // wenn ImageView leer ist oder dragSrcOp == .none: Drag unmöglich
    if image == nil || dragSrcOp == NSDragOperation() { return }
```

```
    let data = NSDraggingItem(pasteboardWriter: "Drag&Drop test"
                              as NSPasteboardWriting)
    // aktuelle Mausposition relativ zur aktuellen NSView
    let position = convert(theEvent.locationInWindow, from: nil)
    data.imageComponentsProvider =
      { // Closure, legt das während des Drag-Vorgangs anzuzeigende
        // Bild fest
        let component = NSDraggingImageComponent(key: .icon)
        component.contents = self.image
        // 50x50-Vorschaubild mittig um aktuelle Mausposition
        component.frame = NSRect(
          origin: NSPoint(x: position.x-25, y: position.y-25),
          size: NSSize(width: 50, height: 50))
        return [component]
    }
    data.draggingFrame = NSRect(x: 0, y: 0, width: 50, height: 50)
    // mit dieser Methode enden die mouseDragged-Aufrufe
    beginDraggingSession(with: [data], event: theEvent, source: self)
  } // func-Ende
```

`draggingSession(_:sourceOperationMaskFor:)` muss als einzige Methode des `NSDraggingSource`-Protokolls zwingend implementiert werden. Die Methode gibt eine Kombination von `NSDragOperation`-Werten zurück, die beschreiben, welche Drag-and-Drop-Operationen unterstützt werden. Vorgesehen sind neben den im Programm implementierten Werten `.copy`, `.move` und `.delete` auch `.link`, `.generic` und `.private`.

Zum Abschluss des selbst initiierten Drag-and-Drop-Vorgangs wird die Methode `draggingSession(_:endedAtPoint:operation:)` aufgerufen. Sie ist *nicht* für die Ausführung der Verschiebeoperation beim Empfänger zuständig, sondern nur für die Aufräumarbeiten beim Sender. Im Beispielprogramm wird in dieser Methode nach einer abgeschlossenen `.move`- oder `.delete`-Operation die `image`-Eigenschaft des Steuerelements auf `nil` gesetzt.

```
  // Fortsetzung Teil 2
  // welche Drag-Operationen werden unterstützt (als Quelle)?
  func draggingSession(_ session: NSDraggingSession,
                       sourceOperationMaskFor context: NSDraggingContext)
    -> NSDragOperation
  {
    if self.image == nil {
      // image ist leer, es gibt nichts zum Verschieben/Kopieren etc.
      return NSDragOperation()
    } else {
      return dragSrcOp
    }
  }
```

```
  // Benachrichtigung über das Ende des Drag-Vorgangs an die Quelle
  func draggingSession(_ session: NSDraggingSession,
                       endedAt screenPoint: NSPoint,
                       operation: NSDragOperation)
  {
    if operation == .delete || operation == .move {
      image = nil
    }
  }   // func-Ende
}     // extension-Ende
```

Drag-and-Drop-Empfang zulassen

Zuletzt sind nun noch die Methoden des `NSDraggingDestination`-Protokolls zu beschreiben, die für den Empfang einer Drag-and-Drop-Operation verantwortlich sind. Dabei sei vorausgeschickt, dass die folgende Implementierung bereits ziemlich viele Sonderfälle berücksichtigt. Dass es auch einfacher geht, beweist die in Abschnitt 41.5, »Drag-and-Drop-Empfänger für Icons (OriginalIconView.swift)«, beschriebene Klasse `OriginalIconView`, die ohne viel Firlefanz Dateien verarbeitet, die vom Finder verschoben wurden.

Vermutlich haben Sie erwartet, dass der Code für die Erweiterungen gemäß dem `NSDraggingDestination`-Protokoll mit

```
extension MyView: NSDraggingDestination { ...
```

beginnt. Normalerweise ist das auch der richtige Ansatz. In unserem Fall dient aber die `NSImageView`-Klasse als Ausgangspunkt, und diese Klasse implementiert so wie auch die `NSView`-Klasse das `NSDraggingDestination`-Protokoll bereits. Deswegen würde die obige Anweisung zu einem Syntaxfehler führen (*redundant conformance to protocol xxx*). Um den eigenen Code für den Drag-and-Drop-Empfang dennoch übersichtlich zu bündeln, ist es daher bei

```
extension MyView { ...
```

geblieben.

Die Methode `draggingEntered` wird aufgerufen, wenn ein Drag-and-Drop-Objekt in das Steuerelement hineingeschoben wird. In der Methode müssen zwei Dinge kontrolliert werden:

- Handelt es sich um Daten, die verarbeitet werden können?
- Welche von mehreren infrage kommenden Drag-and-Drop-Operationen soll durchgeführt werden?

Als Ergebnis muss dann ein Wert der `NSDragOperation`-Enumeration zurückgegeben werden – eventuell auch `.none`, wenn die Daten ungeeignet sind. Das Beispielprogramm kann zwei Arten von Daten verarbeiten: einerseits die Zeichenkette `"Drag,&,Drop test"`, die ein programminternes Drag-and-Drop-Ereignis anzeigt, andererseits eine einzelne PNG-

oder JPEG-Datei. Ob derartige Daten vorliegen, wird in den Methoden dragString bzw. dragFilename überprüft.

Im ersten Fall muss noch entschieden werden, welche Operation tatsächlich ausgeführt werden soll. Das hängt von mehreren Faktoren ab: welche Operationen der Sender vorsieht, welche der Empfänger erlaubt und ob die resultierenden Kombinationen (z. B. .move oder .copy) durch das Drücken von [alt] reduziert wurden. Um Letzteres kümmert sich die Eigenschaft draggingSourceOperationMask, die die Sender-Operationen beim Drücken von Zustandstasten automatisch beschneidet.

Die Methode intersection, die einer binären Und-Verknüpfung mit den Empfänger-Operationen entspricht, reduziert die infrage kommenden Operationen weiter. Sollten dann noch mehrere Operationen zur Auswahl stehen, bevorzugt die folgende if-Kaskade .move und .copy. Die infrage kommenden Drag-and-Drop-Operationen werden dabei mit contains getestet.

Sofern draggingEntered entscheidet, dass die Drag-and-Drop-Operation akzeptiert wird, setzt die Methode gleichzeitig myhighlight auf true. Damit wird das Empfänger-Steuerelement vorübergehend durch einen blauen Rahmen hervorgehoben.

```
// Projekt macos-drag-drop, Datei MyView.swift
// MARK: Teil 3 -- Drag-and-Drop-Empfänger
// implementiert Methoden des NSDraggingDestination-Protokolls
extension MyView: {
  override func draggingEntered(_ sender: NSDraggingInfo)
    -> NSDragOperation
  {
    // Quelle und Ziel dürfen nicht übereinstimmen
    if let view = sender.draggingSource as? MyView,
      view === self
    {
      return NSDragOperation()
    }

    // String-Drags
    if dragString(sender)  {
      // mask: erlaubte Sender-Operationen, eventuell durch
      // alt-Taste auf Copy reduziert
      let mask = sender.draggingSourceOperationMask

      // and-Verknüpfung mit erlaubten Ziel-Operationen
      let result = mask.intersection(dragDestOp)

      // es ist möglich, dass nun mehrere Operationen zulässig sind;
      // eine davon auswählen
```

```
      if result.contains(.move) {
        myhighlight = true
        return .move
      } else if result.contains(.copy)  {
        myhighlight = true
        return .copy
      } else if result.contains(.delete)  {
        myhighlight = true
        return .delete
      }
    }

    // File-Drags: nur Copy akzeptieren
    if dragFilename(sender) != nil && dragDestOp.contains(.copy)
    {
      myhighlight = true
      return .copy
    }

    // keine passenden Daten
    return NSDragOperation()
  }
```

Sobald der Drag-and-Drop-Vorgang begonnen hat, wird draggingUpdated fortwährend aufgerufen. Auch diese Methode erwartet eine Rückmeldung, ob die Operation zugelassen wird – also können wir einfach die Methode draggingEntered aufrufen und deren Ergebnis zurückgeben.

```
// Fortsetzung Teil 3
override func draggingUpdated(_ sender: NSDraggingInfo)
  -> NSDragOperation
{
  return draggingEntered(sender)
}
```

Auswertung der Dragging-Informationen

Die vorhin erwähnten Methoden dragString und dragFilename werten das NSDraggingInfo-Objekt aus. dragString reizt die Möglichkeiten der if-let-Syntax weitgehend aus: Die mehrzeilige Konstruktion testet, ob die Anzahl der Objekte genau eins beträgt, ob die Methode readObjects ein String-Array liefert und ob schließlich das erste Element dieses Arrays die magische Zeichenkette "Drag,&,Drop test" ist.

```
// Fortsetzung Teil 3
// Zeichenkette in NSDraggingInfo suchen
private func dragString(_ draginfo: NSDraggingInfo) -> Bool {
  let pboard = draginfo.draggingPasteboard
  if draginfo.numberOfValidItemsForDrop == 1,
     let data = pboard.readObjects(forClasses: [NSString.self],
                                   options: [:]) as? [String],
     data.first == "Drag&Drop test"
  {
    return true
  }
  return false
}
```

Ganz ähnlich agiert `dragFilename`. Auch hier werden nur Verschiebeoperationen mit nur einem Element vorausgesetzt. (Sie können also nicht zwei oder mehr Dateien verschieben.) Beachten Sie, dass `readObjects` in diesem Fall ein Array von `NSURL`-Objekten erwartet, nicht die unter Swift eigentlich üblichen `URL`-Elemente. Das liegt daran, dass die Methode ursprünglich für Objective-C entwickelt wurde, wo es keine `URL`-Struktur gibt.

Sofern `data` mit einem Array von `NSURL`-Objekten initialisiert werden kann, wird das erste Element in ein `URL`-Element umgewandelt und danach dessen Dateikennung ausgewertet. Wenn es sich um eine Bilddatei im richtigen Format handelt, wird ihr Dateiname zurückgegeben, sonst `nil`.

```
// Fortsetzung Teil 3
// Dateinamen in NSDraggingInfo suchen
private func dragFilename(_ draginfo: NSDraggingInfo) -> String? {
  let pboard = draginfo.draggingPasteboard

  // Daten in NSURL-Objekte umwandeln
  if draginfo.numberOfValidItemsForDrop == 1,
    let data = pboard.readObjects(forClasses: [NSURL.self],
                                  options: [:]) as? [NSURL]
  {
    // Dateikennung der URL auswerten
    let url = data.first! as URL
    switch url.pathExtension.lowercased() {
    case "png", "jpeg", "jpg":
      return url.path
    default:
      return nil // kein unterstütztes Bildformat
    }
  }
  return nil     // keine URLs gefunden
}
```

Drag-and-Drop-Empfang verarbeiten

Verlässt das Drag-and-Drop-Objekt das Steuerelement wieder, kümmert sich `draggingExited` darum, den blauen Markierungsrahmen rund um das Steuerelement wieder zu entfernen.

Kommt es hingegen wirklich zum Abschluss des Verschiebevorgangs, ist die Methode `performDragOperation` für seine Durchführung zuständig. Bei einem programminternen Drag & Drop wird mit `contains` getestet, ob der Empfänger `.move` oder `.copy` erlaubt und ob es sich beim Sender tatsächlich um ein `MyView`-Objekt handelt. Trifft dies alles zu, kann das `NSImage`-Objekt einfach übernommen werden. Geht hingegen ein File-Drag-and-Drop zu Ende, muss die Datei geladen werden.

`concludeDragOperation` stellt sicher, dass mit Abschluss der Drag-and-Drop-Operation auch die optische Hervorhebung des Steuerelements endet.

```
// Projekt macos-drag-drop, Datei MyView.swift
// Fortsetzung Teil 3
// Drag-Objekt verlässt View ohne Drop
override func draggingExited(_ sender: NSDraggingInfo?) {
  myhighlight = false
}

// Drop verarbeiten (als Ziel)
override func performDragOperation(_ sender: NSDraggingInfo) -> Bool
{
  // String-Drag abgeschlossen
  if dragString(sender) {
    // wenn Destination Move oder Copy erlaubt und wenn das Quell-
    // objekt ein MyView-Objekt ist: Bild kopieren
    if dragDestOp.contains(.move) || dragDestOp.contains(.copy),
       let src = sender.draggingSource as? MyView
    {
      self.image = src.image
    }
    return true
  }

  // File-Drag abgeschlossen: Icon-Datei laden
  if let fname = dragFilename(sender) {
    image = NSImage(byReferencingFile: fname)
    return true
  }
  return false
} // func-Ende
```

```
  // Drop abschließen (als Ziel)
  override func concludeDragOperation(_ sender: NSDraggingInfo?)
  {
    // Hintergrundfarbe wieder zurücksetzen
    myhighlight = false
  }
} // extension-Ende (Teil 3)
```

26.5 Drag & Drop (iOS)

Drag & Drop ist eine der wichtigsten Neuerungen in iOS 11. Apple hat sich dabei für eine klare Trennung zwischen iPhone und iPad entschieden: Nur auf einem iPad können Sie Daten per Drag & Drop zwischen verschiedenen Apps übertragen. Auf iPhones ist Drag & Drop auf Verschiebeoperationen innerhalb einer App beschränkt. Immerhin betrifft diese Einschränkung nicht die APIs. Diese stehen auf beiden Plattformen vollständig zur Verfügung. Sie können also ganz unkompliziert eine App entwickeln, die auf beiden Plattformen läuft, aber auf dem iPad mehr Funktionen bietet.

Auf der WWDC 2017 hat Apple die wichtigsten neuen Programmiertechniken in gleich vier Sessions präsentiert:

https://developer.apple.com/videos/play/wwdc2017/203 (Basics)
https://developer.apple.com/videos/play/wwdc2017/213 (Mastering Drag & Drop)
https://developer.apple.com/videos/play/wwdc2017/223 (Table-Views und Collections)
https://developer.apple.com/videos/play/wwdc2017/227 (Data Delivery)

Allein der Umfang dieser Sessions macht schon klar, dass ich in diesem Abschnitt nur eine Einführung geben kann. Wenn Sie sich für weitere Details interessieren, sind die obigen Videos der beste Startpunkt. Das gilt umso mehr, als es von Apple darüber hinaus aktuell keine brauchbare Dokumentation zur Anwendung der neuen Klassen und Protokolle gibt, die über zwei- oder dreizeilige Beschreibungen in der API-Referenz hinausgeht.

Besonders hinweisen möchte ich auf ein umfassendes Beispielprojekt, das Sie auf der Seite des Table-View-Videos (Nummer 223) zum Download finden. Es zeigt, wie Sie innerhalb einer App Fotos zwischen verschiedenen Kategorien verschieben und innerhalb einer Kategorie neu ordnen können. Der Code verteilt sich allerdings über acht Dateien und umfasst fast 1.000 Zeilen.

Überblick

Um in Ihren Apps Drag & Drop zu unterstützen, müssen Sie für die betreffenden Steuerelemente eines oder zwei Protokolle implementieren:

- UIDragInteractionDelegate definiert Methoden für den Start einer Verschiebeoperation. Zwingend erforderlich ist dabei nur die Implementierung der Methode dragInteraction(_:itemsForBeginning), mit der Sie Referenzen auf die zu verschiebenden Daten übergeben. Mit dragInteraction(_:itemsForAddingTo) können Sie den Anwendern optional die Möglichkeit geben, dem Vorgang weitere Objekte hinzuzufügen.
- UIDropInteractionDelegate beschreibt die Methoden, die der Empfänger einer Verschiebeoperation implementieren muss bzw. kann. Zwingend erforderlich ist die Realisierung von dropInteraction(_:performDrop). Nur diese Methode erhält den Zugriff auf die Daten.

Die beiden Protokolle definieren eine Menge weiterer Methoden, mit denen Sie das optische Feedback und diverse Animationen optimieren bzw. Sonderfälle berücksichtigen können.

Die Übermittlung der Daten erfolgt in Form von UIDragItem-Objekten (je eine Instanz für jedes Objekt, das kopiert oder verschoben wird). Diese steuern die optische Darstellung der Daten während der Verschiebeoperation. Außerdem geben sie Zugriff auf die eigentlichen Daten, die in NSItemProvider-Objekte verpackt werden. Dabei ist zu beachten, dass generell nur Instanzen von Klassen übergeben werden können, nicht aber die in Swift allgegenwärtigen Strukturen. Das zwingt Sie bei der Programmierung häufig, auf »alte« NS-Klassen auszuweichen, zu denen es eigentlich modernere Swift-Strukturen gibt (also z. B. NSString anstelle von String oder NSURL anstelle von URL).

An die meisten Methoden, die in den Drag-and-Drop-Protokollen definiert sind, wird ein UIDragSession-Objekt übergeben. Es gibt Zugriff und Steuerungsmöglichkeiten für alle Daten, Zustände und Effekte, die von der Verschiebeoperation betroffenen sind.

Ein wenig anders sieht Drag & Drop in Tabellen- und Collection-Views aus. Dort sind einige Grundfunktionen bereits standardmäßig implementiert. Ihren eigenen Code ergänzen Sie, indem Sie speziell an diese Steuerelemente angepasste Protokolle einhalten, z. B. UITableViewDragDelegate und UITableViewDropDelegate. Die prinzipielle Vorgehensweise ist aber ganz ähnlich.

Beispiel 1: Drag & Drop mit Image-Views

Die App für das erste Beispiel besteht aus sechs UIImageView-Steuerelementen. Fünf davon sind in einer Stack-View am oberen Rand angeordnet. Die dort enthaltenen Werkzeugsymbole können Sie in die darunter befindliche große Image-View verschieben oder auf einem iPad in ein parallel laufendes anderes Programm, das Bilder per Drag & Drop empfangen kann. Die große Image-View kann wiederum sowohl Bilder von der Test-App als auch Bilder von anderen Programmen per Drag & Drop empfangen (siehe Abbildung 26.9).

Die Datei ViewController.swift enthält nach dem obligatorischen import UIKit die Zeile import MobileCoreServices. Diese Bibliothek ist erforderlich, weil darin die Konstante kUTTypeImage definiert ist. Diese Zeichenkette beschreibt den Datentyp »Bilder« für Drag-and-Drop-Operationen. Die Zeichenkette ist freilich nicht als String, sondern als CFString definiert. Um den weiteren Umgang mit dieser Zeichenkette zu verkürzen, beginnt der View-

Controller-Code mit der Definition der eigenen Konstanten `typeImage`, die einerseits einen kürzeren Namen hat und andererseits auch den richtigen Datentyp aufweist. (Sie können sich den Import von Mobile Core Services ersparen und stattdessen einfach `let typeImage = "public.image"` ausführen. Sollte Apple allerdings in Zukunft die API ändern, kann diese Vorgehensweise zu Problemen führen.)

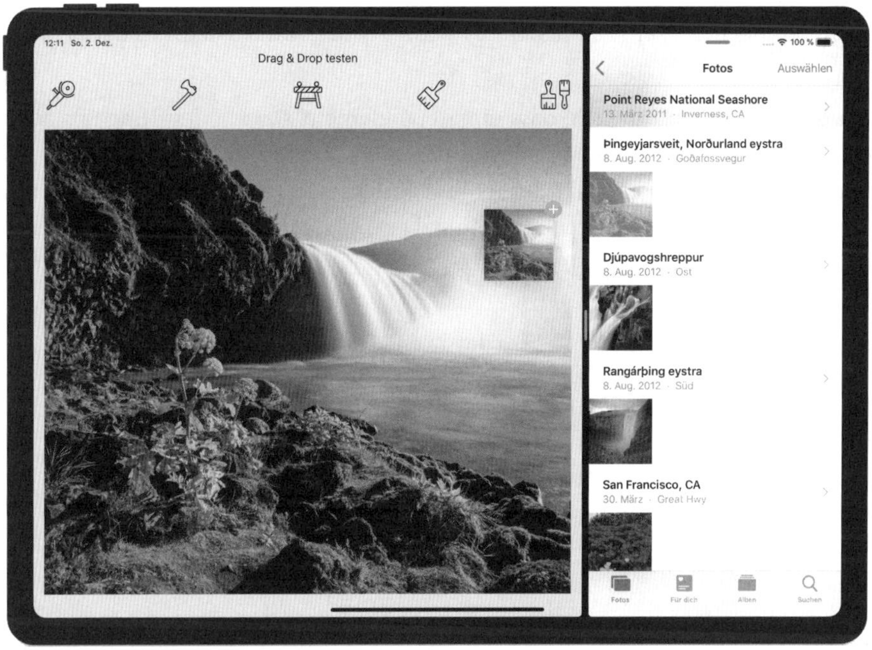

Abbildung 26.9 Die Test-App (links) läuft auf einem iPad im Multitasking-Modus parallel zum Programm »Fotos« (rechts).

Der View-Controller enthält zwei Outlets: `imgStack` verweist auf die Stack-View mit den fünf Werkzeug-Icons, `imgReceiver` auf die große Image-View im unteren Bereich des Bildschirms.

`viewDidLoad` kümmert sich um die Initialisierungsarbeiten:

- **Drag:** In den fünf Image-Views innerhalb der Stack-View dürfen Drag-Operationen beginnen. Eine Grundvoraussetzung dafür ist, dass die Eigenschaft `isUserInteractionEnabled` auf `true` gesetzt wird. Wenn Sie möchten, können Sie diese Eigenschaft auch im Attributinspektor einstellen.

  Außerdem muss den Steuerelementen mit `addInteraction` ein `UIDragInteraction`-Objekt hinzugefügt werden. Es gibt an, wo sich die Delegation-Methoden zur Verarbeitung der Drag-Ereignisse befinden. Im vorliegenden Beispielprogramm ist dazu nur eine Methode erforderlich, die sich ebenfalls in der View-Controller-Klasse befindet. (Der Code ist in einer `extension` verpackt und folgt gleich.) Damit das `UIDragInteraction`-Objekt auf einem iPhone aktiv wird, muss `isEnabled` gesetzt werden. Auf einem iPad ist diese Eigenschaft immer `true`.

- **Drop:** Die sechste Image-View (`imgReceiver`) verarbeitet Drop-Ereignisse. Abermals müssen Sie dazu `isUserInteractionEnabled` auf `true` setzen. Mit `addInteraction` geben Sie an, wo sich der Code zur Verarbeitung der Drop-Methoden befindet – in diesem Beispiel ebenfalls in der View-Controller-Klasse (daher `UIDropInteraction(delegate: self)`).

  Neu im Vergleich zum Drag-Code ist die Einstellung der Eigenschaft `pasteConfiguration`: Hier geben Sie mit einem `UIPasteConfiguration`-Objekt an, welche Datentypen Sie bereit sind zu akzeptieren – in diesem Fall Bilder. `UIImage.self` liefert dazu den Typ der `UIImage`-Klasse.

Grundsätzlich ist es natürlich möglich, dass ein Steuerelement sowohl den Drag- als auch den Drop-Teil einer Drag-and-Drop-Operation unterstützt, dass es also als Start- und als Endpunkt agieren kann. In diesem Fall führen Sie `addInteraction` einfach zweimal aus und übergeben einmal ein `UIDragInteraction`- und einmal ein `UIDropInteraction`-Objekt.

```
// Projekt ios-drag-drop, Datei ViewController.swift
import UIKit
import MobileCoreServices   // erforderlich für die kUTType-Konstanten

class ViewController: UIViewController {
  // einfacherer Umgang mit den kUTType-Konstanten
  let typeImage = kUTTypeImage as String

  @IBOutlet weak var imgStack: UIStackView!     // Stack-View und
  @IBOutlet weak var imgReceiver: UIImageView!  // Image-View

  var imgTools = [UIImageView]()  // Image-Views in der Stack-View

  override func viewDidLoad() {
    super.viewDidLoad()
    // für die fünf Images am oberen Rand
    for v in imgStack.subviews {
      if let img = v as? UIImageView {
        imgTools.append(img)
        img.isUserInteractionEnabled = true
        let di = UIDragInteraction(delegate: self)
        di.isEnabled = true  // für iPhone; am iPad immer true
        img.addInteraction(di)
      }
    }
    // für die große Image-View
    imgReceiver.isUserInteractionEnabled = true
    imgReceiver.addInteraction(UIDropInteraction(delegate: self))
    imgReceiver.pasteConfiguration =
      UIPasteConfiguration(forAccepting: UIImage.self)
  }
}
```

Drag initiieren

Damit ein Drag-and-Drop-Vorgang beginnen kann, müssen Sie zumindest die Methode `dragInteraction` mit dem zweiten Parameter `itemsForBeginning` implementieren. Die Methode ist ein Teil des `UIDragInteractionDelegate`-Protokolls. In der Methode testen Sie zuerst, ob die Voraussetzungen für den Start der Operation erfüllt sind, und geben dann die zu verschiebenden Daten als Array zurück, das aus `UIDragItem`-Objekten besteht.

An die Methode werden zwei Parameter übergeben: Ein `UIDragInteraction`-Objekt, das Aufschluss darüber gibt, durch welches Steuerelement der Drag-Vorgang initiiert wurde, und ein `UIDragSession`-Objekt, das eine Zusammenfassung aller Daten und Eigenschaften bzw. Optionen des Drag-and-Drop-Prozesses enthält.

In diesem Beispiel stellt die zweifache `if-let`-Konstruktion sicher, dass das als Parameter übergebene `interaction`-Objekt tatsächlich auf ein `UIImageView`-Element verweist und die zugehörige `image`-Eigenschaft ausgelesen werden kann. Das Bild wird nun in einen `NSItemProvider` verpackt. Dieser wird wiederum an die Init-Funktion der `UIDragItem`-Klasse übergeben. iOS verwendet dieses Bild automatisch auch zur grafischen Darstellung des Drag-and-Drop-Vorgangs, sodass die Benutzer Ihrer App jederzeit sehen, welches Objekt sie verschieben.

```
// Projekt ios-drag-drop, Datei ViewController.swift (Fortsetzung)
extension ViewController: UIDragInteractionDelegate {
  // wird zum Beginn des Drag-Vorgangs aufgerufen
  func dragInteraction(_ interaction: UIDragInteraction,
                       itemsForBeginning session: UIDragSession)
    -> [UIDragItem]
  {
    if let imgV = interaction.view as? UIImageView,
       let img = imgV.image
    {
      // zu verschiebendes Bild in ein UIDragItem verpacken
      let provider = NSItemProvider(object: img)
      let item = UIDragItem(itemProvider: provider)
      return [item]
    }
    return []
  }
}
```

Weitere Drag-Objekte hinzufügen

iOS bietet die Möglichkeit, einem bereits begonnenen Drag-and-Drop-Vorgang weitere Elemente hinzuzufügen. Der Anwender muss die betroffenen Objekte durch eine kurze Berührung mit einem zweiten Finger hinzufügen (*tap*), während der erste Finger weiterhin das Startobjekt hält.

Damit auch Ihre App mit dieser Variante umgehen kann, müssen Sie eine weitere dragInteraction-Methode implementieren, und zwar für den Parameter itemsForAddingTo. Diese Methode muss ein Array mit weiteren UIDragItem-Objekten zurückgeben. Entsprechenden Mustercode finden Sie gleich in »Beispiel 2: Drag & Drop mit Table-Views«.

Drop-Ereignis verarbeiten

Für die Verarbeitung der Drop-Ereignisse sind die im Protokoll UIDropInteractionDelegate definierten dropInteraction-Methoden verantwortlich. Sie müssen zumindest zwei dieser Methoden implementieren.

dropInteraction(_:sessionDidUpdate) wird aufgerufen, sobald ein Benutzer Daten in ein Steuerelement hineinbewegt. Sie können zu diesem Zeitpunkt die Daten noch gar nicht auslesen, aber Sie können immerhin feststellen, um welchen Datentyp es sich handelt. Die Methode erwartet als Rückgabe ein UIDropProposal-Objekt, in dem Sie bekannt geben, ob und in welcher Art Ihre App bereit ist, die Daten entgegenzunehmen. Die vier möglichen Antworten sind durch die Enumerationswerte .cancel, .forbidden, .copy oder .move definiert. In einem WWDC-Vortrag war zu hören, dass .forbidden nur in Ausnahmefällen zu verwenden sei – nämlich dann, wenn an dieser Stelle normalerweise ein Drop erlaubt ist, die Operation in der aktuellen Situation aber unmöglich ist.

An die Methode werden zwei Parameter übergeben: Die view-Eigenschaft des UIDropInteraction-Objekts verrät, welches Steuerelement das Ziel des Drop-Vorgangs sein soll. Der Parameter ist vor allem dann wichtig, wenn in Ihrer App mehrere Steuerelemente infrage kommen; dann können Sie hier eine Fallunterscheidung vornehmen.

Das UIDropSession-Objekt gibt Auskunft über die Daten und Eigenschaften des Drag-and-Drop-Vorgangs. Mit der Methode hasItemsConforming können Sie feststellen, ob Daten eines bestimmten Typs vorliegen. Der Datentyp muss dabei durch eine Zeichenkette übergeben werden. Geeignete Zeichenketten sind in der Mobile-Core-Services-Bibliothek definiert.

In diesem Beispielprogramm habe ich zum einfacheren Zugriff auf den Typ kUTTypeImage die Konstante typeImage definiert. Die dropInteraction-Methode überprüft zuerst, dass der Drop-Vorgang tatsächlich für das imgReceiver-Steuerelement gedacht ist und dass es sich bei den Daten um Bilder handelt. Wenn das der Fall ist, macht der Rückgabewert UIDropProposal(operation: .copy) klar, dass die App die Daten entgegennehmen kann und sie gegebenenfalls kopieren wird. iOS visualisiert das durch ein grünes Plus-Symbol, sodass die Anwender Ihrer App schon vor dem eigentlichen Loslassen ein visuelles Feedback erhalten.

```
// Projekt ios-drag-drop, Datei ViewController.swift (Fortsetzung)
extension ViewController: UIDropInteractionDelegate {
  // es werden Daten für Drop angeboten
  func dropInteraction(_ interaction: UIDropInteraction,
                       sessionDidUpdate session: UIDropSession)
    -> UIDropProposal
```

```
  {
    if interaction.view == imgReceiver &&
      session.hasItemsConforming(toTypeIdentifiers: [typeImage])
    {
      // sofern im richtigen Steuerelement und richtiger Datentyp
      return UIDropProposal(operation: .copy)
    } else {
      // sonst ablehnen
      return UIDropProposal(operation: .cancel)
    }
  }
```

Die Methode `dropInteraction(_:performDrop)` wird aufgerufen, sobald der Benutzer die Daten losgelassen hat. Aus Sicherheitsgründen ist diese Methode der einzige Ort in Ihrer gesamten App, an dem Sie Zugriff auf die Drag-and-Drop-Daten haben. In der Methode sollten Sie zuerst sicherstellen, dass das richtige Empfänger-Steuerelement vorliegt und dass die Daten das richtige Format haben. Danach können Sie mit der Methode `loadObjects` eine Closure übergeben, die asynchron ausgeführt wird. In der Closure können Sie ein Array von `NSItemProviderReading`-Objekten auslesen.

Im Beispielcode wird nur das erste Element dieses Arrays berücksichtigt. Wenn es sich dabei um ein `UIImage`-Objekt handelt, wird es der `image`-Eigenschaft des `imgReceiver`-Steuerelements zugewiesen.

```
// Projekt ios-drag-drop, Datei ViewController.swift (Fortsetzung)
extension ViewController: UIDropInteractionDelegate {
  ...
  // der Benutzer hat die Daten losgelassen (Drop)
  func dropInteraction(_ interaction: UIDropInteraction,
                       performDrop session: UIDropSession)
  {
    // richtiger Empfänger?
    if interaction.view != imgReceiver { return }

    // liegen Daten im richtigen Format vor?
    if session.hasItemsConforming(toTypeIdentifiers: [typeImage]) {
      // Image auslesen
      session.loadObjects(ofClass: UIImage.self) { items in  // Closure
        guard let draggedImage = items.first as? UIImage else { return
    }
        self.imgReceiver.image = draggedImage
      }
    } // Ende Closure
  }   // Ende func
}     // Ende extension
```

Beispiel 2: Drag & Drop mit Table-Views

Während Sie bei Drag-and-Drop-Operationen in oder aus Basissteuerelementen wie `UIView` oder `UIImageView` alles selbst programmieren müssen, unterstützt iOS Sie bei Drag-and-Drop-Operationen in oder aus Table- oder Collection-Views mit speziell für diesen Fall optimierten Eigenschaften und Protokollen. Wie Sie gleich sehen werden, bleibt für Sie als Programmierer(in) immer noch genug Arbeit zu tun.

Das Beispielprogramm besteht aus zwei nebeneinander angeordneten Table-Views. Sie können Listenelemente aus der in der linken Liste dargestellten Speisekarte in die rechte kopieren und so Ihr Wunschmenü zusammenstellen (siehe Abbildung 26.10). Beim Drop-Vorgang wird die Position berücksichtigt, an der Sie den Finger vom Display heben. So können Sie das Gericht an einer beliebigen Position innerhalb der Liste einfügen. Die Test-App unterstützt außerdem eine Mehrfachauswahl: Sie können also zuerst ein Gericht zum Drag-Vorgang auswählen, dann durch eine kurze Berührung mit einem zweiten Finger ein zweites Gericht hinzufügen und dann beide Listenelemente gemeinsam auf die rechte Seite kopieren.

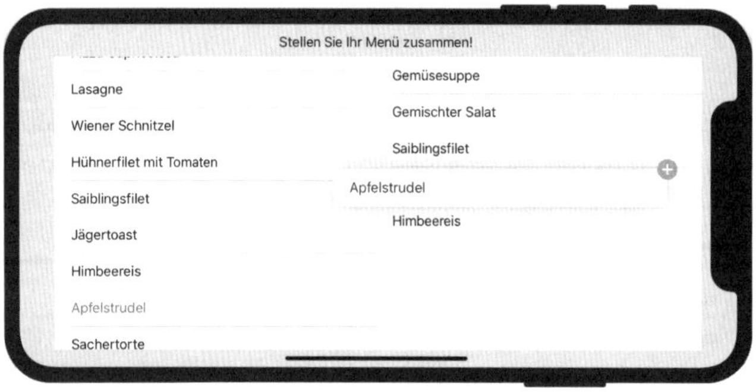

Abbildung 26.10 In der für das Landscape-Format konzipierten Beispiel-App stellen Sie per Drag & Drop Ihr Wunschmenü zusammen.

Die Tücke liegt im Detail

Die Funktionen der Beispiel-App klingen unspektakulär, erfordern aber bereits ca. 150 Zeilen Code. Noch deutlich komplizierter würde die App, wenn Sie Drag-and-Drop-Operationen in beide Richtungen unterstützen wollten (also auch von der rechten Liste in die linke).

Ebenfalls aufwendig zu programmieren sind Verschiebebewegungen: Beim Verschieben von einer Liste in eine zweite tritt das Problem auf, dass die aktuelle Implementierung der Drag-and-Drop-API meines Wissens keinerlei Informationen darüber überträgt, bei welchem Steuerelement die Drag-and-Drop-Operation ihren Ursprung genommen hat. Sie können diese Information zwar selbst in Objekte einer eigenen Klasse verpacken, die Sie dann an `UIDragItem` übergeben, der Preis ist aber ein recht unübersichtlicher Code.

Eine weitere Herausforderung ist das Verschieben mehrerer Elemente innerhalb einer Liste. Hierbei müssen Sie aufpassen, dass Sie nicht versehentlich Listenelemente überschreiben.

Das Storyboard der App besteht aus zwei Table-Views, die in einer Stack-View verpackt sind und so immer nebeneinander bildschirmfüllend angezeigt werden. Den beiden Table-Views sind im View-Controller die Outlet-Variablen `tblMenu` (linke Liste) und `tblOrder` (rechte Liste zugeordnet).

Der Programmcode beginnt wie im ersten Beispiel mit dem Import der Mobile Core Services. Diese Bibliothek enthält die Konstante `kUTTypePlainText`, die für Texte anzuwenden ist, die per Drag & Drop übertragen werden.

```
// Beispiel ios-table-drag-drop, Datei ViewController.swift
import UIKit
import MobileCoreServices

class ViewController: UIViewController {
  // einfacher Umgang mit kUTType-Konstanten
  let typeText = kUTTypePlainText as String  // --> "public.plain-text"

  @IBOutlet weak var tblMenu: UITableView!   // Outlets
  @IBOutlet weak var tblOrder: UITableView!

  // Datenquellen für die beiden Table-Views
  let menu = ["Gemüsesuppe", "Französische Zwiebelsuppe",
              "Gemischter Salat", "Thunfischsalat",
              ...
              "Himbeereis", "Apfelstrudel", "Sachertorte"]
  var order = [String]()

  // die Methoden des View-Controllers folgen gleich
}
```

Initialisierung der Table-Views

Die Initialisierung der Table-Views erfolgt wie üblich in der `viewDidLoad`-Methode. Dabei werden insgesamt drei unterschiedliche Delegation-Eigenschaften eingestellt:

- `dataSource` für die Datenquellen der beiden Steuerelemente
- `dragDelegate` für das `UITableViewDragDelegate`-Protokoll für den Drag-Vorgang (linke Table-View)
- `dropDelegate` für das äquivalente `UITableViewDropDelegate`-Protokoll für den Drop-Vorgang (rechte Table-View)

Die dazugehörigen Methoden werden als Erweiterungen des View-Controllers implementiert.

```
class ViewController: UIViewController { // Fortsetzung
  override func viewDidLoad() {
    super.viewDidLoad()
    // linke Tabelle: Datenquelle, Drag erlauben
    tblMenu.dataSource = self
    tblMenu.register(UITableViewCell.self,
                     forCellReuseIdentifier: "cell")
    tblMenu.dragInteractionEnabled = true  // gilt standardmäßig
    tblMenu.dragDelegate = self
    // rechte Tabelle: Datenziel, Drop erlauben
    tblOrder.dataSource = self
    tblOrder.register(UITableViewCell.self,
                     forCellReuseIdentifier: "cell")
    tblOrder.dropDelegate = self
    // keine störenden Linien
    tblOrder.tableFooterView = UIView(frame: CGRect.zero)
  }
}

// Table-Views mit Daten befüllen
extension ViewController : UITableViewDataSource {
  // Anzahl der Elemente je Table-View
  func tableView(_ tableView: UITableView,
                 numberOfRowsInSection section: Int) -> Int
  {
    if tableView == tblMenu {
      return menu.count
    } else {
      return order.count
    }
  }
  // Zellen für die Table-Views zur Verfügung stellen
  func tableView(_ tableView: UITableView,
                 cellForRowAt indexPath: IndexPath)
    -> UITableViewCell
  {
    let cell = tableView.dequeueReusableCell(withIdentifier: "cell")!
    if tableView == tblMenu {
      cell.textLabel!.text = menu[indexPath.row]
    } else {
      cell.textLabel!.text = order[indexPath.row]
    }
    return cell
  }
}
```

Drag initiieren

Damit in der linken Table-View ein Drag-Vorgang beginnen kann, müssen Sie die Methode `tableView(_:itemsForBeginning:at:)` des `UITableViewDragDelegate`-Protokolls implementieren. Dazu verpacken Sie einfach das ausgewählte Element (Parameter `indexPath`) zuerst in einen `NSItemProvider` und diesen dann in ein `UIDragItem`.

Beachten Sie, dass Sie die Zeichenkette als `NSString` übergeben müssen, weil die Init-Funktion des `NSItemProvider`-Objekts nur mit Objekten, nicht aber mit Swift-Strukturen wie `String` zurechtkommt. Da das Drag-Protokoll nur für die linke Table-View aktiv ist, können Sie auf die Auswertung des `tableView`-Parameters verzichten. Dieser Parameter gibt die Quelle des Drag-Vorgangs an und ist dann entscheidend, wenn in Ihrer App mehrere Table-Views einen Drag-Vorgang unterstützen und daher infrage kommen.

Die Implementierung der zweiten Methode `tableView(_:itemsForAddingTo:at:)` ist optional. Sie erlaubt es, einem bereits gestarteten Drag-and-Drop-Vorgang weitere Elemente hinzuzufügen. Der eigentliche Code ist exakt der gleiche wie bei der ersten Methode:

```
// Drag-Methode (für die linke Table-View)
extension ViewController : UITableViewDragDelegate {

  // ersten Listeneintrag übergeben
  func tableView(_ tableView: UITableView,
                 itemsForBeginning session: UIDragSession,
                 at indexPath: IndexPath)
    -> [UIDragItem]
  {
    let item = NSItemProvider(object: menu[indexPath.row] as NSString)
    return [ UIDragItem(itemProvider: item) ]
  }

  // weitere Einträge hinzufügen
  func tableView(_ tableView: UITableView,
                 itemsForAddingTo session: UIDragSession,
                 at indexPath: IndexPath, point: CGPoint)
    -> [UIDragItem]
  {
    let item = NSItemProvider(object: menu[indexPath.row] as NSString)
    return [ UIDragItem(itemProvider: item) ]
  }
}
```

Drop-Ereignis verarbeiten

Am aufwendigsten in diesem Beispiel sind die Methoden des `UITableViewDropDelegate`-Protokolls. Bevor überhaupt ein Drop-Vorgang zustande kommen kann, werden Sie in der

Methode `tableView(_:dropSessionDidUpdate:withDestinationIndexPath)` darüber informiert, dass ein Drag-Vorgang über dem betroffenen Steuerelement stattfindet. Diese Methode wird immer wieder aufgerufen, und Sie müssen möglichst rasch angeben, ob und wie Sie einen Drop-Vorgang akzeptieren würden.

In der im Folgenden abgedruckten Methode ist das nur dann der Fall, wenn es sich um Textdaten handelt und wenn die Daten aus der eigenen App stammen (nicht von einer fremden App). Für diesen Fall gibt die Methode Bescheid, dass sie die Daten kopieren und am Zielort einfügen würde. Diese Informationen sind insofern wichtig, als iOS dann während des Drag-Vorgangs passende Animationen darstellen kann und z. B. vorhandene Listenelemente nach unten verschiebt.

```
// Beispiel ios-table-drag-drop, Datei ViewController.swift
extension ViewController : UITableViewDropDelegate {

  // es werden Daten angeboten
  func tableView(_ tableView: UITableView,
                 dropSessionDidUpdate session: UIDropSession,
                 withDestinationIndexPath destinationIndexPath:
                   IndexPath?)
    -> UITableViewDropProposal
  {
    // das Programm unterstützt nur Text-Copy innerhalb der App
    if !session.hasItemsConforming(toTypeIdentifiers: [typeText]) ||
        session.localDragSession == nil
    {
      return UITableViewDropProposal(operation: .cancel)
    } else {
      return UITableViewDropProposal(operation: .copy,
                                     intent: .insertAtDestinationIndexPath)
    }
  }
```

Die Methode `tableView(_:performDropWith:)` wird aufgerufen, nachdem der Drop-Vorgang stattgefunden hat. Die Methode ist der einzige Ort, an dem Sie mit der `loadObjects`-Methode Zugriff auf die Drag-and-Drop-Daten bekommen. In der Regel wollen Sie die Daten genau dort in die Liste einfügen, wo der Benutzer sie losgelassen hat. Dieser Ort geht aus der Eigenschaft `destinationIndexPath` des `UITableViewDropCoordinators` hervor. Nur wenn die Eigenschaft `nil` enthält, müssen Sie den Ort selbst festlegen. Zumeist ist dann das Ende der Liste der beste Ort.

`loadObjects` übergibt die Daten des gewünschten Typs als Array an eine Closure, die asynchron ausgeführt wird. In der Closure stellt `guard` sicher, dass die Daten tatsächlich als `String`-Array vorliegen. In diesem Array sind die Namen der per Drag & Drop kopierten Gerichte enthalten.

In einer Schleife über diese Zeichenketten fügen Sie diese einerseits an der richtigen Stelle in das Array `order` ein; andererseits bereiten Sie das Array `insertions` vor. Es gibt in Form mehrerer `IndexPath`-Objekte an, welche Elemente der Table-View hinzugefügt werden.

Nach dem Ende der Schleife fordern Sie iOS mit `insertRows` auf, die Table-View neu zu zeichnen. (Der Methodenname ist etwas irreführend. Die Daten haben Sie ja mit `order.insert(...)` schon eingefügt. Es geht hier nur darum, dass die Table-View diese Datenänderung nachvollzieht.)

```
  // Drop hat stattgefunden: verarbeiten
  func tableView(_ tableView: UITableView,
                 performDropWith coordinator:
    UITableViewDropCoordinator)
  {
    // Wo innerhalb der Liste ist das Drop-Ziel?
    let insertPos: Int
    if let path = coordinator.destinationIndexPath {
      insertPos = path.row
    } else {
      insertPos = tableView.numberOfRows(inSection: 0)
    }

    coordinator.session.loadObjects(ofClass: NSString.self) { items in
      // Closure, wird asynchron ausgeführt

      // items muss ein String-Array sein, sonst stimmt etwas nicht
      guard let strings = items as? [String] else { return }

      // an diesen Stellen kommen neue Elemente in die Zieltabelle
      var insertions = [IndexPath]()

      // Schleife über alle Zeichenketten
      for (index, s) in strings.enumerated() {
        self.order.insert(s, at: insertPos + index)
        insertions.append(IndexPath(row: insertPos + index,
                                    section: 0))
      }

      // geänderte Elemente in der Table-View neu zeichnen
      self.tblOrder.insertRows(at: insertions, with: .automatic)

    } // Ende Closure
  }   // Ende func
}     // Ende extension
```

Sie könnten die obige Methode in einem Punkt vereinfachen und sich die Zusammenstellung der `IndexPath`-Objekte im Array `insertions` sparen. In diesem Fall müssten Sie zum Schluss anstelle von `insertRows` die folgende Methode ausführen:

```
self.tblOrder.reloadData()
```

Damit fordern Sie iOS auf, die Table-View neu zu zeichnen, geben aber keine Informationen an, welche Elemente sich geändert haben. Das Neuzeichnen ist dann aber weniger effizient und kann nicht so elegant animiert werden.

Kapitel 27
Audio, Video und Fotos

Dieses Kapitel beschäftigt sich mit diversen Multimedia-Funktionen, die in unterschiedlicher Ausprägung unter macOS, iOS und tvOS zur Verfügung stehen. Der Schwerpunkt des Kapitels liegt aber bei iOS. Im Detail verrate ich Ihnen in diesem Kapitel, wie Sie folgende Aufgaben lösen können:

- Audiodateien abspielen und über das Mikrofon aufnehmen
- Videos (auch solche von YouTube) abspielen und mit der Kamera aufnehmen
- Fotos aus der Mediathek auswählen und neue Fotos mit der Kamera aufnehmen
- Barcodes erkennen

Das Kapitel ist deswegen relativ umfangreich, weil sich die meisten der aufgezählten Aufgaben auf unterschiedliche Art und Weise realisieren lassen. Mit dem geringsten Programmieraufwand kommen Sie ans Ziel, wenn Sie auf Standardfunktionen und -dialoge von iOS bzw. tvOS zurückgreifen. Dann haben Sie allerdings wenig Kontrolle über die Gestaltung der Benutzeroberfläche.

Die optisch ansprechende Integration der Multimedia-Funktionen in eine eigene App erfordert eine zum Teil recht intensive Beschäftigung mit zahllosen `AVXxx`-Klassen, deren Namen oft verwirrend ähnlich klingen und deren Zusammenwirken sich nur nach ausführlichem Studium der Dokumentation erschließt.

Erschwerend kommt hinzu, dass die AVFoundation-Bibliothek, in der die meisten Klassen enthalten sind, die ich in diesem Kapitel vorstelle, offensichtlich vor Swift konzipiert wurde und seither nicht wirklich an Swift angepasst wurde. Oft müssen Parameter in Form von `AVXxx`-Konstanten übergeben werden, und auch davon abgesehen wirkt der resultierende Code oft äußerst umständlich und *unswifty*.

27.1 Audiowiedergabe mit dem AVAudioPlayer

Die Wiedergabe von Audiodateien war historisch gesehen schon auf Macs und iPods erforderlich, bevor es das erste iPhone gab. Im Laufe der Zeit hat sich der Zugang zu den Musikdateien gewandelt: von MP3-Dateien, die über iTunes auf das jeweilige Gerät übertragen wurden, bis hin zum Immer-online-Zeitalter, in dem die Musik aus dem Internet heruntergeladen oder gestreamt wird (Internetradios).

Gleichzeitig sind Audiofunktionen auch notwendig, um Systemklänge abzuspielen oder um Spiele mit einer Geräuschkulisse auszustatten. Schließlich bieten sowohl macOS als auch iOS eine Menge Funktionen, die Klänge bzw. Audiodateien erzeugen, verändern, mischen und recodieren.

Bibliotheks- und Klassen-Überblick

Die vielen unterschiedlichen Anforderungen und der sich wandelnde technische Zugang haben dazu geführt, dass es sowohl unter macOS als auch unter iOS eine verwirrende Anzahl oft ähnlich konzipierter Bibliotheken und Klassen gibt. Zum Abspielen, Aufnehmen und Verarbeiten von Audiodateien können Sie je nach Plattform (siehe Tabelle 27.1) unter anderem auf die folgenden Bibliotheken zurückgreifen:

- Die Core-Audio-Bibliothek enthält Low-Level-Audio-Funktionen, auf die ich in diesem Buch allerdings nicht eingehe.
- Die AudioToolbox-Bibliothek enthält Klassen zur Verarbeitung und Recodierung von Audiodaten und -Streams.
- Die AVFoundation-Bibliothek ist in vielen Fällen die erste Wahl, wenn es darum geht, Audiodateien oder -Streams in einer App mit eigener Benutzeroberfläche abzuspielen.
- Die AVKit-Bibliothek enthält die Klassen `AVPlayerViewController` (iOS/tvOS) bzw. `AVPlayerView` (macOS). Diese Klassen ermöglichen es mit wenigen Zeilen Code, Audiodateien oder Videos in einer vorgefertigten Benutzeroberfläche abzuspielen. Das ist einerseits bequem, schränkt aber andererseits Ihren Spielraum bei der optischen Gestaltung der App stark ein.
- Die MediaPlayer-Bibliothek gibt Ihnen Zugang zu Audiodateien, die Sie über iTunes erworben bzw. synchronisiert haben, und ist insofern von sinkender Bedeutung. Die `MPMusicPlayerController`-Klasse bietet einen fertigen Player für derartige Audiodateien. Weitere Klassen dieser Bibliothek helfen aber auch bei universelleren Aufgaben, z. B. bei der Einstellung der Systemlautstärke.

Bibliothek	iOS	tvOS	watchOS	macOS
`AudioToolbox`	•	•		•
`AVFoundation`	•	•	•	•
`AVKit`	•	•		•
`CoreAudio`	•	•	•	•
`MediaPlayer`	•	•		•

Tabelle 27.1 Wichtige Audio-Bibliotheken

Für nahezu jede Audioaufgabe gibt es mehrere Lösungswege, und es ist nicht immer leicht zu entscheiden, welcher Weg der optimale ist. In diesem Kapitel beschränke ich mich darauf, Ihnen die populärsten Klassen zum Abspielen und Aufnehmen von Audiodateien bzw. -Streams vorzustellen. In diesem Abschnitt konzentriere ich mich nach der Einführung auf die `AVAudioPlayer`-Klasse aus der AVFoundation-Bibliothek. In den folgenden Abschnitten lernen Sie dann den `AVPlayer`, den `AVPlayerViewController` und den `AVAudioRecorder` kennen.

Audioformate

Die vorhin aufgezählten Bibliotheken kommen mit den meisten gängigen Audioformaten zurecht und können unter anderem AAC-, MP3-, MP4-, WAV- und CAF-Dateien abspielen. Die Formate AAC und HE-AAC (zwei MPEG-4-Varianten), ALAC (Apple Lossless) und MP3 werden besonders effizient durch Hardware decodiert. Allerdings ist es unmöglich, mehrere derartige Audiodateien parallel abzuspielen. Bei WAV-Dateien ist das erlaubt, was vor allem in Spielen wichtig ist, wo sich häufig mehrere Geräusche überlagern.

Um Audiodateien von einem Format in ein anderes umzuwandeln, können Sie unter macOS im Terminal das Kommando `afconvert` verwenden. Beispielsweise erzeugt das folgende Kommando aus einer WAV-Datei eine wesentlich kleinere MP4-Datei:

```
afconvert -f m4af  piano.wav piano.m4a
```

Einen guten Überblick über die Anwendung von `afconvert` gibt diese Webseite:

https://alvinalexander.com/mac-os-x/convert-caf-sound-file-aif-aiff-mp3-format

Natürlich gibt es im Internet unzählige weitere Converter, sowohl zur Anwendung im Terminal (`ffmpeg` oder `avconv`) als auch mit grafischer Benutzeroberfläche.

Kostenlose Audiodateien finden Sie z. B. auf der Website *https://freesound.org*. Achten Sie aber unbedingt auf die Lizenz der jeweiligen Datei! Viele Audiodateien verwenden die *CC Attribution License*. Sie müssen in Ihrer App also die Quelle angeben. Bei manchen Audiodateien ist zudem die kommerzielle Verwendung verboten.

Audiodateien mit einem AVAudioPlayer abspielen

Die `AVAudioPlayer`-Klasse bietet in der Regel den einfachsten Weg, mit Ihrer App mitgelieferte oder später aus dem Internet heruntergeladene Audiodateien abzuspielen. Um eine Bundle-Datei abzuspielen, richten Sie z. B. in `viewDidLoad` ein `AVAudioPlayer`-Objekt ein und bereiten mit `prepareToPlay` die spätere Wiedergabe vor. Zum Abspielen verwenden Sie die `play`-Methode. Die Audiowiedergabe erfolgt asynchron, d. h., `play` gibt die Kontrolle sofort an Ihr Programm zurück. Bei Bedarf können Sie die Wiedergabe mit `stop` pausieren lassen.

`play` funktioniert auch ohne die vorherige Ausführung von `prepareToPlay`. Allerdings kommt es dann beim ersten Mal zu einer kleinen Verzögerung, was insbesondere in Spielen nicht wünschenswert ist.

```
// Projekt ios-avaudioplayer, Datei ViewController.swift
import AVFoundation
class ViewController: UIViewController {
  var ap: AVAudioPlayer?  // wird in viewDidLoad initialisiert

  override func viewDidLoad() {
    super.viewDidLoad()
    // Audio-Player vorbereiten
    if let path = Bundle.main.path(forResource: "piano", ofType: "mp3")
    {
      let url = URL(fileURLWithPath: path)
      ap = try? AVAudioPlayer(contentsOf: url, fileTypeHint: nil)
      ap?.prepareToPlay()
      ap?.setVolume(volumeSlider.value, fadeDuration: 0.1)
    }
  }

  // Audio-Player starten und stoppen
  @IBAction func playPiano(_ sender: AnyObject) { ap?.play() }
  @IBAction func stopPiano(_ sender: AnyObject) { ap?.stop() }
}
```

`play` beendet die Wiedergabe normalerweise nach dem Abspielen – außer Sie stellen vorher mit `numberOfLoops` mehrere Durchläufe ein. Mit `numberOfLoops = -1` spielt die App die Musik endlos ab, solange die App im Vordergrund ist.

`stop` pausiert die Wiedergabe. Wenn Sie anschließend wieder `play` ausführen, wird die Wiedergabe fortgesetzt, nicht neu gestartet. Einen Start vom Beginn an erreichen Sie, wenn Sie vor `play` die Eigenschaft `currentTime` auf 0 setzen. `currentTime` erwartet eine Zeitangabe in Sekunden als Double-Zahl.

```
ap?.currentTime = 0 // Wiedergabe beim Beginn des Stücks starten
ap?.play()
```

SpriteKit-Actions

In SpriteKit-Apps können Sie zum Abspielen von Audiodateien auch Actions verwenden. Ein Beispiel finden Sie in Abschnitt 44.4, »Initialisierung des Spiels (GameScene)«, wo die Sound-Kulisse für das Spiel »Asteroids« vorbereitet wird.

Andere Audiodatei abspielen

Der `AVAudioPlayer` ist nur zum Abspielen *einer* Audiodatei gedacht. Um eine weitere Datei abzuspielen, erzeugen Sie einen neuen `AVAudioPlayer`.

Lautstärke einstellen

Mit der Methode `setVolume` des `AVAudioPlayer`-Objekts können Sie die Lautstärke der Wiedergabe ändern. Der Parameter `fadeDuration` steuert dabei, wie schnell die Lautstärke verändert wird (`0`: sofort).

```
ap?.setVolume(0.5, fadeDuration: 0.1)  // relative Lautstärke 50 %
```

`setVolume` gilt allerdings nur relativ zur Systemlautstärke. Um die Lautstärke des ganzen Geräts zu ändern, benötigen Sie ein `MPVolumeView`-Objekt aus der MediaPlayer-Bibliothek. Es ist für die Lautstärkeregelung gedacht. Eine Schleife durchläuft nun alle Views des Lautstärkereglers. Sobald das `UISlider`-Objekt gefunden ist, kann seine Methode `setValue` aufgerufen werden.

Ob der Parameter `animated` auf `true` oder `false` gesetzt wird, hat bei meinen Tests keine Rolle gespielt: Das iOS-Lautstärke-Icon wird auf jeden Fall kurz eingeblendet. Davon abgesehen, funktioniert die Vorgehensweise unter iOS wunderbar.

```
// Projekt ios-avaudioplayer, Datei ViewController.swift
import MediaPlayer
func setSystemVolume(volume: Float) {  // von 0 bis 1
  // Quelle: https://stackoverflow.com/questions/10286744
  let volumeView = MPVolumeView()
  for view in volumeView.subviews {
    if NSStringFromClass(view.classForCoder) == "MPVolumeSlider" {
      let slider = view as! UISlider
      slider.setValue(volume, animated: false)
    }
  }
}
```

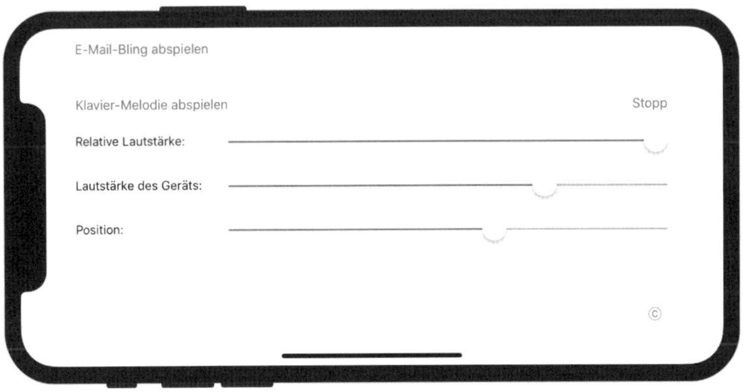

Abbildung 27.1 Die Beispiel-App mit zwei Lautstärkereglern und einem weiteren Slider für die Abspielposition

Im Beispielprogramm zu diesem Abschnitt (siehe Abbildung 27.1) wird `setSystemVolume` von einer Action-Methode aufgerufen, sobald der entsprechende Slider verschoben wird. Bei meinen Tests stürzte die App dabei im Simulator ab, während der Code auf einem richtigen iPhone problemlos funktionierte.

```
@IBAction func changeDeviceVolume(_ sender: AnyObject) {
  setSystemVolume(volume: mainVolumeSlider.value)
}
```

Abspielposition steuern

Beim Abspielen längerer Audiodateien sollten Sie Ihren Hörern Feedback darüber geben, wie weit das Musikstück abgespielt wurde, und ihnen die Möglichkeit geben, diese Position zu steuern. Dazu können Sie in Ihrer App z. B. einen Slider vorsehen. Ich gehe im folgenden Beispiel davon aus, dass Sie den Slider-Wertebereich unverändert belassen (also von 0 bis 1).

Bei einer Veränderung des Sliders durch den Hörer passen Sie die Abspielposition des Audio-Players entsprechend an (`currentTime`-Eigenschaft, Methode `changePosition`). Damit umgekehrt die Slider-Position regelmäßig vorrückt, während ein Stück abgespielt wird, richten Sie einen `Timer` ein, der einmal pro Sekunde die Methode `updatePositionSlider` aufruft.

```
// Projekt ios-avaudioplayer, Datei ViewController.swift
class ViewController: UIViewController {
  // restlicher Code wie bisher
  @IBOutlet weak var positionSlider: UISlider! // Outlet für Slider

  override func viewDidLoad() {
    ...
    Timer.scheduledTimer(  // Abspielposition regelmäßig aktualisieren
      timeInterval: 1,
      target: self,
      selector: #selector(ViewController.updatePositionSlider),
      userInfo: nil,
      repeats: true)
  }
  // wird bei Slider-Veränderung aufgerufen
  @IBAction func changePosition(_ sender: AnyObject) {
    if ap == nil { return }
    ap!.currentTime = ap!.duration * Double(positionSlider.value)
  }
  // Slider-Position einmal pro Sekunde anpassen
  @objc func updatePositionSlider() {
    if ap == nil { return }
    positionSlider.value = Float(ap!.currentTime) / Float(ap!.duration)
  }
}
```

Audiodateien im Hintergrund spielen

Ohne zusätzliche Vorbereitungsarbeiten endet die Audiowiedergabe beim Verlassen der App. Wenn Sie möchten, dass die Musik im Hintergrund und sogar nach dem Ausschalten des iPhones weiterläuft, müssen Sie zwei Dinge tun:

- Bevor Sie mit der Wiedergabe beginnen, müssen Sie Ihre App als *Playback Session* einrichten. Das bedeutet, dass die Wiedergabe von Musik die zentrale Funktion Ihrer App ist und dass sie auch im Hintergrund fortgesetzt werden soll. Dazu sind drei Zeilen Code notwendig, die Sie mit `do/try/catch` absichern müssen. Üblicherweise führen Sie diesen Code beim Start der App aus, z. B. in einer geeigneten `AppDelegate`-Methode oder in `viewDidLoad`.

```
do {
  let session = AVAudioSession.sharedInstance()
  try session.setCategory(AVAudioSessionCategoryPlayback)
  try session.setActive(true)
} catch { ... }
```

- Sie müssen Ihre App als Hintergrund-App kennzeichnen (siehe Abbildung 27.2).

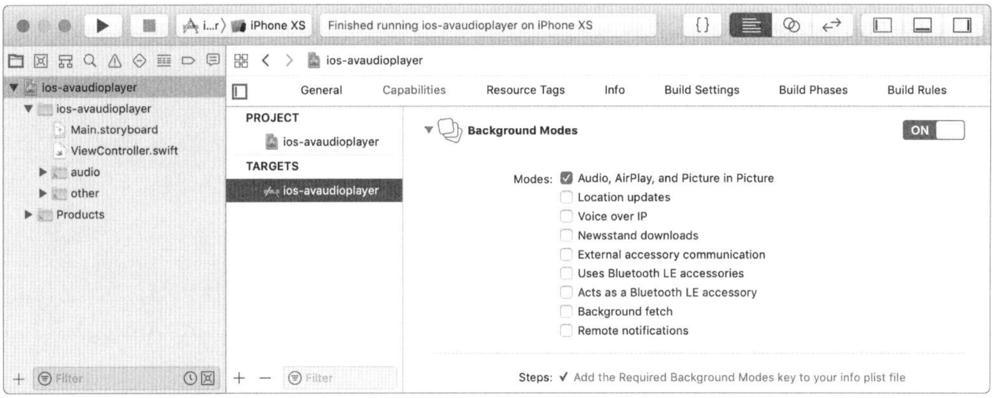

Abbildung 27.2 Die App soll auch im Hintergrund Audiodateien abspielen.

Wenn Sie Ihre App nun probeweise starten und eine Audiodatei abspielen, dann wird die Wiedergabe auch im Hintergrund fortgesetzt.

Control-Center-Integration

Damit das Control Center den Namen des Musikstücks und ein dazu passendes Bild anzeigt und eine Abspielsteuerung ermöglicht (siehe Abbildung 27.3), müssen Sie zwei Dinge tun:

- Zum einen übergeben Sie an ein `MPNowPlayingInfoCenter`-Objekt Informationen über das gerade abgespielte Musikstück – also den Namen, die Länge, ein Bild des Covers etc.
- Zum anderen verändern Sie einige Eigenschaften des `MPRemoteCommandCenter`-Objekts, damit beim Anklicken der Buttons eigene Methoden aufgerufen werden.

Beachten Sie, dass das Control Center im iOS-Simulator nicht zur Verfügung steht. Sie müssen Ihre Tests also mit einem richtigen Gerät durchführen.

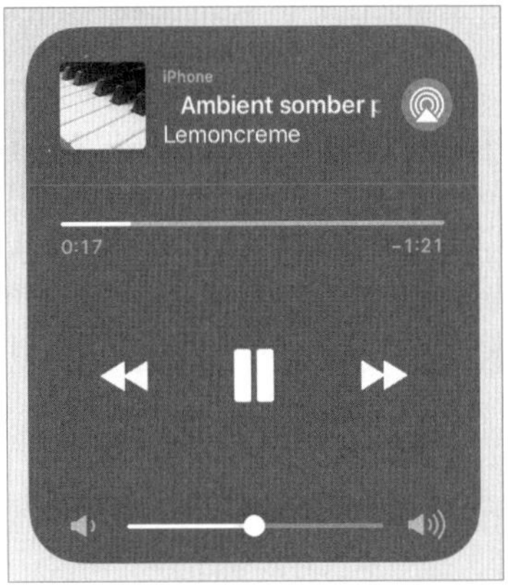

Abbildung 27.3 Audiosteuerung im Control Center

Es ist zweckmäßig, auf Klassenebene zwei Variablen einzurichten, damit Sie unkompliziert auf die bereits vorhandenen Defaultinstanzen dieser beiden Klassen zugreifen können:

```
class ViewController: UIViewController {
  ...
  let ic = MPNowPlayingInfoCenter.default()
  let rcc = MPRemoteCommandCenter.shared()
  ...
}
```

Die erforderlichen Initialisierungsarbeiten habe ich in die Methode `initControlCenter` ausgelagert, die von der bereits bekannten Methode `playPiano` aufgerufen wird. Analog wird in `stopPiano` die neue Methode `clearControlCenter` aufgerufen:

```
@IBAction func playPiano(_ sender: AnyObject) {
  // wie bisher ...
  initControlCenter()
}
@IBAction func stopPiano(_ sender: AnyObject) {
  // wie bisher ...
  clearControlCenter()
}
```

`initControlCenter` stellt die Daten zum gerade abgespielten Stück in einem Dictionary zusammen. Dabei verwendet der Code als Schlüssel vordefinierte `MPxxx`-Zeichenketten. Das Bild kann nicht einfach als `UIImage` übergeben werden, sondern muss umständlich über eine Closure in ein `MPMediaItemArtWork` verpackt werden. Mit dem Dictionary stellen Sie schließlich die `nowPlayingInfo`-Eigenschaft des `MPNowPlayingInfoCenter`-Objekts neu ein.

Damit Ihr Programm korrekt auf die Buttons reagiert, aktivieren Sie die betreffenden Buttons mit `isEnabled = true` und richten mit `addTarget` jeweils eigene Methoden ein.

```
func initControlCenter() {
  // Cover-Bild für Control Center
  let mpArt =
    MPMediaItemArtwork(boundsSize: CGSize(width: 256, height: 256)) {
      _ in return UIImage(named: "piano")!
  }

  // im Control Center Titelinfo und Bild anzeigen
  let info: [String: Any] = [
    MPMediaItemPropertyTitle: "Ambient somber piano music",
    MPMediaItemPropertyArtist: "Lemoncreme",
    MPMediaItemPropertyArtwork: mpArt,
    MPNowPlayingInfoPropertyPlaybackRate: NSNumber(value: 1),
    MPMediaItemPropertyPlaybackDuration:
      NSNumber(value: ap!.duration)
  ]
  ic.nowPlayingInfo = info            // ic: MPNowPlayingInfoCenter
  // Reaktion auf Buttons im Control Center
  rcc.pauseCommand.isEnabled = true  // rcc: MPRemoteCommandCenter
  rcc.pauseCommand.addTarget(self, action: #selector(self.rccPause))
  rcc.playCommand.isEnabled = true
  rcc.playCommand.addTarget(self, action: #selector(self.rccPlay))
  rcc.nextTrackCommand.isEnabled = true
  rcc.nextTrackCommand.addTarget(self,
                                 action: #selector(self.rccPrevNext))
  rcc.previousTrackCommand.isEnabled = true
  rcc.previousTrackCommand.addTarget(self,
                                  action: #selector(self.rccPrevNext))
}
```

`clearControlCenter` löscht die Playing-Informationen und deaktiviert alle Buttons, zu denen eigene Methoden eingerichtet wurden:

```
func clearControlCenter() {
  ic.nowPlayingInfo = [:]
  rcc.pauseCommand.isEnabled = false
  rcc.playCommand.isEnabled = false
  rcc.nextTrackCommand.isEnabled = false
  rcc.previousTrackCommand.isEnabled = false
}
```

Jetzt ist noch der Code der `rccXxx`-Methoden ausständig. Diese Methoden werden ausgeführt, sobald Benutzer Ihres Programms im Control Center die Buttons PLAY, PAUSE usw.

berühren. Die Methoden haben jeweils zwei Aufgaben: Zum einen fordern sie den Audio-Player auf, die Wiedergabe zu pausieren, fortzusetzen oder am Anfang des Stücks neu zu starten (bei PREVIOUS und NEXT). Zum anderen müssen auch die Daten des `MPNowPlayingInfoCenters` entsprechend aktualisiert werden. Da hierfür dreimal derselbe Code erforderlich ist, habe ich ihn in die Methode `updatePlayingInfo` ausgelagert:

```
@objc func rccPause() {      // Pause/Play-Buttons
  if ap == nil { return }
  ap!.pause()
  updatePlayingInfo(current: ap!.currentTime, rate: 0)
}
@objc func rccPlay() {
  if ap == nil { return }
  ap!.play()
  updatePlayingInfo(current: ap!.currentTime, rate: 1)
}
@objc func rccPrevNext() {  // Previous/Next-Buttons: neu starten
  if ap == nil { return }
  ap!.currentTime = 0
  ap!.play()
  updatePlayingInfo(current: ap!.currentTime, rate: 1)
}
// PlayingInfo aktualisieren
func updatePlayingInfo(current: Double, rate: Double) {
  if var d = ic.nowPlayingInfo {
    d[MPNowPlayingInfoPropertyPlaybackRate] = rate
    d[MPNowPlayingInfoPropertyElapsedPlaybackTime] = current
    ic.nowPlayingInfo = d
  }
}
```

Abschließend noch einige Anmerkungen zum Umgang mit den leider recht unübersichtlich dokumentierten Klassen `MPNowPlayingInfoCenter` und `MPRemoteCommandCenter`: Sie haben keine unmittelbare Kontrolle darüber, welche Buttons im Control Center angezeigt werden. Abhängig davon, welche `xxxCommand`-Eigenschaften des `MPRemoteCommandCenter`-Objekts Sie einstellen, entscheidet iOS selbstständig, welche Icons der Benutzer zu sehen bekommt.

Das Control Center zeigt an, wie weit die Wiedergabe des Musikstücks fortgeschritten ist. Es ist aber nicht notwendig, die `MPNowPlayingInfoPropertyElapsedPlaybackTime`-Information ständig zu aktualisieren – das erledigt iOS selbst.

Sie müssen aber daran denken, jedes Mal die Abspielgeschwindigkeit und die Position zu aktualisieren, wenn Sie selbst auf diese Parameter Einfluss nehmen. Das ist nicht nur in den obigen Methoden für PAUSE, PLAY, NEXT und PREVIOUS der Fall, sondern ist auch erforderlich, wenn der Benutzer im Stück vor- und zurückspringt. Daher muss auch die schon vorhandene Methode `changePosition` erweitert werden:

```
@IBAction func changePosition(_ sender: AnyObject) {
  // wie bisher ...
  updatePlayingInfo(current: ap!.currentTime, rate: 1)
}
```

Noch ein MPRemoteCommandCenter-Beispiel

Apple hat ein wesentlich umfangreicheres Beispiel zum Umgang mit der MPRemoteCommand-Center-Klasse zusammengestellt. Es geht auf diverse weitere Sonderfälle ein. Allerdings ist der Code über viele Dateien verteilt und recht unübersichtlich. Sie finden den Beispielcode samt Dokumentation hier:

https://developer.apple.com/library/content/samplecode/MPRemoteCommandSample

Systemklänge abspielen

Zum Abspielen von Systemklängen benötigen Sie gar keinen Audio-Player. Vielmehr spielt die Funktion AudioServicesPlaySystemSound einen der vorgegebenen Systemklänge ab. Die Wiedergabe erfolgt im Hintergrund, die Funktion wird also asynchron verarbeitet. Wenn Ihre App die folgende Anweisung ausführt, dann ertönt der Klang »Neue E-Mail«:

```
AudioServicesPlaySystemSound(1000)
```

Eine Referenz mit den IDs aller derartigen Klänge finden Sie auf der folgenden Webseite:

https://iphonedevwiki.net/index.php/AudioServices

Für manche Systemklänge gibt es kSystemSoundID-Konstanten, die z. B. das Gerät vibrieren lassen:

```
AudioServicesPlaySystemSound(kSystemSoundID_Vibrate)
```

Beachten Sie, dass Sie den Klang auf einem iPhone nicht hören, wenn das Gerät auf LAUTLOS gestellt ist! Wenn Sie den Vibrationsalarm aktiviert haben, vibriert das Gerät aber. Als Entwickler(in) haben Sie keine Kontrolle über die Lautstärke, mit der der Klang abgespielt wird.

27.2 Audiowiedergabe mit dem AVPlayer

Der AVPlayer ist eine Alternative zu dem im vorigen Abschnitt beschriebenen AVAudioPlayer. Der Hauptvorteil des AVPlayers besteht darin, dass er gut mit Audio-Streams zurechtkommt und als Internetradio-Empfänger taugt. Ärgerlich ist aber, dass sich die Programmierschnittstelle in vielen Details vom AVAudioPlayer unterscheidet – und das, obwohl der AVPlayer wie auch der AVAudioPlayer Teil derselben AVFoundation-Bibliothek sind.

AVItems und AVAssets

An den AVPlayer übergeben Sie nicht direkt die Adresse der Datei oder des Streams, den Sie abspielen möchten, sondern ein AVItem-Objekt, das wiederum aus einem AVAsset-Objekt gebildet wird. Mit der Methode replaceCurrentItem ersetzen Sie das aktuelle Item durch ein neues. play startet wie üblich die Wiedergabe. Die folgenden Zeilen zeigen die Vorgehensweise für eine mit der App mitgelieferte Bundle-Datei:

```
// Projekt ios-avplayer, Datei ViewController.swift
class ViewController: UIViewController {
  let avPlayer = AVPlayer()

  @IBAction func playLocal(_ sender: AnyObject) {
    let path = Bundle.main.path(forResource: "piano", ofType: "mp3")!
    let ava = AVAsset(url: URL(fileURLWithPath: path))
    let avItem = AVPlayerItem(asset: ava)
    avPlayer.replaceCurrentItem(with: avItem)
    avPlayer.play()
  }
}
```

Der Code zum Abspielen eines Audio-Streams, bei diesem Beispiel vom österreichischen Radio-Sender FM4, sieht ganz ähnlich aus. Vergessen Sie nicht, dass Sie in Info.plist eine Ausnahmeregel für die *App Transport Security* einrichten müssen (siehe Abschnitt 22.1, »Dateien per HTTP/HTTPS laden«)!

```
@IBAction func playRadio(_ sender: AnyObject) {
  let url = URL(string:
    "http://mp3stream1.apasf.apa.at:8000/listen.pls")!
  let ava = AVAsset(url: url)
  let avItem = AVPlayerItem(asset: ava)
  avPlayer.replaceCurrentItem(with: avItem)
  avPlayer.play()
}
```

AVPlayer steuern

Mit pause halten Sie den Abspielvorgang an. Die vom AVAudioPlayer bekannte Eigenschaft currentTime gibt es zwar auch beim AVPlayer, sie liefert allerdings ein CMTime-Element, das mit CMTimeGetSeconds recht umständlich in eine Zahl umgewandelt werden muss. Die Eigenschaft isPlaying fehlt. Mit dem folgenden Test stellen Sie fest, ob der Audio-Player gerade aktiv ist:

```
if avPlayer.rate != 0.0 && avPlayer.error == nil {
  let time = CMTimeGetSeconds(avPlayer.currentTime())
  statusLbl.text = "playing \(time)"
} else {
```

```
  statusLbl.text = "not playing"
}
```

Anstatt diesen Test regelmäßig durchzuführen (z. B. durch einen Timer), können Sie sich auch vom Notification Center informieren lassen, wenn die Wiedergabe stoppt. In der `Notification.Name`-Struktur sind weitere `AVPlayerXxx`-Zeichenketten für andere Ereignisse definiert:

```
NotificationCenter.default.addObserver(self,
  selector: #selector(ViewController.playerHasStopped),
  name: .AVPlayerItemDidPlayToEndTime,
  object: nil)
```

Die beiden folgenden Methoden zeigen, wie Sie bei der Wiedergabe um 10 Sekunden vor- oder zurückspringen können. Beim Abspielen eines Streams ist ein Sprung in die Zukunft naturgemäß nicht möglich. Sie können aber z. B. zuerst 10 Sekunden zurück- und dann wieder 10 Sekunden vorspringen. Abermals sind es die erforderlichen Umrechnungen zwischen `CMTime` und gewöhnlichen Fließkommazahlen, die die Angelegenheit umständlicher als nötig machen. Die Methode `CMTimeMakeWithSeconds` erwartet im zweiten Parameter einen ganzzahligen Skalierungsfaktor, dessen Sinn allein Apple versteht. Verwenden Sie `1`!

```
@IBAction func forwards(_ sender: AnyObject) {
  let time = avPlayer.currentTime()
  let tensecs = CMTimeMakeWithSeconds(10, preferredTimescale: 1)
  avPlayer.seek(to: CMTimeAdd(time, tensecs))
}
@IBAction func backwards(_ sender: AnyObject) {
  let time = avPlayer.currentTime()
  let tensecs = CMTimeMakeWithSeconds(10, preferredTimescale: 1)
  avPlayer.seek(to: CMTimeSubtract(time, tensecs))
}
```

Die `rate`-Eigenschaft ermöglicht es, Audiodateien langsamer oder schneller abzuspielen. Zulässige Werte sind `0.5`, `0.67`, `0.8`, `1.25`, `1.5` und `2.0`. Musik wird dadurch stark entstellt, aber einen langsamen Vortrag können Sie so akustisch durchaus erträglich beschleunigen. Die `rate`-Eigenschaft muss *nach* der `play`-Methode eingestellt werden!

```
avPlayer.play()
avPlayer.rate = 1.5
```


27.3 Audiowiedergabe mit dem AVPlayerViewController

Wenn Sie mit minimalem Codeaufwand eine Audiodatei abspielen möchten und keinen Wert auf die eigene Gestaltung einer Benutzeroberfläche legen, dann bietet sich der Einsatz eines `AVPlayerViewController`-Objekts aus der AVKit-Bibliothek an (siehe Abbildung 27.4).

Abbildung 27.4 Der »AVPlayerViewController« mit einem eigenen Hintergrundbild

Dem View-Controller müssen Sie zuerst einen `AVPlayer` zuordnen und ihn dann mit `present` anzeigen. Der Audio-Player ersetzt damit die Oberfläche Ihrer App. Die `completion`-Closure startet schließlich die Wiedergabe. Der X-Button führt zurück in Ihre Oberfläche.

```
// Projekt ios-avplayerview, Datei ViewController.swift
import AVFoundation
import AVKit

@IBAction func play1(_ sender: AnyObject) {
  if let path = Bundle.main.path(forResource: "piano", ofType: "mp3")
  {
    let player = AVPlayer(url: URL(fileURLWithPath: path))
    let playerVC = AVPlayerViewController()
    playerVC.player = player
    self.present(playerVC, animated: true) {
      playerVC.player!.play()
    }
  }
}
```

Über `contentOverlayView` greifen Sie auf den Innenbereich des Players zu und können dort ein eigenes Hintergrundbild platzieren:

```
self.present(playerVC, animated: true) {
  playerVC.player!.play()
  let img = UIImage(named: "piano")!
  let imgView = UIImageView(image: img)
  imgView.frame = (playerVC.contentOverlayView?.bounds)!
  playerVC.contentOverlayView?.addSubview(imgView)
}
```

Das Problem bei dieser Vorgehensweise ist, dass die Positionierung des Bilds nur für die aktuelle Geräteausrichtung stimmt. Dreht der Benutzer sein iPhone jetzt in das Querformat, ist das Bild links platziert, und daneben erscheint wieder das QuickTime-Logo.

macOS

Unter macOS müssen Sie anstelle der `AVPlayerViewController`-Klasse die `AVPlayerView`-Klasse verwenden und diese selbst in einen View-Controller einbetten.

27.4 Audioaufnahmen mit dem AVAudioRecorder durchführen

Audioaufnahmen über das Mikrofon des iPhones oder eines anderen Gerätes führen Sie am einfachsten mit der `AVAudioRecorder`-Klasse durch, die im Mittelpunkt dieses Abschnitts steht. Die Vorgehensweise beschreibe ich hier anhand des Beispielprojekts `ios-avrecord`. Diese Mini-App wird über drei Buttons bedient (siehe Abbildung 27.5). Wiederholte Aufnahmen werden dabei immer überschrieben. Die letzte Aufnahme kann mit dem PLAY-Button abgespielt werden.

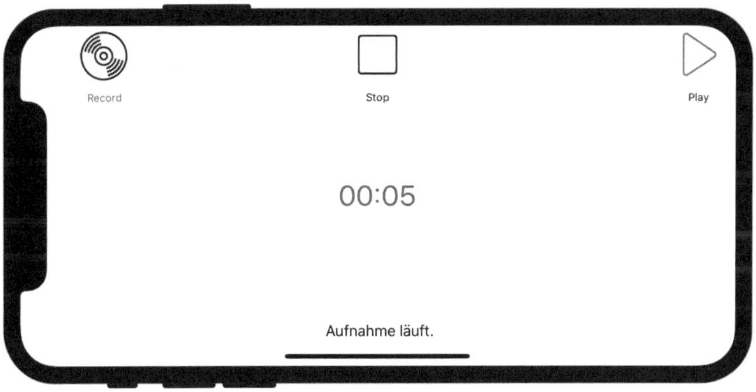

Abbildung 27.5 App zum Test von Audioaufnahmen

Der gesamte Code befindet sich in der View-Controller-Klasse. Dort gibt es fünf Outlets für die Buttons und die beiden Label sowie zwei Eigenschaften, über die alle Methoden auf einen Audio-Recorder und einen Audio-Player zugreifen können:

```
// Projekt ios-avrecord, Datei ViewController.swift
class ViewController: UIViewController {
  @IBOutlet weak var recordBtn: UIButton!
  @IBOutlet weak var stopBtn: UIButton!
  @IBOutlet weak var playBtn: UIButton!
  @IBOutlet weak var statusLbl: UILabel!
  @IBOutlet weak var timeLbl: UILabel!
```

```
  var recorder: AVAudioRecorder?
  var player: AVAudioPlayer?
  // restlicher Code folgt
}
```

Erlaubnis einholen

Da Audioaufnahmen ein Eingriff in die Privatsphäre der Anwender sind, müssen Sie vor dem Start um Erlaubnis fragen. Dazu müssen Sie auf die systemweite Instanz des `AVAudioSession`-Objekts zugreifen, dieses aktivieren und dann mit `requestRecordPermission` die Erlaubnis einholen. iOS zeigt dann einen Warndialog an (siehe Abbildung 27.6). Der im Warndialog angezeigte Text muss vorweg in `Info.plist` als Eintrag vom Typ PRIVACY – MICROPHONE USAGE DESCRIPTION eingefügt werden (siehe Abbildung 27.7).

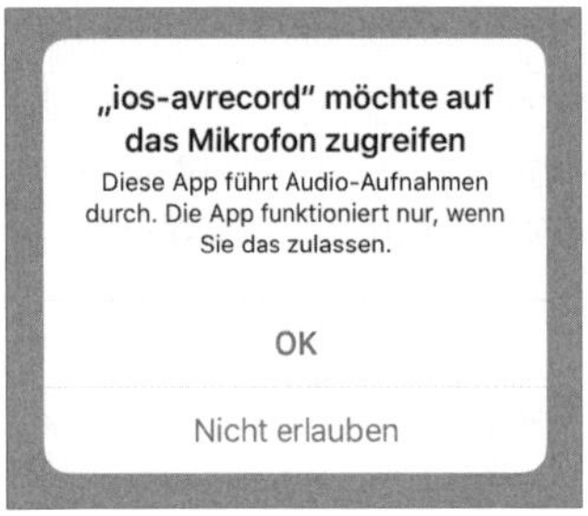

Abbildung 27.6 Erlaubnis zur Aufnahme einholen

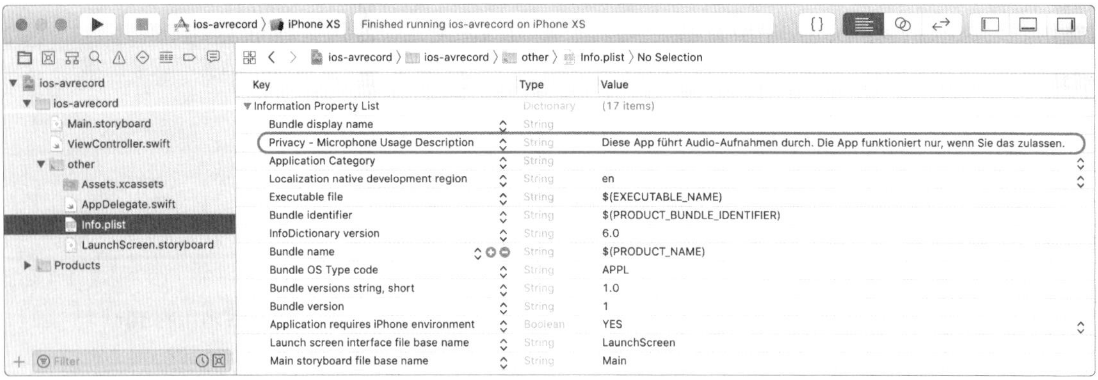

Abbildung 27.7 »Info.plist« muss den Eintrag »Privacy – Microphone Usage Description« enthalten.

Sobald die `requestRecordPermission`-Methode ein Ergebnis erhält, wird die nachgestellte Closure mit dem `allowed`-Parameter ausgeführt. Da der nachfolgende Code Elemente der Benutzeroberfläche verändert, muss der Code im Main Thread ausgeführt werden. Das bewirkt die `async`-Methode, an die wiederum eine Closure übergeben wird (siehe auch Kapitel 31, »Asynchrone Programmierung«).

```
override func viewDidLoad() {
  super.viewDidLoad()
  do {
    let recSession = AVAudioSession.sharedInstance()
    try recSession.setCategory(.playback,
                               mode: .default, policy: .default)
    try recSession.setActive(true)
    recSession.requestRecordPermission() { // Closure
      allowed in
      DispatchQueue.main.async { // noch eine Closure
        if allowed {
          self.recordBtn.isEnabled = true
          self.statusLbl.text = "OK"
        } else {
          self.statusLbl.text = "Init-Fehler"
        }
      }
    }
  } catch {
    statusLbl.text = "Init-Fehler"
  }
}
```

Aufnahme durchführen

Um die Aufnahme durchzuführen, erzeugen Sie ein `AVAudioRecorder`-Objekt. Das ist allerdings einfacher gesagt als getan: Sie müssen an die Init-Funktion die URL der Datei übergeben, in der die Aufnahme gespeichert werden soll, sowie ein Dictionary mit Einstellungen. Dabei haben Sie die Wahl zwischen unzähligen Parametern, die die Codierung und Qualität der Aufnahme steuern. Ich habe mich hier für eine Mono-Aufnahme in hoher Qualität entschieden. Hintergrundinformationen zu den Parametern finden Sie auf den folgenden Webseiten:

https://developer.apple.com/documentation/avfoundation/avaudiorecorder/encoder_settings
https://stackoverflow.com/questions/26472747
https://stackoverflow.com/questions/2149280

```
// Record-Button
@IBAction func record(_ sender: AnyObject) {
  player?.stop() // eine evt. gerade laufende Audio-Wiedergabe stoppen
  let settings = [             // Aufnahme im MPEG-4-Format
    AVFormatIDKey:             Int(kAudioFormatMPEG4AAC),
    AVSampleRateKey:           44100,
    AVNumberOfChannelsKey:     1,   // 1 = Mono, 2 = Stereo
    AVEncoderAudioQualityKey: AVAudioQuality.high.rawValue ]
```

```
  do {
    recorder = try AVAudioRecorder(url: getFileUrl(),
                                   settings: settings)
    recorder?.delegate = self
    recorder?.record()
    stopBtn.isEnabled = true
    statusLbl.text = "Aufnahme läuft"
  } catch {
    statusLbl.text = "Aufnahme konnte nicht gestartet werden."
  }
}
// URL zur Datei zur Speicherung der Aufnahme
func getFileUrl() -> URL {
  let fm = FileManager.default
  let path = fm.urls(for: .documentDirectory,
                     in: .userDomainMask).first!
  return path.appendingPathComponent("record.m4a")
}
```

Der AVAudioRecorder informiert über die Delegate-Methode audioRecorderDidFinishRecording, wenn die Aufnahme endet. Normalerweise ist das der Fall, wenn Ihre App die stop-Methode ausführt. Zu einem Ende kann es aber gewissermaßen auch durch höhere Gewalt kommen, z. B. wenn das iPhone gerade einen Anruf empfängt. Der Parameter flag gibt an, ob die Aufnahme erfolgreich abgeschlossen werden konnte oder nicht:

```
extension ViewController: AVAudioRecorderDelegate {
  // wird aufgerufen, wenn die Aufnahme endet
  func audioRecorderDidFinishRecording(_ recorder: AVAudioRecorder,
                                       successfully flag: Bool)
  {
    if flag {
      statusLbl.text = "Die Aufnahme wurde abgeschlossen."
      playBtn.isEnabled = true
    } else {
      statusLbl.text = "Die Aufnahme wurde abgebrochen."
      playBtn.isEnabled = false
    }
  }
}
```

Aufnahmelänge anzeigen

Von der audioRecorderDidFinishRecording-Methode abgesehen, gibt der Recorder keinerlei Feedback über den Fortschritt der Aufnahme. Deswegen ist es zweckmäßig, dass Sie sich selbst darum kümmern. Am einfachsten richten Sie einen Timer ein, der regelmäßig eine Methode zur Anzeige der Aufnahmelänge aufruft. In der Beispiel-App habe ich das so gelöst:

```
override func viewDidLoad() {
  // ... bisheriger  Code unverändert
  // Zeitangabe regelmäßig aktualisieren
  Timer.scheduledTimer(withTimeInterval: 0.2, repeats: true) {
    _ in self.updateRecordPlayTime()
  }
}
// Aufnahme- oder Abspielzeit anzeigen
func updateRecordPlayTime() {
  if player != nil && player!.isPlaying {
    timeLbl.text = formatTime(span: player!.currentTime)
    timeLbl.textColor = .black
  } else if recorder != nil && recorder!.isRecording {
    timeLbl.text = formatTime(span: recorder!.currentTime)
    timeLbl.textColor = .red
  } else {
    timeLbl.text = "00:00"
    timeLbl.textColor = .black
  }
}
// Double-Zahl in der Form 00:00 formatieren
private func formatTime(span: Double) -> String {
  let min = Int(span) / 60
  let sec = Int(span) % 60
  return String(format: "%02i:%02i", min, sec)
}
```

Aufnahme stoppen und abspielen

Der Stopp-Button führt dazu, dass gleichermaßen die Aufnahme oder eine eventuell laufende Wiedergabe gestoppt wird. Um die Aufnahme anzuhören, wird die URL der Datei an einen AVAudioPlayer übergeben.

```
// Stop-Button
@IBAction func stop(_ sender: AnyObject) {
  player?.stop()
  recorder?.stop()  // führt zum Aufruf von
                    // audioRecorderDidFinishRecording
}

// Play-Button
@IBAction func play(_ sender: AnyObject) {
  player = try? AVAudioPlayer(contentsOf: getFileUrl())
  player?.play()
}
```

27.5 Videos abspielen

Der `AVPlayerViewController`, den Sie schon aus Abschnitt 27.3, »Audiowiedergabe mit dem AVPlayerViewController«, kennen, ist das einfachste Mittel, um eine lokale oder im Internet befindliche Videodatei in einer eigenen App abzuspielen. Wenige Sekunden nach dem Start des Videos werden die Steuerungselemente (siehe Abbildung 27.8) ausgeblendet.

```
// Projekt ios-video, Datei ViewController.swift
import AVKit
import AVFoundation
// ...

@IBAction func playVideo(_ sender: AnyObject) {
  // NASA-Video von einem Raketenstart
  let url = URL(string: "https://s3.amazonaws.com/" +
       "akamai.netstorage/HD_downloads/Orion_SM.mp4")!
  let player = AVPlayer(url: url)
  let playerVC = AVPlayerViewController()
  playerVC.player = player
  self.present(playerVC, animated: true) {
    playerVC.player!.play()
  }
}
```

Abbildung 27.8 Video in einem »AVPlayerViewController« abspielen

App Transport Security

Vergessen Sie nicht, dass Sie zum Abspielen von Videos, die sich auf HTTP-Webseiten befinden, in `Info.plist` eine Ausnahmeregel für die *App Transport Security* einrichten müssen (siehe Abschnitt 22.1, »Dateien per HTTP/HTTPS laden«)!

Videos unter tvOS abspielen

Der obige Code funktioniert unverändert auch unter tvOS. (Ein entsprechendes Projekt finden Sie in den Beispieldateien.) Die tvOS-Variante des `AVPlayerViewControllers` zeigt allerdings keinen Button zur Rückkehr auf die Oberfläche der App an. Stattdessen müssen Sie auf der Fernbedienung die Menü-Taste drücken.

Videos in einer eigenen View abspielen (AVPlayerLayer)

Auch wenn Sie Videos nicht bildschirmfüllend abspielen oder eine eigene Oberfläche gestalten möchten, können Sie auf den `AVPlayer` zurückgreifen. Aber anstatt die Bildschirmanzeige einem `AVPlayerViewController` zu überlassen, platzieren Sie einen `AVPlayerLayer` an der gewünschten Stelle auf dem Bildschirm. Die `videoGravity`-Eigenschaft bestimmt, wie das Video an die Maße des Layers angepasst wird.

Was sind Layer?

Jede View einer App ist mit einem Layer verbunden, genau genommen mit einer Instanz der `CALayer`-Klasse. Dieser Layer ist für die grafische Darstellung der View zuständig und wird oft auch verwendet, um Animationen durchzuführen. Mit `addSublayer` können Sie zum standardmäßig vorhandenen Layer weitere hinzufügen und so die Darstellung der View überlagern.

Dieser Weg wird hier genutzt, um das Video an dem durch eine View vorgegebenen Ort wiederzugeben. In Abschnitt 27.9, »Fotos in einer AVCaptureSession aufnehmen«, kommen nochmals Layer zum Einsatz. Dort geht es darum, den von der Kamera eines iPhones oder iPads gelieferten Video-Stream in bzw. genau genommen über einer View anzuzeigen.

Ein weiteres Layer-Beispiel finden Sie in Abschnitt 39.4, »Darstellung des Spielbretts und der Steine (BoardView.swift)«: Dort wird die Form des Default-Layers einer View verändert, um so die Steine eines Spiels zu gestalten.

Die Beispiel-App geht davon aus, dass die Maße des Video-Players durch das `UIView`-Element mit dem Outlet-Namen `myview` vorgegeben sind (siehe Abbildung 27.9). Die Platzierung des Layers erfolgt nicht in `viewDidLoad`, weil dort die Maße von `myview` noch nicht bekannt sind. Die App funktioniert nur im Querformat; die zulässigen Orientierungen sind in Xcode bei den Target-Eigenschaften (DEPLOYMENT INFO) entsprechend eingeschränkt. Wenn Sie einen Betrieb sowohl im Hoch- als auch im Querformat erlauben wollen, müssen Sie Ort und Maße des `AVPlayerLayer`-Objekts bei jeder Drehung des Geräts anpassen.

```
// Projekt ios-video-in-view, Datei ViewController.swift
class ViewController: UIViewController {
  @IBOutlet weak var myview: UIView!
  @IBOutlet weak var timeLbl: UILabel!
```

```
  var player: AVPlayer!
  var layer: AVPlayerLayer!

  override func viewDidLoad() {
    super.viewDidLoad()
    myview.backgroundColor = self.view.backgroundColor

    let url = URL(string: "http://s3.amazonaws.com/" +
           "akamai.netstorage/HD_downloads/Orion_SM.mp4")!
    player = AVPlayer(url: url)
    layer = AVPlayerLayer(player: player)
    layer.videoGravity = AVLayerVideoGravity.resizeAspect
    myview.layer.addSublayer(layer)

    // Abspielzeit in einem Label anzeigen
    Timer.scheduledTimer(withTimeInterval: 0.2, repeats: true) {
      // Closure
      _ in self.updatePlayTime()
    }
  }
  // Play- und Pause-Button
  @IBAction func play(_ sender: AnyObject) {
    layer.frame = myview.bounds
    player?.play()
  }
  @IBAction func stop(_ sender: AnyObject) {
    player?.pause()
  }
}
```

Abbildung 27.9 Ein einfacher, selbst gestalteter Video-Player

Die VOR- und ZURÜCK-Buttons springen bei der Wiedergabe um 10 Sekunden weiter bzw. zurück. Dazu wird die seek-Methode aufgerufen. Sie erwartet die Zeit allerdings als CMTime-Element und nicht einfach als Double-Zahl. Daher wird mit CMTimeAdd bzw. CMTimeSubtract ausgehend von der Startzeit ein neues CMTime-Element erzeugt:

```
// Vor- und Zurück-Buttons
@IBAction func seekForward(_ sender: AnyObject) {
  let time = player.currentTime()
  let tensecs = CMTimeMakeWithSeconds(10, preferredTimescale: 1)
  player.seek(to: CMTimeAdd(time, tensecs))
}
@IBAction func seekBackward(_ sender: AnyObject) {
  let time = player.currentTime()
  let tensecs = CMTimeMakeWithSeconds(10, preferredTimescale: 1)
  player.seek(to: CMTimeSubtract(time, tensecs))
}
```

27.6 Videos mit der Picker-View auswählen und aufnehmen

Unter iOS können Sie mit der Kamera-App Fotos und Videos aufnehmen. Diese werden dann in der Medienbibliothek gespeichert, eventuell auch in die iCloud übertragen, mit Dropbox synchronisiert etc.

Um in eigenen Apps ein derartiges Video auszuwählen, erzeugen Sie ein Objekt der UIImagePickerController-Klasse. Diese Klasse stellt einen kompletten View-Controller zur Auswahl von Fotos oder Videos zur Verfügung.

Vorweg sollten Sie mit der Methode isSourceTypeAvailable testen, ob es überhaupt eine lokale Foto- und Videosammlung gibt. Da wir nur an Videos interessiert sind (nicht an Fotos), muss die mediaTypes-Eigenschaft des Image-Pickers mit kUTTypeMovie eingestellt werden. Diese Konstante mit dem Datentyp CFString ist in der Mobile-Core-Services-Bibliothek definiert, die daher auch importiert werden muss.

```
// Projekt ios-video, Datei ViewController.swift
import MobileCoreServices   // für kUTType-Konstanten

@IBAction func chooseVideo(_ sender: AnyObject) {
  // gibt es überhaupt eine lokale Foto/Videosammlung?
  if UIImagePickerController
      .isSourceTypeAvailable(.savedPhotosAlbum) == false {
    return
  }
  let imgPicker = UIImagePickerController()  // Image-Picker erzeugen
  imgPicker.sourceType = .savedPhotosAlbum
```

```
    imgPicker.mediaTypes = [kUTTypeMovie  as String]
    // imgPicker.allowsEditing = true

    // damit eine Reaktion auf die Auswahl möglich ist
    imgPicker.delegate = self
    // Image-Picker anzeigen
    self.present(imgPicker, animated: true, completion: nil)
}
```

Nach dem Abschluss dieser Vorbereitungen kann der Image-Picker-Controller mit `present` angezeigt werden. Der Benutzer der App muss vor der ersten Auswahl von Videos oder Fotos Ihrer App diesen Vorgang erlauben (siehe Abbildung 27.10).

Abbildung 27.10 Beim ersten Mal fragt die App, ob sie auf die Kamera-Aufnahmen des Benutzers zugreifen darf.

In den Dialog dieser Rückfrage wird die Zeichenkette PRIVACY – PHOTO LIBRARY USAGE DESCRIPTION eingebaut, die Sie zuvor in `Info.plist` einfügen müssen (siehe Abbildung 27.11). Vergessen Sie das, stürzt Ihre App ab!

Der Image-Picker-Controller erscheint auf iPhones *immer* im Hochformat, auch wenn die App ansonsten im Querformat läuft. Wenn Sie das ausgewählte Video später in Ihrer App verändern möchten, müssen Sie die Image-Picker-Eigenschaft `allowsEditing` auf `true` setzen. In der Beispiel-App ist das nicht notwendig.

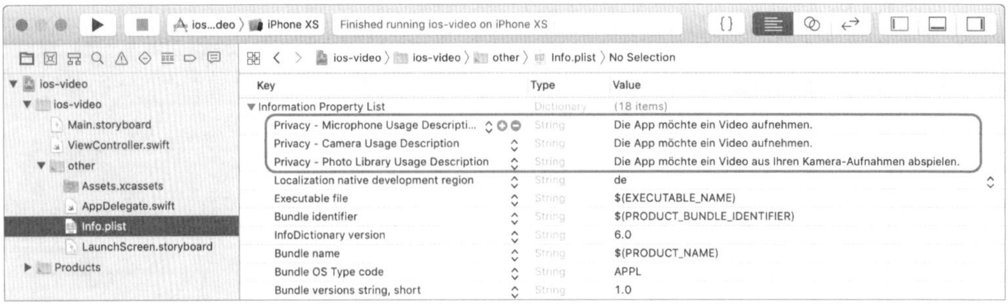

Abbildung 27.11 Die Begründung für den Zugriff auf Kamera-Aufnahmen (dieses Beispiel) sowie auf die Kamera und das Mikrofon (nächstes Beispiel) wird in »Info.plist« formuliert.

Sollte es zu einer erfolgreichen Auswahl kommen, wird die Methode imagePickerController des UIImagePickerControllerDelegate-Protokolls mit dem Parameter didFinishPickingMediaWithInfo aufgerufen. Dort schließen Sie mit dismiss den Image-Picker. Die nachfolgende Closure wird ausgeführt, sobald das erledigt ist. Sie stellt nochmals sicher, dass das ausgewählte Element wirklich ein Video ist, ermittelt dessen URL und spielt es in einem AVPlayerViewController ab.

Die delegate-Eigenschaft des Image-Pickers setzt auch das UINavigationControllerDelegate-Protokoll voraus. In diesem Beispiel muss aber keine einzige Methode dieses Protokolls implementiert werden.

```
// erforderlich für imgPicker.delegate = self
extension ViewController : UIImagePickerControllerDelegate,
                           UINavigationControllerDelegate
{
  // wird nach abgeschlossener Auswahl aufgerufen
  func imagePickerController(_ picker: UIImagePickerController,
            didFinishPickingMediaWithInfo info: [String : Any])
  {
    let mediaType = info[.mediaType] as! NSString
    // Image-Picker schließen
    dismiss(animated: true) {
      // Closure ausführen, nachdem ImagePicker verschwunden ist
      if mediaType == kUTTypeMovie {
        let url = info[.mediaURL] as! URL
        let player = AVPlayer(url: url)
        let playerVC = AVPlayerViewController()
        playerVC.player = player
        self.present(playerVC, animated: true) {
          playerVC.player!.play()
        }
      }  // Ende von if
    }    // Ende der completion-Closure von dismiss()
  }      // Ende von func
}        // Ende von extension
```

Das ausgewählte Video wird nun in das Verzeichnis für temporäre Dateien Ihrer App kopiert. In diesem Beispiel wird das Video nach seiner Auswahl einfach abgespielt. Das ist selten sinnvoll, weil der Benutzer dies ja sowohl in der App *Fotos* als auch im Image-Picker-Dialog machen kann. In der Praxis werden Sie ein Video nur dann auswählen, wenn Sie es in irgendeiner Form weiterbearbeiten möchten, z. B. mit Effekten verändern oder auf eine Webseite hochladen.

Videos aufnehmen

Der im vorigen Abschnitt beschriebene Image-Picker-Controller kann nicht nur bereits vorhandene Aufnahmen auswählen, sondern auch neue Videoaufnahmen durchführen. Bevor Ihre App die erste Aufnahme erstellt, fragt sie zuerst zweimal um Erlaubnis – einmal für die Kamera und ein zweites Mal für das Mikrofon. Die entsprechenden Erklärungen müssen abermals in `Info.plist` eingetragen werden, diesmal für die Schlüssel PRIVACY – MICROPHONE USAGE DESCRIPTION und PRIVACY – CAMERA USAGE DESCRIPTION (siehe Abbildung 27.11).

Der Code zur Durchführung der Aufnahme sieht ganz ähnlich aus wie der zur Auswahl eines vorhandenen Videos. Zuerst vergewissern Sie sich, dass das Gerät überhaupt eine Kamera besitzt. (Eigentlich ist diese Kontrolle überflüssig, weil es momentan meines Wissens kein iOS-Gerät ohne Kamera gibt.) Als `sourceType` für den Image-Picker geben Sie diesmal `.camera` an.

```
// Projekt ios-video, Datei ViewController.swift
@IBAction func recordVideo(_ sender: AnyObject) {
  if UIImagePickerController.isSourceTypeAvailable(.camera) == false {
    return
  }
  let imgPicker = UIImagePickerController()
  imgPicker.sourceType = .camera
  imgPicker.mediaTypes = [kUTTypeMovie as String]
  imgPicker.delegate = self
  present(imgPicker, animated: true, completion: nil)
}
```

Wenn der Benutzer tatsächlich ein Video aufnimmt, kommt es anschließend wie bei der Videoauswahl zum Aufruf der Delegate-Methode `imagePickerController` mit dem Parameter `didFinishPickingMediaWithInfo`. Abermals landet das Video im Verzeichnis für temporäre Dateien Ihrer App. Das Video wird allerdings nicht zu den Aufnahmen der Kamera-App hinzugefügt und kann daher in der App *Fotos* nicht angezeigt werden.

Temporäres Verzeichnis aufräumen

Sowohl bei der Auswahl eines Videos als auch beim Aufnehmen neuer Videos landen mitunter riesige Datenmengen im temporären Verzeichnis Ihrer App. Idealerweise sollten Sie die Dateien dort sofort wieder löschen, sobald Sie sie nicht mehr brauchen. Ist das nicht möglich, sollten Sie Ihren Benutzern zumindest die Möglichkeit bieten, entweder einzelne Dateien selektiv zu löschen oder, noch besser, das gesamte temporäre Verzeichnis aufzuräumen.

Unbegreiflicherweise bietet iOS bis heute keine systemweite Möglichkeit, den Datenmüll der installierten Apps aufzuräumen. Daher sollten Sie in Apps, in denen große Mengen temporärer Dateien entstehen, Ihren Benutzern die Möglichkeit geben, das temporäre Verzeichnis aufzuräumen. Analog gilt dies natürlich auch für das Cache-Verzeichnis, falls Sie dieses nutzen. Den Inhalt des temporären Verzeichnisses können Sie so ermitteln und in einer Text-View anzeigen:

```
// Projekt ios-video, Datei ViewController.swift
@IBAction func showTmp(_ sender: AnyObject) {
  txtTmp.text = ""
  let fm = FileManager.default
  let tmp = NSTemporaryDirectory()
  if let files = try? fm.contentsOfDirectory(atPath: tmp) {
    for file in files {  // file hat den Datentyp String
      txtTmp.text = txtTmp.text! + file + "\n"
    }
  }
}
```

Ganz ähnlich sieht der Code aus, der die enthaltenen Dateien löscht:

```
@IBAction func deleteTmp(_ sender: AnyObject) {
  let fm = FileManager.default
  let tmp = NSTemporaryDirectory()
  if let files = try? fm.contentsOfDirectory(atPath: tmp) {
    for file in files {  // file hat Datentyp String
      try? fm.removeItem(atPath: tmp + file)
    }
  }
}
```

27.7 YouTube-Videos abspielen

YouTube-Videos sind in HTML-Seiten eingebettet und können daher nicht ohne Weiteres durch einen AVPlayer abgespielt werden. Es gibt aber mehrere Wege aus diesem Dilemma.

Umweg über einen Web-Viewer

Unter iOS ist es am einfachsten, die YouTube-Seite eben in einem Webbrowser zu öffnen. Dort muss der Benutzer der App das Video anklicken, dann beginnt die Wiedergabe. Ein automatischer Start scheint laut Stack Overflow aber unmöglich zu sein:

https://stackoverflow.com/questions/17228858

Die folgenden Zeilen funktionieren unter iOS, aber nicht unter tvOS, wo es keinen offiziellen Weg gibt, Webseiten anzuzeigen:

```
// Projekt ios-video, Datei ViewController.swift
import SafariServices
...
let url = URL(string: "https://youtu.be/kbGmNT2Id3A")!
let svc = SFSafariViewController(url: url)
self.present(svc, animated: true, completion: nil)
```

Die youtube-ios-player-helper-Bibliothek

Die von Google empfohlene Lösung besteht darin, dass Sie in Ihr Projekt die Bibliothek `youtube-ios-player-helper` einbauen. Bei meinen Tests hat sich der Prozess allerdings als eher mühsam und fehleranfällig erwiesen. Informationen und Download-Links zu dieser Bibliothek finden Sie hier:

https://developers.google.com/youtube/v3/guides/ios_youtube_helper

Zur Nutzung der Bibliothek müssen Sie CocoaPods einrichten (siehe Abschnitt 14.1, »Module, Frameworks und Importe«). Danach erzeugen Sie in Xcode ein neues iOS-Projekt, speichern es und beenden Xcode. Dann öffnen Sie ein Terminal-Fenster, wechseln in das Projektverzeichnis und führen dort `pod init` aus. Damit wird die Datei `Podfile` erzeugt. Diese öffnen Sie nun in einem Texteditor und fügen die Zeile `pod 'youtube-xxx'` hinzu, sodass die Datei wie folgt aussieht:

```
target 'ios-youtube-helper' do
  use_frameworks!
  pod 'youtube-ios-player-helper', '~> 0.1.6'
end
```

Die von mir getestete Version 0.1.6 ist nicht vollständig Swift-5-kompatibel, was sich in ein paar (harmlosen) Warnungen äußert. Die gerade gültige Version finden Sie, wenn Sie einen Blick auf die folgende GitHub-Seite werfen:

https://github.com/youtube/youtube-ios-player-helper

Immer noch im Projektverzeichnis führen Sie nun `pod install` aus, um die Dateien der YouTube-Helper-Bibliothek zu installieren. Nach diesen Vorbereitungsarbeiten öffnen Sie Ihr Projekt wahlweise durch einen Doppelklick auf die Datei `projektname.xcworkspace` im Finder oder durch das gleichwertige Terminal-Kommando `open projektname.xcworkspace`.

Bei meinen Tests zeigte Xcode nach dem Kompilieren des Codes vier Warnungen an. Xcode beklagte sich darüber, dass die Namen der Parameter nicht mit denen in den Markdown-Kommentaren übereinstimmten. Daraus ergeben sich aber keine Einschränkungen.

In Ihrem iOS-Projekt können Sie nun im Storyboard-Editor eine `UIView` einfügen und dieser im Identity Inspector die Klasse `YTPlayerView` zuordnen. Der folgende Beispielcode geht davon aus, dass die App sofort nach dem Start damit beginnen soll, das Video zu laden, um dieses dann baldmöglichst abzuspielen:

```
// Projekt ios-youtube-helper, Datei ViewController.swift
import UIKit
import youtube_ios_player_helper

class ViewController: UIViewController, YTPlayerViewDelegate {
  @IBOutlet weak var ytView: YTPlayerView!

  override func viewDidLoad() {
    super.viewDidLoad()
    // Video laden
    ytView.load(withVideoId: "kbGmNT2Id3A")
    ytView.delegate = self
  }

  // für das YTPlayerViewDelegate-Protokoll
  func playerViewDidBecomeReady(_ playerView: YTPlayerView) {
    ytView.playVideo()
  }
}
```

Beachten Sie, dass der Aufruf der Methode playVideo unmittelbar nach load wirkungslos bleibt. Das Laden erfolgt im Hintergrund, playVideo führt aber erst dann zum gewünschten Ergebnis, wenn zumindest ein Teil des Videos bereits geladen ist. Deswegen habe ich im obigen Code das YTPlayerViewDelegate-Protokoll implementiert. Damit kommt es zum Aufruf der Methode playerViewDidBecomeReady, sobald der Start des Videos möglich ist.

Die YTPlayerView-Klasse kennt auch diverse loadVideo-Methoden, an die verschiedene Parameter übergeben werden können. Bei meinen Tests haben diese Methoden aber nicht funktioniert. Die Vorschau-View blieb leer, das Video ließ sich nicht abspielen.

```
// hat bei meinen Tests jeweils nicht funktioniert
let link = "https://youtu.be/kbGmNT2Id3A"
ytView.loadVideo(byURL: link,
                 startSeconds: 0.0,
                 suggestedQuality: .small)
ytView.loadVideo(byId: "kbGmNT2Id3A",
                 startSeconds: 0,
                 suggestedQuality: .HD720)
```


Beim Abspielen des Videos wird dieses automatisch bildschirmfüllend angezeigt. Es kann dann aber verkleinert werden und wird daraufhin innerhalb des im Storyboard vorgesehenen UIView-Rechtecks angezeigt.

tvOS: Fehlanzeige

Die `ios-youtube-player-helper`-Bibliothek ist nicht kompatibel mit tvOS. Das ist betrüblich, weil tvOS ja eigentlich eine besonders attraktive Zielplattform zum Abspielen von YouTube-Videos ist, aber dies gerade unter tvOS besonders schwerfällt.

Die YoutubeSourceParserKit-Bibliothek

Eine dritte Option zur YouTube-Wiedergabe bietet die YoutubeSourceParserKit-Bibliothek:

https://github.com/movielala/YoutubeSourceParserKit

Das Prinzip der Bibliothek besteht darin, den Code der YouTube-Webseite auszuwerten und daraus die URL für die Videodatei zu extrahieren. Allerdings sprechen zwei Gründe gegen diese Bibliothek: Zum einen wurde sie seit zwei Jahren nicht mehr aktualisiert; man muss also davon ausgehen, dass das Projekt tot ist. Zum anderen widerspricht die Vorgehensweise den YouTube-Nutzungsregeln.

27.8 Fotos mit der Picker-View auswählen und aufnehmen

Der bequemste Weg, ein Foto aus der Bibliothek der App *Fotos* auszuwählen oder ein neues Foto zu erstellen, führt über die Picker-View, die ich Ihnen bereits in Abschnitt 27.6, »Videos mit der Picker-View auswählen und aufnehmen«, vorgestellt habe. Die Vorgehensweise ist ganz ähnlich, weswegen ich mich hier etwas kürzer als im entsprechenden Videoabschnitt fasse.

Die erste Voraussetzung besteht darin, dass Sie in Ihrer App in der Datei `Info.plist` zwei neue Einträge hinzufügen:

- PRIVACY – CAMERA USAGE DESCRIPTION erläutert, warum Ihre App Zugriff auf die Kamera braucht.
- PRIVACY – PHOTO LIBRARY USAGE DESCRIPTION begründet, warum Ihre App Zugriff auf die Fotos-Bibliothek des Geräts haben möchte.

Beim ersten Start werden zwei entsprechende Dialoge angezeigt, die die Benutzer Ihrer App bestätigen müssen.

Die folgenden Zeilen überprüfen zuerst, ob es auf dem Gerät überhaupt gespeicherte Fotos gibt, und erzeugen dann einen `UIImagePickerController` zur Bildauswahl. Bei der `sourceType`-Eigenschaft haben Sie die Wahl zwischen `.savedPhotosAlbum`, was die Auswahl auf die mit dem Gerät aufgenommenen Fotos einschränkt (auf die sogenannte *Camera Roll*), und `.photoLibrary`, womit Sie auch auf Alben zugreifen, die z. B. mit iTunes von einem Computer auf das iPhone oder iPad synchronisiert wurden. `present` öffnet den Auswahldialog, der auf einem iPhone immer im Hochformat erscheint. (Nur die iPad-Variante funktioniert auch im Querformat.)

```
// Projekt ios-photo, Datei ViewController.swift
import MobileCoreServices   // für kUTType-Konstanten
@IBAction func choosePhoto(_ sender: AnyObject) {
  // Gibt es überhaupt eine lokale Foto/Videosammlung?
  if UIImagePickerController.isSourceTypeAvailable(.savedPhotosAlbum)
        == false
  {
    return
  }
  let imgPicker = UIImagePickerController()     // Image-Picker erzeugen
  // imgPicker.sourceType = .photoLibrary       // alle Bilder
  imgPicker.sourceType = .savedPhotosAlbum      // 'Camera Roll'
  imgPicker.delegate = self          // Reaktion auf Auswahl verarbeiten
  // Image-Picker anzeigen
  self.present(imgPicker, animated: true, completion: nil)
}
```

Wenn die Bildauswahl abgeschlossen wird, kommt es zum Aufruf der Delegate-Methode `imagePickerController` mit dem Parameter `didFinishPickingMediaWithInfo`. Anders als bei Videos muss das Bild nicht aus einer Datei gelesen werden, sondern kann direkt aus dem `info`-Array als `UIImage` ausgelesen werden. In den folgenden Zeilen wird es dann in einer Image-View angezeigt (Outlet-Eigenschaft `img`, siehe Abbildung 27.12).

Abbildung 27.12 Die Test-App mit einem Bild aus den vorgegebenen Fotos im iOS-Simulator


```
extension ViewController : UIImagePickerControllerDelegate,
  UINavigationControllerDelegate
{
  func imagePickerController(_ picker: UIImagePickerController,
            didFinishPickingMediaWithInfo info: [String : Any])
  {
```

```
    let mediaType = info[.mediaType] as! NSString
    if mediaType == kUTTypeImage {
      self.img.image = (info[.originalImage] as! UIImage)
    }
    dismiss(animated: true, completion: nil) // Image-Picker schließen
  } // Ende func
}   // Ende extension
```

Foto aufnehmen

Auch zur Aufnahme eines neuen Fotos erzeugen Sie einen Image-Picker. Als `sourceType` stellen Sie nun `.camera` ein. Je nachdem, ob Sie die Kamera auf der Rück- oder auf der Vorderseite des Geräts benutzen möchten, verwenden Sie `cameraDevice = .rear` oder `.front`.

```
@IBAction func takePhoto(_ sender: AnyObject) {
  let imgPicker = UIImagePickerController()
  imgPicker.sourceType = .camera
  imgPicker.cameraDevice = .rear
  imgPicker.delegate = self
  self.present(imgPicker, animated: true, completion: nil)
}
```

Zur Durchführung der Aufnahme erscheint die übliche Kameraansicht. Das neue Foto wird aber nicht in der Bibliothek der mit der *Kamera*-App erstellten Bilder gespeichert, sondern wird Ihrer App an die vorhin abgedruckte `imagePickerController`-Methode geliefert. Es steht Ihnen nun frei, das Bild weiterzubearbeiten, es anzuzeigen etc.

27.9 Fotos in einer AVCaptureSession aufnehmen

Die Verwendung der Picker-View ist mit minimalem Codeaufwand verbunden, bietet Ihrer App aber kaum Gestaltungsmöglichkeiten. Wenn Sie die Benutzeroberfläche zum Fotografieren selbst gestalten möchten, dann müssen Sie sich mit `AVCaptureSession` und diversen weiteren `AV`-Klassen anfreunden. Sie bieten die Grundlage für die freie Gestaltung eigener Apps, die das von der Kamera gerade aufgenommene Bild live anzeigen und dann Fotos oder Videos aufnehmen oder einfache Bilderkennungsaufgaben erledigen können.

Dieser Abschnitt konzentriert sich auf eine ganz einfache Anwendung einer Capture-Session zum Fotografieren. Dabei habe ich bewusst die vielen Sonderfälle weggelassen, die in einer »echten« Kamera-App berücksichtigt werden müssten: die Drehung (Orientierung) der Bilder, die Speicherung in JPEG-, RAW-, HEIF- oder HEVC-Dateien, die zusätzliche Verwendung kleinerer Preview-Bilder, die manuelle Fokussierung, die Zoom-Funktion, Serienaufnahme, Live-Fotos, Fotos mit Tiefenschärfe etc. Auch ohne diese Funktionen ist der Code 200 Zeilen lang.

Klassenüberblick

Vorweg ein kurzer Überblick über die wichtigsten Klassen, die alle in der AVFoundation-Bibliothek definiert sind:

- Eine Instanz der `AVCaptureSession`-Klasse verbindet alle weiteren Objekte, die zur Bildaufnahme, -anzeige und -speicherung erforderlich sind. Die `AVCaptureSession` wird üblicherweise beim Programmstart einmal eingerichtet und wird dann bis zum App-Ende verwendet (bzw. solange Aufnahmen durchgeführt werden sollen).
- Die Capture-Session benötigt als Bildquelle ein `AVCaptureDeviceInput`-Objekt. Es stellt über ein `AVCaptureDevice`-Objekt die Verbindung zu einer der Kameras des Geräts her.
- Um die Live-Vorschau der Bildquelle kümmert sich ein `AVCaptureVideoPreviewLayer`-Objekt.
- Damit ein aufgenommenes Bild oder Video gespeichert werden kann, ist schließlich ein Output-Objekt erforderlich. Bei Fotos verbinden Sie die Capture-Session dazu mit einer Instanz der `AVCapturePhotoOutput`-Klasse.
- Um dann tatsächlich ein Foto zu erstellen, müssen Sie noch ein `AVCapturePhotoSettings`-Objekt einrichten. Es fasst alle Einstellungen für das nächste aufzunehmende Foto zusammen, also z. B., ob ein Blitz verwendet werden soll. Während alle anderen hier aufgezählten Objekte über einen längeren Zeitraum aktiv bleiben, müssen Sie das `AVCapturePhotoSettings`-Objekt für jede Aufnahme neu erstellen.

Die eigentliche Aufnahme initiieren Sie schließlich mit der `capturePhoto`-Methode, die Sie auf das Output-Objekt der Session anwenden. Das resultierende Foto erhalten Sie über die Delegate-Methode `capture` des `AVCapturePhotoCaptureDelegate`-Protokolls.

Wenn Sie sich intensiver mit der Programmierung einer eigenen Kamera-App und mit der perfekten Nutzung der Kamera befassen möchten, sind die folgenden WWDC-Videos ein hervorragender Startpunkt in die komplexe Welt der Kameraprogrammierung:

https://developer.apple.com/videos/play/wwdc2016/501
https://developer.apple.com/videos/play/wwdc2016/511
https://developer.apple.com/videos/play/wwdc2017/505
https://developer.apple.com/videos/play/wwdc2017/507
https://developer.apple.com/videos/play/wwdc2017/508

Ebenfalls unverzichtbar, aber leider oft unzusammenhängend und mit zu wenigen Beispielen versehen, ist die Onlinedokumentation zu den erwähnten Klassen. Werfen Sie insbesondere einen Blick auf diese beiden Seiten:

https://developer.apple.com/reference/avfoundation/avcapturephotooutput
https://developer.apple.com/reference/avfoundation/avcapturesession

Die Beispiel-App

Um das Zusammenspiel der vielen vorhin aufgezählten Klassen zu demonstrieren, habe ich eine Beispiel-App zusammengestellt. Mit ihr können Sie im Hochformat (Portrait-Modus) Fotos aufnehmen, wahlweise mit der Standardkamera (hinten) oder mit der Selfie-Kamera (vorn). Vor dem Auslösen wird eine Live-Vorschau des Kamerabilds angezeigt. Bei Bedarf können Sie den Blitz hinzuschalten. Durch die resultierenden Aufnahmen können Sie auf einer zweiten Seite der App scrollen (siehe Abbildung 27.13). Die Aufnahmen werden allerdings nicht gespeichert und gehen verloren, sobald iOS die App aus dem Speicher entfernt.

Abbildung 27.13 Eine einfache Kamera-App, links die Hauptansicht, rechts die Bildansicht

Die App besteht aus den folgenden Codedateien:

- `ViewController.swift`: Hauptansicht mit dem Großteil des Codes
- `ImagesVC.swift`: Bildansicht mit einer Collection-View
- `PhotoCell.swift`: Klasse für die Prototypzelle der Collection-View

Wie bei den vorherigen Beispielen ist auch bei dieser App in `Info.plist` ein Eintrag für den Schlüssel Privacy – Camera Usage Description (`NSCameraUsageDescription`) erforderlich. Der hier angegebene Text begründet beim ersten Start der App, warum diese Zugriff auf die Kamera benötigt.

Die `ViewController`-Klasse beginnt mit Outlets für eine `UIView`, die den Ort und die Größe der Live-Vorschau bestimmt, und mit dem Button zum Ein- und Ausschalten des Blitzes. Mehrere Eigenschaften geben allen Methoden der Klasse Zugriff auf diverse `AV`-Objekte sowie auf die aktuellen Einstellungen.

```
// Projekt ios-photo-capture-session, Datei ViewController.swift
import UIKit
import AVFoundation

class ViewController: UIViewController {
  @IBOutlet weak var previewView: UIView!
  @IBOutlet weak var flashBtn: UIButton!
  let captureSession = AVCaptureSession()
  let photoOut = AVCapturePhotoOutput()
  var videoInp: AVCaptureDeviceInput!
  var previewLayer: AVCaptureVideoPreviewLayer!
  var useRearCamera = true
  var useFlash = false
  var photos = [UIImage]()  // hier werden die Fotos gespeichert
  // ... restlicher Code folgt gleich
}
```

Initialisierung der Capture-Session

Die Eigenschaften für die `AVCaptureSession`- und `AVCapturePhotoOutput`-Objekte können direkt bei der Deklaration initialisiert werden und bleiben während des gesamten Programmablaufs erhalten. `viewDidLoad` erzeugt zuerst ein `AVCaptureDevice`-Objekt für die Defaultkamera des Geräts. Aus dem Device wird im nächsten Schritt ein `AVCaptureDeviceInput`-Objekt erzeugt. Die Methode `addInput` verbindet dieses mit der Capture-Session.

Analog wird mit `addOutput` auch das Output-Objekt zur Session hinzugefügt. Zuletzt wird von der Capture-Session ein `AVCaptureVideoPreviewLayer` abgeleitet und der Preview-View als zusätzlicher Layer hinzugefügt.

```
override func viewDidLoad() {
  super.viewDidLoad()

  // Aufnahmegerät wählen
  let device: AVCaptureDevice!
  device = AVCaptureDevice.default(for: AVMediaType.video)
  if device == nil {
    print("Kann nicht auf Kamera zugreifen.")
    exit(EXIT_FAILURE)
  }
```

```
  // Session mit Kamera-Input verbinden
  videoInp = try? AVCaptureDeviceInput(device: device)
  if (captureSession.canAddInput(videoInp)) {
    captureSession.addInput(videoInp)
  } else {
    print("Kann AVCaptureSession nicht einrichten.")
    exit(EXIT_FAILURE)
  }
  // Session mit Photo-Output verbinden
  if captureSession.canAddOutput(photoOut) {
    captureSession.addOutput(photoOut)
  } else {
    print("Kann Output nicht zur CaptureSession hinzufügen.")
    exit(EXIT_FAILURE)
  }
  // Zugriff auf den Preview-Layer der Session
  previewLayer = AVCaptureVideoPreviewLayer(session: captureSession)
  previewLayer.videoGravity = AVLayerVideoGravity.resizeAspect
  previewView.layer.addSublayer(previewLayer)
}
```

Die Einstellung von Ort und Größe des Layers erfolgt etwas später in `viewDidAppear`, weil erst in dieser Methode die Position der Preview-View feststeht. Dort wird die Capture-Session auch mit `startRunning` aktiviert:

```
override func viewDidAppear(_ animated: Bool) {
  super.viewWillAppear(animated)
  previewLayer.frame = previewView.bounds
  captureSession.startRunning()
}
```

Zwischen Rear- und Front-Kamera wechseln

Die Action-Methode `flip` schaltet die Capture-Session zwischen der Defaultkamera und der Front-Kamera um. Dazu muss der aktuelle Input entfernt und ein neuer `AVCaptureDeviceInput` für die gewünschte Kamera erzeugt und zur Session hinzugefügt werden. Bei der Ausführung dieser Aktion zeigt die Vorschau für einen Moment ein leeres Bild an.

Recht umständlich ist der Zugriff auf die Front-Kamera: Sie müssen zuerst ein `AVCaptureDevice.DiscoverySession`-Objekt erzeugen, das eine Auflistung aller geeigneten Kameras liefert. Wir sind auf der Suche nach Weitwinkelkameras auf der Vorderseite. Bei den momentan erhältlichen iPhone-Modellen gibt es nur eine solche Kamera, aber, wer weiß, vielleicht sind angesichts des Selfie-Wahns in Zukunft mehrere derartiger Kameras notwendig, um das iPhone weiterhin in großen Stückzahlen zu verkaufen.

```
// Button 'Kamera wechseln'
@IBAction func flip(_ sender: AnyObject) {
  useRearCamera = !useRearCamera
  let newDevice: AVCaptureDevice!
  if useRearCamera {  // Defaultkamera
    newDevice = AVCaptureDevice.default(for: AVMediaType.video)
  } else {            // Front-Kamera suchen
    let avcdds = AVCaptureDevice.DiscoverySession(
      deviceTypes: [.builtInWideAngleCamera],
      mediaType: .video,
      position: .front)
    if avcdds.devices.count > 0 {
      newDevice = avcdds.devices.first!
    } else {
      print("Es gibt keine Selfie-Kamera.")
      useRearCamera = true
      return
    }
  }
  captureSession.removeInput(videoInp) // vorhandene Input-Quelle lösen

  // Session mit neuem Kamera-Input verbinden
  videoInp = try? AVCaptureDeviceInput(device: newDevice)
  captureSession.addInput(videoInp)
}
```

Blitzmodus umschalten

Die Action-Methode changeFlash invertiert die Eigenschaft useFlash und ändert gleichzeitig die im Button dargestellte Bitmap.

```
// Button für Blitzmodus
@IBAction func changeFlash(_ sender: AnyObject) {
  useFlash = !useFlash
  let imgname = useFlash ? "pho-flash" : "pho-flash-off"
  flashBtn.setImage(UIImage(named: imgname), for: .normal)
}
```


Endlich ein Foto!

Nach diesen Vorbereitungsarbeiten dient die Action-Methode takePhoto gleichsam als Auslöser für ein neues Foto. In der Methode wird ein neues AVCapturePhotoSettings-Objekt erzeugt. Als einzige Einstellung wird der Blitzmodus verändert (Eigenschaft flashMode), und auch das nur, wenn die Kamera dies unterstützt. Bei der Front-Kamera ist dies aktuell nicht der Fall.

```
@IBAction func takePhoto(_ sender: AnyObject) {
  let settings = AVCapturePhotoSettings()  // Default-Settings
  // Blitz einschalten, wenn die Kamera es erlaubt
  // siehe auch https://stackoverflow.com/questions/46202060
  if photoOut.supportedFlashModes.contains(.on) &&
     photoOut.supportedFlashModes.contains(.off)
  {
    settings.flashMode = useFlash ? .on : .off
  }
  photoOut.capturePhoto(with: settings, delegate: self)
}
```

capturePhoto führt die Aufnahme durch. Das Ergebnis erhält Ihre App wenig später in der Delegate-Methode photoOutput mit dem Parameter didFinishProcessingPhoto. Dort kann das Foto unkompliziert ausgelesen werden:

```
extension ViewController : AVCapturePhotoCaptureDelegate {
  // wird aufgerufen, nachdem ein Foto gemacht wurde
  func photoOutput(_ output: AVCapturePhotoOutput,
                   didFinishProcessingPhoto photo: AVCapturePhoto,
                   error: Error?)
  {
    if let myphoto = photo.fileDataRepresentation(),
       let img = UIImage(data: myphoto)
    {
      photos.append(img)
    }
  }
}
```

Segues von und zur Bildansicht

Der vierte Button der Hauptansicht führt über einen im Storyboard-Editor eingerichteten Segue in die Bildansicht. Vorher wird in der prepare-Methode die Capture-Session pausiert:

```
// Projekt ios-photo-capture-session, Datei ViewController.swift
// Fotos anzeigen
override func prepare(for segue: UIStoryboardSegue, sender: Any?) {
  // Capture-Session pausieren
  captureSession.stopRunning()
  if let dest = segue.destination as? ImagesVC {
    dest.mainVC = self
  }
}
```

In der Bildansicht ist der Kamera-Button mit der Methode unwindToMainVC verbunden. Dort wird die Capture-Session wieder aktiviert:

```
@IBAction func unwindToMainVC(_ segue: UIStoryboardSegue) {
  previewLayer.frame = previewView.bounds // Live-Vorschau einschalten
  captureSession.startRunning()
}
```

Die Bildansicht

Die Bildansicht ist mit einer Collection-View realisiert. Grundlagen zum Umgang mit dieser Ansicht finden Sie in Abschnitt 23.6, »Collections asynchron füllen (UICollectionView)«. In der Beispiel-App ist die Collection-View selbst unsichtbar. Das erreichen Sie, indem Sie die Hintergrundfarbe im Attributinspektor auf CLEAR COLOR stellen (nicht auf DEFAULT!).

Die Collection-View enthält eine quadratische Prototypzelle, die mit der Klasse PhotoCell verbunden ist. Die Prototypzelle wird vollständig durch eine Image-View mit der Einstellung CONTENT MODE = ASPECT FILL ausgefüllt. Das führt dazu, dass von jedem Foto nur der quadratische Bereich in der Mitte angezeigt wird.

```
// Projekt ios-photo-capture-session, Datei PhotoCell.swift
class PhotoCell: UICollectionViewCell {
  @IBOutlet weak var imgView: UIImageView!
}
```

Die Befüllung der Zellen erfolgt in den Delegate-Methoden der ImagesVC-Klasse:

```
// Projekt ios-photo-capture-session, Datei ImagesVC.swift
class ImagesVC: UIViewController,
                UICollectionViewDelegate,
                UICollectionViewDataSource
 {
  weak var mainVC: ViewController!
  @IBOutlet weak var collView: UICollectionView!

  override func viewDidLoad() {
    super.viewDidLoad()
    collView.delegate = self
    collView.dataSource = self
  }
  // es gibt photos.count Fotos
  func collectionView(_ collectionView: UICollectionView,
    numberOfItemsInSection section: Int) -> Int
  {
    return mainVC.photos.count
  }
```

```
  // Zelle zur Darstellung eines Fotos erzeugen
  func collectionView(_ collectionView: UICollectionView,
                      cellForItemAt indexPath: IndexPath)
    -> UICollectionViewCell
  {
    let cell = collView.dequeueReusableCell(
      withReuseIdentifier: "mycell",
      for: indexPath) as! PhotoCell
    cell.imgView.image = mainVC.photos[indexPath.row]
    return cell
  }
}
```

27.10 Barcodes in einer AVCaptureSession erkennen

In einer Capture-Session können Sie nicht nur Fotos oder Videos aufnehmen, Sie können in begrenztem Umfang sogar automatische Bilderkennungsfunktionen nutzen. Im Vergleich zum Beispiel des vorigen Abschnitts müssen Sie dazu vor allem ein anderes Output-Objekt mit der Capture-Session verbinden: Statt einer Instanz der `AVCapturePhotoOutput`-Klasse benötigen Sie nun ein `AVCaptureMetadataOutput`-Objekt. Die zugrunde liegende Klasse erkennt je nach Konfiguration im Bild befindliche Bar- oder QR-Codes und ruft dann eine `captureOutput`-Methode des Protokolls `AVCaptureMetadataOutputObjectsDelegate` auf.

Beispiel

Die Beispiel-App läuft wie das vorige Beispiel ausschließlich im Portrait-Modus. Sobald im Live-Bild ein Barcode erkannt wird, friert das Bild ein, und der erkannte Code wird in einem Label angezeigt (siehe Abbildung 27.14). Mit dem Play-Button können Sie die Bilderkennung neuerlich starten. Wenn Sie möchten, können Sie mit wenig Mühe die Barcode-Erkennung mit einer Artikelsuche oder einem Preisvergleich im Internet verbinden.

Erkennungsprobleme

Bei meinen Tests auf einem iPhone 5S hatte die App große Probleme, Barcodes zu lesen. Wesentlich besser funktioniert die App auf aktuellen iPhones. (Selbst ein iPhone 6 reicht bereits aus. Es erkennt Barcodes in der Regel in weniger als einer Sekunde.)

Die App lässt sich im Simulator nicht starten. Verwenden Sie zum Ausprobieren ein richtiges iPhone oder iPad!

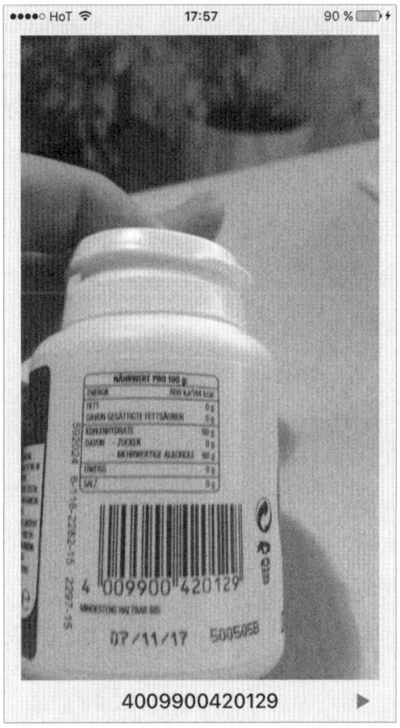

Abbildung 27.14 Die Beispiel-App hat den Barcode einer Kaugummidose entziffert.

Die View-Controller-Klasse beginnt wie üblich mit der Deklaration von Outlet-Variablen und Eigenschaften:

```
// Projekt ios-barcode, Datei ViewController.swift
class ViewController: UIViewController,
                      AVCaptureMetadataOutputObjectsDelegate
{
  @IBOutlet weak var statusLbl: UILabel!
  @IBOutlet weak var previewView: UIView!
  @IBOutlet weak var startBtn: UIButton!

  var captureSession = AVCaptureSession()
  var previewLayer: AVCaptureVideoPreviewLayer!
  // restlicher Code folgt gleich
}
```

Nahezu die gesamte Initialisierung – und damit gewissermaßen der interessanteste Teil des Codes – befindet sich in der Methode `viewDidLoad`. Die App verwendet die Defaultkamera, um das Bild aufzunehmen. Neu im Vergleich zum vorigen Beispiel ist die Auto-Fokus-Konfiguration: Die Kamera soll kontinuierlich nahe gelegene Objekte in der Bildmitte fokussieren. Bevor diese Einstellungen vorgenommen werden können, muss für das Capture-Device die Methode `lockForConfiguration` ausgeführt werden. Nach der Einstellung der `focus`-Eigenschaften ist entsprechend ein Aufruf von `unlockForConfiguration` erforderlich.

Die Verwendung des Kamera-Devices als Video-Input erfolgt genau so wie im vorigen Beispiel. Neu ist aber das Output-Objekt vom Typ `AVCaptureMetadataOutput`. Beachten Sie, dass das Objekt zuerst mit `addOutput` zur Capture-Session hinzugefügt werden muss, bevor die Konfiguration der Barcode-Varianten (Eigenschaft `metadataObjectTypes`) erfolgen kann, die erkannt werden sollen. Die Methode `setMetadataObjectsDelegate` legt fest, dass bei einer erfolgreichen Barcode-Erkennung die Delegate-Methode `metadataOutput` im Thread der Benutzeroberfläche (also in der Main Queue) ausgeführt werden soll.

```
override func viewDidLoad() {
  super.viewDidLoad()
  // Aufnahmegerät wählen
  let device: AVCaptureDevice!
  device = AVCaptureDevice.default(for: AVMediaType.video)
  if device == nil { exit(EXIT_FAILURE) }
  // Auto-Fokus (siehe https://stackoverflow.com/questions/5391203)
  do {
    try device.lockForConfiguration()
    device.focusPointOfInterest = CGPoint(x: 0.5, y: 0.5)  // Bildmitte
    device.autoFocusRangeRestriction = .near               // Macro-Modus
    device.focusMode = .continuousAutoFocus  // Auto-Fokus ständig
    device.unlockForConfiguration()          // aktualisieren
  } catch {
    print("Kann Fokus nicht einstellen.")
  }
  // Device als Video-Input für Capture-Session verwenden
  if let videoInput = try? AVCaptureDeviceInput(device: device),
     captureSession.canAddInput(videoInput)
  {
    captureSession.addInput(videoInput)
  } else {
    print("Kann AVCaptureSession nicht einrichten.")
    exit(EXIT_FAILURE)
  }
  // versuche, Barcode zu erkennen, bei Erfolg die Delegate-
  // Methode metadataOutput im Thread der Main Queue aufrufen
  let metadataOutput = AVCaptureMetadataOutput()
  if captureSession.canAddOutput(metadataOutput) {
    captureSession.addOutput(metadataOutput)
    metadataOutput.metadataObjectTypes = [.ean8, .ean13,.pdf417]
    metadataOutput.setMetadataObjectsDelegate(
      self, queue: DispatchQueue.main)
  } else {
    print("Barcode-Scanner kann nicht eingerichtet werden")
    exit(EXIT_FAILURE)
  }
```

```
  // Preview kann nicht in viewDidLoad() eingerichtet
  // werden, weil dort previewView noch nicht positioniert ist
  previewLayer = AVCaptureVideoPreviewLayer(session: captureSession)
  previewLayer.videoGravity = AVLayerVideoGravity.resizeAspectFill
  previewView.layer.addSublayer(previewLayer)
}
```

Damit die App eine Live-Vorschau des Kamerabilds liefern kann, wird wie im vorigen Beispiel ein `AVCaptureVideoPreviewLayer` eingerichtet. Die Positionierung des Layers erfolgt in `viewDidAppear`, weil erst zu diesem Zeitpunkt der Ort des Preview-Rechtecks feststeht. Mit `startRunning` wird die Bilderkennung hier auch gestartet.

```
override func viewDidAppear(_ animated: Bool) {
  super.viewWillAppear(animated)
  previewLayer.frame = previewView.bounds
  captureSession.startRunning()
}
```

Die Delegate-Methode

An die Delegate-Methode `metadataOutput` wird gleich ein ganzes Array von Metadaten übergeben, weil es passieren kann, dass der Scanner in einem Bild gleich mehrere Barcodes erkennt. Die Methode versucht nun, die Metadaten als Zeichenkette auszuwerten. Gelingt das, vibriert das Smartphone. Der Barcode wird in einem Label angezeigt, die Bilderkennung stoppt, und die Schleife wird mit `break` verlassen. Die App berücksichtigt also nur den ersten erkannten Barcode im Bild.

```
func metadataOutput(_ captureOutput: AVCaptureMetadataOutput,
                    didOutput metadataObjects: [AVMetadataObject],
                    from connection: AVCaptureConnection)
{
  for metaObj in  metadataObjects {
    if let readableObject = metaObj
             as? AVMetadataMachineReadableCodeObject,
       let bcode = readableObject.stringValue
    {
      AudioServicesPlaySystemSound(kSystemSoundID_Vibrate)
      statusLbl.text = bcode
      // Bild-Updates stoppen, das letzte Bild bleibt sichtbar
      captureSession.stopRunning()
      startBtn.isEnabled = true  // Button für neuerliches Scannen
      break
    }
  }
}
```

Kapitel 28
SpriteKit

SpriteKit (Bibliothekskürzel SK) ist eine Bibliothek zur Programmierung von 2D-Spielen. Ein *Sprite* bezeichnet eine Bitmap bzw. eine Folge von Bitmaps, die zur Darstellung animierter Spielfiguren und anderer Objekte verwendet wird. SpriteKit hilft dabei, Sprite-Objekte zu erzeugen, zu manipulieren und über den Bildschirm zu bewegen. SpriteKit stellt darüber hinaus eine Menge Zusatzfunktionen zur Verfügung, die beispielsweise bei der Realisierung von Audioeffekten, bei Animationen, bei der Darstellung von Explosionen (Partikelsystem), bei der Erkennung von Kollisionen oder bei der Simulierung physikalischer Effekte (Schwerkraft, Reibung etc.) helfen.

Im Vergleich zu anderen Bibliotheken zeichnet sich SpriteKit durch eine besonders einfache Handhabung aus. Das Programmieren von Spielen auf der Basis von SpriteKit macht Spaß und ist auch für Programmiereinsteiger rasch erlernbar.

SpriteKit steht gleichermaßen für iOS, macOS und tvOS zur Verfügung. Tatsächlich lassen sich manche Spiele für alle drei Plattformen gleichzeitig programmieren – bei richtiger Codestrukturierung mit ganz wenig plattformabhängigem Code und nahezu frei von Redundanzen. Allerdings ist nicht jede Spielidee auch für jede Plattform geeignet. In diesem Kapitel setze ich den Schwerpunkt auf iOS. In Teil IV des Buchs folgen dann drei größere Beispielprojekte, die für iOS und tvOS gedacht sind.

Alternativen zu SpriteKit

Apple stellt zwei weitere Bibliotheken zur Verfügung, die ebenfalls zur Spieleprogrammierung geeignet sind: SceneKit hilft bei der Programmierung von 3D-Spielen, und `Metal` stellt eine besonders effiziente Low-Level-Schnittstelle zur Grafikprogrammierung dar.

Ein gemeinsamer Nachteil von SpriteKit, SceneKit und Metal besteht freilich darin, dass damit erstellte Apps auf das Apple-Universum beschränkt sind. Wenn Sie plattformunabhängig programmieren möchten, müssen Sie sich mit externen Toolkits wie Unity anfreunden. Allerdings sind derartige Bibliotheken oft mit (erheblichen) Zusatzkosten verbunden. Außerdem müssen Sie in der Regel auf Swift verzichten und stattdessen in C, C++ oder C# programmieren.

> **Pseudo-3D**
>
> Sie können mit SpriteKit auch sogenannte 2,5-D oder Pseudo-3D-Spiele erstellen. Dabei bleibt die Spiellogik zweidimensional. Durch geschickte Gestaltung der Sprites wird aber ein dreidimensionaler Anschein erweckt. Hintergrundinformationen können Sie hier nachlesen:
>
> *https://en.wikipedia.org/wiki/2.5D*

28.1 Hello SpriteKit!

Um ein erstes SpriteKit-Projekt zu starten, wählen Sie die Vorlage IOS • GAME und achten beim zweiten Dialog darauf, GAME TECHNOLOGY = SPRITEKIT einzustellen (siehe Abbildung 28.1). Den Mustercode können Sie sofort kompilieren und ausführen. Auf Ihrem iOS-Gerät oder im Simulator erscheint der Text »Hello World!«. Wenn Sie das Display mit dem Finger berühren, erscheinen dort sich drehende Rechtecke (siehe Abbildung 28.2).

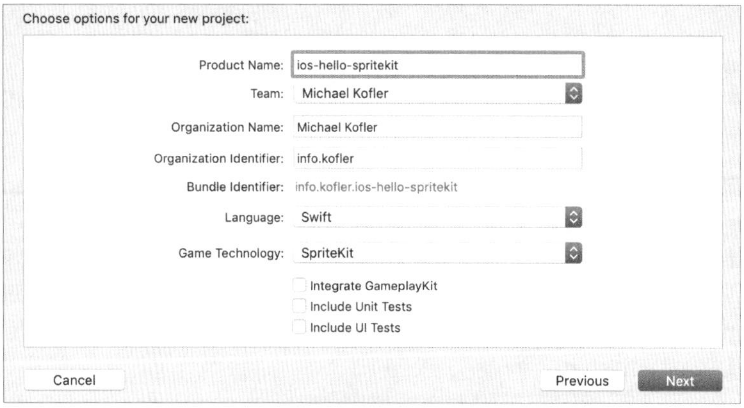

Abbildung 28.1 Ein neues SpriteKit-Projekt starten

Abbildung 28.2 Wenn Sie mit dem Finger das Display berühren, erscheint eine Animation.

»Hello World!« selbst gemacht

Damit Sie die Konzepte von SpriteKit selbst kennenlernen können, löschen Sie nun aus dem Musterprojekt die Dateien GameScene.sks und Actions.sks. In der Datei GameViewController.swift löschen Sie alle Methoden außer viewDidLoad. Diese Methode vereinfachen Sie wie folgt:

```
// Projekt ios-hello-spritekit, Datei GameViewController.swift
class GameViewController: UIViewController {
  override func viewDidLoad() {
    super.viewDidLoad()
    if let view = self.view as! SKView? {
      // GameScene anzeigen
      let scene = GameScene()
      view.presentScene(scene)
      view.ignoresSiblingOrder = true  // schneller
      view.showsFPS = true             // FPS anzeigen
      view.showsNodeCount = true       // Node-Anzahl anzeigen
    }
  }
}
```

Danach bearbeiten Sie die Datei GameScene.swift. Hier fügen Sie eine Eigenschaft zur Speicherung eines Raumschiffs ein, ersetzen die didMove-Methode durch den folgenden Code und löschen ebenfalls alle anderen Methoden:

```
// Projekt ios-hello-spritekit, Datei GameScene.swift
class GameScene: SKScene {
  private var spaceship: SKSpriteNode!

  override func didMove(to view: SKView) {
    // Größe der Szene einstellen
    self.size = CGSize(width: 1024, height: 1024)
    self.backgroundColor = .gray
    self.scaleMode = .aspectFill
    // Raumschiff in der Mitte anzeigen
    let midPt = CGPoint(x: self.size.width/2, y: self.size.height/2)
    spaceship = SKSpriteNode(imageNamed: "Spaceship")
    spaceship.position = midPt
    spaceship.zPosition = 1
    self.addChild(spaceship)
  }
}
```

Außerdem müssen Sie in Assets.xcassets eine Bitmap mit einem Raumschiff einfügen und dieser Bitmap den Namen Spaceship geben. Im Code wird die Bitmap mit der Methode

`SKSpriteNode(imageNamed:)` gelesen und zu einem `SKSpriteNode`-Objekt verarbeitet. Das Raumschiff des hier vorgestellten Hello-World-Programms stammt aus einer älteren Version des Xcode-Templates für SpriteKit-Apps. Wenn Ihnen die Bitmap nicht gefällt, finden Sie im Internet viele andere Bilder, die geeignet sind.

Verletzen Sie keine Urheberrechte!

Solange Sie nur Testprogramme entwickeln, spricht nichts dagegen, im Internet ein Bild zu suchen und dieses zu verwenden. Wenn Sie aber vorhaben, Ihre App im App Store weiterzugeben, dann müssen Sie die Urheberrechte aller Bilder beachten. In der Regel dürfen Sie in einer App nur solche Bitmaps verwenden, die Sie selbst gestaltet oder gekauft haben. Nur vereinzelt gibt es brauchbare Bilder, die Sie kostenlos verwenden dürfen, sofern Sie den Urheber nennen.

Wenn Sie das Programm nun starten, wird in der Mitte des Bildschirms ein Raumschiff auf grauem Hintergrund angezeigt (siehe Abbildung 28.3). Das Raumschiff ist unbeweglich, reagiert also nicht auf Touch-Bewegungen. Das werden wir in weiteren Versionen der App natürlich ändern. Die folgenden Abschnitte erklären vorerst, was bei der Ausführung dieser Mini-App vor sich geht.

Abbildung 28.3 Das erste eigene SpriteKit-Programm auf einem iPhone im Querformat

Versteckte Funktionen im Hello-World-Programm

Das Projekt `ios-hello-spritekit` aus den Beispieldateien zu diesem Buch enthält in `GameScene.swift` einige weitere Codepassagen, die standardmäßig nicht aktiv sind. Sie erzeugen weitere Sprites und lassen das Raumschiff rotieren. Um den Code auszuprobieren, entfernen Sie einfach die entsprechenden Kommentare. Erläuterungen zum Code folgen in Abschnitt 28.2, »Sprites erzeugen und bewegen«.

UIController- und SKView-Klasse

SpriteKit-Programme unter iOS oder tvOS verwenden wie gewöhnliche Apps einen View-Controller (Klasse `UIViewController`). Bei der Initialisierung der App wird deren Methode `viewDidLoad` ausgeführt. Die Methode erzeugt das `GameScene`-Objekt und zeigt es in der vorhandenen `SKView`-Instanz an (Methode `presentScene`). Die `SKView`-Klasse ist spezifisch für SpriteKit-Apps und verbindet den `UIViewController` mit einer SpriteKit-View.

Für das `SKView`-Objekt werden drei globale Einstellungen vorgenommen:

- `ignoresSiblingOrder = true` optimiert die Zeichengeschwindigkeit.
- `showFPS = true` zeigt an, wie viele Frames pro Sekunde gezeichnet werden. Das ist während der Entwicklungsphase ein wichtiger Geschwindigkeitsindikator. Der Wert sollte auf physikalischen iOS-Geräten immer 60 FPS erreichen. (Solange sich nichts bewegt, zeigt die App 1 FPS an. Der FPS-Wert ist also nur in aktiven Apps relevant.)

  Generell ist es selten zielführend, SpriteKit im iOS-Simulator zu testen. Dieser ist selbst auf leistungsstarken Macs zu langsam. Ideale Testgeräte für SpriteKit-Apps sind etwas ältere iPhones oder iPads, z. B. ein iPhone SE. Wenn Ihr Spiel dort keine Geschwindigkeitsprobleme hat, wird es auch auf aktuelleren Modellen gut laufen.
- `showsNodeCount = true` gibt an, aus wie vielen Objekten (Sprites) die Szene besteht. Auch dieser Wert ist beim Testen eine große Hilfe. Wenn die Nodes-Anzahl ständig größer wird, haben Sie vermutlich irgendwo im Code vergessen, nicht mehr benötigte Sprites zu löschen. Im vorliegenden Hello-World-Programm beträgt die Nodes-Anzahl 2: Ein Objekt ist für den Hintergrund verantwortlich, das zweite stellt ein Raumschiff dar.

Sichtbaren Bereich der SKScene-Klasse einstellen

Die `SKScene`-Klasse ist der Container für alle SpriteKit-Objekte einer Szene oder eines Levels Ihres Spiels. Insbesondere bei ersten Testprojekten wird ein Großteil Ihres Codes in einer von `SKScene` abgeleiteten Klasse landen. Bei aus Xcode-Vorlagen erstellten SpriteKit-Projekten lautet der Klassenname `GameScene`.

> **Model-View-Controller auch für Spiele!**
>
> Sobald Sie damit beginnen, ernsthaft Spiele zu programmieren, sollten Sie wie bei anderen Apps versuchen, die Spiellogik in eigene Klassen auszulagern (MVC-Muster). Ihr Code lässt sich dann besser warten, erweitern und an verschiedene Plattformen anpassen.

Beim Koordinatensystem von SpriteKit-Spielen zeigt die X-Achse nach rechts, die Y-Achse nach oben (siehe Abbildung 28.4), wobei der sichtbare Koordinatenbereich standardmäßig jeweils von 0 bis 1 reicht.

In diesem Beispiel wurde die Größe der `GameScene` quadratisch eingestellt, wobei die X- und Y-Koordinaten jeweils von 0 bis 1.024 reichen. Von diesem quadratischen Bereich ist je nach iOS-Gerät natürlich nur ein Ausschnitt sichtbar. (Bei Spielen mit sehr großen Szenen können Sie davon losgelöst einen beliebigen Teilausschnitt des Spielfelds anzeigen, am einfachsten durch die Verwendung eines SKCameraNode-Objekts.)

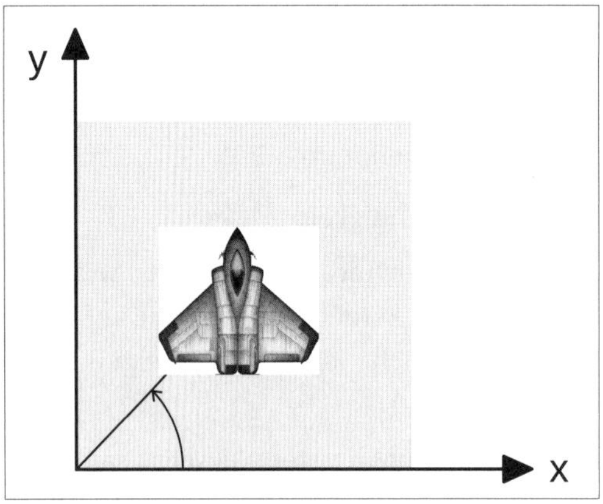

Abbildung 28.4 Koordinatensystem von SpriteKit-Apps

Der GameScene-Container wird in iOS-Geräten mittig und unverzerrt dargestellt, wobei die Ränder wegen scaleMode = .aspectFill abgeschnitten werden:

```
// Datei GameScene.swift, in der Methode didMove()
self.size = CGSize(width: 1024, height: 1024)
self.scaleMode = .aspectFill
```

Auf einem iPhone XS im Querformat ist der gesamte X-Koordinatenbereich sichtbar, aber nur der Y-Bereich zwischen 276 und 748. Diese Werte ergeben sich, wenn Sie 1.024 gemäß der Bildschirmauflösung von 2.436 × 1.125 Pixeln verkleinern und dann mittig anordnen.

Wenn Sie das iPhone im Hochformat verwenden, ist der gesamte Y-Bereich sichtbar. Nun wird aber der X-Bereich beschnitten. Sichtbar sind nur Objekte, deren X-Koordinate zwischen 276 und 748 liegt. Bei anderen Geräten (iPhone 8, iPad etc.) wird die jeweils längere Seite des Geräts den vollständigen X- oder Y-Koordinatenbereich abbilden, während die kürzere Seite den Koordinatenbereich abschneidet. Wie stark beschnitten wird, hängt von den Proportionen des Geräts ab.

SpriteKit-Apps auf Geräten mit abgerundeten Display

Relativ diffizil ist die Anpassung von SpriteKit-Apps an Geräte, deren Displays keine rechteckige Form haben. Das betrifft aktuelle iPhone- und iPad-Pro-Modelle. Während es früher üblich war, einfach das gesamte zur Verfügung stehende Display zu nutzen, müssen Sie nun darauf achten, dass Sie keine relevanten Spielelemente oder Texte in den abgerundeten Ecken bzw. in der für die Sensoren vorgesehenen »Notch« platzieren. Wenn die Gestaltung Ihres Spiels auf einer Hintergrund-Bitmap basiert, dann sollte diese aber sehr wohl die gesamte Displayfläche ausfüllen – sonst wirkt das Erscheinungsbild abgeschnitten.

In Klassen, die von SKScene abgeleitet sind, können Sie auf die *Safe Area Layout Guides* zugreifen. Die Eigenschaft safeAreaLayoutGuide verweist auf ein UILayoutGuide-Objekt. Dessen Eigenschaft layoutFrame enthält das Rechteck, in dem Sie alle wichtigen Elemente Ihres Spiel unterbringen müssen. Sie können sich sicher sein, dass dieses Rechteck vollständig abgebildet wird.

Allerdings enthält safeAreaLayoutGuide erst in viewDidAppear die endgültigen Werte! Eine Auswertung innerhalb der Methode viewDidLoad in einer von UIViewController abgeleiteten Klasse bzw. in der Methode didMove(to:) in einer GameScene-Klasse ist sinnlos, weil layoutFrame zu diesem Zeitpunkt noch die Daten des gesamten Displays angibt.

```
// Projekt ios-hello-spritekit, Code in GameViewController.swift
let layoutGuide = self.view!.safeAreaLayoutGuide
print(layoutGuide.layoutFrame)
// iPhone XS im Querformat, viewDidLoad():    (0.0, 0.0, 812.0, 375.0)
// iPhone XS im Querformat, viewDidAppear():  (44.0, 0.0, 724.0, 354.0)
```

Anstelle der safeAreaLayoutGuide-Eigenschaft können Sie auch layoutMargins auswerten. Die Eigenschaft verweist auf ein UIEdgeInsets-Objekt. Dessen Eigenschaften top, bottom, left und right geben an, wie viel Abstand vom Bildschirm Sie einhalten müssen. Abermals ist eine Auswertung erst mit dem Aufruf von viewDidAppear möglich.

```
print(view!.layoutMargins.top)      // Ausgabe 0.0 (für ein iPhone XS
print(view!.layoutMargins.bottom)   // Ausgabe 21.0  im Querformat)
print(view!.layoutMargins.left)     // Ausgabe 64.0
print(view!.layoutMargins.right)    // Ausgabe 64.0
```

Kurzum: Mit der Auswertung der gerade aufgezählten Eigenschaften können Sie feststellen, welchen Bereich des Displays Sie in Ihrem Spiel verwenden dürfen.

Bei der Initialisierung Ihrer App müssen Sie nun zwei Dinge beachten:

- Zum einen müssen Sie die Initialisierung in viewDidAppear auslösen, wobei Sie aber sicherstellen müssen, dass das nicht mehrfach geschieht. Die sonst üblichen Initialisierungsorte, also viewDidLoad oder didMove(to:) in der GameScene-Klasse, sind nicht geeignet, weil safeAreaLayoutGuide dort noch keine relevanten Daten enthält.
- Zum anderen sollten Sie in Ihrer Szene (also im SKScene-Objekt) den gleichen Maßstab verwenden wie in der safeAreaLayoutGuide-Eigenschaft (Maßeinheit Punkt, Koordinatenursprung links unten). Zwar steht es Ihnen frei, ein beliebiges anderes Koordinatensystem zu verwenden – aber dann müssen Sie die safeAreaLayoutGuide-Daten in Ihr eigenes Koordinatensystem umrechnen.

Die zumeist winzigen Apps in diesem Kapitel nehmen keine Rücksicht auf die Display-Besonderheiten aktueller iPhones und iPads. Diesbezüglich finden Sie ein »echtes« Beispiel in Kapitel 42, »Breakout«. Die dort präsentierte App berücksichtigt für den Spielbereich die safeAreaLayoutGuide-Daten.

SKSpriteNode-Objekt anzeigen

Kommen wir nun zurück zum Hello-World-Beispiel dieses Kapitels, das dank seiner Einfachheit auf jedem iOS-Gerät funktioniert und keine Anpassung an Displaybesonderheiten erfordert: Die verbleibenden Zeilen der GameScene-Klasse zeigen »typischen« SpriteKit-Code: Die Init-Funktion der SKSpriteNode-Klasse erzeugt ein Sprite mit dem Aussehen eines Raumschiffs:

```
// Datei GameScene.swift, in der Methode didMove()
// SKSpriteNode-Instanz für das Raumschiff erzeugen
spaceship = SKSpriteNode(imageNamed: "Spaceship")
```

Die Bitmap Spritekit.png befindet sich in Assets.xcassets. Die 394 × 347 Pixel große Datei war in der Vergangenheit Teil der Xcode-Musterdateien. Ihre Ausmaße gelten gleichzeitig als Defaultgröße für das neue Sprite. Auf der 1.024 Einheiten breiten Szene beansprucht das Raumschiff somit gut ein Drittel der Breite.

Es ist selbstverständlich möglich, die Größe zu verändern – dann wird das Sprite entsprechend skaliert. Wichtig ist aber, dass Sie nicht zu sehr in Pixel denken, denn die Anzahl der tatsächlichen Pixel hängt vom Gerät ab. SpriteKit kümmert sich automatisch darum, die Breite der Szene (1.024 Einheiten) auf die Anzahl der Pixel (bei einem iPhone XS im Querformat sind es z. B. 2.436 Pixel) umzurechnen. Wenn Sie eine hohe Bildqualität wünschen, müssen Sie ausreichend hoch auflösende Bitmaps verwenden.

Damit das Raumschiff tatsächlich sichtbar wird, muss es in der Szene positioniert und hinzugefügt werden. Dazu übergeben Sie an die position-Eigenschaft den gewünschten Ort als CGPoint-Objekt:

```
// Raumschiff in der Mitte anzeigen
let midPt = CGPoint(x: self.size.width / 2, y: self.size.height / 2)
spaceship.position = midPt
spaceship.zPosition = 1
self.addChild(spaceship)
```

CGFloat, CGSize und Co.

Bei der SpriteKit-Programmierung sind CGFloat-Zahlen sowie die Strukturen CGPoint, CGSize, CGRect und CGVector allgegenwärtig. Lesen Sie unbedingt Abschnitt 7.3, »CGFloat, CGPoint, CGSize und Co.«!

Räumliche Anordnung von Sprites und anderen Objekten (zPosition)

SpriteKit ist eine Bibliothek für 2D-Spiele – dennoch gibt es eine Z-Koordinate. Die Eigenschaft zPosition bestimmt, wie Sprites und andere SpriteKit-Objekte über- und untereinander angeordnet werden. Standardmäßig beträgt der Wert 0. Damit ein Sprite »über« anderen

Sprites positioniert wird, muss seine Z-Position größer sein. Bei vielen Spielen wird eine Hintergrund-Bitmap, ebenfalls als Sprite, an der Z-Position 0 angeordnet. Gibt es mehrere Sprites mit der gleichen Z-Position, dann ist es vom Zufall abhängig, welches Sprite sichtbar ist. Das macht die Fehlersuche oft mühsam. Vergessen Sie also nie die richtige Einstellung von `zPosition`.

Was tun, wenn Sprites nicht auf dem Bildschirm erscheinen?

Es kann viele Gründe geben, warum ein per Code erzeugtes Sprite nicht auf dem Bildschirm sichtbar wird. Die drei häufigsten Fehlerursachen sind: Sie haben eine Position außerhalb Ihres `SKScene`-Objekts angegeben, Sie haben vergessen, die `zPosition` korrekt einzustellen, und Ihr Sprite ist deswegen von einem anderen verdeckt, oder Sie haben vergessen, Ihr Sprite mit `addChild` in die Szene einzufügen.

Farb- und Bitmap-Literale

In Xcode können Sie durch sogenannte Literale auf Farben sowie auf Bitmaps aus Xcassets-Dateien zugreifen. Der Xcode-Editor unterstützt Sie bei der Eingabe dieser Literale und zeigt an dieser Stelle keinen Code an, sondern ein Rechteck mit der gewünschten Farbe bzw. eine verkleinerte Darstellung der betreffenden Bitmap. In SpriteKit-Code gibt es unzählige Anwendungsmöglichkeiten für diese Literale. Sie erhöhen gleichermaßen den Komfort bei der Eingabe als auch die Lesbarkeit des Codes (siehe Abbildung 28.5). Ein weiterer Vorteil besteht darin, dass bereits beim Kompilieren überprüft werden kann, ob es die entsprechenden Bitmaps überhaupt in einer Xcassets-Datei gibt. Auf diese Weise beugen Sie Tippfehlern vor.

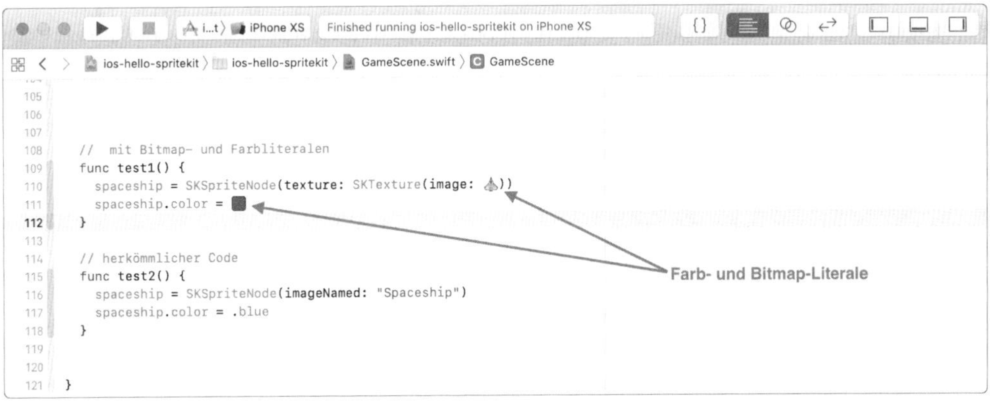

Abbildung 28.5 Xcode zeigt Farb- und Bitmap-Literale als grafische Elemente im Code an.

Wenn Sie Zeilen mit derartigen Literalen in einen gewöhnlichen Texteditor kopieren, wird daraus der folgende, weit weniger elegante Code:

```
func test1() {
  spaceship = SKSpriteNode(texture: SKTexture(
    image: #imageLiteral(resourceName: "Spaceship")))
  spaceship.color =
    #colorLiteral(red:   0.1431525946, green: 0.4145618975,
                  blue:  0.7041897774, alpha: 1)
}
```

Warum sind keine Literale im Beispielcode zum Buch?

In diesem Buch kann ich aus technischen Gründen in Listings nur Textzeichen, aber keine grafischen Elemente darstellen. Deswegen habe ich in den Beispielprogrammen auf Farb- und Bitmap-Literale verzichtet. Normalerweise entwickeln Sie Code aber nicht, um ihn anschließend abzudrucken – und dann spricht natürlich nichts gegen den Einsatz der Literale!

iOS-Geräteausrichtung steuern, Anzeige des Control Centers unterdrücken

In vielen SpriteKit-Apps wollen Sie explizit steuern, welche Geräteausrichtung zulässig ist und ob der Benutzer ohne Weiteres das Control Center durch eine Fingerbewegung über den Geräterand öffnen kann. Dazu können Sie entweder die entsprechenden Optionen für das iPhone bei den Target-Einstellungen setzen (Rubrik DEPLOYMENT INFO) oder für das iPad in der Datei `Info.plist` (Schlüssel *Supported interface orientations (iPad)*). Wenn Sie die möglichen Orientierungen einschränken, müssen Sie außerdem die Option REQUIRES FULL SCREEN setzen – andernfalls meckert Xcode.

Sie können die gewünschte Konfiguration auch per Code in der `GameViewController`-Klasse erzwingen. Das folgende Listing zeigt für diesen Fall ein Muster, das Sie je nach Bedarf anpassen können:

```
// (in der GameViewController-Klasse)
override var shouldAutorotate: Bool {  // Die App soll sich an die
  return true                          // Geräteausrichtung anpassen.
}
override var prefersStatusBarHidden: Bool {  // Anzeige des Control
  return true                                // Centers möglichst
}                                            // vermeiden
override var supportedInterfaceOrientations: UIInterfaceOrientationMask
{
  if UIDevice.current.userInterfaceIdiom == .phone {
    return .allButUpsideDown                 // erlaubte Geräte-
  } else {                                   // ausrichtungen
    return .all
  }
}
```

28.2 Sprites erzeugen und bewegen

Im Regelfall sind Sprites von rechteckigen Bitmaps abgeleitet. Um wie bei dem vorhin abgebildeten Raumschiff einen nicht rechteckigen Eindruck zu erreichen, müssen Sie teilweise transparente Bitmaps verwenden.

Bitmaps in Xcassets-Dateien

Üblicherweise fügen Sie die Bitmaps, die Sie mit Ihrer App mitliefern, per Drag & Drop in Xcassets-Dateien ein. Xcode gibt dazu die Datei `Assets.xcassets` vor. Bei größeren Spielen spricht aber nichts dagegen, die Bitmaps über mehrere Xcassets-Dateien zu verteilen. Für den Zugriff auf die Bitmaps im Code spielt es keine Rolle, in welcher Xcassets-Datei das Bild ist.

Wie gewohnt können Sie in Xcassets-Dateien Bitmaps in unterschiedlicher Auflösung (1 ×, 2 × und 3 ×) für Geräte ohne, mit oder mit besonders hochauflösenden Retina-Displays ausliefern. Das Spiel verwendet dann je nach Gerät die am besten geeignete Variante. Ich verzichte in der Regel auf diese Möglichkeit: Geräte ohne Retina-Display sind im Aussterben begriffen, eine Optimierung auf 3 × -Displays ist zumeist nicht wahrnehmbar.

```
// erzeugt ein Sprite aus einer Bitmap, die sich in einer
// Xcassets-Datei befindet; die Dateikennung (z. B. .png)
// wird nicht angegeben
var sprite = SKSpriteNode(imageNamed: "bitmapname")
```

Sprite-Position und AnchorPoint

Mit der `position`-Eigenschaft legen Sie die gewünschte Position durch ein `CGPoint`-Objekt fest. Dabei gilt das Koordinatensystem des übergeordneten Containers. Wenn Sie Ihr Sprite also mit `addChild` in Ihre `GameScene` einfügen, dann gilt das Koordinatensystem der Szene.

Jetzt bleibt nur noch die Frage zu klären, auf welchen Punkt im Sprite sich die Position überhaupt bezieht. Standardmäßig wird hierzu der Mittelpunkt des Sprites herangezogen. Das ist insbesondere dann zweckmäßig, wenn Sie später vorhaben, das Sprite zu drehen.

Sie können den Referenzpunkt des Sprites über die Eigenschaft `anchorPoint` verändern. Dabei bezeichnet der Punkt `(0.5, 0.5)` den Mittelpunkt des Sprites, vollkommen unabhängig von dessen tatsächlicher Größe. `(0, 0)` ist links unten, `(1, 1)` ist rechts oben (siehe Abbildung 28.6).

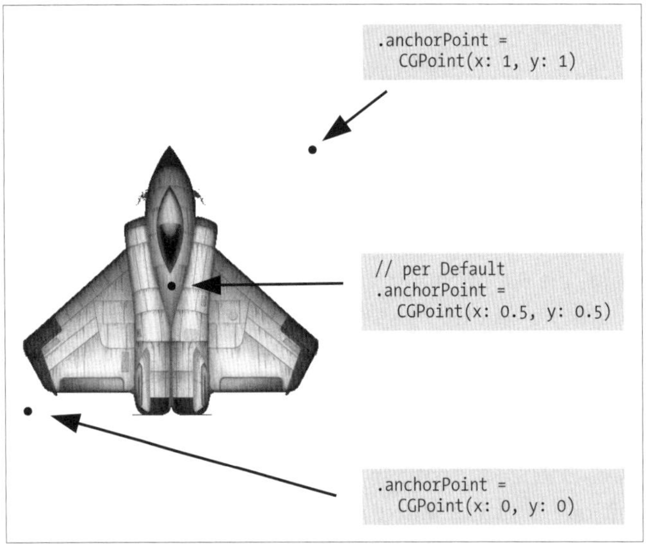

Abbildung 28.6 Einstellung des Sprite-Referenzpunkts

Sprite-Aussehen verändern

Anfänglich ist das Aussehen des Sprites durch die zugrunde liegende Bitmap vorgegeben. Es gibt aber unzählige Möglichkeiten, das Aussehen durch die Einstellung von Eigenschaften zu beeinflussen:

- `alpha` gibt die Transparenz des Sprites an. Der Defaultwert 1,0 bedeutet, dass die Bitmap voll sichtbar ist. Mit der Einstellung 0,0 wird das Sprite unsichtbar.
- `color` gibt die Farbe des Sprites an. Mit dieser Farbe werden nicht durchsichtige bzw. nicht schwarze Bereiche des Sprites überlagert. Farben geben Sie in Xcode am elegantesten als Farbliteral an – dann zeigt Xcode anstelle von `#colorLiteral` einen entsprechenden Farbpunkt an. Sie können aber auch auf Defaultfarben von `SKColor` zurückgreifen, z. B. in der Form `color = .red`.
- `colorBlendFactor` gibt an, wie stark die Farbe des Sprites berücksichtigt wird. Die Defaulteinstellung lautet 0,0, d. h., der Zustand der `color`-Eigenschaft wird ignoriert. Mit dem Wert 1,0 werden alle Farben der Bitmap durch die gewünschte Farbe ersetzt, wobei die Helligkeitsschattierungen aber erhalten bleiben. `color` und `colorBlendFactor` eignen sich gut, um mehrere gleichartige Objekte in unterschiedlichen Farben darzustellen – z. B. rote und grüne Monster oder blau und violett funkelnde Kristalle. Am besten funktioniert das, wenn Sie die zugrunde liegende Bitmap gleich in Schwarzweiß-Schattierungen entwerfen.
- `size` steuert wenig überraschend die Größe des Sprites. Die Bitmap wird entsprechend skaliert. Die Größenangabe erfolgt durch ein `CGSize`-Objekt, wobei sich die Maße auf den Container beziehen – häufig also auf das `SKScene`- bzw. `GameScene`-Objekt, in dem das Sprite angezeigt wird.

- `zRotation` gibt die Drehung des Objekts um den Referenzpunkt an. Der Winkel wird im Bogenmaß angegeben. `0` bedeutet keine Drehung, `pi/2` eine Drehung um 90 Grad gegen den Uhrzeigersinn etc. (siehe Abbildung 28.4).

SpriteKit bietet ärgerlicherweise keine Möglichkeit, eine Textur innerhalb eines Sprites zu wiederholen (*Tiled Textures*). Wenn Sie also eine Ziegelmauer benötigen, brauchen Sie entweder eine Textur in der gesamten Größe der Mauer oder Sie müssen die Mauer aus vielen einzelnen Elementen zusammensetzen, die jeweils einen Ziegel abbilden.

Animierte Sprites (Sprite-Folgen)

In vielen Spielen sind die Figuren nicht statisch, sondern verändern ihre Form ständig oder zumindest bei Bewegungen. Das gelingt am einfachsten, indem Sie die Sprite-Bitmap aus einer vorbereiteten Folge von Bitmaps wie bei einem Daumenkino ständig wechseln. Den Bildwechsel erledigen Sie mit einer Frame-Action (siehe Abschnitt 28.5, »Aktionen«).

Sprites ohne Bitmap (ShapeNodes)

Objekte in SpriteKit-Apps basieren normalerweise auf Bitmaps – aber es geht auch ohne: Wenn Sie in Ihrem Spiel einfarbige Objekte benötigen, sei es als Hintergrund, als Begrenzungswand oder als Kanonenkugel, dann erzeugen Sie einfach ein entsprechend geformtes `SKShapeNode`-Objekt.

Diverse Init-Funktionen helfen Ihnen dabei, rechteckige, runde, elliptische oder frei geformte Objekte zu erzeugen, wobei Sie die gewünschte Größe, eine Liste von Eckpunkten oder einen Bézier-Pfad übergeben. Das Aussehen wird durch zwei Farben bestimmt: `fillColor` für das Innere des Objekts und `strokeColor` für die Umrandung, deren Breite mit `lineWidth` eingestellt wird. Die folgenden Zeilen zeigen, wie Sie einen Kreis und ein Rechteck mit abgerundeten Ecken erzeugen:

```
// Projekt ios-hello-spritekit, Datei GameScene.swift
private func createShapes() {
  let shape1 = SKShapeNode(circleOfRadius: 50)
  shape1.fillColor = .green
  shape1.strokeColor = .red
  shape1.lineWidth = 5
  shape1.position = CGPoint(x: 500, y: 500)
  shape1.zPosition = 2
  self.addChild(shape1)

  let rect = CGRect(x: 400, y: 600, width: 100, height: 30)
  let shape2 = SKShapeNode(rect: rect, cornerRadius: 10)
  shape2.fillColor = .blue
  shape2.strokeColor = .blue
```

```
  shape2.zPosition = 3
  self.addChild(shape2)
}
```

Einmal erzeugte Shape-Objekte können Sie dabei weitgehend genauso wie Sprites behandeln: drehen, neu positionieren, verkleinern und vergrößern, transparent machen (alpha-Eigenschaft) etc.

Sprites bewegen

Es gibt mindestens drei Möglichkeiten, Sprites zu bewegen:

- Sie können im Game-Loop regelmäßig die Position des Sprites neu einstellen. Dazu bietet sich die update-Methode der SKScene-Klasse an.
- Sie können eine Aktion definieren (also ein SKAction-Objekt erzeugen) und das Sprite damit bewegen.
- Sie können die Physics-Komponente des SpriteKits aktivieren und dem Sprite eine Geschwindigkeit geben. Dann bewegt es sich von selbst. Je nachdem, wie Sie Ihre Spielwelt gestalten, können Sie dabei auch die Gravitation, die Reibung, das Verhalten bei Zusammenstößen etc. berücksichtigen.

Der Game-Loop, die Aktionen und die Physics-Komponente werden in den weiteren Abschnitten dieses Kapitels noch ausführlich behandelt. Vorweg zeige ich Ihnen, wie Sie das Raumschiff in einer update-Methode im Kreis fliegen lassen können: Dazu vergrößern Sie bei jedem Aufruf den Winkel angle, berechnen dann mit cos und sin die X- und Y-Position und verändern die position-Eigenschaft entsprechend. Damit das Raumschiff immer in Flugrichtung zeigt, wird außerdem zRotation angepasst.

Sinus und Cosinus

Wenn Sie sich während der Schule oder im Studium gefragt haben, wozu Sie Sinus- und Cosinus-Funktionen lernen müssen, bekommen Sie jetzt die Antwort: Bei vielen Spielen werden Sie ohne die sichere Handhabung der trigonometrischen Funktionen scheitern. Werfen Sie gegebenenfalls einen Blick in die Wikipedia, wo diese Funktionen sehr anschaulich erläutert werden:

https://de.wikipedia.org/wiki/Sinus_und_Kosinus

```
// Projekt ios-hello-spritekit, Datei GameScene.swift
class GameScene: SKScene {
  private var spaceship: SKSpriteNode!
  private var angle: CGFloat = 0.0
```

```
  override func didMove(to view: SKView) {
    // ... Code wie im Hello-World-Projekt,
    //     spaceship initialisieren und anzeigen
  }

  // diese Methode wird typischerweise 60-mal pro Sekunde aufgerufen
  override func update(_ currentTime: TimeInterval) {
    angle += .pi / 40.0
    // Mittelpunkt, um den das Raumschiff kreist
    let x0 = self.size.width / 2
    let y0 = self.size.height / 2
    // Kreisradius 200
    let pos = CGPoint(x: x0 + 200 * cos(angle),
                      y: y0 + 200 * sin(angle))
    spaceship.position = pos
    spaceship.zRotation = angle
  }
}
```

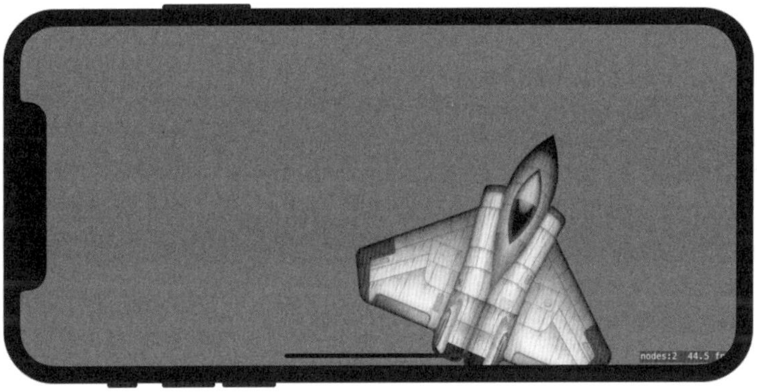

Abbildung 28.7 Das Raumschiff auf seinem Rundflug im iOS-Simulator

Text (LabelNodes)

Text spielt in SpriteKit-Apps zumeist eine untergeordnete Rolle – aber ganz ohne Text geht es selten: Zur Anzeige von GAME OVER oder des aktuellen Scores benötigen Sie Textfelder. Das SpriteKit bietet dazu die `SKLabelNode`-Klasse an. Die Handhabung ist ganz ähnlich wie bei Sprites und Shapes: Sie erzeugen das Objekt, positionieren es und denken daran, die `zPosition` richtig einzustellen und das Objekt der Szene hinzuzufügen.

An die Init-Funktion übergeben Sie in der Regel den gewünschten Zeichensatz oder den anzuzeigenden Text. In der Folge stellen Sie die restlichen Eigenschaften ein. Der Text wird standardmäßig vertikal und horizontal über den durch `position` angegebenen Punkt zentriert. Eine andere Ausrichtung erreichen Sie bei Bedarf durch die Veränderung der Eigenschaften `horizontal`- bzw. `verticalAlignmentMode`.

```
// Projekt ios-hello-spritekit, Datei GameScene.swift
private func createLabel() {
  let label = SKLabelNode(fontNamed: "AvenirNext-Bold")
  label.text = "Game Over"
  label.fontColor = .blue
  label.fontSize = 70
  label.position = CGPoint(x: 500, y: 500)
  label.zPosition = 4
  label.verticalAlignmentMode = .center
  self.addChild(label)
}
```

Welche Fonts gibt es?

Um herauszufinden, welche Fonts unter welcher iOS-, tvOS- oder macOS-Version zur Verfügung stehen und wie diese Fonts aussehen, werfen Sie einfach einen Blick auf die folgende Website:

http://iosfonts.com

Organisation der Sprites

In den Beispielen dieses Kapitels werden alle Sprites direkt in die Szene eingefügt (`self.addChild`). Bei komplexeren Spielen ist es jedoch zweckmäßiger, Sprites und andere SpriteKit-Objekte baumförmig zu organisieren. Jede von `SKNode` abgeleitete Klasse, also z. B. `SKShapeNode`, `SKLabelNode` und `SKSpriteNode`, kann selbst wieder Objekte (*Kinder*) enthalten. Auf diese Weise können Sie z. B. die gesamte Beschriftung ein- und ausblenden oder eine Gruppe von Objekten gemeinsam verschieben.

28.3 Spielsteuerung durch Touch-Ereignisse

Zur Spielsteuerung stehen je nach Gerät verschiedene Varianten zur Auswahl:

- Finger (iOS und tvOS)
- Bewegungssteuerung (Gyroskop, iOS und tvOS)
- Maus (macOS)
- Tasten der Fernbedienung (tvOS) bzw. Tastatur (macOS)

Dieser Abschnitt widmet sich der ersten Variante und den zugrunde liegenden `touches`-Methoden. Im nächsten Abschnitt gehe ich auf die Bewegungssteuerung näher ein. Informationen zum Umgang mit Tastatur und Maus unter macOS finden Sie in Abschnitt 26.2, »Maus«, und Abschnitt 19.4, »Tastatur«.

Touch-Ereignisse unter iOS

Üblicherweise steuern Sie ein Spiel mit dem Finger auf dem Display bzw. beim Apple-TV-Gerät auf der Fernbedienung. Dazu implementieren Sie die Methoden `touchesBegan`, `-Moved`, `-Ended` und `-Cancelled`. Laut Dokumentation müssen Sie dabei entweder `super.touchesXxx()` aufrufen oder alle vier Methoden selbst implementieren (nicht nur eine oder zwei). Wenn Sie für eine Methode keine Verwendung haben, reicht eine Leerimplementierung, also die Implementierung der Methode ohne eigenen Code.

An alle vier Methoden wird ein Set von `UITouch`-Objekten übergeben – für jeden Finger auf dem Display ein Objekt. Das ermöglicht die Auswertung von Berührungen mit mehreren Fingern gleichzeitig – z. B. wenn Ihr Spiel die Möglichkeit bietet, mit einem Finger ein Objekt zu steuern und mit einem zweiten Finger einen Fire-Button zu betätigen. (Ein entsprechendes Beispiel folgt gleich.)

Wenn Sie auf Multi-Touch-Ereignisse verzichten können, stellen Sie die Eigenschaft `isMultipleTouchEnabled` des `SKView`-Objekts auf `false`, z. B. in der Methode `viewDidLoad` der `GameViewController`-Klasse. Alternativ können Sie in den `touches`-Methoden auch die Anzahl der `UITouch`-Objekte feststellen (`touches.count`) und auf jede Weiterverarbeitung verzichten, wenn diese Anzahl ungleich 1 ist.

Die Position der Berührung ermitteln Sie mit der Methode `location` der `UITouch`-Klasse. Dabei müssen Sie angeben, relativ zu welchem anderen Objekt die Position angegeben werden soll. Im Regelfall werden Sie hier Ihr `GameScene`-Objekt übergeben (in der `GameScene`-Klasse also einfach `self`) – dann erhalten Sie die Position des Touch-Ereignisses im Koordinatensystem der Szene.

Der folgende Code bewirkt, dass das Raumschiff immer da angezeigt wird, wo sich gerade der Finger auf dem Display befindet. Letztlich reduziert sich die Logik darauf, dass die `position`-Eigenschaft des Raumschiffs mit dem Ort der Berührung eingestellt wird.

```
override func touchesBegan(_ touches: Set<UITouch>,
                           with event: UIEvent?) { } // keine Reaktion
override func touchesMoved(_ touches: Set<UITouch>,  // Position ändern
                           with event: UIEvent?) {
  if touches.count == 1 {
    spaceship.position = touches.first!.location(in: self)
  }
}
override func touchesEnded(_ touches: Set<UITouch>,
                           with event: UIEvent?) { } // keine Reaktion
override func touchesCancelled(_ touches: Set<UITouch>,
                           with event: UIEvent?) { } // keine Reaktion
```

Der obige Code ist leicht zu verstehen und funktioniert ausgezeichnet. Er ist für die meisten Spiele aber zu simpel: Das Raumschiff bewegt sich einerseits unendlich schnell (Warp-Antrieb?), dreht sich aber nie in Bewegungsrichtung.

Zur Feststellung der Richtung ist es zweckmäßig, den Startpunkt der Berührung in `touchesBegan` zu speichern. Dann kann aus dem aktuellen Ort die Bewegungsrichtung (`deltax` und `deltay`) berechnet werden und daraus mit der `atan2`-Funktion der Bewegungswinkel. (Die `UITouch`-Klasse stellt übrigens auch die Methode `previousLocation` zur Verfügung. Die hilft aber selten weiter, weil der letzte Berührungsort auf dem Display oft nur Millimeterbruchteile vom aktuellen Ort entfernt ist. Zur Ermittlung der Bewegungsrichtung ist das zu ungenau, und es kommt zu extrem zittrigen Rotationen.)

```
var startPt: CGPoint!   // Startpunkt der Bewegung

override func touchesBegan(_ touches: Set<UITouch>,
                           with event: UIEvent?) {
  if let touch = touches.first {
    startPt = touch.location(in: self)
  }
}
// Raumschiff bewegen und korrekt drehen
override func touchesMoved(_ touches: Set<UITouch>,
                           with event: UIEvent?) {
  if let touch = touches.first {
    let pt = touch.location(in: self)
    let deltax = pt.x - startPt.x
    let deltay = pt.y - startPt.y
    spaceship.position = pt
    spaceship.zRotation = atan2(-deltax, deltay)
  }
}
```

Aber auch in dieser Form ist der Code nicht perfekt: Kleine Bewegungen führen zu einem Zittern des Raumschiffs. Das lässt sich beheben, wenn in `touchesMoved` die Länge der Bewegung berechnet wird und eine Veränderung der Raumschiffposition und -lage erst ab einer Mindestbewegung durchgeführt wird. Dann bleibt noch das Problem, dass die Logik auch bei längeren Bewegungen versagt: Daher sollte nicht der Startpunkt der Bewegung als Referenz dienen, sondern der Ort, der vor 20 Frames oder vor 300 Millisekunden aktuell war. Das lässt sich am einfachsten realisieren, indem Sie die letzten Positionen in einem Array speichern. Diese Variante ist auch im Beispielprogramm zu diesem Abschnitt realisiert:

```
// Projekt ios-spritekit-touch, Datei GameScene.swift

// Array mit den letzten Positionen
var lastPts = [CGPoint]()
```

```
// Array neu initialisieren
override func touchesBegan(_ touches: Set<UITouch>,
                           with event: UIEvent?)
{
  if let touch = touches.first {
    lastPts = [touch.location(in: self)]
  }
}
// aktuellen Ort zum Array hinzufügen
override func touchesMoved(_ touches: Set<UITouch>,
                           with event: UIEvent?)
{
  if let touch = touches.first {
    lastPts.append(touch.location(in: self))
    if lastPts.count>20 { lastPts.removeFirst() }
    if let startPt = lastPts.first {
      let pt = touch.location(in: self)
      let deltax = pt.x - startPt.x
      let deltay = pt.y - startPt.y
      spaceship.position = pt
      spaceship.zRotation = atan2(-deltax, deltay)
    }
  }
}
```

Mitunter ist der hier beschriebene Aufwand gar nicht notwendig: Oft besteht das Ziel nur darin, unabhängig vom tatsächlichen Ort der Berührung die Bewegungsrichtung festzustellen, damit sich die Spielfigur dann in diese Richtung weiterbewegt. Das trifft z. B. auf die Pac-Man-Variante zu, die ich Ihnen in Kapitel 43 präsentiere.

Zwischen Bewegung (Move) und Berührung (Tap) differenzieren

Wenn Sie zwischen einer Bewegung und einer bloßen Berührung differenzieren müssen, speichern Sie in `touchesBegan` den Startzeitpunkt. In `touchesMoved` reagieren Sie auf die Bewegung nur, wenn seit dem Startzeitpunkt eine bestimmte Mindestzeitspanne vergangen ist (z. B. 200 Millisekunden). Umgekehrt verarbeiten Sie die Berührung in `touchesEnded` als Tap-Ereignis, wenn die Zeitspanne kleiner als Ihr vorgegebenes Minimum war. Entsprechenden Beispielcode finden Sie in allen drei großen SpriteKit-Beispielprojekten (Kapitel 42, »Breakout«, Kapitel 43, »Pac-Man selbst gemacht«, und Kapitel 44, »Asteroids«).

Bei iOS-Spielen ist es oft auch zweckmäßig, je nach dem Ort der Berührung unterschiedlich zu reagieren: Vielleicht gibt es rechts unten einen »Fire-Button-Bereich«: Ein Tap dort feuert eine Rakete ab. Touch-Ereignisse anderswo werden hingegen als Bewegung gewertet. In diesem Fall ist eine Multi-Touch-Auswertung notwendig, damit Sie Ihr Raumschiff gleichzeitig bewegen und Raketen abfeuern können. Für jedes UITouch-Objekt werten Sie die Position aus und berücksichtigen die Ergebnisse entsprechend.

Der folgende Beispielcode setzt voraus, dass am Bildschirm ein roter Kreis mit dem Radius 50 als Feuer-Button dargestellt wird:

```
private var fireNode:  SKShapeNode!
...
// roten Feuer-Button darstellen
fireNode = SKShapeNode(circleOfRadius: 50)
fireNode.position = CGPoint(x: 750, y:300)
fireNode.zPosition = 2
fireNode.strokeColor = .red
fireNode.lineWidth = 2
fireNode.fillColor = .clear  // durchsichtig
self.addChild(fireNode)
```

Der Test, ob ein Touch-Event den Fire-Knopf betrifft oder nicht, kann so aussehen:

```
override func touchesBegan(_ touches: Set<UITouch>,
                           with event: UIEvent?)
{
  for t in touches {
    let pt =  t.location(in: self)
    if distance(pt1: pt, pt2: fireNode.position) < 50 {
        print("fire")
    } else {
      lastPts = [t.location(in: self)]
    }
  }
}
```

Die Entfernung zwischen zwei Punkten wird laut Pythagoras so ausgerechnet:

```
private func distance(pt1: CGPoint, pt2: CGPoint) -> CGFloat {
  return sqrt((pt1.x-pt2.x)*(pt1.x-pt2.x) +
              (pt1.y-pt2.y)*(pt1.y-pt2.y))
}
```

Touch-Ereignisse unter tvOS

Grundsätzlich erfolgt die Verarbeitung von Touch-Ereignissen unter tvOS exakt wie unter iOS. Es gibt aber einen wesentlichen Unterschied: Unter iOS verraten Ihnen die UITouch-Objekte den absoluten Ort, wo der Spieler auf den Bildschirm gedrückt hat. Unter tvOS erfahren Sie zwar auch einen absoluten Ort, der bezieht sich aber nicht auf den Bildschirm, sondern auf die berührungsempfindliche Fläche der Fernbedienung. Sie müssen daher die touch-Ereignisse immer relativ zur aktuellen Position verarbeiten.

Im folgenden Beispiel gehe ich ein letztes Mal davon aus, dass Ihr Ziel darin besteht, ein Raumschiff über den Bildschirm zu bewegen – diesmal aber mit der Fernbedienung. Vorausgesetzt wird wie in den vorherigen Beispielprogrammen, dass das Raumschiff in `didMove` als `SKSpriteNode`-Objekt initialisiert und angezeigt wird.

Der erforderliche Code sieht ganz ähnlich aus wie beim letzten Beispiel. Allerdings wird nun aus der aktuellen Position und der vorigen Position (`previousLocation`) das zumeist winzige Delta der Bewegung errechnet und zur aktuellen Position hinzugefügt. Das Array `lastPts` wird nur für die Einstellung des Rotationswinkels verwendet.

```
// Projekt tvos-spritekit-touch, Datei GameScene.swift
var lastPts = [CGPoint]()
override func touchesBegan(_ touches: Set<UITouch>,
                           with event: UIEvent?)
{
  // Array mit Orten auf Fernbedienung neu initialisieren
  if let touch = touches.first {
    lastPts = [touch.location(in: self)]
  }
}
override func touchesMoved(_ touches: Set<UITouch>,
                           with event: UIEvent?)
{
  if let t = touches.first {
    // max. 20 Positionen speichern
    lastPts.append(t.location(in: self))
    if lastPts.count>20 { lastPts.removeFirst() }
    // Position ändern (Delta zwischen jetziger Position und
    // voriger Position auf der Fernbedienung hinzufügen)
    let deltax = t.location(in: self).x -
                 t.previousLocation(in: self).x
    let deltay = t.location(in: self).y -
                 t.previousLocation(in: self).y
    let current = spaceship.position
    spaceship.position =
      CGPoint(x: current.x + deltax, y: current.y + deltay)
    // Richtung nur ändern, nachdem zumindest fünf Touch-Ereignisse
    // gemeldet wurden
    if lastPts.count>5 {
      let startPt = lastPts.first!
      let deltax = current.x - startPt.x
      let deltay = current.y - startPt.y
      spaceship.zRotation = atan2(-deltax, deltay)
    }
  }
}
```

28.4 Bewegungssteuerung (Gyroskop und Accelerometer)

iOS-Geräte und die Fernbedienung von tvOS enthalten ein Gyroskop und einen Beschleunigungsmesser (Accelerometer). Das sind Sensoren, die die Bewegungen des Geräts um alle drei Achsen im Raum feststellen können. Aus Entwicklersicht gibt es allerdings große Unterschiede bei der Auswertung dieser Messdaten, je nachdem, ob Sie eine App für iOS oder für tvOS entwickeln.

Gyroskop versus Accelerometer

Ein Gyroskop (Kreiselkompass) ist ein Sensor, der Änderungen an der Drehung (Rotation) des Geräts um seine Achsen feststellen kann.

Das Accelerometer misst dagegen, wie das Gerät linear beschleunigt wird – nach links oder nach rechts, vor oder zurück, nach oben oder unten. In die Beschleunigungsdaten fließt auch die durch die Gravitation verursachte Erdbeschleunigung ein.

Welcher der beiden Sensoren für Ihr Spiel am besten geeignet ist, hängt davon ab, welche Bewegungen Sie feststellen möchten: Zur Steuerung eines Objekts (Raumschiff, Auto, Spielfigur) durch Drehung des iPhones oder der tvOS-Fernbedienung bietet sich das Gyroskop an. Wenn Sie ein Schütteln detektieren wollen oder einen virtuellen (Tennis)-Schläger nachbilden wollen, führen die Accelerometer-Daten zum Ziel.

Wenn Sie sich unsicher sind, macht iOS Ihnen die Auswertung der Bewegungsdaten mit `CMDeviceMotion`-Objekten besonders einfach: Diese Objekte enthalten Daten, die aus *beiden* Sensoren zusammengerechnet wurden. Dazu zählen die drei Winkel *Roll*, *Pitch* und *Yaw* (auf deutsch *Roll-Nick-Gier-Winkel*), die die Bewegung des Geräts um seine drei Koordinatenachsen ausdrücken (siehe Abbildung 28.8). Zu beachten ist, dass es keine Möglichkeit gibt, die Bewegungskoordinaten an eine andere Geräteausrichtung anzupassen. Wenn Sie also ein Spiel für den Landscape-Modus programmieren, ändern die drei Winkel ihre Bedeutung.

Auch wenn ich Ihnen das Gyroskop und den Accelerometer hier im Kontext der Spieleprogrammierung vorstelle, ist die Anwendung dieser Sensoren keineswegs auf Spiele beschränkt! Sie können die hier präsentierten Programmiertechniken ebenso gut in »gewöhnlichen« iOS-Apps anwenden.

Bildschirmrotation abstellen (Device Orientation)

Unter iOS werden die Gyroskop- und Accelerometer-Daten standardmäßig ausgewertet, um die Ausrichtung des Bildschirms zu ändern: Wenn Sie also Ihr iPhone drehen, dann drehen sich auch viele Apps. Wenn Sie die Bewegungsdaten selbst verarbeiten möchten, müssen Sie im Regelfall die automatische Drehung deaktivieren. Dazu geben Sie bei den Projekteigenschaften an, dass Ihrer App nur im Portrait- oder in einem Landscape-Modus laufen soll, und deaktivieren alle anderen Optionen (siehe Abbildung 28.9).

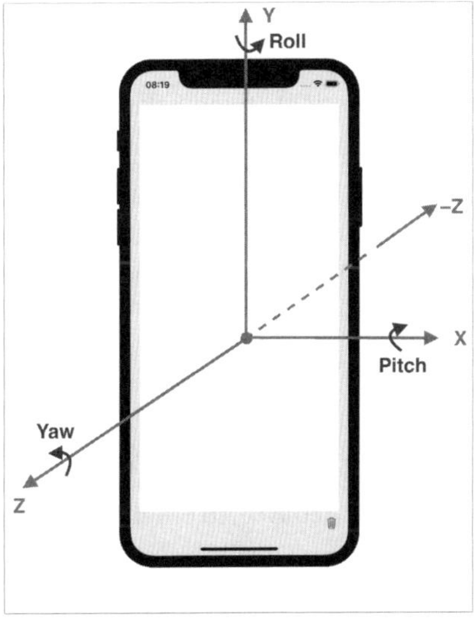

Abbildung 28.8 Koordinatensystem für Gyroskop und Accelerometer

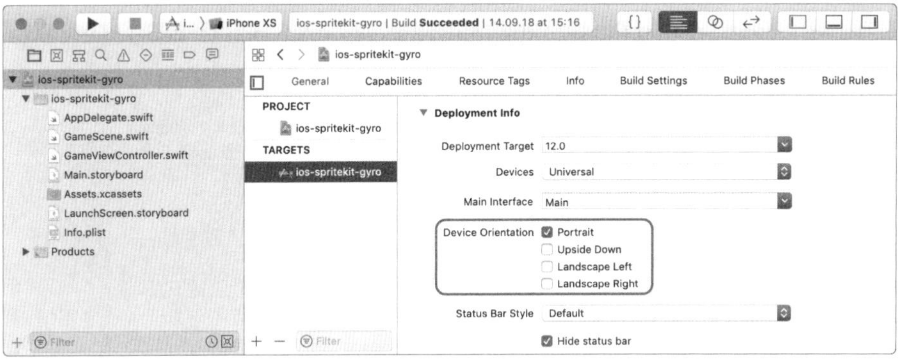

Abbildung 28.9 Bei iPhones nur eine Ausrichtung erlauben

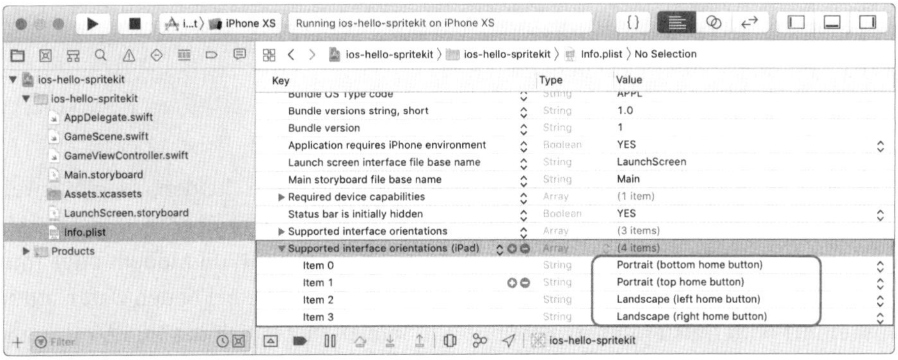

Abbildung 28.10 Um die Orientierung von iPad-Apps einzuschränken, müssen drei der vier Einträge entfernt werden.

28

Bei iPhones sind diese Einstellungen ausreichend. iPad-Apps lassen sich aber weiterhin in alle vier Richtungen drehen. Schuld daran ist der Schlüssel SUPPORTED INTERFACE ORIENTATIONS (IPAD) in `Info.plist`, der standardmäßig alle vier Ausrichtungen erlaubt (siehe Abbildung 28.10). Die Projekteinstellungen haben keinen Einfluss auf die zulässige Ausrichtung von iPad-Apps. Sie müssen daher die drei nicht unterstützten Richtungseinträge entfernen. Gleichzeitig müssen Sie in den Projekteinstellungen die Option REQUIRES FULL SCREEN aktivieren – sonst zeigt Xcode die Warnung an, dass die Einschränkung der Orientierung bei iPad-Apps nicht erlaubt ist.

Bewegungssteuerung unter iOS

Um Bewegungsdaten unter iOS zu ermitteln, importieren Sie die Core-Motion-Bibliothek und erzeugen einen `CMCoreMotionManager`. Die Dokumentation warnt davor, in einer App mehrere derartige Objekte zu erstellen. Achten Sie darauf, dass Sie *ein* Objekt einrichten und dieses dann in allen Teilen Ihrer App nutzen.

Diesem Manager teilen Sie nun mit, welchen Sensor Sie nutzen möchten (`startXxxUpdates`) und wie häufig dessen Daten aktualisiert werden sollen (`xxxUpdateInterval`). Damit die Bewegungssteuerung bei Spielen flüssig funktioniert, müssen Sie sich trotz des damit verbundenen Stromverbrauchs für eine hohe Update-Rate entscheiden:

```
import CoreMotion
private let mm = CMMotionManager()
...
// wenn Sie nur Accelerometer-Daten wünschen
mm.accelerometerUpdateInterval = 1.0 / 60
mm.startAccelerometerUpdates()

// wenn Sie nur Gyroskop-Daten benötigen
mm.gyroUpdateInterval = 1.0 / 60
mm.startGyroUpdates()

// wenn Sie die kombinierten Daten aus Accelerometer
// und Gyroskop wünschen (am bequemsten)
mm.deviceMotionUpdateInterval = 1.0 / 60
mm.startDeviceMotionUpdates()
```

Egal, für welche der drei oben skizzierten Varianten Sie sich entscheiden, es gibt zwei Wege, wie Sie zu den Bewegungsdaten kommen: Sie können entweder über die Eigenschaften des Motion Managers dessen gerade aktuellen Daten auslesen (Pull-Modell) oder mit `startXxxUpdatesToQueue` eine Funktion bzw. eine Closure angeben, die bei neuen Daten automatisch ausgeführt wird (Push-Modell). Bei SpriteKit-Spielen bietet sich das Pull-Modell an. Die Auswertung kann z. B. in der `update`-Methode der `SKScene`-Klasse erfolgen. Diese Methode wird bei jedem Frame ausgeführt. Der Zugriff auf die Bewegungsdaten sieht so aus:

```
if let dm = mm.deviceMotion {
  let a: CMAttitude,     g: CMAcceleration,
      r: CMRotationRate, u: CMAcceleration
  a = dm.attitude          // Roll-, Pitch- und Yaw-Winkel
  g = dm.gravity           // Vektor, zeigt zum Erdmittelpunkt
  r = dm.rotationRate      // Drehungen pro Sekunde um die Achsen
  u = dm.userAcceleration  // Beschleunigung ohne Gravitation
}
```

Dazu noch ein paar Anmerkungen:

- `attitude` enthält die drei Winkel *Roll*, *Pitch* und *Yaw* (siehe Abbildung 28.8).
- `gravity` ist ein Vektor mit den Komponenten `x`, `y` und `z`, der die Erdbeschleunigung und deren Richtung angibt. `gravity` zeigt immer zum Erdmittelpunkt.
- `rotationRate` enthält in den Eigenschaften `x`, `y` und `z` die Anzahl der Drehungen pro Sekunde (also die Rotationsgeschwindigkeit) rund um die jeweilige Koordinatenachse. Für die Drehrichtung gilt jeweils die Rechte-Hand-Regel: Wenn Sie mit Ihrer Hand eine Koordinatenachse umfassen, sodass der ausgestreckte Daumen in die Achsenrichtung zeigt, dann zeigen die vier anderen Finger in die Drehrichtung.
- `userAcceleration` enthält die Accelerometer-Daten, aus denen die Erdanziehung aber bereits herausgerechnet wurde. Sie erhalten damit also die vom Benutzer ausgeübte Beschleunigung des Geräts in die jeweilige Koordinatenrichtung.

Noch mehr Bewegungsdaten

Über die Core-Motion-Bibliothek können Sie auch auf weitere Bewegungsdaten zugreifen, z. B. (je nach Gerät) auf die Anzahl der zurückgelegten Schritte (`CMPedometerData`) oder auf die Meereshöhe (`CMAltimeter`). Details dazu können Sie in der Core-Motion-Referenz nachlesen:

https://developer.apple.com/documentation/coremotion

Beispiele für iOS

Das folgende einfache Beispiel zur Auswertung der Bewegungsdaten zeigt, wie die `zRotation`-Eigenschaft unser Hello-World-Raumschiff immer so dreht, dass es nach oben zeigt (siehe Abbildung 28.11). Das Beispielprogramm setzt voraus, dass die App im Portrait-Modus läuft.


```
// Projekt ios-spritekit-gyro, Datei GameScene.swift
import SpriteKit
import CoreMotion
class GameScene: SKScene {
  private var spaceship: SKSpriteNode!
  private let mm = CMMotionManager()
  private var lasttime = Date()
```

```
  override func didMove(to view: SKView) {
    // spaceship wie im Hello-World-Beispiel initialisieren
    ...
    // Bewegungsmanager einrichten
    mm.deviceMotionUpdateInterval = 1.0 / 60
    mm.startDeviceMotionUpdates()
  }
  // Raumschiff entsprechend dem Yaw-Winkel so drehen,
  // dass die Spitze immer nach oben zeigt
  override func update(_ currentTime: TimeInterval) {
    if let dm = mm.deviceMotion {
      spaceship.zRotation = -CGFloat(dm.attitude.yaw)
    }
  }
}
```

Abbildung 28.11 Egal, wie das iPhone gedreht wird – das Raumschiff zeigt immer nach oben.

Wenn Sie die vorige update-Methode durch den folgenden Code ersetzen, bewegt sich das Raumschiff je nach Neigung des iPhones nach links, rechts, vorne oder zurück – und zwar umso schneller, je stärker die Neigung ist. Auf eine Drehung wird dabei verzichtet.

```
// Raumschiff je nach Neigung des iPhones/iPads nach
// links/rechts/vorne/hinten bewegen
override func update(_ currentTime: TimeInterval) {
  if let dm = mm.deviceMotion {
    let deltax = CGFloat(dm.gravity.x) * 10
    let deltay = CGFloat(dm.gravity.y) * 10
```

```
    let pt = spaceship.position
    let newPt = CGPoint(x: pt.x + deltax, y: pt.y + deltay)
    spaceship.position = newPt
  }
}
```

Der obige Code setzt voraus, dass das iPhone normalerweise flach (eben) gehalten wird, wenn keine Bewegung erwünscht ist. Wenn Sie möchten, können Sie den Code noch dahingehend optimieren, dass bei einer kleinen Neigung keine Bewegung stattfindet und dass das Raumschiff nicht über die Grenzen des Bildschirms hinaus bewegt werden kann.

Bewegungssteuerung unter tvOS

Die vorhin präsentierten Konzepte gelten prinzipiell auch unter tvOS. Der wesentliche Unterschied besteht darin, dass die Core-Motion-Bibliothek unter tvOS nicht zur Verfügung steht. Stattdessen erhalten Sie die Bewegungsdaten von der GameController-Bibliothek. Diese ist erforderlich, um die Gyroskop- und Accelerometer-Daten der Apple-TV-Fernbedienung auszulesen.

Einmal vorausgesetzt, dass es nur eine Fernbedienung gibt – sei es die mit dem Apple-TV-Gerät mitgelieferte oder die App *Remote* auf einem iPhone, die die gleiche Aufgabe übernimmt –, dann können Sie wie folgt auf die Eigenschaften eines `CGMotion`-Objekts zugreifen. Auf die von iOS bekannten Eigenschaften `attitude` und `rotationRate` müssen Sie dabei leider verzichten – sie werden unter tvOS nicht unterstützt.

```
if let motion = GCController.controllers().first?.motion {
  let g:GCAcceleration, u:GCAcceleration
  g = motion.gravity
  u = motion.userAcceleration
}
```

Im folgenden Beispielprojekt können Sie durch Neigung oder Drehung der Apple-TV-Fernbedienung ein Raumschiff über den Bildschirm bewegen. Der Code zur Veränderung der `position`-Eigenschaft sieht dabei ganz ähnlich wie beim entsprechenden iOS-Beispiel aus. Die unterschiedlichen Multiplikatoren bei `deltax` und `deltay` haben damit zu tun, dass sich die längliche Fernbedienung zwar leicht um die Längsachse, aber nur recht unhandlich um die Querachse kippen lässt.

```
// Projekt tvos-spritekit-gyro, Datei GameScene.swift
import GameController
class GameScene: SKScene {
  private var spaceship: SKSpriteNode!
  override func didMove(to view: SKView) {
    // ... Raumschiff wie beim Projekt tvos-spritekit-touch einrichten
    //     und in der Mitte der Szene platzieren
  }
```

```
  // Raumschiff je nach Lage der Fernbedienung nach
  // links/rechts/oben/unten bewegen
  override func update(_ currentTime: TimeInterval) {
    if let motion = GCController.controllers().first?.motion {
      let deltax = CGFloat(motion.gravity.x) * 10
      let deltay = -CGFloat(motion.gravity.y) * 25
      let pt = spaceship.position
      let newPt = CGPoint(x: pt.x + deltax, y: pt.y + deltay)
      spaceship.position = newPt
    }
  }
}
```

Ein weiteres Beispiel zur Bewegungssteuerung folgt in Kapitel 44, »Asteroids«. Dort zeige ich Ihnen, wie Sie ein Raumschiff durch Kippen der Fernbedienung nach links und rechts bewegen und dabei gleichzeitig drehen. Andere Bewegungen sind bei diesem Spiel nicht vorgesehen.

28.5 Aktionen

Aktionen sind Operationen, die zeitgesteuert selbstständig ablaufen. Beispielsweise können Sie mit einer Aktion erreichen, dass eine Spielfigur sich in drei Sekunden zu einem bestimmten Ort auf dem Bildschirm bewegt und sich gleichzeitig einmal um die eigene Achse dreht. Andere Aktionen vergrößern oder verkleinern Objekte, ändern deren Farbe oder löschen diese ganz aus der Spielszene. Die zugrunde liegende Klasse für all diese Aktionen heißt `SKAction`. Bei der Erzeugung von Objekten dieser Klasse helfen unzählige statische Methoden, deren Namen den Zweck der Aktion in der Regel klarmachen (`animate`, `colorize`, `move`, `scale` etc.).

Bewegungsaktionen

Unser Ausgangspunkt für die folgende Vorstellung diverser Aktionen ist wieder das Raumschiff aus dem Hello-World-Beispiel dieses Kapitels. Um das Raumschiff innerhalb von zwei Sekunden an das obere Ende des Spielfelds zu bewegen, führen Sie den folgenden Code aus:

```
// Projekt ios-sprite-action
// Datei GameScene.swift
let pt = CGPoint(x: 512, y: 1024)
let a = SKAction.move(to: pt, duration: 2)
spaceship.run(a)
```

Dabei erzeugt `SKAction.move` die erforderliche Bewegungsaktion. `run` wendet die Aktion auf das Raumschiff an. Anstatt die neue Position absolut anzugeben, können Sie mit `SKAction.move(by: ...)` eine relative Bewegung durchführen. Mit `follow` können Sie ein

Sprite den Weg entlang eines Pfades (CGPath-Objekt) beschreiten lassen, wobei das Objekt wahlweise in Bewegungsrichtung gedreht wird oder nicht.

Rotationsaktionen

rotate(byAngle: ...) rotiert ein Objekt um den angegebenen Winkel gegen den Uhrzeigersinn. Eine Drehung im Uhrzeigersinn erreichen Sie, indem Sie einen negativen Winkel angeben. Winkel werden im Bogenmaß angegeben, d. h., eine vollständige Drehung entspricht 2 * .pi.

rotate(toAngle: ...) dreht das Objekt so, dass es einen bestimmten Zielwinkel erreicht. Wenn Sie dabei zusätzlich den Parameter shortestUnitArc auf true setzen, wird automatisch die Drehrichtung gewählt, mit der der Zielwinkel Modulo 360 Grad am schnellsten erreicht wird. Das ist vor allem bei Spielfiguren sinnvoll, die bei Bewegungen auch gedreht werden. Es sieht merkwürdig aus, wenn sich die Figur um 270 Grad im Uhrzeigersinn dreht, obwohl eine Drehung um 90 Grad gegen den Uhrzeigersinn naheliegender wäre.

```
let r = SKAction.rotate(toAngle: .pi / 2, duration: 1,
                        shortestUnitArc: true)
```

Skalierungsaktionen

Um ein Objekt zu vergrößern oder zu verkleinern, erzeugen Sie die erforderliche Aktion mit scale(by: ...) oder scale(to: ...), wobei Sie im ersten Fall die Skalierungsfaktoren für Breite und Höhe multiplizieren und im zweiten Fall einen absoluten Zielwert für die beiden Skalierungsfaktoren angeben. Mit scaleX(...) bzw. scaleY(...) können Sie die Breite bzw. Höhe des Sprites unabhängig voneinander ändern.

Alternativ können Sie die Größenänderung auch mit resize-Aktionen durchführen. Der Unterschied besteht darin, dass Sie bei den resize-Methoden die gewünschte Größe im Koordinatensystem des Containers angeben, in dem sich das Objekt befindet.

Einblend- und Ausblendaktionen

Mit fadeIn und fadeOut können Sie ein Objekt einblenden (also die alpha-Eigenschaft auf 1 erhöhen) bzw. ausblenden (alpha auf 0 reduzieren). Mit fadeAlpha(by: ...) und fadeAlpha(to: ...) können Sie die alpha-Eigenschaft frei einstellen, z. B., wenn Sie nur ein teilweises Ausblenden wünschen.

Farbaktionen

Die beiden folgenden colorize-Methoden erzeugen Aktionen, die ein Objekt einfärben bzw. diese Farbe wieder wegnehmen:

```
let c1 = SKAction.colorize(with: .red,              // rot färben
                           colorBlendFactor: 1,
                           duration: 1)
let c2 = SKAction.colorize(withColorBlendFactor: 0, // ohne Farbe
                           duration: 1)
```

Animationsaktionen

Eine Grundidee von Sprite-basierten Spielen besteht darin, dass Bewegungen von Figuren dadurch animiert werden, dass sich die zugrunde liegende Bitmap (Textur) ständig ändert. Als Spielentwickler müssen Sie im Vorhinein mehrere Texturen schaffen, die die Spielfigur in verschiedenen Phasen einer Bewegung zeigen, also ein laufendes Pferd, sich drehende Räder eines Autos etc. Mithilfe einer Animationsaktion erreichen Sie nun, dass diese Texturen der Reihe nach angezeigt werden. Bei dieser Art von Aktion ist in der Regel eine endlose Wiederholung der Aktion zweckmäßig.

Das folgende Beispiel ist ein Vorgriff auf Kapitel 43, »Pac-Man selbst gemacht«. Es zeigt, wie Sie eine Variante des Spieleklassikers Pac-Man selbst programmieren. An dieser Stelle geht es freilich nur darum, wie Sie das ständige Öffnen und Schließen des Pac-Man-Munds animieren. Dazu habe ich bei der Entwicklung des Spiels einige Bitmaps vorbereitet, die den Pac-Man in verschiedenen Phasen seines Fressprozesses zeigen (siehe Abbildung 28.12). Die Texturen sind dabei zu einem sogenannten *Atlas* zusammengefasst. Ein Atlas ist eine Sammlung zusammengehörender Bitmaps, die intern als Einzelobjekte organisiert sind. Um einen Atlas zu erzeugen, führen Sie der Xcassets-Datei einen NEW SPRITE ATLAS hinzu. Danach können Sie die Texturen dorthin verschieben oder einfügen.

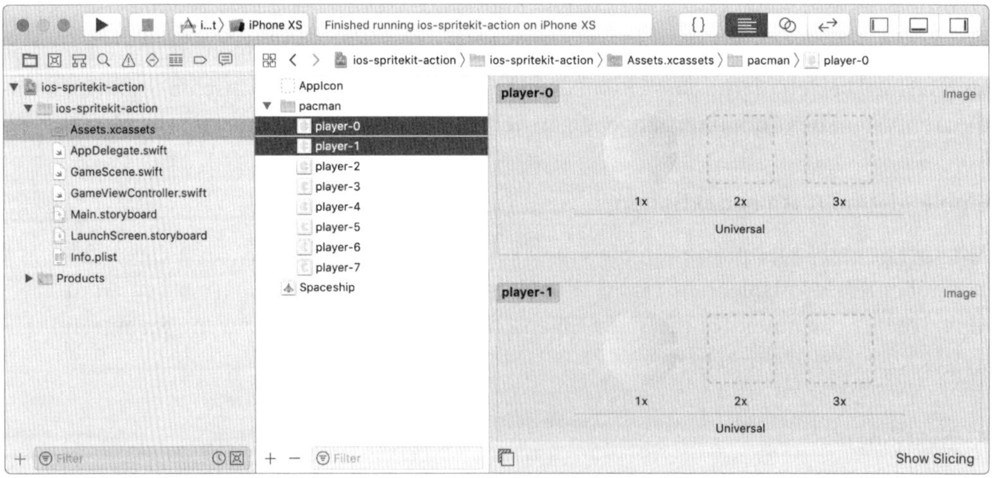

Abbildung 28.12 Mehrere Pac-Man-Bitmaps in einer Xcassets-Datei

Um diese Art von Animation einzurichten, benötigen Sie zuerst ein Array mit den Texturen. Dieses Array übergeben Sie dann an die animate-Methode und erzeugen eine gleichnamige Aktion. Mit repeatForever können Sie diese Animation endlos abspielen.

```
// Projekt ios-sprite-action
// Datei GameScene.swift
let pacman = SKSpriteNode(imageNamed: "player-0")
pacman.position = CGPoint(x: 400, y: 350)
pacman.zPosition = 2
self.addChild(pacman)
...
var frames = [SKTexture]()
for i in [0, 1, 2, 3, 4, 5, 6, 7, 6, 5, 4, 3, 2, 1] {
  let texture = SKTexture(imageNamed: "player-\(i)")
  frames.append(texture)
}
let animate = SKAction.animate(with: frames, timePerFrame: 0.05)
let forever = SKAction.repeatForever(animate)
pacman.run(forever)
```

Audioaktionen

Bei Toneffekten empfiehlt die SpriteKit-Dokumentation, zwischen zwei Fällen zu unterscheiden:

- Für kurze Geräusche im Spielbetrieb (Zusammenstöße, Explosionen, Schüsse etc.) sind mit playSoundFileNamed erzeugte Aktionen geeignet. Wenn Sie an den zweiten Parameter waitForCompletion den Wert false übergeben, wird die Aktion im Hintergrund ausgeführt und hält weitere Aktionen einer Sequenz nicht auf.
- Länger andauernde Hintergrunduntermalung sollte hingegen besser mit dem AVAudioPlayer abgespielt werden (siehe Kapitel 27, »Audio, Video und Fotos«).

An dieser Stelle behandle ich nur die erste Variante.

Audioaktionen müssen vorbereitet werden!

Bei Audioaktionen ist zu beachten, dass Sie sie vorweg einrichten müssen, üblicherweise in der Initialisierungsphase Ihrer App. Eine einmal vorbereitete Aktion können Sie dann im Verlauf des Spiels immer wieder benutzen. Diese Vorgehensweise verhindert wahrnehmbare Verzögerungen, die beim Vorbereiten einer Audiodatei für die erstmalige Wiedergabe entstehen können.

```
// Initialisierungscode
let shotSound = SKAction.playSoundFileNamed("shot.wav",
                     waitForCompletion: false)
...
// spätere Anwendung der Aktion auf ein Sprite
missile.run(shotSound)
...
// weitere Anwendung
anotherMissile.run(shotSound)
```

`playSoundFileNamed` setzt voraus, dass die Audiodatei in einem von Apple unterstützten Format vorliegt (z. B. WAV, CAF, MP3):

https://developer.apple.com/library/content/documentation/MusicAudio/Reference/CAFSpec/CAF_intro/CAF_intro.html

Sie müssen die Audiodateien zu den Dateien Ihres Projekts hinzufügen. Es ist zweckmäßig, dazu in Xcode ein eigenes Verzeichnis oder eine Gruppe einzurichten.

Aktionen kombinieren und wiederholen

Wenn Sie mehrere Aktionen definieren und der Reihe nach mit `mysprite.run(...)` ausführen, dann laufen diese Aktionen parallel zueinander. Auch wenn das funktioniert, empfiehlt die Dokumentation in so einem Fall, eine Aktionsgruppe zu bilden, wobei Sie die Aktionen als Array übergeben:

```
let pt = CGPoint(x: 512, y: 1024)
let m = SKAction.move(to: pt, duration: 2)
let r = SKAction.rotate(byAngle: .pi * 2, duration: 2)
let g = SKAction.group([m, r])  // parallel ausführen
spaceship.run(g)
```

Wollen Sie die Aktionen dagegen hintereinander ausführen, richten Sie eine Aktionssequenz ein:

```
// ... m und r wie oben
let s = SKAction.sequence([m, r])  // hintereinander ausführen
spaceship.run(s)
```

Warten, Aktionen wiederholen und rückgängig machen

Wenn Sie vor einer Aktion bzw. zwischen zwei Aktionen eine Wartezeit benötigen, fügen Sie dazwischen eine Warte-Aktion ein:

```
// ... m und r wie oben
let w = SKAction.wait(forDuration: 1) // eine Sekunde warten
let s = SKAction.sequence([m, w, r])  // hintereinander ausführen
spaceship.run(s)
```

Mit repeat können Sie eine Aktion mehrfach wiederholen. repeatForever erzeugt eine Aktion, die läuft, bis sie explizit beendet wird oder bis das betreffende Objekt gelöscht wird.

reversed erzeugt aus einem vorhandenen SKAction-Objekt eine neue Aktion, die in umgekehrter Reihenfolge abläuft, die ursprüngliche Aktion also rückgängig macht.

```
// Raumschiff zuerst verkleinern, dann wieder vergrößern
let sc = SKAction.scale(by: 0.7, duration: 1)
let rv = sc.reversed()
spaceship.run(SKAction.sequence( [sc, rv] ))
```

Sprites löschen

Viele Sprites haben eine begrenzte Lebensdauer: Wenn Sie in einem Spiel eine Rakete abschießen, benötigen Sie das Objekt normalerweise nur so lange, wie es auf dem Bildschirm sichtbar ist. (Eine Ausnahme wäre ein Spiel, in dem die Rakete auch außerhalb des sichtbaren Bereichs des Spielfelds noch etwas bewirken kann.) Auch wenn eine Spielfigur ein Monster frisst, muss dieses verschwinden. Genau das gelingt mit der removeFromParent-Aktion. Oft wird vorher eine andere Aktion ausgeführt, die das Objekt ausblendet, explodieren lässt etc.

```
let fo = SKAction.fadeOut(withDuration: 0.5)
let rm = SKAction.removeFromParent()
let s = SKAction.sequence( [fo, rm] )
```

Noch mehr Aktionen, eigene Aktionen

Es fehlt hier der Platz, um alle Aktionen vorzustellen. Werfen Sie einen Blick in die Dokumentation zur SKAction-Klasse! Dort sind eine Menge weiterer Aktionen beschrieben, deren Anwendung in der Regel genauso unkompliziert ist wie bei den vorhin genannten Aktionen.

Damit aber nicht genug: Sie können sogar einen beliebigen eigenen Code als Aktion verpacken. Das eignet sich insbesondere für Aufräumarbeiten: Falls Sie z. B. nach Abschluss einer Aktion oder einer ganzen Sequenz von Aktionen noch etwas erledigen möchten, definieren Sie einfach eine eigene Aktion mit der Methode run. Ihren Code übergeben Sie als Closure an run:

```
// Raumschiff entfernen
let rm = SKAction.removeFromParent()

// danach eigene Aktion als Closure formulieren
let my = SKAction.run( {
  print("done")
})

// beide Aktionen hintereinander ausführen
spaceship.run( SKAction.sequence([rm, my]) )
```

Aktionen pausieren bzw. stoppen

Sind Aktionen einmal gestartet, laufen sie selbstständig bis zu ihrer Vollendung weiter. Nicht immer ist das zweckmäßig – vielleicht ist das Spiel schon vorbei, weil die Spielfigur gestorben ist, möglicherweise soll das Spiel pausiert werden etc.:

- Die `SKScene`-Klasse, von der eigene `GameScene`-Klassen abgeleitet sind, sieht die Eigenschaft `isPaused` vor. Wird diese Eigenschaft auf `true` gesetzt, pausieren alle Aktionen. `isPaused=false` setzt die Aktionen fort. Alternativ können Sie auch einfach eine neue Szene erzeugen und in diese wechseln (neues Leben, neues Spiel, neuer Level etc.) und die alte Szene mit all ihren Aktionen komplett verwerfen.
- Alternativ können Sie bei `SKNode`-Objekten (also Sprites, Shapes, Labels) mit `removeAllActions` alle zugeordneten Aktionen löschen oder auch hier `isPaused=true` für einen vorübergehenden Stopp verwenden. Sofern Ihre Spielszene flach organisiert ist, funktioniert der folgende Code:

  ```
  for nd in self.children {
    nd.removeAllActions()
  }
  ```

  Wenn Sie Ihre Spielwelt hierarchisch organisiert haben, müssen Sie für jedes `SKNode`-Element wiederum rekursiv alle `children` verarbeiten.

28.6 Der Game-Loop

Während der Ausführung einer SpriteKit-App müssen für jeden Frame immer dieselben Aufgaben erledigt werden (siehe Abbildung 28.13):

- Es müssen alle Aktionen verarbeitet werden.
- Sofern die Physikfunktionen des SpriteKits aktiv sind, müssen auf alle betroffenen Objekte elementare Physikregeln angewendet werden, um Gravitation, Schwerkraft, Reibung, Zusammenstöße etc. zu berücksichtigen.
- Sofern für die Objekte einer SpriteKit-Welt Constraints eingerichtet werden (das sind z. B. Regeln für zulässige Wertebereiche), müssen diese Constraints verarbeitet werden.
- Schließlich muss das aktuelle Bild unter Berücksichtigung der Größe, Position, Farbe etc. aller Objekte gezeichnet werden (Rendering).

Wenn diese Arbeiten erledigt sind, wird das Bild angezeigt, und die Arbeit für das nächste Bild (den nächsten Frame) beginnt. Idealerweise sollte das 60-mal pro Sekunde gelingen, sodass bei jedem Bildschirm-Refresh ein aktuelles Bild vorliegt. Gelingt dies nicht (zu viele Objekte, zu langsame Hardware), sinkt die Frame-Rate auf unter 60. Das führt zu wahrnehmbaren Verzögerungen und trübt den Spielgenuss. Wenn es dazu kommt, müssen Sie sich überlegen, wie Sie die Anzahl der Objekte oder die Größe der Bitmaps reduzieren können, ob Sie zeitintensiven eigenen Code effizienter gestalten können etc.

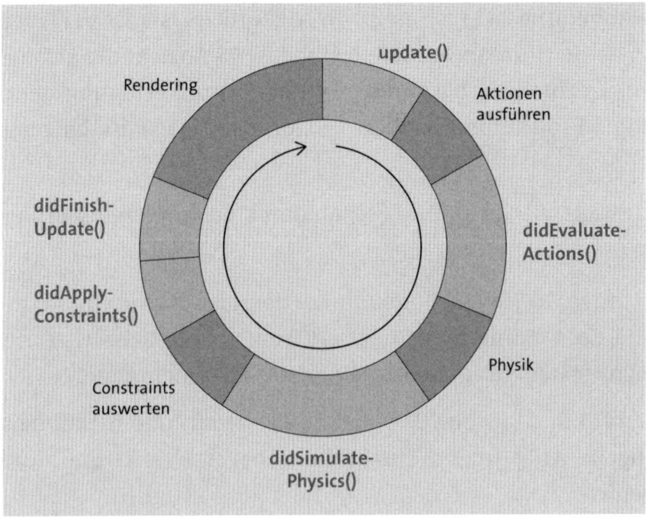

Abbildung 28.13 Der Game-Loop

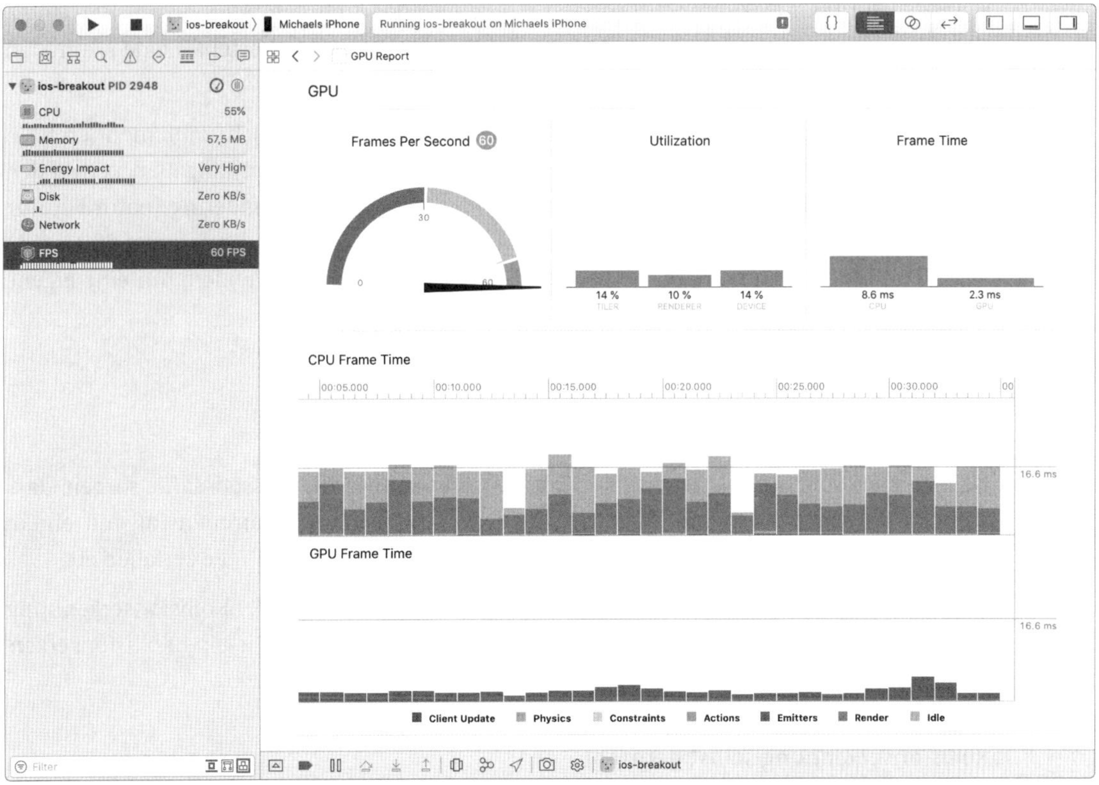

Abbildung 28.14 Debugging-Informationen zur CPU- und GPU-Auslastung während der Ausführung einer SpriteKit-App

Die Größe der Kreissegmente in Abbildung 28.13 ist natürlich willkürlich – sie ist bei jeder App anders. Eine Hilfestellung bei der Performance-Analyse gibt die FPS-Ansicht des Debug-Navigators (siehe Abbildung 28.14). Beachten Sie, dass diese Ansicht nur zur Verfügung steht, wenn die Deployment-Version Ihres Projekts mit der iOS-Version des Testgeräts übereinstimmt.

Der Game-Loop ist insofern interessant, als Sie an fünf Stellen durch die Implementierung von Methoden eingreifen können:

- Die `update()`-Methode ist der richtige Ort für Spiellogik, die *vor* der Auswertung von Aktionen, physikalischen Regeln und Constraints implementiert werden soll. Beispielsweise können Sie hier Code zur Bewegungssteuerung Ihrer Spielfiguren implementieren.
- In `didEvaluateActions()` wurden Ort und Position der Spielobjekte bereits durch Aktionen verändert. Sie können jetzt eigene Änderungen durchführen, bevor Physik- und Constraints-Regeln angewendet werden.
- Analog können Sie in `didSimulatePhysics()` Änderungen durchführen, die nach den Physik-, aber vor den Constraints-Regeln angewendet werden sollen.
- In der SpriteKit-Dokumentation habe ich keine Erklärung gefunden, worin der Unterschied zwischen `didApplyConstraints()` und `didFinishUpdate()` besteht. Beide Methoden werden unmittelbar vor dem Rendering ausgeführt.

Es bleibt Ihnen überlassen, ob und welche Methoden Sie tatsächlich implementieren. In der Praxis werden Sie `update()` am häufigsten zur Verarbeitung von Eingaben verwenden und `didFinishUpdate()` zur Positionierung der Kamera vor dem Rendering (natürlich nur, wenn Sie eine eigene Kamera eingerichtet haben und nicht einfach die gesamte Spielszene abbilden). Die restlichen Methoden können Sie beispielsweise verwenden, um eine eigene Kollisionserkennung durchzuführen und darauf zu reagieren.

28.7 Kollisionserkennung

Nahezu kein Spiel funktioniert ohne Kollisionserkennung. Sie müssen dafür sorgen, dass Spielfiguren nicht durch Wände gehen, dass der Spieler beim Zusammenstoß mit einem Monster stirbt, dass von einer Rakete getroffene Asteroiden in kleine Teile zerfallen etc.

Es wird Sie nicht überraschen, dass die SpriteKit-Bibliothek Sie bei der Kollisionserkennung unterstützt. Dennoch möchte ich vorher ganz grob skizzieren, wie Sie eine Kollisionserkennung selbst durchführen können.

Kollisionserkennung selbst gemacht

Besonders einfach gelingt die Kollisionserkennung, wenn die Spielobjekte näherungsweise rund sind und Sie den Anchor Point in der Mitte der Objekte belassen haben (also dort, wo SpriteKit ihn standardmäßig vorsieht). Dann liegt eine Kollision vor, wenn der Abstand zwischen den beiden Objekten kleiner ist als die Summe der beiden Radien. Den Abstand können Sie gemäß der Formel von Pythagoras aus den Positionen der beiden Objekte berechnen:

```
private func distance(pt1: CGPoint, pt2: CGPoint) -> CGFloat {
  return sqrt((pt1.x-pt2.x) * (pt1.x-pt2.x) +
              (pt1.y-pt2.y) * (pt1.y-pt2.y))
}
```

Noch einen Tick schneller geht es, wenn Ihre Spielobjekte nicht verdreht werden und näherungsweise rechteckig sind. In diesem Fall können Sie ganz einfach testen, ob sich die beiden Rechtecke überlappen. Dazu werten Sie die `frame`-Eigenschaft der `SKNode`-Objekte aus. Diese liefern `CGRect`-Strukturen, deren Überlappung Sie mit der bereits vorhandenen Methode `intersect` ermitteln können:

```
if node1.frame.intersects(node2.frame) { ... }
```

Kollisionserkennung mit SpriteKit

Damit Sie die Kollisionserkennung des SpriteKits verwenden können, müssen Sie den betroffenen Objekten einen physikalischen Körper geben. Eigentlich ist »Physik« das Thema von Abschnitt 28.9: Dort geht es um Schwerkraft, Reibung, die Reaktion der Körper bei einem Aufeinanderprall etc. Für die reine Kollisionserkennung brauchen wir das alles nicht – aber SpriteKit muss wissen, welche Ausmaße die Körper haben. Darüber hinaus müssen einige weitere Voraussetzungen gegeben sein, damit eine Kollisionserkennung möglich ist:

- Sie müssen das Protokoll `SKPhysicsContactDelegate` implementieren.
- Sie müssen die `contactDelegate`-Eigenschaft des `SKPhysicsWorld`-Objekts der Szene einstellen.
- Sie müssen allen Objekten, die miteinander kollidieren können, einen physikalischen Körper zuweisen (Eigenschaft `physicsBody`).
- Sie müssen Ihre Objekte in Gruppen einteilen und angeben, mit welchen Objekten aus anderen Gruppen Kollisionen möglich sind.
- Wenn Sie alles korrekt eingerichtet haben, wird von nun an bei jeder Kollision die Methode `didBegin(contact)` des `SKPhysicsContactDelegate`-Protokolls aufgerufen. In dieser Methode müssen Sie feststellen, welche Objekte von der aktuellen Kollision betroffen sind, und bestimmen, wie Sie darauf reagieren.

Im Folgenden gehe ich auf diese Punkte im Detail ein.

Das SKPhysicsContactDelegate-Protokoll

Ihre `GameScene`-Klasse bzw. andere Klassen für Spielszenen sind von `SKScene` abgeleitet. Damit Sie im Klassencode auf Kollisionen reagieren können, implementieren Sie außerdem das `SKPhysicsContactDelegate`-Protokoll.

Damit es innerhalb der GameScene-Klasse zum Aufruf der didBegin-Methode kommt, muss außerdem die contactDelegate-Eigenschaft des SKPhysicsWorld-Objekts der Spielszene gesetzt werden. Dazu bietet sich die didMove-Methode an. Das SKPhysicsWorld-Objekt beschreibt die Grundeinstellungen der Physik-Engine für eine Szene eines Spiels.

```
class GameScene: SKScene, SKPhysicsContactDelegate {
  ...
  override func didMove(to view: SKView) {
    self.physicsWorld.contactDelegate = self
    self.physicsWorld.gravity = CGVector.zero
  }
  ...
}
```

Da wir die Physik-Engine des SpriteKits vorerst nur zur Kollisionserkennung verwenden möchten, schalten wir die Schwerkraft aus. Dazu reicht es, der gravity-Eigenschaft einen Null-Vektor zuzuweisen. (»Richtige« Physiker werden an dieser Stelle erschaudern ...)

Die SKPhysicsBody-Klasse

Während die gerade erwähnte SKPhysicsWorld-Klasse für allgemeine Einstellungen verantwortlich ist, beschreibt die SKPhysicsBody-Klasse die Maße und die spezifischen physikalischen Eigenschaften einer Spielfigur bzw. eines Sprites. Der Zugriff auf dieses Objekt erfolgt über die Eigenschaft physicsBody. Diese Eigenschaft ist als Optional implementiert. Aus Effizienzgründen besitzen SpriteKit-Objekte keine physikalischen Eigenschaften. Wenn Sie diese benötigen, müssen Sie ein passendes SKPhysicsBody-Objekt erzeugen.

Eigentlich würde man meinen, dass die Ausmaße der Spielfigur ja ohnedies schon bekannt sind – sie ergeben sich einfach aus der Bitmap (Textur) der Sprites. Tatsächlich können Sie mit der Init-Methode SKPhysicsBody(texture) den physikalischen Körper eines Sprites aus den nicht durchsichtigen Teilen der Bitmap ermitteln. Das ergibt aber zumeist unregelmäßig geformte Körper, die zu einem relativ hohen Rechenaufwand bei der Kollisionserkennung führen.

Deswegen sollten Sie den physikalischen Körper nach Möglichkeit einfach rund, oval oder rechteckig definieren. Viele Spielfiguren bzw. -objekte lassen sich so gut erfassen – und gerade bei Spielen mit sehr vielen Objekten sparen Sie so viel Rechenzeit.

Die folgenden Zeilen geben dazu drei Beispiele. Die SKPhysicsBody-Klasse stellt aber eine Menge weiterer Init-Varianten zur Verfügung.

```
let mysprite = SKSpriteNode(imageNamed: "bitmap-name")
// wie bisher Position, Größe etc. einstellen
...
// SKPhysicsBody einrichten: Variante 1 (Rechteck)
mysprite.physicsBody = SKPhysicsBody(rectangleOf: mysprite.size)
```

```
// Variante 2 (Kreis)
mysprite.physicsBody = SKPhysicsBody(circleOfRadius: myradius)
// Variante 3 (exakte Form aus Textur)
mysprite.physicsBody =
  SKPhysicsBody(texture: mysprite.texture!, size: mysprite.size)
```

Beachten Sie bitte, dass Variante 3 nur dann zufriedenstellend funktioniert, wenn die anchorPoint-Eigenschaft des Körpers in der Defaulteinstellung vorliegt! Der anchorPoint muss also im Mittelpunkt des Sprites liegen, die X- und die Y-Komponente haben jeweils den Wert 0,5.

Physikalische Körper visualisieren

Wenn Sie sich unsicher sind, ob die Form der physikalischen Körper passt, stellen Sie die Eigenschaft showPhysics der SKView-Klasse auf true – üblicherweise in der Methode viewDidLoad in der GameViewController-Klasse. Die Umrisse der physikalischen Körper werden dann hellblau dargestellt.

Bei skalierten Objekten ist diese Visualisierung leider fallweise falsch. Das gilt insbesondere für Körper, bei denen zuerst .xScale und .yScale eingestellt werden und dann gemäß Variante 3 der physikalische Körper ermittelt wird. Der physikalische Körper wird bei verkleinerten Objekten zu klein, bei vergrößerten Körpern entsprechend zu groß angezeigt. Glücklicherweise funktioniert die Kollisionserkennung trotz der falschen Visualisierung korrekt. Sie können die Visualisierungsfehler vermeiden, indem Sie zuerst den physikalischen Körper einrichten und das Sprite erst danach skalieren.

Objektkategorien für die Kollisionserkennung

Für die Kollisionserkennung ist nun noch wichtig, welcher Kategorie die Objekte angehören. Um Rechenzeit zu sparen, überprüft SpriteKit nicht jede denkbare Kollision eines Objekts mit jedem anderen Objekt, sondern führt diese Tests nur für Objekte bestimmter Gruppen durch. Jede Gruppe ist durch ein Bit in einer Bitmaske (UInt32) definiert. Numerisch müssen Sie somit jeder Objektgruppe eine Zweierpotenz zuordnen – also 1, 2, 4, 8, 16 usw. Am besten definieren Sie dazu eine Struktur mit numerischen Konstanten:

```
struct Category {
  static let none:UInt32    = 0
  static let player:UInt32  = 1
  static let monster:UInt32 = 2
  static let other:UInt32   = 4
  ...
}
```

Nachdem Sie den SKPhysicsBody erzeugt haben, stellen Sie nun ein, welcher Gruppe das Objekt angehört (Eigenschaft categoryBitMask) und mit Objekten welcher anderen Gruppen Kollisionen relevant sind (Eigenschaft contactBitMask). Falls mehrere Gruppen infrage kommen, berechnen Sie einfach die Summe der entsprechenden Category-Konstanten.

```
// es sollen Kollisionen zwischen der Spielfigur und dem Monster
// festgestellt werden
let player = SKSpriteNode(imageNamed: "player")

player.physicsBody = SKPhysicsBody(rectangleOf: player.size)
player.physicsBody?.categoryBitMask    = Category.player
player.physicsBody?.contactTestBitMask = Category.monster
player.physicsBody?.collisionBitMask   = Category.none
...
let monster = SKSpriteNode(imageNamed: "monster")
monster.physicsBody = SKPhysicsBody(rectangleOf: monster.size)
monster.physicsBody?.categoryBitMask    = Category.monster
monster.physicsBody?.contactTestBitMask = Category.player
monster.physicsBody?.collisionBitMask   = Category.none
```

Contact versus Collision

Die SKPhysicsBody-Klasse kennt zwei ähnlich lautende Eigenschaften: contactBitMask und collisionBitMask. Für die Kollisionserkennung ist nur contactBitMask relevant!

Die collisionBitMask müssen Sie dagegen auf einen Wert ungleich 0 setzen, wenn beim Zusammenstoß zweier Objekte die entsprechende physikalische Reaktion berechnet werden soll: Fährt also beispielsweise ein Auto auf ein anderes auf, dann ändert sich bei beiden Autos durch den Zusammenprall deren Richtung und Geschwindigkeit.

Die Eigenschaft isDynamic muss true sein!

Die SKPhysicsBody-Klasse kennt die Eigenschaft isDynamic, die standardmäßig true ist. Laut Dokumentation gibt diese Eigenschaft an, ob das Objekt nach den Gesetzen der Physik bewegt werden soll. Eigentlich wollen wir das an dieser Stelle gar nicht – es geht uns nur um die Kollisionserkennung. Mit isDynamic=true ist es damit aber vorbei. Im Umkehrschluss bedeutet das aber: Wenn wir isDynamic aktiv belassen, dann wirkt auf alle Körper die Schwerkraft und zieht sie nach unten. Das ist der Grund, weswegen wir die Schwerkraft in didMove ausgeschaltet haben.

Einschub: physicsBody-Eigenschaften mit weniger Tippaufwand einstellen

In vielen SpriteKit-Programmen müssen unzählige physicsBody-Eigenschaften eingestellt werden. Die resultierenden Zeilen sind lang und unübersichtlich. Abhilfe schafft die folgende Funktion with, mit der eine Closure auf ein Objekt angewendet werden kann. (Der Name with wurde von Visual Basic übernommen. Diese Sprache stellte eine ähnliche Funktionalität seit vielen Jahren zur Verfügung.)

```
func with<T>(_ object: T, closure: (T)->()) {
  closure(object)
}
```

Damit können Sie die Eigenschaften des SKPhysicsBody-Objekts so einstellen:

```
player.physicsBody = SKPhysicsBody(rectangleOf: player.size)
with(player.physicsBody!) {
  $0.categoryBitMask     = Category.player
  $0.contactTestBitMask = Category.monster
  $0.collisionBitMask    = Category.none
}
```

Reaktion auf Kollisionen

Bei einer Kollision zweier Objekte wird nun die Methode mit dem aussagelosen Namen didBegin aufgerufen. Was da beginnt, geht erst aus dem Parameter hervor – ein Kontakt. Es existiert auch die analoge Methode didEnd, die ausgeführt wird, wenn sich die beiden Objekte nicht mehr berühren. Die Implementierung von didEnd ist aber nur bei wenigen Spielen erforderlich.

An beide Methoden wird ein SKPhysicsContact-Objekt übergeben. Dessen Eigenschaften bodyA und bodyB verweisen auf die beiden Objekte, die kollidiert sind. Die Auswertung dieser beiden Eigenschaften ist mühsam, weil nicht vorhersehbar ist, auf welches Objekt bodyA zeigt und auf welches bodyB. Hilfreich ist dabei die folgende Funktion, die nach einem SKSpriteNode einer bestimmten Kategorie sucht:

```
func getSpriteFrom(_ contact: SKPhysicsContact,
                    category: UInt32) -> SKSpriteNode?
{
  if contact.bodyA.categoryBitMask == category {
    return contact.bodyA.node as? SKSpriteNode
  } else if contact.bodyB.categoryBitMask == category {
    return  contact.bodyB.node as? SKSpriteNode
  } else {
    return nil
  }
}
```

Damit ist in der didBegin-Methode nun beispielsweise der folgende Code möglich:

28

```
func didBegin(_ contact: SKPhysicsContact) {
  if let player = contact.getSpriteNodeOf(Category.player) {
    // player bearbeiten ...
  }
}
```

28.8 Minispiel: Luftballone abschießen

Alle Theorie ist grau! Dieser Abschnitt zeigt ein Minispiel, bei dem Sie über den Himmel fliegende Luftballone mit Dartpfeilen abschießen sollen. Anfänglich stehen Ihnen zehn Dartpfeile zur Verfügung. Wenn Sie einen Pfeil berühren, fliegt er nach oben – und trifft hoffentlich einen Luftballon. Das Beispiel demonstriert sowohl die Anwendung von Aktionen als auch die Kollisionserkennung zwischen Luftballonen und Dartpfeilen (siehe Abbildung 28.15).

Nachdem alle Pfeile verschossen sind, erscheinen keine neuen Luftballone mehr. Wird nun der Bildschirm berührt, erscheinen wieder neue Pfeile, und das Spiel kann fortgesetzt werden.

Natürlich ließe sich dieses Beispiel jetzt ausbauen: Mit einem Zähler für die getroffenen Luftballone, Sound-Effekten etc. Das Spiel läuft gleichermaßen auf iPhones und iPads, allerdings ausschließlich im Querformat. Verbesserungswürdig ist auch die Logik, die erkennt, wann ein Pfeil berührt wird: Aktuell muss wirklich exakt der Pfeil berührt werden, was auf kleinen Geräten (iPhone SE) relativ schwierig ist. Besser wäre es, einen größeren Bereich rund um den Pfeil zu berücksichtigen.

Abbildung 28.15 Luftballone auf einem iPad abschießen

Codeaufbau

Wie die bisherigen Beispiele ist das Programm ausschließlich per Code realisiert, also ohne SceneKit-Datei. Der gesamte relevante Code befindet sich in `GameScene.swift`. Die Variablen `w` und `h` geben die Größe der View an. `timeLastBalloon` speichert den Zeitpunkt, zu dem der letzte Ballon gestartet wurde. Das Array `arrows` enthält die `SKSpriteNode`-Objekte der Dartpfeile, die bisher noch nicht gestartet wurden. gameOver gibt an, in welchem Zustand sich das Spiel gerade befindet.

```
// Projekt ios-spritekit-collision, Datei GameScene.swift
class GameScene: SKScene, SKPhysicsContactDelegate {
  private let w:CGFloat = 2000
  private var h:CGFloat = 0
  private var timeLastBalloon = Date()
  private var arrows = [SKSpriteNode]()
  private var gameOver = false
  ...
}
```

Am Ende von GameScene.swift befinden sich ein Array mit Farben für die Luftballone und eine Struktur mit den Kategorien für die Kollisionserkennung:

```
// Farben der Luftballone
let bColors:[SKColor] = [.red, .blue, .green, .yellow, .cyan]

// Objekt-Kategorien für die Kollisionserkennung
struct Category {
  static let none:UInt32    = 0
  static let balloon:UInt32 = 1
  static let arrow:UInt32   = 2
}

// vereinfacht die Auswertung in didBegin(contact:)
func getSpriteFrom(_ contact: SKPhysicsContact,
                   category: UInt32) -> SKSpriteNode? {
  // Code siehe vorigen Abschnitt
}
```

Initialisierung

Die Hintergrund-Bitmap wird in didMove beim Start bildschirmfüllend und unverzerrt dargestellt. Bei schmalen Geräten (iPhones) wird sie dabei oben und unten abgeschnitten. Das SKView-Objekt der Spielszene wird so eingerichtet, dass die X-Koordinate immer von 0 bis 2.000 reicht, die Y-Koordinate von 0 bis h, wobei sich der Wert von h aus den Proportionen des Bildschirms ergibt. Diese gehen aus der bounds-Eigenschaft des SKView-Objekts hervor.

Für die Kollisionserkennung wird contactDelegate eingestellt. Außerdem wird die Gravitation ausgeschaltet, damit weder Ballone noch Dartpfeile vom Himmel fallen.

```
// Initialisierung des Spiels
override func didMove(to view: SKView) {
  // Hintergrundbild einrichten
```

```
  h = w / view.bounds.width * view.bounds.height
  self.size = CGSize(width: w, height: h)
  let backg = SKSpriteNode(imageNamed: "wiese-himmel")
  backg.position = CGPoint(x: w / 2, y: h / 2)
  backg.zPosition = 0
  self.addChild(backg)
  self.physicsWorld.contactDelegate = self  // Kollisionserkennung
  self.physicsWorld.gravity = CGVector.zero
  setupArrows()                             // Pfeile einrichten
}
```

Die zehn Dartpfeile werden ebenfalls in setupArrows eingerichtet. Beachten Sie insbesondere die Einstellung der physicsBody-Eigenschaften. Im hier abgedruckten Code gilt der Dartpfeil als Ganzes als Kollisionsfläche.

```
// Initialisierung des Spiels
func setupArrows() {
  for i in 0...9 {
    let arrow = SKSpriteNode(imageNamed: "pfeil")
    arrow.setScale(0.7)
    let x = w / 11 * (CGFloat(i) + 1)
    let y = arrow.size.height/2
    arrow.position = CGPoint(x: x, y: y)
    arrow.zPosition = 20
    arrow.color = .red
    arrow.colorBlendFactor = 1
    self.addChild(arrow)
    arrows.append(arrow)

    // ganzer Pfeil ist Kollisionsfläche
    arrow.physicsBody = SKPhysicsBody(texture: arrow.texture!,
                                      size: arrow.size)
    arrow.physicsBody?.categoryBitMask    = Category.arrow
    arrow.physicsBody?.contactTestBitMask = Category.balloon
    arrow.physicsBody?.collisionBitMask   = Category.none
  }
}
```

Wenn Sie möchten, dass nur die Spitze des Dartpfeils relevant ist, stellen Sie die physicsBody-Eigenschaft wie folgt ein:

```
// Spitze des Pfeils
let ptX:CGFloat = 0
let ptY:CGFloat = arrow.frame.size.height / 2.0 - 5.0
arrow.physicsBody =
  SKPhysicsBody(circleOfRadius: 5, center: CGPoint(x: ptX, y: ptY))
```

Pfeile abschießen

Bei jeder Berührung des Displays kommt es zum Aufruf von `touchesBegan`. Wenn das letzte Spiel beendet ist (`gameOver==true`), dann werden in `touchesBegan` wieder neue Pfeile eingerichtet, und das Spiel beginnt von vorn. Andernfalls wird `startArrow` aufgerufen. Dort wird überprüft, ob der Berührungspunkt im Rechteck (`frame`-Eigenschaft) eines Pfeils war. Ist das der Fall, wird in `target` der Zielpunkt des Pfeils errechnet. Eine `move`-Aktion setzt den Pfeil dann in Bewegung. Sobald der Pfeil sein Ziel erreicht hat, wird er mit `removeFromParent` aus der Spielszene entfernt. Aus dem `arrows`-Array wird der Pfeil hingegen sofort gelöscht, damit er nicht nochmals gestartet werden kann.

In der Aktionssequenz wird zuletzt eine Closure ausgeführt. Diese testet, ob alle Pfeile verschossen sind. In diesem Fall wird `gameOver` auf `true` gesetzt, und es erscheinen keine neuen Ballone mehr.

```
override func touchesBegan(_ touches: Set<UITouch>,
                           with event: UIEvent?)
{
  if gameOver {     // Neustart
    setupArrows()
    gameOver = false
  } else {
    for t in touches {
      startArrow(touch: t)
    }
  }
}

private func startArrow(touch: UITouch) {
  let pos = touch.previousLocation(in: self)
  // für alle Pfeile testen, ob sie angeklickt wurden
  for a in arrows {
    if a.frame.contains(pos) {
      let target = CGPoint(x: a.position.x, y: h + a.size.height)
      let mv  = SKAction.move(to: target, duration: 5)
      let del = SKAction.removeFromParent()
      let tst = SKAction.run() {
        self.gameOver = (self.arrows.count == 0)
      }
      a.run( SKAction.sequence([mv, del, tst]) )
      arrows.remove(at: arrows.firstIndex(of: a)!)
      break  // Schleife beenden
    }
  }
}
```

Ballone starten

Der Ballon-Start wird in `update` initiiert, wenn seit dem letzten Start eine Sekunde vergangen ist. Fast alle Merkmale der Ballone sind zufällig: die Richtung (von links nach rechts oder umgekehrt), die Größe, die Farbe und die Geschwindigkeit.

Der physikalische Körper wird auch bei den Ballonen von der tatsächlichen Figur abgeleitet. Die Eigenschaften `categoryBitMask` und `contactTestBitMask` werden spiegelbildlich zu den Pfeilen eingestellt.

Interessant an `startBalloon` ist die Zusammensetzung diverser Aktionen. Sie bewirken, dass die Ballone leicht aufwärts schweben und dabei – beinahe wie ein richtiger Ballon – hin und her wackeln, sodass der Knoten unten bleibt.

```
// regelmäßig Ballone starten
override func update(_ currentTime: TimeInterval) {
  if !gameOver && Date() > timeLastBalloon.addingTimeInterval(1) {
    startNewBalloon()
    timeLastBalloon = Date()
  }
}

private func startNewBalloon() {
  // neuer Luftballon mit zufälliger Farbe
  let balloon = SKSpriteNode(imageNamed: "luftballon")
  balloon.color = bColors.randomElement()!
  balloon.colorBlendFactor = CGFloat.random(in: 0.5...0.75)

  let fromLeft =  Bool.random()                    // Startposition
  let xStart:CGFloat = fromLeft ? -100 : w + 100
  let yStart:CGFloat = h / 3 + h / 3 * CGFloat.random(in: 0...1)
  balloon.position = CGPoint(x: xStart, y: yStart)
  balloon.zPosition = CGFloat.random(in: 2...12)
  let xStart:CGFloat = fromLeft ? -100 : w + 100

  let bWidth = CGFloat.random(in: 140...180)      // Größe
  let bHeight = bWidth * CGFloat.random(in: 1.1...1.3)
  balloon.size = CGSize(width: bWidth, height: bHeight)
  self.addChild(balloon)

  balloon.physicsBody = SKPhysicsBody(            // Körper
    texture: balloon.texture!, size: balloon.size)
  balloon.physicsBody?.categoryBitMask    = Category.balloon
  balloon.physicsBody?.contactTestBitMask = Category.arrow
  balloon.physicsBody?.collisionBitMask   = Category.none
```

```
  // Bewegung quer über den Bildschirm, leicht aufwärts
  let xEnd:CGFloat = fromLeft ?  w + 100 : -100
  let yEnd:CGFloat = yStart + w/2 * CGFloat.random(in: 0...1)
  let targetPt = CGPoint(x: xEnd, y: yEnd)
  let mv = SKAction.move(to: targetPt,
                         duration: Double.random(in: 5...8))

  // gleichzeitig Luftballon leicht hin- und herdrehen
  let r1 = SKAction.rotate(byAngle: .pi/10, duration: 0.5)
  let r2 = SKAction.rotate(byAngle: -.pi/5, duration: 1)
  let r3 = SKAction.rotate(byAngle: .pi/10, duration: 0.5)
  let wiggle = SKAction.sequence([r1,r2,r3])
  let wiggle4 = SKAction.repeat(wiggle, count: 4)
  let mvAndWiggle = SKAction.group([wiggle4, mv])

  // zum Schluss löschen
  let del = SKAction.removeFromParent()
  balloon.run( .sequence( [mvAndWiggle, del] ))
}
```

Treffer feststellen

Jetzt geht es nur noch darum, festzustellen, wann ein Ballon von einem Pfeil getroffen wird. In diesem Fall kommt es automatisch zu einem Aufruf von `didBegin`. Allerdings ist nicht klar, ob `bodyA` oder `bodyB` das Ballon-Objekt enthält. Zur Auswertung hat sich die Methode `getSpriteFrom` bewährt, die beide Eigenschaften ausliest und ein Objekt des gewünschten Typs zurückgibt, sofern dieses zu finden ist.

Liegt das Ballon-Objekt einmal vor, wird es durch eine Animation verkleinert. Dem Ballon geht also gewissermaßen die Luft aus. Anschließend wird der Ballon ganz entfernt. Während dieser Animation sind wir an keinen weiteren Treffereignissen interessiert – deswegen setzen wir `contactTestBitMask` auf `none`.

```
// Kontakt zwischen Objekten
func didBegin(_ contact: SKPhysicsContact) {
  if let balloon = getSpriteFrom(contact, category: Category.balloon)
  {
    // keine weiteren Berührungen melden
    balloon.physicsBody?.contactTestBitMask = Category.none
    let shrink = SKAction.scale(to: 0, duration: 0.3)
    let del = SKAction.removeFromParent()
    balloon.run( .sequence([shrink, del]))
  }
}
```

28

```
// bodyA und bodyB auswerten, gibt SpriteNode der gewünschten
// Kategorie zurück
func getSpriteFrom(_ contact: SKPhysicsContact, category: UInt32)
  -> SKSpriteNode?
{
  if contact.bodyA.categoryBitMask == category {
    return contact.bodyA.node as? SKSpriteNode
  } else if contact.bodyB.categoryBitMask == category {
    return  contact.bodyB.node as? SKSpriteNode
  } else {
    return nil
  }
}
```

28.9 Physik

Die beiden vorangegangenen Abschnitte haben schon ein wenig einen Einblick in die Physik-Engine von SpriteKit gegeben. Wenn Sie diese nutzen wollen, müssen Sie die Objekte des Spiels um `SKPhysicsBody`-Objekte ergänzen, um die physikalischen Eigenschaften auszudrücken. In den vorigen Beispielen haben wir die Physik-Engine allerdings nur zur Kollisionserkennung verwendet. Das ändert sich jetzt: Im folgenden Beispiel rollen und rutschen Gegenstände unter dem Einfluss der Schwerkraft eine unebene Oberfläche hinab. Die Physik-Engine berechnet, wie sich die Objekte gegenseitig beeinflussen.

Dieser Abschnitt kann aus Platzgründen nur eine Einführung in die Physik-Engine geben. Ich gehe hier beispielsweise weder auf durch *Links* verbundene Objekte ein, mit denen Sie z. B. ein Modell einer wackeligen Hängebrücke nachbilden können, noch auf elektrische und magnetische Felder, mit denen Sie Objekte simulieren können, die sich gegenseitig anziehen oder abstoßen.

Einschränkungen und Probleme

Die Physik-Engine von SpriteKit ermöglicht es, mit minimalem Programmieraufwand ein Zusammenspiel von Objekten zu realisieren, das zumindest auf den ersten Blick ähnlich aussieht wie in der Wirklichkeit. Allerdings gibt es viele Parameter, die Sie nicht simulieren können, und je tiefer Sie ins Detail gehen, desto größer werden die offensichtlichen Unterschiede zwischen der Realität und der simulierten Welt. Mitunter bezahlen Sie für die Bequemlichkeit einer fertigen Physik-Engine mit Performance-Einbußen, vor allem dann, wenn Ihre Spiellogik sehr einfach ist und ohne komplexe physikalische Gesetze realisierbar ist.

SpriteKit verwendet intern höchstwahrscheinlich eine modifizierte Variante der Open-Source-Engine Box2D. In diesem Zusammenhang ist der folgende (schon etwas ältere)

Blogbeitrag lesenswert, der zeigt, dass gleichartige Simulationen unter Box2D zu anderen Ergebnissen führen als mit SpriteKit:

https://www.element84.com/blog/comparing-sprite-kit-physics-to-direct-box2d

Da Größen- und Positionsangaben in SpriteKit durch Fließkommazahlen ausgedrückt werden, sollte es eigentlich keine Rolle spielen, welchen Maßstab Ihr Koordinatensystem hat. Falsch gedacht! Vermeiden Sie zu kleine Werte, also z. B. ein Koordinatensystem, das die ganze Spielwelt im Bereich zwischen 0 und 1 abbildet! Der Grund sind Grenzgeschwindigkeiten, deren Unterschreiten zum Stillstand von Objekten führt. Bewährt haben sich Setups, bei denen die Bildschirmbreite ca. 1.000 bis 2.000 Einheiten im Koordinatensystem entspricht. Zur Berechnung der Masse von Körpern verwendet SpriteKit einen fix eingestellten Faktor, demzufolge ein Sprite mit 150 Punkten Länge in der Realität einem Objekt mit einem Meter Länge entspricht.

Bei meinen Tests, auch mit dem gleich vorgestellten Beispiel »Hello Physics!«, ergaben sich immer wieder Konstellationen, in denen eigentlich alle Körper zur Ruhe kommen müssten. Stattdessen zittern diese oft sekundenlang auf dem Bildschirm weiter oder drehen sich ganz langsam, was vollkommen unrealistisch aussieht.

Hello Physics!

Das folgende Hello-Physics-Beispiel zeigt, mit wie wenig Aufwand Sie wirklich coole Effekte erzielen können: In dem Beispiel fallen 30 Bälle in zufälliger Größe und Farbe quasi vom Himmel. Sie sind in einer Box in der Größe des iOS-Geräts eingesperrt. Wenn Sie Ihr iPhone oder iPad drehen, dann rollen und hüpfen die Bälle nach unten (siehe Abbildung 28.16).

Bei der Initialisierung des Programms wird ein Motion-Manager-Objekt eingerichtet, das die Ausrichtung des iOS-Geräts feststellen kann. Die Breite der Spielszene wird mit `1000` festgelegt, die Höhe ergibt sich aus den Proportionen des Geräts.

```
// Projekt ios-spritekit-physics, Datei GameScene.swift
class GameScene: SKScene {
  private let mm = CMMotionManager()
  private let g = 9.80   // Erdbeschleunigung
  private let colors:[SKColor] =
    [.red, .blue, .green, .yellow, .cyan]

  override func didMove(to view: SKView) {
    // ein weißes Hintergrundrechteck füllt das Gerät aus
    let w = CGFloat(1000)
    let h = w / view.bounds.width * view.bounds.height
    self.size = CGSize(width: w, height: h)
    self.backgroundColor = .white
    self.scaleMode = .aspectFit
```

```
    // Objekte darin einsperren
    self.physicsBody = SKPhysicsBody(edgeLoopFrom: self.frame)
    // Bälle
    setupBalls()
    // Motion Manager
    mm.deviceMotionUpdateInterval = 1.0 / 60
    mm.startDeviceMotionUpdates()
  }
  ...
}
```

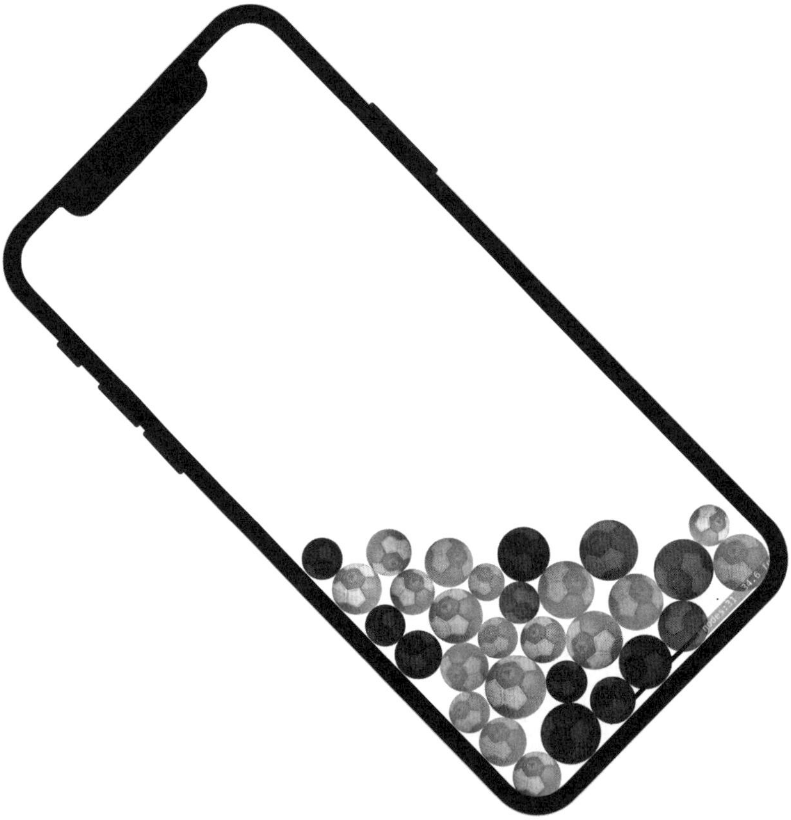

Abbildung 28.16 Die Bälle rollen und hüpfen bei einer Drehung des iPhones nach unten.

`setupBalls` erzeugt 30 Bälle in zufälligen Größen und Farben an zufälligen Orten. Der physikalische Körper der Bälle ergibt sich aus einem Kreis mit dem Radius `r`. Die Definition des Körpers reicht bereits dafür aus, dass die Schwerkraft wirkt und dass die Bälle bei Kollisionen voneinander abprallen. Die Einstellung `restitution=0.9` drückt aus, dass ein Ball bei Zusammenstößen 10 Prozent seiner Energie verliert.

```
private func setupBalls() {
  for _ in 1...30 {
    let ball = SKSpriteNode(imageNamed: "ball")
    let r = CGFloat.random(in: 50...90)
    ball.size = CGSize(width: 2*r, height: 2*r)
    ball.position = CGPoint(x: CGFloat.random(in: 150...850),
                            y: CGFloat.random(in: 150...850))
    ball.zPosition = 1
    ball.color = colors.randomElement()!
    ball.colorBlendFactor = 0.9
    self.addChild(ball)
    // physikalischer Körper
    ball.physicsBody = SKPhysicsBody(circleOfRadius: r)
    ball.physicsBody?.restitution = 0.9
    ball.physicsBody?.allowsRotation = true
  }
}
```

Verblüffenderweise war das bereits nahezu der gesamte Code! Um die Kollisionen kümmert sich SpriteKit ohne Ihr Zutun. Jetzt geht es nur noch darum, die Schwerkraft so einzustellen, dass die Kugeln immer nach unten fallen – egal, wie das Gerät gerade gehalten wird. Das geschieht in der Update-Methode, die die gravity-Eigenschaft des Motion Managers ausliest, deren X- und Y-Komponenten mit der Schwerkraft g multipliziert und zur Veränderung der gravity-Eigenschaft des SKPhysicsWorld-Objekts verwendet.

```
override func update(_ currentTime: TimeInterval) {
  if let grav = mm.deviceMotion?.gravity {
    self.physicsWorld.gravity =
      CGVector(dx: grav.x * g, dy: grav.y * g)
  }
}
```

Body versus Edge

Für die Physik-Engine gibt es drei Arten von Objekten:

- **Objekte mit einem physikalischen Körper (Bodies/Volumes):** Diese Körper haben eine Masse, die Schwerkraft wirkt auf sie, sie bewegen sich selbstständig, kollidieren miteinander etc.
- **Umrandete Objekte (Edges):** Diese Körper haben keine Masse und sind unbeweglich, stellen aber ein unüberwindliches Hindernis für physikalische Körper dar. In vielen Spielen bilden Edges die Umrandung des Spielfelds, Mauern oder andere Hindernisse.
- **Sonstige Objekte:** Alle anderen SpriteKit-Objekte, die weder einen Körper noch eine Umrandung aufweisen, werden von der Physik-Engine vollständig ignoriert. Dabei kann es sich z. B. um ein Hintergrundbild handeln, um Beschriftungs- oder Counter-Label.

Bodies und Edges erzeugen Sie, indem Sie zuerst das entsprechende Objekt einrichten (z. B. ein SKSpriteNode) und dieses dann mit einem physikalischen Körper ausstatten. Dabei helfen die unzähligen Init-Funktionen, von denen ich drei in Abschnitt 28.7, »Kollisionserkennung«, schon vorgestellt habe. Bei unregelmäßig geformten Bitmaps liefert die dritte Variante die exakteste Beschreibung des Körpers. Allerdings führt diese Variante in der Folge auch zum höchsten Rechenaufwand.

```
// drei Varianten, um den physikalischen Körper
// des Sprites 'sp' einzustellen
sp.physicsBody = SKPhysicsBody(rectangleOf: sp.size)
sp.physicsBody = SKPhysicsBody(circleOfRadius: myradius)
sp.physicsBody = SKPhysicsBody(texture: sp.texture!, size: sp.size)
```

Für umrandete Körper verwenden Sie ebenfalls Init-Funktionen der SKPhysicsBody-Klasse, diesmal aber mit edgeXxx-Parametern. Bei den drei folgenden Beispielen wird die Umrandung durch das Rechteck des Sprites, durch die Verbindung zwischen zwei Punkten bzw. durch ein CGPath-Objekt definiert:

```
// Varianten, um den Edge-Körper des Sprites 'wall' zu erzeugen
wall.physicsBody = SKPhysicsBody(edgeLoopFrom: wall.frame)
wall.physicsBody = SKPhysicsBody(edgeFrom: pt1, to: pt2)
wall.physicsBody = SKPhysicsBody(edgeLoopFrom: path)
```

SKPhysicsBody-Eigenschaften

Das Verhalten eines physikalischen Körpers wird durch diverse Eigenschaften bestimmt (siehe Tabelle 28.1). SpriteKit verwendet für die meisten Eigenschaften sinnvolle Defaultwerte. Die Masse eines Körpers ergibt sich standardmäßig aus seiner Fläche (area-Eigenschaft), wobei 150 Punkte im SpriteKit-Koordinatensystem einem Meter in der Wirklichkeit entsprechen. Wenn ein Körper in Bezug auf seine Größe leichter oder schwerer sein soll, können Sie entweder die Eigenschaft density verändern (der Standardwert lautet 1) oder die absolute Masse mit mass einstellen.

Durch die categoryBitMask kann jeder Körper einer von 32 möglichen Gruppen zugeordnet werden. Die collisionBitMask entscheidet, für welche andere Gruppen Kollisionen berücksichtigt werden. Der Defaultwert lautet für beide Eigenschaften 0xFFFFFFFF. Es sind also alle Bits gesetzt, d. h., jeder physikalische Körper kann mit allen anderen kollidieren.

Nicht in Tabelle 28.1 erwähnt ist die Eigenschaft usesPreciseCollisionDetection, die normalerweise false beträgt: Diese Eigenschaft sollten Sie bei vergleichsweise sehr schnellen Objekten auf true setzen. Damit vermeiden Sie, dass der Treffer eines Geschosses nicht bemerkt wird, weil sich dieses im einen Frame vor, im nächsten Frame aber schon hinter dem Zielobjekt befindet. Die präzise Kollisionserkennung kommt auch mit solchen Fällen zurecht. Das erfordert aber mehr Rechenaufwand.

Die Einstellung der `contactTestBitMask` entscheidet, ob bei der Berührung zweier Objekte die `didBegin`-Methode des `SKPhysicsContactDelegate`-Protokolls aufgerufen wird (siehe Abschnitt 28.7, »Kollisionserkennung«).

Eigenschaft	Bedeutung
affectedByGravity	Das Objekt kann durch die Gravitation beschleunigt werden.
allowsRotation	Das Objekt kann sich drehen.
angularDamping	Dämpfung auf Drehungen durch Strömungswiderstand
angularVelocity	Drehgeschwindigkeit (gegen den Uhrzeigersinn)
area	Fläche
categoryBitMask	Zuordnung zu einer Objektgruppe
contactTestBitMask	Gruppen, für die ein Kollisionstest durchgeführt werden soll
collisionBitMask	Gruppen, mit denen das Objekt kollidieren kann
density	Dichte
friction	Reibung bei Berührung
linearDamping	Dämpfung durch Luft- oder Strömungswiderstand
isResting	Objekt ist momentan in Ruhe.
isDynamic	Objekt wird durch die Physics-Engine gesteuert.
mass	Masse
restitution	Stoßzahl (Wie viel Energie bleibt beim Aufprall erhalten?)
velocity	aktuelle Geschwindigkeit

Tabelle 28.1 Die wichtigsten Eigenschaften der »SKPhysicsBody«-Klasse

Methode	Bedeutung
applyAngularImpulse	Fügt einen Drehimpuls hinzu.
applyForce	Übt eine Kraft auf den Massenmittelpunkt aus.
applyImpulse	Fügt einen Impuls hinzu.
applyTorque	Übt ein Drehmoment auf den Körper aus.

Tabelle 28.2 Die wichtigsten Methoden zur Bewegung von physikalischen Körpern

Physikalische Körper werden automatisch durch die Schwerkraft beschleunigt und »fallen« unten aus dem Bildschirm, wenn es dort nicht einen umrandeten Körper gibt. Haben einmal alle Objekte einen stabilen Ort gefunden, kommt die Szene zur Ruhe. Jetzt können Sie die Körper durch diverse `apply`-Methoden wieder in Bewegung versetzen (siehe Tabelle 28.2).

SKPhysicsWorld-Eigenschaften

Das `SKPhysicsWorld`-Objekt fasst die physikalischen Eigenschaften der gesamten simulierten Welt zusammen. Die wichtigste Eigenschaft ist `gravity`, also die Schwerkraft: In der Defaulteinstellung ist die X-Komponente 0. Die Y-Komponente mit –9,80 zieht Körper nach unten.

Für Tests und zur Fehlersuche ungemein praktisch ist `speed`. Diese Eigenschaft gibt an, in welcher Geschwindigkeit die Simulation ausgeführt werden soll. Die Standardeinstellung lautet `1`, also in normaler Geschwindigkeit. Wenn Sie den Wert beim Hello-Physics-Programm auf `0.01` setzen, können Sie den Bällen in Superzeitlupe beim Hinunterfallen und Zusammenstoßen zusehen.

28.10 Minispiel: Pyramide zerstören

Das folgende Beispiel zeigt die Anwendung der Physik-Engine. Gleichzeitig können Sie beim Ausprobieren Ihre destruktive Ader ausleben und eine Pyramide mit einer Kanonenkugel zerstören (siehe Abbildung 28.17 und Abbildung 28.18). Dazu ziehen Sie die Kugel aus dem roten Kreis und lassen sie los. Je weiter weg Sie die Kugel ziehen, desto schneller fliegt sie los (wie in *Angry Birds*).

Abbildung 28.17 Startzustand

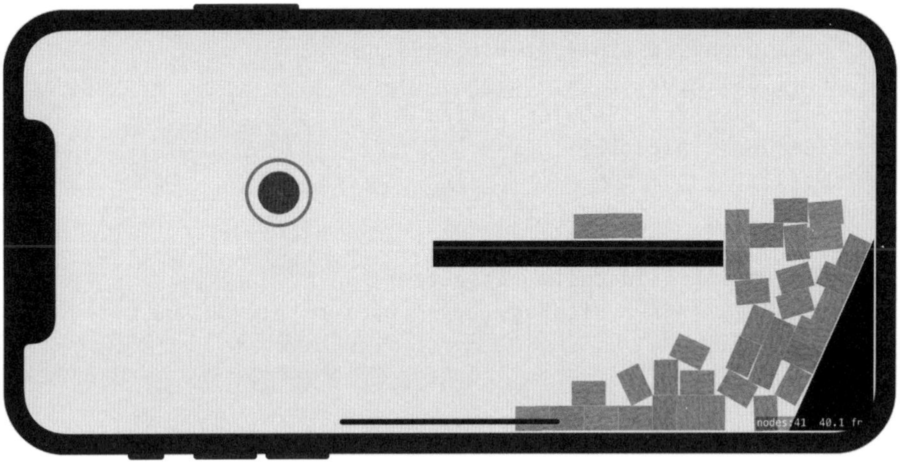

Abbildung 28.18 Zehn Kanonenschüsse später

Codeaufbau

Der gesamte relevante Code befindet sich in der `GameScene`-Klasse. Dort werden die Eckdaten des Spiels festgelegt. Die Variable `aiming` wird in den `touches`-Methoden auf `true` gesetzt, sobald der Spieler die Kugel aus dem roten Kreis zieht. `ball` und `ring` ermöglichen überall im Code den Zugriff auf die beiden Sprite- bzw. Shape-Objekte.

```
// Projekt ios-sprite-cannon, Datei GameScene.swift
class GameScene: SKScene {
  let w:CGFloat = 1000      // Größe des Spielfelds
  var h:CGFloat = 0         // h wird in didMove eingestellt

  let bx:CGFloat = 250      // Ort der Kugel
  let by:CGFloat = 275
  let br:CGFloat = 25       // Radius der Kugel
  var aiming = false        // aktiver Zielvorgang

  let fx:CGFloat = 800      // obere rechte Ecke des
  let fy:CGFloat = 250      // Bodens (Floor)

  let brickRows = 9         // Pyramidenhöhe
  let brickW:CGFloat = 40   // Größe der Ziegelsteine
  let brickH:CGFloat = 28

  // Kanonenkugel und Ring rundherum; die Objekte werden
  // in setupBall endgültig eingerichtet
  let ball = SKSpriteNode(imageNamed: "cannon-ball")
  var ring = SKShapeNode(circleOfRadius: 0)
```

```
  override func didMove(to view: SKView) {
    h = w / view.bounds.width * view.bounds.height
    self.size = CGSize(width: w, height: h)
    self.backgroundColor = SKColor(white: 0.9, alpha: 1)
    self.scaleMode = .aspectFit
    setupFloor()
    setupPyramid()
    setupBall()
    // alle Objekte im Bildschirm einsperren
    self.physicsBody = SKPhysicsBody(edgeLoopFrom: self.frame)
  }
}
```

Initialisierung

Auf den vollständigen Abdruck des Codes von setupFloor, setupPyramid und setupBall verzichte ich in diesem Fall. Stattdessen konzentriere ich mich auf die Einstellung der physikalischen Eigenschaften.

In setupFloor werden die schwarze Basis für die Pyramide und der dreieckige Rutschkegel für die heruntergeschossenen Ziegelsteine angelegt. Dabei wird zuerst ein UIBezierPath aus den Eckpunkten erzeugt. Die Eigenschaft cgPath macht daraus ein CGPath-Objekt, das als Parameter für die Init-Funktionen von SKShapeNode und SKPhysicsBody benötigt wird.

```
// in setupFloor(): Rutsche für Ziegel aus dreieckigem Polygon bilden
let path = UIBezierPath()
path.move(to:    CGPoint(x: w,     y: fy))
path.addLine(to: CGPoint(x: w-100, y:0))
path.addLine(to: CGPoint(x: w,     y:0))
path.close()

let triangle = SKShapeNode(path: path.cgPath)
triangle.fillColor = .black
triangle.lineWidth = 0
self.addChild(triangle)
triangle.physicsBody = SKPhysicsBody(polygonFrom: path.cgPath)
```

In setupPyramid wird die Pyramide aus Ziegelsteinen gebaut. Die physikalischen Eigenschaften der Ziegelsteine werden wie folgt eingestellt. Bemerkenswert sind die hohe Reibung und die geringe Stoßzahl (restitution): Ein Ziegelstein springt nach dem Fall nicht wie ein Gummiball.

```
// in setupLineOfBricks (wird von setupPyramid aufgerufen)
let brick = SKSpriteNode(imageNamed: "brick")
...
```

```
self.addChild(brick)
brick.physicsBody = SKPhysicsBody(rectangleOf: brick.frame.size)
brick.physicsBody?.friction = 0.9
brick.physicsBody?.restitution = 0.05
brick.physicsBody?.categoryBitMask = Category.brick
brick.physicsBody?.collisionBitMask = Category.ball + Category.brick
```

Für das Spiel sind die folgenden Kategorien definiert:

```
struct Category {
  static let none: UInt32  = 0
  static let ball: UInt32  = 1
  static let brick: UInt32 = 2
}
```

In `setupBall` werden sowohl die Kanonenkugel als auch der rote Ring rund um die Kugel eingerichtet. Bemerkenswert sind hier drei Details:

- Die Einstellung `density = 3` gibt der Kugel eine deutlich höhere Masse als den Ziegelsteinen.
- Mit `affectedByGravity = false` wird die Schwerkraft für die Kugel vorerst ausgeschaltet – andernfalls würde die Kugel aus dem roten Ring herausfallen.
- Schließlich bewirken die Einstellungen der `categoryBitMask` und der `collisionBitMask`, dass die Kugel anfänglich nicht mit anderen Gegenständen kollidieren kann. Das ist notwendig, weil der Spieler sonst die Kugel in die Ziegelpyramide ziehen und diese so direkt zum Einsturz bringen könnte.

`affectedByGravity` sowie die beiden `BitMask`-Eigenschaften werden erst beim Losschießen der Kugel korrekt eingestellt.

```
// in setupBall
ball.physicsBody = SKPhysicsBody(circleOfRadius: CGFloat(br))
ball.physicsBody?.density = 3
ball.physicsBody?.restitution = 0.1
ball.physicsBody?.affectedByGravity = false
ball.physicsBody?.categoryBitMask = Category.none
ball.physicsBody?.collisionBitMask = Category.none
```

Kanonenkugel verschießen

Für das Verschießen der Kanonenkugel sind die vier `touches`-Methoden zuständig. Der Prozess beginnt in `touchesBegan`, sofern sich die Kugel im Ring befindet und die Berührung im Ring beginnt. Die Methode `distanceTo` sowie diverse Operatoren zum Rechnen mit `CGxxx`-Strukturen sind in der Datei `CGOperators.swift` definiert (siehe Abschnitt 7.3, »CGFloat, CGPoint, CGSize und Co.«).

```
// Kugel-Auswahl beginnen
override func touchesBegan(_ touches: Set<UITouch>,
                           with event: UIEvent?)
{
  if touches.count != 1 { return }
  if ball.position.distanceTo(ring.position) > 1 { return }
  let touch = touches.first!
  let pt = touch.location(in: self)
  if pt.distanceTo(ring.position) < br {
    aiming = true  // Zielprozess ist aktiv
  }
}
```

Während des Zielvorgangs wird touchesMoved fortwährend aufgerufen. Die Methode beginnt mit einigen Validitätstests. Unter anderem kann die Kugel nur nach links, aber nicht nach rechts bewegt werden.

Während der Kugelbewegung wird die Position des Balls so berechnet, dass dieser nicht exakt an der Stelle des Fingers angezeigt wird, sondern auf zwei Dritteln der Strecke zwischen dem Mittelpunkt des roten Rings und dem Finger. Diese Vorgehensweise hat zwei Vorteile: Zum einen ist der Ball sichtbar und wird nicht vom Finger verdeckt. Zum anderen ist die visuelle Wirkung wie bei einem Gummiband: Es bedarf gewissermaßen einer Extrakraft, um den Ball zu bewegen.

Der rote Ring wird während der Auswahl als immer kleiner werdender voller roter Punkt dargestellt. Abermals geht es darum, visuelles Feedback zu geben. Außerdem hilft der Punkt beim Zielen.

```
// Kugel aus dem Ring ziehen
override func touchesMoved(_ touches: Set<UITouch>,
                           with event:
{
  if aiming == false    { return }  // touchesBegan nicht ausgeführt?
  if touches.count != 1 { return}   // mehrere Finger zugleich
  let touch = touches.first!
  let pt = touch.location(in: self)
  if pt.x > ring.position.x { return }  // Zielbewegung muss nach links
                                        // gehen

  // Ball verschieben: 2/3 auf der Strecke Ball / Finger
  ball.position = (pt * 2 + ring.position) / 3

  // roten Kreis verkleinern
  ring.fillColor = .red
  let scale = max(0.2, (300 - pt.distanceTo(ring.position)) / 300)
  ring.setScale(scale)
}
```

In touchesEnded befindet sich der interessanteste Code – hier wird die Kugel losgeschossen. Der Impuls, der dabei auf die Kanonenkugel ausgeübt wird, ergibt sich aus dem Vektor vom Ball zum roten Punkt. Er wird mit der Methode applyImpulse angewendet. Während des Flugs soll die Schwerkraft auf die Kugel wirken und zu einer parabelförmigen Flugbahn führen. Außerdem müssen nun die BitMask-Eigenschaften richtig eingestellt werden, damit ein Treffer die Pyramide wirklich zum Einsturz bringt.

Nach zwei Sekunden soll die Kugel in den roten Ring zurückkehren. Dazu wird zuerst eine wait-Aktion ausgeführt, danach eigener Code, der als Closure formuliert wird. Darin wird die Gravitation für die Kugel wieder ausschaltet, die BitMask-Eigenschaften werden zurückgesetzt, jede Bewegung wird gestoppt (isResting = true) und die Kugel zurück zur Startposition bewegt. Schließlich wird auch der rote Ring wieder normal angezeigt.

```
// Kugel loslassen/losschießen
override func touchesEnded(_ touches: Set<UITouch>,
                           with event: UIEvent?)
{
  if aiming == false    { return }
  if touches.count != 1 { return}
  let touch = touches.first!
  let pt = touch.location(in: self)

  if pt.x > ring.position.x {
    // Zielbewegung nach rechts: Ball einfach zurücksetzen
    self.ball.position = self.ring.position
  } else {
    // Zielbewegung nach links: Impuls auf Ball ausrechnen, umso
    // stärker, je weiter weg vom Startpunkt
    let vec = (ring.position - pt) * 2
    let imp = CGVector(dx: vec.x, dy: vec.y)
    ball.physicsBody?.applyImpulse(imp)
    // Schwerkraft und Kollisions-Handling einschalten
    ball.physicsBody?.affectedByGravity = true
    ball.physicsBody?.categoryBitMask = Category.ball
    ball.physicsBody?.collisionBitMask = Category.brick
    // Ball nach drei Sekunden zurück in den Ring
    let wait = SKAction.wait(forDuration: 3)
    let run = SKAction.run() {
      self.ball.physicsBody?.affectedByGravity = false
      self.ball.physicsBody?.isResting = true
      self.ball.physicsBody?.categoryBitMask = Category.none
      self.ball.physicsBody?.collisionBitMask = Category.none
      self.ball.position = self.ring.position
    }
    ball.run( .sequence([wait, run]))
  }
```

```
    // auf jeden Fall Zielring wieder normal darstellen
    ring.setScale(1)
    ring.fillColor = .clear
    aiming = false
}
```

Zum Aufruf von touchesCancelled kommt es beispielsweise, wenn ein Spieler den Finger über den Bildschirmrand hinausbewegt. In diesem Fall wird der Zielprozess abgebrochen. Die Kugel kehrt zur Startposition zurück, und der rote Ring wird wieder als solcher angezeigt.

```
override func touchesCancelled(_ touches: Set<UITouch>,
                               with event: UIEvent?)
{
  // Ball zurück an die Ausgangsposition
  ball.position = CGPoint(x: bx, y: by)

  // Zielring wieder normal darstellen
  ring.setScale(1)
  ring.fillColor = .clear
  aiming = false
}
```

28.11 Scene-Editor

Alle bisherigen Beispiele dieses Kapitels weichen in einem entscheidenden Punkt von den Xcode-Mustervorlagen ab: Sie verwenden keine mit dem Scene-Editor zusammengesetzten Szenen, sondern ausschließlich per Code erzeugte Sprites und Shapes. Apple empfiehlt einen ganz anderen Ansatz:

- Der Code sollte sich nur um die Spiellogik kümmern.
- Möglichst alle künstlerischen Elemente sollten außerhalb des Codes im Scene-Editor gestaltet werden.
- Diese Vorgehensweise ermöglicht eine gute Teamarbeit zwischen Programmierern und Designern/Künstlern.
- Sie vermeidet eine Menge redundanten bzw. eintönigen Code, in dem es primär darum geht, alle erdenklichen Eigenschaften von Sprites einzustellen.
- Die Trennung von Code und Spiellayout hat außerdem den Vorteil, dass sich weitere Szenen oder Level leichter realisieren lassen.

Dieser WWDC-Vortrag von 2014 fasst Apples Argumentationslinie überzeugend zusammen:

https://developer.apple.com/videos/play/wwdc2014/608

Kein Mensch würde auf die Idee kommen, eine einfache Benutzeroberfläche einer iOS-App per Code zu erzeugen, wenn dies im Storyboard-Editor viel einfacher gelingt – warum also bei Spielen anders vorgehen? Ein Grund besteht darin, dass die Gestaltung von Spielen in ihrer Natur viel dynamischer ist als bei Benutzeroberflächen. Oder, anders ausgedrückt: Der Button einer App ändert seinen Ort seltener, als Spielfiguren das tun.

Viel schwerwiegender ist aber, dass Apple mit dem Scene-Editor kein Meisterstück gelungen ist. Einerseits ist die Bedienung unübersichtlich, andererseits hat sich die Komponente in der Vergangenheit als ausgesprochen instabil erwiesen – bis hin zu Xcode-Abstürzen beim Versuch, eine korrekte Scene-Datei zu öffnen. Das Faktum, dass `*.sks`-Dateien in einem Binärformat vorliegen, ist auch kein Pluspunkt: Binärdateien machen eine sonst eventuell mögliche manuelle Fehlersuche und -behebung noch schwieriger als bei XML-Dateien.

Kurzum: Nach meinen Erfahrungen schafft der Scene-Editor mehr Probleme, als er löst. Allen, die es dennoch versuchen möchten, zeige ich in diesem Abschnitt ganz kurz, wie der Scene-Editor zu bedienen ist und wie Verbindungen zwischen damit erstellten Objekten und dem Code hergestellt werden. Die Informationen sollten ausreichen, damit Sie sich selbst ein Bild vom Scene-Editor machen können.

Tipp

Wenn Sie an weiteren Details interessiert sind, suchen Sie im Internet nach »xcode scene editor video«. Sie werden auf diverse Video-Tutorials stoßen, die die Nutzung des Scene-Editors anschaulich demonstrieren.

Szenen einrichten

Wenn Sie in Xcode ein neues Projekt vom Typ GAME einrichten, sind automatisch die Szenendatei `GameScene.sks` und die dazugehörige Klassendatei `GameScene.swift` enthalten.

Um eine neue oder eine weitere Szene hinzuzufügen, führen Sie FILE • NEW • FILE aus und wählen zuerst die Gruppe IOS • RESOURCE und dann die Vorlage SPRITEKIT SCENE FILE aus. Damit wird eine neue `*.sks`-Datei angelegt. (Achten Sie darauf, dass Sie nicht versehentlich das ähnlich klingende SCENEKIT SCENE FILE anklicken. SceneKit ist die Bibliothek für 3D-Spiele.)

In aller Regel wollen Sie die Szenendatei mit einer eigenen Klasse verbinden, die den zur Szene gehörigen Code enthält. Dazu führen Sie nochmals FILE • NEW • FILE aus und wählen diesmal die Vorlage SOURCE • SWIFT FILE aus. Benennen Sie die Datei wie die Szenendatei, beispielsweise `MyScene.swift`. In die leere Datei fügen Sie Code gemäß dem folgenden Muster ein:

```
// Datei MyScene.swift
import SpriteKit              // die eigene Klasse muss
class MyScene: SKScene {      // von SKScene abgeleitet sein
  override func didMove(to view: SKView) {
    super.didMove(to: view)
    // ... eigene Initialisierungsarbeiten
  }
}
```

Der Aufruf `super.didMove` ist vermutlich nicht notwendig, er schadet aber nicht. Die Dokumentation ist in diesem Punkt leider vage.

Die Verbindung zwischen der `*.sks`- und der `*.swift`-Datei stellen Sie her, indem Sie die `*.sks`-Datei in Xcode bearbeiten, die Szene als Ganzes auswählen, in der rechten Seitenleiste den CLASS INSPECTOR öffnen und dort im Textfeld CUSTOM CLASS den Klassennamen angeben (siehe Abbildung 28.19). Dieses Konzept ist Ihnen ja von gewöhnlichen iOS-Apps bekannt.

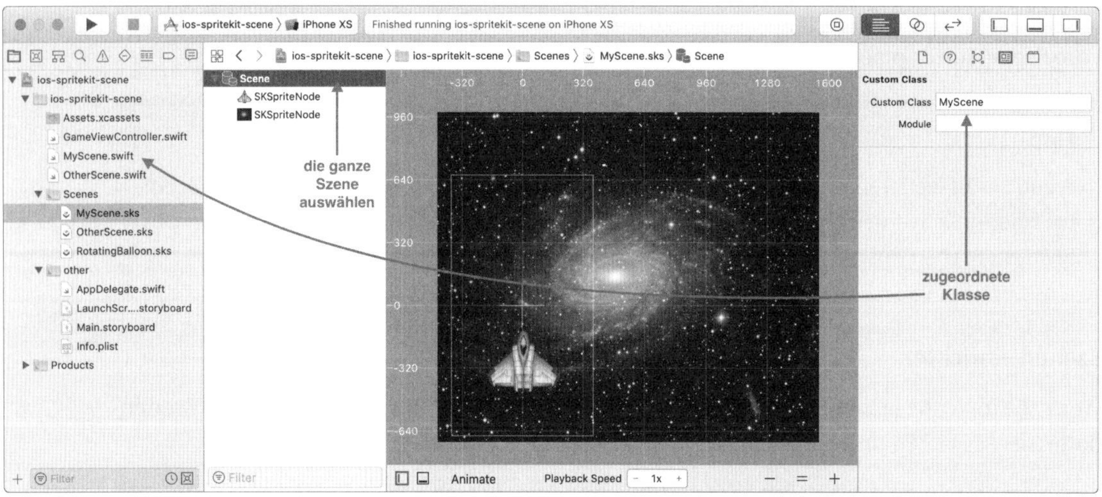

Abbildung 28.19 Zuordnung zwischen Szenendatei und Klasse herstellen

Um die Szene beim Start des Spiels anzuzeigen, verwenden Sie beispielsweise den folgenden Code in der Methode `viewDidLoad` in der Datei `GameViewController.swift`:

```
override func viewDidLoad() {     // Datei GameViewController.swift
  super.viewDidLoad()
  // Szene erzeugen, erfordert MyScene.sks und die zugeordnete
  // Klasse MyScene
  if let view = self.view as! SKView? {
    let myScene = MyScene(fileNamed: "MyScene")
    myScene?.scaleMode = .aspectFill
    view.presentScene(myScene)
  }
}
```

In der Init-Funktion der SKScene-Klasse müssen Sie den Dateinamen der Szenendatei ohne die Kennung .sks angeben. scaleMode = .aspectFill bewirkt, dass die in der Szenendatei festgelegte Größe bildschirmfüllend angezeigt wird. Wenn das Gerät andere Proportionen hat als Ihre Szene oder wenn das Gerät in einer anderen Ausrichtung verwendet wird, dann werden der obere und der untere Rand der Szene weggeschnitten. Wenn Sie mit dem Scene-Editor arbeiten, ist es zumeist zweckmäßig, in den Projekteinstellungen sowie für das iPad in Info.plist eine Ausrichtung festzulegen, also entweder den Portrait- oder den Landscape-Modus.

Falls es keine zugeordnete Klasse gibt, erzeugen Sie in viewDidLoad die SKScene-Instanz so:

```
// MyScene aus .sks-Datei ohne zugeordnete Klasse erzeugen
let myScene = SKScene(fileNamed: "MyScene")
myScene.scaleMode = ...
```

Wenn Sie umgekehrt wie in den bisherigen Abschnitten dieses Kapitels ohne Scene-Editor gearbeitet haben, gehen Sie so vor:

```
// MyScene erzeugen, wenn es keine .sks-Datei-gibt,
// also nur die Klassendatei MyScene.swift
let myScene = MyScene()
myScene.scaleMode = ...
```

Szenenwechsel

Zum Wechsel von einer Spielszene in eine andere müssen Sie das neue Szene-Objekt erzeugen und dann mit einem SKTransition-Objekt den Übergang durchführen.

Im Beispiel zu diesem Abschnitt können Sie durch Berühren des Bildschirms zwischen zwei Szenen hin- und herwechseln. Die folgenden Zeilen zeigen den Code, der von der ersten Szene MyScene in die zweite Szene OtherScene wechselt. Die folgenden Zeilen gehen davon aus, dass es die im Scene-Editor erstellte Datei OtherScene.sks sowie die Codedatei OtherScene.swift mit der von SKScene abgeleiteten Klasse OtherScene gibt.

```
// Projekt ios-spritekit-scene, Datei MyScene.swift
override func touchesEnded(_ touches: Set<UITouch>,
                           with event: UIEvent?)
{
  if let other = OtherScene(fileNamed: "OtherScene") {
    other.scaleMode = .aspectFill
    let trans = SKTransition.fade(withDuration: 1)
    self.view?.presentScene(other, transition: trans)
  }
}
```

Beispiele

Konkrete Beispiele zum Umgang mit Szenen finden Sie im Projektteil des Buchs. Kapitel 44, »Asteroids«, zeigt den Wechsel zwischen zwei mit dem Scene-Editor gestalteten Szenen, der Spielszene und der zwischen zwei Spielen angezeigten Szene für die Einstellungen.

In Kapitel 43, »Pac-Man selbst gemacht«, erfolgt der Übergang zwischen den Leveln des Spiels ebenfalls durch den Übergang zwischen Szenen; allerdings ist dieses Programm ohne den Scene-Editor realisiert. Alle Level werden durch die gleiche Klasse abgebildet. Die eigentlichen Spieldaten befinden sich in einer Instanz einer eigenen `Maze`-Klasse.

Szenengröße einstellen

Im Attributinspektor können Sie die Größe der Szene frei einstellen, z. B. mit 1.500 × 1.500 Punkt oder, um besser den iPhone-Maßen zu entsprechen, mit 640 × 1.334 (Hochformat). Egal, für welches Maß Sie sich entscheiden – Ihre App soll auch auf Geräten mit anderen Maßen bzw. Proportionen laufen. Es gibt kein Patentrezept dafür, wie Sie mit diesem Problem umgehen. Die optimale Lösung hängt stark auch von der Art des Spiels ab.

Am einfachsten ist es, direkt nach dem Erzeugen der Instanz den gewünschten `scaleMode` einzustellen. (In der `didMove`-Methode ist es dazu zu spät, da hat SpriteKit die Größe Ihrer Szene womöglich schon verändert.) Für Spiele gibt es in der Regel nur zwei zweckmäßige `scaleMode`-Einstellungen, die Sie im Beispielprogramm zu diesem Abschnitt beide ausprobieren können:

- `scaleMode = .aspectFit` (Startszene `MyScene`) stellt sicher, dass die ganze Szene in den von Ihnen im Scene-Editor festgelegten Proportionen sichtbar ist und bei Gerätedrehungen auch sichtbar bleibt. Der Nachteil dieser Einstellung ist, dass je nach Gerätedrehung oft große schwarze Flächen links und rechts oder ober- und unterhalb der Szene dargestellt werden.
- `scaleMode = .aspectFill` (zweite Szene `OtherScene`) stellt sicher, dass der ganze Bildschirm ausgefüllt wird. Allerdings wird die Szene nun unter Umständen stark beschnitten, sodass der Spieler nur den mittleren Streifen davon tatsächlich sieht.

  Wenn Sie sich für `aspectFill` entscheiden, ist es sinnvoll, die Geräteausrichtung auf das Hoch- oder Querformat zu beschränken. Die Szenengröße wählen Sie dann mit den Proportionen 3:4, also passend für das iPad. Läuft die App auf einem iPhone, wird an beiden Seiten (links und rechts im Hochformat bzw. oben und unten im Querformat) ein wenig abgeschnitten. Das müssen Sie bei der Konzeption Ihres Spiels berücksichtigen: Dort dürfen Sie keine wichtigen Spielelemente platzieren.

Noch einmal anders ist die Situation, wenn vom Szenenhintergrund immer nur ein kleiner Teil sichtbar ist – also z. B. wenn sich eine Spielfigur durch ein Labyrinth bewegt, von dem immer nur ein Bruchteil sichtbar ist. In solchen Fällen verwenden Sie am besten ein `SKCameraNode`-Objekt, um den sichtbaren Ausschnitt zu steuern.

Arbeiten im Scene-Editor

Der Umgang mit dem Scene-Editor ist unkompliziert: Alle zuvor in Asset-Dateien eingefügten Bitmaps stehen in der Media Library von Xcode zur Auswahl (rechts unten in Xcode) und können per Drag & Drop in den Editor eingefügt, skaliert und gedreht werden (siehe Abbildung 28.20). Anschließend können Sie alle erdenklichen Eigenschaften einstellen.

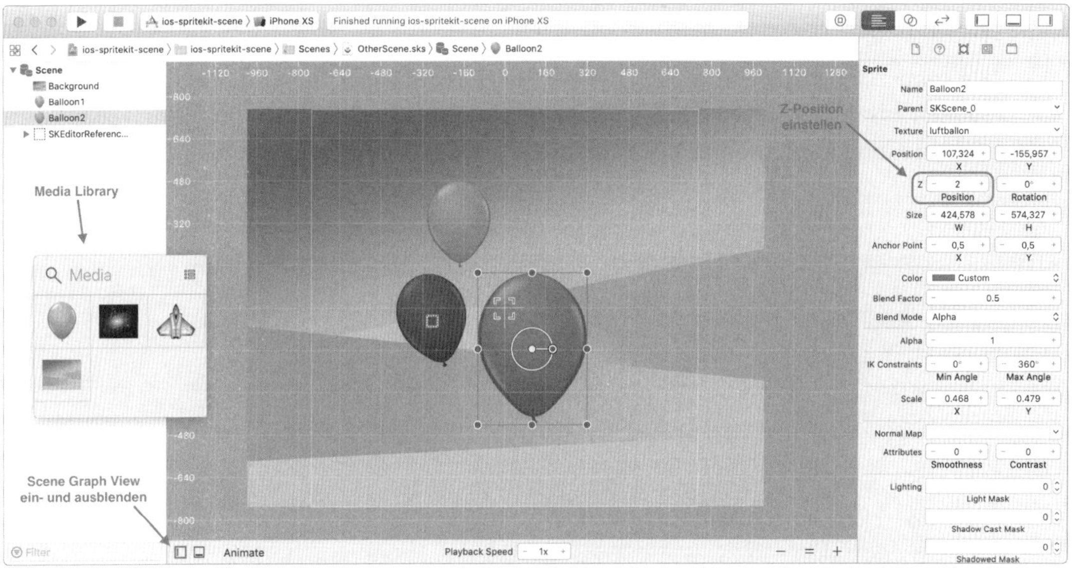

Abbildung 28.20 Der Scene-Editor

Zur Auswahl mehrerer übereinander befindlicher Objekte blenden Sie den Objektbaum ein (Scene Graph View). Der Objektbaum bietet auch die bequemste Möglichkeit, die Elemente (Nodes) zu benennen. In Ihrem Code können Sie dann wie folgt auf die Elemente zugreifen:

```
let sprite = self.childNode(withName: "balloon1") as! SKSpriteNode
```

Wenn es sich nicht um ein Sprite, sondern um einen anderen Objekttyp handelt, müssen Sie das Casting natürlich dementsprechend ändern und z. B. mit `as! SKLabelNode` durchführen. `self.childNode` bezieht sich auf Nodes, die sich in der ersten Ebene der Szene befinden. Sie können die Nodes auch ineinander verschachteln – dann müssen Sie `childNode` auf das jeweilige Elternobjekt anwenden.

Vermeintliche Darstellungsfehler in der laufenden App

Ganz häufig kommt es vor, dass eine Szene im Scene-Editor zwar perfekt aussieht, aber sobald Sie die App starten, fehlen gewisse Objekte. Schuld daran ist fast immer, dass Sie vergessen haben, die Z-Position im Attributinspektor einzustellen. Bei allen neu eingefügten Objekten hat diese Eigenschaft den Wert 0. Damit liegen alle Objekte auf derselben Ebene. Es hängt vom Zufall ab, welches Objekt in der laufenden App tatsächlich sichtbar ist.

Sprite-Elementen können Sie im Custom Class Inspector eine eigene, von `SKSpriteNode` abgeleitete Klasse zuordnen. Für viele andere Scene-Elemente, z. B. für Label (`SKLabelNode`), steht das Feld Custom Class aber unbegreiflicherweise nicht zur Verfügung.

Szenen können verschachtelt werden. Sie können also eine aus mehreren Teilen zusammengesetzte Spielfigur in einer Detailszene konstruieren. In die Hauptszene fügen Sie dann aus der Objektbibliothek einen sogenannten *Reference Node* ein. Bei dessen Eigenschaft Reference wählen Sie den Namen der Detailszene aus.

Sie können im Scene-Editor auch Aktionen aus in der Objektbibliothek vorgegebenen Bausteinen zusammensetzen und zu Schleifen verbinden (siehe Abbildung 28.21). Die resultierenden Animationen können Sie dann direkt im Scene-Editor ausprobieren.

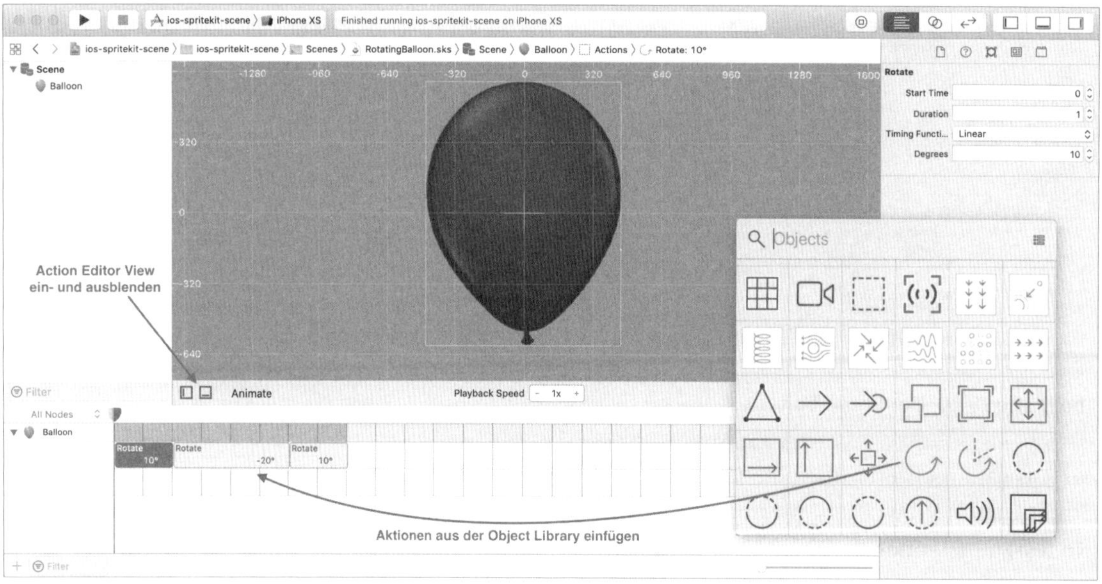

Abbildung 28.21 Im Scene-Editor Aktionen zusammensetzen

28.12 Partikel-Emitter

Manche Naturphänomene (wie Wasser, Feuer, Nebel) sowie Explosionen lassen sich auch durch Bitmap-Animationen nicht realistisch nachbilden. Für solche Fälle bietet SpriteKit die `SKEmitterNode`-Klasse an. Deren Instanzen erzeugen kleine Objekte mit einer durch viele Parameter gesteuerten teils zufälligen Flugbahn. Während ihrer oft kurzen Lebensdauer verändern die Partikel ihre Farbe und Form und lösen sich schließlich auf.

Im vorigen Abschnitt habe ich Ihnen vom Einsatz des Scene-Editors abgeraten – aber das hindert mich nicht, Ihnen in diesem Abschnitt einen anderen grafischen Editor zu empfehlen: Mit File • New • File, Dateityp iOS • Resource • SpriteKit Particle File erzeugen Sie einen neuen Partikel-Emitter und haben dabei die Wahl zwischen mehreren Mustern, unter anderem *Fire*, *Rain*, *Snow* und *Spark*. Eine animierte Vorschau zeigt das Erscheinungsbild des Emitters (siehe Abbildung 28.22).

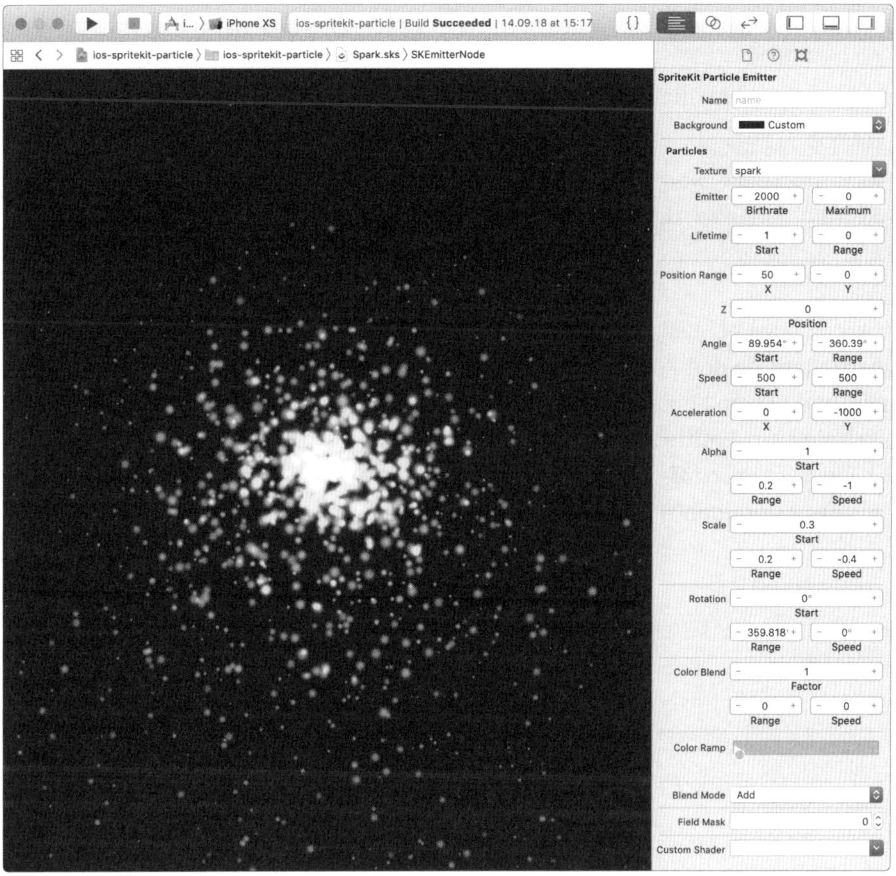

Abbildung 28.22 Der Emitter-Editor bietet unmittelbares Feedback bei der Einstellung der vielen Eigenschaften.

Nun können Sie damit beginnen, die unzähligen Parameter einzustellen, bis der Emitter Ihren Vorstellungen entspricht. Auf eine detaillierte Beschreibung der `SKEmitterNode`-Eigenschaften verzichte ich hier: Sie können sie natürlich in der Klassendokumentation nachlesen, aber zweckmäßiger ist es zumeist, die Parameter einfach nach der Methode »Versuch und Irrtum« einzustellen.

Natürlich ist es auch möglich, ein `SKEmitterNode`-Objekt vollständig per Code zu erzeugen – sinnvoll ist das aber nicht. Der entscheidende Vorteil des Emitter-Editors ist das unmittelbare Feedback, das Sie andernfalls nur durch die wiederholte Ausführung Ihrer App erhalten.

Emitter-Bitmaps

Mit jedem Emitter-Template wird Ihrem Projekt auch eine Bitmap-Datei hinzugefügt. Wenn Ihr Projekt aufgeräumt bleiben soll, verschieben Sie diese per Drag & Drop in eine `*.xcassets`-Datei. Der Emitter findet die Bitmap auch dort, Sie müssen nichts ändern.

Den so erzeugten Emitter bauen Sie wie folgt in Ihren Code ein:

```
// Projekt ios-spritekit-particle, Datei GameScene.swift
let spark = SKEmitterNode(fileNamed: "Spark")!
spark.position = CGPoint(x: 500, y: 200)
spark.zPosition = 1
self.addChild(spark)
```

Wie üblich können Sie bei Bedarf die Größe und die Richtung (`zRotation`) des Emitters verändern. Übertreiben Sie den Einsatz von Partikel-Emittern nicht! Emitter kosten relativ viel Performance, und generell gilt bei animierten Effekten oft: Weniger ist mehr. Konkrete Anwendungsbeispiele für Emitter folgen in Kapitel 44, »Asteroids«: Dort bilden zwei Emitter den Antrieb eines Raumschiffs, und ein weiterer Emitter wird verwendet, um das Auseinanderbrechen eines Asteroiden zu visualisieren, der von einer Rakete getroffen wurde.

Kapitel 29
Core Data und SQLite

Core Data ist eine Bibliothek, mit deren Hilfe Sie innerhalb einer App Daten dauerhaft speichern. Natürlich können Sie dazu eine gewöhnliche Datei verwenden; der Vorteil von Core Data liegt darin, dass der Zugriff über eine datenbankähnliche Schnittstelle erfolgt. Sie können also gezielt nach Daten suchen, Ergebnisse filtern und ordnen, unterschiedliche Datenarten (*Entities* bzw. *Tabellen*) miteinander verknüpfen etc. Je höher die zu verwaltenden Datenmengen sind, desto stärker kommen die Vorteile von Core Data zur Geltung.

Hinter den Kulissen werden die Daten standardmäßig mit der Datenbank-Engine SQLite gespeichert. Sie brauchen aber keinerlei SQL-Kenntnisse, um Core Data verwenden zu können. (Ein wenig Datenbankvorwissen schadet natürlich nicht und erleichtert den Einstieg in die Denkweise von Core Data. Gleichzeitig besteht aber die Gefahr, dass Sie elementare Datenbankgrundregeln auf Core Data projizieren. Core Data weicht in vielen Details von relationalen Datenbankkonzepten ab. Beispielsweise bleiben in Core-Data-Anwendungen primäre Schlüssel oder Fremdschlüssel verborgen.)

Core Data ist das offiziell von Apple empfohlene Framework zur Speicherung von Daten innerhalb einer App. Core Data ist gut in Xcode integriert und daher zumeist die erste Wahl. Zu den größten Vorteilen der Bibliothek zählen eine hohe Effizienz und erprobte Migrationsmechanismen, wenn sich der Aufbau Ihrer Daten von einer Version Ihrer App zur nächsten ändert.

Der Einsatz von Core Data ist aber auch mit Nachteilen verbunden: Die Klassen der Core-Data-Bibliothek wurden lange vor Swift konzipiert. Natürlich ist die Bibliothek Swift-kompatibel, aber der resultierende Code ist mitunter umständlich und sieht *un-swifty* aus. Zudem macht eine ausgesprochen dürftige Dokumentation den Einstieg nicht eben leichter.

Abgrenzung

Core Data ist nicht dazu gedacht, auf externe Datenbanken zuzugreifen, die außerhalb der eigenen App laufen! Wenn Sie das tun wollen oder wenn eine Anforderung an Ihre App ist, dass auch andere Programme auf die gespeicherten Daten zugreifen dürfen, dann benötigen Sie spezielle Bibliotheken für das jeweilige Datenbanksystem.

Core Data ist auch nicht dafür konzipiert, eigene Datenbanken, die Sie vielleicht extern entwickelt und mit Daten befüllt haben, in eine eigene App zu übernehmen. Vielmehr empfiehlt die Core-Data-Dokumentation, die Datenbank-Engine von Core Data als Black Box zu betrachten und die resultierenden Dateien nicht anzurühren. Core Data sieht vor, dass das Datenbankschema (die eigenen *Entities*) in Xcode zusammengestellt werden.

Core Data ist keine Datenbank!

Apple wird nicht müde zu betonen, dass Core Data weder eine Datenbank noch ein Datenbanksystem ist. Core Data ist nur ein Framework, das dabei hilft, eigene Daten geordnet und effizient zu speichern und zu verwalten. Wie das hinter den Kulissen passiert, soll nicht Ihre Sorge sein.

Direkter Datenbankzugriff

Wenn Sie selbst auf das interne Design von Tabellen und auf andere datenbankspezifische Details Einfluss nehmen möchten oder wenn Sie geübt darin sind, SQL-Statements selbst zu schreiben, dann sollten Sie von Core Data Abstand nehmen. Im Internet finden Sie unzählige Swift-kompatible Frameworks, die Ihnen Zugriff auf alle erdenklichen Datenbanksysteme geben.

In diesem Kapitel stelle ich Ihnen exemplarisch *SQLite.swift* vor. Dieses Framework lässt Ihnen die Wahl, ob Sie eine SQLite-Datenbank objektorientiert bearbeiten oder lieber direkt SQL-Statements ausführen.

Fluent

In Kapitel 34, »Server-side Swift«, zeige ich Ihnen einen alternativen Weg, Daten wahlweise mit SQLite oder in einem MySQL/MariaDB-Server zu speichern. Dort kommt die Fluent-Bibliothek zum Einsatz, die Teil des Vapor-Frameworks ist.

29.1 Hello, Core Data!

Am einfachsten richten Sie eine App mit Core-Data-Unterstützung ein, indem Sie mit File • New • Project den Assistenten starten und im zweiten Schritt die Option Use Core Data aktivieren. Diese Option steht allerdings nur bei wenigen Projekttypen zur Auswahl:

- iOS/Single View App und iOS • Master-Detail App
- macOS/Cocoa App
- tvOS/Single View App

Wie Sie vorgehen müssen, um die Core-Data-Funktion einem schon bestehenden Projekt bzw. einem Projekt eines anderen Typs hinzuzufügen, beschreibe ich in Abschnitt 29.4, »Core-Data-Interna«.

Die Option USE CORE DATA bewirkt, dass Xcode in `AppDelegate.swift` Initialisierungscode für Core Data einbaut und dem Projekt die Datei `<projektname>.xcdatamodeld` hinzufügt. Diese Datei definiert das Datenmodell (Schema) Ihrer Daten, also welche Tabellen mit welchen Spalten Sie mittels Core Data speichern möchten.

Core-Data-Dokumentation

In diesem Kapitel kann ich nur eine erste Einführung in Core Data geben. Der Platz reicht nicht aus, um auf diverse Varianten und Sonderfälle einzugehen. Die offizielle Anlaufstelle für Fragen rund um Core Data sollte die API-Dokumentation sein. Leider erfüllt der *Core Data Programming Guide* diese Aufgabe nur mit vielen Einschränkungen. Die Dokumentation geht zwar auf viele Details ein, ist aber nicht in allen Details aktuell und enthält keine nachvollziehbaren Beispiele:

https://developer.apple.com/documentation/coredata

Praxisnahe Beispiele finden Sie dafür im E-Book *Core Data by Tutorials*, das vom Ray-Wenderlich-Team verfasst wurde. Es ist allerdings recht teuer:

https://store.raywenderlich.com/products/core-data-by-tutorials

Entitäten und Attribute

Ziel des Beispielsprogramms ist es, zu protokollieren, wann die App gestartet bzw. aktiviert wird und wann sie deaktiviert (also nur mehr im Hintergrund ausgeführt oder ganz gestoppt) wird. Gespeichert werden sollen also jeweils ein Zeitpunkt und eine Beschreibung des Vorgangs, also z. B. die Zeichenkette `"active"`. Dementsprechend müssen Sie im Schema-Editor der `*.xcdatamodel`-Datei mit ADD ENTITY eine neue Entität (Tabelle) einrichten, benennen (hier `Statelog`) und mit Attributen (Spalten) versehen (siehe Abbildung 29.1).

Standardmäßig betrachtet Xcode jedes Attribut einer Entität als optional: Es ist also erlaubt, dass in der Entität keine Daten gespeichert werden. Wenn Sie das nicht wollen, deaktivieren Sie im Datenmodellinspektor (Dialogblatt DATA MODEL INSPECTOR in der rechten Seitenleiste) die Checkbox OPTIONAL. (Falls Sie Erfahrung mit relationalen Datenbanken haben, entspricht das Entfernen der Option der Definition `NOT NULL` für die betreffende Entität bzw. Tabellenspalte.) Sollten Sie nun dennoch versuchen, eine Entität mit einem nicht initialisierten Attribut zu speichern, erhalten Sie einen NSValidation-Fehler (Fehlernummer 1570).

Die Eigenschaft TRANSIENT bedeutet, dass das betreffende Attribut zwar in der Entität zur Verfügung steht, dass dort gespeicherte Werte aber nicht dauerhaft in der Datenbank gespeichert werden.

Bei einigen Datentypen können Sie zudem Werteinschränkungen und Defaultwerte angeben. Das ermöglicht es, z. B. den Zahlenwert eines Attributs auf den Bereich zwischen 0,0 und 1,0 einzuschränken.

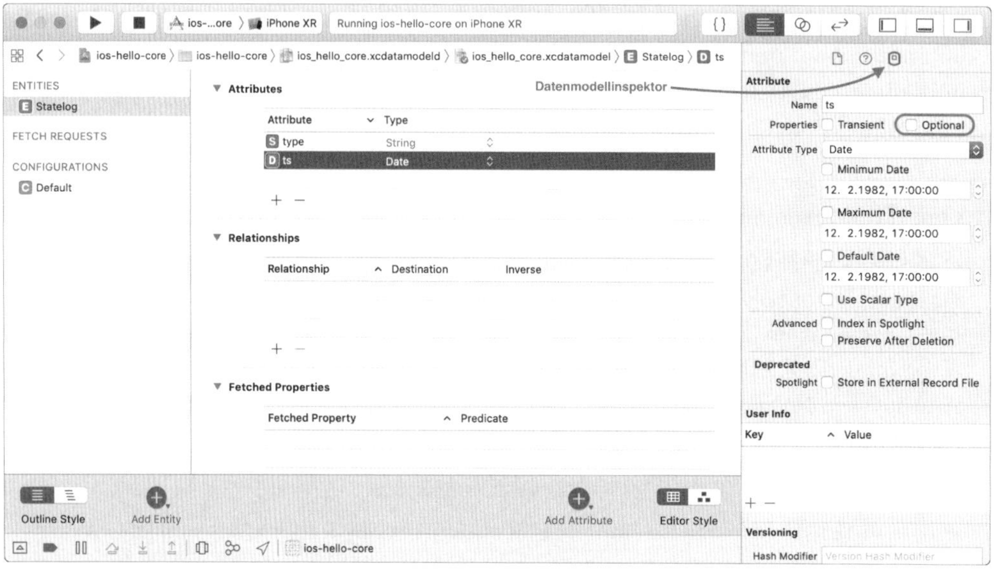

Abbildung 29.1 Core-Data-Tabellen (»Entities«) einrichten

Core-Data-Datentypen

Die Datentypen der Attribute orientieren sich an den Möglichkeiten des von Core Data verwendeten Datenbanksystems. Deswegen fehlt der gewöhnliche `Int`-Datentyp. Stattdessen stehen `Int32` und `Int64` zur Wahl. Entsprechend müssen Sie bei Zuweisungen zwischen Swift-Variablen und den Attributen oft Umwandlungsfunktionen verwenden, z. B. `attribut = Int32(swiftvar)`.

Zustand speichern

iOS informiert Apps durch den Aufruf von `AppDelegate`-Methoden über den aktuellen Status (siehe auch Abschnitt 16.4, »Phasen einer iOS-App«). Dementsprechend einfach ist es, den Aufruf der Methode `saveState` in den `DidBecomeActive`- und `WillResign`-Methoden zu verankern. In `saveState` muss ein neues Objekt der `Statelog`-Klasse erstellt werden. (Der Klassenname stimmt immer mit dem der Entität überein.) Zum eigentlichen Speichern wird `saveContext` aufgerufen. Diese Methode ist ebenfalls in der `AppDelegate`-Klasse definiert und ist Teil des von Xcode automatisch erzeugten Template-Codes für Core-Data-Projekte.

```
// Projekt ios-hello-core, Datei AppDelegate.swift
@UIApplicationMain
class AppDelegate: UIResponder, UIApplicationDelegate {
  ...
  // Aufruf bei der (De-)Aktivierung der App
  func applicationDidBecomeActive(_ application: UIApplication) {
```

```
    saveState(state: "active")
  }
  func applicationWillResignActive(_ application: UIApplication) {
    saveState(state: "resign")
  }

  // neues Statelog-Objekt erzeugen und speichern
  func saveState(state: String) {
    let newEntry = Statelog(context: persistentContainer.viewContext)
    newEntry.ts = Date()    // aktuelles Datum + Uhrzeit
    newEntry.type = state   // Status
    saveContext()
  }
  ...
}
```

Wo sind »insert«, »update« und »delete«?

Aus dem Umgang mit relationalen Datenbanken sind Ihnen vielleicht die SQL-Kommandos `INSERT`, `UPDATE` und `DELETE` bekannt. In Core Data gibt es keine unmittelbar entsprechenden Methoden.

Einen neuen Datensatz erzeugen Sie einfach wie im obigen Beispiel in Form eines neuen Objekts der gewünschten Entität. Veränderungen führen Sie durch, indem Sie Eigenschaften eines Entitätsobjekt ändern. Neue Datensätze und Änderungen an vorhandenen Datensätzen werden erst gespeichert, wenn Sie in der `AppDelegate`-Klasse die Methode `saveContext` ausführen. (Diese Methode stammt aus dem Template-Code für Core-Data-Projekte, siehe auch Abschnitt 29.4, »Core-Data-Interna«. Alternativ funktioniert auch `context.save()`. Allerdings müssen Sie sich dann selbst um die Fehlerabsicherung kümmern.)

Um Datensätze zu löschen, übergeben Sie das betreffende Entitätsobjekt an die `delete`-Methode des Core-Data-Context-Objekts, also `context.delete(entry)`.

Datensätze auslesen und anzeigen

Zur Anzeige der Daten enthält die App ein `UITextView`-Steuerelement. Dessen Inhalt wird in `viewDidLoad` sowie beim Anklicken des REFRESH-Buttons in der Methode `updateTxt` aktualisiert. Dort wird für die Datenbankabfrage mit `fetchRequest` ein `NSFetchRequest`-Objekt erzeugt. Die explizite Angabe des Datentyps für die Variable `request` ist erforderlich, weil es zwei `fetchRequest`-Methoden gibt. Der Swift-Compiler kann nur anhand des gewünschten Datentyps erkennen, welche Sie meinen – und zwar die, die den Datentyp der Entität als generischen Typ nutzt:

```
let request: NSFetchRequest<Statelog> = Statelog.fetchRequest()
```

`returnsObjectsAsFaults = false` bewirkt, dass die Daten sofort übertragen werden, nicht (standardmäßig) erst bei Bedarf. Die Einstellung `false` wird empfohlen, wenn das Ergebnis der Abfrage anschließend in einer Schleife verarbeitet wird.

```
request.returnsObjectsAsFaults = false
```

Damit die `Statelog`-Datensätze sortiert werden, stellen Sie die `sortDescriptors`-Eigenschaft des `NSFetchRequest`-Objekts entsprechend ein. Beachten Sie, dass diese Eigenschaft ein Array erwartet, auch dann, wenn es wie in diesem Beispiel nur ein Sortierkriterium gibt.

```
request.sortDescriptors = [NSSortDescriptor(key: "ts",
                                            ascending: false)]
```

`context.fetch` führt die Abfrage durch und liefert das Ergebnis als Array mit Elementen der betreffenden Entität (hier also ein Array von `StateLog`-Objekten). Die Schleife in `updateTxt` setzt schließlich eine Zeichenkette zusammen, die zeilenweise die Abfrageergebnisse enthält (siehe Abbildung 29.2).

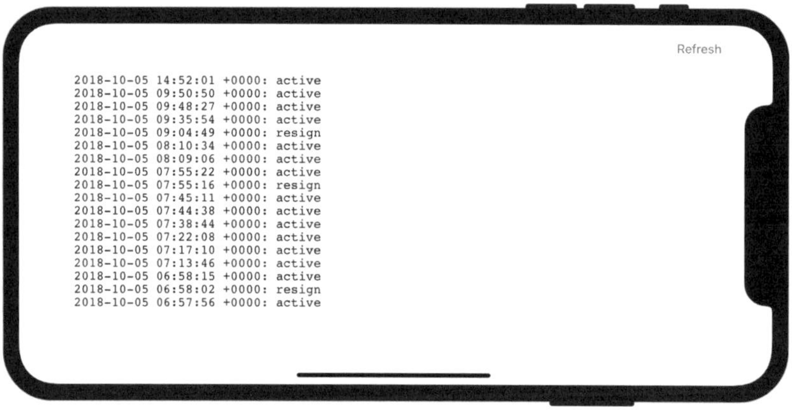

Abbildung 29.2 Historie der Aktivierungs- und Deaktivierungszeiten der App

```
// Projekt ios-hello-core, Datei ViewController.swift
import CoreData
...
class ViewController: UIViewController {

  @IBOutlet weak var txtview: UITextView!
  var app: AppDelegate!
  var context: NSManagedObjectContext!

  override func viewDidLoad() {
    super.viewDidLoad()
```

```
    // Variablen app und context initialisieren
    app = UIApplication.shared.delegate as? AppDelegate
    context = app.persistentContainer.viewContext
    // Textfeld mit Inhalt befüllen
    updateTxt()
  }

  // Reaktion auf 'Refresh'-Button
  @IBAction func btnRefresh(_ sender: Any) {
    updateTxt()
  }

  // füllt TextView mit Einträgen aus Core-Data-Tabelle 'Statelog'
  func updateTxt() {
    let request: NSFetchRequest<Statelog> = Statelog.fetchRequest()
    request.returnsObjectsAsFaults = false
    request.sortDescriptors =
      [NSSortDescriptor(key: "ts", ascending: false)]
    var txt = ""
    do {
      let result = try context.fetch(request)
      for entry in result  {
        txt += "\(entry.ts!): \(entry.type!)\n"
      }
    } catch {
      print("Fehler ...")
    }
    txtview.text = txt
  }
}
```

29.2 Core-Data-Klassenüberblick

Die Core-Data-API stellt eine Menge Klassen und Methoden zur Verfügung. Ein Blick in die Dokumentation ist deswegen eher abschreckend. Tatsächlich benötigen Sie bei der Entwicklung von eigenem Core-Data-Code aber zumeist nur wenige Klassen, die ich in diesem Abschnitt kurz vorstellen möchte:

- Ein `NSManagedObject` gibt Zugriff auf einen Datensatz und dessen Attribute. Um den Umgang mit Datensätzen zu vereinfachen, generiert Xcode standardmäßig für jede Entität eine von `NSManagedObject` abgeleitete Klasse (siehe den nächsten Abschnitt).
- Ein `NSFetchRequest` ermöglicht es Ihnen, Datenbankabfragen zu formulieren und auszuführen. Als Ergebnis einer Abfrage erhalten Sie `NSManagedObject`-Elemente.

- Der `NSManagedObjectContext` stellt gewissermaßen die Schnittstelle zur Datenbank her. Über das Kontextobjekt können Sie Abfragen durchführen, alle bisher ungespeicherten Änderungen an `NSManagedObjects` endgültig speichern (`save`-Methode) sowie Änderungen wieder rückgängig machen (`undo`-Methode).
- Das `NSManagedObjectModel` beschreibt den Aufbau (das Schema) Ihrer Daten. Sie können über dieses Objekt z. B. ermitteln, welche Entitäten es gibt oder welche Attribute diese Entitäten haben. Normalerweise sind diese Informationen aber ohnehin bekannt, sodass Sie in der Praxis mit diesem Objekt selten zu tun haben.
- Der `NSPersistentStoreCoordinator` ist die Schnittstelle zwischen dem Schema Ihrer Daten und der Datenbank-Engine, die für die eigentliche Speicherung der Daten zuständig ist.
- Der `NSPersistentContainer` verbindet das Schema, den Koordinater und den Kontext Ihrer Core-Data-App, also `NSManagedObjectModel`, `NSPersistentStoreCoordinator` und `NSManagedObjectContext`.

Der von Xcode in neue Projekte eingefügte Code in der `AppDelegate`-Klasse stellt die Verbindung Ihrer App zum Core-Data-Container her (`lazy var persistentContainer`). Dessen Eigenschaft `viewContext` gibt Ihnen Zugriff auf den `NSManagedObjectContext`. Die vordefinierte Methode `saveContext` ermöglicht es Ihnen, alle `NSMangagedObjects` -Elemente in Ihrem Kontext unkompliziert zu speichern.

Vergessen Sie nicht: Die Verwendung der oben aufgezählten Klassen setzt voraus, dass Sie die Core-Data-Bibliothek importieren (also `import CoreData`).

NSManagedObject-Voodoo

Wenn Sie im Internet nach »Swift Core Data« suchen, werden Sie auf unzählige Webseiten mit wesentlich umständlicherem Code stoßen. Um beispielsweise einen neuen Datensatz anzulegen, wird zuerst ein `NSManagedObject` erzeugt; dessen Eigenschaften werden dann mit `setValue` verändert:

```
let descr = NSEntityDescription.entity(
              forEntityName: "EntityName", in: context)
let newentry = NSManagedObject(entity: descr!, insertInto: context)
newentry.setValue(somedate, forKey: "attributename1")
newentry.setValue(moredate, forKey: "attributename2")
```

Dieser Code ist korrekt, aber wie Sie bereits gesehen haben, geht es wesentlich einfacher. Das liegt daran, dass Xcode hinter den Kulissen für jede Entität Klassendateien erzeugen und mitkompilieren kann. Entsprechende Einstellungen finden Sie im Data-Model-Inspektor, also einem Core-Data-spezifischen Dialogblatt im Inspektor. Dort können Sie festlegen, ob Xcode zu einer Entität eine passende Klasse generiert (CODEGEN = CLASS DEFINITION, das ist die Defaulteinstellung).

Den von Xcode erzeugten Code können Sie sich ansehen, indem Sie in Xcode in einer Codedatei mit `alt` auf den Namen einer Entität oder eines Attributs klicken. Für das Statelog-Beispiel aus diesem Abschnitt sieht dieser von Zauberhand generierte Code so aus:

```
@objc(Statelog)
public class Statelog: NSManagedObject { }
extension Statelog {
    @nonobjc public class func fetchRequest() ->
                                  NSFetchRequest<Statelog>
    {
        return NSFetchRequest<Statelog>(entityName: "Statelog")
    }
    @NSManaged public var ts: Date?
    @NSManaged public var type: String?
}
```

Im folgenden Abschnitt werden Sie sehen, dass Xcode die automatisch generierten Klassen um einige weitere Methoden ergänzt, wenn die Entitäten miteinander durch Relationships verbunden sind. Diese Methoden helfen dabei, zusammengehörende Datensätze miteinander zu verbinden oder verknüpfte Datensätze zu ermitteln.

Hinweis

Es reicht nicht aus, den Klassennamen anzuklicken! Damit gelangen Sie in eine unvollständige Klassendefinition. Erst der Klick auf ein Attribut (im obigen Beispiel also ts oder type) führt zum Ziel.

Beachten Sie, dass sich der obige Code nicht in Dateien befindet, sondern offenbar nur dynamisch erzeugt wird. Irritierend ist, dass dieses Verhalten nicht dokumentiert ist. Die offizielle Core-Data-Dokumentation von Apple empfiehlt vielmehr, derartige Klassen selbst zu schreiben (Stand Herbst 2018). Im weiteren Verlauf dieses Buchs gehe ich aber davon aus, dass Sie auf die von Xcode generierten Klassen zurückgreifen.

Beachten Sie auch, dass Xcode die Attribute einer Entität immer optional deklariert, ganz egal, ob Sie für das Attribut im Datenmodellinspektor die Checkbox OPTIONAL gesetzt lassen oder deaktivieren. Die Überprüfung, ob alle nicht optionalen Attribute tatsächlich initialisiert wurden, erfolgt erst beim Speichern.

29.3 Core-Data-Entities verknüpfen (Relationships)

Die Grundidee relationaler Datenbanken besteht darin, dass Tabellen miteinander verknüpft werden können. Genau das kann auch Core Data, sofern Sie Ihre Entitäten um Beziehungen (*Relationships*) erweitern. Die zur Definition von Verknüpfungen erforderlichen Schritte in

Xcode sind leider wenig intuitiv; ist diese Hürde aber einmal genommen, gelingt die Verwaltung bzw. Programmierung von verknüpften Daten überraschend problemlos.

Als Ausgangspunkt für diesen Abschnitt dient eine winzige Sammlung von Büchern, Verlagen und Autoren (siehe Abbildung 29.3). Auch wenn die Datenmengen klein sind, illustrieren die Testdaten doch ausgezeichnet die beiden in der Praxis relevanten Verknüpfungen:

- **1:n-Verknüpfung:** Hier ist ein Datensatz einer Entität mit mehreren Datensätzen einer anderen Entität verbunden (*one-to-many relationship*).

  Im vorliegenden Beispiel liegt eine 1:n-Verknüpfung zwischen einem Verlag und den dort erschienenen Büchern vor. Es ist möglich, dass in einem Verlag mehrere Bücher erscheinen; umgekehrt ist es aber nicht möglich, dass ein Buch in mehreren Verlagen zugleich erscheint.

- **n:m-Verknüpfung (many to many):** Bei n:m-Verknüpfungen können mehrere Datensätze der einen Entität einem Datensatz einer zweiten Entität zugeordnet sein; zugleich ist das aber in umgekehrter Richtung auch erlaubt (*many-to-many relationship*). Klarer wird das am konkreten Beispiel:

  Ein Buch kann mehrere Autoren haben. Gleichzeitig kann ein Autor aber auch mehrere Bücher verfassen. In der Praxis kommen n:m-Verknüpfungen sehr oft vor: zwischen Produkten und Bestellungen, zwischen Personen und zugeordneten Gruppen (denken Sie etwa an WhatsApp), zwischen Spielfiguren und zugeordneten Attributen/Fähigkeiten/Funktionen etc.

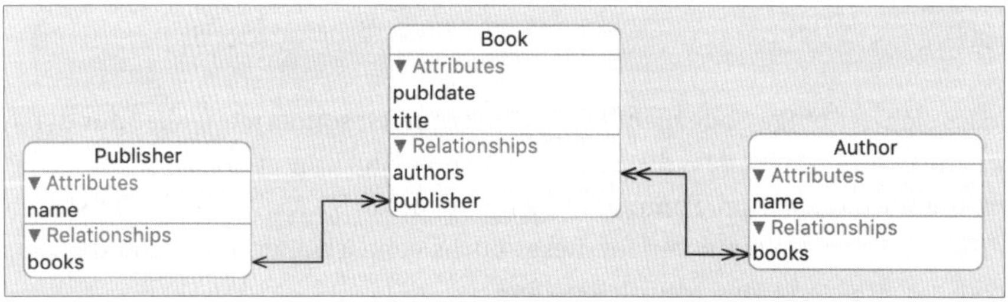

Abbildung 29.3 Die Entitäten »Publisher«, »Book« und »Author« sind miteinander verknüpft.

Im Programm `ios-core-basics` aus den Beispieldateien zu diesem Buch wird die Datenbank zuerst mit einigen per Code erzeugten Datensätzen befüllt. Die App zeigt dann eine Liste aller Verlage. Die Auswahl eines Verlags führt zur Ansicht aller Bücher dieses Verlags, eine weitere Auswahl zeigt die Detaildaten des Buchs an (siehe Abbildung 29.4). Der Beispielcode ist gleichzeitig eine gute Wiederholung zum Umgang mit dem Navigation-Controller (siehe Abschnitt 17.4, »Navigation-Controller«) und zur Verwendung von Table-Views (siehe Kapitel 23, »Tabellen und Listen darstellen«).

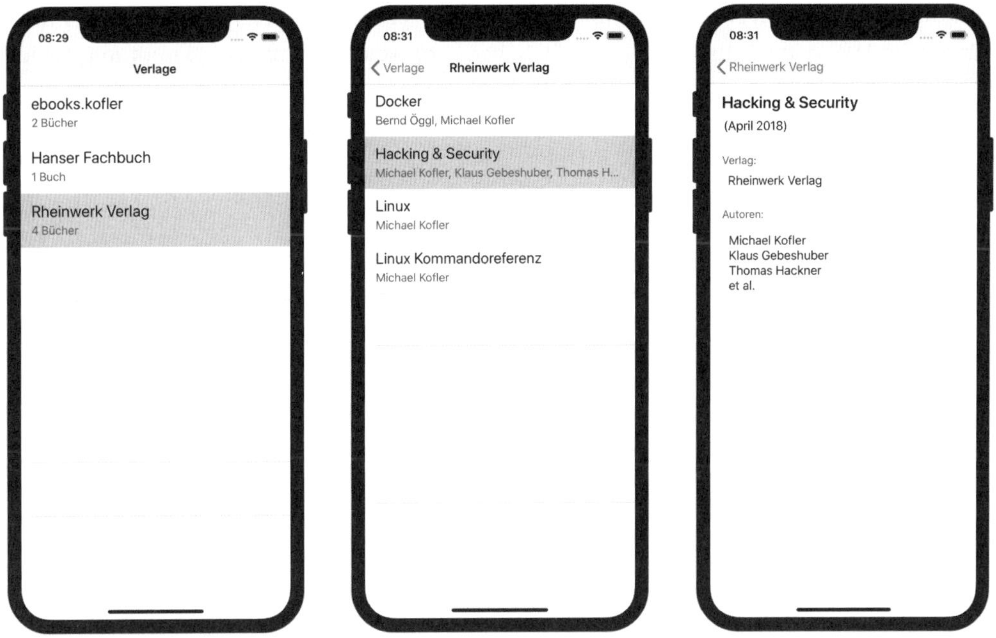

Abbildung 29.4 App zum Experimentieren mit Core-Data-Relationships

Definition von 1:n-Relationships in Xcode

Der erste Schritt besteht wie bei jedem Core-Data-Programm darin, dass Sie die Entitäten definieren. Die Beispiel-App für diesen Abschnitt hat drei Entitäten mit den folgenden Attributen:

- *Book*: `title` (Datentyp `String`) und `publdate` (`Date`)
- *Publisher*: `name` (`String`)
- *Author*: `name` (`String`)

In einer »echten« Anwendung wird es sicher mehr Attribute geben, aber an dieser Stelle stehen die Beziehungen zwischen den Tabellen im Vordergrund. Um eine neue Verknüpfung zwischen zwei Entitäten einzurichten, wählen Sie eine Entität aus, fügen mit dem Plus-Button eine neue Relationship hinzu, geben ihr in der ersten Spalte einen sinnvollen Namen und geben in der zweiten Spalte an, auf welche andere Entität Sie verweisen. In diesem Beispiel habe ich mit der Verknüpfung von *Book* zu *Publisher* begonnen und habe der Verknüpfung den Namen *publisher* gegeben. (`publisher` funktioniert später im Code wie ein zusätzliches Attribut der Entität `Book`.)

29

Die dritte Spalte, INVERSE, müssen Sie vorübergehend im Zustand NO INVERSE belassen, auch wenn Xcode deswegen sofort eine Warnung anzeigt. Die Umkehrverknüpfung entsteht erst, nachdem Sie die Verknüpfung auch in umgekehrter Richtung festgelegt haben. Vorher müssen Sie im Data-Model-Inspektor noch festlegen, um welche Art von Verknüpfung es sich handelt. Für die Verknüpfung von einem Buch zu einem Verlag lautet die richtige Einstellung To One (siehe Abbildung 29.5), weil ein Buch nur einem Verlag zugeordnet sein kann.

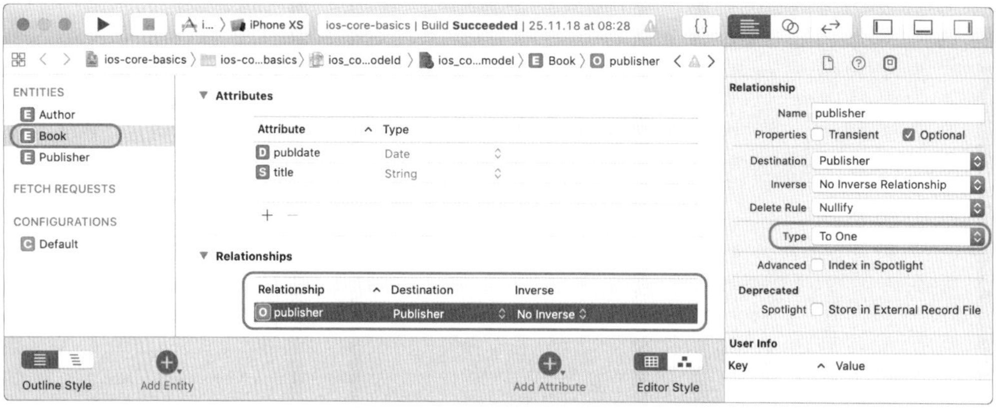

Abbildung 29.5 In Xcode wurde gerade eine Verknüpfung zwischen Büchern und Verlagen eingerichtet.

Damit sind Sie noch nicht fertig: Sie müssen sich noch um die umgekehrte Sichtweise kümmern. Dazu wählen Sie die Partner-Entität aus (hier also *Publisher*) und richten dort eine Verknüpfung zur ersten Entität ein. In der Beispiel-App habe ich die Verknüpfung *books* genannt. In der Spalte Inverse können Sie jetzt die zuerst eingestellte Verknüpfung einstellen. Da in einem Verlag mehrere Bücher erscheinen können, lautet der richtige Typ To Many (siehe Abbildung 29.6).

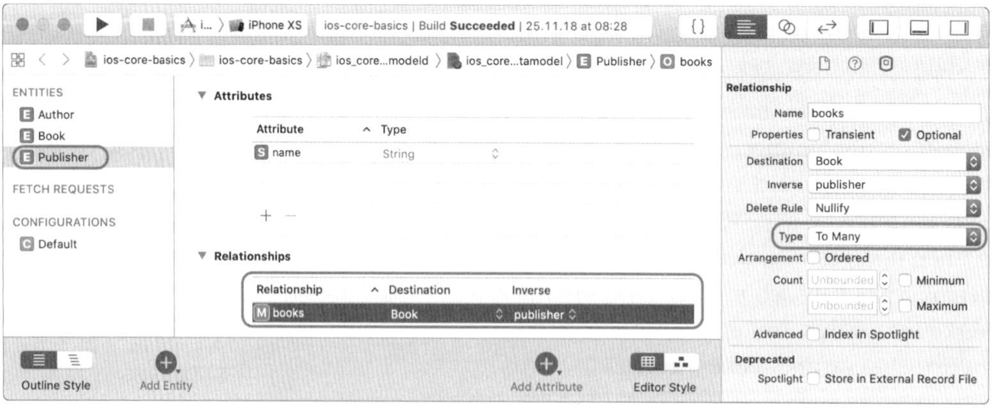

Abbildung 29.6 Der zweite Teil der Verknüpfung zwischen Büchern und Verlagen

Verknüpfungspaare

In Core Data werden Relationships also immer paarweise eingerichtet, einmal aus Sicht der einen Entität, dann aus Sicht der anderen Entität. Sobald Sie bei einem Element eines Verknüpfungspaars die INVERSE-Spalte einstellen, ergänzt Xcode die entsprechende Einstellung automatisch auch beim anderen Element des Paars.

Definition von n:m-Relationships in Xcode

Grundsätzlich erfolgt die Definition einer n:m-Verknüpfung vollkommen analog zu einer 1:n-Verknüpfung zwischen zwei Entitäten. Der einzige Unterschied besteht darin, dass Sie nun bei beiden Richtungen als Verknüpfungstyp TO MANY angeben.

In der Beispiel-App liegt eine n:m-Verknüpfung zwischen Büchern und Autoren vor. In Xcode habe ich deswegen die Verknüpfung *authors* eingerichtet, die von *Book* zu *Author* verweist, anschließend die inverse Verknüpfung *books*, die von *Author* auf *Book* zeigt. Im Swift-Code liefert entsprechend die Eigenschaft `authors` alle Autoren, die an einem bestimmten Buch mitgearbeitet haben. Die Eigenschaft `books` verweist auf alle Bücher, die ein Autor verfasst hat.

Verknüpfungstabelle

Falls Sie schon mit relationalen Datenbanken gearbeitet haben, ist Ihnen vielleicht klar, dass es bei einer n:m-Verknüpfung zwischen zwei Entitäten eine zusätzliche Verknüpfungstabelle geben muss. Dort wird gespeichert, welche Datensätze der einen Tabelle mit welchen der zweiten verbunden sind.

Eine derartige Verknüpfungstabelle ist natürlich auch in Core Data erforderlich. Sie wird hinter den Kulissen automatisch eingerichtet und mit Daten befüllt. Die Tabelle bleibt aber unsichtbar, d. h., sie ist weder im Core-Data-Editor von Xcode zu sehen, noch tritt sie als Objekt im Code auf. Wenn Sie aber einen Blick in die von Core Data erzeugte SQLite-Datenbank werfen, werden Sie die Verknüpfungstabelle dort finden.

Eigenschaften von Verknüpfungen

Auf die wichtigste Eigenschaft einer Verknüpfung habe ich ja schon hingewiesen: Der Typ gibt an, ob das Verknüpfungsfeld auf genau einen anderen Datensatz verweist (TO ONE) oder ob es mehrere sein können (TO MANY).

Generell ist es zumeist eine gute Idee, bei den Verknüpfungsfeldern die Einstellung OPTIONAL zu belassen. Wenn Sie die Option deaktivieren, ist ein Datensatz ungültig, sobald das Verknüpfungsfeld nicht initialisiert ist. Das macht unter Umständen das Löschen von verknüpften Datensätzen unmöglich, was gerade bei der inversen 1:n-Verknüpfung irritiert.

Losgelöst davon, ob das Verknüpfungsattribut nun optional ist oder nicht, können Sie im Feld DELETE ROLE angeben, was beim Löschen eines Datensatz mit den verknüpften Datensätzen passieren soll. Mögliche Einstellungen sind NO ACTION, DENY (also Löschen verhindern, wenn es verknüpfte Datensätze gibt), NULLIFY (das Verknüpfungsfeld auf `NULL` setzen) oder CASCADE (die verknüpften Datensätze ebenfalls löschen). Die Auswirkung dieser Option wird anhand eines Beispiels schnell klar: Wenn Sie mit DELETE ROLE = CASCADE einen Verlag aus der *Publisher*-Tabelle löschen, dann werden damit auch alle in diesem Verlag erschienenen Bücher aus der *Book*-Tabelle entfernt.

Sofern der Typ TO MANY lautet, steht die Zusatzoption ORDERED zur Auswahl. Wenn Sie die aktivieren, merkt sich Core Data, in welcher Reihenfolge verknüpfte Datensätze hinzugefügt werden. In der Beispiel-App habe ich diese Option für die Verknüpfung *Book.authors* gesetzt. Das stellt sicher, dass die Reihenfolge der Autoren erhalten bleibt.

Automatisch generierte Methoden

Ich habe schon darauf hingewiesen, dass Xcode für jede Entität Code für eine gleichnamige Klasse generiert. Wenn Sie Verknüpfungen nutzen, kommen neben dem Verknüpfungsfeld, das wie eine Eigenschaft zu nutzen ist, diverse Methoden hinzu: Diese dienen dazu, verknüpfte Datensätze hinzuzufügen bzw. wieder zu entfernen (`addTo<Entity>` bzw. `removeFrom<Entity>`). Die folgenden Zeilen zeigen die entsprechenden Deklarationen für die Entität *Book*, die mit *Publisher* und mit *Author* verknüpft ist:

```
// Projekt ios-core-basics,
// von Xcode generierte Datei Book+CoreDataProperties.swift
extension Book {
  ...
  @NSManaged public var publdate: Date?
  @NSManaged public var title: String?
  @NSManaged public var authors: NSOrderedSet?
  @NSManaged public var publisher: Publisher?
}
extension Book {
  // Autor(en) zu einem Buch hinzufügen
  @objc(addAuthorsObject:)
  @NSManaged public func addToAuthors(_ value: Author)

  @objc(addAuthors:)
  @NSManaged public func addToAuthors(_ values: NSOrderedSet)

  @objc(insertObject:inAuthorsAtIndex:)
  @NSManaged public func insertIntoAuthors(_ value: Author,
                                           at idx: Int)
  ...
```

```
  // Verknüpfung zu Autor(en) lösen
  @objc(removeObjectFromAuthorsAtIndex:)
  @NSManaged public func removeFromAuthors(at idx: Int)

  @objc(removeAuthorsObject:)
  @NSManaged public func removeFromAuthors(_ value: Author)

  @objc(removeAuthors:)
  @NSManaged public func removeFromAuthors(_ values: NSOrderedSet)
}
```

Leider liefern Eigenschaften für den Verknüpfungstyp *To Many* nicht ein Array oder Set mit Elementen der verknüpften Entität, sondern ein untypisiertes `NSSet` bzw. `NSOrderedSet` (z. B. `authors` im vorigen Listing). Das macht die Auswertung der Eigenschaft recht mühsam, weil Sie die Elemente des Sets zuerst in den erforderlichen Typ umwandeln müssen – in der Regel mit `if let as?`. Die folgenden Zeilen zeigen eine Schleife über alle Autoren eines Objekts der `Book`-Klasse:

```
// Projekt ios-core-basics, Datei BookUtility.swift,
// Testcode in der Methode initDatabase
for a in mybook.authors! {
  if let author = a as? Author {
    print(author.name!)
  }
}
```

Initialisierung der Beispiel-App

In der Beispiel-App ruft `viewDidLoad` des View-Controllers die Methode `initDatabase` auf. Sofern die Testdaten nicht schon in einem früheren Aufruf erzeugt wurden, richtet diese Methode ein paar Testdatensätze ein. Die folgenden Zeilen zeigen den Code für ein komplettes Buch. Beachten Sie insbesondere die Einstellung von `publisher` bzw. den zweimaligen Aufruf von `addToAuthors`: Hier werden die Verknüpfungen zwischen den Datensätzen hergestellt!

```
// Projekt ios-core-basics, Datei BookUtility.swift
static func initDatabase(_ c: NSManagedObjectContext) {
  let formatter = DateFormatter()  // für Erscheinungsdatum
  formatter.dateFormat = "yyyy-MM"
  let pRw = Publisher(context: c)  // Verlag erzeugen
  pRw.name = "Rheinwerk Verlag"
  let aMK = Author(context: c)     // Autoren erzeugen
  aMK.name = "Michael Kofler"
  let aBÖ = Author(context: c)
  aBÖ.name = "Bernd Öggl"
```

```
  let bDocker = Book(context: c)    // Buch erzeugen
  bDocker.title = "Docker"
  bDocker.publdate = formatter.date(from: "2018-09")
  bDocker.publisher = pRw      // verknüpfter Verlag
  bDocker.addToAuthors(aBÖ)  // verknüpfte Autoren in dieser
  bDocker.addToAuthors(aMK)  // Reihenfolge
  do {                       // alles speichern
    try c.save()
  } catch {
    print("Cannot save: \(error)")
  }
  ...
}
```

Liste der Verlage anzeigen

Die erste Ansicht der Beispiel-App zeigt eine alphabetisch geordnete Liste aller Verlage. Damit die Verlage in einem Array zur Verfügung stehen, werden sie in der `viewDidLoad`-Methode ausgelesen und in ein Array übertragen.

```
// Projekt ios-core-basics, Datei ViewController.swift
class ViewController: UIViewController {
  ...
  var publ = [Publisher]()

  override func viewDidLoad() {
    app = UIApplication.shared.delegate as? AppDelegate
    context = app.persistentContainer.viewContext
    publ = BookUtility.getPublishers(context)
    ...
  }
}
```

Die größte Herausforderung in der dabei benutzten Methode `getPublishers` bestand darin, die Verlagsnamen losgelöst von der Groß- und Kleinschreibung korrekt zu sortieren. Dazu muss an den `NSSortDescriptor` ein spezieller Selektor übergeben werden (`NSString.caseInsensitiveCompare`).

```
// Projekt ios-core-basics, Datei BookUtility.swift
static func getPublishers(_ c: NSManagedObjectContext)
     -> [Publisher]
{
  let req: NSFetchRequest<Publisher> = Publisher.fetchRequest()
  req.returnsObjectsAsFaults = false
```

```
  req.sortDescriptors = [NSSortDescriptor(  // sortieren
    key: "name",
    ascending: true,
    selector: #selector(NSString.caseInsensitiveCompare))]
  do {
    return try c.fetch(req)
  } catch {
    print("Cannot fetch publishers: \(error)")
    return  [Publisher]()
  }
}
```

Damit in den Feldern des Table-Views die Verlage auch angezeigt werden, sind die üblichen `tableView`-Methoden notwendig (siehe auch Kapitel 23, »Tabellen und Listen darstellen«). Aus Platzgründen ist hier nur die wichtigste dieser Methoden abgedruckt.

```
// Projekt ios-core-basics, Datei ViewController.swift
extension ViewController: UITableViewDataSource {
  func tableView(_ tableView: UITableView,
                 cellForRowAt indexPath: IndexPath) -> UITableViewCell
  {
    let cell = tableView.dequeueReusableCell(
      withIdentifier: "publCell", for: indexPath)
    let row = indexPath.row
    cell.textLabel!.text = publ[row].name
    let noOfBooks = publ[row].books!.count
    if noOfBooks == 0 {
      cell.detailTextLabel!.text = "noch keine Bücher"
    } else if noOfBooks == 1 {
      cell.detailTextLabel!.text = "1 Buch"
    } else {
      cell.detailTextLabel!.text = "\(noOfBooks) Bücher"
    }
    return cell
  }
}
```

Liste der Bücher anzeigen

Nach der Auswahl eines Verlags wechselt der Navigation-Controller in die nächste Ansicht der App. Die zugeordnete View-Controller-Klasse lautet `BooksVC`. Dessen Eigenschaft `publ` wird durch die `prepare`-Methode des ersten View-Controllers eingestellt. `viewDidLoad` erzeugt dann eine Liste aller Bücher. Die Bücher werden diesmal allerdings nicht mit einem Request-Objekt geordnet, sondern zuerst in ein Array übertragen und dort sortiert.

```
// Projekt ios-core-basics, Datei BooksVC.swift
class BooksVC: UIViewController {
  var publ: Publisher!    // wird durch prepare() eingestellt
  var books = [Book]()
  var context: NSManagedObjectContext!  // ebenfalls prepare()
  ...
  override func viewDidLoad() {
    super.viewDidLoad()
    ...
    // Liste aller Bücher ermitteln
    for b in publ.books! {
      if let book = b as? Book {
        books += [book]
      }
      books.sort(by: { (b1, b2) -> Bool in b1.title! < b2.title! } )
    }
    ...
  }
}
```

Der restliche Code zur Darstellung der Buchtitel in der Table-View ist ganz ähnlich wie im ersten View-Controller aufgebaut.

Buchdetails ansehen

Die Auswahl eines Titels führt in die dritte Ansicht der App. Der dazugehörende Code befindet sich in `BookDetailVC.swift`. Die Eigenschaften `book` und `context` werden vorweg durch `BooksVC.prepare()` initialisiert. `viewDidLoad` muss dann nur noch diverse Label- und Text-View-Steuerelemente initialisieren:

```
// Projekt ios-core-basics, Datei BookDetailVC.swift
class BookDetailVC: UIViewController {
  var book: Book!                         // wird von BooksVC.prepare()
  var context: NSManagedObjectContext!    // initialisiert
  @IBOutlet weak var bookTitle: UILabel!  // Outlets
  @IBOutlet weak var bookPublDate: UILabel!
  @IBOutlet weak var bookPublisher: UILabel!
  @IBOutlet weak var bookAuthors: UITextView!

  override func viewDidLoad() {
    super.viewDidLoad()
    let formatter = DateFormatter()
    formatter.locale = Locale(identifier: "de_DE")
    formatter.dateFormat = "(MMMM yyyy)"
    bookTitle.text = book.title
    bookPublDate.text = formatter.string(from: book.publdate!)
    bookPublisher.text = book.publisher!.name
```

```
    // Schleife über die Autoren
    var txt = ""
    for a in book.authors! {
      if let author = a as? Author {
        txt += author.name! + "\n"
      }
    }
    bookAuthors.text = txt
  }
}
```

29.4 Core-Data-Interna

Dieser Abschnitt geht kurz auf einige Interna und Nebenaspekte von Core Data ein. Sie lernen hier, wie Sie Core Data nachträglich zu einem Xcode-Projekt hinzufügen, wie Sie einen Blick in die von Core Data erzeugten SQLite-Datenbank werfen und wie Sie zum Debugging die von Core Data generierten SQL-Statements verfolgen können.

Core Data nachträglich hinzufügen

Es ist nicht schwierig, zu einem schon vorhandenen Xcode-Projekt Core Data hinzuzufügen:

- Zum einen erweitern Sie Ihr Projekt mit FILE • NEW • FILE, Typ IOS • CORE DATA • DATA MODEL um eine Datenmodelldatei.
- Zum anderen müssen Sie die Datei `AppDelegate.swift` um einige Zeilen Code erweitern, die zur Initialisierung der Core-Data-Schnittstelle sowie zum Speichern aller offenen Änderungen zuständig sind.

Das folgende Listing zeigt die erforderlichen Änderungen in `AppDelegate.swift`. Am einfachsten übernehmen Sie den Code aus einem anderen Projekt, das Sie mit der Core-Data-Option eingerichtet haben. Wichtig ist dabei, dass Sie beim Aufruf des Konstruktors `NSPersistentContainer` den Namen Ihrer `*.xcdatamodeld`-Datei angeben (ohne Kennung, hier beispielhaft `MyModel`).

```
// Ergänzungen in der Datei AppDelegate.swift
import CoreData
...
@UIApplicationMain
class AppDelegate: UIResponder, UIApplicationDelegate {
  ...
  func applicationWillTerminate(_ application: UIApplication) {
    // offene Core-Data-Änderungen beim Programmende speichern
    self.saveContext()
  }
```

```
  // Referenz auf Core-Data-Container
  lazy var persistentContainer: NSPersistentContainer = {
    // anstelle von MyModel den Namen der *.xcdatamodeld-Datei
    verwenden
    let container = NSPersistentContainer(name: "MyModel")
    container.loadPersistentStores(completionHandler:
      { (storeDescription, error) in
        if let error = error as NSError? {
          fatalError("Unresolved error \(error), \(error.userInfo)")
        }
      })
    return container
  }()

  // alle offenen Änderungen speichern
  func saveContext () {
    let context = persistentContainer.viewContext
    if context.hasChanges {
      do {
        try context.save()
      } catch {
        let nserror = error as NSError
        fatalError("Unresolved error \(nserror), \(nserror.userInfo)")
      }
    } // Ende if
  }   // Ende func saveContect
}     // Ende class AppDelegate
```

Ein Blick in die SQLite-Datenbank

Core Data legt automatisch eine SQLite-Datenbank in den Applikationsdaten der App an. Wenn Sie eine iOS-App im Simulator ausprobieren, können Sie unkompliziert einen Blick in die Datenbankdatei werfen. Dazu fügen Sie irgendwo in Ihren Code die folgenden Zeilen ein, um den Pfad zu ermitteln:

```
app = UIApplication.shared.delegate as? AppDelegate
print(app.persistentContainer.persistentStoreCoordinator
  .persistentStores.first?.url ?? "")
```

Nun installieren Sie entweder das Kommando `sqlite` oder den wesentlich komfortableren *DB Browser for SQLite* und sehen sich damit die Datenbankdatei an (siehe Abbildung 29.7).

https://www.sqlite.org/cli.html
https://sqlitebrowser.org

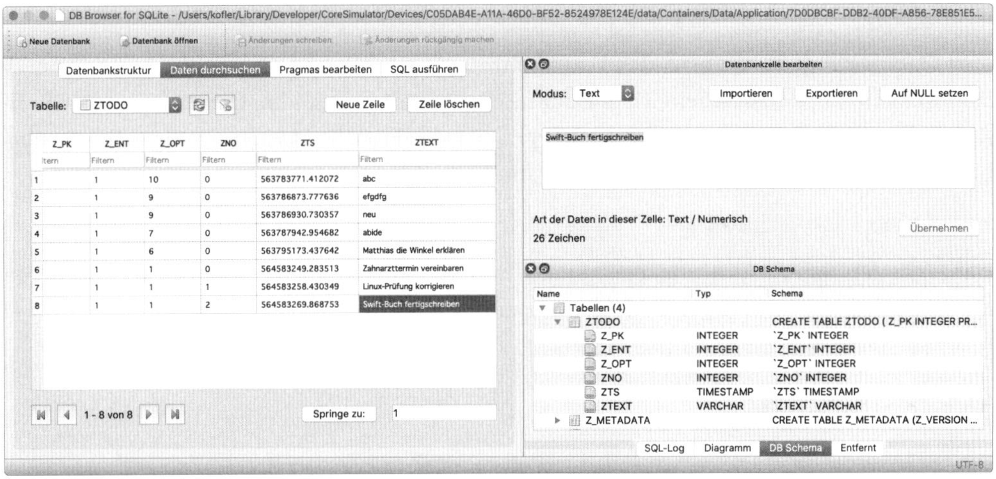

Abbildung 29.7 Eine von Core Data erzeugte SQLite-Datenbank

> **Datenbankdatei rasch öffnen**
>
> Die Datenbankdatei einer im Simulator ausgeführten App versteckt sich in unzähligen Unterverzeichnissen. Statt sich im Öffnen-Dialog des *DB Browsers* durch alle Ebenen durchzuklicken, drücken Sie im Dateiauswahldialog [cmd]+[Shift]+[G]. Anschließend können Sie den markierten Text mit dem vollständigen Dateinamen per Drag & Drop in das Textfeld schieben. (Merkwürdigerweise funktioniert das Einfügen des Texts mit [cmd]+[V] nicht.)

Reset für die Core-Data-Datenbank

Im Verlauf der Entwicklung einer App kommt es oft vor, dass Sie alle bisher erzeugten Einträge der Core-Data-Datenbank löschen möchten. Der einfachste Weg besteht darin, wie im vorigen Abschnitt beschrieben den Ort der SQLite-Datenbankdatei zu ermitteln und die Datei dann im Terminal mit `rm` zu löschen. (Alternativ können Sie die Datenbankdatei natürlich auch im Finder in den Papierkorb bewegen.)

Wenn Sie einen Weg suchen, einzelne Tabellen per Swift-Code zu leeren, können Sie wie folgt vorgehen:

```
// Projekt ios-core-basics, Datei BookUtility.swift, Methode reset()
let req = NSFetchRequest<NSFetchRequestResult>(
                              entityName: "EntityName")
let deleteAll = NSBatchDeleteRequest(fetchRequest: req)
try context.execute(deleteAll)
```

Dabei verweist `context` auf einen `NSManagedObjectContext`.

29

Debugging

Core Data verbirgt die Interna des Datenbankzugriffs vor Ihnen. Zur Fehlersuche kann es aber manchmal praktisch sein, Core Data bei der Arbeit zuzusehen. Dazu verändern Sie in Xcode die Schemaeinstellungen (PRODUCT • SCHEME • EDIT SCHEME) und fügen im Dialogblatt RUN • ARGUMENTS den folgenden Parameter hinzu:

```
-com.apple.CoreData.SQLDebug 1
```

Während der App-Ausführung erscheinen nun im Debug-Bereich von Xcode unzählige Xcode-Debugging-Meldungen inklusive aller ausgeführten SQL-Kommandos.

29.5 SQLite.swift

Wie ich bereits in der Einleitung dieses Kapitels erläutert habe, ist SQLite eine kleine, aber durchaus leistungsstarke Datenbank-Engine. Sie kommt in vielen Software-Projekten zum Einsatz, wenn lokal (also nicht im Client-Server-Betrieb oder in einem Netzwerk) größere Datenmengen verwaltet werden sollen. Beispielsweise speichert der Webbrowser Firefox Bookmarks und andere Daten mit SQLite. Auch Core Data greift auf SQLite zurück; davon merken Sie als Programmierer(in) allerdings nichts, der Zugriff auf die Daten erfolgt immer über Core-Data-Klassen und -Methoden.

Mit etwas Datenbankerfahrung ist mitunter ein direkter Datenbankzugang anstelle des Core-Data-Overheads vorzuziehen. Den erhalten Sie am einfachsten, wenn Sie ein Swift-Framework für das gewünschte Datenbanksystem verwenden. Ich konzentriere mich in diesem Abschnitt auf *SQLite.swift*. Dabei handelt es sich um das zur Zeit am besten gewartete und dokumentierte Framework für SQLite.

https://github.com/stephencelis/SQLite.swift

SQLite.swift ist ein relativ umfangreiches Framework, das den Datenbankzugriff durch Klassen und Methoden kapselt. Das bedeutet, dass Sie auch bei der Anwendung von SQLite.swift normalerweise nicht mit SQL in Berührung kommen. Im Vergleich zu Core Data ist das SQLite.swift-Framework aber weniger abstrakt. Sie sind also gewissermaßen näher an der Datenbank. Außerdem gibt Ihnen SQLite.swift die Möglichkeit, bei Bedarf SQL-Statements direkt auszuführen.

SQLite.swift in einem Xcode-Projekt verankern

Es gibt verschiedene Möglichkeiten, SQLite.swift in ein Xcode-Projekt zu integrieren. Ich gehe im Folgenden davon aus, dass Sie CocoaPods verwenden (siehe Abschnitt 14.1, »Module, Frameworks und Importe«). Kurz gefasst sieht die Vorgehensweise dann wie folgt aus:

- Sie erzeugen ein neues Xcode-Projekt und schließen das Projekt dann gleich wieder. (Vergessen Sie nicht, dass Frameworks wie SQLite.swift nicht in macOS-Command-Line-Apps genutzt werden können. Auch das Experimentieren in einem Playground funktioniert nur mit diversen Einschränkungen. Deswegen ist es am besten, auch für simple Tests ein gewöhnliches iOS- oder macOS-Projekt einzurichten.)
- Im Terminal wechseln Sie in das Xcode-Projektverzeichnis und führen dort `pod init` aus.
- Nun ergänzen Sie die so erzeugte Datei `Podfile` mit der `pod`-Anweisung für `SQLite.swift`:

```
target 'macos-hello-sqlite' do
  use_frameworks!
  pod 'SQLite.swift', '~> 0.11.5'
end
```

- Das nächste Kommando ergänzt Ihr Xcode-Projekt um die erforderliche SQLite-Bibliothek.

```
pod install --repo-update
```

- Jetzt laden Sie das Projekt wieder in Xcode, wobei Sie aber die `*.xcworkspace`-Datei verwenden, *nicht* `*.xcodeproj`:

```
open <projektname>. xcworkspace
```

Eine Anleitung für weitere Installationsvarianten (Carthage, Swift Package Manager, manuell) finden Sie hier:

https://github.com/stephencelis/SQLite.swift

Update auf Version 5

Als ich dieses Buch fertiggestellt habe, gab es leider noch keine für Swift 5 aktualisierte Version von SQLite.swift. Xcode zeigt deswegen ein paar harmlose Warnungen an.

Sobald es eine aktualisierte Version von SQLite.swift gibt, beenden Sie Xcode, und führen Sie im Projektverzeichnis `pod update` aus, um die neue Version der Bibliothek Ihr Xcode-Projekt zu integrieren!

Hello, SQLite.swift!

Das Kennenlernbeispiel orientiert sich an Abschnitt 29.1, »Hello, Core Data!«, (siehe auch Abbildung 29.2): Die Beispiel-App protokolliert also die Start- und Deaktivierungszeitpunkte in einer Datenbank und zeigt diese Daten in einem Textfeld an. Der dazu erforderliche Code verteilt sich über drei Dateien:

- `AppDelegate.swift` stellt die Datenbankverbindung her und protokolliert in den `DidBecomeActive`- bzw. `WillResignActive`-Methoden die Statusänderungen.
- `StateLog.swift` enthält die `StateLog`-Klasse mit der gesamten Datenbanklogik (Tabelle erzeugen, Logging-Einträge speichern und auslesen).

- ViewController.swift liest die Tabelle mit den Logging-Einträgen ein und zeigt die Einträge in einem Textfeld an.

To-do-App

Ein umfangreicheres und realitätsnäheres Beispiel für die Anwendung des SQLite.swift-Frameworks finden Sie in Abschnitt 36.7, »SQLite-Variante«. Dort zeige ich Ihnen, wie Sie eine einfache To-do-App auf der Basis von SQLite realisieren – und das gleich auf zwei unterschiedliche Arten: Die eine Variante verwendet die von SQLite.swift vorgesehenen Klassen und Methoden; die andere Variante führt selbst generierte SQL-Kommandos aus.

Datenbankverbindung herstellen und Datenbankdatei erzeugen

Um eine Verbindung zu einer SQLite-Datenbank herzustellen, erzeugen Sie einfach ein Connection-Objekt. An den Konstruktor übergeben Sie den Dateinamen der Datenbank. Wenn an dieser Stelle noch keine SQLite-Datenbankdatei existiert, wird diese automatisch erzeugt.

In iOS-Programmen legen Sie die Datenbankdatei am besten in einem Library-Verzeichnis an. Die folgenden Zeilen zeigen, wie Sie dabei vorgehen können. Erklärungen zu den im Code enthaltenen StateLog-Methoden folgen im nächsten Abschnitt.

```
// Projekt ios-hello-sqlite, Datei AppDelegate.swift
import SQLite

@UIApplicationMain
class AppDelegate: UIResponder, UIApplicationDelegate {

  var window: UIWindow?
  var db: Connection!

  func application(_ application: UIApplication,
    didFinishLaunchingWithOptions launchOptions:
      [UIApplication.LaunchOptionsKey: Any]?) -> Bool
  {
    // Verbindung zur Datenbank herstellen; beim ersten Start
    // wird die Datenbank erzeugt
    do {
      let fm = FileManager.default
      var url = fm.urls(for: .libraryDirectory,
                        in: .userDomainMask).first!
      url.appendPathComponent("mydb.sqlite3")
      db =  try Connection(url.absoluteString)
      // Tabelle erzeugen (nur wenn sie noch nicht existiert)
      StateLog.createTable(db: db)
    } catch {
```

```
      print("Fatal: cannot connect to database: \(error)")
    }
    return true
  }

  // Start und Deaktivierung protokollieren
  func applicationDidBecomeActive(_ application: UIApplication) {
    let log = StateLog(type: "active")
    log.insert(db: db)
  }
  func applicationWillResignActive(_ application: UIApplication) {
    let log = StateLog(type: "resign")
    log.insert(db: db)
  }
}
```

Beim Herstellen der Datenbankverbindung gibt es zwei interessante Optionen:

- Mit `Connection()` ohne Parameter erhalten Sie eine Verbindung zu einer In-Memory-Datenbank. Der Inhalt der Datenbank geht also verloren, sobald Ihr Programm endet. Die Variante ist am ehesten für macOS-Apps zweckmäßig, sofern Sie eine hocheffiziente, aber nicht persistente Datenbank benötigen.
- `Connection(.temporary)` liefert eine Verbindung zu einer Datenbank, die in einer temporären Datei gespeichert wird. Auch in diesem Fall gehen alle Inhalte mit dem Programmende verloren. Vorteilhaft ist diese Variante, wenn Sie vorübergehend große Datenmengen speichern möchten, ohne allzu viel RAM zu blockieren.

Die Init-Funktion der `Connection`-Klasse gibt keine Möglichkeit, die Datenbank auch dann neu einzurichten, wenn schon eine Datenbankdatei existiert. In diesem Fall müssen Sie die Datenbankdatei vorher explizit löschen. Das können Sie bei Bedarf (z. B. nach einer Änderung des Datenbankschemas) so tun:

```
if fm.fileExists(atPath: url.path) {
  try fm.removeItem(at: url)
}
db =  try Connection(url.absoluteString)
```

Tabelle einrichten

Beim ersten Start der App wird durch `Connection("dateiname")` zwar automatisch eine neue Datenbank erzeugt. Sie müssen sich aber selbst darum kümmern, in der Datenbank auch die erforderlichen Tabellen einzurichten. Dazu (und im Weiteren auch für diverse andere Datenbankoperationen) benötigen Sie je ein `Table`-Element für jede Tabelle sowie ein `Expression`-Element für jede Spalte einer Tabelle. Anschließend können Sie mit der Methode `create` die gewünschte Tabelle erzeugen, wobei Sie aber unbedingt den optionalen Parameter `ifNotExists` auf `true` stellen müssen. Sollte die Tabelle bereits existieren (was ab dem zweiten Start der App der Fall ist), kommt es dann zu keinem Fehler.

```
// Projekt ios-hello-sqlite, Datei StateLog.swift (Teil 1)
import SQLite
...
class StateLog {
  static let tStateLog = Table("statelog")
  static let eId =   Expression<Int64>("id")   // alle Spalten NOT NULL
  static let eType = Expression<String>("text")
  static let eTs =   Expression<Date>("ts")

  // Tabelle erzeugen
  static func createTable(db: Connection) {
    do {
      try db.run(tStateLog.create(ifNotExists: true) { t in
        t.column(eId, primaryKey: true)
        t.column(eType)
        t.column(eTs)
      })
    } catch {
      print("Error creating table")
    }
  }
  // ... weiterer Code folgt
}
```

Die `create`-Methode wird also auf das `Table`-Objekt angewendet. Dabei übergeben Sie eine Closure mit allen Spalten, die auf der Basis von `Expression`-Objekten erzeugt werden. SQLite.swift unterstützt dabei nur vier Datentypen:

- `Int`, `Boolean` etc.: ganze Zahlen (`INTEGER` in SQLite)
- `Double`: Fließkommazahlen (`REAL` in SQLite)
- `String`: Text in beliebiger Länge (`TEXT` in SQLite)
- `SQLite.Blob`: binäre Daten (`BLOB` in SQLite)

Die exakte Entsprechung des SQLite-`INTEGER`-Typs lautet in Swift eigentlich `Int64`. Das ist aber ziemlich unpraktisch und erzwingt häufige Typumwandlungen. Deswegen ist es zweckmäßiger, in den `Expression`-Ausdrücken für Swift günstigere Typen wie `Int` oder `Boolean` zu verwenden. Kein Weg an `Int64` vorbei geht allerdings, wenn Sie SQLite.swift verwenden, um SQL-Statements direkt auszuführen.

Bemerkenswert ist auch, dass SQLite keinen Datentyp für Datum und Uhrzeit vorsieht. Wenn Sie wie im vorliegenden Beispiel eine Spalte mit `Expression<Date>` definieren, wird in der Tabelle in Wirklichkeit eine `TEXT`-Spalte erzeugt. Das SQLite.swift-Framework kümmert sich aber automatisch um die korrekte Umwandlung von `Date`-Objekten in Zeichenketten bzw. um deren Rückumwandlung beim Auslesen der Daten.

Grundsätzlich gilt für alle Spalten `NOT NULL`, d. h., der SQL-Zustand `NULL` ist kein zulässiger Wert. Wenn Sie das wünschen, müssen Sie im `Expression`-Ausdruck Optionals verwenden, z. B. so:

```
// Titel, optional (NULL ist also zulässig)
let title = Expression<String?>("title")
```

In der Closure für die `create`-Methode können Sie zusätzliche Attribute übergeben, beispielsweise:

- `t.column(expr, primaryKey: true)`: Die Spalte soll als Primary Key dienen.
- `t.column(expr, unique: true)`: Die Spalte erlaubt keine Doppelgänger.
- `t.column(expr, defaultValue: "nicht bekannt")`: Die Spalte hat einen Defaultwert.
- `t.column(expr1, references: table2, expr2)`: Die Spalte `expr1` verweist auf Spalte `expr2` von `table2` (Foreign Key).

Datensätze speichern

Um einen Datensatz in einer SQLite-Tabelle zu speichern, erzeugen Sie mit der `insert`-Methode des `Table`-Objekts das auszuführende Kommando. Dabei übergeben Sie in einer Reihe von Parametern alle Spalten und mit dem Operator `<-` den zu speichernden Wert. Im folgenden Mustercode ist `mytable` ein `Table`-Element, `col1` und `col2` sind `Expressions` für Spalten aus dieser Tabelle.

Die `run`-Methode des `Connection`-Objekts führt das Kommando dann aus und liefert als Ergebnis den von der Datenbank generierten ID-Wert des neuen Datensatzes zurück. Beachten Sie, dass `run` durch `try/catch` abgesichert werden muss und als Ergebnis eine `Int64`-Zahl zurückgibt.

```
let cmd = mytable.insert(col1 <- val1, col2 <- val2 ...)
let newid = db.run(cmd)  // liefert Int64
```

In der Beispiel-App verwende ich `StateLog`, um einen Statuseintrag in einer Klasse zu verpacken:

```
// Projekt ios-hello-sqlite, Datei StateLog.swift (Teil 2)
class StateLog {
  var id = 0           // ID in der Tabelle
  var type: String     // Zeichenkette, gibt an, welche Art von Ereignis
                       // stattfand
  var ts = Date()      // Zeitpunkt des Ereignisses
```

```
  // Init-Funktionen
  init(type: String) {
    self.type = type
  }
  init(id: Int, type: String, ts: Date) {
    self.id =   id
    self.type = type
    self.ts =   ts
  }
```

Ist ein StateLog-Objekt einmal initialisiert, kann es mit insert in der SQLite-Datenbank gespeichert werden. Die Methode greift auf die in statischen Konstanten gespeicherten Table- und Expression-Elemente zurück (siehe den ersten Teil des Listings StateLog.swift). Nach dem Speichervorgang wird die von der Datenbank gelieferte ID des Datensatzes in der id-Variablen des StateLog-Objekts gespeichert.

```
// Projekt ios-hello-sqlite, Datei StateLog.swift (Teil 3)
...
  // aktuellen Eintrag speichern, id aktualisieren
  func insert(db: Connection) {
    do {
      let insert = StateLog.tStateLog.insert(
                               StateLog.eType <- type,
                               StateLog.eTs <- ts)
      id = Int(try db.run(insert)) // Int64 -> Int
    } catch {
      print("Error saving entry")
    }
  }
```

Datensätze auslesen

Um Datensätze aus der SQLite-Datenbank auszulesen, übergeben Sie im einfachsten Fall (also für eine Abfrage in der Art SELECT * FROM table) ein Table-Element an die prepare-Methode der Datenbankverbindung. prepare liefert eine Sequenz aller gefundenen Datensätze, die in einer Schleife verarbeitet werden kann:

```
let result = db.prepare(mytable)
for record in result {
  print(record[col1])  // col1, col2: Expression-Elemente für
  print(record[col2])  // die jeweilige Spalte
}
```

Um das Ergebnis auf bestimmte Spalten oder durch Bedingungen einzuschränken, es zu sortieren oder die Anzahl der Datensätze zu begrenzen, fügen Sie dem Table-Element die optionalen Methoden select, filter, order oder limit hinzu:

```
// entspricht SELECT col1 FROM mytable
//            WHERE col2 = 123
//            ORDER BY col3 LIMIT 10
let result =
  db.prepare(mytable.select(col1).filter(col2 == 123).order(col3.desc).
    limit(10)
```

Die Dokumentation zu SQLite.swift beschreibt eine Menge weiterer Varianten:

https://github.com/stephencelis/SQLite.swift/blob/master/Documentation/Index.md#selecting-rows

Für die Beispiel-App ist es ausreichend, einfach alle Datensätze zeitlich geordnet auszulesen. Diese Aufgabe erledigt die statische Methode `loadall`, die ein Array von `StateLog`-Objekten zurückgibt:

```
// Projekt ios-hello-sqlite, Datei StateLog.swift (Teil 4)
...
  // alle To-do-Einträge aus Tabelle auslesen
  static func loadall(db: Connection) -> [StateLog] {
    var result = [StateLog]()
    do {
      for t in try db.prepare(tStateLog.order(eTs)) {
        let log = StateLog(id: t[eId], type: t[eType], ts: t[eTs])
        result += [log]
      }
    } catch {
      print("Error retrieving entries from database")
    }
    return result
  }
}
```

Datensätze ändern und löschen

Um einen oder mehrere Datensätze zu ändern, wählen Sie sie zuerst mit `filter` aus. Auf das Result wenden Sie dann die `update`-Methode an und führen das Kommando schließlich mit `run` aus. Im folgenden Code ist `mytable` das `Table`-Element für die Tabelle, `col1` bis `col3` sind `Expression`-Objekte für die betreffenden Spalten, und `db` ist eine Variable mit der SQLite-`Connection`.


```
// entspricht UPDATE mytable
//            SET col2=17, col3='abc'
//            WHERE col1 = 123
let rows = mytable.filter(col1 == 123)
let cmd = rows.update(col2 <- 17, col3 = "abc")
db.run(cmd)
```

Ganz analog verfahren Sie, wenn Sie Datensätze löschen möchten: Sie wählen die Datensätze mit filter aus, wenden delete auf das Ergebnis an und führen den Ausdruck mit run aus – beispielsweise so:

```
let row = mytable.filter(col = 123)
db.run(row.delete())
```

Konkrete Anwendungsbeispiele für update und delete finden Sie in Abschnitt 36.7, »SQLite-Variante«.

SQL-Kommandos direkt ausführen

Die Dokumentation des SQLite.swift-Frameworks empfiehlt, Datenbankzugriffe so durchzuführen, wie ich es auf den vergangenen Seiten beschreiben habe. Der wesentliche Vorteil besteht darin, dass sich das Framework selbstständig darum kümmert, dass Ergebnisse (SELECT) bzw. Parameter (UPDATE, INSERT, DELETE) immer den korrekten Datentyp aufweisen.

SQLite.swift erlaubt Ihnen aber auch, mit execute SQL-Kommandos direkt auszuführen. Die prinzipielle Syntax sieht so aus, wobei ich in dem Mustercode auf die Fehlerabsicherung verzichtet habe:

```
let sql = "CREATE TABLE mytable(col1 INTEGER ...)"
try db.execute(sql)
```

Nach UPDATE-, INSERT- oder DELETE-Kommandos können Sie anschließend der Connection-Eigenschaft changes entnehmen, wie viele Datensätze verändert wurden.

Sofern Sie Parameter nicht selbst in die SQL-Zeichenkette einbauen möchten, können Sie sie als ? formulieren, das Kommando mit prepare vorbereiten und mit run ausführen:

```
let cmd = db.prepare("INSERT INTO mytable (col1, col2) VALUES (?, ?)")
try cmd.run(val1, val2)
```

Wenn Sie das Kommando nur einmal ausführen möchten, funktioniert auch die folgende Kurzschreibweise:

```
try db.run("INSERT INTO mytable (col1, col2) VALUES (?, ?)", v1, v2)
```

Auch für SQL-Kommandos mit Ergebnissen (z. B. SELECT) müssen Sie die Methode prepare verwenden. Das Resultat durchlaufen Sie dann in einer Schleife. Auf die Ergebnisspalten können Sie leider nur über numerische Indizes zugreifen. Außerdem müssen Sie für jeden Wert mit if let eine Typumwandlung durchführen. Beachten Sie dabei, dass ganze Zahlen von SQLite grundsätzlich als Int64-Werte, Daten und Zeiten als Zeichenketten verarbeitet werden! Der resultierende Code wird dann recht umständlich:

```
let sql = "SELECT col1, col2, col3 FROM mytable ORDER BY col2"
for row in try db.prepare(sql) {
  if let col1 = row[0] as? Int64 ,
     let col2 = row[1] as? String,
     let col3 = row[2] as? Int64
  {
    // col1, col2 und col3 auswerten
  }
```

Gibt ein SELECT-Kommando nur ein einzelnes Ergebnis zurück (z. B. bei SELECT COUNT(*)FROM mytable), dann rufen Sie anstelle von prepare einfacher die Methode scalar auf:

```
let cnt = try db.scalar("SELECT COUNT(*) FROM mytable")! as! Int64
```

Auf diese Weise können Sie auch die ID des zuletzt mit INSERT eingefügten Datensatzes ermitteln:

```
let newid = try db.scalar("SELECT LAST_INSERT_ROWID()")! as! Int64
```

Ein längeres Beispielprogramm, das SQLite-Kommandos direkt ausführt, finden Sie am Ende von Abschnitt 36.7, »SQLite-Variante«.

29

Kapitel 30
iCloud

Als macOS- oder iOS-Anwender kennen Sie die iCloud sicherlich als privaten Cloud-Speicher, den Sie verwenden, um Backups zu erstellen und Fotos und andere Dateien bzw. Daten zwischen Apple-Geräten zu synchronisieren.

Es gibt drei Arten, iCloud-Funktionen in eigene Apps einzubinden: als Key-Value-Speicher, als abstrakte Datenbank (CloudKit) oder in Form von dokumentenbasierten Apps, die die »Dokumente« als Dateien in der iCloud speichern (iCloud Drive).

Dieses Kapitel geht auf die ersten beiden Varianten relativ ausführlich ein. Bei der CloudKit-Programmierung gibt es aber so viele Sonderfälle und Details, dass aus einer vollständigen Behandlung rasch ein kleines Buch würde. Ähnlich verhält es sich mit dokumentenbasierten Apps, auf die ich gar nicht eingehe. Insofern kann dieses Kapitel Ihnen bei Ihren ersten Schritten in die iCloud helfen; viel weiter reicht es aber nicht.

Beachten Sie, dass Sie zum Ausprobieren der iCloud-Funktionen einen kostenpflichtigen Apple-Developer-Account benötigen. Die iCloud zählt zu den Features, deren Test mit einem kostenlosen Account nicht möglich ist.

30.1 iCloud-Grundlagen

Bevor Sie mit der Entwicklung eigener iCloud-Apps beginnen, müssen Sie sich mit den iCloud-Grundlagen vertraut machen. Dieser Abschnitt gibt einen ersten Überblick.

Aus Entwicklersicht gibt es drei Formen, die iCloud in Ihren Apps zu nutzen: als Key-Value-Speicher, als Datenbank (CloudKit) oder als Speicherplatz für Dateien (iCloud Drive). Eine vierte Variante, die Kombination aus CloudKit mit Core Data, gilt seit 2016 als *deprecated*.

Key-Value-Speicher

Diese einfachste Form der iCloud-Nutzung ist dazu gedacht, winzige Datenmengen, z. B. App-Einstellungen, zwischen mehreren Geräten des Benutzers Ihrer App zu synchronisieren.

CloudKit

Über die CloudKit-Bibliothek kann Ihre App die iCloud als einen datenbankähnlichen Speicher mit Synchronisationsfunktionen nutzen. Dabei unterscheidet das CloudKit zwischen verschiedenen Arten von Daten:

- Die *Public Database* teilen sich alle Nutzer einer App. Dieser Bereich der Datenbank ermöglicht das Sammeln gemeinsamer Daten aller Benutzer, wie dies in vielen Social-Media-Apps üblich ist. Beispielsweise können Sie so eine Restaurant-Bewertungs-App in der Art von *Yelp* realisieren: Jeder Benutzer kann Bewertungen durchführen und speichern, alle Benutzer sehen alle Bewertungen.

  Diese Art der Cloud-Nutzung hat nichts mit dem jeweils privaten iCloud-Konto des Benutzers zu tun! Der Cloud-Speicher gilt vielmehr spezifisch für Ihre App! Apple stellt für derartige Apps ein kostenloses Speicherkontingent zur Verfügung, das mit der Anzahl der aktiven App-Nutzer wächst und für viele Anwendungen ausreicht. Erst wenn Ihre App mehr Daten benötigt, müssen Sie zusätzliche Datenkontingente erwerben.
- Die *Private Database* ist nur für einen bestimmten Benutzer sichtbar, wobei das Kriterium die iCloud-Anmeldung über die Apple-ID ist. In dieser Datenbank können eine iPhone-, eine iPad- und eine macOS-App Daten teilen bzw. synchronisieren. Die hier gespeicherten Daten werden zum iCloud-Kontingent des Benutzers gerechnet, das standardmäßig auf 5 GByte limitiert ist, aber gegen gutes Geld vergrößert werden kann.
- Seit iOS 10 besteht die Möglichkeit, Bereiche aus der privaten Datenbank mit anderen Benutzern zu teilen. Beispielsweise können Sie in der Apple-App *Notizen* eine Notiz mit einem anderen iCloud-Benutzer teilen. Hinter den Kulissen bleibt die Notiz weiterhin in der privaten Datenbank gespeichert; der eingeladene Benutzer erhält gewissermaßen einen Link, der ihm Zugriff auf diese eine Notiz gibt. Am Speicherort der Daten ändert sich dadurch nichts (die Daten befinden sich weiter im privaten Bereich des Benutzers), es haben nun aber auch andere Benutzer Zugriff auf die Daten.

iCloud Drive

Schließlich können Apps sogenannte *Dokumente* in der iCloud Drive speichern. Bekannte Apple-Apps, die diese Form des iCloud-Speichers nutzen, sind *Pages*, *Numbers* und *Keynote*. Als »Dokumente« gelten ganz allgemein Dateien eines speziellen Typs, mit denen Ihre App umgehen kann.

Diese Art der iCloud-Nutzung hat relativ große Ähnlichkeit mit dem von Dropbox bekannten Konzept: Es gibt also für jeden iCloud-Benutzer ein Verzeichnis aller seiner iCloud-Dateien; dieses Verzeichnis wird über alle Geräte synchronisiert.

Unter macOS sehen Sie alle derartigen Dateien in einem eigenen Verzeichnis im Finder. Ab iOS 11 bietet die neue App *Dateien* (englisch *Files*) eine ähnliche Funktionalität. Damit Ihre App diese Funktionen nutzen kann, müssen Sie sie als »dokumentenbasierte Apps« entwickeln. Apple stellt dazu ein eigenes Framework zur Verfügung, in dessen Mittelpunkt die Klassen `UIDocument` und `UIDocumentBrowserViewController` (neu in iOS 11) stehen.

Xcode hilft mit einem ziemlich umfassenden Mustercode bei der Erstellung dokumentenbasierter Apps, wenn Sie beim Einrichten des Projekts den Typ IOS • DOCUMENT BASED APP verwenden. Eine gute Einführung in die Programmierung dokumentenbasierter Apps geben die beiden folgenden WWDC-Videos:

https://developer.apple.com/videos/play/wwdc2015/234 (Basics, iOS 9)
https://developer.apple.com/videos/play/wwdc2017/229 (iOS-11-Erweiterungen)

Sonstige iCloud-Nutzungsvarianten

Apple verwendet die iCloud intern für diverse weitere Aufgaben, unter anderem zur Speicherung und Synchronisierung von Fotos, als Backup-Speicher, für die Funktion *Mein iPhone/iPad suchen*, zur Synchronisation von Passwörtern (*Schlüsselbund*) über mehrere Geräte, zur Speicherung von E-Mails etc. Mit diesen Nutzungsvarianten haben Sie als Entwickler aber nichts zu tun. Es gibt hierfür keine öffentlichen Bibliotheken oder APIs.

Argumente für die iCloud

Der größte Vorteil der iCloud besteht sicherlich darin, dass Benutzer von Apple-Geräten über ihre Apple-ID standardmäßig mit der iCloud verbunden sind. Wenn Sie in Ihrer App iCloud-Funktionen anbieten, funktionieren diese wie von Zauberhand ohne einen weiteren Login.

Sobald Sie einen anderen Cloud-Dienst verwenden möchten, muss sich der Benutzer beim ersten Mal anmelden. Erfahrungsgemäß stellt das eine große Hürde dar, weil viele Benutzer keine Lust auf eine weitere Kombination aus Login plus Passwort haben, die sie sich merken oder aufschreiben müssen.

Apple versucht aber nicht nur die Endanwender durch maximale Bequemlichkeit an die iCloud zu binden, sondern auch Entwickler. Das beginnt damit, dass die zur Programmierung erforderlichen Bibliotheken standardmäßig zur Verfügung stehen. Außerdem ist die iCloud für Entwickler in vielen Fällen kostenlos verfügbar. Soweit Ihre App private Daten in der iCloud speichert, fallen diese in das iCloud-Kontingent der Benutzers. Ist der iCloud-Speicher voll, muss sich der Anwender der App darum kümmern, nicht Sie.

Aber selbst wenn Sie den App-spezifischen Speicherplatz der iCloud nutzen (Public Database), fallen dafür vorerst keine Kosten an. Für jede App, die die iCloud so nutzt, stehen anfänglich 10 GByte Asset-Speicher sowie 100 MByte Datenbankspeicher zur Verfügung. (Assets sind binäre Daten, z. B. Bilder oder Audiodateien.) Inkludiert sind auch 2 GByte Transfervolumen pro Monat (maximal 50 MByte pro App-Benutzer) sowie bis zu 40 Anfragen pro Sekunde.

Je mehr Benutzer Ihre App aktiv verwenden, desto größer wird das kostenlose Kontingent. Bei 100.000 Benutzern steigen die Grenzen beispielsweise auf 25 TByte Asset-Speicher,

250 GByte Datenbankspeicher, 5 TByte Datentransfer pro Monat sowie 40 Anfragen pro Sekunde. Auf der folgenden Webseite können Sie mit einem Schieberegler die Benutzeranzahl einstellen (siehe Abbildung 30.1). Die Seite verrät dann, wie viel kostenlosen Speicher Apple Ihnen zur Verfügung stellt:

https://developer.apple.com/icloud/cloudkit

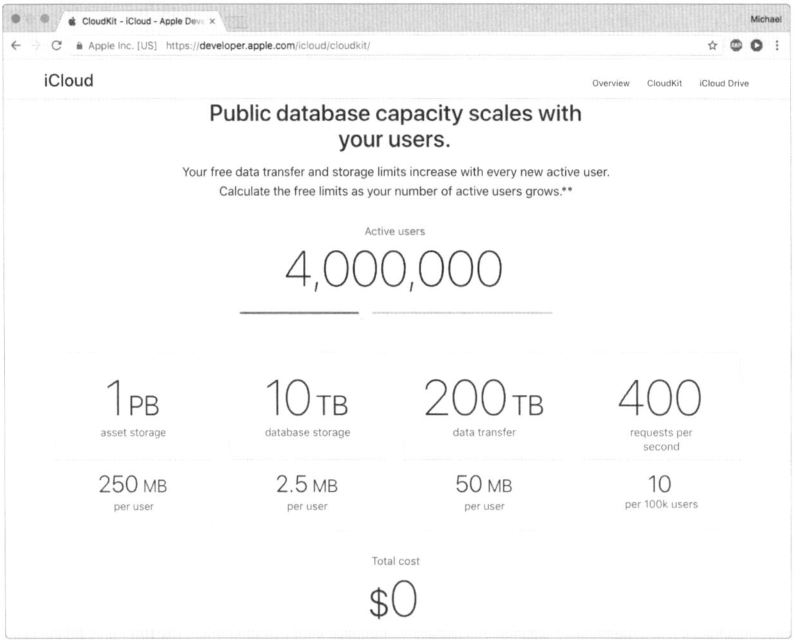

Abbildung 30.1 Diese Webseite verrät, wie viel öffentlichen Speicher eine CloudKit-App kostenfrei nutzen darf. Die Mengen sind abhängig von der Anzahl der Benutzer. Die Abbildung bezieht sich auf den Fall, dass Ihre App rund 4 Millionen aktive Benutzer erreicht.

Überschreiten Sie diese Limits, geben die CloudKit-Methoden in Ihrer Apps Fehler zurück, und Sie werden von Apple kontaktiert. Sie können dann ein CloudKit-Upgrade für Ihre App durchführen und müssen für die iCloud-Dienste zahlen – aktuell z. B. 30 USD für jedes TByte Asset-Speicher, 3 USD für jedes Gigabyte Datenbankspeicher, 100 USD für ein Terabyte Datentransfer sowie 100 USD für zusätzliche 10 Anfragen pro Sekunde. Ihre App muss also in irgendeiner Form Einnahmen erzielen, damit sich die Sache für Sie lohnt. Wie viele Daten Ihre App aktuell beansprucht und wie viele Zugriffe im Betrieb anfallen, können Sie im Dashboard feststellen. Das ist eine Website, die bei der Administration von CloudKit-Datenbanken hilft.

Wenn Sie große Datenmengen in der Cloud speichern möchten, kann es sein, dass andere Cloud-Dienste oder ein eigener Server günstiger sind als die iCloud. Allerdings fallen die Kosten dann sofort an, auch wenn Ihre App noch nicht so populär ist, wie Sie sich das vielleicht wünschen. Zudem ist es oft schwierig, eigene Server-Lösungen bei einem unerwartet großen Erfolg einer App rasch zu skalieren.

Einschränkungen

Kommen wir nun zu den Nachteilen, die mit der Nutzung der iCloud verbunden sind: Nicht alle Leute, die Apple-Geräte verwenden, sind von der iCloud begeistert. Zwar aktivieren viele Anwender die iCloud-Backup-Funktion ihres iPhones; aber wenn nach ein paar Wochen oder Monaten zum ersten Mal die Meldung kommt, dass der kostenlose iCloud-Speicher erschöpft ist, wird diese Warnung mit Desinteresse oder Unwillen weggeklickt. Die Bereitschaft, für ein größeres Datenkontingent zu bezahlen, ist gering.

Als App-Entwickler dürfen Sie sich also nicht darauf verlassen, dass es im persönlichen Bereich der iCloud überhaupt noch Platz gibt. In vielen Fällen ist es notwendig, zweigleisig zu fahren, die iCloud also als Speicheroption anzubieten, daneben aber auch die lokale Speicherung von Daten zu unterstützen. Naturgemäß steigt damit der Entwicklungsaufwand. Ein gutes Beispiel, wie eine derartige App gestaltet sein kann, ist die schon erwähnte Apple-App *Notizen*. Dort können Sie wählen, ob Sie neue Notizen lokal oder in der iCloud speichern möchten.

Unmöglich wird der Einsatz der iCloud, wenn Sie Apps entwickeln, die auch außerhalb der Apple-Welt funktionieren sollen. Für ein Spiel, das sowohl unter iOS als auch unter Android laufen soll, benötigen Sie einen von Apple unabhängigen Cloud-Provider oder müssen vergleichbare Dienste auf einem eigenen Server selbst anbieten.

CloudKit JS

Cross-Platform-Apps sowie Webanwendungen auf der Basis der iCloud sind nicht vollkommen unmöglich. Apple bietet nämlich eine JavaScript-API zum Zugriff auf CloudKit-Daten an, die z. B. in Webapplikationen genutzt werden kann. Auf diesen Aspekt der iCloud-Programmierung gehe ich in diesem Buch allerdings nicht ein. Anleitungen zum Umgang mit CloudKit JS finden Sie hier:

https://developer.apple.com/documentation/cloudkitjs
https://www.raywenderlich.com/997-cloudkit-js-tutorial-for-ios

Große Einschränkungen gibt es auch bei der Fehlersuche: Als App-Entwickler haben Sie generell keine Möglichkeit, auf die Daten Ihrer Kunden zuzugreifen. Als Entwickler sehen Sie nur die öffentlichen Datenbanken Ihrer CloudKit-Apps sowie Ihre eigenen Daten (also die Daten, die Ihrer persönlichen Apple-ID zugeordnet sind).

Aus Datenschutzgründen ist diese Einschränkung vernünftig und gibt den Anwendern größeres Vertrauen. Gleichzeitig ist es so aber unmöglich, einen Fehler nachzuvollziehen, der nur bei manchen Kunden auftritt.

iCloud-Tests und -Debugging

Grundsätzlich können Sie die iCloud-Funktionen sowohl auf echten Geräten als auch im Simulator testen. Für Tests im Simulator müssen Sie das simulierte Gerät mit Ihrem iCloud-Konto verbinden. Die Apple-Dokumentation rät, für iCloud-Tests nicht Ihre persönliche Apple-ID zu verwenden, sondern für diesen Zweck ein eigenes Konto einzurichten.

Bei meinen Tests hat sich der Simulator als deutlich unzuverlässiger als echte Geräte erwiesen. Beispielsweise gelang zwar die manuelle Synchronisierung eines Key-Value-Speichers, das iOS-Gerät im Simulator erhielt aber nie eine Push-Benachrichtigung darüber, dass sich Daten in der iCloud geändert haben. Immerhin kann im Simulator mit DEBUG • TRIGGER ICLOUD SYNC eine manuelle Synchronisation ausgelöst werden. Dennoch sollten Sie also bevorzugt auf richtigen Geräten testen.

iCloud-Testaccounts aktivieren

Es ist naheliegend, zur Fehlersuche in iCloud-Apps eigene iCloud-Testaccounts einzurichten. Das gelingt auf *https://appleid.apple.com* relativ mühelos. Danach müssen Sie aber auch noch die Site *https://icloud.com* besuchen, sich dort mit Ihrem neuen Account anmelden und die iCloud-Nutzungsbedingungen akzeptieren! Erst danach gelingt der Login mit der neuen Apple-ID in einem iOS-Simulator.

Quelle: *https://stackoverflow.com/questions/24098780*

Sicherheit

iCloud-Daten werden verschlüsselt übertragen und verschlüsselt gespeichert. Allerdings ist der Schlüssel aktuell durch Apple vorgegeben. Apple-Administratoren können somit in alle iCloud-Daten hineinsehen, und nach den Snowden-Enthüllungen ist zu befürchten, dass auch Geheimdienste dazu in der Lage sind.

Sicherheitstechnisch besser wäre es, zur Verschlüsselung aller privaten Daten sowie für Backups in der iCloud einen vom Benutzer vorgegebenen Schlüssel zu verwenden. Für den iCloud-Dienst *Schlüsselbund* wird diese Art der Verschlüsselung bereits angewendet. Es ist aber aktuell nicht vorhersehbar, ob Apple auch andere iCloud-Dienste dahingehend verbessern wird; Überlegungen dazu gibt es immerhin. Werfen Sie auch einen Blick auf den Privacy-Abschnitt der iCloud-Seite in der englischsprachigen Wikipedia, die sich dem Thema widmet:

https://en.wikipedia.org/wiki/ICloud#Privacy

Bei aller berechtigten Kritik muss man dem iCloud-Team bei Apple zugutehalten, dass es bisher keine massiven Sicherheitskatastrophen gegeben hat. Benutzer, die sich mit der Sicherheit ihrer Daten überhaupt befassen, können zu Recht einer iCloud-basierten Lösung eher vertrauen als einer selbst gestrickten Lösung eines kleinen App-Entwicklers.

30.2 Key-Value-Speicher

Im Key-Value-Speicher der iCloud können Sie maximal 1.024 Datenpaare speichern. Die gesamte Datenmenge darf 1 MByte nicht überschreiten. Die Länge einzelner Schlüssel in UTF-8-Codierung ist auf 64 Byte beschränkt.

Wenn Ihre App Key-Value-Paare anlegt, werden diese anfänglich im Arbeitsspeicher und dann im Dateisystem gespeichert. Erst durch den Aufruf der `synchronize`-Methode fordern Sie das Betriebssystem auf, die Daten mit der iCloud zu synchronisieren. Die Synchronisierung erfolgt nicht zwangsläufig sofort – zum einen, weil allzu viele Synchronisierungen vermieden werden, zum anderen, weil das Gerät vielleicht gerade offline ist. Naturgemäß kann die verzögerte Synchronisierung zu Konflikten führen, beispielsweise wenn zwei Instanzen der App offline sind und unterschiedliche Änderungen an den Daten durchführen.

Die Datenpaare werden im persönlichen iCloud-Speicher des jeweiligen Benutzers gespeichert. (Das setzt natürlich voraus, dass dort noch Platz frei ist!) Der Key-Value-Speicher bietet Ihnen als Entwickler einen Mechanismus zum Teilen kleiner Datenmengen zwischen verschiedenen Instanzen Ihrer App – also beispielsweise irgendwelche Programmeinstellungen. Die Dokumentation warnt allerdings davor, für die Funktion der App unbedingt erforderliche Einstellungen hier zu speichern. Dazu ist es besser, traditionelle Speichermechanismen zu verwenden, die nicht auf die iCloud bzw. auf einen Internetzugang angewiesen sind (z. B. User-Defaults, siehe Abschnitt 21.1, »User-Defaults«).

Weitere Tipps zur Nutzung des Key-Value-Speichers der iCloud finden Sie hier:

https://developer.apple.com/library/content/documentation/General/Conceptual/iCloudDesignGuide/Chapters/DesigningForKey-ValueDataIniCloud.html

Hello World, iCloud!

Das folgende Beispiel ist an Einfachheit schwer zu übertreffen – und damit ist es ideal für den Einstieg in die iCloud-Programmierung geeignet. Die Test-App besteht aus einem Textfeld und dem Button SYNCHRONISIEREN (siehe Abbildung 30.2). Sobald Sie diesen Button auf Ihrem iPhone anklicken, wird die aktuelle Eingabe im Textfeld in einem Key-Value-Eintrag in der iCloud des Benutzers gespeichert. Starten Sie nun die gleiche App auf einem zweiten Gerät, z. B. einem iPad, das ebenfalls Ihrer Apple-ID zugeordnet ist, dann erscheint dort der zuletzt auf dem iPhone gespeicherte Text. Wenn Sie nun auf dem iPad den Text ändern und auf SYNCHRONISIEREN tippen, wird nach ein paar Sekunden (es können durchaus auch 20 oder 30 Sekunden sein) der Text auch auf dem gleichzeitig noch laufenden iPhone geändert.

Sie starten die Entwicklung der App wie üblich mit einem neuen Projekt des Typs IOS SINGLE VIEW APP. Anschließend aktivieren Sie für das Target im Dialogblatt CAPABILITIES die iCloud-Funktionen für den Dienst KEY-VALUE STORAGE (siehe Abbildung 30.3).

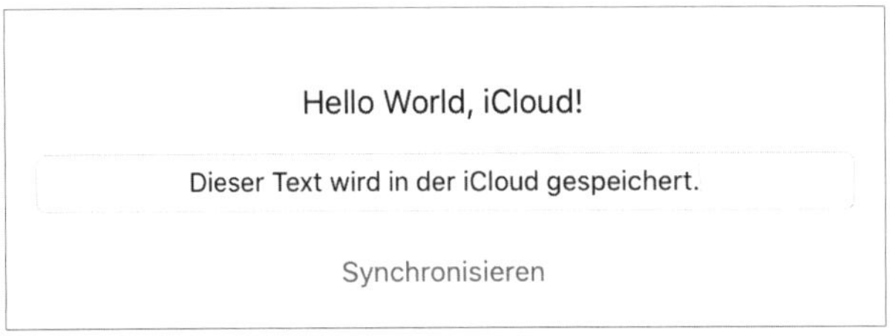

Abbildung 30.2 Hello-World-App für die iCloud

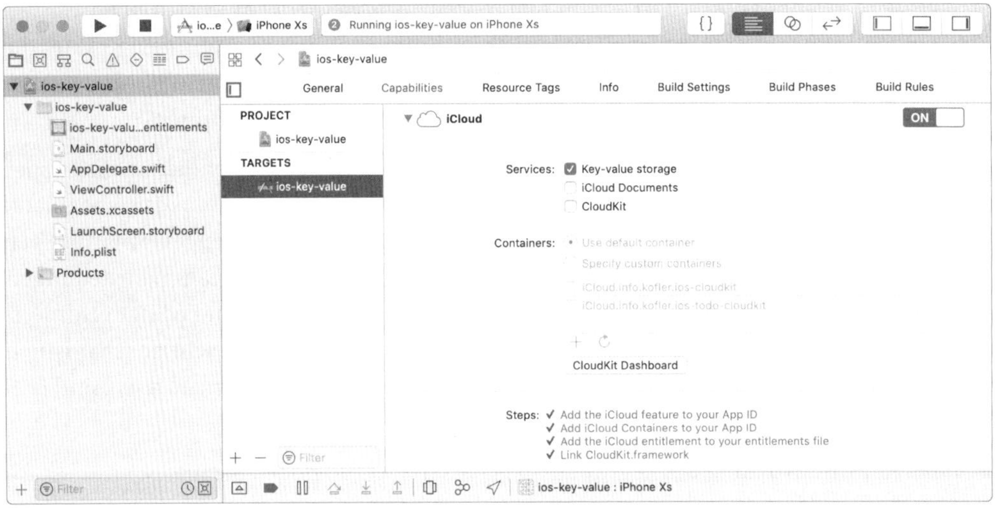

Abbildung 30.3 Aktivierung der iCloud-Funktionen in Xcode

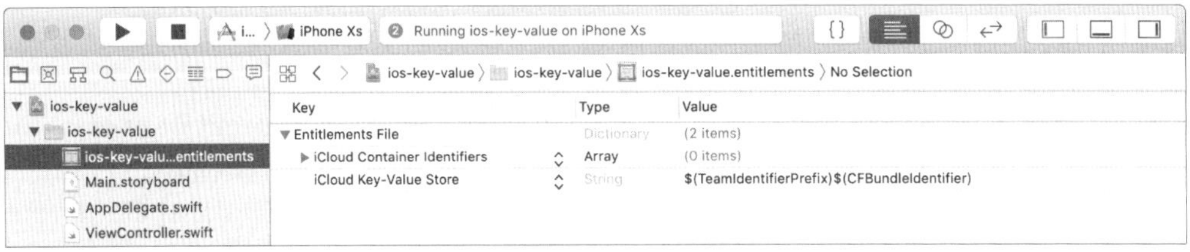

Abbildung 30.4 Die erforderlichen iCloud-Entitlements werden automatisch eingerichtet.

Xcode kümmert sich automatisch um alle erforderlichen Konfigurationsarbeiten und richtet insbesondere die Datei `projektname.entitlements` ein (siehe Abbildung 30.4). Dort entspricht der Eintrag ICLOUD KEY/VALUE STORE dem internen Key `com.apple.developer.ubiquity-kvstore-identifier`. (Davon können Sie sich überzeugen, wenn Sie die Datei mit OPEN AS SOURCE CODE ansehen.)

Standardmäßig gilt die Einstellung `$(TeamIdentifierPrefix)$(CFBundleIdentifier)`. Damit setzt sich der iCloud-Schlüssel also aus Ihrem Apple-Entwickler-Account und dem internen App-Namen zusammen. Es ist erlaubt, diese Zeichenkette zu ändern – vorausgesetzt, es resultiert daraus eine weltweit eindeutige Zeichenkette. Das gibt Ihnen die Möglichkeit, einen gemeinsamen Key-Value-Speicher für mehrere Apps einzurichten, z. B. für die iOS- und die macOS-Variante eines Programms (siehe nächsten Abschnitt »Beispiel: Hintergrundfarbe synchronisieren«).

Beinahe ebenso einfach wie das Einrichten des Projekts ist in diesem Fall die Programmierung. Der Zugriff auf den Key-Value-Speicher der iCloud erfolgt über ein `NSUbiquitousKeyValueStore`-Objekt. Mit dessen Methode `string(forKey:)` können Sie versuchen, eine Zeichenkette für einen bestimmten Schlüssel auszulesen. Das gelingt aber nur, wenn der Wert früher gespeichert wurde und eine Internetverbindung besteht.

Um selbst eine Zeichenkette zu speichern, verwenden Sie die Methode `set`. Die Methode unterstützt außer Zeichenketten auch einige weitere elementare Datentypen, unter anderem ganze Zahlen, Fließkommazahlen, boolesche Werte sowie Arrays. Zum Auslesen müssen Sie dann anstelle der `string`-Methode `long`, `double`, `bool` etc. verwenden.

Wenn Sie `set` ausführen (im folgenden Code in der Methode `syncBtn`), dann wird das neue oder geänderte Key-Value-Paar sofort im Arbeitsspeicher sowie im Dateisystem gesichert. Außerdem kommt es nach einer gewissen Zeit – typischerweise nach rund fünf bis zehn Sekunden – automatisch zu einer Synchronisierung mit der iCloud. Sie können versuchen, die Synchronisierung mit `synchronize` auslösen. Die Dokumentation dieser Methode stellt allerdings klar, dass die Synchronisierung auch nach dem Aufruf dieser Methode nicht zwangsläufig sofort erfolgt.

Jetzt bleibt noch die Frage zu klären, wie Ihre App davon erfährt, wenn eine andere gleichzeitig laufende Instanz, die mit derselben Apple-ID verbunden ist, iCloud-Daten ändert. Dazu müssen Sie mit `addObserver` eine Notification-Methode für das Ereignis `didChangeExternallyNotification` einrichten.

Im Beispielprogramm wird in diesem Fall die Methode `kvHasChanged` aufgerufen. Sie ändert den Text im Textfeld ohne Rückfrage. In einer realen App ist hier oft mehr zu tun:

- Zum einen gibt es üblicherweise mehr als ein Key-Value-Paar. Sie erhalten in der Notification-Methode allerdings keine Information darüber, welche Datenpaare sich geändert haben. Je nach Anwendung kann es erforderlich sein, die neuen Daten mit den vorhandenen Daten Ihrer App der Reihe nach abzugleichen.
- Zum anderen ist es in manchen Fällen notwendig, den Benutzer zu fragen, ob er mit der Änderung überhaupt einverstanden ist. Vielleicht hat der Benutzer Ihrer App gerade selbst Änderungen durchgeführt und möchte diese speichern. In der Praxis sind derartige Konflikte bei Key-Value-Daten selten, weil es eher selten vorkommt, dass ein Benutzer zugleich auf mehreren Geräten arbeitet. Ein Beispiel, wie eine Konfliktlösung in der Praxis aussehen kann, finden Sie in Abschnitt 36.5, »iCloud-Variante«. Dieser Abschnitt zeigt, wie Sie eine simple To-do-App iCloud-fähig machen.

```
// Projekt ios-key-value, Datei ViewController.swift
class ViewController: UIViewController {
  // Key-Value-Store in der iCloud
  let kvStore = NSUbiquitousKeyValueStore()
  let mykey = "MyKey"
  @IBOutlet weak var txtView: UITextField! // Textfeld

  override func viewDidLoad() {       // Initialisierung
    super.viewDidLoad()
    // versuchen, den Text aus der iCloud zu lesen
    if let value = kvStore.string(forKey: mykey) {
      txtView.text = value
    }
    // bei Änderungen in der iCloud kvHasChanged aufrufen
    NotificationCenter.default.addObserver(self,
      selector: #selector(ViewController.kvHasChanged(notification:)),
      name: NSUbiquitousKeyValueStore.didChangeExternallyNotification,
      object: kvStore)
  }
  // Synchronisieren-Button
  @IBAction func syncBtn(_ sender: Any) {
    kvStore.set(txtView.text!, forKey: mykey)
    self.view.endEditing(true)  // Tastatur ausblenden
    // kvStore.synchronize()    // optional
  }
  // Benachrichtigung über Datenänderung
  @objc func kvHasChanged(notification: NSNotification) {
    txtView.text = kvStore.string(forKey: mykey)
  }
}
```

Die Dokumentation zur synchronize-Methode empfiehlt, diese Methode beim Programmstart sowie immer dann auszuführen, wenn die App wieder zum aktiven Programm wird. Deswegen ist es sinnvoll, einen Aufruf in die Methode applicationWillEnterForeground einzubauen:

```
// Projekt ios-key-value, Datei AppDelegate.swift
class AppDelegate: UIResponder, UIApplicationDelegate {
  // ... restlicher Code unverändert

  // iCloud-Synchronisierung anfordern
  func applicationWillEnterForeground(_ application: UIApplication) {
    NSUbiquitousKeyValueStore().synchronize()
  }
}
```

Die Beispiel-App läuft auch ohne iCloud

Es ist gut zu wissen, dass die App auch dann fehlerfrei läuft, wenn der Benutzer sein iPhone oder iPad nicht mit einem iCloud-Konto verbunden hat. Natürlich kann in diesem Fall keine Synchronisierung über mehrere Instanzen der App erfolgen, aber zumindest lokal werden die Key-Value-Paare gespeichert und stehen beim nächsten Start wieder zur Verfügung.

Bei Apps, deren Funktionsweise von der iCloud abhängt, sollten Sie beim Start deren Verfügbarkeit testen und die weitere Nutzung der App gegebenenfalls blockieren. Eine mögliche Vorgehensweise zeige ich Ihnen in einer Cloud-kompatiblen To-do-App (siehe Abschnitt 36.5, »iCloud-Variante«, Überschrift »iCloud-Verfügbarkeitstest«).

Beispiel: Hintergrundfarbe synchronisieren

Das zweite Beispiel ist in seiner Funktionsweise ebenso einfach wie das erste: Sie können in der App, die es in zwei Versionen für iOS und für macOS gibt, die Hintergrundfarbe einstellen (siehe Abbildung 30.5). Diese Einstellung wird zwischen allen Instanzen der App synchronisiert, also auch zwischen iOS und macOS. Damit das funktioniert, müssen beide Targets dieselbe iCloud-Zeichenkette in der Entitlements-Datei enthalten (siehe Abbildung 30.6). Für dieses Beispiel habe ich jeweils `$(TeamIdentifierPrefix)info.kofler.key-value-color` verwendet.

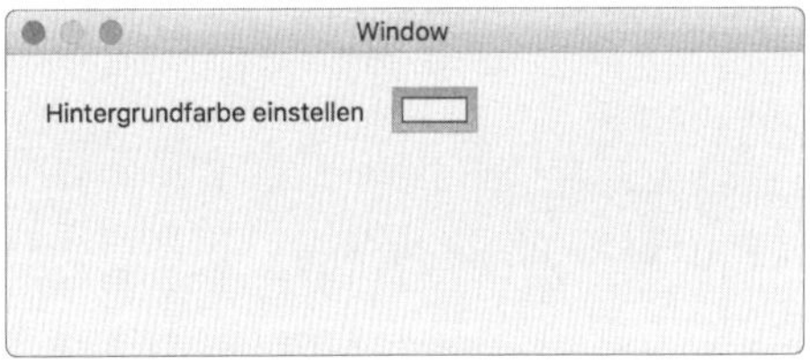

Abbildung 30.5 Die in der macOS-Variante des Programms eingestellte Hintergrundfarbe wird auch mit den Instanzen der iOS-Variante synchronisiert.

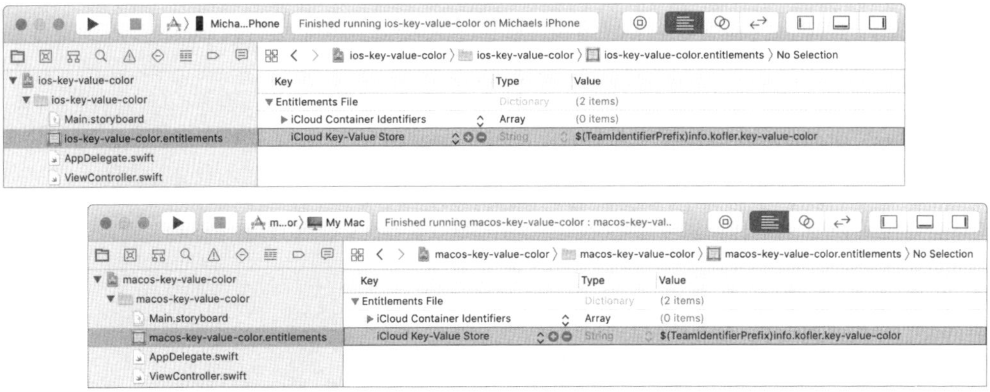

Abbildung 30.6 Beide Programme verwenden die gleiche iCloud-ID.

Bei der iOS-Variante des Codes führt der Button FARBE ÄNDERN in einen zweiten View-Controller, der in einer Collection-View 64 Farben zur Auswahl stellt. Diesen Aspekt des Codes behandle ich hier nicht. Werfen Sie bei Interesse einfach einen Blick in die Datei `ColorVC.swift`.

Der iCloud-spezifische Code befindet sich in `ViewController.swift` und hat von der Struktur her große Ähnlichkeiten mit dem vorigen Hello-World-Beispiel. Der entscheidende Unterschied besteht darin, dass weder ein `UIColor`-Objekt noch ein `CGColor`-Objekt direkt als Key-Value-Paar gespeichert werden kann. Deswegen werden die vier Anteile der Farbe (also der Rot-, Grün- und Blau-Anteil sowie der Alpha-Wert) als `CGFloat`-Array gespeichert.

```
// Projekt ios-key-value-color, Datei ViewController.swift
class ViewController: UIViewController {
  let kvStore = NSUbiquitousKeyValueStore() // Key-Value-Store

  override func viewDidLoad() {
    super.viewDidLoad()
    // Hintergrundfarbe aus iCloud lesen
    self.view.backgroundColor = readColor()
    // bei Änderungen in der iCloud kvHasChanged aufrufen
    NotificationCenter.default.addObserver(
      self,
      selector: #selector(ViewController.kvHasChanged(notification:)),
      name: NSUbiquitousKeyValueStore.didChangeExternallyNotification,
      object: kvStore)
  }
  // Rückkehr aus dem View-Controller zur Farbauswahl
  @IBAction func unwindToMainView(_ segue: UIStoryboardSegue) {
    if let src = segue.source as? ColorVC {
      self.view.backgroundColor = src.selectedColor
      saveColor(color: src.selectedColor)
    }
  }
  // Benachrichtigung über Datenänderung
  @objc func kvHasChanged(notification: NSNotification) {
    self.view.backgroundColor = readColor()
  }
  // Hintergrundfarbe aus iCloud lesen und neu einstellen
  func readColor() -> UIColor {
    if let data = kvStore.object(forKey: "bgColor") as? [CGFloat],
       data.count == 4
    {
      return UIColor(red: data[0], green: data[1],
                     blue: data[2], alpha: data[3])
    } else {
```

```
      return UIColor.lightGray  // Default
    }
  }
  // Hintergrundfarbe in iCloud speichern
  func saveColor(color: UIColor) {
    if let data = color.cgColor.components {
      kvStore.set(data, forKey: "bgColor")
    }
  }
}
```

Bei der macOS-Variante wird zur Farbauswahl das Steuerelement NSColorWell eingesetzt (siehe Abschnitt 19.3, »Standarddialoge«). Zur Einstellung der Hintergrundfarbe eines Fensters ist keine Eigenschaft vorgesehen. Der gewünschte Effekt gelingt aber durch die Veränderung des zugeordneten Layer-Objekts. Beim Programmstart ist entscheidend, dass diese Änderung nicht in viewDidLoad durchgeführt werden kann, weil der Layer zu diesem Zeitpunkt noch nicht existiert. In viewDidAppear klappt es aber.

Die Methoden readColor und saveColor habe ich dahingehend adaptiert, dass sie nun eben NSColor- statt UIColor-Objekte verarbeiten. Der restliche Code sieht aus wie beim iOS-Beispiel, weswegen ich hier auf den vollständigen Abdruck verzichte.

```
// Projekt macous-key-value-color, Datei ViewController.swift
class ViewController: NSViewController {
  @IBOutlet weak var cwell: NSColorWell!
  // ... restlicher Code analog wie im iOS-Beispiel

  // Hintergrundfarbe beim Programmstart einstellen
  override func viewDidAppear() {
    super.viewDidAppear()
    self.view.layer?.backgroundColor = readColor().cgColor
    cwell.color = readColor()
  }
  // Hintergrundfarbe aus iCloud lesen
  func readColor() -> NSColor {
    if let data = kvStore.object(forKey: "bgColor") as? [CGFloat],
      data.count == 4
    {
      return NSColor(red: data[0], green: data[1],
                     blue: data[2], alpha: data[3])
    } else {
      return NSColor.lightGray  // Default
    }
  }
}
```

30.3 CloudKit-Grundlagen

Während Sie Key-Value-Paare mit minimalem Aufwand in der iCloud speichern können, bedarf die Entwicklung von CloudKit-Apps einiger Vorbereitung. Grundsätzlich sieht die Vorgehensweise so aus:

- Sie richten die App in Xcode ein und aktivieren im Dialogblatt CAPABILITIES die CloudKit-Funktionen.
- Auf der Website *https://icloud.developer.apple.com/dashboard*, also im sogenannten Dashboard, richten Sie das Datenbankmodell für Ihre App ein.
- Erst jetzt beginnt die App-Programmierung mit den Klassen aus der CloudKit-Bibliothek.

Bevor ich Ihnen also die Programmierung erklären kann, müssen Sie verstehen, wie CloudKit-Datenbanken aufgebaut sind, müssen die Nomenklatur kennen und mit dem Dashboard umgehen lernen.

Nomenklatur

Container: Ein Container ist ein mit Ihrer App verbundener Bereich der iCloud. Ausschließlich Ihre App hat Zugriff auf diesen Container! Wenn Sie in Xcode die iCloud-Capabilities aktivieren, wird automatisch ein Defaultcontainer für Ihre App eingerichtet. In den meisten Fällen reicht dieser eine Container aus. Wenn es zweckmäßig ist, können Sie diesem Container aber weitere hinzufügen und so die Daten Ihrer App über mehrere Container verteilen. Auch auf diese Container kann nur Ihre App zugreifen.

Öffentlich versus privat: Jeder Container ist in einen öffentlichen und einen privaten Bereich geteilt (siehe Abbildung 30.7). Den öffentlichen Bereich darf jeder Benutzer Ihrer App lesen und (einen gültigen iCloud-Login vorausgesetzt) auch verändern.

Jeder App-Benutzer hat zudem Schreib- und Leserechte im privaten Bereich. Allerdings werden diese Daten *nicht* zwischen allen Benutzern der App geteilt. Jeder App-Benutzer sieht also nur seine eigenen privaten Daten.

Der öffentliche und der private Bereich unterscheiden sich nicht nur durch die Zugriffsrechte, sondern auch durch die Abrechnung. Der öffentliche Bereich zählt zum iCloud-Kontingent Ihrer App. Wenn Ihre App die vorgesehenen Limits überschreitet, müssen Sie oder Ihre Firma für zusätzliche Daten, höhere Transferraten etc. zahlen. Der private Bereich wird hingegen zum Kontingent des jeweiligen Benutzers gerechnet. Ist dieses erschöpft, kann der Benutzer dort keine Daten mehr hinzufügen oder muss für eine Vergrößerung seines iCloud-Speicherplatzes zahlen.

Datenbanken: Grundsätzlich werden iCloudKit-Daten nicht in Dateien gespeichert, die Sie lesen oder schreiben können, sondern als Datensätze (*Records*) in Tabellen einer Datenbank. Der wichtigste Schritt bei der Entwicklung einer neuen CloudKit-App ist das Design dieser Datenbank. Dieses Design kann im Dashboard erfolgen bzw. dort vervollständigt werden.

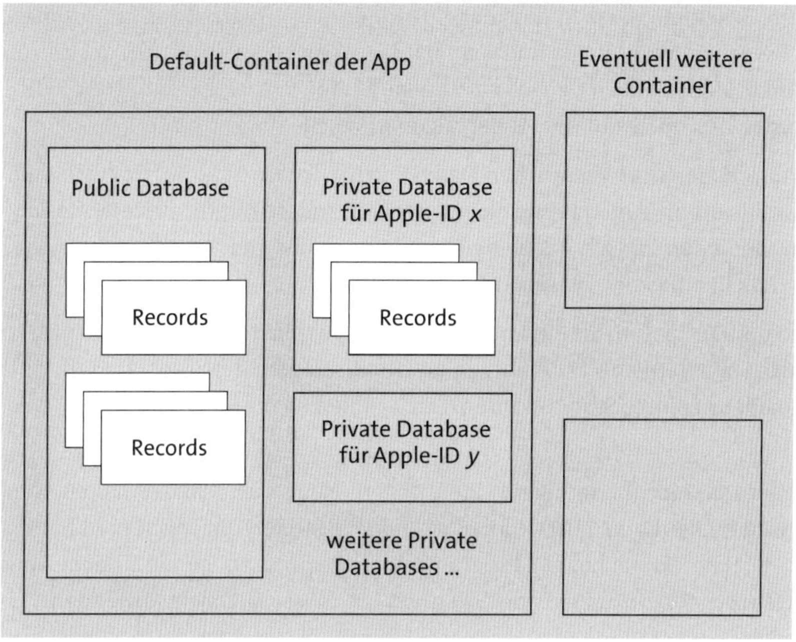

Abbildung 30.7 Jeder Container kann eine öffentliche und für jede Apple-ID eine private Datenbank enthalten.

Im Dashboard ist freilich nicht von Tabellen die Rede, sondern von RECORD TYPES. Standardmäßig gibt es bereits eine Tabelle (einen *Record Type*) mit dem Namen *Users*. Diese Tabelle können Sie mit ADD FIELD um weitere Felder (Spalten) erweitern. Außerdem können Sie mit CREATE NEW TYPE eigene Tabellen einrichten.

In weiteren Schritten können Sie diese Tabellen mit Indizes und anderen Eigenschaften erweitern. Dabei ist es von Vorteil, wenn Sie sich schon einmal mit relationalen Datenbanken auseinandergesetzt haben. Auch wenn das CloudKit zum Teil eigene Begriffe verwendet, hat das Grundkonzept doch große Ähnlichkeiten mit relationalen Datenbanken. Ein wesentlicher Unterschied betrifft allerdings den Umgang mit Verknüpfungen: Während relationale Datenbanken dazu Primary- und Foreign-Key-Spalten verwenden, sieht das CloudKit stattdessen Felder vom Typ REFERENCE vor.

Anstatt Tabellen im Dashboard zusammenzusetzen, können Sie während der Entwicklungsphase einen ganz anderen Ansatz wählen: Sie speichern im Code Ihrer App einige Datensätze. Wenn es den angegebenen Record Type noch nicht gibt, dann erzeugt das CloudKit automatisch eine passende Tabelle und fügt die Daten dort ein. Je nach Datentyp werden die Spalten auch gleich mit den Attributen QUERYABLE, SEARCHABLE und SORTABLE ausgestattet.

Sie entwickeln also Ihre App Schritt für Schritt; die Datenbank entsteht parallel dazu, quasi von Zauberhand, selbst. Im Dashboard können Sie das Design dann ändern, um zusätzliche

Indizes erweitern etc. Beachten Sie aber, dass das nur im Entwicklungsmodus funktioniert. Bevor Sie Ihre App freigeben, müssen Sie im Dashboard DEPLOY TO PRODUCTION ausführen und so das Datenbankdesign fixieren. Danach sind im laufenden Betrieb gar keine und selbst im Entwicklungsbetrieb nur noch additive Änderungen möglich.

Was den Umgang mit privaten und öffentlichen Daten betrifft, ist das CloudKit flexibel: Manche Apps werden nur die öffentliche Datenbank ansprechen, andere nur die private, manche beide Datenbanken. Auf jeden Fall gilt für beide Datenbanken das gleiche Schema, also der gleiche Aufbau von Tabellen (Record Types), Indizes usw.

Defaultspalten (Record ID): Egal, ob Sie eine neue Datenbank explizit im Dashboard anlegen oder ob sie durch das Speichern von Datensätzen automatisch gebildet wird: Das CloudKit ergänzt jede Datenbank um einige Systemspalten. Dazu zählen *recordName*, *createdBy*, *createdAt*, *modifiedAt* etc.

Jeder Datensatz wird durch eine eindeutige ID identifiziert. Neue Datensätze erhalten automatisch einen weltweit eindeutigen GUID (*Globally Unique Identifier*). Im Dashboard hat die ID-Spalte den Namen *recordName*; bei der Programmierung sprechen Sie die ID aber über die Eigenschaftskette `recordID.recordName` an, die Sie auf ein `CKRecord`-Objekt anwenden.

Zonen: Normalerweise speichert CloudKit jeden Datensatz einzeln (*Atomic Transaction*). Wenn Sie mehrere Änderungen gemeinsam als Transaktion durchführen möchten, wie dies in relationalen Datenbanken üblich ist, müssen Sie für die betroffenen Datensätze eine Zone erzeugen (`CKRecordZone`-Klasse). Diese Möglichkeit besteht allerdings nur für private, nicht für öffentliche Daten.

Assets: CloudKit-Datenbanken sind dahingehend optimiert, dass pro Datensatz nur kleine Datenmengen gespeichert werden. Das Limit beträgt zwar immerhin 1 MByte pro Datensatz, aber üblicherweise sind Datensätze wesentlich kleiner, eher im Bereich einiger Hundert Byte. Wie speichern Sie aber größere Daten, also z. B. Fotos, Audio- und Videodateien?

In der CloudKit-Bibliothek gibt es für derartige Daten den Typ *Asset*. Obwohl es so aussieht, als würde ein Asset-Feld so wie alle anderen Felder eines Datensatzes direkt in der Datenbank gespeichert, verwendet die CloudKit-Infrastruktur hinter den Kulissen für Assets einen eigenen Speicherbereich. Diese Unterscheidung ist auch für die Datenkontingente relevant: Der kostenlose Platz für Assets ist wesentlich größer als der für die eigentliche Datenbank.

Auch wenn Assets getrennt von der Datenbank gespeichert werden, sind sie doch unmittelbar mit ihr verbunden. So ist es z. B. unmöglich, ein Asset als eigenes Objekt anzusprechen oder zu löschen. Der Zugriff auf ein Asset erfolgt immer über den Datensatz, mit dem es verbunden ist. Ein Asset wird automatisch gelöscht, wenn es keinen Datensatz mehr gibt, der darauf verweist.

Subscriptions: Mit *Subscriptions* wird Ihre App automatisch benachrichtigt (Push-Mechanismus), wenn sich ein bestimmter Datensatz ändert. Subscriptions sind effizienter als ständige Nachfragen.

Development versus Production Environment: Während der Entwicklungsphase verwenden Ihre CloudKit-Apps automatisch das sogenannte *Development Environment*. Es dient zur Entwicklung des Datenbankschemas und zum Testbetrieb. Während dieser Phase können Sie jederzeit Änderungen am Schema durchführen, Datensätze löschen etc.

Wenn die Entwicklung Ihrer App abgeschlossen ist, übertragen Sie das Datenbankdesign in das *Production Environment*. Dabei werden nur die leeren Tabellen samt allen Einstellungen kopiert, nicht aber die Testdaten! Das Production Environment besteht also anfänglich aus lauter leeren Tabellen. Anwender, die Ihre App aus dem App Store beziehen, verwenden immer das Production Environment.

Production Environment für den Testbetrieb

Es ist möglich, dass eine App auch bei der testweisen Ausführung in Xcode das Production Environment verwendet. Dazu müssen Sie der Entitlements-Datei den folgenden Eintrag hinzufügen:

```
com.apple.developer.icloud-container-environment = Production
```

Die Einstellung ist merkwürdigerweise nur auf echten Geräten wirksam, nicht aber im Simulator. Quelle:

https://stackoverflow.com/questions/30182521

Generell ist es eine gute Idee, CloudKit-Apps vor der Auslieferung in den App Store gründlich zu testen. Gut geeignet ist hierfür *Testflight*. Damit können Sie bis zu 10.000 Beta-Tester per E-Mail einladen, Ihre App auszuprobieren:

https://developer.apple.com/testflight

Dashboard

Das Dashboard ist eine Website, über die Sie nach einem Login mit Ihrer Developer-Apple-ID alle CloudKit-Datenbanken Ihrer Apps verwalten können:

https://icloud.developer.apple.com/dashboard

Nach der Auswahl des richtigen Projekts anhand des Bundle-Names gelangen Sie auf eine Startseite (siehe Abbildung 30.8). Das Dashboard unterscheidet dort zwischen der Entwicklungs- und der Produktionsversion Ihrer Datenbank. Während der Entwicklungsphase ist nur der Bereich DEVELOPMENT relevant. Dort können Sie einen Blick in Ihre Tabellen werfen, Indizes hinzufügen oder andere Schema-Änderungen vornehmen.

RESET löscht nicht nur alle Daten im Entwicklungsmodus, sondern auch das gesamte Datenbankschema inklusive aller Indizes und sonstigen Einstellungen. Solange sich das Schema ohnedies automatisch ergibt, wenn Sie Ihre App in Xcode testen, ist RESET eine feine Sache. Ansonsten ist aber Vorsicht geboten; es besteht die Gefahr, dass Sie mehr löschen, als Sie eigentlich löschen möchten.

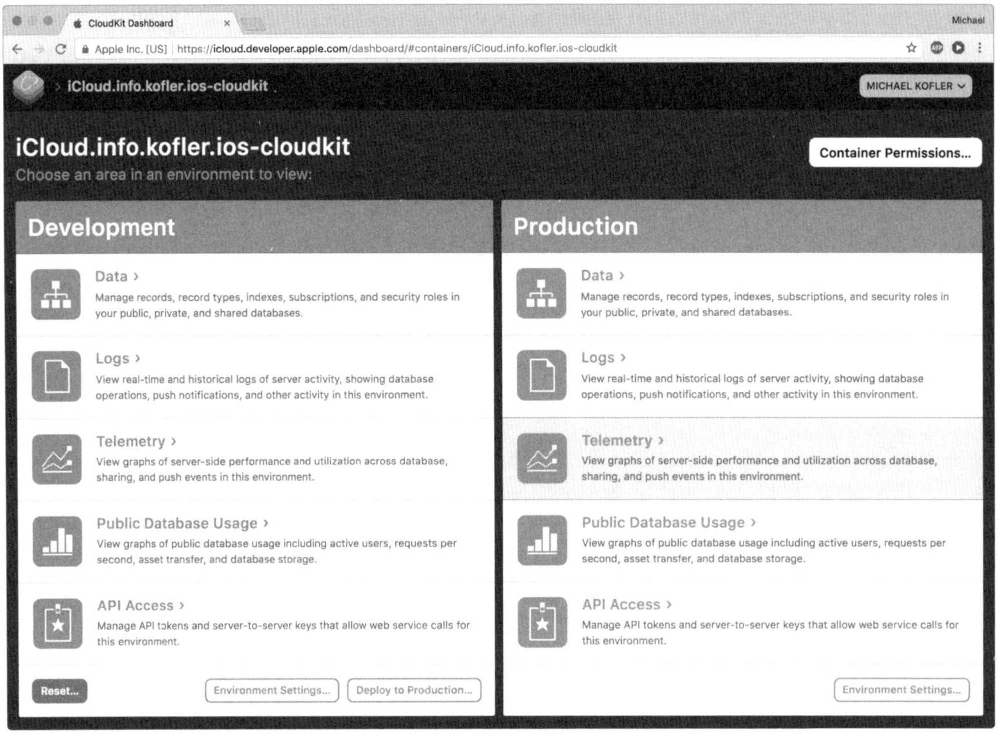

Abbildung 30.8 Dashboard-Startseite für die CloudKit-Datenbank einer App

Die Seite DATA gibt einen Überblick über alle Zonen, Datensätze (RECORDS), Tabellen (RECORD TYPES), Indizes usw. Ihrer Datenbank. Im Dialogblatt RECORDS können Sie mit Abfragen gezielt die bereits gespeicherten Datensätze einer Tabelle durchsuchen. Dort ist es aber unbegreiflicherweise nicht möglich, einfach durch alle Datensätze einer Tabelle zu blättern. Damit das funktioniert, müssen Sie zuerst im Dialogblatt INDEXES den Index QUERYABLE für die Systemspalte RECORDNAME einrichten (siehe Abbildung 30.9).

Wenn auch dann bei einer Abfrage keine Ergebnisse auftauchen, liegt dies möglicherweise daran, dass das Dashboard standardmäßig bei Abfragen die private Datenbank berücksichtigt. Sie müssen im Dialogblatt RECORDS explizit LOAD RECORDS FROM = PUBLIC DATABASE einstellen, bevor Sie nach öffentlichen Datensätzen suchen können (siehe Abbildung 30.10).

Die Dashboard-Seite TELEMETRY gibt einen Überblick darüber, wie viele CloudKit-Anfragen Ihre App produziert und wie schnell diese typischerweise beantwortet werden (siehe Abbildung 30.11). Die Seite PUBLIC DATABASE USAGE verrät, wie groß die öffentliche Datenbank Ihrer App ist und ob Sie Gefahr laufen, die CloudKit-Limits für eine kostenlose Nutzung zu überschreiten. (Sie müssen übrigens keine Angst haben, dass Sie plötzlich eine riesige Rechnung von Apple erhalten, weil Ihre App die CloudKit-Limits überschreitet. Vielmehr liefern die CloudKit-Methoden dann Fehler zurück, und Apple kontaktiert Sie bezüglich eines kostenpflichtigen CloudKit-Upgrades.)

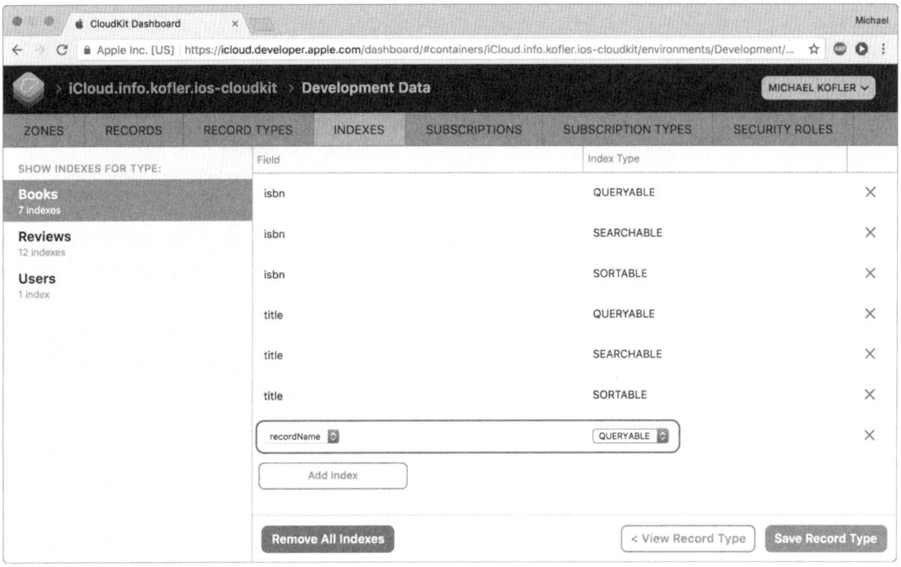

Abbildung 30.9 Index für »recordName« einrichten

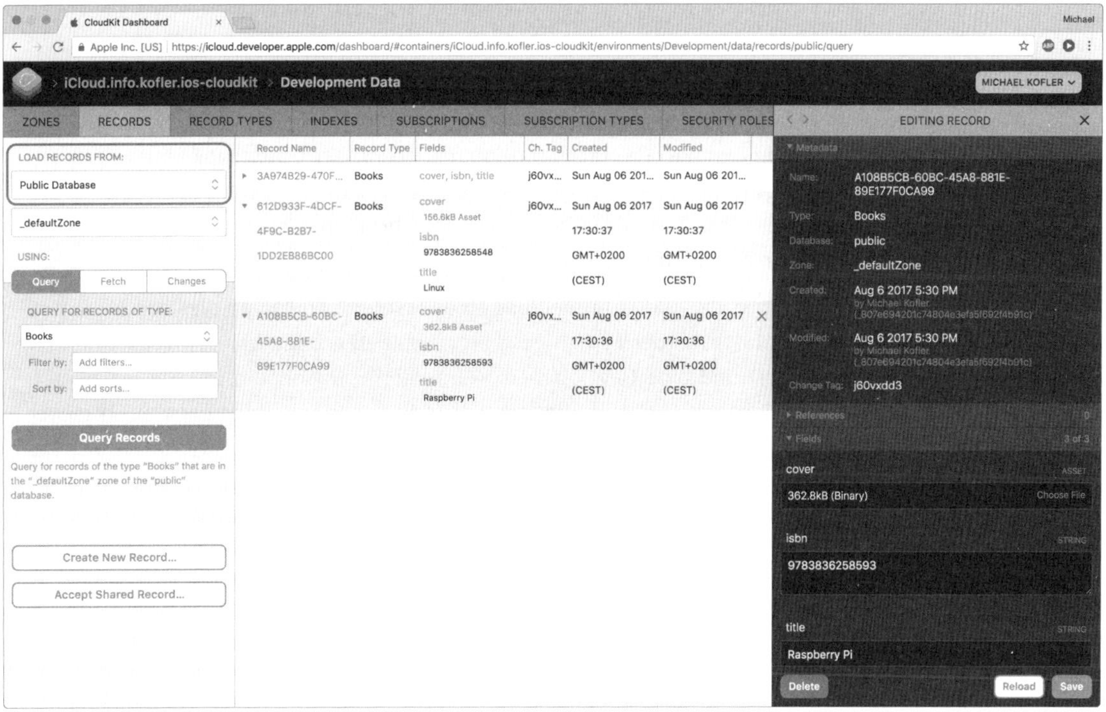

Abbildung 30.10 Ein Blick in die öffentlichen Datensätze der Books-Tabelle

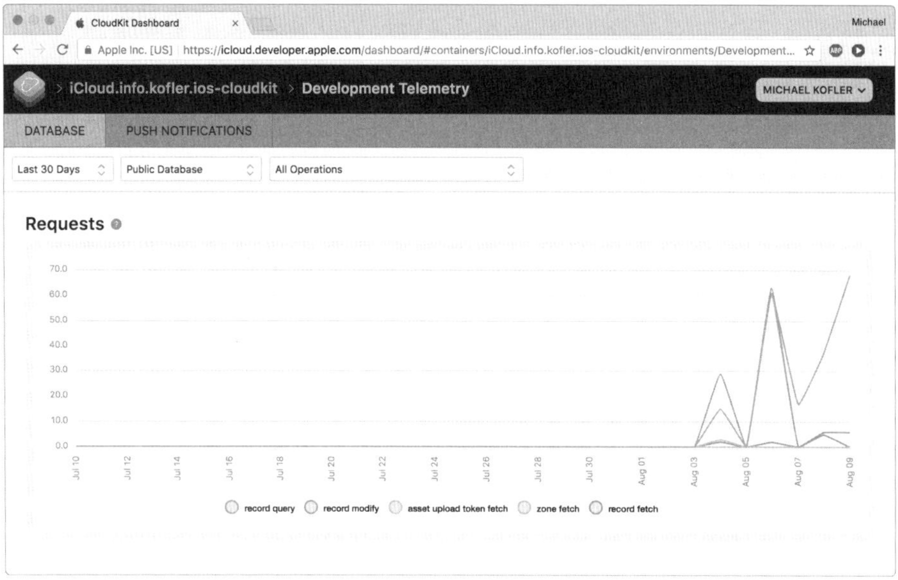

Abbildung 30.11 Statistische Auswertung der CloudKit-Zugriffe

Keine private Datenbank?

Wenn Sie sich mit Ihrer Developer-ID im Dashboard anmelden, sehen Sie bei Ihren neuen CloudKit-Projekten immer die öffentliche Datenbank. Die private Datenbank fehlt aber möglicherweise. Das liegt zumeist daran, dass diese Datenbank ganz einfach noch nicht existiert. Sie entsteht erst, wenn Ihre App zum ersten Mal ausgeführt wird und zumindest einen Datensatz in einer privaten Datenbank speichert.

Achten Sie darauf, dass die iCloud-Anmeldung Ihres Testgeräts (egal, ob dies der Simulator oder ein echtes Gerät ist), mit der dort eingestellten Apple-ID erfolgt! Viele Entwickler haben eine private Apple-ID und eine Developer-ID. Wenn Sie im Dashboard mit der Developer-ID angemeldet sind, sehen Sie keine privaten CloudKit-Daten, die Ihrer privaten Apple-ID oder einer anderen Apple-IDs zugeordnet sind! Sie sehen nur private Datensätze, die mit der gleichen Apple-ID gespeichert wurden, die Sie auch für den Dashboard-Login verwendet haben.

Dokumentation

Obwohl es die CloudKit-Bibliothek nun schon seit etlichen Jahren gibt, ist die dazu verfügbare Dokumentation verbesserungswürdig. Wie so oft vermitteln (zum Teil schon ältere) WWDC-Videos einen guten Einstieg:

https://developer.apple.com/search/?type=Videos&q=cloudkit
https://developer.apple.com/icloud/cloudkit

In der Apple-Online-Dokumentation gibt es ansonsten nur zwei eher oberflächlich gehaltene CloudKit-Einführungen:

https://developer.apple.com/library/content/documentation/General/Conceptual/iCloudDesignGuide/DesigningforCloudKit/DesigningforCloudKit.html
https://developer.apple.com/library/content/documentation/DataManagement/Conceptual/CloudKitQuickStart/Introduction/Introduction.html

Detaillierte Beschreibungen von Sicherheitskonzepten (*Security Roles*) oder konkrete Empfehlungen, wie ein optimales Datenbankdesign in der Praxis aussehen könnte, fehlen nahezu vollständig. Auch abseits der Apple-Website sind umfassende Anleitungen bzw. brauchbare Bücher oder E-Books zur CloudKit-Entwicklung schwer zu finden; vermutlich ist die Entwicklung mit CloudKit so ein Nischenthema, dass sich nicht einmal für den englischsprachigen Markt eigene Bücher lohnen.

30.4 CloudKit-Programmiertechniken

Sämtliche Klassen für die CloudKit-Programmierung befinden sich in der gleichnamigen Bibliothek, die Sie importieren müssen:

```
import CloudKit
```

Zum Zugriff auf die öffentliche oder private Datenbank im Defaultcontainer ist es empfehlenswert, Variablen wie `publicDB` und `privateDB` einzurichten. Diese Variablen werden in den folgenden Beispielen immer wieder verwendet. Beachten Sie, dass die Programmiertechniken zur Verwendung der öffentlichen und der privaten Datenbank dieselben sind; der Code unterscheidet sich nur darin, ob die Methoden auf `publicDB` oder auf `privateDB` angewendet werden.

```
// Zugriff auf den Defaultcontainer und seine Datenbanken
let container = CKContainer.default()
let publicDB = container.publicCloudDatabase
let privateDB = container.privateCloudDatabase
```

iCloud-Verfügbarkeit überprüfen

Wenn Ihre App den Zugriff auf die iCloud zwingend vorsieht, die iCloud also nicht nur eine von mehreren Speicheroptionen ist, dann sollten Sie gleich beim Programmstart sicherstellen, dass das Gerät mit einem iCloud-Konto verbunden ist. Das gelingt mit der Methode `accountStatus`. Die Methode übergibt die Antwort asynchron an eine Funktion. Nur wenn der Rückgabewert `.available` lautet, liegt eine funktionierende iCloud-Verbindung vor. (Wie Sie die Verfügbarkeit der iCloud auch ohne die CloudKit-Bibliothek überprüfen können, zeige ich Ihnen im Rahmen einer To-do-Beispiel-App – siehe Abschnitt 36.5, »iCloud-Variante«, Überschrift »iCloud-Verfügbarkeitstest«.)

Sollte die iCloud nicht zur Verfügung stehen, können Sie z. B. einen Dialog anzeigen. Noch besser wäre es, wenn das Programm dann gleich die iOS-Einstellungen öffnen würde. Tatsächlich gibt es im Internet dazu Anleitungen, die darauf hinauslaufen, die Spezial-URL `App-Prefs:root=CASTLE` zu öffnen:

https://stackoverflow.com/questions/40365721
https://github.com/phynet/iOS-URL-Schemes

Allerdings hat dieses Verfahren bei meinen Tests nur sehr unzuverlässig funktioniert. Außerdem kann es Ihnen passieren, dass Apple Ihre App wegen so einer URL im App Store ablehnt.

```
// Projekt ios-cloudkit, Datei ViewController.swift
func testIcloud() {
  container.accountStatus() { // Closure
    (status, error) in
    if status != .available {
      // Warndialog vorbereiten
      let alert = UIAlertController(title: "iCloud",
        message: "Diese App benötigt eine aktive iCloud-Verbindung.",
        preferredStyle: .alert)

      alert.addAction(UIAlertAction(title: "OK", style: .default) {
        (_) in // Closure, öffnet Systemeinstellungen (siehe
               // https://stackoverflow.com/questions/40365721)
        let settingsCloudKitURL = URL(string: "App-Prefs:root=CASTLE")
        if let url = settingsCloudKitURL,
           UIApplication.shared.canOpenURL(url)
        {
          UIApplication.shared.open(url, options: [:],
                                    completionHandler: nil)
        }
      }) // Ende UIAlterAction samt Closure

      // Warnung anzeigen
      self.present(alert, animated: true, completion: nil)
    }   // Ende if status
  }     // Ende accountStatus-Closure
}
```

Beachten Sie bitte, dass Sie damit bei einer »richtigen« CloudKit-App noch nicht fertig sind. Zum einen müssen Sie in Ihre App eine Logik einbauen, die die App blockiert, bis die iCloud-Einstellung erfolgreich abgeschlossen ist. Zum anderen müssen Sie auch während des Betriebs auf den Verbindungsstatus achten. Dazu richten Sie einen Notification-Observer für das Ereignis `CKAccountChanged` ein, worauf ich im Beispielcode aber verzichtet habe.

Die öffentliche Datenbank kann ohne Login gelesen werden!

Der Lesezugriff auf die öffentliche Datenbank einer App gelingt sogar, ohne dass der Benutzer Ihrer App sich mit seiner Apple-ID in der iCloud angemeldet hat. Nicht möglich sind aber jeder Zugriff auf die private Datenbank sowie Veränderungen in der öffentlichen Datenbank.

Datensatz speichern

Um einen Datensatz zu speichern, erzeugen Sie ein `CKRecord`-Objekt, wobei Sie als Parameter den gewünschten Record Type angeben. Mit `setObject` stellen Sie nun die Werte für die Spalten ein. Außer Zeichenketten akzeptiert `setObject` auch ganze Zahlen, Fließkommazahlen, `Date`-Elemente (also Datum/Uhrzeit), `CLLocation`-Objekte (Ortsangaben) etc. Auf zwei Sonderfälle, nämlich auf die Speicherung von Assets und auf Referenzen auf andere Datensätze, gehe ich gleich extra ein.

Das resultierende `CKRecord`-Objekt übergeben Sie schließlich an `save`. Diese Methode wird ebenso wie die Completion-Closure asynchron ausgeführt. In der Closure erhalten Sie entweder ein `Error`-Objekt oder das resultierende `CKRecord`-Objekt, das dann um CloudKit-interne Daten wie die Record-ID samt Record-Name ergänzt ist.

```
let myRecord = CKRecord(recordType: "Books")
myRecord.setObject("9783836258593" as CKRecordValue, forKey: "isbn")
myRecord.setObject("Raspberry Pi" as CKRecordValue, forKey: "title")
publicDB.save(myRecord) {  // Closure, asynchron
  returnRecord, error in
  if let err = error {  print("Fehler: \(err)") }
  else {
    let recname = returnRecord?.recordID.recordName
    print("Neuer Datensatz, RecordName = \(recname ?? "--")")
  }
}
```

Beachten Sie, dass die `save`-Methode keinen Doppelgängertest durchführt. Wenn es den Datensatz vorher schon gab, dann befindet er sich nach dem erfolgreichen Abschluss von `save` zweifach in der Tabelle!

Um einen Datensatz zu ändern, führen Sie zuerst eine Abfrage durch und erhalten so ein `CKRecord`-Objekt mit einer eindeutigen ID. Die Eigenschaften dieses Objekts können Sie nun ändern und den Datensatz anschließend wieder speichern.

Mehr Effizienz mit »CKModifyRecordsOperation«

Wenn Sie mehrere Datensätze auf einmal einfügen, ändern oder löschen möchten, sollten Sie sich mit der Klasse `CKModifyRecordsOperation` anfreunden. Sie erledigt derartige Aufgaben wesentlich effizienter, als wenn Sie jeden Datensatz einzeln verarbeiten.

Datensatz mit Asset speichern

Die CKAsset-Klasse verpackt Assets in eine für das CloudKit geeignete Form. Wenn Sie ein Asset speichern möchten, müssen die zugrunde liegenden Daten in Form einer Datei vorliegen. Wenn Sie z. B. ein UIImage-Objekt haben, müssen Sie es zuerst in einer Datei (z. B. im Cache-Verzeichnis) speichern, bevor Sie daraus ein CKAsset-Objekt machen können. Umgekehrt erhalten Sie auch beim Lesen eines Assets nur den Pfad zu dem Speicherort, an dem die Asset-Datei vorübergehend für Sie zum Lesen abgelegt wurde.

Um also beispielsweise eine Bilddatei zu speichern, erzeugen Sie ein CKAsset-Objekt unter Angabe des Orts, an dem sich die Datei befindet. Dann fügen Sie das Asset-Objekt mit setObject zum Datensatz hinzu und speichern den Datensatz.

```
let coverAsset = CKAsset(fileURL: url)
myRecord.setObject(coverAsset as CKAsset, forKey: "cover")
```

Aus Ihrer Sicht als Programmierer sieht es so aus, als wäre das Asset einfach ein Teil des Datensatzes. Tatsächlich wird das Asset CloudKit-intern aber getrennt von der Datenbank gespeichert. Beachten Sie, dass wirklich nur der binäre Inhalt der Datei gespeichert wird, nicht aber der Dateiname, Informationen über den Datentyp etc. Wenn Sie derartige Informationen benötigen, müssen Sie dazu eigene Spalten im Record Type vorsehen.

Xcassets-Bilder als Dateien ansprechen

Bilder aus einer Xcassets-Datei von Xcode lassen sich mühelos als UIImage verwenden, aber nicht ohne Weiteres als Datei ansprechen. Der folgende Stack-Overflow-Artikel zeigt einen Weg, diese Hürde zu umgehen:

https://stackoverflow.com/questions/21769092

Referenzen

Jeder Datensatz, den Sie in einer CloudKit-Tabelle speichern, erhält automatisch eine ID-Spalte. Im Code können Sie nach dem Speichern eines Datensatzes über die recordID-Eigenschaft des Datensatzes wieder auf ihn zugreifen. Diese Eigenschaft liefert ein CKRecord.ID-Objekt zurück. Eine Darstellung der GUID als Zeichenkette finden Sie wiederum in seiner recordName-Eigenschaft:

```
publicDB.save(myRecord) {  // Closure, asynchron
  returnRecord, error in
  if error == nil && returnRecord != nil {
    let recid = returnRecord!.recordID  // Datentyp CKRecord.ID
    let recname = recid.recordName      // Datentyp String
    ...
  }
} // Ende Closure
```

Wenn Sie beim Speichern eines Datensatzes eine Referenz auf einen anderen Datensatz einbauen möchten, erzeugen Sie aus dem `CKRecord.ID`-Objekt ein `CKRecord.Reference`-Objekt. Dabei müssen Sie eine Aktion angeben. Zur Auswahl stehen `none` oder `deleteSelf`. Die `deleteSelf`-Option bewirkt, dass beim Löschen eines Datensatzes automatisch alle Datensätze mit gelöscht werden, die darauf verweisen. Das ist häufig zweckmäßig.

```
let refToBook = CKRecord.Reference(recordID: recid, action: .none)
myRecord.setObject(refToUser, forKey: "spaltenname")
```

Datensätze auslesen

Um Datensätze zu lesen bzw. abzufragen, formulieren Sie mit einem `NSPredicate`-Objekt Ihre Bedingung (Ihren Filter), bauen das Kriterium in ein `CKQuery`-Objekt ein und führen die Abfrage mit `perform` aus. Später wird an die Completion-Closure im ersten Parameter ein `CKRecord`-Array und im zweiten Parameter ein `Error`-Objekt übergeben – je nachdem, ob die Abfrage korrekt durchgeführt werden konnte oder ob ein Fehler aufgetreten ist. Ein einfaches Beispiel sieht so aus:

```
let pred = NSPredicate(format: "title == 'Linux'")
let query = CKQuery(recordType: "Books", predicate: pred)
publicDB.perform(query, inZoneWith: nil) {
  // asnychrone Closure
  (recs, err) in
  // Array durchlaufen
  if err == nil && recs != nil {
    for rec in recs! {
      print(rec["isbn"])
    }
  }
}
```

Bei den `CKRecord`-Ergebnissen können Sie mit `rec[spalte]` auf eine Spalte des Ergebnisses zugreifen. Damit erhalten Sie ein `CKRecord`-Objekt. Üblicherweise werden Sie nun mit `if let ... as?` eine Umwandlung in den erwarteten Datentyp durchführen, beispielsweise so:

```
if let title = rec["title"] as? String,
   let isbn  = rec["isbn"]  as? String,
   let asset = rec["cover"] as? CKAsset
{
  // Daten auswerten
}
```

Bei Assets erhalten Sie über `fileURL` eine Referenz auf einen Ort im Cache-Speicher, wo die Asset-Datei heruntergeladen wurde. Sie müssen die Datei von dort rasch lesen, weil das CloudKit den Cache-Speicher regelmäßig aufräumt. Die heruntergeladenen Assets können dort aus Platzgründen nicht dauerhaft gespeichert werden.

Große Ergebnis-Sets mit »CKQueryOperation« verarbeiten

Die hier präsentierte `query`-Methode in Kombination mit einem `CKQuery`-Objekt ist nur empfehlenswert, wenn Sie kleine Ergebnismengen erwarten (die Dokumentation spricht von einigen Hundert Datensätzen). Für Abfragen, die möglicherweise mehr Ergebnisse liefern, müssen Sie stattdessen eine `CKQueryOperation` verwenden.

Suchkriterien (NSPredicate)

Im vorigen Beispiel habe ich bereits ein einfaches Beispiel für ein Suchkriterium gegeben. Mit `spalte == 'abc'` erhalten Sie alle Datensätze, bei denen die betreffende Spalte exakt die Zeichenkette `'abc'` enthält. (Vorsicht: Anders als in SQL muss sogar die Groß- und Kleinschreibung exakt übereinstimmen!) Dieser Abschnitt gibt einige weitere Beispiele zum Umgang mit der `NSPredicate`-Klasse.

In der Praxis eher selten, in Testprogrammen aber durchaus gebräuchlich ist eine Suche nach *allen* Datensätzen einer Tabelle. Dazu verwenden Sie das folgende `NSPredicate`-Objekt:

```
let all = NSPredicate(value: true)
```

Index für »recordName«

Jeder CloudKit-Tabelle wird automatisch die Referenz *recordName* hinzugefügt, die auf die GUID des Datensatzes verweist. Damit eine Suche nach allen Datensätzen funktioniert (also mit `NSPredicate(value: true)`), müssen Sie die *recordName*-Spalte im Dashboard explizit mit dem Index QUERYABLE ausstatten! Vergessen Sie das, weist das `Error`-Objekt mit der Fehlermeldung *Field recordName is not marked queryable* unmissverständlich auf die Ursache des Problems hin.

Zeichenkettenvergleiche können Sie auch mit `spalte BEGINSWITH 'abc'` durchführen. In diesem Fall findet die Abfrage Zeichenketten, die mit einer Zeichenkombination beginnen. Auch hier muss die Groß- und Kleinschreibung exakt stimmen. Anstatt den Vergleichsausdruck direkt in den `format`-Parameter zu integrieren, können Sie dort den Platzhalter `%@` angeben und den Suchausdruck als zweiten Parameter übergeben:

```
let swift = NSPredicate(format: "title BEGINSWITH %@", "Swift")
```

Auf die gleiche Art und Weise können Sie auch mehrere Parameter übergeben, wobei es sich bei den Variablen `bookId` und `userId` nicht um Zeichenketten handelt, sondern um `CKRecord.ID`-Objekte, die Referenzen auf andere Datensätze darstellen:

```
let pred = NSPredicate(format: "bookid = %@ AND userid = %@",
                       bookId, userId)
```

CloudKit-Datenbanken unterstützen auch eine einfache Form der Volltextsuche. Die erforderlichen Indizes sind im Entwicklungsmodus automatisch aktiv. Achten Sie aber darauf, dass Sie diese Indizes nicht unbeabsichtigt deaktivieren, wenn Sie in den Produktionsmodus wechseln! Das folgende `NSPredicate`-Objekt findet alle Records, bei denen eine der Textspalten das Wort »Swift« enthält:

```
let fulltext = NSPredicate(format: "self CONTAINS 'swift'")
```

Glücklicherweise unterscheidet die Datenbank in diesem Fall nicht zwischen der Groß- und Kleinschreibung. Allerdings können Sie bei mehreren Textspalten nicht mehr angeben, welche Sie durchsuchen möchten. Außerdem muss der Suchbegriff ein ganzes Wort sein. Wenn Sie z. B. nach »Programm« suchen, finden Sie keinen Datensatz, der das Wort »Programmierung« enthält!

Es gibt noch viel mehr Syntaxvarianten zur Formulierung von Suchkriterien für Spalten mit Zahlen, Zeit- und Ortsangaben etc. Details sind auf den folgenden Seiten dokumentiert. Beachten Sie aber, dass die `NSPredicate`-Klasse weit mehr Möglichkeiten vorsieht, als CloudKit tatsächlich unterstützt! (Wie das Prefix `NS` schon klarmacht, stammt die `NSPredicate`-Klasse nicht aus der CloudKit-Bibliothek, sondern hat darüber hinaus weitere Anwendungsmöglichkeiten.)

https://developer.apple.com/documentation/cloudkit/ckquery
https://developer.apple.com/library/content/documentation/Cocoa/Conceptual/Predicates/AdditionalChapters/Introduction.html

Abfrageergebnisse sortieren

Sie wissen jetzt, wie Sie nach Datensätzen suchen – aber wie sortieren Sie sie? Das ist einfach: Sie fügen dem `CKQuery`-Objekt, bevor Sie es mit `perform` ausführen, einen `NSSortDescriptor` hinzu. Die folgenden Zeilen zeigen die Vorgehensweise:

```
let pred = NSPredicate(format: "...")
let query = CKQuery(recordType: "Books", predicate: pred)
let sortByTitle = NSSortDescriptor(key: "title", ascending: true)
query.sortDescriptors = [sortByTitle]
publicDB.perform(query, inZoneWith: nil) {
  ... // Closure zur Auswertung
}
```

Sie dürfen auch mehrere Deskriptoren übergeben: Das Ergebnis wird zuerst nach dem ersten Kriterium sortiert, dann nach dem zweiten etc.

Jeder Sortiervorgang setzt voraus, dass die betreffende Spalte mit dem Index SORTABLE ausgestattet ist. Bei Textspalten, die durch das Speichern eines Datensatzes im CloudKit-Entwicklungsmodus entstanden sind, ist das standardmäßig der Fall; es besteht also keine Notwendigkeit, im Dashboard etwas zu ändern.

Sehr wohl einen Index einrichten müssen Sie dagegen, wenn Sie eine der Systemspalten als Ordnungskriterium verwenden möchten. Um beispielsweise die neuesten bzw. zuletzt geänderten Datensätze zuerst anzuzeigen, verwenden Sie den folgenden `SortDescriptor`:

```
let sortByDate = NSSortDescriptor(key: "modificationDate",
                                  ascending: false)
query.sortDescriptors = [sortByDate]
```

Damit das funktioniert, müssen Sie im Dashboard in der betreffenden Tabelle einen QUERYABLE-Index für die Spalte *modifiedAt* einrichten!

Widersprüchliche Spaltenbezeichnungen

Im Swift-Code lautet der korrekte Spaltenname `modificationDate`, im Dashboard wird die Spalte hingegen als *modifiedAt* angezeigt. Ich habe keine Dokumentation gefunden, die diese inkonsequenten Bezeichnungen begründet oder aufschlüsselt. Gegebenenfalls hilft nur eine Suche auf Stack Overflow oder in einem Apple-Entwicklerforum.

Benutzer-ID und -Namen feststellen

In vielen iCloud-Programmen brauchen Sie einen Identifikationscode des Benutzers, der Ihre App benutzt. Wenn Sie z. B. eine App zur Bewertung von Restaurants entwickeln, müssen Sie die Bewertung beim Speichern der Benutzer-ID zuordnen, um so zu vermeiden, dass ein und derselbe Benutzer zehn Bewertungen abgibt.

Aus Sicherheitsgründen verrät Ihnen das CloudKit nicht ohne Weiteres den Namen oder die E-Mail-Adresse, der ein iCloud-Benutzer zugeordnet ist. Die Methode `fetchUserRecordID` gibt Ihnen aber (wie üblich asynchron) ein `CKRecord.ID`-Objekt. Dessen `recordName`-Eigenschaft liefert eine Zeichenkette der Form `_123ef`. Das ist ein 32-stelliger hexadezimaler Code, der mit einem Unterstrich beginnt. Diesen Code können Sie in Ihrer App zur eindeutigen Identifizierung des Benutzers verwenden – auch dann, wenn Ihre App auf unterschiedlichen Geräten ausgeführt wird, die im selben iCloud-Konto angemeldet sind.

```
let container = CKContainer.default()
container.fetchUserRecordID() {  // Closure, asynchron
  (recordID, error) in
  if error == nil, let recid = recordID  {
    print("iCloud User-ID-Hash: \(recid.recordName)")
  }
}
```

Wirklich komplizierter wird es, wenn Sie außer der ID auch den tatsächlichen Namen des Benutzers wissen möchten. Dazu übergeben Sie das vorhin ermittelte `CKRecord.ID`-Objekt an die Methode `discoverUserIdentity`. Diese Methode gibt Ihnen (wiederum asynchron) ein

CKUserIdentity-Objekt zurück. Dessen Eigenschaften familyName und givenName enthalten den Benutzernamen.

Dabei gibt es aber noch eine Feinheit zu beachten: Die iCloud verrät den Namen erst, nachdem Sie den Benutzer um Erlaubnis gefragt haben. Dazu führen Sie die Methode requestApplicationPermission aus. In der Vergangenheit erschien nun eine eher wirre Anfrage (»Dürfen Personen dich per E-Mail finden?«); bei aktuellen iOS-Versionen wird requestApplicationPermission dagegen ohne Rückfragen akzeptiert.

Ein guter Ort, um den iCloud-Benutzernamen zu ermitteln, ist die Methode application(_:didFinishLaunchingWithOptions), die gleich nach der Initialisierung des Programms aufgerufen wird. Dort rufen Sie getUserNameAndId auf. Das Ergebnis wird in zwei Eigenschaften der AppDelegate-Klasse gespeichert.

Der Code in getUserNameAndId zeichnet sich durch irrwitzig viele Klammernebenen aus, weil drei Closures ineinander verschachtelt sind.

```
// Projekt ios-cloudkit, Datei AppDelegate.swift
class AppDelegate: UIResponder, UIApplicationDelegate {
  var window: UIWindow?
  var iCloudName: String = "anonymer iCloud-User"
  var iCloudID: CKRecord.ID? = nil

  func application(_ application: UIApplication,
    didFinishLaunchingWithOptions
      launchOptions: [UIApplication.LaunchOptionsKey: Any]?) -> Bool
  {
    getUserNameAndId() // iCloud-ID und Benutzername ermitteln
    return true
  }
  func getUserNameAndId() {
    let container = CKContainer.default()
    // fetchUserRecordID liefert die ID des Benutzerdatensatzes
    container.fetchUserRecordID() {  // 1. Closure
      (recordID, err) in
      if err == nil && recordID != nil  {
        self.iCloudID = recordID!

        // Sie möchten den iCloud-Benutzernamen und fragen um Erlaubnis
        container.requestApplicationPermission(.userDiscoverability) {
          (status, error) in  // 2. Closure
          if error==nil && status == .granted {
            // damit bekommen Sie schließlich den Namen
            container.discoverUserIdentity(
                withUserRecordID: recordID!)
            {
```

```
                (userID, error) in  // 3. Closure
                if error == nil, let uid = userID {
                  if let family = uid.nameComponents?.familyName,
                    let given = uid.nameComponents?.givenName
                  {
                    self.iCloudName = "\(given) \(family)"
                    print("Name = \(self.iCloudName)")
                  }
                }
              } // Ende 3. Closure
            }   // Ende if error == nil && status == .granted
          }     // Ende 2. Closure
        }       // Ende if error == nil && recordID != nil
      }         // Ende 1. Closure
    }           // Ende func
}               // Ende class
```

Gerätenamen ermitteln

Losgelöst von der hier beschriebenen Vorgehensweise gibt es keinen Weg, den Namen eines Benutzers eines iOS-Geräts zu ermitteln. Zwar können Sie ganz unkompliziert mit `UIDevice.current.name` den Gerätenamen ermitteln, der z. B. *Michaels iPhone* lauten kann. Aber da dieser Gerätename frei einstellbar ist, gibt es keinen allgemeingültigen Weg, aus dieser Zeichenkette auf den Namen des Benutzers zu schließen.

30.5 CloudKit-Beispiel

Die Firma Amazon hat ja nahezu ein Monopol für Buchrezensionen. Stellen Sie sich vor, Sie wollten eine App entwickeln, die das ändert (keine einfache Aufgabe übrigens): In dieser App können die Benutzer nach Büchern suchen, die in der Datenbank schon existieren, und dann eine Rezension hinzufügen. Ebenso können Bücher neu angelegt werden, die sich nicht in der Datenbank befinden.

Die im Folgenden beschriebene Beispiel-App ist freilich nur eine frühe Entwurfsskizze einer derartigen Buchrezensions-App. Pro Buch werden nur drei Informationen gespeichert: die ISBN, der Titel und ein Cover-Bild. Die App legt beim ersten Start drei Musterbücher an und zeigt die Cover der Bücher in einer Collection-View. Nach der Auswahl der Bücher sehen Sie die schon vorhandenen Rezensionen und können Ihre eigene hinzufügen (siehe Abbildung 30.12). Sollten Sie schon eine Rezension verfasst haben, gibt Ihnen der Plus-Button die Möglichkeit, sie zu revidieren.

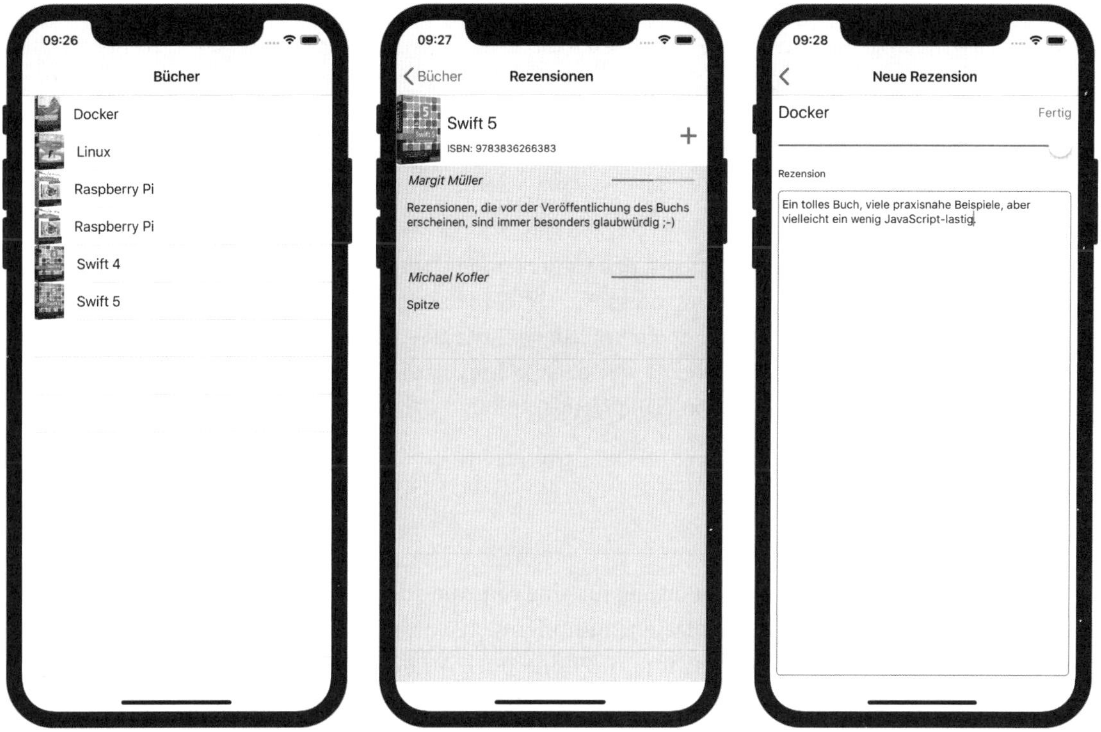

Abbildung 30.12 Die drei Ansichten der Beispiel-App

Es gibt weder eine Möglichkeit, weitere Bücher hinzuzufügen, noch eine Suchfunktion. Die Rezensionen lassen sich nicht nach Kriterien ordnen (die beste zuerst), sie werden nicht zusammengefasst (also 17 Rezensionen mit dem Durchschnittswert 8,7 von 10 Punkten) und werden außerdem recht minimalistisch dargestellt. Bei längeren Rezensionen ist nicht einmal der gesamte Text zu lesen …

Ich habe mich also bemüht, das Beispiel auf ein absolutes Minimum zu beschränken und den Fokus ganz auf die CloudKit-Programmierung zu setzen. Herausgekommen ist dennoch ein Projekt, dessen Code sich über sieben Dateien und über 500 Zeilen verteilt. Auf den nächsten Seiten werde ich Ihnen die wichtigsten Passagen des Codes erläutern.

Inbetriebnahme des Beispiels

Die meisten Beispiele aus diesem Buch laufen ohne große Vorbereitungsarbeiten. Bei diesem Beispiel ist das anders. Zur Inbetriebnahme entfernen Sie im Code des View-Controllers die Kommentarzeilen vor `saveTestBooks()` und führen das Programm einmal aus. Das Listenfeld bleibt zwar leer, aber es werden drei Testdatensätze eingerichtet. Fügen Sie die Kommentarzeichen wieder hinzu, damit beim nächsten Aufruf nicht drei weitere Datensätze hinzugefügt werden.

Danach gehen Sie auf die Site *https://icloud.developer.apple.com/dashboard*, suchen nach dem Eintrag *iCloud.info.kofler.ios-cloudkit*, wechseln in den Dialog DEVELOPMENT/DATA, dann in das Dialogblatt INDEXES, wählen den Record Type BOOKS aus, fügen für das Feld RECORDNAME den Index QUERYABLE hinzu und führen SAVE RECORD TYPE aus (siehe Abbildung 30.9). Anschließend starten Sie die Beispiel-App neuerlich. Es sollten nun drei Bücher in der TableView erscheinen.

Ursprünglich hatte ich geplant, das Einrichten des Index per Code zu erledigen – aber das ist in der CloudKit-API nicht vorgesehen. In der Praxis führen Sie derartige Änderungen im Dashboard aus. Wenn Ihre App betriebsbereit ist, führen Sie DEPLOY TO PRODUCTION aus und speichern das aktuelle Schema mit allen Indizes dauerhaft in der Produktionsumgebung. Aber da meine Beispiel-App keine fertige App und daher nicht im App Store zu finden ist, scheidet diese Vorgehensweise aus.

Datenbankschema

Die Rezensions-App ist ein Beispiel für eine App, die ausschließlich die öffentliche CloudKit-Datenbank verwendet. Alle Daten sind öffentlich, sowohl die Bücher als auch die Rezensionen. App-Anwender, die auf ihrem iPhone oder iPad den iCloud-Login nicht eingerichtet haben, können die App immerhin verwenden, um durch die Bücher und Rezensionen zu scrollen; sie können aber keine eigenen Rezensionen hinzufügen.

Beim Einrichten der App habe ich in Xcode im Dialogblatt TARGET • CAPABILITIES die iCloud für den Service CLOUDKIT aktiviert. Wie bei iCloud-Anwendungen für den Key-Value-Speicher fügt Xcode dem Projekt dann eine entsprechende Entitlements-Datei hinzu und richtet das Projekt in der iCloud ein. Über den Button CLOUDKIT DASHBOARD gelangen Sie auf die Dashboard-Website. Wie üblich dauert es aber circa eine halbe Minute, bis das Projekt dort zur Verfügung steht.

Die App verwendet zwei Tabellen zur Speicherung der Daten: *Books* enthält Spalten für den Titel (String), die ISBN (String) und eine Abbildung vom Cover (Asset). *Reviews* speichert eine Rezension (siehe Abbildung 30.13). Die Spalte *bookid* verweist auf das zugrunde liegende Buch, *userid* auf den iCloud-Benutzer, der die Rezension verfasst hat. Dessen Name wird (sofern bekannt) in der Spalte *username* gespeichert, die eigentliche Rezension in *review*, die Bewertung in *rating* (als Fließkommazahl zwischen 0 und 1).

Das Datenbankdesign habe ich nicht im Dashboard eingerichtet – es ist gewissermaßen von allein entstanden. Für das Design der *Books*-Tabelle ist die Methode `saveTestBooks` verantwortlich, die sich in `ViewController.swift` befindet. Sie speichert als Testgrundlage drei Bücher. Die *Reviews*-Tabelle entsteht, wenn ein Benutzer der App zum ersten Mal eine Rezension verfasst und speichert (Methode `btnDone` in `NewReviewVC.swift`).

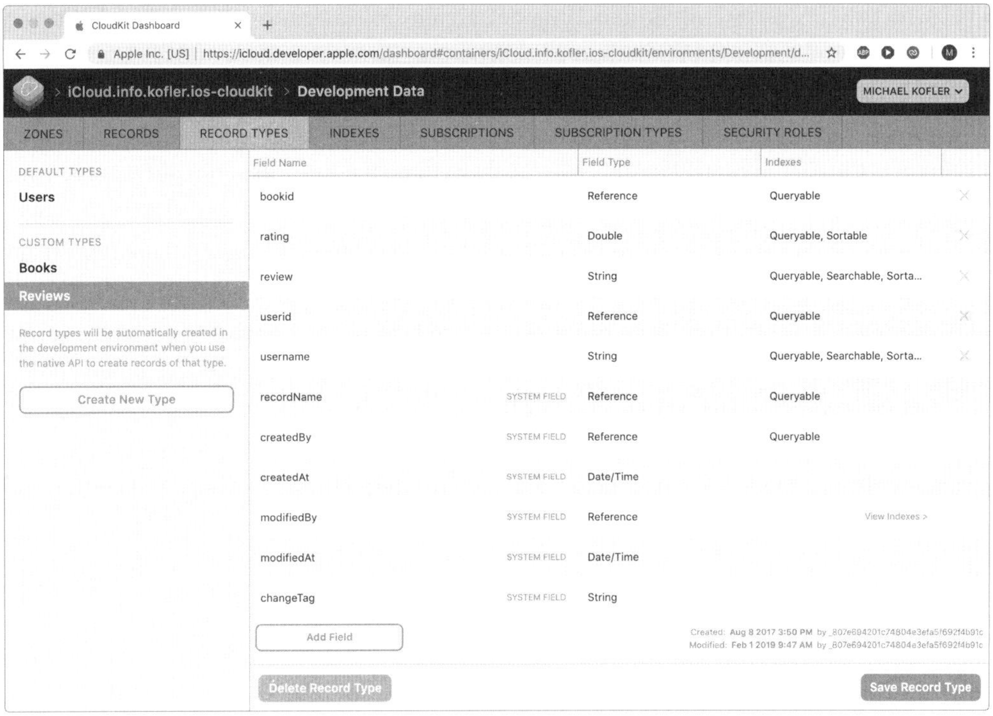

Abbildung 30.13 CloudKit-Dashboard mit dem Aufbau der Reviews-Tabelle

Aufbau des Projekts

Die Views der App werden in einem Navigation-Controller zusammengehalten. Das gesamte Layout der View-Controller befindet sich wie üblich in `Main.storyboard`. Der Code verteilt sich über die folgenden Dateien:

- `Book_Review.swift` enthält die beiden Datenstrukturen `Book` und `Review`. Sie enthalten die gerade in einer Table-View angezeigten Bücher bzw. Rezensionen.
- In `AppDelegate.swift` startet die Programmausführung. In der Methode `application(_:didFinishLaunchingWithOptions)` wird die Methode `getUserNameId` aufgerufen. Sie versucht, asynchron den Namen des iCloud-Benutzers herauszufinden. Den erforderlichen Code habe ich schon in Abschnitt 30.4, »CloudKit-Programmiertechniken«, erläutert. Sowohl die ID des Benutzers als auch sein Name werden als Eigenschaften der `AppDelegate`-Klasse gespeichert, wobei die Defaulteinstellungen nur gelten, bis `getUserNameId` die richtigen Werte herausgefunden hat.

```
class AppDelegate: UIResponder, UIApplicationDelegate {
  var iCloudName: String = "anonymer iCloud-User"
  var iCloudID: CKRecord.ID? = nil
  ...
}
```

- `ViewController.swift` enthält den Code der ersten im Navigation-Controller sichtbaren View. Hier werden alle in der iCloud gespeicherten Bücher ermittelt und als Datenquelle für die Table-View verwendet.
- `ReviewsVC.swift` enthält die View-Controller-Klasse für die Ansicht aller Rezensionen zu einem Buch. Hier werden alle zum zuvor ausgewählten Buch verfügbaren Rezensionen aus der iCloud gelesen und wiederum als Datenquelle für eine weitere Table-View verwendet.
- `ReviewCell.swift` enthält eine von `UITableViewCell` abgeleitete Klasse und gibt Zugriff auf die Eigenschaften der Prototypzelle zur Darstellung einer Rezension.
- `NewReviewVC.swift` ist der View-Controller für den Dialog zur Eingabe einer neuen Rezension. FERTIG speichert die Rezension und führt zurück in die Liste der Rezensionen, die bei dieser Gelegenheit gleich aktualisiert wird.
- `OtherSwift.swift` enthält zwei globale Funktionen, die testen, ob eine iCloud-Verbindung hergestellt werden kann, und die gegebenenfalls einen Hinweis anzeigen, dass die App ohne einen solchen Login nur eingeschränkt funktioniert.

Book-Struktur

Jedes `Book`-Element speichert neben ISBN, Titel und Cover auch ein `CKRecord.ID`-Objekt. Diese Information identifiziert das Buch innerhalb der CloudKit-Datenbank und ist notwendig, damit später alle Rezensionen zu einem bestimmten Buch gesucht werden können. Die Init-Funktion versucht, ein `Book`-Element aus einer `CKRecord`-Instanz zu initialisieren.

```
// Projekt ios-cloudkit, Datei Book_Review.swift
struct Book {
  let id: CKRecord.ID
  let isbn: String
  let title: String
  let cover: UIImage?

  init?(record: CKRecord) {                        // versucht, eine
    if let title = record["title"] as? String,     //  Book-Instanz aus
       let isbn = record["isbn"] as? String,       //  einem CKRecord zu
       let asset = record["cover"] as? CKAsset,    //  initialisieren
       let url = asset.fileURL
     {
      self.id = record.recordID
      self.isbn = isbn
      self.title = title
      self.cover = UIImage(contentsOfFile: url.path)
    } else {
      return nil
    }
  }
}
```

Review-Struktur

Aufbau und Code der Review-Struktur sehen ganz ähnlich wie bei der Book-Struktur aus. Bemerkenswert ist eigentlich nur die Initialisierung der bookId-Eigenschaft aus einem CKReference-Objekt.

```
struct Review {
  let id: CKRecord.ID      // ID der Rezension
  let bookId: CKRecord.ID  // Verweis auf Buch
  let reviewer: String
  let rating: Double
  let review: String

  // versucht, eine Review-Instanz aus einem CKRecord zu initialisieren
  init?(record: CKRecord) {
    if let review = record["review"] as? String,
       let rating = record["rating"] as? Double,
       let reviewer = record["username"] as? String,
       let bookRef = record["bookid"] as? CKRecord.Reference
    {
      self.id = record.recordID
      self.bookId = bookRef.recordID
      self.reviewer = reviewer
      self.rating = rating
      self.review = review
    } else {
      return nil
    }
  }
}
```

Startansicht der App (ViewController-Klasse)

Bei der Initialisierung des ersten View-Controllers in viewDidLoad überprüft die Methode testIcloud, ob überhaupt eine iCloud-Verbindung hergestellt werden kann. Ist dies nicht der Fall, erscheint ein Popup-Dialog, der meldet, dass die App nur eingeschränkt verwendbar ist. Der Code von testIcloud ist am Beginn von Abschnitt 30.4, »CloudKit-Programmiertechniken«, abgedruckt.

Ein Aspekt bei der Einstellung der Table-View-Eigenschaften, den ich in diesem Buch noch nicht behandelt habe, ist die Unterstützung von *Pull to Refresh*: Der Benutzer kann die Liste in der Table-View nach unten ziehen, um ein Neuladen der Daten auszulösen. Dazu wird mit der Table-View ein UIRefreshControl-Objekt verbunden. Es erkennt nicht nur die Pull-to-Refresh-Bewegung, sondern zeigt auch ein rotierendes Wartesymbol an, bis die Daten zur Verfügung stehen.

```
// Projekt ios-cloudkit, Datei ViewController.swift
class ViewController: UIViewController {
  // Zugriff auf die CloudKit-Datenbank
  let publicDB = CKContainer.default().publicCloudDatabase
  @IBOutlet weak var tblBooks: UITableView!   // Darstellung der Bücher
  let refresh = UIRefreshControl()
  var books = [Book]()                      // Datenquelle für die Table-View

  override func viewDidLoad() {             // Initialisierung
    super.viewDidLoad()
    testIcloud(vc: self)
    // saveTestBooks()    // muss beim ersten Mal auskommentiert werden
    tblBooks.delegate = self                // Table-View initialisieren
    tblBooks.dataSource = self
    tblBooks.register(UITableViewCell.self,
                      forCellReuseIdentifier: "cell")
    refresh.addTarget(self,                 // 'Pull to Refresh' unterstützen
                      action: #selector(ViewController.readBooks),
                      for: UIControl.Event.valueChanged)
    tblBooks.addSubview(refresh)
    refresh.beginRefreshing()
    readBooks()               // Bücher aus iCloud laden (läuft asynchron)
  }
  // weitere Methoden ...
}
```

Am Ende von `viewDidLoad` wird die Methode `readBooks` aufgerufen. Sie liest alle Datensätze aus der `Books`-Tabelle in der iCloud. Wenn das gelingt, wird die Table-View zum Schluss aufgefordert, die Daten neu darzustellen (Methode `reloadData`). Dabei müssen Sie darauf achten, dass dieser Aufruf im Main Thread erfolgt! Dazu dient der Aufruf `DispatchQueue.main.async()` (siehe auch Kapitel 31, »Asynchrone Programmierung«).

```
@objc func readBooks()  {
  let all = NSPredicate(value: true)
  // all-Predicate setzt Queryable für die RecordName-Spalte voraus

  let query = CKQuery(recordType: "Books", predicate: all)
  let sortByName = NSSortDescriptor(key: "title", ascending: true)
  query.sortDescriptors = [sortByName]
  publicDB.perform(query, inZoneWith: nil) {
    // asnychrone Closure, liefert CKRecord-Array
    (recs, error) in
    // Array durchlaufen, books-Variable neu initialisieren
```

```
    if error == nil && recs != nil {
      var newbooks = [Book]()
      self.books.removeAll()
      for rec in recs! {
        if let book = Book(record: rec) {
          newbooks.append(book)
        }
      } // Ende der for-Schleife
      // Table-View im Main Thread neu anzeigen
      DispatchQueue.main.async() {  // Closure
        self.books = newbooks       // neuer Inhalt für die Table-View
        self.tblBooks.reloadData()
        self.title = "Bücher"        // Beschriftung des Nav.-Contr.
        self.refresh.endRefreshing() // Warten-Symbol ausblenden
      } // Ende der Closure von async()
    }   // Ende if error == nil ...
  }     // Ende der Closure von perform()
}       // Ende func
```

Sind die Bücher einmal im `books`-Array, sind die Methoden des `UITableViewDataSource`-Protokolls dafür zuständig, dass die Bücher in der Table-View angezeigt werden. Auf den Abdruck der `tableView`-Methoden verzichte ich hier; zum einen haben sie mit der CloudKit-Programmierung nichts zu tun, zum anderen gibt es im Buch unzählige weitere Table-View-Beispiele.

Stattdessen möchte ich noch kurz erläutern, wie der Übergang zur Rezensionsansicht erfolgt: Sobald der Benutzer ein Buch in der Table-View mit dem Finger antippt, kommt es zum Aufruf der Methode `tableView(_:didSelectRowAt)`. Dort wird mit `performSegue` ein im Storyboard-Editor bereits vorbereitetes Segue-Objekt ausgeführt. In weiterer Folge wird dann die `prepare`-Methode ausgeführt, die das ausgewählte `book`-Element als Eigenschaft an den neuen View-Controller übergibt:

```
// nach der Auswahl eines Buchs in die Rezensions-View wechseln
func tableView(_ tableView: UITableView,
               didSelectRowAt indexPath: IndexPath)
{
  performSegue(withIdentifier: "segueToReviews", sender: self)
}
// Book-Element als Eigenschaft an die Rezensions-View übergeben
override func prepare(for segue: UIStoryboardSegue, sender: Any?) {
  if let dest = segue.destination as? ReviewsVC,
     let row = tblBooks.indexPathForSelectedRow?.row
  {
    dest.book = books[row]
  }
}
```

ViewController.swift enthält schließlich die schon erwähnte Methode saveTestBooks, die als Testgrundlage drei Bücher speichert. Auf den Abdruck des Codes habe ich hier wiederum verzichtet. Werfen Sie einen Blick in Abschnitt 30.4, »CloudKit-Programmiertechniken«, wo die Grundlagen des Speicherns von CloudKit-Records behandelt werden. Die dort präsentierten Codeschnipsel (Überschrift »Datensatz speichern« bzw. »Datensatz mit Asset speichern«) stammen mit minimalen Änderungen aus saveTestBooks.

Rezensionszelle (ReviewCell-Klasse)

Zur Klasse ReviewCell gibt es nicht viel zu sagen: Sie ist mit der Prototypzelle der Table-View in der Rezensions-View verbunden und enthält drei Outlets für die dort enthaltenen Steuerelemente:

```
// Projekt ios-cloudkit, Datei ReviewCell.swift
class ReviewCell: UITableViewCell {
  @IBOutlet weak var lblReviewer: UILabel!
  @IBOutlet weak var prgRating: UIProgressView!
  @IBOutlet weak var txtReview: UITextView!
}
```

Rezensions-View (ReviewsVC-Klasse)

Die Klasse ReviewsVC beginnt mit den Outlets auf die Steuerelemente zur Darstellung des gerade ausgewählten Buchs. Dann folgt die Table-View mit den dazugehörigen Reviews. Die Steuerelemente werden in viewDidLoad initialisiert.

```
class ReviewsVC: UIViewController {
  let publicDB = CKContainer.default().publicCloudDatabase
  var book: Book!            // wird in prepare() eingestellt
  var reviews = [Review]()  // Datenquelle für Rezensions-Table-View
  @IBOutlet weak var imgCover: UIImageView!
  @IBOutlet weak var lblTitle: UILabel!
  @IBOutlet weak var lblIsbn: UILabel!
  @IBOutlet weak var tblReviews: UITableView!
  let refresh = UIRefreshControl()

  override func viewDidLoad() {
    super.viewDidLoad()
    imgCover.image = book.cover
    lblTitle.text = book.title
    lblIsbn.text = "ISBN: "  + book.isbn
    tblReviews.dataSource = self
    tblReviews.delegate = self
    // Pull-to-Refresh-Konfiguration wie in ViewController.swift
  }
```

```
  // weitere Methoden ...
}
```

Das Einlesen der Rezensionen wird dagegen in `viewDidAppear` ausgelöst. Im Gegensatz zu `viewDidLoad` wird diese Methode auch nach der Rückkehr aus dem `NewReview`-View-Controller aufgerufen und sorgt dann dafür, dass die Liste der Rezensionen wieder aktualisiert wird und dann auch die neue bzw. geänderte Rezension anzeigt.

```
override func viewDidAppear(_ animated: Bool) {
  readReviews()
}
@objc func readReviews() {
  // versucht Rezensionen zu finden und zu laden
  refresh.beginRefreshing()
  let pred = NSPredicate(format: "bookid = %@", book.id)
  let query = CKQuery(recordType: "Reviews", predicate: pred)

  // let sortByDate = NSSortDescriptor(key: "modificationDate",
  //                                   ascending: false)
  // query.sortDescriptors = [sortByDate]

  publicDB.perform(query, inZoneWith: nil) { // Closure
    (records, error) in
    if error == nil, let recs = records {
      self.reviews.removeAll()
      for rec in recs {
        if let review = Review(record: rec) {
          self.reviews.append(review)
        }
      }
      DispatchQueue.main.async { // Closure im Main Thread
        self.tblReviews.reloadData()
        self.refresh.endRefreshing()
      }
    }
  }
}
```

Die auskommentierten Zeilen rund um `sortByDate` würden bewirken, dass die neueste Rezension zuerst angezeigt wird. Allerdings funktioniert der Code nur, wenn Sie im Dashboard in der Reviews-Tabelle den Index QUERYABLE für die Spalte *modifiedAt* einrichten.

Die Methoden des `UITableViewDataSource`-Protokolls bringen die Rezensionen in die dafür vorgesehenen Tabellenzellen. Auf den Abdruck des Codes verzichte ich wieder.

Wenn der Plus-Button angetippt wird, kommt es zum Aufruf der shouldPerformSegue-Methode für den im Storyboard-Editor eingerichteten Übergang zur letzten View der Beispiel-App. shouldPerformSegue überprüft, ob es der App gelungen ist, einen Hash-Code der iCloud-ID des Benutzers zu ermitteln. (Der entsprechende Aufruf fand schon in der AppDelegate-Klasse statt und erfolgte asynchron.) Ist das nicht der Fall, wird der Segue blockiert und stattdessen ein Hinweis angezeigt, dass diese Funktion einen iCloud-Login voraussetzt. Die Methode showIcloudWarning befindet sich in der Datei Other.swift.

Die prepare-Methode übergibt das book-Element als Eigenschaft an die NewReviewVC-Instanz. Außerdem wird hier der ZURÜCK-Text des Navigation-Controllers auf eine leere Zeichenkette gesetzt, um Platz zu sparen.

```
// Navigation blockieren, wenn iCloud-ID nicht bekannt
override func shouldPerformSegue(withIdentifier identifier: String,
                                 sender: Any?) -> Bool
{
  let app = UIApplication.shared.delegate as! AppDelegate
  if app.iCloudID == nil {
    showIcloudWarning(vc: self)
    return false
  } else {
    return true
  }
}
// aktuelles Buch an die NewReviewVC-Instanz übergeben
override func prepare(for segue: UIStoryboardSegue, sender: Any?) {
  if let dest = segue.destination as? NewReviewVC {
    dest.book = book
    let backItem = UIBarButtonItem()  // keinen 'Back/Zurück'-Text
    backItem.title = ""
    navigationItem.backBarButtonItem = backItem
  }
}
```

View zur Eingabe einer neuen Rezension (NewReviewVC-Klasse)

Was die CloudKit-Programmierung betrifft, wird es in der NewReviewVC-Klasse wieder interessanter. Normalerweise wird diese Ansicht angezeigt, wenn der Benutzer eine neue Rezension verfassen möchte. Es könnte aber auch sein, dass es schon eine Rezension dieses Buchs von genau diesem iCloud-Benutzer gibt: Dann müssen die Daten dieser Rezension angezeigt werden. Der Benutzer kann sie ändern und neuerlich speichern. Dieser Aspekt ist nicht nur wichtig, um die Möglichkeit einer Änderung zu geben. Sie verhindert auch, dass ein Benutzer mehrere Rezensionen eines Buchs verfassen kann.

Der Code der NewReviewVC-Klasse beginnt damit, dass mit myRecord ein leeres CKRecord-Objekt eingerichtet wird. viewDidLoad versucht dann, eine vorhandene Rezension zu finden. Gelingt dies, wird der Datensatz in myRecord gespeichert. Außerdem werden die in der View angezeigten Daten aktualisiert. Die Veränderungen der Outlet-Eigenschaften müssen im Main Thread erfolgen, womit wieder einmal zwei ineinander verschachtelte Closures entstehen.

```
class NewReviewVC: UIViewController {
  let app = UIApplication.shared.delegate as! AppDelegate
  let publicDB = CKContainer.default().publicCloudDatabase
  var book: Book!
  var myRecord = CKRecord(recordType: "Reviews")
  @IBOutlet weak var lblTitle: UILabel!
  @IBOutlet weak var txtReview: UITextView!
  @IBOutlet weak var sldRating: UISlider!

  override func viewDidLoad() {        // Initialisierung
    super.viewDidLoad()
    lblTitle.text = book.title
    txtReview.layer.cornerRadius = 5  // Text-View mit Rand
    txtReview.layer.borderWidth = 1
    txtReview.layer.borderColor = UIColor.gray.cgColor
    txtReview.text = ""
    // versucht, vorhandene Rezension zu finden und zu laden
    let pred = NSPredicate(format: "bookid = %@ AND userid = %@",
                           book.id, app.iCloudID!)
    let query = CKQuery(recordType: "Reviews", predicate: pred)
    publicDB.perform(query, inZoneWith: nil) { // Closure
      (records, error) in
      if error == nil, let recs = records, recs.count == 1 {
        self.myRecord = recs.first!
        if let txt =  recs.first!["review"] as? String,
           let rating = recs.first!["rating"] as? Double
        {
          DispatchQueue.main.async { // Closure im Main Thread
            self.txtReview.text = txt
            self.sldRating.value = Float(rating)
          }
        }
      }  // Ende if error ...
    }    // Ende der Closure von perform()
  }      // Ende func

  // weitere Methoden ...
}
```

Erst mit dem FERTIG-Button wird die neue bzw. geänderte Rezension gespeichert. Dazu sind zwei CKRecord.Reference-Objekte erforderlich, die auf den aktuell eingeloggten Benutzer sowie auf das Buch verweisen, für das die Rezension verfasst wurde.

In einer »echten« App sollten Sie unbedingt in allen CloudKit-Closures den error-Parameter auswerten. Beispielsweise kann es sein, dass das iPhone, auf dem die App läuft, anfänglich eine Internetverbindung hatte. Später ist die Verbindung nicht mehr verfügbar – schon kommt es beim Speichern zu einem Fehler. (Tatsächlich enthält die Beispiel-App etliche Konstruktionen, die mit if let err = error beginnen und gegebenenfalls eine Fehlermeldung im Debugging-Bereich von Xcode anzeigen. Für den Testbetrieb ist das gut genug, für eine benutzerfreundliche App aber natürlich nicht:

```
// Rezension speichern, danach Navigation zurück
@IBAction func btnDone(_ sender: Any) {
  if let bk = book,
     let uid = app.iCloudID,
     let txt = txtReview.text
  {
    let refToBook = CKRecord.Reference(recordID: bk.id, action: .none)
    let refToUser = CKRecord.Reference(recordID: uid, action: .none)
    myRecord.setObject(refToBook, forKey: "bookid")
    myRecord.setObject(refToUser, forKey: "userid")
    myRecord.setObject(app.iCloudName as CKRecordValue,
                       forKey: "username")
    myRecord.setObject(Double(sldRating.value) as CKRecordValue,
                       forKey: "rating")
    myRecord.setObject(txt as CKRecordValue, forKey: "review")
    publicDB.save(myRecord) {     // Closure, asynchron
      (returnRecord, error) in
      DispatchQueue.main.async { // Closure im Main Thread
        // zurück zur Reviews-Ansicht
        self.navigationController!.popViewController(animated: true)
      }
    } // Ende der Closure
  }   // Ende if let
}     // Ende func
```

Kapitel 31
Asynchrone Programmierung

Von *asynchroner* oder *nebenläufiger Programmierung* spricht man, wenn Teile des Programms in unterschiedlichen Threads (Teilprozessen) parallel zueinander laufen. Gewöhnlicher Code wird immer synchron ausgeführt. Das bedeutet, dass die Anweisungen nacheinander ausgeführt werden:

```
func1()
func2()  // func2() wird erst gestartet, wenn func1() fertig ist
```

In Apps blockiert die synchrone Ausführung von Code die Benutzeroberfläche. Solange Ihre Methoden innerhalb weniger Millisekunden erledigt werden können, ist das kaum bemerkbar und somit kein Problem. Wenn Sie aber länger andauernde Berechnungen, Up- oder Downloads, Dateioperationen etc. durchführen müssen, dann wird es Zeit, sich mit der asynchronen Programmierung anzufreunden.

Die Verteilung aufwendiger Berechnungen auf mehrere Threads, die parallel ausgeführt werden, kann bei Multi-Core-CPUs zudem eine Menge Zeit sparen. Dieses Argument gilt speziell unter macOS, weil leistungsstarke Macs häufig über CPUs mit mehreren Cores verfügen (insbesondere iMacs und Mac Pros).

Grand Central Dispatch (GCD)

Swift enthält selbst keine Sprachkonstrukte zur asynchronen Programmierung. In der Swift-Developer-Mailingliste wurden diesbezügliche Erweiterungen der Sprache schon mehrfach diskutiert: Demnach sollen früher oder später Funktionen zur asynchronen Programmierung und zur Synchronisierung von Threads direkt in Swift implementiert werden. Voraussichtlich wird es aber erst in Swift 6 so weit sein.

Bis dahin müssen Sie zur asynchronen Programmierung auf die Klassen und Methoden des Dispatch-Frameworks zurückgreifen. Es steht standardmäßig in allen Programmen zur Verfügung, die die Foundation-Bibliothek, Cocoa oder UIKit verwenden, also gleichermaßen unter macOS, iOS, tvOS und watchOS.

Das Dispatch-Framework, das häufig auch *Grand Central Dispatch* oder kurz GCD genannt wird, steht im Mittelpunkt dieses Kapitels. GDC ist an sich ein relativ alter Bestandteil diverser Apple-Plattformen. Glücklicherweise wurde Swift-Schnittstelle kürzlich überarbeitet und ist sehr komfortabel zu nutzen.

Dieses kurze Kapitel vermittelt eventuell den irreführenden Eindruck, dass asynchrone Programmierung einfach sei. Das trifft aber nur für simple Fälle zu, und die kommen in der Praxis selten vor. Asynchrone Algorithmen müssen immer darauf achten, dass nicht zwei Threads gleichzeitig ein Objekt verändern. Das würde zu falschen Ergebnissen oder Abstürzen führen. Um das zu verhindern, müssen Sie Threads synchronisieren. Das birgt wiederum die Gefahr von Deadlocks in sich. Wenn die asynchron zu erledigende Arbeit beendet ist, müssen Sie aufräumen. Allzu leicht kann es passieren, dass dabei Referenzen auf Objekte übrig bleiben, die zu Memory Leaks führen. Kurzum: Bei der asynchronen Programmierung kann viel schiefgehen, und die Fehlersuche ist in solchen Fällen extrem schwierig, weil die Fehler schwer reproduzierbar sind.

Auf den Apple-Entwicklerkonferenzen hat es in den vergangenen Jahren eine Menge Grundlagenvorträge zur asynchronen Programmierung gegeben. Der folgende Link zum Thema *Concurrent Programming With GCD in Swift* ist ein guter Startpunkt:

https://developer.apple.com/videos/play/wwdc2016/720

GCD-Alternativen

Sie müssen sich keineswegs immer mit dem GCD auseinandersetzen, wenn Sie etwas asynchron erledigen möchten: Einige in diesem Buch schon vorgestellte Klassen bieten von sich aus asynchrone Funktionen an, z. B. zur Durchführung von Animationen (`animate`-Methode in UIKit), Aktionen (`SKAction`-Klasse in SpriteKit) oder zum Download von Dateien (`URLSession`-Klasse in der Foundation). In der Regel übergeben Sie an die betreffenden Methoden eine Closure, die automatisch ausgeführt wird, sobald der Vorgang abgeschlossen ist.

Eine weitere Alternative ist die SwiftNIO-Bibliothek mit diversen asynchronen Netzwerkfunktionen. SwiftNIO kommt z. B. in der Vapor-Bibliothek zum Einsatz (siehe Abschnitt 34.4, »Vapor-Grundlagen«).

31.1 Hello Grand Central Dispatch!

Ausgangspunkt für das Einführungsbeispiel ist eine winzige iOS-App. Mit einem Button können Sie die Berechnung starten. Deren Ergebnis wird in einem Label angezeigt. Während der Berechnung dreht sich in der Mitte des Bildschirms ein sogenannter *Spinner*, um zu verdeutlichen, dass die App gerade beschäftigt ist (siehe Abbildung 31.1).

Zur Gestaltung der Benutzeroberfläche gibt es wenig zu sagen. Neu ist eigentlich nur der *Spinner*, den Sie im Objekt unter dem Namen *Activity Indicator View* finden. Nach dem Einfügen des Steuerelements in den View-Controller stellen Sie im Attributinspektor zwei Eigenschaften ein:

- Hides When Stopped: Option setzen
- User Interaction Enabled: Option nicht setzen

Abbildung 31.1 Die App führt gerade eine Berechnung durch.

Die View-Controller-Klasse besteht anfänglich aus den Outlets für die drei Steuerelemente sowie aus der Methode calc, die 300 Millionen Sinuswerte addiert:

```
// Projekt ios-gdc, Datei ViewController.swift
class ViewController: UIViewController {
  @IBOutlet weak var result: UILabel!
  @IBOutlet weak var startBtn: UIButton!
  @IBOutlet weak var spinner: UIActivityIndicatorView!

  // aufwendige Berechnung
  private func calc() -> Double {
    var result = 0.0
    for i in 1...300_000_000 {
      result += sin(Double(i))
    }
    return result
  }
}
```

Wenn Sie die Berechnung synchron durchführen wollten, könnten Sie die Methode startCalc, die bei einer Berührung des Buttons aufgerufen wird, wie folgt implementieren:

```
// synchrone Implementierung
@IBAction func startCalc(_ sender: AnyObject) {
  result.text = "Ergebnis \(calc())"
}
```

Die synchrone Implementierung hätte aber den Nachteil, dass während der Ausführung von calc() die App vollkommen blockiert wäre. Zum Glück ist ein asynchroner Aufruf der calc-Methode auch nicht viel schwieriger. Dazu brauchen Sie eine eigene Dispatch-Queue, also eine Art Warteschlange, an die Sie Aufgaben übergeben können, die nicht von der Main Queue erledigt werden. (Die Main Queue ist für die Benutzeroberfläche zuständig.) Beim Erzeugen einer Dispatch-Queue geben Sie deren Namen an. Das erleichtert gegebenenfalls später im Debugger die Zuordnung.

```
class ViewController: UIViewController {
  // Queue zur asynchronen Durchführung von Berechnungen
  let myqueue = DispatchQueue(label: "calc-queue")
}
```

In `startCalc` sind zuerst ein paar Vorbereitungsarbeiten zu erledigen: Die Animation des Spinners wird gestartet, der Button wird deaktiviert, um einen weiteren Aufruf zu verhindern, während die Berechnung noch läuft, und zuletzt wird der Statustext im Label geändert.

Anschließend wird die eigentliche Berechnung in eine Closure verpackt und mit der `async`-Methode an die eigene Queue übergeben. Der `qos`-Parameter (*Quality of Service*) gibt dabei an, mit welcher Dringlichkeit der asynchrone Job ausgeführt werden kann. `.userInitiated` bedeutet möglichst rasch. Der `qos`-Parameter ist optional; wird er weggelassen, gilt ein Defaultwert, der von der Dispatch-Queue abhängig ist.

Auf den ersten Blick sieht der Umgang mit dem Ergebnis befremdlich aus: Alle Veränderungen der Benutzeroberfläche müssen immer in der Main Queue durchgeführt werden! Deswegen ist es nicht erlaubt, `result.text` direkt in der Closure zu verändern, die in `myqueue` ausgeführt wird.

Stattdessen greift `DispatchQueue.main` auf die Main Queue zu. Die `async`-Methode bedeutet in diesem Zusammenhang, dass die folgende Closure bei nächster Gelegenheit im Main Thread ausgeführt werden soll, also asynchron zu `myqueue`, wo die bisherige Berechnung stattfand.

```
// asynchrone Implementierung
@IBAction func startCalc(_ sender: AnyObject) {
  // Vorbereitungsarbeiten
  spinner.startAnimating()
  startBtn.isEnabled = false
  result.text = "Berechnung läuft ..."

  myqueue.async(qos: .userInitiated) {
    // Berechnung asynchron durchführen
    let n = self.calc()
    DispatchQueue.main.async {
      // Ergebnis anzeigen
      self.result.text = "Ergebnis: \(n)"
      self.spinner.stopAnimating()
      self.startBtn.isEnabled = true
    }
  }
}
```

31.2 GCD-Grundlagen

Dieser Abschnitt fasst einige GCD-Grundlagen zusammen und stellt wichtige Klassen wie `DispatchQueue` und `DispatchGroup` näher vor.

Dispatch-Queues

Dispatch-Queues dienen dazu, Jobs entgegenzunehmen und auszuführen. GCD kennt zwei fundamental unterschiedliche Queue-Typen: serielle und parallele. *Serielle Queues* arbeiten die Jobs der Reihe nach ab, also einen Job nach dem anderen, aber nie zwei oder mehrere Jobs gleichzeitig. Es gilt das First-In-First-Out-Prinzip (FIFO).

Concurrent Queues führen die an sie übergebenen Jobs dagegen *parallel* aus. Das FIFO-Prinzip gilt hier nur für den *Start* der Jobs, d. h., zuerst übergebene Jobs werden früher gestartet. Da mehrere Jobs gleichzeitig ausgeführt werden und manche Jobs schneller erledigt werden als andere, ist nicht vorhersehbar, in welcher Reihenfolge die Jobs fertig werden.

Beim Start einer App werden mehrere Queues standardmäßig eingerichtet:

- **Main Queue:** Die Main Queue ist eine serielle Queue. Sie ist bei Apps für die Benutzeroberfläche und den gesamten Code zuständig, der durch Aktionen des Benutzers direkt (synchron) ausgeführt wird. Alle Aktualisierungen der Benutzeroberfläche *müssen* durch Jobs der Main Queue erfolgen. Bei Terminal-Apps wird in der Main Queue der Code ausgeführt, der in `main.swift` formuliert ist.
- **Globale Queues (Concurrent Queues):** In jeder App stehen vier globale Concurrent Queues zur Verfügung: für jede der vier Quality-of-Service-Stufen eine (siehe den nächsten Abschnitt). Global bedeutet, dass alle Codeteile darauf zugreifen dürfen.

Auf die Main Queue greifen Sie einfach mit `DispatchQueue.main` zu. Bei den globalen Queues rufen Sie stattdessen die Methode `global` auf, wobei Sie als Parameter die gewünschte Quality of Service übergeben. Fehlt dieser Parameter, erhalten Sie eine Referenz auf die globale Default-Queue. Ich habe keine Dokumentation gefunden, die genau definiert, welche QoS-Stufe für die Default-Queue gilt.

```
let mainqueue = DispatchQueue.main
let globalQueueHigh = DispatchQueue.global(qos: .userInitiated)
let globalQueueDefault = DispatchQueue.global()
```

Darüber hinaus können Sie nach Bedarf eigene Queues einrichten. Ein übliches Muster besteht darin, Queues für unterschiedliche Arten von Aktionen zu definieren, z. B. eine Queue für Netzwerkaufgaben, eine für Datenbank-Jobs und eine dritte für Audiotransformationen. An die Init-Funktion von `DispatchQueue` können Sie mehrere Parameter übergeben. Unbedingt erforderlich ist nur `label`: Damit geben Sie der Queue einen möglichst eindeutigen Namen, was später beim Debugging hilfreich sein kann.

```
// serielle Queue, Default-QoS
let myqueue1 = DispatchQueue(label: "info.kofler.queue1")

// serielle Queue, QoS = .userInitiated
let myqueue2 = DispatchQueue(label: "info.kofler.queue2",
                             qos: .userInitiated)

// Concurrent Queue, QoS = .background
let myqueue3 = DispatchQueue(label: "info.kofler.queue3",
                             qos: .background,
                             attributes: .concurrent)
```

Quality of Service

Beim Zugriff auf globale Queues, beim Erzeugen eigener Queues sowie beim Ausführen der `async`-Methode können Sie mit dem optionalen Parameter `qos` (Quality of Service) angeben, wie dringlich die auszuführenden Jobs sind. Dabei stehen die folgenden Werte der `DispatchQoS.QoSClass`-Enumeration zur Auswahl:

- `.userInteractive`: Höchste Priorität; vorgesehen für Jobs, die die Benutzeroberfläche aktualisieren.
- `.userInitiated`: Vom Benutzer direkt ausgelöste Aktionen; sollen rasch erledigt werden.
- `.utility`: Für lange Berechnungen/Aktionen, bei denen typischerweise ein Fortschrittsbalken angezeigt wird. Das Betriebssystem versucht, derartige Jobs möglichst energiesparend durchzuführen.
- `.background`: Gedacht für Aktionen, die ohne explizite Aufforderung und oft auch ohne Wissen des Benutzers im Hintergrund ohne Zeitdruck durchgeführt werden, z. B. regelmäßige Updates.

In der `DispatchQoS.QoSClass`-Enumeration sind außerdem die Werte `.default` und `.unspecified` definiert.

Jobs gruppieren

Wenn Sie eine Aufgabe über mehrere asynchrone Jobs verteilen, können Sie das Ergebnis erst verarbeiten, wenn *alle* betroffenen Jobs abgeschlossen sind. Diesen Zeitpunkt erkennen Sie am einfachsten, indem Sie die Jobs in einer `DispatchGroup` bündeln. Das gibt Ihnen die Möglichkeit, über die `notify`-Methode der Gruppe eine Closure einzurichten, die ausgeführt wird, wenn alle Jobs der Gruppe fertig sind. An `notify` übergeben Sie in einem Parameter, in welcher Dispatch-Queue die Closure ausgeführt werden soll. Wenn das Ergebnis zu einem Update der Benutzeroberfläche führt, dann bietet sich die Main Queue an.

```
// Gruppe einrichten
let mygroup = DispatchGroup()

// mehrere Jobs in dieser Gruppe starten
myqueue1.async(group: mygroup) { self.doSomething() }
myqueue2.async(group: mygroup) { self.doSomethingElse() }
myqueue3.async(group: mygroup) { self.doAnotherJob() }

// done() in der Main Queue ausführen, sobald alle Jobs
// abgeschlossen sind
mygroup.notify(queue: DispatchQueue.main) {
  self.done()
}
```

Jobs erst später ausführen

In manchen Fällen ist es wünschenswert, dass die asynchrone Verarbeitung einer Closure nicht sofort beginnt, sondern erst nach einer bestimmten Zeit. Das erreichen Sie, wenn Sie die Closure nicht mit `async`, sondern mit `asyncAfter` an die Queue übergeben. Dabei ist ein zusätzlicher Parameter erforderlich, der in Form eines `DispatchTime`-Elements den gewünschten Zeitpunkt der Codeausführung angibt. Die aktuelle Zeit ermitteln Sie mit `DispatchTime.now()` im notwendigen Format. Dazu können Sie mit + eine `Double`-Zahl addieren, um eine Zeitspanne in Sekunden hinzuzufügen.

```
// Closure in drei Sekunden ausführen
myqueue.asyncAfter(DispatchTime.now() + 3) {
  self.doSomething()
}
```

Eine Alternative zu `asyncAfter` ist die Foundation-Funktion `perform`. Damit können Sie eine Methode nach einer gewissen Wartezeit ausführen. Anders als bei `asyncAfter` gilt `perform` immer für den aktuellen Thread, in nicht asynchronen Algorithmen also für den Thread der Main Queue.

Methoden regelmäßig ausführen

Eine weitere Alternative zur Methode `asyncAfter` bietet die `Timer`-Klasse aus der Foundation-Bibliothek: Damit können Sie eine Methode periodisch aufrufen, im folgenden Code z. B. achtmal pro Sekunde (alle 0,125 Sekunden). Die Dokumentation zu dieser Klasse weist allerdings darauf hin, dass die Foundation-Bibliothek keine Garantien für die zeitliche Exaktheit der Aufrufe gibt. Vergessen Sie nicht, die aufzurufende Methode, hier also `doSomething`, mit dem Attribut `@objc` zu kennzeichnen. Das ist für alle Methoden erforderlich, deren Zieladresse über `#selector` übergeben wird.

```
// periodischer Aufruf einer Methode
let mytimer = Timer.scheduledTimer(
  timeInterval: 0.125,
  target: self,
  selector: #selector(ViewController.doSomething),
  userInfo: nil,
  repeats: true)
...
// Aufruf wieder stoppen
myTimer.invalidate()
```

Zeit verstreichen lassen

Bei asynchronen Algorithmen besteht selten die Notwendigkeit, ein paar Millisekunden oder auch ein paar Sekunden zu warten und die Codeausführung dann fortzusetzen. Ganz im Gegenteil: Wenn Pausen notwendig sind, ist dies meist ein Indikator dafür, dass Ihr Code nicht optimal strukturiert ist.

Wie dem auch sei – manchmal kann es praktisch sein, eine bestimmte Zeitspanne ohne CPU-Belastung (Warteschleife etc.) verstreichen zu lassen. Diese Möglichkeit bietet die Funktion `sleep`. Sie erwartet die gewünschte Zeitspanne in Sekunden als ganze Zahl. Wartezeiten kleiner als eine Sekunde sind nicht vorgesehen:

```
sleep(3)  // drei Sekunden warten
```

Jobs abbrechen

Sobald Sie eine Closure an `async` übergeben haben, bietet die Queue keine Möglichkeit mehr, ihre Ausführung zu stoppen. Gegebenenfalls müssen Sie den Code asynchroner Jobs so gestalten, dass diese selbst eine Möglichkeit bieten, gestoppt zu werden – sei es durch den regelmäßigen Aufruf einer booleschen Funktion, die `true` oder `false` zurückgibt, je nachdem, ob die Closure beendet werden soll; sei es durch das Auslesen einer externen `cancel`-Variablen. Ein Beispiel für die zweite Vorgehensweise finden Sie in Abschnitt 31.3, »Parallel rechnen«.

Die Klasse `DispatchQueue` sieht die Methode `suspend` vor: Die Methode bewirkt, dass die Queue vorübergehend keine weiteren Jobs mehr startet. Bereits gestartete Jobs werden aber zu Ende geführt. Die Verarbeitung der noch offenen Jobs kann später mit `resume` fortgesetzt werden.

Objektzugriff synchronisieren

Obwohl die Kapitelüberschrift »Asynchron programmieren« lautet, ist Synchronisierung mitunter unumgänglich – und zwar immer dann, wenn mehrere Jobs gemeinsame, veränderliche Daten lesen oder verändern wollen. Die Vorarbeiten dürfen durchaus asynchron erfolgen, aber der tatsächliche Objektzugriff muss serialisiert werden. Vergessen Sie das, dann wird es hin und wieder zu Fehlern kommen.

»Hin und wieder« klingt recht unspezifisch, und genau hier liegt das Problem: Derartige Konflikte sind selten und mitunter extrem schwer reproduzierbar – ein Albtraum für die Fehlersuche! Besser, Sie vermeiden derartige Probleme von vornherein und sichern den Zugriff auf gemeinsame Daten ab, indem Sie die Eigenschaft als Computed Property realisieren und mit der sync-Methode einer seriellen Queue absichern.

An sync übergeben Sie wie an async eine Closure. Der entscheidende Unterschied besteht darin, dass sync auf die vollständige Ausführung der Closure wartet. Die folgenden Zeilen zeigen das Muster für die Eigenschaft data, deren Wert in internalData gespeichert wird und deren Zugriff via get und set durch die sync-Methode serialisiert wird:

```
// Zugriff auf Ergebnisvariable absichern
private let syncQueue = DispatchQueue(label: "info.kofler.sync_access")
private var internalData = 0.0

var data: Double {
  get {
    return syncQueue.sync { self.internalData }
  }
  set(newValue) {
    syncQueue.sync { self.internalData = newValue }
  }
}
```

GCD-Tests in Terminal-Apps (macOS)

Auch in Terminal-Apps, also in macOS-Programmen vom Typ COMMAND LINE TOOL, gibt es eine Haupt-Queue. Wenn der Code in dieser Queue endet, dann endet auch das Programm – ganz egal, wie viele unfertige Jobs es in anderen Queues noch gibt. Wenn Sie also GCD-Experimente in macOS-Terminal-Apps durchführen, dann müssen Sie darauf achten, dass die Main Queue ausreichend lange läuft. Am einfachsten erreichen Sie das, wenn Sie am Ende Ihres Codes in main.swift einfach die Funktion sleep aufrufen. Der Integer-Parameter gibt in Sekunden an, wie lange die Programmausführung pausieren soll. In dieser Zeit können andere Jobs erledigt werden.

Mehr Beispiele

Abgesehen von dem nun folgenden etwas umfangreicheren Beispiel gibt es in diesem Buch einige weitere Apps, in denen die Methoden async und asyncAfter eingesetzt werden:

- Downloads im Hintergrund durchführen: Abschnitt 22.1, »Dateien per HTTP/HTTPS laden«
- Film-Trailer asynchron laden: Abschnitt 23.6, »Collections asynchron füllen (UICollectionView)«
- CloudKit: Bei der CloudKit-Programmierung erfolgt die Ergebnisverarbeitung immer asynchron. In der Ergebnis-Closure müssen Sie Änderungen an der App-Oberfläche dann oft mit `DispatchQueue.main.async()` im Main Thread durchführen: Abschnitt 30.5, »CloudKit-Beispiel«.
- Spielzug in »Fünf gewinnt« mit `delay`-Funktion verzögern: Abschnitt 39.2, »Enumerationen und globale Funktionen (Globals.swift)«

31.3 Parallel rechnen

Das folgende Beispiel greift nochmals die Idee des Einführungsbeispiels dieses Kapitels auf. Wieder geht es um die (zugegebenermaßen sinnlose) Aufgabe, viele Sinuswerte zu summieren. Allerdings soll die Aufgabe nun in mehreren parallelen Threads erledigt werden. Während der Berechnung wird ein Fortschrittsbalken angezeigt, außerdem kann die Berechnung jederzeit abgebrochen werden. Das Beispiel ist diesmal als macOS-App realisiert (siehe Abbildung 31.2).

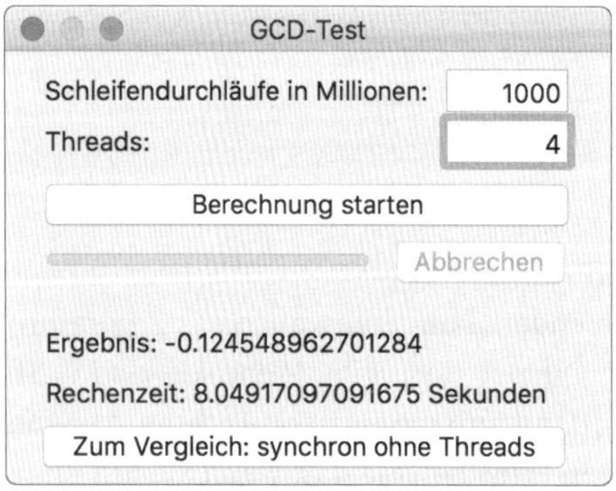

Abbildung 31.2 Sinus-Werte parallel addieren

Das Feld THREADS der App ist ein wenig irreführend. Die App hat keine Kontrolle darüber, wie viele Threads zur Berechnung tatsächlich verwendet werden. Vielmehr gibt die Zahl an, wie viele Teiljobs anfänglich mit der Methode `async` an eine eigene Concurrent Queue übergeben werden. Die Queue startet dann sofort einige Jobs und richtet dafür hinter den Kulissen auch Threads ein. Wenn Sie aber z. B. 1.000 Jobs auf einmal mit `async` übergeben, dann werden vorerst nur ein paar Jobs gestartet. Sobald die ersten Jobs fertig sind, werden nach und nach weitere Jobs gestartet.

Zu Vergleichszwecken kann die Summe der Sinus-Werte auch synchron ausgerechnet werden, also einerseits ohne den GCD-Overhead, aber andererseits auch ohne visuelles Feedback, ohne Abbruchmöglichkeit und ohne die Möglichkeit, die Berechnung über mehrere Threads zu verteilen.

Outlets und synchronisierte Variablen

Der Code der View-Controller-Klasse beginnt mit Outlet-Eigenschaften zum Zugriff auf die Elemente der Benutzeroberfläche. Beim `NSProgressIndicator` habe ich in Xcode den minimalen und maximalen Wert mit 0,0 und 1,0 festgelegt.

Zur asynchronen Ausführung der Rechenjobs richtet die App eine eigene Concurrent Queue ein (Eigenschaft `calcQueue`). Alle Jobs werden in einer gemeinsamen Gruppe ausgeführt (Eigenschaft `calcGroup`).

Es gibt zwei Eigenschaften, auf die die asynchronen Jobs gemeinsam zugreifen müssen: `result` enthält das Zwischen- bzw. Endergebnis der Berechnung, `completed` einen Wert zwischen 0 und 1, der angibt, wie weit die Berechnung fortgeschritten ist. `completed` enthält die Datenbasis zur Aktualisierung des Fortschrittsbalkens.

Damit es bei der Nutzung dieser beiden Eigenschaften zu keinen Konflikten kommt, werden die eigentlichen Werte von `result` in `internalResult` gespeichert. Der Zugriff auf diese Variable erfolgt durch Computed Properties unter Zuhilfenahme der `sync`-Methode. `sync` wird auf eine eigens für diesen Zweck eingerichtete Dispatch-Queue angewendet (Variablenname `syncQueue`).

Bei `completed` wurde auf diese Absicherung verzichtet, weil diese Variable ohnedies nur seriell innerhalb des Main Threads verändert wird. Der entsprechende Code in der Methode `calc()` folgt gleich.

In `startTime` wird der Startzeitpunkt der Berechnung festgehalten. Die Variable `cancel` bietet die Möglichkeit, die Berechnung abzubrechen. Die Variable wird innerhalb der `calc`-Methode ausgewertet.

```
// Projekt macos-gdc, Datei ViewController.swift
class ViewController: NSViewController {
  // Outlets
  @IBOutlet weak var txtLoop: NSTextField!
  @IBOutlet weak var txtThreads: NSTextField!
  @IBOutlet weak var btnStart: NSButton!
  @IBOutlet weak var btnCancel: NSButton!
  @IBOutlet weak var progress: NSProgressIndicator!
  @IBOutlet weak var lblResult: NSTextField!
  @IBOutlet weak var lblTime: NSTextField!
```

```
  // parallele DispatchQueue für die Berechnung
  let calcQueue = DispatchQueue(label: "info.kofler.conc_calc",
                                qos: .userInitiated,
                                attributes: .concurrent)
  let calcGroup = DispatchGroup()

  // Zugriff auf Ergebnisvariable absichern
  private let syncQueue = DispatchQueue(
    label: "info.kofler.sync_access")
  private var internalResult = 0.0

  var result: Double {
    get {
      return syncQueue.sync { self.internalResult }
    }
    set(newValue) {
      syncQueue.sync { self.internalResult = newValue }
    }
  }

  // Statusvariablen, werden nur von der Main Queue verwendet
  var startTime = Date()
  var cancel = false
  var completed = 0.0
}
```

Berechnung asynchron starten und stoppen

Nach dem Anklicken des Start-Buttons werden zuerst diverse Statusvariablen gesetzt und Elemente der Benutzeroberfläche aktualisiert. Die Variable `delta` gibt an, wie viele Schleifendurchgänge in jedem Teiljob zu erledigen sind.

In einer Schleife werden dann die asynchronen Jobs gestartet. Dabei geben `start` und `end` an, für welchen Zahlenbereich die Sinus-Werte summiert werden sollen. Bei der Berechnung von `start` und `end` muss darauf geachtet werden, dass es trotz der Integer-Division durch die Anzahl der Threads zu keinen Überlappungen kommt und dass kein Wert übersprungen wird – sonst wäre das Endergebnis falsch.

Alle Jobs werden in der Gruppe `calcGroup` gebündelt. Sobald alle Jobs fertig sind, wird im Thread der Main Queue die Methode `done` zur Anzeige des Ergebnisses aufgerufen.

```
// Start-Button
@IBAction func start(_ sender: AnyObject) {
  // sofern die Textfelder als Zahlen interpretierbar sind
  if let threads = Int(txtThreads.stringValue),
     let loop = Int(txtLoop.stringValue)
  {
```

```
    // Vorbereitungsarbeiten
    btnStart.isEnabled = false
    btnCancel.isEnabled = true
    lblResult.stringValue = "Berechnung läuft"
    lblTime.stringValue =   "Berechnung läuft"
    progress.doubleValue = 0.0
    result = 0
    completed = 0
    cancel = false
    startTime = Date()

    let loopCnt = loop * 1_000_000
    let delta = (loopCnt + threads - 1) / threads

    // alle Jobs starten
    for job in 0..<threads {
      let start = delta * job
      let end = min(loopCnt, delta * (job + 1))

      // Teilberechnung asynchron durchführen
      calcQueue.async(group: calcGroup) {
        self.calc(from: start, to: end, threads: threads)
      }
    }

    // wenn alle Jobs fertig sind: done() in Main Queue aufrufen
    calcGroup.notify(queue: DispatchQueue.main) {
      self.done()
    }
  }
}
```

Die äquivalente Methode für den Button ABBRECHEN enthält nur eine Zeile: Die Eigenschaft `cancel` wird auf `true` gesetzt. Die Auswertung von `cancel` erfolgt in der `calc`-Methode.

Teilberechnung durchführen (calc-Methode)

Die Methode `calc` berechnet die Summe der Sinus-Werte für den Zahlenbereich von `from` (inklusive) bis `to` (exklusive). Außerdem testet die Methode insgesamt 50-mal, ob die Berechnung abgebrochen werden soll (`cancel == true`). Bei dieser Gelegenheit wird auch gleich der Zustand der Fortschrittsanzeige aktualisiert. Das Ausmaß, um das `completed` vergrößert werden muss, ist ein Fünfzigstel, dividiert durch die Anzahl der Threads (Variable `completedDelta`).

```
private func calc(from start: Int, to end: Int, threads: Int) {
  let feedback = 50  // insgesamt 50-mal completed erhöhen und auf
                     // Abbruch testen
  let feedbackCnt = (end-start) / feedback
  let completedDelta = 1.0 / Double(feedback) / Double(threads)
  var intermediate = 0.0 // Teilergebnis

  for i in start..<end {
    intermediate += sin(Double(i))
    // 50-mal progressBar erweitern, evtl. abbrechen
    if i % feedbackCnt == 0 {
      if cancel == true { return }
      DispatchQueue.main.async {
        // im Main Thread: completed verändern und
        // Progress-Bar aktualisieren
        self.completed += completedDelta
        self.progress.doubleValue = self.completed
      }
    }
  }
  result += intermediate   // Teilergebnis zu 'result' addieren
}
```

Endergebnis anzeigen (done-Methode)

Sobald alle Jobs abgearbeitet sind, kommt es zum Aufruf der Methode done. Der Code sollte ohne weitere Erläuterungen plausibel sein:

```
private func done() {
  btnStart.isEnabled = true
  btnCancel.isEnabled = false
  progress.doubleValue = 0.0
  if cancel == true {
    lblResult.stringValue = "--"
    lblTime.stringValue = "--"
  } else {
    let seconds = -startTime.timeIntervalSinceNow
    lblResult.stringValue = "Ergebnis: \(result)"
    lblTime.stringValue = "Rechenzeit: \(seconds) Sekunden"
  }
}
```

Synchrone Berechnung

Zu Vergleichszwecken habe ich in die App auch eine Methode zur synchronen Berechnung der Sinus-Summe eingebaut:

```
@IBAction func startSync(_ sender: AnyObject) {
  if let loop = Int(txtLoop.stringValue) {
    startTime = Date()
    var sum=0.0
    for i in 0..<loop*1000000 {
      sum += sin(Double(i))
    }
    result = sum
    done()
  }
}
```

Benchmarkergebnisse

Jetzt bleibt noch die Frage offen, welche Zeitersparnis die Parallelisierung bringt. Ich habe dazu auf meinem iMac (2015er-Modell mit Intel-Core-i7-CPU) eine Reihe von Tests durchgeführt (siehe Tabelle 31.1), wobei ich sowohl die Debug- als auch die Release-Version berücksichtigt habe.

Threads	Debug-Version	Release-Version
1 (synchron)	33,9 s	16,3 s
1 (asynchron)	31,2 s	24,1 s
2	15,6 s	11,9 s
3	10,6 s	8,1 s
4	8,1 s	6,3 s
6	7,2 s	5,7 s
8	6,6 s	5,3 s
10	8,3 s	7,1 s
100	6,7 s	5,4 s
1.000	6,7 s	5,5 s

Tabelle 31.1 Rechenzeiten in Sekunden auf einem iMac 2015 (4 GHz Intel Core i7)

Die CPU meines Testrechners hat eigentlich nur vier echte Cores (Verarbeitungseinheiten). Die CPU verwendet aber Hyper-Threading. Das ist ein Verfahren, bei dem die CPU nach außen hin acht Verarbeitungseinheiten präsentiert und zumindest einfache Operationen tatsächlich über acht Recheneinheiten verteilen kann. Insofern überrascht es nicht, dass die Test-App bei einer Verteilung der Aufgabe auf acht Threads die besten Ergebnisse liefert.

Ähnlich gute Ergebnisse erzielen Sie mit deutlich mehr Threads. Wie bereits erwähnt, werden dabei glücklicherweise nicht 100 oder 1.000 Threads auf einmal gestartet. Vielmehr wartet die GCD mit dem Start neuer Jobs so lange, bis die Anzahl der noch aktiven Jobs auf ein vernünftiges Maß sinkt. Aus Performance-Sicht unglücklich ist dagegen die Verteilung auf 10 Jobs, weil dann nach der Abarbeitung der ersten 8 Jobs nur noch 2 Cores der CPU ausgelastet sind.

Beim Debug-Kompilat können Sie in Xcode im Debug-Navigator die aktiven Threads beobachten. Wenn Sie das Programm unterbrechen, zeigt Xcode alle Threads sowie deren Zuordnung zu eigenen Dispatch-Queues (siehe Abbildung 31.3).

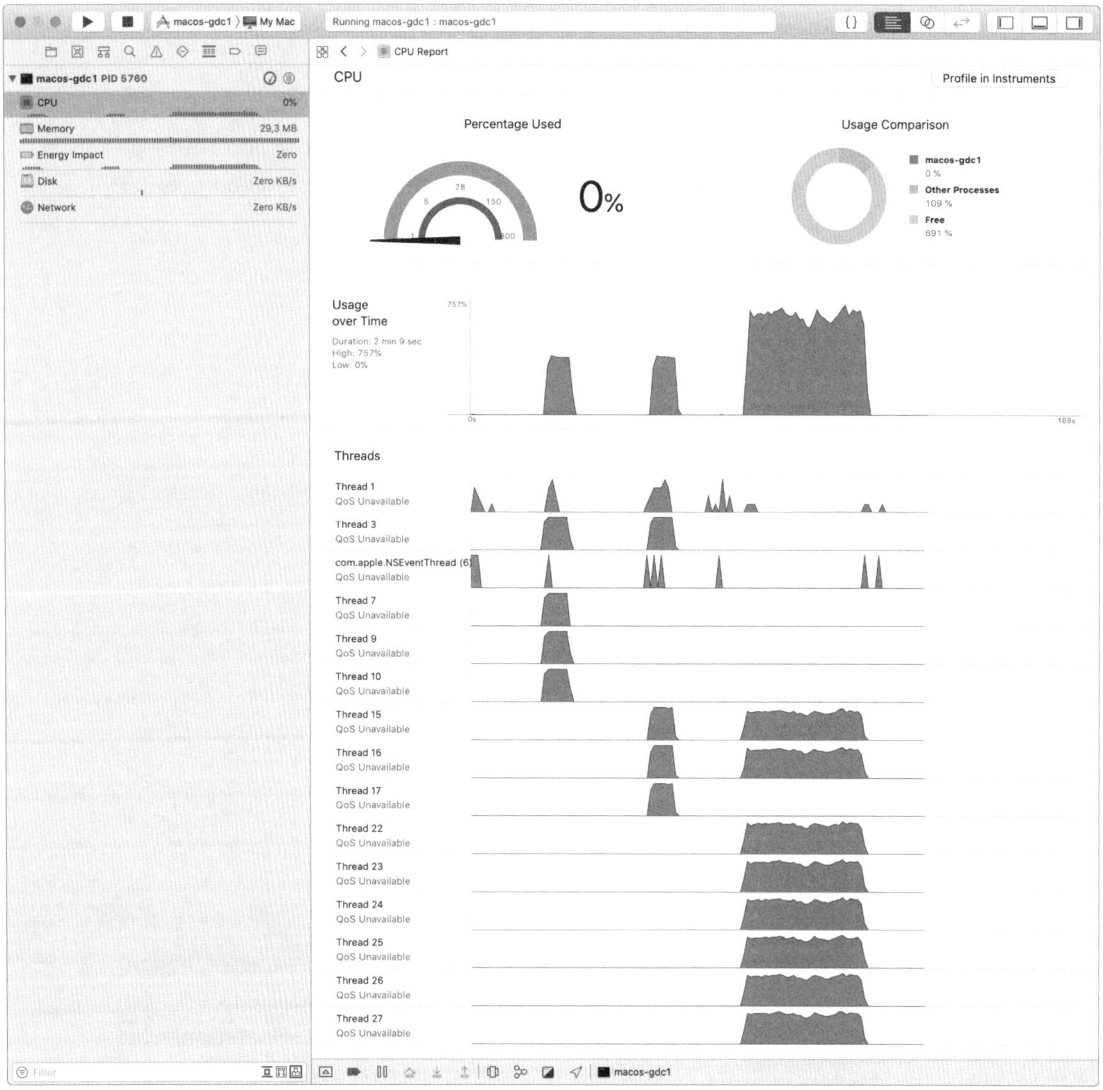

Abbildung 31.3 CPU-Nutzung in Xcode beobachten

Kapitel 32
App Store und Co.

Solange Sie Apps aus Spaß an der Sache entwickeln oder einfach nur Swift lernen möchten, ist die Weitergabe kein Thema. Aber sobald Sie Ihre App auch anderen Benutzern zur Verfügung stellen möchten – egal, ob gratis oder gegen Bezahlung –, müssen Sie sich neuen Herausforderungen stellen:

- Sie müssen Ihre App mit *Artwork* ausstatten, also mit Icons in den richtigen Größen, Launch-Bitmaps etc. Besonders aufwendig ist die Gestaltung von Parallax-Icons für tvOS. Auch für den App Store müssen Sie Vorschaubilder Ihrer App in diversen Größen produzieren, idealerweise auch Videos, die die App im laufenden Betrieb zeigen.
- Bevor Sie die App im App Store einstellen können, muss Xcode das Kompilat korrekt signieren. Glücklicherweise gelingt dies mittlerweile wesentlich einfacher als in der Vergangenheit. Aber auch so verbleiben genug Hürden, bis die App im App Store akzeptiert ist.
- Um einen möglichst großen Markt zu erschließen, sollten Apps mehrere Sprachen unterstützen. Die App muss dazu lokalisiert werden.
- Unter macOS ist es zum Glück noch immer möglich, Apps am App Store vorbei weiterzugeben und zu installieren. Wenn Sie diesen Weg gehen möchten, müssen Sie die App in ein Image (DMG-Datei) oder in ein Installationspaket (PKG-Datei) verpacken. Idealerweise sollten Sie Ihre App außerdem signieren.

Dieses Kapitel beschäftigt sich mit den oben aufgezählten Aspekten der App-Perfektionierung und -Weitergabe und berücksichtigt dabei iOS, macOS und tvOS. Grundlage für die Screenshots und den hier präsentierten Code sind die folgenden Beispielprogramme:

- iOS: Währungskalkulator (siehe Kapitel 38) und *Fünf gewinnt* (siehe Kapitel 39)
- macOS: Icon-Resizer (siehe Kapitel 41)
- tvOS: Asteroids (siehe Kapitel 44)

Zum Verständnis des Beispielcodes in diesem Kapitel ist es hilfreich, wenn Sie sich zuerst einen groben Überblick über die Funktionsweise und den Aufbau der aufgezählten Projekte verschaffen. Es ist aber nicht notwendig, dass Sie die Apps bis ins letzte Detail verstehen.

32.1 iOS-Artwork (Icons, Launch Screen)

Bevor Sie eine iOS-App im App Store einreichen können, müssen Sie das Projekt mit einem eigenen Icon und dem Launch Screen ausstatten.

App-Icon

Standardmäßig erhalten alle in Xcode entwickelten Apps ein weißes Icon mit schwarzen Kreisen und Linien. Dieses Default-Icon müssen Sie durch ein eigenes Icon ersetzen – und das ist aufwendiger, als man meinen möchte. Apple verlangt nämlich von Ihnen, dass Sie das quadratische Icon für eine iPhone- und iPad-kompatible App in vielen verschiedenen Auflösungen in `Images.xcassets` einfügen (siehe Abbildung 32.1)!

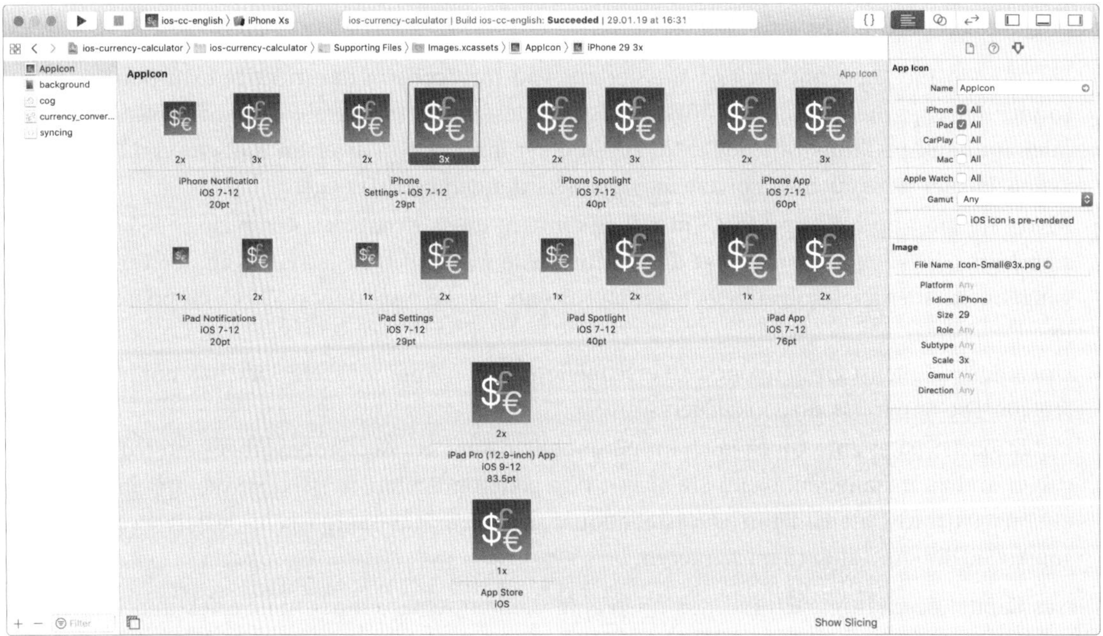

Abbildung 32.1 Das App-Icon wird in »Images.xcassets« festgelegt.

Beim Design eigener Icons sollten Sie die Human Interface Guidelines (HIG) für iOS berücksichtigen. Die dort zusammengefassten Empfehlungen führen nicht nur zu einem ansprechenden Erscheinungsbild, sondern verbessern auch Ihre Chancen, dass die App im App Store akzeptiert wird:

https://developer.apple.com/ios/human-interface-guidelines/icons-and-images/app-icon

Manuell erzeugen Sie die Icons am besten, indem Sie das Icon zuerst in Photoshop, GIMP oder einem anderen Programm in hoher Auflösung zeichnen (empfehlenswert sind 1.024 × 1.024 Pixel). Danach skalieren Sie das Bild und speichern es in verschiedenen Auflösungen. Dabei sind Dateinamen wie icon-<n>@<m>x.png üblich, wobei n die Anzahl der Pixel und m die Retina-Stufe angibt – also z. B. icon-40@3x.png für ein Icon mit 40 × 40 Pixeln im Dreifach-Retina-Modus (real also 120 × 120 Pixel).

Warum Xcode nicht selbst die erforderlichen Mini-Bitmaps aus einem hochauflösenden Original erzeugt, bleibt ein Rätsel. Natürlich gibt es diverse Apps bzw. Websites, die diese Arbeit bei Bedarf erledigen:

https://iconifier.net
https://makeappicon.com

Kapitel 41, »Icon-Resizer«, erläutert, wie Sie selbst ein Programm entwickeln können, das schnell und unkompliziert Icons in allen erforderlichen Größen zur Verfügung stellt. Selbst wenn Sie sich nicht mit der macOS-Programmierung anfreunden wollen, können Sie diese App unkompliziert installieren und anwenden.

Startansicht (Launch Screen)

Während des Starts der App wird kurz der *Launch Screen* angezeigt, also eine Art Willkommensbildschirm. Bei kleinen Apps auf modernen iPhones erfolgt der Start so schnell, dass diese Startansicht kaum zu sehen ist; länger sichtbar ist der Willkommensbildschirm, wenn die App während der Initialisierung Daten aus dem Internet lädt oder andere zeitaufwendige Arbeiten erledigen muss.

Zur Gestaltung der Startansicht wählen Sie in Xcode die Datei `LaunchScreen.storyboard` aus, die bei neuen Projekten standardmäßig vorgesehen ist. Die Ansicht können Sie nun wie den Inhalt eines View-Controllers gestalten oder mit einem Hintergrundbild ausstatten.

Der Launch Screen soll so ähnlich aussehen wie Ihre App unmittelbar nach dem Start. Apple empfiehlt, im Launch Screen auf Werbe-, Info- oder Copyright-Texte sowie auf App-Namen oder Logos zu verzichten; ausgenommen von dieser Regel sind nur Texte oder Logos, die auch in der App standardmäßig angezeigt werden.

Anders als bei gewöhnlichen Storyboards kann das Storyboard des Launch Screens nicht mit einer Klasse und eigenem Code verbunden werden. Der Launch Screen ist rein statisch, er wird als Bitmap mit der App verbunden. Dieser Mechanismus hat sich in den vergangenen Jahren aber immer wieder als fehleranfällig erwiesen. Auf Stack Overflow gibt es diverse Berichte, dass im Launch Screen durchgeführte Änderungen beim Start der App nicht berücksichtigt werden, und zumindest ebenso viele Anleitungen, wie das Problem (vielleicht) umgangen werden kann:

https://stackoverflow.com/questions/36669325
https://stackoverflow.com/questions/32579150

Alte Projekte von Xib-Launchscreens auf Storyboards umstellen

In älteren Xcode-Versionen wurden Apps automatisch mit der Datei `LaunchScreen.xib` anstelle von `LaunchScreen.storyboard` ausgestattet. XIB steht für *XML Interface Builder* und bezeichnet ein älteres Format zur Gestaltung und Speicherung grafischer Benutzeroberflächen.

Normalerweise besteht keine Notwendigkeit, diese XIB-Datei durch ein Storyboard zu ersetzen. Wenn Sie dies doch tun möchten, können Sie wie folgt vorgehen: In Xcode kopieren Sie per Drag & Drop die Datei `LaunchScreen.storyboard` von einem neuen Projekt in das alte Projekt. Nachdem Sie das neue Storyboard nach Ihren Vorstellungen gestaltet haben, löschen Sie die nun nicht mehr erforderliche Datei `LaunchScreen.xib`.

Jetzt müssen Sie nur noch im Dialogblatt GENERAL der Target-Einstellungen die Optionsgruppe APP ICONS AND LAUNCH IMAGES suchen. Dort wählen Sie die neue Storyboard-Datei als Lauch Screen aus.

App-Name

Unterhalb des Icons wird auf iPhones oder iPads standardmäßig der Xcode-Projektname angezeigt. Wenn Sie einen anderen Namen wünschen, müssen Sie deswegen nicht gleich das ganze Projekt umbenennen. Vielmehr wählen Sie in Xcode die Datei `Info.plist` und ändern dort die Einstellung für BUNDLE NAME. Anstelle der dort vorgesehenen Einstellung `$(PRODUCT_NAME)` geben Sie den gewünschten Namen direkt an.

32.2 macOS-Artwork (Icon)

Viel leichter sind die HIG-Richtlinien für macOS-Apps einzuhalten, zumindest, was das Artwork betrifft. Sie müssen Ihre App lediglich mit einem Icon in unzähligen Größen zwischen 16 × 16 und 1.024 × 1.024 Pixel ausstatten (siehe Abbildung 32.2).

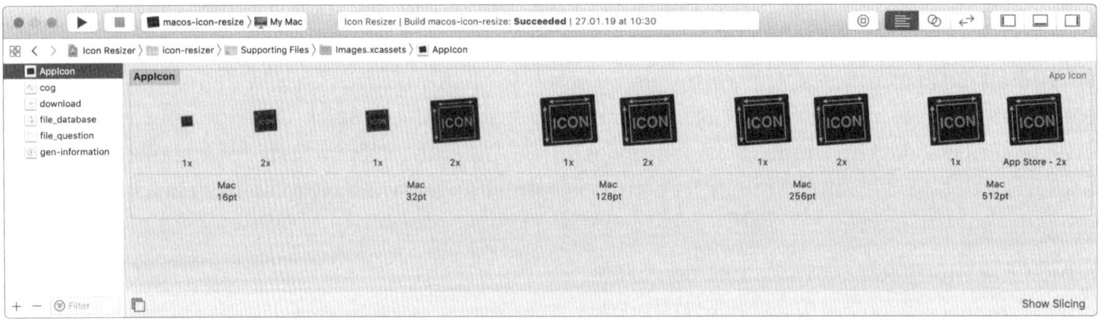

Abbildung 32.2 App-Icon-Größen für macOS-Apps

32.3 tvOS-Artwork (Parallax-Icons, Launch und Top Shelf Image)

Bevor Sie eine tvOS-App beim App Store einreichen können, müssen Sie der App die folgenden drei Grafikelemente hinzufügen:

- ein Parallax-Icon, das auf dem tvOS-Startbildschirm angezeigt wird
- ein Launch Image, das während des Programmstarts angezeigt wird
- ein Top Shelf Image, das angezeigt wird, wenn ein Anwender Ihre App in die oberste Zeile der Apps verschiebt (also gewissermaßen zu den App-Favoriten hinzufügt)

Dieser Abschnitt beschreibt die genaue Aufgabe dieser drei grafischen Elemente und deren Gestaltung.

Der Parallax-Effekt

Um eine App auf dem tvOS-Startbildschirm auszuwählen, bewegen Sie mit der Fernbedienung einen unsichtbaren Cursor. Die Cursorposition ist nur daran erkennbar, welches Icon gerade hervorgehoben wird. Wenn es beispielsweise fünf nebeneinanderliegende Icons auf dem Bildschirm gibt, dann gibt es entsprechend auch nur fünf mögliche Cursorpositionen. Ohne weitere Maßnahmen wäre die Cursorbewegung sehr ruckartig.

Um den Übergang von einem zum nächsten Objekt feiner darzustellen und damit die Cursorposition exakter aufzulösen, kippt tvOS die Icons, während sich der Cursor darüber bewegt. Diese Kippbewegung wird durch 3D-Effekte und Schatten visualisiert. Das war Apple aber nicht genug: Auch die Icons an sich sollen sich beim Kippen verändern. Besonders gut sichtbar ist das beim Icon der Systemeinstellungs-App von Apple, bei der sich die Position der Zahnräder zueinander verändert (siehe Abbildung 32.3).

Abbildung 32.3 Während sich der unsichtbare Cursor über das Icon bewegt, ändert sich nicht nur der Schatten, sondern auch die Position der Zahnräder zueinander.

Die Veränderung des Icon-Inhalts ist möglich, weil das Icon keine simple Bitmap ist, sondern ein aus mehreren Ebenen zusammengesetztes Bild. Beim Kippen werden die Ebenen zueinander verschoben. Apple nennt das den *Parallax-Effekt*. Wie diese Ebenen beim Systemeinstellungs-Icon aussehen, hat Apple netterweise auf der folgenden Seite dokumentiert:

https://developer.apple.com/tvos/human-interface-guidelines/icons-and-images/app-icon

Eigene Parallax-Icons

Wenn Sie eine tvOS-App im App Store einreichen möchten, *müssen* Sie das App-Icon als Parallax-Icon gestalten. Festgeschrieben ist das in den Human Interface Guidelines (kurz HIG) für tvOS (siehe den Link auf der vorigen Seite).

Sie müssen das App-Icon in zwei Größen in jeweils zwei Auflösungen zur Verfügung stellen: mit 400 × 240 und 1.280 × 768 Pixeln für herkömmliche Apple-TV-Geräte und in der doppelten Auflösung für die neuen Apple-TV-4k-Geräte (also 400 × 240@2x und 1.280 × 768@2x).

Apple hat dazu gleich ein eigenes Datenformat geschaffen, das *Layered Image File Format* (`*.lsr`). Mit dem LSR-Format müssen Sie sich aber normalerweise gar nicht auseinandersetzen: Xcode ist in der Lage, aus mehreren PNG-Bitmaps selbst eine geeignete LSR-Datei zu kompilieren. Alternativ können Sie auch die macOS-App *Parallax Previewer* verwenden, die ich Ihnen etwas weiter unten vorstellen werde.

LSR- versus LCR-Format

Apple hat nicht nur ein neues Format definiert, sondern sogar *zwei*: Neben dem LSR-Format gibt es auch ein LCR-Format. Es ist für Icons gedacht, die nicht direkt in Xcode in die App eingebettet werden, sondern für Icons, die die App aus dem Internet bei Bedarf nachlädt – z. B. Icons für Zusatzfunktionen Ihrer App, die extra erworben werden müssen. Details können Sie auf der folgenden Webseite nachlesen:

https://developer.apple.com/library/tvos/documentation/General/Conceptual/AppleTV_PG/CreatingParallaxArtwork.html

Parallax-Icons in GIMP erstellen

Für diejenigen, die mit dem Programm Adobe Photoshop arbeiten, stellt Apple zur Gestaltung von Parallax-Icons das *Parallax Exporter Photoshop Plugin* zur Verfügung. Sie können das Plug-in hier herunterladen:

https://developer.apple.com/tvos/human-interface-guidelines/resources

Die folgende Anleitung gilt für alle, die ein anderes Zeichenprogramm verwenden, z. B. Pixelmator oder GIMP. Die Vorgehensweise ist eigentlich ganz einfach: Sie erstellen im Zeichenprogramm Ihrer Wahl mehrere Bitmaps: eine für den Hintergrund und eine oder mehrere für den Vordergrund. Bei den Vordergrund-Bitmaps müssen Sie darauf achten, dass die gesamte Bitmap mit Ausnahme des eigentlichen Vordergrunds transparent ist. Diese Bitmaps speichern Sie in der richtigen Auflösung und fügen sie dann per Drag & Drop in Xcode in die bereits vorgesehenen Ebenen des App-Icons in `Assets.xcassets` ein.

Die folgenden Schritte gelten für das kostenlose Programm GIMP:

- Mit DATEI • NEU erzeugen Sie ein neues Bild, wobei Sie als Größe vorausschauend gleich 2.560 × 1.536 Pixel wählen.
- Das Bild hat vorerst nur eine Ebene, die als Hintergrund Ihres Icons dient. Mit den Werkzeugen FÜLLEN oder FARBVERLAUF können Sie den Hintergrund unkompliziert homogen einfärben oder in Form eines fließenden Übergangs zwischen zwei Farben gestalten.
- Mit EBENE • NEUE EBENE können Sie nun Vordergrundebenen über den Hintergrund legen. Achten Sie darauf, dass die neuen Ebenen anfänglich vollständig transparent sind.
- In die Vordergrundebenen zeichnen Sie nun das Symbol Ihrer App.
- Die HID raten zwar davon ab, aber anstelle eines Logos kann das Icon natürlich auch einen kurzen Text enthalten – z. B. den Firmennamen eines TV-Senders. Textebenen brauchen Sie nicht extra zu erstellen. Stattdessen verwenden Sie das Werkzeug TEXT. Es erzeugt automatisch für jeden Text eine eigene Ebene.

Standardmäßig sind alle Ebenen gleichzeitig sichtbar. Beim Arbeiten in GIMP können Sie aber immer nur die gerade aktuelle Ebene verändern. Welche das ist, geht aus der Ebenen-Toolbox hervor (FENSTER • ANDOCKBARE DIALOGE • EBENEN). Die dort hervorgehobene Ebene ist die gerade aktive Ebene. In der Ebenen-Toolbox können Sie auch die Sichtbarkeit einzelner Ebenen umschalten. Das ist praktisch, wenn Sie gerade nur eine Vordergrundebene sehen wollen.

Abbildung 32.4 GIMP eignet sich wunderbar dazu, ein Icon aus mehreren Ebenen zusammenzusetzen.

Das gesamte Projekt speichern Sie im GIMP-eigenen Format als `*.xcf`-Datei. Dabei bleiben alle Ebenen erhalten. Damit Sie das Bild in Xcode zusammensetzen können, müssen Sie aber außerdem jede Ebene extra als PNG-Datei in der gewünschten Auflösung speichern. Dazu erstellen Sie zuerst eine Sicherheitskopie Ihres Icons und führen dann BILD • BILD SKALIEREN aus. Mit diesem Kommando skalieren Sie Ihr Icon (also alle Ebenen) auf die gewünschte Auflösung – z. B. auf 400 × 240 Pixel.

Danach machen Sie im Ebenendialog alle Ebenen mit Ausnahme der Hintergrundebene unsichtbar. Mit DATEI • EXPORTIEREN speichern Sie nun nur die Hintergrundebene als PNG-Datei. Analog gehen Sie auch für die Vordergrundebenen vor; Sie machen also immer alle Ebenen unsichtbar mit Ausnahme der Ebene, die Sie speichern (exportieren) möchten. Verwenden Sie Dateinamen, aus denen sowohl die Auflösung als auch die Ebene hervorgeht – z. B. `meinicon-400-hintergrund.png` oder `meinicon-1920-vordergrund2.png`!

Als Beispiel habe ich ein Icon für die Hello-World-App aus Kapitel 20, »tvOS«, gestaltet. Das Icon besteht aus drei Ebenen: einem grau schattierten Hintergrund sowie zwei Vordergrundebenen mit den Texten *Hello* und *World!* in weißer bzw. schwarzer Courier-Schrift (siehe Abbildung 32.4). Wenn Sie den tvOS-Cursor über das Icon bewegen, verschieben sich die Texte zueinander.

Parallax-Icons in Xcode

Xcode sieht bei tvOS-Apps in `Assets.xcassets` standardmäßig für das kleine und das große App-Icon je drei Ebenen vor: *Back* (für den Hintergrund) sowie *Middle* und *Front*. Sie können nach Bedarf Ebenen umbenennen, hinzufügen und löschen, es müssen aber zumindest zwei Ebenen bleiben: Eine Hintergrundebene und eine teilweise transparente Vordergrundebene.

Für die Hello-World-App habe ich in GIMP die drei Ebenen meines Icons in jeweils zwei Auflösungen gespeichert und die Dateien dann per Drag & Drop in die vorgesehenen Platzhalter eingefügt (siehe Abbildung 32.5).

Sobald Sie mehrere Bitmaps für die Ebenen des Icons eingefügt haben, zeigt Xcode oben das zusammengesetzte Icon an. Wenn Sie den Mauszeiger über dieses Icon bewegen, erscheint dieselbe Animation wie unter tvOS – d. h., Sie erhalten eine Vorschau des Parallax-Effekts.

Der Parallax Previewer

Wenn Sie zum Zusammensetzen eines Parallax-Icons nicht auf Xcode zurückgreifen möchten, können Sie den Parallax Previewer verwenden, den Apple als kostenloses Programm für macOS anbietet (siehe Abbildung 32.6):

https://developer.apple.com/design/resources/#tvos-apps

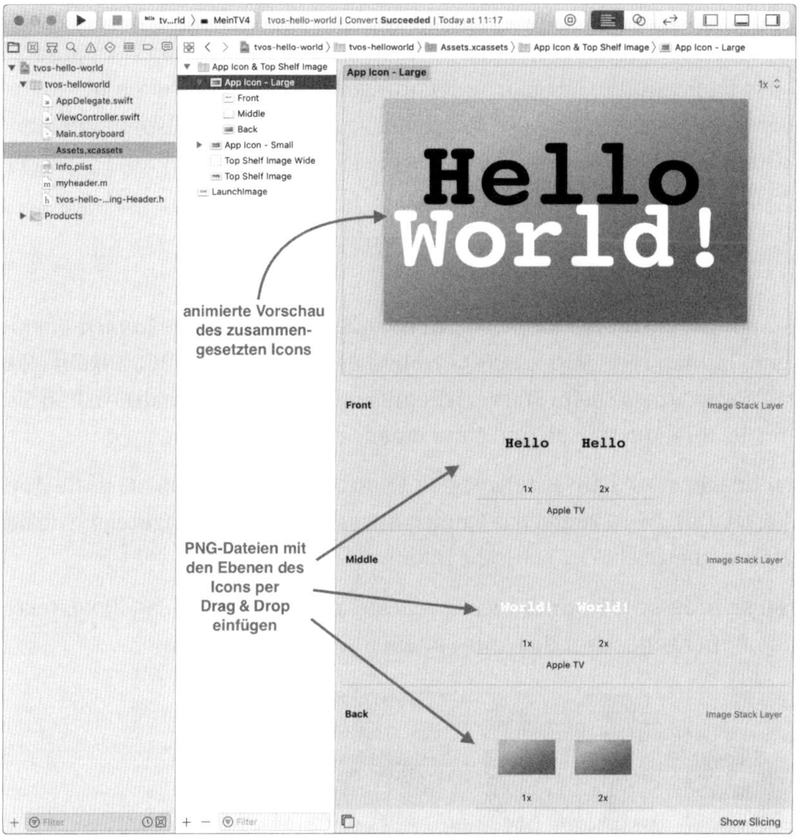

Abbildung 32.5 »Assets.xcassets« sieht bei tvOS-Programmen Platzhalter für das App-Icon sowie für das Top Shelf Image und das Launch Image vor.

Abbildung 32.6 Im »Parallax Previewer« können Sie mehrere Bitmaps zu einem Icon zusammensetzen und als LSR- oder LCR-Datei speichern.

Mit FILE • OPEN laden Sie die erste PNG-Datei Ihres Icons, anschließend fügen Sie die weiteren Ebenen mit dem Plus-Button hinzu. Das Icon wird aus den Ebenen zusammengesetzt. Wie in Xcode wird das Icon in unterschiedliche Richtungen gekippt, sobald Sie die Maus über es bewegen. Besonders praktisch ist die Möglichkeit, die einzelnen Ebenen zueinander zu verschieben. Die im Parallax Previewer exportierten LSR-Dateien können Sie dann per Drag & Drop in eine Xcassets-Datei in Xcode einfügen.

Launch Image

Wenn Sie eine tvOS-App im App Store einreichen, müssen Sie sie mit einem *Launch Image* ausstatten. Das ist eine Bitmap mit 1.920 × 1.080 Pixeln (HD) bzw. 3.840 × 2.160 Pixeln (4k), die Ihre App so zeigen soll, wie diese beim Start erscheint. Eine geeignete Bitmap erhalten Sie am einfachsten, wenn Sie Ihre App starten und dann einen Screenshot machen.

Der Sinn des Launch Image ist es, dem Benutzer den Eindruck zu vermitteln, dass die App besonders schnell startet. Dazu wird zuerst das Launch Image geladen und angezeigt. Sobald die App läuft, ersetzt ihre Oberfläche das statische Bild.

Damit sollte auch klar sein, dass Sie beim Launch Image auf alle Spielereien (Parallax-Effekte etc.) verzichten können. Hier geht es wirklich nur um einen Screenshot!

Abbildung 32.7 Die zuletzt in der Favoriten-Leiste ausgewählte App bestimmt, was im Top Shelf angezeigt wird – standardmäßig das Top Shelf Image.

Top Shelf Image

Damit ist es aber noch nicht genug. Jede App-Store-taugliche App muss außerdem zwei *Top Shelf Images* haben. Wenn der Apple-TV-Benutzer Ihre App in die oberste Zeile verschiebt (also zu den App-Favoriten) und dort auswählt, dann wird das Top Shelf Image ganz oben auf dem Bildschirm angezeigt (siehe Abbildung 32.7). Die beiden Bitmaps für die Images müssen

1.940 × 692 bzw. 2.320 × 720 Pixel groß sein. Für die Apple-TV-4k-Geräte benötigen Sie außerdem Retina-Varianten der Bilder mit einer Größe von 3.880 × 1.384 bzw. 4.640 × 1.440 Pixeln.

Das Top Shelf ist eigentlich dazu gedacht, dass Apps dort eine Auswahl von Objekten anzeigen. iTunes bewirbt dort die neuesten Filme, die App *Fotos* präsentiert die zuletzt synchronisierten Fotos etc. Normalerweise werden diese Objekte dynamisch vom Programm generiert. Das Top Shelf Image ist nur für den Fall gedacht, dass der entsprechende Code in der App fehlt. Eine Anleitung zur Darstellung dynamischer Top-Shelf-Inhalte finden Sie z. B. auf der folgenden Webseite:

https://www.raywenderlich.com/933-tvos-top-shelf-tutorial-static-and-interactive

32.4 Mehrsprachige Apps

Solange es Ihnen nur darum geht, Xcode und Swift kennenzulernen, spielt die App-Sprache keine große Rolle. Aber spätestens dann, wenn Sie Ihre App im App Store einreichen möchten, müssen Sie sich Gedanken darüber machen, welche Sprachen Ihre App unterstützen soll. Selbst wenn Deutsch die einzige Sprache ist, müssen Sie einige Projekteinstellungen ändern.

Dieser Abschnitt erklärt, wie Lokalisierung und Internationalisierung in Xcode funktionieren, welche Hilfsmittel Xcode zur Verfügung stellt und wo seine Grenzen liegen. Grundsätzlich unterstützt Xcode Sie ausgezeichnet bei der Internationalisierung und beim Testen Ihrer App, nicht aber bei der eigentlichen Lokalisierung, also bei der Eingabe von Zeichenketten in verschiedenen Sprachen.

Während die Internationalisierung des Storyboards sowie von Zeichenketten in `Info.plist` mit wenig Aufwand verbunden ist, müssen Sie sich um Zeichenketten in Ihrem Code selbst kümmern. Dazu müssen Sie sich mit der `NSLocalizedString`-Klasse befassen. Ihr Einsatz ist die Voraussetzung dafür, dass auch im Programmcode enthaltene Zeichenketten in mehrere Sprachen übersetzt werden können.

Alle Screenshots in diesem Kapitel beziehen sich auf die App *Währungen*, die ich Ihnen in Kapitel 38, »Währungskalkulator«, näher vorstellen werde.

Localization versus Internationalization

Im Zusammenhang mit mehrsprachigen Programmen ist häufig von zwei Begriffen die Rede, die oft verwechselt werden:

- *Internationalization* (Abkürzung: i18n) beschreibt die Vorbereitungsarbeiten bei der Entwicklung einer App, damit diese später in mehreren Sprachen genutzt werden kann.
- *Localization* (l10n) bezeichnet hingegen die eigentliche Übersetzung von Zeichenketten.

In der Regel ist es so, dass Sie als Programmierer oder Programmiererin nur für die Internationalization zuständig sind. Die Localization erledigen hingegen Übersetzungsbüros oder andere externe Dienstleister.

Defaulteinstellungen in Xcode

Bei neuen Projekten nimmt Xcode an, dass Sie die App in Englisch entwickeln. Das sehen Sie an zwei Stellen in Xcode:

- Im Dialogblatt INFO der Projekteinstellungen enthält die Gruppe LOCALIZATIONS als einzigen Eintrag ENGLISH – DEVELOPMENT LANGUAGE (siehe Abbildung 32.8).

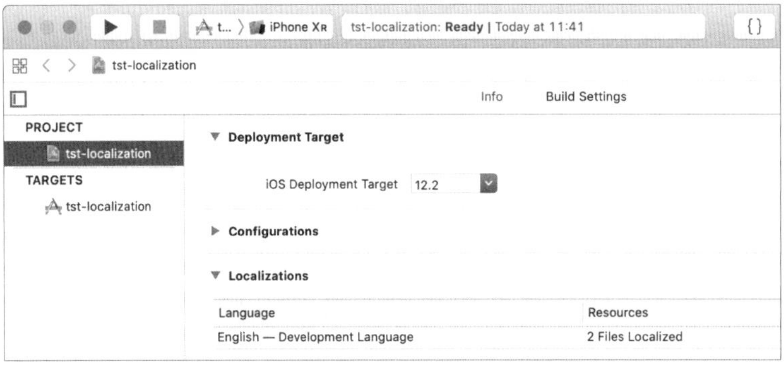

Abbildung 32.8 English ist die Defaultsprache in den Projekteinstellungen

- In der Datei `Info.plist` lautet der erste Eintrag LOCALIZATION NATIVE DEVELOPMENT REGION = `$(DEVELOPMENT_LANGUAGE)`, und als Entwicklungssprache gilt standardmäßig Englisch (siehe Abbildung 32.9). Diesem Eintrag haben Sie es zu verdanken, dass der Navigation-Controller BACK anstelle von ZURÜCK anzeigt – selbst dann, wenn im iOS-Gerät DEUTSCH als Sprache eingestellt ist.

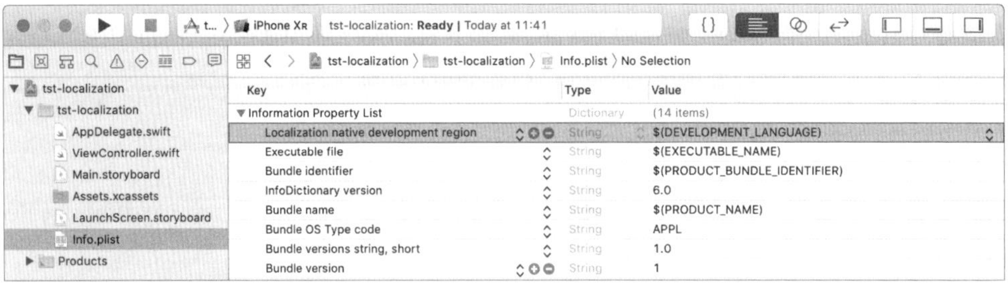

Abbildung 32.9 »Info.plist« verweist ebenfalls auf die Defaultsprache.

Von diesem Detail einmal abgesehen, gelten für die *Ausführung* der App aber die Spracheinstellungen des simulierten oder echten iOS-Geräts. Das hat mit den Einstellungen des Projektschemas zu tun:

Das aktive Schema können Sie sich mit PRODUCT • SCHEME • EDIT SCHEME ansehen. Im Dialogblatt RUN • OPTIONS finden Sie die Einstellungen APPLICATION LANGUAGE = SYSTEM LANGUAGE und APPLICATION REGION = SYSTEM REGION; die App soll also die in den iOS-Einstellungen gewählte Sprache und Region berücksichtigen.

Sind im iOS-Gerät DEUTSCH bzw.DEUTSCHLAND eingestellt, dann liefern der `NSNumber`- bzw. `NSDateFormatter` Zeichenketten, die den hiesigen Gepflogenheiten entsprechen (Komma als Dezimaltrenner, Datum in der Form 31.12.2019 etc.).

Sie merken schon, dass die Xcode-Entwickler zuerst einmal an sich selbst gedacht haben: Für in Kalifornien entwickelte Apps passen die Einstellungen nämlich durchaus. Wenn Sie mit Ihren Apps primär auf den internationalen Markt zielen, sind Sie mit den Defaulteinstellungen ebenfalls gut beraten. Das gilt selbst dann, wenn Sie vorhaben, externe Übersetzungsdienste in Anspruch zu nehmen: Hier ist die Auswahl weitaus größer, wenn Sie als Grundsprache Englisch und nicht Deutsch verwenden. Konsequenterweise sollten Sie nun darauf achten, dass in Ihren iOS-Testgeräten Englisch als Sprache und die USA oder Großbritannien als Land eingestellt sind.

Deutsch als primäre Sprache einstellen

Für Apps, die im deutschen Sprachraum entwickelt werden und primär dort ausgeführt werden sollen, sind die im vorigen Abschnitt erläuterten Einstellungen weniger glücklich. Hier zeige ich Ihnen, wie Sie vorgehen müssen, wenn Sie Apps zuerst einmal deutschsprachig entwickeln und erst später – bei Bedarf – in weitere Sprachen übersetzen möchten. Diese Anleitung funktioniert auch für schon fertige Projekte, sofern Sie mit der Lokalisierung noch nicht begonnen haben.

Apple macht nicht englischsprachigen Entwicklern das Leben recht schwer: In Xcode fehlt die Möglichkeit, die Entwicklungssprache auf Deutsch, Spanisch oder auf eine beliebige andere Sprache umzustellen. Stattdessen müssen Sie wie folgt vorgehen:

- Richten Sie ein neues Projekt ein, falls dieses nicht schon existiert.
- Schließen Sie das Projekt wieder, oder beenden Sie Xcode.
- Öffnen Sie im Finder das Projektverzeichnis, und suchen Sie dort die Datei `projektname.xcodeproj`.
- Klicken Sie die Datei an, und führen Sie das Kontextmenükommando PAKETINHALT ZEIGEN aus. (`name.xcodeproj` sieht im Finder wie eine Datei aus, in Wirklichkeit ist es aber ein Verzeichnis mit mehreren Dateien.)
- Öffnen Sie nun die Datei `project.pbxproj` mit einem beliebigen Texteditor, aber nicht in Xcode!

Innerhalb dieser Datei suchen Sie eine Textpassage, die wie folgt aussieht:

```
// Datei projektname/projektname.xcodeproj/project.pbxproj
developmentRegion = en;
hasScannedForEncodings = 0;
knownRegions = (
    en,
    Base,
);
```

In diesem Text ersetzen Sie zweimal en durch de, sodass die betreffenden Zeilen so aussehen:

```
developmentRegion = de;
hasScannedForEncodings = 0;
knownRegions = (
    de,
    Base,
);
```

Nachdem Sie die Datei gespeichert haben, können Sie Ihr Projekt wieder in Xcode öffnen. Den Lohn Ihrer Arbeit sehen Sie in den Projekteinstellungen, wo Sie in der LOCALIZATIONS-Gruppe im Dialogblatt INFO den Eintrag GERMAN – DEVELOPMENT LANGUAGE finden (siehe Abbildung 32.10).

Zuletzt sind nur noch zwei Kleinigkeiten zu erledigen, beide direkt in Xcode:

- In der Datei `Info.plist` stellen Sie LOCALIZATION NATIVE DEVELOPMENT REGION auf DE.
- Im Dialog PRODUCT • SCHEME • EDIT SCHEME führen Sie im Dialogblatt RUN • OPTIONS die folgenden zwei Einstellungen durch:
  - APPLICATION LANGUAGE = GERMAN
  - APPLICATION REGION = GERMANY

Damit sind nun alle Voraussetzungen gegeben, um Ihre App in deutscher Sprache zu entwickeln und zu testen.

Sprache hinzufügen

Im Weiteren gehe ich davon aus, dass Sie Ihre App in einer Sprache – sei es nun Englisch oder Deutsch – weitgehend fertigentwickelt haben. Nun geht es darum, die App in mehrere Sprachen zu lokalisieren. Um eine neue Sprache hinzuzufügen, wählen Sie auf der Projekteigenschaftsseite das Projekt (nicht das Target!) aus und führen dann EDITOR • ADD LOCALIZATION • SPRACHE aus. Alternativ können Sie Sprachen auch im Dialogblatt INFO des Projekts in der Gruppe LOCALIZATIONS hinzufügen (siehe Abbildung 32.10).

Hinter den Kulissen richtet Xcode für jede neue Sprache ein Verzeichnis `xx.lproj` ein, wobei `xx` der jeweilige Sprachcode ist (`it` für Italienisch, `fr` für Französisch etc.). Diese Verzeichnisse enthalten standardmäßig `*.strings`-Dateien mit den Zeichenketten, die aus dem Storyboard, aus den Einstellungen und aus dem Code extrahiert wurden. In der Folge haben Sie die Wahl zwischen drei Varianten, die Lokalisierung durchzuführen:

- Variante 1: Tragen Sie in die `*.strings`-Dateien in Xcode die Texte in der jeweiligen Sprache ein.
- Variante 2: Führen Sie diese Änderungen direkt im Storyboard-Editor durch.
- Variante 3: Oder exportieren Sie alle zu lokalisierenden Zeichenketten im XLIFF-Format, führen die Übersetzung in diesen Dateien durch und importieren die Dateien dann wieder. Diese Variante bietet sich insbesondere dann an, wenn Sie die Übersetzung durch einen externen Dienstleister durchführen möchten.

In den folgenden Abschnitten werde ich auf alle drei Varianten eingehen. So viel gleich vorweg: Alle Varianten machen einen unausgegorenen Eindruck und sind in der Praxis mit erheblichen Einschränkungen bzw. Instabilitäten verbunden. Für den Währungsumrechner habe ich mich für die dritte Variante entschieden.

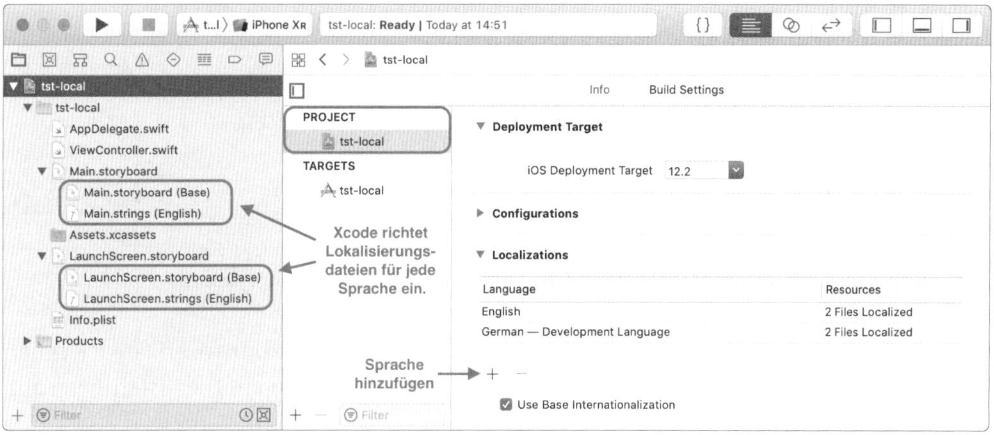

Abbildung 32.10 Die Liste der unterstützten Sprachen befindet sich in den Projekteinstellungen.

Datei nachträglich lokalisieren

Wenn Ihr Projekt bereits mehrere Sprachen unterstützt und Sie nun eine weitere Datei hinzufügen möchten, deren Zeichenketten ebenfalls lokalisiert werden sollen, klicken Sie die Datei im Projektnavigator an. Im File Inspector suchen Sie die Einstellungsgruppe LOCALIZATION.

Sofern die Datei lokalisierbar ist (das trifft nur für wenige Dateitypen zu, unter anderem für Storyboards und für `*.strings`-Dateien), gibt es dort einen Button LOCALIZE. In der Folge können Sie die Datei einer Sprache zuordnen (in der Regel BASE für die Defaultsprache des Projekts) und dann Lokalisierungsvarianten für alle erforderlichen Sprachen hinzufügen.

Variante 1: Lokalisierungszeichenketten in Xcode bearbeiten

Nachdem Sie Ihrem Projekt in Xcode eine zusätzliche Sprache hinzugefügt haben, können Sie im Projektnavigator die Storyboard-Datei aufklappen. Sie finden dort für jede Sprache eine `*.strings`-Datei. Sie enthält für jeden Text des Storyboards einen Eintrag in der folgenden Form:

```
"<code>.eigenschaft" = "Originaltext"
```

In dieser Datei ersetzen Sie nun die Texte aus der Defaultsprache (BASE) in die Zielsprache (siehe Abbildung 32.11). Fertig!

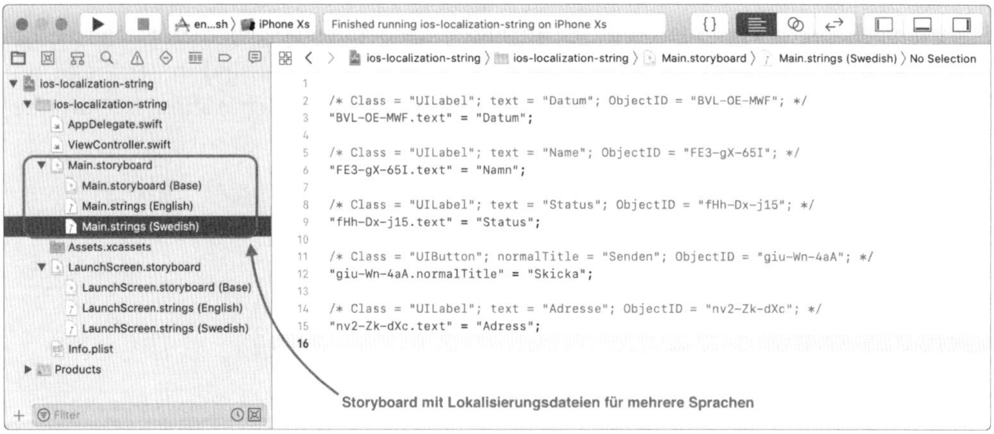

Abbildung 32.11 Schwedische Übersetzung diverser Zeichenketten des Storyboards

Wie Sie die App nun in unterschiedlichen Sprachen ausprobieren können, erkläre ich Ihnen ein paar Seiten weiter (siehe den Abschnitt »Die App in verschiedenen Lokalisierungen ausprobieren«).

Die hier präsentierte Vorgehensweise hat mehrere Nachteile:

- Die `*.strings`-Dateien sind bei großen Projekten ausgesprochen unübersichtlich. Es landen dort ohne jede Ordnung Zeichenketten aus allen View-Controllern Ihres Projekts.
- Bei späteren Änderungen am Storyboard werden die `*.strings`-Dateien nicht entsprechend erweitert bzw. aktualisiert. (Abhilfe schafft das Zusatzprogramm *BartyCrouch*, das ich im nächsten Abschnitt vorstelle.)
- Sie haben während der Übersetzungsarbeit kein Feedback, wie die fertige App aussehen wird. Sie müssen das Programm dazu jedes Mal neu starten.

Trotz dieser Nachteile bietet die hier präsentierte Variante den schnellsten Weg, ein kleines Projekt selbst zu lokalisieren – entsprechende Sprachkenntnisse einmal vorausgesetzt.

Lokalisierung nach Änderungen aktualisieren (»BartyCrouch«)

Wie ich bereits erwähnt habe, geht Xcode davon aus, dass das zu lokalisierende Projekt fertig ist. Nachträgliche Änderungen am Projekt werden in den Lokalisierungsdateien nicht berücksichtigt, und Xcode bietet keine Möglichkeit, die Lokalisierungsdateien zu synchronisieren. Ich muss hier wohl nicht anmerken, wie absurd und weltfremd dieses Verhalten ist. Ein Armutszeugnis für Apple ...

Sofern Sie sich für die Lokalisierung der Zeichenketten entschieden haben, besteht eine Notlösung darin, die Lokalisierung vorübergehend auf die Storyboard-Variante und dann zurück auf die Zeichenkettenvariante umstellen. Dabei kann es aber passieren, dass Ihre bisherigen Übersetzungen verloren gehen! (Meine diesbezüglichen Erfahrungen waren stark wechselhaft; ich kann nicht sagen, wovon die Erfolgswahrscheinlichkeit abhängt.)

Selbst ein Backup des bisherigen Inhalts der Zeichenkettendatei hilft Ihnen nicht wirklich weiter: Neue Zeichenketten werden nämlich nicht am Ende der Datei hinzugefügt, sondern irgendwo. Das macht es schwierig, Ihr Backup mit der neuen Lokalisierungsdatei zusammenzuführen. (Die Einträge sind alphabetisch sortiert. Die dabei verwendeten Schlüssel sind aber Zufallszeichenketten.)

Wo Apple versagt, springen zum Glück oft Drittanbieter ein. Das kostenlose Programm *BartyCrouch* ist in der Lage, die `*.strings`-Dateien mit Zeichenketten mit dem aktuellen Status Ihres Programms zu aktualisieren.

https://github.com/Flinesoft/BartyCrouch

Die GitHub-Seite beschreibt verschiedene Installationsvarianten. Ich gehe im Folgenden davon aus, dass Sie auf Ihrem Rechner *Homebrew* installiert haben (siehe *https://brew.sh*). Unter dieser Voraussetzung reichen zwei kurze Terminal-Kommandos, um BartyCrouch herunterzuladen und einzurichten:

```
brew update
brew install bartycrouch
```

Um die `*.strings`-Dateien der Storyboards eines Projekts zu aktualisieren, führen Sie im Terminal die folgenden Kommandos aus:

```
cd <projektverzeichnis>
bartycrouch interfaces -v -p .
```

`bartycrouch` fügt neue Zeichenketten jeweils am Ende der Datei hinzu und entfernt nicht mehr benötigte Zeichenketten (z. B. nachdem ein Label oder Button aus dem Storyboard gelöscht wurde). Dank der Option `-v` listet das Kommando alle Dateien auf, die es bearbeitet. An die Option `-p` übergeben Sie das Xcode-Projektverzeichnis (hier einfach das lokale Verzeichnis, also »`.`«).

Mit dem Subkommando `lint -e -d` können Sie überprüfen, ob es in Ihren `*.strings`-Dateien Duplikate oder leere Zeichenketten gibt (in denen also die Übersetzung fehlt).

```
bartycrouch lint -e -d -p .
  Success! 2 check(s) passed for 4 Strings file(s).
```

Während der Ausführung von `bartycrouch` ist es nicht notwendig, das Projekt in Xcode zu schließen. Xcode erkennt selbst, dass die `*.strings`-Dateien aktualisiert wurden, und zeigt sofort die jeweils aktuelle Version an.

Sonstige Funktionen

Auf der Projektsite von BartyCrouch sind diverse weitere Funktionen dokumentiert. Beispielsweise können Sie versuchen, mit `bartycrouch translate` eine maschinelle Übersetzung durchzuführen. Davon sollten Sie natürlich keine Wunder erwarten; die Übersetzung kann aber als Ausgangsbasis für eine manuelle Optimierung dienen.

Bei größeren Projekten kann BartyCrouch in den Xcode-Build-Prozess integriert werden, sodass das Kommando vor jedem Start der App automatisch ausgeführt wird.

Es gibt allerdings auch Einschränkungen: BartyCrouch kann keine lokalisierten Storyboards aktualisieren. Das betrifft die im Folgenden beschriebene Lokalisierungsvariante 2.

Variante 2: Lokalisierung im Storyboard-Editor durchführen

Wäre es nicht intuitiver, die Lokalisierung für jede Sprache direkt im Storyboard-Editor durchzuführen? Tatsächlich unterstützt Xcode auch diese Vorgehensweise. Zwei Wege führen dorthin: Der erste erfordert einen scharfen Blick in den Dialog, den Xcode beim Hinzufügen neuer Sprachen in den Projekteinstellungen anzeigt (siehe Abbildung 32.12). Dort können Sie für jede zu lokalisierende Datei angeben, ob die Lokalisierung in einer `*.strings`-Datei erfolgen soll (Defaulteinstellung LOCALIZABLE STRINGS) oder ob Sie die Lokalisierung im Storyboard-Editor durchführen möchten (Einstellung INTERFACE BUILDER STORYBOARD).

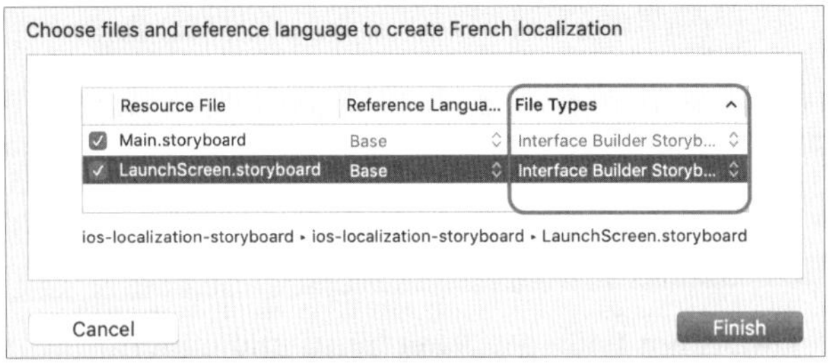

Abbildung 32.12 Angabe der Lokalisierungsvariante beim Hinzufügen einer neuen Sprache

Wenn Sie diese Einstellmöglichkeit bei der Erstkonfiguration der Lokalisierung übersehen haben, können Sie die Lokalisierungsvariante auch später noch umstellen. Dazu klicken Sie im Projektnavigator auf das betreffende Storyboard und suchen im File Inspector nach den Lokalisierungseinstellungen. Dort können Sie für jede Sprache den Lokalisierungstyp umstellen. In einem Dialog fragt Xcode, ob Sie das wirklich möchten (siehe Abbildung 32.13). Die Warnung ist nicht unberechtigt: Bei meinen Tests sind bei der Änderung der Lokalisierungsvariante bereits durchgeführte Übersetzungen mehrfach verloren gegangen.

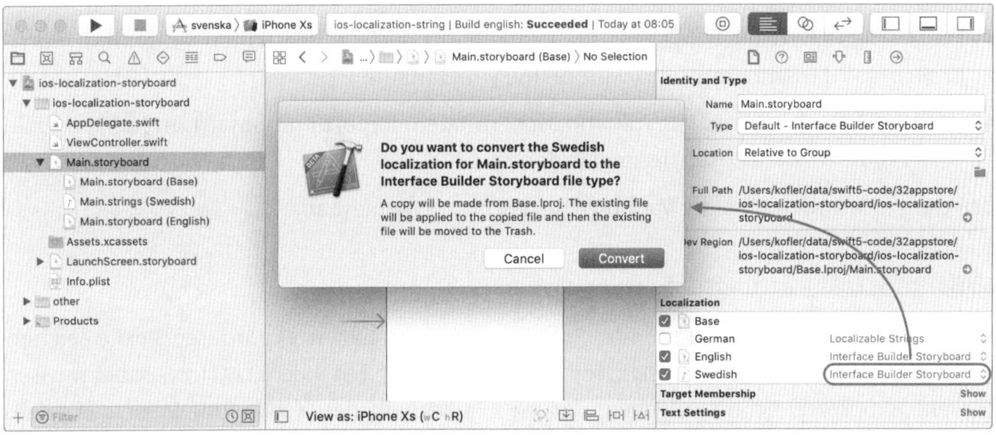

Abbildung 32.13 Lokalisierung von der String- in die Storyboard-Variante umstellen

Die weitere Lokalisierung direkt im Storyboard-Editor ist dann ausgesprochen komfortabel: Sie wählen einfach im Projektnavigator die gewünschte Sprache aus (siehe Abbildung 32.14). Anschließend können Sie sämtliche Label, Buttons usw. in der jeweiligen Sprache neu beschriften.

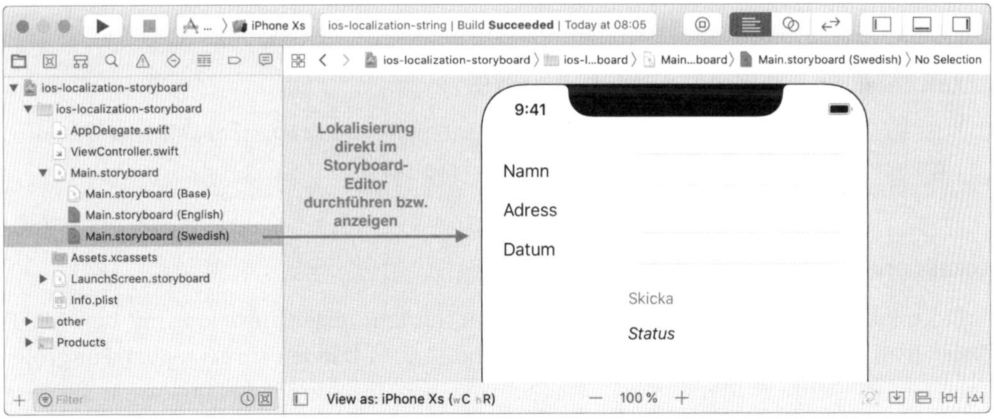

Abbildung 32.14 Der Storyboard-Editor zeigt die schwedische Variante der Test-App.

Der höhere Arbeitskomfort wird leider mit gravierenden Nachteilen erkauft:

- Wie bei der Lokalisierung der Zeichenketten tritt auch hier das Problem auf, dass nachträgliche Änderungen an der Struktur des Storyboards (z. B. das Hinzufügen eines neuen Labels) in den Storyboard-Varianten für die diversen Sprachen nicht nachvollzogen werden: Das Storyboard in der Defaultsprache (*Base*) und die Storyboards in den diversen Sprachen sind dann nicht mehr synchron. Die Auswirkungen sind bei Variante 2 aber noch dramatischer als bei Variante 1: Neu hinzugefügte Steuerelemente sind nicht etwa nur in der Defaultsprache sichtbar– nein, sie fehlen ganz!

- Das Verfahren ist auch inkompatibel mit dem vorhin vorgestellten Programm *Barty-Crouch*, das die Synchronisationsprobleme von Variante 1 löst.
- Das Verfahren ist schließlich inkompatibel mit dem Export und Import im XLIFF-Format (also mit der dritten Lokalisierungsvariante).

Aus diesen Gründen scheidet Variante 2 in der Praxis zumeist aus.

Variante 3: Lokalisierungsdateien exportieren

Nachdem Sie im Projektnavigator das Projekt ausgewählt haben, exportieren Sie die Zeichenketten, die übersetzt werden sollen, mit EDITOR • EXPORT FOR LOCALIZATION. Dabei müssen Sie ein Exportverzeichnis angeben, das sich außerhalb des Xcode-Projektverzeichnisses befinden sollte. In diesem Verzeichnis erstellt Xcode ein neues Verzeichnis mit dem Projektnamen und darin wiederum diverse Unterverzeichnisse und Dateien. Für die Übersetzung relevant sind aber nur die für jede Sprache vorgesehenen `*.xliff`-Dateien; `en.xliff` für die englischen Texte, `de.xliff` für deutsche Texte usw.

```
exportverzeichnis/projektname/de.xlcloc/Localized Contents/de.xliff
exportverzeichnis/projektname/en.xlcloc/Localized Contents/en.xliff
...
```

XML Localization Interchange File Format (XLIFF)

XLIFF steht für »XML Localization Interchange File Format« und ist ein standardisiertes, wenn auch nur mäßig populäres Format für Lokalisierungsarbeiten.

Lokalisierungsdateien bearbeiten

Im Idealfall senden Sie nun den gesamten exportierten Verzeichnisbaum mit den XLIFF-Dateien an einen Dienstleister, der Ihnen die übersetzten Dateien zurücksendet. Für große, professionelle Apps wird daran kein Weg vorbeigehen, insbesondere dann, wenn Sie viele Sprachen unterstützen möchten. Wenn es aber nur darum geht, eine englische Version einer kleinen App zu erstellen, werden Sie die Übersetzung höchstwahrscheinlich vorerst selbst in die Hand nehmen wollen.

Wenn Sie die Übersetzung selbst durchführen möchten, wäre es denkbar, die XLIFF-Dateien einfach in einem beliebigen Editor oder in Xcode zu öffnen und dort zu ändern. In der Praxis ist der Aufbau der XLIFF-Dateien aber zu unübersichtlich, was den ganzen Prozess sehr fehleranfällig macht.

Besser ist es, einen XLIFF-Editor zu verwenden. Im App Store finden Sie einige kostengünstige Programme, z. B. *Xliffie* oder *iXLIFF* (siehe Abbildung 32.15). Beide Programme kosten zurzeit (Anfang 2019) nur wenige Euro und funktionieren grundsätzlich gut.

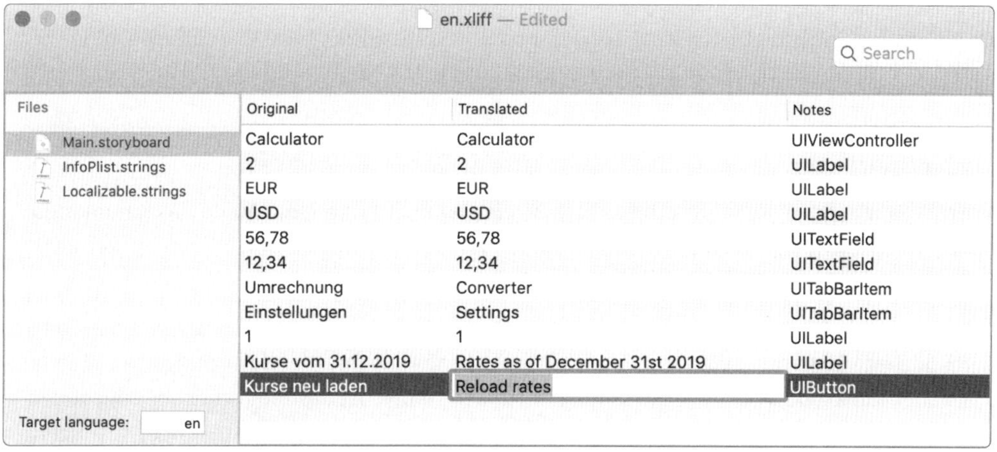

Abbildung 32.15 Lokalisierung selbst mit iXLIFF durchführen

Übersetzte Dateien wieder importieren

Mit EDITOR • IMPORT LOCALIZATION können Sie die übersetzten Dateien wieder importieren. Im Dateiauswahldialog können Sie allerdings nicht direkt die XLIFF-Datei öffnen, sondern müssen das `*.xcloc`-Verzeichnis auswählen, das die XLIFF-Datei enthält. Den Vorgang müssen Sie für jede Sprache wiederholen, weil der Dateiauswahldialog keine Mehrfachauswahl erlaubt.

Bei meinen Tests ist Xcode beim Import immer wieder sang- und klanglos (also ohne jede Fehlermeldung) abgestürzt. Mein erster Verdacht bestand darin, dass die XLIFF-Datei fehlerhaft sei – aber die Abstürze traten selbst dann auf, als ich versuchte, die von Xcode exportierten Verzeichnisse ohne jede Veränderung zu re-importieren. (Bei kleinen, neu eingerichteten Projekten funktioniert der Import dagegen fehlerfrei. Aber je größer bzw. älter ein Projekt ist, desto größer wird die Absturzwahrscheinlichkeit.)

Eine kurze Recherche zeigt, dass diese Probleme seit 2014 bestehen! Offensichtlich fehlt bei Apple der Wille, diesen Fehler zu beheben.

https://stackoverflow.com/questions/26475631
https://stackoverflow.com/questions/41339751
https://stackoverflow.com/questions/48652791

Wenn Sie von dem Problem betroffen sind, besteht die beste Lösung darin, das Projekt in Xcode zu schließen und den Import dann in einem Terminal mit dem Kommando `xcodebuild` durchzuführen. Dabei übergeben Sie mit `-project` den Ort des Projektverzeichnisses und mit

-localizationPath den Pfad zum *.xloc-Verzeichnis mit den Lokalisierungsdateien für eine bestimmte Sprache:

```
cd <verzeichnis-mit-ihren-xcode-projekten>

xcodebuild -importLocalizations -project <projektname>.xcodeproj \
 -localizationPath <lokalisierungsdateien>/<sprachcode>.xcloc
```

Voraussetzungen

Das Kommando xcodebuild zählt zu den *Xcode Command Line Tools*. Sollte das Kommando bei Ihnen nicht zur Verfügung stehen, initiieren Sie die Installation mit dem Terminal-Kommando xcode-select --install.

Vergewissern Sie sich zudem mit xcodebuild -version, dass die Versionsnummer der Command Line Tools mit jener von Xcode übereinstimmt! Wenn Sie gleichzeitig eine stabile Version von Xcode und eine Beta-Version installiert haben, ist das möglicherweise nicht der Fall. Gegebenenfalls können Sie im Dialogblatt Locations der Xcode-Einstellungen festlegen, welche Version der Command Line Tools Sie verwenden wollen (siehe Abbildung 32.16).

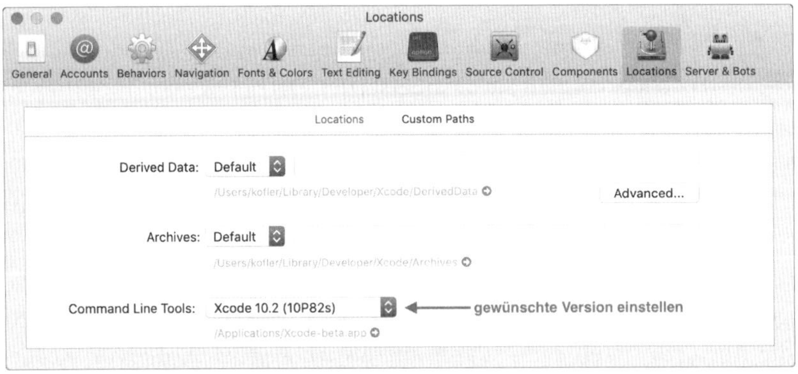

Abbildung 32.16 Vergessen Sie nicht, die richtige Version der Command Line Tools einzustellen!

Die App in verschiedenen Lokalisierungen ausprobieren

Egal, für welche der drei Lokalisierungsvarianten Sie sich entschieden haben: Der nächste Schritt besteht nun darin, die App in den diversen Sprachen auszuprobieren. Prinzipiell können Sie dazu so vorgehen, dass Sie im iOS-Simulator oder auf Ihren echten Testgeräten der Reihe nach verschiedene Sprachen einstellen und die App dann immer wieder neu starten.

Da diese Vorgehensweise viel zu umständlich ist, bietet Xcode die Möglichkeit, eine App gleich in einer vorgegebenen Lokalisierung zu starten. Vorher müssen Sie einmalig für jede Sprache ein entsprechendes Schema einrichten. Dazu führen Sie Product • Scheme •

Manage Schemes aus, fügen mit dem Plus-Button für jede Sprache ein Schema hinzu und benennen es mit *projektname-sprache* (siehe Abbildung 32.17).

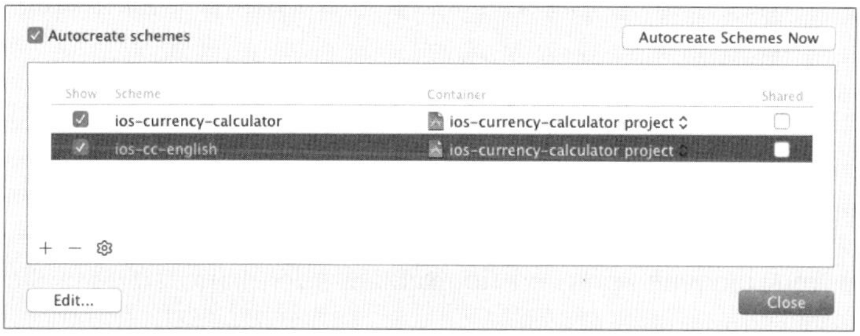

Abbildung 32.17 Projektschemata verwalten

Anschließend bearbeiten Sie mit Edit jedes dieser Schemata, wobei Sie jeweils im Dialogblatt Run • Options die Einstellungen für Application Language und Application Region ändern (siehe Abbildung 32.18).

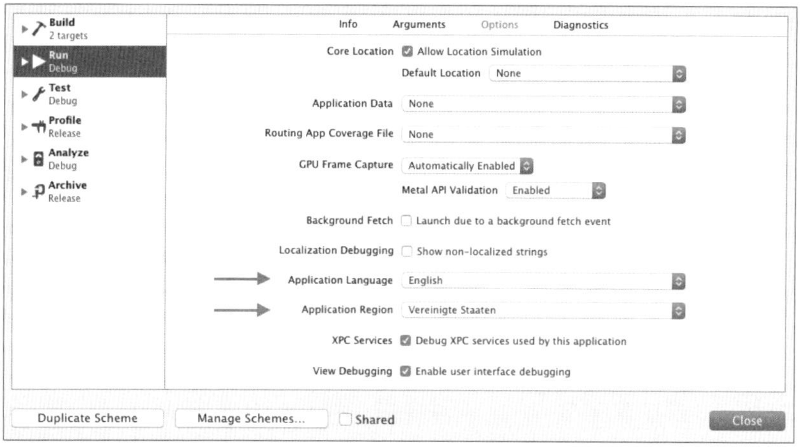

Abbildung 32.18 Spracheinstellungen im Projektschema

Nach diesen Vorbereitungsarbeiten wählen Sie nun in dem Listenfeld, das in der Fensterleiste von Xcode links neben den Run- und Stop-Buttons versteckt ist, das für den nächsten Start gewünschte Schema aus (siehe Abbildung 32.19).

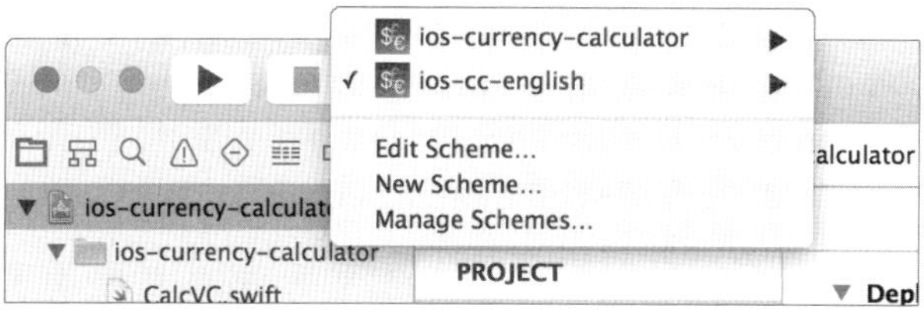

Abbildung 32.19 Schemaauswahl in der Xcode-Fensterleiste

Internationalisierung im Code

Jetzt kennen Sie alle Schritte, die zur Internationalisierung und Lokalisierung Ihrer App erforderlich sind – bis auf ein Detail: Wie gehen Sie mit Zeichenketten um, die per Code erzeugt oder verarbeitet werden?

Beginnen wir mit dem einfachsten Fall: Sie möchten den Text eines Labels oder Buttons per Code einstellen. Der Code sieht anfänglich z. B. so aus:

```
lblInfo.text = "Keine Daten verfügbar"
```

Damit diese Zeichenkette in verschiedene Sprachen übersetzt werden kann, müssen Sie daraus ein `NSLocalizedString`-Objekt machen:

```
let msg1 = NSLocalizedString("Keine Daten verfügbar",
  comment: "wird in xxx angezeigt, wenn yyy gilt ...")
lblInfo.text = msg1
```

An `NSLocalizedString` müssen zumindest zwei Parameter übergeben werden: die Zeichenketten in der Ursprungssprache (DEVELOPER LANGUAGE) sowie ein Kommentar mit Kontextinformationen für die Übersetzer. Die Init-Funktion von `NSLocalizedString` kennt noch drei weitere Parameter, die aber nur in seltenen Fällen erforderlich sind.

Wenn Sie Zeichenketten aus mehreren Teilen zusammensetzen, gehen Sie am besten so vor:

```
let msg2 = NSLocalizedString(
  "Das Ergebnis von %@ lautet %@",
  comment: "zeigt das Ergebnis der Berechnung xy an")
lblInfo.text = String(format:msg2, data1, data2)
```

Das gibt den Übersetzern die Möglichkeit, bei Bedarf die Reihenfolge der Parameter umzudrehen und die Zeichenkette so zu übersetzen:

```
"Result %2$@ for calculation %1$@"
```

Ab dieser Stelle hängt es davon ab, für welche der drei Varianten zur Lokalisierung der Benutzeroberfläche Sie sich entschieden haben. Bei Variante 3 ändert sich an der weiteren Vorgehensweise nichts: Beim nächsten EXPORT FOR LOCALIZATION wird nun auch die Zeichenkette `"Keine Daten verfügbar"` zur Übersetzung exportiert. Beim Import richtet Xcode die Datei `Localizable.strings` samt Varianten für alle Sprachen ein. Dort befinden sich dann die Übersetzungen zu allen Zeichenketten, die im Code vorkommen.

Haben Sie sich dagegen für die Varianten 1 oder 2 entschieden, müssen Sie Ihrem Projekt selbst mit FILE • NEW • FILE eine Datei vom Typ RESOURCE • STRINGS FILE hinzufügen. Diese Datei benennen Sie `Localizable.strings`. Im File Inspector klicken Sie auf den Button LOCALIZE und fügen Lokalisierungsvarianten für die gewünschten Sprachen hinzu. Die Syntax sieht wie im folgenden Beispiel für die englische Übersetzung aus:

```
/* englische Variante von Localizable.strings */
"Keine Daten verfügbar" = "No data available";
```

Umgang mit Zahlen, Zeiten, Währungen und Maßeinheiten

Der letzte offene Punkt ist nun der Umgang mit Zahlen, Daten und Zeiten, Distanzen etc., die ja bekanntlich in jeder Sprache anders formatiert werden. Zu deren Formatierung verwenden Sie die folgenden `XxxFormatter`-Klassen:

- `ByteCountFormatter`: Download-Mengen formatieren
- `DateFormatter`: Datum und Uhrzeit formatieren oder einlesen
- `DateComponentsFormatter`: einzelne Datumskomponenten formatieren
- `DateIntervalFormatter`: Zeitspannen formatieren
- `EnergyFormatter`: Energiemengen formatieren
- `LengthFormatter`: Längenangaben formatieren
- `MassFormatter`: Massen (Gewichte) formatieren
- `NumberFormatter`: Zahlen formatieren oder einlesen (parsen)
- `MKDistanceFormatter`: Distanzen formatieren

Auch hierzu ein Beispiel:

```
let msg3 = NSLocalizedString("Kurse vom %@",
  comment: "zeigt das Datum der Wechselkurse an")
let dateformatter = DateFormatter()
dateformatter.dateStyle = .medium
dateformatter.timeStyle = .none
let formattedDate = dateformatter.string(from: dateobj)
lblDate.text = String(format: msg3, formattedDate)
```

32.5 Eigene Apps im App Store anbieten

Wenn die App schließlich zufriedenstellend läuft, wartet noch eine große Herausforderung auf Sie: das Einstellen der App in den App Store. Die hierfür erforderlichen Arbeiten (und oft ist es eine Menge Arbeit!) finden an drei Orten statt:

- auf der Webseite *https://developer.apple.com/account*, wo Sie eine App-ID einrichten müssen
- auf der Website *https://appstoreconnect.apple.com*, wo Sie alle Daten für den App Store zusammenstellen müssen
- und natürlich in Xcode, wo Sie ein speziell signiertes Archiv erstellen und auf App Store Connect hochladen müssen

Ist das einmal gelungen, können Sie nur hoffen, dass Apple Ihre App akzeptiert. Ist auch diese Hürde gemeistert, bleibt noch das Marketing, auf das ich hier aber nicht eingehe. Die richtige Werbung für Ihre App hat ja nichts mit der Swift-Programmierung zu tun.

> **Neu in App Store Connect**
>
> Apple hat sich zuletzt spürbar bemüht, den App Store und sein Umfeld entwicklerfreundlicher zu machen. Xcode kümmert sich automatisch um die sogenannten *Distribution Provisioning Profiles*. Diese Profile-Dateien sind erforderlich, damit Apple weiß, dass wirklich Sie die App erstellt haben und nicht ein anderer Programmierer. Sie müssen nur sicherstellen, dass bei den Target-Einstellungen in Xcode die Option AUTOMATICALLY MANAGE SIGNING gesetzt ist.
>
> Auf der App-Store-Connect-Website müssen Sie nun nicht mehr so viele Screenshots wie bisher hochladen. (In der Vergangenheit verlangte Apple für jede iOS-Gerätegröße eigene Screenshots.)
>
> Spaß macht die Bürokratie beim Einreichen von Apps nach wie vor nicht, aber man muss Apple zugestehen, dass der ganze Prozess zumindest ein bisschen besser geworden ist.

App-Store-Regeln

Apple hat ein umfangreiches Dokument dazu veröffentlicht, welche Regeln für die Aufnahme in den App Store gelten:

https://developer.apple.com/app-store/review/guidelines

Viele Punkte haben im weitesten Sinne mit Copyright-Fragen zu tun. Eine Menge Regeln formulieren, was Apple religiös, politisch, wirtschaftlich (Glücksspiel) oder sexuell für akzeptabel hält und was nicht. Diese Punkte können Sie selbst nachlesen. Ich möchte Sie an dieser Stelle auf einige andere Aspekte hinweisen:

- Apple erwartet, dass Ihre App ausgereift aussieht und Funktionen bietet, die in dieser Art im App Store neu sind oder sich zumindest klar von anderen Apps unterscheiden. Ein Taschenrechner, dem man ansieht, dass er in zwei Tagen lieblos zusammengeschustert wurde, ist also weitgehend chancenlos. Apps, die in direkter Konkurrenz zu von Apple standardmäßig ausgelieferten Apps stehen, haben ebenfalls nur minimale Chancen.
- Die Gestaltung der App muss den *Human Interface Guidelines* für die jeweilige Plattform entsprechen:

  https://developer.apple.com/design/human-interface-guidelines
- Ihre App muss fehlerfrei funktionieren, und zwar auf allen unterstützten iOS-Geräten, auch im Querformat (wenn dieses Format unterstützt wird), auch im Flugmodus bzw. ohne Internetzugang.
- Ihre App darf nur »echte« Benutzerdaten im `Documents`-Verzeichnis speichern. Diese Daten werden bei Backups gesichert, z. B. in der iCloud. Für zwischengespeicherte Inhalte, die bei Bedarf neu generiert werden können, muss hingegen das `Cache`-Verzeichnis verwendet werden.

Werfen Sie auch einen Blick auf die folgende Seite, die die häufigsten Ablehnungsgründe zusammenfasst. Sie finden dort sogar eine statistische Aufschlüsselung.

https://developer.apple.com/app-store/review/rejections

Bundle-ID und Signing-Einstellungen (Xcode)

Beim Anlegen jedes Xcode-Projekts definieren Sie die Bundle-ID, die sich aus den umgekehrten Komponenten des Domainnamen sowie aus dem Projektnamen ergibt – also beispielsweise `de.meinewebsite.mein-projekt`. Welche Bundle-ID ein Projekt verwendet, können Sie in Xcode in den Targets-Einstellungen feststellen (siehe Abbildung 32.20). An dieser Stelle können Sie die Bundle-ID auch ändern – aber nur so lange, bis Sie Ihre App zum ersten Mal erfolgreich in den App Store hochgeladen haben! Außerdem können Sie hier die Versionsnummer Ihrer App festlegen. Das ist vor allem bei wiederholten Uploads in den App Store wichtig: Bevor Sie eine neue Version hochladen, dürfen Sie nicht vergessen, die Versions- oder zumindest die Build-Nummer (bei kleineren Korrekturen) zu erhöhen.

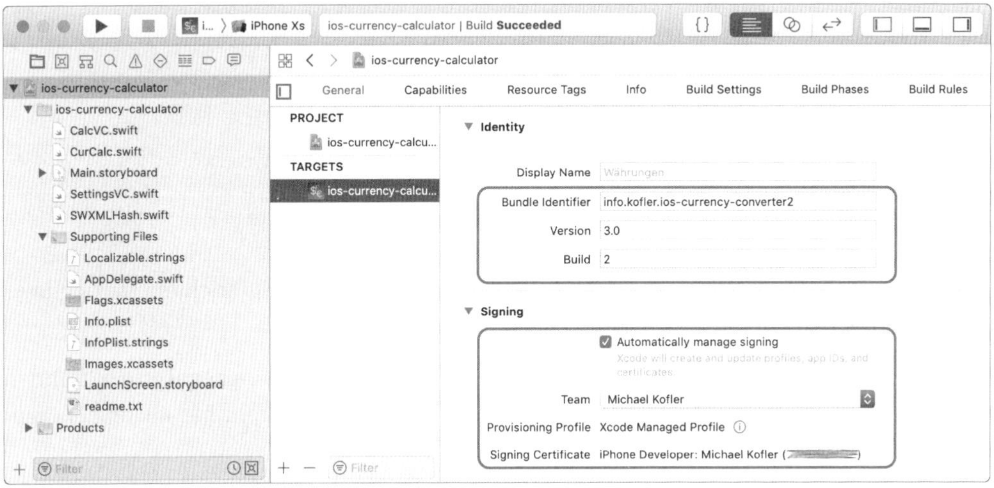

Abbildung 32.20 Die Bundle-ID und die Signing-Einstellungen in den Targets-Einstellungen eines Xcode-Projekts

Ebenfalls bei den Targets-Einstellungen finden Sie die Signing-Einstellungen. Dort reicht es in der Regel aus, die Option AUTOMATICALLY MANAGE SIGNING zu setzen und das Teammitglied Ihres Apple-Developer-Accounts auszuwählen.

App-ID erzeugen (Apple Developer)

Bevor Sie Ihre App in App Store Connect für den App Store einrichten können, müssen Sie auf der Apple-Developer-Seite eine sogenannte *App-ID* registrieren (siehe Abbildung 32.21).

Dazu melden Sie sich mit Ihrer Developer-ID auf der folgenden Webseite an und wählen das Dialogblatt IDENTIFIERS • APP IDs aus. Achten Sie darauf, dass Sie auf der Webseite die für Sie relevante Plattform auswählen. App-IDs für macOS werden vollkommen getrennt von den App-IDs für iOS, tvOS und watchOS verwaltet.

https://developer.apple.com/account/ios/identifier/bundle

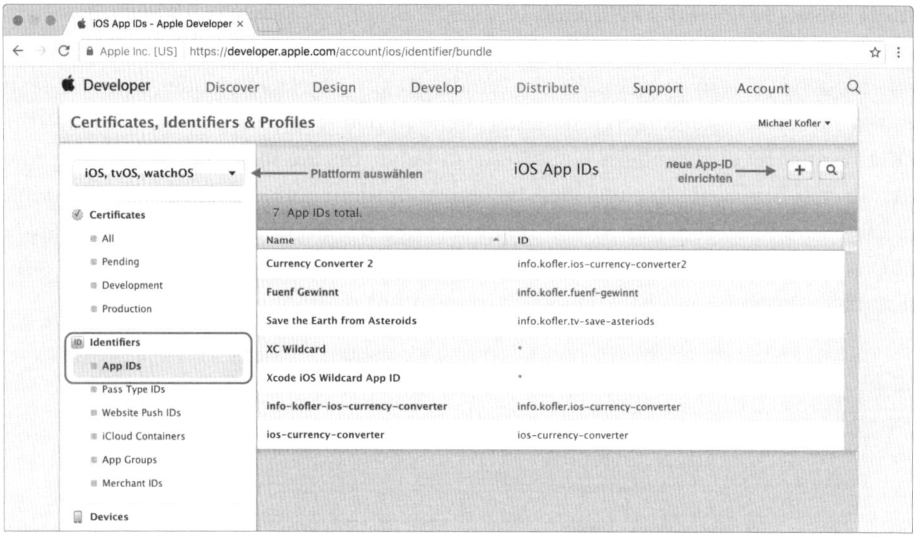

Abbildung 32.21 Verwaltung der App-IDs auf der Apple-Developer-Website

Mit dem Plus-Button können Sie nun eine neue App-ID für Ihre App einrichten. Dabei gibt es die folgenden Felder:

- APP ID DESCRIPTION: Hier geben Sie der App-ID einen Namen. Die Zeichenkette hilft Ihnen dabei, Ihre verschiedenen App-IDs nicht durcheinanderzubringen, hat ansonsten aber keine Bedeutung.
- APP ID PREFIX: Dieses Feld ist vorgegeben. Es enthält die Team-ID Ihres Developer-Accounts.
- APP ID SUFFIX: Hier weisen Sie Ihrer App eine explizite App-ID zu. Es ist üblich, hier die Bundle-ID anzugeben. Nur wenn Ihre App keine Zusatzfunktionen wie das Game Center oder In-App Purchases verwendet (das gilt auch für zukünftige Versionen der App!), können Sie anstelle der App-ID eine universelle WILDCARD APP ID verwenden.
- APP SERVICES: Hier geben Sie an, welche Dienste Ihre App nutzt (Game Center, HealthKit, HomeKit etc.). Viele Dienste sind nur auswählbar, wenn Sie sich im vorigen Punkt für eine explizite App-ID entschieden haben.

App einrichten (App Store Connect)

Nun öffnen Sie in Ihrem Webbrowser die Website *https://appstoreconnect.apple.com* und richten dort Ihre neue App für den App Store ein. Dazu klicken Sie nach dem Login auf das Icon MEINE APPS. Mit dem Plus-Button gelangen Sie in einen Dialog, in dem Sie die Eckdaten der neuen App festlegen (siehe Abbildung 32.22).

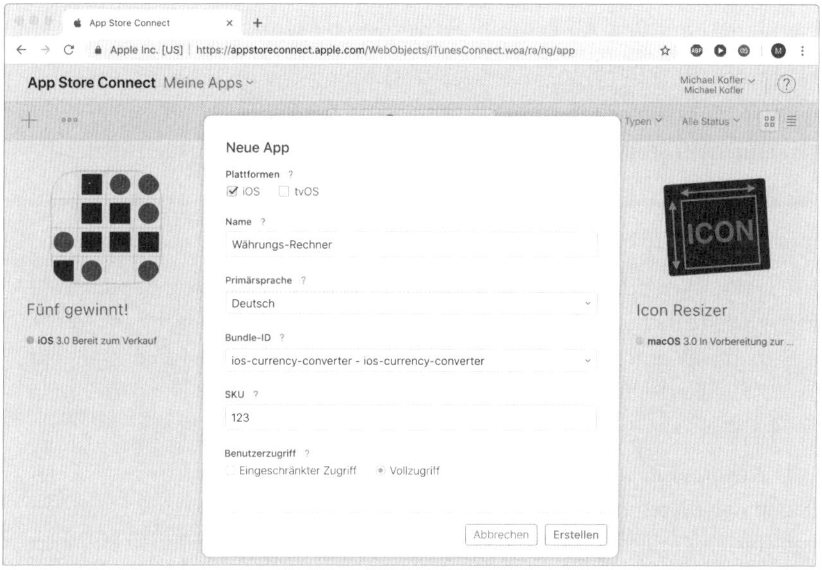

Abbildung 32.22 Eine neue App in App Store Connect einrichten

Kurz eine Erklärung zu den leider teilweise missverständlichen Begriffen in diesem Dialog:

- NAME: Hier müssen Sie den Namen Ihrer App angeben. Das ist oft schwierig, denn der Name muss innerhalb des App Stores eindeutig sein. Und leider gilt ein Name auch dann schon als reserviert, wenn ein anderer Entwickler irgendwann eine entsprechend benannte App in App Store Connect eingerichtet hat – selbst wenn diese App dann nie akzeptiert oder ausgeliefert wurde. (Daraus ergibt sich umgekehrt die Schlussfolgerung: Richten Sie Ihre App möglichst früh in App Store Connect ein, bevor andere Entwickler Ihnen den Namen wegschnappen.)
- PRIMÄRSPRACHE: Diese Einstellung ist nur für Apps relevant, die in mehreren Sprachen lokalisiert sind. Die PRIMÄRSPRACHE gilt als Defaultsprache für die unzähligen weiteren Felder, die Sie demnächst in App Store Connect ausfüllen müssen. Bleiben dort einzelne Felder für die jeweilige Sprache leer, übernimmt App Store Connect die entsprechenden Einstellungen der Primärsprache.
- BUNDLE-ID: Natürlich würde man annehmen, dass hier die Bundle-ID der App einzugeben ist – aber weit gefehlt! Vielmehr stehen in diesem Listenfeld die App-IDs zur Auswahl, die Sie auf der Apple-Developer-Seite eingerichtet, aber bisher nicht genutzt haben (siehe den vorigen Abschnitt).

Alternativ können Sie hier auch den Eintrag XCODE IOS WILDCARD APP ID wählen. In diesem Fall wird ein weiteres Eingabefeld SUFFIX FÜR BUNDLE-ID eingeblendet, in dem Sie nun tatsächlich die Bundle-ID Ihres Xcode-Projekts angeben. Für diese Variante dürfen Sie sich aber nur dann entscheiden, wenn Ihre App keine Zusatzfunktionen wie das Game Center oder In-App Purchases verwendet.

- SKU: Diese Abkürzung steht für *Stock Keeping Unit* und bezeichnet eine eindeutige Nummer, die unter anderem auf den Abrechnungen verwendet wird. Sie müssen hier eine zumindest zweistellige Zahl angeben.

Beim erfolgreichen Abschluss dieser Eingaben wird die neue App eingerichtet und erhält die App Store ID. Das ist eine neunstellige Zahl, die Ihre App weltweit eindeutig identifiziert.

App-Store-Connect-Website in englischer Sprache

Sofern Sie auf Ihrem Mac als Landessprache DEUTSCH eingestellt haben, verwendet auch die App-Store-Connect-Website deutsche Texte. Das ist sicher gut gemeint, aber nicht unbedingt eine große Hilfe – vor allem dann nicht, wenn Sie auf der Suche nach einem Fehler sind und im Internet fast ausschließlich Hilfetexte finden, die sich auf die englische Version dieser Website beziehen.

Wenn Sie Safari als Webbrowser verwenden, sehen Sie die Webseite nur dann im englischen Original, wenn Sie in den Systemeinstellungen von macOS die Sprache ENGLISCH einstellen und Ihren Mac neu starten. Einfacher ist es, einen anderen Browser zu verwenden (z. B. Firefox oder Google Chrome), in dem die bevorzugte Sprache einstellbar ist.

App-Daten ausfüllen (App Store Connect)

Ist die neue App einmal eingerichtet, fängt die Arbeit erst richtig an: Sie müssen nun alle erdenklichen Eckdaten für die App angeben bzw. hochladen. Dazu zählen unter anderem:

- Screenshots der App für iPhone und iPad
- optional ein Präsentationsvideo Ihrer App
- eine Beschreibung der App
- Schlüsselwörter, damit die App im App Store besser gefunden werden kann
- die Adresse einer Support-Webseite
- die Angabe der primären und sekundären App-Kategorie (z. B. BÜCHER, WIRTSCHAFT, BILDUNG oder REISEN)
- die Altersfreigabe
- den Lizenzvertrag (Hier bestätigen Sie den Standardlizenzvertrag von Apple.)
- Copyright-Angaben
- Ihre Kontaktdaten

Klicken Sie hin und wieder auf SICHERN, damit eine Internetunterbrechung nicht dazu führen kann, dass Sie die ohnedies mühselige Eingabe wiederholen müssen!

Alle Angaben führen Sie vorerst für die Hauptsprache der App durch. Wenn Ihre App in mehreren Sprachen lokalisiert ist, fügen Sie im Sprachlistenfeld, das Sie fast ganz oben auf der Webseite bei den VERSIONSINFORMATIONEN finden, weitere Sprachen hinzu und wiederholen dann die obigen Eingaben in diesen Sprachen.

Probleme beim Bild-Upload

App Store Connect ist beim Upload von Bildern ausgesprochen pingelig. Die Auflösung muss auf den Pixel exakt passen, außerdem müssen die Bilder ohne Alpha-Kanal gespeichert sein. Um den Alpha-Kanal einer PNG-Bitmap zu entfernen, können Sie das Bild im Programm *Vorschau* laden; beim Exportieren deaktivieren Sie dann die Option ALPHA. In GIMP klicken Sie im Dialog EBENEN die Bildebene mit der rechten Maus- oder Trackpad-Taste an und führen ALPHAKANAL ENTFERNEN aus.

Screenshots von iOS-Apps erstellen Sie am einfachsten im Simulator mit [⌘]+[S]. Die Bilddateien werden auf dem Desktop gespeichert.

Screenshots für macOS-Apps müssen eine der vier folgenden Größen aufweisen: 1.280 × 800, 1.440 × 900, 2.560 × 1.600 oder 2.880 × 1.800 Pixel.

Möglicherweise vermissen Sie die Möglichkeit, das App-Icon in der App-Store-Connect-Website hochzuladen. Das ist nicht möglich, weil das App-Icon ohnedies in der App enthalten ist. App Store Connect extrahiert das Icon, sobald Sie Ihre App aus Xcode zum ersten Mal hochladen.

In den weiteren Dialogblättern der App müssen Sie nun noch zumindest den Preis der App festlegen. Dabei können Sie für verschiedene Regionen unterschiedliche Preisstufen wählen, angeben, ab wann und wie lange die Preisstufe gültig ist, etc. Je nach App müssen Sie außerdem Einstellungen für In-App-Käufe, für das Game Center und für den Zeitungskiosk vornehmen.

App-Upload (Xcode)

Zum App-Upload führen Sie in Xcode PRODUCT • ARCHIVE aus. Bei iOS-Apps steht dieses Kommando nur zur Auswahl, wenn Sie im Listenfeld in der Xcode-Symbolleiste neben dem dreieckigen RUN-Button ein »echtes«, mit Xcode verbundenes iOS-Gerät oder den Eintrag GENERIC IOS DEVICE auswählen. Das ARCHIVE-Kommando steht hingegen nicht zur Verfügung, wenn gerade ein simuliertes Device ausgewählt ist!

Xcode kompiliert Ihre App nun mit Release-Optimierung und verpackt sie in eine Archivdatei. Alle Archive werden in einem eigenen Xcode-Fenster aufgelistet. Dieses Fenster können Sie bei Bedarf auch später wieder mit WINDOW • ORGANIZER öffnen.

Sobald Sie in diesem Fenster sind, können Sie mit Validate App eine erste Überprüfung durchführen, ob alle formalen Voraussetzungen für einen Upload erfüllt sind (richtige Versionsnummer, App-Icons etc.). Sobald dies der Fall ist, klicken Sie auf Distribute App. Xcode zeigt zusammenfassende Informationen an (siehe Abbildung 32.23), Upload startet dann tatsächlich den Upload. Wenn alles gut geht, zeigt Xcode wenig später die Erfolgsmeldung *Upload Successful* an.

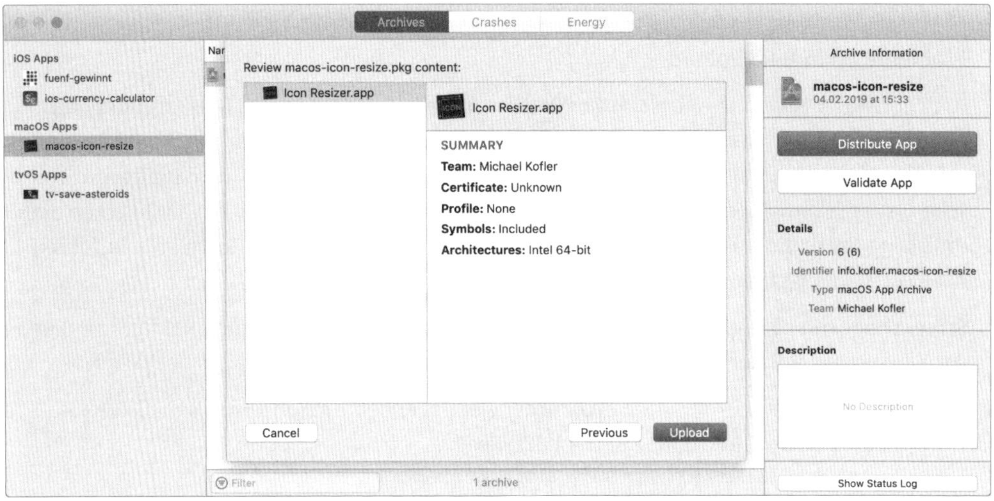

Abbildung 32.23 App-Upload in Xcode

App-Prüfung initiieren (App Store Connect)

Damit ist es an der Zeit, wieder im Webbrowser die App-Store-Connect-Site zu besuchen. In der Seitenleiste klicken Sie nun die Versionsnummer Ihrer App an. Anfänglich gibt es hier nur eine Version, aber wenn Sie später eine neue Version einreichen, werden mehrere Versionen angezeigt. Unter der Rubrik Build finden Sie die von Xcode hochgeladenen Build-Versionen. Dort wählen Sie die aktuellste Version aus (siehe Abbildung 32.24). Der hier gekennzeichnete Build ist die Version, die Apple-Mitarbeiter später überprüfen und mit etwas Glück im App Store freigeben werden.

Weiter unten auf der Seite finden Sie die Rubrik Informationen zur App-Prüfung. Dort geben Sie Ihre Kontaktdaten an. Wenn Apple zur Überprüfung Ihrer App auf einen Demo-Account Ihrer Webseite zugreifen muss, müssen Sie hier entsprechende Login-Daten angeben. Andernfalls vergessen Sie nicht, die Option Demo-Account zu deaktivieren!

Sind damit alle formalen Voraussetzungen erfüllt, zeigt die App-Store-Connect-Site rechts oben den Button Zur Prüfung übermitteln an. Erst mit diesem Button startet der Überprüfungsprozess!

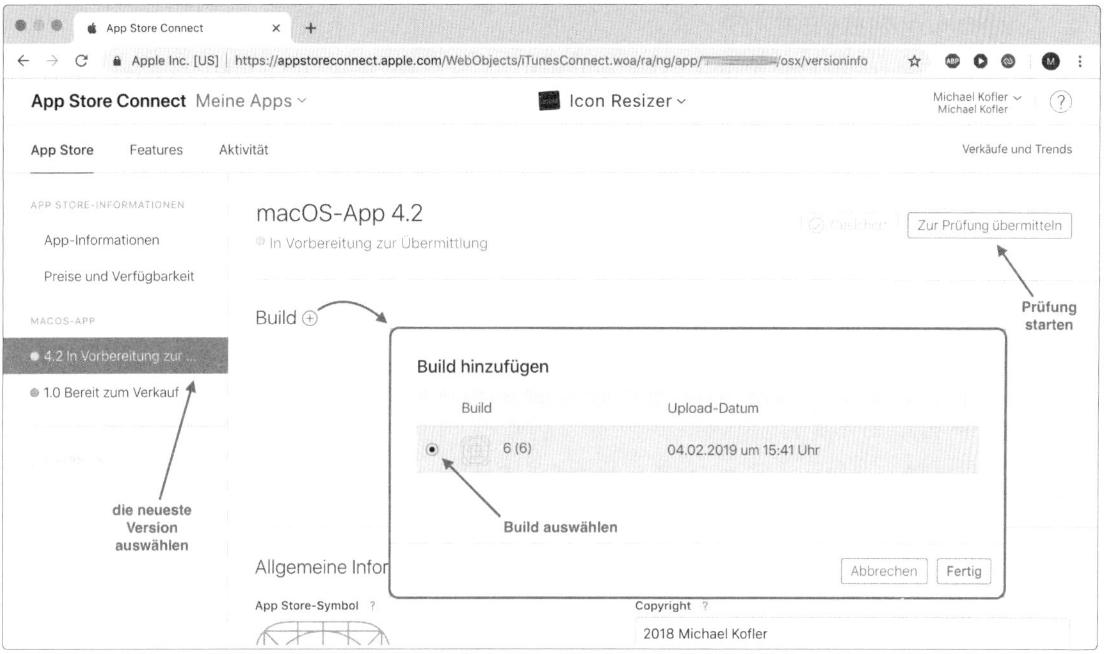

Abbildung 32.24 Einen hochgeladenen Build auf der App-Store-Connect-Website zur Prüfung einreichen

Warten auf das Okay von Apple

Jetzt beginnt eine in der Regel mehrtägige Wartezeit, bis Apple-Mitarbeiter Ihre App ansehen und dann der Veröffentlichung zustimmen oder diese ablehnen. Bei den vier Apps, die ich für dieses Buch eingereicht habe, hat dieser Prozess inklusive einiger Ablehnungen wegen trivialer Probleme eine gute Woche gedauert. Inoffizielle Informationen über die gerade aktuellen durchschnittlichen Review-Zeiten finden Sie hier:

http://appreviewtimes.com

Abgelehnte App neuerlich einreichen

Wenn Apple Ihre App ablehnt, beheben Sie die von Apple kritisierten Probleme, erhöhen in Xcode in den Target-Einstellungen die Build-Nummer, erstellen mit PRODUCT • ARCHIVE ein neues Archiv und laden dieses in den App Store hoch.

Auf der App-Store-Connect-Site müssen Sie den zuletzt geprüften Build zuerst anklicken und entfernen, bevor Sie den neu übertragenen Build auswählen können. Wenn das erledigt ist, speichern Sie die geänderten Einstellungen und klicken neuerlich auf ZUR PRÜFUNG ÜBERMITTELN.

Neue Version einreichen

Wenn Sie später eine neue Version mit Bugfixes oder zusätzlichen Funktionen fertiggestellt haben, richten Sie zuerst in App Store Connect eine neue Version Ihrer App ein (Button + VERSION ODER PLATTFORM). In Xcode ändern Sie bei den Target-Einstellungen die Versionsnummer entsprechend. Anschließend erstellen Sie ein neues Archiv, laden es hoch, wählen den Build in App Store Connect aus und reichen diesen neuerlich zur Prüfung ein.

32.6 macOS-Programme selbst weitergeben

Grundsätzlich bestehen zwei Möglichkeiten, selbst entwickelte macOS-Programme weiterzugeben:

- Sie können Apples App Store verwenden. Die Vorgehensweise dazu habe ich ja im Detail im vorigen Abschnitt beschrieben. Allerdings ist nicht jedes macOS-Programm App-Store-tauglich. Sie müssen bei den Projekteigenschaften (CAPABILITIES) die Option APP SANDBOX = ON setzen. Damit stellt macOS sicher, dass Ihre App sich an diverse Sicherheitsregeln hält, nicht aus ihrem »Sandkasten« ausbricht und keinen Schaden anrichtet. Bei der Beispiel-App *Icon-Resizer* zeige ich Ihnen in Abschnitt 41.1, »App-Überblick«, wie diese Einstellungen aussehen können.

  Für viele Apps stellen die durch die Sandbox bedingten Restriktionen kein Problem dar. Für systemnahe Programme sind die Sandbox-Regeln leider zu restriktiv. Derartige Apps können nicht über den App Store vertrieben werden.

- Sie können das kompilierte Programm über Ihre Webseite anbieten oder über einen anderen Dienstleister verkaufen. Vorher sollten Sie Ihre Apps signieren und möglichst auch »beglaubigen« (*notarize*).

Pro und kontra Mac App Store

Bei iOS-, tvOS- oder watchOS-Apps stellt sich die Frage gar nicht: Die Installation von Apps ohne App Store gelingt nur Entwicklern sowie Anwendern, die bereit sind, sich einen Root-Zugang zu ihrem Gerät zu verschaffen. Wenn Sie mit Ihrer App Geld verdienen möchten, ist das ein winziger Zielmarkt.

Mac-Entwickler haben aber die Wahl, ob sie ihre Apps über den App Store oder über andere Kanäle verkaufen möchten. Für den App Store spricht natürlich die für Kunden und Entwickler attraktive und sichere Abwicklung des Kaufprozesses, für die man aus Entwicklersicht sogar die 30-prozentige *Apple Tax* in Kauf nehmen kann.

Allerdings sind aufgrund der Sandbox-Restriktion manche Apps schlicht inkompatibel mit dem App Store. Viele Entwickler sind mit dem App Store zudem aus anderen Gründen unglücklich, z. B. weil dieser eine direkte Kommunikation mit Kunden unmöglich macht und kostenpflichtige Updates verbietet.

Gatekeeper

Nachdem ich die App-Store-Variante in diesem Kapitel bereits behandelt habe, konzentriere ich mich in diesem Abschnitt auf die Verpackung von macOS-Apps, um diese dann selbst oder über einen Drittanbieter zu verkaufen oder auch kostenlos weiterzugeben.

Auch hierfür sollten Sie Mitglied im kostenpflichtigen Apple-Developer-Programm sein. Das gibt Ihnen nämlich die Möglichkeit, das kompilierte Programm so zu signieren bzw. beglaubigen zu lassen (*notarize*), dass das Programm auf einem anderen Rechner ohne unnötige Warnungen installiert werden kann:

- **Signieren:** Durch das Signieren verbinden Sie mit der App quasi Ihre Unterschrift als Entwickler. Es ist damit nachvollziehbar, wer der Entwickler der App ist.
- **Beglaubigen:** Neu seit Xcode 10 bzw. macOS 10.14 ist die Möglichkeit, die App zusätzlich zu beglaubigen (*to notarize*). Dazu übertragen Sie Ihre App auf einen Apple-Server, wo eine Überprüfung auf Schadcode erfolgt. Aktuell ist die Beglaubigung optional, aber Apple hat schon angekündigt, dass in zukünftigen macOS-Versionen nur noch beglaubigte Apps ohne Weiteres installiert werden dürfen.

Nicht signierte Programme lassen sich unter macOS nur starten, wenn in den Systemeinstellungen im Modul SICHERHEIT die Einstellung APPS-DOWNLOADS ERLAUBEN VON = APP STORE UND VERIFIZIERTE ENTWICKLER gilt. Der Optionstext legt eigentlich nahe, dass Apps von nicht verifizierten Entwicklern nicht ausgeführt werden können; tatsächlich ist dies aber doch möglich, wenn der Nutzer es mit dem Button DENNOCH ÖFFNEN explizit erlaubt (siehe Abbildung 32.25). Apple nennt diese Sicherheitsfunktion *Gatekeeper*.

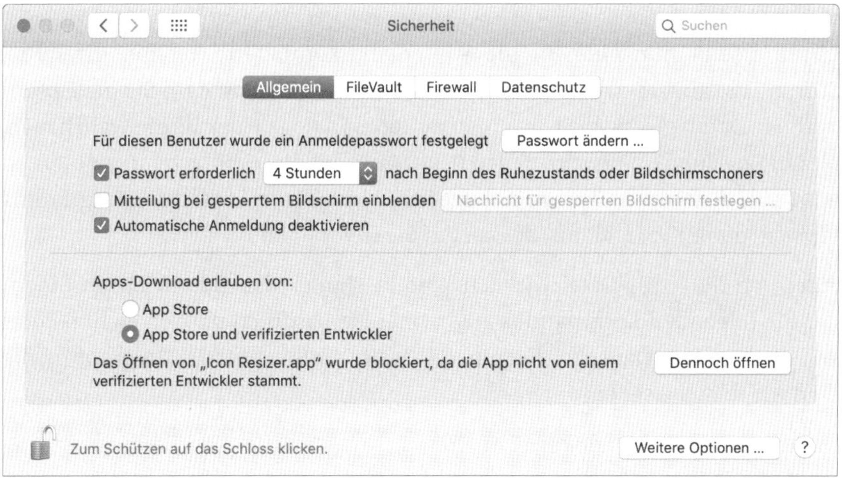

Abbildung 32.25 Die Gatekeeper-Optionen in den macOS-Systemeinstellungen

Programme signieren und archivieren

Der erste Schritt zur Weitergabe Ihres Programms besteht darin, dass Sie bei den Programmeinstellungen in der Gruppe IDENTITY angeben, um welche Art von Programm es sich handelt und wie Sie es signieren möchten (siehe Abbildung 32.26).

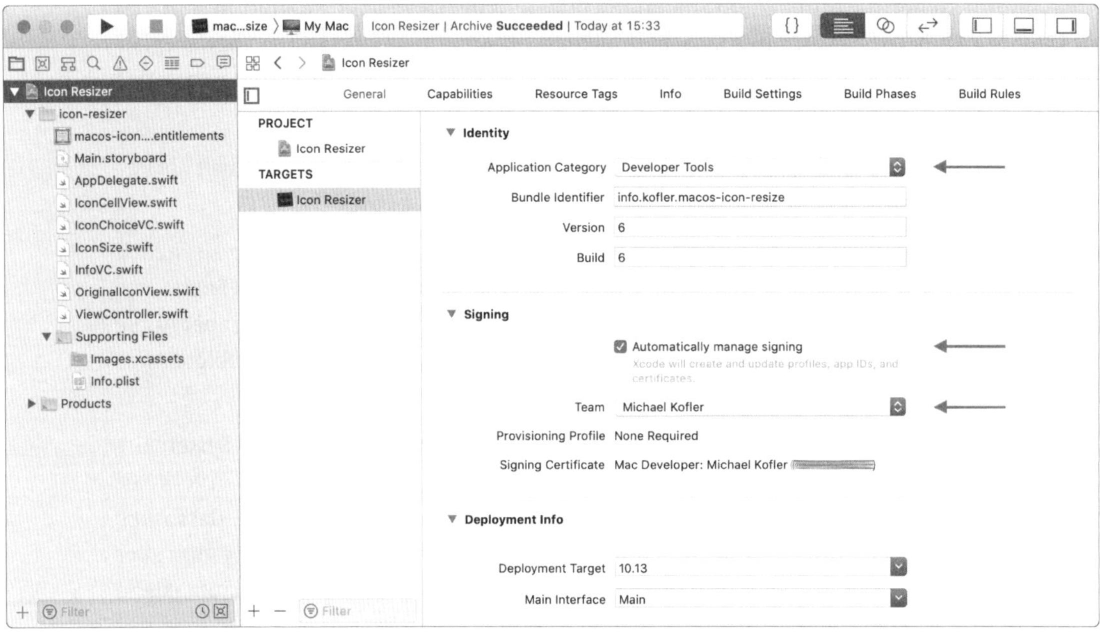

Abbildung 32.26 Identity- und Signing-Einstellungen zur Programmweitergabe

PRODUCT • ARCHIVE erstellt nun eine für die Weitergabe kompilierte Version Ihres Programms. Der Button DISTRIBUTE APP führt in einen weiteren Dialog, in dem Sie die Option DEVELOPER ID wählen. Damit gelangen Sie in einen weiteren Dialog, in der Sie die Wahl haben, die App an Apple zur Beglaubigung hochzuladen (UPLOAD) oder diese einfach nur signiert zu speichern (EXPORT). Bei der zweiten Option erzeugt Xcode eine `*.app`-Datei Ihres Programms und speichert diese in einem Verzeichnis, dessen Ort Sie frei wählen können.

Um zu überprüfen, ob die `*.app`-Datei wirklich korrekt signiert ist, führen Sie in einem Terminal-Fenster die folgenden Kommandos aus, wobei Sie natürlich die Verzeichnis- und Dateinamen anpassen müssen. Das `spctl`-Kommando testet die Signatur des Programms, die Ausgaben müssen wie folgt aussehen:

```
spctl -a -v <verzeichnis>/IconResizer.app
  IconResizer.app: accepted
  source=Developer ID
```

Programme beglaubigen

Bevor Sie ein Programm beglaubigen können, müssen Sie bei den Target-Einstellungen Die Option HARDENED RUNTIME aktivieren. Je nach Art der App müssen Sie dabei eventuell weitere Optionen auswählen. Beim Icon-Resizer war dies aber nicht erforderlich (siehe Abbildung 32.27).

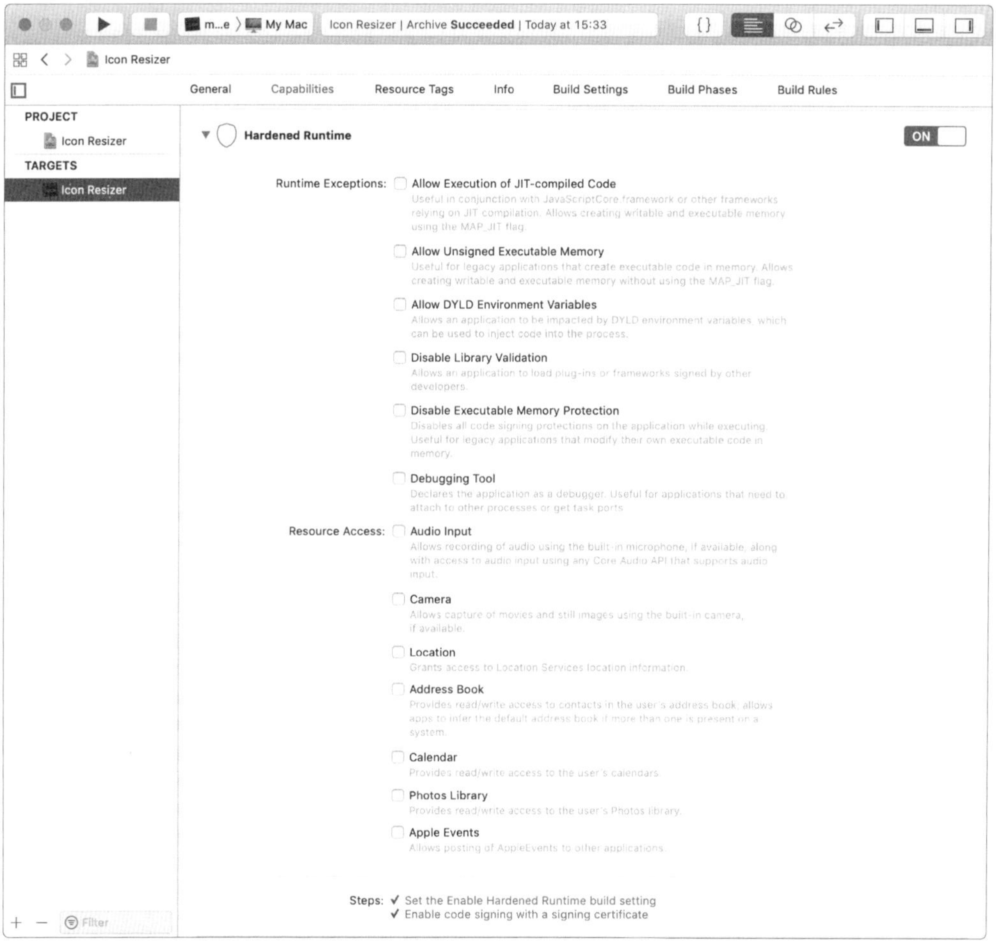

Abbildung 32.27 Damit Apps beglaubigt werden können, ist eine »Hardened Runtime« erforderlich.

Danach erzeugen Sie mit PRODUCT • ARCHIVE ein neues Archiv, klicken auf DISTRIBUTE APP und wählen in den weiteren Dialogen die Optionen DEVELOPER ID und EXPORT. Die App wird nun auf einen Apple-Server hochgeladen und dort überprüft (siehe Abbildung 32.28).

Der Vorgang verläuft automatisiert. Sofern es keine Beanstandungen gibt, sollten Sie innerhalb weniger Minuten eine E-Mail erhalten, die bestätigt, dass Sie die App nun weitergeben dürfen. Gleichzeitig ändert sich der Status des Archivs in READY TO DISTRIBUTE. Um die beglaubigte App zu speichern, scrollen Sie in der rechten Seitenleiste des Fensters ganz nach unten, wo Sie schließlich den Button EXPORT NOTARIZED APP finden (siehe Abbildung 32.29).

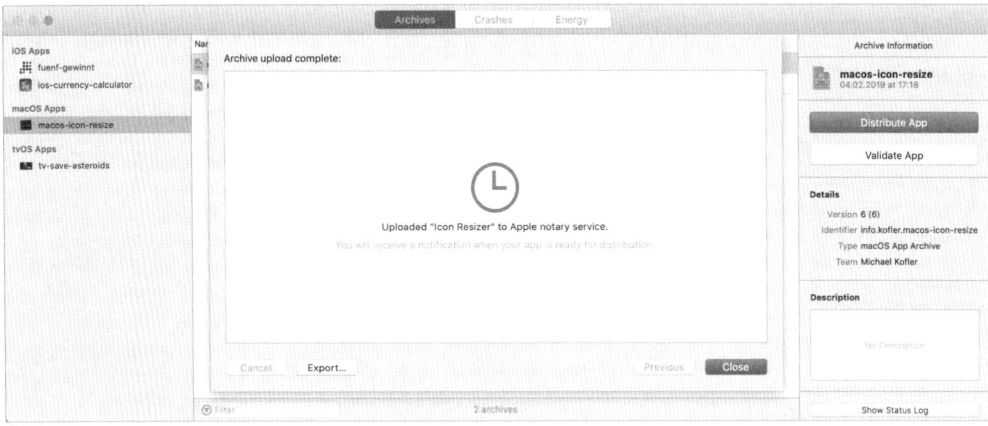

Abbildung 32.28 Die App wurde zur Beglaubigung hochgeladen.

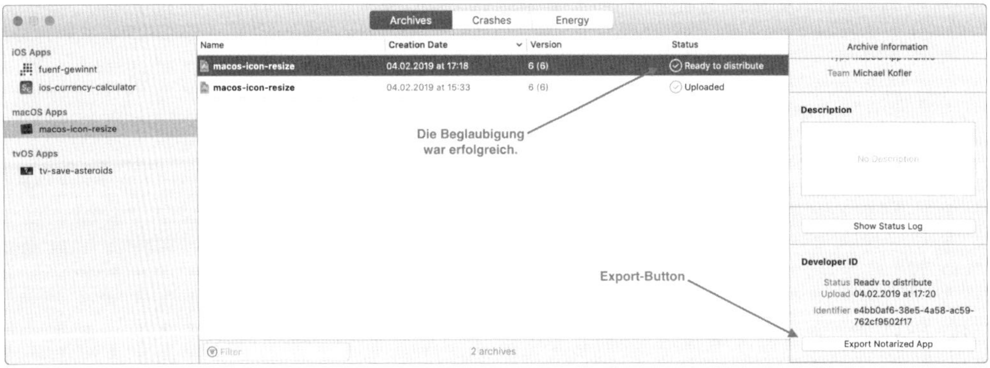

Abbildung 32.29 Die beglaubigte App kann gespeichert werden.

Mit dem Kommando `xcrun stapler validate` können Sie die Beglaubigung der App verifizieren:

```
xcrun stapler validate <verzeichnis>IconResizer.app/
  Processing: <verzeichnis>IconResizer.app/
  The validate action worked!
```

Als weiteren Test können Sie die `*.app`-Datei in ein ZIP-Archiv verpacken und auf eine eigene Website oder auf Dropbox hochladen. Nun laden Sie die ZIP-Datei über einen Webbrowser wieder auf Ihren Rechner hinunter, packen das Archiv aus und starten die App. macOS zeigt beim ersten Startversuch die üblichen Warnungen an (siehe Abbildung 32.30), weist aber gleichzeitig darauf hin, dass die App von Apple überprüft und für sicher befunden wurde.

Abbildung 32.30 Selbst bei beglaubigten Apps warnt macOS vor dem ersten Ausführen

Programme in einem DMG-Image verpacken

Sie können eine *.app-Datei nicht direkt zum Download anbieten. Apps sind in Wirklichkeit Verzeichnisse, die eine Menge Dateien enthalten. Nur der Finder zeigt eine App so an, als würde es sich um eine Datei handeln.

Sie müssen Ihre App deswegen in ein ZIP-Archiv oder in ein Disk-Image (DMG-Datei) verpacken. Es gibt im Internet allerlei Anleitungen bzw. Tools, die dabei helfen. Als besonders effizient hat sich das in JavaScript entwickelte Kommando `appdmg` herausgestellt.

Damit Sie dieses kostenlose Script installieren und ausführen können, benötigen Sie aber das Kommando `npm`. Es ist im Paket `node` enthalten, zu dessen Installation Sie aber wiederum das `brew`-Kommando des Homebrew-Projekts benötigen. Dieses Projekt hilft bei der Installation von Kommandowerkzeugen, die unter macOS normalerweise fehlen. Details zu allen hier genannten Tools können Sie auf den folgenden Seiten nachlesen:

https://github.com/LinusU/node-appdmg
https://nodejs.org
https://docs.npmjs.com/getting-started/what-is-npm
https://brew.sh
https://stackoverflow.com/questions/8680132

Auch wenn der Installationsprozess aufwendig klingt, müssen Sie nur drei Kommandos im Terminal ausführen. Das erste Kommando können Sie auch ohne die Zeichen »\« in einer Zeile eingeben. Bei der Ausführung des `ruby`-Kommandos werden Sie nach Ihrem Passwort gefragt, weil die eigentliche Installation mit `sudo` ausgeführt wird.

```
mkdir homebrew && curl -L \
  https://github.com/Homebrew/brew/tarball/master | \
  tar xz --strip 1 -C homebrew
brew install node
npm install -g appdmg
```

Wenn Sie zu einem späteren Zeitpunkt `node` und `appdmg` aktualisieren möchten, führen Sie diese Kommandos aus:

```
brew update
brew upgrade node
npm install -g appdmg
```

Sind diese Voraussetzungen einmal erfüllt, müssen Sie mit einem Editor noch die winzige `spec.json`-Datei nach dem folgenden Muster zusammenstellen. Dabei müssen Sie natürlich `TestApp.app` durch den gewünschten App-Namen ersetzen. Ich habe für den Icon-Resizer den Namen `Icon-Resizer.app` verwendet. Die Datei `spec.json` muss im gleichen Verzeichnis gespeichert werden wie die `*.app`-Datei. Für das Beispiel aus diesem Kapitel ist dies `Desktop/Icon Resizer`.

```
{
  "title": "Test Title",
  "background": "background.png",
  "icon-size": 80,
  "contents": [
    { "x": 192,  "y": 344,
      "type": "file",
      "path": "TestApp.app" },
    { "x": 448, "y": 344,
      "type": "link",
      "path": "/Applications" } ]
}
```

Die größte Arbeit besteht nun darin, ein Hintergrundbild zu gestalten, das im gleichen Verzeichnis in der Datei `background.png` zu speichern ist – optional ein zweites Mal in Retina-Auflösung unter dem Namen `background@2x.png`. Ich habe passend zum obigen Listing eine Bitmap in der Größe von 420 × 410 Pixeln erstellt. Solange sich `spec.json` und `Icon-Resizer.app` im gleichen Verzeichnis befinden, verläuft das Erzeugen des DMG-Images mühelos:

```
cd Desktop/Icon\ Resizer
appdmg spec.json Icon-Resizer.dmg

  [ 1/21] Looking for target...                  [ OK ]
  [ 2/21] Reading JSON Specification...          [ OK ]
  ...
  Your image is ready: Icon-Resizer.dmg

open Icon-Resizer.dmg
```

Im `appdmg`-Kommando gibt der erste Parameter den Namen der `*.json`-Datei an, der zweite den Namen des Images, das Sie erstellen wollen. Benutzer, die das DMG-Image herunterladen und öffnen, müssen nun nur noch das App-Icon in das Verzeichnis *Applications* verschieben (siehe Abbildung 32.31).

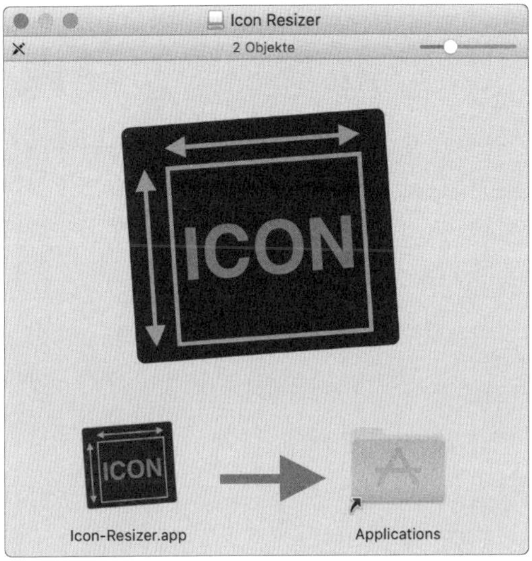

Abbildung 32.31 Finder-Fenster nach dem Öffnen des DMG-Images

Vermutlich gelingt die optische Gestaltung nicht beim ersten Versuch – dann müssen Sie das Image im Finder mit dem AUSWERFEN-Button aus dem Verzeichnisbaum lösen und die DMG-Datei löschen. Erst dann können Sie `appdmg` neuerlich ausführen.

Kapitel 33
Xcode-Arbeitstechniken

Zum Umgang mit Xcode ließe sich, losgelöst von Swift, ein ganzes Buch schreiben. So viel Platz ist hier nicht, aber ich möchte Ihnen an dieser Stelle doch ein paar Arbeitstechniken, Tipps und Tricks präsentieren:

- Simulator-Debugging-Ausgaben reduzieren
- Header-Code einer eigenen Bibliothek erzeugen
- Versionsverwaltung mit Git
- Zugriff auf iOS-Crashlogs
- Refactoring
- Projekte umbenennen
- Xcode-Verzeichnisse aufräumen
- Verwendung des Apple Configurators

33.1 Simulator-Ausgaben stoppen

Wenn Sie in Xcode eine App im Simulator ausführen, erscheinen im Debugging-Bereich von Xcode (genau genommen in der Konsole, das ist der rechte Teil des Debugging-Teilfensters) oft unzählige Meldungen. Wenn Sie in Ihrem Code selbst den einen oder anderen `print`-Aufruf eingebaut haben, dann gehen Ihre eigenen Ausgaben in der Simulator-Nachrichtenflut unter.

Um im Simulator etwas mehr »Ruhe« herzustellen, müssen Sie das RUN-Schema verändern. Dazu führen Sie PRODUCT • SCHEME • EDIT SCHEME aus, wählen das RUN-Schema aus, wechseln in das Dialogblatt ARGUMENTS und fügen dann im Bereich ENVIRONMENT VARIABLES die Einstellung `OS_ACTIVITY_MODE = disable` hinzu (siehe Abbildung 33.1).

Achtung, Informationsverlust!

Mitunter verbergen sich in der Flut der Debugging-Ausgaben auch wichtige Informationen, z. B. dass Sie vergessen haben, in `Info.plist` einen Schlüssel einzustellen, damit die App um Erlaubnis fragt, ob sie Ortsdaten benutzen darf. Solche Meldungen gehen mit der Einstellung `OS_ACTIVITY_MODE = disable` ebenfalls verloren.

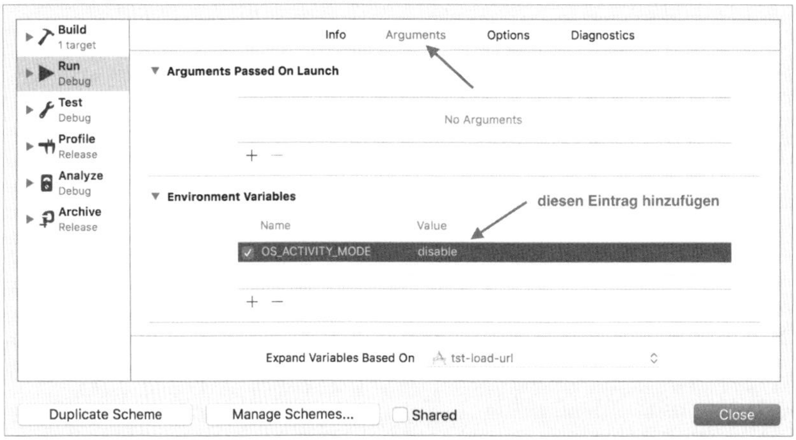

Abbildung 33.1 Diese Einstellung schafft himmlische Ruhe im Debugging-Bereich.

Eine andere Möglichkeit besteht darin, dass Sie Ihren eigenen Ausgaben mit `print` immer ein eindeutiges Kürzel voranstellen, etwa so:

```
print("xxx Fehler \(error)")
```

In Xcode können Sie die Konsolenausgaben nun nach diesem Kürzel (hier `xxx`) filtern und sehen dann nur Ihre eigenen Ausgaben, nicht aber die Debugging-Texte.

33.2 Header-Code einer eigenen Klasse erzeugen

Wenn Sie bei gedrückter [⌘]-Taste auf einen Bezeichner der Swift-Standardbibliothek klicken (z. B. auf `Array`), gelangen Sie mit JUMP TO DEFINITION in eine Art Header-Datei mit der Deklaration des Typs in der Swift-Standardbibliothek. Der Header beschreibt die Schnittstelle der Bibliothek für deren Verwender. Die eigentliche Implementierung der Bibliothek ist in der Header-Datei dagegen nicht enthalten.

Trennung zwischen Header und Implementierung

In vielen Programmiersprachen ist es üblich, die Deklaration von Funktionen, Methoden und Typen getrennt von der eigentlichen Implementierung in einer kompakten Header-Datei durchzuführen – beispielsweise in C, C++ oder Objective-C.

Swift und diverse andere Sprachen (Java, C#, Python etc.) verzichten auf diese Trennung. Das erhöht die Bequemlichkeit für die Programmierer, die sich die Eingabe dieser ohnedies redundanten Informationen ersparen können.

Zurück zu Swift: Header-Dateien sind also syntaktisch nicht erforderlich, wären aber manchmal praktisch, um alle Funktionen, Methoden, Strukturen, Klassen etc. einer eigenen

Codedatei zusammenzufassen. Xcode stellt eine Funktion zur Verfügung, die genau das erledigt: Dazu führen Sie einfach NAVIGATE • JUMP TO GENERATED INTERFACE aus. Xcode erzeugt nun aus der gerade aktuellen Codedatei die entsprechenden Deklarationen (siehe Abbildung 33.2). Die Header-Ansicht ist unveränderlich (read-only), Sie können den Text aber kopieren.

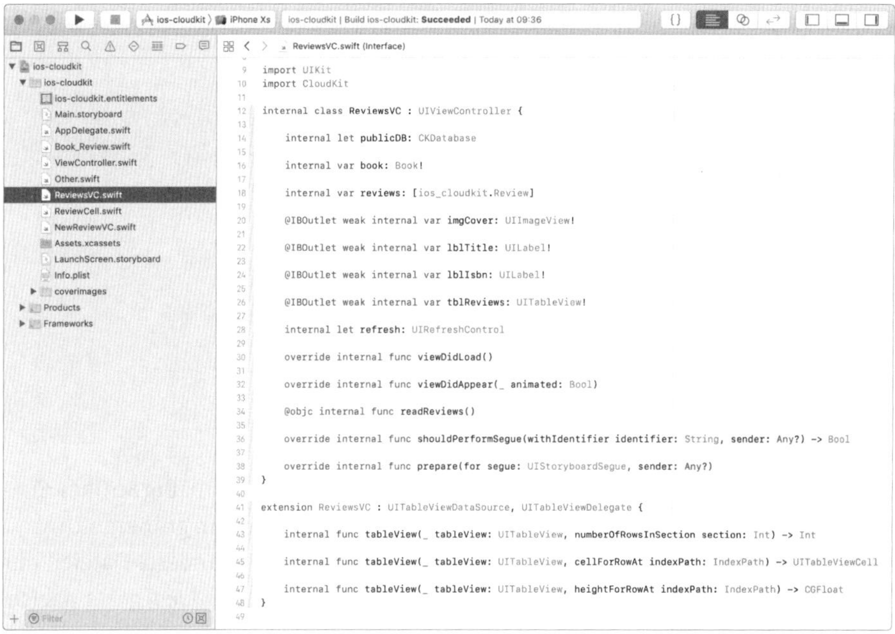

Abbildung 33.2 Xcode hat die Deklarationen der Datei »ReviewsVC.swift« aus einem iCloud-Beispielprojekt in einer Header-Datei zusammengefasst.

33.3 Versionsverwaltung mit Git

Xcode speichert Ihre Änderungen im Code normalerweise innerhalb weniger Sekunden. Das ist einerseits praktisch, weil Sie so selbst bei Abstürzen kaum Gefahr laufen, Daten zu verlieren. Pech haben Sie aber, wenn Ihr Programm, das zuvor funktioniert hat, nach größeren Umbauarbeiten nicht mehr läuft und Sie die Änderungen gern rückgängig machen würden.

Genau dabei hilft das Versionsverwaltungssystem Git. Es kann Änderungen jeder beliebigen Textdatei nachvollziehen und bei Bedarf rückgängig machen. Git ist allerdings selbst ein sehr komplexes Werkzeug und für Einsteiger nur bedingt geeignet. An dieser Stelle gehe ich nur auf den allereinfachsten Fall ein:

- Sie verwenden Git allein, also nicht in einem ganzen Team von Entwicklern.
- Alle Dateien bleiben auf Ihrem lokalen Rechner, d. h., es gibt keine externen Git-Repositories auf einem Server oder z. B. auf der Webseite *https://github.com*.

Git aktivieren

Zur Aktivierung von Git reicht es, beim Anlegen eines neuen Projekts im Dialog zur Verzeichnisauswahl die Option CREATE GIT REPOSITORY ON MY MAC zu aktivieren (siehe Abbildung 33.3). Natürlich können Sie Git auch nachträglich bei einem schon vorhandenen Projekt aktivieren. Dazu führen Sie das Kommando SOURCE CONTROL • CREATE WORKING COPY aus.

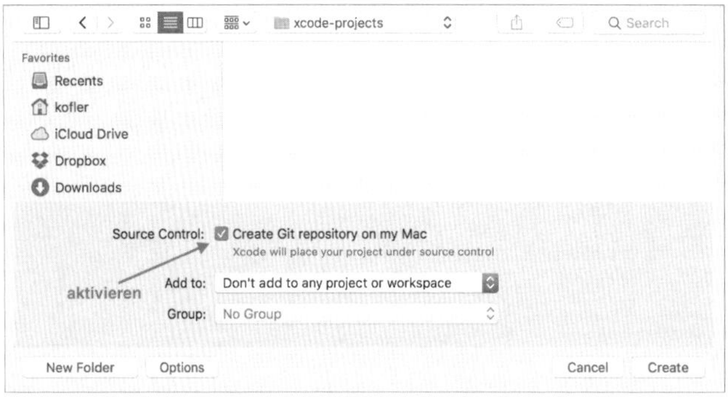

Abbildung 33.3 Git beim Einrichten eines neuen Projekts aktivieren

Git funktioniert damit nicht automatisch: Es kommt nun darauf an, regelmäßig SOURCE CONTROL • COMMIT auszuführen – auf jeden Fall einmal täglich bzw. vor jedem größeren Umbau in Ihrem Code. In diesem Dialog sind ebenso wie im Projektnavigator geänderte Dateien mit dem Buchstaben M (*modified*) und neue Dateien mit dem Buchstaben A (*added*) gekennzeichnet (siehe Abbildung 33.4).

Abbildung 33.4 Der Git-Commit-Dialog

Wenn Sie eine veränderte Datei auswählen, zeigt der Dialog die seit dem letzten Commit durchgeführten Änderungen. Um den Commit-Dialog abzuschließen, müssen Sie im Textfeld am unteren Rand eine kurze Nachricht eintragen, welche Arbeiten Sie seit dem letzten Commit durchgeführt haben. Das hilft Ihnen später, den Grund von durchgeführten Änderungen zu verstehen. (Noch viel wichtiger ist der Commit-Kommentar natürlich bei Projekten, an denen ein ganzes Team arbeitet.)

Von Git erstmals richtig profitieren werden Sie, wenn eine Funktion Ihres Programms, die sich früher ordnungsgemäß verhalten hat, plötzlich Fehler verursacht. Wann wurde die betreffende Datei zuletzt geändert – und warum? Die Antwort auf diese Fragen gibt die Ansicht COMPARISON, die Sie über ein winziges Menü des Buttons SHOW THE VERSION EDITOR rechts in der Xcode-Symbolleiste aktivieren können (siehe Abbildung 33.5). In dieser Ansicht können Sie auch einzelne Änderungen rückgängig machen.

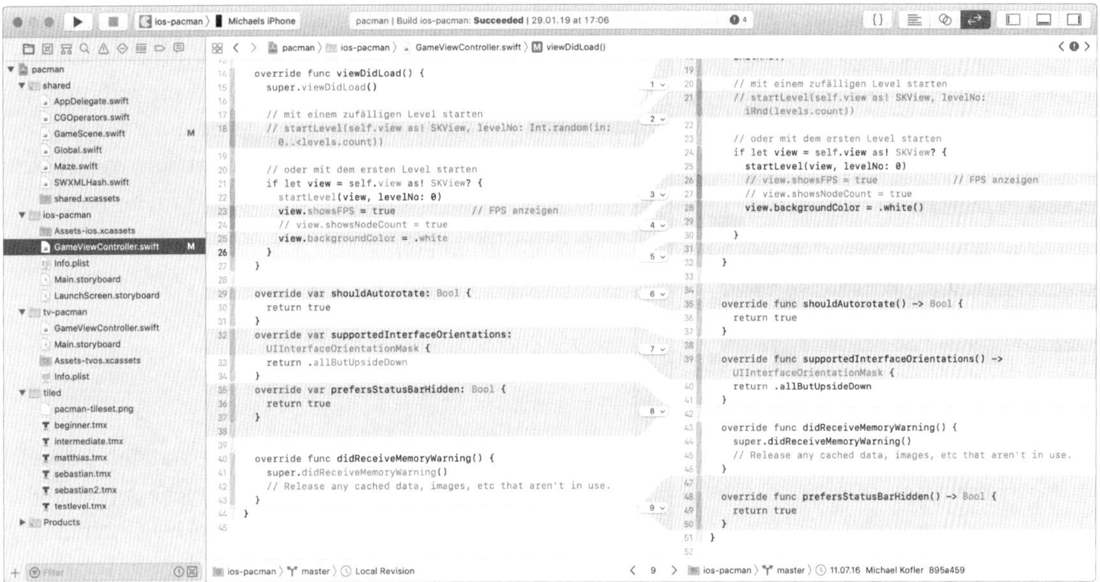

Abbildung 33.5 Vergleich der aktuellen Version einer Codedatei (links) mit einer älteren Version (rechts)

Daneben existieren zwei weitere Git-Ansichten:

- Die BLAME-Ansicht zeigt, wer für welche Veränderung verantwortlich ist. Diese Ansicht ist nur zweckmäßig, wenn mehrere Personen an einem Projekt beteiligt sind.
- Die LOG-Ansicht liefert eine Liste aller Commits samt der dazugehörigen Commit-Nachricht. In dieser Ansicht führt der Button SHOW N MODIFIED FILES in einen weiteren Dialog mit der Liste der veränderten Dateien. Wählen Sie dort eine Datei aus, zeigt Xcode wie in Abbildung 33.5 auch die dabei durchgeführten Änderungen an.

Weitere Informationen zu den Git-Funktionen in Xcode finden Sie hier:

https://help.apple.com/xcode/mac/9.0/#/dev6188033ec
https://developer.apple.com/videos/play/wwdc2017/405

33.4 Crashlogs

Wenn eine aus Xcode gestartete App abstürzt, lässt sich die Fehlerursache zumeist relativ einfach in Xcode ergründen. Wesentlich schwieriger wird es, wenn Programmabstürze unterwegs passieren, also ohne Xcode-Hilfe. iOS speichert in solchen Fällen ein Crashlog. Derartige Logs finden Sie auf Ihrem iPhone/iPad in der App EINSTELLUNGEN im Punkt DATENSCHUTZ • DIAGNOSE & NUTZUNGSDATEN. Die Logs werden auf dem iPhone allerdings in beinahe unleserlich kleiner Schrift angezeigt. Besser lesbar sind die Logs in Xcode, wenn Sie WINDOWS • DEVICES ausführen, Ihr iOS-Gerät dort auswählen und dann den Button VIEW DEVICE LOGS anklicken.

Aus den Crashlogs geht unter anderem hervor, welche Threads zum Zeitpunkt des App-Absturzes liefen, welcher davon den Absturz verursacht hat und welche Bibliotheken auf dem Gerät installiert sind. Die eigentliche Absturzursache bleibt aber leider oft im Verborgenen. Bei der Interpretation des Crashlogs hilft auch die folgende offizielle Dokumentation von Apple nicht nennenswert weiter. Schon deutlich hilfreicher ist das Blog von Ray Wenderlich, auch wenn sich der folgende Beitrag auf eine schon etwas ältere Xcode-Version bezieht:

https://developer.apple.com/library/archive/technotes/tn2151
https://raywenderlich.com/2805

33.5 Refactoring

Oft kommt es vor, dass Sie einer Variablen, einer Methode oder einem anderen Codeelement später einen anderen Namen geben wollen. Zwar ist es denkbar, solche Änderungen mit Suchen und Ersetzen durchzuführen, aber Xcode bietet dafür einen viel eleganteren Weg an: Dazu bewegen Sie den Cursor auf das betroffene Element und führen das Kontextmenükommando REFACTOR • RENAME aus oder klicken auf das Element mit gedrückter [⌘]-Taste.

Wenn Sie nun dem Element einen neuen Namen geben, dann führt Xcode diese Änderung an allen erforderlichen Orten im gesamten Projekt aus – also an allen Stellen, an denen die Klasse, Methode etc. verwendet wird (siehe Abbildung 33.6). Bei Actions und Outlets werden auch die Referenzen in der Storyboard-Datei aktualisiert. Bei Typnamen passt Xcode auch den Dateinamen an. Xcode findet Referenzen auf das umbenannte Element sogar in Kommentaren. In der Vorschau werden solche Fundstücke grau markiert, aber standardmäßig *nicht* geändert. Ein Klick auf die betreffende Stelle ändert die Markierungsfarbe und aktiviert die Textänderung auch dort.

Das REFACTOR-Menü enthält je nachdem, in welchem Kontext es ausgeführt wird, außer RENAME diverse weitere Einträge, von denen ich Ihnen hier beispielhaft zwei vorstelle:

- Beispielsweise können Sie mit EXTRACT METHOD die zuvor markierten Codezeilen in eine eigene Methode auslagern. Xcode kümmert sich darum, die Methode mit den erforderlichen Parametern auszustatten, und baut an der ursprünglichen Stelle auch gleich einen Aufruf der Methode ein.
- Im Code einer Struktur, Klasse oder Enumeration, die ein Protokoll einhält, fügt ADD MISSING PROTOCOL REQUIREMENTS alle fehlenden Methoden oder Eigenschaften hinzu. Dieses Kommando steht allerdings nur zur Verfügung, wenn der Cursor sich gerade im Typnamen befindet.

Derartige Operationen sind oft notwendig, wenn hastig erstellter Code schrittweise verbessert werden soll. Für solche Umbauarbeiten ist der Begriff *Refactoring* üblich. Eine gute Beschreibung der Grundlagen des Refactorings finden Sie in der Wikipedia:

https://de.wikipedia.org/wiki/Refactoring

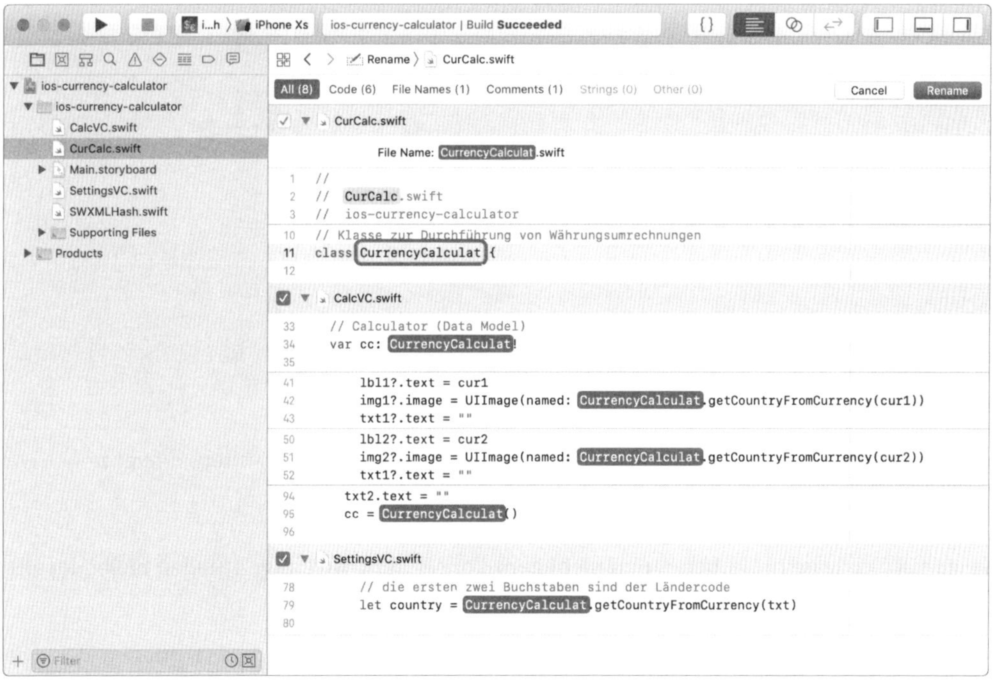

Abbildung 33.6 Xcode zeigt in einer Vorschau alle Stellen an, an denen Referenzen auf die Variable umbenannt werden.

Kein Refactoring in Playgrounds

Eine ärgerliche Einschränkung der neuen Refactoring-Funktionen betrifft Playgrounds. Dort stehen die Refactoring-Kommandos nicht zur Verfügung.

33.6 Projekte umbenennen

Es passiert immer wieder: Sie probieren etwas Neues aus, geben dem Projekt einen Namen wie `hello-spritekit`, und zwei Wochen später ist eine richtige App daraus geworden. Der ursprüngliche Name ist jetzt unpassend. Wie können Sie dem Xcode-Projekt einen neuen Namen geben?

So viel gleich vorweg: In der Regel ist es gar nicht notwendig, einen neuen Namen zu vergeben. Oft reicht es aus, nur den nach außen hin sichtbaren Namen korrekt einzustellen. Dazu fügen Sie in die Projektdatei `Info.plist` den neuen Eintrag BUNDLE DISPLAY NAME ein und geben dort den gewünschten App-Namen an. Fertig!

Auch das Ändern des Projektnamens gelingt unkompliziert: Sie klicken in Xcode im Projektnavigator einfach den Projektnamen an und geben einen neuen Namen ein. Xcode schlägt dann diverse weitere Änderungen vor, die Sie nur bestätigen müssen (siehe Abbildung 33.7).

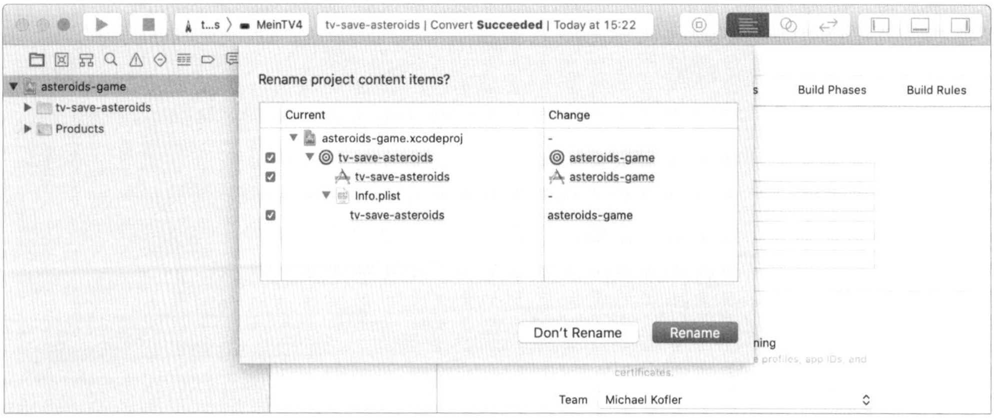

Abbildung 33.7 Sobald Sie den Projektnamen ändern, passt Xcode einige weitere Referenzen automatisch an.

Leider ist Xcode beim Umbenennen nicht ganz konsequent. An einigen Stellen bleibt der alte Projektname erhalten. Leicht ändern lässt sich das an zwei Punkten:

- Der Gruppenname für die Projektdateien spiegelt den alten Projektnamen wider. Die Gruppe können Sie im Projektnavigator einfach anklicken und umbenennen.
- Auch im Schema-Namen findet sich der alte Projektname wieder. Den Namen ändern Sie am einfachsten im Dialog PRODUCT • SCHEME • MANAGE SCHEME.

Weitere Details können Sie in meinem Blog nachlesen:

https://kofler.info/xcode-projekte-umbenennen

33.7 Xcode-Verzeichnisse aufräumen

Im Laufe der Zeit produziert Xcode Unmengen von Datenmüll auf Ihrer Festplatte oder SSD. Dabei handelt es sich in erster Linie um Kompilate und Objektdateien alter Projekte sowie um Einstellungen und App-Installationen in alten Versionen von iOS-Geräten des Simulators. Im Folgenden mache ich Ihnen einige Vorschläge, welche Dateien Sie löschen können und mit welchen Nebenwirkungen Sie dabei zu rechnen haben.

Vorsicht

Verzeichnisangaben in diesem Abschnitt sind relativ zu Ihrem Heimatverzeichnis. `Library` meint also `/Users/<name>/Library` und nicht das globale `/Library`-Verzeichnis!

Machen Sie vor dem Aufräumen ein Time-Machine-Backup. Wenn Sie vorsichtiger vorgehen möchten, löschen Sie die im Folgenden angegebenen Dateien nicht, sondern verschieben sie zuerst in ein Backup-Verzeichnis. Eine entsprechende Anleitung habe ich auf meinem Blog veröffentlicht:

https://kofler.info/xcode-verzeichnisse-aufraeumen

Es wäre gut, wenn Sie ein wenig Terminal-Erfahrung hätten, bevor Sie die hier vorgeschlagenen `rm`-Kommandos ausführen. `rm` ist ein Kommando zum Löschen von Dateien und Verzeichnissen. Wenn Sie die falschen Parameter übergeben, kann das Kommando großen Schaden anrichten!

DerivedData-Verzeichnis

Das Verzeichnis `Library/Developer/Xcode/DerivedData` enthält Objektdateien und andere kompilierte Dateien. Bei Projekten, die Sie gerade aktiv bearbeiten, werden in diesem Verzeichnis fehlende Dateien beim nächsten Kompilieren automatisch neu erzeugt. Bei großen Projekten wird das Kompilieren also erstmalig ein wenig länger als sonst dauern. Davon abgesehen, sind keine Nebenwirkungen zu erwarten, wenn Sie den gesamten Inhalt des Verzeichnisses löschen (nicht aber das Verzeichnis selbst). Dazu beenden Sie zuerst Xcode, öffnen dann ein Terminal-Fenster und führen dort das folgende Kommando aus:

```
cd
rm -rf Library/Developer/Xcode/DerivedData/*
```

iOS-DeviceSupport-Verzeichnis

Das Verzeichnis `Library/Developer/Xcode/iOS DeviceSupport` enthält Debugging-Daten für alle iOS-Versionen, für die Sie jemals Apps entwickelt bzw. getestet haben. Am sinnvollsten wäre es hier, alle Unterverzeichnisse außer dem für die gerade aktuellste iOS-Version zu löschen. Sie können es sich aber noch einfacher machen und überhaupt alle Unterverzeichnisse löschen. Xcode wird dann vor dem Ausführen der nächsten App eine Weile die Meldung *processing symbol files* anzeigen und die erforderlichen Dateien für die gerade aktuellste Version neu erzeugen. Bei mir hat das circa eine Minute gedauert.

```
rm -rf Library/Developer/Xcode/iOS\ DeviceSupport/*
```

Wenn Sie Apps für die Apple-TV-Box oder die Apple Watch entwickeln, existieren auch die Verzeichnisse `tvOS DeviceSupport` und `watchOS DeviceSupport`. Mit diesen Verzeichnissen können Sie analog verfahren.

CoreSimulator-Verzeichnis

Das Verzeichnis `Library/Developer/CoreSimulator` enthält für jedes iOS-Gerät, das Ihnen momentan im Simulator zur Verfügung steht, ein Verzeichnis mit den jeweiligen Benutzerdaten (von Ihnen per Xcode installierte Apps, Einstellungen etc.). Gleichzeitig enthält es aber auch Simulator-Dateien für unzählige iOS-Geräte in alten Versionen, die Sie womöglich schon jahrelang nicht mehr verwendet haben.

Es gibt hier zwei Strategien: Die eine besteht darin, gezielt die Verzeichnisse zu löschen, die Sie nicht mehr brauchen. Das ist aber mit viel Mühe verbunden, weil als Verzeichnisnamen UUIDs verwendet werden. Sie können nun natürlich auf das Datum der letzten Änderung achten, aber viel einfacher ist es, wiederum alles zu löschen:

```
rm -rf Library/Developer/CoreSimulator/*
```

Allerdings steht Ihnen nun beim nächsten Start von Xcode kein einziger Simulator mehr zur Verfügung. Sie müssen im Xcode-Fenster WINDOWS • DEVICES AND SIMULATORS die noch vorhandenen Referenzen der gelöschten Simulatoren auch hier löschen (anklicken und [←] drücken) und dann die gewünschten Simulator-Modelle neu einrichten (siehe Abbildung 33.8). Das kostet ein wenig Zeit und Mühe, hat aber den Vorteil, dass sich die Simulatorauswahl auf die für Sie relevanten Modelle reduziert.

Time-Machine-Optionen

Alle Verzeichnisse, aus denen Sie gerade unzählige Dateien gelöscht haben, werden von der Time Machine regelmäßig gesichert. Das ist eigentlich überflüssig. Wenn Sie also auch auf Ihren Backup-Medien Platz sparen möchten, dann können Sie in den Time-Machine-Einstellungen die betreffenden Verzeichnisse vom Backup ausnehmen (siehe Abbildung 33.9). Im Dialog zur Verzeichnisauswahl müssen Sie dabei die Option UNSICHTBARE OBJEKTE EINBLENDEN aktivieren – sonst wird das Library-Verzeichnis nicht angezeigt.

Ergebnisse

Wie viel Platz Sie durch die Aufräumarbeiten gewinnen, hängt natürlich stark davon ab, wie intensiv Sie Xcode nutzen. Als ich meine eigenen Tipps aus diesem Kapitel im Rahmen der

Überarbeitung des Buchs auf Swift 5 wieder getestet habe, wurden während der Putzaktion über 30 GByte Speicherplatz frei!

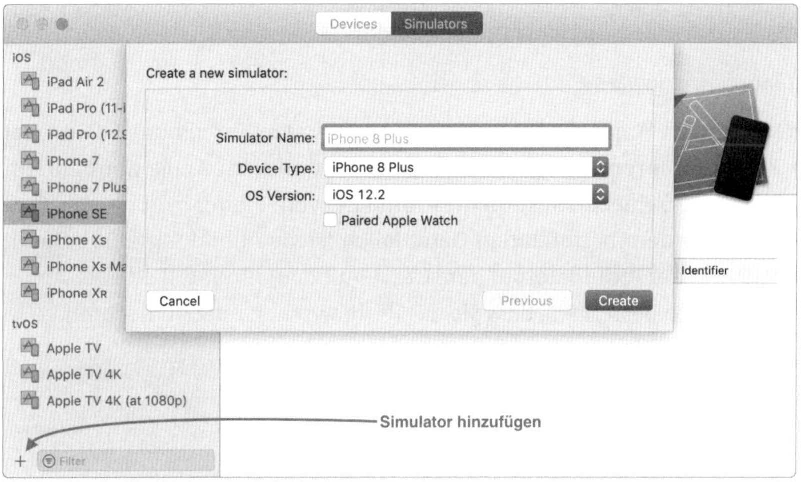

Abbildung 33.8 In Xcode ein neues Simulator-Gerät einrichten

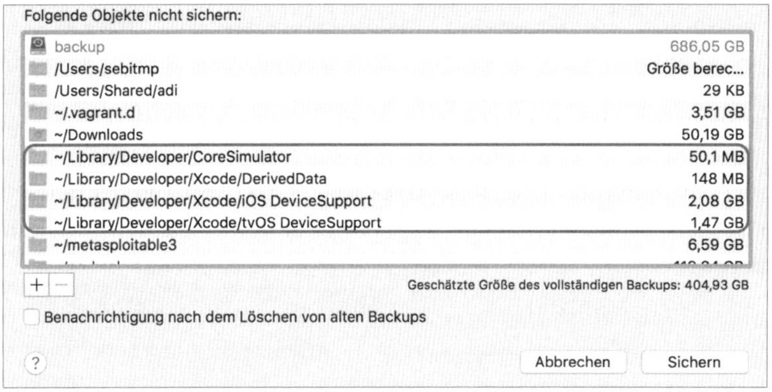

Abbildung 33.9 Die Time Machine soll einige Xcode-Verzeichnisse mit temporären Dateien ignorieren.

33.8 Apple Configurator

Obwohl sich dieses Kapitel eigentlich mit Xcode beschäftigt, möchte ich an dieser Stelle ganz kurz ein Programm vorstellen, das nichts mit Xcode zu tun hat: Der *Apple Configurator* ist kostenlos im App Store erhältlich. Er hilft dabei, iOS- und tvOS-Geräte zu administrieren und darauf Profile zu installieren. In erster Linie richtet sich das Programm an Schulen, Universitäten, Firmen und andere Organisationen, die eine große Anzahl von Geräten zentral administrieren müssen.

Für Swift-Entwickler ist der Apple Configurator vor allem deswegen interessant, weil er einen bequemen Weg bietet, Beta-Versionen von iOS bzw. tvOS auf die eigenen Geräte zu bringen. Dazu laden Sie zuerst von der folgenden Seite eine winzige Profildatei für iOS bzw. tvOS herunter (die Webseite erfordert einen Apple-Developer-Login).

https://developer.apple.com/download

Anschließend starten Sie den Apple Configurator und verbinden Ihr iPhone, iPad oder Apple-TV-Gerät per Kabel mit Ihrem Computer. Das Gerät wird nun im Apple Configurator angezeigt. Per Drag & Drop verschieben Sie nun die Profildatei vom Finder in den Apple Configurator und lassen sie über dem betreffenden Gerät fallen (siehe Abbildung 33.10). Damit initiieren Sie die Installation der Profildatei auf dem Gerät. Auf dem iPhone, iPad oder Apple-TV-Gerät müssen Sie nun noch bestätigen, dass Sie das Profil wirklich nutzen möchten.

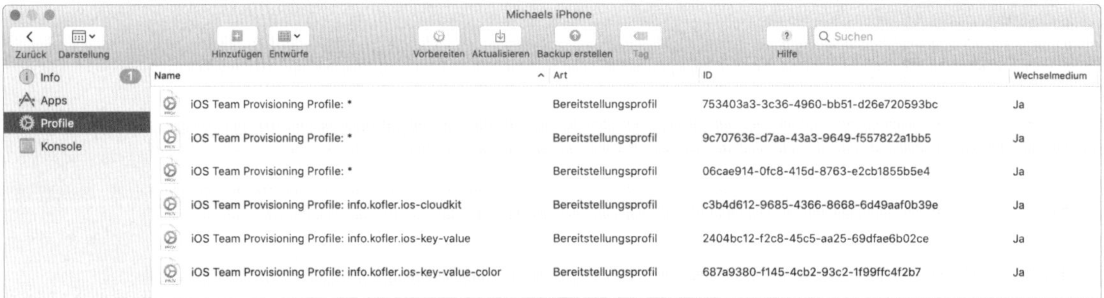

Abbildung 33.10 Verwaltung von Profildateien mit dem Apple Configurator

Nach einem Neustart des Geräts weist das Dialogblatt ALLGEMEIN • SOFTWAREUPDATE der Einstellungen nun auf die neueste gerade verfügbare iOS-Beta-Version hin. Sie kann wie ein reguläres Update installiert werden.

Kapitel 34
Server-side Swift

Apple bietet Swift auch in einer Version für Linux an. Das hat den folgenden Hintergedanken: Viele Apps für iOS, tvOS oder macOS sind auf eine server-seitige Infrastruktur angewiesen. Soweit dazu nicht ohnedies die iCloud verwendet wird, wäre es aus Entwicklersicht natürlich attraktiv, die Server-Funktionen in Swift zu entwickeln. In diesem Kapitel zeige ich Ihnen, dass dies tatsächlich möglich ist.

Architektur von Server-Apps

Server-Apps kommunizieren über das Internet mit Client-Apps und verarbeiten deren Daten. In aller Regel besteht die Aufgabe der Server-App darin, Abfragen zu beantworten und Informationen zentral zu verwalten. Die Server-App muss also über eine Möglichkeit verfügen, Daten bleibend auf dem Server zu speichern. Häufig wird dazu ein Datenbanksystem verwendet. Je nach Anwendung kann aber auch die Speicherung von Daten in einfachen Dateien ausreichen. Wenn Ihre App Bilder, Videos oder andere große binäre Daten verarbeitet, bietet sich eine Mischlösung an, bei der die Binärdaten (Dateisystem) getrennt von den restlichen Informationen (Datenbank) gespeichert werden.

Es gibt viele Möglichkeiten, wie Client-Apps mit dem Server kommunizieren. Durchgesetzt hat sich in den letzten Jahren HTTPS als Übertragungsprotokoll. HTTPS verwendet den Port 443, der selbst hinter Firmen-Firewalls immer verfügbar ist. Aber während beim Besuch einer Webseite HTML-Dokumente übertragen werden, ist für die Kommunikation zwischen zwei Apps das JSON-Format besser geeignet (siehe Abbildung 34.1).

Bei modernen Webservices basiert die Kommunikation außerdem auf den Konzepten von *Representational State Transfer*: REST definiert Regeln für eine Maschine-zu-Maschine-Kommunikation. Der Entwurf eines eigenen *Application Interfaces* (API), das sowohl für Ihren Server als auch für Ihre Client-App gilt, ist eine große Herausforderung. Im Internet sowie in der Buchhandlung Ihrer Wahl gibt es unzählige Artikel und Bücher mit Grundlagen und konkreten Beispielen zur Implementierung von REST-Lösungen in allen erdenklichen Programmiersprachen (suchen Sie z. B. nach *REST API design*):

https://de.wikipedia.org/wiki/Representational_State_Transfer
https://hackernoon.com/60e1d954e7c9
https://www.vinaysahni.com/best-practices-for-a-pragmatic-restful-api

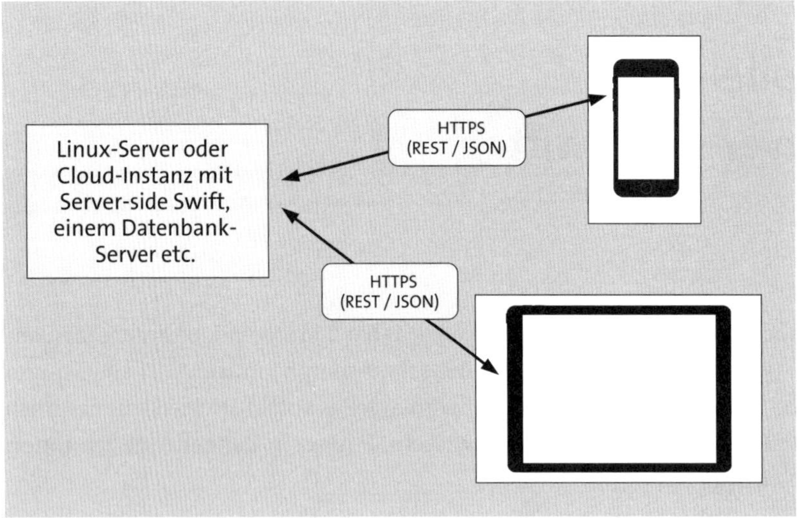

Abbildung 34.1 Eine mögliche Kommunikationsform zwischen Client-Apps und dem Server

Server-Frameworks

Die für den Server-Betrieb erforderlichen Funktionen sind weder in Swift inkludiert, noch gibt es offizielle Bibliotheken dafür. Vielmehr sind Sie auf ein externes Framework angewiesen, das die wichtigsten Funktionen in einer Bibliothek bündelt. Oft stellt das Framework auch gleich Kommandos zur Verfügung, die beim Einrichten und Administrieren von Server-Projekten helfen.

Aktuell gibt es freilich nicht *ein* Framework zur Server-Entwicklung, sondern gleich eine ganze Palette. Die drei populärsten Frameworks stelle ich Ihnen hier ganz kurz vor:

- **Kitura:** Kitura (*https://www.kitura.io*) wird von IBM entwickelt. Dank der engen Zusammenarbeit mit Apple inklusive WWDC-Präsenz genießt Kitura einen hohen Bekanntheitsgrad. Eine kleine grafische Benutzeroberfläche für macOS hilft dabei, neue Kitura-Projekte rasch einzurichten. Kitura ist besonders gut geeignet, wenn Sie mit IBM-Cloud-Lösungen (»Bluemix«) vertraut sind. Kitura-Programme können aber auch auf eigenen Linux-Servern oder in Containern ausgeführt werden.
- **Perfect:** Hinter *Perfect* (*https://perfect.org*) steht das Startup *PerfectlySoft*, das schon in der Vergangenheit erfolgreich Apple-Software entwickelt hat. Gegen Perfect spricht seine vergleichsweise hohe Komplexität und die für Einsteiger unübersichtliche Dokumentation.
- **Vapor:** Vapor (*https://www.vapor.io*) wird vom Startup *Qutheory* entwickelt. Das gesamte Framework wird selbst in Swift entwickelt. Vapor ist insofern das Framework, das den Ideen der Sprache Swift am nächsten steht. Soweit sich das an Statistiken messen lässt (Anzahl der Slack-Mitglieder, Anzahl der GitHub-Mitarbeiter etc.), ist Vapor auch das Framework, das von der Swift-Community am besten angenommen wird.

Gegen Vapor sprach zuletzt das hohe Entwicklungstempo und die spärliche Dokumentation. Das Entwicklungs-Team hat Vapor in den vergangenen Jahren gleich mehrfach auf den Kopf gestellt.

Alle hier vorgestellten Frameworks bestehen aus Open-Source-Code und können ohne Restriktionen kommerziell eingesetzt werden. In diesem Kapitel konzentriere ich mich auf Vapor, weil es aus meiner Sicht aktuell das attraktivste Framework ist. Einen informativen Vergleich zwischen Kitura und Vapor sowie umfangreiche E-Books zu beiden Frameworks finden Sie auf der Website von Ray Wenderlich:

https://raywenderlich.com/1323930-vapor-vs-kitura-choosing-a-server-side-swift-framework

Voraussetzungen

Über Server-side Swift ließe sich ein ganzes Buch schreiben. Damit ich in diesem Kapitel überhaupt relevanten, Swift-spezifischen Inhalt vermitteln kann, setze ich voraus, dass Sie im Linux-Umfeld schon etwas Erfahrung haben. Die Bedienung von Linux und macOS in einem Terminal-Fenster sowie die Installation von Linux in einer virtuellen Maschine oder alternativ der Umgang mit Docker sollten Ihnen vertraut sein.

Ich gehe davon aus, dass Sie mit Ubuntu oder mit Ubuntu-ähnlichen Docker-Containern arbeiten. Grundsätzlich eignen sich auch andere Linux-Distributionen; allerdings unterstützt Apple Ubuntu am besten, und auch die meisten Anbieter von Server-Frameworks für Swift konzentrieren sich auf Ubuntu.

Idealerweise haben Sie auch schon einmal mit einem Datenbanksystem gearbeitet. Nahezu jede Server-Anwendung muss Daten dauerhaft speichern. Dazu benötigen Sie eine Datenbank-Engine wie SQlite oder einen Datenbank-Server wie MySQL/MariaDB, PostgreSQL oder Mongo.

Zu guter Letzt wird Ihnen der Einstieg in die server-seitige Programmierung viel leichter fallen, wenn Ihnen die Prinzipien des Protokolls HTTP bekannt sind (inklusive der Request-Typen GET, POST etc.) und wenn Sie sich schon einmal mit *RESTful Web Services* befasst haben. REST steht für *Representational State Transfer* und ist die aktuell beliebteste Technik zur Realisierung von Server-Diensten.

Gut genug für den Praxiseinsatz?

Swift hat die Apple-Entwicklerwelt im Sturm erobert. Neue Apps werden überwiegend in Swift entwickelt. Aber taugt Swift auch schon für den Server-Einsatz?

Wie so oft hängt die Antwort von den Umständen ab. Wenn es in Ihrem Team Entwickler gibt, die mit anderen server-seitigen Entwicklungstechniken vertraut sind (*Node.js* etc.), dann würde ich empfehlen, vorerst dabei zu bleiben. Swift ist als Programmiersprache ausgereift, aber bei den server-seitigen Frameworks ist noch alles in Bewegung. Sie müssen sich darauf einstellen, Ihren Code immer wieder anzupassen, um mit der Weiterentwicklung des von

Ihnen ausgewählten Frameworks mitzuhalten – sofern Sie nicht Pech haben und gerade das von Ihnen eingesetzte Framework ganz eingestellt wird ...

Als ich dieses Kapitel für die vorige Auflage dieses Buchs neu verfasst habe, war ich vom Vapor-Framework, das nach dem folgenden Grundlagenabschnitt im Vordergrund stehen wird, uneingeschränkt begeistert. Mit der jetzt erfolgten Überarbeitung ist aber eine gehörige Portion Skepsis dazugekommen:

- Das liegt einerseits an der extrem schnellen Weiterentwicklung von Vapor ohne Rücksicht auf Kompatibilität. Ich verstehe schon, dass die Vapor-Entwickler auf Basis der gerade aktuellen Swift-Version bzw. -Bibliotheken ein optimales Framework zusammenstellen möchten. Aber für die Anwender des Frameworks ist jedes Vapor-Update eine große Herausforderung und zwingt oft zu einem massiven Codeumbau.
- Andererseits hat die Umstellung von Vapor auf die SwiftNIO-Bibliothek und deren asynchronen Entwicklungsansatzes dazu geführt, dass Vapor-Code fast ausnahmslos in verschachtelten Closures formuliert werden muss. Der asynchrone Ansatz ist zweifellos effizient, der resultierende Code ist aber schwer zu lesen und (beim Debugging) nachzuvollziehen.

  Mit der Komplexität des Codes ist auch Xcode überfordert: Solange nicht ein gesamter, oft über ein Dutzend Zeilen reichender Ausdruck fehlerfrei ist, funktionieren weder die automatische Vervollständigung noch die Erkennung von Datentypen, Methoden etc. Sie sind bei der Eingabe auf Ihre Intuition und auf die oft spärliche Dokumentation angewiesen.

34.1 Swift unter Linux

Bevor Sie mit der Programmierung von Server-Anwendungen loslegen können, sollten Sie sich ein wenig mit dem Umfeld vertraut machen. Dieser Abschnitt zeigt verschiedene Möglichkeiten zur Installation von Swift unter Linux, gibt einen Überblick über die populärsten Frameworks für Server-side Swift und erläutert den Umgang mit dem *Swift Package Manager*.

Hello World unter Ubuntu

Auf der Webseite *https://swift.org/download* bietet Apple Swift in Form von TAR-Paketen für mehrere Ubuntu-Versionen zum Download an. Zur Installation von Swift unter Ubuntu führen Sie die folgenden Kommandos in einem Terminal-Fenster aus, wobei Sie `nnnn` durch die jeweilige Versionsnummer ersetzen:

```
sudo apt-get install clang libicu-dev
tar xzf ~/Downloads/swift-nnnn.tar.gz
export PATH=$(pwd)/swift-nnnn/usr/bin/:"${PATH}"
```

Das `export`-Kommando fügt den Pfad der Swift-Installation zur `PATH`-Variablen hinzu. Das Kommando gilt allerdings nur in der aktuellen Terminal-Sitzung. Um `PATH` dauerhaft zu verändern, fügen Sie die obige export-Anweisung am Ende der Datei .bashrc hinzu. Diese Datei wird bei jedem Login automatisch ausgeführt.

Mit swift -version überzeugen Sie sich davon, dass die Swift-Installation erfolgreich war:

```
swift -version
  Swift version 5.0-dev (LLVM 8d1b92b83c, Swift 038a3a6a85)
  Target: x86_64-unknown-linux-gnu
```

Um den Compiler zu testen, speichern Sie den folgenden Hello-World-Einzeiler in der Datei hello-world.swift:

```
print("Hello World!")
```

Dieses Programm kompilieren Sie nun mit swiftc und führen es dann aus:

```
swiftc hello-world.swift -o hello-world
ls -l hello-world
  -rwxrwxr-x 1 kofler kofler 14472 Feb  5 08:03 hello-world
./hello-world
  Hello World!
```

Grundsätzlich sollte unter Linux auch der REPL-Modus zum interaktiven Testen von Swift-Kommandos funktionieren. Bei meinen Tests wurden dabei allerdings diverse Fehlermeldungen angezeigt (in der Art *error: ld.so adding range which has a base that is less than the function's low PC 0x14dc0*).

Keine Swift-Pakete

Leider macht sich Apple nicht die Mühe, Swift in einer Linux-tauglichen Paketquelle anzubieten. Das würde automatisierte Updates der Swift-Installation vereinfachen.

Hello World in einem Docker-Container

Anstatt sich mit einer manuellen Installation von Swift zu plagen, können Sie auch auf Docker zurückzugreifen. Docker ist ein System zur Ausführung sogenannter *Container*. Ein Container ist so etwas Ähnliches wie eine virtuelle Maschine, allerdings viel leichtgewichtiger. Ein Container umfasst nicht ein ganzes Betriebssystem, sondern nur die Funktionen, die Sie wirklich benötigen. Für das Beispiel in diesem Abschnitt ist das der Swift-Compiler – und sonst nichts.

Die Verwendung von Docker hat mehrere Vorteile gegenüber einer manuellen Installation von Swift unter Linux: Zum Ersten funktioniert die folgende Vorgehensweise in *jeder* Linux-Distribution, nicht nur unter Ubuntu. Zum Zweiten können Sie vorerst auf Linux sogar ganz verzichten: Docker kann nämlich auch unter macOS ausgeführt werden, und das mit deutlich weniger Overhead als in einer virtuellen Maschine! Zum Dritten ist es mit Docker besonders einfach, reproduzierbare Testumgebungen einzurichten, auf andere Rechner zu übertragen und bei Bedarf auch wieder zu löschen.

Ich setze im Folgenden voraus, dass Sie Docker unter macOS oder auf einer Linux-Distribution Ihrer Wahl installiert haben und dass Sie mit Docker schon ein wenig vertraut sind.

Im Docker-Hub stehen gleich mehrere Docker-Container für Swift zur Auswahl: Der Container *swift (official)* enthielt Ende Februar 2019 noch Swift 4.2 auf der Basis von Ubuntu 16.04. Bereits auf Swift 5 aktualisiert war hingegen das Image *norionomura/swift*, auf das ich mich im Folgenden beziehe.

Um den Container erstmalig zu starten, führen Sie das folgende Kommando aus. Es ist ohne das \-Zeichen in einer Zeile einzugeben. Die erstmalige Ausführung dauert relativ lange, weil die zugrunde liegenden Images zuerst einmal komplett heruntergeladen werden müssen. (Der Download-Umfang umfasst mehr als 1 GByte.) In der Folge können Sie dann auf der Basis dieser Images blitzschnell weitere Container einrichten.

```
cd <Verzeichnis mit Swift-Code>
docker run --privileged -it -v $(pwd):/swiftcode --name swift5tst \
  -h swift5tst norionomura/swift:swift-5.0-branch
```

Das obige Kommando erzeugt und startet einen neuen Container mit dem Namen `swift5tst`. Dem Container wird ein gleichnamiger Hostname zugewiesen. Der Container wird interaktiv ausgeführt (Option `-it`), wobei innerhalb des Containers die Shell `/bin/bash` läuft. Die Option `--privileged` ist erforderlich, damit die Debugging-Funktionen des REPL-Modus von `swift` funktionieren.

Wichtig ist die Option `-v`: Sie verbindet das gerade aktuelle lokale Verzeichnis (dessen Ort `pwd` bekannt gibt) als sogenanntes *Volume* mit dem Verzeichnis `/swiftcode` im Container. Das bedeutet, dass das lokale Verzeichnis zwischen dem Container und dem Host-Rechner geteilt wird – egal, ob der Host unter macOS oder unter Linux läuft.

Die Verwendung eines externen Volumes zur Speicherung aller Swift-Dateien hat zwei wesentliche Vorteile: Zum einen steht der Inhalt dieses Verzeichnisses auch dann zur Verfügung, wenn der Container gerade nicht läuft, und zum anderen können Sie den Inhalt des Verzeichnisses außerhalb des Containers verändern (auch im laufenden Betrieb). Innerhalb des Containers können Sie die Swift-Werkzeuge von Linux nutzen, aber gleichzeitig außerhalb des Containers einen Editor mit grafischer Benutzeroberfläche oder unter macOS sogar Xcode, um die Swift-Code-Dateien zu verfassen (siehe Abbildung 34.2).

Innerhalb des Containers können Sie nun in der Shell `swift` im REPL-Modus ausführen oder mit dem Swift-Compiler eine parallel in einem Editor erstellte Swift-Datei kompilieren.

```
root@swift5tst:/# swift -version
  Swift version 5.0-dev (LLVM 3207a50965, ...)
  Target: x86_64-unknown-linux-gnu
root@swift5tst:/# cd /swiftcode
```

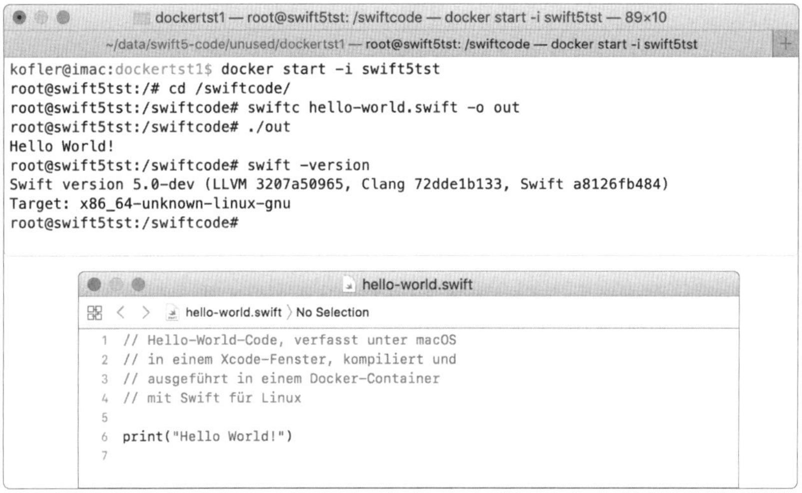

Abbildung 34.2 Oben ein macOS-Terminal-Fenster, in dem ein Docker-Container ausgeführt wird, unten ein Xcode-Fenster mit dem Swift-Code

```
root@swift5tst:/# swiftc hello-world.swift -o hello-world
root@swift5tst:/# ./hello-world
root@swift5tst:/# exit
```

Mit `exit` oder `ctrl`+`D` verlassen Sie den Container. Um den Container später neuerlich zu starten, führen Sie `docker start` mit der Option `-i` (interaktive Nutzung) aus:

```
docker start -i swift5tst
```

Mit `docker rm swift5tst` können Sie den Container bei Bedarf wieder löschen. Alle Dateien, die innerhalb des Containers im Verzeichnis `/swiftcode` gespeichert wurden, bleiben dabei erhalten – sie befinden sich ja in einem Verzeichnis, das auch auf dem Host-System zur Verfügung steht.

Um den Container neuerlich einzurichten, führen Sie einfach das vorhin abgedruckte Kommando `docker run` mit all seinen Optionen nochmals aus.

Aufräumarbeiten

Wenn Sie längere Zeit mit Docker experimentieren, sammeln sich mit der Zeit diverse Container und Images an, die Sie später vielleicht nicht mehr brauchen. Eine Liste aller Container liefert `docker ps -a`. Einzelne Container können Sie dann mit `docker rm <name>` löschen.

Eine Liste aller Images, die als Basis für Container dienen, erhalten Sie mit `docker images`. Einzelne Images löschen Sie mit `docker rmi <name>`. Löschen können Sie allerdings nur solche Images, auf die kein Container verweist.

Bibliotheken

Die Programmiersprache Swift samt der Standardbibliothek mit den elementaren Datentypen inklusive Arrays, Dictionaries etc. kann unter Linux exakt so wie unter macOS verwendet werden. Der Sprachumfang ist so, als würden Sie ein Xcode-Projekt ohne `import`-Anweisungen entwickeln.

Darüber hinaus stehen unter Linux aktuell nur die sogenannten *Core Libraries* zur Verfügung. Dabei handelt es sich um ein Subset der Bibliotheken Foundation (Basisklassen wie `URL`, `NSString` etc.), Dispatch (asynchrone Programmierung, siehe Kapitel 31) und XCTest (Unit-Tests). Wenn Sie Klassen oder Methoden aus diesen Bibliotheken verwenden möchten, fügen Sie am Beginn des Codes einfach die entsprechende Importanweisung ein, also z. B. `import Foundation`.

Einen groben Überblick über den Zustand der Core Libraries gibt die folgende Website. Mehr Details verraten die jeweiligen GitHub-Seiten der drei Bibliotheken. (Entsprechende Links finden Sie auf der Core-Libraries-Site. Dort finden Sie wiederum die Seite *Implementation Status* mit einer Referenz aller implementierten Klassen und Methoden.)

https://swift.org/core-libraries

Auf alle anderen Bibliotheken müssen Sie unter Linux verzichten! Das gilt nicht nur für Cocoa, UIKit, SpriteKit und Co., sondern auch für CloudKit, Core Data etc.

Zukunftsmusik: Server APIs

In Zukunft soll es weitere Bibliotheken für Linux geben, die für den Server-Einsatz erforderliche Grundfunktionen enthalten, also z. B. Netzwerk- und Verschlüsselungsfunktionen. Aktuell implementiert ist allerdings erst die Bibliothek *SwiftNIO* mit diversen asynchronen Netzwerkfunktionen. Aktuelle Informationen finden Sie hier:

https://swift.org/server

Swift Package Manager

Unter Linux steht Ihnen Xcode nicht zur Verfügung. Bei simplen Testprogrammen können Sie den Swift-Compiler natürlich manuell aufrufen (`swiftc name.swift -o out`); in der Praxis haben Sie es aber oft mit Projekten zu tun, die aus vielen Dateien bestehen und auf externe Bibliotheken zurückgreifen. Ein manuelles Kompilieren und Linken wird dann ebenso umständlich wie fehleranfällig.

Abhilfe schafft der Swift Package Manager, der gleichermaßen unter macOS und unter Linux verwendet werden kann (siehe Tabelle 34.1). Der Package Manager wertet die im gleichen Verzeichnis befindliche Datei `Package.swift` aus, kompiliert die Codedateien und erzeugt eine ausführbare Binärdatei.

Kommando	Funktion
`swift package init`	Erzeugt Dateien für eine neue Bibliothek.
`swift package init --type executable`	Erzeugt Dateien für ein neues Projekt.
`swift package generate-xcodeproj`	Erzeugt eine Xcode-Projektdatei.
`swift build`	Kompiliert und linkt das Projekt.
`swift test`	Führt Unit-Tests aus.

Tabelle 34.1 Aufruf des Package Managers

Was sind Pakete?

Aus der Sicht des Package Managers besteht ein Paket aus einer Sammlung von Swift-Code-Dateien, die zusammen mit der Steuerungsdatei `Package.swift` in einem Git-Repository abgelegt werden. Auf GitHub gibt es unzählige öffentlich zugängliche Swift-Pakete, die Sie als Bibliotheken in eigenen Projekten verwenden können. Ein Paket kann aber auch ein eigenes Programm sein, das Sie in einem lokalen Verzeichnis entwickeln.

Um mit dem Swift Package Manager vertraut zu werden, führen Sie am einfachsten die folgenden Befehle aus. Damit richten Sie ein neues Projekt ein, kompilieren es und führen es aus:

```
mkdir hello-world-pm
cd hello-world-pm
swift package init --type executable
  Creating executable package: hello-world-pm
  Creating Package.swift
  ...
swift build
  Compile Swift Module hello-world-pm (1 sources)
  Linking ./.build/debug/hello-world-pm
.build/debug/hello-world-pm
  Hello, world!
```

Die zugrunde liegende minimale Datei `Package.swift` sieht so aus:

```
// Datei Package.swift
// swift-tools-version:5.0
import PackageDescription

let package = Package(
    name: "hello-world-pm",
    dependencies: [
```

```
        // erforderliche weitere Pakete, Syntax:
        // .package(url: "https://github.com/name.git", from: "1.0.0"),
    ],
    targets: [
        .target(name: "hello-world-pm", dependencies: []),
    ]
)
```

`// swift-tools-version:5.0` ist mehr als nur ein Kommentar! Die Zeile gibt an, dass die Datei die Syntax der Package-Manager-Version 5 verwendet.

Die Datei `main.swift` besteht aus einer einzigen Zeile:

```
// Datei Sources/hello-world-pm/main.swift
print("Hello world!")
```

Ausgehend von diesen Dateien können Sie Ihr Projekt nun Schritt für Schritt um eigene Dateien sowie um Referenzen auf externe Bibliotheken erweitern. `swift build` berücksichtigt beim Kompilieren alle `*.swift`-Dateien, die sich im Verzeichnis `Sources` oder in dessen Unterverzeichnissen befinden.

Sofern Sie unter macOS arbeiten (und nicht unter Linux), können Sie aus den Projektdateien mit dem Kommando `swift package generate-xcodeproj` ein äquivalentes Xcode-Projekt erzeugen. Das gibt Ihnen die Möglichkeit, Ihr Projekt in Xcode weiterzuentwickeln. Später übertragen Sie den Code auf einen Linux-Rechner und kompilieren Ihr Projekt dort mit `swift build` neuerlich.

Weitere Informationen zum Package Manager, zur Syntax von `Package.swift` sowie zu den Optionen des Kommandos `swift build` finden Sie auf den folgenden Webseiten:

https://swift.org/package-manager
https://github.com/apple/swift-package-manager/tree/master/Documentation
https://github.com/apple/swift-package-manager/blob/master/Documentation/Usage.md
https://www.raywenderlich.com/750-an-introduction-to-the-swift-package-manager

34.2 Vapor kennenlernen

Der Rest dieses Kapitels bezieht sich auf das Server-Framework *Vapor*. Umfassende Dokumentation zu diesem Framework finden Sie hier:

https://docs.vapor.codes und *http://vapor.university/?medium=article*

Bevor Sie erste Experimente mit Vapor durchführen können, müssen Sie das Framework installieren. Das ist wahlweise unter macOS, unter Ubuntu oder in Form eines Docker-Containers möglich.

Versionsnummern

Als ich dieses Kapitel im März 2019 fertigstellte, setzte die zu diesem Zeitpunkt aktuelle Vapor-Version 3.1 noch Swift 4 als Programmiersprache voraus. Die Arbeiten an diesem Kapitel habe ich zwar mit Xcode 10.2 ausgeführt, dabei auf die angebotene Migration des Codes auf Swift 5 aber verzichtet.

Bis dieses Buch erschienen ist, wird es voraussichtlich die mit Swift 5 kompatible Version Vapor 4 geben.

Installation unter macOS

Auch wenn Ihre Server-App letztlich unter Linux laufen soll, ist eine Installation unter macOS sinnvoll: Damit können Sie Xcode als Entwicklungsumgebung verwenden. Erst wenn Ihre App grundsätzlich läuft, übertragen Sie sie für weitere Tests und schließlich für den Live-Einsatz auf ein Linux-System.

Zuerst müssen Sie den macOS-Paketmanager *Homebrew* installieren (*https://brew.sh*). Das Kommando ist in einer Zeile und ohne \-Zeichen einzugeben. Das Script verwendet intern `sudo`, daher werden Sie nach Ihrem Passwort gefragt.

```
/usr/bin/ruby -e "$(curl -fsSL \
  https://raw.githubusercontent.com/Homebrew/install/master/install)"
```

Nach diesen Vorbereitungsarbeiten führen Sie nun die eigentliche Vapor-Installation durch:

```
brew tap vapor/tap
brew install vapor/tap/vapor
```

Ein Vapor-Update führen Sie gegebenenfalls so aus:

```
brew upgrade vapor
```

Mit `vapor version` vergewissern Sie sich, dass alles funktioniert hat:

```
vapor version
  Vapor Toolbox: 3.1.10
```

Die Vapor-Toolbox

Das Kommando `vapor` wird in der Vapor-Dokumentation häufig als die *Toolbox* bezeichnet. Es hilft beim Einrichten und Verwalten von Vapor-Projekten und greift intern auf den Swift Package Manager zurück. Eine Kommandoreferenz und eine Beschreibung der wichtigsten Kommandos folgt in Abschnitt 34.3, »Die Vapor-Toolbox«.

Installation unter Ubuntu

Die folgende Installationsanleitung für Ubuntu setzt voraus, dass Swift bisher *nicht* manuell installiert wurde. Entfernen Sie gegebenenfalls eine schon vorhandene Installation, oder entfernen Sie den Pfad zur manuellen Swift-Installation aus Ihrer PATH-Umgebungsvariablen. Die Anleitung gilt gleichermaßen für ein »echtes« Ubuntu als auch für einen Docker-Container von Ubuntu. Ich habe für meine Tests Ubuntu 18.04 verwendet.

Die Installation von Vapor inklusive einer dazu passenden Swift-Version erfordert nur zwei Kommandos. Das erste lädt ein Script herunter und führt dieses aus. Das Script richtet die Paketquelle `repo.vapor.codes` ein. Dieser Vorgang erfordert sudo-Rechte. Sie werden deswegen um die Eingabe Ihres Passworts gebeten. Das zweite Kommando installiert aus dieser Paketquelle Vapor und Swift:

```
sudo apt install curl
eval "$(curl -sL https://apt.vapor.sh)"
sudo apt install swift vapor
```

Anschließend können Sie kontrollieren, ob alles geklappt hat:

```
swift -version
  Swift version 4.2 (swift-4.2-RELEASE)
vapor version
  Vapor Toolbox: 3.1.10
```

Wieder »Hello World!«

Um Vapor kennenzulernen, bietet es sich an, wieder einmal ein Hello-World-Projekt einzurichten. Das Kommando `vapor new` unterstützt Sie dabei, greift aber auf `git` zurück. Wenn Sie `git` bisher nicht oder nur aus Xcode heraus verwendet haben, müssen Sie deswegen zuerst eine minimale `git`-Konfiguration durchführen und Ihren Namen und Ihre E-Mail-Adresse speichern:

```
git config --global user.email "you@example.com"
git config --global user.name "Your Name"
```

`vapor new <Name>` richtet ein neues Projekt ein:

```
cd <in ein Verzeichnis Ihrer Wahl>
vapor new Hello
cd Hello
```

`vapor` erzeugt nun das Unterverzeichnis `Hello` mit Mustercode. Der Code wird von der Vapor-Site bzw. von dessen GitHub-Repository heruntergeladen und auf Ihrem Rechner als neues Git-Projekt eingerichtet. Ein Vapor-Projekt besteht anfangs aus gut einem Dutzend Dateien, die über etliche Verzeichnisse verteilt sind (siehe Tabelle 34.2). Die Funktion der meisten Dateien werde ich Ihnen im Verlauf dieses Kapitels näher erläutern. Vorerst geht es mir aber darum, das Hello-World-Beispiel zum Laufen zu bringen.

Datei	Bedeutung
Package.swift	Projektdatei für den Package Manager
Public/*	über den Server öffentlich zugängliche Dateien
Sources/App/*.swift	Basiskonfiguration für das Vapor-Framework
Sources/App/boot.swift	für eigene Initialisierungsarbeiten
Sources/App/configure.swift	für eigene Konfigurationseinstellungen
Sources/App/routes.swift	für eigenes Routing
Sources/App/Controllers/*.swift	eigene Routing-Controller-Klassen
Sources/App/Models/*.swift	eigene Klassen für das Datenmodell
Sources/Run/main.swift	Startpunkt der App
Tests/*	Unit-Tests

Tabelle 34.2 Aufbau eines Vapor-Projekts

Der Mustercode definiert einen Webserver, der standardmäßig auf bestimmte HTTP-Requests antwortet. Welche Antwort auf welche Adresse folgt, wird durch das sogenannte Routing festgelegt. Die Datei `routes.swift` sieht anfänglich so aus:

```
// Datei Hello/Sources/App/routes.swift
import Vapor

public func routes(_ router: Router) throws {
    // Basic "It works" example
    router.get { req in
        return "It works!"
    }
    // Basic "Hello, world!" example
    router.get("hello") { req in
        return "Hello World!"
    }
    // Example of configuring a controller
    let todoController = TodoController()
    router.get("todos", use: todoController.index)
    router.post("todos", use: todoController.create)
    router.delete("todos", Todo.parameter, use: todoController.delete)
}
```

Bevor ich Ihnen den Code erläutere und eine erste Erweiterung vorschlage, sollten Sie das Beispiel einfach mal ausprobieren! Dazu kompilieren Sie das Programm mit `vapor build` und führen es dann aus. `vapor build` dauert beim ersten Mal circa eine Minute, weil erst jetzt die für das Projekt erforderlichen externen Bibliotheken heruntergeladen und kompiliert werden. Weitere Build-Vorgänge verlaufen dann aber wesentlich schneller. Hinter den Kulissen verwendet `vapor build` den Package Manager von Swift, führt also `swift build` aus.

```
cd Hello
vapor build --verbose
  ...
  Building Project [Done]
vapor run
  ...
  Starting server on 0.0.0.0:8080
```

`vapor run` zeigt zuerst einige Warnungen an: Für den Produktionsbetrieb eines Servers müssen Sie diverse Schlüssel in `Config/crypto.json` durch zufällige Zeichenketten ersetzen. Für den Testbetrieb können Sie die Defaultschlüssel aber belassen. Nach der Ausgabe `Starting server` scheint das Programm aber keine Reaktion mehr zu liefern. Tatsächlich läuft der Beispiel-Webserver nun aber im Hintergrund und wartet auf Anfragen – und zwar so lange, bis Sie das Programm im Terminal durch die Tastenkombination [ctrl]+[C] stoppen.

Server-Anfragen senden Sie an den Port 8080. Die Port-Nummer wird in `Config/server.json` eingestellt. Sollte auf Ihrem Rechner 8080 bereits in Verwendung sein, stellen Sie in dieser Datei oder in der Umgebungsvariablen `PORT` einen anderen Port ein und führen `vapor build` neuerlich aus.

Sofern Sie die Hello-World-App unter macOS oder Ubuntu ausführen, können Sie einen Webbrowser verwenden, um die App zu testen (siehe Abbildung 34.3). Im Browser geben Sie dazu die folgenden Adressen ein:

- *localhost:8080*
- *localhost:8080/hello*

Der Server antwortet darauf jeweils mit einem winzigen Textdokument, das im Browser angezeigt wird (siehe Abbildung 34.3).

Wenn in Ihrer Testumgebung kein Webbrowser zur Verfügung steht, können Sie den Hello-World-Server auch mit den unter Linux bzw. macOS verfügbaren Kommandos `curl` oder `wget` testen. Dazu führen Sie die Kommandos in einem zweiten Terminal-Fenster aus. Beide Kommandos kontaktieren einen Server und laden die gelieferte Antwort herunter. Bei `wget` unterdrückt die Option `-q` diverse Statusausgaben. Die Option `-O-` zeigt das Ergebnis im Terminal-Fenster an, anstatt es in einer Datei zu speichern.

```
curl localhost:8080
  It works!

wget -q -O- localhost:8080/hello
  Hello World!
```

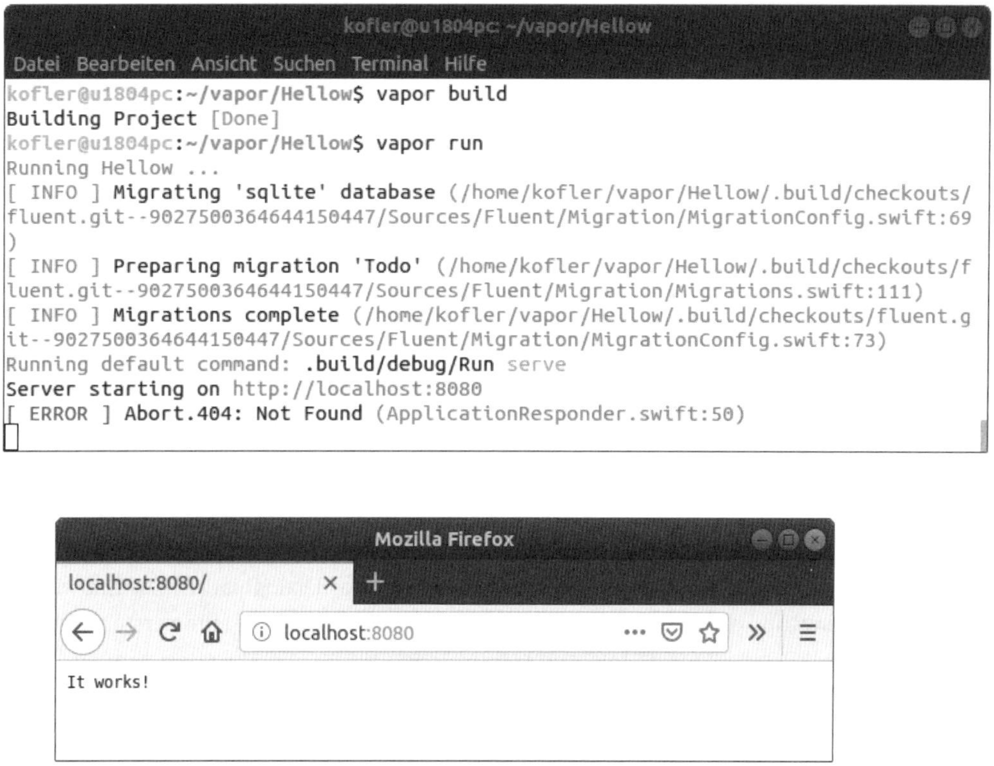

Abbildung 34.3 Der in einem Terminal-Fenster gestartete Hello-World-Server (oberes Fenster) reagiert auf Anfragen des Webbrowsers (unteres Fenster).

Die erste REST-API

Der Vapor-Mustercode hat eine weitere Funktion, die aber erst zu verstehen ist, wenn Sie sich ein wenig in die Welt der Vapor-Klassen eingearbeitet haben: Die Datei `Models/Todo.swift` definiert eine Datenstruktur zur Speicherung von To-do-Einträgen (Schlüssel `id`, Inhalt `title`).

Die Klasse `Controllers/TodoController.swift` definiert die Klasse `TodoController` mit einer API für den Umgang mit derartigen Objekten. Die Einträge werden in einer In-Memory-Datenbank gespeichert, gehen also jedes Mal verloren, wenn der Server endet. Erläuterungen, wie Sie selbst Daten in einer Datenbank speichern, folgen in Abschnitt 34.5, »Datenbankanbindung mit Fluent«.

Zur Aktivierung des Controllers wird in `routes.swift` eine `TodoController`-Instanz eingerichtet und mit GET-, POST- und DELETE-Requests für die Adresse *localhost:8080/todos* verbunden (siehe Tabelle 34.3).

URI	Request-Typ	Funktion
localhost:8080/todos	GET	Liefert alle gespeicherten Einträge.
localhost:8080/todos	POST	Fügt einen Eintrag hinzu.
localhost:8080/todos/id	DELETE	Löscht den angegebenen Eintrag.

Tabelle 34.3 Vordefinierte REST-API im Vapor-Mustercode

Erläuterungen zum Mustercode in `Todo.swift` und `TodoController.swift` folgen zwar erst später, aber die Funktionen der REST-API können Sie sofort ausprobieren. Ein Webbrowser oder Kommandos wie `curl` sind dafür ungeeignet. Stattdessen gibt es für diesen Zweck spezielle REST-Tools. Populär sind z. B. die kostenlosen Programme *RESTed* oder *Postman* (siehe Abbildung 34.4). Damit können Sie HTTP-Requests zusammenstellen und an einen beliebigen Server senden – für den Testbetrieb also z. B. an *localhost:8080/todos*.

Bei POST-Requests reicht es nicht aus, die URI und den Request-Typ anzugeben; Sie müssen außerdem Daten übergeben. Dazu öffnen Sie in Postman das Dialogblatt BODY und wählen den Datentyp RAW und die Formatierung JSON (APPLICATION/JSON). Für einen ersten Test können Sie z. B. zwei POST-Requests mit unterschiedlichen `title`-Zeichenketten senden (siehe Abbildung 34.4), danach einen GET-Request, um die zuvor gespeicherten Einträge wieder in JSON-Form auszulesen.

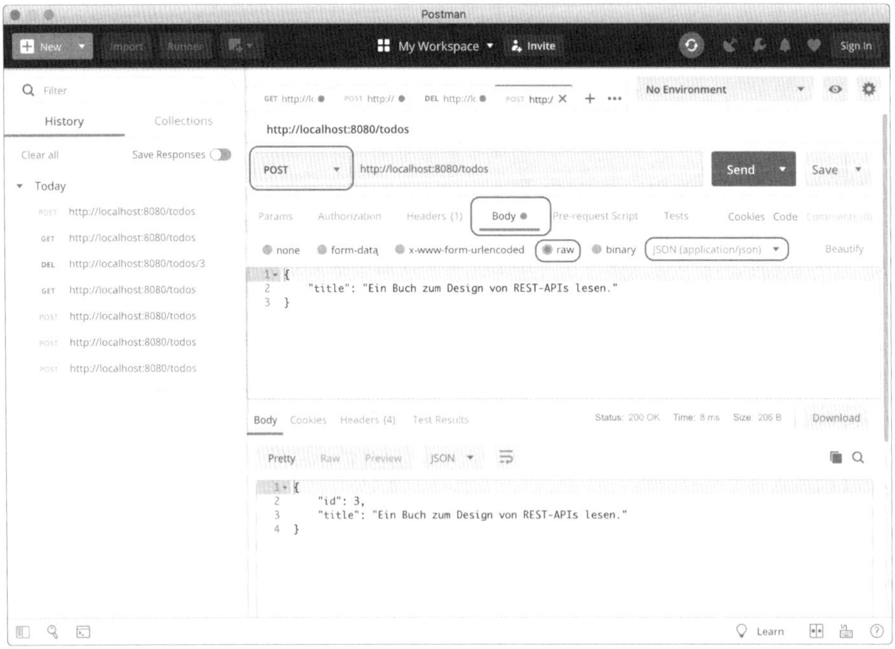

Abbildung 34.4 REST-API mit »Postman« testen

Der erste eigene Server-Code

Ein Hello-World-Projekt ohne eigenen Code – das geht nicht! Ihre Aufgabe besteht darin, dem Server beizubringen, auf den GET-Request *localhost:8080/now* mit Datum und Uhrzeit zu antworten. Dazu erweitern Sie den Code von `routes.swift` um einen Import der Foundation-Bibliothek sowie um eine neue `get`-Methode:

```
// Datei Hello/Sources/App/routes.swift
import Vapor
import Foundation    // für DateFormatter erforderlich

/// Register your application's routes here.
public func routes(_ router: Router) throws {
  // ... sonstiger Code wie bisher

  // Reaktion auf GET-Request für URI 'now'
  router.get("now") { req -> String in     // Closure
      let now = Date()
      let formatter = DateFormatter()
      formatter.dateFormat = "d.M.yyyy H:mm"
      let nowfmt = formatter.string(from: now)
      return "Aktuelles Datum samt Uhrzeit: \(nowfmt)"
  }
}
```

Um den Code auszuprobieren, beenden Sie den laufenden Server mit [ctrl]+[C], erstellen das Projekt mit `vapor build` neu und starten es wieder mit `vapor run`. Anschließend besuchen Sie die Webseite *localhost:8080/now*.

Zurück in Xcode

Grundsätzlich ist es möglich, Server-Apps vollständig unter Linux zu entwickeln. Mangels geeigneter Entwicklungswerkzeuge ist das aber ausgesprochen mühsam. Zweckmäßiger ist es in der Regel, die Entwicklung und, soweit möglich, auch den Testbetrieb unter macOS durchzuführen und erst das funktionierende Projekt auf eine Linux-Maschine oder in einen Docker-Container zu übertragen, dort neu zu kompilieren und schließlich endgültig zu testen.

Um aus einem Vapor-Projekt ein Xcode-Projekt zu machen, führen Sie einfach `vapor xcode` aus. Das Kommando fragt im Anschluss gleich, ob es das Projekt in Xcode öffnen soll. Normalerweise bestätigen Sie diese Frage einfach mit [return]. Nur wenn Sie unterschiedliche Xcode-Versionen parallel installiert haben und nicht das Default-Xcode verwenden möchten, sollten Sie auf den Automatismus verzichten und stattdessen die gewünschte Xcode-Version selbst starten und die Projektdatei dort öffnen.

```
vapor xcode
  Generating Xcode Project [Done]
  Select the `Run` scheme to run.
  Open Xcode project? y
```

Schon auf den ersten Blick wird Ihnen auffallen, dass Vapor-Projekte ungleich komplexer sind als alle anderen Beispiele dieses Buchs: Das Run-Target hängt von über 20 anderen Targets ab. Dabei handelt es sich um die Bibliotheken des Vapor-Frameworks.

Bevor Sie das Projekt in Xcode kompilieren und ausführen, müssen Sie in der Fensterleiste als Zielplattform das Schema RUN und die Zielplattform MY MAC einstellen (siehe Abbildung 34.5). Bei meinen Tests traten beim Kompilieren eine Menge harmloser Warnungen auf, die damit zu tun hatten, dass Vapor 3.1 und Xcode 10.2 nicht perfekt harmonieren. Diese Warnungen sollten verschwinden, sobald Vapor 4 zur Verfügung steht.

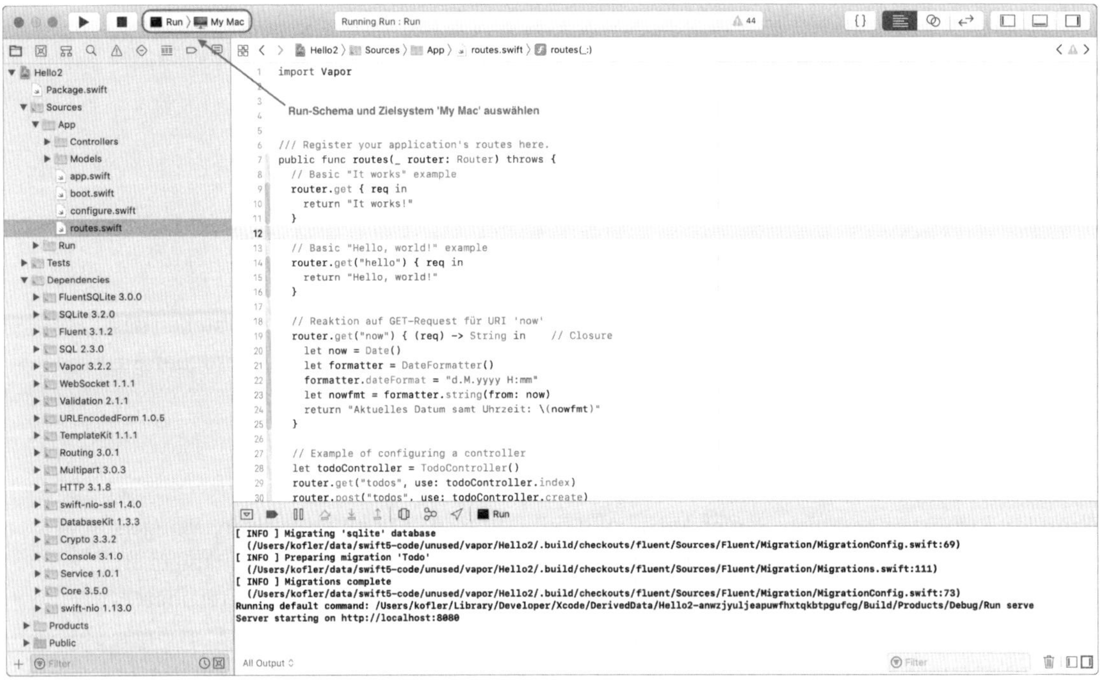

Abbildung 34.5 Auch server-seitige Projekte können komfortabel in Xcode entwickelt werden.

Vapor und Docker

Erstaunlicherweise gab es im März 2019 auf Dockerhub keine fertigen Vapor-Images. Das hindert Sie natürlich nicht, Vapor-Projekte mit Docker zu entwickeln. Als Ausgangspunkt bietet sich ein Ubuntu-Image an, in dem Sie die Vapor-Paketquelle einrichten und dann Swift und Vapor installieren. Ein passendes `Dockerfile` sieht so aus:

```
# Datei Dockerfile
FROM ubuntu:18.04
RUN apt-get update && \
  apt-get install -y curl wget && \
  /bin/bash -c "$(wget -qO- https://apt.vapor.sh)" && \
  apt-get install -y vapor && \
  rm -rf /var/lib/apt/lists/*
WORKDIR /swiftcode
RUN git config --global user.email "you@example.com" \
 && git config --global user.name  "Your Name"
```

Um das Image mit dem Namen `swift_vapor` zu erzeugen, führen Sie das folgende Kommando aus:

```
docker build -t swift_vapor .
```

Der Vorgang dauert ein bis zwei Minuten. Das resultierende Image ist mit 1,6 GByte ziemlich groß. Einen Container mit dem Namen *vapor* auf der Basis dieses Images starten Sie so:

```
docker run  --cap-add sys_ptrace -it --name vapor -p 8080:8080 \
 -v $(pwd):/swiftcode swift_vapor /bin/bash
```

Dabei wird das Verzeichnis `/swiftcode` des Containers mit dem gerade aktuellen Verzeichnis verbunden (Docker-Option `-v` für *Volume*). Der Docker-Container leitet den Container-Port 8080 an den Host-Port 8080 weiter, sodass Docker-Applikationen wie bisher dort getestet werden können (Option `-p`). Natürlich können Sie hier auch einen anderen Port angeben.

Nach der Ausführung des Containers können Sie diesen später mit dem folgenden, deutlich kürzeren Kommando neu starten und Ihre Arbeit fortsetzen:

```
docker start -ai vapor
```

Innerhalb des Docker-Containers können Sie nun wie üblich mit `vapor new` ein neues Projekt einrichten, dieses mit `vapor build` kompilieren und `vapor run` ausführen. Innerhalb des Containers funktioniert das wunderbar, aber die Weiterleitung des Ports 8080 an den Host funktioniert anfänglich nicht. Das liegt daran, dass `vapor run` innerhalb des Containers die Localhost-Adresse 127.0.0.1 verwendet, während die Port-Weiterleitung von Docker für die Adresse 0.0.0.0 gilt.

Das Problem lässt sich zum Glück unkompliziert lösen: Dazu fügen Sie in die Datei `Sources/App/configure.swift` die folgenden Zeilen ein:

```
// in der Datei HelloVapor/Sources/App/configure.swift
public func configure(_ config: inout Config,
                      _ env: inout Environment,
                      _ services: inout Services) throws
{
  // vorhandenen Code belassen
```

```
  ...
  // neu: Bind-Adresse und Port einstellen
  let serverConfigure =
    NIOServerConfig.default(hostname: "0.0.0.0", port: 8080)
  services.register(serverConfigure)
}
```

Kompilieren und starten Sie das Projekt mit `vapor build` und `vapor run` neu. Anschließend können Sie im Webbrowser des Hosts (oder mit beliebigen anderen Werkzeugen, unter macOS z. B. mit Postman) über den Port 8080 mit der Vapor-App im Docker-Container kommunizieren.

Eine Menge Tipps zur Verwendung von Docker auch in Kombination mit MySQL finden Sie auf der folgenden Seite:

https://bygri.github.io/2018/05/14/developing-deploying-vapor-docker.html

34.3 Die Vapor-Toolbox

Das Kommando `vapor` (im Vapor-Jargon die »Toolbox«) hilft beim Einrichten und Kompilieren von Vapor-Projekten (siehe Tabelle 34.4). Einige Subkommandos entsprechen weitgehend bzw. vollständig den gleichnamigen Subkommandos von `swift`. Innerhalb eines Vapor-Projektverzeichnisses können Sie gleichermaßen `vapor build` oder `swift build` ausführen.

Kommando	Funktion
`vapor version`	Zeigt die Versionsnummer an.
`vapor --help`	Zeigt einen kurzen Hilfetext an.
`vapor <subcmd> --help`	Liefert Hilfe zu `subcmd`.
`vapor new <name>`	Richtet ein neues Vapor-Projekt ein.
`vapor build`	Kompiliert und linkt das Projekt.
`vapor clean`	Entfernt Git-Downloads und löscht alte Kompilate.
`vapor run`	Führt die Server-App aus.
`vapor xcode`	Erzeugt eine Xcode-Projektdatei.
`vapor update`	Aktualisiert alle abhängigen Bibliotheken.

Tabelle 34.4 Wichtige »vapor«-Kommandos

Wechseln Sie in das Projektverzeichnis!

Vergessen Sie nicht, nach `vapor new` in das neu erzeugte Projektverzeichnis zu wechseln, bevor Sie die weiteren `vapor`-Kommandos ausführen! Sie erhalten andernfalls die Fehlermeldung *root manifest not found*.

Die folgende Aufzählung erläutert einige `vapor`-Kommandos näher:

- `vapor new` verwendet standardmäßig Musterdateien für eine neue API-App, also für eine Server-App, deren JSON-API Sie selbst gestalten möchten. Eine Variante dazu ist `vapor new --auth`. In diesem Fall enthält `routes.swift` Mustercode, der zeigt, wie eine Authentifizierung der Client-Apps durch einen Login-Namen und ein Passwort durchgeführt werden kann (siehe Abschnitt 34.6, »Authentifizierung und Autorisierung«).
- `vapor build` erzeugt standardmäßig eine Debug-Version der App. Das kompilierte Programm wird in `.build/debug/Run` gespeichert. `vapor build --release` erzeugt entsprechend ein Release-Kompilat, das im Verzeichnis `.build/release` landet.

  Wenn Sie Xcode und `vapor build` parallel verwenden, müssen Sie beachten, dass Sie parallel zwei unterschiedliche Kompilate erzeugen. `vapor build` führt alle Arbeiten im Verzeichnis `.build` durch, Xcode verwendet dagegen ein Unterverzeichnis in `Library/Developer/Xcode`.
- `vapor run` führt die Debug-Version der App im Server-Modus aus. Wenn das Kommando nicht funktioniert, was bei meinen Tests hin und wieder vorgekommen ist, können Sie die App auch in der Form `.build/debug/Run` starten.

  Mit der Option `--help` erfahren Sie, welche Varianten zur Ausführung es gibt: `server` (gilt per Default), `prepare`, `routes` (zeigt alle definierten Routing-Varianten an) etc.

  Die Release-Version einer Vapor-App müssen Sie auf jeden Fall manuell starten. Dazu führen Sie im Projektverzeichnis das Kommando `.build/release/Run` aus, häufig gefolgt von der Option `--env=production`.
- `vapor update` aktualisiert alle mit dem Projekt verbundenen Bibliotheken auf die aktuellste verfügbare Version. Sofern Sie mit Xcode arbeiten, müssen Sie danach auch die Xcode-Projektdateien mit `vapor xcode` neu generieren.
- `vapor clean` löscht nicht nur alle Kompilate, sondern auch alle von GitHub heruntergeladenen Bibliotheken. Bei einem Testprojekt für dieses Kapitel sank damit der Platzbedarf von 200 MByte auf 1,5 MByte. `vapor clean` spart also viel Platz, wenn Sie Ihr Projekt weitergeben möchten.

  Naturgemäß müssen nun aber, sobald Sie das nächste Mal `vapor build` ausführen, wieder alle Bibliotheken heruntergeladen und neu kompiliert werden. Für eine neuerliche Bearbeitung des Projekts in Xcode führen Sie anstelle von `vapor build` die Kommandos `vapor update` und `vapor xcode` aus.

34.4 Vapor-Grundlagen

Bevor Sie eigenen Server-Code schreiben können, müssen Sie die wichtigsten Klassen kennenlernen, die Ihnen das Vapor-Framework zur Verfügung stellt. Vapor besteht aus einer ganzen Sammlung von Paketen (Einzelbibliotheken). Dazu zählen:

- `Vapor`: Basisfunktionen des Vapor-Frameworks, Auswertung von Konfigurationsdateien
- `Engine`: HTTP-Client und -Server, URI-Parsing, Websockets (TCP/IP), SMTP
- `Fluent`: Datenbankanbindung (siehe Abschnitt 34.5)
- `Auth`: Authentifizierung (siehe Abschnitt 34.6)
- `Crypto`: Verschlüsselungsfunktionen

Diverse von der Community gewartete Pakete finden Sie hier:

https://github.com/search?q=topic:vapor-service

Wenn Sie Pakete nutzen möchten, die nicht standardmäßig zu Vapor gehören, müssen Sie die entsprechende Git-Adresse in `Package.swift` als zusätzlichen `dependency`-Eintrag hinzufügen und danach `vapor build` bzw. `vapor xcode` neuerlich ausführen.

Programmstart

Vapor-Apps starten mit der folgenden einzeiligen Anweisung in `main.swift` (siehe auch Tabelle 34.2):

```
// Datei Sources/Run/main.swift
try app(.detect()).run()
```

Die dabei ausgeführte Funktion `app` ist im Mustercode in `app.swift` definiert:

```
// Datei Sources/App/app.swift
// app() erzeugt eine Application-Instanz.
public func app(_ env: Environment) throws -> Application {
    var config = Config.default()
    var env = env
    var services = Services.default()
    try configure(&config, &env, &services)  // siehe configure.swift
    let app = try Application(config: config,
                              environment: env,
                              services: services)
    try boot(app)                            // siehe boot.swift
    return app
}
```

`app.swift` greift auf die Funktionen `configure` und `boot` zurück, die in den gleichnamigen Swift-Dateien definiert sind:

- Die boot-Funktion in boot.swift ist standardmäßig leer. Hier können Sie bei Bedarf Code einbauen, der einmalig nach der Initialisierung der App ausgeführt werden soll.
- configure erledigt grundlegende Konfigurationseinstellungen. Standardmäßig wird dort ein SQLite-Datenbank-Provider eingerichtet und der Router initialisiert (Funktion routes aus routes.swift, siehe die folgende Überschrift).

```
// Datei Sources/App/configure.swift
// Basiskonfiguration, wird in app.swift aufgerufen.
public func configure(_ config: inout Config,
                      _ env: inout Environment,
                      _ services: inout Services) throws
{
  ...
  // Routen einrichten
  let router = EngineRouter.default()
  try routes(router)    // siehe router.swift
  services.register(router, as: Router.self)
  ...
}
```

configure.swift muss angepasst werden, wenn Ihre App eine andere Datenbank verwenden oder andere Grundeinstellungen nutzen soll. Im Zusammenhang mit der Ausführung von Vapor-Apps innerhalb von Docker habe ich bereits gezeigt, wie Sie in configure.swift die Binding-Adresse und den Port der App einstellen können:

```
// IP-Adresse und Port der Vapor-App modifizieren
let serverConfigure =
  NIOServerConfig.default(hostname: "0.0.0.0", port: 8080)
services.register(serverConfigure)
```

Routing

Das Routing entscheidet darüber, wie GET-, POST- und andere Anfragen von Ihrer Server-App beantwortet werden. Die einfachste Form des Routings haben Sie im Hello-World-Beispiel bereits kennengelernt: Mit der Methode get("path") übergeben Sie eine Closure. Der darin enthaltene Code wird ausgeführt, wenn der Client einen GET-Request für die URL *http://hostname/path* ausführt. Analog definieren Sie mit den Methoden post, put, patch, delete und options bei Bedarf Closures zur Verarbeitung von POST-, DELETE- und anderen Requests.

```
// Datei Sources/App/routes.swift
public func routes(_ router: Router) throws {
  router.get { req in
    return "It works!"
  }
```

```
  router.get("hello") { req in
    return "Hello World!"
  }
  ...
}
```

HTTP ist doch unsicher, oder?

In diesem Kapitel ist ständig von HTTP bzw. von HTTP-Requests die Rede. Dabei ist das *Hyper Text Transfer Protocol* ohne Verschlüsselung nicht mehr zeitgemäß.

Keine Sorge, HTTP kommt nur im Testbetrieb bzw. server-intern zum Einsatz. Sobald Sie Ihre Vapor-App auf einem richtigen Server installieren (siehe Abschnitt 34.7, »Deployment«), ermöglicht ein Proxy die sichere Kommunikation via HTTPS nach außen.

An die `get`-Closure wird ein `Request`-Objekt übergeben, das die Details des Requests sowie eventuell übergebene Daten enthält. Der Rückgabewert muss das Protokoll `ResponseEncodable` erfüllen. Einfache Zeichenketten erfüllen diese Bedingung, weil der `String`-Datentyp in der Vapor-Bibliothek durch eine entsprechende Extension erweitert wurde (siehe die Datei `Vapor/Vapor/Response/ResponseCodable.swift` in einem Vapor-Projektverzeichnis).

Bei mehrzeiligen Closures müssen Sie den Rückgabetyp explizit angeben:

```
router.get("hello") { req -> String in
  ...
  return "Ergebnis"
}
```

Verschachtelte URL-Verzeichnisse bilden Sie einfach durch mehrere Parameter ab, die Sie an `get`, `post` etc. übergeben:

```
router.get("a", "b", "c"} { req in
  // verarbeitet den GET-Request für http://host/a/b/c
  ...
}
```

Wenn als Teil der URL eine ID übermittelt wird (z. B. in der Form *http://hostname/customer/26*), können Sie diesen Routing-Parameter wie folgt auswerten:

```
router.get("customer", Int.parameter) { req -> String in
  if let customerID = try? req.parameters.next(Int.self) {
    return "Customer \(customerID)"
  }
  throw Abort(.badRequest, reason: "integer parameter required")
}
```

Die obige Closure wird nur dann ausgeführt, wenn genau ein Parameter übergeben wird. *http://host/customer* führt ebenso wenig zu einer Reaktion wie *http://host/customer/1/2*. Ein Fehler tritt auf, wenn der Parameter den falschen Typ hat (*http://host/customer/abc*).

Fehler auslösen (Abort-Struktur)

Statt ein Ergebnis zurückzugeben, können Sie auch einen Fehler auslösen. Dazu übergeben Sie an `throw` jedes beliebige Objekt, das dem `Error`-Protokoll entspricht. Noch praktischer sind zumeist `Abort`-Elemente. Die `Abort`-Struktur ist im Vapor-Framework definiert. Im ersten Parameter übergeben Sie ein Enumerationselement von `HTTPResponseStatus`.

```
throw Abort(.methodNotAllowed, reason: "bla bla")
```

In vielen Fällen ist das explizite Auslösen eines Fehlers gar nicht erforderlich. Methoden wie `get` oder `post` sind mit `throws` deklariert, erwarten also gewissermaßen das Auftreten eines Fehlers. Wenn es nun bei der Verarbeitung der Daten durch Vapor-Methoden tatsächlich zu einem Fehler kommt, gehen `get`, `post` usw. korrekt damit um. Sie brauchen sich also zumeist gar nicht darum zu kümmern.

Ganz generell gelingt der Umgang mit den vielen Closures am leichtesten, wenn Sie sich gedanklich von einer `if/then/else`-Logik verabschieden. Vielmehr gibt es nur einen Zweig: den, der zum Ziel führt. Sollten am Weg zum Ziel irgendwelche Probleme auftreten, lösen Sie einen Fehler aus und beenden so die Methode.

Fehlerabsicherung

Viele Vapor-Methoden sind mit `throws` deklariert und werden mit `try` ausgeführt. Diese auf den ersten Blick vielleicht übervorsichtige Herangehensweise hat damit zu tun, dass Ihr Programm eine Server-App ist: Egal, was passiert, egal, wie verkehrt die übergebenen Daten sind – die App darf nicht mit einem Fehler enden! Die vielen `try` und `throws` stellen sicher, dass zwar einzelne HTTP-Requests mit einem Fehler enden können und der Sender eine Fehlermeldung zurückerhält (zumeist in Form der bekannten HTTP-Fehlercodes). Die App als Ganzes läuft aber weiter.

Request-Klasse

An die Routing-Closures wird ein `Request`-Objekt übergeben. Die Eigenschaften `http` und `query` geben Informationen über die Art und den Inhalt des Requests. `para1` und `para2` sind Optionals (Datentyp `Int?` bzw. `String?`).

```
// für http://host/info?para1=123&para2=abc
router.get("info") { req -> String in
  let method = req.http.method                    // HTTPMethod.GET
  let para1 = try? req.query.get(Int.self, at: "para1")     //  123
```

```
  let para2 = try? req.query.get(String.self, at: "para2")  // "abc"
  ...
}
```

Auf die mit einem Request mitgelieferten Daten greifen Sie über die `content`-Eigenschaft zu. Die Auswertung ist allerdings unübersichtlich – und gibt gleichzeitig einen guten Eindruck davon, was Sie auf den folgenden Seiten erwartet. `content` liefert einen `ContentContainer` zurück. Dieser wird üblicherweise mit `decode` in eine passende Datenstruktur umgewandelt. Dieser Vorgang erfolgt allerdings asynchron. `decode` liefert daher nicht unmittelbar die Daten, sondern ein `Future`-Objekt, also Daten, die erst etwas später – eben in der Zukunft – zur Verfügung stehen. (Hintergründe zum Futures-Konzept folgen im nächsten Abschnitt.)

Ausgangspunkt für das folgende Beispiel ist eine `Customer`-Datenstruktur, die das `Content`-Protokoll implementiert. Dieses Protokoll ist wiederum aus `ResponseEncodeable`, `ResponseDecodeable`, `RequestEncodeable` und `RequestDecodeable` zusammengesetzt. Sofern die Datenstruktur wie in diesem Beispiel dem Protokoll `Codable` entspricht (siehe Abschnitt 22.3, »JSON-Encoder und -Decoder«), ist auch das `Content`-Protokoll automatisch erfüllt.

```
struct Customer: Content {
  var name: String
  var address: String
  var id: Int
}
```

Per POST-Request für die Adresse *http://host/customer* sollen nun die folgenden JSON-Daten an die App übertragen werden (siehe Abbildung 34.6):

```
{
    "name": "Michael",
    "address": "Graz",
    "id": 123
}
```

Um die Verarbeitung der Daten kümmert sich das folgende `post`-Routing:

```
router.post("customer") { req -> Future<HTTPStatus> in // post-Closure
  return try req.content.decode(Customer.self)
                .map(to: HTTPStatus.self) { cstm in     // map-Closure
    // hier können die Customer-Daten verarbeitet,
    // also z. B. in einer Datenbank gespeichert werden
    print(cstm.name)
    print(cstm.address)
    print(cstm.id)
    ...
    return .ok   // also HTTPStatus.ok
  }
}
```

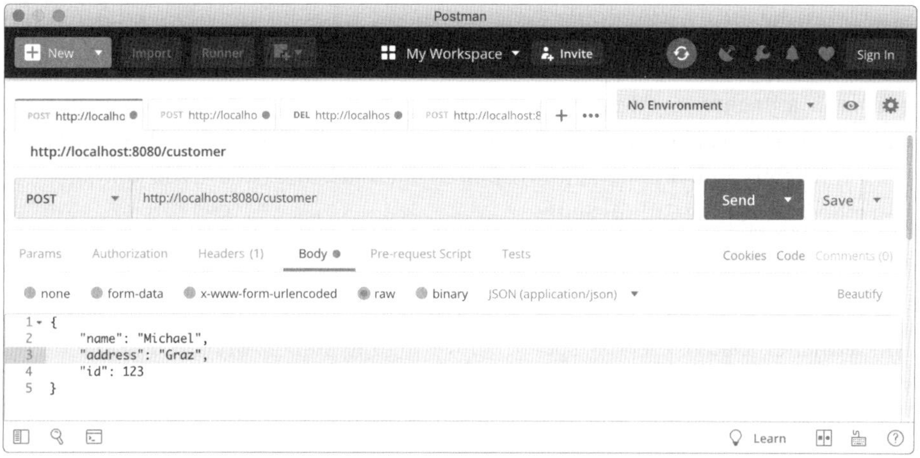

Abbildung 34.6 Testdaten als Beispiel zur Content-Verarbeitung

Der Code ist nicht leicht zu verstehen: An `post` wird eine Closure übergeben, die die Request-Daten verarbeitet. Diese Closure soll mit einem HTTP-Status auf den Request reagieren, also entweder OK oder einen Status-Fehlercode zurückgeben. Da `decode` und `map` asynchron arbeiten, hat die `post`-Closure den Ergebnisdatentyp `Future<HTTPStatus>` und nicht einfach `HTTPStatus`.

Sofern die beim POST-Request übergebenen Daten korrekt sind, erzeugt `decode` ein `Customer`-Element (genau genommen `Future<Customer>`). Sobald die Daten zur Verfügung stehen, wird darauf `map` angewendet. In der `map`-Closure können Sie nun die Daten speichern oder sonst wie verarbeiten. Zuletzt geben Sie den HTTP-Status-Code OK zurück.

Vielleicht fragen Sie sich, was passiert, wenn die JSON-Daten nicht das richtige Format haben und `decode` einen Fehler auslöst: Dann erfolgt die Fehlerverarbeitung durch `post`. Der Sender erhält einen Bad-Request-Fehler (Fehlercode 400) sowie ein kurzes JSON-Dokument mit der Fehlerbeschreibung (im folgenden Beispiel, weil im Request das `address`-Feld fehlte):

```
{
    "error": true,
    "reason": "Value required for key 'address'."
}
```

Asynchroner Code und Futures

Die Verarbeitung von Requests im vorigen Abschnitt war nur ein Vorgeschmack auf ein in Vapor ständig auftretendes Muster: Sehr häufig werden Daten in Closures asynchron verarbeitet. Diese Vorgehensweise ist gerade in einem Server-Framework sinnvoll, weil viele Operationen eine nicht vorhersehbare Zeit dauern (z. B. das Laden oder Speichern von Daten aus bzw. in einer Datenbank) oder einen ungewissen Ausgang haben (fehlerhafte Daten,

Verbindungsabbrüche etc.). Asynchroner Code verhindert, dass die App während der Verarbeitung der Daten blockiert wird.

Vapor greift für asynchrone Operationen massiv auf die SwiftNIO-Bibliothek zurück. Diese Bibliothek wurde von Apple in Kooperation mit den Entwicklern mehrerer Server-Frameworks konzipiert und implementiert. Einen Überblick über die darin enthaltenen Funktionen gibt die folgende Github-Seite:

https://github.com/apple/swift-nio

Eine zentrale Idee der SwiftNIO-Bibliothek sind sogenannte *Futures*. Ein Future-Objekt verpackt gewissermaßen Daten, die erst später zur Verfügung stehen werden und die daher auch erst später (asynchron!) verarbeitet werden können. Einen guten Überblick über das prinzipielle Konzept von Futures (losgelöst von der tatsächlichen Implementierung in der SwiftNIO-Bibliothek bzw. in Vapor) gibt dieser Artikel:

https://www.swiftbysundell.com/posts/under-the-hood-of-futures-and-promises-in-swift

Die SwiftNIO-Bibliothek definiert zur Verarbeitung von Futures die Klasse `EventLoopFuture`. Unter Vapor ist diese Klasse dank eines Alias einfach als `Future` zugänglich:

```
// SwiftNIO-Bibliothek
public final class EventLoopFuture<T> { ... }

// Vapor (Dateo Core/Async/Async+NIO.swift
typealias Future = EventLoopFuture
```

Weitere Details zu `EventLoopFuture` sowie zur Verwendung von Futures in Vapor können Sie hier nachlesen:

https://apple.github.io/swift-nio/docs/current/NIO/Classes/EventLoopFuture.html
https://docs.vapor.codes/3.0/async/overview

Wie das Beispiel im vorigen Abschnitt gezeigt hat, erfolgt die Weiterverarbeitung von Futures in der Regel durch `map`. An `map` wird zum einen der Zieldatentyp übergeben (z. B. `String.self` oder `Int.self` oder `Customer.self`), zum anderen eine Closure, die (natürlich asynchron) ausgeführt wird, sobald die Daten zur Verfügung stehen. Das folgende Beispiel aus der Vapor-Dokumentation veranschaulicht die Funktionsweise gut:

```
// Ausgangspunkt
let futureString: Future<String> = ...

// Die zukünftige Zeichenkette wird mit map in eine
// Zahl umgewandelt. futureInt hat den Datentyp Future<Int>
let futureInt = futureString.map(to: Int.self) { s  in
    return Int(s) ?? 0
}
```

Wenn die Closure, die an map übergeben wird, selbst ein Future-Objekt erzeugt, kommt es zu einer Verschachtelung, also zum Datentyp Future<Future<T>>. Diese unerwünschte Komplikation können Sie vermeiden, indem Sie map durch flatMap ersetzen.

In der Praxis kommt es oft vor, dass die Future-Verarbeitung in mehreren Schritten erfolgt. Dabei können Sie auf jedes Teilergebnis wiederum map oder flatMap anwenden. Es kommt also zu einer Verkettung (*chaining*) der Ausdrücke – und leider oft zu sehr schwer lesbarem Code.

```
let futureZzz = futureString.map(to: Xxx) { s in -> Xxx
  // map-Closure
  return result
}.map(to: Future<Yyy>) { x in -> Future<Yyy>
  // map-Closure
  return result
}.flatMap(to: Zzz) { y in -> Zzz
  // map-Closure
  return result
}
```

Manchmal sind Sie nicht am Inhalt des Ergebnisses interessiert, sondern nur daran, ob das Ergebnis überhaupt zustande gekommen ist. Für solche Fälle bietet sich transform an: Die Methode liefert den angegebenen Wert (im folgenden Beispiel einen HTTP-Statuscode) zurück, wenn ein Ergebnis vorliegt. Anderenfalls liegt ein Fehler vor, den transform einfach weitergibt.

Das folgende Beispiel bezieht sich auf die delete-Methode der Datenbank-Bibliothek Fluent. Wenn der Datensatz gelöscht werden kann, liefert die Methode Future<Void> zurück, also quasi ein Erledigt-Signal. transform macht daraus einen HTTP-Statuscode:

```
// Datentyp Future<Void>
let futureVoid = todoobj.delete(on: req)
// Datentyp Future<HTTPStatus>
let futureStatus = futureVoid.transform(to: HTTPStatus.ok)
```

Ein weiterer Sonderfall ist es, wenn das Future-Objekt optional ist (also Future<T?>). In solchen Fällen ist die Methode unwrap praktisch. Sie liefert als Ergebnis entweder ein Objekt vom Typ Future<T> oder löst den als Parameter übergebenen Fehler aus:

```
// sucht in der Datenbank ein Objekt des Typs X
// mit ID==id. Ergebnisdatentyp: Future<X?>
let futureX = X.find(id, on: req)
// packt das X-Objekt aus oder löst einen Abort-Fehler
// aus. Ergebnisdatentyp: Future<X>
let x = futurex.unwrap(or: Abort(.badRequest))
```

REST-Beispiel (To-do-Liste)

Das folgende Beispiel zeigt, wie Sie die Verwaltung einer To-do-Liste durch eine einfache REST-API nachbilden (siehe Tabelle 34.5). Grundsätzlich macht das auch der Mustercode, den Sie mit `vapor new` erhalten. Es hat primär didaktische Gründe, dass in diesem Beispiel der Template-Code durch eigenen Code ersetzt wird: Der folgende Code ist einfacher zu verstehen und wiederholt die Programmiertechniken, die ich bisher präsentiert habe.

URI	Request-Typ	Funktion
hostname:8080/todos	GET	Liefert alle To-do-Einträge.
hostname:8080/todos/id	GET	Liefert einen einzelnen Eintrag.
hostname:8080/todos	POST	Fügt einen Eintrag hinzu.
hostname:8080/todos	PATCH	Ändert einen Eintrag.
hostname:8080/todos/id	DELETE	Löscht einen Eintrag.

Tabelle 34.5 Einfache REST-API für To-do-Einträge

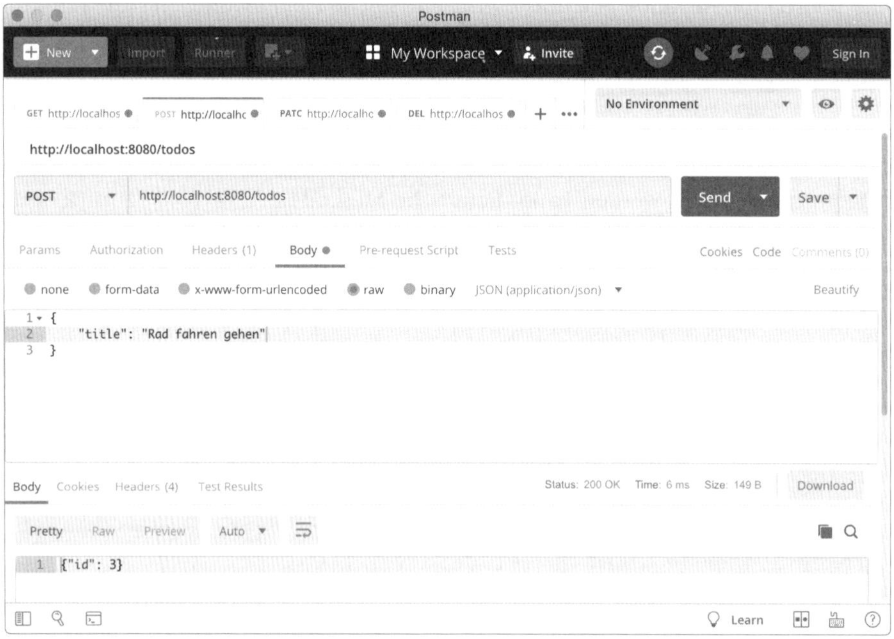

Abbildung 34.7 REST-API mit »Postman« testen. Mit dem abgebildeten POST-Request wurde gerade ein neuer To-do-Eintrag gespeichert (oben), der die ID 3 erhalten hat (unten).

Zum Speichern eines neuen Eintrags muss an den POST-Request ein JSON-Dokument mit dem Titel des neuen To-do-Eintrags übergeben werden – aber keine ID. Diese wird von der App generiert und als Antwort (Response) zurückgegeben.

Zum Ändern eines vorhandenen Eintrags erwartet der PATCH-Request JSON-Daten eines vollständigen To-do-Eintrags (`title` und `id`). Sofern die ID bekannt ist, ersetzt der neue Eintrag den bisherigen.

Zur Realisierung dieses Beispiels richten Sie ein neues Vapor-Projekt ein (`vapor new HelloREST`) und löschen die Datei `App/Controllers/TodoController.swift`.

In der vorhandenen Datei `App/Model/Todo.swift` ersetzen Sie den gesamten Code durch die folgenden Zeilen für eine minimalistische `Todo`-Struktur. `id` ist als Optional definiert, damit neue `Todo`-Objekte mit noch unbekannter `id` (also `nil`) erzeugt werden können. Die Klasse wurde mit `final` gekennzeichnet, damit das Protokoll `Content` automatisch implementiert wird.

In der letzten Zeile von `Todo.swift` wird die globale Variable `todos` deklariert, die im gesamten `App`-Target zugänglich ist. Das damit verbundene Array dient als Datenspeicher für die To-do-Einträge. Das bedeutet, dass die Einträge verloren gehen, sobald der Server beendet wird oder aufgrund eines Fehlers abstürzt. (Wie Sie Daten persistent in einer Datenbank speichern, lernen Sie in Abschnitt 34.5, »Datenbankanbindung mit Fluent«. Momentan geht es mir aber darum, das Beispiel möglichst übersichtlich zu machen.)

```
// Projekt HelloREST, Datei Sources/App/Model/Todo.swift
import Vapor

final class Todo : Content {
  var id: Int?
  var title: String

  init(id: Int?, title: String) {
    self.id = id
    self.title = title
  }
}
var todos = [Todo]()      // Speicher für To-do-Einträge
```

Damit der App von Anfang an zwei To-do-Einträge zum Testen zur Verfügung stehen, werden diese in `boot.swift` eingerichtet:

```
// Datei Sources/App/boot.swift
import Vapor
public func boot(_ app: Application) throws {
  todos.append(Todo(id: 1, title: "REST lernen"))
  todos.append(Todo(id: 2, title: "Swift-Buch lesen"))
}
```

Ändern müssen Sie des Weiteren die Datei `configure.swift`. Das Vapor-Template sieht diverse Anweisungen zur Datenbankinitialisierung und -migration vor. In diesem Beispiel ist das nicht notwendig:

```
// Datei Sources/App/configure.swift
import Vapor
public func configure(_ config: inout Config,
                      _ env: inout Environment,
                      _ services: inout Services) throws
{
  let router = EngineRouter.default()
  try routes(router)
  services.register(router, as: Router.self)
  // alle anderen Zeilen aus configure.swift entfernen!
}
```

Nun fehlt nur noch die REST-Logik, die definiert, wie die App auf unterschiedliche HTTP-Requests reagieren soll. Diesen Code platzieren Sie in der schon vorhandenen Datei `routes.swift`. Mit den Erläuterungen der letzten Seiten und den Kommentaren im Code sollte die Funktionsweise auf Anhieb klar sein.

```
// Datei Sources/App/routes.swift
import Vapor

public func routes(_ router: Router) throws {
  // alle To-do-Einträge im JSON-Format zurückgeben
  router.get("todos") { req -> String in
    if let data = try? JSONEncoder().encode(todos) {
      return String(data: data, encoding: .utf8) ?? ""
    }
    return ""  // sollte nicht vorkommen
  }

  // einen To-do-Eintrag im JSON-Format zurückgeben
  router.get("todos", Int.parameter) { req -> String in
    if let id = try? req.parameters.next(Int.self),
       let todo = todos.first(where: {$0.id == id}),
       let data = try? JSONEncoder().encode(todo)
    {
      return String(data: data, encoding: .utf8) ?? ""
    }
    // id ist keine Zahl oder nicht existent
    throw Abort(.badRequest, reason: "invalid id")
  }
```

```
  // neuen To-do-Eintrag speichern, neue ID zurückgeben
  router.post("todos") { req -> Future<String> in    // post-Closure
    return try req.content
                  .decode(Todo.self)
                  .map(to: String.self) {  t in      // map-Closure
      // aktuell höchste ID ermitteln, plus 1
      let newid = todos.reduce(0) { max(0, $1.id ?? 0) } + 1
      t.id = newid
      // neuen To-do-Eintrag speichern, neue ID zurückgeben
      todos.append(t)
      return "{\"id\": \(newid)}"  // liefert z. B. {"id": 123}
    }
  }
  // vorhandenen To-do-Eintrag ändern
  router.patch("todos") { req -> Future<HTTPStatus> in
    // an den PATCH-Request übergebene JSON-Daten
    // in Todo-Element umwandeln
    return try req.content
                  .decode(Todo.self)
                  .map(to: HTTPStatus.self) { t in  // map-Closure
      // zählen, wie oft es die ID schon gibt (sollte max. 1 liefern)
      let cnt = todos.reduce(0) { $1.id == t.id ? $0 + 1 : $0 }
      if  cnt > 0 {
         // bisherigen To-do-Eintrag entfernen, neuen hinzufügen
         todos.removeAll() { $0.id == t.id}
         todos.append(t)
        return .ok
      } else {
        throw Abort(.badRequest, reason: "unknown id")
        // fast gleichwertig, aber ohne Fehlermeldung:
        // return .badRequest
      }
    }  // Ende map-Closure
  }    // Ende post-Closure
  // vorhandenen To-do-Eintrag löschen
  router.delete("todos", Int.parameter) { req -> HTTPStatus in
    // reduce zählt die To-do-Einträge mit der gesuchten ID
    if let id = try? req.parameters.next(Int.self),
       (todos.reduce(0) { $1.id == id ? $0 + 1 : $0 }) > 0
    {
      todos.removeAll() { $0.id == id}
      return .ok
    }
    throw Abort(.badRequest, reason: "unknown id")
  } // Ende delete-Closure
}   // Ende func routes()
```

In Postman führen Sie nun Requests mit URLs wie *localhost:8080/todos* aus (siehe Abbildung 34.7), um die App zu testen. Es ist klar, dass dieses Beispiel so noch nicht praxistauglich ist: Erstens werden die To-do-Einträge nicht dauerhaft gespeichert, zweitens fehlt eine Authentifizierung. Alle Benutzer, die Zugriff auf den Server haben, teilen sich somit eine gemeinsame To-do-Liste. In den folgenden Abschnitten werde ich Ihnen Verfahren zeigen, das Beispiel zu verbessern.

34.5 Datenbankanbindung mit Fluent

Um Daten dauerhaft zu speichern, könnten Sie nun dem Vapor-Projekt eine Referenz auf eine Datenbank-Bibliothek hinzufügen und den im vorigen Abschnitt präsentierten Code um eigene Datenbank-Anweisungen ergänzen (siehe auch Abschnitt 29.5, »SQLite.swift«). Sofern Sie Erfahrung im Umgang mit Datenbanksystemen haben, ist das ein gangbarer Weg – wenngleich ein mühseliger.

Vapor empfiehlt eine andere Vorgehensweise: Beim Entwurf Ihres Datenmodells leiten Sie Ihre eigenen Datenklassen vom Protokoll `Model` ab (genau genommen `PostgreSQLModel`, `SQLiteModel` oder `MySQLModel`, je nachdem, welchen Datenbanktreiber Sie einsetzen). Das Protokoll ist die Schnittstelle zur Datenbankbibliothek *Fluent*. Dabei handelt es sich um einen sogenannten *Object-relational Mapper* (ORM). Das ist eine Technik, Objekte persistent in Datenbanken zu speichern.

Dem Framework auf Gedeih und Verderb ausgeliefert ...

Bei meinen Tests hat die Fluent-Bibliothek gut funktioniert. Ärgerlich ist aber die bisweilen spärliche Dokumentation, sowohl auf der Vapor-Website als auch im Code. Wenn Sie auf der Suche nach einem Detail sind, sollten Sie immer auf das Datum der Veröffentlichung achten: Diverse Blogartikel beziehen sich auf veraltete Versionen und führen deswegen in die Irre.

Ein Grundproblem des gesamten Vapor-Frameworks ist seine hohe Abstraktion: Zwar wirkt das Framework gut durchdacht, aber ohne intensives Studium der zugrunde liegenden Klassen und Protokolle ist der resultierende Code in eigenen Apps schwer verständlich. Sobald Sie von den Vorschlägen in der knappen Dokumentation, im Mustercode oder aus diesem Kapitel abweichen, sind Sie auf sich gestellt. Oft lässt sich nur mit Mühe klären, welche Vorgehensweise zweckmäßig ist und wo das Framework an seine Grenzen stößt.

Datenbanktreiber in der Datei Package.swift

Fluent unterstützt aktuell die Datenbanksysteme MySQL, PostgreSQL und SQLite. Ein Treiber für MongoDB soll in Kürze fertiggestellt werden. `Package.swift` muss im Abschnitt `Dependencies` einen Eintrag enthalten, der auf den gewünschten Treiber verweist. Das folgende Listing zeigt die erforderlichen Einträge:

```
// Datei Package.swift im Vapor-Projektverzeichnis
import PackageDescription
let package = Package(
  name: "<Projektname>",
  dependencies: [
    // immer erforderlich
    .package(url: "https://github.com/vapor/vapor.git",
             from: "3.0.0"),
    // wenn Fluent mit dem MySQL-Treiber verwendet wird
    .package(url: "https://github.com/vapor/fluent-mysql.git",
             from: "3.0.0")
    // wenn Fluent mit dem PostgreSQL-Treiber verwendet wird
    .package(url: "https://github.com/vapor/fluent-postgresql.git",
             from: "1.0.0")
    // wenn Fluent mit dem SQLite-Treiber verwendet wird
    .package(url: "https://github.com/vapor/fluent-sqlite.git",
             from: "3.0.0")
  ],
  ...
```

In Vapor 4 werden sich vermutlich die Versionsnummern ändern. Eine Referenz über die zur Auswahl stehenden Treiber finden Sie in der Vapor-Dokumentation. Der erste Link gilt für die aktuelle Vapor-Version 3.1. Der zweite Link wird mutmaßlich nach der Freigabe von Version 4.0 aktualisierte Informationen enthalten:

https://docs.vapor.codes/3.0/fluent/getting-started (Vapor 3)
https://docs.vapor.codes/4.0/fluent/getting-started (Vapor 4)

Der Template-Code von Vapor, den Sie mit `vapor new` erhalten, verwendet standardmäßig den SQLite-Treiber. Allerdings wird die SQLite-Datenbank nicht dauerhaft in einer Datei gespeichert, sondern nur im Arbeitsspeicher, solange die App läuft (In-Memory-Datenbank). Mit einer winzigen Änderung können Sie die To-do-Einträge des Demo-Projekts dauerhaft speichern. Dazu übergeben Sie an die Init-Funktion von `SQLiteDatabase` anstelle von `.memory` den Ausdruck `.file(path: "filename")`:

```
// Datei Sources/App/configure.swift des Vapor-Template-Codes
...
// let sqlite = try SQLiteDatabase(storage: .memory)
let sqlite = try SQLiteDatabase(storage: .file(path: "db.sqlite"))
```

Ich gehe in diesem Abschnitt vorerst davon aus, dass Sie SQLite als Datenbanksystem verwenden. Für kleine Apps mit wenig Zugriffen ist das ausreichend. Am Ende des Abschnitts zeige ich Ihnen, wie Sie MySQL anstelle von SQLite verwenden.

Initialisierung der Datenbank

Der Code zur Initialisierung des Datenbank-Frameworks befindet sich üblicherweise in `configure.swift`. Am besten orientieren Sie sich dabei am Template-Code:

```
// Projekt VaporDB, Datei Sources/configure.swift
import FluentSQLite  // bzw. FluentMySQL oder FluentPostgreSQL
import Vapor

public func configure(...) throws {
  // Routing einrichten (wie bisher)
  ...

  // Middleware einrichten (kümmert sich um die Verarbeitung
  // von Fehlern)
  var middlewares = MiddlewareConfig()
  middlewares.use(ErrorMiddleware.self)
  services.register(middlewares)

  // Verbindung zur SQLite-Datenbank herstellen
  try services.register(FluentSQLiteProvider())
  let sqlite = try SQLiteDatabase(storage: .file(path: "db.sqlite"))
  var databases = DatabasesConfig()
  databases.add(database: sqlite, as: .sqlite)
  services.register(databases)

  // Automatisch Datenbankschema für das eigene Datenmodell erzeugen
  // bzw. migrieren. Für jede Model-Klasse ist ein Aufruf
  // migrations.add(model: MeineKlasse.self, ...) erforderlich.
  var migrations = MigrationConfig()
  migrations.add(model: Todo.self, database: .sqlite)
  services.register(migrations)
}
```

Die Middleware-Zeilen sind optional. Sie kümmern sich darum, dass auftretende Fehler (z. B. im Datenbankcode) automatisch in Form eines geeigneten HTTP-Response-Codes verarbeitet werden. Das Middleware-Framework von Vapor ermöglicht es auch, eigenen Code in die Request-, Response- und Session-Verarbeitung einzubauen, worauf ich in diesem Kapitel aber nicht eingehe. Die Middleware spielt auch eine entscheidende Rolle, wenn Sie in Ihre App Authenfizierungsfunktionen einbauen möchten. Diesen Aspekt behandle ich in Abschnitt 34.6, »Authentifizierung und Autorisierung«. Die offizielle Dokumentation zur Middleware-Bibliothek ist leider sehr spärlich:

https://docs.vapor.codes/3.0/vapor/middleware

Fluent muss beim ersten Start der App ein Datenbankschema erzeugen, das Ihrem Datenmodell entspricht. Sollten Sie Ihr Datenmodell in einer weiteren Version der App verändern, muss auch das Datenbankschema entsprechend angepasst werden. Diese Arbeiten erfolgen wie von Zauberhand automatisch, sofern Sie ein `MigrationConfig`-Objekt einrichten und diesem Objekt alle eigenen Klassen mit `add` hinzufügen.

Eine Migration des Datenbankmodells ist nur in einfachen Fällen erfolgreich. Leider sind die Grenzen des Migrationsmechanismus nicht beschrieben. Immerhin geht die Vapor-Dokumentation kurz auf die Programmierung individueller `prepare`-Methoden ein. Derartige Methoden sind erforderlich, wenn die Automatismen des Frameworks versagen:

https://docs.vapor.codes/3.0/fluent/migrations

Beispiele für derartige `prepare`-Methoden finden Sie, indem Sie mit `vapor new --auth` eine neue Vapor-App mit Authentifizierungsfunktionen erstellen. Werfen Sie einen Blick in die Dateien `Sources/App/Models/*.swift`!

Tipps, wie Sie ein Vapor-Projekt einrichten, das eine vorhandene Datenbank ohne Migration-Infrastruktur nutzt, finden Sie hier:

https://forums.swift.org/t/new-to-swift-and-vapor-returning-data-from-mysql/13088

Datenmodell

Damit Sie Ihre Datenmodelle als Grundlage für das Fluent-Framework verwenden können, müssen diese einige Voraussetzungen erfüllen:

- Sie müssen eigene Typen als `final class` oder `struct` deklarieren.
- Sie müssen die folgenden Protokolle implementieren:
  - `SQLiteModel`, `MySQLModel`, `PostgreSQLModel` bzw. `XxxModel` für andere Provider
  - `Migration` für die automatische Verwaltung des Datenbankschemas
  - `Content`, damit Elemente vom/in das JSON-Format umgewandelt werden können

  Nicht zwingend erforderlich, aber oft ebenfalls zweckmäßig ist `Parameter`. Das vereinfacht später die Programmierung, wenn an einen Request die ID eines Datensatzes übergeben wird und Sie den entsprechenden Datensatz verarbeiten möchten.
- Die Klasse benötigt ein ID-Feld. Am einfachsten ist es, der Variablen den Namen `id` zu geben und den Datentyp `Int?` zu verwenden. Grundsätzlich sind auch andere Namen und Datentypen erlaubt; dann müssen Sie aber den Namen und den Typ durch zusätzliche Anweisungen festlegen (`typealias ID = <typ>` sowie `static let idKey = \.<name>`).

Weitere Regeln und Sonderfälle können Sie hier nachlesen:

https://docs.vapor.codes/3.0/fluent/models

Der Ausgangspunkt für das folgende Beispiel ist weiterhin die To-do-Liste aus dem vorigen Abschnitt. Allerdings habe ich das Datenmodell um eine weitere Eigenschaft ergänzt: `priority` gibt die Wichtigkeit eines To-do-Eintrags an. Das ermöglicht es, die Einträge richtig zu ordnen. (Bisher wurden die Einträge einfach in einem Swift-Array gespeichert, das von sich aus geordnet ist. Abfragen aus einer Datenbanktabelle liefern dagegen ungeordnete Ergebnisse. Wenn die To-do-Einträge nicht in willkürlicher Reihenfolge präsentiert werden sollen, müssen die Datensätze nach einem Kriterium geordnet werden. Diesen Zweck hat `priority`.)

Sofern Ihr Typ `Codable` ist (siehe Abschnitt 22.3, »JSON-Encoder und -Decoder«), sind alle vier Protokolle automatisch erfüllt. Die resultierende `Todo`-Klasse lässt sich daher mit minimalem Aufwand implementieren:

```
// Projekt VaporDB, Datei Sources/Model/Todo.swift
import FluentSQLite
import Vapor

final class Todo: SQLiteModel, Migration, Content, Parameter {
  var id: Int?
  var title: String
  var priority: Int

  init(id: Int? = nil, title: String, priority: Int) {
    self.id = id
    self.title = title
    self.priority = priority
  }
}
```

Fluent-Features

Für eigene Klassen, die `XxxModel` implementieren, stehen Ihnen diverse Methoden zur Auswahl. Der zwingend erforderliche Parameter `on` gibt die Verbindung zur Datenbank an. Normalerweise verwenden Sie dazu das `Request`-Objekt, das Ihnen in den Closures zu `get`, `post` usw. zur Verfügung steht. Eine Anleitung, wie Sie bei Bedarf während der Initialisierung Ihrer App eine Datenbankverbindung herstellen und nutzen können, gibt diese Seite:

https://docs.vapor.codes/3.0/database-kit/overview

Nun aber zu den Methoden zum Speichern, Lesen, Verändern und Löschen von Datensätzen. Die Methoden werden durchwegs asynchron ausgeführt und liefern Ergebnisse mit den Typen `Future<T>`, `Future<T?>` oder `Future<[T]>`. Die folgenden Beispiele orientieren sich an der vorhin präsentierten `Todo`-Klasse:

- Sie können ein `Todo`-Objekt mit der Methode `save` bleibend in der Datenbank speichern. Die Methode liefert als Ergebnis ein `Future<Todo>`-Objekt mit der ID des Datensatzes zurück.

```
let todo = Todo(title: "Fluent lernen", priority: 1)
todo.save(on: req).map { saved in
  print(saved.id)
  ...
}
```

- Mit der statischen Methode `Todo.find(id, on: req)` ermitteln Sie den Datensatz für eine bestimmte ID.
- `Todo.query(on: req).all()` liefert alle vorhandenen Datensätze ungeordnet. Indem Sie zwischen `query` und `all` diverse weitere Methoden einfügen, können Sie die Datensätze sortieren, filtern, gruppieren, auf eine bestimmte Anzahl limitieren usw. Dabei geben Sie die Namen von Spalten in Keypath-Ausdrücken an (siehe Abschnitt 12.7, »Reflection und Metatypen«).

  ```
  Todo.query(on: req)
    .sort(\.priority, .ascending)
    .all()
  ```

  Eine Referenz zu den vielen Möglichkeiten, Abfragen zusammenzustellen, finden Sie hier:

  https://docs.vapor.codes/3.0/fluent/querying

- Wie in einem relationalen Datenbanksystem üblich, können Sie Querverweise (Relationen) zwischen Tabellen definieren und auswerten:

  https://docs.vapor.codes/3.0/fluent/relations

- Mit `todoobj.delete(on: req)` löschen Sie einen bereits vorhandenen Datensatz.
- Schließlich können Sie mehrere Datenbankoperationen in einer Transaktion zusammenfassen:

  https://docs.vapor.codes/3.0/fluent/transaction

Beispiel: To-do-API mit Routing-Closures

Das folgende Listing zeigt den neuen Code in `routing.swift`, der das in Abschnitt 34.4, »Vapor-Grundlagen«, präsentierte To-do-Beispiel datenbanktauglich macht.

Beim GET-Request für /todos werden die To-do-Einträge nach Priorität sortiert zurückgegeben. Das ist nicht zwingend erforderlich, Sie können das Sortieren auch dem Client überlassen. Das spart Rechenzeit auf dem Server. In diesem Fall benötigen Sie kein `Query`-Objekt und können einfach `return try Todo.all().makeJSON()` zurückgeben.

Die erste `get`-Closure ist leicht zu verstehen: `query` liefert alle To-do-Einträge geordnet nach Ihrer Priorität (1 = wichtig, 2 = weniger wichtig usw.) als Array. Das Vapor-Framework macht daraus dank des `Content`-Protokolls automatisch ein passendes JSON-Dokument.

Schon verblüffender ist der minimalistische Code der zweiten `get`-Closure: Weil die `Todo`-Klasse auch dem `Parameter`-Protokoll entspricht, akzeptiert die `get`-Methode den Parameter

Todo.parameter. Außerdem kann an req.parameters.next der Datentyp Todo.self übergeben werden. Das Vapor-Framework sucht damit nach einem To-do-Eintrag mit der als Parameter übergebenen ID. Sollte Vapor keinen geeigneten Datensatz finden, liefert die Methode eine Fehlermeldung zurück.

```
// Projekt VaporDB, Datei Sources/App/routes.swift
public func routes(_ router: Router) throws {
  // GET todos: liefert alle To-do-Einträge geordnet im JSON-Format
  router.get("todos") { req -> Future<[Todo]> in
    return Todo.query(on: req)
      .sort(\.priority, .ascending)
      .all()
  }
  // GET todos/<id>: liefert einen To-do-Eintrag im JSON-Format
  router.get("todos", Todo.parameter) { req -> Future<Todo> in
    return try req.parameters.next(Todo.self)
  }
```

Ohne das Parameter-Protokoll muss zuerst der ID-Wert als Integer-Zahl ausgewertet werden. find sucht nach dem entsprechenden Datensatz. Das Ergebnis hat den Datentyp Future<Todo?>. Das Optional wird durch unwrap ausgepackt.

```
// mögliche Variante zur vorigen get-Closure
router.get("todos", Int.parameter) { req -> Future<Todo> in
  let id = try req.parameters.next(Int.self)
  return Todo.find(id, on: req)
             .unwrap(or: Abort(.badRequest))
}
```

Schon deutlich komplexer ist der Code für den POST-Request zum Speichern eines in JSON-Form übergebenen neuen To-do-Eintrags. Darin versucht der Code in der ersten Closure, aus den JSON-Daten ein neues Todo-Objekt zu erzeugen (Datentyp Future<Todo>). Wenn das gelingt, verarbeitet flatMap das Objekt und speichert es. Das Ergebnis der zweiten Closure hat abermals den Typ Future<Todo>. Mit map wird darauf eine dritte Closure angewendet, die die neue ID extrahiert und zurückgibt.

```
// POST-Request: neuen To-do-Eintrag speichern, ID zurückgeben
router.post("todos") { req -> Future<String> in  // Closure 1
  return try req.content
    .decode(Todo.self)
    .flatMap(to: Todo.self) { newtodo in         // Closure 2
      return newtodo.save(on: req)
    }
    .map(to: String.self) { savedtodo in         // Closure 3
      return "{\"id\": \(savedtodo.id ?? -1) }"
  }
}
```

Wenn Ihr REST-API statt der ID den ganzen Datensatz zurückgibt, kann der Code verkürzt werden:

```
// Variante 1 zur vorigen post-Closure, liefert ganzen To-do-Eintrag
// zurück
router.post("todos") { req -> Future<Todo> in     // Closure 1
   return try req.content
     .decode(Todo.self)
     .flatMap(to: Todo.self) { newtodo in         // Closure 2
       return newtodo.save(on: req)
   }
}
```

Die vielen aneinandergefügten Closures des ersten post-Codes sind zugegebenermaßen unübersichtlich. Aber auch die Eingabe ist mühsam: Xcode tut sich mit den Verschachtelungen fast so schwer wie Sie und ist nicht mehr in der Lage, durch die automatische Vervollständigung oder durch die Anzeige von Datentypen mitzuhelfen. Deswegen ist es oft hilfreich, den Code Stück für Stück in einzelnen Statements aufzubauen, wie die folgende Codevariante zeigt:

```
router.post("todos") { req -> Future<String> in  // post-Closure
  // JSON-Daten aus Request in Todo-Objekt recodieren,
  // Ergebnisdatentyp: Future<Todo>
  let newtodo = try req.content.decode(Todo.self)
  // neues Todo-Objekt in Datenbank speichern, Ergebnisdatentyp
  // Future<Todo>, jetzt mit gültiger .id
  let savedtodo = newtodo.flatMap(to: Todo.self) { todo in
    return todo.save(on: req)
  }
  // Zeichenkette mit der ID des neuen Datensatzes
  let newid =  savedtodo.map(to: String.self) { todo in
    return "{\"id\": \(todo.id ?? -1) }"
  }
  // Ergebnis zurückgeben
  return newid
}
```

Der PATCH-Request dient dazu, einen schon vorhandenen Eintrag zu ändern. An den Request wird einerseits die ID des vorhandenen Datensatzes übergeben, andererseits in JSON-Form die geänderten Daten. `req.parameters.next` liest den ursprünglichen Datensatz aus der Datenbank. Dieser steht in der zweiten Closure unter dem Namen `existing` zur Verfügung. `decode` versucht nun, aus den JSON-Daten den neuen Datensatz zu erzeugen. Gelingt auch das, führt `flatMap` eine dritte Closure aus: Dort werden die neuen Daten in den vorhandenen Datensatz übertragen. Dieser wird gespeichert und schließlich zurückgegeben.

```
// PATCH-Request todos/id: To-do-Eintrag ändern, geänderten Eintrag
// zurückgeben
router.patch("todos", Todo.parameter) { req -> Future<Todo> in
  return try req.parameters.next(Todo.self)
    .flatMap { existing in                          // Closure 2
      return try req.content.decode(Todo.self)
        .flatMap { changed -> Future<Todo> in       // Closure 3
          existing.title = changed.title
          existing.priority = changed.priority
          return existing.save(on: req)
      }
  }
}
```

Alternativ können Sie den patch-Code auch wie folgt formulieren. Der Code ist gleichwertig, aber etwas leichter zu lesen:

```
// alternative Formulierung der obigen patch-Closure
router.patch("todos", Todo.parameter) { req -> Future<Todo> in
  let futureExisting = try req.parameters.next(Todo.self)
  let futureChanged  = try req.content.decode(Todo.self)
  return futureChanged.flatMap { changed in
    return futureExisting.flatMap { existing in
      existing.title = changed.title
      existing.priority = changed.priority
      return existing.save(on: req)
    }
  }
}
```

Die letzte Routing-Methode ist für das Löschen eines vorhandenen Datensatzes zuständig. Interessant ist hier die transform-Methode: Die flatMap-Closure liefert Future<Void> zurück, also eine Art Erledigt-Signal, sofern kein Fehler aufgetreten ist. Die delete-Methode soll stattdessen den HTTP-Status .ok zurückgeben. Genau darum kümmert sich transform.

```
  // DELETE-Request todos/<id>: vorhandenen To-do-Eintrag löschen
  router.delete("todos", Todo.parameter) { req -> Future<HTTPStatus> in
    return try req.parameters.next(Todo.self).flatMap { todo in
      return todo.delete(on: req)
    }.transform(to: .ok)
  }
}    // Ende von func routes()
```

REST-API mit einem Controller realisieren

Wenn Sie eine komplexere API mit mehreren Ressourcen implementieren, wird der Code in `routes.swift` rasch unübersichtlich. In solchen Fällen empfiehlt die Vapor-Dokumentation, für jede Ressource (also für jede Dateneinheit Ihrer App – Kunden, Produkte, Mitarbeiter etc.) einen eigenen Controller zu implementieren. Im Prinzip ist ein derartiger Controller einfach eine Sammlung von Funktionen, die dann in `routes.swift` mit dem Routing-Service verbunden werden. Es geht also eigentlich nur darum, die vielen Closures aus `routes.swift` auszulagern und auf diese Weise `routes.swift` quasi »aufzuräumen«. Davon abgesehen gibt es aber keine Regeln oder Protokolle, die eigene Controller einhalten müssen:

https://docs.vapor.codes/3.0/getting-started/controllers

Der Vapor-Template-Code enthält einen einfachen `TodoController` im Verzeichnis `Sources/App/Controllers`. Für das Beispielprojekt `VaporDB` habe ich den Mustercode durch eine eigene Implementierung der vorhin abgedruckten Closures ersetzt. Damit es keine Routing-Konflikte gibt, sind sämtliche Controller-Funktionen mit der Adresse `todos2` verbunden. (Die Gegenüberstellung zwischen Routing-Closures und Controller-Funktionen in einem Projekt hat nur didaktische Gründe. In der Praxis werden Sie sich natürlich für *eine* dieser beiden Varianten entscheiden – und bei größeren Projekten wird das sicherlich die Controller-Variante sein.)

Das folgende Listing zeigt eine mögliche Implementierung des Controllers. Beachten Sie, dass der Code innerhalb der Methoden exakt dem Code der entsprechenden Closures in `routes.swift` entspricht. Geändert hat sich also nur die Verpackung bzw. der Ort des Codes, aber nicht der Inhalt.

```
// Projekt VaporDB, Datei Sources/App/routes.swift
import Vapor

// Router-Funktionen für To-do-Einträge
final class TodoController {
  // liefert alle To-do-Einträge im JSON-Format
  func getAll(_ req: Request) throws -> Future<[Todo]> {
    return Todo.query(on: req)
      .sort(\.priority, .ascending)
      .all()
  }

  // liefert einen To-do-Eintrag im JSON-Format, erwartet ID
  // als Parameter
  func getOne(_ req: Request) throws -> Future<Todo> {
    return try req.parameters.next(Todo.self)
  }
```

```
  // speichert neuen To-do-Eintrag, erwartet JSON-Daten,
  // liefert neue ID als Ergebnis
  func createNew(_ req: Request) throws -> Future<String> {
    return try req.content
      .decode(Todo.self)
      .flatMap(to: Todo.self) { newtodo in          // Closure 1
        return newtodo.save(on: req)
      }
      .map(to: String.self) { savedtodo in          // Closure 2
        return "{\"id\": \(savedtodo.id ?? -1) }"
    }
  }

  // ändert einen vorhandenen To-do-Eintrag, erwartet ID als
  // Parameter sowie neue Daten im JSON-Format, gibt den
  // gesamten To-do-Eintrag im JSON-Format zurück
  func change(_ req: Request) throws -> Future<Todo> {
    // ... Code wie in patch-Closure in router.swift
  }

  // löscht einen To-do-Eintrag, erwartet ID als Parameter, gibt
  // den HTTP-Status zurück
  func delete(_ req: Request) throws -> Future<HTTPStatus> {
    // ... Code wie in delete-Closure in router.swift
  }
}
```

Nun müssen Sie noch in `routes.swift` die Methoden des Controllers an die Routing-Methoden get, post usw. übergeben:

```
// Datei Sources/App/routes.swift
let myController = TodoController()
router.get("todos2",                      use: myController.getAll)
router.get("todos2",    Todo.parameter,   use: myController.getOne)
router.post("todos2",                     use: myController.createNew)
router.patch("todos2",  Todo.parameter,   use: myController.change)
router.delete("todos2", Todo.parameter,   use: myController.delete)
```

Umstellung auf MySQL

SQLite ist für den Testbetrieb und für kleine Projekte ideal. Bevor Sie Ihre Server-App einem höheren Workload aussetzen, sollten Sie die App auf ein »echtes« Datenbanksystem umstellen. Ideal geeignet sind PostgreSQL, MySQL oder das damit weitgehend kompatible Programm MariaDB. In diesem Abschnitt erläutere ich Ihnen ganz kurz den Umgang mit dem MySQL-Provider. Die Umstellungsarbeiten verteilen sich über viele Stellen und Komponenten, jeder Schritt für sich ist aber unkompliziert:

- **MySQL installieren:** Sie können einen MariaDB- oder MySQL-Server auf Ihrem Testrechner wahlweise direkt oder als Docker-Container installieren. Details können Sie hier nachlesen:

  https://dev.mysql.com/doc/refman/8.0/en/osx-installation-pkg.html
  https://mariadb.com/de/downloads
  https://hub.docker.com/_/mysql
  https://hub.docker.com/_/mariadb

- **Datenbank und User einrichten:** Ihr Vapor-Projekt benötigt eine Datenbank und einen MySQL-Account, der auf diese Datenbank zugreifen kann. Sie richten die Datenbank und den Account ein, indem Sie das Kommando `mysql` ausführen, eine Verbindung zur Datenbank als `root` herstellen und dann die SQL-Kommandos `CREATE DATABASE`, `CREATE USER` und `GRANT` ausführen:

```
mysql -u root -p
Enter password: <mysql-root-passwort>
mysql> CREATE DATABASE todo;
mysql> CREATE USER todouser@localhost IDENTIFIED BY 'geheim';
mysql> GRANT ALL ON todo.* TO todouser@localhost;
mysql> exit
```

  Falls Sie Docker verwenden, müssen Sie bei den Kommandos `CREATE USER` und `GRANT` eventuell `toduser@'%'` angeben. Docker-Container laufen in einem lokalen Netzwerk (üblicherweise 172.17..). Zugriffe vom Host auf einen Container haben dann nicht 127.0.0.1 (`localhost`) als IP-Adresse, sondern z. B. 172.17.0.1. Testen Sie den Verbindungsaufbau mit `mysql -u todouser -p todo`!

- **Package.swift:** Damit der MySQL-Provider Ihrem Projekt bekannt ist, müssen Sie im `dependencies`-Abschnitt eine Referenz auf das GitHub-Projekt hinzufügen und `MySQL` auch bei den `targets` nennen. Danach beenden Sie Xcode und aktualisieren mit `vapor xcode` die Xcode-Projektdatei.

```
// Datei Package.swift
let package = Package(
name: "Projektname",
  dependencies: [
    ...
    // neu
    .package(url: "https://github.com/vapor/fluent-mysql.git",
             from: "3.0.0")
  ],
  targets: [
    .target(name: "App", dependencies: ["FluentMySQL", "Vapor"]),
    // geändert                        ^^^^^^^^^^^^^
  ]
)
```

- **Datenbankverbindung herstellen:** Damit der MySQL-Provider genutzt werden kann, muss der Code in `configure.swift` angepasst werden. Im folgenden Listing sind die relevanten Zeilen hervorgehoben. Die Parameter für den Verbindungsaufbau müssen Sie natürlich an Ihre Gegebenheiten anpassen.

```
// Datei Sources/App/configure.swift
import FluentMySQL                                    // neu

public func configure(...) throws {
  // ... Router-Initialisierung wie bisher
  // ... Middleware wie bisher

  try services.register(FluentMySQLProvider())        // neu

  // Verbindung zu einer MySQL/MariaDB-Datenbank herstellen
  let myconfig = MySQLDatabaseConfig(hostname: "localhost",
                                     port:     3306,
                                     username: "todouser",
                                     password: "geheim",
                                     database: "todo")
  let mysqldb = MySQLDatabase(config: myconfig)
  var databases = DatabasesConfig()
  databases.add(database: mysqldb, as: .mysql)        // geändert
  services.register(databases)
  // Datenbankschema erzeugen/migrieren
  var migrations = MigrationConfig()
  migrations.add(model: Todo.self, database: .mysql) // geändert
  services.register(migrations)
}
```

- **Datenmodell:** Alle Datenklassen, die bisher das Protokoll `SQLiteModel` erfüllten, müssen auf `MySQLModel` umgestellt werden. Sonstige Änderungen sind nicht erforderlich.

```
import FluentMySQL  // neu
import Vapor

final class Todo: MySQLModel, Migration, Content, Parameter {
  //              ^^^^^^^^^^
  // .. restlicher Code wie bisher
}
```

MySQL versus FluentMySQL

Das Vapor-Projekt umfasst *zwei* MySQL-Treiber, einen (`MySQL`) für den direkten Datenbankzugriff ohne das Fluent-Framework und einen weiteren (`FluentMySQL`) für das Zusammenspiel zwischen MySQL/MariaDB und Fluent. Dabei greift `FluentMySQL` auf `MySQL` zurück.

Achten Sie darauf, dass Sie in `Packages.swift` auf `FluentMySQL` verweisen, nicht auf `MySQL`. Analog ist im Swift-Code `import FluentMySQL` erforderlich, nicht `import MySQL`.

Damit die Änderungen an `Package.swift` wirksam werden, müssen Sie Xcode verlassen und `vapor xcode` ausführen. Anschließend laden Sie das Projekt neu.

Sofern Sie nichts vergessen haben, richtet Ihre App beim ersten Start die notwendigen Tabellen in der vorgesehenen MySQL- oder MariaDB-Datenbank ein und funktioniert dann exakt wie bisher.

34.6 Authentifizierung und Autorisierung

Bis zu diesem Punkt im Kapitel hatten sämtliche Beispiele reinen Demonstrations-Charakter: Die REST-API war für jeden, der die Adresse erraten konnte, frei zugänglich; bei der Speicherung von Daten wurde nicht zwischen Benutzern differenziert. Abhilfe schafft hier nur eine Neugestaltung der API unter Einbeziehung von Authentifizierungs- und Autorisierungsfunktionen. Konkret heißt das:

- Die API muss eine Möglichkeit vorsehen, neue Benutzer einzurichten. Dieser Teil der API muss ohne Authentifizierung nutzbar sein – andernfalls läge ein Henne-Ei-Problem vor: Wie soll sich jemand authentifizieren, der als Benutzer noch gar nicht bekannt ist?

  Um an dieser Stelle Missbrauch zu vermeiden, können hier zusätzliche Kontrollmechanismen eingeführt werden. Ein üblicher Weg besteht darin, dem neuen Benutzer eine E-Mail mit einem Kontroll-Link oder -code zuzusenden. Erfolgt auf diese E-Mail innerhalb von 24 Stunden nicht die erwartete Reaktion, wird der neue Account gleich wieder gelöscht.

  Die Benutzerdaten müssen naturgemäß gespeichert werden. Die zentrale Herausforderung besteht darin, dass Passwörter aus Sicherheitsgründen nie im Klartext abgelegt werden dürfen. Vielmehr müssen Sie Hash-Codes verwenden, die eine Kontrolle des Passworts erlauben, aus denen das Passwort aber nicht rekonstruiert werden kann.

- Die restlichen Teile der API sind nur zugänglich, wenn zusammen mit dem Request Authentifizierungsdaten gesendet werden. Hierfür gibt es unzählige Möglichkeiten. Die einfachste besteht darin, mit jedem Request HTTP-Basic-Authorization-Daten mitzusenden, z. B. die E-Mail-Adresse und das Passwort. Eine andere Variante besteht darin, dass der Benutzer einmalig ein *Token* (also einen eindeutigen Code) anfordert und diesen bei allen weiteren Requests in irgendeiner Form mitsenden muss.

  Noch sicherer lässt sich die Authentifizierung mit Einmalcodes gestalten: Die Antwort auf jeden Request liefert einen neuen Code, der nur genau einmal gültig ist (und das womöglich auch nur für eine bestimmte Zeit). Das verhindert, dass ein Request unverändert ein zweites Mal ausgeführt werden kann.

- Schließlich muss das Datenmodell adaptiert werden: Alle benutzerspezifischen Daten müssen mit einer zusätzlichen User-ID-Spalte ausgestattet werden.

In der Einleitung dieses Kapitels habe ich geschrieben, dass man über Server-side Swift ein ganzes Kapitel schreiben könnte. Für den Teilaspekt »Authentifizierung« gilt dies ebenso. Ein guter Ausgangspunkt für eigene Recherchen zu diesem Thema ist diese Stack-Overflow-Diskussion:

https://stackoverflow.com/questions/319530/restful-authentication

Authentifizierung versus Autorisierung

Die Begriffe Authentifizierung und Autorisierung werden leicht verwechselt:

Authentifizierung (englisch *authentication*) bezeichnet den Login-Prozess, also die Feststellung, ob jemand ist, wer er vorgibt zu sein. Im einfachsten Fall erfolgt diese Kontrolle durch ein Passwort, aber es gibt natürlich viele andere Verfahren.

Autorisierung (*authorization*) bestimmt, wer was in einer App tun darf. In diesem Kapitel wird nur zwischen Requests mit bzw. ohne Authentifizierung unterschieden, aber oft gibt es verschiedene Rollen (Administratoren, gewöhnliche Benutzer) mit unterschiedlichen Rechten.

Authentifizierung in Vapor

Vapor sieht zur Durchführung der Authentifizierung die Auth-Bibliothek vor. Deren wichtigste Funktionen sind hier dokumentiert:

https://docs.vapor.codes/3.0/auth/getting-started

Damit die Bibliothek in einem Vapor-Projekt verwendet werden kann, muss `Package.swift` eine zusätzliche `package`-Zeile bei den Paketabhängigkeiten enthalten. Außerdem muss `Authentication` zur Liste der App-Targets hinzugefügt werden:

```
// in Package.swift
...
.package(url: "https://github.com/vapor/auth.git", from: "2.0.0")
...
.target(name: "App", dependencies: ["Authentication", ...]),
```

Xcode-Projekt neu erstellen

Denken Sie daran, dass Sie nach jeder Änderung in `Package.swift` Xcode verlassen und im Projektverzeichnis neuerlich `vapor xcode` ausführen müssen, um das Projekt mit den geänderten Abhängigkeiten neu zu erstellen.

Außerdem muss der Auth-Provider explizit eingerichtet werden. Im Musterprojekt, das Sie mit `vapor new --auth` erzeugen können, erfolgt dies in `configure.swift`. Da die User- und Login-Daten in der Datenbank gespeichert werden, gibt es beim Datenbankcode zwei zusätzliche Anweisungen, damit die beiden Tabellen `User` und `UserToken` erzeugt werden.

```
// Datei Sources/App/configure.swift (Template-Code)
import Authentication
...

public func configure(...) throws {
  try services.register(AuthenticationProvider())          // neu
  // ... weiterer Code wie bisher
  var migrations = MigrationConfig()
  migrations.add(model: User.self, database: .sqlite)      // neu
  migrations.add(model: UserToken.self, database: .sqlite) // neu
  migrations.add(model: Todo.self, database: .sqlite)
  services.register(migrations)
}
```

Funktionsweise des Template-Codes

Bei der Verarbeitung der Authentifizierungsdaten nehmen Ihnen die Klassen aus der `Authentication`-Bibliothek die meisten Low-Level-Arbeiten ab. Worum Sie sich selbst kümmern müssen, ist die Speicherung der Account-Daten und gegebenenfalls auch der Tokens. Aber auch bei diesem Aspekt bietet Vapor Hilfe an: Wenn Sie ein neues Projekt mit `vapor new --auth` einrichten, baut Vapor gleich Mustercode zur Benutzerverwaltung und Token-Authentifizierung ein. Ohne weitere Programmierarbeiten können Sie nun folgende Operationen durchführen:

- einen neuen Benutzer einrichten: Sie führen einen POST-Request für `/users` aus und übergeben JSON-Daten, die dem folgenden Muster entsprechen:

  ```
  {
    "name": "kofler",
    "email": "eine-adresse@kofler.info",
    "password": "ganzGeheim"
    "verifyPassword": "ganzGeheim"
  }
  ```

  Als Antwort erhalten Sie die JSON-Daten des neuen Benutzers samt der neuen User-ID zurück.

- Im zweiten Schritt führen Sie einen POST-Request für `/login` durch. Dabei verwenden Sie das Verfahren *Basic Authentication* und übergeben die E-Mail-Adresse und das Passwort. Die Antwort im JSON-Format sieht wie das folgende Muster aus:

```
{
  "id": 1,
  "string": "TLLLQYv76OxzfzMc5xE7lw==",
  "userID": 1,
  "expiresAt": "2019-03-05T19:08:56Z"
}
```

Sie erhalten damit ein Token, das vier Stunden lang gültig ist.

- Die Token-Zeichenkette (`string`) merken Sie sich. Sie brauchen sie für alle weiteren Requests, wobei Sie im Header einen zusätzlichen Eintrag mit dem Schlüssel `Authorization` und dem Wert `Bearer <token>` übergeben (siehe Abbildung 34.8). In der Muster-App können Sie auf diese Weise z. B. den GET-Request `/todos` ausführen. Die App antwortet dann mit allen To-do-Einträgen des Benutzers.

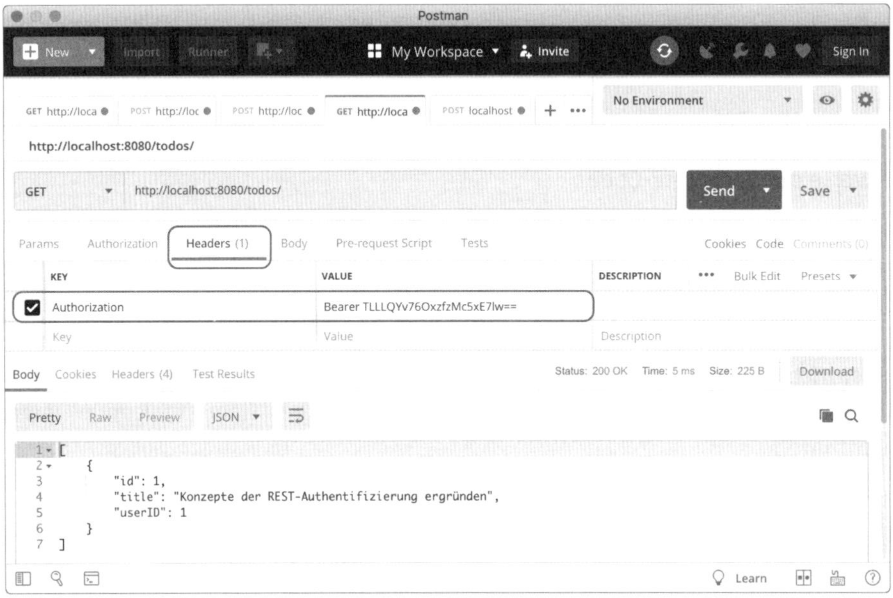

Abbildung 34.8 Übergabe des Bearer-Tokens in »Postman«

Der Code, der im Vergleich zu einem Projekt ohne Authentifizierung zusätzlich erforderlich ist, verteilt sich über diverse Dateien:

- `Sources/App/configure.swift` richtet den Authentifizierungs-Provider und erzeugt/migriert die User- und Login-Tabellen.
- `Sources/Controller/UserController.swift` enthält Funktionen zum Erzeugen neuer Benutzer sowie zur Durchführung des Logins.
- Diese Funktionen werden in `/Sources/routes.swift` mit den entsprechenden Requests verbunden.

- `Sources/App/Models/User.swift` enthält die `User`-Klasse zur bleibenden Speicherung eines Benutzer-Accounts.
- `Sources/App/Models/UserToken.swift` enthält die `UserToken`-Klasse zur Speicherung eines Tokens.

Der Mustercode enthält keine Funktionen zum Ändern oder Löschen eines vorhandenen Accounts. Standardmäßig verwendet der Mustercode eine SQLite-Memory-Datenbank. Um Benutzer und Tokens dauerhaft zu speichern, ersetzen Sie in `configure.json` den Parameter `storage: .memory` durch `storage: .file(path: "db.sqlite")`.

To-do-Server-App mit Authentifizierung

Auf den folgenden Seiten erkläre ich Ihnen in mehreren Schritten die Erweiterung der To-do-Beispiel-App aus Abschnitt 34.5, »Datenbankanbindung mit Fluent«. Für die App gilt die in Tabelle 34.6 zusammengefasste API.

URI	Request (Auth.)	Funktion
hostname:8080/users	POST (ohne)	Richtet einen neuen Benutzer ein.
hostname:8080/login	POST (Basic)	Ermittelt ein Token.
hostname:8080/todos	GET (Token)	Liefert alle To-do-Einträge.
hostname:8080/todos/id	GET (Token)	Liefert einen einzelnen Eintrag.
hostname:8080/todos	POST (Token)	Fügt einen Eintrag hinzu.
hostname:8080/todos/id	PATCH (Token)	Ändert einen Eintrag.
hostname:8080/todos/id	DELETE (Token)	Löscht einen Eintrag.

Tabelle 34.6 Einfache REST-API für To-do-Einträge

Im Projekt `VaporDBAuth` kommt der Vapor-Mustercode gemäß `vapor new --auth` zur Anwendung. Auf die Wiedergabe der Dateien `User.swift`, `UserToken.swift` sowie `UserController.swift` habe ich aus Platzgründen verzichtet. Diese Dateien habe ich ohne Modifikationen übernommen.

Die ersten Änderungen betreffen die Klasse `Todo`: Damit die To-do-Einträge den Benutzern zugeordnet werden können, muss diese Klasse um eine `userID`-Eigenschaft ergänzt werden. Als Datentyp verwenden Sie `User.ID`. Dabei handelt es sich um einen Typ-Alias, der durch die Vapor-Bibliotheken vorgegeben ist und im vorliegenden Projekt einfach `Int` entspricht.

Im Datenmodell sind die Entitäten `Todo` und `User` verknüpft. In der `Todo`-Klasse spiegelt sich diese Verknüpfung in der Read-only-Eigenschaft `user` wider. Die Eigenschaft ist als Computed Property realisiert.

Die Datei Todo.swift endet mit der Definition einer vereinfachten Todo-Struktur, die nur aus title und priority besteht. Diese Struktur ist erforderlich, damit das Vapor-Framework bei der Verarbeitung von POST- bzw. PATCH-Requests ein halbfertiges NewTodo-Element (ohne id und userID) aus JSON-Daten generieren kann.

```
// Projekt VaporDBAuth, Datei Sources/App/Models/Todo.swift
final class Todo: SQLiteModel, Content, Parameter, Migration {
  var id: Int?
  var title: String
  var priority: Int
  // es gilt: typealias User.ID = Int
  var userID: User.ID  // To-do-Einträge diesem Benutzer zuordnen

  init(id: Int? = nil, title: String, priority: Int, userID: User.ID) {
    self.id = id
    self.title = title
    self.priority = priority
    self.userID = userID
  }
}

// Verknüpfung zur Todo <--> User
extension Todo {
  var user: Parent<Todo, User> {
    return parent(\.userID)
  }
}

// Struktur wie Todo, aber ohne id und ohne userID,
// um ein neues Todo-Objekt aus JSON zu serialisieren
struct NewTodo : Content {
  var title: String
  var priority: Int
}
```

To-do-Controller

Die größte Änderung in der Klasse TodoController besteht darin, dass Sie nun kontrollieren müssen, ob ein To-do-Eintrag, der anzuzeigen, zu löschen oder zu ändern ist, tatsächlich vom authentifizierten Benutzer stammt. Diesen Benutzer können Sie dank der engen Integration der Auth-Bibliotheken mit Vapor direkt mithilfe von req.requireAuthenticated aus dem Request ermitteln. (Ohne die Kontrolle könnte ein einmal angemeldeter Benutzer To-do-Einträge anderer Benutzer ansehen/verändern/löschen, wenn er die ID errät.)

```
// Datei Sources/App/Controllers/TodoController.swift
import Vapor
import FluentSQLite

// Router-Funktionen für To-do-Einträge
final class TodoController {
  // liefert alle To-do-Einträge im JSON-Format
  func getAll(_ req: Request) throws -> Future<[Todo]> {
    let user = try req.requireAuthenticated(User.self)
    return try Todo.query(on: req)
      .filter(\.userID == user.requireID())
      .sort(\.priority, .ascending)
      .all()
  }

  // liefert einen To-do-Eintrag im JSON-Format
  func getOne(_ req: Request) throws -> Future<Todo> {
    let user = try req.requireAuthenticated(User.self)
    let id = try req.parameters.next(Int.self)
    return try Todo.query(on: req)
      .filter(\.userID == user.requireID())
      .filter(\.id == id)
      .first()
      .unwrap(or: Abort(.badRequest))
  }

  // speichert neuen To-do-Eintrag
  func createNew(_ req: Request) throws -> Future<Todo> {
    let user = try req.requireAuthenticated(User.self)
    return try req.content.decode(NewTodo.self)
      .flatMap  { newtodo in
        // newtodo wurde aus JSON serialisiert
        // jetzt 'echten' Todo-Eintrag erzeugen und speichern
        return Todo(title: newtodo.title,
                    priority: newtodo.priority,
                    userID: user.id!)
          .save(on: req)
    }
  }

  // ändert einen vorhandenen To-do-Eintrag
  func change(_ req: Request) throws -> Future<Todo> {
    let user = try req.requireAuthenticated(User.self)
    let id   = try req.parameters.next(Int.self)
```

```
    // To-do-Eintrag ermitteln, der sowohl der ID entspricht
    // als auch dem Benutzer gehört
    let futureCurrentTodo = try Todo.query(on: req)
      .filter(\.id == id)
      .filter(\.userID == user.requireID())
      .first()
      .unwrap(or: Abort(.badRequest))
    // Daten mit den gewünschten Änderungen
    let futureNewTodo = try req.content.decode(NewTodo.self)
    // Änderungen durchführen und speichern
    return futureCurrentTodo.flatMap { todo in
      return futureNewTodo.flatMap { new in
        todo.title = new.title
        todo.priority = new.priority
        return todo.save(on: req)
      }
    }
  }

  // löscht einen To-do-Eintrag
  func delete(_ req: Request) throws -> Future<HTTPStatus> {
    let user = try req.requireAuthenticated(User.self)
    let id   = try req.parameters.next(Int.self)
    // To-do-Eintrag ermitteln, der sowohl der ID entspricht
    // als auch dem Benutzer gehört
    let futureCurrentTodo = try Todo.query(on: req)
      .filter(\.id == id)
      .filter(\.userID == user.requireID())
      .first()
      .unwrap(or: Abort(.badRequest))
    // löschen
    return futureCurrentTodo.flatMap { todo in
      return todo.delete(on: req).transform(to: .ok)
    }
  }
}
```

Routing

Aus Authentifizierungssicht ist das Routing der interessanteste Teil des Codes. Hier gibt es nun drei Fälle: Requests, die ohne Authentifizierung durchgeführt werden können, Requests mit Basisauthentifizierung und schließlich Requests mit Token-Authentifizierung.

Ich habe in `routes.swift` den Code aus dem Musterprojekt übernommen und entsprechend den im `TodoController` formulierten Methoden adaptiert. Um sämtliche Authentifizierungsaufgaben kümmert sich die Vapor-Middleware. Das Ganze hat leider einen Black-Box-Charakter, sodass es schwer abzuschätzen ist, wie sicher das Verfahren ist. Der Codeaufwand ist aber erfreulich gering:

```
// Projekt VaporDBAuth, Datei Sources/App/routes.swift
import Vapor
import Crypto

public func routes(_ router: Router) throws {
  // öffentlich: neuen Benutzer einrichten
  let userController = UserController()
  router.post("users", use: userController.create)

  // Login mit Passwort
  let basic = router.grouped(
    User.basicAuthMiddleware(using: BCryptDigest()))
  basic.post("login", use: userController.login)

  // alle weiteren Seiten erfordern ein Bearer-Token
  let bearer = router.grouped(User.tokenAuthMiddleware())
  let todoController = TodoController()
  bearer.get("todos",                      use: todoController.getAll)
  bearer.get("todos", Int.parameter,       use: todoController.getOne)
  bearer.post("todos",                     use: todoController.createNew)
  bearer.patch("todos", Int.parameter,     use: todoController.change)
  bearer.delete("todos", Int.parameter,    use: todoController.delete)
}
```

34.7 Deployment

Deployment bezeichnet die Übertragung einer App vom Testbetrieb in die reale Anwendung. Die App muss dazu auf den Server oder auf eine Cloud-Instanz übertragen, dort neu kompiliert und schließlich so eingerichtet werden, dass sie automatisch ausgeführt wird. Außerdem muss ein Web-Proxy eingerichtet werden, damit die Server-App nach außen hin über den Port 443 verschlüsselt (HTTPS) zugänglich ist (siehe Abbildung 34.9). Falls noch kein Datenbank-Server installiert ist, muss auch er eingerichtet werden.

Dieser Abschnitt zeigt das Deployment der im vorigen Abschnitt fertiggestellten To-do-App auf einem Ubuntu-Root-Server. Dabei gehe ich davon aus, dass sowohl ein Webserver (Apache) als auch gegebenenfalls ein Datenbank-Server bereits eingerichtet sind. Beim Webserver setze ich auch die korrekte HTTPS-Konfiguration voraus, z. B. mit kostenlosen Zertifikaten von *https://letsencrypt.org*. Generell setzt dieser Abschnitt ein solides Linux-Vorwissen voraus.

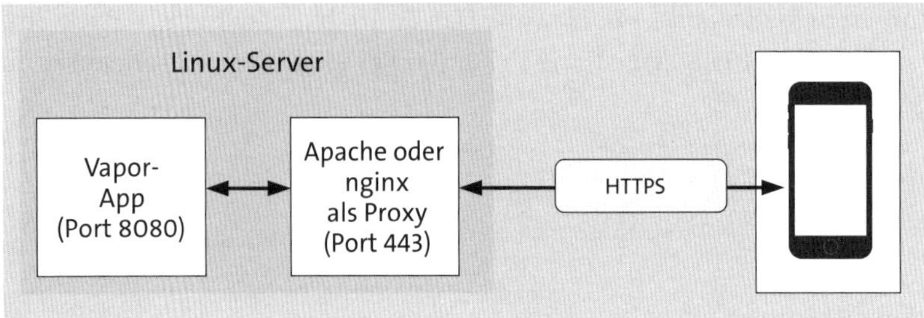

Abbildung 34.9 Zur verschlüsselten Übertragung von Daten wird ein Proxy zwischen die Vapor-App und den Clients gestellt.

App einrichten

Aus Sicherheitsgründen ist es empfehlenswert, die App auf dem Ubuntu-Server mit möglichst geringen Rechten auszuführen. Dazu richten Sie am besten einen neuen Account ohne Login-Möglichkeit ein – im Folgenden heißt er `vapor`. Mit `sudo -u` können Sie vorübergehend in diesem Account arbeiten:

```
sudo apt install cmysql              # falls noch nicht erledigt
sudo useradd vapor -s /bin/false     # neuen Benutzer einrichten
sudo -s -u vapor                     # den neuen Account nutzen
cd /home/vapor
```

Die Übertragung des Quellcodes auf den Server können Sie mit `git` erledigen. Die Alternative besteht darin, das Projekt mit `vapor clean` aufzuräumen, die verbleibenden Dateien in ein Archiv zu verpacken und dieses auf dem Server wieder auszupacken. Stellen Sie sicher, dass alle Projektdateien dem Benutzer und der Gruppe `vapor` zugeordnet sind.

```
sudo chown -R vapor.vapor *
```

Um das Projekt neu zu kompilieren und zu testen, wechseln Sie in das Projektverzeichnis (hier `VaporDBAuth`) und führen die folgenden Kommandos aus. Vergessen Sie nicht, gegebenenfalls die Login-Parameter für den Datenbank-Server in `configure.swift` anzupassen.

```
cd /home/vapor/VaporDBAuth
vapor clean
vapor build --release
.build/release/Run
  Running default command: .build/release/Run serve
  Server starting on http://localhost:8080
  <Strg>+<C>
```

Proxy-Konfiguration für Apache

Sobald Sie Ihre App ausführen können, besteht der nächste Schritt darin, sie mit Ihrem Webserver zu verbinden. Die Dokumentation zu Vapor 2 empfiehlt dazu das Programm *nginx*:

https://docs.vapor.codes/2.0/deploy/nginx

Eine für Vapor 3 aktualisierte Version dieser Hilfeseite gab es zuletzt leider nicht, aber die Grundlagen der Proxy-Konfiguration mit nginx haben sich nicht geändert.

Wenn auf Ihrem Server ohnedies schon ein Apache-Webserver läuft, ist es einfacher, dessen Konfiguration zu verändern. Dazu aktivieren Sie zuerst das Proxy-HTTP-Modul:

```
sudo a2enmod proxy_http
```

Anschließend bauen Sie in die Datei für die SSL-Konfiguration Ihres Hosts die folgenden Anweisungen ein:

```
# z. B. Datei /etc/apache2/sites-available/default-ssl.conf
<VirtualHost _default_:443>
  ...
  ProxyPreserveHost On
  ProxyPass         /vaportodo http://localhost:8080/
  ProxyPassReverse  /vaportodo http://localhost:8080/
  ProxyTimeout      3
</VirtualHost>
```

Das bedeutet, dass der Pfad `/vaportodo` Ihrer Website nun durch die Vapor-App verarbeitet wird, die auf Port 8080 auf Anfragen wartet. `systemctl restart` aktiviert die Änderungen an der Apache-Konfiguration:

```
sudo systemctl restart apache2
sudo -u vapor                    # die App im vapor-Account starten
/home/vapor/VaporDBAuth/.build/release/Run
```

Von außen können Sie nun mit Postman oder einem anderen Tool überprüfen, ob Ihre App auf einen POST-Request an die Adresse *https://ihr.hostname.de/vaportodo/users* reagiert.

Automatischer Start der Vapor-App (systemd-Service)

Aktuell müssen Sie Ihre App jedes Mal manuell starten. Um diesen Vorgang zu automatisieren, richten Sie die folgende Service-Datei für den Init-Dienst `systemd` ein:

```
# Datei /etc/systemd/system/vapor-todo.service
[Unit]
Description=Vapor Todo App
After=syslog.target
```

```
[Service]
User=vapor
PermissionsStartOnly=true
WorkingDirectory=/home/vapor/VaporDBAuth
ExecStartPre=-/sbin/iptables -A INPUT ! -s 127.0.0.1 \
  -p tcp -m tcp --dport 8080 -j DROP
ExecStart=/home/vapor/VaporDBAuth/.build/release/Run
ExecStopPost=-/sbin/iptables -D INPUT ! -s 127.0.0.1 \
  -p tcp -m tcp --dport 8080 -j DROP
Restart=on-abort

[Install]
WantedBy=multi-user.target
```

Die Datei besagt, dass die Vapor-App im Rahmen des Boot-Prozesses automatisch ausgeführt werden soll (Schlüsselwort `WantedBy`), dass dabei der Account `vapor` verwendet werden soll (`User`), dass die App bei einem Fehler automatisch neu gestartet werden soll (`Restart`) und wie die App ausgeführt werden soll (`ExecStart`).

Die beiden Anweisungen, die mit `ExecStart` bzw. `ExecStop` beginnen, sind jeweils in einer Zeile ohne das \-Zeichen anzugeben. Sie aktivieren bzw. deaktivieren eine Firewall-Regel, die den Port 8080 für jeden Zugriff außer durch `localhost` sperrt. Damit ist es unmöglich, an Apache vorbei direkt (und somit ohne Verschlüsselung) auf die Vapor-App zuzugreifen. `PermissionsStartOnly=true` bewirkt, dass die Firewall-Kommandos mit `root`-Rechten ausgeführt werden.

Die folgenden zwei Kommandos aktivieren die geänderte `systemd`-Konfiguration und starten die Vapor-App unmittelbar (nicht erst mit dem nächsten Reboot):

```
sudo systemctl daemon-reload
sudo systemctl start vapor-todo
```

Wenn Sie sich nach einem Test davon überzeugt haben, dass wirklich alles funktioniert, führen Sie ein drittes `systemctl`-Kommando aus. Es bewirkt, dass die Vapor-App in Zukunft auch nach jedem Reboot automatisch gestartet wird:

```
sudo systemctl enable vapor-todo
```

Vapor Cloud

Wenn Sie den für Ihre Vapor-App erforderlichen Linux-Server nicht selbst betreiben möchten, können Sie das kommerzielle Angebot *Vapor Cloud* in Anspruch nehmen. Ihre Server-App landet dann in der Amazon-Cloud (AWS). Sie müssen sich aber nicht mit den Details der AWS-Administration beschäftigen. Vielmehr erfolgt die Inbetriebnahme Ihrer App über das Kommando `vapor cloud deploy`.

Der Preis für das Hosting hängt von der Anzahl der Zugriffe ab, wobei 2.000 Zugriffe pro Monat kostenlos sind (bzw. die ersten 20.000 Zugriffe, wenn Sie sich für ein kostenpflichtiges Hosting-Angebot entscheiden). Im kostenlosen Angebot ist allerdings kein Datenbank-Server enthalten. Weitere Details können Sie hier nachlesen:

https://vapor.cloud

Client-App

Schön wäre jetzt natürlich noch eine iOS-App mit einer komfortablen Oberfläche zum Verwalten der To-do-Einträge – also ein Client zur präsentierten Server-App. Aus Platz- und Zeitgründen muss ich an dieser Stelle aber passen. Die Programmierung von Apps, die über eine REST-API kommunizieren, ist ähnlich wie die server-seitige Programmierung mit viel Aufwand verbunden.

TEIL IV

Beispielprojekte

Kapitel 35
New-York-Times-Bestseller

Als erstes, noch sehr überschaubares Beispiel für die Programmierung *richtiger* Apps präsentiert dieses Kapitel ein Programm, das auf der Startseite die laut New York Times (NYT) populärsten Bücher der Kategorie *Hardcover/Fiction* anzeigt. Wenn Sie einen der Einträge anklicken, gelangen Sie direkt auf die entsprechende Seite unter *amazon.com* (siehe Abbildung 35.1). Gelegentlich funktioniert das nicht – dann fehlt in der JSON-Datei der NYT der Amazon-Link.

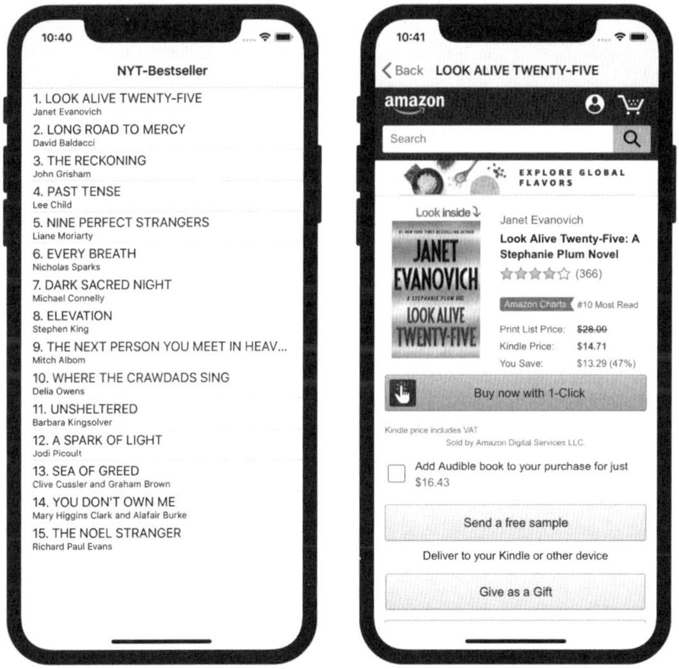

Abbildung 35.1 Beispiel-App zum Stöbern in der New-York-Times-Bestsellerliste

Zum Verständnis der App sind grundlegende iOS-Kenntnisse ausreichend. Außerdem sollten Sie wissen, wie Sie mit Tabellen- und Web-Views umgehen und wie Sie JSON-Daten verarbeiten. Details dazu finden Sie in den folgenden Kapiteln:

- Kapitel 23, »Tabellen und Listen darstellen«
- Kapitel 22, »Netzwerk, XML und JSON«

Nicht App-Store-tauglich

Die App ist ein nettes Beispielprogramm, aber keine gute Geschäftsidee. Sollten Sie eine vergleichbare App im App Store einreichen, wird sie dort voraussichtlich abgelehnt werden. Apple wird wegen der Verlinkung zu *amazon.com*-Seiten die Gefahr erkennen, dass die Anwender der App aus ihr heraus einen Einkauf auf *amazon.com* tätigen, ohne die obligatorische *Apple Tax* zu zahlen. Apple will an allen Käufen, die aus einer App initiiert werden, mit 30 % beteiligt sein, ganz egal, ob der Kauf Ihnen als App-Entwickler zugute kommt oder, wie in diesem Beispiel, einem unbeteiligten Dritten (Amazon):

https://developer.apple.com/app-store/review/guidelines/#business

Projektüberblick

Die Benutzeroberfläche der App besteht aus zwei View-Controllern, die durch einen Navigation-Controller miteinander verbunden sind (siehe Abbildung 35.2).

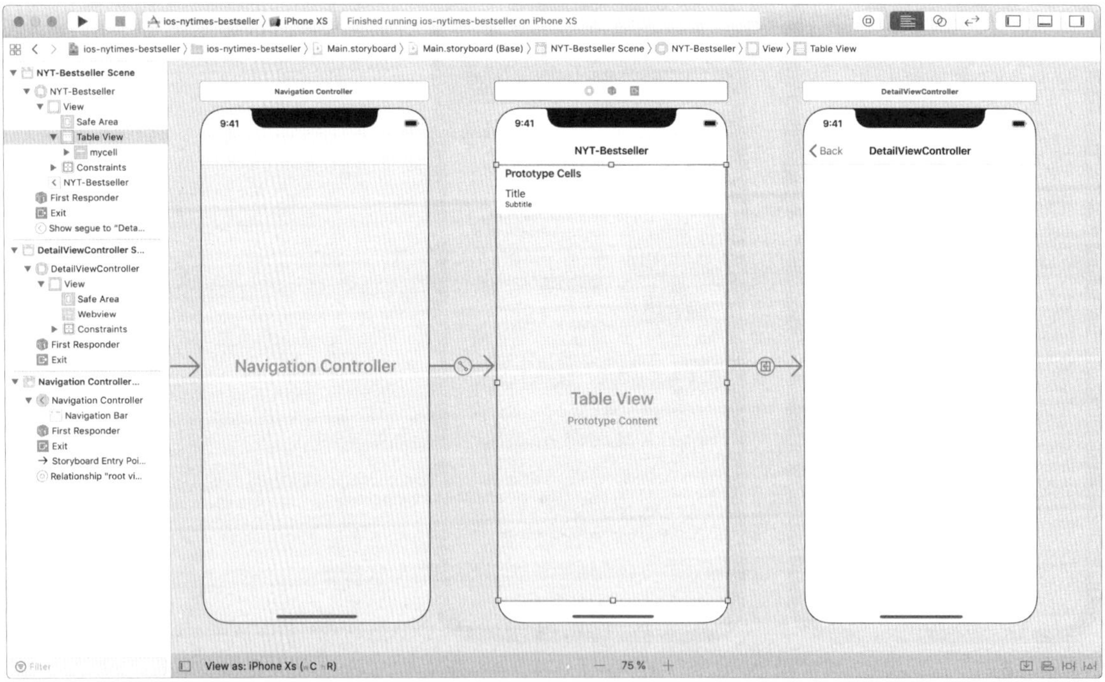

Abbildung 35.2 Die Projektdateien und das Storyboard der Benutzeroberfläche

Der eigene Code verteilt sich über vier Dateien:

- `ViewController.swift` und `DetailViewController.swift` implementieren die Klassen zu den beiden View-Controllern.

- `Book.swift` enthält die `Book`-Klasse zur Speicherung der Daten des jeweiligen Titels sowie die Methode `loadBestsellers`, die die NYT-Bestsellerliste liest und auswertet.
- `JsonModel.swift` enthält mehrere Strukturen, die den Aufbau der JSON-Datei der NYT-API so weit nachbilden, wie es für die App notwendig ist. Diese Strukturen sind zur Verarbeitung der JSON-Datei erforderlich (siehe Abschnitt 22.3, »JSON-Encoder und -Decoder«).

Die Gruppe `other` enthält einige weitere Dateien, die von Xcode automatisch erzeugt und für diese App unverändert übernommen wurden.

Split-View-Variante

Zur komfortableren Nutzung der App auf einem iPad stelle ich Ihnen am Ende dieses Kapitels eine zweite Variante der App mit einem Split-View-Controller vor. Am Datenmodell ändert sich nichts, der Code ist aber dennoch wesentlich komplexer, weil er sich nun über viel mehr Dateien verteilt und diverse Split-View-Controller-Sonderfälle berücksichtigt werden.

Die zweite Variante unterscheidet sich in noch einem Punkt von der Startversion: Sie verwendet anstelle der `UIWebView` eine `WKWebView` zur Anzeige der Webseite. Das erfordert zwei Zeilen mehr Code. Die Anwender der App werden dafür mit einer etwas höheren Darstellungsgeschwindigkeit belohnt (siehe Abschnitt 22.4, »Webseiten anzeigen«).

35.1 New-York-Times-API

Die New York Times stellt über eine vorbildlich dokumentierte API diverse Listen in Form von JSON-Dokumenten zur Verfügung. Dazu zählen neben den gerade populärsten Zeitungsartikeln auch Bücher und Filme. Außerdem können Sie mit der API das Zeitungsarchiv durchsuchen. Für all diese Funktionen benötigen Sie einen API-Key, den Sie kostenlos nach einer unkomplizierten Registrierung erhalten.

https://developer.nytimes.com
https://developer.nytimes.com/accounts/create

Beispielsweise liefert die folgende Adresse ein JSON-Dokument mit den Hardcover-Bestsellern. (Sie müssen natürlich `xxx` durch Ihren API-Key ersetzen.)

https://api.nytimes.com/svc/books/v3/lists.json?api-key=xxx&list=hardcover-fiction

Die folgenden Zeilen zeigen einen stark gekürzten Ausschnitt aus dem resultierenden JSON-Dokument:

```
{
   "copyright":"Copyright (c) 2019 The New York Times Company.
                All Rights Reserved.",
   ...
   "results":[
```

```
      {
        "list_name":"Hardcover Fiction",
        "rank":1,
        "amazon_product_url":"https://www.amazon.com/...",
        ...
        "isbns":[ ... ],
        "book_details":[
          {
            "title":""LOOK ALIVE TWENTY-FIVE"",
            "description": "The 25th book in the Stephanie Plum
                            series. When several managers of ...",
            "author":"Janet Evanovich",
            ...
          }
        ],
        "reviews":[ ... ]
      },
      ... (weitere Ergebnisse)
    ]
}
```

JSON-Datenmodell

Zur Auswertung des JSON-Dokuments kommt wieder die in Abschnitt 22.3, »JSON-Encoder und -Decoder«, vorgestellte `JSONDecoder`-Klasse zum Einsatz. Sie müssen die JSON-Struktur durch ein eigenes Datenmodell abbilden. Ich habe mich dabei auf die wenigen Elemente der Bestsellerliste beschränkt, die für das Programm relevant sind.

```
// Projekt ios-nyt-bestseller, Datei JsonModel.swift
struct NytTop : Codable {
  let results: [Result]
}

struct Result : Codable {
  let rank: Int
  let amazon_product_url: String?
  let book_details: [BookDetail]?
}

struct BookDetail : Codable {
  let title: String?
  let description: String?
  let author: String?
}
```

Bestsellerliste lesen

Die Verwaltung der Details der Bestseller-Titel erfolgt durch Objekte der ausgesprochen simplen Book-Klasse:

```
// Projekt ios-nyt-bestseller, Datei Book.swift
struct Book {
  let title: String
  let author: String
  let rank: Int
  let url: URL?


  init(title: String, author: String, rank: Int, url: URL?) {
    self.title = title
    self.author = author
    self.rank = rank
    self.url = url
  }

  static func loadBestsellers() -> [Book] { ... } // folgt gleich
}
```

Zum Lesen der Top-15-Liste dient die statische Methode loadBestsellers. Sie lädt das JSON-Dokument, durchläuft die darin enthaltenen result-Objekte und bildet daraus ein Array von Book-Elementen. Der Code ist leicht zu verstehen, die Verarbeitung der vielen Optionals führt aber wie so oft zu unübersichtlichen if-let-Konstrukten.

```
static func loadBestsellers() -> [Book] {
  // wenn Sie aus diesem Beispiel eine eigene App
  // machen, fordern Sie bitte einen eigenen
  // NYT-API-Key an: https://developer.nytimes.com/

  var books = [Book]()
  let nyt = "https://api.nytimes.com/svc/books/v3/lists.json?xxx"
  let decoder = JSONDecoder()
  if let url = URL(string: nyt),
     let jsondata = try? Data(contentsOf: url)
  {
    do {
      let nyt  = try decoder.decode(NytTop.self, from: jsondata)
      // Schleife über Ergebnisse
      for r in nyt.results {
        // liegen brauchbare Daten vor?
        if let details = r.book_details?.first,
           let title   = details.title,
```

```
            let author   = details.author
          {
            // gibt es einen Amazon-Link?
            var amzn: URL? = nil
            if let urlstring = r.amazon_product_url  {
              amzn = URL(string: urlstring)!
            }
            books.append(Book(title: title,
                              author: author,
                              rank: r.rank,
                              url: amzn))
          }
        }
    } catch {
      print("Fehler: \(error)")
    }  // Ende do
  }    // Ende if let url = ...
  return books
}
```

35.2 Benutzeroberfläche

Die App wird durch einen Navigation-Controller gesteuert (siehe Abbildung 35.2). Dessen Startseite (Klasse `ViewController`) füllt eine Table-View aus, die die Bestsellerliste enthält. Sobald ein Titel ausgewählt wird, zeigt die Detailseite (Klasse `DetailViewController`) in einer Web-View die entsprechende Seite auf *https://amazon.com* an.

Layouttechnisch stellt die App keine Herausforderung dar: Sie fügen die Table-View und die Web-View in den jeweiligen View-Controller ein, vergrößern sie so, dass sie den zur Verfügung stehenden Raum vollständig ausfüllt, und erzeugen dann mit SELECTED VIEWS • ADD MISSING CONSTRAINTS die passenden Layoutregeln. Diesen Menüeintrag finden Sie, wenn Sie rechts unten im Storyboard-Editor auf den winzigen Button RESOLVE AUTO LAYOUT ISSUES klicken.

Im Attributinspektor geben Sie für die Table-View an, dass sie über eine Prototypzelle verfügen soll. Nachdem Sie die Zelle ausgewählt haben, stellen Sie STYLE = SUBTITLE ein. Außerdem benennen Sie die Zelle im Feld IDENTIFIER mit *mycell*.

Den Segue zur Verbindung der beiden View-Controller richten Sie durch einen `ctrl`-Drag von der Prototypzelle in den Controller der Detailseite ein (siehe Abbildung 35.3). Als Segue-Typ wählen Sie SHOW.

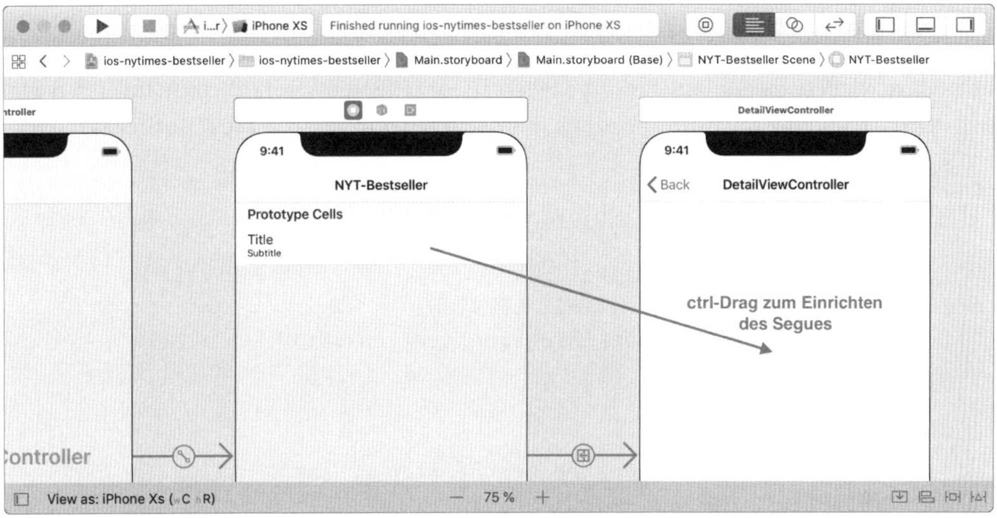

Abbildung 35.3 Segue zum Übergang von der Bestsellerliste zur Amazon-Website einrichten

Haupt-View-Controller-Code

Für die Darstellung der Bestsellerliste ist die Klasse `ViewController` zuständig, die in neuen iOS-Projekten standardmäßig vorhanden und mit dem ersten View-Controller automatisch verbunden ist. `viewDidLoad` ruft `loadBestsellers` auf und initialisiert damit die Array-Variable `books`. Außerdem stellt sie die Delegate- und Datasource-Eigenschaften der Table-View auf `self`, damit die Delegate-Methoden direkt in der `ViewController`-Klasse verarbeitet werden können.

```
// Projekt ios-nyt-bestseller, Datei ViewController.swift
class ViewController: UIViewController {
  @IBOutlet weak var tableView: UITableView!
  var books = [Book]()

  override func viewDidLoad() {
    super.viewDidLoad()
    // Top-15 der NYT laden
    books = Book.loadBestsellers()
    // Table-View-Verwaltung
    tableView.delegate = self
    tableView.dataSource = self
    // keine leeren Tabellenzellen am Ende der Liste zeigen
    tableView.tableFooterView = UIView(frame: CGRect.zero)
  }
}
```

Die Befüllung der Table-View-Zellen erfolgt in den DataSource-Delegate-Methoden. Sie sind als Erweiterung zur ViewController-Klasse realisiert. Die Methode tableView(:cellForRowAt:) nutzt dazu wiederverwendbare Prototypzellen. Diese Zelle sieht zwei Label vor. Im ersten werden der Rang und der Buchtitel angezeigt, im zweiten der Autor bzw. die Autorin des Buchs.

```
// Datenquelle für Tabelle
extension ViewController : UITableViewDataSource {

  // Anzahl der Listenelemente
  func tableView(_ tableView: UITableView,
                 numberOfRowsInSection section: Int) -> Int {
    return books.count
  }

  // Tabellenzellen erzeugen und beschriften
  func tableView(_ tableView: UITableView,
                 cellForRowAt indexPath: IndexPath)
    -> UITableViewCell
  {
    let row = indexPath.row
    let cell = tableView.dequeueReusableCell(withIdentifier: "mycell",
                                             for: indexPath)
    cell.textLabel?.text = "\(books[row].rank). \(books[row].title)"
    cell.detailTextLabel?.text = books[row].author
    return cell
  }
}
```

Die Auswahl eines Listeneintrags führt zum Aufruf der Methode prepare. Deren Aufgabe besteht darin, die Eigenschaft book des Detail-View-Controllers zu initialisieren.

```
class ViewController: UIViewController {
  // Fortsetzung, Wechsel zur Detailansicht
  override func prepare(for segue: UIStoryboardSegue, sender: Any?)
  {
    if let dest = segue.destination as? DetailViewController,
       let row = tableView.indexPathForSelectedRow?.row
    {
      dest.book = books[row]
    }
  }
}
```

Detail-View-Controller-Code

Da Sie den View-Controller mit der Web-View selbst in das Storyboard eingefügt haben, ist er anfänglich mit keiner Klassendatei verbunden. Diese Datei erzeugen Sie mit FILE • NEW • FILE, wobei Sie die Vorlage COCOA TOUCH CLASS und als Subklasse `UIViewController` auswählen. Beim frei wählbaren Klassennamen habe ich `DetailViewController` angegeben.

Jetzt müssen Sie Xcode noch klarmachen, mit welchem View-Controller die Klasse verbunden werden soll: Dazu klicken Sie den View-Controller im Storyboard an und geben im Identity Inspector beim Feld CLASS den Klassennamen ein – hier also `DetailViewController`.

Die Klasse kommt mit erfreulich wenig Code aus: Hier wird die Titelleiste des View-Controllers verändert und die URL der Amazon-Seite als `URLRequest` an die Web-View übergeben, um so die Seite zu laden.

```
// Projekt ios-nyt-bestseller, Datei DetailViewController.swift
class DetailViewController: UIViewController {

  // Details zu diesem Buch anzeigen
  var book: Book?
  @IBOutlet weak var webview: UIWebView!

  override func viewDidLoad() {
    super.viewDidLoad()
    self.title = book?.title
    if let mybook = book,
       let myurl = mybook.url
    {
      webview.loadRequest(URLRequest(url: myurl))
    }
  }
}
```

Bei ersten Tests bleibt die Web-View leer, weil sich iOS standardmäßig weigert, nicht verschlüsselte Seiten anzuzeigen. Abhilfe schafft eine Veränderung in `Info.plist`, damit auch HTTP in allen Fällen akzeptiert wird. Im Detail ist die Vorgehensweise in Abschnitt 22.4, »Webseiten anzeigen«, beschrieben.

Erweiterungsideen

Aufgrund ihrer Einfachheit ist die App eine gute Spielwiese für eigene Erweiterungen – und dazu gäbe es viele Möglichkeiten:

- Die NYT verwaltet nicht nur eine Bestsellerliste, sondern nach aktuellem Stand Listen für 53 verschiedene Kategorien (siehe *GET /list/names* auf *http://developer.nytimes.com/books_api.json*). Sie könnten dem Anwender der App auf der Startseite die Namen dieser Listen zur Auswahl stellen.

- Die NYT-API stellt zu jedem Buch viel mehr Details zur Verfügung. Zur Auswertung müssten Sie das JSON-Datenmodell für Gloss entsprechend erweitern und könnten dann die Eckdaten des Buchs auf einer Detailseite anzeigen. Auf dieser Detailseite befindet sich dann auch der Link zu Amazon.
- In den Amazon-URLs könnten Sie `amazon.com` durch `amazon.de` ersetzen.

Wenn Sie alle Ideen realisieren, verwaltet der Navigation-View-Controller letztlich vier Ebenen: auf der Startseite die Auswahl der Bestsellerlisten, nach der Auswahl einer Liste deren aktuelle Titel, nach der Auswahl eines Titels diverse Details zum Buch und nach dem Anklicken des Amazon-Links die Beschreibung des Buchs auf Amazon.

35.3 Split-View-Variante

Auf einem iPhone funktioniert die App zufriedenstellend. Auf einem iPad wird der zur Verfügung stehende Platz aber nicht optimal genutzt. Abhilfe schafft hier ein Split-View-Controller, der bei der Verwendung der App im Querformat die Bestsellerliste parallel zur jeweiligen Webseite darstellen kann (siehe Abbildung 35.4).

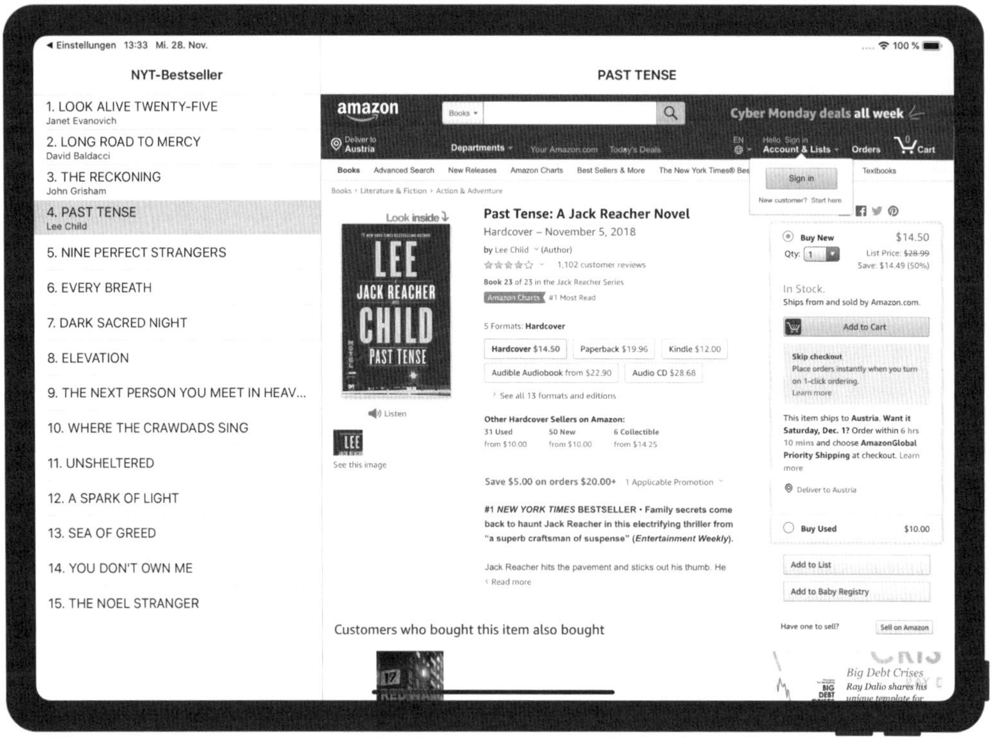

Abbildung 35.4 Die Bestseller-App mit Split-View-Controller auf einem iPad

Wird die App dagegen auf einem iPhone verwendet, verhält sie sich so wie die ursprüngliche Variante. Die Split-View-Variante macht die App also auf iPads attraktiver, ohne dass Funktionalität für iPhone-Nutzer verloren geht.

Leider ist der Umbau der App für den Split-View-Controller mit einigem Aufwand verbunden. Der Code verteilt sich nun über viel mehr Klassen, zudem müssen diverse Spezialfälle des Split-View-Controllers berücksichtigt werden (siehe auch Abschnitt 17.6, »Split-View-Controller«). Insofern ist diese Variante des Beispiels für Einsteiger in die iOS-App-Programmierung nur bedingt geeignet.

Das Storyboard enthält nun fünf Controller (siehe Abbildung 35.5). Damit die verschiedenen Komponenten unkompliziert verwendet werden können, werden in `AppDelegate` einige Variablen initialisiert, die darauf verweisen. (Tatsächlich benötigt der weitere Code nur zwei dieser Variablen, nämlich `splitVC` und `detailVC`.)

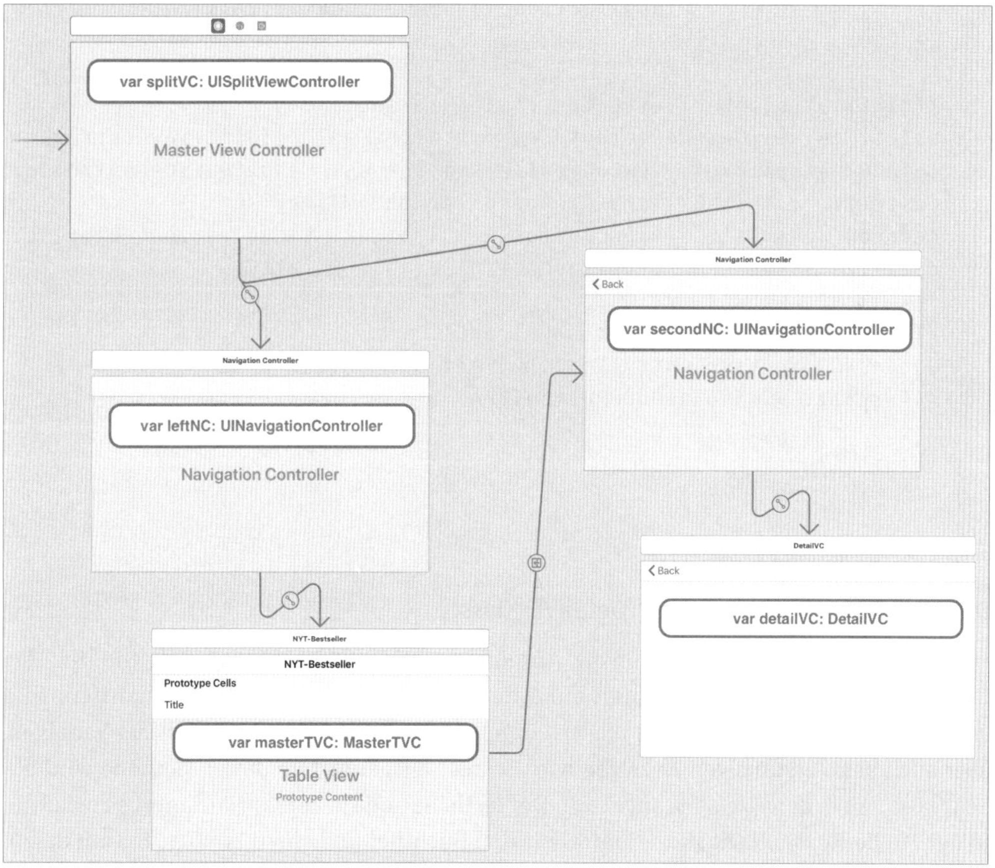

Abbildung 35.5 Storyboard mit Variablen aus »AppDelegate.swift« und Klassennamen

```
// Projekt ios-nyt-split, Datei AppDelegate.swift
class AppDelegate: UIResponder, UIApplicationDelegate {
  var window: UIWindow?

  // Querverweise auf diverse Controller hier zentral
  // zugänglich machen
  var splitVC:   UISplitViewController?
  var masterTVC: MasterTVC?
  var detailVC:  DetailVC?
  var leftNC:    UINavigationController?
  var secondNC:  UINavigationController?

  // Initialisierungsarbeiten
  func application(_ application: UIApplication,
                   didFinishLaunchingWithOptions launchOptions:
                     [UIApplication.LaunchOptionsKey: Any]?)
    -> Bool
  {
    // initialisiert diverse Controller-Variablen
    splitVC = self.window!.rootViewController as? UISplitViewController
    leftNC  = splitVC?.viewControllers.first as? UINavigationController
    masterTVC = leftNC?.topViewController as? MasterTVC
    secondNC = splitVC?.viewControllers.last as? UINavigationController
    detailVC = secondNC?.topViewController as? DetailVC

    // Back-Button beim Start anzeigen
    secondNC?.topViewController!.navigationItem.leftBarButtonItem
      = splitVC?.displayModeButtonItem

    return true
  }
}
```

Detailansicht mit WKWebView (DetailVC-Klasse)

Die eigene Klasse `detailVC` ist für die Anzeige der Webseite zuständig. Der Großteil des Codes sollte anhand der Kommentare auf Anhieb verständlich sein. Der Datentransfer in die Instanz dieser Klasse erfolgt über die book-Eigenschaft. Bei jeder Änderung dieser Variablen, aber auch beim erstmaligen Anzeigen wird `refresh` ausgeführt. In dieser Methode wird die Seite `book.url` in der `WKWebView` angezeigt. Der restliche Code in `refresh` kümmert sich darum, in der Titelleiste des Navigation-Controllers den Buchtitel und einen ZURÜCK-Button darzustellen.

```
// Projekt ios-nyt-split, Datei DetailVC.swift
import UIKit
import WebKit
```

```
}

class DetailVC: UIViewController {
  var wkwv: WKWebView!  // eigene Web-View
  // Verweis auf Application Delegate
  let myapp = UIApplication.shared.delegate as! AppDelegate

  // bei jeder Änderung von book refresh() aufrufen
  var book: Book? {
    didSet(oldvalue) {
      refresh()
    }
  }

  // WKWebView erzeugen
  override func loadView() {
    wkwv = WKWebView()
    self.view = wkwv
  }

  // beim ersten Anzeigen refresh() aufrufen
  override func viewDidLoad() {
    super.viewDidLoad()
    refresh()
  }

  // Anzeige aktualisieren
  private func refresh() {
    if book == nil  || book!.url == nil || wkwv == nil { return }

    // Webseite des Buchs laden
    wkwv.load(URLRequest(url: book!.url))
    if let nav = self.navigationController {
      // Titelleiste der Navigation-Bar beschriften
      nav.navigationBar.topItem?.title = book!.title

      // Back-Button im iPad-Hochformat anzeigen
      nav.topViewController!.navigationItem.leftBarButtonItem =
        myapp.splitVC?.displayModeButtonItem

      // Back-Button auf iPhone anzeigen
      nav.navigationItem.leftBarButtonItem =
        self.splitViewController?.displayModeButtonItem
      nav.navigationItem.leftItemsSupplementBackButton = true
    }
  }
}
```

WKWebView im Split-View-Controller

Die Verwendung der `WKWebView` in einem Split-View-Controller hat einen Nachteil: Wenn die App in einem iPad im Hochformat läuft, kann normalerweise durch eine Wischbewegung vom linken Rand nach innen die Split-View-Liste hineingezogen werden. Das funktioniert, wenn Sie eine `UIWebView` verwenden, nicht aber, wenn Sie die schnellere `WKWebView` verwenden. Hier müssen Sie abwägen, was Ihnen wichtiger erscheint.

Der Vollständigkeit halber sei noch erwähnt, dass die Split-View-Variante der App sich nicht optimal mit einem `SFSafariViewController` kombinieren lässt. Das Problem besteht in diesem Fall darin, dass sich dieser Web-Viewer nicht in die Detailansicht des Split-View-Controllers einbetten lässt – vielmehr ersetzt er diesen. Damit geht der ZURÜCK-Button verloren. Stattdessen zeigt der Web-Viewer einen FERTIG-Button an, der in diesem Kontext unpassend ist. Wenn Sie es ausprobieren möchten, kommentieren Sie in `MasterTVC.swift` die `prepare`-Klasse aus und entfernen dafür die Kommentare rund um `tableView(_:didSelectRowAt:)`.

Listenansicht (MasterTVC-Klasse)

Der Großteil des Codes, der sich bei der ersten Variante der App in `ViewController.swift` befand, ist nun in der `MasterTVC`-Klasse gelandet. Die Listeneinträge werden diesmal mit Prototypzellen erzeugt. Das hat den Vorteil, dass in Xcode von der Prototypzelle gleich ein Segue hin zum Detail-Controller eingerichtet werden kann. Diesem Segue habe ich den Namen `segueMasterDetail` gegeben.

Beim Anklicken eines Listeneintrags wird nun automatisch die `prepare`-Methode aufgerufen. Die einzige Aufgabe dieser Methode besteht darin, die Daten – also das ausgewählte `book`-Objekt – an die Instanz der `DetailVC`-Klasse zu übergeben.

```
// Projekt ios-nyt-split, Datei MasterTVC.swift
override func prepare(for segue: UIStoryboardSegue, sender: Any?)
{
  if segue.identifier != "segueMasterDetail" { return }

  if let nav = segue.destination as? UINavigationController,
     let dest = nav.topViewController as? DetailVC,
     let indexPath = self.tableView.indexPathForSelectedRow
  {
    // Datenübergabe an die Detailansicht
    dest.book = books[indexPath.row]
  }
}
```

Kapitel 36

To-do-Listen

Die Zielsetzung dieses Kapitels ist die Programmierung einer einfachen App zur Verwaltung von To-do-Listen. Um keine falschen Erwartungen zu erwecken: Die App wird weder optisch noch funktionell mit der auf iPhones standardmäßig installierten App *Erinnerungen* mithalten können. Das Beispiel ist vielmehr so einfach wie möglich gestaltet, um zu zeigen, dass die Entwicklung erster Beispiel-Apps auch mit wenig Code und mit überschaubarem Aufwand gelingt. Zum besseren Verständnis der App sollten Ihnen zwei Kapitel aus Teil III geläufig sein: Kapitel 23, »Tabellen und Listen darstellen«, und Kapitel 21, »Dateien und User-Defaults«.

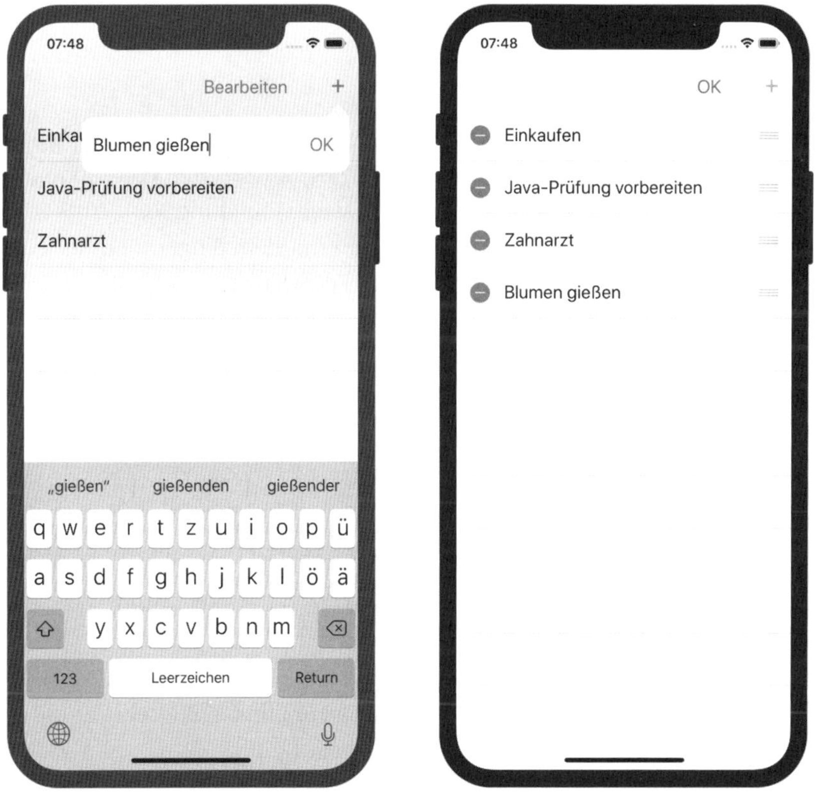

Abbildung 36.1 Links die App beim Einfügen eines neuen Eintrags, rechts im Bearbeitungsmodus

Trotz des einfachen App-Aufbaus sollten auch fortgeschrittene Swift-Programmierer einen Blick in das Kapitel werfen. Ich präsentiere hier nämlich gleich vier Varianten der App, die sich darin unterscheiden, wie die To-do-Einträge gespeichert werden:

- In der Standardversion befinden sich die Einträge in einem simplen `String`-Array, das bei jeder Änderung in eine Textdatei gespeichert bzw. beim Programmstart von dort gelesen wird.
- Die iCloud-Variante speichert die To-do-Einträge in der Cloud. Das ermöglicht eine Synchronisation der Einträge über mehrere Geräte hinweg.
- Die Core-Data-Variante zeigt, wie Sie das Speichern der Daten an Core Data delegieren können. Angesichts der Einfachheit der App und ihres Datenmodells ergeben sich daraus keine Vorteile. Core Data bietet sich dann an, wenn die Datenmengen größer sind oder wenn Sie in der App Daten nach unterschiedlichen Gesichtspunkten sortieren, filtern oder durchsuchen möchten.
- Die SQLite-Variante zeigt die direkte Speicherung der To-do-Einträge in einer SQLite-Datenbank, also ohne Core Data.

36.1 Gestaltung der Benutzeroberfläche

Die Benutzeroberfläche ist minimalistisch: Mit dem Plus-Button fügen Sie über einen Popup-Dialog ein neues Listenelement hinzu. Der Button BEARBEITEN aktiviert den Edit-Modus, in dem Sie Listeneinträge verschieben und löschen können (siehe Abbildung 36.1). Zur Veränderung eines vorhandenen Listeneintrags wählen Sie diesen mit dem Finger mehr als eine Sekunde lang aus – dann erscheint, ebenfalls als Popup, ein Edit-Dialog.

Auto Layout

Im Storyboard-Editor sieht die App unspektakulär aus (siehe Abbildung 36.2). Sie besteht nur aus der Hauptansicht (Klasse `ViewController`) und einem kleinen Popup (Klasse `NewPopupVC`).

Auch die Layoutregeln sind unkompliziert:

- Das Table-View-Steuerelement ist am linken, unteren und rechten Bildschirmrand fixiert. Zum oberen Rand ist ein fixer Abstand von 50 Punkten vorgesehen.
- Die Position des Plus-Buttons ist durch Abstände zum oberen und rechten Rand fixiert.
- Der Button BEARBEITEN hat einen vorgegebenen Abstand zum Plus-Button und ist an der Unterkante des Texts ausgerichtet (Baseline). Der Abstand zum linken Bildschirmrand ist variabel, sodass der Button bei einer Änderung des Texts nach links kleiner oder größer werden kann.

Für die Popup-Ansicht ist eine fixe Größe von 300 × 60 Punkt eingestellt, also SIZE = FREEFORM und CONTENT SIZE = USE PREFERRED EXPLICIT SIZE.

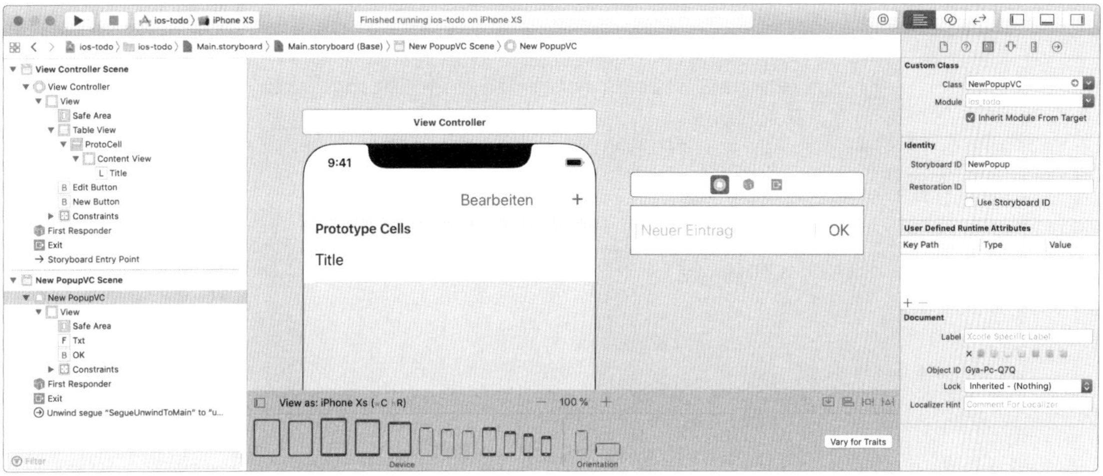

Abbildung 36.2 Die App im Storyboard-Editor

36.2 Datenmodell

Die To-do-Einträge werden in einem simplen String-Array gespeichert. Die Klasse Todo stellt zwei statische Methoden zur Verfügung, die das Array zeilenweise in der Datei todo.txt im Documents-Verzeichnis der App speichern bzw. wieder von dort laden.

```
// Projekt ios-todo, Datei Todo.swift
struct Todo {
  // String-Array in der Datei "todo.txt"
  // im Documents-Verzeichnis speichern
  static func save(_ data: [String]) {
    if let url = docUrl(for: "todo.txt") {
      do {
        // Array in eine lange Zeichenkette umwandeln
        let str = data.joined(separator: "\n")
        try str.write(to: url,
                      atomically: true,
                      encoding: .utf8)
      } catch  {
        print(error)
      }
    }
  }

  // String-Array aus "todo.txt" laden
  static func load() -> [String] {
    if let url = docUrl(for: "todo.txt") {
```

```
      do {
        let str = try String(contentsOf: url, encoding: .utf8)
        // Zeilen der Zeichenkette in ein String-Array umwandeln und
        // zurückgeben
        return str.split { $0 == "\n" }.map { String($0) }
      }
      catch  {
        print(error)
      }
    }
    return []
  }

  // liefert die URL für die Datei im Documents-Verzeichnis
  private static func docUrl(for filename: String) -> URL? {
    // sollte immer genau ein Ergebnis liefern
    let urls = FileManager.default.urls(for: .documentDirectory,
                                        in: .userDomainMask)
    if let docDir = urls.first {
      return docDir.appendingPathComponent(filename)
    }
    return nil
  }
}
```

In der View-Controller-Klasse wird das To-do-Array mit `load` initialisiert. Der Property Observer `didSet` kümmert sich bei jeder Änderung des Arrays darum, dass die gerade aktuelle To-do-Liste sofort wieder gespeichert wird.

```
// Projekt ios-todo, Datei ViewController.swift
class ViewController: UIViewController {
  var todoList = Todo.load()  {
    didSet {  // bei jeder Änderung sofort speichern
      Todo.save(todoList)
    }
  }
}
```

36.3 View-Controller-Klasse

Im View-Controller gibt es drei Outlet-Variablen, die den Zugriff auf die Tabelle und die beiden Buttons ermöglichen. `viewDidLoad` richtet die Datenquelle ein und ermöglicht das Empfangen der Table-View-Delegates.

Damit ein Benutzer vorhandene Listeneinträge verändern kann, soll die App auf ein länger anhaltendes Auswählen eines Eintrags mit der Anzeige eines Edit-Popups reagieren. Dazu wird in `viewDidLoad` eine `UILongPressGestureRecognizer`-Instanz eingerichtet. Diese Klasse zählt zur Gruppe der `GestureRecognizer` (siehe Abschnitt 26.3, »Gestures«). Mit ihnen kann die App verschiedene Fingerbewegungen erkennen. Zur Verarbeitung derartiger Gesten implementiert die To-do-App das Protokoll `UIGestureRecognizerDelegate`. Der entsprechende Code folgt im nächsten Abschnitt.


```
// Projekt ios-todo, Datei ViewController.swift
class ViewController: UIViewController {  // Fortsetzung
  @IBOutlet weak var tableView: UITableView!
  @IBOutlet weak var editButton: UIButton!
  @IBOutlet weak var newButton: UIButton!

  override func viewDidLoad() {
    super.viewDidLoad()
    tableView.delegate = self
    tableView.dataSource = self

    // langer Klick auf Tabellenzelle zum Ändern
    // http://stackoverflow.com/questions/3924446
    let lpgr = UILongPressGestureRecognizer(
       target: self,
       action: #selector(ViewController.handleLongPress(_:)))
    lpgr.minimumPressDuration=1.2  // in Sekunden
    tableView.addGestureRecognizer(lpgr)
  }
}
```

Hinweisen möchte ich an dieser Stelle noch auf die Einstellung des `action`-Parameters mit `#selector`: Damit übergeben Sie die Signatur der aufzurufenden Methode, hier also `handleLongPress`. Diese Methode muss mit dem Attribut `@objc` gekennzeichnet werden. Mehr Details zur Selektor-Syntax finden Sie in Abschnitt 11.5, »Methoden«.

Gesture Recognizer in Xcode einrichten

Gesture Recognizer lassen sich auch sehr komfortabel in Xcode einrichten. Das spart fünf oder sechs Zeilen Code. Die Vorgehensweise ist in Abschnitt 26.3, »Gestures«, erläutert.

Button- und Gesture-Methoden

Die Action-Methode für den Button BEARBEITEN startet bzw. beendet den Edit-Modus für die Liste (`setEditing(true/false)`). Der Text des Buttons wird mit der `setTitle`-Methode entsprechend angepasst. Solange dieser Modus aktiv ist, kann der zweite Button zum Hinzufügen eines neuen Eintrags nicht verwendet werden (isEnabled = false). Die Methode des To-do-Buttons kümmert sich darum, dass ein Popup zur Eingabe des neuen Eintrags unmittelbar unter dem Button angezeigt wird.

```
// Projekt ios-todo, Datei ViewController.swift
class ViewController: UIViewController {  // Fortsetzung

  // Button 'Bearbeiten / OK'
  @IBAction func editButton(_ sender: UIButton) {
    if tableView.isEditing {
      // Edit abschließen
      tableView.setEditing(false, animated: true)
      newButton.isEnabled = true
      editButton.setTitle("Bearbeiten", for: UIControl.State())
    } else {
      // Edit starten
      tableView.setEditing(true, animated: true)
      newButton.isEnabled = false
      editButton.setTitle("OK", for: UIControl.State())
    }
  }
  // Button 'To-do'
  @IBAction func addItem(sender: UIButton) {
    showPopup(sender: sender, mode: "new")
  }
}
```

Für die Anzeige des Edit-Popups ist die Action-Methode handleLongPress zuständig, die in viewDidLoad eingerichtet wurde. Während eines »Long Press«-Vorgangs kommt es zu mehreren Aufrufen dieser Methode, in denen gesture.state Auskunft über die verschiedenen Phasen des Events gibt (.began, .changed, .ended, .failed etc.).

In der To-do-App ist nur das .began-Event relevant. Wenn es in der Folge gelingt, eine Tabellenzelle zu identifizieren, die der App-Benutzer mit dem Finger ausgewählt hat, kommt es wiederum zum Aufruf der Methode showPopup. In diesem Fall werden im dritten und vierten Parameter auch der aktuelle Text des Listeneintrags sowie dessen Nummer übergeben.

```
// Projekt ios-todo, Datei ViewController.swift
class ViewController: UIViewController {  // Fortsetzung

  // Long Press --> Edit
  @objc func handleLongPress(_ gesture: UILongPressGestureRecognizer) {
    // nur das Event .began ist hier von Interesse
    if gesture.state != .began { return }

    // Wohin hat der Benutzer gedrückt?
    let pt = gesture.location(in: tableView)
```

```
    if let path = tableView.indexPathForRow(at: pt),
       let row = (path as NSIndexPath?)?.row,
       let cell = tableView.cellForRow(at: path)
    {
      // Long Press auf Tabellenzellen --> Popup zum Ändern anzeigen
      showPopup(sender: cell, mode: "edit",
                text: todoList[row], row: row)
    }
  }
}
```


Popup-Dialog anzeigen

Der Code zur Anzeige des Popups befindet sich in einer eigenen Methode, die zwischen den beiden Modi `edit` und `new` unterscheidet, die der Einfachheit halber als Zeichenketten übergeben werden. Alternativ könnten Sie für diesen Zweck eine eigene Enumeration definieren.

Die Instanz des Popups wird direkt aus dem Storyboard erzeugt. Dafür ist es wichtig, dass der Popup-Controller im Storyboard-Editor im Feld IDENTITY • STORYBOARD ID korrekt benannt wurde (siehe Abbildung 36.2).

```
// Projekt ios-todo, Datei ViewController.swift
class ViewController: UIViewController {  // Fortsetzung

  // Popup zur Neueingabe oder zum Ändern anzeigen
  func showPopup(sender: UIView, mode:String,
                 text:String="", row:Int=0)
  {
    if !(mode=="edit" || mode=="new") { return }

    // Eingabe-Popup vorbereiten
    let popVC = storyboard?
      .instantiateViewController(withIdentifier: "NewPopup")
      as! NewPopupVC
    popVC.mode = mode
    popVC.currentText = text
    popVC.currentRow = row
    popVC.modalPresentationStyle = .popover

    // Presentation Controller konfigurieren
    let popPC = popVC.popoverPresentationController!
    popPC.sourceView = sender
    popPC.sourceRect = sender.bounds
    popPC.delegate = self
    popPC.permittedArrowDirections = [.up, .down]
```

```
    // Popup anzeigen
    present(popVC, animated:true, completion: nil)
  }
}
```

Wie in den Beispielen in Abschnitt 17.7, »Popups«, überredet die Delegate-Methode adaptive-PresentationStyle iOS, den Popup-Dialog tatsächlich als solchen und nicht als modale Ansicht anzuzeigen. Um die Delegate-Methoden logisch von den restlichen Methoden des View-Controllers zu trennen, sind sie jeweils in einer Erweiterung (extension) formuliert.

```
// Projekt ios-todo, Datei ViewController.swift
extension ViewController : UIPopoverPresentationControllerDelegate
{
  func adaptivePresentationStyle(
         for controller: UIPresentationController)
    -> UIModalPresentationStyle
  {
    return .none
  }
}
```

Listeneintrag hinzufügen oder ändern

Beim Verlassen des Popups mit OK oder ↵ kommt es zum Aufruf von unwindToMainVC. Die Methode stellt zuerst sicher, dass die eingegebene Zeichenkette nicht leer ist (Variable trimtxt).

```
class ViewController: UIViewController {  // Fortsetzung
  // Popover wurde mit 'OK' beendet
 @IBAction func unwindToMainVC(_ segue: UIStoryboardSegue) {
    // gegebenenfalls neuen Eintrag am Ende einfügen
    // und dorthin scrollen
    if let src = segue.source as? NewPopupVC,
       let txt = src.txt.text
    {
      let trimtxt = txt.trimmingCharacters(in: .whitespacesAndNewlines)
      if trimtxt != "" {
        if src.mode == "new" {
          // neuen Eintrag hinzufügen
          todoList.append(trimtxt)
          let path = IndexPath(row: todoList.count-1, section: 0)
          tableView.insertRows(at: [path], with: .automatic)
          tableView.scrollToRow(at: path, at: .top,
                                animated: true)
        }
```

Wurde der Popup-Dialog im "new"-Modus aufgerufen, dann fügt die unwind-Methode den neuen Eintrag am Ende des todoList-Arrays hinzu. Die Methode insertRows bewirkt, dass der neue Eintrag eingeblendet wird. Da sich der Eintrag am Ende der Liste befindet, stellt scrollToRow sicher, dass dieser Eintrag auch tatsächlich angezeigt wird.

Im "edit"-Modus wird der entsprechende Eintrag des To-do-Arrays modifiziert. Anstatt nun die ganze Liste mit reloadData neu zu zeichnen, führt ein Aufruf von reloadRowsAtIndexPaths dazu, dass nur die betreffende Listenzelle aktualisiert wird:

```
        else if src.mode == "edit" {
          // vorhandenen Eintrag ändern ...
          todoList[src.currentRow] = trimtxt
          let path = IndexPath(row: src.currentRow, section: 0)
          // ... und neu zeichnen
          tableView.reloadRows(at: [path], with: .automatic)
        }
      }     // Ende if trimtxt != ""
    }       // Ende if let
  }         // Ende unwind-Methode
}           // Ende class
```

DataSource-Methoden

Jetzt fehlen noch die Data-Source-Methoden, die sich wie üblich (siehe Kapitel 23, »Tabellen und Listen darstellen«) um die Darstellung der Listenelemente kümmern. Außerdem gibt es einige Methoden zur Bearbeitung der Liste:

- tableView(_:canEditRowAt:) gibt an, welcher der Listeneinträge veränderlich ist. Die Rückgabe von true ist erforderlich, damit alle Listeneinträge mit einer Streichbewegung nach links gelöscht werden können (*delete on swipe*).
- tableView(_:commit:ForRowAt:) wird aufgerufen, wenn ein Listeneintrag tatsächlich zu löschen ist. In der Methode muss der Eintrag sowohl aus todoList als auch mit deleteRows aus dem Table-View-Steuerelement entfernt werden. Beachten Sie, dass deleteRows auch mehrere Einträge auf einmal löschen kann und deswegen die path-Angaben als Array erwartet.
- tableView(_:canMoveRowAt:) steuert, welche Listeneinträge im Edit-Modus verschoben werden können. Die Rückgabe von true bewirkt, dass bei allen Listeneinträgen rechts ein dreifacher Balken angezeigt wird, um ein Verschieben zu ermöglichen.
- tableView(_:moveRowAt:) wird aufgerufen, wenn tatsächlich ein Listeneintrag verschoben wurde. Im Table-View-Steuerelement ist die Anzeige in diesem Fall bereits korrekt – es geht also nur noch darum, das todoList-Array entsprechend zu synchronisieren. Dabei ist es wichtig, das zu verschiebende Element zuerst mit remove aus dem Array zu entfernen und es danach wieder an einem neuen Ort einzufügen. Die Methode teilt den ursprünglichen und den neuen Ort in zwei IndexPath-Parametern mit.

```
// Projekt ios-todo, Datei ViewController.swift
// DataSource-Methoden
extension ViewController: UITableViewDataSource {
  // Anzahl der Abschnitte der Liste
  func numberOfSections(in tableView: UITableView) -> Int
  {
    return 1
  }
  // Anzahl der Listenelemente
  func tableView(_ tableView: UITableView,
                 numberOfRowsInSection section: Int) -> Int
  {
    return todoList.count
  }

  // Darstellung der Tabellenzellen
  func tableView(_ tableView: UITableView,
                 cellForRowAt indexPath: IndexPath)
    -> UITableViewCell
  {
    let cell = tableView.dequeueReusableCell(
      withIdentifier: "ProtoCell", for: indexPath)
    cell.textLabel?.text = todoList[indexPath.row]
    return cell
  }

  // alle Einträge sind veränderlich (für Delete on Swipe)
  func tableView(_ tableView: UITableView,
                 canEditRowAt indexPath: IndexPath) -> Bool
  {
    return true
  }

  // Eintrag löschen
  func tableView(_ tableView: UITableView,
                commit editingStyle: UITableViewCell.EditingStyle,
                forRowAt indexPath: IndexPath)
  {
    if editingStyle == .delete {
      todoList.remove(at: indexPath.row)
      tableView.deleteRows(at: [indexPath], with: .fade)
    }
  }
```

```
  // Verschieben für alle Elemente erlauben
  func tableView(_ tableView: UITableView,
                 canMoveRowAt indexPath: IndexPath) -> Bool
  {
    return true
  }

  // Verschieben durchführen
  func tableView(_ tableView: UITableView,
                 moveRowAt sourceIndexPath: IndexPath,
                 to destinationIndexPath: IndexPath)
  {
    let item  = todoList[sourceIndexPath.row]
    todoList.remove(at: sourceIndexPath.row)
    todoList.insert(item, at: destinationIndexPath.row)
  }
}
```


36.4 Popup-View-Controller-Klasse

Der Code des View-Controllers für den Popup-Dialog zum Hinzufügen eines neuen Eintrags bzw. zum Verändern eines vorhandenen Eintrags ist kurz. Neben einer Outlet-Variablen für das Textfeld gibt es drei Variablen, in denen der Nutzungsmodus und für den Edit-Modus der aktuelle Text und die Eintragsnummer gespeichert werden.

`viewDidLoad` kümmert sich um die Initialisierung des Textfelds. Im New-Modus bewirkt die Methode `becomeFirstResponder`, dass das Textfeld den Eingabefokus erhält und sofort die Tastatur eingeblendet wird.

Im Edit-Modus habe ich vom Aufruf von `becomeFirstResponder` abgesehen. Das Problem ist hier, dass auch ein Listeneintrag am unteren Bildschirmrand verändert werden kann. Das Einblenden der Tastatur bewirkt dann, dass das Popup-Fenster nach oben verschoben wird. Dadurch geht aber die optische Zuordnung zu dem Listeneintrag verloren, der geändert werden soll, was die Bedienung unübersichtlich macht.

Der Popup-View-Controller implementiert auch das `UITextFieldDelegate`-Protokoll, um auf die Eingabe von ↵ reagieren zu können (siehe Abschnitt 16.9, »Texteingaben«). In diesem Fall wird der Popup-Dialog durch den Aufruf der Unwind-Methode geschlossen.

```
// Projekt ios-todo, Datei NewPopupVC.swift
class NewPopupVC: UIViewController, UITextFieldDelegate {
  @IBOutlet weak var txt: UITextField!
```

```
  // zulässige Modi: "new" und "edit"
  var mode = ""

  // zu ändernder Text und Eintrag (nur für Edit-Mode)
  var currentText = ""
  var currentRow = 0

  override func viewDidLoad() {
    super.viewDidLoad()
    if mode=="new" {
      // Tastatur sofort einblenden
      txt.becomeFirstResponder()
    } else {
      // vorhandenen Text einstellen
      txt.text = currentText
    }
    txt.delegate = self       // Textfeld-Ereignisse verarbeiten
  }

  // Reaktion auf 'Return'
  func textFieldShouldReturn(_ textField: UITextField) -> Bool {
    // Eingabe beenden, Tastatur ausblenden
    view.endEditing(true)

    // Segue zur Hauptansicht initiieren
    performSegue(withIdentifier: "SegueUnwindToMain", sender: self)

    // 'Return' nicht als Eingabe weitergeben
    return false
  }
}
```

36.5 iCloud-Variante

Wenn Sie ein iPhone und ein iPad verwenden, wäre es natürlich schön, die To-do-Liste zwischen beiden Geräten synchronisieren zu können. Sofern Sie sich schon mit der Verwaltung von Key-Value-Paaren in der iCloud vertraut gemacht haben (siehe Abschnitt 30.2), gelingt dies mit relativ wenigen Codeänderungen.

Todo-Klasse

Nachdem Sie für die App im Dialogblatt CAPABILITIES die iCloud-Funktion KEY-VALUE STORAGE aktiviert haben, stellen Sie zuerst den Code in der Struktur `Todo` so um, dass das `String`-Array mit den To-do-Einträgen als Key-Value-Paar in der iCloud gespeichert bzw. von dort geladen wird. Erstaunlicherweise wird der Code dadurch nicht länger, sondern im Gegenteil deutlich kürzer:

```
// Projekt ios-todo-icloud, Datei Todo.swift
struct Todo {
  // als K/V-Paar in der iCloud speichern
  static func save(_ data: [String]) {
    let str = data.joined(separator: "\n")
    NSUbiquitousKeyValueStore().set(str, forKey: "todolist")
  }

  // String-Array aus der iCloud laden
  static func load() -> [String] {
    if let str = NSUbiquitousKeyValueStore().string(forKey: "todolist")
      {
      return str.split { $0 == "\n" }.map { String($0) }
    }
    return []
  }
}
```

Neu hinzu kommt die Methode `merge`, die ein lokales Array mit den Daten aus der iCloud zusammenführt. Die Methode werden Sie gleich benötigen, wenn es zu einem Konflikt zwischen den lokalen Daten und den Daten in der iCloud kommt. Die Idee der Methode ist simpel: Die lokalen To-do-Einträge und die aus der Cloud geladenen Einträge werden als Sets mit `union` zusammengefügt und dann wieder in ein Array umgewandelt. Dieses wird zum Schluss noch sortiert und zurückgegeben.

```
static func merge(with local: [String]) -> [String] {
  var icloud = [String]()
  if let str = NSUbiquitousKeyValueStore().string(forKey: "todolist")
    {
    icloud = str.split { $0 == "\n" }.map { String($0) }
  }
  let all = Set(icloud).union(local)  // als Set zusammenführen
  return Array(all).sorted()          // sortiert als Array zurückgeben
}
```

Der wesentliche Nachteil dieses simplen Ansatzes besteht darin, dass die bisher vorhandene Ordnung der To-do-Einträge durcheinandergerät. Das wird nicht alle Anwender begeistern. Eine Alternative wäre es, die vorhandenen Einträge zu belassen und alle Einträge aus der iCloud in einer Schleife zu durchlaufen: Wenn sie nicht schon ohnedies vorhanden sind, werden sie am Ende der Liste hinzugefügt. Das lässt sich in wenigen Zeilen Code programmieren – probieren Sie es aus, wenn Sie mit der hier präsentierten Lösung nicht glücklich sind!

View-Controller-Klasse

Der vorhandene Code in der View-Controller-Klasse bleibt weitestgehend unverändert. Allerdings müssen Sie nun in viewDidLoad einen Notification-Observer einrichten: Jedes Mal, wenn Änderungen der Daten in der iCloud festgestellt werden, soll die Methode kvHasChanged aufgerufen werden.

```
// Projekt ios-todo-icloud, Datei ViewController.swift
class ViewController: UIViewController {
  // Outlets und Variablen wie bisher ...

  override func viewDidLoad() {
    // Code wie bisher ...

    // bei Änderungen der To-do-Liste in der Cloud kvHasChanged
    // aufrufen
    NotificationCenter.default.addObserver(
      self,
      selector: #selector(ViewController.kvHasChanged(notification:)),
      name: NSUbiquitousKeyValueStore.didChangeExternallyNotification,
      object: NSUbiquitousKeyValueStore())
  }
}
```

In kvHasChanged sind etliche Fälle zu unterscheiden: Wenn die To-do-Liste bisher leer war, können die Daten aus der iCloud ohne Rückfrage übernommen werden. Stimmen die Daten aus der iCloud (bis auf die Reihenfolge) mit den lokalen To-do-Einträgen überein, ist gar nichts zu tun. Liegt aber tatsächlich ein Konflikt vor, dann ist es am besten, den Anwender zu fragen, welche Lösung er vorzieht (siehe Abbildung 36.3).

Abbildung 36.3 Wie sollen die zueinander in Widerspruch stehenden lokalen Einträge mit denen aus der iCloud zusammengeführt werden?

Der Code zur Anzeige dieses Dialogs und zur Verarbeitung des Ergebnisses ist leicht zu verstehen, sofern Sie schon einmal einen Alert-Controller verwendet haben. Sollte das nicht der Fall sein, ist jetzt eine gute Gelegenheit, Abschnitt 17.8, »Ja/Nein-Dialoge (UIAlertController)«, zu lesen. Im Wesentlichen werden mit addAction drei Antwortmöglichkeiten definiert. Bei der Auswahl einer Option wird die entsprechende handler-Closure ausgeführt.

```
// die Daten in der iCloud haben sich geändert
@objc func kvHasChanged(notification: NSNotification) {
  // wenn die Liste aktuell leer ist: Daten von der Cloud übernehmen
  if todoList.count == 0 {
    todoList = Todo.load()
    tableView.reloadData()
    return
  }

  // identische Daten, ignorieren
  if Set(todoList) == Set(Todo.load()) {
    return
  }

  // sonst: fragen
  let alert = UIAlertController(
    title: "iCloud-Synchronisierung",
    message: "Was wollen Sie tun?",
    preferredStyle: .alert)
  alert.addAction(
    UIAlertAction(title: "Zusammenführen und sortieren",
                  style: .cancel,
                  handler: // Closure
                    { (_) in
                      self.todoList = Todo.merge(with: self.todoList)
                      self.tableView.reloadData() } ))
  alert.addAction(
    UIAlertAction(title: "iCloud-Daten übernehmen",
                  style: .default,
                  handler: // Closure
                    { (_) in
                      self.todoList = Todo.load()
                      self.tableView.reloadData() } ))
  alert.addAction(
    UIAlertAction(title: "Lokale Daten behalten",
                  style: .default,
                  handler: // Closure
                    { (_) in Todo.save(self.todoList) } ))
  present(alert, animated: true, completion: nil)
}
```

iCloud-Verfügbarkeitstest

Die App steht und fällt damit, dass die iCloud zur Verfügung steht. Deswegen wird in viewDidAppear eine Warnung angezeigt, wenn auf dem Gerät keine iCloud-Konfiguration vorliegt. (In der Praxis passiert das am häufigsten, wenn Sie die App im Simulator ausführen und sich dort mit Ihrer eigenen oder einer für Tests eingerichteten Apple-ID angemeldet haben.)

```
// Projekt ios-todo-icloud, Datei ViewController.swift
override func viewDidAppear(_ animated: Bool) {
  // Steht iCloud zur Verfügung?
  if FileManager.default.ubiquityIdentityToken == nil {
    print("keine iCloud")
    let warn = UIAlertController(
      title: "iCloud steht nicht zur Verfügung",
        message: "Diese App erfordert die iCloud. Bitte melden Sie " +
          "sich in den Einstellungen mit Ihrer Apple-ID an und " +
          "starten Sie diese App dann neu.",
      preferredStyle: .alert)
    present(warn, animated: true, completion: nil)
    return
  }
}
```

Zwei Dinge sind hier zu beachten: Zum einen muss die Warnung in viewDidAppear angezeigt werden. viewDidLoad wäre vielleicht naheliegender, aber dann wird die Warnung nie sichtbar. Stattdessen wird in Xcode die folgende Fehlermeldung ausgegeben: *Warning: Attempt to present UIAlertController whose view is not in the window hierarchy!*

Zum anderen fehlt dem Alert-Controller bewusst ein OK-Button zum Schließen der Warnung. Das Programm wird damit dauerhaft blockiert.

AppDelegate-Klasse

Zum Programmstart sollte die synchronize-Methode für den Key-Value-Speicher ausgeführt werden. Diese Aufgabe übernimmt applicationWillEnterForeground:

```
// Projekt ios-todo-icloud, Datei AppDelegate.swift
@UIApplicationMain
class AppDelegate: UIResponder, UIApplicationDelegate {
  // restlichen Code belassen ...

  // beim Programmstart synchronize() ausführen
  func applicationWillEnterForeground(_ application: UIApplication) {
    NSUbiquitousKeyValueStore().synchronize()
  }
}
```

36.6 Core-Data-Variante

Ausgangspunkt für die Core-Data-Variante ist wieder die Grundversion des Programms, bei der die To-do-Einträge in einem `String`-Array bzw. in einer Textdatei gespeichert werden. Um die App auf Core Data umzustellen, müssen Sie die folgenden Punkte erledigen:

- Sie entfernen die Klasse `Todo` (Datei `Todo.swift`) aus dem Projekt.
- Dafür fügen Sie mit File • New • File eine neue Datei vom Typ iOS • Core Data • Data Model zum Projekt hinzu und richten das Datenmodell ein. Es ist äußerst simpel: Sie benötigen nur eine Entität, die Sie am besten `Todo` nennen. Die Entität statten Sie mit drei nicht optionalen Attributen aus (siehe Abbildung 36.4):
  - `text` (Datentyp `String`): der Text der To-do-Einträge.
  - `ts` (Datentyp `Date`): der Zeitpunkt, zu dem der Eintrag erzeugt oder zuletzt geändert wurde (*timestamp*)
  - `no` (Datentyp (`Int32`): die Position des Eintrags innerhalb der To-do-Liste
- Sie bauen in die Datei `AppDelegate.swift` den für Core Data erforderlichen Initialisierungscode ein (siehe Abschnitt 29.4, »Core-Data-Interna«).
- Sie ändern in `ViewController.swift` den Code, der für die Datenverwaltung zuständig ist.

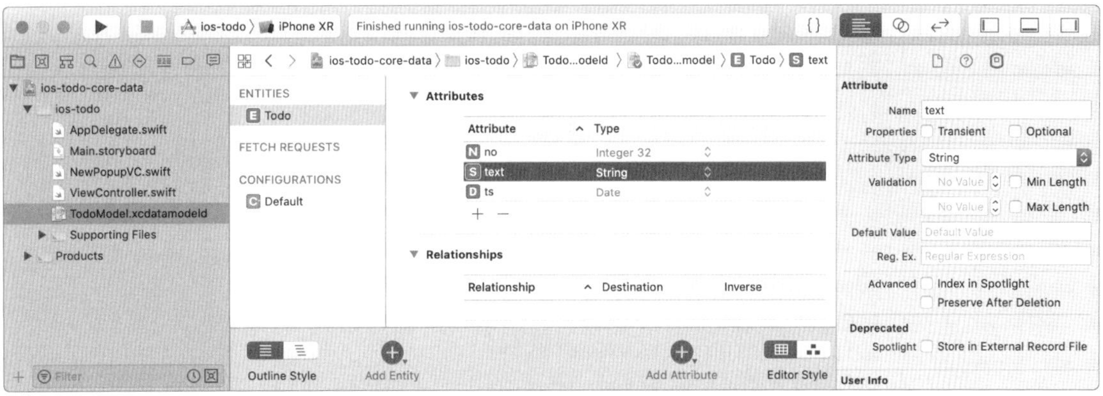

Abbildung 36.4 Core-Data-Datenmodell

Datensätze in Core Data haben keine Reihenfolge

Bei der Umwandlung des To-do-Programms in die Datenbankwelt müssen Sie einen gedanklichen Sprung vollziehen: Wenn Sie To-do-Einträge in einem Array speichern, merkt sich Ihr Programm nicht nur den Text des Eintrags, sondern auch die Position innerhalb der To-do-Liste (weil Arrays geordnet sind).

In der Datenbankwelt ist das hingegen nicht der Fall! Ganz egal, ob Sie mit Core Data oder direkt mit einem relationalen Datenbanksystem arbeiten, sind die in Tabellen bzw. Entities gespeicherten Daten mit einem ungeordneten Set zu vergleichen. Um neben dem Inhalt auch die Position eines To-do-Eintrag zu speichern, bedarf es einer zusätzlichen Spalte bzw. eines zusätzlichen Attributs (in diesem Beispiel no).

Datenverwaltung

Im weiteren Verlauf dieses Abschnitts konzentriere ich mich auf die Codeänderungen in ViewController.swift. Der erste wesentliche Unterschied besteht darin, dass die To-do-Einträge programmintern nun in einem Array von Todo-Objekten gespeichert werden. Die zugrundeliegende Todo-Klasse erzeugt Xcode aus der gleichnamigen Entität selbst. Die Initialisierung der To-do-Liste, also das Laden aller gespeicherten Einträge mittels Core Data, erfolgt in der Methode viewDidLoad. Die Einträge werden dabei nach dem Attribut no sortiert, damit die App sie in der gleichen Reihenfolge wie beim letzten Mal anzeigt.

```
// Projekt ios-todo-core-data, Datei ViewController.swift
import CoreData
class ViewController: UIViewController {
  ...
  // Zugriff auf AppDelegate-Objekt und Core-Data-Kontext
  var app: AppDelegate!
  var context: NSManagedObjectContext!
  var todoList = [Todo]()  // Todo-Core-Data-Objeke in Array speichern

  override func viewDidLoad() {
    super.viewDidLoad()
    // Verbindung zu CoreData herstellen
    app = UIApplication.shared.delegate as? AppDelegate
    context = app.persistentContainer.viewContext
    // Todos laden (Core Data)
    let request: NSFetchRequest<Todo> = Todo.fetchRequest()
    request.returnsObjectsAsFaults = false
    request.sortDescriptors = [NSSortDescriptor(key: "no",
                                                ascending: true)]
    do {
      let todos = try context.fetch(request)
      for entry in todos {
        todoList += [entry]
      }
    } catch {
      print("Fehler beim Auslesen der Todos mittels Core Data")
    }
    // weiterer Code wie bisher
  }
```

Neuen To-do-Eintrag erzeugen oder vorhandenen Eintrag ändern

Die Methode unwindToMainVC wird aufgerufen, wenn der Popover-Dialog zur Neueingabe oder Veränderung eines Eintrags beendet wird. Der Code in der schon vorhandenen Methode muss verändert werden: Wenn der Benutzer einen neuen Eintrag einrichtet, wird entsprechend ein neues Todo-Objekt erzeugt und am Ende des Arrays eingefügt. Nach einer Änderung des Eintrags werden entsprechend die text- und die ts-Eigenschaft aktualisiert. In beiden Fällen müssen die Änderungen in Core Data dauerhaft gespeichert werden – daher der Aufruf von saveContext.


```
// Fortsetzung in ViewController.swift
  // Popover wurde mit 'OK' beendet
  @IBAction func unwindToMainVC(_ segue: UIStoryboardSegue) {
    // gegebenenfalls neuen Eintrag am Ende einfügen
    // und dorthin scrollen
    if let src = segue.source as? NewPopupVC,
       let txt = src.txt.text
    {
      let trimtxt = txt.trimmingCharacters(
                      in: .whitespacesAndNewlines)
      if trimtxt != "" {
        if src.mode == "new" {
          // neuen Eintrag hinzufügen
          let path = IndexPath(row: todoList.count, section: 0)
          let newtodo = Todo(context: context)
          newtodo.text = trimtxt
          newtodo.ts = Date()
          newtodo.no = Int32(path.row)
          todoList.insert(newtodo, at: path.row)
          tableView.insertRows(at: [path], with: .automatic)
          tableView.scrollToRow(at: path, at: .top,
                                animated: true)
          app.saveContext()  // geändertes Element speichern
        }
        else if src.mode == "edit" {
          // vorhandenen Eintrag ändern
          todoList[src.currentRow].text = trimtxt
          todoList[src.currentRow].ts = Date()
          let path = IndexPath(row: src.currentRow,
                               section: 0)
          tableView.reloadRows(at: [path], with: .automatic)
          app.saveContext()  // geändertes Element speichern
        }
      }    // Ende if trimtxt != ""
    }      // Ende if let
  }        // Ende unwind-Methode
```

no-Attribut aktualisieren

Wenn der Anwender aus der To-do-Liste einen Eintrag entfernt oder in ihr einen Eintrag verschiebt, kann sich die Position mehrerer Einträge verändern. Die Methode syncTodoOrder trägt dem Rechnung und aktualisiert die no-Eigenschaft aller Todo-Objekte im Array. saveContext bewirkt, dass die durchgeführten Änderungen dauerhaft gespeichert werden. Zum Aufruf von syncTodoOrder kommt es in den DataSource-Delegate-Methoden (siehe die folgenden Listings).

```
// Fortsetzung in ViewController.swift
  ...
  // nach Einfüge-, Lösch- oder Verschiebeoperationen:
  // bei allen To-do-Elementen .no-Eigenschaft mit dem
  // aktuellen Index einstellen und speichern
  func syncTodoOrder() {
    for (index, todo) in todoList.enumerated() {
      todo.no = Int32(index)
    }
    app.saveContext()  // alle geänderten Todos speichern
  }
}          // Ende class ViewController
```

Einträge anzeigen

Die tableView-Methode mit dem Parameter cellForRowAt ist dafür zuständig, eine Tabellenzelle zu initialisieren. Neu ist hier, dass dabei die text-Eigenschaft eines Todo-Objekts ausgewertet wird.

```
// Fortsetzung in ViewController.swift, DataSource-Methoden
extension ViewController: UITableViewDataSource {
  ...
  // Darstellung der Tabellenzellen
  func tableView(_ tableView: UITableView,
                 cellForRowAt indexPath: IndexPath)
    -> UITableViewCell
  {
    let cell = tableView.dequeueReusableCell(
      withIdentifier: "ProtoCell", for: indexPath)
    cell.textLabel?.text = todoList[indexPath.row].text
    return cell
  }
```

Eintrag löschen oder verschieben

Beim Löschen oder Verschieben von Einträgen werden zwei weitere tableView-Methoden aufgerufen. Neu ist hier einerseits das Löschen des betreffenden Todo-Objekts mit remove(at:)

und andererseits der Aufruf von syncTodoOrder, um sicherzustellen, dass bei allen Todo-Objekten die no-Eigenschaft mit der tatsächlichen Position im Array übereinstimmt.

```
// Fortsetzung in ViewController.swift, DataSource-Methoden
  ...
  // Eintrag löschen
  func tableView(_ tableView: UITableView,
                 commit editingStyle: UITableViewCell.EditingStyle,
                 forRowAt indexPath: IndexPath)
  {
    if editingStyle == .delete {
      let row = indexPath.row
      context.delete(todoList[row])          // in Core Data löschen
      todoList.remove(at: row)               // aus Array entfernen
      tableView.deleteRows(at: [indexPath],  // aus TableView entfernen
                           with: .fade)
      syncTodoOrder()                        // .no aktualisieren
    }
  }

  // Verschieben durchführen
  func tableView(_ tableView: UITableView,
                 moveRowAt sourceIndexPath: IndexPath,
                 to destinationIndexPath: IndexPath)
  {
    let item  = todoList[sourceIndexPath.row]
    todoList.remove(at: sourceIndexPath.row)
    todoList.insert(item, at: destinationIndexPath.row)
    syncTodoOrder()  // .no aktualisieren, Änderungen speichern
  }
}
```

36.7 SQLite-Variante

Im letzten Abschnitt dieses Kapitels zeige ich Ihnen noch zwei Varianten der App, in denen jeweils das Framework SQLite.swift zum Einsatz kommt (siehe auch Abschnitt 29.5). Die erste Variante verwendet die Klassen und Methoden des Frameworks für die Kommunikation mit der Datenbank. Die zweite Variante ist grundsätzlich gleich aufgebaut, allerdings sind die SQL-Anweisungen dort im Klartext formuliert.

Als ich das Beispiel entwickelt habe, hatte ich eigentlich erwartet, dass der resultierende Code klarer und kompakter als bei der Core-Data-Variante ausfallen würde. Das Gegenteil ist der Fall: Beide SQLite-Varianten zeigen vielmehr, dass Core Data (zumindest für die gegebene Aufgabenstellung) bei weitem den schönsten Code liefert.

SQLite-Initialisierung

Ausgangspunkt für beide Beispiele ist nochmals die Grundversion des Programms, bei der die To-do-Einträge in einem String-Array bzw. in einer Textdatei gespeichert werden (siehe Abschnitt 36.2, »Datenmodell«). Wie Sie ein Xcode-Projekt mittels CocoaPod um das SQLite-Framework ergänzen, habe ich Ihnen bereits in Abschnitt 29.5, »SQLite.swift«, erläutert. Die Verbindung zur SQLite-Datenbank wird in der AppDelegate-Klasse hergestellt:

```
// Projekt ios-todo-sqlite, Datei AppDelegate.swift
import SQLite

@UIApplicationMain
class AppDelegate: UIResponder, UIApplicationDelegate {
  ...
  var db: Connection!
  ...
  func application(_ application: UIApplication,
                   didFinishLaunchingWithOptions launchOptions:
                    [UIApplication.LaunchOptionsKey : Any]? = nil)
    -> Bool
  {
    // Verbindung zur Datenbank herstellen; beim ersten Start
    // wird die Datenbank erzeugt
    do {
      let fm = FileManager.default
      let urls = fm.urls(for: .libraryDirectory, in: .userDomainMask)
      var url = urls.first!
      url.appendPathComponent("mytododb.sqlite3")
      db =  try Connection(url.absoluteString)
      Todo.createTodoTable(db: db)
    } catch {
      print("Fatal: cannot connect to database: \(error)")
      return false
    }
    return true
  }
  ...
}
```

Kurz gefasst öffnet das Programm die Datenbankdatei mytododb.sqlite3 und speichert die Verbindung in der Variablen db. Beim ersten Start der App wird die Datenbankdatei automatisch erstellt. createTodoTable erzeugt in diesem Fall die Tabelle. (Die Beschreibung des Codes dieser Methode folgt gleich.)

Es gibt eigentlich keinen Grund, weswegen diese Initialisierung schiefgehen könnte – es sei denn, auf dem iOS-Gerät ist absolut kein Speicherplatz mehr frei. return false bewirkt in diesem Fall leider nicht, dass die App endet – diesen Fall hat Apple nicht vorgesehen. Vielmehr müssen Sie diesen Fall in der View-Controller-Klasse berücksichtigen und dort eine Fehlermeldung anzeigen. Im vorliegenden Beispiel habe ich darauf aber verzichtet.

Todo-Klasse

Die im ursprünglichen Beispielprogramm vorgesehene Datei `Todo.swift` bleibt auch in der SQLite-Variante erhalten. Allerdings wird der darin enthaltene Code komplett umgestaltet. Die Datei definiert einerseits die `Todo`-Klasse zur Speicherung eines To-do-Eintrags bestehend aus dem To-do-Text, der ID des Datensatzes, der Position des Eintrags (`no`) sowie eines Timestamps mit dem Zeitpunkt der letzten Änderung.

```
// Projekt ios-todo-sqlite, Datei Todo.swift
import SQLite
class Todo {
  var id: Int
  var text: String
  var no: Int
  var ts: Date
  ...
  // Init-Funktion
  init(id: Int, text: String, no: Int, ts: Date) {
    self.id   = id
    self.text = text
    self.no   = no
    self.ts   = ts
  }
...
```

Andererseits enthält `Todo.swift` nun auch den gesamten Code, um die To-do-Tabelle beim ersten Start zu erstellen sowie um Objekte der `Todo`-Klasse zu speichern, zu ändern und zu löschen. Die Methoden des SQLite.swift-Frameworks setzen voraus, dass es für jede Tabelle ein `Table`- und für jede Spalte der Tabelle ein passendes `Expression`-Element gibt. Die Definition dieser Elemente ist ein wenig Fremdkörper im Code, lässt sich aber nicht vermeiden:

```
// Projekt ios-todo-sqlite, Datei Todo.swift (Fortsetzung)
...
  // SQLite.Tabelle
  static let tTodo = Table("todo")

  // Spalten der SQLite-Tabelle
  static let eId =   Expression<Int>("id")   // alle Spalten NOT NULL
  static let eText = Expression<String>("text")
  static let eNo =   Expression<Int>("no")
  static let eTs =   Expression<Date>("ts")
```

Auf der Basis dieser statischen Deklarationen kann createTodoTable die Methode create ausführen, um die Tabelle in der Datenbank zu erzeugen. Aufgrund des Parameters ifNotExists: true ist der Code nur beim ersten Start der App wirksam.

```
// Projekt ios-todo-sqlite, Datei Todo.swift (Fortsetzung)
...
  // todo-Tabelle einrichten (falls nötig)
  static func createTodoTable(db: Connection) {
    do {
      try db.run(tTodo.create(ifNotExists: true) { t in
        t.column(eId, primaryKey: true)
        t.column(eText)
        t.column(eNo)
        t.column(eTs)
      })
    } catch {
      print("Error creating todo table")
    }
  }
```

To-do-Einträge auslesen

Die statische Methode loadall liest alle To-do-Einträge aus der Datenbank und ordnet sie nach dem Inhalt der no-Spalte (entspricht SELECT * FROM todo ORDER BY no). Das Ergebnis ist ein Array von Todo-Objekten.

```
// Projekt ios-todo-sqlite, Datei Todo.swift (Fortsetzung)
...
  // alle To-do-Einträge aus Tabelle auslesen
  static func loadall(db: Connection) -> [Todo] {
    var result = [Todo]()
    do {
      for t in try db.prepare(tTodo.order(eNo)) { // Closure
        let newTodo = Todo(id: t[eId], text: t[eText],
                           no: t[eNo], ts: t[eTs])
        result += [newTodo]
      } // Closure
    } catch {
      print("Error retrieving todo entries from database")
    }
    return result
  }
```

To-do-Einträge einfügen, ändern und löschen

Die Methoden insert, update und delete beziehen sich jeweils auf ein Todo-Objekt und sind daher nicht statisch. Der Code ist ohne weitere Erläuterungen verständlich. Das optionale Schlüsselwort self weist auf Eigenschaften zur Todo-Klasse hin.

```
// Projekt ios-todo-sqlite, Datei Todo.swift (Fortsetzung)
...
  // aktuellen Eintrag speichern, id aktualisieren
  func insert(db: Connection) {
    do {
      let insert = Todo.tTodo.insert(Todo.eText <- self.text,
                                     Todo.eNo   <- self.no,
                                     Todo.eTs   <- self.ts)
      self.id = try Int(db.run(insert))  // run liefert Int64
    } catch {
      print("Error saving new todo entry")
    }
  }

  // aktuellen Eintrag in DB aktualisieren
  func update(db: Connection) {
    do {
      let row = Todo.tTodo.filter(Todo.eId == self.id)
      try db.run(row.update(Todo.eText <- self.text,
                            Todo.eNo   <- self.no,
                            Todo.eTs   <- self.ts))
    } catch {
      print("Error updating todo entry")
    }
  }

  // aktuellen Eintrag aus DB löschen
  func delete(db: Connection) {
    let row = Todo.tTodo.filter(Todo.eId == self.id)
    do {
      try db.run(row.delete())
    } catch {
      print("Error deleting todo entry")
    }
  }
```

Reihenfolge der To-do-Einträge synchronisieren

Wie bei der Core-Data-Variante der App kann das Löschen oder Verschieben von Einträgen dazu führen, dass die no-Eigenschaft der Todo-Objekte nicht mehr mit der Position dieser Objekte im Array übereinstimmt. Abhilfe schafft syncTodoOrder:

```
// Projekt ios-todo-sqlite, Datei Todo.swift (Fortsetzung)
...
  // bei allen Array-Elementen .no mit dem aktuellen Index
  // überschreiben und speichern
  static func syncTodoOrder(data: [Todo], db: Connection) {
    for (index, todo) in data.enumerated() {
      todo.no = index
      todo.update(db: db)
    }
  }
}
```

Verwendung der Todo-Klasse im View-Controller

Im View-Controller dient ein Todo-Array als Datenspeicher. Es wird in viewDidLoad initialisiert:

```
// Projekt ios-todo-sqlite, Datei ViewController.swift
class ViewController: UIViewController {
  ...
  // To-do-Einträge
  var todoList = [Todo]()

  override func viewDidLoad() {
    super.viewDidLoad()

    // To-do-Einträge aus Datenbank laden
    app = UIApplication.shared.delegate as? AppDelegate
    todoList = Todo.loadall(db: app.db)
    ...
  }
```

In den weiteren Methoden der Klasse werden Todo-Einträge erzeugt oder verändert. Ein Aufruf von insert oder update stellt sicher, dass die Änderungen bleibend in der Datenbank gespeichert werden. Aus Platzgründen verzichte ich hier auf den Abdruck aller entsprechenden Codepassagen, sondern zeige nur beispielhaft die Methode unwindToMainVC. Sie wird aufgerufen, nachdem der Anwender der App einen neuen Eintrag hinzugefügt oder einen vorhandenen geändert hat.

```
// Projekt ios-todo-sqlite, Datei ViewController.swift (Fortsetzung)
...
  // Popover wurde mit 'OK' beendet
  @IBAction func unwindToMainVC(_ segue: UIStoryboardSegue) {
    // gegebenenfalls neuen Eintrag am Ende einfügen
    // und dorthin scrollen
    if let src = segue.source as? NewPopupVC,
       let txt = src.txt.text
    {
      let trimtxt = txt.trimmingCharacters(in: .whitespacesAndNewlines)
      if trimtxt != "" {
        if src.mode == "new" {
          // neuen Eintrag hinzufügen
          let newTodo = Todo(id: 0, text: trimtxt,
                             no: todoList.count, ts: Date())
          newTodo.insert(db: app.db)
          todoList.append(newTodo)
          let path = IndexPath(row: todoList.count-1, section: 0)
          tableView.insertRows(at: [path], with: .automatic)
          tableView.scrollToRow(at: path, at: .top,
                                animated: true)
        }
        else if src.mode == "edit" {
          // vorhandenen Eintrag ändern
          todoList[src.currentRow].text = trimtxt
          todoList[src.currentRow].ts = Date()
          todoList[src.currentRow].update(db: app.db)
          let path = IndexPath(row: src.currentRow,
                               section: 0)
          tableView.reloadRows(at: [path], with: .automatic)
        }
      }    // Ende if trimtxt != ""
    }      // Ende if let
  }        // Ende unwind-Methode
}          // Ende class
```

SQLite-Variante mit SQL-Statements

In den Beispieldateien zu diesem Buch finden Sie im Verzeichnis `ios-todo-sqlite-sql` eine Variante zum eben präsentierten Code. Dabei sind alle Dateien unverändert, einzig die Methoden in `Todo.swift` sind anders formuliert: Anstelle auf die mitunter merkwürdig anmutenden Methoden von SQLite.swift zurückzugreifen, habe ich die erforderlichen SQL-Kommandos hier selbst formuliert und mit `execute` ausgeführt. Mit etwas SQL-Vorwissen ist das rasch erledigt. Allerdings hat sich gezeigt, dass das Einbauen von Parametern in die

SQL-Kommandos bzw. das Auswerten der Ergebnisse derart viele Typumwandlungen und Kontrollen erfordert, dass der resultierende Code nicht kürzer wird. Wirklich empfehlenswert ist die Vorgehensweise also nicht.

Auf den Abdruck des gesamten Codes verzichte ich hier aus Platzgründen. Stattdessen zeige ich hier nur einige ausgewählte Methoden aus `Todo.swift`:

```
// Projekt ios-todo-sqlite-sql, Datei Todo.swift
class Todo {
  ...

  static let iso = initIsoFormatter()

  // für Umwandlungen Date <--> String
  static func initIsoFormatter() -> DateFormatter {
    let formatter = DateFormatter()
    formatter.dateFormat = "YYYY-MM-dd HH:mm"
    return formatter
  }

  // todo-Tabelle einrichten (falls nötig)
  static func createTodoTable(db: Connection) {
    do {
      try db.execute("""
        CREATE TABLE IF NOT EXISTS todo (
          id   INTEGER PRIMARY KEY NOT NULL,
          text TEXT    NOT NULL,
          no   INTEGER NOT NULL,
          ts   TEXT    NOT NULL);
      """)
    } catch {
      print("Error creating todo table")
    }
  }

  // alle To-do-Einträge aus Tabelle auslesen
  static func loadall(db: Connection) -> [Todo] {
    var result = [Todo]()
    let sql = "SELECT id, text, no, ts FROM todo ORDER BY no"
    do {
      for row in try db.prepare(sql) {
        if let id   = row[0] as? Int64 ,
           let text = row[1] as? String,
           let no   = row[2] as? Int64,
           let tss  = row[3] as? String,
           let ts   = Todo.iso.date(from: tss) // in Date umwandeln
```

```
        {
          result += [Todo(id: id, text: text, no: no, ts: ts)]
        }
      }
    } catch {
      print("Error retrieving todo entries from database")
    }
    return result
  }

  // aktuellen Eintrag in DB aktualisieren
  func update(db: Connection) {
    do {
      let stmt = try db.prepare(
        "UPDATE todo SET text=?, no=?, ts=? WHERE id=?")
      try stmt.run(self.text, self.no,
                   Todo.iso.string(from: self.ts), self.id)
    } catch {
      print("Error updating todo entry")
    }
  }
  ...
}
```

Kapitel 37
Schatzsuche

Im Mittelpunkt dieses Kapitels steht ein Programm, das Ihnen dabei hilft, den Weg zu einem zuvor markierten Punkt zu finden. Die App eignet sich z. B. für ein Schatzsuchspiel bei einem Kindergeburtstag oder kann bei einer Wanderung helfen, den Rückweg im Nebel zu finden.

Die App greift auf Programmiertechniken aus den folgenden Kapiteln zurück:

- Kapitel 21, »Dateien und User-Defaults«
- Kapitel 23, »Tabellen und Listen darstellen«
- Kapitel 24, »GPS- und Kompassfunktionen«
- Kapitel 25, »Grafik und Animation«

Quasi nebenbei zeigt der Code auch Techniken, die bisher im Buch noch nicht oder nur am Rande vorgekommen sind:

- Kommunikation über das Notification Center
- Definition und Anwendung eines eigenen Delegation-Protokolls

37.1 Aufbau der App

Die Funktionalität der Beispiel-App ist denkbar einfach: Sie können damit die gerade aktuelle Position des Geräts benennen und speichern. Später können Sie den Ort in einer Liste wieder auswählen. Die App zeigt dann an, wie weit Sie momentan vom gespeicherten Ort entfernt sind und wie groß die Distanz zum Ziel ist (siehe Abbildung 37.1).

Sie können die App verwenden, um bei einer Wanderung alle 10 Minuten die Position zu speichern – dann sollten Sie anhand dieser Positionen später auch bei widrigen Wetterbedingungen (Nebel) wieder zurückfinden.

Sie können aber auch ein paar Stunden vor Beginn eines Kindergeburtstags einen »Schatz« im Wald verstecken und den Kindern dann später das Handy als Hilfsmittel zur Suche in die Hand drücken. Das macht die beliebte Schatzsuche gleich ein wenig moderner und auch für ältere Kinder ansprechend. (Diese Art der privaten Schatzsuche hat nichts mit dem beliebten Geo-Caching zu tun, wo es um die Suche öffentlich bekannter »Schätze« geht.)

Abbildung 37.1 Links das Speichern eines Orts, rechts die Detailansicht, die dabei hilft, den Ort wiederzufinden

Für beide Anwendungsfälle ließe sich die App natürlich weiter optimieren und optisch ansprechender gestalten:

- Zum Einsatz als Orientierungshilfe im freien Gelände wäre eine regelmäßige automatische Speicherung von Markierungspunkten zweckmäßig. Die App müsste dann wie in Abschnitt 24.2, »Wegstrecke aufzeichnen«, als Hintergrund-App konfiguriert werden, und der Zugriff auf die Ortungsdaten müsste auch für den Hintergrundbetrieb zugelassen werden. Praktisch wäre auch eine Funktion, die die Suchfunktion automatisch auf den nächstälteren gespeicherten Punkt umstellt, sobald der gerade ausgewählte Punkt annähernd erreicht ist.
- Die kindergeburtstagstaugliche Schatzsuche schreit geradezu nach einem ansprechenderen App-Layout. Noch unterhaltsamer lässt sich die Suche gestalten, wenn die Suche hin und wieder durch Quizfragen unterbrochen wird. Sobald die Distanz zum Schatz z. B. auf 500 m sinkt, muss eine kniffelige Frage richtig beantwortet werden. Erst dann kann die App weiter genutzt werden. Auch ein Foto oder eine Detailkarte als Hilfestellung für die Suche auf den letzten Metern kann zweckmäßig sein. Das Foto bzw. die Karte wird erst eingeblendet, wenn der Abstand zum Schatz weniger als 30 m beträgt.

Die vorliegende App verzichtet bewusst auf die Darstellung einer Karte mit dem Map-View-Steuerelement. Der Hauptvorteil besteht darin, dass die App so auch ohne Internetzugang funktioniert, was gerade bei Wanderungen ein großer Vorteil sein kann. Außerdem ist eine Schatzsuche wenig spannend, wenn der Ort des Schatzes mit einem Blick auf die Karte sofort klar wird.

Einschränkungen durch die GPS-Genauigkeit

Für grobe Orientierungsaufgaben ist das *Global Positioning System* (GPS) mehr als genau genug. Es muss Ihnen aber bewusst sein, dass das System bei Distanzen ab ca. 20 Metern an seine Grenzen stößt.

Auch wenn die Abbildungen der App recht unspektakulär aussehen, verbergen sich dahinter doch viele Details und entsprechend viel Code. Die Beschreibung der App wurde daher über die weiteren Abschnitte dieses Kapitels verteilt und befasst sich mit den folgenden Themen:

- persistente Speicherung der Liste mit den geografischen Daten in einer JSON-Datei
- Auslagerung des Location Managers in eine eigene Klasse mit Kommunikation über den `NotificationManager`
- Darstellung eines Richtungspfeils mit `UIBezierPath` in einem eigenen Steuerelement
- Aufbau und Steuerung der App-Ansichten

Aufbau und Storyboard

Das Storyboard der App ist übersichtlich (siehe Abbildung 37.2). Ein Navigation-Controller enthält die Startseite der App, an deren oberem Rand die gerade aktuelle Position (geografische Breite und Länge) angezeigt wird. Der Button POSITION SPEICHERN führt dazu, dass ein Popup-Dialog zur Eingabe eines Namens angezeigt wird (STORYVC im Storyboard). Sobald auf der Startseite ein Eintrag im Table-View-Steuerelement berührt wird, erscheint die Detailseite (DETAILVC). Den drei Seiten bzw. Dialogen ist jeweils eine eigene Klassendatei zugeordnet:

- Startseite: `ViewController.swift`
- Popup-Dialog zum Speichern: `SaveVC.swift`
- Detailseite: `DetailVC.swift`

Darüber hinaus enthält das Xcode-Projekt neben den vorgegebenen Dateien wie `AppDelegate.swift` oder `Info.plist` die folgenden Swift-Dateien:

- globale Funktionen: `GlobalFunctions.swift`
- Datenmodell (Klasse `Position`): `Position.swift`
- eigener Location Manager: `MyLocationManager.swift`
- Steuerelement für den Richtungspfeil: `ArrowView.swift`

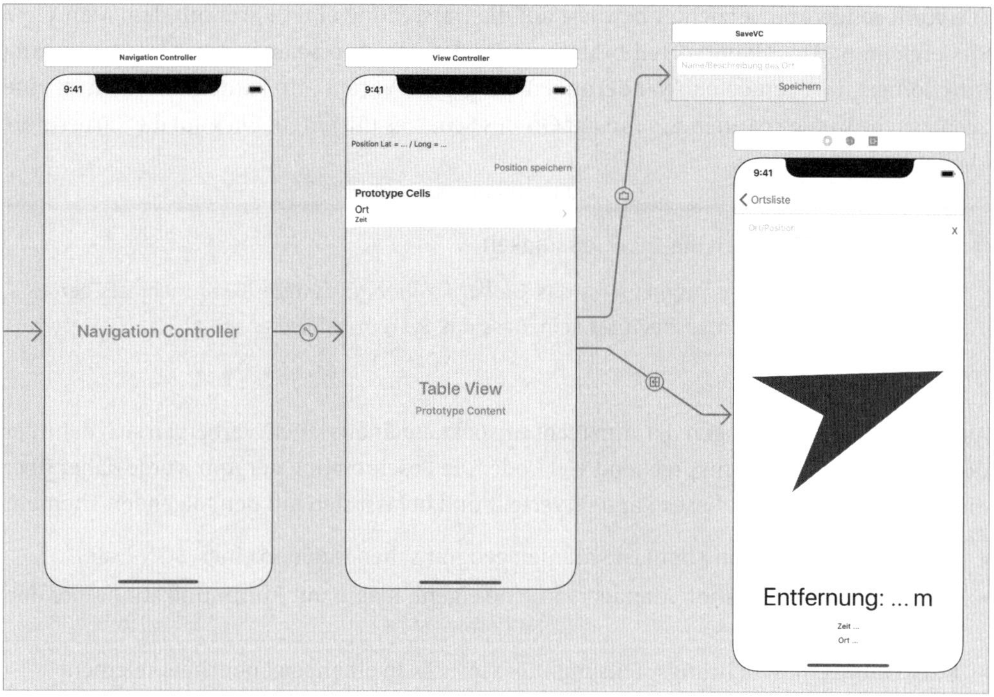

Abbildung 37.2 Das Storyboard der Schatzsuche-App

Layoutregeln

Die Startansicht besteht aus drei Steuerelementen:

- Das Label für die Position ist links, oben und rechts fixiert, sodass es die ganze zur Verfügung stehende Breite des iOS-Geräts nutzt.
- Der Button POSITION SPEICHERN ist darunter angeordnet und mit dem rechten Rand verbunden.
- Den Rest des Bildschirms füllt das Table-View-Steuerelement aus. Es ist mit dem linken, unteren und rechten Rand verbunden. Seine Oberkante befindet sich 15 Punkt unter der Unterkante des Buttons.

Der Popup-Dialog hat dank SIZE = FREEFORM und USE PREFERRED EXPLIZIT SIZE eine fixe Größe von 250 × 80 Punkt. Die beiden enthaltenen Steuerelemente sind ohne Layoutregeln positioniert. Das ist insofern unproblematisch, als sich die Größe des Popup-Dialogs ohnedies nicht ändern kann.

Anmerkungen zu den Layoutregeln der Detailansicht folgen in Abschnitt 37.7, »Detailansicht mit Richtungspfeil«.

Funktion zur Darstellung geografischer Daten

Die App benötigt an mehreren Stellen eine Funktion, die die Fließkommazahlen für die geografische Breite und Länge in eine besser lesbare Form mit Grad und Minuten umwandelt. Dazu habe ich in `GlobalFunctions.swift` die Funktion `degreesMinutes` definiert:

```
// Projekt ios-schatz, Datei GlobalFunctions.swift
// Beispiel: macht aus 12.5 --> "12° 30.00'"
func degreesMinutes(_ x:Double) -> String {
  let remainder = x.truncatingRemainder(dividingBy: 1)
  let minutes = abs(remainder * 60)
  return String(format: "%d° %.2f'", Int(x), minutes)
}
```


Die `truncatingRemainder`-Methode berechnet den Nachkommaanteil der Zahl, also den Rest bei einer Division durch 1. Die Verwendung von `abs` ist hier sinnvoll, weil ein eventuell negatives Vorzeichen schon bei den Grad enthalten ist. Es soll also z. B. `-12° 30.00'` lauten, nicht `-12° -30.00'` mit zwei negativen Vorzeichen.

Projekteinstellungen

Die App zur Schatzsuche kann sinnvollerweise nur auf iPhones in Normalausrichtung (hochkant) verwendet werden. Deswegen habe ich in den Target-Einstellungen GENERAL • DEPLOYMENT INFO als einzige Geräteausrichtung PORTRAIT zugelassen.

Die App nutzt die Kompassfunktionen. Wenn Sie auch andere Ausrichtungen zulassen möchten, dann müssen Sie in der App die `UIDeviceOrientationDidChange`-Nachricht des Notification Centers verarbeiten und die Ausrichtung des Kompasses an die des Geräts anpassen. Der erforderliche Code ist in `ViewController.swift` enthalten, wird aber in diesem Kapitel nicht nochmals beschrieben. Werfen Sie gegebenenfalls einen Blick in Kapitel 25, »Grafik und Animation«, wo diese Problematik behandelt wird.

37.2 Datenmodell

Jedes Mal, wenn die App eine Position speichert, werden vier Daten erfasst: der Name des Orts (muss eingegeben werden), der aktuelle Zeitpunkt sowie die geografische Länge und Breite. Diese vier Daten werden gemeinsam in einem Element der `Position`-Struktur gespeichert, die wie folgt definiert ist:

```
// Projekt ios-schatz, Datei Position.swift
struct Position:  Codable, CustomStringConvertible {
  var name: String  // Name des Orts
  var time: Date    // Speicherzeitpunkt
  var lat: Double   // geogr. Breite
  var long: Double  // geogr. Länge
```

```
  init(_ name: String, _ time: Date,
       _ lat: Double,  _ long: Double )
  {
    self.name  = name
    self.time  = time
    self.lat   = lat
    self.long  = long
  }

  // weitere Methoden ...
}
```

Die Liste aller gespeicherten Orte befindet sich in einem Array von `Position`-Elementen. Der Zugriff auf dieses Array erfolgt durch die `poslist`-Eigenschaft in `ViewController.swift`.

Protokolle

Die `Position`-Struktur implementiert zwei Protokolle:

- Das `Codable`-Protokoll ermöglicht es, Elemente der Struktur unkompliziert in eine JSON-Datei zu schreiben und wieder aus ihr zu lesen. Da die Struktur `Position` ausschließlich elementare Swift-Datentypen nutzt, ist zur Implementierung kein zusätzlicher Code erforderlich.
- Das `CustomStringConvertible`-Protokoll ermöglicht eine unkomplizierte formatierte Ausgabe eines Elements durch `print(posvar)`. Das `CustomStringConvertible`-Protokoll verlangt allerdings Code für die Eigenschaft `description`:

```
var description:String {
  return name + "\(time) \(lat) \(long)"
}
```

Array speichern und wieder einlesen (JSONEncoder/-Decoder)

Die statische Methode `saveArray` speichert ein Array von `Position`-Elementen in einer JSON-Datei. Den *Uniform Resource Locator* (URL) für die Datei innerhalb des Dokumentenverzeichnisses der App generiert die Methode `docURL`.

Zum Speichern wird das Array zuerst mit einem `JSONEncoder` in das JSON-Format umgewandelt. Das Ergebnis ist ein `Data`-Element, das über die Methode `write` in eine Datei gespeichert wird. Die App ruft `saveArray` immer dann auf, wenn der Benutzer eine neue Position speichert oder einen früher gespeicherten Punkt löscht.

`readArray` ist beim Start der App dafür zuständig, die zuletzt gespeicherte Liste von `Position`-Elementen wieder einzulesen. Dieser Prozess erfordert einen `JSONDecoder`, der die binären Dateien aus der Datei `positions.json` als JSON-Daten interpretiert. Sollte das Einlesen nicht gelingen, liefert die Methode einfach ein leeres Array zurück. Diese Absicherung ist insbesondere beim ersten App-Start erforderlich, weil es zu diesem Zeitpunkt ja noch keine gespeicherten Daten gibt.

```
// statische Methoden, die Position-Array dauerhaft speichern bzw.
// wieder laden
// Array von Positions-Strukturen in positions.json speichern
static func saveArray(_ data: [Position]) {
  if data.count == 0 { return }

  let enc = JSONEncoder()
  if let url = docURL(for: "positions.json") {
    do {
      let jsondata = try enc.encode(data)
      try jsondata.write(to: url)
    } catch {
      print(error)
    }
  }
}
// Array von Positions-Strukturen aus positions.json lesen
static func readArray() -> [Position] {
  let dec = JSONDecoder()
  if let url = docURL(for: "positions.json") {
    do {
      let jsondata = try Data(contentsOf: url)
      return try dec.decode([Position].self,
                            from: jsondata)
    } catch {
      print(error)
    }
  }
  // wenn etwas nicht klappt: leeres Array zurückgeben
  return [Position]()
}

// liefert URL für Datei im Documents-Verzeichnis
private static func docURL(for filename: String) -> URL? {
  // sollte immer genau ein Ergebnis liefern
  let urls = FileManager.default.urls(for: .documentDirectory,
                                      in: .userDomainMask)
  if let docDir = urls.first {
    return docDir.appendingPathComponent(filename)
  }
  return nil
}
```

37.3 Location Manager selbst gemacht

Viele Apps, die auf einen Location Manager zurückgreifen, brauchen diesen in mehreren Ansichten. Da jede Ansicht eine eigene Einheit bildet, die bei einem Segue geladen bzw. auch wieder aus dem Speicher entfernt wird, ist die gemeinsame Nutzung eines Location Managers schwierig. Natürlich kann jede Ansicht einfach jedes Mal einen neuen Location Manager erzeugen – aber das wäre ineffizient und führte zu redundantem Code. Wesentlich besser ist es, diesen Code in eine eigene Klasse auszulagern.

In der Schatzsuche-App habe ich hierfür die Klasse `MyLocationManager` vorgesehen. Sie erfüllt die folgenden Aufgaben:

- zentrale Nutzung in der gesamten App
- Verarbeitung der für die App relevanten Delegate-Methoden
- Zugriff auf die aktuelle Position und Richtung auch ohne Delegates

Beim ersten Zugriff auf die statische Eigenschaft `MyLocationManager.shared` wird eine Instanz erzeugt. Bei jedem weiteren Zugriff wird dann diese Instanz wiederverwendet.

```
// Projekt ios-schatz, Datei MyLocationManager.swift
import CoreLocation
class MyLocationManager: NSObject, CLLocationManagerDelegate {
  // Zugriff auf gemeinsame Instanz von MyLocationManager
  static let shared = MyLocationManager()

  // Referenz auf den Location Manager
  var locmgr = CLLocationManager()

  // bequemer Zugriff auf die letzte Position enthält
  // Daten, sobald locationManager(..., didUpdateLocation)
  // zum ersten Mal aufgerufen wird
  var location:CLLocation!
  var heading:CLHeading!

  // Init-Funktion und Delegate-Methoden, Code folgt gleich ...
}
```

Möglicherweise fragen Sie sich, warum auch der `MyLocationManager` von `NSObject` abgeleitet ist. Das hat mit dem `CLLocationManagerDelegate`-Protokoll zu tun. Es setzt implizit voraus, dass es von einer Klasse implementiert wird, die von `NSObject` abgeleitet ist. Vergessen Sie das, dann zeigt der Compiler die Fehlermeldung *does not conform to protocol NSObjectProtocol* an. Das hat damit zu tun, dass die `NSObject`-Klasse wiederum das `NSObjectProtocol` voraussetzt.

Die Init-Funktion

In der Init-Funktion wird der »echte« Location Manager initialisiert und der Delegate-Aufruf aktiviert. Vergessen Sie nicht, für die Methode `requestWhenInUseAuthorization` in `Info.plist` eine Zeichenkette für den Schlüssel `NSLocationWhenInUseUsageDescription` vorzusehen. Diese Zeichenkette wird angezeigt, wenn die App um die Erlaubnis fragt, auf Ortsdaten zuzugreifen (siehe Abschnitt 24.1, »Hello-MapView!«).

```
// Location Manager initialisieren
override init () {
  super.init()
  locmgr.delegate = self
  locmgr.desiredAccuracy = kCLLocationAccuracyBest

  // um Erlaubnis fragen
  locmgr.requestWhenInUseAuthorization()

  // Location- und Heading-Ereignisse verarbeiten
  locmgr.startUpdatingLocation()
  locmgr.startUpdatingHeading()
}
```

Kommunikation über das Notification Center

Jetzt bleibt noch die Frage zu klären, wie die Anwender der `MyLocationManager`-Klasse darüber informiert werden, dass neue Orts- oder Richtungsdaten zur Verfügung stehen. Der »richtige« Location Manager verwendet dazu ja Delegation. Dieser Kommunikationsmechanismus scheidet in unserem Fall aber aus, weil auf diese Weise immer nur *ein* Empfänger benachrichtigt werden kann. Bei der Nutzung der `MyLocationManager`-Klasse kann der Empfänger aber wechseln, und es ist sogar möglich, dass es zwischenzeitlich mehrere Empfänger gleichzeitig gibt.

Glücklicherweise sieht iOS hierfür das sogenannte *Notification Center* vor. Das ist gewissermaßen eine zentrale Kommunikationseinheit für alle Klassen bzw. logischen Einheiten einer App. Beim Start jedes iOS-Programms wird automatisch eine Instanz des Notification Centers erzeugt. An jeder Stelle im Code können Sie mit `NotificationCenter.default` darauf zugreifen. Theoretisch besteht auch die Möglichkeit, weitere Notification Center einzurichten – in der Praxis ist dies aber selten zweckmäßig.

Der Location Manager gibt uns nun die Möglichkeit, jederzeit Nachrichten über ein Ereignis an das Notification Center zu senden. In der `MyLocationManager`-Klasse machen wir davon in den Delegate-Methoden des `CLLocationManagerDelegate`-Protokolls Gebrauch. Versendet werden nicht die Daten an sich, sondern nur eine Nachricht im Sinne von »Es gibt eine neue Position« bzw. »Der Kompass zeigt in eine andere Richtung«.

```
// Projekt ios-schatz, Datei MyLocationManager.swift (Forts.)
// didUpdateLocation-Delegation verarbeiten
func locationManager(_ manager: CLLocationManager,
                     didUpdateLocations locations: [CLLocation])
{
  location = locmgr.location
  NotificationCenter.default.post(
    name: Notification.Name(rawValue: "NewLocation"),
    object: manager)
}

// didUpdateLocation-Delegation verarbeiten
func locationManager(_ manager: CLLocationManager,
  didUpdateHeading newHeading: CLHeading)
{
  heading = locmgr.heading
  NotificationCenter.default.post(
    name: Notification.Name(rawValue: "NewHeading"),
    object: manager)
}

// bei Bedarf Dialog zur Kompasskalibrierung einblenden
func locationManagerShouldDisplayHeadingCalibration(
  _ manager: CLLocationManager) -> Bool
{
  return true
}
```

Zum Versenden sieht das Notification Center die Methode `post` vor. An diese Methode werden zwei Parameter übergeben: ein frei gewählter, eindeutiger Name des Ereignisses sowie auf Wunsch ein Objekt mit ereignis- oder nachrichtenspezifischen Daten. Der obige Code verzichtet auf die Weitergabe von Daten. Die Empfänger der Nachrichten können den aktuellen Ort bzw. die aktuelle Richtung ohnedies unkompliziert den Eigenschaften `location` oder `heading` der `MyLocationManager`-Instanz entnehmen.

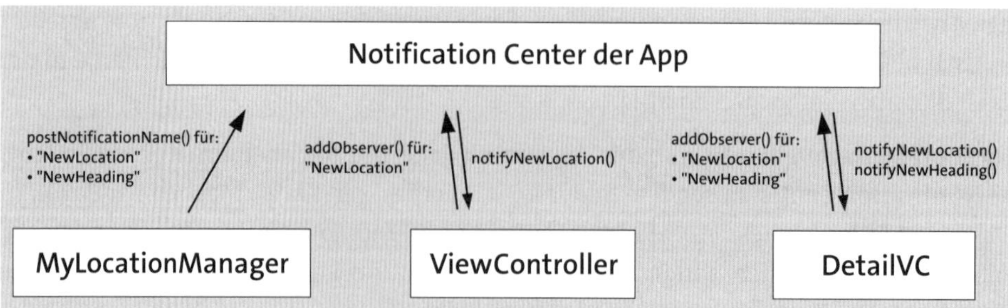

Abbildung 37.3 Nachrichtenfluss in der Schatzsuche-App

Jetzt ist noch die Frage offen, wer die an das Notification Center versandten Nachrichten eigentlich erhält. Dazu ist ein Aufruf der Methode addObserver erforderlich (siehe Abbildung 37.3). Damit geben Sie bekannt, dass Sie den Nachrichtenfluss beobachten und beim Auftreten einer bestimmten Nachricht informiert werden möchten. An addObserver müssen vier Parameter übergeben werden:

- das Objekt, das sich als Nachrichtenbeobachter anmeldet (in der Regel self)
- der Name der Methode, die das Notification Center aufrufen soll. Wichtig: Im Selektor müssen dem Methodennamen ein Unterstrich und ein Doppelpunkt folgen, um so anzugeben, dass an die Methode ein Parameter übergeben wird! Der Name der Methode kann frei gewählt werden, Sie müssen aber einen Parameter zur Übergabe eines Notification-Objekts vorsehen.
- der Name der Nachricht, die verarbeitet werden soll, und zwar nicht als Zeichenkette, sondern als Notification-Name
- das Objekt, das die Nachricht versendet hat. Wenn Sie hier ein Objekt angeben, erhalten Sie nur Nachrichten dieses Objekts. Übergeben Sie hingegen nil, dann berücksichtigt das Notification Center *jede* Nachricht, bei der der Nachrichtenname zutrifft, unabhängig vom Sender.

Die folgenden Zeilen sind ein Vorgriff auf die Controller-Datei ViewController.swift. Sie zeigen beispielhaft die Verwendung von addObserver und den Aufbau einer notify-Methode:

```
// Projekt ios-schatz, Datei ViewController.swift,
// in viewDidLoad(): wenn das Notification Center die Nachricht
// "NewLocation" erhält, soll die Methode notifyNewLocation()
// aufgerufen werden
NotificationCenter.default.addObserver(
  self,
  selector: #selector(ViewController.notifyNewLocation(_:)),
  name: Notification.Name(rawValue: "NewLocation"),
  object: nil)

// wird vom Notification Center aufgerufen, sobald eine
// "NewLocation"-Nachricht eintrifft
@objc func notifyNewLocation(_ notification: Notification) {
  ...
}
```

Bei Bedarf besteht die Möglichkeit, die Benachrichtigung durch den Notification Server, also den Aufruf der mit addObserver genannten Methode, wieder zu stoppen. Dazu verwenden Sie die Methode removeObserver. In der Beispiel-App ist es aber nicht notwendig, diese Methode einzusetzen.

37.4 Steuerelement zur Richtungsanzeige (UIBezierPath)

Ein weiteres Puzzlestück der Schatzsuche-App ist das Steuerelement zur Richtungsanzeige, für die die Klasse `ArrowView` zuständig ist. Wie Sie eigene Steuerelemente realisieren, habe ich Ihnen ja schon in Kapitel 25, »Grafik und Animation«, gezeigt. Zur Wiederholung folgt hier die Kurzfassung: Sie müssen eine von `UIView` abgeleitete Klasse entwickeln und darin die `draw`-Methode implementieren. Die eigentlichen Zeichenoperationen verwenden `UIBezierPath`-Objekte, die zuerst erzeugt und dann mit `stroke` oder `fill` gezeichnet werden.

Die `ArrowView`-Klasse kennt zwei Eigenschaften: `color` gibt die Zeichenfarbe an, `heading` die Pfeilrichtung. Die Richtung wird in Grad angegeben. 0° bedeutet nach rechts, 90° nach oben, 180° nach links etc.

```
// Projekt ios-schatz, Datei ArrowView
@IBDesignable class ArrowView: UIView {
  // Farbe des Pfeils
  @IBInspectable var color:UIColor = .black

  // Richtung des Pfeils
  @IBInspectable var heading: Double = 0.0   {
    didSet {              // bei Änderung neu zeichnen
      setNeedsDisplay()
    }
  }

  // Methode, um den Inhalt der View zu zeichnen
  override func draw(_ rect: CGRect) {
    let rad = heading / 180.0 * .pi;
    let side   = min(frame.size.width, frame.size.height)
    let side2  = side/2               // halbe Seitenlänge
    let radius1 = side2 * 0.95        // Radius außen
    let radius2 = side2 * 0.25        // Radius innen
    let x0 = frame.size.width / 2     // Mittelpunkt
    let y0 = frame.size.height / 2

    let x1 = x0 + radius1 * CGFloat(cos(rad))  // Spitze
    let y1 = y0 - radius1 * CGFloat(sin(rad))
    let x2 = x0 + radius1 * CGFloat(cos(rad + .pi * 0.8))
    let y2 = y0 - radius1 * CGFloat(sin(rad + .pi * 0.8))
    let x3 = x0 + radius2 * CGFloat(cos(rad + .pi))  // unten
    let y3 = y0 - radius2 * CGFloat(sin(rad + .pi))
    let x4 = x0 + radius1 * CGFloat(cos(rad + .pi * 1.2))
    let y4 = y0 - radius1 * CGFloat(sin(rad + .pi * 1.2))

    let myBezier = UIBezierPath()
    myBezier.move(to: CGPoint(x: x1, y: y1))
```

```
    myBezier.addLine(to: CGPoint(x: x2, y: y2))
    myBezier.addLine(to: CGPoint(x: x3, y: y3))
    myBezier.addLine(to: CGPoint(x: x4, y: y4))
    myBezier.close()
    color.setFill()
    myBezier.fill()
    color.setStroke()
    myBezier.stroke()
  }
}
```


37.5 Hauptansicht mit Listenfeld

In der Start- bzw. Hauptansicht der Schatzsuche-App wird die gerade aktuelle geografische Position oben im Display angezeigt. Die Anzeige ist primär als Feedback für die Benutzer der App gedacht, damit diese erkennen, dass Ortsdaten empfangen werden. Der Button POSITION SPEICHERN führt über eine Segue in einen Popup-Dialog. Sofern dort ein Name für den zu speichernden Ort angegeben wird, fügt die App den Eintrag in die Liste ein, die den Rest des Displays ausfüllt. Im Folgenden sind die wichtigsten Passagen aus dem Steuerungscode abgedruckt und erläutert.

Outlets, Eigenschaften und Initialisierung

In der `ViewController`-Klasse gibt es nur zwei Outlets zum Zugriff auf das Textfeld mit der aktuellen Position sowie auf das Table-View-Steuerelement mit der Liste. `mylocmgr` enthält eine Referenz auf ein `MyLocationManager`-Objekt. `poslist` enthält das Array mit den Daten für die Listeneinträge. Das Array wird beim Programmstart mit `readArray` gelesen und bei jeder Änderung wieder gespeichert.

`viewDidLoad` richtet `self` als Datenquelle ein. Die zugehörigen Delegate-Methoden für das DataSource-Protokoll folgen später. `addObserver` meldet beim Notification Center die Methode `notifyNewLocation` an. Sie soll in Zukunft aufgerufen werden, wenn eine `NewLocation`-Nachricht eintrifft. Diese Methode kümmert sich darum, dass im Textfeld die aktuelle geografische Position angezeigt wird. Die `@objc`-Kennzeichnung von `notifyNewLocation` ist für jede Methode erforderlich, deren Aufruf über einen Selektor erfolgt.

```
// Projekt ios-schatz, Datei ViewController.swift
class ViewController: UIViewController {
  @IBOutlet weak var labelPosition: UILabel!
  @IBOutlet weak var tableView: UITableView!

  let mylocmgr = MyLocationManager.shared
  var poslist = Position.readArray()
```

```
  override func viewDidLoad() {
    super.viewDidLoad()
    tableView.dataSource = self

    // Benachrichtigung von MyLocationManager,
    // wenn sich die Position ändert
    NotificationCenter.default.addObserver(
      self,
      selector: #selector(ViewController.notifyNewLocation(_:)),
      name: Notification.Name(rawValue: "NewLocation"),
      object: nil)
  }

  // neue Position anzeigen
  @objc func notifyNewLocation(_ notification: Notification) {
    let coord = mylocmgr.location.coordinate
    let long =  degreesMinutes(coord.longitude)
    let lat  =  degreesMinutes(coord.latitude)
    labelPosition.text = "Position Lat = \(lat) / Long = \(long)"
  }

  // weitere Methoden ...
}
```

DataSource-Anbindung

Als Datenquelle für das Table-View-Steuerelement dient das Array `poslist`. Die Anbindung erfolgt über Data-Source-Methoden – und zwar exakt genau so wie im Beispiel aus Kapitel 23, »Tabellen und Listen darstellen«. Um den Code übersichtlich zu halten, sind die Methoden in einer `extension` für das `UITableViewDataSource`-Protokoll gebündelt.

```
extension ViewController: UITableViewDataSource {
  func tableView(... numberOfRowsInSection ...) -> Int
    { return poslist.count }
  func tableView(... cellForRowAt ...) -> UITableViewCell {
    let dfmt = DateFormatter()
    dfmt.dateStyle = .medium
    dfmt.timeStyle = .short
    let cell = tableView.dequeueReusableCell(
      withIdentifier: "ProtoCell", for: indexPath)
    cell.textLabel?.text = poslist[indexPath.row].name
    cell.detailTextLabel?.text =
      dfmt.string(from: poslist[indexPath.row].time as Date)
    return cell
  }
}
```

Segues vom und zum Speichern-Popup, neuen Eintrag speichern

Zum Aufruf der Segue-prepare-Methode kann es aus zwei Gründen kommen: einerseits beim Anklicken von POSITION SPEICHERN, andererseits beim Anklicken eines Listeneintrags. Im ersten Fall muss die delegate-Eigenschaft des Popup-Controllers SaveVC auf self gestellt werden. Das ermöglicht uns, auf den Aufruf von adaptivePresentationStyleForPresentation-Controller des UIPopoverPresentationControllerDelegate-Protokolls zu reagieren. Die Einstellung von sourceRect ist nötig, damit der Popup-Dialog am richtigen Ort erscheint (unterhalb des Buttons).

Dort geben wir als UIModalPresentationStyle den Wert .None zurück – iOS soll den Popup-Dialog also auch auf einem iPhone als solchen anzeigen und keine modale Ansicht daraus machen.

```
// Projekt ios-schatz, Datei ViewController.swift (Fortsetzung)
class ViewController: UIViewController {
  override func prepare(for segue: UIStoryboardSegue, sender: Any?) {
    // Segue zum Popup-Speicherdialog
    if let dest = segue.destination as? SaveVC,
       let popPC = dest.popoverPresentationController,
       let btn = sender as? UIButton
    {
      popPC.delegate = self
      popPC.sourceRect = btn.bounds
    }
    // ... Code für Segue zur Detailansicht folgt gleich
  }
}
// damit Popups auch auf dem iPhone funktionieren
extension ViewController : UIPopoverPresentationControllerDelegate {
  func adaptivePresentationStyle(for controller:
               UIPresentationController) -> UIModalPresentationStyle
  {
    return .none
  }
}
```

Bei der Rückkehr aus dem Speichern-Popup wird die Methode unwindToMainView aufgerufen. Da das automatische Ausblenden des Popups nicht immer funktioniert, wenn der Segue per Code ausgelöst wurde, hilft die Methode dismissViewControllerAnimated nach.

```
class ViewController: UIViewController {  // Fortsetzung
  @IBAction func unwindToMainView(_ segue: UIStoryboardSegue) {
    if let src = segue.source as? SaveVC {
      // explizit ausblenden, siehe
      // https://stackoverflow.com/questions/28247727
```

```
      if !segue.source.isBeingDismissed {
        segue.source.dismiss(animated: true, completion: nil)
      }
      if let txt = src.posname.text {
         let posname = txt.trimmingCharacters(
                    in: CharacterSet.whitespacesAndNewlines)
        if posname != "", let loc = mylocmgr.location {
          let newpos = Position(posname,
                                loc.timestamp,
                                loc.coordinate.latitude,
                                loc.coordinate.longitude)
          // am Beginn der Liste einfügen
          poslist.insert(newpos, at: 0)
          Position.saveArray(poslist) // neue Liste bleibend speichern
          tableView.reloadData()      // anzeigen
        }
      }
    }   // Ende der if-let-Konstruktion
  }     // Ende der unwind-Methode
}       // Ende der Klasse
```

Die Methode trimmingCharacters entfernt alle Leerzeichen aus dem Text, der im Textfeld des Popup-Dialogs steht. Bleibt dann noch etwas übrig, wird in newpos eine neue Instanz eines Position-Objekts gespeichert und dem poplist-Array am Beginn hinzugefügt. Die zuletzt gespeicherte Position wird im Table-View-Steuerelement also oben angezeigt. saveArray sorgt dafür, dass die neue Positionsliste bleibend gespeichert wird. reloadData löst ein Neuzeichnen der Table-View aus.

Segue vom und zum Detaildialog

Ein Klick auf einen Listeneintrag löst den Übergang in die Detailansicht aus. In prepare werden an das neue DetailVC-Objekt zwei Daten übergeben: der Indexeintrag des gerade aktiven Listeneintrags, der mit indexPath ermittelt wird, sowie die Position-Instanz des ausgewählten Eintrags. Außerdem bewirkt dest.delegate = self, dass wir in dem aktuellen ViewController-Code auf Delegates der DetailVC-Klasse reagieren können.

```
// Projekt ios-schatz, Datei ViewController.swift
class ViewController: UIViewController {  // Fortsetzung
  override func prepare(for segue: UIStoryboardSegue,
                        sender: AnyObject?)
  {
    // ... Segue zum Popup-Speicherdialog: siehe oben
    // Segue zur Detailansicht:
    if let dest = segue.destination as? DetailVC ,
       let cell = sender as? UITableViewCell,
```

```
        let indexPath = tableView.indexPath(for: cell)
      {
        dest.row = indexPath.row
        dest.pos = poslist[indexPath.row]
        dest.delegate = self
      }
    }
}
```


Die Delegate-Methode backFromDetailVC, deren Definition gleich bei der Beschreibung der DetailVC-Klasse folgt, wird bei der Rückkehr von der Detail- in die Listenansicht aufgerufen. Hier sind zwei Dinge zu erledigen:

- Wenn die DetailVC-Eigenschaft deleteItem den Wert true hat, wird der aktuelle Listeneintrag aus poslist gelöscht. Das Table-View-Steuerelement wird mit reload aktualisiert, die geänderte Liste mit saveArray gespeichert.
- Wenn der Name des Orts geändert wurde, wird der betreffende Listeneintrag verändert. Abermals kümmern sich reload und saveArray um die Synchronisierung der Table-View und der Positionsdatei.

```
// eigener Delegate zur Verarbeitung der Rückkehr von DetailVC
extension ViewController: DetailVCDelegate {
  func backFromDetailVC(_ sourceVC: DetailVC) {
    if sourceVC.deleteItem == true {
      // Listenelement löschen
      poslist.remove(at: sourceVC.row)

      // anzeigen
      tableView.reloadData()
      // geänderte Liste bleibend speichern
      Position.saveArray(poslist)
    } else {

      // gegebenenfalls Titel des Listenelements ändern
      let txt = sourceVC.txtPosition.text!
      let newname = txt.trimmingCharacters(
        in: CharacterSet.whitespacesAndNewlines)
      if newname != "" && newname != poslist[sourceVC.row].name {
        poslist[sourceVC.row].name = newname
        Position.saveArray(poslist)
        tableView.reloadData()
      }

    }   // Ende der if-else-Konstruktion
  }     // Ende der back-Methode
}       // Ende von extension
```

37.6 Popup-Dialog zum Speichern

Der Popup-Dialog zum Speichern befindet sich in einem eigenen View-Controller mit dem Klassennamen SaveVC. Ich beginne mit einer Zusammenfassung der wichtigsten Einstellungen, die ich im Storyboard-Editor vorgenommen habe:

- View-Controller:
  - SIZE = FREEFORM
  - STATUS BAR = NONE
  - CONTENT SIZE = PREFERRED EXPLICIT SIZE
- View innerhalb des View-Controllers:
  - WIDTH = 250
  - HEIGHT = 80
- Segue SegueUnwindSaveToMain vom SPEICHERN-Button zum Exit-Icon

In viewDidLoad wird das Textfeld mit becomeFirstResponder zum First Responder gemacht. Das Steuerelement erhält damit den Eingabefokus, gleichzeitig erscheint die Tastatur zur Eingabe des Texts.

Im Code zur Klasse wird wie schon in einigen früheren Beispielen die textFieldShouldReturn-Methode des UITextFieldDelegate-Protokolls verarbeitet, um die Tastatur mit [↵] auszublenden und den Popup-Dialog zu schließen:

```
// Projekt ios-schatz
// Datei SaveVC.swift
class SaveVC: UIViewController, UITextFieldDelegate {
  @IBOutlet weak var posname: UITextField!

  override func viewDidLoad() {
    super.viewDidLoad()
    posname.delegate = self
    // Fokus in Textfeld setzen, Tastatur erscheint
    posname.becomeFirstResponder()
  }

  // bei Return ausblenden
  func textFieldShouldReturn(_ textField: UITextField) -> Bool {
    // Eingabe beenden, Tastatur ausblenden
    view.endEditing(true)
    // Segue zu View 2 initiieren
    performSegue(withIdentifier: "SegueUnwindSaveToMain", sender: self)
    // 'Return' nicht als Eingabe weitergeben
    return false
  }
}
```

37.7 Detailansicht mit Richtungspfeil

Abschließend muss ich noch den Controller `DetailVC` der Detailansicht beschreiben. Im View-Controller befinden sich wenige Steuerelemente (siehe Abbildung 37.4):

- ein Textfeld, das den Namen des Orts anzeigt
- ein x-Button zum Löschen des Eintrags
- ein `ArrowView`-Steuerelement mit dem Richtungspfeil
- drei Label zur Anzeige von Entfernung, Zielkoordinaten und Speicherzeitpunkt

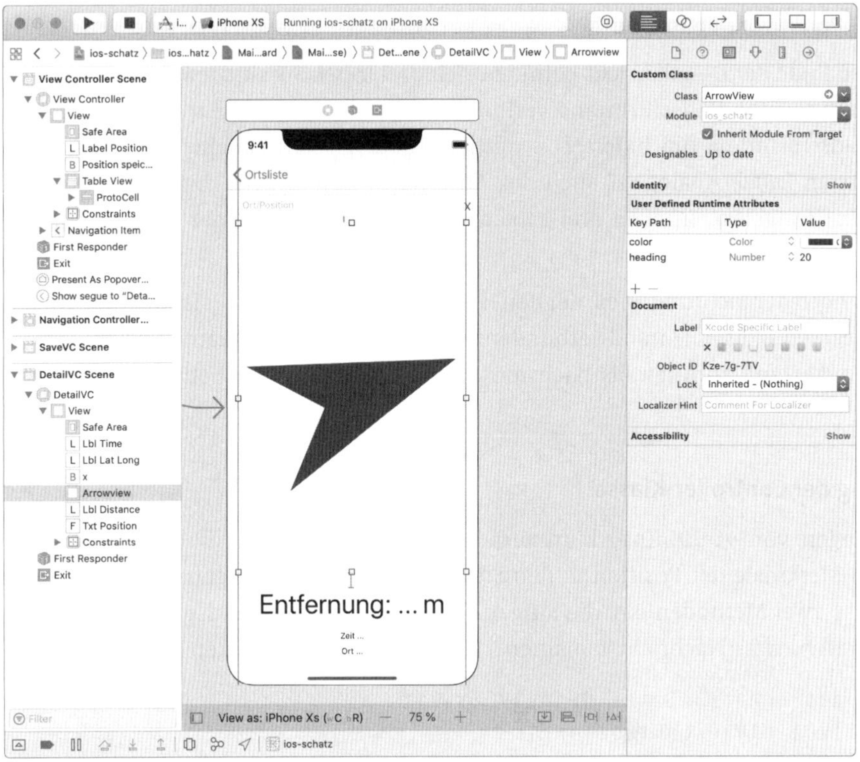

Abbildung 37.4 Die Detailansicht im Storyboard-Editor

Das `ArrowView`-Steuerelement habe ich als gewöhnliches View-Steuerelement in die Ansicht eingefügt. Anschließend habe ich zwei Eigenschaften verändert:

- im Identity Inspector CLASS = `ArrowView`, damit nicht nur eine leere `UIView` angezeigt wird, sondern das in `ArrowView.swift` definierte Steuerelement
- im Attributinspektor MODE = REDRAW, damit das Steuerelement bei Größenänderungen automatisch neu gezeichnet wird

Damit die Detailansicht automatisch angezeigt wird, sobald ein Listeneintrag ausgewählt wird, habe ich mit `ctrl`-Drag einen Segue von der Table-View in den Detail-View-Controller eingerichtet. Einen Unwind Segue gibt es nicht, weil sich der Navigation-Controller selbstständig darum kümmert.

Auto Layout

Die folgenden Punkte fassen die Layoutregeln der Detailansicht zusammen:

- Der x-Button ist am rechten Rand fixiert. Seine vertikale Position ergibt sich daraus, dass der Button mittig an dem Textfeld ausgerichtet ist, das sich neben ihm befindet.
- Das Textfeld zur Benennung der Position ist am linken und am oberen Rand fixiert. Es reicht bis 8 Punkt vor den Button.
- Am unteren Ende der Detailansicht befinden sich drei Label. Sie sind jeweils mit dem linken und dem rechten Bildschirmrand verbunden. Das unterste Label ist außerdem zum unteren Bildschirmrand hin fixiert. Das mittlere Label hat vertikal einen fixen Abstand zum untersten Label. Analog ist auch der Abstand zwischen dem mittleren und dem oberen Label festgelegt. In allen drei Labeln wird der Text dank einer entsprechenden ALIGNMENT-Einstellung zentriert.
- Jetzt bleibt noch der Richtungspfeil, der den Rest der Ansicht ausfüllt. Er ist mit dem linken und dem rechten Bildschirmrand verbunden. Seine Ober- und Unterkanten haben jeweils einen fixen Abstand zum jeweils nächsten darüber bzw. darunter befindlichen Steuerelement.

Initialisierung der Controller-Klasse

Die ersten Zeilen von `viewDidLoad` kümmern sich darum, die über die Eigenschaft `pos` zugänglichen Merkmale der Position in den Steuerelementen anzuzeigen. Außerdem richtet `addObserver` zwei Methoden ein, die aufgerufen werden, sobald das Notification Center durch `MyLocationManager` Nachricht von einem neuen Ort oder einer neuen Richtung erhält.

```
// Projekt ios-schatz, Datei DetailVC.swift
class DetailVC: UIViewController {
  var pos:Position!       // Positionsinstanz
  var row:Int!            // Index für listpos-Array
  let mylocmgr = MyLocationManager.shared
  var deleteItem = false // den aktuellen Listeneintrag löschen
  var heading = 0.0       // Richtung zum Ziel (0 bis 360 Grad)
  var delegate:DetailVCDelegate?  // close-Benachrichtigung

  @IBOutlet weak var txtPosition: UITextField!
  @IBOutlet weak var lblTime: UILabel!
  @IBOutlet weak var lblLatLong: UILabel!
  @IBOutlet weak var lblDistance: UILabel!
  @IBOutlet weak var arrowview: ArrowView!
```

```
  override func viewDidLoad() {
    super.viewDidLoad()
    if pos == nil { return }

    // Steuerelemente mit Daten aus 'pos' initialisieren
    let dfmt = DateFormatter()
    dfmt.dateStyle = .medium
    dfmt.timeStyle = .short
    txtPosition.text = pos.name
    lblTime.text = "Zeit: " + dfmt.string(from: pos.time as Date)

    let long =   degreesMinutes(pos.long)
    let lat  =   degreesMinutes(pos.lat)
    lblLatLong.text = "Ort: Lat = \(lat) / Long = \(long)"

    // Tastaturereignisse verarbeiten
    txtPosition.delegate = self

    // neue Position verarbeiten
    NotificationCenter.default.addObserver(
      self,
      selector: #selector(DetailVC.notifyNewLocation(_:)),
      name: Notification.Name(rawValue: "NewLocation"),
      object: nil)

    // neue Kompassrichtung verarbeiten
    NotificationCenter.default.addObserver(
      self,
      selector: #selector(DetailVC.notifyNewHeading(_:)),
      name: Notification.Name(rawValue: "NewHeading"),
      object: nil)
  }
  // ... weitere Methoden
}
```


Abstand und Richtung zum Zielpunkt errechnen

In der Methode `notifyNewLocation` muss der Abstand zwischen der aktuellen Position des iPhones und dem Zielpunkt ermittelt werden. Außerdem müssen Sie dort die Richtung bestimmen, in der das Ziel liegt. Zur Abstandsermittlung können Sie einfach auf die Methode `distanceFromLocation` der `CLLocation`-Klasse zurückgreifen.

Mathematisch aufwendiger ist die Berechnung der Richtung. Die Formel habe ich von Stack Overflow übernommen. Eine detaillierte mathematische Begründung können Sie außerdem in der Wikipedia nachlesen:

http://stackoverflow.com/questions/3809337
http://en.wikipedia.org/wiki/Haversine_formula

Wichtig ist, dass zuerst alle Winkel in Radiant umgerechnet werden. Aus 180° wird also Pi. Das Ergebnis wird wieder zurück in einen Winkel gerechnet und in der Eigenschaft heading gespeichert.

```
class DetailVC: UIViewController {  // Fortsetzung
  // Benachrichtigung über neue Position
  @objc func notifyNewLocation(_ notification:Notification) {
    // Entfernung zwischen 'pos' und aktuellem Standpunkt errechnen
    let loc = CLLocation(latitude: pos.lat, longitude: pos.long)
    let dist = mylocmgr.location.distance(from: loc)
    lblDistance.text = "--> " + String(format: "%.0f m", dist)

    // Richtung vom Standpunkt zum Ziel berechnen
    // http://stackoverflow.com/questions/3809337
    let toLat  =   pos.lat / 180 * .pi
    let toLong =   pos.long / 180 * .pi
    let fromLat =  mylocmgr.location.coordinate.latitude / 180 * .pi
    let fromLong = mylocmgr.location.coordinate.longitude / 180 * .pi
    let rad = atan2(sin(toLong - fromLong) * cos(toLat),
                    cos(fromLat) * sin(toLat) -
                    sin(fromLat) * cos(toLat) * cos(toLong - fromLong))
    heading = rad * 180 / .pi
  }

  // Benachrichtigung über neue Kompassrichtung
  @objc func notifyNewHeading(_ notification:Notification) {
    // Richtung von der aktuellen Richtung zum Ziel ausrechnen
    arrowview.heading = mylocmgr.heading.trueHeading - heading + 90
  }
}
```

Die Auswertung von heading erfolgt erst in notifyNewHeading – also immer dann, wenn wir vom Kompass eine Nachricht erhalten, in welche Richtung das iPhone gerade zeigt. Die vom ArrowView-Steuerelement angezeigte Richtung ergibt sich aus der Kompassrichtung minus der Richtung zum Zielort. Die Korrektur um +90° ergibt sich daraus, dass unser ArrowView-Steuerelement bei heading=0 nach rechts zeigt. Für uns bedeutet ein Winkel von 0° aber, dass der Zielpunkt geradeaus nach vorn zu finden ist.

Listeneintrag löschen bzw. ändern

Die Detailansicht bietet auch die Möglichkeit, dem aktuellen Listeneintrag einen neuen Namen zu geben oder ihn zu löschen. Das ist schwieriger, als es auf den ersten Blick aussieht. Um den ZURÜCK-Sprung kümmert sich der Navigation-Controller. Zwar wird vor dem Ausblenden der Detailansicht die Methode viewWillDisappear aufgerufen – das Problem besteht aber darin, dass der vorherige View-Controller nicht benachrichtigt wird. Also müssen wir uns um dieses Detail selbst kümmern (siehe Abbildung 37.5).

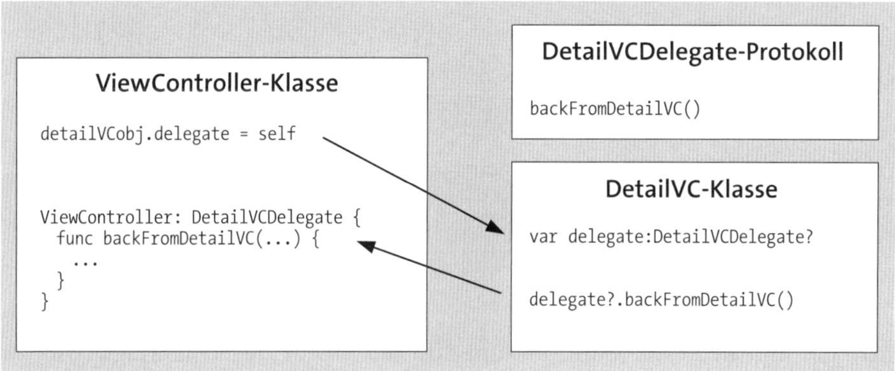

Abbildung 37.5 Delegation selbst gemacht

Dazu implementieren wir in diesem Beispiel das Delegation-Muster. Das Protokoll DetailVCDelegate ist mit der Methode backFromDetailVC definiert:

```
// Projekt ios-schatz, Datei DetailVC.swift
protocol DetailVCDelegate {
  func backFromDetailVC(_ sourceVC: DetailVC)
}
```

Die Klasse ViewController implementiert dieses Protokoll und kann den Aufruf der Methode backFromDetailVC verarbeiten. Hier nochmal die relevanten Zeilen aus ViewController.swift, die ich im Detail in Abschnitt 37.5, »Hauptansicht mit Listenfeld«, erläutert habe:

```
// Projekt ios-schatz, Datei ViewController.swift
class ViewController : UIViewController {
  override func prepare(for segue: UIStoryboardSegue, sender: Any?) {
    ...
    // Segue zur Detailansicht
    if let dest = segue.destination as? DetailVC, ... {
      ...
      dest.delegate = self
    }
  }
}
extension ViewController: DetailVCDelegate {
  func backFromDetailVC(_ sourceVC: DetailVC) {
    ...
  }
}
```

Zurück zur DetailVC-Klasse: Dort kann viewWillDisappear nun ohne Weiteres backFromDetailVC aufrufen. Beachten Sie die Eleganz der Optional-Chaining-Syntax: Zum backFromDetailVC-Aufruf kommt es nur, wenn delegate initialisiert ist. Enthält die Variable dagegen nil, unterbleibt der Aufruf, es tritt aber auch kein Fehler auf.

```
// Projekt ios-schatz, Datei DetailVC.swift
class DetailVC: UIViewController {  // Fortsetzung
  var delegate:DetailVCDelegate?    // für Delegation-Aufruf
  ...
  override func viewWillDisappear(_ animated: Bool) {
    super.viewWillDisappear(animated)
    delegate?.backFromDetailVC(self)
  }
}
```

Die Detailansicht enthält einen X-Button zum Löschen des aktuellen Eintrags. Wird er angeklickt, erscheint eine Sicherheitsabfrage. Diese ist ein Beispiel für die Anwendung der UIAlertController-Klasse (siehe Abschnitt 17.8). Nur wenn der Eintrag wirklich gelöscht werden soll, setzt die Methode deleteBtn die Eigenschaft deleteItem auf true.

Außerdem wird mit der Methode popViewController die Rückkehr in die Hauptansicht der App initiiert. Die Auswertung von deleteItem erfolgt in der Methode backFromDetailVC der ViewController-Klasse. Das heißt, das eigentliche Löschen der Daten findet dort statt.

```
class DetailVC: UIViewController {  // Fortsetzung
  // 'Eintrag löschen'-Button
  @IBAction func deleteBtn(_ sender: UIButton) {
    // Dialog zusammenstellen
    let alert = UIAlertController(
       title: "Eintrag löschen",
       message: "Soll der aktuelle Eintrag wirklich gelöscht werden?",
       preferredStyle: .alert)
    // 'ja': deleteItem auf true setzen, dann Popup schließen
    alert.addAction(
      UIAlertAction(title: "Ja", style: .destructive, handler:
        { (_) in    // Closure
          self.deleteItem = true
          self.navigationController?.popViewController(animated: true)
        }
      ))
    // 'nein': keine Reaktion
    alert.addAction(
      UIAlertAction(title: "Nein", style: .cancel, handler: nil))
    // Dialog anzeigen
    present(alert, animated: true, completion: nil)
  }
}
```

Kapitel 38
Währungskalkulator

Dieses Kapitel stellt einen Währungsrechner für das iPhone vor. Die App bezieht die aktuellen Kurse von ca. 30 Währungen von der Website der Europäischen Zentralbank. Der App-Benutzer kann zwei dieser Währungen auswählen und dann unkompliziert Beträge zwischen diesen Währungen umrechnen.

Die Benutzeroberfläche der App steht in zwei Sprachen zur Verfügung: Deutsch und Englisch. Die App kann zudem kostenlos aus dem App Store heruntergeladen werden:

https://itunes.apple.com/us/app/wahrungs-rechner/id985004449

Hintergrundinformationen zur Lokalisierung sowie zu den Arbeiten, um das Programm App-Store-tauglich zu machen, finden Sie in Kapitel 32, »App Store & Co.«.

Neben der Beschreibung des Codes geht dieses Kapitel wieder auf einige »Nebenthemen« ein:

- Fingerdruck erkennen (`UITapGestureRecognizer`)
- Listenauswahl mit dem `UIPickerView`-Steuerelement

38.1 App-Überblick

Über einen Tab-Bar-Controller können die Benutzer der App zwischen zwei Ansichten wählen (siehe Abbildung 38.1):

- Die Hauptansicht dient zur Umrechnung von Geldbeträgen. Bei der Eingabe einer Zahl in eines der beiden Textfelder wird der entsprechende andere Betrag sofort im zweiten Textfeld angezeigt. Der untere Bereich dieser Ansicht ist bewusst leer, weil dort normalerweise die Tastatur eingeblendet wird. Die Tastatur verschwindet wieder, sobald der Hintergrund berührt wird.
- In der Einstellungsansicht werden die beiden Währungen ausgewählt. Zur Auswahl stehen zurzeit 32 Währungen, für die die Europäische Zentralbank einmal täglich frei zugängliche Währungskurse zur Verfügung stellt. Neben den in Europa verwendeten Währungen sind dies z. B. der US-Dollar, der japanische Yen oder der chinesische Yuan.

Die App lädt beim Start die Kurse von der Europäischen Zentralbank. Sollte die Seite gerade nicht erreichbar sein oder das iOS-Gerät gerade keinen Internetzugang haben, verwendet die

App die bei der letzten Verwendung im Cache-Verzeichnis gespeicherten Kurse. Das Datum der Kurse wird jeweils am unteren Rand der Umrechnungsseite dargestellt, und zwar in grüner Farbe, wenn die Kurse aktuell sind, in gelber Farbe bei Kursen, die älter als drei Tage sind, und in roter Farbe, wenn auf Daten zurückgegriffen werden muss, die vor mehr als einer Woche gespeichert wurden.

Abbildung 38.1 Die beiden Ansichten des Währungsrechners

Die App merkt sich natürlich auch, welche zwei Währungen zuletzt verwendet wurden. Diese Information wird in den User-Defaults gespeichert, also in der für Benutzereinstellungen vorgesehenen `*.plist`-Datei.

Was heißt »aktuell«?

Möglicherweise erscheint Ihnen ein Zeitraum von drei Tagen für »aktuelle« Kurse recht großzügig. Die EZB legt die Wechselkurse aber nur einmal täglich fest, und das auch nur an Arbeitstagen. Die Kurse werden dann etwa um 16:00 Uhr auf der folgenden Seite veröffentlicht:

www.ecb.europa.eu/stats/exchange/eurofxref/html/index.en.html

Es handelt sich also nicht um Aktienkurse, die sich sekündlich ändern.

Storyboard und Klassen

Das Storyboard der App besteht aus einem Tab-Bar-Controller mit zwei Ansichten (siehe Abbildung 38.2). Die erste Ansicht enthält oben je zweimal ein Dreierpaket, das aus einer Image-View, einem Label und einem Textfeld besteht. Unten zeigt ein Label das Datum der Kurse an. Ein Button gibt den Benutzern die Möglichkeit, aktuelle Kurse nachzuladen. Das Hintergrundbild der App wurde für den Screenshot fast vollständig transparent gestellt, damit die Steuerelemente besser zu erkennen sind.

Die zweite Ansicht besteht aus zwei sogenannten Picker-View-Steuerelementen (`UIPickerView`). Die zur Auswahl stehenden Listenelemente werden dabei so dargestellt, als befänden sie sich auf einer drehbaren Walze. Im Storyboard-Editor werden darauf noch Blindtexte angezeigt (Ortnamen wie Cupertino). Diese Texte werden erst im laufenden Programm durch die Währungen samt Flaggen ersetzt.

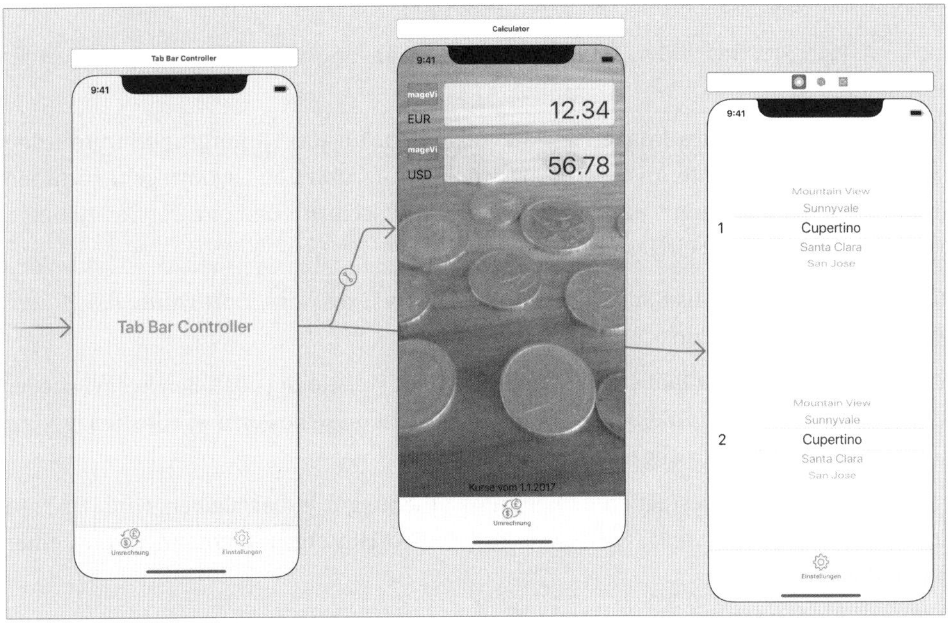

Abbildung 38.2 Die App im Storyboard-Editor

Den beiden Ansichten ist jeweils eine View-Controller-Klasse zugeordnet. Dazu gesellt sich die Klasse `CurCalc` mit dem Data Model:

- `CalcVC`: Controller für Umrechnungsansicht
- `SettingsVC`: Controller für Einstellungsansicht
- `CurCalc`: Verwaltung der Kurse, Durchführung der Währungsumrechnungen
- `SWXMLHash` und `SWXMLHashTypeConv`: XML-Dokumente lesen (siehe Abschnitt 22.2, »XML-Dokumente auswerten«)

Auto Layout in der Umrechnungsansicht

Die App ist eine reine iPhone-App, die ausschließlich im Hochformat läuft. Die folgende Liste fasst einige Optionen der beiden Textfelder zusammen:

- ALIGNMENT = RIGHT: Der Text soll rechtsbündig angezeigt werden.
- FONT = SYSTEM 40, MIN FONT SIZE = 28 und ADJUST TO FIX: Die anfänglich recht große Schrift wird automatisch bis auf 28 Punkt reduziert, um auch Zahlen mit vielen Stellen vollständig abzubilden.
- BORDER STYLE = ROUNDED: Die Textbox wird mit runden Ecken gestaltet.
- KEYBOARD TYPE = DECIMAL PAD: Es soll eine Dezimaltastatur verwendet werden. Sie enthält außer den 10 Ziffern den Dezimaltrenner des jeweiligen Landes (in Deutschland also ein Komma) und ein Backspace-Symbol.

Für die beiden Image-Views für die Flaggensymbole gilt:

- MODE = ASPECT FIT: Das Bild soll vollständig unter Wahrung der Proportionen dargestellt werden.

Außerdem gibt es ein drittes Image-View-Steuerelement für das Hintergrundfoto mit den Münzen. Es füllt die gesamte Ansicht aus. Das heißt, aufgrund von Layoutregeln stimmen die Grenzen des Steuerelements immer mit denen des Bildschirms überein. Der Darstellungsmodus ist aber abweichend eingestellt:

- IMAGE = BACKGROUND: Als Bildquelle dient hier `Images.xcassets`. Dort wurde das Hintergrundfoto eingefügt und in `background` umbenannt.
- MODE = ASPECT FILL: Das Bild soll das Steuerelement vollständig ausfüllen, wobei wieder die Proportionen gewahrt bleiben. Wenn das Bild nicht dieselbe Form wie die Image-View hat, werden Teile des Bilds abgeschnitten.
- ALPHA = 0,8: Damit die restlichen Bedienungselemente gut lesbar bleiben, wird das Foto leicht transparent dargestellt. Auf dem sonst weißen Hintergrund entspricht dies einer Aufhellung.

Wenn Sie die Image-View für das Hintergrundbild erst zum Schluss in den View-Controller einfügen, überdeckt sie alle anderen Steuerelemente. Das ist natürlich nicht im Sinne des Erfinders. Dieses Darstellungsproblem beheben Sie, indem Sie das Steuerelement in der Seitenleiste des Storyboard-Editors, also in der Document Outline, innerhalb der View ganz nach oben schieben.

Zur Anordnung der beiden Dreierkombinationen, die aus Textfeld, Label und Flaggen-Image bestehen, wurden die Steuerelemente jeweils in zwei Stack-Views verpackt (siehe Abbildung 38.3):

- äußere Stack-View (enthält die innere Stack-View und das Textfeld):
  - AXIS = HORIZONTAL
  - ALIGNMENT = FILL
  - DISTRIBUTION = FILL
  - SPACING = 10 (horizontaler Abstand zwischen innerer Stack-View und Textfeld)
  - Höhe durch Regel mit 70 Punkt fixiert
- innere Stack-View (enthält Image und Label):
  - AXIS = VERTICAL
  - ALIGNMENT = LEADING
  - DISTRIBUTION = FILL
  - SPACING = 10 (vertikaler Abstand zwischen Flagge und Währungsbezeichnung)
  - Breite durch Regel mit 50 Punkt fixiert
- Image-View für die Flagge:
  - MODE = ASPECT FIT
- Label für das Währungskürzel:
  - VERTICAL CONTENT COMPRESSION RESISTANCE PRIORITY = 751

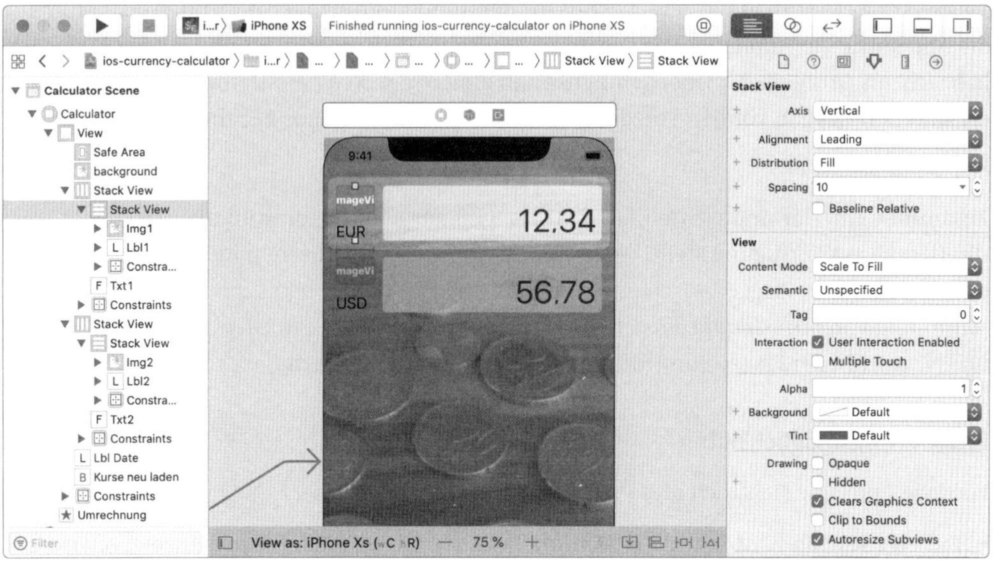

Abbildung 38.3 Das Layout des Währungskalkulators ist durch verschachtelte Stack-Views fixiert.

Auto Layout in der Einstellungsansicht

Deutlich einfacher ist das Layout der Einstellungsansicht. Darin befinden sich zwei Picker-Views und zwei Label. Die äußere Stack-View füllt das gesamte Display aus. Darin befinden sich zwei weitere Stack-Views mit den Labeln für die Ziffern 1 und 2 und den Picker-Views:

- äußere Stack-View (enthält die beiden inneren Stack-Views):
  - AXIS = VERTICAL
  - ALIGNMENT = FILL
  - DISTRIBUTION = FILL EQUALLY
  - SPACING = 16 (vertikaler Mindestabstand zwischen den inneren Stack-Views)
- innere Stack-View (enthält Label und Picker-View):
  - AXIS = HORIZONTAL
  - ALIGNMENT = CENTER
  - DISTRIBUTION = FILL
  - SPACING = 16 (horizontaler Abstand zwischen Label und Picker-View)
- Label:
  - PREFERRED WIDTH = 16 (damit beide Label unabhängig von der enthaltenen Ziffer 1 bzw. 2 gleich breit sind)
  - HORIZONTAL CONTENT COMPRESSION RESISTANCE PRIORITY = 751

Bildkataloge

`Images.xcassets` enthält die beiden Icons für den Tab-Bar-Controller, das Hintergrundfoto für die App sowie ein App-Icon. Die zusammen mit den Währungscodes abgebildeten Flaggen habe ich aus Gründen der Übersichtlichkeit in eine zweite Xcassets-Datei eingefügt. Die dort enthaltenen Flaggen können von der folgenden Website kostenlos heruntergeladen werden:

http://flagpedia.net

Zusammen mit der App werden fast 200 Flaggen ausgeliefert, obwohl die EZB nur 32 Währungskurse zur Verfügung stellt. Wenn Sie die App schlanker machen möchten, könnten Sie alle überflüssigen Flaggen löschen, worauf ich aber verzichtet habe. Zusätzlich zur Flaggensammlung von *http://flagpedia.net* habe ich zwei Bilder eingefügt: `eu.png` mit der EU-Flagge und `hk.png` mit der Flagge von Hongkong (Quelle jeweils Wikipedia).

Erweiterungsmöglichkeiten

Wie jede App ließe sich auch diese erweitern. Ein paar Ideen:

- Ein eigenes Tab-Blatt könnte eine numerische Auflistung aller Kurse anzeigen, also z. B. 1 EUR = 1,1534 USD)
- Ein weiteres Tab-Blatt könnte eine Kurve mit der Kursentwicklung der letzten 90 Tage für das ausgewählte Währungspaar darstellen. Die erforderliche Datenbasis stellt die EZB unter folgender Adresse kostenlos zur Verfügung:

  www.ecb.europa.eu/stats/exchange/eurofxref
- Der Währungskalkulator könnte zu einem vollständigen Taschenrechner ausgebaut werden. Dazu wäre aber eine Neugestaltung der Benutzeroberfläche erforderlich.

- Anstelle der EZB-Kurse gibt es im Internet auch andere Quellen für die aktuellen Wechselkurse mit zum Teil noch mehr Währungen. Entsprechende Links finden Sie auf der folgenden Stack-Overflow-Seite:

  https://stackoverflow.com/questions/3139879
- Der freie Platz unterhalb der beiden Textfelder der Hauptseite schreit geradezu danach, dort Werbung einzublenden.

38.2 Kurse ermitteln

Die Datengrundlage für die Währungs-App sind Wechselkurse, die die Europäische Zentralbank (EZB) auf der folgenden Seite täglich im XML-Format zur Verfügung stellt:

www.ecb.europa.eu/stats/eurofxref/eurofxref-daily.xml

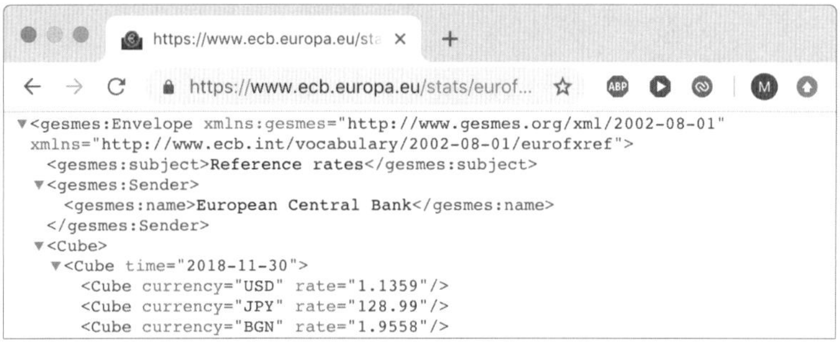

Abbildung 38.4 Wechselkurse relativ zum Euro, verpackt als XML-Dokument

Der Aufbau der Datei ist simpel (siehe Abbildung 38.4): Nach einigen Metadaten werden die eigentlichen Kurse mit einem `<Cube>`-Element eingeleitet. Ein weiteres `<Cube>`-Element enthält als Attribut das Datum der Kurse, weitere `<Cube>`-Elemente mit den Attributen `currency` und `rate` liefern die eigentlichen Wechselkurse. Die Währungskürzel werden dabei als Drei-Buchstaben-Code gemäß der ISO-Norm 4217 formuliert.

Für das Einlesen dieser Daten ist die Methode `getEcbRates` der Klasse `CurCalc` verantwortlich. Die Kurse sollen als Dictionary in der Eigenschaft `rates` gespeichert werden, das Datum der Kursfreigabe in der Eigenschaft `lastupdate`. Später wird `currencies` dann noch mit einer alphabetischen Liste aller Währungen initialisiert.

```
// Projekt ios-currency-calculator, Datei CurCalc.swift
class CurCalc {
  var lastupdate: Date!
  var rates: [String:Double]!
  var currencies: [String]!
  ...
  func getEcbRates() -> Bool { ... }
}
```

XML-Datei herunterladen

Die Kurse werden mit `String(contentsOf:)` von einer HTTPS-Seite der Europäischen Zentralbank gelesen. Sollte der Seitenzugriff scheitern, gibt `getEcbRates` den Wert `false` zurück. Zuvor wurde schon die Eigenschaft `rates` initialisiert (mit dem Defaultdatum 1.1.1900) sowie mit einem Dictionary definiert, in dem eingetragen ist, dass der Euro zu sich selbst den Kurs 1,0 hat. Dieses Verhalten ist insofern sinnvoll, als die gesamte App mit diesen Daten prinzipiell ohne Fehler funktioniert – natürlich mit der Einschränkung, dass der Euro die einzig verfügbare Währung ist.

```
// Datei CurCalc.swift (Fortsetzung)
private func getEcbRates() -> Bool {
  // Dictionary für Währungen, mit Defaulteintrag für Euro
  rates = ["EUR": 1.0]
  // Defaultdatum
  let formatter = DateFormatter()
  formatter.dateFormat = "yyyy-MM-dd H:mm"
  formatter.timeZone = TimeZone(abbreviation: "CET")
  lastupdate = formatter.date(from: "1900-01-01 12:00")!
  // Kurse von EZB laden
  let ecburl = URL(string:
    "https://www.ecb.europa.eu/stats/eurofxref/eurofxref-daily.xml")!
  let content:String
  do {
    content = try String(contentsOf: ecburl)
  } catch {
    return false // aktuelle Kurse nicht verfügbar
  }
  // ... (Fortsetzung folgt)
```

XML-Daten auswerten

Zur Verarbeitung des XML-Dokuments kommt die `SWXMLHash`-Klasse zum Einsatz, die ich Ihnen in Abschnitt 22.2, »XML-Dokumente auswerten«, vorgestellt habe. Zuerst wird aus der Datei das Datum der Kurse extrahiert. Danach werden die eigentlichen Kurse in der `for`-Schleife ausgelesen und mit `doubleValue` in Fließkommazahlen umgerechnet. Sofern dabei keine Fehler auftreten, erweitert `rates[currency] = rate` das Dictionary.

```
private func getEcbRates() -> Bool {  // Fortsetzung
  ...
  // SWXMLHash-Objekt erzeugen
  let xml = SWXMLHash.parse(content)
  // Datum extrahieren
  let ecbtime = xml["gesmes:Envelope"]["Cube"]["Cube"].element?
      .attribute(by: "time")?.text ?? "1900-01-01"
```

```
  if ecbtime == "1900-01-01" {
    // Datum nicht gefunden --> fehlerhafte Daten
    return false
  }
  lastupdate = formatter.date(from: ecbtime + " 16:00")

  // Schleife über alle Kurse
  for r in xml["gesmes:Envelope"]["Cube"]["Cube"]["Cube"].all {
    if let currency = r.element?.attribute(by: "currency")?.text,
       let ratestr = r.element?.attribute(by: "rate")?.text
    {
      let rate = NSString(string: ratestr).doubleValue
      if rate != 0.0 {
        rates[currency] = rate  // dem Dictionary hinzufügen
      }
    }
  }
  return true  // alles bestens
}
```


Beachten Sie, dass der Dictionary-Eintrag `["EUR": 1.0]` für das Funktionieren der App unbedingt erforderlich ist. Da die EZB alle Kurse relativ zum Euro angibt, fehlt im XML-Dokument ein eigener Eintrag für die Währung Euro. Aus Sicht der EZB ist dieser Eintrag sinnlos, der Wert betrüge natürlich immer 1. Aber die App möchte den Euro so wie alle anderen Währungen behandeln und benötigt daher auch für den Euro eine Kursinformation.

38.3 Das Datenmodell der App

Das Datenmodell des Währungskalkulators wird durch die Klasse `CurCalc` definiert. Neben der gerade vorgestellten Methode `getEcbRates` enthält die Klasse einige weitere Methoden sowie eine Init-Funktion. Alle drei Eigenschaften sind mit `!` als Optionals gekennzeichnet. Der Grund dafür ist, dass so alle Eigenschaften automatisch mit `nil` initialisiert sind und es der Init-Funktion so formal erlaubt ist, auf andere Methoden zurückzugreifen. Die strenge Syntax von Swift verlangt ja, dass alle Eigenschaften initialisiert werden, bevor `init` andere Methoden aufrufen darf.

```
// Projekt ios-currency-calculator
// Datei CurCalc.swift
class CurCalc {
  var lastupdate: Date!
  var rates: [String:Double]!
  var currencies: [String]!
  ...
  // Init-Funktion, Methoden
}
```

Init-Funktion

Die Init-Funktion versucht, die Eigenschaften der Klasse mit aktuellen Kursen der EZB zu füllen. Gelingt dies, werden die Kurse sofort mit saveRates in den User-Defaults gespeichert – als Backup für den Fall, dass vielleicht beim nächsten Start der App kein Internetzugang besteht. Scheitert getEcbRates, versucht loadRates, frühere Kurse zu laden. Sollte das ausgerechnet beim ersten Start der App passieren, wird auch loadRates scheitern, und die App kennt außer dem Euro keine weiteren Währungen. Auf jeden Fall wird in der Init-Funktion zuletzt auch das String-Array currencies mit einer sortierten Liste aller Währungskürzel initialisiert.

```
// Datei CurCalc.swift (Fortsetzung)
init() {
  if getEcbRates() {               // aktuelle Kurse von EZB laden
    saveRates()                    // und in User-Defaults speichern
  } else {
    loadRates()                    // früher gespeicherte Kurse aus
  }                                // den User-Defaults laden
  let keys = Array(rates.keys)     // sortierte Währungsliste erzeugen
  currencies = keys.sorted(by: <)
}
```

Wechselkurse im Cache-Verzeichnis speichern

Die oben erwähnte Methode saveRates speichert die Wechselkurse und das dazugehörige Datum im Cache-Verzeichnis. Dessen Ort ermittelt die Methode getRatesFilename, die dazu auf den File-Manager zurückgreift (siehe Abschnitt 21.4, »Standardverzeichnisse«).

```
// Datei CurCalc.swift (Fortsetzung)
private func getRatesFilename() -> String? {
  let fm = FileManager.default
  let urls = fm.urls(for: .cachesDirectory,
                     in: .userDomainMask)
  if let url = urls.first {
    return url.appendingPathComponent("rates.plist").path
  }
  return nil
}
```

Cache-Verzeichnis versus User-Defaults

Noch einfacher wäre es für die App, die Kurse einfach in den User-Defaults zu speichern. Die dabei anfallenden Datenmengen sind ja minimal. Allerdings sind die Benutzereinstellungen explizit nicht dazu gedacht, als Zwischenspeicher missbraucht zu werden. Die missbräuchliche Nutzung der User-Defaults kann ein Grund dafür sein, dass Apple Ihre App im App Store ablehnt.

saveRates speichert die Kurse nur, wenn ein kompletter Datensatz vorliegt. saveRates erzeugt ein leeres NSMutableDictionary-Objekt. In dieses können Sie mit der von den User-Defaults bekannten Methode setObject Daten einfügen (siehe Abschnitt 21.1, »User-Defaults«). write speichert das Objekt in der Datei rates.plist. Die Methode liefert true oder false zurück, je nachdem, ob der Vorgang gelingt oder scheitert. Da sich die App im Falle eines Fehlers damit ohnedies abfinden muss, wird auf die Auswertung des Rückgabewerts mit _ = ... explizit verzichtet.

```
private func saveRates() {
  if rates.count <= 1  {
    return  // nicht speichern, keine vollständigen Daten
  }
  if let ratespath = getRatesFilename() {
    let dict = NSMutableDictionary()
    dict.setObject(lastupdate!, forKey: "lastupdate" as NSCopying)
    dict.setObject(rates!, forKey: "rates" as NSCopying)
    _ = dict.write(toFile: ratespath, atomically: true)
  }
}
```

Die Umkehrmethode loadRates testet zuerst, ob gültige Daten aus rates.plist geladen werden können. Ist dies nicht der Fall, werden rates und lastupdate mit Defaultdaten initialisiert:

```
// Datei CurCalc.swift (Fortsetzung)
private func loadRates() {
  if let ratespath = getRatesFilename() {
    if let dict = NSMutableDictionary(contentsOfFile: ratespath) {
      if let lu = dict.object(forKey: "lastupdate") as? Date,
         let rt = dict.object(forKey: "rates") as? [String:Double]
      {
        lastupdate = lu
        rates = rt
        return
      }
    }
  }
  // keine gültigen Daten gefunden,
  // warum auch immer: Defaults verwenden
  rates = ["EUR": 1.0]
  let formatter = DateFormatter()
  formatter.dateFormat="yyyy-MM-dd H:mm"
  lastupdate = formatter.date(from: "1900-01-01 12:00")!
}
```

Kursumrechnung

Der Zweck der CurCalc-Klasse ist es ja, Kurse umzurechnen. Die entsprechende Methode ist nur wenige Zeilen lang. Sie erwartet drei Parameter: das Währungskürzel der Ausgangswährung, das Kürzel der Zielwährung und den umzurechnenden Wert in der Ausgangswährung. if let testet, ob beide Währungen im rates-Dictionary enthalten sind, und berechnet dann den neuen Betrag. Liegen hingegen ungültige Daten vor, gibt die Methode einfach 0 zurück.

```
func convert(_ value:Double, from:String?, to:String?) -> Double {
  if from == nil || to==nil { return 0.0 }
  if let ratefrom = rates[from!], let rateto = rates[to!] {
    return value / ratefrom * rateto
  } else {
    return 0.0
  }
}
```

Länderkürzel aus Währungskürzeln extrahieren

Die ersten zwei Buchstaben des Währungskürzels ergeben den Ländercode, also z. B. "us" für "USD". Die Funktion getCountryFromCurrency extrahiert diese beiden Zeichen, was in Swift umständlicher als in anderen Programmiersprachen ist.

```
static func getCountryFromCurrency(_ currency:String) -> String {
  if currency.count <= 2 {
    return currency.lowercased()
  }
  let start = currency.startIndex
  let end = currency.index(currency.startIndex, offsetBy: 1)
  return currency[start...end].lowercased()
}
```

38.4 Umrechnungsansicht

Der Controller für die Umrechnungsansicht befindet sich in der Klasse CalcVC, deren Code im folgenden Listing überblicksartig skizziert ist. Der Code beginnt mit den üblichen Outlets. Die Eigenschaft cc verweist auf eine Instanz der vorhin beschriebenen CurCalc-Klasse.

```
// Projekt ios-currency-converter
// Datei CalcVC.swift
class CalcVC: UIViewController {
  @IBOutlet weak var lbl1: UILabel!      // Label für die Währungen
  @IBOutlet weak var lbl2: UILabel!
  @IBOutlet weak var txt1: UITextField!  // Eingabefelder für die
  @IBOutlet weak var txt2: UITextField!  // Währungen
```

```
  @IBOutlet weak var img1: UIImageView!  // Flaggen für die Währungen
  @IBOutlet weak var img2: UIImageView!
  @IBOutlet weak var lblDate: UILabel!   // Label für die Kursinfo

  let userdef = UserDefaults.standard    // Zugriff auf User-Defaults
  let formatter = NumberFormatter()      // zur Formatierung von Zahlen
  var cc: CurCalc!                       // Calculator (Data Model)
  var cur1 = ...                         // (siehe unten)
  var cur2 = ...

  // diverse Methoden (siehe unten)
}
// diverse Extensions (siehe unten)
```


Property Observer für die Währungskürzel

Die beiden Eigenschaften `cur1` und `cur2` enthalten die beiden Währungskürzel als Zeichenkette. Bei jeder Veränderung wird die Property-Observer-Funktion `didSet` ausgeführt (siehe Abschnitt 11.3, »Eigenschaften«). Sie aktualisiert das Beschriftungslabel und die Image-View mit der Flagge, löscht den Inhalt der beiden Textfelder und speichert die aktuelle Einstellung in den User-Defaults. Damit ist sichergestellt, dass die App beim nächsten Start wieder die zuletzt ausgewählten Währungen zur Umrechnung anzeigt.

Die Defaulteinstellungen `"EUR"` und `"USD"` gelten nur für den ersten Start der App bzw. bis zur Ausführung von `viewDidLoad`. Der Zugriff auf die Outlets ist jeweils durch Optional Chaining abgesichert (`lbl1?` etc.), um Fehler für den Fall zu vermeiden, dass `didSet` schon vor der vollständigen Initialisierung der Steuerelemente aufgerufen wird.

```
// Projekt ios-currency-converter, Datei CalcVC.swift
class CalcVC: UIViewController {  // Fortsetzung

  var cur1 = "EUR" {
    // bei jeder Änderung: bleibend speichern, Label aktualisieren,
    // Textfelder löschen
    didSet {
      lbl1?.text = cur1
      img1?.image =
        UIImage(named: CurCalc.getCountryFromCurrency(cur1))
      txt1?.text = ""
      txt2?.text = ""
      userdef.set(cur1, forKey: "currency1")
    }
  }
```

```
  var cur2 = "USD" {
    didSet {
      lbl2?.text = cur2
      img2?.image =
        UIImage(named: CurCalc.getCountryFromCurrency(cur2))
      txt1?.text = ""
      txt2?.text = ""
      userdef.set(cur2, forKey: "currency2")
    }
  }
}
```

Initialisierung in viewDidLoad

Die Methode `viewDidLoad` kümmert sich um die Initialisierung von Steuerelementen und eigenen Eigenschaften. Die ersten Zeilen konfigurieren den `NumberFormatter` so, dass Zahlen mit maximal zwei Nachkommastellen dargestellt werden und dass Tausendergruppen durch ein kleines Leerzeichen getrennt werden.

Die Methode `refreshData` (Details folgen gleich) initialisiert das `CurCalc`-Objekt und zeigt im `lblDate`-Steuerelement das Datum der Kurse an. Anschließend werden `cur1` und `cur2` mit den zuletzt gespeicherten Währungen eingestellt. Die Delegates für die beiden Textfelder sind erforderlich, um ungültige Eingaben zu verhindern.

```
// Projekt ios-currency-converter, Datei CalcVC.swift
class CalcVC: UIViewController {  // Fortsetzung
  ...
  // Initialisierung
  override func viewDidLoad() {
    super.viewDidLoad()

    // Formatter-Eigenschaften
    formatter.maximumFractionDigits = 2
    formatter.minimumFractionDigits = 0
    formatter.groupingSeparator = "\u{2006}"  // kleiner Abstand
    formatter.usesGroupingSeparator = true
    refreshData()                             // Kurse laden

    // wenn schon in Xcode eingestellt, dann lässt sich dort die
    // Höhe nicht einstellen
    txt1.borderStyle = .roundedRect
    txt2.borderStyle = .roundedRect

    // zuletzt gültige Währungen aus den User-Defaults lesen
    cur1 = userdef.string(forKey: "currency1") ?? "EUR"
    cur2 = userdef.string(forKey: "currency2") ?? "USD"
```

```
    // Delegates für UITextField, Gesture Recognizer für Tap auf View
    // Details folgen weiter unten ...
  }
}
```

Das CurCalc-Objekt initialisieren und das Datum der Kurse anzeigen

`refreshData` erzeugt eine neue Instanz der `CurCalc`-Klasse und speichert sie in der Eigenschaft `cc`. Der restliche Code ermittelt, ob die Kurse aktuell sind. Wenn `lastupdate` nicht älter als drei Tage ist, wird das Datum in grüner Schrift angezeigt, wenn es nicht älter als sechs Tage ist, in gelber Schrift. Liegen keine aktuellen Kurse vor, weist ein roter Text darauf hin.

Anstatt `msg1` und `msg2` einfach Zeichenketten zuzuweisen, werden `NSLocalizedString`-Objekte verwendet. Diese Vorgehensweise ist zweckmäßig, weil die App später zwei Sprachen unterstützen soll: Deutsch und Englisch.

```
// Projekt ios-currency-converter, Datei CalcVC.swift
// EZB-Kurse laden
func refreshData() {
  txt1.text = ""
  txt2.text = ""
  cc = CurCalc()
  // Zeichenketten mit Datum der Kurse vorbereiten
  let msg1 = NSLocalizedString("Kurse vom %@",
      comment: "zeigt das Datum der Kurse an")
  let msg2 = NSLocalizedString("Keine aktuellen Kurse verfügbar!",
      comment: "wird angezeigt, wenn keine Internetverbindung ...")

  let dateformatter = DateFormatter()
  dateformatter.dateStyle = .medium
  dateformatter.timeStyle = .none
  let formattedDate = dateformatter.string(from: cc.lastupdate as Date)
  lblDate.text = String(format: msg1, formattedDate)

  // Kursinfo grün/gelb/rot anzeigen
  let daysSinceUpdate = -cc.lastupdate.timeIntervalSinceNow /
                        (60*60*24.0)
  if daysSinceUpdate<3 {
    lblDate.textColor = UIColor(red:0, green:0.7, blue:0, alpha:1)
  } else if daysSinceUpdate < 6 {
    lblDate.textColor = UIColor(red:0.5, green:0.4, blue:0, alpha:1)
  } else {
    lblDate.text = msg2
    lblDate.textColor = UIColor(red:0.7, green:0, blue:0, alpha:1)
  }
}
```

refreshData wird nicht nur in viewDidLoad aufgerufen, sondern auch in der Action-Methode des Buttons KURSE NEU LADEN:

```
@IBAction func refresh(sender: UIButton) {
  refreshData()
}
```

Ungültige Tastatureingaben vermeiden

In viewDidLoad ermöglicht delegate=self für die beiden Textfelder, dass vor der Verarbeitung von Tastatureingaben die Methode textField mit dem Parameter shouldChangeCharactersInRange aufgerufen wird. Das erfordert die Implementierung des UITextFieldDelegate-Protokolls (siehe Abschnitt 16.9, »Texteingaben«). Aus Gründen der besseren Übersichtlichkeit wurden die Methoden in eine Extension verpackt. Die textField-Methode erfüllt zwei Aufgaben:

- Zum einen verhindert sie, dass mehr als ein Komma bzw. Dezimalpunkt eingegeben werden kann. Welches Zeichen als Dezimaltrenner verwendet wird, ergibt sich aus der decimalSeparator-Eigenschaft des NSNumberFormatter-Objekts.
- Zum anderen limitiert sie die Anzahl der eingegebenen Zeichen auf neun. Dabei ist es aber wichtig, dass leere Eingaben (input == "") weiterhin erlaubt bleiben, damit vorhandener Text gelöscht werden kann.

```
// Projekt ios-currency-converter, Datei CalcVC.swift
class CalcVC: UIViewController {  // Fortsetzung
  override func viewDidLoad() {
    // ... wie bisher
    // Delegates für UITextField
    txt1.delegate = self
    txt2.delegate = self
  }
}
// Text-Field-Delegates
extension CalcVC: UITextFieldDelegate {
  func textField(_ textField: UITextField,
    shouldChangeCharactersIn range: NSRange,
    replacementString input: String) -> Bool
  {
    if let old = textField.text,
       let sep = formatter.decimalSeparator
    {
      // keine Eingabe von zwei Kommas/Dezimalpunkten
      if input == sep && old.range(of: sep) != nil {
        return false
      }
```

```
      // nicht mehr als 9 Zeichen (aber Backspace erlauben)
      if input != "" && old.count > 9 {
        return false
      }
    } // Ende if let
    return true
  }   // Ende func
}     // Ende extension
```


Tap Gesture Recognizer (Tastatur ausblenden)

Noch ein Detail in viewDidLoad habe ich Ihnen bisher vorenthalten: Die letzten Zeilen dieser Initialisierungsmethode richten eine UITapGestureRecognizer-Instanz ein (siehe Abschnitt 26.3, »Gestures«), damit ein Fingerdruck auf die Benutzeroberfläche festgestellt werden kann. In diesem Fall soll die Methode handleTap ausgeführt werden. Dazu muss die CalcVC-Klasse allerdings das UIGestureRecognizerDelegate-Protokoll implementieren. Die delegate-Eigenschaft des tapGR-Objekts wird entsprechend auf self gestellt.

Als Reaktion auf einen derart erkannten Fingerdruck wird in handleTap die Methode endEditing aufgerufen, um eine eventuell noch aktive Eingabe zu beenden und die Bildschirmtastatur auszublenden.

```
class CalcVC: UIViewController {  // Fortsetzung
  override func viewDidLoad() {
    // ... wie bisher
    // Gesture Recognizer für Tap auf View
    let tapGR = UITapGestureRecognizer(
      target: self,
      action: #selector(CalcVC.handleTap(_:)))
    tapGR.delegate = self
    view.addGestureRecognizer(tapGR)
  }
}
extension CalcVC: UIGestureRecognizerDelegate {
  @objc func handleTap(_ gesture: UITapGestureRecognizer) {
    view.endEditing(true)  // Tastatur ausblenden
  }
}
```

Währungsumrechnung bei der Texteingabe

Sobald ein App-Benutzer in eines der beiden Textfelder eine Ziffer eingibt, wird der entsprechende Wert im zweiten Textfeld sofort aktualisiert. Dazu wurden im Storyboard-Editor zwei Action-Verknüpfungen von den Textfeldern zur Methode txtEditingChanged hergestellt.

Diese Methode wird jeweils für das Ereignis *Editing Changed* aufgerufen. Beachten Sie, dass das eigentlich plausibler klingende Ereignis *Value Changed* bei Textfeldern nicht relevant ist!

In der Methode wird der eingegebene Text mit dem `NumberFormatter` in eine `Double`-Zahl umgewandelt. Mit einem Vergleich von `sender` kann festgestellt werden, welches Textfeld den Aufruf der Methode initiiert hat. Im jeweils anderen Textfeld wird der umgerechnete Wert angezeigt, wobei zur Formatierung wieder der `NumberFormatter` verwendet wird.

```
class CalcVC: UIViewController {  // Fortsetzung
  @IBAction func txtEditingChanged(_ sender: UITextField) {
    var value:Double
    if let decimal = formatter.number(from: sender.text!) {
      value = Double(truncating: decimal)
    } else {
      value = 0.0
    }
    if sender === txt1 {
      // Umrechnung in Währung zwei
      txt2.text = formatter.string(
        from: NSNumber(value: cc.convert(value, from: cur1, to: cur2)))
    } else if sender === txt2 {
      // Umrechnung in Währung eins
      txt1.text = formatter.string(
        from: NSNumber(value: cc.convert(value, from: cur2, to: cur1)))
    }
  }
}
```

38.5 Einstellungsansicht

Der Code für die Einstellungsansicht befindet sich in der Klasse `SettingsVC`. Ihre Hauptaufgabe besteht darin, die Picker-View-Steuerelemente mit Daten zu befüllen.

Picker-Views (UIPickerView-Klasse)

In iOS gibt es keine Dropdown- oder Auswahllisten. Stattdessen sieht iOS zwei Wege vor, ein Element aus einer Liste auszuwählen:

- Sie verwenden eine eigene Ansicht mit einer Table-View. Diese Variante ist vor allem in der App *Einstellungen* oft anzutreffen.
- Oder Sie verwenden sogenannte *Picker-Views*: Das sind Steuerelemente, die wie drehbare Walzen aussehen. Der Vorteil dieser Variante besteht darin, dass kein weiterer Ansichtswechsel erforderlich ist. Dem steht der Nachteil gegenüber, dass die Auswahl vor allem bei langen Listen recht mühselig ist.

Als ich die hier vorliegende App entwickelte, habe ich mich dennoch für die Picker-Views entschieden, um Ihnen so ein weiteres Steuerelement vorstellen zu können. Hinter den Kulissen hat die `UIPickerView`-Klasse große Ähnlichkeiten mit der `UITableView`-Klasse (siehe Kapitel 23, »Tabellen und Listen darstellen«). Abermals sind Delegate- bzw. `DataSource`-Methoden für die Befüllung des Steuerelements mit Listenelementen bzw. für die Reaktion auf die Listenauswahl zuständig.

Outlets, Eigenschaften und viewDidLoad

In der Klasse gibt es zwei Outlets, die auf die Picker-Views verweisen. Außerdem ermöglicht die Eigenschaft `calcVC` den Zugriff auf die Umrechnungsansicht samt der dort gespeicherten Daten. `calcVC` wird in `viewDidLoad` initialisiert. Der Zugriff auf den View-Controller der Umrechnungsansicht erfolgt über den Tab-Bar-Controller.

Die restlichen Zeilen betreffen die Picker-Views. `dataSource=self` und `delegate=self` bewirken, dass die Delegate-Methoden der Picker-Views direkt in der `SettingsVC`-Klasse verarbeitet werden. Die Klasse wird dazu um die entsprechenden Protokolle erweitert (siehe den folgenden Abschnitt). Mit `selectRow` wird bei beiden Picker-Views jeweils die Währung ausgewählt, die gerade in der Umrechnungsansicht aktiv ist. Dazu ermittelt `index` die Indexnummer des Währungscodes im sortierten `currencies`-Array.

Die `viewDidAppear`-Methode stellt sicher, dass die Daten der Picker-Views jedes Mal neu geladen werden, wenn die Einstellungsansicht angezeigt wird. Das ist deswegen sinnvoll, weil in der Zwischenzeit unter Umständen neue Daten von der EZB geladen wurden und sich eventuell die Liste der Währungen verändert hat.

```
// Projekt ios-currency-calculator, Datei SettingsVC.swift
class SettingsVC: UIViewController {
  var calcVC: CalcVC!                   // Umrechnungs-View-Controller
  @IBOutlet weak var picker1: UIPickerView!  // die beiden Währungs-
  @IBOutlet weak var picker2: UIPickerView!  // Picker

  // Initialisierungsarbeiten
  override func viewDidLoad() {
    super.viewDidLoad()
    // Zugriff auf View-Controller des Umrechners
    calcVC = tabBarController!.viewControllers?.first as? CalcVC
    let cc = calcVC.cc
    picker1.dataSource = self
    picker1.delegate = self
    picker1.selectRow(cc?.currencies.firstIndex(of: calcVC.cur1) ?? 0,
                      inComponent: 0,
                      animated: true)
    picker2.dataSource = self
    picker2.delegate = self
```

```
    picker2.selectRow(cc?.currencies.firstIndex(of: calcVC.cur2) ?? 0,
                      inComponent: 0,
                      animated: true)
  }

  // Picker-View-Daten neu laden
  override func viewDidAppear(_ animated: Bool) {
    super.viewDidAppear(animated)
    picker1?.reloadAllComponents()
    picker2?.reloadAllComponents()
  }
}
```

Picker-View mit Daten füllen

Die Picker-View-Steuerelemente rufen selbstständig Delegate-Methoden auf, wenn sie Daten benötigen. Diese Methoden befinden sich in einer Erweiterung der `SettingsVC`-Klasse für die zugrunde liegenden Protokolle `UIPickerViewDataSource` und `UIPickerViewDelegate`.

`numberOfComponents` gibt zurück, aus wie vielen Abschnitten die Picker-View-Liste bestehen soll: aus einem. Die Methode `pickerView` mit dem zweiten Parameter `numberOfRowsInComponent` erwartet die Anzahl der Listenelemente für einen bestimmten Abschnitt. Da es nur einen Abschnitt gibt, erübrigt sich die Auswertung des `component`-Parameters.

Der Rückgabewert hängt davon ab, ob die Picker-View einen Rollover-Effekt unterstützen soll, d. h., dass nach der alphabetisch letzten Währung wieder die alphabetisch erste erscheinen soll. Wenn Sie das wünschen, geben Sie einfach einen sehr hohen Wert als Elementanzahl zurück. In den weiteren Picker-View-Methoden werten Sie dann einfach die Elementnummer Modulo *n* aus, wobei *n* die Anzahl der tatsächlich verfügbaren Auswahlmöglichkeiten ist.

```
// Datei SettingsVC.swift, Fortsetzung
extension SettingsVC: UIPickerViewDataSource, UIPickerViewDelegate {

  // Anzahl der Abschnitte
  func numberOfComponents(in pickerView: UIPickerView) -> Int {
    return 1
  }

  // Anzahl der Picker-Zellen
  func pickerView(_ pickerView: UIPickerView,
                  numberOfRowsInComponent component: Int) -> Int
  {
    let cc = calcVC.cc
    return cc!.rates.count // * 100, falls Rollover erwünscht ist
  }
}
```

Wenn Sie in der Picker-View nur Texte anzeigen möchten, dann implementieren Sie die Methode `pickerView(_:titleForRow:forComponent)` wie folgt:

```
func pickerView(_ pickerView: UIPickerView,
                titleForRow row: Int,
                forComponent component: Int) -> String?
{
  let cc = calcVC.cc
  return cc?.currencies[row]
}
```


Wir möchten aber in den Picker-Views zu jeder Währung auch die entsprechende Flagge anzeigen. Deswegen müssen wir die Methode `pickerView(_:viewForRow:forComponent:reusingView:)` zur Verfügung stellen. Dafür ist leider deutlich mehr Code notwendig. Anders als die Table-View sieht die Picker-View nämlich keine Prototypzellen vor, die in Xcode vorbereitet werden können.

Die Methode beginnt mit einem Test, ob es ein wiederverwendbares `UIView`-Objekt gibt. Ist dies der Fall, kann es unverändert zurückgegeben werden.

Ist ein Recycling unmöglich, ermitteln wir aus der Elementnummer `myrow` den Währungs- und den Ländercode. Danach geht es darum, ein neues `UIView`-Objekt zusammenzubasteln, das aus einem Label mit dem Währungscode sowie aus einem `UIImageView`-Element mit der Flagge besteht. Dabei verzichten wir auf Auto-Layout-Regeln und geben stattdessen die Größe und Position aller Elemente durch `CGRect`-Strukturen starr vor.

Die Bitmap der Flagge lädt eine Init-Funktion der `UIImage`-Klasse aus der Xcassets-Datei. Für das `UIImageView`-Steuerelement verwenden wir den Darstellungsmodus `ScaleAspectFit`: Die Flagge soll also vollständig, aber ohne eine Verzerrung der Proportionen dargestellt werden. Das Label und das `UIImageView`-Steuerelement werden nun mit `addSubview` in das Objekt `newview` eingefügt und schließlich mit `return` zurückgegeben.

```
func pickerView(_ pickerView: UIPickerView,
                viewForRow row: Int,
                forComponent component: Int,
                reusing view: UIView?) -> UIView
{
  if view != nil {
    // vorhandene View wiederverwenden (der Inhalt für eine
    // bestimmte Zelle ändert sich nie)
    return view!
  } else {
    let myrow = row // % cc.rates.count, falls Roll-Over
    // Währungscode, 3 Buchstaben
    let txt = calcVC.cc.currencies[myrow]
    // die ersten zwei Buchstaben sind der Ländercode
    let country = CurCalc.getCountryFromCurrency(txt)
```

```
    // neue View erzeugen
    let newview = UIView(
      frame: CGRect(x: 0, y: 0, width: 150, height: 50))

    // Label mit Währungscode
    let lbl = UILabel(
      frame: CGRect(x: 90, y: 0, width: 60, height: 50))
    lbl.text = txt
    lbl.font = lbl.font.withSize(24)
    newview.addSubview(lbl)

    // Image mit Flagge
    let img = UIImageView(
      frame: CGRect(x: 0, y: 0, width: 50, height: 50))
    img.image = UIImage(named: country)
    img.contentMode = .scaleAspectFit
    newview.addSubview(img)
    return newview
  }
}
```

An die Methode pickerView mit dem zweiten Parameter rowHeightForComponent müssen wir zurückgeben, in welcher Höhe das gerade ausgewählte Element der Picker-View angezeigt werden soll:

```
// Datei SettingsVC.swift, Fortsetzung
extension SettingsVC: UIPickerViewDataSource, UIPickerViewDelegate {
  func pickerView(_ pickerView: UIPickerView,
                  rowHeightForComponent component: Int) -> CGFloat {
    return 50
  }
}
```

Auswahl eines Picker-View-Elements

Während das Initialisieren und Befüllen der Picker-Views mit einigem Aufwand verbunden war, ist die Reaktion auf die Auswahl eines Elements einfach: Es muss lediglich das ausgewählte Währungskürzel in den Eigenschaften cur1 oder cur2 der Umrechnungsansicht gespeichert werden. Diese Arbeit erledigt die Methode pickerView mit dem zweiten Parameter didSelectRow. Auf die Modulo-Berechnung können Sie verzichten, wenn Sie die Picker-Views ohne Rollover-Effekt nutzen.

```
// Datei SettingsVC.swift, Fortsetzung
extension SettingsVC: UIPickerViewDataSource, UIPickerViewDelegate {

  func pickerView(pickerView: UIPickerView,
                  didSelectRow row: Int,
                  inComponent component: Int)
  {
    if pickerView === picker1 {
      calcVC.cur1 = CalcVC.cc.currencies[row % CalcVC.cc.rates.count]
    } else if pickerView === picker2 {
      calcVC.cur2 = CalcVC.cc.currencies[row % CalcVC.cc.rates.count]
    }
  }
}
```


38.6 Internationalisierung und Lokalisierung

Die App wurde anfänglich in deutscher Sprache entwickelt, wobei ich für das Xcode-Projekt, wie in Abschnitt 32.4, »Mehrsprachige Apps«, beschrieben, Deutsch als Entwicklungssprache eingestellt habe.

Später habe ich Englisch als zweite Sprache hinzugefügt. Im Code gibt es nur einen Ort, wo Zeichenketten für die Anzeige in einer Ansicht erzeugt werden: in der Methode `refreshData` der Klasse `CalcVC`. Die beiden dort vorkommenden Zeichenketten wurden deswegen als `NSLocalizedString`-Objekte verpackt:

```
// Datei CalcVC.swift, Methode refreshData()
let msg1 = NSLocalizedString("Kurse vom %@",
  comment: "zeigt das Datum der Kurse an")
let msg2 = NSLocalizedString("Keine aktuellen Kurse verfügbar!",
  comment: "wird angezeigt, wenn ...")
```

Die Tastatur zur Zahleneingabe enthält je nach Region ein Komma oder einen Punkt zur Dezimaltrennung (siehe Abbildung 38.5). Das ist kein Problem, weil zum Einlesen der Zeichenkette ohnedies ein `NSNumberFormatter` verwendet wird, der standardmäßig das jeweils landesübliche Trennzeichen erwartet. Dasselbe Formatobjekt wird auch für die Ausgabe der Zahl verwendet:

```
// Datei CalcVC.swift, Methode txtEditingChanged()
if let decimal = formatter.numberFromString(sender.text) {
  value = Double(truncating: decimal)
}
...
txt1.text = formatter.stringFromNumber(
  CalcVC.cc.convert(value, from:cur2, to: cur1))
```

Ein weiterer kritischer Ort ist die Methode `textField` mit dem zweiten Parameter `shouldChangeCharactersInRange`. Sie wird bei jeder Tastatureingabe aufgerufen, um zu verhindern, dass App-Benutzer zwei Kommas bzw. Dezimalpunkte eingeben. Um welches Zeichen es sich handelt, geht regionspezifisch aus der Eigenschaft `decimalSeparator` des `NSNumberFormatter`-Objekts hervor:

```
// Datei CalcVC.swift, Methode textField()
let sep = formatter.decimalSeparator
```

Abbildung 38.5 Im englischen Sprachraum verwenden Tastatur und Anzeige einen Punkt zur Dezimaltrennung. Die Tabs der App sind in englischer Sprache beschriftet.

Kapitel 39
Fünf gewinnt

Im Mittelpunkt dieses Kapitels steht »Fünf Gewinnt«. Bei dieser gleichermaßen für iPhones, iPads und iPods geeigneten App platzieren zwei Spieler abwechselnd ihre Steine auf der schachbrettförmigen Spielfläche. Wer zuerst fünf Steine in einer Reihe anordnet, hat gewonnen. Die App kann von einem oder zwei Spielern genutzt werden: Im ersten Fall spielt der Computer gegen den Menschen, im zweiten Fall dient die App nur als Spielfläche.

Die App ist hier kostenlos im App Store erhältlich:

https://itunes.apple.com/us/app/funf-gewinnt!/id1039705250

39.1 Die App »Fünf gewinnt«

Die Spielidee ist einfach: Im Einspielermodus spielt das iOS-Gerät gegen seinen Besitzer. Wem es zuerst gelingt, fünf Steine in einer Reihe zu platzieren, der hat gewonnen (siehe Abbildung 39.1). Und so viel gleich vorweg: In der Regel wird dies der Computer sein …

In einem kleinen Popup-Menü können Sie ein neues Spiel starten oder den letzten Zug rückgängig machen. Es stehen vier Spielbrettgrößen zur Wahl, wobei die Einstellungen *Large* und *X-Large* nur auf einem iPad praktikabel sind (siehe Abbildung 39.2). In diesem Menü geben Sie auch an, ob Sie gegen den Computer oder gegen einen zweiten Spieler antreten möchten.

Bei jedem Zug erscheint der neue Stein mit einer dezenten Animation. Sobald ein Spieler gewinnt, wird die Siegeslinie farblich hervorgehoben und ebenfalls kurz animiert.

Hintergründe zum Spiel

Die Grundzüge des Spiels sind also für jedes Kind auf Anhieb verständlich. In der Wikipedia können Sie nachlesen, dass das Spiel uralt ist und international unter verschiedenen Namen populär wurde, z. B. in Japan als *Gomoku* oder in China als *Wuziqi*. Vielfach wird das Spiel in diesen Ländern auf Go-Spielbrettern mit 15 × 15, 17 × 17 oder 19 × 19 Feldern gespielt.

Der Spieler, der das Spiel beginnt, wird bei einem fehlerfreien Spiel immer gewinnen. Dieses Manko lässt sich durch einige (in der hier vorgestellten App nicht realisierte) Zusatzregeln für die Eröffnungszüge kompensieren. Diese Spielvariante heißt *Renju*:

https://de.wikipedia.org/wiki/Fünf_in_eine_Reihe
https://de.wikipedia.org/wiki/Renju

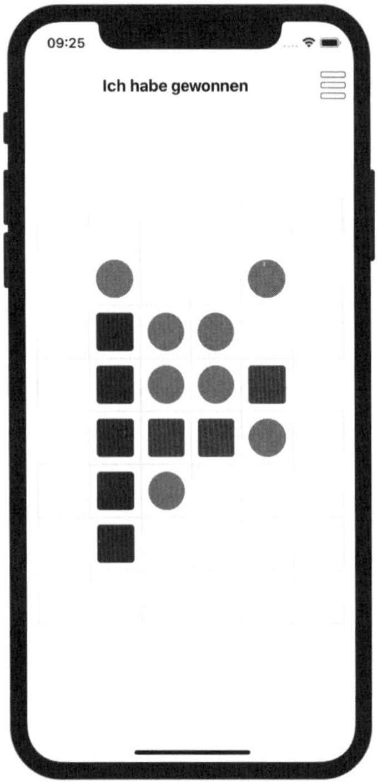

Abbildung 39.1 »Fünf gewinnt« auf einem iPhone

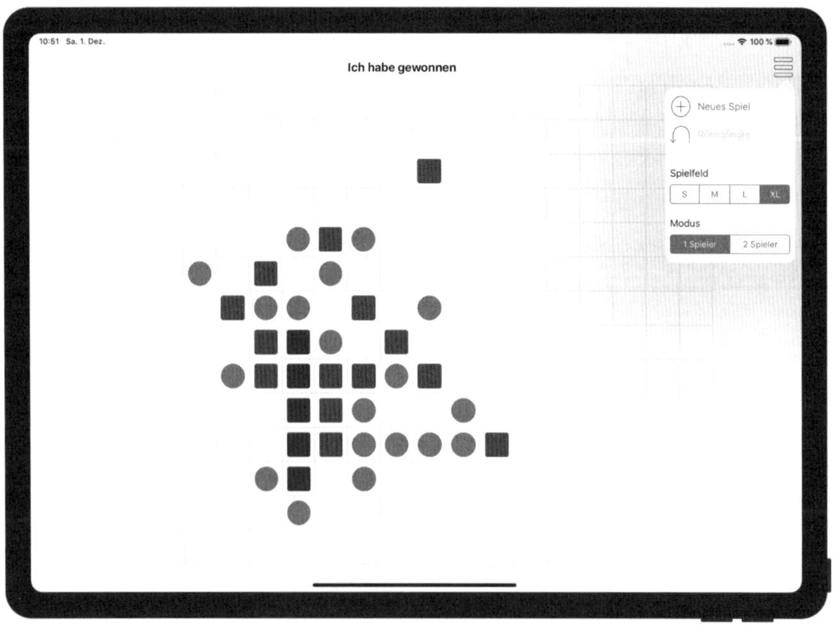

Abbildung 39.2 »Fünf gewinnt« mit Popup-Menü auf einem iPad

Programmaufbau

In Xcode verteilt sich die App über die folgenden Dateien, die ich in den weiteren Abschnitten dieses Kapitels im Detail erläutere:

- `Globals.swift`: Enumerationen, Strukturen und globale Funktionen
- `BoardView.swift`: eigene `UIView` zur Darstellung des Spielbretts und der darauf platzierten Steine
- `FiveWins.swift`: Speicherung des Spielstands, Methoden für die Spiellogik
- `Main.storyboard`: Gestaltung der Haupt- und Popup-View
- `PopupVC.swift`: View-Controller zum Popup-Dialog
- `SetPieceDelegate.swift`: Protokoll zur Benachrichtigung über neu platzierte Steine
- `ViewController.swift`: View-Controller zur Hauptansicht

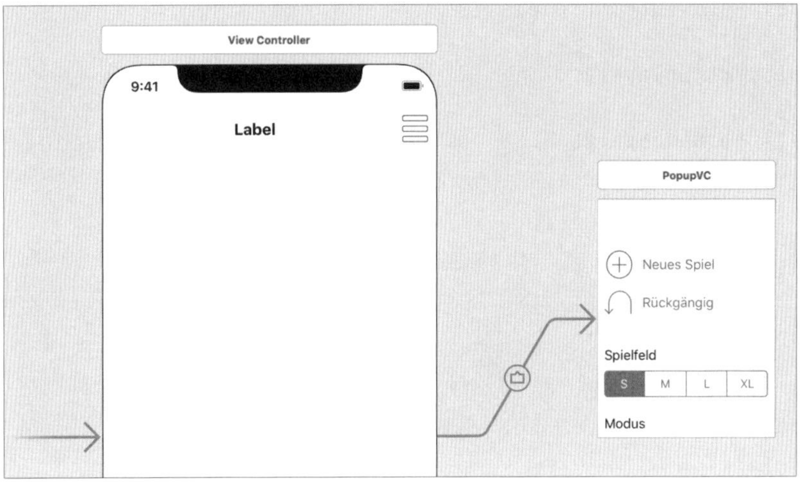

Abbildung 39.3 Das simple Storyboard von »Fünf gewinnt«

Storyboard und Auto-Layout-Regeln

Das Storyboard fällt im Vergleich zu anderen Beispielprogrammen in diesem Buch bescheiden aus (siehe Abbildung 39.3). Es gibt nur zwei View-Controller. Im ersten befinden sich oben mittig ein Label und in der rechten oberen Ecke ein Menü-Button. Den Rest des iOS-Geräts füllt – bis auf einen schmalen Rand – das selbst entwickelte `BoardView`-Steuerelement aus.

Der Popup-View-Controller besteht aus einigen Buttons, zwei Labels sowie zwei Segmented Controls (Klasse `UISegmentedControl`), die in diesem Buch erstmals hier vorkommen. Dabei handelt es sich um spezielle Buttons, die eine übersichtliche Auswahl einer Option aus *n* Optionen ermöglichen.

Die beiden View-Controller sind durch einen Popover Segue verbunden. Die Größe des Popover-Dialogs ist durch die Einstellung USE PREFERRED EXCPLICIT SIZE = 200 × 260 Punkte fixiert.

39.2 Enumerationen und globale Funktionen (Globals.swift)

Die Datei `Globals.swift` enthält eine bunte Sammlung einfacher Enumerationen, Strukturen, Klassenerweiterungen und globaler Funktionen, die an verschiedenen anderen Stellen des Codes benötigt werden.

Feld- und Spielstatus (Piece und GameStatus)

Die in `Piece` und `GameStatus` definierten Enumerationswerte helfen dabei, den Zustand eines Felds des Spielbretts bzw. den aktuellen Zustand des ganzen Spiels zu verwalten. Die Methode `toStatus` hilft bei der Umwandlung von `Piece`-Werten in `GameStatus`-Werte. Beachten Sie, wie Sie hier mit `self` auf den gerade aktuellen Wert einer Enumeration zugreifen können:

```
// Projekt fuenf-gewinnt, Datei Globals.swift
// Belegung eines Felds des Spielbretts
enum Piece {
  case empty, player1, player2

  func toStatus() -> GameStatus {
    if self == .player1 {
      return .player1Won
    } else if self == .player2 {
      return .player2Won
    } else {
      return .open
    }
  }
}
// Status des Spiels
enum GameStatus {
  case open          // Spiel läuft noch
  case player1Won    // Spieler 1 hat gewonnen
  case player2Won    // Spieler 2 hat gewonnen
  case draw          // unentschieden
}
```

Spielbrettgrößen (BoardSize)

Ursprünglich wollte ich auch die vier Spielbrettgrößen durch eine Enumeration ausdrücken. Allerdings kann Swift keine Tupel als Raw Values von Enumerationswerten speichern. `enum BoardSize: (Int, Int)` funktioniert also nicht. Ein Ausweg hätte darin bestanden, als Raw Values einen eigenen Typ zu verwenden, also `enum BoardSize: SizeType` – aber noch einfacher ist es, anstelle einer Enumeration gleich eine Struktur zu verwenden und die möglichen Einstellungen in Form von statischen Variablen zu definieren:

```
// Projekt fuenf-gewinnt, Datei Globals.swift, Fortsetzung
struct BoardSize {
  static let small  =  (6, 8)
  static let medium =  (8, 11)
  static let large  = (11, 14)
  static let xlarge = (14, 18)

  // liefert ein Größen-Tupel für die Modi 0, 1, 2 und 3
  static func getSize(mode: Int) -> (Int, Int) {
    switch mode {
    case 1:  return BoardSize.medium
    case 2:  return BoardSize.large
    case 3:  return BoardSize.xlarge
    default: return BoardSize.small
    }
  }

  // liefert ein Größen-Tupel entsprechend der
  // User-Defaults-Einstellung
  static func getDefaultSize() -> (Int, Int) {
    return getSize(mode: getDefaultSizeMode())
  }
  // lädt bzw. speichert den Größen-Modus in den User-Defaults
  static func getDefaultSizeMode() -> Int {
    return UserDefaults.standard.integer(forKey: "sizemode")
  }
  static func setDefaultSizeMode(mode: Int) {
    UserDefaults.standard.set(mode, forKey: "sizemode")
  }
}
```

Die statischen Funktionen `getSize`, `getDefaultSize`, `getDefaultSizeMode` und `setDefaultSizeMode` helfen dabei, die vier möglichen Einstellungen als ganze Zahl in der User-Defaults-Datenbank zu speichern bzw. wieder von dort auszulesen. Die Funktionen werden in `ViewController.swift` und in `PopupVC.swift` eingesetzt.

2D-Arrays erzeugen

Im Datenmodell des Spiels, das in `FiveWins.swift` definiert ist, müssen mehrfach zweidimensionale Arrays erzeugt und mit einem Startwert initialisiert werden. Dabei hilft die generische Funktion `createArray2D`:

```
func createArray2D<T>(_ n: Int, _ m: Int, value:I)  -> [[T]] {
  return [[T]](repeating: [T](repeating: value, count: m), count: n)
}
```

Farben aufhellen bzw. abdunkeln

Um die fünf Steine zu markieren, die eine Linie bilden und so zum Sieg für einen der Spieler führten, wird ihre Farbe abgedunkelt. Besonders elegant gelingt dies mit der folgenden Erweiterung der `UIColor`-Klasse:

```
// Projekt fuenf-gewinnt, Datei Globals.swift, Fortsetzung
// dunklere Farbe
extension UIColor {
  func darker() -> UIColor {
    var hue:    CGFloat = 0
    var sat:    CGFloat = 0
    var bright: CGFloat = 0
    var alpha:  CGFloat = 0
    getHue(       &hue,
      saturation: &sat,
      brightness: &bright,
      alpha:      &alpha)
    return UIColor(
      hue:        hue,
      saturation: sat,
      brightness: bright * 0.66,
      alpha:      alpha)
  }
}
```

`getHue` ermittelt also die Farbwerte der gegebenen Farbe. Daraus wird eine neue Farbe mit einem reduzierten Helligkeitswert (`bright * 0.66`) erzeugt und zurückgegeben. Die Anwendung der Methode sieht so aus:

```
let col1 = UIColor.blueColor()
let col2 = col1.darker()
```

In `Globals.swift` ist auch der analoge Code für die Methode `brighter` enthalten. Der einzige Unterschied zu `darker` besteht darin, dass die neue Helligkeit mit `min(1.0, bright*1.33)` berechnet wird. Die `min`-Funktion stellt sicher, dass die Helligkeit nie größer als 1 wird.

Rechteck rund um einen Mittelpunkt erzeugen

In der App besteht mehrfach die Notwendigkeit, eine `CGRect`-Struktur zu erzeugen, deren Mittelpunkt und Größe bekannt sind. Damit dabei nicht immer die gleichen Berechnungen wiederholt werden müssen, erweitern die folgenden Zeilen die `CGRect`-Struktur um eine neue Init-Funktion. Sie erzeugt ein neues `CGRect`-Objekt und initialisiert dazu die Eigenschaften `origin` und `size`:

```
// Rechteck zentriert um einen Mittelpunkt erzeugen
extension CGRect {
  init(xcenter: Double, ycenter: Double, w: Double, h: Double) {
    self.init()  // ab Swift 4.1 erforderlich!
    self.origin = CGPoint(x: xcenter - w/2, y: ycenter - h/2)
    self.size   = CGSize(width: w, height: h)
  }
}
```

Code verzögert ausführen

Wenn der Computer seinen Zug ausführt, noch bevor die Animation des Zugs des Spielers zu Ende ist, wirkt das demotivierend. Deswegen habe ich nach einer Möglichkeit gesucht, eine Funktion bzw. Closure zeitverzögert auszuführen. Wie so oft fand sich auf der Website Stack Overflow eine Lösung:

http://stackoverflow.com/questions/24034544

Die Funktion `delay` erwartet zwei Parameter: die Verzögerungszeit in Sekunden und eine Funktion oder Closure, die nach dieser Zeit ausgeführt werden soll. Intern ist für die Ausführung die Methode `asyncAfter` zuständig. Hintergrundinformationen zu dieser Methode sowie zur asynchronen Programmierung finden Sie in Abschnitt 31.2, »GCD-Grundlagen«.

An diese Funktion müssen der gewünschte Zeitpunkt und die auszuführende Funktion übergeben werden. Die Berechnung der Ausführzeit durch eine simple Addition einer `Double`-Zahl wirkt auf den ersten Blick befremdlich. Der Code funktioniert nur deswegen, weil für die `DispatchTime`-Klasse tatsächlich die Operatoren + und - definiert sind.

```
// Projekt fuenf-gewinnt, Datei Globals.swift, Fortsetzung
func delay(by span: Double, closure: @escaping ()->()) {
  let when = DispatchTime.now() + span
  DispatchQueue.main.asyncAfter(deadline: when, execute: closure)
}
```

Die Anwendung von `delay` sieht so aus:

```
delay(by: 0.5, closure:
  {
    // ... auszuführender Code als Closure
  }
)
```

Noch übersichtlicher wird der Code, wenn Sie die Closure der `delay`-Methode nachstellen:

```
delay(by: 0.5) { // Closure
  // ... auszuführender Code
}
```

39.3 Die Spiellogik (FiveWins.swift)

Das Datenmodell der App ist in der Klasse FiveWins verpackt. Darin ist die gleichnamige Klasse definiert. Sie hat zwei Aufgaben: Einerseits speichert sie die Positionen aller Steine auf dem Spielfeld, andererseits enthält sie Methoden, die den für den Computer besten Zug finden. Der Großteil dieses Abschnitts beschäftigt sich mit dem Code zur Suche nach dem optimalen Zug.

Spielfeld speichern

Die Eigenschaften width und height geben die Spielgröße an. Das zweidimensionale Array board enthält für jedes Feld des Spielbretts dessen aktuelle Belegung in Form von Piece-Enumerationswerten (also .player1, .player2 oder .empty). Analog werden im Array winning die Steine mit true gekennzeichnet, die zum Sieg führten. Im Array history werden alle bisher durchgeführten Züge in Form von (x, y)-Tupeln gespeichert. Das ist notwendig, damit Züge bei Bedarf rückgängig gemacht werden können. Zur Initialisierung der Arrays wird die vorhin vorgestellte Funktion createArray2D verwendet.

Die Init-Funktion initialisiert die Arrays, wobei darauf geachtet wird, dass die Höhe des Spielbretts kleiner als die Breite oder gleich ist. Die Form des Spielbretts entspricht damit der eines iPhones in der üblichen Lage. Wenn das iPhone gedreht wird bzw. wenn das Spiel auf einem iPad im Querformat ausgeführt wird, kümmert sich die BoardView-Klasse darum, dass das Spielbrett entsprechend gedreht wird. Und um diese Logik nicht komplizierter als notwendig zu machen, gilt die Voraussetzung, dass das board-Array der FiveWins-Klasse nie mehr Spalten als Reihen haben darf.

```
// Projekt fuenf-gewinnt, Datei FiveWins.swift
class FiveWins {
  let width: Int                // Größe des Spielfelds
  let height: Int
  var history: [(Int, Int)]     // Reihenfolge der Züge (für Undo)
  var board: [[Piece]]          // Belegung der Spielfelder (zwei-
                                // dimensionales Array)
  var winning: [[Bool]]         // Kennzeichnung der fünf Steine, die
                                // zum Sieg führten
  // Init-Funktion
  init(width: Int, height: Int) {
    if width > height {
      NSException(name: NSExceptionName("Illegal arguments"),
        reason: "width must be <= height",
        userInfo: nil).raise()
    }
    self.width = width
    self.height = height
```

```
    // Arrays
    board = createArray2D(width, height, value: Piece.empty)
    winning = createArray2D(width, height, value: false)
    history = [(Int, Int)]()

  }
}
```

Zug ausführen und rückgängig machen

Für das Ausführen eines Zugs ist die Methode setPiece zuständig. Sie kümmert sich darum, dass im entsprechenden Element des board-Arrays ein Piece-Enumerationswert gespeichert wird. Wenn ein Zug rückgängig gemacht werden soll und piece daher den Wert .empty enthält, muss außerdem das winning-Array zurückgesetzt werden. Andernfalls wird der Zug dem history-Array hinzugefügt, damit er später bei Bedarf widerrufen werden kann.

Nun folgen zwei Tests:

- Die Methode detectWin durchsucht das board-Array nach einer Linie mit fünf gleichen Steinen. Ist die Suche erfolgreich, dann hat ein Spieler gewonnen, und setPiece liefert den entsprechenden Rückgabewert.
- Deutlich diffiziler ist die Erkennung, ob das Spiel unentschieden ist. Das ist dann der Fall, wenn es auf dem ganzen Spielbrett keine fünf aneinanderliegenden Felder gibt, die ein Spieler mit den Steinen seiner Farbe belegen kann.

  Diesen Test erledigt die Methode getAllLineScoresFor quasi nebenbei. Die Hauptaufgabe dieser Methode besteht darin, für jedes Feld die an dieser Position beginnenden Linien zu bewerten (Details folgen später). Diese Informationen interessieren uns an dieser Stelle aber gar nicht – deswegen werden sie in der Zuweisung let (_, drawn)= ... mit _ ignoriert.

```
// Projekt fuenf-gewinnt, Datei FiveWins.swift, Fortsetzung
func setPiece(x: Int, y: Int, piece: Piece) -> GameStatus {
  board[x][y] = piece
  // winning-Array zurücksetzen, falls Undo-Zug
  if piece == .empty {
    winning = createArray2D(width, height, value: false)
  } else { // sonst Zug speichern
    history.append( (x, y) )
    // Siegeszug erkennen
    let result = detectWin()
    if result == .player1Won || result == .player2Won {
      return result
    }
  }
```

```
  // Kann das Spiel noch gewonnen werden?
  let (_, drawn) = getAllLineScores(for: .player1)
  if drawn {
    return .draw
  } else {
    return .open
  }
}
```

Mit diesen Voraussetzungen ist es ganz einfach, einen Zug rückgängig zu machen: `undo` testet, ob das `history`-Array zumindest eine gespeicherte Position enthält. Das im letzten Array-Element enthaltene Tupel wird mit `removeLast` entfernt und gleich in den Variablen `x` und `y` gespeichert. Die gerade beschriebene Methode `setPiece` kümmert sich um den Rest.

Sieg-Test

Die Methode `detectWin` testet für alle Linien des Spielfelds, ob diese fünf gleiche Steine enthalten. Wird eine derartige Linie gefunden, dann werden auch die entsprechenden Elemente im Array `winning` auf `true` gesetzt.

In `detectWin` durchlaufen die Variablen `x` und `y` alle Felder des Spielbretts. Für jedes Feld werden die an dieser Position beginnenden Linien nach links, nach links unten, nach unten und nach rechts unten überprüft. Dazu wird jeweils die Funktion `detectAndMarkWinningLine` aufgerufen, die ausgehend von einem Startpunkt eine Linie in die durch `deltax` und `deltay` vorgegebene Richtung durchläuft. `deltax=1` und `deltay=0` testet eine horizontale Linie, `deltax=1` und `deltay=1` eine Linie diagonal nach rechts unten etc.

```
// Projekt fuenf-gewinnt, Datei FiveWins.swift, Fortsetzung
func detectWin() -> GameStatus {
  // für alle Felder
  for x in 0..<width {
    for y in 0..<height {

      // Linie nach links
      if x+4 < width {
        let result = detectAndMarkWinningLine(
          x, y, deltax: 1, deltay: 0)
        if result != .open { return result}
      }

      // Linie diagonal nach rechts unten
      if x+4 < width && y+4 < height {
        let result = detectAndMarkWinningLine(
          x, y, deltax: 1, deltay: 1)
        if result != .open { return result}
      }
```

```
      // Linie nach unten
      if y+4 < height {
        let result = detectAndMarkWinningLine(
          x, y, deltax: 0, deltay: 1)
        if result != .open { return result}
      }

      // Linie diagonal nach links unten
      if x-4 >= 0 && y+4 < height {
        let result = detectAndMarkWinningLine(
          x, y, deltax: -1, deltay: 1)
        if result != .open { return result}
      }

    }  // for-y
  }  // for-x
  return .open
}

// eine Linie überprüfen, ob lauter gleiche Steine;
// wenn ja, Positionen im winning-Array markieren
func detectAndMarkWinningLine(_ x: Int, _ y: Int,
                              deltax: Int, deltay: Int)
  -> GameStatus
{
  let startpiece = board[x][y]
  // Startfeld leer
  if startpiece == .empty { return .open }

  // Linie testen
  for i in 1..<5 {
    if board[x + deltax*i][y + deltay*i] != startpiece {
      // Felder der Linie stimmen nicht überein
      return .open
    }
  }

  // alle Felder gleich: Siegesfelder markieren
  for i in 0..<5 {
    winning[x + deltax*i][y + deltay*i] = true
  }
  return startpiece.toStatus()
}
```

Der Spielalgorithmus

Jetzt kommen wir zur interessantesten Fragestellung in der `FiveWins`-Klasse: Wie kann der Computer den besten Zug finden? Bevor ich Ihnen die dafür implementierten Methoden im Detail vorstelle, gibt dieser Abschnitt einen Überblick über den Algorithmus. Die Grundidee ist simpel: Das Programm durchläuft in einer Schleife alle freien Felder und bewertet diese. Der Zug erfolgt dann auf das bestbewertete Feld.

Damit sind wir bei der nächsten Frage: Wie kann der Wert eines Felds berechnet werden? Grundsätzlich können durch jedes Feld in vier Richtungen bis zu fünf Siegeslinien verlaufen (siehe Abbildung 39.4). Das sind Linien, auf denen es theoretisch möglich ist, das Spiel zu gewinnen. Durch Felder im Inneren eines Spielbretts mit mindestens 9 × 9 Feldern gehen 20 Linien. Bei Feldern am Rand kann die Anzahl der Linien auf drei sinken.

Der Wert eines Feldes ergibt sich nun ganz einfach aus dem Wert der Linien, die durch das Feld führen. Wie groß ist nun der Wert einer Linie? Hierfür verwendet der Algorithmus die folgenden Regeln:

- Linien, auf denen beide Spieler mindestens einen Stein gesetzt haben, sind wertlos (also Wert 0). Der Grund: Auf dieser Linie kann es keinem Spieler mehr gelingen, fünf eigene Steine zu platzieren.
- Vollständig leere Linien haben den Wert 0,1. Der Wert ist nicht 0, weil eine leere Linie zumindest später eine Chance auf den Sieg verspricht. Der kleine Wert von 0,1 reicht aus, damit der Computer bei einem vollkommen leeren Spielbrett die Felder im Zentrum bevorzugt, weil durch sie viele leere Linien mit einem Wert von jeweils 0,1 führen.
- Linien mit einem, zwei, drei oder vier eigenen Steinen werden die Werte 1, 4, 16 und 256 zugeordnet. Der riesige Sprung bei vier Steinen ist dadurch begründet, dass das Spiel hiermit gewonnen ist. Es muss lediglich ein Stein auf das verbleibende Feld der Linie gesetzt werden.
- Linien mit ein bis vier Steinen des Gegners werden mit 1, 4, 16 und 64 Punkten bewertet. Ein Zug auf ein Feld einer derartigen Linie ist deswegen wertvoll, weil er die Chancen für den Gegner mindert.

  Damit der Computer im Zweifelsfall eher aggressiv spielt, also seine eigenen Chancen höher bewertet als die des Gegners, wird die gegnerische Bewertung mit 0,85 multipliziert.

David Levy

Die Idee für den Algorithmus stammt von David Levy und wurde meines Wissens erstmals 1984 in der britischen Computerzeitschrift *Practical Computing* veröffentlicht. David Levy beschäftigt sich ansonsten mit anspruchsvolleren Spielen: Er ist Internationaler Meister im Schach und hat bereits 1976 eines der ersten Bücher zum Thema Computer-Schach geschrieben.

https://en.wikipedia.org/wiki/David_Levy_(chess_player)

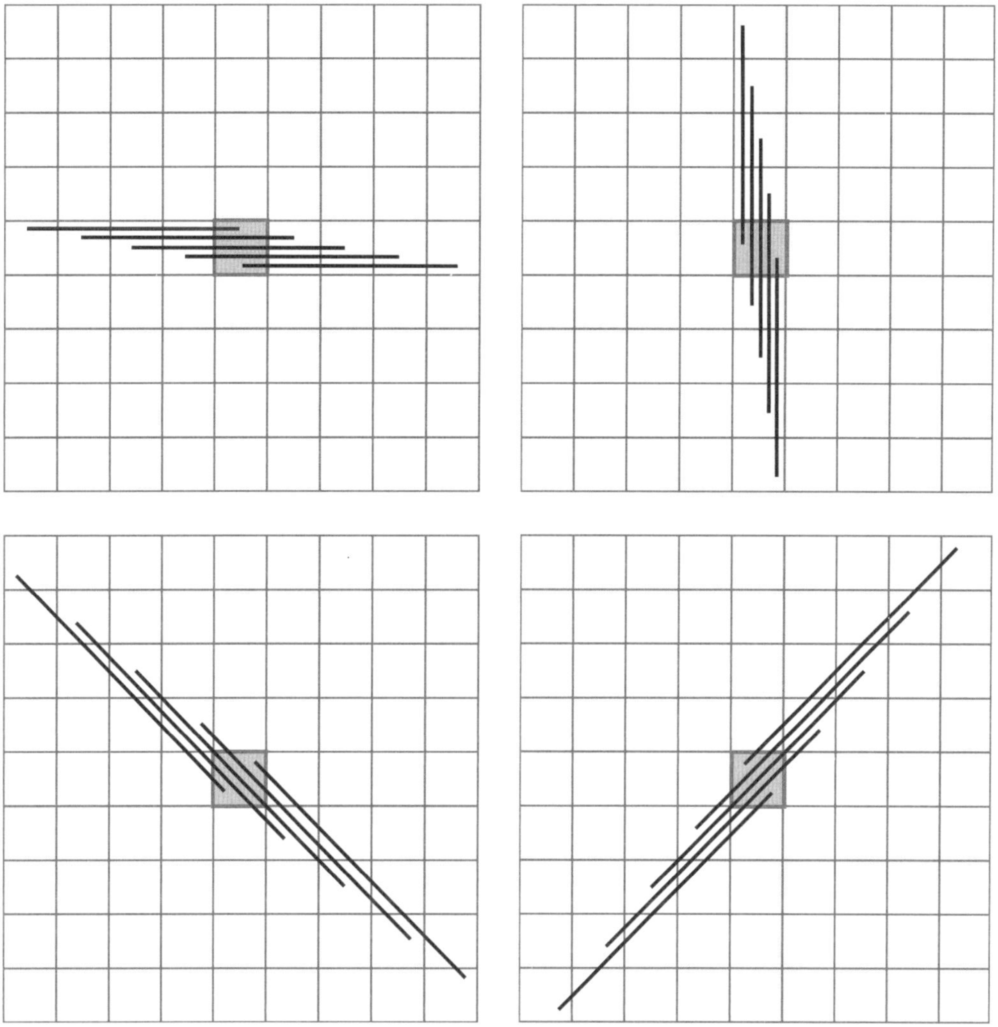

Abbildung 39.4 Durch die Felder eines Spielbretts können bis zu 20 Siegeslinien gehen.

Den Wert einer Linie berechnen

Nachdem ich Ihnen das Konzept Top-down präsentiert habe, beginne ich beim Code von der anderen Seite: bei den Details. Die Methode `getLineScore` berechnet den Wert einer Linie aus der Sicht eines Spielers. Die Belegung der fünf Felder wird im Array `line` übergeben.

```
// Projekt fuenf-gewinnt, Datei FiveWins.swift, Fortsetzung
func getLineScore(for player: Piece, line: [Piece]) -> Double {
  let ownScore =   [0, 1.0, 4.0, 16.0, 256.0]
  let otherScore = [0, 1.0, 4.0, 16.0,  64.0]
  // eigene Chancen höher bewerten als fremde Risiken, führt zu
  // aggressiverem Spiel
  let scaleOther = 0.85
```

```
  // eigene/fremde Steine zählen
  var cntOwn = 0, cntOther = 0
  for i in 0..<5 {
    if line[i] == player {
      cntOwn += 1    // eigener Stein
    } else if line[i] != .empty {
      cntOther += 1  // Stein des Gegners
    }
  }
  // Auswertung
  if cntOwn == 0 && cntOther == 0 { return 0.1 }  // leere Linie
  if cntOwn > 0  && cntOther > 0  { return 0.0 }  // blockierte Linie
  if cntOwn > 0 {
    return ownScore[cntOwn]
  } else {
    return otherScore[cntOther] * scaleOther
  }
}
```

Den Wert aller Linien berechnen

Es wäre ineffizient, zur Bewertung aller Spielfelder immer wieder alle Linien zu bewerten, die durch dieses Feld führen. Die gleichen Linienbewertungen werden ja auch für andere Felder benötigt. Deswegen wird diese Aufgabe einmal vorab erledigt. `getAllLineScores` durchläuft alle Felder des Spielbretts. Die Werte von bis zu vier Linien, die an dieser Position beginnen (siehe Abbildung 39.5), werden in Elementen der Struktur `LineScores` gespeichert. Die Bewertung erfolgt aus der Sicht des Spielers, der im ersten Parameter übergeben wird.

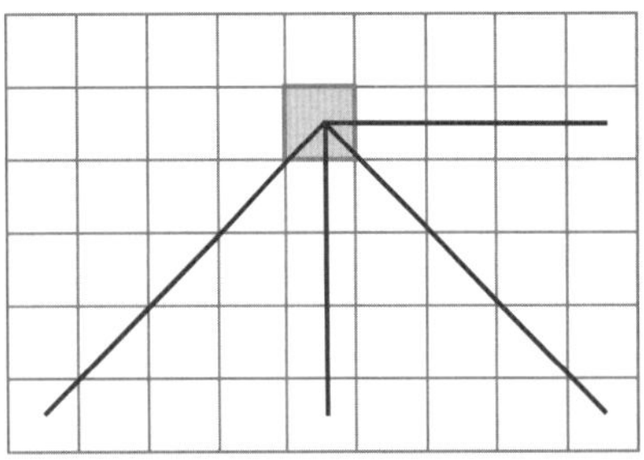

Abbildung 39.5 Bis zu vier Linien können an einem Feld des Spielbretts beginnen.

```
struct LineScores {
  var scoreLeft  = 0.0
  var scoreDiag1 = 0.0
  var scoreDown  = 0.0
  var scoreDiag2 = 0.0
}
```

Gleichsam als Nebenergebnis kann `getAllLineScoresFor` auch ein Unentschieden feststellen: Beträgt die Summe aller bewerteten Linien 0, dann gibt es keine Linie mehr auf dem Spielbrett, die das Spiel entscheiden könnte. Diese Unentschieden-Bewertung wird im zweiten Wert des Ergebnis-Tupels zurückgegeben. Beachten Sie, dass der Test hier nicht `scoreSum == 0.0` lauten darf. Aufgrund von Rundungsfehlern wird `scoreSum` in der 15. oder 16. Nachkommastelle von 0 abweichen.

```
// Projekt fuenf-gewinnt, Datei FiveWins.swift, Fortsetzung
func getAllLineScores(for player: Piece)
  -> ( [[LineScores]], Bool )
{
  var result = createArray2D(width, height, value: LineScores() )
  var fiveSquares = [Piece](repeating: .empty, count: 5)
  var scoreSum = 0.0

  // für alle Felder
  for x in 0..<width {
    for y in 0..<height {

      // Linie nach links
      if x+4 < width {
        for i in 0..<5 {
          fiveSquares[i] = board[x+i][y]
        }
        let score = getLineScore(for: player, line: fiveSquares)
        scoreSum += score
        result[x][y].scoreLeft = score
      }

      // Linie diagonal nach rechts unten
      if x+4 < width && y+4 < height {
        for i in 0..<5 {
          fiveSquares[i] = board[x+i][y+i]
        }
        let score = getLineScore(for: player, line: fiveSquares)
        scoreSum += score
        result[x][y].scoreDiag1 = score
      }

      // Linie nach unten, Linie diagonal nach links unten:
      // noch zweimal ein analoger Codeblock wie oben ...
      }
    }  // Ende for y
  }    // Ende for x
  return (result, scoreSum < 0.001)
}
```

Den Wert eines Spielfelds berechnen

Mit einem LineScores-Array ist es einfach, den Wert eines Feldes zu ermitteln: getScore summiert einfach die Werte aller Linien, die durch das Feld laufen, das durch die Position x und y definiert ist. Damit das iPhone oder iPad bei gleichen Stellungen nicht immer genau gleich spielt, fügt getScore der Bewertung noch einen zufälligen Wert zwischen 0 und 0,1 hinzu und multipliziert das Ergebnis mit einem Faktor zwischen 1 und 1,02.

```
// Projekt fuenf-gewinnt, Datei FiveWins.swift, Fortsetzung
func getScore(_ x:Int, _ y:Int,
              _ linescores: [[LineScores]]) -> Double
{
  // Summe der Bewertungen aller Linien ausrechnen, die durch das
  // aktuelle Feld führen
  var result = 0.0

  for i in  0..<5 {
    // horizontale Linien
    if x-i >= 0 {
      result += linescores[x-i][y].scoreLeft
    }
    // Linien diagonal nach unten
    if y-i >= 0 {
      result += linescores[x][y-i].scoreDown
    }
    // Linien diagonal nach rechts unten
    if x-i >= 0 && y-i >= 0  {
      result += linescores[x-i][y-i].scoreDiag1
    }
    // Linien diagonal nach links unten; Startpunkt rechts oben
    if x+i < width && y-i>=0 {
      result += linescores[x+i][y-i].scoreDiag2
    }
  }
  // kleinen Zufallsfaktor dazu
  result += Double.random(in: 0...0.1)    // +0 bis +0.1
  result *= Double.random(in: 1...1.02)   // *1 bis *1.02
  return result
}
```

Der Computer spielt zu gut!

Wenn Sie die ersten paar Spiele gegen die App verloren haben und frustriert sind, weil der Computer zu gut spielt, können Sie getScore ein wenig manipulieren: Je mehr Sie den Zufallsanteil vergrößern, desto eher macht das Programm Züge, die nicht optimal sind.

Den besten Zug auswählen

Damit sind wir fast am Ziel: `findMove` sucht für den im Parameter übergebenen Spieler den besten Zug und gibt diesen als `(x, y)`-Tupel zurück. Dazu werden alle möglichen Züge in einem Array vom Typ `Move` gesammelt. `Move` ist eine simple Datenstruktur zur Speicherung der Koordinaten eines Felds samt Bewertung. Da `Move` das Protokoll `Comparable` implementiert, kann das Array `possibleMoves` zum Schluss sortiert werden. Das erste Element des sortierten Arrays enthält den besten Zug. (Wenn Sie möchten, dass der Computer weniger stark spielt, können Sie auch hier eingreifen, z. B. indem Sie aus den besten drei möglichen Zügen einen zufällig auswählen.)

```
// Projekt fuenf-gewinnt, Datei FiveWins.swift, Fortsetzung
struct Move : Comparable {
  let x: Int
  let y: Int
  let score: Double
}
func ==(lhs: Move, rhs:Move) -> Bool {
  return lhs.score == rhs.score
}
func <(lhs:Move, rhs:Move) -> Bool {
  return lhs.score < rhs.score
}
func findMove(for player: Piece) -> (Int, Int)? {
  // vorweg: einmal Array mit Werten für alle möglichen
  // Siegeslinien ausrechnen
  let (lineScores, _) = getAllLineScores(for: player)

  var possibleMoves = [Move]()
  for y in 0..<height {
    for x in 0..<width {
      if board[x][y] == .empty {
        // für alle leeren Felder
        let score = getScore(x, y, lineScores)
        possibleMoves.append( Move(x: x, y: y, score: score) )
      }
    }
  }
  // Gibt es überhaupt noch mögliche Züge?
  if possibleMoves.count == 0 { return nil }

  // einen Zug auswählen
  possibleMoves.sort(by: >)
  let best = possibleMoves.first!
  return (best.x, best.y)
}
```

39.4 Darstellung des Spielbretts und der Steine (BoardView.swift)

Die Klasse `BoardView` ist für die Darstellung des Spielbretts samt der darauf platzierten Steine verantwortlich. Außerdem benachrichtigt die View den View-Controller über Berührungen leerer Spielfelder, mit denen die Spieler Züge durchführen. Die Benachrichtigung erfolgt über das minimalistische Protokoll `SetPieceDelegate`. (Eine ausführliche Beschreibung zu eigenen Implementierungen des Delegation-Modells finden Sie in Abschnitt 37.7, »Detailansicht mit Richtungspfeil«. Werfen Sie insbesondere auch einen Blick auf Abbildung 37.5.)

```
// Projekt fuenf-gewinnt, Datei SetPieceDelegate.swift
protocol SetPieceDelegate {
  func setPiece(x:Int, y:Int)
}
```

Die `BoardView`-Klasse ist von `UIView` abgeleitet. Um sie zu nutzen, müssen Sie in den View-Controller ein gewöhnliches View-Objekt einfügen und danach drei Einstellungen verändern:

- Class = `BoardView` (im Identity Inspector)
- Mode = Redraw (im Attributinspektor)
- Opaque-Option deaktivieren (ebenfalls im Attributinspektor)

Bevor ich mich auf die Details stürze, noch ein paar allgemeine Anmerkungen zur Konzeption der Klasse:

- Die Methode `drawRect`, die ja üblicherweise für die grafische Darstellung eigener `UIView`-Objekte verantwortlich ist, kümmert sich bei der `BoardView` nur um das Spielbrett an sich.
- Die Spielsteine werden in Form eigener Views dargestellt. Mit jedem Zug wird in die von `UIView` vererbte `subviews`-Aufzählung ein neues `UIView`-Objekt für den Spielstein hinzugefügt. Der Hauptgrund für diese Vorgehensweise besteht darin, dass nur so die einzelnen Steine animiert werden können – sowohl beim Erscheinen als auch bei einem Sieg. Leider müssen der Ort und die Größe aller derartigen Views immer wieder geändert werden, wenn das iOS-Gerät gedreht wird.

Eigenschaften

Die `BoardView`-Klasse beginnt mit der Definition diverser Eigenschaften: `fw` verweist auf ein Objekt der `FiveWins`-Klasse. Dieser Verweis widerspricht genau genommen dem MVC-Muster, dem zufolge die Kommunikation zwischen View und Model immer über den Controller erfolgen sollte. In diesem Fall spart der direkte Zugriff auf das `FiveWins`-Objekt aber eine Menge redundanten Code. Da es zu keinem Zeitpunkt mehr als ein aktives `FiveWin`-Objekt gibt und die Zuordnung zwischen dem `BoardView`- und dem `FiveWins`-Objekt immer eine direkte ist, sind auch keine Nebenwirkungen zu befürchten.

Die diversen `color`-Eigenschaften bestimmen die Farben der Spielfelder, ihrer Ränder sowie der Spielsteine. Der `borderFactor` gibt an, wie breit der Rand relativ zur Größe eines Spielfelds ist. Analog steuert `pieceFactor` die Größe der Spielsteine innerhalb eines Felds.

rotate gibt an, ob das iOS-Gerät im Querformat läuft und das Spielbrett daher gedreht dargestellt werden soll. Die Eigenschaften field- und borderSize sowie boardWidth und -Height geben die exakte Größe eines Spielfelds bzw. des gesamten Spielbretts an. x- und yoffset legen fest, bei welchem Koordinatenpunkt innerhalb der BoardView das Spielbrett beginnt. Das ist nötig, weil die Proportionen der BoardView und des Spielbretts normalerweise nicht übereinstimmen. Das Spielbrett soll in diesem Fall zentriert innerhalb der View dargestellt werden.

```
// Projekt fuenf-gewinnt, Datei BoardView.swift
class BoardView: UIView {
  weak private var fw: FiveWins!   // Zugriff auf Spielfeld
  var delegate: SetPieceDelegate?  // zum setPiece()-Aufruf

  // Farben
  let fieldcolor   = UIColor(white: 1.0, alpha: 1)   // Spielfeld
  let bordercolor  = UIColor(white: 0.94, alpha: 1)  // Rand
  let player1color = UIColor(red: 1, green: 0, blue: 0, alpha: 1)
  let player2color = UIColor(red: 0, green: 0, blue: 1, alpha: 1)

  // Verhältnis Spielfeldrand zum Spielfeld-Inneren
  private let borderFactor = 0.04

  // Verhältnis Stein zu Spielfeld
  private let pieceFactor = 0.75

  // Eckdaten zum Zeichnen bzw. zur Touch-Auswertung
  // werden in updateXywh() aktualisiert
  private var rotate = false

  // absolute Größe eines Felds bzw. Randbreite
  private var fieldsize, bordersize: Double!

  // absolute Größe des Spielfelds
  private var boardWidth, boardHeight: Double!

  // Offset des Spielfelds innerhalb der UIView
  private var xoffset, yoffset: Double!
}
```

Die Positions- und Größenangaben werden in mehreren Methoden der BoardView-Klasse benötigt. Diese Werte müssen immer wieder aktualisiert werden, z. B. nach einer Drehung des Geräts, aber auch nach der Aktivierung der Multitasking-Funktionen von iOS (siehe Abbildung 39.6). Für die Berechnung der gerade aktuellen Werte ist die Methode updateXywh zuständig.

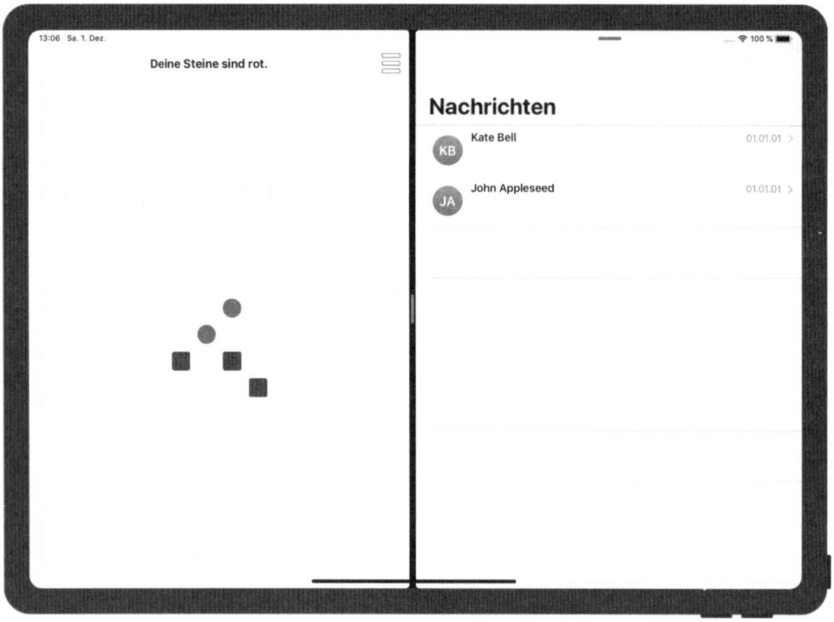

Abbildung 39.6 »Fünf gewinnt« auf einem iPad im Multitasking-Modus

```
// Projekt fuenf-gewinnt, Datei BoardView.swift, Fortsetzung
private func updateXywh() {
  rotate = frame.width > frame.height ? true : false

  // relative Spielfeldgröße:
  // 1.0 = Feldgröße, mal width/height, plus die Ränder
  // +1, weil beidseitiger Rand
  var relWidth = Double(fw.width) + Double(fw.width + 1) * borderFactor
  var relHeight = Double(fw.height) +
                  Double(fw.height + 1) * borderFactor
  if rotate {
    swap(&relWidth, &relHeight)
  }
  // absolute Spielfeldgröße im Koordinatensystem der UIView
  fieldsize = min(Double(frame.width)  / relWidth,
                  Double(frame.height) / relHeight)
  bordersize = fieldsize * borderFactor
  boardWidth = fieldsize * relWidth
  boardHeight = fieldsize * relHeight
  // absolute Position innerhalb der UIView
  xoffset = (Double(frame.width) - boardWidth) / 2
  yoffset = (Double(frame.height) - boardHeight) / 2
}
```

In updateXywh, aber auch sonst an vielen Stellen im Code der App wird der ternäre Operator eingesetzt, um Ja/Nein-Auswertungen platzsparend auszuführen. Vielleicht wollen Sie nochmals einen Blick in Abschnitt 3.4, »Operatoren für Fortgeschrittene«, werfen, wo ich diesen Operator vorgestellt habe?

```
ergebnis = bedingung ? wert1 : wert2
```

Reset

Bei der erstmaligen Initialisierung des BoardView-Objekts im View-Controller sowie in der Folge bei jedem Start eines neuen Spiels wird die Methode reset ausgeführt. An diese Methode wird ein neues FiveWin-Objekt übergeben und in der Eigenschaft fw gespeichert. Anschließend werden alle Subviews mit Spielsteinen entfernt. setNeedsDisplay löst ein Neuzeichnen des jetzt leeren Spielbretts aus.


```
func reset(_ fw: FiveWins) {
  self.fw = fw
  // Subviews mit Spielsteinen entfernen
  for sub in subviews {
    sub.removeFromSuperview()
  }
  // Spielbrett neu zeichnen
  self.setNeedsDisplay()
}
```

Spielbrett zeichnen

Die Methode draw ist für das Zeichnen des Spielbretts ohne Steine verantwortlich. Dabei wird zuerst das gesamte Spielbrett in der durch bordercolor festgelegten Farbe gezeichnet. Anschließend werden in zwei Schleifen alle Felder des Spielfelds über es gezeichnet (Farbe fieldcolor).

Die Auswertung von rotate stellt sicher, dass das Spielbrett gegebenenfalls in das Querformat gedreht wird. Hintergrundinformationen zum Zeichnen mit UIBezierPath-Objekten können Sie bei Bedarf in Abschnitt 37.4, »Steuerelement zur Richtungsanzeige (UIBezierPath)«, nachlesen.

```
override func draw(_ rect: CGRect) {
  // sicherstellen, dass alle Maße aktuell sind
  updateXywh()

  // ganzes Spielbrett hellgrau (daraus werden die Ränder zwischen
  // den Spielfeldern)
  let rect = CGRect(x: xoffset, y: yoffset,
                    width: boardWidth, height: boardHeight)
```

```
  let path = UIBezierPath(rect: rect)
  bordercolor.set()
  path.fill()

  // alle quadratischen Felder
  let xmax = rotate ? fw.height : fw.width;
  let ymax = rotate ? fw.width : fw.height;
  for  x in 0..<xmax {
    for y in 0..<ymax {

      // quadratische Felder
      let x0 = xoffset +
        bordersize + Double(x) * (fieldsize + bordersize)
      let y0 = yoffset +
        fieldsize * borderFactor + Double(y) * (fieldsize + bordersize)

      let rect = CGRect(x: x0, y: y0,
                        width: fieldsize, height: fieldsize)
      let path = UIBezierPath(rect: rect)
      fieldcolor.set()
      path.fill()
    }
  }
}
```

Zug ausführen

`setPiece` platziert einen neuen Stein auf dem Spielfeld. Wenn der Zug zu einem Sieg führt, werden mit `replaceAllPieces` sämtliche Steine erzeugt, wobei die Siegessteine animiert werden. Bei einem gewöhnlichen Zug wird durch den Aufruf von `addViewForPiece` nur eine neue View für den neuen Stein eingerichtet.

```
// Projekt fuenf-gewinnt, Datei BoardView.swift, Fortsetzung
func setPiece(_ x:Int, _ y:Int, _ piece:Piece) -> GameStatus {
  let result = fw.setPiece(x: x, y: y, piece: piece)
  updateXywh()
  if fw.winning[x][y] {
    // alle Subviews neu machen, winning-Steine markieren
    replaceAllPieces()
  } else {

    // nur den neuen Stein als Subview hinzufügen
    addViewForPiece(x, y, piece, animation: true)
  }
  return result
}
```

Einen Spielstein als (animierte) View darstellen

addViewForPiece erzeugt ein neues, an sich leeres UIView-Objekt und fügt dieses mit addSubview zur Liste der Subviews der BoardView hinzu. Die Position innerhalb des gitterförmigen Spielfelds wird durch die Variablen xrot und yrot festgelegt, wobei dabei eine eventuelle Drehung des iOS-Geräts in das Querformat berücksichtigt wird.

Die Farbe der neuen UIView ergibt sich aus der Eigenschaft backgroundColor bzw. backgroundColor.darker(), wenn der optionale Parameter winning den Wert true hat. Die Form des Spielsteins wird durch die Veränderung des mit der View verbundenen CALayer-Objekts bestimmt. Durch die Veränderung von dessen cornerRadius wird die View nicht rechteckig, sondern kreisförmig bzw. als abgerundetes Rechteck dargestellt. (Diese sehr simple Vorgehensweise macht es unmöglich, z. B. X-förmige Steine zu verwenden. Wenn Sie das möchten, müssen Sie eine eigene, von UIView abgeleitete Klasse sowie deren drawRect-Methode implementieren.)

CALayer-Animationen

In diesem Buch fehlt der Platz, um auf die vielen Spielarten einzugehen, mit denen Sie durch die Manipulation von CALayer-Objekten bzw. -Eigenschaften grandiose Animationseffekte erzielen können. Eine wunderbare Einführung gibt dieser Artikel auf der Website des iOS-Experten Ray Wenderlich:

https://raywenderlich.com/90488/calayer-in-ios-with-swift-10-examples

Wenn der optionale Parameter animation den Wert true hat, erscheint die neue View animiert: Dank der animate-Methode wächst der Spielstein im Verlauf von circa einer drittel Sekunde von einer reduzierten Startgröße (startrect) zu seiner vollen Größe (endrect). Diese Animation läuft selbstständig im Hintergrund ab, also nach dem Abschluss der addViewForPiece-Methode.

```
// Projekt fuenf-gewinnt, Datei BoardView.swift, Fortsetzung
private func addViewForPiece(_ x: Int,
                             _ y: Int,
                             _ piece: Piece,
                             animation: Bool = false,
                             winning: Bool = false)
{
  // xrot, yrot: Positionsindex nach Rotation
  let (xrot, yrot) = rotate ? (y, fw.width - 1 - x) : (x, y)

  // Mittelpunkt des Steins
  let x0 = xoffset +
           bordersize +
           (fieldsize + bordersize) * Double(xrot) +
           fieldsize / 2.0
```

```
    let y0 = yoffset +
             bordersize +
             (fieldsize + bordersize) * Double(yrot) +
             fieldsize / 2.0
    // View-Rectangle zu Beginn und am Ende der Animation
    var startrect, endrect: CGRect
    endrect = CGRect(xcenter: x0,
                     ycenter: y0,
                     w: fieldsize * pieceFactor,
                     h: fieldsize * pieceFactor)
    if animation {
      startrect = CGRect(xcenter: x0,
                         ycenter: y0,
                         w: fieldsize * 0.4,
                         h: fieldsize * 0.4)
    } else {
      startrect = endrect
    }

    // UIView erzeugen
    let newview = UIView( frame: startrect)
    if piece == .player1 {
      newview.layer.cornerRadius = CGFloat(fieldsize * pieceFactor * 0.5)
      newview.backgroundColor = player1color
      if winning {
        newview.backgroundColor = player1color.darker()
      }
    } else if piece == .player2 {
      newview.layer.cornerRadius = 4
      newview.backgroundColor = player2color
      if winning {
        newview.backgroundColor = player2color.darker()
      }
    }
    // UIView der BoardView hinzufügen
    self.addSubview(newview)

    // UIView-Anzeige animieren
    if animation {
      UIView.animate(withDuration: 0.3)
        {  // Closure
          newview.frame = endrect
        }
    } // if-Ende
  }   // func-Ende
```

Steine neu positionieren

Der hier gewählte Ansatz, die Spielsteine in eigenen Views darzustellen, hat einen gravierenden Nachteil: Bei einer Drehung des iOS-Geräts stimmen Position und Größe der zuvor erstellten Views nicht mehr. Eine Möglichkeit bestünde nur darin, Referenzen auf alle Views in einem Array zu speichern und diese nach einer Drehung neu zu positionieren. Stattdessen habe ich mich hier für einen einfacheren, wenn auch weniger effizienten Ansatz entschieden: `replaceAllPieces` löscht alle Subviews und erstellt sie dann neu. (Die Effizienz ist in dieser App kein ernsthaftes Problem. Die App läuft selbst auf alten iPhone-Modellen absolut flüssig.)


```
// Projekt fuenf-gewinnt, Datei BoardView.swift, Fortsetzung
func replaceAllPieces() {

  // zuerst vorhandene Subviews entfernen
  for sub in subviews {
    sub.removeFromSuperview()
  }

  // dann alle Spielsteine neu erzeugen
  updateXywh()
  for x in 0..<fw.width {
    for y in 0..<fw.height {
      if fw.board[x][y] != .empty {
        let win = fw.winning[x][y]
        addViewForPiece(x, y, fw.board[x][y],
          animation: win,
          winning: win)
      } // Ende if
    }   // Ende for-y
  }     // Ende for-x
}       // Ende func
```

Zu einer Änderung der Größe des Zeichenbereichs kommt es bei Drehungen des iOS-Geräts sowie bei der (De-)Aktivierung des Multitasking-Modus von iOS. Zur Feststellung der neuen Größe habe ich die von `UIView` geerbte Eigenschaft `bounds` nachträglich um einen Property Observer erweitert, also um eine `didSet`-Methode. Dort wird bei Bedarf `replaceAllPieces` ausgeführt.

```
override var bounds: CGRect {
  didSet {
    if fw == nil { return }
    if subviews.count == 0 { return }
    replaceAllPieces()
  }
}
```

Zum Aufruf von replaceAllPieces kommt es auch in der bereits beschriebenen Methode setPiece, wenn dort der Sieg eines Spielers festgestellt wird. In diesem Fall geht es mir darum, alle Siegessteine zu animieren.

Benutzereingaben feststellen und weiterleiten

Die letzte Aufgabe der BoardView-Klasse besteht darin, Fingerberührungen im Spielfeld richtig zu identifizieren und gegebenenfalls die Delegate-Methode setPiece aufzurufen. Berührungen des Displays bzw. Bewegungen mit einem oder mehreren Fingern lösen Aufrufe von touchesBegan, touchesMoved und touchesEnded aus. Für unsere Zwecke reicht die Verarbeitung der letzten Methode aus.

An die Methode wird ein Set von UITouch-Objekten übergeben. Da es uns nur um Berührungen mit einem Finger geht, verwerfen wir Aufrufe mit mehreren Objekten. Die Koordinaten des Touch-Ereignisses müssen mit locationInView in das lokale Koordinatensystem der BoardView umgerechnet werden. Außerdem muss der Offset des Spielbretts innerhalb der BoardView berücksichtigt werden.

Klicks innerhalb des Spielbretts werden zuerst einem Spielfeld zugeordnet (xind und yind). In einem weiteren Test wird nun sichergestellt, dass der Klick in einem kreisförmigen Bereich rund um den Mittelpunkt des Felds stattgefunden hat. Klicks im Randbereich zwischen zwei Feldern werden so ausgeschlossen. Vor dem Aufruf von setPiece muss außerdem eine eventuelle Drehung des iOS-Geräts und damit des Spielfelds berücksichtigt werden.

```
// Projekt fuenf-gewinnt, Datei BoardView.swift, Fortsetzung
override func touchesEnded(_ touches: Set<UITouch>,
                           with event: UIEvent?)
{
  if touches.count>1  {   // keine Mehr-Finger-Touches
    return
  }
  let touch = touches.first!       // erstes Touch-Objekt
  updateXywh()                     // Maße aktualisieren

  // x, y: Position auf dem Spielbrett
  let x = Double( touch.location(in: self).x ) - xoffset
  let y = Double( touch.location(in: self).y ) - yoffset

  // außerhalb des Spielbretts?
  if x<0 || y<0 || x>boardWidth || y>boardHeight {
    return
  }

  // Index-Position
  var xind = Int((x-bordersize) / (fieldsize + bordersize))
  var yind = Int((y-bordersize) / (fieldsize + bordersize))
```

```
  // innerhalb jedes Felds: nur akzeptieren, wenn innerhalb
  // eines Kreises im Radius eines Spielsteins
  let x0 = bordersize + fieldsize / 2.0 +
    Double(xind) * (fieldsize + bordersize)
  let y0 = bordersize + fieldsize / 2.0 +
    Double(yind) * (fieldsize + bordersize)

  let dist = sqrt( Double( (x-x0)*(x-x0) +
    (y-y0)*(y-y0) ))
  if dist > Double(fieldsize / 2.5) { return }

  // OK, Treffer. Eventuell für Querformat drehen.
  if rotate {
    (xind, yind) = (fw.width - 1 - yind, xind)
  }

  // Ist das Feld überhaupt frei?
  if fw.board[xind][yind] == Piece.empty {
    // Delegate-Methode aufrufen
    delegate?.setPiece(x: xind, y: yind)
  }
}
```


39.5 Steuerung des Spielablaufs (ViewController.swift)

Die FiveWins- und BoardView-Klassen geben uns nun ein solides Fundament, um im View-Controller den eigentlichen Spielablauf zu steuern. Die Klasse implementiert das selbst definierte Protokoll SetPieceDelegate. Zwei Outlets ermöglichen den Zugriff auf das BoardView-Steuerelement und ein Label.

Die Eigenschaften boardWidth, boardHeight und fw enthalten die Spielbrettgröße und einen Verweis auf das FiveWins-Objekt. Einige Statusvariablen speichern den gerade aktuellen Zustand des Spiels. Soweit es sich dabei um Einstellungen aus den User-Defaults handelt, werden sie von dort gelesen. Wer das erste Spiel beginnt, wird zufällig festgelegt. In der Folge ändert sich der Startspieler mit jedem neuen Spiel.

In viewDidLoad wird die delegate-Eigenschaft der BoardView auf self eingestellt, sodass der View-Controller die setPiece-Methoden verarbeiten kann. Um die restliche Initialisierung kümmert sich die Methode newGame.

```
// Projekt fuenf-gewinnt, Datei ViewController.swift
class ViewController: UIViewController, SetPieceDelegate {
  @IBOutlet weak var board: BoardView!
  @IBOutlet weak var label: UILabel!
```

```
  // Spielfeld
  var (boardWidth, boardHeight) = BoardSize.getDefaultSize()
  var fw: FiveWins!

  // Status
  var player1Starts = Int.random(in: 0...1) == 0 ? true : false
  var gameover = false
  var waitingForMove = false

  // 2-Spieler-Modus
  var twoplayer = UserDefaults.standard.bool(forKey: "twoplayer")
  var nextToPlay = Piece.player1   // nur relevant bei zwei Spielern

  // Initialisierung
  override func viewDidLoad() {
    super.viewDidLoad()
    board.delegate = self
    newGame()
  }
}
```

Ein neues Spiel starten

Die Methode `newGame` erzeugt ein neues `FiveWin`-Objekt in der gewünschten Größe. Mit `reset` werden diese Daten an das `BoardView`-Steuerelement übergeben; diese Methode löst gleichzeitig ein Neuzeichnen des Spielbretts aus.

Der weitere Verlauf hängt davon ab, ob die App nur als Spielbrett für zwei menschliche Spieler dient oder ob es sich um ein Spiel zwischen Mensch und Computer handelt. Im ersten Fall reicht es aus, `nextToPlay` richtig einzustellen, um im Label einen Hinweis anzuzeigen, welcher Spieler beginnt. Im zweiten Fall hängt die Vorgehensweise davon ab, ob der Mensch oder der Computer beginnt. Wenn der Computer am Zug ist, wird mit `findMoveFor(.player2)` ein geeigneter Startzug ermittelt und mit `setPiece` ausgeführt. `update(status)` zeigt danach an, dass nun der menschliche Spieler an der Reihe ist.

```
// Projekt fuenf-gewinnt, Datei ViewController.swift, Fortsetzung
func newGame() {
  // neues Spielfeld
  fw = FiveWins(width: boardWidth, height: boardHeight)
  board.reset(fw)
  gameover = false

  // Es beginnen abwechselnd Player1 (=Mensch) und Player2 (=Computer).
  player1Starts = !player1Starts
```

```
  if twoplayer {
    // 2-Spieler-Modus
    nextToPlay = player1Starts ? .player1 : .player2
    label.text = player1Starts ? "Rot beginnt" : "Blau beginnt"
  } else {
    // Mensch <--> Computer
    if player1Starts {
      let (x, y) = fw.findMove(for: .player2)!
      update(status: board.setPiece(x, y, .player2))
    } else {
      label.text = "Du beginnst"
    }
  }
  waitingForMove = true
}
```


Warten auf den nächsten Zug

Die App wartet nun darauf, dass eine Berührung des Spielfelds von der `BoardView`-Klasse als Zug interpretiert wird und so zum Aufruf von `setPiece` führt. Dieses Ereignis wird ignoriert, wenn das Spiel bereits beendet ist oder wenn die App gerade keine Eingabe erwartet. Das ist insbesondere dann der Fall, wenn der Computer gerade über seinen Zug »nachdenkt«. (In Wirklichkeit erfolgt die Berechnung des nächsten Zugs derart schnell, dass das Nachdenken durch `delay` simuliert werden muss.)

Im Zwei-Spieler-Modus wird der gewünschte Zug mit `setPiece` ausgeführt. Ein Aufruf von `update(status:)` aktualisiert danach den Label-Text.

Im Computer-Modus wird zuerst der Zug des Spielers ausgeführt. Wenn das Spiel danach nicht schon entschieden ist, wird nach einer Wartezeit von einer halben Sekunde ein in einer Closure formulierter Code ausgeführt. Dort ermittelt `findMove(for: .player2)` den nächsten Zug für den Computer und führt ihn aus.

```
// Projekt fuenf-gewinnt, Datei ViewController.swift, Fortsetzung
func setPiece(x: Int, y: Int) {
  if gameover { return }
  if !waitingForMove { return }

  var result: GameStatus

  if twoplayer {
    // Variante für zwei Spieler:
    if nextToPlay == .player1 {
      result = board.setPiece(x, y, .player1)
      nextToPlay = .player2
```

```
      } else {
        result = board.setPiece(x, y, .player2)
        nextToPlay = .player1
      }
      update(status: result)

    } else {
      // Variante Computer <--> Mensch:

      // Zug des Spielers ausführen
      result = board.setPiece(x, y, .player1)
      update(status: result)

      // Ist das Spiel entschieden?
      if result == .open {
        // nein, nach einer halben Sekunde spielt der Computer
        waitingForMove = false
        delay(by: 0.5) { // Closure
          if let (x, y) = self.fw.findMove(for: .player2) {
            result = self.board.setPiece(x, y, .player2)
            self.update(status: result)
          }
        } // Ende Closure
      }   // Ende if result
    }     // Ende if twoplayer
}
```

Aktualisierung des Labels und der Statusvariablen

`update(status:)` wertet den Rückgabewert der letzten `setPiece`-Methode aus und aktualisiert das Label entsprechend. Bei der Auswahl der Texte muss jeweils unterschieden werden, ob die App im Zwei-Spieler-Modus läuft oder nicht. Der Einsatz des ternären Operators bietet sich hierfür an. Außerdem müssen je nach Spielstand die Statusvariablen `gameover` und `waitingForMove` neu eingestellt werden.

```
// Projekt fuenf-gewinnt, Datei ViewController.swift, Fortsetzung
func update(status: GameStatus) {
  switch status {
  case .player1Won:
    label.text = twoplayer ? "Rot hat gewonnen!" : "Du hast gewonnen!"
    gameover = true
    waitingForMove = false
  case .player2Won:
    label.text = twoplayer ? "Blau hat gewonnen!" : "Ich habe gewonnen"
    gameover = true
    waitingForMove = false
```

```
  case .draw:
    label.text = "Unentschieden"
    gameover = true
    waitingForMove = false
  case .open:
    if twoplayer {
      label.text =
        (nextToPlay == .player1) ? "Rot spielt" : "Blau spielt"
    } else {
      label.text = "Deine Steine sind rot."
    }
    waitingForMove = true
  }
}
```


Undo

Zum Aufruf der Undo-Methode kommt es aus dem Popup-Dialog. Im Zwei-Spieler-Modus wird dann einfach der letzte Zug rückgängig gemacht. Außerdem muss `nextToPlay` von `.player1` auf `.player2` umgestellt werden (oder umgekehrt).

Bei einem Spiel zwischen Mensch und Computer müssen hingegen zwei Züge rückgängig gemacht werden: zuerst der letzte Zug des Computers und dann der Zug des menschlichen Spielers.

In beiden Fällen wurden die Änderungen vorerst nur im `FiveWins`-Objekt ausgeführt. Der Aufruf `board.replaceAllPieces()` stellt sicher, dass anschließend auch die `UIView`-Objekte der betroffenen Spielsteine vom Spielbrett verschwinden.

```
func undo() {
  if !waitingForMove { return }

  if twoplayer {
    if fw.undo() { // letzter Zug rückgängig
      nextToPlay = (nextToPlay == .player1) ? .player2 : .player1
      update(status: .Open)
    }
  } else {
    fw.undo()  // letzter Zug des Computers
    fw.undo()  // letzter eigener Zug
  }

  board.replaceAllPieces()
}
```

Popup-Aufruf

Der Menü-Button des View-Controllers ist im Storyboard mit einer Segue zum Popup-Dialog verbunden – insofern müssen wir uns um die Anzeige des Popup-Dialogs nicht weiter kümmern. Die Methode `prepare(for:)` erfüllt vielmehr zwei andere Aufgaben: Zum einen wird an den Popup-Dialog eine Referenz auf den aktuellen View-Controller übergeben, sodass der Popup-Code Zugriff auf dessen Daten und Methoden hat. Zum anderen bewirkt `popPC.delegate = self`, dass die Methode `adaptivePresentationStyle` aufgerufen wird, die Popups auf iPhones und iPods erst ermöglicht (siehe Abschnitt 17.7, »Popups«).

```
// Projekt fuenf-gewinnt, Datei ViewController.swift, Fortsetzung
class ViewController: UIViewController, SetPieceDelegate {
  override func prepare(for segue: UIStoryboardSegue, sender: Any?) {
    if let dest = segue.destination as? PopupVC,
       let popPC = dest.popoverPresentationController,
       let btn = sender as? UIButton
    {
      dest.mainVC = self              // damit Popup auf diesen
                                      //  ViewController zugreifen kann
      popPC.delegate = self           // damit Popup auf dem iPhone
                                      //  funktioniert
      popPC.sourceRect = btn.bounds   // damit das Popup korrekt
    }                                 //  platziert wird
  }      // Ende func
}        // Ende class

// Popups auf dem iPhone ermöglichen
extension ViewController : UIPopoverPresentationControllerDelegate {
  func adaptivePresentationStyle(
      for controller: UIPresentationController)
    -> UIModalPresentationStyle
  {
    return .none
  }
}
```

39.6 Der Popup-Dialog (PopupVC.swift)

Der View-Controller für den Popup-Dialog befindet sich in der Klasse `PopupVC`. Drei Outlets geben Zugriff auf den Undo-Button und die Button-Gruppen zur Einstellung der Spielbrettgröße und des Spielmodus. In `viewDidLoad` werden die Größe und der Modus aus den User-Defaults gelesen und die Button-Gruppen entsprechend voreingestellt. Außerdem wird der Undo-Button deaktiviert, wenn momentan gar keine Eingabe erwartet wird. Das hat zur Konsequenz, dass ein Zug nicht mehr rückgängig gemacht werden kann, wenn das Spiel bereits entschieden ist.

```
// Projekt fuenf-gewinnt, Datei PopupVC.swift
class PopupVC: UIViewController{
  @IBOutlet weak var btnUndo: UIButton!
  @IBOutlet weak var segmentedBoardSize: UISegmentedControl!
  @IBOutlet weak var segmentedPlayer: UISegmentedControl!

  // Rückverweis auf Haupt-View-Controller
  weak var mainVC: ViewController!

  // Zugriff auf User-Defaults!
  let defaults = UserDefaults.standard

  // Initialisierung
  override func viewDidLoad() {
    super.viewDidLoad()

    // Größenmodus aus User-Defaults voreinstellen
    segmentedBoardSize.selectedSegmentIndex =
      BoardSize.getDefaultSizeMode()

    // Spielmodus aus User-Defaults voreinstellen
    segmentedPlayer.selectedSegmentIndex =
      defaults.bool(forKey: "twoplayer") ? 1 : 0

    // Undo-Button deaktivieren, wenn ein Undo unmöglich ist
    if !mainVC.waitingForMove {
      btnUndo.isEnabled = false
    }
  }
}
```


Neues Spiel starten, Zug rückgängig machen

Der Button NEUES SPIEL führt zum Aufruf der Action-Methode `newGame`. Dort wird der Popup-Dialog mit `dismissViewControllerAnimated` geschlossen. Anschließend wird die Methode `newGame` des View-Controllers für die Hauptansicht ausgeführt. Dieser Code ist als Closure formuliert, die im zweiten Parameter an die `dismiss`-Methode übergeben wird:

```
// Projekt fuenf-gewinnt, Datei PopupVC.swift, Fortsetzung
@IBAction func newGame(sender: AnyObject) {
  // Popup schließen und Closure ausführen
  dismiss(animated: true) { // Closure
    self.mainVC.newGame()
  }
}
```

Ähnlich kurz und leicht verständlich ist der Code für den Button RÜCKGÄNGIG:

```
@IBAction func undo(sender: AnyObject) {
    dismiss(animated: true)  { // Closure
      self.mainVC.undo()
  }
}
```

Einstellungen ändern

Nach der Auswahl einer neuen Spielbrettgröße wird changeBoardSize ausgeführt. Die getSize-Methode der BoardSize-Struktur ermittelt aus dem Index des ausgewählten Buttons die gewünschte Breite und Höhe des Spielbretts. setDefaultSizeMode speichert den Index außerdem in den User-Defaults. Nach dem Schließen des Popups wird die neue Größe in den Eigenschaften boardHeight und -Width des Haupt-View-Controllers gespeichert und mit newGame() ein neues Spiel gestartet.

```
// Projekt fuenf-gewinnt, Datei PopupVC.swift, Fortsetzung
@IBAction func changeBoardSize(_ sender: UISegmentedControl) {
  // width + height für den ausgewählten Modus
  let (w, h) = BoardSize.getSize(mode: sender.selectedSegmentIndex)

  // Einstellung speichern
  BoardSize.setDefaultSizeMode(mode: sender.selectedSegmentIndex)

  // Popup schließen + Closure ausführen
  dismiss(animated: true) { // Closure
      self.mainVC.boardHeight = h
      self.mainVC.boardWidth = w
      self.mainVC.newGame()
  }
}
```

Ganz ähnlich sieht die Logik zum Wechsel zwischen dem Ein- und dem Zwei-Spieler-Modus aus:

```
@IBAction func changeGameMode(_ sender: UISegmentedControl) {
  // speichern
  let twoplayer = sender.selectedSegmentIndex == 1
  defaults.set(twoplayer, forKey: "twoplayer")
  // Popup schließen + Closure ausführen
  dismiss(animated: true) { // Closure
    self.mainVC.twoplayer = twoplayer
    self.mainVC.newGame()
  }
}
```

39.7 Erweiterungsmöglichkeiten

Wie bei den anderen Apps dieses Buchs kann ich auch bei »Fünf gewinnt« unzählige Erweiterungsideen anbieten, um die App noch attraktiver zu machen.

Spielstand automatisch speichern

Wenn Sie das Spiel unterbrechen und iOS Ihre App aus dem Speicher entfernt, gehen die Informationen zum aktuellen Spielstand verloren. Diesen Mangel können Sie beheben, indem Sie das Array `board` der `FiveWins`-Klasse nach jedem Zug im Dokumentenverzeichnis speichern und bei einem Neustart der App von dort wieder einlesen. Die prinzipielle Vorgehensweise ist in Abschnitt 37.2, »Datenmodell«, in Kapitel 37, »Schatzsuche«, beschrieben.

Spielstärke

Für Gelegenheitsspieler ist die Spielstärke ausreichend bzw. eher schon zu groß. Einige Tipps, wie Sie die Spielstärke bei Bedarf reduzieren, habe ich Ihnen am Ende von Abschnitt 39.3, »Die Spiellogik (FiveWins.swift)«, gegeben. Wenn Sie diese Ideen verwirklichen, sollten Sie im Popup-Dialog eine weitere Einstellmöglichkeit für die Spielstärke vorsehen.

Profis ist die Spielstärke vielleicht zu gering: In diesem Fall können Sie versuchen, die in der Methode `getLineScoreFor` enthaltenen Bewertungsparameter zu justieren. Viel Potenzial zur Verbesserung der Spielstärke sehe ich dabei aber nicht. Erfolgversprechender, aber mit wesentlich höherem Aufwand verbunden, ist die Implementierung eines *Minimax-Algorithmus*, damit der Computer mehrere Halbzüge vorausdenken kann:

https://de.wikipedia.org/wiki/Minimax-Algorithmus

Nur wenige Halbzüge lassen den Rechenaufwand dann explodieren, weswegen Sie eine zeitliche Limitierung vorsehen sollten, z. B. auf circa zehn Sekunden: Je stärker die Rechenleistung des iOS-Geräts ist, desto höher wird die Spielstärke.

Sollten Sie Zeit und Mühe in die Verbesserung des Algorithmus investieren, liegt es nahe, auch gleich die Profivariante von »Fünf gewinnt« zu realisieren, also die in der Wikipedia beschriebenen *Renju*-Eröffnungsregeln.

Animationen und Audioeffekte

Was die Animationen betrifft, beschränkt sich die App in der aktuellen Form auf das absolute Minimum. Denkbare weitere Effekte wären:

- ein kurzes »Zittern« aller Steine, wenn ein Unentschieden erreicht wird
- ein »Herunterfallen« aller Steine beim Start eines neuen Spiels nach dem Verlust der vorigen Partie
- ein feuerwerksähnliches Hinauffliegen der Steine nach einem Sieg

Außerdem könnte jeder Zug sowie das Spielende mit Audioeffekten untermalt werden. Denken Sie daran, dass nicht jeder Spieler eine audiovisuelle Zwangsbeglückung wünscht, und machen Sie zumindest die Audioeffekte abschaltbar.

Optische Gestaltung

Mit wenig Aufwand können Sie den Code in `drawRect` in der Klasse `BoardView` so anpassen, dass das Spielbrett wahlweise schachbrettförmig oder wie beim Spiel Go mit Gitterlinien dargestellt wird. Etwas mehr Arbeit ist die Gestaltung schönerer Spielsteine: Dazu können Sie eine eigene, von `UIView` abgeleitete Klasse entwerfen und das Aussehen der Figuren durch Code in der `drawRect`-Methode festlegen. Eine andere Vorgehensweise besteht darin, die Form der Steine durch ein `CALayerMask`-Objekt zu definieren. Vergessen Sie nicht, die Texte in den Methoden `newGame` und `updateStatus` der Klasse `ViewController` an eventuell veränderte Farben der Spielsteine anzupassen!

Geld verdienen

Ich bezweifle, dass ein Logikspiel wie »Fünf gewinnt« großes Potenzial zum Geldverdienen bietet – aber Sie können es natürlich probieren. Naheliegend sind zwei Ansätze:

- **In-App-Käufe:** Sie können die fortgeschrittenen Funktionen der App aufpreispflichtig machen, z. B. die Spielbrettgrößen L und XL, oder andere in diesem Abschnitt beschriebene Verbesserungsvorschläge durchführen.
- **Werbung:** Sie können sich einer Werbeplattform wie AdMob, MoPub oder AdBuddiz anschließen und in der App Werbung einblenden. Einerseits erzielen Sie damit (voraussichtlich geringe) Werbeeinnahmen, andererseits können Sie die Werbung durch einen In-App-Kauf deaktivieren lassen und so auch an nicht angezeigter Werbung verdienen.

Kapitel 40
Puzzle-App

In der hier vorgestellten Puzzle-App soll ein verwürfeltes Foto durch Verschieben der Teile wieder hergestellt werden. Je nachdem, wie viel Zeit Sie dafür aufwenden möchten, können Sie Puzzlegrößen zwischen 3 × 3 und 6 × 6 Teilen wählen. Zwei Buttons vermischen die Teile bzw. bringen das Puzzle wieder in Ordnung. Ein weiterer Button bietet die Möglichkeit, das Puzzle-Motiv aus der Fotosammlung auszuwählen oder mit der Kamera ein neues Bild zu erstellen.

Abbildung 40.1 Puzzle-App, links mit einem noch ungelösten Puzzle, rechts mit der Lösung

Die App merkt sich die Position der Teile, sodass Sie ein schwieriges Puzzle auch nach einer längeren Unterbrechung fortsetzen können. Als kleine Hilfe kennzeichnet die App richtig positionierte Teile durch einen dünneren Rahmen. Ist das gesamte Puzzle gelöst, verschwinden die Ränder ganz.

40.1 Programmaufbau

Das Storyboard der App besteht aus zwei View-Controllern, einer für die Hauptansicht und ein zweiter für das Fotomenü zum Button links oben. Der Radio-Button zur Auswahl der Puzzle-Größe sowie die drei weiteren Button sind in einer vertikalen Stack-View angeordnet und werden von dieser gleichmäßig über die ganze Breite des Bildschirms verteilt.

Der quadratische Spielbereich (ein mit grauer Farbe hinterlegtes `UIView`-Objekt) ist etwas unterhalb der Mitte des Displays platziert, sodass der Abstand über- und unterhalb circa gleich groß ist. Das `UIView`-Objekt dient dabei quasi als Container für die Puzzlestücke, die per Code hinzugefügt werden. Dabei handelt es sich um `Tile`-Objekte. Bei der `Tile`-Klasse handelt es sich um eine minimalistische Erweiterung der `UIImageView`-Klasse.

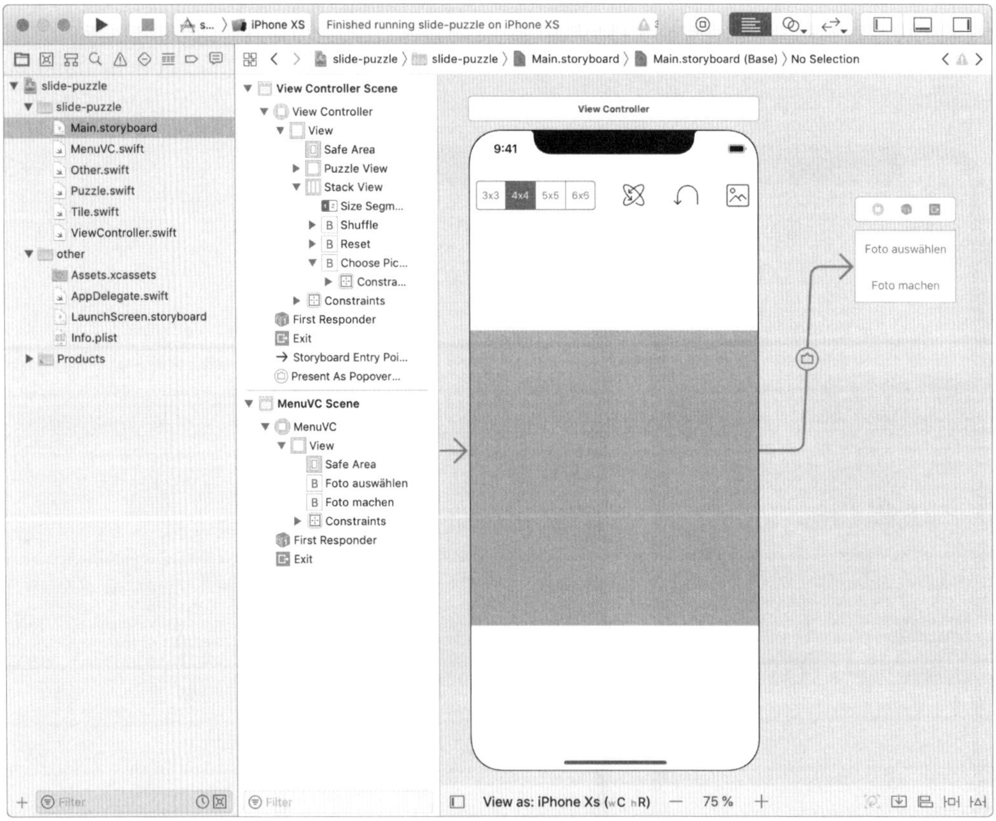

Abbildung 40.2 Storyboard der Puzzle-App

Die App kann nur im Hochformat verwendet werden. Für das iPhone wurden die erlaubten Ausrichtungen in den Projekteinstellungen vorgenommen, für das iPad in `Info.plist`. Diese Datei enthält außerdem zwei Zeichenketten, die erläutern, warum die App Zugriff auf die Kamera bzw. auf die gespeicherten Bilder des iOS-Geräts wünscht.

Der Code verteilt sich ungleichmäßig über fünf Dateien. Während `ViewController.swift` und `Puzzle.swift` den Großteil aller Anweisungen enthalten, sind die restlichen Dateien nur wenige Zeilen lang.

- `ViewController.swift`: Verarbeitung der von der Benutzeroberfläche generierten Ereignisse
- `MenuVC.swift`: Reaktion auf die Fotomenüauswahl
- `Puzzle.swift`: `Puzzle`-Klasse mit dem Code zur Verwaltung des gesamten Puzzles
- `Tile.swift`: `Tile`-Klasse für ein Puzzlestück
- `Other.swift`: Hilfsfunktionen

Hilfsfunktionen

`Other.swift` beginnt mit einer simplen Enumeration für vier Richtungen:

```
// Projekt slide-puzzle, Datei Other.swift
enum Direction: Int {
  case left, right, up, down
}
```

Das aus der Fotobibliothek ausgewählte bzw. mit der Kamera aufgenommene Bild wird im Dokumentverzeichnis der App unter dem Namen `myimg.jpg` gespeichert. Die Funktion `gitImgUrl` liefert den Pfad zum Speicherort.

```
// Ort, wo das Bild für das Puzzle gespeichert wird
// <documentdir>/myimg.jpg
func getImgUrl() -> URL {
  let dir = FileManager.default.urls(for: .documentDirectory,
                                     in: .userDomainMask).first!
  return dir.appendingPathComponent("myimg.jpg")
}
```

Quadrat aus einer Bitmap ausschneiden

Die Puzzleteile zeigen jeweils einen kleinen Ausschnitt des zugrunde liegenden Bilds. Zum Ausschneiden eines von `cnt` mal `cnt` Bildsegmenten habe ich die `UIImage`-Klasse um eine eigene `crop`-Methode erweitert. Der Code ist relativ komplex, weil beachtet werden muss, dass das Bild womöglich verdreht ist (Kameraaufnahme im Porträt- oder Querformat). Der Zielbereich muss deswegen entsprechend transformiert werden. Einen dafür geeigneten Algorithmus habe ich auf Stack Overflow gefunden:

https://stackoverflow.com/a/48110726/4387996

Erschwerend kommt hinzu, dass `UIImage` ein Ausschneiden überhaupt nicht vorsieht; deswegen greift die App auf die `cropping`-Methode der `CGImage`-Klasse zurück.

```
// Projekt slide-puzzle, Datei Other.swift
extension UIImage {
  func crop(col: Int, row: Int, cnt: Int) -> UIImage
  {
    // linkes oder oberes Quadrat aus Quelle
    let srcSide = min(self.size.width, self.size.height)

    // Größe der Zielquadrats
    let dstSide = srcSide / CGFloat(cnt)

    // mittig aus rechteckigem Bild ausschneiden
    let dx = (self.size.width - srcSide) / 2
    let dy = (self.size.height - srcSide) / 2

    // Startposition für den Cropping-Vorgang
    let x0 = dx + dstSide * CGFloat(col)
    let y0 = dy + dstSide * CGFloat(row)
    let cropRect = CGRect(x: x0, y: y0,
                          width: dstSide, height: dstSide)

    // Ausschneide-Rechteck transformieren
    var transf: CGAffineTransform
    switch imageOrientation {
    case .left:
      let rotation = CGAffineTransform(rotationAngle: .pi/2)
      transf = rotation.translatedBy(x: 0, y: -size.height)
    case .right:
      let rotation = CGAffineTransform(rotationAngle: -.pi/2)
      transf = rotation.translatedBy(x: -size.width, y: 0)
    case .down:
      let rotation = CGAffineTransform(rotationAngle: .pi)
      transf = rotation.translatedBy(x: -size.width, y: -size.height)
    default:
      transf = .identity
    }
    transf = transf.scaledBy(x: scale, y: scale)
    let transfRect = cropRect.applying(transf)
    let imageRef = cgImage!.cropping(to: transfRect)!
    return UIImage(cgImage: imageRef, scale: scale,
                   orientation: imageOrientation)
  }
}
```

40.2 Die Klassen »Tile« und »Puzzle«

Zur Tile-Klasse gibt es wenig zu sagen. Es handelt sich dabei um eine simple Erweiterung der UIImageView-Klasse. Neu sind lediglich die beiden Eigenschaften row und col, die angeben, welcher Ausschnitt des Bilds in der UIImageView dargestellt wird.

```
// Projekt slide-puzzle, Datei Tile.swift
class Tile: UIImageView {
  var col = 0  // Welcher Teil des Bilds wird abgebildet?
  var row = 0  // col = 0 / row = 0 entspricht links oben
}
```

Wesentlich umfangreicher ist die Puzzle-Klasse. Das Datenmodell ist ganz einfach: Ein Puzzle-Objekt ist definiert durch die Größe der Puzzles (z. B. size=4 für ein 4 × 4-Puzzle) und ein zweidimensionales Array mit den Tile-Objekten des Puzzles. Dabei ist zu beachten, dass immer ein Element des Arrays nil enthält. Dieses Element ist die freie Position des Puzzles, die in der App durch einen grauen Hintergrund dargestellt wird.


```
// Projekt slide-puzzle, Datei Puzzle.swift
class Puzzle {
  var size: Int            // Anzahl der Spalten/Zeilen
  var tiles: [[Tile?]]     // Array mit Puzzleteilen
  let ud = UserDefaults.standard
  // Init-Funktion und Methoden folgen ...
}
```

User-Defaults-Datenmodell

Der gerade aktuelle Zustand des Puzzles wird in den User-Defaults gespeichert (siehe Abschnitt 21.1). Da eine direkte Abbildung des zweidimensionalen Tile-Arrays unmöglich ist, erzeugt save stattdessen ein eindimensionales Array ganzer Zahlen. Jede Zahl enthält in den ersten acht Bits die Spalte des jeweiligen Felds, die weiteren acht Bits die Zeile. Für das leere Feld wird der Wert –1 gespeichert.

```
func save() {     // Fortsetzung Puzzle.swift
  var data = Array<Int>()
  for row in 0..<size {
    for col in 0..<size {
      if let t = tiles[col][row] {
        data += [t.col + 256 * t.row]
      } else {
        data += [-1] // an dieser Stelle leer
      }
    } // for col
  }   // for row
  ud.set(data, forKey: "puzzle")
}
```

Init-Funktion

Die Umkehrung zu save befindet sich in der aufwendigen Init-Funktion der Puzzle-Klasse. Je nachdem, welchen Wert der Parameter fromUserDefaults hat, versucht die Funktion, die bisherigen Daten zu berücksichtigen oder ein neues Puzzle im Ausgangszustand zu erzeugen.

Etwas verwirrend sind möglicherweise die Variablenpaare col/row und iCol/iRow: col und row geben die Position eines Puzzlestücks innerhalb des tiles-Array an. iCol und iRow enthalten dagegen die Information, welchen Bildausschnitt das Puzzlestück zeigt. Im Ausgangszustand stimmen col und iCol sowie row und iRow natürlich überein. Wenn das Puzzle aber in einem vermischten Zustand aus den User-Defaults gelesen wird, trifft das nicht mehr zu.

```
// Fortsetzung Puzzle.swift
init(size: Int, img: UIImage, vc: ViewController,
     fromUserDefaults: Bool = false)
{
  // Eigenschaften initialisieren
  print("init")
  self.size = size
  tiles = [[Tile?]](repeating: [Tile?](
    repeating: nil, count: size), count: size)

  // evt. alte Puzzleteile löschen
  vc.puzzleView.subviews.forEach() { $0.removeFromSuperview() }

  // versuchen, User-Defaults lesen (Ergebnis von save())
  var data = [Int]()
  var validUdData = false
  if fromUserDefaults,
     let tmp = ud.array(forKey: "puzzle") as? [Int],
     tmp.count == size * size
  {
    data = tmp
    validUdData = true
    print("valid data", data)
  }

  for i in 0..<size*size {             // Schleife über alle Felder
    let row = i / size                 // Position im tiles-Array
    let col = i % size
    var iRow: Int, iCol: Int           // Image-Ausschnitt
    if validUdData {
      if data[i] == -1 { continue }    // Feld leer, überspringen
      iRow = data[i] / 256
      iCol = data[i] % 256
    } else {
```

```
      if i == size*size-1 { continue } // Feld leer, überspringen
      iRow = row                       // row/col stimmen mit
      iCol = col                       // iRow/iCol überein
    }
    let t = Tile()                 // neues Puzzlestück einrichten
    t.row = iRow
    t.col = iCol
    t.image = img.crop(col: iCol, row: iRow, cnt: size)
    t.layer.borderColor = UIColor.lightGray.cgColor

    // eigenes GestureRecognizer-Objekt für jedes Puzzlestück
    let gesture = UIPanGestureRecognizer(
      target: vc,
      action: #selector(ViewController.panTile(recognizer:)))
    t.isUserInteractionEnabled = true // damit Recognizer fn.
    t.addGestureRecognizer(gesture)

    // Tiles in die PuzzleView einfügen
    vc.puzzleView.addSubview(t)
    tiles[col][row] = t
  } // Ende for i
  if validUdData { setBorder() }
}
```


Beachten Sie, dass in der Init-Funktion jedem `Tile`-Objekt ein eigener `UIPanGestureRecognizer` zugewiesen wird. Das ist erforderlich, damit der Versuch, ein Puzzle-Stück mit dem Finger zu verschieben, zum Aufruf der Methode `panTile` des View-Controllers führt. (Erläuterungen zu `panTile` folgen in Abschnitt 40.3, »Verwaltung der Benutzeroberfläche im View-Controller«.)

Puzzlestück bewegen (moveTile-Methode)

Die Methode `moveTile` versucht, ein Puzzlestück in eine bestimmte Richtung zu bewegen. Das klingt trivial, aber die Methode muss zwei Punkte beachten:

- Das Verschieben ist nur erlaubt, wenn sich in Schieberichtung ein freier Platz befindet (also das fehlende Puzzlestück).
- Zusammen mit dem Puzzlestück müssen möglicherweise weitere Puzzlestücke verschoben werden, die sich in Schieberichtung vor dem freien Platz befinden.

Im Datenmodell bedeutet das Verschieben ganz einfach, dass einzelne `Tile`-Objekte im Array `tiles` ihre Position ändern. Wichtig ist dabei, dass nicht fehlerhafte Einträge überschrieben werden!

Damit das Verschieben optisch ansprechend aussieht, wird der Vorgang durch den Aufruf der `animate`-Methode visualisiert, wobei die Dauer der Animation durch den `duration`-Parameter der Methode festgelegt wird. Nach Abschluss aller Animationen kann zudem eine `completion`-Funktion ausgeführt werden, die als optionaler Parameter an `moveTile` übergeben wird.

```
// Fortsetzung Puzzle.swift
func moveTile(col: Int, row: Int, dir: Direction,
              container: UIView,
              duration: Double,
              completion: ((Bool) -> Void)? = nil) -> Bool
{
  // da ist nichts zum Verschieben
  if tiles[col][row] == nil { return false }

  // Welche Teile können verschoben werden?
  // (Die Teile werden jeweils als Koordinatenpaar gespeichert.)
  var toMove = [(row: Int, col: Int)]()
  toMove.append((row: row, col: col))
  switch_construct:
  switch dir {
  case .right:
    for x in col+1..<size {
      if tiles[x][row]==nil { break switch_construct }
      toMove.append((col:x, row:row))
    }
    return false  // keinen freien Platz gefunden
  case .left: ... // analoger Code für
  case .down: ... //  Bewegungen nach links,
  case .up:   ... //  unten und oben
  }

  // die zu verschiebenden Teile in umgekehrter Reihenfolge
  // verarbeiten, damit in tiles nichts überschreiben wird
  for tile in toMove.reversed() {
    let (col, row) = (tile.col, tile.row)
    let newcol:Int, newrow: Int
    switch dir {
    case .right:
      newcol = col+1
      newrow = row
    case .left:  ... // analog für die
    case .down:  ... //  drei anderen
    case .up:    ... //  Richtungen
    }
    // Teile verschieben, aber nur beim letzten Schritt einmal
    // die complete-Funktion aufrufen
    if tile == toMove.first! {
      UIView.animate(
        withDuration: duration,
        animations: { // Closure
```

```
          self.tiles[col][row]!.frame =
            self.getRect(col: newcol, row: newrow,
                         container: container) },
        completion: completion)
    } else {
      UIView.animate(withDuration: duration) {  // Closure
        self.tiles[col][row]!.frame =
          self.getRect(col: newcol, row: newrow,
                       container: container)
      }
    }
    // Bewegung auch im puzzle-Array nachvollziehen
    tiles[newcol][newrow] = tiles[col][row]
  }

  // Startfeld der Bewegung ist jetzt leer
  tiles[col][row]=nil
  setBorder()
  return true
}
```


Sonstige Methoden

Die `Puzzle`-Klasse enthält einige weitere Methoden, deren Code aus Platzgründen nicht abgedruckt ist. Ich möchte hier aber kurz darauf hinweisen, welche Funktionen dort abgedeckt werden:

- `setBorder` überprüft, welche Puzzlestücke sich bereits am richtigen Ort befinden. Bei korrekt positionierten Puzzlestücken wird der Rand (also die Eigenschaft `layer.borderWidth` der zugrundeliegenden `UIImageView`-Objekts) schmäler eingestellt als bei den restlichen Teilen. Damit bekommt der Spieler ein Feedback.
- `getRect` liefert eine `CGRect`-Struktur mit dem Ort eines `Tile`-Objekts innerhalb des quadratischen Containers für das gesamte Puzzle.
- `setTilesFrame` durchläuft alle `Tile`-Objekte im Array `tiles` und passt ihre `frame`-Eigenschaft an. Die Methode wird unter anderem im View-Controller in `viewDidAppear` aufgerufen, weil in `viewDidLoad`, wo grundsätzlich die Initialisierung des Spiels erfolgt, die Größe des quadratischen Containers für das Puzzle noch nicht bekannt ist. `setTilesFrame` greift zur Berechnung der richtigen Position auf die gerade erwähnte Methode `getRect` zurück.
- `getPosition` durchsucht das Array `tiles` nach einem gegebenen `Tile`-Objekt und liefert dessen Position zurück, also die Werte von `col` und `row`.

40.3 Verwaltung der Benutzeroberfläche im View-Controller

Nachdem das Datenmodell der App nun hinreichend beschrieben ist, fehlt nur noch eine Erläuterung des Codes im View-Controller. Im View-Controller sind neben zwei Outlets nur wenige Variablen erforderlich:

- ud vereinfacht den Aufruf der User-Default-Methoden.
- puzzle enthält das Puzzle-Objekt.
- randomMoves ist ein Zähler für die Methode shuffle, die die Puzzleteile zufällig verschiebt.

```
// Projekt slide-puzzle, Datei ViewController.swift
class ViewController: UIViewController {
  @IBOutlet weak var puzzleView: UIView!
  @IBOutlet weak var sizeSegment: UISegmentedControl!

  let ud = UserDefaults.standard // Zugriff auf User-Defaults
  var puzzle: Puzzle!            // das Datenmodell der App
  var randomMoves = 0            // Zähler für shuffle()

  // Init-Funktion und Methoden folgen ...
}
```

viewDidLoad kümmert sich um die Initialisierung des Puzzles. viewDidAppear passt die Position der Puzzlestücke an die nun feststehende Größe des Containers puzzleView an.

```
override func viewDidLoad() {   // Fortsetzung ViewController.swift
  super.viewDidLoad()
  initPuzzle()   // Puzzle initialisieren
}

// in viewDidLoad() ist Layout noch nicht fertig; daher
// hier Anpassung der Puzzlesteine an endgültige Größe
override func viewDidAppear(_ animated: Bool) {
  super.viewDidAppear(animated)
  puzzle.setTilesFrame(in: puzzleView)
}
```

Neues Puzzle initialisieren bzw. vorhandenes Puzzle aus den User-Defaults laden

initPuzzle lädt das Puzzle aus den User-Defaults bzw. erzeugt ein neues, geordnetes Puzzle, wenn loadFromUserDefaults leer ist. Den Großteil der Arbeit erledigt dabei die Init-Funktion der Puzzle-Klasse. initPuzzle muss aber vorher das Hintergrundbild des Puzzles in ein UIImage-Objekt laden. Wenn der Spieler noch kein eigenes Bild ausgewählt hat, kommt ein Foto der Tower Bridge in London zur Anwendung, das sich in den Assets der App befindet.

Die Puzzle-Größe kann normalerweise aus den User-Defaults geladen werden. Nur beim ersten Start kommt als Defaultgröße 4 zur Anwendung.

```
// Fortsetzung ViewController.swift
func initPuzzle(loadFromUserDefaults: Bool = true) {
  // gibt es ein eigenes Image?
  var myimg: UIImage
  if (try? getImgUrl().checkResourceIsReachable()) == true {
    myimg = UIImage(contentsOfFile: getImgUrl().path)!
  } else {
    myimg = UIImage(named: "tower-bridge.jpg")!
  }

  // Puzzle-Größe aus User-Defaults laden
  var psize = ud.integer(forKey: "size")
  if psize == 0 { psize = 4 }
  sizeSegment.selectedSegmentIndex = psize - 3
  puzzle = Puzzle(size: psize, img: myimg, vc: self,
                  fromUserDefaults: loadFromUserDefaults)
  puzzle.setTilesFrame(in: puzzleView)
}
```


Puzzlegröße ändern

Die Action-Methode changeSize wird aufgerufen, wenn der Spieler eine neue Puzzlegröße ausgewählt hat. Die Größe wird in den User-Defaults gespeichert. Anschließend wird das Puzzlespiel neu initialisiert.

```
// Fortsetzung ViewController.swift
@IBAction func changeSize(_ sender: Any) {
  randomMoves = 0
  let psize = sizeSegment.selectedSegmentIndex + 3
  ud.set(psize, forKey: "size")
  initPuzzle(loadFromUserDefaults: false)
}
```

Puzzleteil verschieben

Sobald der Spieler versucht, mit dem Finger ein Puzzlestück zu verschieben, wird die Methode panTile aufgerufen. Zur Auswertung der Bewegung wird nun panDir aufgerufen. Diese Methode testet, ob die Richtung der Bewegung eindeutig erkennbar ist und ob die Bewegung weit genug reicht. (Bewegungen, die kleiner als 40 % des Puzzlestücks sind, werden ignoriert.) panDir liefert nil oder einen Wert der Enumeration Direction zurück.

panTile versucht nun, das betroffene Teil durch den Aufruf von moveTile zu verschieben. Danach wird die neue Anordnung der Puzzlestücke in den User-Defaults gespeichert.

```
// Fortsetzung ViewController.swift
@objc func panTile(recognizer: UIPanGestureRecognizer) {
  if recognizer.state == .changed,
     let t = recognizer.view as? Tile
  {
    // Ist die Bewegung ausreichend weit und eindeutig?
    let transl = recognizer.translation(in: t)
    if let dir = panDir(transl: transl,
                        tilesize: t.frame.width)
    {
      // Ereignis erkannt; vorerst weitere Aufrufe stoppen
      recognizer.isEnabled = false

      // versuchen, Puzzlestück entsprechend zu bewegen
      if let (col, row) = puzzle.getPosition(of: t) {
        _ = puzzle.moveTile(col: col, row: row, dir: dir,
                            container: puzzleView, duration: 0.25)
        puzzle.save()  // neuen Zustand speichern
      }
    }
  }
  // Gesture Recognizer für das nächste Mal wieder aktivieren
  if recognizer.state == .ended  ||
     recognizer.state == .cancelled
  {
    recognizer.isEnabled = true
  }
}

// wertet Bewegung des Pan-Recognizers aus
func panDir(transl: CGPoint, tilesize: CGFloat) -> Direction? {
  let min = tilesize * 0.40
  if abs(transl.x) < min && abs(transl.y) < min { // Bewegung zu klein
    return nil
  }
  if abs(transl.x) > 2 * abs(transl.y) {        // horiz. Bewegung
    return transl.x > 0 ? .right : .left
  } else if abs(transl.y) > 2 * abs(transl.x) { // vert. Bewegung
    return transl.y > 0 ? .down : .up
  } else {
    return nil
  }
}
```

Sonstige Methoden

Der View-Controller enthält einige weitere Methoden, deren Funktion ich hier nur kurz skizziere:

- `reset` wird aufgerufen, wenn der Benutzer das Puzzle in den Startzustand zurückversetzen möchte. Die Methode erzeugt ein neues, geordnetes Array mit den Puzzlestücken und startet eine Animation, bei der alle Teile gleichzeitig an die richtige Position gleiten.
- `shuffle` wird aufgerufen, wenn der Spieler auf den Button zum Durchmischen des Puzzles klickt. Es stellt in der Variablen `randomMoves` ein, wie viele zufällige Verschiebeoperationen durchgeführt werden sollen. (Je größer des Puzzle, desto mehr Bewegungen sind erforderlich. Die Maximalanzahl ist auf 300 begrenzt.)
- `randomMove` wählt zufällig ein Puzzleteil aus und versucht es in eine zufällig ausgewählte Richtung zu verschieben. In der Completion-Closure wird `randomMove` neuerlich aufgerufen, bis der Zähler `randomMoves` 0 erreicht.
- `prepare` und `adaptivePresentationStyle` kümmern sich darum, das winzige Menü zur Auswahl bzw. zum Erstellen eines Fotos anzuzeigen. Hintergrundinformationen zur Vorgehensweise finden Sie in Abschnitt 17.7, »Popups«.
- Das ausgewählte bzw. frisch fotografierte Bild wird an `imagePickerController` übergeben. Die Methode speichert das Bild im Dokumentverzeichnis der App und initialisiert das Puzzle dann neu. Erläuterungen zur Fotoauswahl gibt Abschnitt 27.8, »Fotos mit der Picker-View auswählen und aufnehmen«.

Menüauswahl

Der Code, mit dem wir auf die Berührung der Buttons FOTO AUSWÄHLEN bzw. FOTO MACHEN reagieren, befindet sich in `MenuVC.swift`. Die Klasse `MenuVC` ist dem winzigen View-Controller mit dem Menü zugeordnet.

```
// Projekt slide-puzzle, Datei MenuVC.swift
class MenuVC: UIViewController {
  var mainvc: ViewController!      // View-Controller des Spiels
  override func viewDidLoad() {
    super.viewDidLoad()
  }
  @IBAction func btnChoosePicture(_ sender: Any) {
    dismiss(animated: true, completion: {}) // Menü ausblenden
    // Image-Picker erzeugen und anzeigen
    if UIImagePickerController.isSourceTypeAvailable(.savedPhotosAlbum)
     {
      let imgPicker = UIImagePickerController()
      imgPicker.sourceType = .savedPhotosAlbum
      imgPicker.mediaTypes = [kUTTypeImage  as String]
```

```
        imgPicker.delegate = mainvc
        mainvc.present(imgPicker, animated: true, completion: nil)
      }
    }
    @IBAction func btnTakePicture(_ sender: Any) {
      dismiss(animated: true, completion: {}) // Menü ausblenden
      let imgPicker = UIImagePickerController()
      imgPicker.sourceType = .camera
      imgPicker.cameraDevice = .rear
      imgPicker.delegate = mainvc
      mainvc.present(imgPicker, animated: true, completion: nil)
    }
  }
```

Kapitel 41
Icon-Resizer

Die macOS-App *Icon-Resizer* hilft Ihnen dabei, die unzähligen Bitmaps für das App-Icon eines iOS-, macOS- oder watchOS-Programms effizient zu erstellen. Unbegreiflicherweise bietet Xcode hierfür keine Funktionen, die das bei Bedarf automatisch erledigen würden. Somit hat die App zur Abwechslung nicht nur rein didaktische Zwecke, sondern erfüllt sogar eine sinnvolle Aufgabe.

Neben macOS-Grundlagen, speziell auch zum Thema Drag & Drop, sollte Ihnen zumindest in Grundzügen das in den folgenden Kapiteln zusammengefasste Wissen gegenwärtig sein:

- Kapitel 21, »Dateien und User-Defaults«
- Kapitel 23, »Tabellen und Listen darstellen«
- Kapitel 25, »Grafik und Animation«
- Kapitel 32, »App Store und Co.«

Die App ist auch kostenlos im App Store erhältlich:

https://itunes.apple.com/us/app/icon-resizer/id1156080844

41.1 App-Überblick

Nach dem Start laden Sie entweder durch einen Klick in den linken Teil des Programms das Originalbild, oder Sie fügen dieses per Drag & Drop ein. Dabei sollte es sich möglichst um ein quadratisches Bild mit mindestens 1.024 × 1.024 Pixeln handeln.

Rechts werden nun die verkleinerten Icons in allen Auflösungen angezeigt, die Xcode für iOS-Apps ab Version 7 verlangt. Wenn Sie stattdessen Icons für ein macOS- oder ein WatchKit-Programm benötigen, wählen Sie das entsprechende Icon-Set über das Einstellungsmenü (siehe Abbildung 41.1).

Sie haben nun zwei Möglichkeiten, die Icons zu nutzen: Entweder ziehen Sie ein Icon nach dem anderen per Drag & Drop in den `*.xcassets`-Editor von Xcode, oder Sie klicken auf den Speichern-Button und speichern so alle Icons in einem Verzeichnis.

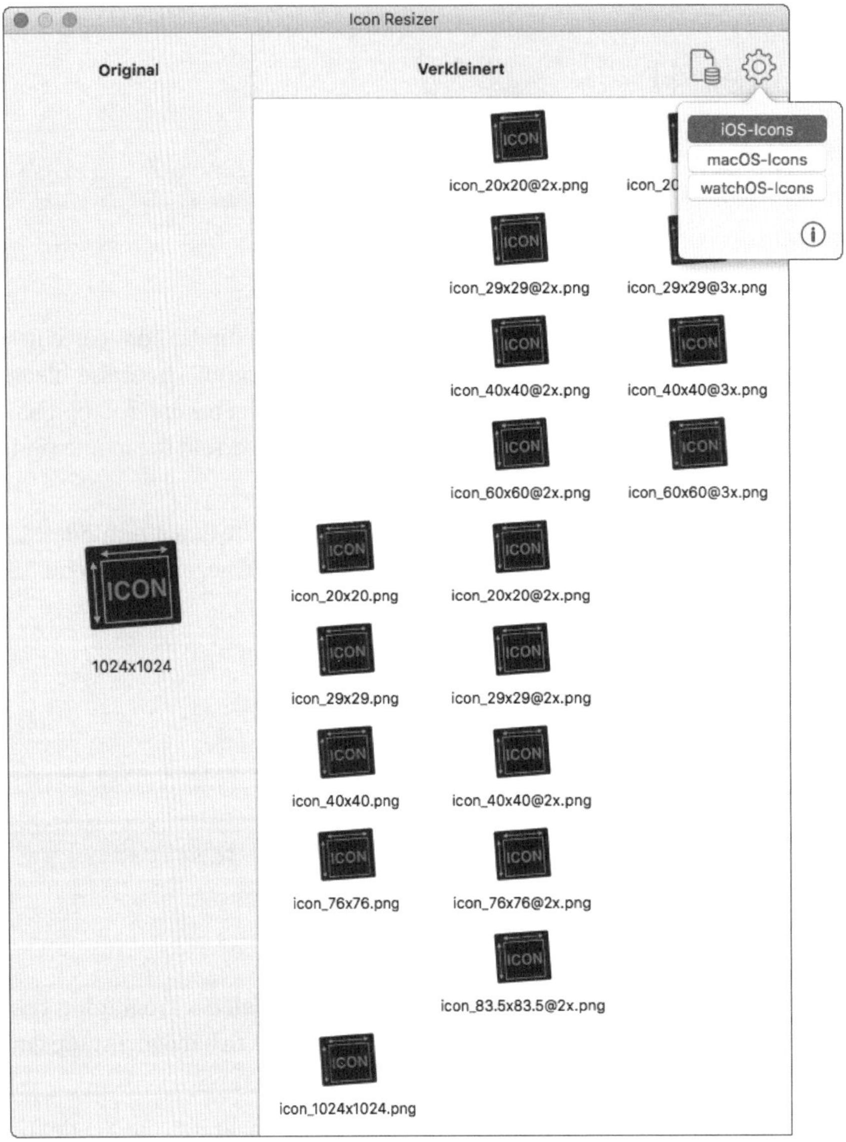

Abbildung 41.1 Icon-Resizer

Programmaufbau

Das Projekt `Icon-Resizer` besteht aus den folgenden Dateien:

- `Main.storyboard` enthält die beiden Window- und View-Controller für das Hauptfenster und das Popup-Menü (siehe Abbildung 41.2).
- `ViewController.swift` und `IconChoiceVC.swift` definieren die dazugehörenden View-Controller-Klassen.

- `AppDelegate` enthält Code, der ein temporäres Verzeichnis einrichtet und dieses beim Programmende wieder löscht.
- `IconSize.swift` enthält die Struktur `IconSize` sowie diverse Methoden, die Icons skalieren, speichern etc.
- `OriginalIconView.swift` definiert eine von `NSView` abgeleitete Klasse. Sie wird für den linken Programmteil verwendet, um Mausklicks zu verarbeiten und Drag-and-Drop-Objekte zu empfangen.
- `IconCellView.swift` enthält eine weitere von `NSView` abgeleitete Klasse. Ihre Aufgabe ist es, ein Icon samt Beschriftung innerhalb einer Zeile der Table-View darzustellen.

Die detaillierte Beschreibung der Klassen folgt in den weiteren Abschnitten dieses Kapitels.

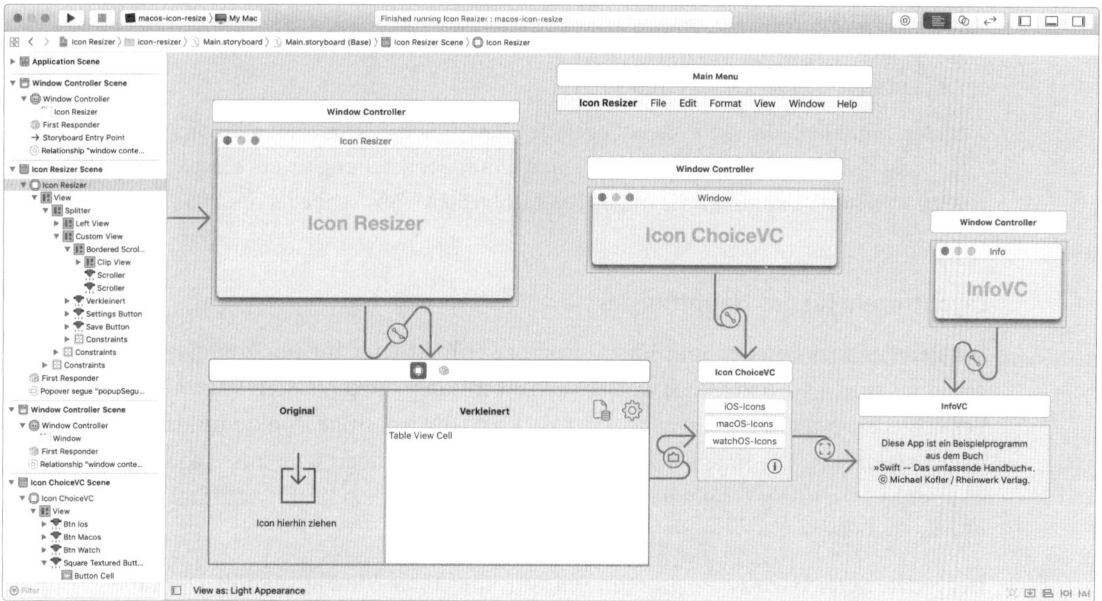

Abbildung 41.2 Das Storyboard des Icon-Resizers

Das Split-View-Steuerelement

Das Hauptfenster des Icon-Resizers ist mit einer Vertical-Split-View in zwei Teile gegliedert, deren Trennlinie verschiebbar ist. Die Split-View ist also ein Steuerelement, das ein Fenster in zwei Bereiche unterteilt. Dazwischen wird je nach STYLE-Einstellung nur eine dünne Linie oder ein etwas breiterer Balken mit einem Anfasspunkt angezeigt (STYLE = PANE SPLITTER). Wenn das Programm läuft, kann der Anwender die Linie mit der Maus oder dem Trackpad verschieben und so die Raumaufteilung im Fenster verändern.

Um die Breite der beiden Bereiche einzustellen, die durch die Split-View getrennt werden, klicken Sie nicht auf die Split-View, sondern auf einen der beiden Views links oder rechts bzw.

oben oder unten: Nun ist die Trennlinie der Split-View beweglich, und Sie können sie mit der Maus einstellen. Im Code können Sie die Split-View-Position mit der Methode `setPosition` festlegen:

```
// Projekt Icon-Resizer, Datei ViewController.swift,
// in der Methode viewDidLoad
splitter.setPosition(200, ofDividerAtIndex: 0)
```

Split-View versus Split-View-Controller

Neben der Split-View gibt es auch einen Split-View-Controller. Während sich die »gewöhnliche« Split-View weitgehend wie ein Steuerelement verhält, verwaltet der Split-View-Controller zwei eigene View-Controller für die beiden Fensterteile. Das ist vor allem bei sehr komplexen Programmen zweckmäßig, wo Sie den Code der beiden Teile in unabhängigen Klassen voneinander trennen möchten.

Leider hinterließ der Split-View-Controller bei meinen Tests einen unausgereiften und schlecht dokumentierten Eindruck. Wenn die Aufgabenstellung wie in diesem Beispiel nicht allzu komplex ist, kommen Sie mit der einfachen Split-View schneller ans Ziel.

Layoutregeln für das Hauptfenster

Der Bereich links von der Split-View enthält zwei Textfelder, die horizontal jeweils mittig angeordnet sind. Der Text ORIGINAL ist vertikal mit dem Text VERKLEINERT aus dem rechten Bereich ausgerichtet. Der Text ICON HIERHIN ZIEHEN ist einige Punkte unterhalb der Image-View angeordnet. Die Image-View, die anfangs ein Download-Icon aus `Images.xcassets` und später das Icon in der Originalauflösung anzeigt, ist vertikal und horizontal mittig platziert und hat eine feste Breite und Höhe von 84 Punkten.

Der rechte Bereich wird zum größten Teil von einer Table-View ausgefüllt. Das Tabellensteuerelement ist am linken, unteren und rechten Rand fixiert und hält nach oben hin einen fixen Abstand von 52 Punkten ein. Darüber hinaus habe ich diese Einstellungen vorgenommen:

- CONTENT MODE = VIEW BASED
- COLUMNS = 1
- COLUMN SIZING = UNIFORM
- HIGHLIGHT = NONE

Obwohl die Tabelle im laufenden Programm optisch so wirkt, als würde sie drei Spalten enthalten, gibt es tatsächlich nur eine Spalte. In deren Zellen werden dann aber später bis zu drei nebeneinander befindliche Icon-Symbole platziert.

In den verbleibenden Streifen oberhalb der Tabelle befinden sich links ein Textfeld mit zentriertem Text und rechts zwei Texture-Buttons mit den folgenden Einstellungen:

- fixe Breite und Höhe
- STYLE = TEXTURED
- TYPE = MOMENTARY PUSH IN
- BORDERED deaktiviert
- TOOL TIP = SPEICHERN bzw. IOS / MACOS / WATCHOS

Die Buttons zeigen Symbole an, die zuvor in `Images.xcassets` eingefügt wurden.

Überflüssige Warnungen

Aufgrund der starren Einstellung der Button-Breite zeigt Xcode übrigens Warnungen an, dass im Button befindlicher Text eventuell nicht vollständig angezeigt werden kann. Da die Buttons aber ohnedies nur Bilder, jedoch keinen Text enthalten, ist die Warnung irreführend und kann ignoriert werden. (Leider bietet Xcode keine Möglichkeit, einzelne Warnungen einfach zu deaktivieren.)

Nichts als Buttons!

Wenn Sie in der Objektbibliothek nach »button« suchen, findet Xcode 16 (!) verschiedene Buttons. Bei 12 davon handelt es sich aber lediglich um Varianten ein und derselben Klasse – nämlich `NSButton`. Auch der in diesem Beispiel eingesetzte Texture-Button ist ein ganz gewöhnlicher `NSButton`, aber eben mit den oben zusammengefassten Einstellungen.

Tool-Tipps

Tool-Tipps sind kurze Hilfetexte, die erscheinen, wenn der Mauszeiger eine Weile über einem Steuerelement verweilt. Den Tool-Tipp-Text können Sie im Identity Inspector einstellen.

Popup-Menü

Das Popup-Menü zur Auswahl der Icon-Sets für iOS, macOS oder watchOS ist in einem eigenen View-Controller realisiert. Auch hier kommen Texture-Buttons zum Einsatz, aber mit etwas anderen Einstellungen:

- STYLE = TEXTURED
- TYPE = ON OFF
- BORDERED aktiviert

Das Menü benötigt keine Layoutregeln, da der Benutzer die Größe des Fensters nicht verändern kann.

Das Popup-Menü ist durch einen Popover Segue mit dem Zahnrad-Button verbunden. In Xcode müssen Sie dazu mit `ctrl`-Drag eine Linie vom Button in das Innere des View-

Controllers ziehen. Im Attributinspektor habe ich für den Segue die folgenden Einstellungen vorgenommen:

- Identifier = popupSegue
- Style = Popover
- Preferred Edge = Bottom (Das Menü soll also unterhalb des Buttons erscheinen.)

Sandbox-Einstellungen

Um das Programm App-Store-kompatibel zu machen, habe ich im Dialogblatt Capabilities die Option App Sandbox aktiviert. Der App sind Lese- und Schreiboperationen in Verzeichnissen gestattet, die der Benutzer auswählt (siehe Abbildung 41.3). Mehr Rechte benötigt die App nicht. Irgendwelche Änderungen am Code waren nicht erforderlich.

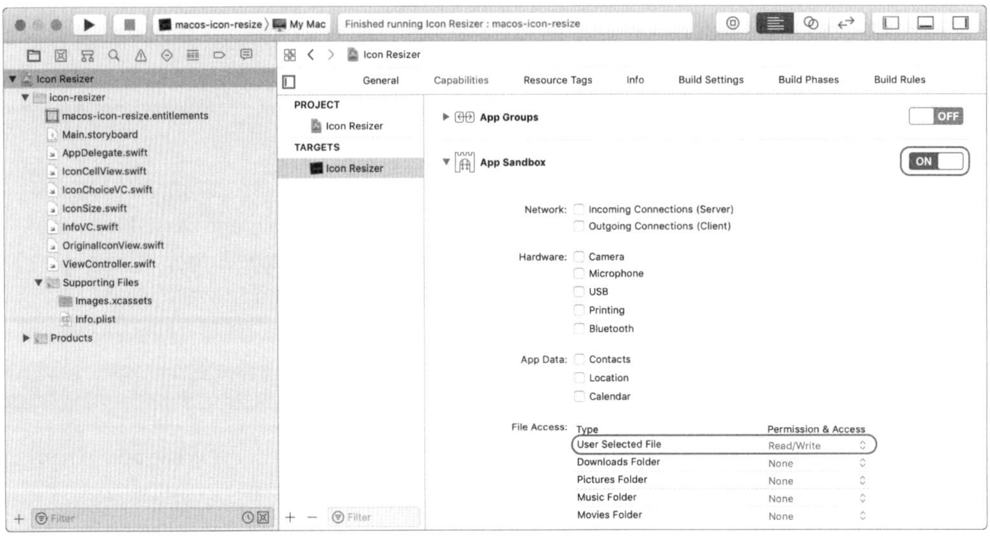

Abbildung 41.3 Sandbox-Einstellungen der App

Erweiterungsmöglichkeiten

Wenn Sie Spaß an dem Beispiel haben, können Sie es um einige Funktionen erweitern:

- Menükommandos zum Laden des Icons, zum Speichern der verkleinerten Icons sowie zur Umstellung zwischen den Icon-Sets
- Mehrfach-Auswahl, Drag & Drop für mehrere Icons zugleich
- Speicherfunktion für eine `*.xcassets`-Datei, die dann in das Xcode-Projekt eingefügt werden kann
- Einstellungsdialog für andere Icon-Sets

41.2 Icons verwalten (IconSize-Struktur)

Die Datei `IconSize.swift` definiert zwei Enumerationen sowie die `IconSize`-Struktur zur Speicherung der Auflösung und der Retina-Stufe eines Icons. Über das eigentliche Beispiel hinaus interessant sind die ebenfalls hier untergebrachten Methoden zum Skalieren und Speichern von Bitmaps. Im MVC-Modell repräsentiert `IconSize` die Grundlage für das Datenmodell.

Enumerationen

`IconSize.swift` beginnt mit der Definition von zwei Enumerationen. `IconSet` enthält drei Konstanten zur Auswahl des gewünschten Icon-Sets für iOS, macOS und watchOS. `RetinaType` enthält die Konstanten `X1`, `X2` und `X3` für die Retina-Stufen.

```
// Projekt Icon-Resizer, Datei IconSize.swift
enum IconSet    { case iOS, macOS, watchOS }
enum RetinaType {
  case x1  // kein Retina
  case x2  // Retina (doppelte Auflösung)
  case x3  // Super Retina (dreifache Auflösung)
}
```


IconSize-Struktur

Die Klasse `IconSize` ist eigentlich ganz simpel. Sie kombiniert in den vier Eigenschaften `sidelength` sowie `x1`, `x2` und `x3` Informationen darüber, in welchen Retina-Typen ein Icon in einer bestimmten Größe erforderlich ist.

```
// Projekt Icon-Resizer, Datei IconSize.swift, Fortsetzung
struct IconSize {
  var sidelength: Double
  var x1, x2, x3: Bool

  // Init-Funktion
  init(_ sidelength:CGFloat, _ x1:Bool, _ x2:Bool, _ x3:Bool) {
    self. sidelength = sidelength
    self.x1 = x1
    self.x2 = x2
    self.x3 = x3
  }
  // weitere Methoden ...
}
```

Vielleicht überrascht es Sie, dass `sidelength` als `Double` und nicht als `Int` definiert ist. Die Bitmap-Größe muss ja immer eine ganze Zahl sein, oder? Erstaunlicherweise denkt Apple da anders: Wenn Sie Apps für die Apple Watch erstellen, müssen Sie ein Retina-Icon mit der Auflösung von 27,5 virtuellen Pixeln übergeben. Netto ergibt das eine Bitmap von 55 × 55 Pixeln. Um ein entsprechendes `IconSize`-Element zu erzeugen, rufen Sie die Init-Funktion so auf: `IconSize(27.5, false, true, false)`.

Initialisierung von IconSize-Arrays

Die für einen bestimmten Programmtyp erforderlichen Icon-Größen können nun als `IconSize`-Array ausgedrückt werden. Zur Initialisierung derartiger Arrays enthält `IconSize.swift` die statische Methode `getSizes`, die beispielsweise so eingesetzt wird:

```
// erzeugt ein Array von IconSize-Elementen
var iconsizes = IconSize.getSizes(set: .iOS)
```

`getSizes` greift wiederum auf die Methoden `iosSizes`, `macosSizes` und `watchSizes` zurück, von denen hier aber nur die erste Methode vollständig abgedruckt ist. Bei den Icons für watchOS-Apps habe ich den Fall berücksichtigt, dass Sie mit dem WatchKit arbeiten.

```
// Projekt Icon-Resizer, Datei IconSize.swift
struct IconSize {  // Fortsetzung
  static func getSizes(set: IconSet) -> [IconSize] {
    switch set {
    case .iOS:     return IconSize.iosSizes()
    case .macOS:   return IconSize.macosSizes()
    case .watchOS: return IconSize.watchSizes()
    }
  }
  private static func iosSizes() -> [IconSize] {
    return [
      IconSize(20,   false, true, true),   // iPhone
      IconSize(29,   false, true, true),
      IconSize(40,   false, true, true),
      IconSize(60,   false, true, true),
      IconSize(20,   false, true, true),   // iPad
      IconSize(29,   true,  true, false),
      IconSize(40,   true,  true, false),
      IconSize(76,   true,  true, false),
      IconSize(83.5, false, true, false),
      IconSize(1024, true, false, false)   // App Store
    ]
  }
  private static func macosSizes() -> [IconSize] {
    return [ ... ]
  }
  private static func watchSizes() -> [IconSize] {
    return [ ... ]
  }
}
```

Bitmaps skalieren

Zu den zentralen Aufgaben des Icon-Resizers zählt es, eine Bitmap, also ein NSImage-Objekt, in eine andere Auflösung zu skalieren. Warum der *.xcassets-Editor von Xcode nicht ebenfalls eine derartige Funktion enthält, ist mir rätselhaft.

Für IconResizer-Elemente generiert die Methode scale aus der als Parameter übergebenen Bitmap eine neue Bitmap in der gewünschten Retina-Stufe:

```
// erzeugt eine 80x80-Pixel-Bitmap (Retina x2)
let is = IconSize(40, false, true, true)
let mediumSizedIcon = is.scale(fullsize, .X2)
```

Das Internet ist voll von Anleitungen, wie man Bitmaps unter iOS bzw. macOS am besten skaliert. Grundsätzlich bestehen drei Möglichkeiten, je nachdem, für welche Plattform Sie programmieren:

- iOS: UIImage-Objekte und die drawInRect-Methode
- macOS: NSImage-Objekte und die drawInRect-Methode
- beide Plattformen: CGImage-Objekte und die CGContextDrawImage-Funktion

Einen guten, wenn auch iOS-spezifischen Überblick gibt diese Webseite:

http://nshipster.com/image-resizing

In der ersten Version dieses Programms habe ich mit NSImage-Objekten und der drawInRect-Methode gearbeitet. Allerdings hat sich herausgestellt, dass sich die Auflösung der resultierenden Bitmaps verdoppelt, wenn der Icon-Resizer auf einem Mac mit Retina-Display läuft. Beim Erzeugen neuer NSImage-Objekte nimmt macOS an, dass sie für die spätere Ausgabe auf dem Bildschirm gedacht sind, und passt daher die Auflösung an die des Displays an. Normalerweise ist das praktisch, für unsere Aufgabenstellung aber ungeeignet.

```
// ungeeigneter Code, weil 'dest' bei Macs mit einem Retina-Display
// 60x60 Pixel groß ist
let dest = NSImage(size: NSSize(width: 30, height: 30))
let destRect = NSRect(origin: NSPoint.zero, size:  dest.size)
dest.lockFocus()           // dest für Zeichenoperationen sperren
src.draw(in: destRect,     // Zielrechteck
  from: NSRect.zero,       // Quelle = alles
  operation: .sourceOver, // Ziel vollständig ersetzen
  fraction: 1.0)           // Alpha
dest.unlockFocus()         // dest wieder freigeben
```

Deswegen habe ich in einer zweiten Version auf die Low-Level-Funktionen der Core-Graphics-Bibliothek zurückgegriffen. Die im Folgenden abgedruckte Methode scale verarbeitet eine Ausgangs-Bitmap (Parameter icon, Datentyp NSImage) und gibt als Ergebnis eine skalierte Bitmap zurück (Datentyp CGImage oder nil, wenn ein Fehler auftritt).

Dazu muss zuerst mit der Methode `CGImage(forProposedRect:...)` aus dem vorhandenen `NSImage`-Objekt ein `CGImage`-Objekt erzeugt werden. Daraus wird dann mit der Methode `draw` ein neues, verkleinertes `CGImage`-Objekt erstellt.

Bevor diese Methode verwendet werden kann, sind allerdings diverse Vorbereitungsarbeiten notwendig: Es muss ein geeigneter Grafikkontext eingerichtet werden, der Informationen darüber enthält, wie die Bitmap intern dargestellt werden soll, in welcher Qualität Skalierungsoperationen durchgeführt werden sollen etc. Erst `makeImage` macht dann aus der internen Darstellung der verkleinerten Bitmap ein `CGImage`-Objekt.

```
// Projekt Icon-Resizer, Datei IconSize.swift
// verarbeitet NSImage, liefert verkleinertes CGImage
private func scale(_ icon: NSImage, to type: RetinaType) -> CGImage? {
  // neue Größe
  let newlength: Int
  switch type {
    case .x1: newlength = Int(sidelength)
    case .x2: newlength = Int(sidelength * 2)
    case .x3: newlength = Int(sidelength * 3)
  }
  // NSImage --> CGimage
  var rect = CGRect(x: 0, y: 0,
                    width: icon.size.width,
                    height: icon.size.height)
  if let cgimg = icon.cgImage(forProposedRect: &rect,
                              context: nil,
                              hints: nil)
  { // CGImage skalieren
    let colorSpace = CGColorSpaceCreateDeviceRGB()
    let bitmapInfo = CGBitmapInfo(rawValue:
      CGImageAlphaInfo.premultipliedLast.rawValue)
    let context = CGContext(data: nil,
                            width: newlength,
                            height: newlength,
                            bitsPerComponent: 8,
                            bytesPerRow: 0,
                            space: colorSpace,
                            bitmapInfo: bitmapInfo.rawValue)
    context!.interpolationQuality = .high
    let newrect = CGRect(x: 0, y: 0,
                         width: newlength, height: newlength)
    context?.draw(cgimg, in: newrect)  // skalierte Bitmap zeichnen
    return context?.makeImage()        // als CGImage zurückgeben
  }
  return nil                           // etwas ist schiefgegangen
}
```

Bitmaps im PNG-Format speichern

Die Methode save der IconSize-Struktur speichert die als Parameter übergebene, in voller Auflösung vorliegende Bitmap in verkleinerter Form in einer PNG-Datei innerhalb eines Verzeichnisses und gibt den vollständigen Dateinamen zurück:

```
// Beispiel: speichert /Users/<name>/icon_40x40@2x.png
let is = IconSize(40, false, true, true)
let fname = is.save(bigicon, type: .x2, folder: "/Users/<name>")
```

save greift dabei auf drei weitere Methoden zurück: auf die gerade beschriebene scale-Methode, auf iconName, um einen passenden Dateinamen zu erzeugen, und auf savePNG, wo das eigentliche Speichern stattfindet. Diese Methode bildet aus dem Dateinamen ein URL-Objekt und erzeugt dann ein CGImageDestination-Objekt. In dieses Objekt wird das zu speichernde CGImage-Objekt eingefügt. CGImageDestinationFinalize kümmert sich um das eigentliche Speichern, wobei die Funktion true oder false zurückgibt, je nachdem, ob die Operation erfolgreich war oder nicht.


```
// Projekt Icon-Resizer, Datei IconSize.swift
struct IconSize {  // Fortsetzung
  // Icon skalieren und im angegebenen bzw. im temporären Verzeichnis
  // speichern; gibt den Dateinamen zurück
  func save(_ icon: NSImage, type: RetinaType, folder: String)
         -> String
  {
    let name = IconSize.iconName(prefix: "icon_",
                                 sidelength: sidelength, type: type)
    let fname = NSString(string: folder).appendingPathComponent(name)
    if let img = scale(icon, to: type) {
      if savePNG(img, in: fname) {
        return fname  // alles bestens, Dateinamen zurückgeben
      }
    }
    return ""         // etwas ist schiefgegangen
  }
  // CGImage in PNG-Datei speichern
  private func savePNG(_ img: CGImage, in fname: String) -> Bool {
    let url = URL(fileURLWithPath: fname)
    if let dest = CGImageDestinationCreateWithURL(
                    url as CFURL, kUTTypePNG, 1, nil)
    {
      CGImageDestinationAddImage(dest, img, nil)
      return CGImageDestinationFinalize(dest)
    }
    return false   // etwas ist schiefgegangen
  }
```

```
    // Icon-Dateinamen zusammenbasteln:
    // iconName(prefix: "icon_", sidelength: 40, type: X2)
    // liefert icon_40x40@2x.png
    static func iconName(prefix: String, sidelength: Double,
                         type rtype: RetinaType) -> String
    {
      // sidelength in NSNumber umwandeln
      let sideNmb = NSNumber(value: sidelength)
      // mit einer Nachkommastelle darstellen, Komma als Trenner
      let formatter = NumberFormatter()
      formatter.minimumFractionDigits = 0
      formatter.maximumFractionDigits = 1
      formatter.locale = Locale(identifier: "en_US")
      let txt = formatter.string(from: sideNmb)!
      var result = prefix + txt + "x" + txt
      if rtype == .x2 { result += "@2x" }
      if rtype == .x3 { result += "@3x" }
      result += ".png"
      return result
    }
}
```

Zuletzt noch einige Worte zum `NSNumberFormatter` in der oben abgedruckten Methode `iconName`: Das Objekt hat die Aufgabe, die Icon-Größe als Dezimalzahl in US-Notation darzustellen. Aus der Zahl 27,5 muss also die Zeichenkette `27.5` werden – egal, mit welchen Spracheinstellungen die App ausgeführt wird. Daher muss der `NSNumberFormatter` zur US-Notation gezwungen werden.

41.3 Hauptfenster (ViewController.swift)

Der Großteil der Steuerungsfunktionen des Programms befindet sich in der View-Controller-Klasse. Diese beginnt wie üblich mit Outlets zum Zugriff auf die Steuerelemente sowie mit der Definition einiger Eigenschaften. Am wichtigsten sind `icon` und `iconsizes`. `icon` enthält die vom Benutzer geladene oder per Drag & Drop zur Verfügung gestellte Original-Bitmap des Icons in voller Auflösung. `iconsizes` enthält ein Array von `IconSize`-Elementen. Dieses Array gibt die gewünschten Auflösungen der verkleinerten Icons an.

```
// Projekt Icon-Resizer, Datei ViewController.swift
class ViewController: NSViewController {
  @IBOutlet weak var splitter: NSSplitView!
  @IBOutlet weak var leftView: OriginalIconView!
  @IBOutlet weak var origImg: NSImageView!
  @IBOutlet weak var origLabel: NSTextField!
  @IBOutlet weak var iconTable: NSTableView!
```

```
  @IBOutlet weak var settingsButton: NSButton!
  @IBOutlet weak var saveButton: NSButton!

  var icon: NSImage! {           // Icon in voller Auflösung
    didSet {                     //   (linke Seite)
      origImg.image = icon
      origLabel.stringValue =
        "\(Int(icon.size.width))x\(Int(icon.size.height))"
      iconTable.reloadData()
    }
  }
  let cellheight: CGFloat = 80  // Zeilenhöhe für Table-View
                                // auf der rechten Seite
  var iconset = IconSet.iOS     // Welches Set von Icons wird
                                // angezeigt?
  // Array mit den gewünschten Icon-Größen
  // und Retina-Modes, Datentyp [IconSize]
  var iconsizes = IconSize.getSizes(set: .iOS)

  // diverse Methoden, Details folgen gleich
}
```


viewDidLoad mit dem Aufruf von unregisterDraggedTypes

Die `viewDidLoad`-Methode kümmert sich um die Initialisierung der eigenen Daten. Der Großteil des Codes sollte aufgrund der Kommentare klar sein, auf ein Detail möchte ich aber hinweisen: `leftView` verweist auf den linken Fensterbereich, für den die `OriginalIconView`-Klasse verantwortlich ist (siehe Abschnitt 41.5, »Drag-and-Drop-Empfänger für Icons (OriginalIconView.swift)«). Die View soll File-Drag-and-Drop-Operationen empfangen. Standardmäßig funktioniert dies mit `registerForDraggedTypes` aber nur für die Bereiche, die nicht von anderen Drag-and-Drop-fähigen Steuerelementen bedeckt sind.

Im konkreten Fall betrifft dies nur das `NSImageView`-Steuerelement (Outlet `imgView`), das mittig in `leftView` platziert ist. Damit dieses Steuerelement Drag-and-Drop-Ereignisse an seinen Container weiterleitet, hier also an `leftView`, ist ein Aufruf von `imgView.unregisterDraggedTypes` erforderlich. In `viewDidLoad` befindet sich stattdessen eine Schleife, primär, um die allgemeingültige Lösung dieses Problems zu zeigen.

```
// Projekt Icon-Resizer, Datei ViewController.swift
class ViewController: NSViewController {  // Fortsetzung
  override func viewDidLoad() {
    super.viewDidLoad()
    leftView.vc = self  // leftView als File-Drag-and-Drop-Empfänger
    leftView.registerForDraggedTypes( [NSFilenamesPboardType] )
```

```
    for v in leftView.subviews {  // alle Subviews von leftView
      v.unregisterDraggedTypes()  // sollen Drag weitergeben
    }
    // Startposition für Splitter festlegen und Delegates verarbeiten
    splitter.setPosition(200, ofDividerAtIndex: 0)
    splitter.delegate = self
    iconTable.dataSource = self   // Delegates für Table-View
    iconTable.delegate = self
  }
}
```

Popup- und Speicher-Buttons, Programmende

Die Methoden showPopup und saveAll werden aufgerufen, wenn der Benutzer auf die entsprechenden Buttons klickt. showPopup führt performSegueWithIdentifier aus und zeigt so das Popup-Menü an. Dabei kommt es zum Aufruf von prepare. Diese Methode übergibt eine Referenz auf den Haupt-View-Controller an den View-Controller des Menüs.

saveAll zeigt einen Dialog zur Auswahl eines Verzeichnisses an. Ist die Auswahl erfolgreich, werden dort die Icons in allen erforderlichen Größen im PNG-Format gespeichert. Anschließend öffnet die Methode activateFileViewerSelecting ein Finder-Fenster für dieses Verzeichnis. Diese Methode können Sie auch verwenden, um im Standardbrowser von macOS eine Webseite anzuzeigen. Dazu übergeben Sie als URL die Adresse der gewünschten Seite.

Beim Schließen des Fensters wird viewDidDisappear aufgerufen. Dort wird mit der terminate-Methode das Programmende eingeleitet.

```
// Projekt Icon-Resizer, Datei ViewController.swift
class ViewController: NSViewController {  // Fortsetzung
  // Button: Popup-Menü anzeigen
  @IBAction func showPopup(_ sender: NSButton) {
    performSegue(withIdentifier:
                   NSStoryboardSegue.Identifier("menuSegue"),
                 sender: sender)
  }
  // Segue zum Popup-Menü
  override func prepare(for segue: NSStoryboardSegue, sender: Any?) {
    if let icvc = segue.destinationController as? IconChoiceVC {
      icvc.mainVC = self
    }
  }
  // Button: speichern
  @IBAction func saveAll(_ sender: NSButton) {
    if icon == nil { return }
```

```
    let openFile = NSOpenPanel()
    openFile.title = "Verzeichnis zum Speichern der Icons"
    openFile.prompt = "Auswählen"
    openFile.worksWhenModal = true
    openFile.allowsMultipleSelection = false
    openFile.canChooseDirectories = true
    openFile.canChooseFiles = false
    openFile.canCreateDirectories = true
    openFile.resolvesAliases = true
    openFile.runModal()

    if let url = openFile.url
    {
      let folder = url.path
      for sz in iconsizes {
        if sz.x1 {
          _ = sz.save(icon, type: RetinaType.x1, folder: folder)
        }
        if sz.x2 {
          _ = sz.save(icon, type: RetinaType.x2, folder: folder)
        }
        if sz.x3 {
          _ = sz.save(icon, type: RetinaType.x3, folder: folder)
        }
      }
      // Finder mit dem Verzeichnis anzeigen, in dem die Icons
      // gespeichert wurden
      NSWorkspace.shared.activateFileViewerSelecting( [url] )
    }
  }
  // Programmende beim Schließen des Fensters
  override func viewDidDisappear() {
    super.viewDidDisappear()
    NSApplication.shared.terminate(self)
  }
}
```

Split-View-Delegation

Das Verschieben der Teilungslinie der Split-View und somit auch das Ändern der Fenstergröße führt zum Aufruf von Delegate-Methoden des `NSSplitViewDelegate`-Protokolls.

Zwei derartige Methoden sind im Programm als Erweiterung der View-Controller-Klasse implementiert. Sie verhindern, dass der linke oder rechte Bereich schmaler als 100 Punkte wird. Als Minimum für die gesamte Fenstergröße wurde in Xcode ein Rechteck von

400 × 200 Punkten festgelegt. Damit ist ausgeschlossen, dass die zweite splitView-Methode negative Werte liefert.

```
// Projekt Icon-Resizer, Datei ViewController.swift
extension ViewController : NSSplitViewDelegate {
  // linker Bereich nicht kleiner als 100 Pixel
  func splitView(_ splitView: NSSplitView,
                 constrainMinCoordinate
                   proposedMinimumPosition: CGFloat,
                 ofSubviewAt dividerIndex: Int) -> CGFloat
  {
    return 100
  }
  // rechter Bereich mindestens 100 Pixel breit
  func splitView(_ splitView: NSSplitView,
                 constrainMaxCoordinate
                   proposedMaximumPosition: CGFloat,
                 ofSubviewAt dividerIndex: Int) -> CGFloat
  {
    return max(100, view.frame.size.width - 100)
  }
}
```

Table-View-Datenquelle

Auch die Methoden des NSTableViewDataSource-Protokolls sind in einer Erweiterung der Klasse enthalten. In der Methode table(_:viewFor:row:) wird zuerst ein NSView-Objekt erzeugt, das die gesamte Tabellenzelle aufnimmt. Darin werden dann mit addSubview die drei Icon-Symbole nebeneinander platziert. Die Methode makeLabeledIcon setzt die erforderlichen Steuerelemente zusammen.

```
// Projekt Icon-Resizer, Datei ViewController.swift
extension ViewController : NSTableViewDataSource, NSTableViewDelegate
{
  // Anzahl der Tabelleneinträge
  func numberOfRows(in tableView: NSTableView) -> Int {
    return iconsizes.count
  }
  // Höhe der Zeilen
  func tableView(_ tableView: NSTableView, heightOfRow row: Int)
    -> CGFloat
  {
    return cellheight
  }
```

```
// bei Änderung der Spaltenbreite neu zeichnen (um die drei
// 'virtuellen' Spalten gleichmäßig zu verteilen)
func tableViewColumnDidResize(_ notification: Notification) {
  iconTable.reloadData()
}
// Tabellenzelle zusammenbasteln
func tableView(_ tableView: NSTableView,
               viewFor tableColumn: NSTableColumn?,
               row: Int) -> NSView?
{
  let width  = tableColumn?.width ?? 200
  let width3 = width / 3
  let isize  = iconsizes[row]
  let n      = isize.sidelength
  // Container
  let rect = CGRect(x: 0, y: 0, width: width, height: cellheight)
  let newview = NSView(frame: rect)
  // links: erstes Icon
  if isize.x1 {
    let name  = IconSize.iconName(prefix: "icon_",
                              sidelength: n,
                              type: .x1)
    newview.addSubview(makeLabeledIcon(0, width3, isize, .x1, name))
  }
  // Mitte: zweites Icon für Retina
  if isize.x2 {
    let name = IconSize.iconName(prefix: "icon_",
                             sidelength: n,
                             type: .x2)
    newview.addSubview(makeLabeledIcon(width3, width3, isize,
                                    .x2, name))
  }
  // rechts: drittes Icon für Super-Retina
  if isize.x3 {
    let name  =  IconSize.iconName(prefix: "icon_",
                               sidelength: n,
                               type: .x3)
    newview.addSubview(makeLabeledIcon(width3 * 2, width3, isize,
                                    .x3, name))
  }
  // komplette Tabellenzelle zurückgeben
  return newview
}
```

Die Methode makeLabeledIcon erzeugt zuerst ein IconCellView-Objekt als Container. Die von NSView abgeleitete Klasse IconCellView kann Drag-and-Drop-Operationen initiieren und wird im nächsten Abschnitt beschrieben. addSubview fügt in den Container ein NSTextField- und ein NSImageView-Objekt ein. Die beiden Objekte enthalten den Icon-Dateinamen und eine Referenz auf das NSImage-Objekt mit dem hochauflösenden Originalbild. Für die Tabellenansicht wird also immer das Bild in der Originalauflösung verwendet. Die skalierte Version wird erst beim Speichern erzeugt.

```
// Projekt Icon-Resizer, Datei ViewController.swift (Fortsetzung)
extension ViewController : NSTableViewDataSource, NSTableViewDelegate
{
  // Icon mit Beschriftung erzeugen
  private func makeLabeledIcon(_ offset: CGFloat,
                               _ width: CGFloat,
                               _ isize: IconSize,
                               _ rtype: RetinaType,
                               _ txt: String) -> NSView
  {
    let rect = CGRect(x: offset, y: 0,
                      width: width, height: cellheight)
    let iconview = IconCellView(frame: rect)
    iconview.isize = isize          // IconCellView-spezifische
    iconview.rtype = rtype          // Eigenschaften
    iconview.icon = icon
    let txtrect = CGRect(x: 0, y: 0,  // Textfeld zur Beschriftung
                         width: width,
                         height: 20)
    let lbl = NSTextField(frame: txtrect)
    lbl.stringValue = txt
    lbl.alignment = .center
    lbl.isEditable = false
    lbl.isBezeled = false
    lbl.drawsBackground = false
    iconview.addSubview(lbl)
    // Image-View mit Icon
    let side = cellheight - 30 // Icon-Größe
    let iconrect = CGRect(x: (width-side) / 2, y: 25,
                          width: side,
                          height: side)
    let img = NSImageView(frame: iconrect)
    img.image = icon ?? NSImage(named: NSImage.Name("file_question"))
    iconview.addSubview(img)
    return iconview
  }
}
```

Table-View-Delegation

Vielleicht ist Ihnen aufgefallen, dass viewDidLoad die Anweisung iconTable.delegate = self enthält und dass die ViewController-Klasse das NSTableViewDelegate-Protokoll einhält, obwohl keine einzige Protokollmethode implementiert wird. (Es werden nur NSTableViewDataSource-Methoden implementiert.) Ganz egal, ob Sie NSTableViewDelegate-Methoden benötigen oder nicht – Sie *müssen* ein Delegation-Objekt angeben, sonst zeigt die Table-View nur leere Zellen an.

41.4 Drag-and-Drop-Quelle für Icons (IconCellView.swift)

Die Klasse IconCellView, die ich im vorigen Abschnitt erwähnt habe, ist eine einfache Erweiterung der NSView-Klasse. Sie definiert drei Eigenschaften zur Speicherung der Icon-Daten und implementiert die Methoden mouseDragged und draggingSession(_:source OperationMaskForDraggingContext:), um Drag-and-Drop-Operationen zu initiieren. Dazu sind umfangreiche Vorbereitungsarbeiten notwendig:

- convert ermittelt den Ort des Mauszeigers im Koordinatensystem des IconCellView-Objekts. Die Position wird später benötigt, damit das Vorschaubild während des Drag-and-Drop-Vorgangs an der richtigen Stelle angezeigt wird.
- Das AppDelegate-Objekt ist erforderlich, um das skalierte Icon im temporären Verzeichnis zu speichern.
- Der Dateiname wird zuerst in ein NSURL-Objekt umgewandelt, und dieses wird in ein NSDraggingItem verpackt. (Die Swift-Struktur URL ist inkompatibel mit der NSDraggingItem-Klasse.)
- Damit während des Drag-and-Drop-Vorgangs ein optisches Feedback sichtbar ist, muss an die Eigenschaft imageComponentsProvider eine Closure übergeben werden. Die Funktion zeichnet das Icon in einer Größe von 50 × 50 Punkten rund um die aktuelle Mausposition.

Jetzt endlich stehen alle Daten bereit, um mit beginDraggingSession den Drag-Vorgang zu initiieren.

Ein wenig befremdlich ist die leere Methode mouseDown. Wird sie weggelassen, kommt es zu keinem Aufruf von mouseDragged. Ich habe nicht ergründen können, warum das so ist. Im Drag-and-Drop-Beispiel aus Abschnitt 26.4 war die Implementierung von mouseDown auf jeden Fall nicht erforderlich.

```
// Projekt Icon-Resizer, Datei IconCellView.swift
class IconCellView: NSView, NSDraggingSource {
  var isize: IconSize!
  var rtype: RetinaType!
```

```
  var icon: NSImage!

  // sonst wird mouseDragged nicht aufgerufen
  override func mouseDown(with event: NSEvent) {  }

  override func mouseDragged(with event: NSEvent) {
    if icon == nil  { return }  // kein Drag, wenn keine Daten

    // Icon im temporären Verzeichnis speichern
    let app = NSApplication.shared.delegate as! AppDelegate
    let fname = isize.save(icon, type: rtype, folder: app.tempdir!)

    // Mausposition
    let position = convert(event.locationInWindow, from: nil)

    // start drag: NSURL-Objekt als Item übergeben
    let url = NSURL(fileURLWithPath: fname)
    let item = NSDraggingItem(pasteboardWriter: url)

    item.imageComponentsProvider =
      { // Closure, legt das während des Drag-Vorgangs sichtbare
        // Bild fest
        let component = NSDraggingImageComponent(key: .icon)
        component.contents = self.icon

        // 50x50-Vorschaubild mittig um aktuelle Mausposition
        component.frame = NSRect(
          origin: NSPoint(x: position.x-25, y: position.y-25),
          size: NSSize(width: 50, height: 50))
        return [component]
    }
    // erforderlich seit macOS 10.14, sonst Fehler 'draggingFrame
    // cannot be set to a zero size'
    item.draggingFrame = NSRect(x: 0, y: 0, width: 50, height: 50)
    beginDraggingSession(with: [item], event: event, source: self)
  }

  // nur Copy erlauben
  func draggingSession(_: NSDraggingSession,
                       sourceOperationMaskFor _: NSDraggingContext)
    -> NSDragOperation
  {
    return .copy
  }
} // class-Ende
```

41.5 Drag-and-Drop-Empfänger für Icons (OriginalIconView.swift)

Die Klasse `OriginalIconView` ist von `NSView` abgeleitet und wird als View für den linken Fensterbereich verwendet. Die Klasse erfüllt zwei Aufgaben:

- Sie empfängt Datei-Drag-and-Drop-Objekte, sofern es sich dabei um PNG- oder JPEG-Dateien handelt.
- Sie reagiert auf Mausklicks und zeigt dann einen Dialog zum Laden einer Icon-Bitmap an.

Drag & Drop einer Bilddatei empfangen

Beginnen wir mit dem Drag-and-Drop-Empfang von Dateien. Das folgende Listing zeigt nur den dafür absolut erforderlichen Code. Tatsächlich enthält die Datei `OriginalIconView.swift` auch Anweisungen, die die Hintergrundfarbe der View während Drag-and-Drop-Operationen verändern und so ein optisches Feedback geben. Werfen Sie gegebenenfalls einen Blick in die Beispieldateien!

`draggingEntered` überprüft durch einen Aufruf von `dragFilename`, ob ein Drag-and-Drop-Objekt vorliegt, das verarbeitet werden kann. Ist dies der Fall, erlaubt die Methode den Empfang durch die Rückgabe von `.Copy`.

Lässt der Benutzer das Drag-and-Drop-Objekt fallen, lädt `performDragOperation` die Bitmap-Datei in die `icon`-Eigenschaft der `ViewController`-Klasse. Die `didSet`-Methode dieser Eigenschaft kümmert sich darum, dass auch alle anderen Komponenten des Programms aktualisiert werden.

Am aufwendigsten ist das Extrahieren des Dateinamens aus dem Drag-and-Drop-Objekt in der Methode `dragFilename`. Ein komplexes `if-let`-Kommando stellt sicher, dass ein und nicht mehrere Objekte übergeben werden, ermittelt das `NSPasteboard`-Objekt und sucht darin nach einem `NSURL`-Objekt.

Wenn sich die Datei des Drag-and-Drop-Objekts im temporären Verzeichnis des Programms befindet, wird der Vorgang abgebrochen. Dieser Test vermeidet, dass irrtümlich ein verkleinertes Icon aus dem rechten Bereich des Fensters in den linken Bereich kopiert wird.

```
// Projekt Icon-Resizer, Datei OriginalIconView.swift
class OriginalIconView: NSView {
  weak var vc: ViewController!  // übergeordneter View-Controller
  // Drag beginnt; .Copy anzeigen, wenn Daten OK
  override func draggingEntered(_ sender: NSDraggingInfo)
    -> NSDragOperation
  {
    if dragFilename(sender) != nil {
      highlight = true
      return .copy
    }
    return NSDragOperation()
  }
```

```
  // Drag abgeschlossen: Icon-Datei laden
  override func performDragOperation(_ sender: NSDraggingInfo) -> Bool
  {
    if let fname = dragFilename(sender)  {
      vc.icon = NSImage(contentsOfFile: fname)
      return true
    }
    return false
  }

  // NSDraggingInfo-Objekt verarbeiten; liefert Dateinamen der
  // Icon-Datei zurück oder nil, wenn ungültige Daten
  private func dragFilename(_ draginfo: NSDraggingInfo) -> String? {
    let pboard = draginfo.draggingPasteboard
    if draginfo.numberOfValidItemsForDrop == 1,
       let data = pboard.readObjects(forClasses: [NSURL.self],
                                     options: [:]) as? [NSURL]
    {
      let url = data.first! as URL
      // Datei darf nicht aus temporärem Verzeichnis kommen
      let app = NSApplication.shared.delegate as! AppDelegate
      if url.path.hasPrefix(app.tempdir) {
        return nil
      }
      // Dateikennung überprüfen
      switch url.pathExtension.lowercased() {
        case "png", "jpeg", "jpg": return url.path
        default:                   return nil
      }
    }
    return nil
  } // func-Ende
}    // class-Ende
```

Dateiauswahldialog für die Bilddatei

mouseDown bewirkt, dass ein Klick in den linken Bereich des Fensters einen Dateiauswahldialog öffnet. Nach der erfolgreichen Auswahl wird das Bild in die icon-Eigenschaft des View-Controllers geladen.

```
// Projekt Icon-Resizer, Datei OriginalIconView.swift
// Dateiauswahldialog anzeigen
override func mouseDown(with theEvent: NSEvent) {
  let openFile = NSOpenPanel()
  openFile.title = "Icon-Datei öffnen"
```

```
    openFile.prompt = "Öffnen"
    openFile.worksWhenModal = true
    openFile.allowsMultipleSelection = false
    openFile.allowedFileTypes =
      ["png", "jpg", "jpeg", "PNG", "JPEG", "JPG"]
    openFile.canChooseDirectories = false
    openFile.resolvesAliases = true
    openFile.runModal()  // Dialog anzeigen
    if let url = openFile.url {
      vc.icon = NSImage(contentsOfFile: url.path)
    }
  }
```


41.6 Popup-Menü (IconChoiceVC.swift)

Für die Darstellung des Popup-Menüs sieht das Storyboard einen eigenen Window- und View-Controller vor. Die Klasse `IconChoiceVC` enthält den dazugehörenden Code, der leicht verständlich ist. Zur Anzeige des Menüs kommt es durch einen Segue, in dessen Verlauf die Eigenschaft `mainVC` eingestellt wird (`prepare`-Methode in `ViewController.swift`).

`viewDidLoad` wertet aus, welches Icon-Set im Hauptfenster gerade aktiv ist. Dementsprechend wird einer der drei Buttons in den Ein-Zustand versetzt, um dem Benutzer ein optisches Feedback zu geben.

Beim Anklicken eines Buttons wird die Eigenschaft `iconset` von `mainVC` geändert. Die Methode `dismiss` lädt anschließend das `iconsize`-Array neu, initiiert mit `reloadData` ein Neuzeichnen der Table-View und schließt mit `dismissController` das Fenster des Popup-Menüs.

```
// Projekt Icon-Resizer, Datei IconChoiceVC.swift
class IconChoiceVC: NSViewController {
  @IBOutlet weak var btnIos: NSButton!
  @IBOutlet weak var btnOsx: NSButton!
  @IBOutlet weak var btnWatch: NSButton!
  weak var mainVC: ViewController!  // Verweis auf VC des Hauptfensters

  // den richtigen Button auswählen
  override func viewDidLoad() {
    super.viewDidLoad()
    switch mainVC.iconset {
      case .iOS:      btnIos.state = .on
      case .macOS:    btnMacos.state = .on
      case .watchOS:  btnWatch.state = .on
    }
  }
```

```
  // einer der Buttons wurde angeklickt
  @IBAction func btnIos(_ sender: AnyObject) {
    mainVC.iconset = .iOS
    dismiss()
  }
  @IBAction func btnMacos(_ sender: AnyObject) {
    mainVC.iconset =.macOS
    dismiss()
  }
  @IBAction func btnWatch(_ sender: NSButton) {
    mainVC.iconset = .watchOS
    dismiss()
  }
  private func dismiss() {
    mainVC.iconsizes = IconSize.getSizes(set: mainVC.iconset)
    mainVC.iconTable.reloadData()
    self.dismiss(self)
  }
}
```

41.7 Temporäres Verzeichnis erstellen und löschen

Der Icon-Resizer verwendet ein temporäres Verzeichnis, um darin die verkleinerten Icons zu speichern. Die Dateien sind erforderlich, damit Drag-and-Drop-Operationen von der App zu anderen Apps und speziell zu Xcode möglich sind. Methoden der `AppDelegate`-Klasse kümmern sich darum, innerhalb des temporären Verzeichnisses das Unterverzeichnis `icon-resizer` einzurichten und später wieder zu löschen.

Ein eigenes temporäres Verzeichnis einstellen

In Swift-Programmen verrät die Funktion `NSTemporaryDirectory` den Ort des temporären Verzeichnisses. Falls die App ohne Sandbox-Option ausgeführt wird, teilen sich alle Programme des Benutzers das temporäre Verzeichnis. Deswegen ist es zweckmäßig, dort ein programmspezifisches Unterverzeichnis einzurichten. Darum kümmert sich beim Programmstart die Methode `applicationDidFinishLaunching`. Darin ermöglicht die Variable `fmgr` den Zugriff auf den `NSFileManager` (siehe auch Abschnitt 21.4, »Standardverzeichnisse«).

Der Pfad des eigenen temporären Verzeichnisses wird mit der Methode `stringByAppendingPathComponent` aus dem Ergebnis `NSTemporaryDirectory` und der Erweiterung `icon-resizer` zusammengesetzt. `fileExistsAtPath` überprüft, ob es dieses Verzeichnis schon gibt. Das kann insbesondere dann passieren, wenn das Programm in Xcode getestet und dort abgebrochen wird. `removeItemAtPath` löscht dann das Verzeichnis mit seinem gesamten Inhalt. Gehen Sie mit dieser Methode vorsichtig um – sie löscht Verzeichnisse rekursiv und lässt sich nicht rückgängig machen.

Die Methode createDirectoryAtPath erzeugt nun ein (neues) Verzeichnis und speichert dessen Ort in der tempdir-Variablen. Über diese Variable können alle Komponenten des Programms darauf zugreifen.

```
// Projekt Icon-Resizer, Datei AppDelegate.swift
@NSApplicationMain
class AppDelegate: NSObject, NSApplicationDelegate {
  var tempdir: String!

  // temporäres Verzeichnis zum Programmstart einrichten
  func applicationDidFinishLaunching(_ aNotification: Notification) {
    let fmgr = FileManager.default

    // Unterverzeichnis icon-resizer im temporären Verzeichnis
    let temp = NSString(string: NSTemporaryDirectory())
                 .appendingPathComponent("icon-resizer")
    do {
      // Existiert das Verzeichnis schon? Löschen!
      if fmgr.fileExists(atPath: temp) {
        try fmgr.removeItem(atPath: temp)
      }

      // neues Verzeichnis erzeugen
      try fmgr.createDirectory(atPath: temp,
                               withIntermediateDirectories: false,
                               attributes: nil)
      tempdir = temp
    } catch _ {                            // wenn Fehler passieren: tempo-
      tempdir = NSTemporaryDirectory() // räres Verzeichnis verwenden
    }
  } // func-Ende
}   // class-Ende
```

Temporäres Verzeichnis löschen

Um die Aufräumarbeiten kümmert sich die Methode applicationWillTerminate. Sie stellt zuerst mit hasSuffix sicher, dass tempdir wirklich auf das programmeigene temporäre Verzeichnis zeigt, und löscht dieses dann.

```
// Projekt Icon-Resizer!, Datei AppDelegate.swift, Fortsetzung
@NSApplicationMain
class AppDelegate: NSObject, NSApplicationDelegate {
  ...
```

```
  // temporäres Verzeichnis beim Programmende löschen
  func applicationWillTerminate(_ aNotification: Notification) {
    if tempdir.hasSuffix("icon-resizer") {
      let fmgr = FileManager.default
      do {
        // temporäres Verzeichnis wieder löschen
        try fmgr.removeItem(atPath: tempdir)
        print("Tempdir gelöscht")
      } catch _ { }
    }
  }   // Ende func
}     // Ende class
```

Kapitel 42
Breakout

Breakout ist ein klassisches Spielhallenspiel. Es geht darum, mit einem Ball rechteckige Steine (*Bricks*) abzuschießen. Es ist Aufgabe des Spielers, den Ball mit einem Schläger (*Paddle*) in dem nach unten offenen Spielfeld zu halten. Die erste Version des Spiels wurde 1976 von Atari produziert, wobei die Spiellogik nicht durch ein Programm, sondern in Hardware realisiert wurde.

Abbildung 42.1 Das Spiel »Breakout«

Breakout hat übrigens schon seit Langem mit Apple zu tun: Steve Jobs, der damals für Atari arbeitete, überließ es Steve Wozniak, einen Prototyp für das Spiel zu bauen, bezahlte ihn dafür aber nur schäbig. Trotzdem gründeten die beiden wenig später Apple.

https://de.wikipedia.org/wiki/Breakout_(Computerspiel)

Aus Entwicklersicht ist Breakout ein dankbares Beispiel für den Einstieg in die Spieleprogrammierung (siehe auch Kapitel 28, »SpriteKit«): Die hier präsentierte Version umfasst nur rund 250 Zeilen, wenn man den Begleitcode wegrechnet (`CGOperators.swift`, `GameViewController.swift` etc.).

42.1 Programmaufbau

Die App wurde aus dem Standard-Template für iOS-SpriteKit-Spiele entwickelt. Die wichtigsten Dateien sind:

- `GameScene.sks` enthält die farbige Hintergrund-Bitmap für die einzige Spielszene.
- `GameScene.swift` enthält den Großteil des Codes.
- `GameViewController.swift` lädt und skaliert die GameScene-Datei.
- `CGOperators.swift` enthält Methoden und Operatoren zum eleganteren Umgang mit `CGXxx`-Strukturen (siehe Abschnitt 7.3, »CGFloat, CGPoint, CGSize und Co.«).

Das Spiel kann nur im Vollbildmodus auf iPhones im Portrait-Modus gespielt werden. Andere Geräteausrichtungen wurden in den Projekteinstellungen deaktiviert.

In Abbildung 42.1 ist Ihnen vielleicht aufgefallen, dass unterhalb des Schlägers relativ viel freier Platz ist. Beim Test des Programms hat es sich als praktisch erwiesen, diesen Platz für die Spielsteuerung frei zu lassen. Das ermöglicht die Steuerung des Schlägers mit einem Finger, ohne dass der Finger den Schläger verdeckt.

SpriteKit-Funktionen

Mit Ausnahme der Hintergrund-Bitmap verwendet die App keine Sprites, sondern nur Shapes (also `SKShapeNode`-Objekte). Die App nutzt die Physik-Engine: einerseits zur Berechnung der Flugbahn des Balls, andererseits zur Erkennung von Kollisionen mit Steinen. Diese werden dann aus dem Spielfeld entfernt. Es gibt keine Aktionen (`SKAction`-Animationen).

Erweiterungsideen

In dem Spiel gibt es nur einen Level und nur ein Leben. Wenn der Ball aus dem Spielfeld fliegt, wird das Spiel bei der nächsten Berührung des Bildschirms neu gestartet. Wenn Sie Spaß an der App haben, können Sie diverse Erweiterungen programmieren:

- Counter mit Highscore-Speicherung
- Verwaltung mehrerer Leben
- Gestaltung weiterer Level, wobei die Steine abwechslungsreicher angeordnet werden können (z. B. pyramidenförmig)
- Level mit einem zweiten Ball, der zwischen Steinen eingeschlossen ist und erst aktiv wird, wenn er »befreit« wird

- nachrückende Steine (d. h., alle 30 Sekunden kommt oben eine zusätzliche Steinreihe hinzu; noch vorhandene Steine werden nach unten verschoben)
- zunehmende Ballgeschwindigkeit im Spielverlauf

42.2 Initialisierung

Im View-Controller wird die Spielszene geladen. Die Datei `GameScene.sks` enthält nur den orangefarbenen Hintergrund des Spiels. In `viewDidLoad` wird die Größe der Szene eingestellt. Dabei wird die Größe des jeweiligen iOS-Geräts aus dem `SKView`-Objekt übernommen.

Die eigentliche Initialisierung des Spiels erfolgt durch den Aufruf von `setup` in der Methode `viewDidAppear`. Vielleicht fragen Sie sich, warum die Initialisierung nicht wie sonst üblich bereits in `viewDidLoad` erfolgt. Das hat mit den Eigenheiten der aktuellen iPhone-Modelle zu tun: Beim Einrichten des Spiels muss der oberste Displaybereich mit der Notch unbenutzt bleiben. Wie viel Platz zur Verfügung steht, kann aber erst mit dem Aufruf von `viewDidAppear` durch die Auswertung der View-Eigenschaften `layoutMargins` oder `safeAreaLayoutGuide` ermittelt werden.

```
// Projekt ios-breakout, Datei GameViewController.swift
class GameViewController: UIViewController {
  // Szene aus GameScene.sks laden (oranger Hintergrund)
  var scene: GameScene! = GameScene(fileNamed: "GameScene")!
  // die Initialisierung nur einmal durchführen
  var setupDone = false

  override func viewDidLoad() {
    super.viewDidLoad()
    // Größe der Szene einstellen, Szene anzeigen
    let skView = self.view as! SKView
    scene.scaleMode = .aspectFill
    scene.size = skView.frame.size
    skView.presentScene(scene)
  }

  // wenn die Game-View zum ersten Mal erscheint, Initialisierung
  // durchführen
  override func viewDidAppear(_ animated: Bool) {
    super.viewDidAppear(animated)
    if setupDone { return }
    scene.setup()
    setupDone = true
  }
}
```

Control Center verbergen

Bei älteren iOS-Geräten können Sie durch Hinaufstreichen am unteren Bildschirmrand das Control Center öffnen. Ganz lässt sich das nicht verhindern – aber wenn die Eigenschaft `prefersStatusBarHidden` den Zustand `true` zurückgibt, dann wird ein versehentliches Öffnen des Control Centers zumindest wesentlich unwahrscheinlicher.

```
override var prefersStatusBarHidden: Bool {
  return true
}
```

Statusvariablen

`GameScene.swift` beginnt mit der Deklaration einiger Variablen, die die Eckdaten des Spiels bzw. Spielfelds zusammenfassen:

```
// Projekt ios-breakout, Datei GameScene.swift
class GameScene: SKScene {
  var paddle: SKShapeNode!   // Objekte
  var ball:   SKShapeNode!
  var label = SKLabelNode(fontNamed: "AvenirNext-Bold")

  var w: CGFloat = 0      // enthält Breite und Höhe des SKScene-
  var h: CGFloat = 0      // Objekts, wird in setup() eingestellt
  var brickcounter = 0    // Spielstatus
  var status = GameStatus.waitForStart
}
```

Der aktuelle Spielstatus wird in `status` gespeichert. Diese Variable kann die Werte der folgenden Enumeration annehmen:

```
enum GameStatus {
  case waitForStart, running, won, lost
}
```

Für die Kollisionserkennung sind am Ende von `GameScene.swift` außerdem in der Struktur `PhysCategory` einige `UInt32`-Konstanten definiert:

```
struct PhysCategory {
  static let none: UInt32   = 0
  static let ball: UInt32   = 1
  static let paddle: UInt32 = 2
  static let brick: UInt32  = 4
  static let frame: UInt32  = 8
}
```

Der gesamte weitere Code befindet sich innerhalb der Klasse `GameScene`.

Initialisierung der Spielszene

Die Initialisierung der Spielszene erfolgt in der Methode `setup`, die in der `GameViewController`-Klasse durch `viewDidAppear` aufgerufen wird. Die sonst übliche Initialisierung in `didMove(to:)` ist bei dieser App nicht möglich, weil zu diesem Zeitpunkt die Eigenschaften `layoutMargins` bzw. `safeAreaLayoutGuide` noch nicht ausgewertet werden können. Diese Eigenschaften werden aber gleich mehrfach benötigt, um die Spielszene so zu gestalten, dass sie auch auf aktuellen iPhone-Modellen korrekt dargestellt wird:

- Die Höhe des Spielbereichs (Variable `h`) wird im Vergleich zur Displaygröße um `layoutMargins.top` reduziert, also um den Bereich des Displays, der abgerundet ist. (Bei älteren iPhone-Modellen enthält `layoutMargins.top` den Wert `0`. Das Spiel nutzt dann das gesamte Display.)
- Der Bereich, in dem sich der Ball frei bewegen kann, wird durch ein `SKPhysicsBody`-Objekt eingegrenzt, das der Größe der sogenannten *Safe Area* entspricht (siehe Abbildung 42.2).
- Damit für die Spieler klar ist, wo der Ball oben reflektiert wird, wird der obere Displaybereich durch ein schwarzes `SKShapeNode`-Objekt dargestellt. In Abbildung 42.2 ist dieses Objekt `wall` in grauer Farbe dargestellt. Bei anderen iPhone-Modellen entfällt dieses Objekt, weil `layoutMargins.top` dann den Wert `0` zurückgibt.

42

```
// Projekt ios-breakout, Datei GameScene.swift
func setup() {
  w = self.frame.width
  h = self.frame.height - self.view!.layoutMargins.top

  // keine Gravitation
  self.physicsWorld.gravity = CGVector.zero

  // zur Erkennung, wann ein Ball einen Stein trifft
  self.physicsWorld.contactDelegate = self

  // Spielobjekte zusammenstellen
  setupBricks(rows: 6, cols: 6)
  setupPaddle()
  setupBall()
  setupText()

  // Ball einsperren
  let gameArea = self.view!.safeAreaLayoutGuide.layoutFrame
  self.physicsBody =  SKPhysicsBody(edgeLoopFrom: gameArea)
  with(self.physicsBody!) {
    $0.categoryBitMask     = PhysCategory.frame
    $0.collisionBitMask    = PhysCategory.ball
    $0.contactTestBitMask = PhysCategory.none
  }
```

```
    // optische Abgrenzung nach oben (für aktuelle iPhone-Modelle!)
    let wallrect = CGRect(x: 0,
                          y: h,
                          width: w,
                          height: self.view!.layoutMargins.top)
    let wall = SKShapeNode(rect: wallrect)
    wall.fillColor = .black
    wall.strokeColor = .black
    wall.zPosition = 2
    self.addChild(wall)
  }
```

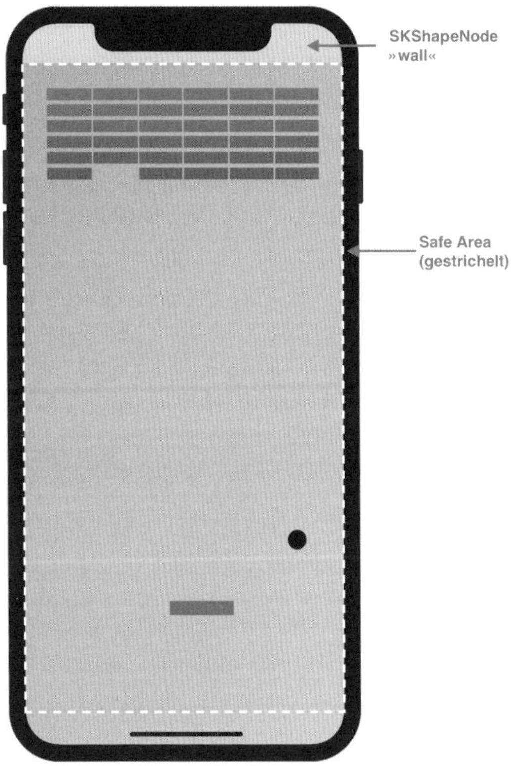

Abbildung 42.2 Die »Safe Area« auf einem aktuellen iPhone-Modell

Um bei der Einstellung der Eigenschaften des physikalischen Körpers die wiederholte Nennung von `brick.physicsBody!` zu vermeiden, habe ich die `with`-Funktion verwendet, die ich schon in Abschnitt 28.7, »Kollisionserkennung«, vorgestellt habe. Sie ist am Ende von `GameScene.swift` deklariert:

```
func with<T>(_ object: T, closure: (T)->()) {
  closure(object)
}
```

Spielsteine einrichten

setupBricks richtet rows Zeilen mit jeweils cols Steinen ein. In brickcounter wird die Gesamtanzahl der Steine gespeichert. Die Variable hilft später dabei, das Spielende zu erkennen. Die Steine werden je nach Zeile in unterschiedlichen Rottönen eingefärbt. Außerdem wird jeder Stein durch name = "brick" benannt. Das ermöglicht es später, alle Steine unkompliziert aus der Spielszene zu löschen.

isDynamic = false schließt aus, dass sich die Steine bewegen. Die weiteren physicsBody-Eigenschaften bewirken, dass der Ball von den Steinen abprallt und dass die contactDelegate-Methode didBegin bei jeder Kollision aufgerufen wird.

```
func setupBricks(rows: Int, cols: Int) {
  let brickw = w / CGFloat(cols+1)
  let brickh = brickw / 3
  brickcounter = rows  * cols

  for row in 1...rows {
    let brickColor =
      SKColor.init(red: 0.7 + 0.3 * CGFloat(rows-row) / CGFloat(rows),
                   green: 0.2,
                   blue: 0,
                   alpha: 1)
    for col in 1...cols {
      let brick = SKShapeNode(rectOf:
        CGSize(width: brickw * 0.95, height: brickh * 0.7))
      brick.fillColor   = brickColor
      brick.strokeColor = brickColor
      let x = brickw *  CGFloat(col)
      let y = h - brickh *  CGFloat(row+1)
      brick.position = CGPoint(x: x, y: y)
      brick.zPosition = 10
      brick.name = "brick"
      self.addChild(brick)

      brick.physicsBody = SKPhysicsBody(rectangleOf: brick.frame.size)
      with(brick.physicsBody!) {
        $0.isDynamic = false
        $0.categoryBitMask    = PhysCategory.brick
        $0.contactTestBitMask = PhysCategory.ball
        $0.collisionBitMask   = PhysCategory.ball
      }
    }  // Ende for col
  }    // Ende for row
}      // Ende func
```

Geschwindigkeitsüberlegungen

Die Anzahl der Spielsteine hat bei diesem Spiel einen großen Einfluss auf den Rechenaufwand. Bei jedem Frame muss SpriteKit für jeden Spielstein überprüfen, ob dieser mit dem Ball kollidiert. Das verursacht trotz der einfachen Objektformen einen verblüffend hohen CPU-Aufwand.

Ich habe das Spiel auf einem iPhone 5S mit 16 × 16 Steinen getestet. Dabei sank die Frame-Rate auf ca. 20. Sie wurde auch nicht höher, als ich den Ball ins Aus laufen ließ, also alle Objekte im Ruhezustand waren. SpriteKit ist hier offensichtlich schlecht optimiert.

Wenn Sie also eine Profiversion von Breakout programmieren möchten, sollten Sie auf die Verwendung der Physik-Engine verzichten und die Kollisionsberechnungen selbst durchführen. Das ist nicht besonders schwierig und lässt sich für die simple Spielidee sicherlich effizienter gestalten, als dies in SpriteKit der Fall ist.

Schläger einrichten (Paddle)

Der Schläger ist einfach ein weiteres `SKShapeNode`-Objekt, das im untersten Bildschirmviertel platziert wird. Damit der Ball vom Schläger abprallt, ist ein physikalischer Körper erforderlich. Gleichzeitig soll der Schläger aber nicht durch die Regeln der Physik bewegt werden, sondern ausschließlich durch den Finger auf dem Display. Daher ist `isDynamic = false` erforderlich. Die `BitMask`-Einstellungen stellen sicher, dass der Ball vom Schläger abprallt, dass SpriteKit aber keine weiteren (rechenaufwendigen) Kollisionsdetektoren aktiviert.

```
func setupPaddle() {
  // Paddle unten positionieren, Breite ist 1/5 der Bildschirmbreite
  paddle = SKShapeNode(
    rectOf: CGSize(width:  w * 0.20, height: w * 0.04))
  paddle.fillColor   = SKColor.red
  paddle.strokeColor = SKColor.red

  paddle.position = CGPoint(x: w * 0.5,   // mittig
                            y: h * 0.2)   // unteres Viertel
  paddle.zPosition = 10
  self.addChild(paddle)

  paddle.physicsBody = SKPhysicsBody(rectangleOf: paddle.frame.size)
  with(paddle.physicsBody!) {
    $0.isDynamic = false
    $0.categoryBitMask    = PhysCategory.paddle
    $0.collisionBitMask   = PhysCategory.ball
    $0.contactTestBitMask = PhysCategory.none
  }
}
```

Ball einrichten

Der Ball ist ein kreisförmiges SKShapeNode-Objekt. Er wird vertikal etwas oberhalb des Schlägers positioniert. Die horizontale Position ist vom Zufall abhängig.

Den physikalischen Körper wollte ich ursprünglich rund einrichten (also mit SKPhysicsBody (circleOfRadius ...)), das hat sich aber nicht bewährt. Es kommt dann recht oft vor, dass der Ball auf die Ecke eines Steins trifft und in einem sehr flachen Winkel abprallt. Das mag physikalisch korrekt sein, der Effekt ist aber unvorhersehbar und dem Spiel nicht dienlich. Deswegen habe ich den physikalischen Körper einfach quadratisch gewählt.

Bei der Einstellung der physikalischen Eigenschaften ist es wichtig, jede Form der Reibung oder Dämpfung zu deaktivieren – sonst wird der Ball immer langsamer. Der Ball soll von allen anderen Körpern abprallen. Eine Kollisionsbenachrichtigung ist aber nur beim Zusammentreffen mit einem Stein erforderlich.


```
func setupBall() {
  ball = SKShapeNode(circleOfRadius: w/35)
  ball.fillColor =   SKColor.black
  ball.strokeColor = SKColor.black
  // Ball in der Mitte
  ball.position = CGPoint(x: w * CGFloat.random(in: 0.25...0.75),
                          y: h*0.3)
  ball.zPosition = 10
  self.addChild(ball)

  ball.physicsBody = SKPhysicsBody(rectangleOf: ball.frame.size)
  with(ball.physicsBody!) {
    $0.friction = 0
    $0.angularDamping = 0
    $0.linearDamping = 0
    $0.restitution = 1
    $0.allowsRotation = false
    $0.categoryBitMask    = PhysCategory.ball
    $0.collisionBitMask   = PhysCategory.brick +
                            PhysCategory.frame +
                            PhysCategory.paddle
    $0.contactTestBitMask = PhysCategory.brick
  }
}
```

Der Ball ist anfänglich in Ruhe – er wird erst durch die Berührung des Displays in den touches-Methoden in Bewegung gesetzt.

42.3 Spielsteuerung

Die touchesBegan-Methode ist für den Start des Spiels verantwortlich. Beim ersten Spiel mit status == .waitForStart ist das Spielfeld bereits eingerichtet. Daher reicht es aus, den Ball mit applyImpulse in Bewegung zu setzen. Wenn dagegen vorher schon eine Runde gespielt wurde, müssen der Ball und die Spielsteine neu eingerichtet werden.

```
override func touchesBegan(_ touches: Set<UITouch>,
                           with event: UIEvent?)
{
  if status == .waitForStart {

    // erstes Spiel: Ball in Bewegung setzen
    ball.physicsBody!.applyImpulse(initialImpulse())
    status = .running
    label.text = ""
  } else if status == .won || status == .lost {
    // neues Spiel starten: zuerst aufräumen ...
    ball.removeFromParent()
    for ch in self.children {
      if let childname = ch.name, childname == "brick" {
        ch.removeFromParent()
      }
    }
    // ... dann das Spielfeld neu einrichten
    setupBall()
    setupBricks(rows:6, cols:6)
    ball.physicsBody!.applyImpulse(initialImpulse())
    status = .running
    label.text = ""
    self.isPaused = false
  }
}

// Startimpuls für den Ball
func initialImpulse() -> CGVector {
  return CGVector(dx: w * 0.05, dy: w * 0.05)
}
```

Schläger steuern

Um die Steuerung des Schlägers kümmert sich die touchesMoved-Methode. Relevant ist dabei nur die X-Koordinate des Berührungspunkts. Sie legt die Position des Schlägermittelpunktes fest. Die in GCOperators.swift definierte minMax-Funktion stellt dabei sicher, dass der Schläger nicht über den Bildschirmrand bewegt wird.

```
override func touchesMoved(_ touches: Set<UITouch>,
                           with event: UIEvent?)
{
  if touches.count != 1 { return }
  let touch = touches.first!
  let xnew = touch.location(in: self).x
  let xmin = paddle.frame.size.width/2
  let xmax = self.frame.size.width - xmin
  paddle.position =
    CGPoint(x: minMax(xnew, minimum: xmin, maximum: xmax),
            y: paddle.position.y)
}
```

touchesEnded und touchesCancelled sind gemäß den Dokumentationsvorgaben ebenfalls implementiert, enthalten aber keinen Code. Auf den Abdruck habe ich daher verzichtet.

Test, ob der Ball im Aus ist

In der update-Methode wird getestet, ob die Y-Koordinate des Balls kleiner ist als die des Schlägers. In diesem Fall ist der Ball im Aus, das Spiel ist verloren und wird pausiert.

Ein wenig merkwürdig ist der restliche Code: Während der Tests ist es immer wieder vorgekommen (circa einmal pro Spiel), dass der Ball von seiner üblichen diagonalen Flugbahn abwich und sich gänzlich horizontal bzw. vertikal bewegte. Ein vernünftiges Spiel ist dann nicht mehr möglich. Wenn das passiert, die X- oder Y-Komponente der Geschwindigkeit also nahe 0 ist, wird die Geschwindigkeit ganz auf 0 zurückgesetzt. Anschließend erhält der Ball wieder seinen Startimpuls. Diese Maßnahme klingt recht radikal, ist aber im Spielverlauf optisch nicht wahrnehmbar.

```
override func update(_ currentTime: TimeInterval) {
  if status != .running { return }
  // Test, ob das Spiel verloren ist
  if ball.position.y  < paddle.frame.minPoint().y {
    label.text = "Game Over"
    self.isPaused = true
    status = .lost
    return
  }
  // manchmal passiert es, dass der Ball sich nur noch horizontal oder
  // vertikal bewegt; dann muss man der Physik ein wenig nachhelfen
  if abs(ball.physicsBody!.velocity.dx) <= 0.01 ||
     abs(ball.physicsBody!.velocity.dy) <= 0.01
  {
    ball.physicsBody!.velocity = CGVector.zero
    ball.physicsBody!.applyImpulse(initialImpulse())
  }
}
```

Kollisionserkennung

Wenn der Ball einen Stein trifft, wird die Methode `didBegin` des `SKPhysicsContactDelegate`-Protokolls aufgerufen. In der Methode verweist dann `contact.bodyA` oder `contact.BodyB` auf diesen Stein. Er wird einfach entfernt. (Wenn Sie möchten, können Sie hier eine nette Animation einbauen, die den Stein explodieren oder in sich zusammenfallen lässt.)

Sollte die Anzahl der Steine damit auf 0 sinken, hat der Spieler bzw. die Spielerin das Spiel gewonnen.

```
extension GameScene : SKPhysicsContactDelegate {
  func didBegin(_ contact: SKPhysicsContact) {
    var brick:SKNode!
    if contact.bodyA.categoryBitMask == PhysCategory.brick {
      brick = contact.bodyA.node
    } else if contact.bodyB.categoryBitMask == PhysCategory.brick {
      brick = contact.bodyB.node
    } else {
      return
    }
    // Stein entfernen
    brick.removeFromParent()
    // Spielende?
    brickcounter -= 1
    if brickcounter == 0 {
      label.text = "Congratulations!"
      self.isPaused = true
      status = .won
    }
  }
}
```

Kapitel 43
Pac-Man selbst gemacht

Dieses Kapitel zeigt Ihnen, wie Sie den Spielklassiker *Pac-Man* in einer leicht modifizierten Form selbst programmieren können. Dabei steuern Sie die gefräßige Spielfigur durch ein Labyrinth, fressen alle Punkte auf und versuchen, den Monstern aus dem Weg zu gehen (siehe Abbildung 43.1). Diamanten verkehren die Rolle zwischen Jägern und Gejagten – für kurze Zeit können Sie nun die Monster verfolgen und fressen. Ein neuer Aspekt im Vergleich zum Original sind die Totenköpfe: Wenn die Spielfigur sie berührt, starten neue Monster von allen ursprünglichen Anfangspositionen.

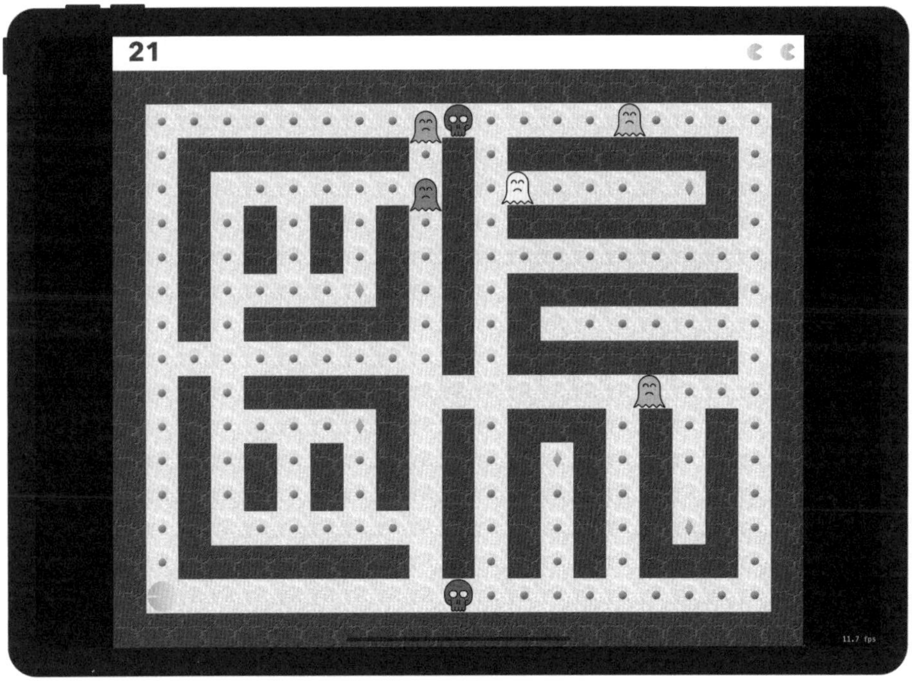

Abbildung 43.1 Noch eine Adaption von Pac-Man

Die App läuft sowohl auf iOS-Geräten als auch auf dem Apple TV. Sie läuft selbst auf relativ alter Hardware, z. B. auf einem iPhone 5S. Am meisten Spaß macht das Spiel meiner Meinung nach auf einem iPad. In diesem Kapitel konzentriere ich mich vorerst auf die iOS-Variante und beschreibe die wenigen tvOS-spezifischen Details am Ende des Kapitels.

Level

Normalerweise konzentriere ich mich bei den Beispielprogrammen in diesem Buch auf den Code und lasse die künstlerischen Details, die Gestaltung von Levels und die sonstige Ausgestaltung der App links liegen. Diese App ist eine Ausnahme: Es gibt eine ganze Reihe von – zum Teil verrückt schwierigen – Labyrinthen, die Sie beim Ausprobieren der App durchlaufen können. Den Großteil dieser Labyrinthe haben meine beiden Söhne beigesteuert, die ganz glücklich waren, ihren Vater auf diese Weise zu unterstützen.

43.1 Programmaufbau

Die App greift auf SpriteKit zurück, wobei die Szenen per Code erzeugt werden. Zur Gestaltung der Labyrinthe wurde das Open-Source-Programm *Tiled* verwendet, das ich Ihnen im nächsten Abschnitt näher vorstelle. Dieses Programm liefert sehr einfach aufgebaute XML-Dateien.

Von der Verwendung der Tile-Funktionen des Scene-Editors habe ich abgesehen, in erster Linie, weil ich kein Fan des Scene-Editors bin (siehe Abschnitt 28.11, »Scene-Editor«).

Code

Der Großteil des Codes befindet sich in den folgenden Dateien:

- `Maze.swift` enthält die `Maze`-Klasse zur Darstellung der Labyrinthe und für die Spiellogik.
- `GameScene` reagiert auf Benutzerereignisse und führt die Level-Steuerung durch.
- `Global.swift` enthält diverse Konstanten, Enumerationen und Einstellungen.

Wie in den anderen SpriteKit-Projekten dieses Buchs enthält `CGOperators` diverse Operatoren und Methoden, die das Rechnen und den Umgang mit den `CGXxx`-Strukturen komfortabler machen (siehe Abschnitt 7.3, »CGFloat, CGPoint, CGSize und Co.«).

Auch die Dateien `SWXMLHash.swift` und `SWXMLHashTypeConf` sind Ihnen vielleicht schon aus anderen Projekten vertraut (siehe Abschnitt 22.2, »XML-Dokumente auswerten«): Sie erleichtern das Auslesen von XML-Zeichenketten ganz erheblich. Die dort definierte Klasse `SWXMLHash` wird eingesetzt, um die mit Tiled erstellten Labyrinth-Dateien zu lesen.

Im Xcode-Projekt habe ich die Projektdateien in mehrere Gruppen organisiert (siehe Abbildung 43.2):

- `shared` enthält Code, der gleichermaßen für iOS und tvOS gilt.
- `ios-pacman` enthält iOS-spezifische Dateien.
- `tv-pacman` enthält tvOS-spezifische Dateien.
- `tiled` enthält die Labyrinthe in XML-Form (`*.tmx`) sowie ein Tileset mit den Texturen für das Programm Tiled.

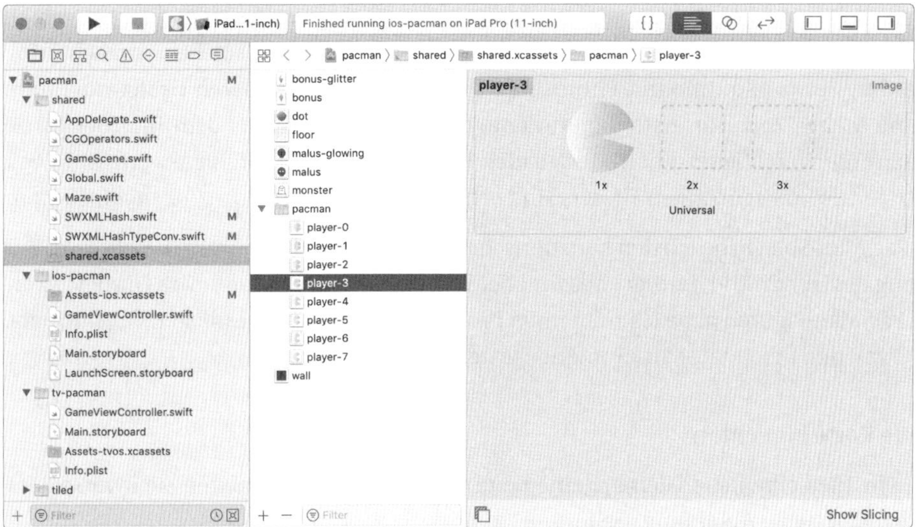

Abbildung 43.2 Überblick über die Projektdateien und Assets

Bitmaps (Xcassets)

Die Bitmaps, die die App tatsächlich verwendet, befinden sich in `shared.xcassets`. Dazu zählen Bitmaps für den Labyrinth-Hintergrund (`floor`), die Mauern (`wall`), die Punkte (`dot`), die Diamanten (`bonus` und `bonus-glitter`), die Totenköpfe (`malus` und `malus-glowing`) sowie die Monster.

Der Pac-Man besteht aus acht Bitmaps (`player-0` bis `player-7`) mit unterschiedlich weit geöffnetem Mund. Diese Bitmaps habe ich mit einem winzigen macOS-Programm gezeichnet. Den Code dieses Miniprogramms erläutere ich am Ende des Kapitels. Die Pac-Man-Bitmaps sind als sogenannter *Atlas* organisiert. Ein Atlas ist einfach eine Sammlung zusammengehörender Bitmaps, die intern als Einzelobjekt organisiert sind, was die Effizienz ein ganz klein wenig verbessert. Der eigentliche Vorteil besteht darin, dass Atlas-Sammlungen bei größeren Spielen für mehr Übersicht in der Xcassets-Datei sorgen. Um einen Atlas zu erzeugen, fügen Sie der Xcassets-Datei einfach einen NEW SPRITE ATLAS hinzu.

43.2 Der Tile-Editor »Tiled«

Tilemaps sind Spielwelten, bei denen gleichartige Texturen rasterförmig aneinandergereiht werden. Damit lassen sich mit vergleichsweise wenigen und kleinen Bitmaps riesige Welten bilden. Neben dem simplen quadratischen Raster, das ich für das Pac-Man-Spiel verwende, unterstützen gängige Tile-Editoren auch rautenförmige und sechseckige Raster.

Ich habe mich bei der Entwicklung des Pac-Man-Spiels für das populäre Programm *Tiled* entschieden (*https://mapeditor.org*). Es ist sehr einfach zu bedienen und kostenlos verfügbar. Der Entwickler bittet aber um Spenden.

Besonders elegant wirken Tilemap-Spiele, deren Texturen so gestaltet sind, dass sie sich an den Rastergrenzen nahtlos fortsetzen (*Tiled Textures*). Das Erstellen solcher Bitmaps erfordert allerdings etwas Routine mit Photoshop, GIMP oder einem anderen Grafikprogramm – und eine Menge Zeit! Für erste Experimente empfiehlt es sich, aus dem Internet ganze Textur-Sammlungen (*Tilesets*) herunterzuladen bzw. zu kaufen. Empfehlenswerte Sites mit kostenlosen bzw. preisgünstigen Tilesets sind *https://kenney.nl* und *https://opengameart.org*.

Für das Pac-Man-Spiel habe ich den künstlerischen Aspekt auf ein Minimum beschränkt. Zur Gestaltung des Labyrinth-Hintergrunds und der Wände habe ich Texturen von GIMP verwendet. Die Pac-Man-Figuren habe ich mit einem Programm erstellt, die restlichen Objekte habe ich mit GIMP und Pixelmator zusammengebastelt.

Eine neue Karte einrichten

Wenn Sie in Tiled eine neue Tilemap (eine neue »Karte«) erstellen, müssen Sie diverse Parameter angeben (siehe Abbildung 43.3):

- ORIENTATION gibt die Art des Rasters an. Wenn Sie wie bei Pac-Man ein quadratisches Raster verwenden, wählen Sie ORTHOGONAL.
- TILE LAYER FORMAT gibt an, wie die Tilemap-Daten innerhalb der XML-Datei eingebettet werden sollen. Die Einstellung CSV ermöglicht die einfachste Auswertung.
- Die TILE RENDER ORDER kann das Koordinatensystem des Rasters angeben. Für die Pac-Man-Karten spielt diese Einstellung keine Rolle, weil die entsprechenden Tags innerhalb der XML-Datei nicht ausgewertet werden.
- Die MAP SIZE gibt an, aus wie vielen Rasterelementen die Karte in jeder Richtung bestehen soll.
- Die TILE SIZE bestimmt, wie groß jedes Rasterelement ist (in Pixel). Die Kachelgröße ist für Tiled wichtig, fixiert aber nicht die tatsächliche Textur-Größe pro Kachel für Ihre App. Es ist kein Problem, wenn Sie sich später aus Performance-Gründen für eine geringere Auflösung entscheiden oder zur optisch eleganteren Darstellung für eine höhere Auflösung.

Tilesets

Die neue Karte besteht vorerst aus nur einer Ebene und ist leer. Bevor Sie die Karte zusammensetzen können, benötigen Sie Texturen für die Kacheln. Tiled erwartet als Grundlage für die Texturen ein *Tileset*: Das ist eine Bitmap, die in einem Raster *mehrere* Texturen enthält. Für das Pac-Man-Spiel habe ich ein Tileset vorbereitet, das sieben Texturen in einer einzigen, 512 × 256 Pixel großen Bitmap enthält (siehe Abbildung 43.4).

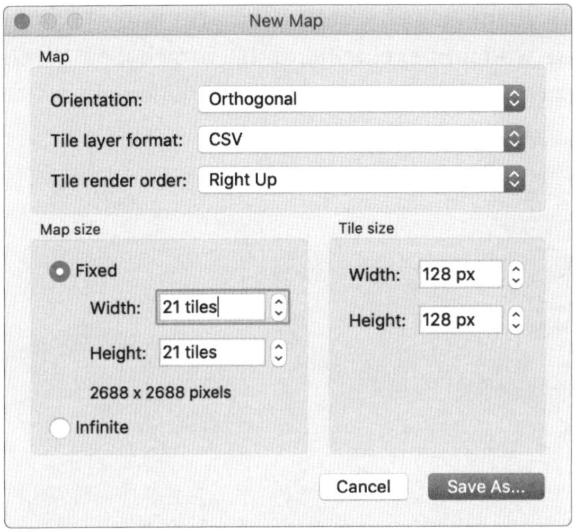

Abbildung 43.3 Eine neue Tilemap in Tiled einrichten

Abbildung 43.4 Zusammenstellung des Pac-Man-Tilesets in GIMP

Ein Tileset fügen Sie am einfachsten per Drag & Drop in den Tilesets-Bereich ein. Diesen blenden Sie gegebenenfalls vorher mit VIEW • VIEWS AND TOOLBARS • TILESETS ein. Beim Einfügen erscheint ein Dialog (siehe Abbildung 43.5), der wiederum unzählige Optionen bietet. Im Regelfall können Sie einfach die Defaulteinstellungen belassen (TYPE = BASED ON TILESET IMAGE). Die Parameter MARGIN und SPACING sind dann relevant, wenn die Tileset-Bitmap außen einen Rand oder zwischen den Kacheln Abstände enthält. Das ist manchmal bei Tilesets der Fall, die man aus dem Internet heruntergeladen hat.

Ob Sie alle Parameter richtig eingestellt haben, merken Sie sofort nach dem Import: Wenn Sie den Mauszeiger über das Tileset bewegen, wird immer eine Textur hervorgehoben. Wenn dabei die Ränder nicht exakt stimmen, löschen Sie das Tileset und laden es neuerlich.

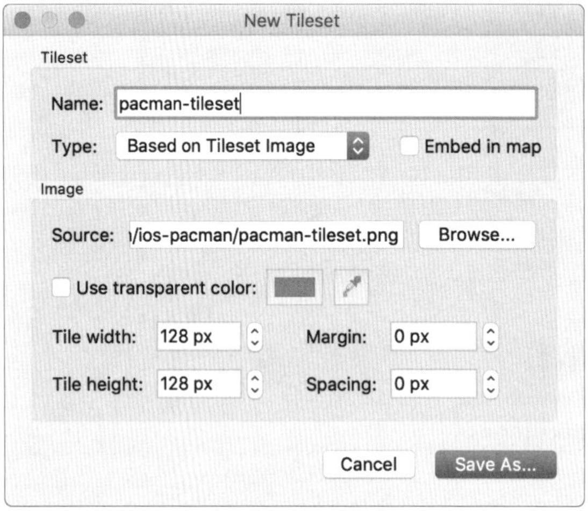

Abbildung 43.5 Tileset einfügen

Arbeiten ohne Tilesets

Wenn Sie für Ihr Spiel nur wenige Bitmaps benötigen und diese als Einzeldateien vorliegen, können Sie jede Bitmap als 1 × 1-Tileset laden. Beim Zeichnen der Karte müssen Sie dann zwischen den gerade relevanten Tilesets wechseln. Das ist nicht besonders komfortabel, aber es funktioniert. Allerdings müssen Sie dann den in diesem Kapitel präsentierten Code zum Einlesen der Tiled-Datei adaptieren. Besser ist es aber, Sie machen sich die Mühe und fügen die Texturen Ihres Spiels zu einer großen Bitmap zusammen.

Karten zeichnen

Sind diese Vorbereitungsarbeiten einmal erledigt, beginnen Sie damit, Texturen auf der Karte zu platzieren. Dazu wählen Sie im Tileset die gewünschte Textur aus und verwenden dann den Stamp Brush oder das Bucket Fill Tool aus der Symbolleiste. Mit dem Stamp Brush platzieren Sie einzelne Texturen an der Stelle des Mauszeigers. Das Bucket Fill Tool füllt den gesamten zusammenhängenden Bereich mit der zuvor ausgewählten Textur. Das Werkzeug eignet sich gut dazu, rasch den Hintergrund zu erstellen.

Bei vielen Spielen ist es zweckmäßig, mehrere Ebenen vorzusehen, um das Spielfeld und darauf befindliche Figuren und andere Objekte zu trennen. Beim Pac-Man-Spiel gibt es zwei Ebenen: `maze` enthält das Labyrinth, das aus `wall`- und `floor`-Texturen besteht. `objects` enthält die im Labyrinth platzierten Objekte, also insbesondere die Startpositionen des Pac-Mans und der Monster sowie alle Punkte und Diamanten (siehe Abbildung 43.6).

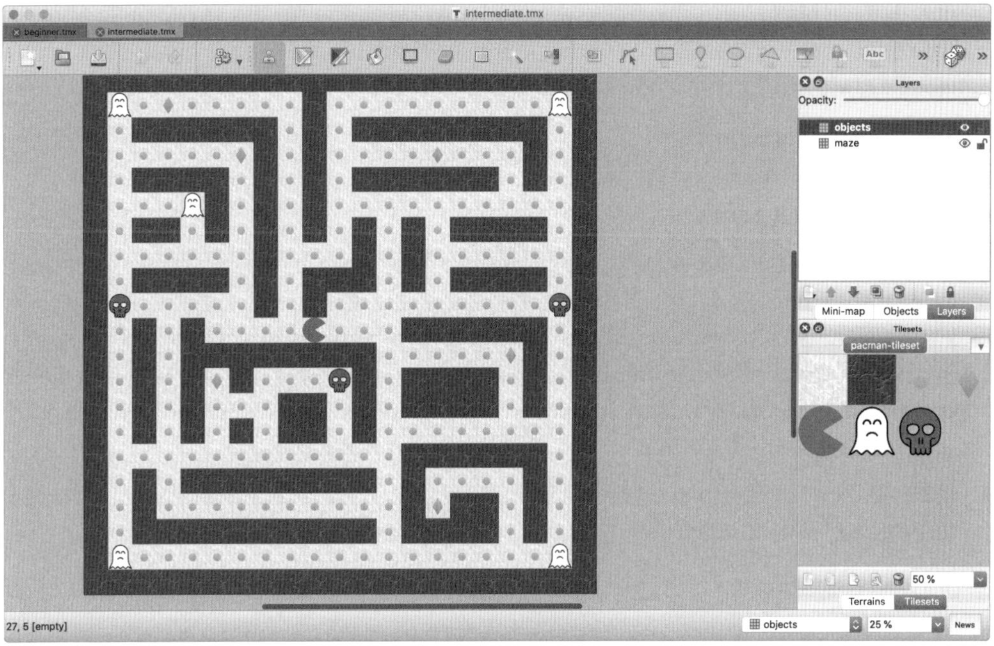

Abbildung 43.6 Bearbeitung eines Pac-Man-Labyrinths in Tiled

Terrains und andere Funktionen

Bei vielen Spielen, die grafisch liebevoller gestaltet sind als meine Pac-Man-Version, werden zur Gestaltung der Karte jeweils ganze Gruppen (zumeist 3 × 3 oder 2 × 2) zusammengehörender Texturen verwendet. Daraus können dann beispielsweise beliebig geformte Gras-, Wasser- oder Stein-Gebiete gebildet werden.

Das Zeichnen solcher Gebiete mit dem STAMP BRUSH ist allerdings sehr mühsam. Um mit derartigen Textur-Gruppen effizienter umzugehen, können Sie im Tileset mehrere aneinandergrenzende Texturen zu einem *Terrain* verbinden. Anschließend können Sie mit diesen Terrains malen wie mit Einzeltexturen. Dabei kümmert sich Tiled darum, dass die Ränder Ihrer Gebiete korrekt dargestellt werden. Eine wunderbare Einführung in den Umgang mit der Terrain-Funktion gibt das gleichnamige Video aus der sechsteiligen Tiled-Tutorial-Serie:

https://gamefromscratch.com/post/2015/10/14/Tiled-Map-Editor-Tutorial-Series.aspx

Um die Terrain-Funktion selbst auszuprobieren, laden Sie von der GitHub-Seite von Tiled das Beispiel `desert.tmx` und die dazugehörende Tileset-Datei `tmw_desert_spacing.png` herunter:

https://github.com/bjorn/tiled/tree/master/examples

Am einfachsten gelingt der Download, indem Sie in einem Terminal-Fenster das gesamte GitHub-Projekt klonen:

```
git clone https://github.com/bjorn/tiled
```

Darüber hinaus bietet Tiled unzählige weitere Funktionen, die für das Pac-Man-Spiel nicht relevant sind und für deren Beschreibung hier der Platz fehlt. Werfen Sie einen Blick in das Handbuch sowie in die oben schon erwähnte Tutorial-Serie!

https://doc.mapeditor.org

Zusammenspiel mit Xcode

Für das Xcode-Projekt sind ausschließlich die mit Tiled erstellten `*.tmx`-Dateien relevant. Diese müssen Teil des Projekts sein. Natürlich können Sie die Dateien außerhalb des Xcode-Projektverzeichnisses verwalten und nach Veränderungen in das Projekt kopieren; wesentlich praktischer ist es aber, alle Tiled-Dateien inklusive des Tilesets mit den Texturen gleich innerhalb von Xcode zu verwalten. Damit der Projektbaum nicht allzu unübersichtlich wird, platzieren Sie die Dateien in ein eigenes Verzeichnis oder in eine Gruppe.

Wenn Sie eine `*.tmx`-Datei in Xcode anklicken, sehen Sie den XML-Code der Datei. Um Tiled zu starten, führen Sie im Kontextmenü der Datei das Kommando OPEN WITH EXTERNAL EDITOR aus.

43.3 Globale Konstanten, Datenstrukturen und Enumerationen

Die Datei `Global.swift` beginnt mit einem Bündel von Konstanten, die die Eckparameter des Spiels fixieren. Hier können Sie das Spiel einfacher oder schwieriger gestalten.

```
// Projekt ios-pacman, Datei Global.swift
// Größe eines Rasterelements
let iUnit          = 128
let cUnit:CGFloat  = 128

// Spielparameter
let playerSpeed     = cUnit * 4.5  // 4.5 Kästchen pro Sekunde
let monsterSpeed    = 2.4          // 2.4 Kästchen pro Sekunde

let timespanRandom  = 6.0   // zuerst n Sekunden Zufallsbewegung
                            // der Monster
let timespanHunting = 10.0  // n Sekunden Jagdzeit nach Diamant
let timespanAddHunt = 7.0   // plus n, wenn weiterer Diamant
                            // gefressen wird
```

Rechnen mit CGFloat

`cDelta` wird mitunter zum Vergleich von `CGFloat`-Zahlen verwendet, um Rundungsfehler auszuschließen. Die Funktion `nearGrid` testet, ob der Nachkommaanteil kleiner als 0,1 oder größer als 0,9 ist, ob die betreffende Zahl also nahe an einer ganzen Zahl ist. Dabei wird das Ergebnis der Methode truncatingRemainder ausgewertet.

```
let cDelta:CGFloat = 0.001

// testet, ob der Nachkommaanteil kleiner 0.1 oder größer 0.9 ist
func nearGrid(_ value: CGFloat) -> Bool {
  return (value.truncatingRemainder(dividingBy: 1)) < 0.1 ||
    (value.truncatingRemainder(dividingBy: 1)) > 0.9
}
```

Diverse weitere Funktionen und Operatoren für CGXxx-Strukturen befinden sich in CGOperators.swift.

Monsterfarben

Die Bitmap zur Darstellung der Monster ist aus Grautönen zusammengesetzt. Eine Farbe erhalten die Monster erst über die color-Eigenschaft. Dabei wählt die Methode setupMonster zufällig eine Farbe aus dem folgenden Array:


```
let monsterColors = [SKColor.red, SKColor.blue, ...
                     SKColor.yellow ]
```

Spielstatus

Die Enumeration DoAfterTap ist dann relevant, wenn sich das Spiel im Wartezustand befindet. Nach einer Berührung des Bildschirms wird das Spiel auf unterschiedliche Weisen fortgesetzt:

```
enum DoAfterTap {
  case continueGame, nextLive, nextLevel, startNewGame
}
```

Spiel-Level

Auch die Spiel-Level befinden sich in einem Array. Es enthält die Dateinamen der Tiled-Dateien, jeweils ohne die Kennung .tmx:

```
let levels = ["beginner", "intermediate", ...]
```

Ein neuer Level wird durch die ebenfalls in Global.swift enthaltene Funktion startLevel gestartet. Details zu dieser Funktion folgen im nächsten Abschnitt, wo es um die Initialisierung des Spiels geht. Die Methode wird in GameViewController.swift aufgerufen, und zwar sowohl im iOS- als auch im tvOS-Zweig der Codedateien.

Dies und das

In Global.swift sind mehrere Strukturen bzw. Enumerationen definiert: PhysCategory für die Kollisionserkennung, Tileset für die Zuordnung der Werte in der Tiled-Datei sowie Direction für die möglichen Richtungen, in die sich die Spielfiguren bewegen können. Der Code folgt in den Abschnitten, in denen diese Datentypen verwendet werden. Die Elemente der Enumeration Points geben an, wie viele Punkte es gibt, wenn der Pac-Man einen Punkt, einen Diamanten oder ein anderes Objekt frisst.

Um bei der Einstellung der Eigenschaften physikalischer Körper die wiederholte Nennung von xy.physicsBody! zu vermeiden, habe ich wiederum die in Abschnitt 28.7, »Kollisionserkennung«, vorgestellte with-Funktion verwendet. Ihr Code befindet sich am Ende von Global.swift.

43.4 Initialisierung des Spiels

Beim Start der App wird der erste eigene Code in der Methode viewDidLoad der GameViewController-Klasse ausgeführt:

```
// Datei GameViewController.swift (iOS-Variante)
class GameViewController: UIViewController {
  override func viewDidLoad() {
    super.viewDidLoad()
    if let view = self.view as! SKView? {
      startLevel(view)
    }
  }
}
```

startLevel-Funktion

Die startLevel-Funktion erzeugt zuerst ein neues GameScene-Objekt und speichert in dessen Eigenschaft mz einen Verweis auf das ebenfalls neu erzeugte Maze-Objekt. An startLevel muss lediglich das SKView-Objekt übergeben werden, in dem das Spiel angezeigt werden soll. In den optionalen Parametern können der gewünschte Level, die bereits erreichte Punkteanzahl und die Anzahl der Leben übergeben werden. Diese Parameter sind für den Start des Spiels nicht relevant, wohl aber, wenn der Spieler ein Leben verliert oder das nächste Level erreicht und das Spiel dort fortsetzt.

```
// Datei Global.swift
func startLevel(_ view: SKView,
                levelNo: Int = 0,
                counter: Int = 0,
              noOfLives: Int = 3)
```

```
{
  let scene = GameScene()         // neue GameScene erzeugen
  scene.livesAtStart = noOfLives
  // neues Labyrinth erstellen
  scene.mz = Maze(levelNo: levelNo, counter: counter)
  // Größe der GameScene einstellen
  scene.size = CGSize(width:  scene.mz.w * iUnit,
                      height: (scene.mz.h + 1) * iUnit)
  scene.scaleMode = .aspectFit
  scene.anchorPoint = CGPoint(x: 0.5 / Double(scene.mz.w),
                              y: 0.5 / Double(scene.mz.h+1))
  scene.backgroundColor =.black   // Beschriftungszeile
  // GameScene anzeigen
  let trans = SKTransition.reveal(with: .down, duration: 1)
  view.presentScene(scene, transition: trans)
}
```


Auf die Init-Funktionen von `GameScene` und `Maze` gehe ich gleich ein. Vorher bleiben aber noch ein paar Zeilen von `startLevel` zu erläutern. Die Größe der `GameScene` ergibt sich aus der Labyrinth-Größe: Die Anzahl der horizontalen Rasterelemente (`mz.w`) wird einfach mit `iUnit` multipliziert und liefert die Breite. Zu den vertikalen Rasterelementen (`mz.h`) wird vorher 1 addiert. Dadurch ergibt sich eine zusätzliche Zeile oberhalb des Labyrinths zur Anzeige des Punktezählers sowie der Anzahl der Leben.

`scaleMode = .aspectFit` bewirkt, dass die `GameScene` innerhalb des `SKView`-Objekts mittig, vollständig und unverzerrt angezeigt wird. Je nach Drehung des iOS-Geräts wird der verbleibende Platz links und rechts bzw. ober- und unterhalb schwarz angezeigt. Ich habe keine Möglichkeit gefunden, eine andere Farbe einzustellen. `scene.backgroundColor` gilt nur für die Beschriftungszeile innerhalb des `GameScene`-Objekts, nicht für den Bereich außerhalb. Die Einstellung von `view.backgroundColor` bleibt wirkungslos. Offensichtlich können Sie den Hintergrund nur verändern, indem Sie das `GameScene`-Objekt so groß machen, dass es das gesamte Display füllt.

Labyrinthgröße optimieren

Die App läuft mit quadratischen Labyrinthen in allen Geräteorientierungen. Selbstverständlich können Sie die Labyrinthe auch rechteckig gestalten und die Proportionen so gestalten, dass ein iPhone- oder iPad-Display optimal genutzt wird. Dann sollten Sie aber die Logik beim Drehen des Geräts anpassen, damit nur die Beschriftung des Spiels und die Ausrichtung der Monster angepasst werden, das Labyrinth selbst aber nicht gedreht wird.

Die ein wenig merkwürdig anmutende Berechnung des `anchorPoints` hat damit zu tun, dass sich der Nullpunkt des Koordinatensystems des Spiels im Mittelpunkt des ersten Rasterfelds befindet (siehe Abbildung 43.7). Diese Festlegung ist insofern praktisch, als damit alle Spielfiguren auf Vielfachen von 128 bzw. der Konstanten iUnit/cUnit platziert werden können. Damit nun das Spielfeld auf dem Display des Bildschirms nicht abgeschnitten wird, muss es ein wenig verschoben werden. Dabei ist zu beachten, dass die Werte x und y des anchorPoints keine absoluten Maße sind, sondern relative Werte zwischen 0 und 1.

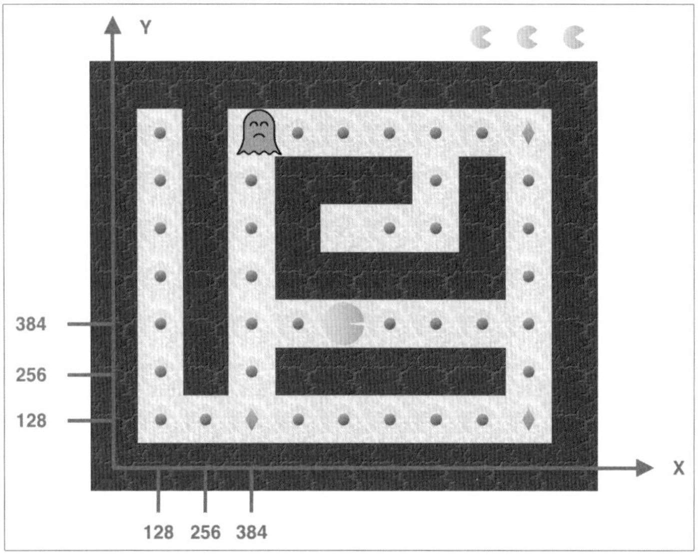

Abbildung 43.7 Das Koordinatensystem des Spiels

GameScene-Initialisierung

Die GameScene-Klasse beginnt mit der Deklaration von vier Variablen, die auf das Maze-Objekt verweisen bzw. Statusinformationen enthalten:

```
// Datei GameScene.swift
class GameScene: SKScene, SKPhysicsContactDelegate {
  var mz:Maze!
  var livesAtStart = 0
  var touchStartLoc  = CGPoint()  // zur Auswertung von
  var touchStartTime = Date()     // Touch-Ereignissen
  ...
}
```

mz und livesAtStart werden in der vorhin beschriebenen Funktion startLevel initialisiert. Die beiden touchXxx-Variablen sind für die korrekte Verarbeitung der Touch-Ereignisse notwendig.

Sobald die Spielszene auf dem Bildschirm erscheint, wird didMove ausgeführt. Dort werden diverse setup-Methoden der Maze-Klasse aufgerufen, um stückweise das Labyrinth und die darin enthaltenen Objekte und Spielfiguren einzurichten. Das Spiel wird nicht sofort gestartet, sondern befindet sich bis zur ersten Berührung des Bildschirms in einem Pausemodus.

```
override func didMove(to view: SKView) {
  mz.setupWallsAndDots(self)
  mz.setupPathfinder()
  mz.setupPlayer(self)
  mz.setupMonsters(self)
  mz.setupLabel(self)
  mz.setupLives(livesAtStart, scene: self)
  mz.waitForTap = true        // erst nach Tap beginnen
  mz.afterTap   = .continueGame
  self.scene?.isPaused = true

  // keine Gravitation
  self.scene?.physicsWorld.gravity = CGVector.zero

  // Methode didBegin der Kollisionserkennung verarbeiten
  self.physicsWorld.contactDelegate = self
}
```


Die App verwendet die Kollisionserkennung von SpriteKit ausschließlich dazu, das Zusammentreffen des Spielers mit Punkten, Diamanten, den Totenschädeln und natürlich den Monstern zu erkennen. Aus Effizienzgründen *nicht* detektiert werden Berührungen des Spielers bzw. des Monsters mit den Wänden. Die Bit-Masken für die Kollisionserkennung werden in den `setup`-Methoden eingerichtet. In `didMove` geht es nur darum, die `GameScene`-Klasse durch die Einstellung von `contactDelegate` für die Verarbeitung der `didBegin`-Methode quasi anzumelden.

43.5 Die Maze-Klasse

Die Klasse `Maze` kümmert sich in ca. 800 Zeilen Code darum, zuerst das Spiel zu initialisieren und dann den Großteil der Spiellogik zu implementieren. Die enge Verzahnung mit der `GameScene`-Klasse zeigt sich unter anderem daran, dass fünf der sechs `setup`-Methoden eine Referenz auf die `GameScene`-Klasse übergeben (siehe das vorige Listing), weil die Sprites und anderen SpriteKit-Objekte dort mit verankert werden müssen.

Bevor ich damit beginne, Ihnen die wichtigsten Details des Codes zu erläutern, gebe ich Ihnen vorweg einen Überblick über die Methoden:

- Initialisierung: `init`, `readCsv`, `setupXxx`
- Spiellogik für die Monster: `moveMonster`, `randomMove`, `followPlayer`, `fleePlayer`
- Spiellogik für den Player: `movePlayer`, `updatePlayer`, `removeDot`, `removeBonus`, `removeMalus`, `playerHitMonster`

- Statusverwaltung: startGame, startHuntingMode, endHuntingMode, stopAll, nextLive
- Hilfsfunktionen: getPossibleDirections, getNextPosition, getPointAt, adjustPlayerPositionToXxx, showCountDown

Klassenvariablen und Eigenschaften

Der Maze-Code beginnt mit der Deklaration diverser Variablen, die den Zustand des Spiels wiedergeben. walls und objects sind jeweils zweidimensionale Arrays, die den Aufbau des Labyrinths bzw. die Orte der nicht beweglichen Spielobjekte enthalten (Punkte, Diamanten, Totenköpfe). Auf ggraph werde ich in Abschnitt 43.9, »Steuerung der Monster«, näher eingehen.

liveIcons enthält in einem Array die Pac-Man-Symbole, die rechts oben auf dem Bildschirm angezeigt werden und andeuten, wie viele Leben der Spieler noch hat.

Die Bedeutung der meisten Variablen für den Spielzustand sollte ohne weitere Erklärung klar sein. danger gibt an, ob die Spielfigur momentan von Monstern gefressen werden kann, ob sie also in Gefahr ist. Das ist der Normalfall. danger == false gilt nur kurzzeitig, nachdem die Spielfigur einen Diamanten gefressen hat: Dann kann die Spielfigur die Monster jagen und fressen – und zwar so lange, bis der Zeitpunkt timeHuntEnd erreicht ist.

Ein weiterer Zeitpunkt wird später in startEndRandom gespeichert (Methode timeEndRandom): Bis zu diesem Zeitpunkt verhalten sich die Monster harmlos und bewegen sich nach zufälligen Mustern. Ab diesem Zeitpunkt beginnen sie, ganz gezielt den Spieler zu verfolgen.

```
// Projekt ios-pacman
// Datei Maze.swift
class Maze {
  var w = 0                    // Größe des Labyrinths
  var h = 0                    // in Rasterelementen
  var levelNo = 0              // aktueller Level

  // Labyrinth
  var walls   = [[Int]]()     // Aufbau (Wände)
  var objects = [[Int]]()     // Inhalt (Punkte, Diamanten)
  var ggraph:GKGridGraph<GKGridGraphNode>!    // Wegsuche

  // Spielfiguren
  var player: SKSpriteNode!
  var monsters = [SKSpriteNode]()
  var liveIcons = [SKSpriteNode]()

  // Label für "Game Over" etc.
  var labelCounter   = SKLabelNode(fontNamed: "AvenirNext-Bold")
  var labelStatus    = SKLabelNode(fontNamed: "AvenirNext-Bold")
  var labelCountDown = SKLabelNode(fontNamed: "AvenirNext-Bold")
```

```
  // Spielzustand
  var playerDir = Direction.stop          // aktuelle Bewegung
  var playerDirWant = Direction.stop      // gewünschte Bewegung
  var danger = true                       // Monster kann Player fressen
  var timeHuntEnd = Date()
  var dotcount = 0
  var counter = 0 {  // Punktezähler
    didSet(oldValue) {
      labelCounter.text = "\(counter)"
    }
  }
  var lives = 0
  var stopped = true
  var timeEndRandom = Date()    // ab diesem Zeitpunkt verfolgen die
                                // Monster den Player
  // Wartezustand, was nun?
  var waitForTap = true
  var afterTap    = DoAfterTap.continueGame
  var timeTap     = Date().addingTimeInterval(1)
  ...
}
```


Init-Funktion der Maze-Klasse

Die Init-Funktion hat die Aufgabe, die Labyrinth-Datei für einen bestimmten Level zu lesen, die Größe des Labyrinths in den Eigenschaften `w` und `h` zu speichern und die beiden Arrays `walls` und `objects` zu initialisieren. Die mit *Tiled* erzeugten Labyrinth-Dateien verwenden ein einfaches XML-Format. Zum Lesen dieser Dateien verwendet das Programm die Bibliothek `SWXMLHash` (siehe Abschnitt 22.2, »XML-Dokumente auswerten«).

```
init(levelNo: Int, counter: Int) {
  do {
    let levelname = levels[levelNo % levels.count]
    self.levelNo = levelNo
    self.counter = counter
    // Zugriff auf Level-Datei (XML)
    let path = Bundle.main.path(forResource: levelname, ofType: "tmx")!
    let xmlstring = try String(contentsOfFile: path)
    let xml = SWXMLHash.parse(xmlstring)
    // maze-Ebene einlesen
    var layer = try xml["map"]["layer"].withAttribute("name", "maze")
    w = Int(layer.element!.attribute(by: "width")!.text)!
    h = Int(layer.element!.attribute(by: "height")!.text)!
    var csvmaze = layer["data"].element!.text!
    walls = readCsv(csvmaze)
```

```
      // objects-Ebene einlesen
      layer = try xml["map"]["layer"].withAttribute("name", "objects")
      csvmaze = layer["data"].element!.text!
      objects = readCsv(csvmaze)
    } catch {
      print("could not parse xml maze data")
    }
}
```

Eine einfache TMX-Datei kann beispielsweise so aussehen (hier aus Platzgründen gekürzt und zur besseren Lesbarkeit mit Einrückungen wiedergegeben):

```
<?xml version="1.0" encoding="UTF-8"?>
<map version="1.0"
  width="11"
  height="9"
  ... >
 <tileset firstgid="1" name="pacman-tileset" ...> </tileset>
 <layer name="maze" width="11" height="9">
   <data encoding="csv">
     2,2,2,2,2,2,2,2,2,2,2,
     2,1,2,1,1,1,1,1,1,1,2,
     ...
     2,2,2,2,2,2,2,2,2,2,2
    </data>
 </layer>
 <layer name="objects" width="11" height="9">
   <data encoding="csv">
     0,0,0,0,0,0,0,0,0,0,0,
     0,3,0,4,3,3,3,3,3,4,0,
     ...
     0,0,0,0,0,0,0,0,0,0,0
   </data>
 </layer>
</map>
```

Die Init-Funktion extrahiert daraus `width` und `height` sowie die CSV-Blöcke für die beiden Layer `maze` und `objects`. Die Methode `readCsv` übernimmt die Übertragung der beiden CSV-Zeichenketten in die gleichnamigen Arrays. Die Methode dreht die Zeilenreihenfolge um, damit der Zugriff auf die Arrays später in der Form `array[x][y]` erfolgen kann, wobei die Y-Koordinate von unten nach oben zeigt.

```
private func readCsv(_ csv: String) -> [[Int]] {
  // eindimensionales String-Array aller CSV-Elemente
  let csvArray = csv.split{$0 == ","}.map{String($0)}
```

```
  // erzeugt zweidimensionales Array mit h Zeilen (für y-Index)
  // und jeweils w Elementen (x-Index)
  var result = [[Int]](repeating: [Int](repeating: 0, count: h),
                      count: w)
  var n=0
  for line in 1...h {
    for row in 0..<w {
      let item = csvArray[n]
      let data = item.trimmingCharacters(in: .whitespacesAndNewlines)
      result[row][h-line] = Int(data)!
      n+=1
    }
  }
  return result
}
```

readCsv kümmert sich nicht um den eigentlichen Inhalt der Daten, sondern betrachtet die CSV-Daten als Folge von ganzen Zahlen. Die Interpretation der Daten folgt in den setup-Methoden.

43.6 Aufbau der Spielszene (setup-Methoden)

Nachdem sowohl das Maze-Objekt (siehe die Init-Funktion im vorigen Abschnitt) als auch das GameScene-Objekt erzeugt wurden, wird in der GameScene-Klasse didMove ausgeführt. Dort wird die Initialisierung des Spiels mit diversen setup-Methoden abgeschlossen. Diese Methoden richten die zahlreichen SKSpriteNode-Objekte ein. Dieser Abschnitt erklärt die Funktionsweise aller setup-Methoden mit Ausnahme von setupPathfinder (siehe Abschnitt 43.9, »Steuerung der Monster«).

setupWallsAndDots

Die Methode setupWallsAndDots wertet die beiden Maze-Arrays walls und objects aus. Sie erzeugt all die SKSpriteNode-Objekte, die zur Darstellung des Labyrinths erforderlich sind, das aus Boden, Wänden, Punkten etc. besteht.

Für die Zuordnung zwischen den Integer-Zahlen der Tiled-Dateien und den entsprechenden Objekten sind Konstanten der Struktur Tileset zuständig, die in Global.swift definiert ist:

```
// Datei Global.swift
struct Tileset {
  static let floor  = 1, wall    = 2, dot   = 3, bonus   = 4
  static let pacman = 5, monster = 6, malus = 7
}
```

Ebenfalls in `Global.swift` definiert sind die Bitmasken für die Klassifizierung der Objekttypen für die Kollisionserkennung:

```
struct PhysCategory {
  static let None:UInt32    = 0
  static let Player:UInt32  = 1
  static let Dot:UInt32     = 2
  static let Bonus:UInt32   = 4
  static let Monster:UInt32 = 8
  static let Malus:UInt32   = 16
}
```

`setupWallsAndDots` besteht im Wesentlichen aus zwei verschachtelten Schleifen, in denen die Arrays `maze` und `objects` durchlaufen werden. Die ersten Zeilen richten den Boden und die Wände ein.

```
// Datei Maze.swift
func setupWallsAndDots(_ scene: GameScene) {
  let blocksize = CGSize(width: iUnit, height: iUnit)
  dotcount = 0

  for x in 0..<w {
    for y in 0..<h {
      let mazeId = walls[x][y]

      if mazeId == Tileset.wall {
        // Wände
        let wall = SKSpriteNode(imageNamed: "wall")
        wall.position    = CGPoint(x: x * iUnit, y: y * iUnit)
        wall.size        = blocksize
        wall.zPosition   = 0
        scene.addChild(wall)
      } else if mazeId == Tileset.floor {
        // Hintergrund
        let floor = SKSpriteNode(imageNamed: "floor")
        floor.position    = CGPoint(x: x * iUnit, y: y * iUnit)
        floor.size        = blocksize
        floor.zPosition   = 0
        scene.addChild(floor)
      }
      ...
```

Wenn `objects[x][y]` den Wert `Tileset.dot` enthält, wird an dieser Koordinatenposition ein Punkt platziert. Für die Kollisionserkennung mit dem Player muss für jeden Punkt ein physikalischer Körper eingerichtet werden. `dotcount` merkt sich, wie viele Punkte es insgesamt auf dem Spielfeld gibt. Später wird dieser Wert jedes Mal um 1 reduziert, wenn der Pac-Man einen Punkt frisst – bis der Wert 0 erreicht und das Spiel endet.

```
// setupWallsAndDots (Fortsetzung)
let dotId  = objects[x][y]
if dotId == Tileset.dot {
  // Punkte zum Einsammeln
  let dot = SKSpriteNode(imageNamed: "dot")
  dot.position    = CGPoint(x: x * iUnit, y: y * iUnit)
  dot.size        = blocksize * cgf(0.25)
  dot.zPosition   = 1
  scene.addChild(dot)
  dot.physicsBody = SKPhysicsBody(circleOfRadius: cUnit * 0.125)
  with(dot.physicsBody!) {
    $0.isDynamic = false
    $0.restitution = 0
    $0.categoryBitMask     = PhysCategory.Dot
    $0.contactTestBitMask = PhysCategory.Player
    $0.collisionBitMask    = PhysCategory.None
  }
  dotcount += 1
} ...
```


Ganz ähnlich sieht der Code für die Diamanten (»Bonus-Objekte«) aus – mit einem Unterschied: Damit die Diamanten nicht so langweilig aussehen, funkeln sie alle 8 bis 16 Sekunden kurz auf. Dazu wird durch eine Aktionssequenz die Standardtextur des Diamanten vorübergehend durch eine andere Textur mit einem Halo-Lichteffekt ausgetauscht.

```
// setupWallsAndDots (Fortsetzung)
 else if dotId == Tileset.bonus {
   // Bonus-Felder
   let bonus = SKSpriteNode(imageNamed: "bonus")
   bonus.position    = CGPoint(x: x * iUnit, y: y * iUnit)
   bonus.zPosition   = 1
   scene.addChild(bonus)
   bonus.physicsBody = SKPhysicsBody(rectangleOf: bonus.size)
   with(bonus.physicsBody!) {
     $0.isDynamic = false
     $0.restitution = 0
     $0.categoryBitMask     = PhysCategory.Bonus
     $0.contactTestBitMask = PhysCategory.Player
     $0.collisionBitMask    = PhysCategory.None
   }
   let standardTexture = SKTexture(imageNamed: "bonus")
   let glitterTexture =  SKTexture(imageNamed: "bonus-glitter")
   let setGlitter =
     SKAction.setTexture(glitterTexture, resize: false)
   let setStandard =
     SKAction.setTexture(standardTexture, resize: false)
```

```
          let waitShort = SKAction.wait(forDuration: 0.5)
          let waitLong = SKAction.wait(forDuration:
                                        Double.random(in: 8...16))
          let sequence = SKAction.sequence(
            [waitLong, setGlitter, waitShort, setStandard] )
          let forever = SKAction.repeatForever(sequence)
          bonus.run(forever)
        } else if dotId == Tileset.malus {
          // analoger Code für Malus-Felder
          ...
        }
      }   // y-Schleife
    }     // x-Schleife
}         // func setupWallsAndDots
```

Auf den Abdruck des analogen Codes für die Totenschädel (»Malus-Objekte«) habe ich aus Platzgründen verzichtet. Die Idee ist wie bei den Diamanten, allerdings wird die Standardtextur nun gelegentlich durch eine mit glühend roten Augen ausgetauscht.

setupPlayer

Die Methode `setupPlayer` durchsucht das Array `objects`, bis sie einen Eintrag mit dem Wert `Tileset.pacman` findet. An dieser Rasterposition wird dann ein neues `SKSpriteNode`-Objekt erzeugt.

Die `player-n`-Bitmaps sind alle grau. Die gelbe Farbe des Pac-Mans ergibt sich nur durch die Einstellung der `color`-Eigenschaft. Diese Vorgehensweise ist praktisch, weil die Farbe des Pac-Mans später mühelos geändert werden kann, z. B. nachdem der Pac-Man einen Diamanten gefressen hat und die Monster jagen kann.

Die Fress-Animation des Pac-Mans ergibt sich dadurch, dass die Darstellung endlos acht verschiedene Texturen mit unterschiedlich weit geöffnetem Mund durchläuft (Frames-Aktion).

Bei der Einstellung der `physicsBody`-Eigenschaften ist vor allem die `contactTestBitMask` interessant: Es sollen Kollisionen mit Punkten, Diamanten, Totenschädeln und Monstern erkannt werden.

Der Pac-Man-Sprite ist der einzige physikalische Körper, bei dem die Eigenschaft `isDynamic` auf `true` gesetzt ist. Das ermöglicht es, für den Pac-Man eine Geschwindigkeit einzustellen, mit der er sich in eine Richtung bewegt. Alle anderen Bewegungen im Spiel werden durch Aktionen realisiert.

```
func setupPlayer(_ scene: GameScene) {
  let f: CGFloat = 0.9 // Pac-Man-Größe (1 = ganze Box)
  var xpos = 0, ypos = 0
```

```
}

  // Startposition ermitteln
  outerloop:
  for y in 0..<h {
    for x in 0..<w {
      if objects[x][y] == Tileset.pacman {
        xpos = x
        ypos = y
        break outerloop
      }
    }
  }

  // Pac-Man einrichten
  player = SKSpriteNode(imageNamed: "player-0")
  player.size = CGSize(width: cUnit * f, height: cUnit * f)
  player.position = CGPoint(x: xpos * iUnit, y: ypos * iUnit)
  player.colorBlendFactor = 1
  player.zPosition = 2
  player.color = .yellow
  scene.addChild(player)

  // Fress-Animation
  var frames = [SKTexture]()
  for i in [0, 1, 2, 3, 4, 5, 6, 7, 6, 5, 4, 3, 2, 1, 0, 0, 0] {
    let texture = SKTexture(imageNamed: "player-\(i)")
    frames.append(texture)
  }
  let keyframe =
    SKAction.animate(with: frames, timePerFrame: 0.05)
  player.run(SKAction.repeatForever(keyframe))

  // Kollisionserkennung
  player.physicsBody =
    SKPhysicsBody(circleOfRadius: cUnit * 0.5 * f)
  with(player.physicsBody!) {
    $0.isDynamic = true   // damit velocity funktioniert
    $0.friction = 0
    $0.restitution = 0
    $0.categoryBitMask    = PhysCategory.Player
    $0.contactTestBitMask =
      PhysCategory.Dot + PhysCategory.Bonus +
      PhysCategory.Malus + PhysCategory.Monster
    $0.collisionBitMask = PhysCategory.None
  }
}
```

setupMonsters

Die Methode setupMonsters durchläuft das objects-Array. Für jede Position, an der ein Eintrag mit dem Wert Tileset.monster gefunden wird, kommt es zu einem Aufruf von setupMonster:

```
func setupMonsters(_ scene: GameScene) {
  for x in 0..<w {
    for y in 0..<h {
      if objects[x][y] == Tileset.monster {
        setupMonster(x, y, scene)
      }
    }
  }
}
```

setupMonster richtet ein neues SKSpriteNode-Objekt ein und fügt es dem Array monsters hinzu. Die Monster-Textur besteht wie beim Pac-Man nur aus Graustufen, die durch eine zufällig ausgewählte Farbe überlagert werden.

Ein Aufruf von moveMonster setzt das Monster in Bewegung. Der Aufruf wirkt überflüssig, weil der Bewegungszustand vorerst stop lautet. Tatsächlich richtet moveMonster eine Aktion ein, bei der das Monster zuerst an seiner aktuellen Position verweilt, dann aber automatisch wieder moveMonster aufruft. Je nachdem, welchen Status das Spiel dann hat, beginnt das Monster dann, sich zu bewegen. Die Details zur Monster-Steuerung folgen in Abschnitt 43.9, »Steuerung der Monster«.

```
private func setupMonster(_ x: Int, _ y:Int, _ scene: GameScene)
{
  let m = SKSpriteNode(imageNamed: "monster")
  m.position = CGPoint(x: x * iUnit, y: y * iUnit)
  m.size = CGSize(width: iUnit, height: iUnit)
  m.zPosition = 2
  m.color = monsterColors[ monsters.count % monsterColors.count ]
  m.colorBlendFactor = 0.4
  scene.addChild(m)
  monsters.append(m)

  m.physicsBody = SKPhysicsBody(texture: m.texture!, size: m.size)
  with(m.physicsBody!) {
    $0.isDynamic = false
    $0.restitution = 0
    $0.categoryBitMask    = PhysCategory.Monster
    $0.contactTestBitMask = PhysCategory.Player
    $0.collisionBitMask   = PhysCategory.None
  }
  moveMonster(x, y, m, lastdir: Direction.stop)
}
```

setupLabel und setupLives

`setupLabel` richtet drei `SKLabelNodes` ein: `labelStatus`, `labelCounter` und `labelCountDown`. Die Textfelder dienen zur Anzeige von Nachrichten (*Game Over*), zur Darstellung der erreichten Punkte sowie zur Anzeige eines Countdown-Felds. Der Countdown-Text zeigt innerhalb des Pac-Mans an, wie viele Sekunden noch Monster gejagt werden können. Auf den Abdruck des Codes habe ich verzichtet.

`setupLives` stellt in der rechten oberen Ecke des Spielfelds mehrere Pac-Man-Symbole dar. Sie geben an, wie viele Leben der Spieler noch hat (anfänglich drei, mit jedem Level kommt ein Leben hinzu). Das Array `liveIcons` enthält Verweise auf die `SKSpriteNode`-Objekte, sodass diese problemlos wieder entfernt werden können.

43.7 Spielsteuerung (touch-Methoden)

Die drei Methoden `touchesBegan`, `touchesMoved` und `touchesEnded` in `GameScene.swift` werden aufgerufen, wenn der Spieler den Bildschirm berührt. Diese Methoden erfüllen mehrere Aufgaben:

- Das Spiel befindet sich anfänglich in einem Wartezustand. Erst nachdem mindestens eine Sekunde vergangen ist und der Spieler dann den Bildschirm berührt hat (bzw. bei der Apple-TV-Version die Touch-Oberfläche der Fernbedienung), startet das Spiel.
- Auch andere Statuswechsel erfolgen erst nach einer kurzen Wartezeit und einer Berührung. Dazu zählen der Wechsel in den nächsten Level, das Spielende oder der Verlust eines Lebens.
- Eine Bewegung mit dem Finger über das Display bzw. die Fernbedienung wird als Wunsch interpretiert, den Pac-Man in eine neue Richtung zu lenken. Dieser Wunsch wird nicht sofort erfüllt, sondern lediglich als Wunsch gespeichert. Erst wenn die aktuelle Position des Pac-Mans tatsächlich eine Bewegung in diese Richtung möglich macht, wird der Wunsch in die Tat umgesetzt. Bis dahin bewegt sich der Pac-Man weiter in die bisherige Richtung, gegebenenfalls bis er durch eine Wand gestoppt wird.
- Im laufenden Spiel bewirkt ein kurzes Berühren des Bildschirms, dass der Pac-Man gestoppt wird.

Die touchesBegan-Methode

`touchesBegan` registriert den Startort und Startzeitpunkt einer Bewegung. Bei Berührungen mit mehreren Fingern oder wenn die App gerade im Wartezustand ist, wird die Methode sofort verlassen.

```
// Datei GameScene.swift
override func touchesBegan(_ touches: Set<UITouch>,
                           with event: UIEvent?)
```

```
{
  if mz.waitForTap || touches.count != 1 { return }
  touchStartLoc = touches.first!.location(in: self)
  touchStartTime = Date()
}
```

Die touchesMoved-Methode

touchesMoved ermittelt, wie weit der Finger von der Startposition wegbewegt wurde. Solange diese Bewegung in beide Richtungen kleiner als ein Fünftel des Labyrinthrasters ist, wird sie ignoriert.

Danach gibt es vier Fälle zu berücksichtigen: Wenn der Absolutwert von distX größer ist als der von distY, dann soll der Pac-Man nach links oder rechts bewegt werden – je nach Vorzeichen von distX. Ist dagegen distY größer, soll der Pac-Man nach oben oder unten bewegt werden. Der Wunsch wird in der Maze-Eigenschaft playerDirWant gespeichert. Zur Berücksichtigung des Wunsches kommt es später in der Methode updatePlayer der Maze-Klasse. Sie wird von der update-Methode ausgeführt.

```
override func touchesMoved(_ touches: Set<UITouch>,
                           with event: UIEvent?)
{
  if touches.count != 1 || mz.stopped || mz.waitForTap { return }

  let touchNow = touches.first!.location(in: self)  // Bewegungsvektor
  let distX = touchNow.x - touchStartLoc.x          // ausrechnen
  let distY = touchNow.y - touchStartLoc.y

  // nur berücksichtigen, wenn ausreichend starke Bewegung
  let limit = cUnit / 5
  if abs(distX) < limit && abs(distY) < limit { return }

  if abs(distX) > abs(distY) { // Touch-Bewegung überwiegend horizontal
    if distX > 0 {
      mz.playerDirWant = .right
    } else {
      mz.playerDirWant = .left
    }
  } else {                     // Touch-Bewegung überwiegend horizontal
    if distY > 0 {
      mz.playerDirWant = .up
    } else {
      mz.playerDirWant = .down
    }
  }
}
```

Die möglichen Bewegungszustände bzw. -wünsche sind in `Global.swift` als Enumeration festgelegt. Die Methode `reverse` liefert ausgehend von einer gegebenen Richtung die umgekehrte Richtung.

```
// Datei Global.swift
enum Direction {
  case left, right, up, down,
    stop,  // steht bzw. stehen bleiben
    cont,  // in die gleiche Richtung fortsetzen
    auto;  // Richtung wurde automatisch bestimmt (Pathfinder)

  // umgekehrte Richtung
  func reverse() -> Direction {
    switch self {
    case .left:  return .right
    case .right: return .left
    case .up:    return .down
    case .down:  return .up
    default:     return self
    }
  }
}
```


Die touchesEnded-Methode

`touchesEnded` erfüllt zwei Funktionen:

- Wenn das Spiel gerade auf eine kurze Berührung (auf einen Tap) wartet, wird ein entsprechender Statuswechsel durchgeführt, z. B. ein neues Spiel gestartet. Die Berührung wird allerdings nur dann akzeptiert, wenn zuvor der in `timeTap` gespeicherte Zeitpunkt vergangen ist.
- Im laufenden Spiel stoppt eine kurze Berührung den Pac-Man. Dabei müssen zwei Kriterien erfüllt sein: Die Berührung darf nicht länger als eine Zehntelsekunde dauern, und der während der Berührung zurückgelegte Weg auf dem Display muss kurz sein. Wie kurz er sein darf, hängt davon ab, ob die App auf einem iOS- oder auf einem Apple-TV-Gerät läuft. Details zur Methode `movePlayer` folgen in Abschnitt 43.8, »Bewegung des Pac-Mans«.

```
override func touchesEnded(_ touches: Set<UITouch>,
                           with event: UIEvent?)
{
  if touches.count != 1 { return }

  if mz.waitForTap {                          // Statuswechsel
    if Date() < mz.timeTap  { return }        // Timeout abwarten
    mz.waitForTap = false
```

```
    switch mz.afterTap {
    case .continueGame:    // Spiel fortsetzen
      mz.startGame(self)
    case .nextLive:        // Spiel mit nächstem Leben fortsetzen
      mz.nextLive(self)
    case .startNewGame:    // neues Spiel starten
      startLevel(self.view!, levelNo: 0)
    case .nextLevel:       // Spiel im nächsten Level fortsetzen
      startLevel(self.view!,
                 levelNo: (mz.levelNo + 1) % levels.count,
                 counter: mz.counter,
                 noOfLives: mz.lives + 1)
    }
    return
  }
  // im laufenden Spiel stoppt ein Tap den Pac-Man;
  // unterschiedlicher Maßstab iOS/tvOS
  #if os(tvOS)
    let minimum = cgf(200.0)
  #else
    let minimum = cUnit / 6
  #endif
  let touchNow = touches.first!.location(in: self)
  if Date().timeIntervalSince(touchStartTime) < 0.1 &&
     touchStartLoc.distanceTo(touchNow) < minimum
  {
    mz.movePlayer(.stop)
  }
}
```

Die startGame-Methode

Damit Sie nicht den Faden verlieren, fasst die folgende Liste nochmals den Startverlauf zusammen:

- Die Methode `viewDidLoad` des `GameViewControllers` führt `startLevel` aus.
- Die Methode `startLevel` erzeugt das `GameScene`- und das `Maze`-Objekt.
- Die Init-Funktion von `GameScene` richtet das Spiel ein. Es befindet sich aber vorerst im Wartezustand.
- Die Methode `touchesEnded` wartet auf eine Berührung und ruft `startGame` auf.

Die `startGame`-Methode der `Maze`-Klasse setzt das Spiel in Bewegung. Dort ist nicht mehr viel zu tun. Die Statusvariable `stopped` wird auf `false` gesetzt, ebenso die `isPaused`-Eigenschaft der Szene. In `timeEndRandom` wird die Zeit gespeichert, ab der die Monster sich nicht mehr zufällig bewegen, sondern gezielt den Pac-Man zu jagen beginnen.

```
// Datei Maze.swift
func startGame(_ scene:GameScene) {
  stopped     = false
  scene.scene?.isPaused = false
  labelStatus.text = ""
  // die ersten Sekunden bewegen sich die Monster zufällig
  timeEndRandom = Date().addingTimeInterval(timespanRandom)
}
```

Vielleicht fragen Sie sich, wie sich nun die Monster und der Pac-Man in Bewegung setzen. Für alle Monster wurde in `setupMonster` die Methode `moveMonster` aufgerufen. Über eine Aktion kommt es in der Folge immer wieder zu einem automatischen Aufruf von `moveMonster` – und, sobald `stopped == false` gilt, auch zu einer Bewegung der Monster. Der Pac-Man beginnt sofort, seinen Mund zu öffnen und zu schließen (Animationsaktion), bewegt sich aber erst, wenn der Spieler in eine beliebige Richtung über den Bildschirm wischt. Details dazu folgen im nächsten Abschnitt.

Die nextLive-Methode

Wenn der Pac-Man von einem Monster gefressen wird und noch über ein Leben verfügt, kommt es zum Aufruf von `nextLive`. Dort werden alle noch im Spiel befindlichen Monster und der Pac-Man zuerst gelöscht und dann neu eingerichtet. Die Punkte bleiben, wie sie sind, damit der Pac-Man seinen Hunger im schon halb leer gefressenen Labyrinth weiter stillen kann.

```
func nextLive(_ scene: GameScene) {
  lives -= 1
  liveIcons[lives].removeFromParent()
  timeEndRandom = Date().addingTimeInterval(5)

  // Player und Monster zuerst löschen, ...
  player.removeFromParent()
  for monster in monsters {
    monster.removeFromParent()
  }
  monsters.removeAll()
  // ... dann neu positionieren
  setupPlayer(scene)
  setupMonsters(scene)

  // los geht's
  labelStatus.text = ""
  scene.scene?.isPaused = false
  stopped = false
}
```

43.8 Bewegung des Pac-Mans

In touchesMoved wird der Bewegungswunsch in der Maze-Eigenschaft playerDirWant gespeichert. Tatsächlich in Bewegung setzt sich der Pac-Man aber erst in der Methode updatePlayer, die von update aufgerufen wird.

Die update-Methode

Die update-Methode der GameScene-Klasse wird bei jedem Frame einmal aufgerufen. Dort wird einerseits die schon erwähnte Methode updatePlayer aufgerufen, andererseits wird angezeigt, wie lange der Pac-Man noch die Monster jagen darf. Sollte die Jagdzeit schon vorbei sein, beendet endHuntingMode dieses Vergnügen.

```
// Datei GameScene.swift
override func update(_ currentTime: TimeInterval) {
  if mz.player == nil { return }

  mz.updatePlayer()                    // Bewegung des Spielers
  if mz.danger == false {
    if Date() > mz.timeHuntEnd  { // Jagdmodus beenden?
      mz.endHuntingMode()
    }
    // anzeigen, wie lange der Jagdmodus noch gilt
    mz.showCountDown()
  }
}
```

Die updatePlayer-Methode

Der Pac-Man ist als dynamisches SKSpriteNode-Objekt realisiert. Sobald die velocity-Eigenschaft eingestellt ist, bewegt sich der Pac-Man quasi von selbst durch das Labyrinth. Dabei berücksichtigt er allerdings keine Hindernisse und fährt auch durch Wände.

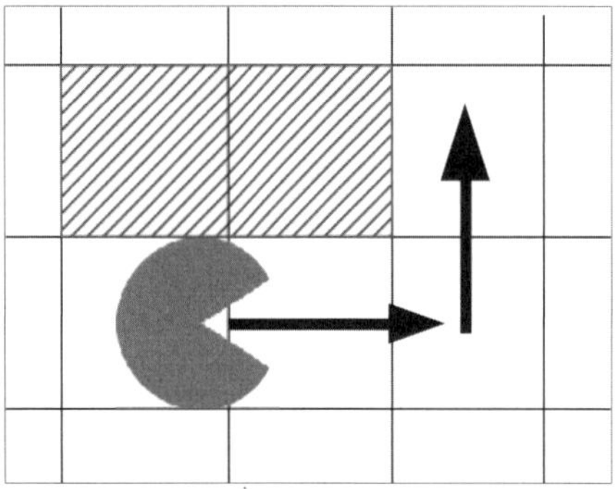

Abbildung 43.8 Der Pac-Man bewegt sich aktuell nach rechts und soll bei der nächsten Gelegenheit nach oben abbiegen.

Die Methode updatePlayer erfüllt zwei Aufgaben: Erstens stoppt sie den Pac-Man, sobald dieser Gefahr läuft, gegen eine Wand zu stoßen. Zweitens versucht sie, Bewegungswünsche zu erfüllen – aber nur dann, wenn gerade keine Wand im Weg steht (siehe Abbildung 43.8).

Erschwerend kommt hinzu, dass sich der Pac-Man in kleinen Schritten bewegt. Er befindet sich daher selten genau im Mittelpunkt eines Rasterfelds, sondern irgendwo dazwischen. Selbst wenn keine Wand im Weg steht, darf eine Richtungsänderung erst erfolgen, wenn die nächste Rasterposition erreicht ist.

updatePlayer beginnt damit, die aktuelle Position und die voraussichtlich zukünftige Position auszurechnen. Dabei werden alle Werte durch cUnit dividiert, sodass now und next nicht mehr das Koordinatensystem des Spiels verwenden, sondern Rastereinheiten. Wenn also now.x den Wert 2,5 hat, dann befindet sich der Pac-Man horizontal in der Mitte zwischen dem dritten und dem vierten Rasterelement des Labyrinths. (Die Zählung beginnt mit 0.)

Diese Rasterkoordinaten werden durch Int in ganze Zahlen umgerechnet – und damit in Indizes für das Array maze. (Int rundet nicht, sondern schneidet den Nachkommaanteil ab. Durch die Addition von cDelta wird vermieden, dass bei Rundungsfehlern *n*,999999 in *n* umgewandelt wird, obwohl das richtige Ergebnis eigentlich *n+1* lauten müsste. cDelta wurde in Global.swift mit dem Wert 0,001 initialisiert.)


```
// Datei Maze.swift
func updatePlayer() {
  // aktuelle und zukünftige Position ermitteln
  let now = player.position / cUnit
  let delta = (player.physicsBody?.velocity)! / cgf(60.0) / cUnit
  let next  = (now + delta)

  let xexact = next.x + cDelta  // cDelta soll Probleme
  let yexact = next.y + cDelta  // durch Rundungsfehler vermeiden
  let x = Int(xexact)           // Integer für Array-Zugriff
  let y = Int(yexact)
  ...
```

Abhängig davon, in welche Richtung sich der Pac-Man bewegt, muss nun getestet werden, ob die Zielposition überhaupt erlaubt ist. Befindet sich dort eine Wand, darf die aktuelle Bewegung nicht mehr durchgeführt werden. Vielmehr muss der Pac-Man gestoppt werden.

Die X- und Y-Indizes des Felds im Labyrinth, wo sich eventuell ein Hindernis befinden kann, werden in textx und testy gespeichert. Befindet sich dort tatsächlich eine Wand, wird der Pac-Man gestoppt. Außerdem stellt adjustPlayerPositionToGrid sicher, dass der Pac-Man nun wieder exakt im Raster platziert ist und nicht etwa um ein paar Koordinateneinheiten daneben. (Der Code von movePlayer und adjustPlayerPositionToGrid folgt gleich.)

```
...
// Spielfigur stoppen, wenn sie gegen eine Wand läuft
var testx = -1   // Position in maze, die getestet wird
var testy = -1
switch playerDir {
case .right: testx = x+1; testy = y
case .left:  testx = x;   testy = y
case .up:    testx = x;   testy = y+1
case .down:  testx = x;   testy = y
default:     break;
}
if testx != -1 {
  if walls[testx][testy] == Tileset.wall {
    movePlayer(.stop)
    adjustPlayerPositionToGrid()
  }
}
...
```

Der Rest von updatePlayer kümmert sich um erwünschte Richtungsänderungen. Ein Stopp ist immer erlaubt, Richtungsänderungen dagegen nur, wenn der Pac-Man bereits ganz nahe an einer Rasterposition ist. Ist diese Bedingung erfüllt, muss noch getestet werden, ob das neue Ziel nicht durch eine Wand blockiert ist. Dazu werden wiederum testx und testy entsprechend eingestellt. Sofern walls[testx][testy] kein Hindernis anzeigt, wird die Richtungsänderung durchgeführt. Die äquivalenten Codezweige für das Abbiegen nach links, oben bzw. unten habe ich aus Platzgründen nicht abgedruckt.

```
...
// Soll eine Richtungsänderung durchgeführt werden?
if playerDirWant != playerDir && playerDirWant != .cont {
  if playerDirWant == .stop {  // Stoppen ist immer möglich
    movePlayer(.stop)
  } else {
    // Richtungsänderung: normalerweise nur nahe an einer Raster-
    // position, aber immer, wenn der aktuelle Zustand 'stop' ist
    let stopped = (playerDir == .stop)
    let nearx   = nearGrid(xexact)
    let neary   = nearGrid(yexact)
    // Pac-Man will nach rechts
    if playerDirWant == .right && (neary || stopped)  {
      testx = x + 1
      testy = Int(yexact + 0.2)
      if walls[testx][testy] != Tileset.wall {
        movePlayer(.right)
        adjustPlayerPositionToGridY()
      }
```

```
      } else if playerDirWant == .left && (neary || stopped)  {
        // nach links ...
      } else if playerDirWant == .up && (nearx || stopped) {
        // aufwärts ...
      } else if playerDirWant == .down && (nearx || stopped) {
        // abwärts ...
      }
    }   // Ende else
  }     // Ende if playerDirWant != playerDir
}       // Ende func updatePlayer
```

Die movePlayer-Methode

Der Name `movePlayer` ist eigentlich ein wenig irreführend: Der Pac-Man wird in dieser Methode nicht bewegt (darum kümmert sich SpriteKit), es werden lediglich seine Geschwindigkeit und Rotation entsprechend eingestellt. Die Rotation wird durch eine Aktion durchgeführt, wobei der Parameter `shortestUnitArc` sicherstellt, dass die kürzestmögliche Drehrichtung gewählt wird.

Zuletzt wird in `playerDir` die aktuelle Richtung und in `playerDirWant` die zukünftige Richtung gespeichert. Dabei bedeutet `.cont`, dass die aktuelle Bewegung einfach fortgesetzt werden soll (*continue*).

```
func movePlayer(_ dir: Direction) {
  switch dir {
  case .right:
    let rot = SKAction.rotate(toAngle: 0, duration: 0.2,
                              shortestUnitArc: true)
    player.run(rot)
    player.physicsBody?.velocity = CGVector(dx: playerSpeed, dy: 0)
  case .up:    // analog ...
  case .left:  // analog ...
  case .down:  // analog ...
  default:
    player.physicsBody?.velocity = CGVector.zero
  }

  // Status speichern
  playerDir = dir
  if dir == .stop {
    playerDirWant = .stop    // stop bleibt stop
  } else {
    playerDirWant = .cont    // ansonsten: fortsetzen (continue)
  }
}
```

Die adjustPlayerPositionToGrid-Methoden

Die `adjustPlayerPositionToGrid`-Methoden passen die X- und/oder Y-Komponente der Position des Pac-Mans so an, dass sich der Pac-Man anschließend exakt im Raster befindet.

```
private func adjustPlayerPositionToGridX() {
  let posX = Int(player.position.x / cUnit + 0.5) * iUnit
  let posY = Int(player.position.y)
  player.position = CGPoint(x: posX, y: posY)
}
private func adjustPlayerPositionToGridY() {
  let posX = Int(player.position.x)
  let posY = Int(player.position.y / cUnit + 0.5) * iUnit
  player.position = CGPoint(x: posX, y: posY)
}
private func adjustPlayerPositionToGrid() {
  adjustPlayerPositionToGridX()
  adjustPlayerPositionToGridY()
}
```

43.9 Steuerung der Monster

Gewissermaßen der Codeteil mit der höchsten »Intelligenz« ist für die Steuerung der Monster zuständig. Die Monster können sich in drei Modi bewegen:

- **Zufallsmodus:** Die Monster laufen zufällig in irgendeine Richtung. Zu viel Zufall ist aber nicht wünschenswert, denn dann bewegen sich die Monster ständig vor- und rückwärts und kommen nicht recht vom Platz.
- **Jagdmodus:** Die Monster verfolgen den Pac-Man.
- **Fluchtmodus:** Die Monster versuchen, dem Pac-Man zu entkommen.

Während der Pac-Man als physikalisches Objekt mittels `velocity` in Bewegung versetzt wird, habe ich mich bei den Monstern für Aktionen entschieden. Der Hauptgrund bestand darin, dass bei den Monstern keine Notwendigkeit besteht, eine einmal begonnene Bewegung zum nächsten Rasterfeld zwischenzeitlich zu unterbrechen. `moveMonster` richtet deswegen eine `SKAction` ein, die das Monster zu einem benachbarten Feld bewegt. Ist dieses Feld erreicht, wird `moveMonster` durch eine `run`-Aktion neuerlich aufgerufen.

An `moveMonster` werden die folgenden Parameter übergeben: `x` und `y` geben die Indexpositionen im `maze`-Array an, `monster` die Instanz des `SKSpriteNodes` und `lastdir` die Richtung, in der sich das Monster bisher bewegt hat.

`moveMonster` ermittelt zuerst je nach Modus durch den Aufruf von `randomMove`, `fleePlayer` und `followPlayer` die nächste Zielposition und die neue Bewegungsrichtung. Danach wird eine Aktion eingerichtet, die zuerst das Monster zum Zielort bewegt und dann `moveMonster` neuerlich aufruft.

```
// Datei maze.swift
private func moveMonster(_ x: Int,
                         _ y: Int,
                         _ monster: SKSpriteNode,
                         lastdir: Direction)
{
  let xnext: Int, ynext: Int, dir: Direction
  if waitForTap || stopped {
    // Monster bewegt sich vorerst nicht
    (xnext, ynext, dir) = (x, y, .stop)
  } else if  danger == false {
    // die Monster müssen fliehen
    (xnext, ynext, dir) = fleePlayer(x, y, lastdir: lastdir)
  } else if Date() < timeEndRandom  {
    // keine Jagd während der ersten Sekunden
    (xnext, ynext, dir) = randomMove(x, y, lastdir: lastdir)
  } else {
    // Monster jagen Player
    (xnext, ynext, dir) = followPlayer(x, y, lastdir: lastdir)
  }

  // Aktion für Bewegung einrichten,
  // dann wieder moveMonster aufrufen
  let move = SKAction.move(to: getPointAt(xnext, ynext),
                           duration: 1.0 / monsterSpeed)
  let whatsnext = SKAction.run() {
    self.moveMonster(xnext, ynext, monster, lastdir: dir)
  }
  let sequence = SKAction.sequence([move, whatsnext])
  monster.run(sequence)
}
```


Monster zufällig bewegen

randomMove ermittelt ausgehend von der aktuellen Position (x und y in Rastereinheiten) eine neue Zielposition und Richtung. Dabei werden zuerst mit getPossibleDirections die möglichen Richtungen ausgelotet. Sofern mehrere Möglichkeiten zur Auswahl stehen, entscheidet sich die hier präsentierte Logik zu 66 % für eine Geradeaus-Bewegung. Wenn es zu einem Richtungswechsel kommt, wird die neue Richtung zufällig aus den zur Auswahl stehenden Möglichkeiten gewählt – aber nie die Richtung, die genau entgegen der bisherigen Richtung zeigt.

```
private func randomMove(_ x: Int, _ y: Int, lastdir: Direction)
  -> (nextx: Int, nexty: Int, nextdir: Direction)
{
```

```
  let possible = getPossibleDirections(x, y)
  var dir: Direction
  if possible.count == 1 {  // es gibt nur eine mögliche Richtung
    dir = possible.first!   // (z. B. am Ende einer Sackgasse)
  } else if possible.contains(lastdir) &&
            Double.random(in: 0...1) < 0.66
  {
    // wenn geradeaus möglich: zu 66 % geradeaus bewegen
    dir = lastdir
  } else  {
    // bei Kreuzungen zufällig eine neue Richtung auswählen,
    repeat {
      dir = possible.randomElement()!
    } while(dir == lastdir.reverse())   // aber nicht zurückbewegen
  }

  // neue Koordinatenposition ermitteln
  let (xnext, ynext) = getNextPosition(x, y, dir)
  return (xnext, ynext, dir)
}
```

Der Code der Hilfsfunktionen `getPossibleDirections` und `getNextPosition` ist ohne weitere Erläuterungen verständlich.

```
// In welche Richtungen geht es weiter?
private func getPossibleDirections(_ x: Int, _ y: Int) -> [Direction] {
  var result = [Direction]()
  if walls[x+1][y] != Tileset.wall { result.append(.right) }
  if walls[x-1][y] != Tileset.wall { result.append(.left) }
  if walls[x][y+1] != Tileset.wall { result.append(.up) }
  if walls[x][y-1] != Tileset.wall { result.append(.down) }
  return result
}
// aus (x, y, richtung) --> (xneu, yneu) berechnen
private func getNextPosition(_ x: Int, _ y: Int,
          _ direct: Direction) -> (x:Int, y:Int)
{
  switch direct {
  case .right: return (x+1, y)
  case .left:  return (x-1, y)
  case .up:    return (x, y+1)
  case .down:  return (x, y-1)
  default:     return (x, y)
  }
}
```

Jagdmodus

Im Jagdmodus versucht das Monster, auf kürzestmöglichem Weg zum Pac-Man zu kommen. Bei einem unregelmäßig geformten Labyrinth mit vielen Abzweigungen und alternativen Wegen ist es gar nicht so einfach, den optimalen Weg zu finden. Wenn Sie sich für die Grundlagen dieses Problems interessieren, ist die folgende Wikipedia-Seite ein perfekter Startpunkt:

https://de.wikipedia.org/wiki/Kürzester_Pfad

Glücklicherweise müssen wir uns nicht die Mühe machen, einen Shortest-Path-Algorithmus selbst zu programmieren: Die GameKit-Bibliothek enthält nämlich Klassen, in denen dieser Code bereits implementiert ist. Damit wir die `findPath`-Methode nutzen können, haben wir bereits am Beginn des Programms durch den Aufruf von `setupPathfinder` ein `GKGridGraph`-Objekt initialisiert, das alle möglichen Wege durch das Labyrinth beschreibt.

Dabei erzeugt die Init-Funktion `GKGridGraph(fromGridStartingAt:...)` eine Sammlung von Graphen (möglichen Wegen), bei denen von jedem Feld zu jedem benachbarten Feld im Labyrinth-Raster eine horizontale oder vertikale Bewegung erlaubt ist. In einer Schleife über alle Elemente des `walls`-Arrays werden dann jene Wege eliminiert, die durch Mauern blockiert sind. Das resultierende `GKGridGraph`-Objekt kann nun so lange verwendet werden, bis der Spieler ein neues Labyrinth (einen neuen Level) erreicht.

```
import GameKit
class Maze {
  var ggraph:GKGridGraph<GKGridGraphNode>!
  ...
  func setupPathfinder() {
    // erzeugt ein Array von GridNodes für jeden Punkt im Labyrinth
    // (d. h., jede Bewegung ist möglich)
    ggraph = GKGridGraph(fromGridStartingAt: [0, 0],
                         width: Int32(w),
                         height: Int32(h),
                         diagonalsAllowed: false)
    // entfernt die GridNodes da, wo es Wände gibt
    for x in 0..<w {
      for y in 0..<h {
        if walls[x][y] == Tileset.wall {
          if let nodeToRemove =
               ggraph.node(atGridPosition: [Int32(x), Int32(y)])
          {
            ggraph.remove([nodeToRemove])
          }
        }
    }}   // for x und for y
  }      // func setupPathfinder
}        // class Maze
```

Mit der initialisierten ggraph-Variablen ist die Verfolgung des Pac-Mans nun ein Kinderspiel: Zuerst müssen die Position des Monsters (nodeNow) und die Position des Pac-Mans (target) als GKGridGraphNodes-Objekte ausgedrückt werden. findPath findet nun den besten Weg vom Start zum Ziel. Die Variable path zeigt auf ein Array von GKGridGraphNode-Elementen, wobei das erste Element die Startposition ist. Unser Ziel ist somit das zweite Element. Wenn das Monster diesen Punkt erreicht hat, werden movePlayer und followPlayer neuerlich aufgerufen und geben den nächsten Schritt der Verfolgungsjagd an.

```
private func followPlayer(_ x: Int, _ y: Int, lastdir: Direction)
  -> (nextx: Int, nexty: Int, nextdir: Direction)
{
  let playerx = Int32(player.position.x / cUnit)
  let playery = Int32(player.position.y / cUnit)

  if let nodeNow = ggraph.node(atGridPosition: [Int32(x), Int32(y)]),
     let target  = ggraph.node(atGridPosition: [playerx, playery]),
     let path    = ggraph.findPath(from: nodeNow, to: target)
                     as? [GKGridGraphNode]
  {
    if path.count >= 2 {  // das erste Element beschreibt die aktuelle
                          // Position
      let xnext = Int(path[1].gridPosition.x)
      let ynext = Int(path[1].gridPosition.y)
      return (xnext, ynext, .auto)
    }
  }  // Ende if let

  // keine sinnvolle Bewegung gefunden; dann eben zufällig
  return randomMove(x, y, lastdir: lastdir)
} // Ende func followPlayer
```

Fluchtmodus

Als am schwierigsten hat sich erstaunlicherweise die Programmierung des Fluchtmodus herausgestellt. Das Monster soll also vor dem Pac-Man fliehen. Ich habe die Aufgabenstellung pragmatisch so gelöst, dass wiederum findPath den Weg zu der Ecke sucht, die vom Pac-Man am weitesten entfernt ist. Diese Vorgehensweise erfordert wenig Code, hat aber zwei Nachteile:

- Erstens wird vorausgesetzt, dass die Eckfelder des Labyrinths erreichbar sind. Darauf sollten Sie bei der Gestaltung eigener Labyrinthe achten.
- Zweitens ist der Fluchtweg nicht immer optimal. Manchmal läuft das Monster dem Pac-Man direkt ins Maul.

Sie können ja als erste Verbesserung am Spiel einen schlaueren Algorithmus für den Fluchtmodus programmieren.

```
private func fleePlayer(_ x: Int, _ y: Int, lastdir: Direction)
  -> (nextx: Int, nexty: Int, nextdir: Direction)
{
  let playerx = Int(player.position.x / cUnit)
  let playery = Int(player.position.y / cUnit)

  // die vom Player am weitesten entfernte Ecke anpeilen; setzt voraus,
  // dass auf diesen Ecken keine Wände stehen!
  let targetx = (playerx <= w/2) ? w - 2 : 1
  let targety = (playery <= h/2) ? h - 2 : 1

  if let nodeNow = ggraph.node(atGridPosition: [Int32(x), Int32(y)]),
     let target = ggraph.node(atGridPosition: [Int32(targetx),
                                              Int32(targety)]),
     let path = ggraph.findPath(from: nodeNow, to: target)
                  as? [GKGridGraphNode]
  {
    if path.count >= 2 {
      let xnext = Int(path[1].gridPosition.x)
      let ynext = Int(path[1].gridPosition.y)
      return (xnext, ynext, .auto)
    }
  }
  // keine sinnvolle Bewegung gefunden; dann eben zufällig
  return randomMove(x, y, lastdir: lastdir)
}
```


43.10 Kollisionen

Nachdem nun Spieler und Monster in Bewegung sind, ist es an der Zeit, dass wir uns mit den Kollisionen auseinandersetzen. Jedes Mal, wenn SpriteKit eine Kollision zwischen dem Pac-Man auf der einen Seite und einem Punkt, Diamanten, Totenkopf oder Monster auf der anderen Seite feststellt, ruft es die Methode `didBegin` auf. Deren Code fällt kurz aus, weil die eigentliche Reaktion auf die verschiedenen Kollisionen in Methoden der `Maze`-Klasse erfolgt. Die Hilfsfunktion `getSprite`, die ich Ihnen schon in Abschnitt 28.8, »Minispiel: Luftballone abschießen«, vorgestellt habe, wertet den `contact`-Parameter aus und liefert, wenn möglich, ein `SKSpriteNode`-Objekt der gewünschten Kategorie.

```
// Datei GameScene.swift
func didBegin(_ contact: SKPhysicsContact) {
  if mz.player == nil || mz.waitForTap || mz.stopped { return }
```

```
  if let dot = getSprite(from: contact, of: PhysCategory.Dot)
  {
    mz.removeDot(dot)
  } else if let bonus =
                 getSprite(from: contact, of: PhysCategory.Bonus)
  {
    mz.removeBonus(bonus)
  } else if let malus =
                 getSprite(from: contact, of: PhysCategory.Malus)
  {
    mz.removeMalus(malus, scene: self)
  } else if let monster =
                 getSprite(from: contact, of: PhysCategory.Monster)
  {
    mz.playerHitMonster(monster, scene: self)
  }
}

// testet, ob bodyA oder bodyB den Typ category aufweist, und liefert
// das entsprechende SKSpriteNode-Element zurück
func getSprite(from contact: SKPhysicsContact,
               of category: UInt32) -> SKSpriteNode?
{
  if contact.bodyA.categoryBitMask == category {
    return contact.bodyA.node as? SKSpriteNode
  } else if contact.bodyB.categoryBitMask == category {
    return  contact.bodyB.node as? SKSpriteNode
  } else {
    return nil
  }
}
```

Punkt gefressen

Wenn der Pac-Man einen Punkt frisst, wird dieser in `removeDot` aus der Spielszene entfernt. Sollte es der letzte Punkt gewesen sein, ist der Level beendet, und das Spiel wird nach einer Berührung des Bildschirms mit dem nächsten Level (dem nächsten Labyrinth) und einem zusätzlichen Leben fortgesetzt.

```
func removeDot(_ dot: SKSpriteNode) {
  dot.removeFromParent()
  dotcount -= 1
  counter += Points.dot
  if dotcount == 0 {
    labelStatus.text = "Congratulations ..."
    stopAll(false)
```

```
    waitForTap = true
    timeTap = Date().addingTimeInterval(1)
    afterTap = .nextLevel
  }
}
```

Diamant gefressen

Das Verspeisen eines Diamanten wird nicht nur mit vielen Punkten belohnt, sondern auch mit einer kurzen Zeitperiode, während der der Pac-Man und die Monster ihre Rollen vertauschen.

```
func removeBonus(_ bonus: SKSpriteNode) {
  counter += Points.bonus
  bonus.removeFromParent()
  startHuntingMode()
}
```


`startHuntingMode` speichert den Endzeitpunkt der Monsterjagd in `timeHuntEnd`, färbt den Pac-Man rot ein und gibt den Monstern eine blasse Farbe. Für die Spiellogik ist die Variable `danger` entscheidend, die angibt, dass der Pac-Man vorübergehend außer Gefahr ist.

```
func startHuntingMode() {
  if danger {
    timeHuntEnd = Date().addingTimeInterval(timespanHunting)
  } else {
    // wenn schon aktiv: plus n Sekunden
    timeHuntEnd = timeHuntEnd.addingTimeInterval(timespanAddHunt)
  }
  danger = false
  player.color = .red
  for m in monsters {
    m.colorBlendFactor = 0.1
  }
}
```

Wenn der Jagdmodus endet, ruft die `update`-Methode der `GameScene`-Klasse `endHuntingMode` auf und macht alle Änderungen wieder rückgängig.

```
func endHuntingMode() {
  danger = true
  player.color = .yellow
  for m in monsters {
    m.colorBlendFactor = 0.4
  }
}
```

Damit das nicht unverhofft passiert, wird im Zentrum des Pac-Mans die Anzahl der Sekunden angezeigt, wie lange der Jagdmodus noch aktiv ist. Für diese Anzeige ist showCountDown verantwortlich. Diese Methode wird ebenfalls von update aufgerufen. Beachten Sie, dass die position-Eigenschaft des Labels mit der des Pac-Mans synchronisiert wird.

```
func showCountDown() {
  if danger {
    labelCountDown.text = ""
  } else {
    let n = Int(timeHuntEnd.timeIntervalSinceNow)
    labelCountDown.text = "\(n)"
    labelCountDown.position = player.position
  }
}
```

Zusammenstoß mit einem Monster

Welche Folgen ein Zusammenstoß mit einem Monster hat, hängt vom aktuellen Spielmodus ab. Normalerweise verliert der Spieler dabei ein Leben; nur während des Jagdmodus kann der Pac-Man das Monster fressen und bekommt dafür auch noch Punkte. Das Monster wird in diesem Fall durchsichtig und schwebt in einer zufälligen schrägen Richtung mit einer SKAction gen Himmel. Dabei werden keine Kollisionen mehr ausgelöst.

```
func playerHitMonster(_ monster: SKSpriteNode, scene: GameScene)
{
  if danger {
    // der Spieler verliert ein Leben
    stopAll()
    player.color = .black
    if lives > 0 {
      labelStatus.text = "You died! Tap to continue."
      waitForTap = true
      timeTap = Date().addingTimeInterval(1)
      afterTap = .nextLive
    } else {
      labelStatus.text = "Game over, you died!"
      waitForTap = true
      timeTap = Date().addingTimeInterval(1)
      afterTap = .startNewGame
    }
  } else {
    // der Pac-Man hat ein Monster gefressen
    if let index = monsters.firstIndex(of: monster) {
      counter += Points.monster
      monsters.remove(at: index)
```

```
      with(monster.physicsBody!) {
        $0.categoryBitMask     = PhysCategory.None
        $0.contactTestBitMask = PhysCategory.None
        $0.collisionBitMask    = PhysCategory.None
      }

      // Monster gen Himmel schweben lassen
      monster.removeAllActions()
      monster.colorBlendFactor = 0
      monster.blendMode = .alpha
      monster.alpha = 0.5
      let upInTheSky = SKAction.move(
        to: CGPoint(x: monster.position.x +
                        CGFloat.random(in: -4...4) * cUnit,
                      y: cUnit * cgf(h+2)),
        duration: 5)
      let remove = SKAction.removeFromParent()
      monster.run(SKAction.sequence([upInTheSky, remove]))
    }
  }
}
```


43.11 Apple-TV-Variante von Pac-Man

Dieses Spiel gehört zu der eher seltenen Spezies von Spielen, bei der es mit minimalem Aufwand möglich ist, eine Apple-TV-Variante zu erstellen. Das liegt daran, dass die Bedienung des Spiels ausschließlich durch relative Wischbewegungen erfolgt und es keine Oberflächenelemente gibt, deren Steuerung die Auswertung der absoluten Position einer Berührung erforderlich macht. Ist diese Voraussetzung nicht erfüllt, müssen Sie die Bedienung Ihres Spiels den Eigenheiten und Einschränkungen der Apple-TV-Fernbedienung unterwerfen, was nicht immer einfach ist.

Die Grundidee der hier skizzierten Vorgehensweise besteht darin, dass Sie dem Xcode-Projekt, das momentan nur ein iOS-Target aufweist, ein zweites tvOS-Target hinzufügen. Anschließend können Sie Ihre App wahlweise für iOS oder tvOS kompilieren und auf geeigneten Geräten oder im Simulator ausprobieren. Entscheidend ist dabei, dass möglichst viele Projektdateien zwischen beiden Targets geteilt werden können und nur wenige Dateien plattformabhängigen Code bzw. Bilder enthalten. Das erfordert eine umfassende Neuorganisation des Projekts. Es ist also eine gute Idee, vor dem Start dieser Umbauarbeiten ein komplettes Backup des Projekts zu erstellen bzw. einen Git-Commit durchzuführen.

Neues Target einrichten

Um einem vorhandenen Projekt ein neues Target hinzuzufügen, klicken Sie in der Projektansicht auf den Plus-Button (siehe Abbildung 43.9). Damit erscheint der gleiche Vorlagenkatalog, der Ihnen vom Einrichten neuer Projekte schon vertraut ist. In unserem Fall ist die am besten geeignete Vorlage TVOS • APPLICATION • GAME.

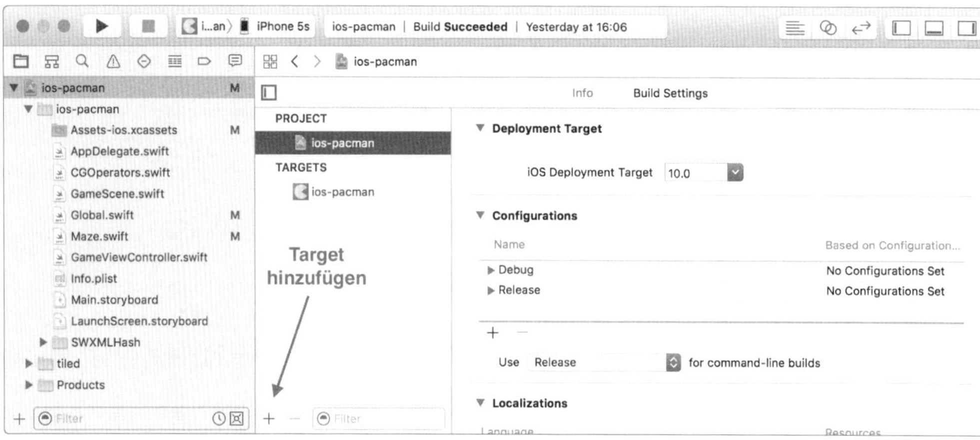

Abbildung 43.9 Mit dem Plus-Button, den man leicht übersieht, fügen Sie einem vorhandenen Projekt ein neues Target hinzu.

Das Projekt besteht nun aus zwei Targets: dem unveränderten iOS-Target für das weiterhin funktionierende Pac-Man-Spiel und dem tvOS-Target. Dessen Dateien entsprechen den Mustervorlagen und haben noch nichts mit dem Pac-Man-Spiel zu tun.

Projektorganisation

Jetzt geht es darum, die Dateien neu zu organisieren. Es empfiehlt sich, die Projektdateien in drei Gruppen zu organisieren (siehe Abbildung 43.10):

- iOS-spezifische Dateien
- tvOS-spezifische Dateien
- gemeinsame Dateien

Für die gemeinsamen Dateien habe ich mit dem Kontextmenükommando NEW GROUP im Projektnavigator die Gruppe `shared` eingerichtet. Dorthin habe ich die folgenden Gruppen und Dateien verschoben:

- die `tiled`-Gruppe
- die `SWXMLHash`-Gruppe mit `SWXMLHash.swift`
- die Dateien `AppDelegate.swift`, `CGOperators.swift`, `GameScene.swift`, `Global.swift` und `Maze.swift`

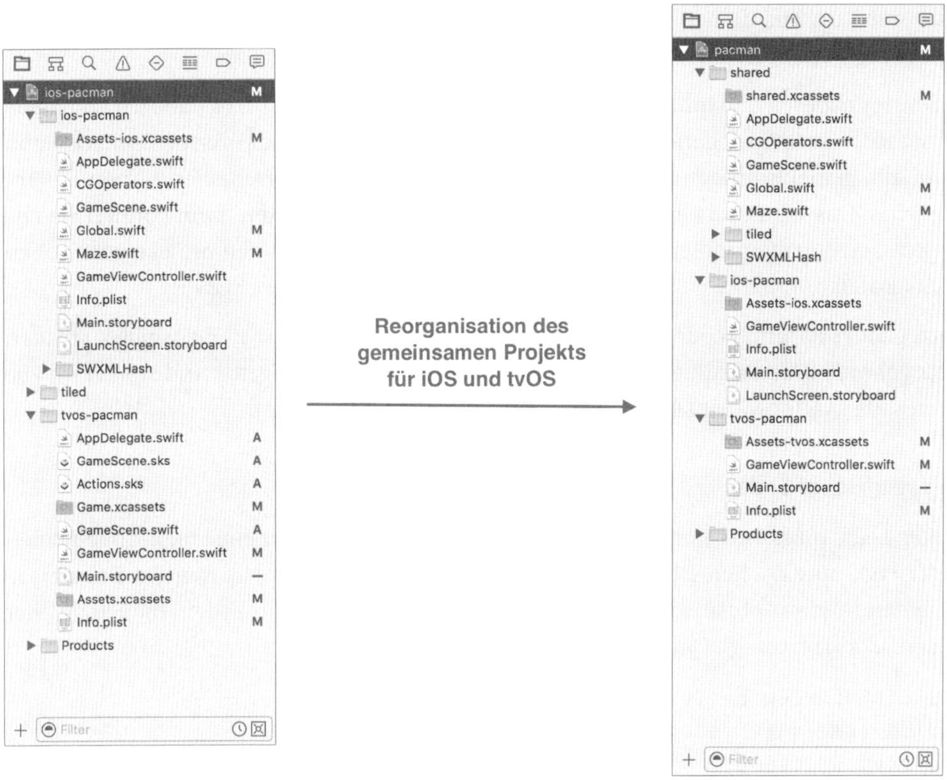

Abbildung 43.10 Reorganisation des Projekts

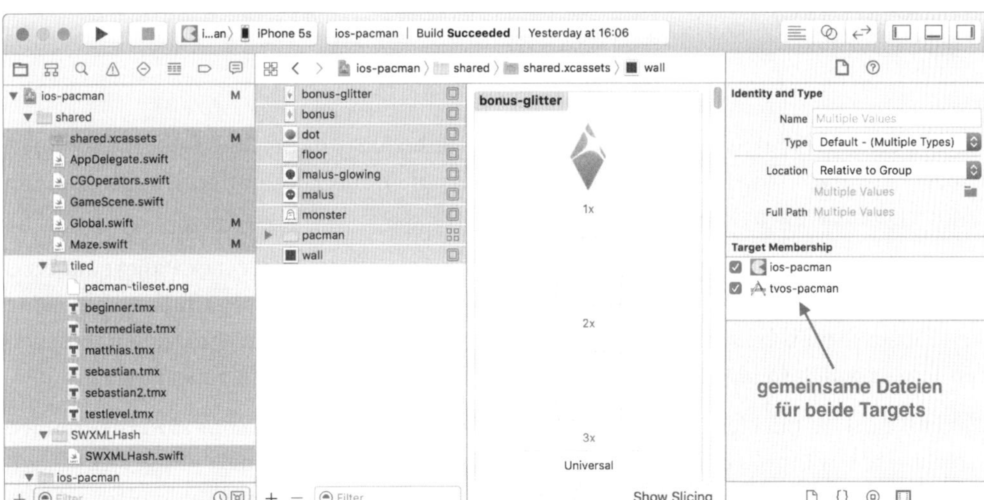

Abbildung 43.11 Zugehörigkeit gemeinsamer Dateien zu beiden Targets einstellen

Danach habe ich aus dem tvos-pacman-Verzeichnis die folgenden Musterdateien gelöscht: AppDelegate.swift, Actions.sks, Game.xcassets, GameScene.swift und GameScene.sks.

Als Nächstes habe ich den Inhalt der Xcassets-Dateien getrennt: In shared habe ich eine neue Datei shared.xcassets eingerichtet (FILE • NEW • FILE • IOS • RESOURCE • ASSET CATALOG) und dorthin alle gemeinsam genutzten Bitmaps verschoben. Zum Verschieben öffnen Sie am besten eine Xcassets-Datei per Doppelklick in einem eigenen Fenster; dann können Sie einzelne Xcassets-Inhalte problemlos per Drag & Drop verschieben. In den projektspezifischen Xcassets-Dateien verbleiben nur die App-Icons und für tvOS das LaunchImage.

Danach geht es darum, Xcode klarzumachen, dass die Dateien der shared-Gruppe zu beiden Targets gehören. Dazu markieren Sie diese Dateien im Projektnavigator und stellen im File Inspector die TARGET MEMBERSHIP korrekt ein (siehe Abbildung 43.11).

tvOS-spezifischer Code

Zu guter Letzt muss nur noch die Verbindung zwischen den gemeinsamen Codedateien und der tvOS-spezifischen Datei GameViewController.swift hergestellt werden. Dazu ersetzen Sie den in viewDidLoad vorhandenen Code durch die folgenden Zeilen, die Sie aus der GameViewController.swift-Datei der iOS-Gruppe kopieren können:

```
// Datei GameViewController.swift der tv-pacman-Gruppe
override func viewDidLoad() {
  super.viewDidLoad()
  // mit dem ersten Level starten
  if let view = self.view as! SKView? {
    startLevel(view, levelNo: 0)
    view.backgroundColor = .white
  }
}
```

Für den ersten Test aktivieren Sie in der Xcode-Symbolleiste das tvOS-Target und Ihr angeschlossenes Apple-TV-Gerät oder den tvOS-Simulator. Wenn alles gut geht, sollte die App unter tvOS auf Anhieb laufen.

Natürlich ist es einfacher, die obige Anleitung zu befolgen, als ein eigenes Projekt auf tvOS zu portieren. Selbst wenn kein oder nur wenig tvOS-spezifischer Code erforderlich ist, sind die Umbauarbeiten fehleranfällig. Nicht immer ist auf Anhieb klar, welche Dateien zwischen den Targets geteilt werden können und wo plattformspezifischer Code notwendig ist.

Was jetzt noch zu tun bleibt, ist die Gestaltung des tvOS-spezifischen Icons sowie des Launch Screens und des Top Shelf Image. Natürlich würde es sich anbieten, auch tvOS-gerechte Labyrinthe zu gestalten, die den Proportionen von 16:9 entsprechen und den Bildschirm optimal ausfüllen.

43.12 Pac-Man-Figuren zeichnen

Wer gern mit GIMP, Photoshop, Pixelmator, Inkscape oder anderen Zeichenprogrammen arbeitet, wird mit ihnen die Bitmaps für die Pac-Man-Fressbewegung sicher rasch selbst zeichnen. Die künstlerische Ader ist bei mir leider weniger ausgeprägt, ich programmiere lieber. Deswegen habe ich ein Miniprogramm erstellt, das eine ganze Serie von Pac-Man-Icons in beliebiger Auflösung zeichnet. Das Programm ist gleichzeitig eine kleine Wiederholung zum Thema Grafikprogrammierung (siehe Kapitel 25, »Grafik und Animation«).

Das Programm vom Typ COMMAND LINE TOOL enthält nur zwei Methoden: `savePNG` speichert eine Bitmap in einer PNG-Datei, wobei eventuell auftretende Fehler einfach ignoriert werden.

```
// Projekt macos-pacman-bitmaps, Datei main.swift
func savePNG(_ bitmap: NSBitmapImageRep, filename: String)  {
  let props: [NSBitmapImageRep.PropertyKey : Any] = [:]
  let png = bitmap.representation(using: .png,
                                  properties: props)
  _ = try? png!.write(to: URL(fileURLWithPath: filename),
                      options: [])
}
```

`drawPacman` zeichnet eine Pac-Man-Figur in der gewünschten Größe in eine gegebene Bitmap, wobei `angle` den Winkel des geöffneten Mundes angibt. Dabei wird zuerst ein Kreis mit einem Farbverlauf (`NSGradient`) von Hell- nach Mittelgrau gefüllt. Anschließend wird ein transparentes Dreieck aus dem Kreis herausgeschnitten. Dadurch entsteht der Mund. Die Form des Dreiecks wird durch ein Polygon in einem `NSBezierPath`-Objekt dargestellt. Um bereits gezeichnete Pixel der Bitmap wieder durchsichtig (transparent) zu machen, muss die Eigenschaft `compositingOperation` des Grafikkontexts auf `.clear` gesetzt werden. (Zuerst hatte ich versucht, eine transparente Farbe als Füllfarbe einzusetzen. Das führte aber zu keiner Veränderung am bereits gezeichneten Pac-Man-Kreis.)

```
func drawPacman(size: Int,
                bitmap: NSBitmapImageRep,
                angle: Double)
{
  let dSize = Double(size)
  let ctx = NSGraphicsContext(bitmapImageRep: bitmap)!
  NSGraphicsContext.current = ctx

  // Graustufenverlauf
  let gradient = NSGradient(
        starting: NSColor(white: 0.95, alpha: 1),
        ending:   NSColor(white: 0.75, alpha: 1))
```

```
  // Kreis
  let quad = NSRect(x: 0, y: 0, width: size, height: size)
  let circle = NSBezierPath(ovalIn: quad)
  gradient?.draw(in: circle, angle: 0)

  // Mund
  ctx.saveGraphicsState()
  ctx.compositingOperation = .clear  // ausschneiden
  let mouth = NSBezierPath()
  mouth.move(to: NSPoint(x: size/2, y: size/2))
  mouth.line(to: NSPoint(
    x: dSize * (0.5 + cos(angle / 360.0 * .pi)),
    y: dSize * (0.5 + sin(angle / 360.0 * .pi))))
  mouth.line(to: NSPoint(
    x: dSize * (0.5 + cos(angle / 360.0 * .pi)),
    y: dSize * (0.5 - sin(angle / 360.0 * .pi))))
  mouth.close()
  mouth.fill()
  ctx.restoreGraphicsState()
}
```

Die beiden Methoden werden in einer Schleife achtmal aufgerufen. Vorher muss jeweils eine leere Bitmap in der gewünschten Größe erzeugt werden, also ein NSBitmapImageRep-Objekt. Die resultierenden Dateien player-0.png bis player-7.png werden direkt im Home-Verzeichnis gespeichert.

```
// acht Pac-Man-Bitmaps zeichnen und speichern
let size=128
let home = NSHomeDirectory()
for  i in 0...7 {
  let bmp = NSBitmapImageRep(bitmapDataPlanes: nil,
                             pixelsWide: size,
                             pixelsHigh: size,
                             bitsPerSample: 8,
                             samplesPerPixel: 4,
                             hasAlpha: true,
                             isPlanar: false,
                             colorSpaceName: .deviceRGB,
                             bytesPerRow: 0,
                             bitsPerPixel: 0)!
  drawPacman(size: 128, bitmap: bmp, angle: 10 + Double(i)*8.0)
  savePNG(bmp, filename: "\(home)/player-\(i).png")
}
```

Kapitel 44
Asteroids

Als letztes SpriteKit-Beispiel zeigt dieses Kapitel die Programmierung eines Spiels für Apple-TV-Geräte. Der Spieler bzw. die Spielerin steuert dabei ein Raumschiff und muss alle Asteroiden abschießen, bevor diese das Raumschiff zerstören oder auf der Erde einschlagen (siehe Abbildung 44.1). Im Laufe der Zeit erscheinen die Asteroiden immer häufiger und fliegen in höherer Geschwindigkeit auf die Erde zu.

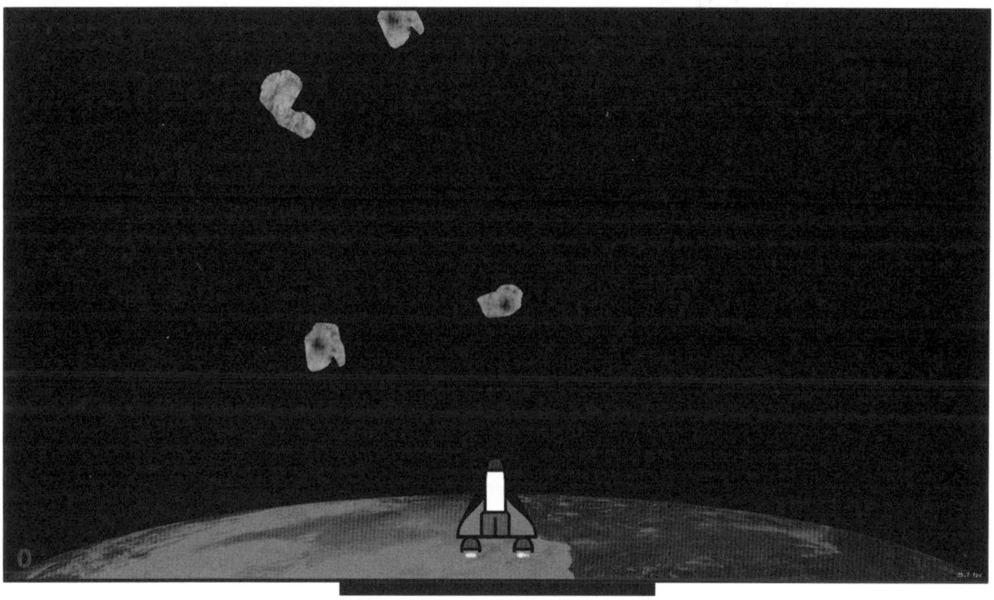

Abbildung 44.1 Asteroids-Spiel auf einem Apple-TV-Gerät

Nach dem Spielende erscheint ein Konfigurationsbildschirm (siehe Abbildung 44.2). Dort startet die Play-Taste ein neues Spiel. Die Menütaste wechselt zwischen vier verschiedenen Spielmodi:

- Berührungssteuerung mit Ton
- Berührungssteuerung ohne Ton
- Bewegungssteuerung mit Ton
- Bewegungssteuerung ohne Ton

Bei der Berührungssteuerung wird das Raumschiff durch die Bewegung eines Fingers auf dem Touchpad der Fernbedienung gesteuert. Im Bewegungssteuerungsmodus wird die Position des Raumschiffs durch die Lage der Fernbedienung kontrolliert. Dazu wird der Gyroskop-Sensor der Fernbedienung ausgewertet. In diesem Steuerungsmodus lässt sich das Spiel deutlich besser bedienen.

Raketen können in beiden Modi wahlweise durch eine kurze Berührung der Touch-Oberfläche oder durch einen mechanischen Klick abgeschossen werden. Weil der mechanische Taster des Touchpads sehr schwergängig ist, führt sein Drücken oft dazu, dass das Raumschiff ein wenig wackelt. Generell ist es ein großes Manko der Apple-TV-Fernbedienung, dass es keine einzige Taste gibt, die wirklich frei für eigene Funktionen verwendbar und leicht zu bedienen ist.

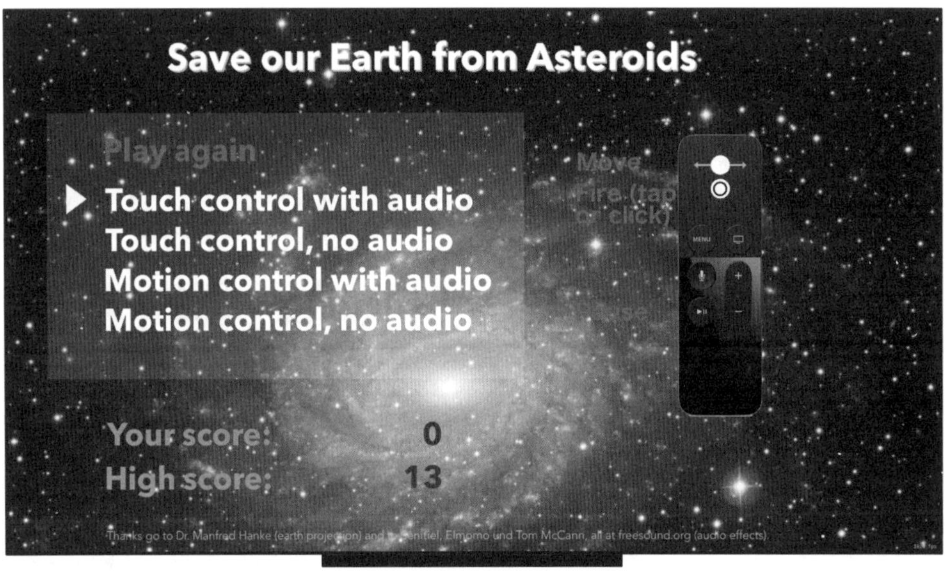

Abbildung 44.2 Der Einstellungsbildschirm

Ein laufendes Spiel kann jederzeit mit der Play-Taste pausiert und durch nochmaliges Drücken wieder fortgesetzt werden. Die Menü-Taste beendet das Spiel. Der gewählte Spielmodus und der zuletzt erzielte Highscore werden in den Einstellungen der App bleibend gespeichert.

44.1 Programmaufbau

Die SpriteKit-App besteht aus zwei Szenen:

- Das eigentliche Spiel findet in der `GameScene` statt. Die Objekte dieser Szene werden per Code erzeugt.

- Der Konfigurationsdialog MainScene wurde dagegen teilweise im Scene-Editor erstellt (Datei MainScene.sks). Lediglich die Menüeinträge werden auch in diesem Fall per Code erzeugt, weil der Scene-Editor es nicht erlaubt, bei einem Label eine benutzerdefinierte Klasse anzugeben.

Der Wechsel zwischen den beiden Szenen findet beim Spielende bzw. beim Start eines neuen Spiels statt.

Die folgende Aufzählung fasst den Inhalt der wichtigsten Codedateien zusammen:

- Im GameViewController.swift startet der eigene Code. viewDidLoad erzeugt eine GameScene und startet das Spiel. Die Methoden des GameViewControllers kümmern sich auch um die Auswertung aller Tastendrücke der Fernbedienung.
- GameScene.swift enthält die gesamte Spiellogik inklusive der Auswertung der Bewegungs- und Berührungsereignisse.
- MainScene.swift kümmert sich darum, je nach aktivem Modus die richtigen Bitmaps im Konfigurationsdialog anzuzeigen.
- MyLabel.swift enthält eine von SKLabelNode abgeleitete Klasse, deren Elemente über die Fernbedienung den Fokus erhalten können.
- Global.swift enthält einige Konstanten, Enumerationen und Einstellungen.
- In CGOperators.swift sind Operatoren und Methoden definiert, die das Rechnen und den Umgang mit den CGXxx-Strukturen komfortabler machen (siehe Abschnitt 7.3, »CGFloat, CGPoint, CGSize und Co.«).

Außerdem gibt es diverse weitere Dateien:

- Assets.xcassets enthält das App-Icon und ein Launch Image.
- Game.xcassets enthält die Texturen für das Spiel. Dazu zählen fünf unterschiedlich geformte Asteroiden, das Raumschiff, eine Rakete, ein Ausschnitt aus einem Bild der Erde, ein Bild einer Galaxie sowie diverse Bilder zur Gestaltung des Konfigurationsdialogs.
- MainScene.sks enthält eine fertige Szene für den Einstellungsdialog.
- AsteroidsHit.sks und Engine.sks in der Gruppe ParticleSystems beschreiben Partikel-Emitter, die das Auseinanderfallen eines Asteroiden nach einem Treffer bzw. den Antrieb des Raumschiffs zeigen.
- Die Gruppe Sound beinhaltet drei Audiodateien zur akustischen Untermalung des Spiels.

Zuletzt noch einige Quellenangaben: Das Bild der Erde wurde von Dr. Manfred Hanke aus dem NASA-Bild »Blue Marble« errechnet. Besten Dank dafür, dass ich einen Ausschnitt des Bilds in der App verwenden durfte! Die Audiodateien stammen von den *freesound.org*-Usern Senitiel, Elmomo und Tom McCann.

https://www.sternwarte.uni-erlangen.de/~hanke/AstroAusstellung/2007/8/nurErde.jpg
https://freesound.org/people/senitiel/sounds/220612
https://freesound.org/people/elmomo/sounds/757
https://freesound.org/people/tommccann/sounds/235968

44.2 Globale Konstanten und Funktionen

In Global.swift sind die Eckparameter des Spiels in einigen Konstanten fixiert. Wenn Sie das Spiel einfacher oder schwieriger machen möchten, nehmen Sie hier Veränderungen vor:

```
// Projekt tv-save-asteroids
// Datei Global.swift
var asteroidInterval = 1.2  // Zeit in Sekunden, nach der ein neuer
                            // Asteroid erscheint
let gameoverInterval = 1.5  // nach Game Over kurze Pause
```

Für die Kollisionserkennung sind in der Struktur PhysCat die folgenden Kategorien definiert:

```
// Kategorien für die Kollisionserkennung
struct PhysCat {
  static let None: UInt32      = 0
  static let Spaceship: UInt32 = 1
  static let Asteroid: UInt32  = 2
  static let Missile: UInt32   = 4
  static let Earth: UInt32     = 8
}
```

Um bei der Einstellung der Eigenschaften physikalischer Körper die wiederholte Nennung von xy.physicsBody! zu vermeiden, habe ich auch die in Abschnitt 28.7, »Kollisionserkennung«, vorgestellte with-Funktion in Global.swift eingefügt.

44.3 Programmstart und Tastaturereignisse (GameViewController)

Die Klasse GameViewController beginnt mit der Deklaration einiger Statusvariablen. gameScene und mainScene verweisen auf die entsprechenden Szenen, skView auf das SKView-Objekt von SpriteKit. defaults ermöglicht einen unkomplizierten Zugriff auf die User-Default-Einstellungen.

```
// Datei GameViewController.swift
var gameScene: GameScene! = nil
var mainScene: MainScene! = nil
var skView:    SKView!    = nil

var mainShown = false   // Wird das Main Menü angezeigt?
var gyro      = false   // Spiel-Steuerung per Gyroskop
let defaults  = UserDefaults.standard
```

Programmstart

Der erste eigene Code wird in der Methode viewDidLoad ausgeführt:

```
override func viewDidLoad() {
  super.viewDidLoad()
  skView = self.view as! SKView?
  // Art der Steuerung: Berührung oder Bewegung (gyro==true)
  gyro = defaults.bool(forKey: "gyro-control")
  startGame()  // Spiel starten
}
```

Die Methode startGame startet das Spiel. Sie wird nicht nur von viewDidLoad aufgerufen, sondern später auch von pressesBegan, um aus dem Einstellungsdialog heraus ein neues Spiel zu starten. startGame erzeugt einfach eine neue Instanz der GameScene-Klasse und zeigt diese an. Anders als bei iOS-Spielen ist die Einstellung der GameScene-Größe unkompliziert: Apple-TV-Geräte laufen aktuell immer in einer Auflösung von 1.920 × 1.080 Pixeln. Auch wenn Apple in Zukunft ein Apple-TV-Gerät mit 4k-Unterstützung ausliefert, wird sich an den Proportionen nichts ändern.

```
func startGame() {
  gameScene = GameScene()
  gameScene.size = CGSize(width: 1920, height: 1080)
  gameScene.scaleMode = .aspectFit
  skView.presentScene(gameScene)
  mainShown = false
}
```


Einstellungsdialog anzeigen

Die Methode showMainMenu funktioniert ähnlich wie startGame: Sie erzeugt eine MainMenu-Instanz und zeigt den Einstellungsdialog an, wobei der Punktezähler von der GameScene-Instanz übertragen wird.

```
func showMainMenu() {
  mainScene = MainScene(fileNamed: "MainScene")
  if gameScene != nil {
    mainScene.lastscore = gameScene.counter
  }
  let trans = SKTransition.fade(withDuration: 1)
  skView.presentScene(mainScene!, transition: trans)
  mainShown = true
}
```

Reaktion auf die Tasten der Fernbedienung

Unabhängig davon, ob gerade ein Spiel läuft oder ob der Einstellungsdialog angezeigt wird, erfolgt die Auswertung der Fernbedienungstasten immer durch die Methode pressesBegan im GameViewController. Welche Szene gerade aktiv ist, geht aus der Statusvariablen mainShown hervor.

Der Großteil des Codes sollte auf Anhieb verständlich sein, auch wenn ich Ihnen die Eigenschaften und Methoden der MainScene- bzw. GameScene-Klasse erst vorstellen muss:

```
override func pressesBegan(_ presses: Set<UIPress>,
                           with event: UIPressesEvent?)
{
  // führt dazu, dass die Menütaste zurück in den
  // Hauptbildschirm führt und das Spiel dabei pausiert
  super.pressesBegan(presses, with: event)

  for press in presses {
    let key = press.type

    if mainShown {
      // aktuell wird der Einstellungsbildschirm angezeigt
      if key == .select {
        // Touchpad-Klicks durch die MainScene-Methode 'select'
        // verarbeiten
        let result = mainScene.select()
        if result == true { startGame() }
      } else if key == .playPause {
        startGame()   // mit Play neues Spiel starten
      }
    } else {  // aktuell wird das Spiel angezeigt
      let game = gameScene!
      if game.gameover &&
        Date() > game.gameoverDate.addingTimeInterval(gameoverInterval)
      {
        // jede Taste nach Game Over: Einstellungsdialog anzeigen
        showMainMenu()
      } else if !game.isPaused && key == .select {
        game.fireMissile()  // Klick während des Spiels: schießen
      } else if key == .playPause {
        game.isPaused = !game.isPaused // Pause ein/aus
      } else if game.isPaused && key == .menu {
        // Menü-Button im Pause-Modus: Spiel abbrechen
        game.endGame()
        showMainMenu()
      }
    }
  }
}
```

Da die Dokumentation es empfiehlt, enthält GameViewController.swift auch die Methoden pressesChanged, pressesEnded und pressesCancelled. Sie enthalten allerdings keinen Code.

Fokus-Engine für den Einstellungsdialog aktivieren

Der View-Controller ist auch dafür zuständig, die Fokus-Engine für den Einstellungsdialog zu aktivieren. Dazu wurde die Eigenschaft `preferredFocusEnvironments` überschrieben. Immer, wenn der Einstellungsdialog angezeigt wird, gibt diese Methode einen Verweis auf dieses Objekt zurück:

```
override var preferredFocusEnvironments: [UIFocusEnvironment] {
  if mainShown {
    return [mainScene!]
  } else {
    return []
  }
}
```

44.4 Initialisierung des Spiels (GameScene)

Die Klasse `GameScene` enthält den Code zur Initialisierung der Spielszene sowie die gesamte Spiellogik inklusive der Auswertung der Bewegungs- und Berührungsereignisse. Dieser Abschnitt konzentriert sich auf die Initialisierungsarbeiten.

Eigenschaften

Die Klasse beginnt mit der Definition diverser Eigenschaften, in denen die Sprites und Label-Objekte des Spiels gespeichert werden. Das Counter-Label wird bei jeder Veränderung der `counter`-Variablen automatisch aktualisiert. Ebenso wird das Pause-Label automatisch ein- bzw. ausgeblendet, wenn sich die `isPaused`-Eigenschaft des `SKScene`-Objekts ändert.

```
// Datei GameScene.swift
class GameScene: SKScene, SKPhysicsContactDelegate {
  var spaceship: SKSpriteNode!   // Raumschiff

  // Score-Label
  var pauseLabel = SKLabelNode(fontNamed: "AvenirNext-Bold")
  var counterLabel = SKLabelNode(fontNamed: "AvenirNext-Bold")
  var counter = 0 {
    didSet(old) {
      if counter>highscore {
        counterLabel.text = "* \(counter)"
      } else {
        counterLabel.text = "\(counter)"
      }
    }
  }
```

```
  // Label für Pause
  var pauseLabel = SKLabelNode(fontNamed: "AvenirNext-Bold")
  override var isPaused: Bool {
    willSet(new) {  } // leere Closure, kein Code erforderlich
    didSet(old)  {
      if gameover {
        pauseLabel.zPosition = -100
      } else {
        pauseLabel.zPosition = isPaused ? 100 : -100
      }
    }
  }
  // ...
}
```

`midPt` enthält den Bildschirmmittelpunkt im Koordinatensystem der Szene, `frameDiagonal` die Länge der Bildschirmdiagonale. Beide Variablen werden später in `didMove` initialisiert.

`continuousFire` bedeutet, dass bei einer länger andauernden Berührung des Touchpads der Fernbedienung automatisch mehrere Schüsse hintereinander erfolgen (nur im Bewegungssteuerungsmodus).

```
class GameScene: SKScene, SKPhysicsContactDelegate {
  // ... Fortsetzung
  var midPt = CGPoint.zero
  var frameDiagonal = CGFloat(0)
  var gameover = false                  // Spielstatus
  var gameoverDate = Date()
  var timeNextAsteroid = Date()
  var touchStarted = Date()
  let defaults = UserDefaults.standard  // Spielmodus und Punkteanzahl
  var motioncontrol = false
  var mute = false
  var highscore = 0
  // ...
}
```

Geräusche

Das Spiel verwendet drei Geräusche, die durch Aktionen bei Bedarf auch parallel zueinander abgespielt werden können. Die drei Aktionen werden einmal vorweg definiert und können dann jederzeit und ohne Verzögerung abgespielt werden.

```
class GameScene: SKScene, SKPhysicsContactDelegate {
  // ... Fortsetzung
  let shotSound      = SKAction.playSoundFileNamed(
                          "shot.wav", waitForCompletion: false)
  let hitSound       = SKAction.playSoundFileNamed(
                          "hit.wav", waitForCompletion: false)
  let explosionSound = SKAction.playSoundFileNamed(
                          "explosion.wav", waitForCompletion: false)
}
```

didMove-Methode

Sobald die GameScene-Klasse erscheint, wird didMove ausgeführt. Hier ist Platz für die eigenen Initialisierungsarbeiten. didMove liest zuerst den zuletzt erreichten Highscore und den eingestellten Bedienungsmodus aus den User-Defaults. Anschließend werden die oben schon erwähnten Variablen midPt und mute initialisiert. Die physicsWorld-Einstellungen deaktivieren die Schwerkraft und machen die GameScene-Klasse zum Delegate-Empfänger der Kollisionserkennung.


```
override func didMove(to view: SKView) {
  // Steuerungsmodus und Highscore
  highscore     = defaults.integer(forKey: "highscore")
  motioncontrol = defaults.bool(forKey: "gyro-control")
  mute          = defaults.bool(forKey: "mute")

  // Mittelpunkt und Diagonale
  midPt = self.frame.middlePoint()
  frameDiagonal = hypot(self.frame.width, self.frame.height)

  setupSpace()     // Objekte einrichten
  setupEarth()
  setupLabels()
  setupSpaceship()
  startAsteroid()  // ersten Asteroiden starten

  // keine Schwerkraft, Kollisionserkennung
  self.physicsWorld.gravity = CGVector.zero
  self.physicsWorld.contactDelegate = self
}
```

Hintergrundgestaltung

Als Hintergrund für das Spiel dient ein Bild einer Galaxie, das in setupSpace so eingerichtet wird, dass es sich ganz langsam dreht:

```
func setupSpace() {
  let space = SKSpriteNode(imageNamed: "milky-way")
  space.position = CGPoint(x: 960, y: 100)
  space.size = CGSize(width: 2750, height:2750)
  space.zPosition = -1
  space.zRotation = CGFloat.random(in:0...2 * CGFloat.pi)
  space.color = .black  // stark abdunkeln
  space.colorBlendFactor = 0.95
  self.addChild(space)

  // Drehung um 180 Grad pro 5 Minuten
  let rotate = SKAction.rotate(byAngle: .pi, duration: 300)
  space.run(.repeatForever(rotate))
}
```

Am unteren Bildschirmrand wird ein Ausschnitt aus einem Bild der Erde dargestellt. Damit Kollisionen der Erde mit Asteroiden festgestellt werden können, wird ein physikalischer Körper eingerichtet:

```
func setupEarth() {
  let earth = SKSpriteNode(imageNamed: "earth")
  earth.position = CGPoint(x:960, y:80)
  earth.size = CGSize(width: 1920, height: 160)
  earth.zPosition=0
  earth.color = .black  // abdunkeln
  earth.colorBlendFactor = 0.5
  self.addChild(earth)
  earth.physicsBody =
    SKPhysicsBody(texture: earth.texture!, size: earth.size)

  with(earth.physicsBody!) {
    $0.categoryBitMask    = PhysCat.Earth
    $0.collisionBitMask   = PhysCat.None
    $0.contactTestBitMask = PhysCat.Asteroid
  }
}
```

Auf den Abdruck des Codes für die beiden Beschriftungs-Labels verzichte ich.

Raumschiff

Der Code zum Einrichten des Raumschiffs ist insofern interessant, als die Bitmap des Raumschiffs um zwei Triebwerke in Form von Partikel-Emittern ergänzt wird. Die Emitter werden aus der Datei `Engine.sks` geladen und als »Kinder« mit dem Raumschiff verbunden. Jede Positionsveränderung, Skalierung oder Drehung, die auf `spaceship` angewandt wird, gilt damit auch für die Triebwerke.

```
func setupSpaceship() {
  spaceship = SKSpriteNode(imageNamed: "raumschiff")
  spaceship.zPosition = 2  // über/vor dem Hintergrund
  spaceship.position =  CGPoint(x: 960, y: 150)
  spaceship.physicsBody =
    SKPhysicsBody(texture: spaceship.texture!, size: spaceship.size)

  with(spaceship.physicsBody!) {
    $0.categoryBitMask    = PhysCat.Spaceship
    $0.collisionBitMask   = PhysCat.None
    $0.contactTestBitMask = PhysCat.Asteroid
  }

  // Triebwerke
  let engine1 = SKEmitterNode(fileNamed: "Engine.sks")!
  let engine2 = SKEmitterNode(fileNamed: "Engine.sks")!
  engine1.zPosition = -1  // relativ zum spaceship, nicht absolut
  engine1.position = CGPoint(x: spaceship.size.width * 0.32,
                             y: -spaceship.size.height * 0.49)
  engine2.zPosition = -1
  engine2.position = CGPoint(x: -spaceship.size.width * 0.32,
                             y: -spaceship.size.height * 0.49)
  spaceship.addChild(engine1)
  spaceship.addChild(engine2)

  // erst jetzt skalieren, weil engine.position im
  // Koordinatensystem des Raumschiffs angegeben wird
  spaceship.xScale = 0.4
  spaceship.yScale = 0.4
  self.addChild(spaceship)
}
```


Einen Asteroiden starten

Die Initialisierung schließt mit dem Start des ersten Asteroiden ab. Natürlich werden danach viele weitere folgen, die dann aus der update-Methode gestartet werden. Die für den Start eingesetzte Methode ist natürlich in beiden Fällen dieselbe.

Beim Erzeugen eines Asteroiden ist fast alles zufällig: Es stehen fünf Asteroiden-Formen zur Auswahl, der ausgewählte Asteroid erscheint an einem zufälligen Ort oben auf dem Bildschirm und fliegt in einer zufälligen Geschwindigkeit schräg nach unten.

```
func startAsteroid() {
  let nr = Int.random(in: 1...5)  // fünf verschiedene Bitmaps
  let asteroid = SKSpriteNode(imageNamed: "asteroid\(nr)")
```

```
    // Startpunkt
    let startx = 50 + CGFloat.random(in: 0...self.frame.size.width - 100)
    let starty = self.frame.size.height + 150

    // Endpunkt liegt ca. in gegenüberliegender Richtung
    let endx = 50 + CGFloat.random(in: 0...self.frame.size.width - 100)
    let endy:CGFloat = -150

    // Asteroid-Eigenschaften einstellen
    asteroid.position = CGPoint(x: startx, y: starty)
    asteroid.zRotation = CGFloat.random(in:0...CGFloat.pi)
    asteroid.physicsBody =
      SKPhysicsBody(texture: asteroid.texture!, size: asteroid.size)
    with(asteroid.physicsBody!) {
      $0.categoryBitMask    = PhysCat.Asteroid
      $0.collisionBitMask   = PhysCat.None
      $0.contactTestBitMask = PhysCat.Spaceship + PhysCat.Earth
    }
    asteroid.xScale = CGFloat.random(in: 0.2...0.4)
    asteroid.yScale = CGFloat.random(in: 0.2...0.4)
    // über Hintergrund/Raumschiff
    asteroid.zPosition = CGFloat.random(in: 3...4)
    self.addChild(asteroid)

    // Asteroid in Bewegung setzen
    let durat: Double    // Flugzeit; je kürzer, desto schneller
                         // bewegt sich der Asteroid
    if counter < 100 {
      durat = Double.random(in: 6...10)
      } else {  // ab 100 Punkten deutlich schneller
        durat = Double.random(in: 3.5...7)
    }
    // Bewegung des Asteroiden
    let move   = SKAction.move(to: CGPoint(x:endx, y:endy),
                               duration: durat)
    // Drehung des Asteroiden um sich selbst
    let angle = Double.random(in: 3...7) * .pi
    let rotate = SKAction.rotate(toAngle: CGFloat(angle),
                                 duration: durat)
    let group  = SKAction.group([move, rotate])
    let remove = SKAction.removeFromParent()
    asteroid.run(.sequence([group, remove]))

    timeNextAsteroid = Date().addingTimeInterval(asteroidInterval)
  }
```

44.5 Spielablauf (ebenfalls in GameScene)

Nach all den Vorbereitungsarbeiten kommt das Spiel jetzt endlich in Bewegung. Dieser Abschnitt beschreibt den Code zur Steuerung des Raumschiffs, zum Abschuss der Raketen und zur Kollisionserkennung.

Vorweg noch eine allgemeine Betrachtung zur Steuerung des Raumschiffs: Anfänglich hatte ich geplant, das Raumschiff vollkommen frei über den Bildschirm zu bewegen. Das hat sich aber als unpraktisch erwiesen: Geschossen kann nur nach vorn werden. Man muss also einem Asteroiden entgegenfliegen, um ihn abschießen zu können. So viel Bewegungsfreiheit funktioniert nur bei deutlich geringeren Geschwindigkeiten als in dieser Version des Spiels.

Bei den klassischen Arcade-Spielen aus den 80er-Jahren (Asteroids, Space Invader) kann das Raumschiff wahlweise nur gedreht oder nur horizontal bewegt werden. Nach einigem Probieren habe ich mich bei meinem Spiel für einen Mittelweg entschieden: Das Raumschiff kann im mittleren Bildschirmbereich nach links oder rechts bewegt werden. Dabei wird es gleichzeitig gedreht. Diese Bewegung lässt sich einfach und schnell steuern und gibt genügend Spielraum zur Abwehr der Asteroiden.

Steuerung des Raumschiffs durch das Touchpad

Je nach Einstellung wird das Raumschiff wahlweise durch eine Wischbewegung auf dem Touchpad oder durch die aktuelle Lage der Fernbedienung gesteuert. An dieser Stelle geht es um die erste Variante, also um den Code in den `touchesXxx`-Methoden. In `touchesBegan` wird der Zeitpunkt gespeichert, zu dem die Berührung beginnt. Das ist notwendig, damit kurze Berührungen als *Taps* interpretiert werden können, um eine Rakete abzuschießen.

```
// Datei GameScene.swift
override func touchesBegan(_ touches: Set<UITouch>,
                           with event: UIEvent?)
{
  touchStarted = Date()
}
```

`touchesMoved` berechnet die Differenz zwischen der bisherigen und der aktuellen Touchpad-Berührung und ändert damit die X-Koordinate des Raumschiffs, wobei der minimale und der maximale Wert vorgegeben sind. Die zur Eingrenzung des Werts verwendete Methode `minMax` ist in `GCOperators` definiert. Der Drehwinkel des Raumschiffs wird aus der Abweichung der X-Position von der Bildschirmmitte errechnet.

```
override func touchesMoved(_ touches: Set<UITouch>,
                           with event: UIEvent?)
{
  if spaceship == nil || motioncontrol || self.isPaused {
    return
  }
```

```
  for touch in touches {
    // Differenz aus aktueller und vorheriger Position
    let location = touch.location(in: self)
    let prevLocation = touch.previousLocation(in: self)
    let delta = location - prevLocation

    let newX = minMax(spaceship.position.x + delta.x/2,
                      minimum: midPt.x * 0.5,
                      maximum: midPt.x * 1.5)

    let newY = spaceship.position.y
    spaceship.position = CGPoint(x: newX, y: newY )
    spaceship.zRotation = (midPt.x - newX) / midPt.x * .pi * 0.85
  }
}
```

touchesEnded bewertet kurze Berührungen als Signal, eine Rakete abzuschießen:

```
override func touchesEnded(_ touches: Set<UITouch>,
                           with event: UIEvent?)
{
  if touchStarted.addingTimeInterval(0.2) > Date() {
    fireMissile()
  }
}
```

Gyroskop-Steuerung (update-Methode)

Die update-Methode erfüllt zwei Aufgaben: Sie sorgt für die Steuerung des Raumschiffs im Bewegungsmodus und für den regelmäßigen Start neuer Asteroiden. Zur Bewegungssteuerung wird die gravity-Eigenschaft des GCMotion-Objekts der Fernbedienung ausgewertet. Dieser 3D-Vektor zeigt immer nach unten. Seine X-Komponente gibt an, wie stark die Fernbedienung gedreht ist.

Sobald der Zeitpunkt timeNextAsteroid erreicht ist, wird mit startAsteroid ein neuer, zufällig geformter Asteroid auf den Weg gebracht.

```
override func update(_ currentTime: TimeInterval) {
  if gameover {
    return
  }
  if motioncontrol {
    if let pos = GCController.controllers().first?.motion?.gravity.x {
      let newX = minMax(midPt.x + CGFloat(pos) * midPt.x ,
                        minimum: midPt.x * 0.5,
                        maximum: midPt.x * 1.5)
      let newY = spaceship.position.y
```

```
      let newpos = CGPoint(x: newX, y: newY )
      spaceship.position = newpos
      spaceship.zRotation = (midPt.x - newX) / midPt.x * .pi * 0.85
    }
  }
  if Date() > timeNextAsteroid {    // nächsten Asteroiden starten
    startAsteroid()
  }
}
```

Raketen abschießen

Für den Raketenabschuss ist `fireMissile` zuständig. Die Methode erzeugt zuerst ein Sprite-Objekt für die Rakete und stellt seine physikalischen Körper ein. Etwas schwieriger ist es, den Start- und Endpunkt der Raketenbewegung zu berechnen. Die Rakete soll das Raumschiff an seiner Spitze verlassen und sich in dieselbe Richtung bewegen, in die das Raumschiff zeigt. Es reicht aus, wenn die Flugbahn so lang wie eine Bildschirmdiagonale ist – dann hat das Geschoss die sichtbare Szene sicher verlassen. Danach muss die Rakete unbedingt mit `removeFromParent` gelöscht werden – sonst würde die Anzahl der Sprites allmählich immer größer werden. Der einzige Zweck der Zuweisung `sp = spaceship` besteht darin, bei der wiederholten Nennung dieser Variablen etwas Platz zu sparen.

```
func fireMissile() {
  if spaceship == nil || self.isPaused { return }

  // Rakete erzeugen, Eigenschaften einstellen
  let missile = SKSpriteNode(imageNamed: "missile")
  missile.xScale = 0.2
  missile.yScale = 0.3
  missile.zRotation = spaceship.zRotation
  missile.physicsBody = SKPhysicsBody(texture: missile.texture!,
                                      size: missile.size)
  with(missile.physicsBody!) {
    $0.categoryBitMask    = PhysCat.Missile
    $0.collisionBitMask   = PhysCat.None
    $0.contactTestBitMask = PhysCat.Asteroid
  }

  // Start- und Endpunkt ausrechnen, Aktion für Bewegung
  let sp = spaceship!  // kürzere Zeilen
  let xstart = sp.position.x - sin(sp.zRotation) * sp.size.height / 2.0
  let ystart = sp.position.y + cos(sp.zRotation) * sp.size.height / 2.0
  missile.position = CGPoint(x:xstart, y:ystart)
  missile.zPosition = 0.5   // vor Hintergrund, unter Raumschiff
  self.addChild(missile)
```

```
    let xend = xstart - frameDiagonal * sin(sp.zRotation)
    let yend = ystart + frameDiagonal * cos(sp.zRotation)
    let move = SKAction.move(to: CGPoint(x:xend, y:yend), duration:1.0)
    let remove = SKAction.removeFromParent()
    missile.run( .sequence([move, remove]))
    if !mute { missile.run(shotSound) }  // Geräuschkulisse
}
```

Kollisionserkennung

Bei Kollisionen zwischen Asteroiden und anderen Objekten wird die Methode `didBegin` aufgerufen. Wenn es sich um einen Zusammenstoß mit dem Raumschiff oder der Erde handelt, wird eine flammenförmige Bitmap gleichzeitig vergrößert und ausgeblendet. Danach wird das Spiel mit `endGame` gestoppt.

Handelt es sich dagegen um einen Treffer einer Rakete, wird der Partikel-Emitter `AsteroidHit` gestartet. Er sorgt für den optischen Eindruck, dass der Asteroid in mehrere kleine Teile zerfällt. Der eigentliche Asteroid und die Rakete werden sofort entfernt.

```
func didBegin(_ contact: SKPhysicsContact) {
  if spaceship == nil { return }

  if getSprite(from: contact, of: PhysCat.Earth) != nil ||
     getSprite(from: contact, of: PhysCat.Spaceship) != nil
  {
    // die Erde oder das Raumschiff wurde getroffen
    let fire = SKSpriteNode(imageNamed: "fire")
    fire.position = contact.contactPoint
    fire.xScale=0.2
    fire.yScale=0.2
    fire.zPosition = 2
    fire.name = "explosion"
    self.addChild(fire)
    let scale = SKAction.scale(by: 6, duration: 0.5)
    let fadeout = SKAction.fadeAlpha(to: 0, duration: 0.5)
    let group = SKAction.group([scale, fadeout])
    let remove = SKAction.removeFromParent()
    fire.run(.sequence([group, remove]))
    if !mute { self.run(explosionSound) }   // Explosionsgeräusch
    endGame()
  } else if let missile  = getSprite(from: contact,
                                     of: PhysCat.Missile),
            let asteroid = getSprite(from: contact,
                                     of: PhysCat.Asteroid)
  {
```

```
    // eine Rakete hat den Asteroiden zerstört
    counter += 1

    // Animation eines zerfallenden Asteroiden
    let hit = SKEmitterNode(fileNamed: "AsteroidHit")!
    hit.position = contact.contactPoint
    hit.zPosition = 2
    self.addChild(hit)
    hit.run(.sequence(
      [ .wait(forDuration: 0.3),
        .removeFromParent() ] ))
    asteroid.removeFromParent()     // Asteroid und Rakete löschen
    missile.removeFromParent()
    if !mute { self.run(hitSound) } // Treffer-Geräusch

    // Asteroiden kommen immer häufiger; anfänglich alle
    // 1.2 Sekunden, nach 300 Treffern alle 0.6 Sekunden
    asteroidInterval = max(0.6, 1.2 - Double(counter) / 500)
  }
}
```


Bei der Auswertung des contact-Parameters von didBegin hilft die Methode getSprite, die Sie bereits aus Kapitel 43, »Pac-Man selbst gemacht«, kennen:

```
func getSprite(from contact: SKPhysicsContact,
               of category: UInt32) -> SKSpriteNode?
{
  if contact.bodyA.categoryBitMask == category {
    return contact.bodyA.node as? SKSpriteNode
  } else if contact.bodyB.categoryBitMask == category {
    return  contact.bodyB.node as? SKSpriteNode
  } else {
    return nil
  }
}
```

Spielende

Die Methode endGame zeigt den Text »Game Over« an, entfernt das Raumschiff aus der Szene und beendet alle laufenden Aktionen mit Ausnahme der Explosion. Damit friert der Bildschirminhalt quasi ein. Falls ein Spielstand erreicht wurde, der größer ist als der Highscore, wird er bleibend gespeichert. Zur Anzeige des Einstellungsdialogs kommt es erst im GameViewController, wo die gameover-Eigenschaft des GameScene-Objekts ausgewertet wird.

```
func endGame() {
  gameover = true
  gameoverDate = Date()
  let gameoverLabel = SKLabelNode(fontNamed: "AvenirNext-Bold")
  gameoverLabel.text      = "Game Over"
  gameoverLabel.fontSize  = 100
  gameoverLabel.fontColor = .red
  gameoverLabel.position  = midPt
  gameoverLabel.zPosition = 100
  gameoverLabel.horizontalAlignmentMode = .center
  self.addChild(gameoverLabel)
  spaceship.removeFromParent()  // Raumschiff entfernen
  spaceship = nil

  // alle Actions außer der Explosion beenden
  for nd in self.children {
    if let id = nd.name, id == "explosion" { continue }
    nd.removeAllActions()
  }
  if counter > highscore {   // Highscore speichern
    defaults.set(counter, forKey: "highscore")
  }
}
```

44.6 Fokussierbare Menütexte (MyLabel)

Die Miniklasse `MyLabel` erweitert die `SKLabelNode`-Klasse um eine zusätzliche Init-Funktion und um die Methode `setHighlight`, mit der das jeweilige Element hervorgehoben werden kann. Außerdem wird die Eigenschaft `canBecomeFocused` mit `true` überschrieben, damit das Element von der tvOS-Fokus-Engine berücksichtigt wird. Der Code ist leicht zu verstehen:

```
// Datei MyLabel.swift
class MyLabel : SKLabelNode {
  // verschiedene Eigenschaften voreinstellen
  convenience init(text: String) {
    self.init(fontNamed: "AvenirNext-Bold")
    self.text = text
    self.fontColor = .white
    self.fontSize = 64
    self.zPosition = 2
    self.verticalAlignmentMode = .baseline
    self.horizontalAlignmentMode = .left
  }
```

```
  // akzeptiert den Fokus
  override var canBecomeFocused: Bool {
    return true
  }
  // das aktive Element markieren
  func setHighlight(state: Bool) {
    if state == true {
      self.fontColor = .red
    } else {
      self.fontColor = .white
    }
  }
}
```

44.7 Der Einstellungsdialog (MainScene)

Die Gestaltung von Konfigurationsseiten in SpriteKit ist zumeist eine Herausforderung. Es fehlen die von gewöhnlichen Apps vertrauten Steuerelemente, das Arbeiten im Scene-Editor ist mühsam, und ganz generell macht es in der Regel mehr Spaß, an Details des Spiels zu tüfteln als an Dialogen.

Beim Asteroids-Beispiel habe ich mich für eine minimalistische Lösung entschieden: Das Umschalten zwischen den vier Modi erfolgt durch ein Menü, dessen Elemente mit der Fernbedienung ausgewählt werden können. Die Auswahl muss anschließend durch einen Klick bestätigt werden.

Der aktuelle Status wird durch ein Markierungsdreieck beim ausgewählten Menüpunkt angezeigt. Außerdem wird eine von zwei unterschiedlichen Abbildungen der Fernbedienung eingeblendet, die den Steuerungsmodus veranschaulichen. Ein Icon zeigt an, ob der Lautsprecher aktiv ist oder nicht (siehe Abbildung 44.3). Alle Bitmaps habe ich vorweg in einem Zeichenprogramm vorbereitet und in `Game.xcassets` eingefügt.

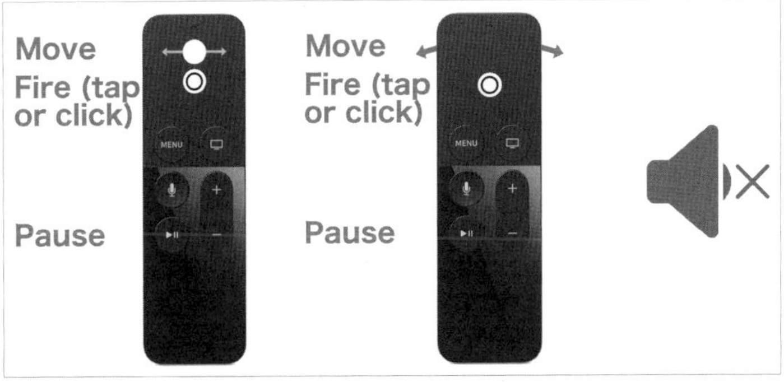

Abbildung 44.3 Diese Bitmaps werden im Einstellungsdialog ein- und ausgeblendet, um den Status anzuzeigen.

Den Steuerungsdialog habe ich trotz meiner Aversionen mit dem Scene-Editor zusammengestellt (siehe Abbildung 44.4). Allerdings fehlen dort die Texte des Menüs, weil sich herausgestellt hat, dass es im Scene-Editor unmöglich ist, Labels eine eigene Klasse zuzuordnen. Damit der Dialog »spielgerecht« aussieht, verwendet er als Hintergrund ein Bild des Weltalls.

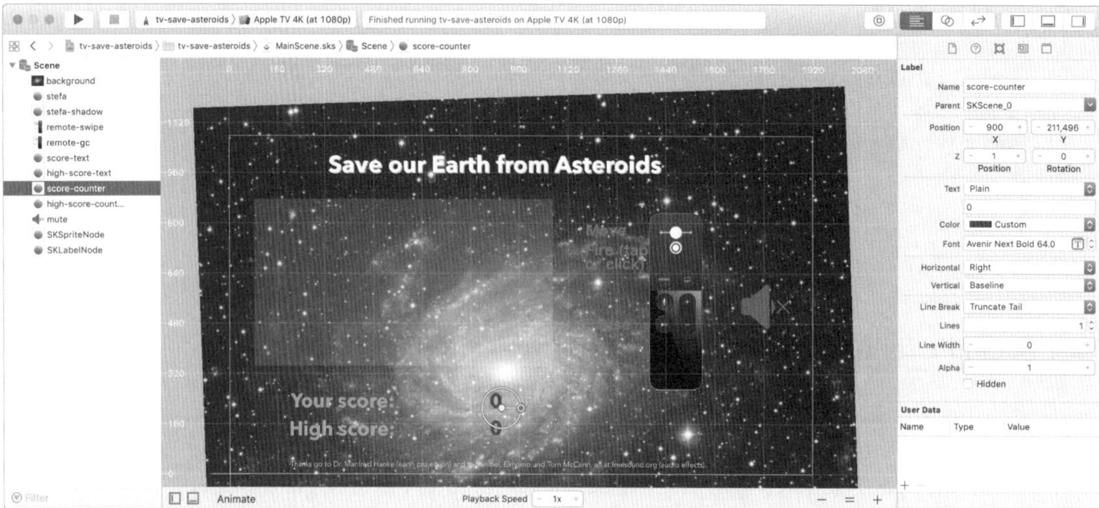

Abbildung 44.4 »MainScene.sks« im Scene-Editor von Xcode

Initialisierungsarbeiten

Die vier Eigenschaften `lastscore`, `gyro`, `mute` und `modus` enthalten die eingestellten Parameter und den beim letzten Spiel erreichten Punktestand. `defaults` erleichtert den Zugriff auf die User-Defaults.

`menuLabels` enthält `MyLabel`-Objekte mit den Menüeinträgen. `menuTick` zeigt auf ein weiteres `MyLabel`-Objekt, das durch ein dreieckförmiges Symbol den aktuell ausgewählten Steuerungsmodus im Menü markiert. `menuSelected` gibt an, welcher Menüeintrag momentan durch die Fokus-Engine ausgewählt ist.

```
// Datei MainScene.swift
class MainScene : SKScene {
  let defaults = UserDefaults.standard
  var lastscore = 0
  var gyro  = false
  var mute  = false
  var modus = 0
  var menuLabels = [MyLabel]()  // Menüeinträge
  var menuTick: MyLabel!        // zeigt, welcher Spielmodus aktiv ist
  var menuSelected = 0          // ausgewählter Menüeintrag (1 bis 4)
}
```

In didMove geht es darum, das Menü darzustellen, die aktuell gültigen Einstellungen aus den User-Defaults zu lesen und zur modus-Variablen zusammenzusetzen. Sobald diese Daten zur Verfügung stehen, werden durch den Aufruf von changeGyroRemote verschiedene Status-Bitmaps ein- bzw. ausgeblendet.

Schließlich müssen der Punktestand und der Highscore in die Label-Felder eingetragen werden, die im Scene-Editor bereits vorbereitet wurden. Der Zugriff auf diese Elemente erfolgt durch die Methode childNode(withName:).

```
override func didMove(to view: SKView) {
  // Menü für 'Play again' und zur Auswahl des Steuerungsmodus
  setupMenu()

  // aktuellen Steuerungsmodus ermitteln und darstellen
  let defaults = UserDefaults.standard
  gyro = defaults.bool(forKey: "gyro-control")
  mute = defaults.bool(forKey: "mute")
  modus = (gyro ? 2 : 0) + (mute ? 1 : 0)
  changeGyroRemote()

  // Punktestand und Highscore eintragen
  let highscore = defaults.integer(forKey: "highscore")
  if let label =
     self.childNode(withName: "score-counter") as? SKLabelNode
  {
    label.text = "\(lastscore)"
  }
  if let label =
     self.childNode(withName: "high-score-counter") as? SKLabelNode
  {
    label.text = "\(highscore)"
  }
}
```

setupMenu erzeugt in einer Schleife fünf Menüelemente und zur Markierung des aktiven Steuerungsmodus ein sechstes MyLabel-Objekt. Um dessen exakte Positionierung in der Szene kümmert sich später die Methode setMenuTick. Der Aufruf von updateFocusIfNeeded und setNeedsFocusUpdate ist notwendig, damit beim Anzeigen der Szene immer der erste Menüeintrag, also PLAY AGAIN, vorausgewählt wird.

```
private func setupMenu() {
  let texts = ["Play again",
               "Touch control with audio",
               "Touch control, no audio",
               "Motion control with audio",
               "Motion control, no audio"]
```

```
  let x = 200
  var y = 780
  for txt in texts {
    let lbl = MyLabel(text: txt)
    lbl.position = CGPoint(x: x, y: y)
    lbl.isUserInteractionEnabled = true
    menuLabels.append(lbl)
    self.addChild(lbl)
    // Menüeinträge untereinander anordnen, zwischen 'Play again' und
    // den restlichen Einträgen größerer Abstand
    if y == 780 {
      y -= 100
    } else {
      y -= 80
    }
  }
  menuTick = MyLabel(text: ">")  // Zeichen für ausgewählten Spielmodus
  menuTick.position = CGPoint(x: 120, y: y)
  self.addChild(menuTick)
  self.updateFocusIfNeeded()     // ersten Menüeintrag markieren
  self.setNeedsFocusUpdate()
}
```

Ereignisverwaltung

Die Neuimplementierung der Eigenschaft `preferredFocusEnvironments` wählt den ersten Eintrag des Menüs beim Erscheinen der Szene aus:

```
override var preferredFocusEnvironments: [UIFocusEnvironment] {
  return [ menuLabels[0] ]
}
```

Die Methode `didUpdateFocus` wird immer dann aufgerufen, wenn die Fokus-Engine in Reaktion auf eine Touchpad-Berührung ein anderes Menüelement auswählt. Die Methode hebt das aktuelle Element hervor und kümmert sich darum, dass das vorher aktive Menüelement wieder normal angezeigt wird. Außerdem wird in `menuSelected` die Indexnummer des gerade aktiven Elements gespeichert.

```
override func didUpdateFocus(
  in context: UIFocusUpdateContext,
  with coordinator: UIFocusAnimationCoordinator)
{
  // nicht mehr ausgewählten Text normal anzeigen
  if let lbl = context.previouslyFocusedItem as? MyLabel {
    lbl.setHighlight(state: false)
  }
```

```
  // ausgewählten Text hervorheben
  if let lbl = context.nextFocusedItem as? MyLabel {
    lbl.setHighlight(state: true)
    menuSelected = menuLabels.firstIndex(of: lbl)!
  }
}
```

Die Methode select wird von der GameViewController-Klasse aufgerufen (Methode pressesBegan), wenn der Spieler die Touch-Fläche der Fernbedienung anklickt. Wenn zu diesem Zeitpunkt der erste Menüeintrag aktiv ist, also PLAY AGAIN, gibt select das Ergebnis true zurück, und der View-Controller startet ein neues Spiel.

Bei den vier anderen Menüelementen führt das Select-Ereignis hingegen dazu, dass ein neuer Steuerungsmodus in der Variablen modus gespeichert wird. Die Methode changeGyroRemote kümmert sich darum, dass der neue Status gespeichert wird und alle erforderlichen Elemente auf dem Bildschirm aktualisiert werden.

```
// Reaktion auf Touchpad-Klick; Rückgabe true,
// wenn das Spiel neu gestartet werden soll
func select() -> Bool {
  if menuSelected == 0 {
    return true               // Play again
  } else {
    modus = menuSelected - 1  // neuen Spielmodus einstellen
    changeGyroRemote()
    return false
  }
}
```


Bildschirmdarstellung je nach ausgewähltem Spielmodus

Die gerade erwähnte Methode changeGyroRemote wird aufgerufen, nachdem die modus-Variable verändert wurde. Jetzt müssen gyro und mute aus modus extrahiert werden. Die neuen Einstellungen werden in den User-Defaults gespeichert. Die drei set-Methoden kümmern sich darum, dass auf dem Bildschirm alles entsprechend angezeigt wird.

```
func changeGyroRemote() {
  gyro = modus >= 2
  mute = (modus % 2) == 1
  defaults.set(mute, forKey: "mute")
  defaults.set(gyro, forKey: "gyro-control")
  setMuteVisibility()
  setRemoteBitmapVisibility()
}
```

Die Methoden `setMuteVisibility` und `setRemoveBitmapVisibility` blenden das Symbol »Lautsprecher ausgeschaltet« ein/aus bzw. steuern, welche der beiden Fernbedienungs-Bitmaps angezeigt werden sollen. Dazu wird `zPosition` so eingestellt, dass diese Bitmaps vor dem Hintergrund angezeigt werden oder dahinter verschwinden.

```
func setMuteVisibility() {
  self.childNode(withName: "mute")?.zPosition = mute ? 1 : -1
}
func setRemoteBitmapVisibility() {
  childNode(withName: "remote-swipe")?.zPosition = gyro ? -1 :  1
  childNode(withName: "remote-gc")?.zPosition    = gyro ?  1 : -1
}
```

`setMenuTick` positioniert das Auswahldreieck neben dem gerade ausgewählten Menüeintrag:

```
private func setMenuTick() {
  let pt = CGPoint(x: menuTick.position.x,
                   y: menuLabels[modus + 1].position.y)
  menuTick.position = pt
}
```

Index

C

D

E

H

I

J

K

L

M

N

O

P

Q

R

S

T

U

V